事典
世界の指導者たち
冷戦後の政治リーダー3000人

日外アソシエーツ

World Political Leaders
After the Cold War
A Biographical Dictionary

Compiled by

Nichigai Associates, Inc.

©2018 by Nichigai Associates, Inc.

Printed in Japan

本書はディジタルデータでご利用いただくことが
できます。詳細はお問い合わせください。

●編集担当● 松村 愛／熊木 ゆかり／河原 努
装 丁：赤田 麻衣子

刊行にあたって

　20世紀の政治家を中心とした「世界政治家人名事典 20世紀以降」が小社から刊行されてから12年が経過し、新たに冷戦後から現在の政治リーダーを収録した「事典・世界の指導者たち 冷戦後の政治リーダー3000人」を刊行する運びとなった。

　東西冷戦が終結したといわれる1989年のマルタ会談以降、西側と東側を隔てていた壁は取り払われ、米ソを軸とした対立の時代が終わり、各地が地球規模で相互に関係しあうグローバル化が進んだ。グローバル化は経済を発展させた一方、貧富の格差を生み、発展途上国の貧困問題は、9.11米同時多発テロに端を発する世界的な「テロとの戦い」や、旧社会主義圏などでの民族紛争の一因にもなった。

　本書は、冷戦後から現在に至る激動の時代をリードする指導者たち2,926人を収録した人名事典である。各国の国家元首や閣僚のほか、主要国際機関代表、外交官、民主化運動指導者など、国際社会を主導する重要人物のプロフィールを掲載している。

　冷戦後という混迷を極めた時代に、リーダーたちはどのように生まれ、そして去っていったのか。本書では、それぞれの指導者たちのプロフィールを紹介することで、その時代背景や各国の情勢を人物という視点から見ることができる。

　なお、本書に掲載されていない冷戦前の外国人政治家について調べるには、前述の「世界政治家人名事典 20世紀以降」を、日本人政治家については、弊社既刊「新訂 現代政治家人名事典」をご利用いただきたい。

本書が、冷戦後の世界情勢を読み解く上で一助となることを願ってやまない。

　　2018年3月

　　　　　　　　　　　　　　　　　　　日外アソシエーツ

凡　例

1. 構　成
本文
国別・地域別索引
人名索引（欧文）

2. 収録人物
(1) 東西冷戦が終結した1990年代以降の国家元首を中心に、主要閣僚や与野党党首、民主化運動指導者、宗教指導者、国際機関のトップ、外交官など、世界約200カ国で活躍する2,926人を収録した。
(2) 日本の政治家は対象外である。

3. 見出し
(1) 本名、旧名、別名（筆名，芸名，通称など）のうち、日本で一般に広く知られている表記を見出しとし、姓・名の区別が可能な人物はすべて「姓，名」の順に表記した。また、必要に応じ、見出し以外の名前から参照を立てた。
　　〔例〕グテレス，フランシスコ
　　　　　→　ル・オロを見よ
(3) 英字表記が判明している場合は、それも付した。ロシア語、アラビア語などの諸語も英字に翻字した。
(4) 漢字圏の人名
　1）韓国・朝鮮人名は、韓国・朝鮮語音（民族読み）のカタカナ表記を見出しとし、漢字表記が判明している場合は、それも付した。
　2）中国人名は、原則漢字表記を見出しとし、日本語読みをひらがなで付した。
　3）使用漢字は、原則常用漢字、新字体に統一した。
(4) 漢字圏以外の人名
　1）基本的にその人物の母国語音（民族読み）に基づくカタカナ表記を見出しとした。ただし、すでに慣用的な表記が定着していると思われる場合はそれを優先した。また、種々のカタカナ表記が存在する場合は、より一般性のあるものに統一するよう努めた。

(5)

2) 複合姓など二語以上から成る人名の区切りは中点（・）を用いた。

〔例〕**サントス，フアン・マヌエル**

3) 姓に冠詞または前置詞を付けて呼ぶことが慣用化している人名については、冠詞や前置詞の付いたものを姓とみなした。

〔例〕**ド・ヴィルパン，ドミニク**

4. 見出しの排列

(1) 姓、名をそれぞれ一単位とし、その読みの五十音順とした。ただし姓名の区別が困難なものは全体を姓とみなした。

(2) 濁音・半濁音は清音、促音・拗音は直音とみなし、長音符（音引き）は無視した。

5. 記載事項

記載事項とその順序は次の通り。

生没年月日／肩書・職業／[出]出生（出身）地／[名]本名（フルネーム），旧姓（名），別名／[学]学歴・学位／[歴]経歴／[賞]受賞歴／[家]家族・親族

肩書については、その人物にとって重要な肩書を記載した。

6. 国別・地域別索引

(1) 本文に収録した人名を、活動する国名・地域名の下に掲載した。「アジア」「オセアニア」「北米」「中南米」「欧州」「中東」「アフリカ」の下に国名・地域名、その下に人名をそれぞれ五十音順に排列し、その掲載ページを示した。

(2) 人名の後ろにその人物の主な肩書（職業）を補記した。

7. 人名索引（欧文）

(1) 人名の英字表記と、その掲載ページを示した。

(2) 排列は、姓、名をそれぞれ一単位とし、そのアルファベット順とした。姓名の区別が困難なものについては全体を姓とみなした。

(3) ウムラウトなどアクセント記号のついた文字は、アクセント記号のない文字と同じとみなして排列した。

事典・世界の指導者たち

【ア】

アイディド, フセイン

Aidid, Hussein

1962.8.16〜

ソマリア副首相・内相，ソマリ国民同盟（SNA）議長　武装勢力指導者，軍人　⊕ベレトゥエイン　⊗ソマリア武装勢力指導者モハメド・ファラ・アイディド将軍の三男。14歳から米国に居住。米国海兵隊に勤務し，1993年ソマリアへ派遣された米軍主導の多国籍軍による"希望回復作戦"に米国海兵隊士官として参加。95年ソマリアに帰国，アイディド将軍派の警備担当幹部を務める。96年8月父の戦死により後継者に選出され，ソマリ国民同盟（SNA）議長を務める。父と同じくソマリア大統領を自称したが，国際的に認められなかった。2000年ハッサン暫定政府が誕生したがこれを承認せず，01年他の武装勢力とソマリア和解復興委員会（SRRC）を設立。その後、ユスフ暫定政権に参加し、05〜07年副首相兼内相。07〜08年公共事業・住宅相を務めた。　⊗父＝モハメド・ファラ・アイディド（ソマリア武装勢力指導者）

アイディド, モハメド・ファラ

Aidid, Mohammed Farrah

〜1996.8.1

ソマリ国民連合（SNA）議長　武装勢力指導者，軍人　⊕バルディア　⊗ハッサン〈Hassan〉　⊕ハウィエ人。通称アイディド。1959年高校を卒業し、軍士官学校に進む。63年から4年間、旧宗主国のイタリアに留学。軍部の実力者となるが、69年バーレ少将がクーデターを起こしたあと逮捕され6年間獄中生活を送った。75年オガデン戦争に従軍のため釈放され大佐、その後将軍に昇格。84年から6年間駐インド大使。帰国後、91年1月統一ソマリア会議（USC）を結成して反政府運動を展開、5000人にのぼる武装勢力を率いて首都を制圧し、バーレ政権を打倒。その後反政府勢力内部の主導権争いが激化、部族問題もからんで泥沼の内戦に突入した。92年4月に派遣されたPKO、12月に多国籍軍として上陸した米軍部隊と敵対、93年第2次国連ソマリア活動部隊パキスタン軍兵士23人

の殺害事件の責任追及でハウ国連特別代表から逮捕を命じられたが、追及を逃れて潜伏を続けた。95年3月にはPKOを撤退に追い込み、国際援助機関も相次いで撤退。同年6月自派の内紛により属していたソマリ国民連合（SNA）議長を解任されるが、直後、一方的に大統領就任と新政府樹立を宣言した。武力による全土制圧を目指していたが、96年7月対立するモハメド暫定大統領派とかつて右腕といわれたアト・ソマリア国民同盟議長派による"反アイディド連合"との戦闘中に砲弾を受け、8月死亡。イタリア語、英語、ロシア語、アラブ語に堪能だった。

アイヘル, ハンス

Eichel, Hans

1941.12.24〜

ドイツ財務相、ヘッセン州首相　⊕西ドイツ・ヘッセン州カッセル（ドイツ）　⊕マールブルク大学、ベルリン自由大学卒　⊕ギムナジウムの教師時代に政治活動を開始。1964年ドイツ社会民主党（SPD）に入党、70〜75年党内左派の活動家として活動。75〜91年カッセル市長、91〜99年ヘッセン州首相を経て、99年〜2005年ドイツ連邦財務相。社会保障制度の縮小と財政再建を柱とした構造改革の旗振り役を担った。09年の連邦議会総選挙に出馬せず政界を引退。

アウシェフ, ルスラン

Aushev, Ruslan

1954〜

イングーシ共和国大統領　⊕コクチェタフ（カザフスタン）　⊕Aushev, Ruslan Sultanovich　⊕1989〜91年旧ソ連人民代表を経て、93年ロシア連邦イングーシ共和国大統領に当選、98年再選される。2002年退任。

アウスグリムソン, ハルドール

Ásgrímsson, Halldór

1947.9.8〜2015.5.18

アイスランド首相、アイスランド進歩党党首　⊕ヴォプナフィヨルズル　⊕1973年大学で経済を教えた後、74年アイスランド国会議員に当選。漁業相、外相、司法・教会相などを歴任。94年アイスランド進歩党党首となり、2004年9月首相に就任。06年5月の地方選挙で進歩党が惨敗したことを受け、6月辞任。07〜13年北欧閣僚理事会事務総長を

務めた。05年7月愛知万博で来日。

アウン, ミシェル

Aoun, Michel

1935.2.18〜

レバノン大統領　軍人　[出]ベイルート南部　[学]レバノン士官学校（1955年）卒　[歴]レバノン士官学校卒業後、米仏に留学。米海兵隊が訓練した強力な政府軍第8旅団の司令官として1983年に激化した戦闘でイスラム教徒ドルーズ派の砲撃から大統領府を死守、ジェマイエル大統領の信任を得て、84年6月陸軍総司令官に任命される。88年暮れにジェマイエル大統領の任期切れ引退に伴い、軍人暫定内閣を発足させ、以来キリスト教徒系の政府を指導。これに対しイスラム教徒を中心にした親シリアのホス内閣（のちハラウィ政権）が西ベイルートで政府活動を続け二重内閣になる。89年11月の大統領選に反対し、イスラム・キリスト両派の統一政府への参加を拒否。90年10月、シリア空軍機の爆撃に対し無条件降伏に応じ、一年半にわたる二重政権状態に終止符が打たれた。91年フランスへ亡命。2005年レバノンに帰国して国会議員。03〜15年レバノン自由愛国運動（FPM）党首。16年10月、国民議会により14年5月から国内各派の対立で不在が続いていた大統領に選出され就任。

アウン・サン・スー・チー

Aung San Suu Kyi

1945.6.19〜

ミャンマー国家最高顧問・外相, 国民民主連盟（NLD）党首　民主化運動指導者　[出]ビルマ・ラングーン（ミャンマー・ヤンゴン）　[学]デリー大学卒, オックスフォード大学（1967年）卒　[歴]英国の植民地支配と闘い、ビルマ建国の父として国民に敬愛されるアウン・サン将軍の長女。1947年2歳の時に暗殺で父を失い、駐インド大使に任命された母とともにニューデリーへ移る。その後英国オックスフォード大学に留学、政治史を専攻。72年英国人のチベット研究家マイケル・アリスと結婚、2人の息子をもうける。英国市民権を持つ。85〜86年京都大学東南アジア研究所の客員教官として来日。88年4月母危篤の知らせを受け帰国、民主化運動が高まるビルマの激動期に居合わせる。8月セイン・ルイン政権が崩壊、反政府統一戦線結集会で民主化の早期実現を訴え、反政府勢力の中心的存在として脚光を浴びる。9月ソウ・マウン軍事政権発足後はビルマ最大野党の国民民主連盟（NLD）の創設に加わり総書記長に就任。89年6月軍政府は国名をミャンマーに改名。再び反政府運動が激化したため、7月軍事政権によりヤンゴンの自宅で軟禁され、以後政治活動を禁止され、2010年まで断続的に軟禁状態が続いた。軟禁中の1991年“民主主義と人権のための非暴力闘争の勇気”に対し、ノーベル平和賞を授与される。末期の前立腺がんを患っていた夫マイケルは亡くなる前にミャンマーへの入国を求めたが軍事政権に拒否され、夫婦の再会は果たせぬまま、99年3月死去。一度出国すると軍事政権側に再入国を拒否されるおそれがあるため、夫の葬儀にも出席しなかった。2010年11月自宅軟禁が解かれる。11年春、ミャンマーは民政に移管。12年1月NLD議長（党首）に選出。4月連邦議会補選で下院議員に初当選。13年3月党首再選。15年11月民政移管後初の総選挙で、NLDが軍事政権の流れをくむ与党・連邦団結発展党（USDP）に圧勝して第1党となる。憲法の規定で大統領にはなれないため、16年3月側近のティン・チョーが大統領、自身は新設の国家顧問と外相に就任。　[勲]オーストラリア名誉勲章（1996年）, 自由勲章（米国大統領）（2000年）, レジオン・ド・ヌール勲章　[賞]ノーベル平和賞（1991年）, サハロフ人権賞（1991年）, シモン・ボリバル賞（1992年）, ブレーメン連帯賞（1993年）, ネール賞（1995年）, アメリカン大学名誉博士号（1997年）, オロフ・パルメ賞（2005年）, マハトマ・ガンジー国際平和和解賞（2009年）, オックスフォード大学名誉博士号（2012年）（1993年授与決定）, 自由都市・堺平和賞（第3回）（2012年）, 地球市民賞（2012年）　[家]父＝アウン・サン（ビルマ建国の父）, 夫＝マイケル・アリス（チベット研究家）

アウン・シュエ

Aung Shwe

1918〜2017.8.13

ミャンマー国民民主連盟（NLD）議長　民主化運動指導者　[学]ラングーン大学卒　[歴]ラングーン大学卒業後、ビルマ独立軍に参加。1948年ミャンマー独立後も軍に勤務。大使として海外にも駐在した。政界に転じ、88年民主化運動指導者アウン・サン・スー・

チーらとミャンマー最大の民主化運動組織となった国民民主連盟(NLD)を創設。91年〜2010年NLD議長(党首)を務め、軍事政権に抵抗。スー・チーと同様に自宅軟禁されたこともあった。12年政界を引退。16年ティン・チョーを大統領とする新政権が発足したことに伴い、国家顧問兼外相となったスー・チーの“後ろ盾”でもあった。

アカエフ, アスカル
Akayev, Askar
1944.11.10〜
キルギス大統領　量子物理学者　[出]ソ連キルギス共和国ケミンスキ地方キジルバイラク(キルギス)　[名]Akayev, Askar Akayevich　[学]レニングラード精密光学機械大学(1968年)卒 工学博士　[歴]コンピューターの専門家で、1976〜86年フルンゼ総合工科大学助教授。科学部の責任者としてキルギス共産党に入り、86年学術部長、89年キルギスタン共和国科学アカデミー総裁を務めた。同年ソ連人民代議員。90年7月ソ連共産党中央委員となり、同年10月キルギスタン共和国最高会議で大統領に選出され、独立宣言後の91年10月初の国民直接選挙で再選。93年5月国名をキルギス共和国と改名。94年1月大統領信任投票で信任。95年12月の大統領選で再選。2000年10月3選。03年6月、退任後の刑事責任を免除すると定めた法案が可決された。ナザルバエフ・カザフスタン共和国大統領と並ぶ中央アジアの改革派指導者として長年に渡って政権を握っていたが、05年2月の議会選挙で与党が圧勝したのを機に、野党など反政府勢力が首都を制圧(チューリップ革命)、辞任に追い込まれた。05年よりモスクワ大学数学教授。

アガザデ, ゴラムレザ
Aqazadeh, Gholamreza
1948〜
イラン副大統領・原子力庁長官, イラン石油相　[出]アゼルバイジャン州ホイ　[学]テヘラン大学数学コンピューター科学科(1975年)卒　[歴]イラン革命後、政府紙「ジョムフリ・エスラミ」の総務責任者、外務次官、副首相を歴任。対イラク戦争中の1982〜85年国民動員本部長(国務相)。85年10月〜97年石油相。97年9月〜2009年7月副大統領兼原子力庁長官。

アキノ, アガピト
Aquino, Agapito
1939.5.20〜2015.8.17
フィリピン上院議員　[出]マニラ　[名]通称＝Aquino, Butz　[学]アテネオ・デ・マニラ大学(哲学)(1957年)卒, マプア工科大学(電子工学)(1959年)卒　[歴]俳優、不動産会社経営を経て、1983年8月フィリピン野党指導者だった兄のベニグノ・アキノJr.が暗殺された後、反政府デモの先頭に立ち、反マルコス市民団体“8月21日運動(ATOM)”代表、“民主回復連合(CORD)”代表に就任。86年2月の大統領選では義理の姉であるコラソン・アキノの選対事務局長を務め、女性初のフィリピン大統領誕生に貢献した。87〜95年上院議員、98年〜2007年下院議員を務めた。通称“ブッツ”。　[家]兄＝ベニグノ・アキノ(Jr.)(フィリピン上院議員), 甥＝ベニグノ・アキノ3世(フィリピン大統領), 義姉＝コラソン・アキノ(フィリピン大統領)

アキノ, コラソン
Aquino, Corazón
1933.1.25〜2009.8.1
フィリピン大統領　[出]マニラ　[名]Aquino, Maria Corazón Cory 旧姓(名)＝Cojuangco　[学]マウント・セント・ビンセント大学(米国)(1953年)卒　[歴]ルソン島の名門コファンコ家の出身。1946年渡米して中・高等教育を受けた後、マウント・セント・ビンセント大学で数学、フランス語を学ぶ。54年ベニグノ・アキノJr.と結婚。夫が反マルコス派の有力上院議員であったため80年より一家で米国に亡命。83年8月帰国途上、マニラ空港で夫は暗殺された。それを契機に政治活動に入り、86年2月の大統領選には野党統一候補として出馬。国民議会はマルコス当選を一旦宣言したが、エンリレ国防相らの反乱によりマルコス一派は失脚・国外亡命、2月25日フィリピン初の女性大統領に就任。“ピープル・パワー革命”の指導者として世界的な注目を集めた。87年新憲法制定国民投票、上下両議院選挙にいずれも勝利。しかし、89年12月国軍海兵隊を中核とする反乱軍による6度目のクーデターが発生、一週間後鎮圧したが、以後辛うじて政権を維持。政治経験の不足から諸勢力の調整に苦しみ、経済失速も招いて、92年6月退任。政界を離れた後は、ベニグノ・アキノ2世財団を拠点に多方面で

活動。日本の三洋電機社外取締役や最高顧問を一時務めた。2010〜16年長男のベニグノ・アキノ3世が大統領を務めた。 [賞]マグサイサイ賞(1998年), ノエル政治指導者賞(国連女性開発基金, 第1回)(1990年), フルブライト賞(1996年) [家]長男＝ベニグノ・アキノ3世(フィリピン大統領), 夫＝ベニグノ・アキノ(Jr.)(フィリピン上院議員), 義弟＝アガピト・アキノ(政治家), いとこ＝エドワルド・コファンコ(Jr.)(コファンコ財閥当主)

アキノ, ベニグノ3世

Aquino, Benigno III

1960.2.8〜

フィリピン大統領 [出]マニラ [名]Aquino, Benigno Simeon Cojuangco III [学]アテネオ・デ・マニラ大学経済学部(1981年)卒 [歴]父はマルコス独裁政権と戦い、マニラ空港で暗殺されたベニグノ・アキノ元上院議員。母はピープル・パワー革命でマルコス政権を打倒したコラソン・アキノ元大統領。"民主主義の申し子"と言われる。1981〜83年家族と米国ボストンで亡命生活。83〜84年非政府組織(NGO)活動に従事。87年母が大統領時代に起きたクーデター未遂事件の際、国軍部隊から銃弾を受けて重傷を負い、権力争いにも巻き込まれた経験を持つ。母の実家が経営する大農園の役員などを経て、98年より下院議員を3期9年務め、2007年上院議員に転進。10年5月大統領に当選、6月就任。15年6月国賓として来日。16年6月任期満了で退任。愛称は"ノイノイ"。熱心なカトリック教徒として知られる。 [家]父＝ベニグノ・アキノ(フィリピン上院議員), 母＝コラソン・アキノ(フィリピン大統領)

アーキフ, ムハンマド・マフディー

Akef, Muhammad Mahdi

1928.7.12〜2017.9.22

ムスリム同胞団最高位導師　イスラム原理主義指導者 [出]エジプト [歴]1940年12歳の時に穏健派イスラム原理主義組織・ムスリム同胞団に入る。54〜74年投獄され、83年よりドイツに暮らす。87年帰国し、同胞団指導部メンバーに。同年エジプト国会議員に当選。96年禁錮3年の刑を言い渡され、99年出獄。2004年最高位導師マアムーン・フダイビーの死去に伴い、7人目の最高位導師に就任。09年退任した。

アクショネンコ, ニコライ

Aksenenko, Nikolai

1949.3.15〜2005.7.21

ロシア鉄道相, ロシア第1副首相 [出]ソ連ロシア共和国ノボシビルスク州ノボアレクサンドロスカ [名]Aksenenko, Nikolai Yemelyanovich [学]ノボシビルスク鉄道工科大学 [歴]1994〜97年ロシア鉄道省次官、98年4月鉄道相を経て、99年5月産業界担当のロシア第1副首相に就任、同年9月鉄道相を兼務。2000年5月プーチン政権下のカシヤノフ内閣で鉄道相再任。02年1月解任される。

アクショーノフ, セルゲイ

Aksyonov, Sergei

1972.11.26〜

クリミア自治共和国首相 [出]ソ連モルダビア共和国ベルツィ(モルドバ) [名]Aksyonov, Sergei Valeryevich [歴]1989年ウクライナのクリミアに移住。91年のウクライナ共和国独立後、クリミア自治共和国のロシア編入を訴える市民団体を設立し、2009年より親ロシア派の小政党"ロシアの統一"党首を務める。14年2月クリミア議会が、親欧米派のウクライナ暫定政権承認の自治共和国首相を解任したのち、ロシア軍と疑われる武装集団が議会を封鎖する中、非公開の密室で後任首相として選出。同年3月クリミア自治共和国において、ロシアへの編入を問う住民投票を行い、ロシア編入賛成票が圧倒的多数を占めたことから、クリミア議会はウクライナからの独立とロシアへの編入を採択。同月プーチン・ロシア大統領が、クリミアの編入を発表した。"小鬼"のあだ名をもち、過去には地元マフィアと関係があったともいわれる。

アクスワージー, ロイド

Axworthy, Lloyd

1939.12.21〜

カナダ外相 [出]サスカチワン州 [学]プリンストン大学卒 Ph.D. [歴]ウイニペグ大学教授を経て、1973年政界入り。79年マニトバ州選出のカナダ下院議員。自由党内閣で80年雇用移民相、83年女性地位相兼運輸相、93年人的資源開発相兼西部経済多様化相を歴任。96年1月から外相。99年8月内閣改造で

留任。対人地雷全面禁止を目指したオタワ・プロセス、北大西洋条約機構の核戦略の見直しなどを先導する。2000年退任し、ブリティッシュ・コロンビア大学世界問題研究センター所長。

アクノフ, トゥルスンベク
Akunov, Tursunbek
キルギス人権擁護運動主宰者　人権活動家　㋔キルギス農業大学卒　㋺モンゴロイド系。大学卒業後、獣医となり、キルギス農業大学のコムソモール（共産主義青年同盟）副書記長などを務める。のち人権活動家として活動を開始。1991年11月キルギス人権擁護運動を創設、93年ウィーンで開かれた国連世界人権会議に参加。ウズベキスタンで人質になった友人の人権活動家を救出、ロシアのチェチェンから人質を連れ帰ったが、政治に関心を持ち、政権批判などで4回逮捕、拘束された経験を持つ。99年8月キルギスで起きた日本人鉱山技師らの拉致事件で人質交渉役にあたる。2000年10月大統領選に出馬するが落選。

アクフォアド, ナナ・アド・ダンクワ
Akufo-Addo, Nana Addo Dankwa
1944.3.29〜
ガーナ大統領　㋭アクラ　㋔ガーナ大学（1967年）卒　㋺フランスで弁護士として活動後、1975年ガーナに帰国。30代から政治活動を始め、92年新愛国党（NPP）の設立メンバーに。2001〜03年ガーナ法相兼検事総長、03〜07年外相。08年、12年の大統領選に出馬したが敗北。16年12月の大統領選で現職のジョン・ドラマニ・マハマを破って当選。17年1月平和裏に政権交代が行われ、大統領に就任。

アクブルト, イルディルム
Akbulut, Yildrim
1935〜
トルコ首相, トルコ祖国党総裁（党首）　㋭エルジンジャン　㋔イスタンブール大学卒　㋺弁護士として活躍したのち、1983年トルコ国会議員に初当選し政界入り。すぐに国会副議長に抜擢され、86〜87年内相。87年国会議員に再選後、同議長。89年11月オザル大統領の指名により首相、次いで祖国党総裁に就任した。91年6月党首選挙でイルマ

ズ元外相に敗れ、首相も辞任。92年12月新党結成のため離党。実務家タイプ。

アクンジュ, ムスタファ
Akinci, Mustafa
1947.12.28〜
北キプロス・トルコ共和国大統領　㋭キプロス・リマソール　㋔中東工科大学（トルコ・アンカラ）卒　㋺1976〜90年、南北に分断されたニコシア（トルコ名・レフコシャ）の北キプロス側の市長、93年〜2009年北キプロス議会議員、1999年〜2001年副首相を経て、15年4月大統領選で当選。同年5月国連仲介の下、キプロス再統一に向けたキプロスとの直接交渉が再開される。北キプロス・トルコ共和国はトルコのみ承認しており、国際的には認められていない。

アグン・ラクソノ
Agung Laksono
1949.3.23〜
インドネシア国会議長, ゴルカル党副党首　㋭中ジャワ　㋺1970年代からインドネシア改革青年世代（AMPI）、インドネシア青年企業家協会（HIPMI）、職能団体ゴルカル・ジャカルタ支部で活動し、83〜88年AMPI会長、83〜86年HIPMI会長を務める。87年国会（DPR）・国民協議会（MPR）議員となり、97〜98年国民協議会ゴルカル会派の副会派長を経て、スハルト政権最後の内閣で青年・スポーツ国務相として入閣、98〜99年ハビビ政権でも留任。98年〜2009年政党となったゴルカル党の副党首として、アクバル・タンジュン党首・国会議長を支える。04年国会議長に選出されたが、直後にタンジュンとユスフ・カラ副大統領が争ったゴルカル党首選でカラ支持に回り、カラ選出後与党となった同党の副党首を務めた。09年から第2次ユドヨノ政権で国民福祉調整相として再入閣。

アーサー, オーエン
Arthur, Owen
1949.10.17〜
バルバドス首相, バルバドス労働党（BLP）党首　経済学者　㋔ウェスト・インディーズ大学（ジャマイカ）卒　㋺1983年バルバドス上院議員、84年下院議員。93年7月バルバドス労働党（BLP）党首に就任。94年9月総

選挙でBLPが勝利し、首相に就任。2003年
5月3選。08年1月退陣。

アーサ・サラシン

Arsa Sarasin

1936〜

タイ外相, タイ日協会会長　㋫ダルウィッチ
大学（英国）（1953年）卒, ウイルブラハム・
アカデミー（米国）（1955年）卒, ジョンズ・
ホプキンズ大学（1957年）卒, ボストン大学
卒　㋭"タイのケネディ家"といわれる名門
サラシン一族の出身。1959年タイ外務省に
入省。在日大使館、在マレーシア大使館書
記官などを経て、73年東南アジア局長、77
年駐ベルギー大使、80年政務局長、82年外
務次官、86年駐米大使を歴任。89年パーン
デ・インダストリー社長。91年3月〜92年3
月暫定政権外相、同年5月〜9月第2次暫定政
権外相を務めた。94年タイ日協会会長に就
任。　㋕父＝ポット・サラシン（タイ首相），
兄＝パオ・サラシン（タイ副首相），ポン・サ
ラシン（元タイ副首相）

アサド, バッシャール・アル

Assad, Bashar al

1965.9.11〜

シリア大統領, バース党書記長　軍人　㋫
ダマスカス　㋱ダマスカス大学医学部（1988
年）卒, シリア軍事高等アカデミー戦車大隊
指揮官コース修了　㋭ハフェズ・アル・ア
サド大統領の二男。1989〜92年兵役の一環
として軍事病院に中尉として勤務。その後、
英国ロンドン大学で眼科医の専門教育を受
けていたが、94年1月大統領の後継とされて
いた長兄バシル少佐が交通事故死したため、
シリアに呼び戻され父の側近として軍や情
報機関を掌握しながら帝王学を学ぶ。95年1
月少佐、97年7月中佐を経て、99年1月大佐。
特命でシリアの強い影響下にあるレバノン
問題を担当。インターネット、携帯電話解禁
後、シリア情報科学協会会長を務める。2000
年6月大統領の父が死去、陸軍大将に昇格し、
軍最高司令官に就任。同月支配政党・バー
ス党書記長に選出されて後継大統領候補と
なり、7月国民投票で信任され大統領に就任。
07年7月2期目、14年3期目に再選。スンニ派の
アスマ・アハラスと00年に結婚。　㋕父＝
ハフェズ・アル・アサド（シリア大統領），叔
父＝リファート・アル・アサド（元シリア副
大統領）

アサド, ハフェズ・アル

Assad, Hafez al

1930.10.6〜2000.6.10

シリア大統領　軍人　㋫ラタキア・カルダハ
㋱シリア空軍士官学校（1955年）卒　㋭1946
年バース党に入党。51年シリア学生連合議
長。シリア士官学校卒業後、空軍パイロッ
トとして英国、ソ連に留学。65年3月空軍司
令官、66年2月国防相。68年10月、69年3月
の政変を通じてバース党と軍部の実権を握
り、70年11月無血クーデターで全権を掌握
し、首相兼国防相となる。71年3月大統領に
就任。同年5月党書記長に選出され、独裁体
制を確立。99年2月大統領に5選。67年の第
3次中東戦争で戦略的要衝のゴラン高原をイ
スラエルに奪取されたのち一貫してアラブ
強硬路線をとり、"アラブの獅子（アサド）"
として名をはせた。また冷戦時代はソ連寄
りの姿勢をとっていたが、90年イラクによ
るクウェート侵攻後、湾岸戦争では米軍主
導の多国籍軍に参加。イスラエルに対して
は常に強硬な姿勢を見せる一方、米国との
関係を改善して、中東和平に強い指導力を発
揮。現実的な政治感覚を備える中東の盟主
として知られた。空軍中将。イスラム教徒
少数派のアラウィ教徒。　㋕弟＝リファー
ト・アル・アサド（元シリア副大統領），二
男＝バッシャール・アル・アサド（シリア大
統領）

アサド, リファート・アル

Assad, Rifaat al

シリア副大統領　㋭1984年兄のアサド大統
領により副大統領に指名される。後継者を
めぐる大統領との確執から数ヶ月後に事実
上の国外追放となり、92年に帰国を許され
るまでパリなどで生活。のち将軍、バース
党幹部の地位も外される。98年2月副大統領
を解任され、一時自宅軟禁状態に置かれる。
㋕兄＝ハフェズ・アル・アサド（シリア大統
領），甥＝バッシャール・アル・アサド（シ
リア大統領）

アザリ, アスマニ

Azali, Assoumani

1959.1.1〜

コモロ大統領　軍人　㋫ミツジェ　㋱モロッ
コ士官学校（1981年）卒, モンペリエ歩兵学
校（フランス）（1986年）卒, フランス軍高等

研究所外国人課程修了　㊗1981年コモロ軍に入隊。ジョハル政権下で新生のコモロ自衛軍司令官。98年大佐となりコモロ軍参謀総長に就任。99年4月クーデターにより政権を掌握、5月大統領に就任。2002年4月新憲法下での大統領選で当選。06年5月退任。16年2～4月の大統領選で当選、5月就任。通算2期目。

アザロフ, ミコラ
Azarov, Mykola
1947.12.17～
ウクライナ首相　地質学者　㊙ソ連ロシア共和国カルガ州（ロシア）　㊇Azarov, Mykola Yanovych　旧姓（名）＝Pakhlo, Nikolai Yanovych　㊎モスクワ大学卒 Ph. D.　㊗もとは地質学者で、1984年から11年間ウクライナのドネーツク州の鉱山地質研究所で副所長、所長を務める。94年ウクライナ国会議員に選出され、国税庁長官を6年間務める。2002年11月ヤヌコヴィッチ首相のもとで第1副首相兼財務相に任命され、04年12月オレンジ革命により首相が辞任したため、1ケ月間首相代行を務めた。06年ユーシェンコ大統領と連立を組んだヤヌコヴィッチ首相の下で再び第1副首相兼財務相に就任。07年12月ティモシェンコ首相が返り咲いた際は、野党となった地域党の影の財務相としてヤヌコヴィッチを支えた。10年2月ヤヌコヴィッチが大統領選で勝利したことに伴い、地域党の党首となり、3月首相に就任。12年10月の最高会議選の実施に伴い辞任。12年12月～14年1月首相再任。

アジ, ブカリ
Adij, Boukari
1939～
ニジェール暫定内閣首相, 西アフリカ諸国中央銀行副総裁　㊙セネガルに本部を置く西アフリカ諸国中央銀行副総裁を経て、1996年クーデターを率いたメナサーラ大佐によって首相に任命され、同年2～12月ニジェール暫定内閣首相を務めた。97年～2002年再び西アフリカ諸国中央銀行副総裁。

アジズ, サルタジ
Aziz, Sartaj
1929.2.7～
パキスタン外相　㊙インド・カイバル・パク

トゥンクワ州マルダン（パキスタン）　㊎ハイレー・カレッジ（1949年）卒, ハーバード大学大学院（1963年）修了　㊗1971～84年イタリア・ローマでの米国ワールド・フード評議会の要職などを経て、85年からパキスタン上院議員。84～88年食料・農業相、90～93年財政・経済相を歴任。97年外相に就任。99年10月軍事クーデターにより解任された。2013年より国家安全保障・外務担当首相顧問を務める。

アジズ, シャウカット
Aziz, Shaukat
1949.3.6～
パキスタン首相　銀行家　㊙シンド州カラチ　㊎カラチ大学卒 M.B.A.（カラチ大学）㊗1969年米国大手銀行のシティバンクに入行。10ケ国以上で銀行業務に従事。97年7月からプライベートバンク・グループのグローバルヘッド（総合責任者）を務める。99年10月クーデターにより成立したムシャラフ軍事政権で財務・経済相に就任。2004年8月首相となり、財務・経済相を兼任。破綻寸前に陥っていたパキスタン経済の再建に貢献した。07年11月退任。

アジズ, タリク・ミハイル
Aziz, Tariq Mikhail
1936～2015.6.5
イラク副首相・外相　㊙モスル近郊　㊎バグダッド大学文学部（1958年）卒　㊗イラクで少数派のキリスト教徒のアッシリア人。1958年バース党事務局に入り、63年党機関紙の編集主幹に就任。65年弾圧を受けシリアに亡命。68年バース党の革命後、69年党機関紙「アッサウラ」編集長、72年党最高幹部。74年イラク文化情報相に抜擢され、77年革命評議会会員、79年副首相、83年から外相を兼務。イラン・イラク戦争でイラクが劣勢に追い込まれた中で、欧米、共産圏、アラブ諸国を東奔西走し、停戦外交を切り回し、"タフな交渉者"の異名をとる。84年訪米、17年振りに米国と国交回復に尽力。88年からは対イラン和平交渉で非妥協を貫く。90年8月のイラクのクウェート侵攻では、デクエヤル国連事務総長やゴルバチョフ・ソ連大統領と会見するなど活発な外交を展開したが、91年1月ついに湾岸戦争へ突入した。3月戦争終結後の内閣改造で副首相専任とな

る。97年より国連による大量破壊兵器の査察を拒否し、98年2月には米国などによる武力制裁の緊張が高まるが、アナン国連事務総長の調停を受け、大量破壊兵器の廃棄に関する合意文書に署名。2001年4月外相代行を兼務。03年3月米英軍とのイラク戦争が勃発、5月バグダッドは制圧されフセイン政権は崩壊、米軍に拘束された。同年フセイン政権下で貿易商ら約40人を不当に処刑した罪などで有罪判決を受け服役した。10年10月イラクの高等法廷は、イスラム教シーア派政党弾圧に関与したとして死刑判決を言い渡した。同月バチカンはこの判決を非難するとともに刑の執行停止を求める声明を発表した。

アジズ, ラフィダ

Aziz, Rafidah

1943.11.4～

マレーシア通産相 ㉝マラヤ・ペラ州スラマ（マレーシア） ㉞Aziz, Tan Sri Paduka Rafidah ㉕マラヤ大学経済学部卒, マラヤ大学大学院経済学専攻修士課程修了 ㉟大学在学中に与党第1党の統一マレー国民組織（UMNO）の要請で政治活動に乗り出し、1974年マレーシア上院議員、78年下院議員に当選後、80年公共事業相を経て、87年通産相に就任。2008年退任。一方、1996年までUMNO女性部長を12年間務める。2000年5月再びUMNO女性部長に当選。1988～89年の間に5度も来日し、各地で投資セミナーを開いて日本企業の誘致に当たる。

アシュクロフト, ジョン

Ashcroft, John

1942.5.9～

米国司法長官 ㉝イリノイ州シカゴ ㉕エール大学卒, シカゴ大学大学院（法律）修了 法学博士 ㉟1973年までサウス・ウエスト・ミズーリ州立大学準教授を務める。73～75年ミズーリ州会計検査官、75～77年同州司法長官補、77～84年同州司法長官、85～93年同州知事を経て、95年より同州選出の上院議員。2000年の上院選ではメル・カーナハン民主党候補と争うはずだったが、カーナハンは候補者差し替えの締め切り後に飛行機事故で死亡した。しかし、事故が候補者差し替えの締め切り後に起きた為、選挙規定により立候補が死亡後も有効となり、亡く

なったカーナハンに敗れ落選。01年2月ブッシュJr.政権1期目の司法長官に就任。05年1月退任。上院議員時代は司法委員会にも在籍し、立法や法の施行に精通。また妊娠中絶に反対するなど保守色が強く、対テロ捜査では司法当局の権限強化を提唱した。

アシュダウン, パディ

Ashdown, Paddy

1941.2.27～

英国自由民主党（LDP）党首 ㉞Ashdown, Jeremy John Durham ㉕ベドフォード・スクール卒 ㉟外交官を経て、1983年から自由党下院議員、同党スポークスマン。88年3月自由党と社民党の一部が合併し社会自由民主党（SLD）が成立、同年7月SLD党首に就任。89年10月自由民主党（LDP）に改称。99年6月党首を辞任。

アシュトン, キャサリン

Ashton, Catherine

1956.3.20～

欧州連合（EU）外交安全保障上級代表（外相）, EU欧州委員会副委員長, 英国終身上院議員（労働党） 外交官 ㉝ランカシャー州 ㉞Ashton of Upholland, Catherine Margaret ㉕ロンドン大学卒 Ph.D. ㉟ロンドン大学で経済学を学ぶ。卒業後は働く身体障害者の地位向上や恵まれない子どもへの支援、核軍縮、人権活動などに取り組み、チャールズ皇太子の慈善団体幹部を経て、1999年一代貴族となり労働党の終身上院議員。2007年6月議院運営を統括する上院院内総務（閣僚級）に就任。枢密院議長も兼任。労働党政権では法務政務次官も務めた。08年10月議員を休職して欧州連合（EU）の通商担当欧州委員に就任し、韓国との自由貿易協定（FTA）の締結、世界貿易機関（WHO）の多角的貿易交渉（ドーハ・ラウンド）などを担当。交渉能力への評価が高く、09年11月新設のEU外交・安全保障上級代表（外相）に選出、12月就任。EU欧州委員会副委員長兼務。14年退任。 ㉞夫＝ピーター・ケルナー（世論調査会社代表）

アシュラウィ, ハナン

Ashrawi, Hanan

1946.10.8～

パレスチナ自治政府高等教育相、中東和平交

渉パレスチナ代表団スポークスマン　人権活動家，英文学者　㉵ナーブルス　㉛Ashrawi, Hanan Daoud Khalil　㊙ベイルート・アメリカン大学 文学博士（バージニア大学）　㊴学生時代，パレスチナ人学生総同盟の国際会議へ唯一の女性として代表団に参加。米国留学後，ビルゼイド大学（西岸）で英文学を教える。1974年以降，女性の人権活動を展開。80年代，イスラエル軍によるパレスチナ人の弾圧，女性の権利などに関して積極的に発言し，占領地の有力なパレスチナ人指導者の一人として注目される。87年第1次インティファーダ（反イスラエル抵抗闘争）に参加。88年米国のABCテレビの人気討論番組「ナイトライン」に出演，パレスチナ人の心情を語り，一躍有名に。以後，世界各地から講演など依頼が殺到。欧米のメディアに頻繁に出演し，イスラエル占領地で苦しんできたパレスチナ人の "顔" として国際支援を訴えた。91年マドリードで行われた中東和平会議では，英語力を買われパレスチナ代表団の一人に起用される。93年パレスチナ代表団スポークスマンを辞任。94年パレスチナ先行自治行政府の閣僚に任命されるが辞退。96年1月パレスチナ初の民主選挙である自治評議会（国会）議員選挙で当選。同年6月〜98年高等教育相を務める。2001年7月〜02年アラブ連盟報道官。現在はパレスチナ解放機構（PLO）幹部。米国の人気キャスター，ピーター・ジェニングスやラリー・キングらと交流がある。キリスト教徒。

アシュラフ, ラジャ・ペルベズ
Ashraf, Raja Pervez
1950.12.26〜
パキスタン首相　㉵シンド州サングハル　㊙シンド大学（1970年）卒　㊴実業界を経て政界入り。2002年パキスタン人民党（PPP）から下院議員に初当選。08年再選。同年ギラニ内閣で水利・電力相，12年4月情報技術相。ギラニ首相の失職に伴い，6月下院で首相に選出され就任。13年3月連立政権が5年の任期を満了し退任。

アスナール・ロペス, ホセ・マリア
Aznar López, José María
1953.2.25〜
スペイン首相，スペイン国民党党首　㉵マドリード　㊙コンプルテンセ大学法学部卒

㊴ジャーナリストの祖父，父を持つ。大学卒業後，経済財政省税務検査官に。1978年スペイン国民同盟（現・国民党）に入党，82年29歳で下院議員に当選。同年同党副幹事長を経て，90年党首に就任。同世代の若手を結集し，フランコ派残党の影響力を排除，リベラルで中道な政党へ脱皮させた。95年爆弾テロを奇蹟的に免れた際，冷静沈着な態度で国民に強い感銘を与えた。96年3月総選挙で第1党になり，5月首相に就任。2000年3月の総選挙でも国民党は圧勝し，4月再任。03年イラク戦争への参加で国民の支持が低下し，04年3月の総選挙で社会労働党に敗れる。同年4月退任。その後，国民党のシンクタンクFAES総裁に就任。10年イスラエル友好イニシアチブを設立。　㉟妻＝アナ・ボテージャ（元マドリード市長）

アスピン, レス
Aspin, Les
1938.7.21〜1995.5.21
米国国防長官，米国下院議員（民主党）　㉵ウィスコンシン州ミルウォーキー　㊙エール大学（1960年）卒，オックスフォード大学経済学修士課程修了 経済学博士（マサチューセッツ工科大学）（1965年）　㊴1960年プロクシマイア上院議員補佐官，63年ケネディ政権のヘラー大統領経済諮問委員長補佐官を経て，66〜68年経済研究員の陸軍大尉として軍務に就く。70年32歳で地元ウィスコンシン州から下院議員（民主党）に初当選以来，連続12期当選。当初はベトナム戦争に反対しリベラルと見られたが，85年下院軍事委員長に選出されて以後軌道修正，90年の湾岸危機では軍事介入の必要性を主張した。93年1月クリントン政権の国防長官に就任。94年1月辞任。95年2月中央情報局（CIA）などの運営を横断的に調査・効率化する政府・議会共同の諮問組織 "諜報組織の役割・能力に関する委員会" 委員長。理論家肌の防衛専門家として知られた。

アズレ, オードレ
Azoulay, Audrey
1972.8.4〜
フランス文化・通信相，国連教育科学文化機関（UNESCO）事務局長　㉵パリ　㊙パリ政治学院（1996年）卒，国立行政学院（ENA）（2000年）卒　㊴パリ郊外のモロッコ系ユダ

ヤ人家庭に生まれ、幼少期はフランスとモロッコで過ごす。学生時代から反保守派、反極右などのデモに参加。官僚として放送・文化行政などに携わった後、2014年社会党のフランソワ・オランド大統領に抜擢され大統領顧問に就任。16年2月～17年5月文化・通信相。17年11月国連教育科学文化機関(UNESCO)事務局長に就任。学生時代に知り合った夫との間に1男1女がある。

アゼベド, ロベルト

Azevêdo, Roberto

1957.10.3～

世界貿易機関(WTO)事務局長　外交官　[出]バイア州サルバドール　[名]Azevêdo, Roberto Carvalho de　[学]ブラジリア大学電子工学部卒　[歴]1984年ブラジル外務省に入省。外交官として貿易畑一筋に歩み、2001～05年外務省世界貿易機関(WTO)紛争解決ユニット長、06～08年経済・技術問題担当外務副次官を経て、08年在ジュネーブWTO担当大使となり、WTO交渉に携わる。13年9月中南米出身者として初めてWTO事務局長に就任。17年2月再選され、9月2期目就任。英語、フランス語、スペイン語に堪能。

アタフ, アハメド

Attaff, Ahmed

1953.7.10～

アルジェリア外相　[歴]1989～92年駐ユーゴスラビア大使、92～94年駐インド大使を経て、96年～2000年アルジェリア外相。

アダミ, エドワード・フェネク

Adami, Edward Fenech

1934.2.7～

マルタ大統領　[出]ビルキルカラ　[学]バレッタ大学卒　[歴]1961年マルタ国民党入党。弁護士を経て、69年国会議員となり、77年国民党党首に就任。87～96年首相。98年9月国会選挙で過半数を獲得、2年ぶりに首相となる。2004～09年大統領。1990年、2004年来日。

アダムクス, ワルダス

Adamkus, Valdas

1926.11.3～

リトアニア大統領　[出]ソ連リトアニア共和国カウナス(リトアニア)　[学]ミュンヘン大学, イリノイ工科大学(1960年)卒　[歴]第二次大戦中、リトアニアの独立運動でソ連赤軍との戦闘に参加した後、1944年ドイツに脱出し、49年両親らとともに米国に移住。シカゴの自動車部品工場で働いた後、60年イリノイ工科大学を卒業。リトアニア系米国移民組織で活動し、70年代から米国環境保護局(EPA)関係の仕事に従事。EPA中西部地区管理事務所長を経て、97年リトアニアに再移住。98年1月中間派勢力の支持を受け大統領選に当選、2月就任。2003年1月大統領選で落選、2月退任。04年6月大統領選に再選し、7月就任。09年退任。

アダムズ, ジェリー

Adams, Gerry

1948.10.6～

シン・フェイン党党首　[出]北アイルランド・ベルファスト　[名]Adams, Gerald　[歴]高校卒業後、パブで働き、カトリック過激派共和派の活動家となる。1972年裁判なしで4ケ月間逮捕。72年7月アイルランド共和軍(IRA)代表として英政府との秘密交渉にあたるが決裂、武闘路線に戻る。78年IRAの政治組織シン・フェイン副党首。83年西ベルファスト選挙区から英国下院議員に立候補し初当選。同年よりシン・フェイン党首。87年総選挙で再選、92年落選。95年訪米。97年～2011年同下院議員。北アイルランドの英国からの独立を求め、全島のアイルランド共和国実現を目標に政治闘争を続ける。11年2月北アイルランド下院議員。政治的見解を綴った著書のほか、短編小説集も出版している。

アタムバエフ, アルマズベク

Atambayev, Almazbek

1956.9.17～

キルギス大統領・首相, キルギス社会民主党(PSD)創設者　[出]ソ連キルギス共和国チュイ州(キルギス)　[名]Atambayev, Almazbek Sharshenovich　[学]モスクワ経営大学(1980年)卒　[歴]ソフホーズ(国営農場)の労働者家庭の出身。1980年モスクワ経営大学を卒業後、ソ連キルギス共和国通信省に技師として勤務。ソ連崩壊後は企業経営に乗り出し、93年キルギス社会民主党(PSD)を結成。95年キルギス議会上院議員、99年PSD党首となる。2000年大統領選に出馬するが、敗北。05年経済発掘・産業・貿易相、06年バキエ

フ大統領と対立し辞職。07年3月同大統領の指名で首相に就任したが、同年11月辞任して野党側に戻る。09年同大統領の任期満了による大統領選に出馬するが、バキエフに敗れる。10年4月バキエフ政権を倒した政変に加わり暫定政府で第1副首相。同年12月3党の連立政権が樹立し、首相に就任。大統領から議会に多くの権限を移した議院内閣制が始まる。11年10月大統領に当選、12月就任。17年11月退任。

アーダン, ジャシンダ

Ardern, Jacinda
1980.7.26〜

ニュージーランド首相 ㊐ハミルトン ㊎ワイカト大学（2001年）卒 ㊕小学生時代に父の転勤先の北部の町で、林業の民営化により多くの人々が失業して苦しむ姿を目の当たりにしたことがきっかけで政治家を志す。17歳で労働党に入党。2001年大学卒業後、ヘレン・クラーク首相のスタッフとなり、08年の総選挙でニュージーランド国会議員に初当選。17年3月ニュージーランド労働党副党首を経て、同年8月党首に選出されると、労働党は急速に支持率を伸ばし、同年10月の総選挙で前回総選挙時より獲得議席を15議席増やす。第3党となったニュージーランド・ファースト党は第1党の国民党ではなく労働党と連立を組むことを決めたため9年ぶりの政権交代が実現、37歳で連立政権の首相に就任。パートナーはテレビ番組司会者。

アチット・ウライラット

Arthit Ourairat
1938〜

タイ外相 ㊐チャチェンサオ ㊎チュラロンコン大学政治学部卒 行政学博士（コロラド大学） ㊕一族は病院、私立大学、会社などを幅広く経営。大学卒業後、公務員となり、1975年のバンコク知事選に立候補したが落選。病院、私立大学、ホテル経営やプレム元首相の副秘書官を務めた後、84年首都水利局長となる。88年タイ地域行動党（のちタイ連帯党に合併）から立候補し、下院議員に初当選。90年12月外相、92年4月下院議長、のち保健相、99年7月内閣改造により科学技術・環境相を歴任。

アチット・カムランエク

Arthit Kamlangek
1925.8.31〜2015.1.19

タイ副首相, タイ国軍最高司令官 軍人 ㊐バンコク ㊎タイ陸軍士官学校（1948年）卒 ㊕1950年朝鮮戦争、70年ベトナム戦争にタイ派遣軍の戦闘将校として参加。77年陸軍第3師団司令官、79年同第1師団団司令官、80年第2軍管区副司令官。81年4月のクーデター鎮圧に貢献。同年第1軍管区司令官、首都平和維持軍司令官、陸軍司令官補を経て、82年10月陸軍司令官兼国軍最高副司令官、83年10月国軍最高司令官兼陸軍司令官。86年8月退役。88年野党のタイ万民党党首となり、同年8月チャチャイ内閣に副首相として入閣。91年2月副国防相兼任。同月23日国軍無血クーデターにより、チャチャイ首相とともに身柄を拘束された。92年9月下院議員。94年12月〜95年7月第4次チュアン内閣の副首相。退役陸軍大将。

アッタス, ハイダル・アブ・バクル・アル

Attas, Haidal Abu Bakr al
1939〜

イエメン首相 ㊕土木工学の専門家。1969年から南イエメン公共事業相、75年通信相、77年建設相を歴任。また72年イエメン社会党中央委員、85年同政治局員。86年2月南イエメン政変でムハマド大統領が失脚し、大統領に。90年5月北イエメンと統合され、新国家・イエメン共和国が成立、初代首相に就任。93年5月南北統一後初の総選挙を経て留任。94年5月南北の対立から樹立されたイエメン民主共和国の首相に選出される。

アッバス, サアディ・トゥマ

Abbas, Saadi Toamma

イラク国防相, イラク労働社会問題相 軍人 ㊕陸軍師団長、次席参謀長、軍査察長官を経て、1990年12月国防相に就任。湾岸戦争時（91年1〜2月）の国防相で、多国籍軍との停戦、戦後の内乱鎮圧に当った後、91年4月大統領軍事顧問に就任。98年労働・社会問題相に就任。

アッバス, マフムード

Abbas, Mahmoud
1935.3.26〜

パレスチナ自治政府議長, パレスチナ解放機構（PLO）議長　[出]サファド（イスラエル）　[名]通称＝アブ・マゼン〈Abu Mazen〉　[学]ダマスカス大学法学部卒, モスクワ大学卒 博士号（モスクワ大学）　[歴]1948年の第1次中東戦争でパレスチナを脱出、シリアのダマスカスで法律を学ぶ。57年カタールに亡命中、アラファト・パレスチナ解放機構（PLO）議長らの祖国解放運動に共鳴し、65年PLO主流派のファタハに参加。以後アラファト議長の右腕となり、中央委員を経て、80年PLOの内閣に相当する執行委員会メンバーに選出される。87年4月PLO民族・国際関係局長。89年ファタハ議長。アブー・ジハード、アブー・イヤドらPLOの実力者が暗殺されて以後、PLOナンバー2となる。93年イスラエルとの秘密交渉を取り仕切り、9月PLO代表として米国ホワイトハウスにおける歴史的なパレスチナ暫定自治宣言（オスロ合意）に導く。96年5月PLO事務局長、パレスチナ自治政府和平交渉代表。2003年4月パレスチナ自治政府初代首相に就任、内相も兼務。同年6月米国のブッシュJr.大統領、イスラエルのシャロン首相との3者会談で“イスラエルとパレスチナ2国家の平和的共存”を実現させる決意を宣言し、同年7月シャロン首相との首脳会談を行う。同年9月和平プロセスの推進をめぐってアラファト議長と対立し首相を辞任。04年11月アラファト議長の死去に伴いPLO議長に就任。05年1月パレスチナ自治政府議長に当選。対話による紛争決着を目指す穏健派で、同年2月シャロン首相との会談で停戦を宣言。06年初めて選挙に参加したイスラム原理主義組織ハマスが議会の過半数を得、ハマスのイスマイル・ハニヤ首相を承認。07年3月ハマスとファタハの合意がなされ、ハニヤ首相の下で挙国一致内閣が誕生したが、ハマスとファタハの抗争が激化し、6月ハニヤ首相を罷免。09年8月ファタハ議長に再選。12年2月暫定内閣の首相兼務。1970年代にモスクワ大学で博士号を取得した学究肌の知略家で、国際法やパレスチナ離散に関する著作もある。

アディカリ, マン・モハン

Adhikari, Man Mohan

1920.6.22～1999.4.26

ネパール首相, ネパール統一共産党（UML）議長　[出]カトマンズ　[学]ヒンズー大学（自然科学）卒　[歴]インドのヒンズー大学に留学中、1942年反英帝国主義運動に加わり、1年半の獄中生活を送る。出獄後帰国し、49年ネパール共産党創設に参加、53年書記長。55～58年中国へ留学。帰国後、政党活動の非合法化で逮捕され、獄中生活通算20年。90年民主化運動で統一左翼戦線を指導、国王親政のパンチャヤト制度廃止に導いた。91年下院議員。92年ネパール統一共産党（UML）議長。94年11月総選挙で第1党となり、95年9月まで首相を務めた。

アーデル, ヤーノシュ

Áder, János

1959.5.9～

ハンガリー大統領　[出]チョルナ　[学]エトベシュ・ロラーンド大学法学部卒　[歴]フィデス・ハンガリー市民連盟が設立された1988年より活動に参加。民主化後の90年ハンガリー国会議員、2009年欧州議会議員に当選。12年1月に施行されたハンガリー新憲法の草案作成にも携わった。論文盗用問題で任期途中に辞任したシュミット大統領の後任として、同年5月大統領に就任。17年5月再任。

アドバニ, ラル・キシャンチャンド

Advani, Lal Kishanchand

1927.11.8～

インド内相, インド人民党（BJP）総裁　[出]英領インド・カラチ（パキスタン）　[歴]パキスタンの分離独立後インドに移住。ヒンズー教原理主義団体の民族義勇団ジャンサン党に参加。1965年ジャンサン党副総裁。70年インド上院議員。73年ジャンサン党総裁。75～77年非常事態令で投獄、77年人民党書記長。77～79年情報・放送相。80年インド人民党（BJP）結成で書記長、86～90年総裁。93年総裁に復帰、2005年まで務めた。1996年1月汚職防止法違反で起訴。98年～2004年内相。1998～99年パキスタンと領有権を争うカシミール問題を担当するジャム・カシミール州担当相兼任。2002～04年副首相。04年下院野党リーダー。09年の総選挙ではインド国民会議派が率いる与党連合に敗れた。

アナスタシアディス, ニコス

Anastasiades, Nicos

1946.9.27～

キプロス大統領　[出]リマソル　[学]アテネ大学, ロンドン大学研究課程（海商法）（1971

年）修了　㉟1972年よりリマソルで弁護士として活動。81年よりキプロス国会議員。87年キプロス民主運動党（DISY）の青年組織・NEDISY代表。95年DISY副党首を経て、97年～2003年党首。この間、1996年～2001年国会副議長。13年2月の大統領選の決選投票で当選、同月就任。18年2月大統領選決選投票を制し、再選。

アナン, コフィ・アッタ
Annan, Kofi Atta
1938.4.8～
第7代国連事務総長　外交官　㊐英領黄金海岸アシャンティ地方クマシ（ガーナ）　㊎クマシ科学技術大学（1958年）卒, マカレスター・カレッジ（米国）経済学部（1961年）卒, マサチューセッツ工科大学大学院経営学（1972年）修士課程修了　㊙父は首長。クマシ科学技術大学を卒業後、1959年から米国ミネソタ州のマカレスター・カレッジ留学などを経て、62年国連本部事務局入り。世界保健機関（WHO）行財政担当官、国連本部事務局予算部長、行財政局財務官などを歴任。92～93年平和維持活動（PKO）局次長、93～96年PKO担当事務次長。この間、95年10月から半年間、旧ユーゴスラビア担当国連特別代表を務めた。97年1月第7代国連事務総長に就任。以後、人権保護、南北格差是正、地域紛争対策などに尽力。98年2月国連による大量破壊兵器の査察を拒否し米国などによる武力制裁の緊張が高まっていたイラクを訪問、調停にあたりアジズ副首相と大量破壊兵器の廃棄の実施に関する合意文書に署名した。エイズ問題にも積極的に取り組み、2001年6月国連史上初の特別総会を開催。同年12月世界の紛争解決や平和維持への貢献などが評価され、国連本体とともにノーベル平和賞を受賞。02年1月再任。その後もイラクへの武力制裁阻止に取り組んだが、03年米国らによるイラク攻撃を阻止できず、イラク戦争が勃発した。2期10年間事務総長を務め、06年12月退任。07年コフィ・アナン財団理事長。12年2月～8月反体制派への武力弾圧が続くシリアをめぐり、国連とアラブ連合合同のシリア危機担当特使を務める。02年1月、04年2月来日。夫人はスウェーデン人法律家。㊟旭日大綬章（日本）（2007年）㊟ノーベル平和賞（2001年）, 中央大学名誉博士号（日本）（1997年）, ソウル平和賞（第4回）（1998年）　㊟妻＝ナーネ・アナン

（法律家）

アナン・パンヤラチュン
Anand Panyarachun
1932.8.9～
タイ暫定首相　外交官　㊐バンコク　㊎キリスト教大学（バンコク）卒, ケンブリッジ大学法学部（英国）卒　㊙名門一家に生まれ、1955年タイ外務省入省。エリート官僚として67年国連大使兼駐カナダ大使、72年駐米大使、76年外務次官を歴任。ベトナム戦争後の米軍撤退、対中国正常化交渉、対インドシナ諸国との関係正常化などで活躍した。76年10月軍事クーデターにより駐西ドイツ大使に左遷、78年同大使を最後に外務省を退官。79年民間に転出し、ユニオン・テキスタイル社理事、サイアム商業銀行理事などを歴任。85年有力財閥サハ・ユニオン・グループ会長に就任したほか金融、不動産など10数社の役員に就き、90年5月日本の経団連に当たるタイ工業連盟（FTI）会長。91年2月の軍事クーデターにより、同年3月総選挙までの暫定首相に就任。付加価値税（VAL）導入などの改革を手がけた。92年4月退任するが、"血の五月事件"の騒乱収拾のため、6月～9月再び暫定首相を務めた。96年よりユニセフ（国連児童基金）親善大使。97年の新憲法制定に際しては草案作成委員長として実質的な指揮を執り、マグサイサイ賞を受けた。　㊟マグサイサイ賞（政府サービス部門）（1997年）

アニェリ, スサンナ
Agnelli, Susanna
1922.4.24～2009.5.15
イタリア外相　㊐トリノ　㊟1974～84年モンテ・アルジェンタリオ市長、76～83年イタリア下院議員、79～81年欧州議会議員、83年上院議員、86年外務次官を経て、92～96年外相。92年よりイタリア・テレソン財団理事長を務めた。　㊟兄＝ジョバンニ・アニェリ（フィアット名誉会長）, 弟＝ウンベルト・アニェリ（フィアット会長）, 祖父＝ジョバンニ・アニェリ（フィアット創立者）

アニファ・アマン
Anifah Aman
1953.11.16～
マレーシア外相　㊐英領北ボルネオ・クニン

ガウ（マレーシア・サバ州）　㉑Anifah bin Haji Aman　㉓バッキンガム大学（英国, 哲学・経済・法学）（1979年）卒　㉙1991年統一マレー国民組織（UMNO）入党。94年サバ州議会選でクリアス地区から出馬するも落選。94〜95年UMNOビューフォート支部財務担当, 99年11月連邦下院議員当選（サバ州ビューフォート選挙区）, 99年12月〜2004年3月第一次産業省副大臣, 04年3月連邦下院議員2期目当選（サバ州キアマニス選挙区）, 04年3月〜08年3月プランテーション・企業・商品省副大臣, 04年7月UMNOキマニス支部長。08年3月連邦下院議員3期目当選。09年4月ナジブ・アブドル・ラザク首相の下, 外相に就任。この間, 1998〜99年ニュー・サバ・タイムズ紙最高責任者, サバ州のシャングリラ・ホテル・タンジュン・アル・ビーチリゾート取締役などを務めるなど, ビジネスに明るい。2004〜07年マレーシア・フットボール協会副会長。

アヌポン・パオチンダ
Anupong Paochinda
1949.10.10〜
タイ陸軍司令官, タイ内相　軍人　㉙バンコク　㉓タイ陸軍予科士官学校卒　㉙陸軍内で早くから頭角を現し, 近衛第1師団長など主要ポストを歴任。2006年9月の軍事クーデター（タイ政変）時には, 首都バンコクと周辺を管轄する第1軍管区司令官として兵士を動員し, クーデターを成功に導く立役者の一人となった。07年9月ソンティ司令官の後任として陸軍司令官に就任。10年退任。堅実で穏健な性格で知られ, 軍内部での信望も厚いといわれる。タクシン元首相とは同期生だが, 政治と決別を宣言。14年プラユット政権で内相に就任。

アバシ, シャヒド・カカーン
Abbasi, Shahid Khaqan
1958.12.27〜
パキスタン首相　㉙パンジャブ州マリー　㉓ローレンス大学（米国）, ジョージ・ワシントン大学（米国）　㉙1982年米国で, 電気工学の修士号を取得し, 米国やサウジアラビアで電気技師として働いていたが, 88年実家近くの軍の武器庫が爆発し, パキスタン下院議員の父を含む100人以上が死亡する事故が発生。急遽帰国して父の地盤を引き継

ぎ, 29歳で下院議員に初当選。パキスタン・イスラム教徒連盟（PML）に入党し, 90〜93年第1次シャリフ政権で国防政務次官, 93〜96年下院国防委員長。97〜99年第2次シャリフ政権で国営のパキスタン国際航空会長を務めたが, 99年ムシャラク陸軍参謀長（後に大統領）のクーデターにより2年間拘禁される。釈放後は起業して財を築き, 2003年民間航空会社エア・ブルーを設立。08年商業相。13年6月第3次シャリフ政権で石油・天然資源相に就任し, 電力不足解消のため液化天然ガスの備蓄強化に取り組む。17年7月税逃れ疑惑で失職したシャリフ首相に代わり首相に指名され, 8月就任。現在もパキスタン・イスラム教徒連盟シャリフ派（PML-N）を率いるシャリフ元首相の側近として知られ, シャリフの実弟でパンジャブ州首相のシャバズが, 首相就任の条件である下院議員に当選するまでの中継ぎ役と目される。

アバチャ, サニ
Abacha, Sani
1943.9.20〜1998.6.8
ナイジェリア暫定統治評議会議長（元首）, ナイジェリア軍最高司令官　軍人　㉙陸軍中将。1983年シャガリ文民政権を倒し, 2年後ババンギダ軍事政権を成立させた実力者で, 85年軍事政権誕生とともにナイジェリア国防相。85〜92年陸軍参謀長。93年6月大統領選で大資本家のアビオラ候補が当選とみられたが, ババンギダ大統領が無効を宣言。これに抗議する大衆運動が続発したため, 同年8月ババンギダ大統領は文民暫定政府大統領にショネカンを指名して辞任。同年8月国防相。93年11月無血クーデターにより暫定統治評議会議長（元首）兼軍最高司令官に就任。

アバディ, ハイダル
Abadi, Haider al-
1952〜
イラク首相　㉙バグダッド　㉑Abadi, Haider Jawad Kathem al-　㉓バグダッド工科大学（電気工学）（1975年）卒, マンチェスター大学 博士号（マンチェスター大学）（1981年）　㉙1967年イスラム教シーア派の反体制政党アッダワ党に入党。兄弟2人は80年, 同党での活動を理由にフセイン政権下で処刑された。英国の大学卒業後, 英国で輸送機械のコンサルタントなどを経て, フ

セイン政権崩壊後の2003年帰国。05年イラク連邦議会選で当選、10年再選。財政委員長などを歴任し、14年副議長。同年8月首相に指名され、9月就任。

アハティサーリ, マルティ

Ahtisaari, Martti

1937.6.23〜

フィンランド大統領, 国連事務次長　外交官　[出]ビープリ（ロシア・ブイボルグ）　[名]Ahtisaari, Martti Oiva Kalevi　[学]オウル大学卒　[歴]現ロシア領のカレリア地方（旧フィンランド・ビープリ）で生まれる。少年時代、旧ソ連軍に追われて避難生活を送った。1965年フィンランド外務省に入省。70年代にタンザニア、ザンビア、モザンビーク、ソマリアなどの大使を歴任後、77〜81年国連ナミビア弁務官を経て、デクエヤル事務総長の下で87〜91年国連事務次長を務め、90年のナミビア独立に尽力。91年からフィンランド外務次官となり、93年旧ユーゴスラビア国際会議特別顧問としても活躍。93〜94年フィンランド社会民主党党首。94年3月〜2000年2月フィンランド大統領を務めた。この間、1999年ユーゴスラビア・コソボ紛争の和平締結で欧州連合（EU）特使として政治解決に尽力。2000年ヘルシンキで紛争解決に当たる非政府組織（NGO）の危機管理イニシアチブ（CMI）を設立。南アフリカのラマフォサ・アフリカ民族会議（ANC）書記長とともに英領北アイルランドのカトリック系過激組織アイルランド共和軍（IRA）の武器査察官を担当。イラク派遣の国連職員の安全保障に関する独立委員会委員長も務めた。05年1月からインドネシア政府と自由アチェ運動（GAM）の和平協議を仲介し、8月合意達成。同年11月セルビア・モンテネグロ（現・セルビア）のコソボ自治州（現・コソボ）の最終的地位を決める国連事務総長特使を務めた。08年、30年以上にわたって世界各地の紛争解決に尽力してきたことが評価され、ノーベル平和賞を受賞。　[賞]ノーベル平和賞（2008年）, オウル大学名誉博士号, ベントリー大学名誉博士号

アハメド, イアジュディン

Ahmed, Iajuddin

1931.2.1〜2012.12.10

バングラデシュ大統領　土壌学者　[出]インド東ベンガル・ムンシガンジュ（バングラデシュ）　[学]ダッカ大学（1952年）卒 博士号（ウィスコンシン大学）　[歴]1963年ダッカ大学土壌学部助教授、64年准教授を経て、73年より教授。91〜93年バングラデシュ政府の公共サービス委員会委員長。2002年4月バングラデシュ大学学長を経て、同年9月バングラデシュ大統領に就任。06年心臓のバイパス手術を受ける。同年10月〜07年1月には首相代行も務めたが、国内の批判を受け、兼任していた暫定政府主席顧問の地位を辞任。09年1月大統領退任。

アハメド, シェイク・シャリフ

Ahmed, Sheikh Sharif

1964.7.25〜

ソマリア暫定大統領　[出]ミドル・シャベル　[名]Ahmed, Sheikh Sharif Sheikh　[歴]ハウィエ人。スーダンやリビアの大学でイスラム法などを学び、2000年帰国。中部ジョワルのイスラム法廷代表、教師を経て、イスラム原理主義勢力“イスラム法廷連合”（のち“イスラム法廷会議”に変更）の指導者となる。06年モガディシオを制圧したが、エチオピア軍の介入で逃亡、07年1月ケニアで身柄を拘束される。解放後、ソマリア再解放同盟を結成し、議長。09年1月無政府状態が続くソマリア暫定政府の大統領に就任。12年8月退任。9月に行われた大統領選では決選投票でハッサン・シェイク・モハムドに敗れた。

アハメド, シャハブデン

Ahmed, Shahabuddin

1930.2.1〜

バングラデシュ大統領, バングラデシュ最高裁長官　法律家　[出]インド・ペマル（バングラデシュ）　[学]ダッカ大学卒, オックスフォード大学卒　[歴]軍法務官、ダッカやチッタゴンの地裁判事を経て、1973年バングラデシュ労働上訴裁判所判事、80年最高裁判事、90年1月最高裁長官。同年12月エルシャド大統領退陣を受けて後任の大統領となる。同年10月最高裁長官、96年10月大統領。2001年退任。

アハーン, バーティ

Ahern, Bertie

1951.9.12〜

アイルランド首相, アイルランド共和党

党首 [出]ダブリン [名]Ahern, Patrick Bartholomew [学]ダブリン大学卒 [歴]父はアイルランド内戦で共和主義者として戦った。夜学に通い公認会計士の資格を取得。病院などで働いた後、14歳でアイルランド共和党に入り、1977年下院議員、79年ダブリン市議、86年同市長、87年労相、91年財務相を歴任。国際通貨基金(IMF)理事会メンバーなども務める。94年11月レイノルズ内閣総辞職後、共和党党首に就任。後継首班といわれたが、労働党が連立を解消。97年6月総選挙で勝利し首相に就任。98年4月北アイルランド紛争をめぐる英国・アイルランド間の和平合意文書に署名。99年7月北アイルランド和平で自治政府発足と武装解除を提案。2000年5月和平が暗礁に乗り上げ、武装解除期限が延期。01年8月英国政府とともに"武装解除すれば駐留英軍を削減する"とカトリック過激派側に提案。02年5月総選挙の勝利を受け、6月再任。08年5月退陣。デ・バレラ政権に次ぐ史上2番目の長期政権となった。 [家]娘＝セシリア・アハーン(作家)

アピシット・ウェチャチワ

Abhisit Vejjajiva

1964.8.3～

タイ首相, タイ民主党党首 [出]英国ニューカッスル [学]イートン・カレッジ卒, オックスフォード大学経済学修士課程修了 [歴]英国に生まれ、両親ともに医者の裕福なバンコクの家庭に育つ。スラム地区でボランティア活動に取り組むなど青年時代から政治・社会的意識が旺盛だった。オックスフォード大学を首席で卒業後、タマサート大学講師などを経て、1992年の総選挙でタイ民主党から立候補し、27歳の若さで下院議員に当選。チュアン政権で報道官に就任。97年タイ史上最年少閣僚として33歳で首相府相に就任。98年10月退任。99年民主党副党首となり、タクシン派政党に大敗した2005年2月の総選挙後、党首に選出される。08年12月タクシン元首相派のソムチャイ首相失職を受けた新首相の指名投票で選出され、タイ史上最年少の44歳で首相に就任。11年7月総選挙に敗北して首相と民主党党首を退くが、間もなく党首に復帰。13年12月党首再選。愛称は"マーク"。映画俳優のような端正な顔立ちで、都市部の女性を中心に人気が高い。 [家]姉＝ジェーン・ベヤジバ(作家・翻訳家)

アビル, イオル

Abil, Iolu

1942～

バヌアツ大統領 [出]タンナ [名]Abil, Iolu Johnson [学]サウスパシフィック大学 [歴]2004～05年バヌアツの暫定オンブズマン。バヌアツ航空会長を経て、09年9月大統領に就任。14年退任。

アファナシエフ, エフゲニー

Afanasiev, Evgenii

1947.5.25～

駐日ロシア大使 外交官 [出]ソ連ロシア共和国ロストフナドヌー(ロシア) [名]Afanasiev, Evgenii Vladimirovich [学]モスクワ国際関係大学(1970年)卒 [歴]1970年ソ連外務省に入省。在中国ソ連大使館勤務などを経て、85年ソ連外務次官補、87年在米ソ連大使館参事官。94～97年ロシア外務省アジア第1局長、97年6月～2001年駐韓大使、01～04年再びアジア第1局長、04年駐タイ大使。10年外務省人事局長。12年2月駐日大使に任命され、4月着任。18年1月離任。

アフェウェルキ, イサイアス

Afewerki, Issaias

1946.2.2～

エリトリア大統領 [出]エチオピア・エリトリア州アスマラ(エリトリア) [歴]エチオピアのアディスアベバで技術者の教育を受け、1966年中退してエリトリア解放戦線(ELF)に参加。同年から2年間中国で軍事訓練を受ける。68年6月ELF地域指導者となり、69年総司令官。思想的、戦略的相違を理由にELFを離脱し、70年エリトリア人民解放戦線(EPLF)創設に参加、以来エチオピア政府への軍事闘争を展開し解放区作りを行う。77年EPLF副書記長、87年3月書記長。93年5月エチオピアから独立し大統領に就任。94年EPLFを民主正義人民戦線(PFDJ)として政党化し、一党独裁体制を敷いた。97年5月新憲法を採択し任期延長。2001年体制に不満を持つ政府高官らが公開質問状を提出し、諸外国の介入を求める抗議行動に出た際には、首謀者の一部を裁判にかけずに拘留した。03年9月来日。

アブサハミーン, ヌーリ

Abu Sahmain, Nori

1946〜

リビア制憲議会議長　㋪ズワラ　㋸ベンガジ大学法学部（1978年）卒　㋱少数民族のベルベル人。1978年〜2000年石油化学系の公社、00〜12年民間企業に勤務。12年7月の制憲議会選で初当選し、13年6月リビア制憲議会議長に就任。

アブデッサラム, ベレイド

Abd al-Salam, Belaid

1928.7〜

アルジェリア首相、アラブ石油輸出国機構（OAPEC）事務局長　㋪フランス領アルジェリア・デェシムシャ（アルジェリア）　㋸アルジェ大学卒、グルノーブル大学医学部（フランス）卒　㋱アルジェリア・イスラム教徒学生総同盟委員長を務め、1954〜62年名誉議長。55年民族解放戦線（FLN）に入り独立戦争に参加、62年独立後、共和国臨時政府経済問題担当委員。63年炭化水素輸送・販売国営会社SONATRACHを設立、社長。65年7月ブーメジエン政権が発足して工業・エネルギー相となり、77年4月まで同相として石油国有化、ブーメジエン構想に基づく経済政策の先頭に立って活躍。77年工業・エネルギー省の改組に伴い、84年まで軽エネルギー相を務める。この間73〜74年石油輸出国機構（OAPEC）事務局長、79〜81年FLN党中央委員会特別経済委員会議長兼任。92年7月〜93年8月首相。

アブデルアジズ, モハメド

Abdelaziz, Mohamed

1948〜2016.5.31

西サハラ大統領、ポリサリオ戦線書記長　独立運動指導者　㋪スペイン領サハラ・アズメル　㋱スペイン領サハラのアルズメルで、アラブ・アマジグ系遊牧民レギバ集団に生まれる（異説あり）。1960年代末モロッコの大学に在学中から西サハラの独立運動を支持し、73年5月対スペイン武装闘争を率いるポリサリオ戦線結成に参加。同年11月モロッコとモーリタニアによる軍事侵略と占領（79年モーリタニアは同戦線と和平）により、アルジェリア西南部ティンドーフ近郊に難民キャンプが形成され、76年ここでサハラ・アラブ民主共和国（RASD, 西サハラ）の独立を宣言。同戦線の初代書記長エル・ワリ・ムスタファ・サイードの戦死後、ポリサリオ戦線書記長、同年サハラ・アラブ民主共和国大統領。82年アフリカ統一機構（OAU）に加盟を認められ同副議長。2002年アフリカ連合（AU）副議長。その後、肺がんを患い、闘病生活を送っていたが、16年5月死去。

アブデルアジズ, モハメド・ウルド

Abdelaziz, Mohamed Ould

1956.12.20〜

モーリタニア大統領　軍人　㋪インシリー州アクジュージト　㋱モロッコ、アルジェリアの軍事学校を卒業。タヤ政権下の1987〜91年、大統領随行武官や大統領警護隊司令官を歴任。モロッコ参謀本部での勤務や、軍管区副司令官を経て、2004年大佐、07年大統領参謀長、将軍に昇進。08年8月の軍クーデターでアブドライ大統領を追放、国家評議会を設立して自らが議長となり、軍政での実権を掌握した。09年4月大統領選出馬のため同議長を辞任し軍籍を離脱。7月の大統領選で当選し、8月就任。14年8月再任。

アブデルシャフィ, ハイダル

Abdel Shafi, Haidar

1919〜2007.9.25

パレスチナ交渉団長　革命家　㋪ガザ　㋸アメリカン大学（ベイルート）卒　㋱パレスチナ解放機構（PLO）の創設者の一人。1991年のマドリード中東和平会議と、その後の和平交渉でパレスチナ代表団長を務める。別ルートの秘密交渉を経た93年オスロ合意（パレスチナ暫定自治宣言）には、イスラエルに譲歩しすぎだとして反対。アラファトPLO議長の独裁体制を批判する急先鋒となった。パレスチナ自治評議会（国会）議員も務めた。

アブデル・メギド, アハメド・エスマト

Abdel-Meguid, Ahmed Esmat

1923.3.22〜2013.12.21

エジプト外相、アラブ連盟事務局長　外交官　㋪アレクサンドリア　㋸アレクサンドリア大学法学部（1944年）卒、パリ大学（1951年）卒 法学博士（パリ大学）　㋱1950年エジプト外務省入り。在英大使館勤務を振り出しに、在ジュネーブ代表団顧問、外務省報道官を務めたあと、69〜70年駐仏大使、70〜72年外務担当国務相（閣外相）、72年国連常駐代表

（大使）を歴任。84年7月外相に就任。85年9月副首相兼任。91年5月～2001年5月アラブ連盟事務局長。01年よりアラブ・アフリカ仲裁者協会総裁。

アブドゥラチポフ, ラマザン
Abdulatipov, Ramazan
1946.8.4～
ロシア無所任相　[出]ダゲスタン共和国　[名]Abdulatipov, Ramazan Gadzhimuradovich　[学]ダゲスタン大学卒 哲学博士　[歴]1990年ロシア共和国最高会議民族会議議長、94年連邦会議（上院）副議長、95年国家会議（下院）議員を経て、97年8月副首相。98年4月退任、同年9月民族政策相。99年5月内閣改造で無所任相に就任。

アブドラ, アブドラ
Abdullah, Abdullah
1960.9.5～
アフガニスタン行政長官（首相職）, アフガニスタン外相　眼科医　[出]カブール　[学]カブール大学医学部眼科（1983年）卒　[歴]父はパシュトゥン人、母はタジク人。大学卒業後はカブールやパキスタンでアフガン難民のための病院に勤務。1986～92年対ソ連闘争の中心的存在だったアハマド・シャー・マスード司令官の軍に参加し、厚生担当責任者、政策アドバイザーなどを務める。92年発足のラバニ政権下で報道官を経て、93年国防省局長、アフガニスタンの国連代表。96年タリバンによる政権掌握後に組織された北部同盟に参加し、99年外務副大臣を経て、99年～2001年外相を務める。01年9月の米同時多発テロ事件後は日々の対外交渉や外交活動を全面的に担当。タリバン崩壊を受け同年12月政権を引き継ぐ暫定行政機構（内閣）の外相に就任。02年6月移行政権でも外相。04～06年カルザイ政権下で外相。09年8月の大統領選に出馬し決選投票に進出したが、カルザイ大統領の不正に抗議しボイコットした。14年4月の大統領選で1位となり6月の決選投票に。対抗馬のガニが不正をしたとして激しく対立したが、9月挙国一致政権の樹立で合意。同月、首相職に相当する行政長官に就任。流暢な英語とフランス語を話し、欧米や国連外交官からは“ドクター・アブドラ”として知られる。

アブドラ・アフマル・イブン・フセイン
Abdullah al-Ahmar ibn Husayn
～2007.12.29
イエメン部族連合長, イエメン改革党党首　[歴]1930年頃に生まれる。59年ムタワッキル朝国王アフマド・イブン・ヤフヤ・ハミードゥッディーンに父を殺され、ハーシド部族連合長を継ぐ。62年北イエメン革命ではイエメン・アラブ共和国政府に属し、同年～70年諸部族を率いて王党派との内戦を戦った。内戦中より内相などの要職を歴任。90年南北イエメン統一（イエメン共和国成立）に際し、イエメン改革党を結成し党首に就任。議会議長も長く務めた。北部部族勢力を背景に、政権に対する大きな影響力を保持し、サウジアラビアとの強いパイプも持つなど、イエメン政界有数の実力者だった。

アブドライ, シディ・モハメド・ウルド・シェイフ
Abdallahi, Sidi Mohamed Ould Cheikh
1938～
モーリタニア大統領　[出]アレグ　[学]ダカール大学, グルノーブル大学, パリ大学　[歴]モール人。セネガルのダカール大学、フランスのグルノーブル大学、パリ大学で学び、M.P.C.とD.E.A.を取得。1968年モーリタニア計画省部長となり、71年より国家経済国務相など複数の省庁でのポストを歴任。82～85年クウェート・ファンド経済カウンセラー、86年水力及びエネルギー相、のち漁業相。89年～2003年ニジェール政府のクウェート・ファンド経済カウンセラー。07年3月モーリタニア大統領選決選投票で当選、独立以来初めて民主的に選ばれた元首として4月大統領に就任。08年8月軍事クーデターで解任、拘束される。12月釈放。

アブドラ・イブン・フセイン
Abdullah ibn al-Hussein
1962.1.30～
第4代ヨルダン国王　[出]アンマン　[学]サンドハースト陸軍士官学校（英国）, オックスフォード大学聴講生（国際関係論）, ジョージタウン大学（米国）大学院（1988年）修士課程修了　[歴]イスラム教の預言者ムハンマドの直系子孫で、代々聖地メッカの太守を務めた名家ハーシム家の出身。曽祖父で同名の初代国王を1世として、アブドラ2世とも

呼ばれる。フセイン国王の長男として、英国出身の2番目の妻モナ王妃との間に生まれ、1歳の時に一度皇太子に就いたが、後継者としては幼すぎるため国王の実弟ハッサンに引き継がれる。4歳で渡英、米国、英国で教育を受ける。1984年帰国後も米国ジョージタウン大学で外交を学ぶ。国内では軍事畑を歩み、81年ヨルダン陸軍少尉に任官。84年陸軍中尉、85年陸軍大尉、89年陸軍少佐。90年英国の指揮幕僚学校卒業。93年陸軍大佐、94年6月准将となり同年7月特殊部隊司令官。97年アンマンで起こったイラク代理大使ら暗殺事件の捜査では自ら指揮を執る。98年陸軍少将に昇進。99年1月再び皇太子に任命され、国王代行を経て、同年2月フセイン国王死去により、第4代ヨルダン国王に即位。同年11月エルサルム首都共有化案を提示。アラブ穏健派の指導者として中東和平の仲介役を担う。93年クウェート出身のラニア王妃と結婚。　㊂妻＝ラニア王妃、父＝フセイン・イブン・タラール（ヨルダン第3代国王）、異母弟＝ハムザ・ビン・フセイン（元ヨルダン皇太子）、叔父＝ハッサン・ビン・タラール（ヨルダン王子）

アブドラザコフ, イシェンバイ
Abdrazakov, Ishenbai
キルギス国務長官　外交官　㊉ソ連キルギス共和国イスイククリ（キルギス）　㊎モスクワ経済大学卒　㊍東京の大使館、札幌総領事館に勤務し帰国。さらに東京で参事官を務めたのち、外務省日本部副部長を経て、1990〜94年札幌総領事を務めた。94年キルギス政府に移り、国務長官に就任。のちキルギス・日本会長。　㊍旭日大綬章（日本）（2008年）

アブドラ・バダウィ
Abdullah Badawi
1939.11.26〜
マレーシア首相、統一マレー国民組織（UMNO）総裁　㊉マラヤ・ペナン州（マレーシア）　㊎マラヤ大学卒　㊍祖父はマレーシア国民から尊敬を集めたイスラム指導者、父は与党、統一マレー国民組織（UMNO）のペナン州議長。大学卒業後UMNOに入党。人事院課長補佐、文化青年スポーツ省青年局次長などを経て、1978年マレーシア下院議員に当選。81〜83年首相府相（東方政策担当）、84〜86年教育相、86〜87年国防相を歴

任。87年総選挙でマハティール総裁に挑み閣僚を追われたが、91年外相として復帰、96年UMNOナンバー3の副総裁候補に。99年1月の内閣改造で副首相兼内相に就任。2000年5月UMNOナンバー2の副総裁に昇格。03年10月第5代首相に就任。財務相・内相兼任。04年3月総選挙で圧勝し再任。同年9月UMNO総裁。08年3月総選挙で大幅に議席を減らす。09年3月UMNO総裁、4月首相・財務相を退任。

アブドラヒ・モハメド, モハメド
Abdullahi Mohamed, Mohamed
1962.3.11〜
ソマリア大統領　㊉モガディシオ　㊎通称＝ファルマージョ〈Farmaajo〉　㊎ニューヨーク州立大学（米国）（1993年）卒　㊍通称のファルマージョでも知られ、米国とソマリアの国籍を持つ。ソマリア外務省や駐米ソマリア大使館などを経て、2002年からニューヨーク州運輸局勤務。10年10月ソマリア首相に任命され、11月就任。12年政党を結成して大統領選に立候補したが敗退。17年2月の大統領選でモハムド大統領に勝利し、同月就任。

アブドラ・ビン・アブドルアジズ
Abdullah bin Abdul Aziz
1924.8〜2015.1.23
第6代サウジアラビア国王、サウジアラビア首相　㊉リヤド　㊎アブドルアジズ（イブン・サウード）初代サウジアラビア国王の第11子。母親はシャンマル族ラシード家出身。厳しい宗教教育を受ける。1962年国家警備隊司令官に就任。30人以上の異母兄弟の中で頭角を現し、75年3月同司令官兼任のまま第2副首相、82年6月皇太子・第1副首相に就任。95年異母兄ファハド国王が脳卒中で倒れて以降、サウジアラビアの伝統と宗教的戒律を重視する民族派の指導者として、国政の実権を握る。2002年3月イスラエルに"全占領地からの撤退、パレスチナ国家の樹立、パレスチナ難民の帰還"と引き換えに、アラブ諸国との"正常な関係"と"安全"の獲得を提案した中東和平案（アブドラ案）がアラブ首脳会議で採決された。ベイルート宣言に取り入れられる。03年改革憲章を発表。05年8月1日ファハド国王の死去に伴い、第6代国王に即位。10年11月国家警備隊司令官辞任。アラブ穏健派を代表する指導者としてイス

ラム世界に影響力を行使した。11年の中東の民主化運動“アラブの春”を巡っては王制維持と社会安定を優先。イスラム過激派の台頭を警戒し、14年“イスラム国”掃討に向けた有志連合の空爆作戦に加わる。国内では科学技術研究推進のため、09年にアブドラ国王科学技術大学を設立。13年国の諮問評議会に初めて女性評議員を登用するなど、改革を進めた。1998年10月サウジアラビア皇太子として初来日。　[家]父＝アブドルアジズ・イブン・サウード（サウジアラビア初代国王），異母兄＝サウード・ビン・アブドルアジズ（第2代国王），ファイサル・ビン・アブドルアジズ（第3代国王），ハーリド・ビン・アブドルアジズ（第4代国王），ファハド・ビン・アブドルアジズ（第5代国王），異母弟＝スルタン・ビン・アブドルアジズ（サウジアラビア皇太子），ナエフ・ビン・アブドルアジズ（サウジアラビア皇太子），サルマン・ビン・アブドルアジズ（第7代国王），ムクリン・ビン・アブドルアジズ（元サウジアラビア皇太子）

アブドルガニ, アブドルアジズ

Abdulghani, Abdul-Aziz

1939.7.4～2011.8.22

イエメン首相　[出]タイズ　[学]アデン大学，コロラド大学　[歴]1967～68年北イエメン保健相、68～69年経済相、75～80年及び83～90年首相。90年の南北イエメン統一により90～94年イエメン大統領評議会メンバー。内戦終結後の、94年10月～97年首相。

アブドルジャリル, ムスタファ

Abdul Jalil, Mustafa

1952～

リビア国民評議会（TNC）議長　法律家　[出]バイダ　[名]Abdul Jalil, Mustafa Mohammed　[学]リビア大学（1975年）卒　[歴]リビア大学で法学を学ぶ。郷里バイダの検察庁で働いた後は判事を務めるなど、一貫して法曹界で活動。1978年判事、2002年高裁長官を経て、07年司法書記（法相）に就任。10年1月にはテレビ中継された演説で「裁判所が300人の政治犯に無罪判決を下したのに当局は拘束を続けている」と述べ抗議の辞意を表明したが、認められなかった。40年を超えるカダフィ政権内において政権に厳しい意見を持ち、11年2月反政権デモが起こると説得を目的に首都トリポリを離れ、そのまま政権を離脱。3月反カダフィ派の中核組織であるリビア国民評議会（TNC）を設立して議長に就任。カダフィ政権打倒に際してTNCは国際社会にリビアの正統な統治組織として認められ、カダフィの独裁体制を崩壊させた。12年8月議長退任。

アブバカル, アブドルサラム

Abubakar, Abdulsalami

1942.6.13～

ナイジェリア暫定統治評議会議長　軍人　[出]ミンナ　[歴]1963年ナイジェリア陸軍に入隊し、のち少将。この間、78～79年レバノンで国連平和維持軍に参加。93～98年軍参謀長。98年6月過酷な弾圧で知られたアブチャ暫定統治評議会議長の急死を受けて後任に就任。民政移管を約束し、99年2月大統領選で当選したオバサンジョ大統領に政権を引き継いだことで国内外から高い評価を受ける。2000年からコンゴ内戦問題の国連特使を務める。01年2月シンポジウム参加で来日。

アフマディネジャド, マフムード

Ahmadinejad, Mahmoud

1956.10.28～

イラン大統領，テヘラン市長　[出]セムナーン州ギャルムサル　[学]イラン科学産業大学（テヘラン）卒 博士号（交通運輸工学，イラン科学産業大学）　[歴]鍛冶職人の家で7人兄妹の4番目に生まれる。イスラム革命体制守護のために創設された革命防衛隊士の出身で、イラン・イラク戦争で数十万の犠牲を出した民兵集団バシジ（動員）の指導者も務めた。1989年よりイラン科学産業大学（IUST）教授。93年アルデビル州知事に就任。保守強硬派に属するため、改革派のハタミ大統領が誕生した97年、知事を辞職。科学産業大学に戻って教鞭を執り、同大学長に就任。2003年2月首都テヘラン市長に就任。在任中は、古い車を自ら運転し、清貧を売りにする。05年6月ハタミ大統領の任期満了に伴う大統領選に出馬し、貧富の差解消など社会的不公正の是正を訴えて低所得者層を中心に広範な支持を集め、穏健保守派のラフサンジャニ元大統領を決選投票で破り、初当選。革命イランで、イスラム法学者ではない世俗の政治家が大統領に選ばれたのは、1981年のラジャイ氏以来となった。8月就任。2009年

6月再選、8月2期目就任。13年8月退任。イスラム革命原理への回帰を訴え、最高指導者ハメネイ師や宗教右派との関係が深いとされる。

アフマド, カジ・フセイン
Ahmad, Qazi Hussain
1938〜2013.1.6
イスラム協会総裁　宗教指導者　[出]カイバル・パクトゥンクワ州ナウンシェラ　[学]イスラミック大学, ペシャワール大学　[歴]1986年パキスタン上院議員に初当選。また、87年から20年以上にわたってパキスタンのイスラム化を進める保守派宗教政党・イスラム協会の総裁を務めた。

アフメティ, アリ
Ahmeti, Ali
1959.1.4〜
マケドニア民主統合連合(DUI)代表　[出]ユーゴスラビア・マケドニア共和国ザヤス(マケドニア)　[学]プリシュティナ大学　[歴]マケドニア西部のザヤス出身のアルバニア人。1980年代にコソボ解放運動に参加したコソボ解放軍幹部メンバーの一人。その後、マケドニア共和国内のアルバニア人の地位向上を目指して民族解放軍を結成。武装闘争を組織しマケドニア政府軍や治安部隊との衝突後、2001年アルバニア人をはじめ少数民族の地位向上を内容とするオフリド合意に調印した。武装解除後、02年民族解放軍を母体とする政党、民主統合連合(DUI)を結成し、代表を務める。02〜06年、08年から同党はアルバニア系政党として政権参加している。

アフメティ, ビルソン
Ahmeti, Vilson
1951.9.5〜
アルバニア首相　[学]ティラナ大学(1973年)卒　[歴]1973〜78年ティラナ自動車工場機械技師、87年食品工業次官を経て、91年5月工業相、6月食糧相、12月〜92年4月首相。93年8月首相在任中の職権乱用の罪で実刑判決を受ける。

アブリル, プロスペル
Avril, Prosper
1937.12.12〜
ハイチ大統領　軍人　[学]ハイチ陸軍士官学校(1961年)卒, ハイチ大学(1968年)卒　[歴]政府軍に入隊。軍事独裁者デュバリエ大統領の信任が厚く身辺警護を担当。一時更迭されたがデュバリエ失脚後の1987年、軍部政権のナンフィ大統領の警護隊司令官に。88年6月に起きたクーデターの黒幕とされる。同年9月再びクーデターを起こしナンフィ大統領を国外へ追放、大統領に就任。89年4月軍部の無血クーデターで身柄を拘束されたが、辛うじて実権を保つ。90年3月、国民の大統領退陣要求が高まる中で、米国など主要援助国の圧力も加わり、政権を放棄して米国へ亡命した。

アブルゲイト, アハメド・アリ
Abul-Gheit, Ahmed Ali
1942.6.12〜
アラブ連盟事務局長, エジプト外相　外交官　[出]カイロ　[学]アインシャムス大学商学部(1964年)卒　[歴]1965年エジプト外務省に入省し、92年駐イタリア大使、99年〜2004年国連大使、ムバラク政権下で04〜11年外相。アラブ連盟のナビル・アラビ事務局長の任期満了を受け、16年3月後任に選出され、7月事務局長に就任。

アベーラ, ジョージ
Abela, George
1948.4.22〜
マルタ大統領　[出]オルミ　[学]マルタ大学　[歴]1982〜92年マルタサッカー協会会長。92〜96年マルタ労働党(MLP)副党首となり、96〜97年首相の法務アドバイザーを務める。2009年4月大統領に就任。14年退任。

アホ, エスコ
Aho, Esko
1954.5.20〜
フィンランド首相, フィンランド中央党党首　[出]ベテリ　[名]Aho, Esko Tapani　[学]ヘルシンキ大学(政治学)(1980年)卒　[歴]1974〜80年フィンランド中央党執行部委員兼青年部会委員長。79〜80年外相の政治担当秘書、83年国会議員に当選。90年より中央党党首。91年3月の総選挙で第1党となり、4月国会議長、同月末第三党の国民連合党などと中道右派4党連立内閣を編成、フィンランド史上最年少の首相に就任。95年3月の総選

挙で社会民主党に敗れ、退任。2000年大統領選に立候補するが、社会民主党のタルヤ・パロネンに敗れる。1989年来日。

アボット, トニー

Abbott, Tony

1957.11.14～

オーストラリア首相, オーストラリア自由党党首　[出]英国ロンドン　[名]Abbott, Anthony John　[学]シドニー大学卒, オックスフォード大学（英国）大学院修士課程修了　[歴]オーストラリア人の両親のもとに英国ロンドンで生まれ、2歳の時に移民援助政策船で母国に移住。シドニー大学時代から反共を掲げる保守派で鳴らした。オックスフォード大学留学後、一時はカトリック神父を志し、シドニーの神学校に学ぶ。ジャーナリストを経て、1994年オーストラリア下院議員に当選。96年以降、ジョン・ハワード首相の下で雇用・職場関係相、保健・高齢化問題担当相などを歴任。2009年12月オーストラリア自由党党首。13年9月首相に就任。15年9月党首選でターンブル元通信相に敗れ、退陣。ハワード元首相の愛弟子といわれる。

アマート, ジュリアーノ

Amato, Giuliano

1938.5.13～

イタリア首相　[出]トリノ　[学]ピサ大学（法学）卒, コロンビア大学大学院（比較憲法学）（1963年）修士課程修了　[歴]1958年学生時代からイタリア社会党左派に属し活動。64年社会党がキリスト教民主党（DC）政権に参加したのに反対し、共産党との統一戦線を主張してプロレタリア統一社会党（PSI）の結成に参加するが、半年後主流派社会党に復帰した。75年からローマ大学政治学部憲法学教授。83年以来イタリア下院議員。同年クラクシ社会党政権で官房長官に任ぜられて以後、一貫してクラクシ派に所属。88年デミタ内閣で国庫相（財務相）。78年党中央委員、89年党副書記長。92年6月～93年4月首相を務め、財政再建の道筋をつけた。また“イタリア史上初めて英語を完全に話す首相”といわれた。のち政界を引退するが、96年プローディ政権で公正取引委員会委員長に就任。98年10月ダレーマ内閣で制度改革相を担当。99年5月チャンピ国庫予算企画相（財務相）の大統領就任に伴い後任に起用される。2000年4月～01年6月中道左派連立内閣首相。02年2月～03年7月欧州連合（EU）将来像協議会副議長。06年5月～08年5月第2次プローディ内閣の内相。

アマラル, フランシスコ・シャビエル・ド

Amaral, Francisco Xavier do

1937～2012.3.6

東ティモール社会民主連合党（ASDT）党首　独立運動指導者　[出]トゥリスカイ　[歴]高校教師を経て、東ティモール独立運動に参加。1975年11月東ティモール独立革命戦線（フレティリン）初代代表として、東ティモールの独立を宣言。インドネシア軍侵攻後は、政治犯としてバリ島などに軟禁された。帰国後の2000年、東ティモール社会民主連合党（ASDT）を創設。独立直前の02年と独立後の07年、ASDT党首として大統領選に出馬したが落選。12年の大統領選にも立候補していたが、投開票直前にがんのため死去した。

アマルジャルガル, リンチンニャム

Amarjargal, Rinchinnyamiyn

1961.2.27～

モンゴル首相　エコノミスト　[出]ウランバートル　[学]モスクワ・プレハノフ大学（経済学）卒　[歴]モスクワ留学後、1983年からモンゴル軍事大学、技術大学で経済学の講師を務めた後、91～96年モンゴル経済大学学長。96年国民大会議（国会）議員初当選。エコノミストで、連立与党の多数党であるモンゴル民族民主党創設者の一人。98年4月～12月外相。99年7月～2000年7月首相。

アーミテージ, リチャード・リー

Armitage, Richard Lee

1945.4.26～

米国国務副長官　政策コンサルタント, 外交官　[出]マサチューセッツ州ボストン　[学]米国海軍兵学校（1967年）卒　[歴]米国海軍に入り、駆逐艦乗り組みのあと、ベトナム戦争に従軍しサイゴン駐在大使館武官室勤務、1973年に退役。75年在テヘラン国防総省代表部スタッフ、78年ドール上院共和党院内総務の主席補佐官を務める。79年東南アジア問題のコンサルタント会社を設立。一方、地方でレーガン選挙対策本部入りし、レーガン政権下の81～83年国防次官補代理（東アジア担当）、レーガン、ブッシュSr.政権下の83～

89年国防次官補（国際安全保障担当）を務めた。ブッシュSr.政権下では、90年4月在フィリピン米軍基地存続交渉代表、92年1月〜93年5月対旧ソ連緊急援助の大統領特使（総合調整役）を歴任。93年コンサルタント会社、アーミテージ・アソシエイツ所長として国防総省のアドバイザー役となり、国防諮問委員も務める。2001年3月ブッシュJr.政権下で国務副長官に就任。外交・安全保障政策の対アジア部門を担当。米国で起きた同時多発テロ後、日本政府高官に対し"ショー・ザ・フラッグ（日本の旗を見せて欲しい）"と自衛隊派遣を求めた。05年1月退任。米国を代表する知日派で日本の外交・安保政策関係者とは太いパイプがあり、日米同盟強化路線の生みの親とも言われる。05年2月コンサルタント会社、アーミテージ・インターナショナル社長。07年2月に発表された「米日同盟—20年までアジアをいかにして正しい方向に導くか」（アーミテージ・リポート2）を主導した。他にも00年と12年にジョセフ・ナイらと超党派対日政策提言「アーミテージ・ナイリポート」を発表している。ベトナム語が堪能。 ㊂旭日大綬章（日本）（2015年）

アミン, ハルン
Amin, Haron
1969.7.19〜2015.2.15
駐日アフガニスタン大使　外交官　㊉カブール　㊕カリフォルニア大学リバーサイド校卒, パサデナ市立カレッジ卒, セント・ジョンズ大学大学院政治学専攻（2005年）修士課程修了　㊞旧ソ連のアフガニスタン侵攻で、貿易商の父とともに11歳で米国に亡命。米国の高校を卒業後、1988年アフガニスタンに帰国し、彼の師であるマスード将軍の下、対ソ戦に身を投じた。その後、マスードの秘書に起用され、米国に戻ると亡命勢力の報道官などを務めた。95年アフガニスタンに帰国し、96年9月のカブール崩壊まで、再びマスードの下で活動する傍ら外務審議官主席補佐官として外交に従事。97年大臣室（後に首相）首席補佐官。2002年タリバン、アルカイダ崩壊後、在米アフガニスタン大使館代理公使に任命される。04年駐日大使に着任。08年アフガニスタンと日本の交流史をまとめた「アジアの二つの日出ずる国」を出版。09年退任。その後、駐オーストリア大使を務めたが、在任中の15年、がんの

ため亡くなった。

アムヌアイ・ウィラワン
Amnuay Virawan
1932.5.22〜
タイ副首相・財務相・外相　㊕チュラロンコン大学（1952年）卒 経営学博士号（ミシガン大学）　㊞1962〜71年首相の経済・財政顧問、75年財務次官、80〜81年財務相、89〜93年国家経済社会開発委員会議長を歴任。この間、バンコク銀行頭取を9年間務めたタイ有数のエコノミスト。92年チュアン政権で副首相となり、95年バンハーン政権では副首相兼外相を務めた。95年タイ指導党を結成したが、96年解散。同年12月チャワリット政権で副首相兼財務相に就任。97年6月財務相、8月副首相を辞任。

アモリン, セルソ
Amorim, Celso
1942.6.3〜
ブラジル外相・国防相　外交官　㊉サンパウロ州サントス　㊎Amorim, Celso Luiz Nunes　㊕リオ・ブランコ外交官養成学校（1965年）卒、ウィーン外交アカデミー大学院（1967年）修了、ロンドン・スクール・オブ・エコノミクス（1971年）卒　㊞1975〜77年ブラジル外相補佐官、77〜79年外務省文化普及課長、ブラジリア大学教授（政治・国際関係）、79〜82年ブラジル映画公社総裁、82〜85年在オランダ大使館公使参事官、85〜87年科学技術省協力・特別計画担当補佐官、87〜88年科学技術省国際問題特別局長、88〜91年科学技術情報研究所（IBICT）審議会メンバー、89〜90年外務省文化局長、90〜91年外務省経済局長、91〜93年在ジュネーブ代表部大使、93年外務次官、93年外相臨時代理、93〜94年外相、95〜99年国連大使、99年〜2001年在ジュネーブ政府代表部大使、02年駐英大使を経て、03年1月再び外相に就任。07年1月再任。11〜15年国防相を務めた。　㊎息子＝ビセンテ・アモリン（映画監督）

アラウィ, アヤド
Allawi, Ayad
1945〜
イラク副大統領　㊉バグダッド　㊕バグダッド大学, ロンドン大学　㊞旧イラク王室に近い名門の商家出身（イスラムシーア派）。若

い頃からアラブ民族主義運動に参加し、バース党の地下活動に参加。1968年同党政権誕生後、秘密警察幹部となるが、次第にフセインに反発を強める。71年渡英して医学を修学。78年にはイラク秘密警察に襲われて重症を負い、ロンドンを拠点とする反体制派運動に加わる。91年フセイン政権の亡命軍人を中心に反体制派組織のイラク国民合意(INA)を結成し、書記長に就任。CIA、英国情報機関の支援を受け、活動を続ける。96年クーデターを試みるが失敗。2003年のイラク戦争後は統治評議会に入り、治安委員会委員長として影響力を発揮するが、04年4月米国の掃討作戦などに抗議して辞任。同年6月暫定政府首相に指名される。05年4月に発足した移行政府には参加せず辞任。11年新設の国家戦略評議会議長に就任。14〜15年、16年より再びマスーム政権の副大統領。世俗派。

アラタス, アリ

Alatas, Ali

1932.11.4〜2008.12.11

インドネシア外相　外交官　[出]オランダ領東インド・ジャカルタ(インドネシア)　[学]インドネシア外交アカデミー卒, インドネシア大学法学部(1952年)卒　[歴]アラビア系。文民出身。国営PIA通信社に2年間記者として勤めた後、1954年インドネシア外務省に入省。56〜59年在バンコク大使館に勤務。60〜65年ジャカルタの情報文化局長、72〜75年政務総局長秘書官、75〜76年外相秘書官、76年国連ジュネーブ代表部大使、78〜82年マリク副大統領秘書官、82〜87年国連大使を経て、88年5月外相に就任。90年7月、23年ぶりの対中国交正常化の仕上げに北京訪問。93年3月、98年3月外相留任。同年5月ハビビ政権下でも留任。カンボジア和平や東ティモール独立に際して大きな役割を果たした。99年10月ワヒド大統領の挙国一致内閣で外相顧問となり、外交政策に関与。東南アジア諸国連合(ASEAN)外交の重鎮として、対ミャンマー国連特使などの立場で活動。ASEAN賢人会議のメンバーとして、ASEAN共同体の最高規範となる憲章の制定にも尽力した。対日関係の発展にも貢献し、2007年に旭日大綬章を受章。論理的かつウィットに富んだ弁舌家として知られた。　[勲]旭日大綬章(日本)(2007年)

アラビ, ナビル

Araby, Nabil el-

1935.3.15〜

エジプト外相, アラブ連盟事務局長　外交官, 法律家　[出]カイロ　[学]カイロ大学法学部(1955年)卒 博士号(ニューヨーク大学ロースクール)　[歴]エジプト外務省法律顧問や国連代表部副代表などを経て、1981年駐インド大使。その後、ジュネーブやニューヨークの国連代表部常駐代表を歴任。イスラエルとの平和条約締結交渉にも法律専門家として参加。2001〜06年国際司法裁判所(ICJ)判事。11年3月ムバラク政権崩壊後に外相に就任。同年7月アラブ連盟事務局長に転じる。16年退任。

アラファト, ヤセル

Arafat, Yasser

1929.8.24〜2004.11.11

パレスチナ自治政府議長, パレスチナ解放機構(PLO)議長　[出]エルサレム　[名]別名＝アブ・アンマル　[学]カイロ大学工学部(1956年)卒　[歴]カイロ生まれの説もあり。1944年パレスチナ学生連盟に入り、48年パレスチナ戦争(第1次中東戦争)に従軍。大学に復学して52〜56年パレスチナ学生連盟議長。卒業後クウェートで技師。59年同地を拠点にパレスチナ解放組織ファタハを結成。67年ファタハを率いて第3次中東戦争に参戦、68年ヨルダン川西岸で対イスラエル闘争を指揮し名声を高める。69年2月のパレスチナ民族評議会(PNC)でパレスチナ解放機構(PLO)議長に選出。70年9月ヨルダン内戦ではPLOが大打撃を受ける。74年アラブ首脳会議でPLOをパレスチナ唯一の代表と認めさせることに成功し、11月国連総会での初演説で一躍世界にその名を広めた。82年8月レバノン戦争でベイルートを退去してPLO本部をチュニスへ移し、従来の武装闘争を放棄、エジプト、ヨルダンとの関係を改善。87年イスラエル占領地でインティファーダ(反イスラエル抵抗闘争)が勃発後、ヨルダン川西岸とガザのパレスチナ人の支持を受ける。88年11月“パレスチナ国家”独立宣言。89年4月初代大統領に任命される。92年4月飛行機事故に遭うが、奇跡的に生還。93年9月中東和平の大枠を定めたオスロ合意(パレスチナ暫定自治宣言)に調印、イスラエルのラビン政権と歴史的和解を果たす。94年5月パレス

チナ先行自治行政府議長。7月1日、27年ぶりにガザに帰還。同年ラビン首相らとともにノーベル平和賞を受賞。96年1月パレスチナ初の民主選挙である自治政府議長選で圧勝し、初代議長に就任。97年1月イスラエルのネタニヤフ首相と会談し、イスラエル軍のヘブロン(ヨルダン川西岸)撤退に合意。これによりヨルダン川西岸の都市部はすべてパレスチナ自治政府の管轄下に入る。98年10月にはイスラエル軍追加撤退とパレスチナ自治政府治安対策強化などを定めた包括合意文書(ワイ合意)に調印。2000年7月バラク・イスラエル首相、クリントン米大統領との和平交渉を行うが、決裂。9月パレスチナとイスラエルの衝突が発生し、インティファーダを是認する立場をとったため、01年以来イスラエル軍により議長府のあるラマラ自治区への攻撃、軟禁が繰り返し行われた。パレスチナ国家建設を率い、現実穏健派として解放闘争の象徴としてカリスマ的存在だったが、東エルサレムを首都とする独立国家の樹立を果たすことはできなかった。　[賞]ノーベル平和賞(1994年), フェリクス・ウフエボワニ賞(ユネスコ)(1994年)

アラルコン, リカルド

Alarcón, Ricardo

1937.5.21～

キューバ人民権力全国会議(国会)議長, キューバ外相　外交官　[出]ハバナ　[名]Alarcón de Quesada, Ricardo　[学]ハバナ大学哲文学科卒 哲文学博士　[歴]大学在学中は1961～62年大学学生連盟議長。62年キューバ外務省に入り、62～64年中南米局長、64～66年米州局長、66～78年国連常駐代表、73～78年トリニダード・トバゴ大使兼任。78年外務次官、89年外務第1次官、国連大使。80～91年キューバ共産党中央委員候補、91年より党中央委員、92年より党政治局員。92～93年外相。93年より人民権力全国会議(国会)議長を務め、2013年引退。00年11月来日。　[賞]京都外国語大学名誉博士号(2000年)

アラルコン・リベラ, ファビアン

Alarcon Rivera, Fabian

1947.4.14～

エクアドル大統領　[学]カトリカ大学卒 法学博士　[歴]1984～86年エクアドル・ピチンチャ州知事。90年国会議員に当選し、91～92年国会議長。92年、95年副大統領代理、94～96年アルファロ急進戦線党(FRA)党首。94年国会議員に再当選し、95年国会議長。97年～98年8月暫定大統領。

アリア, ラミズ

Alia, Ramiz

1925.10.18～2011.10.7

アルバニア大統領　[出]シュコデル　[歴]ソ連のモスクワ党学校で学び、17歳でアルバニア共産党(のちの労働党)に入党。第二次大戦中はパルチザン戦争に参加、解放軍の政治将校を務める。1944～48年アルバニア労働党(APL)青年同盟書記長、54年党中央委員、55年文化教育相。56年労働党政治局員候補、58年党宣伝部長、61年党政治局員兼書記。82年11月アルバニア人民議会幹部会議長。85年4月独裁者ホッジャの死後、党第1書記に就任。89年秋以降の東欧諸国の民主化のうねりの中で唯一、社会主義路線を堅持してきたが、90年末、ティラナ大学を中心とする反政府デモに押される形で民主化に踏み切った。91年3月の人民議会選挙では落選。同年4月大統領制導入によりアルバニア初代大統領に就任し、全ての党職を辞任した。92年3月の総選挙ではアルバニア社会党(旧労働党)が大敗し、4月大統領を辞任。93年8月権力乱用罪などで逮捕され、94年7月禁錮9年の実刑判決を受ける。95年7月恩赦などで釈放。96年2月殺人とアルバニア人大量国外追放の容疑で逮捕されるが、97年起訴は撤回された。

アリアス・サンチェス, オスカル

Arias-Sánchez, Oscar

1940.9.13～

コスタリカ大統領　法律家　[出]エレディア　[学]コスタリカ大学(医学部・経済学部・法学部)(1967年)卒, ロンドン大学大学院(政治学・経済学)修士課程修了, エセックス大学大学院博士課程修了 政治学博士(エセックス大学)(1974年)　[歴]学生時代の1964年コスタリカ国民解放党(PLN)に入党。69～72年コスタリカ大学教授。70年以降中央銀行副総裁、70～72年大統領経済アドバイザー、72～77年国家計画経済省大臣などを歴任し、78～82年国会議員、79～83年党書記長。86年コスタリカ史上最年少で大統領に就任。87年2月中米和平構想(アリアスプラン)を提

唱、さらに8月5ケ国の中米首脳会談を開催して11項目からなる和平調停“エスキプラス宣言II”の調印に成功。この業績によりノーベル平和賞を受賞した。88年平和と人類発展のためのアリアス財団を設立。90年大統領退任。2006年5月大統領に復帰。10年5月退任。　[賞]ノーベル平和賞（1987年），マーティン・ルーサー・キング賞（1987年）

アリエフ, イルハム

Aliyev, Ilham

1961.12.24〜

アゼルバイジャン大統領　実業家　[出]ソ連アゼルバイジャン共和国バクー（アゼルバイジャン）　[名]Äliyev, Ilhäm Heydar Oğlu　[学]モスクワ国際関係大学（1982年）卒, モスクワ国際関係大学大学院（1985年）修士課程修了　Ph.D.　[歴]1985〜90年モスクワ国際関係大学講師を経て、91年からモスクワとイスタンブールでビジネスに従事。94年〜2003年アゼルバイジャン国営石油会社（SOCAR）第1副総裁。この間、1995年国会議員に当選。99年与党・新アゼルバイジャン党副党首、2001年第1副党首。03年8月父ヘイダル・アリエフ大統領の任命により首相に選出される。同年10月大統領選で圧勝し、就任。旧ソ連圏初の事実上の世襲で元首となる。08年10月大統領選に再選。09年3月国民投票により大統領の3選を禁じた憲法の規定が削除され、政権長期化の道が開かれる。15年11月の議会選挙で、党首を務める新アゼルバイジャン党が過半数を制したほか、与党系候補が圧勝。16年9月の憲法改正により、大統領の任期が5年から7年へ延長される。また副大統領職が創設され、17年2月妻のメフリバン・アリエワが第1副大統領に任命される。　[家]父＝ヘイダル・アリエフ（アゼルバイジャン大統領），妻＝メフリバン・アリエワ（アゼルバイジャン第1副大統領）

アリエフ, ヘイダル

Aliyev, Heydar

1923.5.10〜2003.12.12

アゼルバイジャン大統領　[出]ソ連アゼルバイジャン共和国ナヒチェワン（アゼルバイジャン）　[学]アゼルバイジャン大学歴史学部（1957年）卒　[歴]1941年からソ連アゼルバイジャン自治共和国内務人民委員部に勤務。45年ソ連共産党入党。64年アゼルバイジャン自治共和国国家保安委副議長、67年同議長、69年アゼルバイジャン党第1書記。71年ソ連共産党中央委員、76年3月党政治局員候補、82年11月〜87年10月党政治局員兼ソ連第1副首相。ブレジネフ書記長の盟友として知られたが、ゴルバチョフ政権になって87年10月すべての公職を解任され引退とみられていた。91年7月ソ連共産党離党。同年8月アゼルバイジャン共和国独立。93年6月アゼルバイジャン共和国最高会議議長に就任、10月大統領に当選。98年10月再選。2003年10月退任し、後継者として長男のイルハムが大統領選に当選。旧ソ連諸国で初の権力世襲に成功した。カスピ海の石油開発で投資を積極的に呼び込む成果を上げたが、独裁的な政治手法に批判も高かった。　[賞]社会主義労働英雄（1979年, 1983年）　[家]長男＝イルハム・アリエフ（アゼルバイジャン大統領）

アリスティド, ジャン・ベルトラン

Aristide, Jean-Bertrand

1953.7.15〜

ハイチ大統領　解放の神学派神父　[出]ポールサリュ　[学]ハイチ国立大学心理学科（1979年）卒　Ph.D.　[歴]小学校からサレジオ会系のカトリック学校で教育を受ける。1979〜82年イスラエルに留学し聖書神学を研究。同年帰国後、“解放の神学派”の神父（司祭）となり、孤児院を作るなど社会活動に力を入れる傍ら、中南米最貧困国の母国の惨状を憂い、ラジオなどを通じて反独裁・反軍政の政治活動を展開。86年民衆反乱による独裁体制打破を実現。88年サン・ジャン・ボスコ教会の虐殺事件に遭遇するが難を逃れる。同年“政治活動”を理由にサレジオ会から追放。90年12月初の自由選挙でハイチ大統領に当選、91年2月に就任。同年9月軍事クーデターにより失脚、国外追放。以来米国で亡命生活を送る。94年9月米国の説得によりハイチ国軍指導者が退陣、10月3年振りに帰国し政権復帰した。96年2月任期終了。アリスティド民主化財団代表に就任。2000年11月大統領選に当選、01年2月就任するが、選挙で不正が行われたとして国民の不満が高まり、国際援助も凍結されるなど世界から孤立。04年2月反政府武装勢力の隆起をきっかけに政権は崩壊、南アフリカに亡命。10年のハイチ大地震後、11年7年間の亡命生活を終えて帰国。1996年来日し、専修大学で

名誉博士称号を受けた。 [賞]専修大学名誉博士号（1996年）

アリヨマリ, ミシェル

Alliot-Marie, Michèle

1946.9.10～

フランス外相・内相・国防相, フランス共和国連合（RPR）総裁 [出]ビルヌーブルロワ [名]Alliot-Marie, Michèle Yvette Marie-Thérèse [学]ソルボンヌ大学卒 法学博士 [歴]1979年行政・公共サービス担当顧問として共和国連合（RPR）入り。ピレネアトランティック地方選出の下院議員兼市長を経て、86年第1次保革共存政権で教育省付き閣外相として入閣。93～95年バラデュール内閣で青年スポーツ相。RPRからシラク、バラデュールが出馬した95年大統領選時、党の分裂を防ぐために奔走し名を上げた。99年12月～2002年保守政党の初の女性新総裁（党首）を務める。02年5月初の女性国防相としてラファラン内閣に入閣。04年3月再任、05年6月ドビルバン内閣で留任。07年5月～09年6月サルコジ政権の下、フィヨン内閣の内相・海外領土相。09年6月～10年11月法相。10年11月～11年外相。

アル・アザウイ, ヒクマト・ミズバン・イブラヒム

Al-Azzawi, Hikmat Mizban Ibrahim

～2012.1.27

イラク副首相・財務相 [歴]2003年米軍によってイラクのフセイン政権が崩壊するまで副首相兼財務相を務め、米軍が最優先で指名手配したフセイン政権指導部上位5人の1人であった。政権崩壊後間もなくイラク警察に逮捕され、米軍に引き渡された。

アルカティリ, マリ

Alkatiri, Mari

1949.11.26～

東ティモール首相, 東ティモール独立革命戦線（フレティリン）書記長 独立運動家 [出]ポルトガル領ティモール・ディリ（東ティモール） [名]Alkatiri, Mari bin Amude [歴]ディリのイスラム地区生まれで、イエメン人を先祖に持つ。少数派のイスラム教徒。19歳の時に反ポルトガルの独立運動に参加。独立派の中核・東ティモール独立革命戦線（フレティリン）に地下組織時代から参画。1974年党を創設し、国務相となる。75年東ティモールが一時独立を宣言した際にはナンバー3の政治担当相に就任。党外交担当中央委員として、モザンビークに駐在し対インドネシア独立のための国際的広告活動を展開した。99年帰国。2000年東ティモール暫定政府経済担当相。02年5月インドネシアから独立した東ティモールの初代首相に就任。経済開発相も兼ねる。06年6月軍内部の対立に端を発し30人以上が死亡した騒乱の責任を取り辞任。その後もフレティリンの指導者として政界で影響力を持ち、17年7月の総選挙でフレティリンが第1党となると、9月首相に復帰。1993年来日。

アルカライ, スヴェン

Alkalaj, Sven

1948.11.11～

ボスニア・ヘルツェゴビナ外相 外交官 [出]ユーゴスラビア・サラエボ（ボスニア・ヘルツェゴビナ） [学]サラエボ大学機械工学科（1974年）卒, サラエボ大学経済学研究課程（1987年）修了, ハーバード大学ビジネススクール（1999年）修了 [歴]サラエボ大学で機械工学や経済学を学ぶ。1988年エネルゴインベスト社バンコク支店長を経て、94年駐米ボスニア・ヘルツェゴビナ大使に就任。クリストファー国務長官やクリントン大統領にユーゴスラビアでの民族紛争介入を説き、北大西洋条約機構（NATO）による空爆や、95年の和平協定の下地を作ったといわれる。2000年米州機構大使、04年駐ベルギー大使兼NATO大使を経て、07～12年外相。12～14年欧州経済委員会事務局長。

アルジンバ, ウラジスラフ

Ardzinba, Vladislav

1945.5.14～2010.3.4

アブハジア自治共和国初代大統領 歴史学者 [出]ソ連グルジア共和国エシェラ（グルジア） [名]Ardzinba, Vladislav Grigoriyvich [学]スフミ教育大学 [歴]歴史学者だったが、1990年にアブハジア自治共和国の最高会議議長に就任。ソ連崩壊に伴い、グルジアからのアブハジアの分離独立を求め、進攻したグルジア軍と激しい内戦を繰り広げた。94年アブハジア自治共和国の初代大統領になり、2005年に3選禁止規定のため引退した。

アルス, アルバロ
Arzu, Alvaro
1946.1.14〜
グアテマラ大統領, グアテマラ市長　実業家　[出]グアテマラシティ　[学]ラファエル・ランディバル大学社会学部中退　[歴]弁護士資格取得。経済エリートの実業家。1978年グアテマラ観光庁長官、86〜90年グアテマラ市長、91年グアテマラ外相を歴任。96年〜2000年大統領。04〜07年再びグアテマラ市長を務めた。国民進歩党（PAN）の創設メンバーで1991〜95年党首。96年12月左翼ゲリラ統一組織、グアテマラ民族革命連合（URNG）との和平協定に調印、30年以上に及ぶ内戦に終止符をうった。　[賞]ユネスコ平和賞（1997年）

アルセニス, ゲラシモス
Arsenis, Gerasimos
1931.5.30〜2016.4.19
ギリシャ国防相　[出]ケファロニア島　[学]アネテ大学卒, マサチューセッツ工科大学卒　[歴]エコノミスト出身で、経済協力開発機構（OECD）や国連貿易開発会議（UNCTAD）に勤務。1981〜84年ギリシャ中央銀行総裁を務めた。中道左派・社会民主主義政党の全ギリシャ社会主義運動（PASOK）に入党し、国会議員に当選。84〜85年経済相兼財務相、93〜96年国防相、96年〜2000年教育相。

アルタンホヤグ, ノロブ
Altankhuyag, Norov
1958.1.20〜
モンゴル首相, モンゴル民主党（DP）党首　[出]ウブス県　[名]Altankhuyag, Norovyn　[学]モンゴル国立大学（1981年）卒, モンゴル国家行政管理開発アカデミー（1993年）修了　[歴]1981〜90年モンゴル国立大学教官。90〜92年モンゴル社会民主党（MSDP）書記。94〜96年、99年〜2000年社民党幹事長。1996年国民大会議（国会）議員に初当選。2001〜03年民主党（DP）幹事長、08年より党首。財務相、第1副首相などを歴任。12年6月総選挙で民主党が第1党となり、8月首相に選出される。14年11月首相辞任。

アルチュイス, ジャン
Arthuis, Jean
1944.10.7〜
フランス財務相　[出]サンマルタン・デュ・ボワ　[名]Arthuis, Jean Reymond Francis Marcel　[学]ナント高等商業学校卒　[歴]会計士として働いた後、1971年フランス西部シャトー・ゴンチエール市の市長に当選。83年中道派上院議員となり、シラク内閣時代には雇用・社会問題担当閣外相などを務める。95年5月ジュペ内閣で経済開発計画相に就任。同年8月財務相に抜擢される。97年退任。

アルハノフ, アル
Alkhanov, Alu
1957〜
チェチェン共和国大統領　[名]Alkhanov, Alu Dadashevich　[歴]チェチェン共和国の親ロシア派政権で、警察官僚として独立派武装勢力との闘争を指揮。首都グロズヌイで警察のトップを務めるが、1996年戦闘で負傷し、ロストフ州の警察に移る。99年第2次チェチェン紛争を機に再び反独立派闘争に参戦。2000年グロズヌイの警察に復帰。03年チェチェン共和国内相を経て、04年大統領選に当選。07年退任。

アルブール, ルイーズ
Arbour, Louise
1947.2.10〜
国連人権高等弁務官　法律家　[出]ケベック州モントリオール　[学]モントリオール大学法学部（1970年）卒　[歴]オンタリオ州の最高裁や高裁判事などを歴任。1996年10月旧ユーゴスラビアとルワンダの大虐殺を裁く2つの国際法廷の主任検察官に就任。99年5月ミロシェヴィッチ・ユーゴスラビア大統領を起訴。人権団体のカナダ市民自由協会副会長として、受刑者の選挙権確保の運動にも取り組む。同年9月カナダ最高裁判事。2004〜08年国連人権高等弁務官。09〜14年国際紛争予防に取り組む国際危機グループ（ICG）理事長を務めた。

アルベール2世
Albert II
1958.3.14〜
モナコ公国大公（元首）　ボブスレー選手　[名]Albert Alexandre Louis Pierre Grimaldi　[学]アマースト大学（1981年）卒　[歴]モナコ公レーニエ3世と米国女優グレース・ケリー（グレース王妃）の長男。1981年米国アマースト

大学卒業後、フランス海軍に一時勤務。82年9月母が自転車事故で死去。2005年4月レーニエ3世の死去に伴い、7月モナコ公国大公(元首)に即位。スポーツマンとして知られ、1986年からボブスレー競技を始め、ボブスレー選手として冬季五輪に5度出場。また、85年より国際オリンピック委員(IOC)を務め、94年モナコ・オリンピック委員会会長。2006年4月英国人、ロシア人らと犬ぞりで北極点到達を成し遂げた。11年7月南アフリカの元水泳選手シャルレーヌ・ウィットストックと結婚。 [家]父＝レーニエ3世(モナコ公),母＝グレース王妃

アルマグロ, ルイス

Almagro, Luis

1963.6.1〜

ウルグアイ外相, 米州機構(OAS)事務総長 法律家 [出]セロチャト [名]Almagro Lemes, Luis Leonardo [学]ウルグアイ共和国大学卒 [歴]ウルグアイの外交官としてテヘランやベルリンに赴任。2007〜10年駐中国大使、14年10月ウルグアイ上院議員、ムヒカ政権下の10〜15年外相を経て、15年3月米州機構(OAS)事務総長に選出、5月就任。

アル・マジド, アリ・ハッサン

Majid, Ali Hassan al-

1941.11.30〜2010.1.25

イラク国防相 [出]ティクリート [名]別名＝ケミカル・アリ [歴]イラクのフセイン元大統領の従兄弟。血縁関係を通じて大統領に重用され、1989〜91年内相、91〜95年国防相を歴任。イラン・イラク戦争末期の88年、クルド反体制派がイランに協力したとして、イラク北部のクルド人約5000人をマスタードガスで虐殺。このことから、“ケミカル・アリ(化学兵器のアリ)”の異名を取った。湾岸戦争直後の91年には、南部で起きたシーア派住民の大規模蜂起を鎮圧、10万人以上を死亡させたとされる。のち最高意思決定機関・革命指導評議会(RCC)のメンバーとしてフセイン政権を支え、2003年のイラク戦争では、南部管轄区の司令官を務めた。4月米英軍による攻撃を受けバスラ市内の自宅で死亡したとされたが、のちに生存が判明。07年6月イラク高等法廷はクルド人虐殺事件を巡り、ジェノサイド(集団殺害)罪で死刑判決を下した。10年1月17日4度目の死刑判決を受け、25日処刑された。 [家]従兄弟＝サダム・フセイン(イラク大統領)

アル・ムルキー, ハーニ

→ムルキ, ハニを見よ

アルメイダ, フアン

Almeida, Juan

1927〜2009.9.11

キューバ国家評議会副議長, キューバ革命軍司令官 革命家, 作曲家 [名]Almeida Bosque, Juan [学]キューバ革命軍高等アカデミーセンター卒 [歴]キューバ革命のアフリカ系指導者。1952年から革命闘争に参加。カストロ兄弟らとともに59年の革命を成功させた。76年からキューバ国家評議会副議長。2008年2月ラウル・カストロ体制で国家評議会副議長、キューバ革命軍司令官。一方、作曲家としても知られ、300以上の作品がある。

アルモンテ, ホセ

Almonte, Jose

フィリピン国務相・大統領国家安全保障顧問・国家安全保障評議会長官 [学]フィリピン国軍士官学校(1956年)卒 [歴]国軍の情報畑出身。ベトナム戦争時に情報将校として現地に滞在、1967〜69年にかけてベトコン部隊と行動を共にする。72年マルコス政権の戒厳令下で大統領府に勤務し、政策プランに携わる。75〜79年国立フィリピン大学の戦略研究機関で教授を務めた。86年2月のピープル・パワー革命では、ラモス参謀総長の下で活躍し、陸軍准将退役後に財務省経済情報調査部長を務め、ラモス政権発足と同時に国務相・大統領国家安全保障顧問・国家安全保障評議会長官に就任。ラモス政権の実質的なナンバー2となる。東アジアの政治軍事情勢に通じ、大局的でバランスの取れた見識に定評がある。95年来日。

アレグザンダー, ダグラス

Alexander, Douglas

1967.10.26〜

英国国際開発相 [出]スコットランド・グラスゴー [名]Alexander, Douglas Garven [学]エディンバラ大学, ペンシルベニア大学 [歴]労働党下院議員のゴードン・ブラウンのスピーチライターなどを経て、1997年下院議員に初当選。ブレア政権の欧州担当閣内相、

運輸・スコットランド相などを経て、2007年6月〜10年5月ブラウン政権の国際開発相。

アレクサンダー, ラマー

Alexander, Lamer

1940.7.3〜

米国教育長官, テネシー州知事　法律家　[出]テネシー州ノックスビル　[名]Alexander, Andrew Lamer　[学]バンダービルト大学（1962年）卒, ニューヨーク大学ロースクール（1965年）修了 J.D.　[歴]弁護士の資格を取り、1967年ハワード・ベーカー上院議員の政策スタッフを振り出しに、69年ホワイトハウス議会連絡事務局、71年会社経営を経て、79〜87年テネシー州知事。知事時代、教育改革の必要性を力説。88〜90年テネシー大学学長。90年12月〜93年1月教育長官。96年大統領予備選に出馬するが、途中で選挙から撤退。99年3月大統領選に出馬を表明するが8月撤退を宣言。2003年1月テネシー州選出の米国上院議員。穏健派共和党員。　[勲]旭日重光章（2012年）

アレクシス, ジャック・エドゥアール

Alexis, Jacques-Edouard

1947.9.21〜

ハイチ首相　農学者　[出]ゴナイブ　[歴]農学者として、1973〜76年ハイチ国立大学助教授、79〜87年教授。90〜96年キスケヤ大学学長。96〜98年ハイチ教育相を経て、99年3月首相に就任、内相、青年・スポーツ相を兼任。2001年2月退任。

アレクセイ2世

Aleksei II

1929.2.23〜2008.12.5

第15代ロシア正教会総主教　[出]エストニア・タリン　[名]リジゲル, アレクセイ〈Ridiger, Aleksei Mikhailovich〉　[学]レニングラード神学校卒, レニングラード神学アカデミー卒　[歴]10月革命後、ペテルブルク（現・サンクトペテルブルク）からタリンに逃れた聖職者の家庭に生まれる。1961年ロシア正教会主教となり、61〜68年世界教会会議中央委委員、62年モスクワ管区外事部副主席。64年大主教となり、64〜68年モスクワ管区長、68〜86年タリン、エストニア大司教、86〜90年レニングラード、ノブゴロド府主教を経て、90年6月よりロシア正教会第15代総主教・モスクワ総主教。この間、89〜91年1月ソ連ロシア共和国人民代議員。ソ連共産党支配下では“宗教はアヘン”として抑圧されるが、ソ連崩壊後、エリツィンやプーチンらロシアの歴代大統領と協調し、新生ロシアの統合の象徴としての役割も果たした。2007年5月ロシア革命のあおりで“ソ連体制派”と“国外亡命勢力”に分裂していた内外ロシア正教会を80年ぶりの和解へ導いた。00年5月総主教として初来日し、天皇陛下と会見した。

アレーグル, クロード

Allègre, Claude

1937.3.31〜

フランス国民教育研究技術相, 欧州議会議員　地球科学者　[出]パリ　[名]Allègre, Claude　[歴]1976年地球物理学研究所所長。87年フランス社会党中央委員。88〜92年リオネル・ジョスパン国民教育・青年・スポーツ担当相の特別顧問。92年地理・鉱業調査研究所評議委員会委員長。この間、89〜94年欧州議会議員を務める。97年〜2000年3月ジョスパン内閣で国民教育・研究・技術相。　[賞]スウェーデン王立アカデミークラフォード賞（1986年）

アレフ, モハマド・レザ

Aref, Mohammad Reza

1951〜

イラン第1副大統領　電気工学者　[出]ヤズド　[歴]1994〜97年テヘラン大学総長。2001年8月イラン第1副大統領に就任。管理計画庁長官も兼任する。05年退任。13年の大統領選に立候補したが、途中で撤退した。

アレマンノ, ジャンニ

Alemanno, Gianni

1958.3.3〜

ローマ市長, イタリア農林相　[出]バーリ　[学]ローマ大学　[歴]1994年イタリア下院議員に当選。2001年6月〜06年5月ベルルスコーニ内閣の農林相を務める。08年ローマ市長選で現職の左派ワルテル・ベルトローニを破って当選。09年原爆の惨禍や平和の大切さを学ばせる教育プログラム“記憶への旅”を公立校に導入した。13年6月退任。

アレマン・ラカヨ, アルノルド

Aleman Lacayo, Arnoldo

1946.1.23〜

ニカラグア大統領, ニカラグア立憲自由党党首　[出]マナグア　[学]ニカラグア自治大学(法学)卒　[歴]父はコーヒー農園の経営者で、ソモサ独裁時代の教育相も務めた富裕層の出身。民間企業数社の弁護士を務めた後、コーヒー農園主となり、1986〜89年ニカラグア・コーヒー生産者連盟会長などを歴任。この間、80年ソモサ独裁政権に関係したとして禁錮刑判決を受け、7ケ月間服役。大学時代から政治への関心を持ち、90年ニカラグア立憲自由党(PLC)党首となり、同年マナグア市長に就任、同市のインフラ整備などに尽力。96年大統領選に当選、97年1月就任。2001年12月退任。ニカラグア政界右派を代表する政治家。

アレンカール, ジョゼ

Alencar, José

1931.10.17〜2011.3.29

ブラジル副大統領　[出]ミナスジェライス州　[名]Alencar Gomes da Silva, José　[歴]14歳から雑貨店の販売員として働く。やがて実業家として成功を収め、1998年ブラジル上院議員。2003年左派労働党のルラが大統領に就任すると、中道政党から副大統領に就任。2期8年を務めた。1997年から腹部がんを患い、任期中も含め13年間に17回の手術を受けた。日本人のブラジル移住100周年にあたり、“日本ブラジル交流年”であった2008年はブラジル側名誉総裁を務めた。

アレンス, モシェ

Arens, Moshe

1925.12.7〜

イスラエル国防相　航空工学者　[出]リトアニア　[学]マサチューセッツ工科大学(航空工学)卒, カリフォルニア工科大学卒　[歴]14歳の時両親とともに渡米。1950年イスラエルへ移住。航空工学の専門家で、イスラエル工大助教授、イスラエル航空工業(IAI)重役から政界入りし、73年国会議員(リクード党)。82〜83年駐米大使。83年2月〜84年9月シャミル首相の下で国防相、同月無任所相。88年12月外相、90年6月〜92年6月国防相。99年1〜7月ネタニヤフ首相の下で国防相に再任。

アロイス

Alois

1968.6.11〜

リヒテンシュタイン皇太子　[出]スイス・チューリヒ　[名]Alois Philipp Maria　[学]サンドハースト陸軍士官学校(英国), ザルツブルク大学大学院法学専攻(1993年)修士課程修了　[歴]リヒテンシュタイン大公(元首)ハンス・アダム2世と母マリー妃の長男。スイスで生まれ、ファドゥーツ城で幼少期を過ごす。1987年高校卒業後、英国のサンドハースト陸軍士官学校に入学。士官候補生として訓練を受け、香港とロンドンで軍務の後、88年オーストリアのザルツブルク大学に入学。大学院で法学修士号を取得。93〜96年ロンドンで会計事務所に勤務後、リヒテンシュタイン家の財務を担当。2004年8月ハンス・アダム2世により摂政に指名され、以来リヒテンシュタイン公国の国家元首の職務を遂行。大富豪でもあり、世界屈指とされる3万点もの美術コレクションを持つ。12年東京の国立新美術館で「リヒテンシュタイン 華麗なる侯爵家の秘宝」展が開催されるにあたり来日。　[家]父=ハンス・アダム2世(リヒテンシュタイン大公)

アロニ, シュラマイト

Aloni, Shulamit

1928.11.29〜2014.1.24

イスラエル通信・科学・技術相, メレツ党党首　[出]パレスチナ・テルアビブ(イスラエル)　[名]旧姓(名)=Adler　[学]ヘブライ大学卒　[歴]両親はユダヤ系ポーランド移民。1959年マパイ党に入党。65〜69年イスラエル国会議員。66〜70年消費者協議会議長。73年政治団体“市民権利運動(CRM)”を結成し、総裁に就任。74年以後、同組織を基盤に連続国会議員に当選。92〜96年メレツ党党首を務め、92〜93年教育文化相、93〜96年通信・科学・技術相などを歴任。また日刊紙「イエディオト・アフロノト」「婦人」などのコラムで市民運動に関する論陣をはった。　[賞]イスラエル賞(2000年)

アロヨ, グロリア・マカパガル

Arroyo, Gloria Macapagal

1947.4.5〜

フィリピン大統領　経済学者　[出]マニラ　[学]アサンプション大学, アテネオ・デ・マニラ

大学経済学修士課程修了, フィリピン大学大学院経済学博士課程修了, ジョージタウン大学（米国） 経済学博士　[歴]父はディオスダド・マカパガル第9代大統領。留学先の米国ジョージタウン大学ではクリントン元米国大統領の同級生。フィリピン大学経済学教授（1977〜87年）をしていたときコラソン・アキノ大統領に請われて、87年貿易産業省に入り、89〜92年貿易産業次官を務める。92年フィリピン民主の戦い（LDP）から上院議員に当選。経済政策通と人気女優のノラ・オノールに似た容姿を売り物に人気を集め、95年上院議員選ではトップで再選。世界貿易機関（WTO）加盟や経済改革法案を多数成立させる。98年1月与党のラカス・NUCDに入党、5月副大統領選に出馬し当選、6月就任。のちエストラダ大統領の違法賭博収益金収受疑惑などに抗議し、2000年10月兼任していた社会福祉開発相を辞任。01年1月エストラダ大統領が辞表を提出したことを受け、大統領就任を宣言、同月正式に就任。フィリピン史上初の親子2代の大統領となり、女性としてはアキノ元大統領に続き2人目。04年5月の大統領選に再選、6月2期目就任。10年6月任期満了で退任。同年5月下院議員に当選。11年11月選挙法違反容疑で逮捕、12年10月横領容疑で再逮捕。13年5月下院議員に再選。16年7月横領容疑での公訴は取り下げられ、拘束先の軍病院から約4年ぶりに釈放された。弁護士の夫との間に二男一女がある。　[家]父＝ディオスダド・マカパガル（フィリピン大統領）

アン・サンス（安 商守）

Ahn Sang-soo

1946.2.9〜

ハンナラ党代表, 韓国国会議員　法律家　[出]慶尚南道馬山　[学]ソウル大学（1968年）卒, 高麗大学大学院修了, ソウル大学大学院修了　[歴]大邱地検検事、ソウル地検検事などを経て、1987年弁護士登録。93年大韓弁護士協会報道官。96年新韓国党から国会議員に初当選、2005年国会法制司法委員長を経て、07〜08年と09〜10年ハンナラ党院内代表。10年7月〜11年4月党代表。

アン・チョルス（安 哲秀）

Ahn Cheol-soo

1962.2.26〜

韓国国会議員, アンラボ創業者　実業家, コンピューター科学者　[出]釜山　[名]英語名＝Ahn, Charles　[学]ソウル大学医学部（1986年）卒, ソウル大学大学院（1988年）修了, スタンフォード大学ベンチャービジネス課程（2000年）修了, ペンシルベニア大学大学院（経営学）（2008年）修了 医学博士（ソウル大学）（1991年）, M.B.A.　[歴]ソウル大学で医学研究中に、韓国初となるコンピューターウイルス駆除ワクチンを開発。以降、独自のウイルス対策ソフトを無料で公開し、兵役後の1995年にベンチャー企業・安哲秀コンピューターウイルス研究所（のちアンラボに改称）を設立。97年修士号を取得したのを機に医師を辞め、社業に専念。インターネットでソフトを個人に無償提供し、法人には有償で提供するというビジネスモデルで成功を収め、同社をパソコン用ウイルス対策ソフトの韓国最大手に育て上げる。2001年韓国の店頭市場（コスダック）に上場を果たし、日本や中国、マレーシアへの製品輸出を始める。05〜11年鉄鋼大手のポスコ社外取締役。11〜12年ソウル大学教授・融合科学技術大学院院長。一方、08年大統領直属未来企画委員となる。若者を中心に無党派層の人気が高く、11年ソウル市長選で立候補の期待が高まったが、朴元淳支持を表明。12年の大統領選でも有力候補として取り上げられ、韓国政界に旋風を巻き起こしたが、11月民主統合党（のち韓国民主党）の文在寅候補と野党一本化のため立候補を辞退した。13年4月国会議員補選に無所属で出馬し当選。同年5月シンクタンク“政策ネットワーク明日”を設立。14年1月新政治連合を結成して中央運営委員長となり、3月韓国民主党と合同して新政治民主連合（現・共に民主党）を設立。金ハンギルと共同代表を務めたが、7月国会議員の再選・補選で惨敗した責任を取り辞任。15年12月文在寅代表に反発して離党。16年2月国民の党共同代表に就任、4月の総選挙では同党を20議席から38議席まで躍進させ、自身も2期目の当選を果たす。6月総選挙での政治資金不正疑惑の責任を取り党共同代表を辞任。17年大統領選に立候補するが、文在寅、洪準杓に次ぐ3位に終わった。

アンガラ, エドガルド

Angara, Edgardo

フィリピン上院議長, フィリピン農相　[歴]弁護士として活動。企業法務を手がける一方、近隣5ケ国の弁護士らと、1980年東南アジア

諸国連合（ASEAN）法律協会を設立。81年フィリピン大学学長。87年フィリピン上院議員に当選。貧困を減らすため教育と保育の普及や、国立公園拡充などで環境対策に尽力。93〜95年上院議長を務め、電力不足改善や最低賃金法整備などに取り組んだ。97年エストラダ大統領候補と組み、副大統領選に出馬。99年〜2001年農相、01〜13年再び上院議員。　㊙旭日大綬章（日本）（2013年）

アンクワブ, アレクサンドル
Ankvab, Aleksandr
1952.12.26〜
アブハジア自治共和国大統領　㊗ソ連アブハジア自治共和国スフミ（ジョージア）　㊙Ankvab, Aleksandr Zolotinska-ipa　㊙2008年のグルジア紛争後、ロシアがグルジア（現・ジョージア）からの独立を承認したアブハジア自治共和国の副大統領を、10年2月から務める。11年8月大統領に当選。14年6月辞任。親ロシア派。

アンシプ, アンドルス
Ansip, Andrus
1956.10.1〜
エストニア首相, エストニア改革党党首　㊗ソ連エストニア共和国タルトゥ（エストニア）　㊧タルトゥ大学、ヨーク大学　㊙1998年タルトゥ市長、2004年パルツ内閣の経済通信相。05年3月リュイテリ大統領により首相に指名され、4月に就任、アンシプ連立政権（改革党・中央党・人民党）を発足させる。14年退任。04〜14年エストニア改革党党首。14年11月欧州連合（EU）欧州委員会副委員長（デジタル単一市場担当）。

アンセンヌ, ミッシェル
Hansenne, Michel
1940.3.23〜
国際労働機関（ILO）事務局長, ベルギー雇用労働相　㊗Rotheux-Rimiere　㊧リエージュ大学卒　㊙1974年よりベルギー連邦下院議員を務め、79〜81年ベルギー・フランス文化相、81〜88年雇用労働相、88〜89年市民サービス相。89年から国際労働機関（ILO）事務局長を務め、98年退任。92年1月国際労働活動に理解を訴えるために来日。

アンソニー, ケニー
Anthony, Kenny
1951.1.8〜
セントルシア首相　㊙Anthony, Kenny Davis　㊧ウェスト・インディーズ大学 Ph. D.　㊙1997年5月総選挙でセントルシア労働党（SLP）が勝利し首相に就任。2001年12月再選、06年12月退任。

アンダーソン, ロッキー
Anderson, Rocky
1951〜
ソルトレークシティ市長　法律家　㊗ユタ州ローガン　㊧ユタ大学卒　㊙長年ユタ州で人権派弁護士として活動。2000年ソルトレークシティ市長に当選。市民の半分がモルモン教徒で、保守的というイメージで全米に知られるソルトレークシティにあって、アルコールの規制緩和や移民の権利拡大を進め、しばしば保守派と対立。市長就任前にはソルトレークシティ五輪招致に対して、環境への悪影響や一部の人間だけの利益などを懸念して懐疑的だったが、就任後は計画の見直しなどを行い積極的に問題を解決。02年2月ソルトレークシティ五輪のホスト役を務めた。08年1月退任。民主党を経て、11年正義党を結成、12年の大統領選に出馬。

アンタル, ヨゼフ
Antall, Jozef
1932.4.8〜1993.12.12
ハンガリー首相, ハンガリー民主フォーラム（MDF）党首　医学史学者　㊗ブダペスト　㊧エトベシュ・ロラーンド大学（ブダペスト）卒　歴史学博士　㊙貴族の家系で、父親は旧小地主党の著名な閣僚。大学で哲学、歴史、法律を専攻。教員などをしていたが、1956年ハンガリー動乱に積極的に参加。独立小地主党やキリスト教青年団体の組織化を進めたため、ソ連の軍事介入で逮捕され、職を追われた。60年図書館司書として復職、64年ブダペスト医大附属センメルワイス医学史博物館主任研究員となり、84年館長。民主化運動の波に乗り、89年ハンガリー民主フォーラム（MDF）結成に参画、円卓会議では指導的役割を果たし、10月党首となる。90年4月の自由選挙では同党が第1党となり、5月首相に就任。93年1月MDF党首再選。

アンドルーズ, デービッド
Andrews, David
1935.3.15～
アイルランド外相　[出]ダブリン　[学]ユニバーシティ・カレッジ卒, キングズインスティテュート卒　[歴]1962年法廷弁護士となる(92年勅選弁護士)。70～73年リンチ首相らの秘書を務めたのち、77～79年アイルランド外務担当相、78～79年司法担当相兼務。92～93年外相、93～94年国防・海運相、97年～2000年外相(1997年6月～10月国防相兼務)。

アンドレアッタ, ベニャミーノ
Andreatta, Beniamino
1928.8.11～2007.3.26
イタリア外相・国防相　[出]トレント　[学]パデュー大学法学部卒, ケンブリッジ大学　[歴]1963年ボローニャ大学教授(経済政策)となり、71～75年カラブリア大学副学長を務めた。76～82年キリスト教民主党(DC)のイタリア上院議員。この間、79年予算相、81年財務相。83年下院議員選出、87年再び上院議員になるが、92年落選。93年4月～94年5月チャンピ内閣で外相、96年5月プローディ内閣国防相。98年10月退任した。99年議会中に倒れ、長く昏睡状態が続き、2007年に亡くなった。

アンリ大公
Henri, Grand Duc
1955.4.16～
ルクセンブルク大公(元首)　[出]ベッツドルフ　[名]Henri Albert Félix Marie Guillaume　[学]サンドハースト陸軍士官学校(英国)卒, ジュネーブ大学卒　[歴]大学で経済、政治を専攻。在学中に知り合ったキューバ出身のマリアテレサと1981年に結婚。ルクセンブルク皇太子として経済開発委員会委員長を始め、数々の要職を兼務。98年摂政に指名され父ジャン大公を補佐。2000年10月ジャン大公の退位に伴い大公(元首)に即位。1981年初来日以来数多く来日し、95年経済ミッションを率いて来日。　[家]父＝ジャン大公, 祖母＝シャルロット大公女

アンワル・イブラヒム
Anwar Ibrahim
1947.8.10～
マレーシア副首相・財務相　[出]マラヤ・ペナン州(マレーシア)　[学]マラヤ大学(1971年)卒　[歴]1974年反政府組織のマレーシア・イスラム青年同盟(ABIM)を創設し初代委員長。82年統一マレー国民組織(UMNO)に入党。同年下院議員に当選、すぐに総理府副大臣となる。83年文化青年スポーツ相、84年農相、86年教育相を歴任。87年UMNO副総裁補。91年から財務相。93年11月UMNO副総裁、12月副首相兼任。96年マハティール首相から後継者に指名される。97～98年のアジア通貨危機への対応で首相と対立。98年9月首相側の腐敗を追求して解任され、同月マレーシア検察当局により腐敗防止法違反罪5件、同性愛行為罪4件で起訴される。同年12月解任は憲法違反として、首相と政府に対し地位確認を求めて提訴するが、マレーシア高裁は訴えを却下、のちUMNOからも除名される。99年4月権力乱用罪で、2000年8月同性愛行為でそれぞれ有罪判決。02年7月権力乱用罪で有罪が確定。04年9月同性愛行為の上告審で逆転無罪、即日釈放。06年よりマレーシア国民正義党(PKR)アドバイザー。08年8月下院補欠選挙で当選。12年1月新たな同性愛行為罪で無罪判決を受けたが、14年3月の控訴審で逆転有罪。15年2月最高裁は上告を退け有罪が確定した。　[家]妻＝ワン・アジザ・ワン・イスマイル(改革運動指導者)

【イ】

イ・インジェ (李 仁済)
Lee In-je
1948.12.11～
韓国労相, 京畿道知事　[出]朝鮮・忠清南道論山(韓国)　[学]ソウル大学法学部(1972年)卒　[歴]貧しい農家の出身。大学卒業後、妻の支えで生活しながら司法試験に挑戦し、31歳で合格。1981年大田地裁判事。83年弁護士開業。民自党国策研究院副院長などを歴任。88年韓国国会議員に初当選、民主党院内副総務。93年2月～12月金泳三政権の労働部長官(労相)。95年京畿道知事。97年7月大統領選に向けた新韓国党(現・自由韓国党)の候補者を決める党内公選で李会昌元首相に敗れる。9月離党、京畿道知事を辞任。同年12月国民新党に入党し、大統領選に出馬す

るが落選。98年9月金大中大統領の国民会議に合流。2000年1月国民会議が母体となって発足した新千年民主党の中央選挙対策委員長に就任。同年8月党最高委員に当選。01年11月党常任顧問。02年4月大統領選に向けた党の公認候補選に立候補を表明したが、辞退し、12月民主党を離党。その後、自由民主連合、国民中心党を経て、07年民主党に復党。同年の大統領選に出馬。11年自由先進党に入党。12年統一党代表を経て、セヌリ党に復党。14年党最高委員。朴正熙大統領と顔つきや話し方がそっくりといわれる。

イ・キテク（李 基沢）

Lee Ki-taek

1937.7.25～

ハンナラ党副総裁　[出]慶尚北道迎日　[学]高麗大学商科（1961年）卒　[歴]李承晩政権反対闘争を指導した学生運動家の出身。1960年高麗大学在学中に公明選挙闘争委学生特別委員長となり、4・19学生革命で活躍。67年新民党から第7代国会議員に当選、以来当選6回。この間、新民党事務総長、副総裁などを経て、88年統一民主党副総裁を務めた。90年6月新与党民主自由党に合流した旧統一民主党の残留派を率いて“民主党”を結成、総裁に就任。同年11月辞任するが、91年2月再び総裁に就任。9月第1野党の新民党（金大中総裁）と合同し、新野党“民主党”が発足、共同代表となる。92年12月から党代表最高委員。94年11月粛正クーデター事件（79年12月）で全斗煥大統領、盧泰愚元大統領が起訴猶予になったことに抗議して国会議員の辞職を表明したが、撤回。95年5月金復東が率いる新民党と統合、新党名を民主党とし共同代表となる。同年12月同党常任顧問。96年4月落選。97年11月新韓国党と民主党が合同したハンナラ党が結成され、98年4月副総裁。同年8月趙淳総裁の辞任を受け、総裁代行に就任。2000年3月発足した韓国民主国民党（民国党）に参加。

イ・キョンシク（李 経植）

Lee Kyung-shick

1933.6.28～

韓国副首相・経済企画院長官　実業家　[出]慶尚北道義城　[学]高麗大学商学科（1957年）卒　[歴]韓国銀行を経て、1961年新設の経済企画院に転身。朴正熙政権時代に71年経済企画院企画局長、76年逓信省次官、79年青瓦台の経済担当主席秘書官、80年中小企業振興公団理事長など要職を歴任。経企院時代は韓国経済発展の青写真とも言うべき五カ年計画を策定した。82年に民間に移り、85年大宇通信社長、87年大宇自動車社長などを経て、91年大韓ガス公社社長。21世紀経営者クラブ会長も務める。93年2月～12月金泳三政権の副首相兼経済企画院長官。のち韓国貿易協会顧問を経て、95年8月韓国銀行総裁に就任。のち退任。　[勲]紅条勤政勲章

尉 健行　い・けんこう

Wei Jian-xing

1931.1～2015.8.7

中国共産党政治局常務委員・中央規律検査委員会書記　[出]浙江省新昌（原籍）　[学]大連工学院機械製造系（1952年）卒, ソ連工科学院, 中央高級党学校卒　[歴]1949年中国共産党入党。大学卒業後、53～55年ソ連工科学院に学び、帰国後東北軽合金加工工場に就職、61～64年工場長。工場を全国の先進工場に発展させ黒竜江省特級労働模範に選ばれる。文化大革命で失脚するが、名誉を回復し、中央高級党学校に学んだ後、81年ハルビン市党委副書記、83年4月ハルビン市長、10月中華全国総工会副主席、84年党中央組織部副部長、85年同部長、87年6月～93年3月監察相を歴任。この間、82年より党中央委員。89年の民主化運動時は学生代表と対話。92年10月党政治局員兼書記局書記兼中央規律検査委員会書記。93年10月中華全国総工会主席。95年4月～97年8月大規模汚職で揺れていた北京市の党委書記を兼任。97年9月～2002年11月党政治局常務委員。幹部の腐敗を追及する反腐敗闘争の顔として知られた。　[賞]黒竜江省特級労働模範

イ・サンドク（李 相得）

Lee Sang-deuk

1935.11.29～

韓国国会副議長, 韓日議員連盟会長　[出]日本・大阪府　[学]ソウル大学卒　[歴]弟は李明博元韓国大統領。ソウル大学を卒業し、1979年大手繊維・化学メーカー、コーロン社長、84年駐韓セネガル名誉領事、88年コーロングループ顧問を経て、国会議員に初当選。98年国会運営委員長、ハンナラ党政策委員会議長、2002年同党最高委員を経て、06年国会副議長。08年11月韓日議員連盟会長に就

任。12年7月銀行経営者から不正献金を受け取ったとして、現職大統領のきょうだいとして初めて逮捕・起訴され、13年まで服役した。　㋾弟＝李 明博（第17代韓国大統領）

イ・サンヒ（李 相喜）
Lee Sang-hee
1945.8.12〜
韓国国防相　軍人　㋐江原道原州　㋡韓国陸軍士官学校（26期）（1970年）卒　㋙1991年韓国合同参謀本部戦略企画本部軍事戦略課長、92年大統領秘書室国防政策秘書官、98年国防省政策企画局長、99年陸軍第5軍団長、2001年合同参謀本部戦略企画本部長、作戦本部長、03年第3野戦軍司令官、05年合同参謀本部議長を経て、08年2月韓国国防相に就任。09年9月退任。

イ・ジェジョン（李 在禎）
Lee Jae-joung
1944.3.1〜
韓国統一相　㋐忠清北道鎮川郡　㋡高麗大学卒、ソウル大学大学院修了、マニトバ大学（カナダ）、トリニティ・カレッジ（カナダ）神学博士　㋙1972年英国教会司祭となり、78年韓国キリスト教学生総連盟理事長。94年〜2000年聖公会大総長。00〜03年新千年民主党より国会議員。03〜04年ウリ党総務委員長。04年統一問題を担当する大統領諮問機関・民主平和統一諮問会議の首席副議長（閣僚級）。05年ウリ党顧問。06年12月〜08年3月統一相。

イ・ジュン（李 俊）
Lee Jun
1940.6.30〜
韓国国防相　㋐忠清北道堤川　㋡陸軍士官学校（1963年）卒、ソウル大学（1968年）卒　㋙1989年韓国陸軍第21師団長、93年第1軍司令官を経て、95年陸軍大将で予備役編入。同年韓国通信（現・KT）社長。98年国防省国防改革推進委員長。2001年3月新千年民主党顧問。02年7月国防相に就任。

イ・ジュンギュ（李 俊揆）
Lee Joon-gyu
1954.5.27〜
駐日韓国大使　外交官　㋐忠清南道公州　㋡ソウル大学（1976年）卒、ソウル大学大学院（1978年）修士課程修了　㋙1978年韓国外務省（のち外交通商省、現・外交部）入省。駐中国公使参事官、外交安保研究院院長（次官級）、外交部通商第1課長、95年慶応義塾大学訪問研究員、96年在日韓国大使館参事官、2006〜09年駐ニュージーランド大使、12〜15年駐インド大使を経て、16年7月朴槿恵政権下で駐日大使に就任。17年退任。慶応義塾大学訪問研究員時代、鹿児島県で自営業の夫婦宅に短期ホームステイしたこともある。知日派。

イ・ジョンウク（李 鍾郁）
Lee Jong-wook
1945.4.12〜2006.5.22
世界保健機関（WHO）事務局長　医師　㋐ソウル　㋡ソウル大学医学部（1976年）卒、ハワイ大学大学院（公衆衛生学）修士課程修了　医学博士　㋙米国領サモアの熱帯医学研究所に勤務後、1983年フィジーの南太平洋ハンセン病対策チーム主任として世界保健機関（WHO）入り。マニラの西太平洋地域事務所では慢性病対策部長として西太平洋地域のポリオ対策に尽力し、5年間で感染者を6000人から700人に減らすことに成功。小児用ワクチンの改良運動を進め、米国の医学雑誌から"ワクチンの帝王"と評される。94年からジュネーブのWHO本部でワクチンの普及・改良運動担当、2000年から結核対策部長を務めた。03年1月事務局長に選出され、韓国人初の国連機関トップとなる。同年7月就任（任期5年）。重症急性呼吸器症候群（SARS）や鳥インフルエンザ対策に取り組んだが、06年会合出席中に倒れ、急逝した。妻は日本人で、英語・日本語に堪能だった。

イ・ジョンソク（李 鍾奭）
Lee Jong-seok
1958.5.11〜
韓国統一相　北朝鮮問題専門家　㋐京畿道南揚州　㋡成均館大学（1984年）卒、法政大学卒　政治学博士（成均館大学）（1993年）　㋙北朝鮮問題の専門家で、成均館大学講師、ソウル大学講師を経て、1994年〜2003年世宗研究所南北関係研究室研究員、同室長。1995年〜2003年統一省政策諮問委員兼任。この間、00年6月韓国の金大中大統領と北朝鮮の金正日総書記による南北首脳会談に随行。03年3月国家安全保障会議（NSC）事務次長を経

て、06年2月47歳の若さで統一相に就任。盧武鉉政権の対話重視路線（太陽政策）を率いてきたが、北朝鮮のミサイル・核実験を防げなかったとして批判を受け、12月辞任。北朝鮮政治と南北関係の研究では韓国を代表する研究者の一人。共著に「北韓政治論」、論文に「朝鮮労働党の指導思想と構造変化に関する研究」など。

イ・ジョンビン（李 廷彬）

Lee Joung-binn

1937.12.16〜

韓国外交通商相（外相）　外交官　[出]全羅南道霊光　[学]ソウル大学（1960年）卒　[歴]1960年韓国外務省（のち外交通商省, 現・外交部）に入省。71年国連代表部1等書記官、74〜78年国連課長、79年中東局長、80年駐シカゴ総領事、83年駐ネパール大使、84年大統領官邸の外交秘書官に出向、86年駐スウェーデン大使などを歴任。89年から約2年間外務第1次官補としてソ連との国交正常化交渉の実務を担当し、国交樹立にこぎつける。駐インド大使、駐スウェーデン大使、96年駐ロシア大使を経て、98年韓国国際交流財団理事長に就任、日韓の有識者で構成する日韓フォーラムのメンバーとなる。2000年1月韓国外交通商相（外相）に就任。01年3月辞任。

イ・スソン（李 寿成）

Lee Soo-sung

1939.3.10〜

韓国首相　法学者　[出]朝鮮・慶尚北道（韓国）　[学]ソウル大学法学部（1961年）卒 法学博士　[歴]大学卒業後、韓国、米国、フランスなどで一貫して学界に籍を置く。1967〜72年ソウル大学助教授、78年教授。同大学生部長だった80年5月、光州事件直前のソウル駅前での学生集会に大学側代表として乗り込み、学生たちを説得、解散。戒厳軍からの学生処分の要求をはねのけ軍の取り調べを受けた事で、学外に存在を知られる。85年韓国刑事政策学会会長。88年同大初の直接選挙で法学部長に選出、95年1月総長に当選。同年12月〜97年3月金泳三政権の首相を務めた。同年11月新韓国党を離党。98年4月金大中大統領の諮問機関・民主平和統一諮問会議の首席副議長に就任。

イ・スフン（李 洙勲）

Lee Su-hoon

1954.12.13〜

駐日韓国大使　外交官　[出]慶尚南道昌原　[学]釜山大学（1977年）卒, 釜山大学大学院修了, ジョンズ・ホプキンズ大学（米国）大学院（1986年）博士課程修了 博士号（社会学, ジョンズ・ホプキンズ大学）　[歴]釜山大学大学院修了後、米国ジョンズ・ホプキンズ大学などで社会学を学ぶ。慶南大学政治外交学科教授として太平洋をまたぐ幅広い“東アジア協力”をテーマに、日韓米中露の外交研究に取り組む。1998年〜2002年韓国比較社会学会会長、02〜06年国際社会学会理事。盧武鉉政権時代の03年大統領諮問政策企画委員、05〜08年大統領諮問機関・東北アジア時代委員会委員長を務め、竹島問題などで日本側と議論を重ねた。06〜08年国際平和財団常任理事。07年盧大統領と北朝鮮・金正日総書記の南北首脳会談では特別随行員として訪朝（平壌）。09〜14年慶南大学極東研究センター所長。この間、東北アジア時代委員会委員長を務めていた時に盧政権の大統領秘書室長で、12年盧元大統領の遺志を継いで大統領選に出馬した文在寅を支援。17年5月朴槿恵大統領の弾劾・罷免を受けた大統領選でも文陣営の外交ブレーンを務め、文政権誕生後は外交安全保障政策の立案役に起用される。同年10月駐日韓国大使に就任。学者出身の駐日大使は15年ぶり。1979年の初来日以降頻繁に日本を訪れ、2015年慶応義塾大学招聘教授に就任した際は4ケ月間滞在した。歴代の外交官出身の大使とは違い日本語に堪能ではない。

イ・ナギョン（李 洛淵）

Lee Nak-yon

1952.12.20〜

韓国首相, 全羅南道知事　[出]全羅南道霊光　[学]ソウル大学法学部（1974年）卒　[歴]1979年東亜日報に入社、政治部記者や東京特派員、国際部長を務めた。新千年民主党（のち民主党, 現・共に民主党）に入党し、咸平郡、霊光郡地区党委員長を務める。2000年同党から16代韓国国会議員に当選。通算4期。党報道官を務め、04年党院内代表、10年民主党事務総長。08〜12年超党派の韓日議員連盟副会長兼幹事長として、知日派の立場から日韓の議員外交にも従事。14年全羅南道知事を経て、17年文在寅大統領から首相に起

用される。

イ・ハンドン（李 漢東）

Lee Han-dong

1934.12.5〜

韓国首相, 韓国自由民主連合（自民連）総裁　[出]京畿道抱川　[学]ソウル大学法学部（1958年）卒　[歴]高試司法科に合格し、韓国軍法務官、ソウル地法判事、法務研修院副院長兼高検検事、1974年ソウル地検検事など検事畑を歩いたのち、81年与党・民正党から出馬し国会議員に当選、以後6期当選。この間、全斗煥政権下で84年民正党事務総長、86年院内総務など党の要職を歴任。88年南北国会会談実務代表。同年12月〜89年7月韓国内相。89年8月〜90年1月再び民正党院内総務。93年12月金泳三総裁の下で民主自由党（民自党, のちの新韓国党）院内総務、のち顧問。95年国会副議長。97年11月新韓国党と民主党が合同したハンナラ党が結成され代表最高委員、98年4月副総裁に就任。のち韓国自由民主連合（自民連）に移り、2000年2月総裁。同年5月資産隠しの表面化で辞任した朴泰俊首相の後を受け首相に任命され、同年6月就任。01年9月内閣改造で留任。同月自民連を除名。02年7月内閣改造で退任。同年12月に行われた大統領選に出馬。　[勲]青条勤政勲章

イ・ヒボム（李 熙範）

Lee Hee-beom

1949.3.23〜

韓国産業資源相　[出]慶尚北道安東　[学]ソウル大学（電子工学）（1971年）卒, ソウル大学行政大学院（1973年）修了, ジョージワシントン大学大学院（経営学）（1987年）修了　[歴]1972年韓国行政高等試験に合格。商工資源部事務官、大統領秘書室書記官、商工資源部輸出課課長などを務める。88〜91年駐米大使館常務官、94〜97年駐ヨーロッパ連合代表部常務官。97〜98年通商産業省産業政策局局長、98年同省次官補、資源政策室室長、次官を経て、2003年12月産業資源相に就任。のち韓国貿易協会会長、韓国経営者総協会会長を務めた。　[賞]韓国大統領表彰（1985年）

イ・ビョンギ（李 丙琪）

Lee Byung-kee

1947.6.12〜

韓国大統領秘書室長, 駐日韓国大使　外交官　[出]ソウル　[学]ソウル大学外交科卒　[歴]ソウル大学の卒業論文テーマに日露戦争を選ぶなど若い頃から日本に関心を持つ。1974年韓国外務省に入省。ジュネーブ代表部、在ケニア大使館勤務などを経て、盧泰愚に見出され、盧政権で88年大統領儀典秘書官、90年同首相秘書官。96〜98年金泳三政権でも国家安全企画部（現・国家情報院）でナンバー2を務めた。2007年ハンナラ党のシンクタンク・ヨイド研究所顧問として朴槿恵大統領の政策立案などに関わる。13年6月歴史認識問題で日韓関係が冷え込む中、駐日大使に就任。14年6月には国家情報院長に指名される。同年8月駐日大使退任。15年2月朴大統領の大統領秘書室長。日韓関係の改善に尽力し、同年12月の日韓慰安婦合意を韓国側で主導、実現にこぎつけた。16年5月辞任。17年11月、14年7月からの国家情報院長時代に使途を明らかにする必要がない特殊活動費を大統領府幹部らに定期的に送金していた容疑で検察当局に緊急逮捕される。1999年より2年間、慶応義塾大学客員教授を務めたこともある知日派。

イ・フェチャン（李 会昌）

Lee Hoi-chang

1935.6.2〜

韓国首相, ハンナラ党総裁　法律家　[出]朝鮮・黄海道瑞興（北朝鮮・黄海北道瑞興）　[名]雅号＝経史　[学]ソウル大学法学部（1957年）卒, ハーバード大学　[歴]大学在学中に司法試験に合格。1960年判事となり、ソウル地裁判事、65年ソウル高裁判事、71年司法研修院教授などを経て、81〜86年大法院（最高裁）判事。一時弁護士活動を経て、88年再び最高裁判事に任命され、中央選挙管理委委員長兼任。93年3月金泳三政権発足と同時に監査院長に就任、"聖域なき監査"をモットーに公務員の不正の洗い出しに辣腕を振るう。同年12月〜94年4月首相。96年1月新韓国党に入党し、総選挙では中央選対委員長を務め、国会議員にも当選。97年3月党代表委員に就任するが、同年7月代表を辞任。同年9月新韓国党総裁に就任。同年11月野党・民主党と合同したハンナラ党を結成、名誉総

裁。12月の大統領選では国民会議の金大中に敗れる。98年8月ハンナラ党総裁に就任。99年6月国会議員に返り咲く。2000年6月党総裁に再選。02年春党総裁を辞任。同年12月大統領選で新千年民主党の盧武鉉に敗れ、政界引退を宣言。07年12月引退を覆し、ハンナラ党を離党して無所属で大統領選に立候補するが、得票3位に終わる。08年2月自由先進党を結成、総裁就任。10年3月代表。12年11月セヌリ党に入党し、同党の大統領候補・朴槿恵を支持すると表明。17年1月に発足した"正しい政党"に所属。　㊙青条勤政勲章

イ・ヘチャン（李 海瓚）

Lee Hae-chan

1952.7.10～

韓国首相　㊀忠清南道青陽　㊎ソウル大学社会学科（1986年）卒　㊍大学在学中から民主化運動に参加し、1974年と80年当局による弾圧を受け、合わせて4年間投獄される。その後、民主化運動の指導者だった金大中を慕って政界入り。88年韓国国会議員に当選。同年の国会聴聞会で80年の光州事件での軍部の責任を激しく追及して有名になり、"聴聞会スター"と呼ばれた。平民党副総務、ソウル市政務副市長、国民会議政策委員長などを歴任。金大中の大統領選企画本部副本部長を務め、大統領当選後は大統領職務引受委員、98年3月～99年5月教育相。2002年盧武鉉陣営の大統領選企画本部本部長を務め、当選に尽力。03年親盧武鉉派による開かれたウリ党の旗揚げで中心的役割を果たす。04年6月盧政権の2代目首相に就任。06年3月独立運動式典を休んでゴルフをしていた問題の責任を取り辞任。のち大統合民主新党に入るが、08年1月離党、4月の第18代総選挙には出馬しなかった。11年民主統合党が結成されると、常任顧問に就任。12年4月第19代総選挙で返り咲き。同年6～11月民主統合党代表。

イ・ホング（李 洪九）

Lee Hong-koo

1934.5.9～

韓国首相、新韓国党代表委員　政治学者　㊀朝鮮ソウル（韓国）　㊎エモリー大学哲学科（米国）（1959年）卒，エール大学大学院（1961年）修了　政治学博士（エール大学）（1968年）　㊍1963～68年エモリー大学助教

授、69年ソウル大学助教授、のち副教授を経て、80～88年政治学科教授。この間、共産圏研究協議会会長、86年韓国政治学会長なども務める。南北統一問題のスペシャリスト。88年盧泰愚大統領によって統一院長官に抜擢され、90年大統領政治担当特別補佐官、91～93年駐英大使を歴任。94年4月～12月副首相兼統一院長官。同年12月～95年12月首相。96年新韓国党代表委員に就任。97年3月党代表を辞任。98年4月～2001年駐米大使を経て、ソウル国際フォーラム理事長。日中韓賢人会議の韓国側団長も務める。この間、1993年サッカーW杯2002年大会招致委員会委員長となり、日韓共催を後押しした。韓国と日本の政治・文化交流に寄与した功労で、14年日本の旭日大綬章を受章。英語の達者な国際派の政治学者として知られる。　㊙旭日大綬章（日本）（2014年）

イ・ホンジェ（李 憲宰）

Lee Hun-jai

1944.4.17～

韓国副首相・財政経済相　㊀中国・上海　㊎ソウル大学法学部（1966年）卒　㊍ソウル大学をトップの成績で卒業後、1969年韓国財務省（のち財政経済省、現・企画財政省）に入省。闇金融市場退治のため"八・三市債凍結措置"を立案、実行して政官財界で注目された。74～79年金融政策課長。81年退官し、ボストン大学大学院に留学。高校の先輩だった大宇グループ創業会長の金宇中のスカウトに応じ、グループの系列会社社長に転任。91～96年証券管理委員会常任委員、97年金融改革委員会委員を歴任。98年2月に発足した金大中政権で金融監督委員会の初代委員長に就任。アジア危機に揺れる韓国金融機関の整理・統合、公的資金導入を指揮し、韓国の経済発展を実現した。金融監督院長も兼任。2000年1月韓国財政経済相（財務相）に就任、同年8月退任。02年盧武鉉大統領の要請で副首相兼財政経済相（財務相）に復帰したが、05年不動産取り引きで違法行為をしていたという疑惑が表面化し辞任。　㊙日経アジア賞（経済発展部門，第8回）（2003年）

イ・マンソプ（李 万燮）

Lee Man-sup

1932.2.25～

韓国国会議長, 国民新党総裁　[出]朝鮮・慶尚北道大邱（韓国）　[学]延世大学政治外交学科（1957年）卒　[歴]1961年東亜日報東京特派員などを経て、63年第6代韓国国会議員に当選（以後6回当選）。全斗煥政権で第2野党国民党の総裁を務める。92年民自党常任顧問となり、93年4月～94年6月国会議長。97年7月新韓国党代表。同年10月離党。のち国民新党総裁に就任。98年8月与党・国民会議との合同を宣言し、国民会議入り。顧問を経て、99年7月総裁代行に就任。

イ・ミョンバク（李 明博）

Lee Myung-bak

1941.12.19～

第17代韓国大統領　実業家　[出]日本・大阪府　[学]高麗大学商学科（1965年）卒　[歴]大阪に生まれ、3歳で韓国に帰国。昼間は働きながら浦項市の定時制高校で学び、高麗大学を卒業。“韓日条約反対闘争”のリーダーとして投獄された経験を持つ。1965年現代建設入社。鄭周永の側近として仕え、77年35歳の若さで社長に就任。88～92年会長。鄭と二人三脚で、中小企業だった同社を中核とする現代グループを世界的な規模の財閥に育て上げたことは“サラリーマン神話”といわれ、韓国の高度経済成長の主役だった。現代エンジニアリング社長、仁川製鉄会長なども歴任。90年民自党に入党し政界へ転身。92年鄭が新党を結成し、大統領選への意欲を示したことに反対して鄭と袂を分かつ。同年国会議員に当選。96年新韓国党から出馬し再選するが、公職選挙法違反に問われて被選挙権を失った。2000年8月特赦で復権。02年4月ソウル市長に当選、7月就任。市中心街でアスファルトと高架道路を撤去し、往年の清流・清渓川を復元させるなど果敢な行政手腕を発揮。06年6月退任。07年12月野党ハンナラ党（のちセヌリ党, 現・自由韓国党）候補として大統領選に出馬し、大統合民主新党の鄭東泳元統一相らに圧勝。08年2月大統領に就任。10年ぶりの保守政権を率いる。08年4月、7月、12月、09年6月、10年11月訪日。12年8月現職大統領として初めて、日韓両国が領有権を主張する竹島（韓国名・独島）に上陸。同月天皇に対する謝罪要求発言を行う。13年2月大統領を任期満了で退任。18年3月在任中の収賄や職権乱用などの容疑で検察に逮捕される。熱心なクリスチャンとして知られる。　[勲]韓国国民勲章石榴章, 金塔産業勲章　[家]兄＝李 相得（元韓国国会議員）

イ・ヨンドク（李 栄徳）

Lee Yung-duk

1926.3.6～

韓国首相　教育学者　[出]朝鮮・平安南道江西（北朝鮮）　[学]ソウル大学教育学部教育学科（1952年）卒, ソウル大学大学院（1955年）修了　哲学博士（オハイオ州立大学）（1959年）　[歴]朝鮮戦争前に韓国に移る。1959年ソウル大学師範学部専任講師、のち助教授、67～74年副教授を経て、91年まで教授。その間、教育学会会長、教育工学研究会会長、84年韓国赤十字社副総裁などを歴任。85年には北朝鮮との南北赤十字会談韓国側首席代表を務め、南北問題を手がけた。92年明知大学総長となり、韓国教育団体総連合会会長、国連教育科学文化機関（UNESCO）ソウル協会会長なども務める。93年12月副首相兼統一院長官、94年4月首相に就任。同年10月ソウル市内の聖水大橋が落下し多数の死傷者が出た責任を取り辞意を表明したが、首相職にとどまった。同年12月更迭。　[勲]韓国国民勲章牡丹章

イ・ワング（李 完九）

Lee Wan-koo

1950.6.2～

韓国首相　[出]忠清南道洪城郡　[学]成均館大学（1975年）卒, ミシガン州立大学 Ph.D.　[歴]忠北地方警察庁長官、忠南地方警察庁長官などを経て、1996年に韓国国会議員に初当選。2000年南北首脳会談で韓国側代表団メンバー。06年ハンナラ党より忠清南道知事選に出馬し当選。09年政府の行政都市建設計画見直しに反発し知事辞職。13年に3回目の国会議員当選。14年セヌリ党院内代表。15年2月国会が首相任命に同意し就任。しかし、4月建設会社会長から不法な政治資金を受け取ったとの疑惑を受けてわずか2ケ月で辞任、7月在宅起訴される。

イヴァニッチ, ムラデン

Ivanić, Mladen

1958.9.16～

ボスニア・ヘルツェゴビナ幹部会員（セルビア人代表）　[出]ユーゴスラビア・サンスキモスト（ボスニア・ヘルツェゴビナ）　[学]バニャ

ルカ大学経済学部（1981年）卒, ベオグラード大学, マンハイム大学, グラスゴー大学 経済学博士（ベオグラード大学） ㋲ラジオ局記者, バニャルカ大学助教授, グラスゴー大学講師などを経て、2001〜03年セルビア人共和国首相、03〜07年ボスニア・ヘルツェゴビナ外相。14年11月幹部会員（セルビア人代表）に就任。ボスニア・ヘルツェゴビナの元首（幹部会議長）は、セルビア系、クロアチア系、ボシュニャク系（イスラム教徒）の主要3民族をそれぞれ代表する幹部会員が8ケ月ごとの輪番制で務める。

イエセンスキー, ゲーザ

Jeszenszky, Géza

1941.11.10〜

ハンガリー外相　歴史学者　㋩ブダペスト ㋯エートベシュ・ロラーンド大学歴史学科（ブダペスト）卒　㋲中学校の教師、1968年より国立セーチェニ図書館の専門員・上級講師などを経て、89年ブダペスト経済大学の政治・社会科学校学生部長、90年同大国際関係学部長。この間、84〜86年米国サンタ・バーバラ大学、カリフォルニア大学ロサンゼルス校各客員教授を務める。88年ハンガリー民主フォーラムの創設に参加し、同年同外交委員長。90年5月〜94年7月アンタル内閣の外相。主に19世紀半ばから第一次大戦後までのハンガリーの国際関係を研究し、多数の著書がある。

イェラビッチ, アンテ

Jelavić, Ante

1963.8.21〜

ボスニア・ヘルツェゴビナ幹部会員（クロアチア人代表）　㋩ユーゴスラビア・ボスニア・ヘルツェゴビナ共和国ポドブログ　㋯ザグレブ大学卒　㋲陸軍に入隊。ボスニア国防相を経て、1998年9月クロアチア民主同盟（HDZ）党首としてボスニア・ヘルツェゴビナ幹部会員（クロアチア人代表）に当選。99年6月幹部会議長（国家元首）に就任。幹部会議長は、セルビア系、クロアチア系、ボシュニャク系（イスラム教徒）の主要3民族をそれぞれ代表する幹部会員が8ケ月ごとの輪番制で務める。

イエルムバレン, レナ

Hjelm-Wallén, Lena

1943.1.14〜

スウェーデン副首相・外相　㋩サラ　㋯ウプサラ大学大学院修了　㋲教師を務めた後、1968年スウェーデン国会議員に当選。スウェーデン社会民主労働党（SAP）の要職を歴任。82〜85年教育文化相、85〜91年海外援助相、94年10月〜98年外相を経て、98年〜2002年副首相。

イエレミア, アピサイ

Ielemia, Apisai

1955.8.19〜

ツバル首相　㋲2006年8月首相に就任。外相も兼務する。10年退任。

イエレン, ジャネット

Yellen, Janet

1946.8.13〜

米国連邦準備制度理事会（FRB）議長　経済学者, 経営学者　㋩ニューヨーク市ブルックリン　㋥Yellen, Janet Louise　㋯ブラウン大学 Ph.D.（経済学, エール大学）　㋲父はニューヨークの下町ブルックリンの開業医。著名な経済学者だったエール大学のジェームズ・トービンのもとで博士号を取得。ハーバード大学准教授、カリフォルニア大学バークレー校教授を経て、1994〜97年米国連邦準備制度理事会（FRB）理事。クリントン政権で97〜99年大統領経済諮問委員会（CEA）委員長を務める。のち再びカリフォルニア大学バークレー校教授。04年サンフランシスコ連邦準備銀行総裁を経て、10年10月FRB副議長となり、バーナンキ議長が打ち出す金融緩和策を支える。13年10月オバマ大統領が初の女性FRB議長に指名。14年2月就任、18年2月任期満了で退任。量的緩和政策を終了させ事実上のゼロ金利政策を解除した他、FRBの保有資産縮小にも着手した。マクロ経済、とりわけ雇用問題や失業問題についての著書が多く、国際経済、貿易収支の決定や東欧の経済改革についての第一人者として知られる。金融緩和に積極的。　㋜夫＝ジョージ・アカロフ（経済学者）

イエン・サリ

Ieng Sary

1925.10.24〜2013.3.14

ポル・ポト派最高幹部, 民主カンボジア副首相 ⒣フランス領インドシナ・チャビン省(ベトナム) ㋐キム・チャン ㋖リセ・シソワト ⒨コーチシナ(現・ベトナム南部)のクメール系人の家庭に生まれる。1947年プノンペンでポル・ポトに出会う。50年フランスに留学し, 51年フランス共産党に入党。55～56年在仏カンボジア全学連議長。58年帰国後, リセ・シソワト教授, カンポット大学教授など歴任。63年抵抗運動のため地下潜行。同年カンボジア共産党中央常任委員。71年7月カンボジア王国民族連合政府の国内特使として北京に入り, シアヌーク殿下を特別訪問。76年4月民主カンボジア(ポル・ポト派政権)副首相(外交担当)に就任し, ポル・ポト派(クメール・ルージュ)ナンバー3となる。79年8月ヘン・サムリン政権下の欠席裁判で虐殺の罪によりポル・ポトとともに死刑判決を受ける。82年7月民主カンボジア連合政府(三派連合政府)樹立で財政経済調整委員会委員。90年2月政府呼称をカンボジア国民政府と改称。94年1月失脚。96年8月ポル・ポト派から離脱し, 反ポル・ポト派の指導者となることを表明。9月シアヌーク国王から恩赦, フン・セン第2首相と初の会議を行い, サリ派軍と国軍の統合に合意した。2006年ポル・ポト派特別法廷が設置され, 07年裁判の内部規則が採択され, 11月逮捕。10年9月他の幹部とともに起訴される。13年3月死去に伴い裁判は終了した。㋞妻=イエン・チリト(民主カンボジア赤十字総裁), 義兄=ポル・ポト

イグナチェンコ, ヴィタリー

Ignatenko, Vitalii

1941.4.19～

ロシア副首相 ジャーナリスト ⒣ソチ ㋖モスクワ大学ジャーナリズム学部卒 ⒨各種マスコミに勤め,「コムソモーリスカヤ・プラウダ」紙第1副編集長, 1975～78年タス通信副社長, 共産党中央委員会国際情報部部長を経て, 86年から週刊誌「ノーボエ・ブレーミャ(新時代)」誌編集長。90年8月ソ連大統領首席報道官。91年8月の政変後, 9月タス通信社長に就任。12月のソ連解体後はロシア国営タス通信社長となり, 95年5月ロシア副首相に就任。96年8月第2期エリツィン内閣で留任。97年3月退任。

イグナティエフ, マイケル

Ignatieff, Michael

1947.5.12～

カナダ自由党党首, カナダ下院議員 作家, 歴史家 ⒣オンタリオ州トロント ㋖トロント大学卒, ハーバード大学, ケンブリッジ大学 博士号(歴史学, ハーバード大学) ⒨父はロシア生まれの外交官, 母は英国生まれ。祖父母の時代にウクライナからカナダに移り住む。米国で教育を受け, カナダ, 米国, フランスで作家, ジャーナリストとして仕事を続け, 1976～78年ブリティッシュ・コロンビア大学准教授を務め, 人権論を教えた。78年英国に移住, ケンブリッジ大学, オックスフォード大学, カリフォルニア大学, ロンドン大学などで教鞭を執る。84年から作家として活躍。93年放映され, 反響を呼んだBBCのドキュメンタリー・シリーズのリポーターを務め, 同時進行的に「民族はなぜ殺し合うのか―新ナショナリズム6つの旅」を著わす。同年小説「Scar Tissue」がブッカー賞候補となる。2000～05年ハーバード大学教授, 01～05年同大ケネディ行政大学院カー人権政策センター所長。06～11年カナダ下院議員。06年12月カナダ自由党副党首となり, 08～11年党首を務めた。13年よりハーバード大学ケネディ行政大学院教授。

イーグルバーガー, ローレンス

Eagleburger, Lawrence

1930.8.1～2011.6.4

米国国務長官 外交専門家 ⒣ウィスコンシン州ミルウォーキー ㋖ウィスコンシン大学(1957年)卒, サウスカロライナ大学ロースクール卒 ⒨1957年米国国務省に入省。一貫して外交畑を歩み, 77～81年駐ユーゴスラビア大使, 81年レーガン共和党政権第1期にヨーロッパ問題担当国務次官補, 82～84年政治担当国務次官を務めた。84年7月よりキッシンジャー元国務長官が設立したコンサルタント会社, キッシンジャー・アソシエーツの社長となる。89年3月ブッシュSr.共和党政権下で国務省に復帰し, 国務副長官に就任。ベーカー国務長官のもと, 冷戦終結や湾岸戦争など激動の時代の米国外交を支えた。旧ユーゴスラビア紛争にも取り組んだが, セルビア人勢力寄りだとの批判も浴びた。92年8月ベーカーが大統領首席補佐官に就任するに伴い, 国務長官代行とな

り、同年12月国務省職員出身者として初めて国務長官に就任。政権交代に伴い、93年1月に退任した。2008年世界の有識者による核廃絶運動"グローバル・ゼロ"への参加を表明。10年には歴代国務長官と共同の寄稿で、米ロの新たな新軍縮条約の批准承認を急ぐよう、上院に求めた。

イゲ, デービッド

Ige, David
1957.1.15〜
ハワイ州知事　[出]ハワイ州ホノルル郡パールシティ　[名]Ige, David Yutaga　[学]ハワイ大学理学部(1979年)卒, ハワイ大学大学院(1985年)修了 M.B.A.　[歴]母方は山口県、父方は沖縄県からハワイに移住した日系移民3世。1985年ハワイ州下院議員、94年同州上院議員に当選。2014年12月ハワイ州知事の予備選で、再選を目指していたアバークロンビー知事を破り、知事に就任。知事選の予備選で現職を退けたのは史上初となった。米国史上2人目の日系人知事で、初の沖縄系知事でもある。15年10月姉妹提携30年を記念して沖縄を訪れた。

イーサ, アギーラ・サレハ

Issa, Ageela Saleh
1944〜
リビア暫定議会議長　法律家　[出]グッパ　[歴]検察庁や弁護士を経て、1999年リビア東部デルナで地方裁判所判事。2011年のカダフィ政権崩壊により、国民評議会で旧政権の汚職捜査を担当。14年8月リビア暫定議会で議長に選出。

イサイアス・アフェウェルキ

→アフェウェルキ, イサイアスを見よ

イサ・ビン・スルマン・アル・ハリファ

Isa bin Sulman al-Khalifa
1933.7.3〜1999.3.6
バーレーン首長　[歴]1958年バーレーン皇太子。61年11月ハリファ王の死去により首長。71年8月独立達成に伴い、首長に正式に即位。75年議会機能を停止させ独裁体制をとる。石油依存型経済からの脱却を目指し、積極的な金融自由化政策を展開、同国を中東有数の金融センターに発展させた。　[家]長男＝ハマド・ビン・イサ・アル・ハリファ(バーレーン首長), 弟＝ハリファ・ビン・スルマン・アル・ハリファ(バーレーン首相)

イサレスク, ムグル

Isărescu, Mugur
1949.8.1〜
ルーマニア首相　経済学者　[出]ドラガシャニ　[名]Isărescu, Mugur Constantin　[学]ブカレスト経済アカデミー(1971年)卒 経済学博士　[歴]1971〜90年世界経済研究所研究員、75〜89年ブカレスト経済アカデミー助講師、90年在米大使館2等書記官(経済担当)などを経て、同年9月よりルーマニア国立銀行総裁。96年よりブカレスト経済アカデミー教授。99年12月〜2000年12月ルーマニア首相。01年ルーマニア国立銀行総裁に復帰。

イスティチョアイア・ブドゥラ, ヴィオレル

Isticioaia-Budura, Viorel
1952.7.31〜
駐日欧州連合大使　外交官　[出]ルーマニア　[学]南開大学(中国文学), ブカレスト大学(哲学)卒　[歴]1978年ルーマニア外務省に入省。駐日大使館参事官、2000年駐韓国大使、02年駐中国大使。11年1月欧州連合(EU)が設けた欧州対外活動庁(EEAS)の初代アジア局長。14年12月駐日EU大使に着任。日中韓の3ケ国に勤務経験がある"知アジア派"。

イスフ, マハマドゥ

Issoufou, Mahamadou
1952〜
ニジェール大統領　[出]イレラ　[歴]鉱山技師としてフランスで学び、帰国後1980〜85年ニジェール鉱山・工業省の鉱業部門トップを務める。90年12月〜2011年3月ニジェール民主社会主義党(PNDS)党首。1993年2月国民議会選に当選。93年4月〜94年9月ニジェール首相。95年国民議会議長。93年、96年、99年、2004年の大統領選に立候補するが落選。11年3月の大統領選決選投票で当選、4月就任。16年3月再選され、4月2期目就任。

イスマイル, シェリフ

Ismail, Sherif
1955.7.6〜
エジプト首相　[出]エジプト　[名]Ismail, Sherif Mohamed　[学]アインシャムス大学工学部

(1978年)卒　㊞1979年エジプトの石油会社ENPPIに入社、役員などを歴任。2000～05年エジプト石油省次官、13年7月ベブラウィ内閣の石油鉱物資源相を経て、15年9月首相に就任。

イゼトベゴヴィッチ, アリヤ

Izetbegović, Alija

1925.8.8～2003.10.19

ボスニア・ヘルツェゴビナ幹部会初代議長(国家元首)　㊝ボサンスキ・シャマツ　㊖サラエボ大学法学部卒　㊞モスレム人。オスマントルコの軍幹部を家系に持ち、イスラム教徒の地位向上運動に参加。企業の弁護士などを務めた後、1970年社会主義体制下でイスラム至上主義を説いた"イスラム宣言"起草に尽力。83年逮捕され、5年8ケ月の懲役刑に服した。90年民主行動党(PDA)を創設して党首。同年11月旧ユーゴスラビア連邦体制下でのボスニア幹部会選挙で第2位となるが、1位候補の辞退で繰り上げ当選し、モスレム、クロアチア、セルビアの3民族からなる幹部会の議長に就任。92年4月ボスニア紛争が勃発。共産政権崩壊後のボスニア共和国総選挙でPDAが勝利し、ボスニア共和国幹部会議長に就任、ボスニアの国家元首として国際社会に認知された。和平成立後、96年9月ボスニア・ヘルツェゴビナ統一選挙で第1位となり、統一ボスニア幹部会の初代議長(国家元首)に就任。米国主導の和平の安定化に協力した。98年9月再選されるが、規定により議長職は8ケ月ごとの輪番制となる。2000年10月幹部会を引退。"おじいちゃん"の愛称で温和な表情を崩さず、カリスマ性もあったが、強硬な民族主義者として知られた。　㊧息子＝バキル・イゼトベゴヴィッチ(政治家)

イゼトベゴヴィッチ, バキル

Izetbegović, Bakir

1956.6.28～

ボスニア・ヘルツェゴビナ幹部会員(イスラム教徒代表)　㊝ユーゴスラビア・サラエボ(ボスニア・ヘルツェゴビナ)　㊖サラエボ大学建築学部(1981年)卒　㊞1995年に終結した内戦のイスラム教徒指導者でボスニア・ヘルツェゴビナ幹部会議長を務めたアリヤ・イゼトベゴヴィッチの息子。サラエボの建設局、下院議員を経て、2010年11月ボスニア・ヘルツェゴビナ幹部会員(イスラム教徒代表, ボシュニャク系)に就任。14年11月再任。ボスニア・ヘルツェゴビナの元首(幹部会議長)は、セルビア系、クロアチア系、ボシュニャク系(イスラム教徒)の主要3民族をそれぞれ代表する幹部会員が8ケ月ごとの輪番制で務める。　㊧父＝アリヤ・イゼトベゴヴィッチ(ボスニア・ヘルツェゴビナ幹部会議長)

イダルゴ, アンヌ

Hidalgo, Anne

1959.6.19～

パリ市長　㊝スペイン・カディス　㊖リヨン第3大学卒　㊞スペインで生まれ、幼少期にフランスに移住。リヨン郊外の労働者階級地域で育ち、14歳の時フランス国籍を取得。労働監視官、マルティヌ・オブリ元労相顧問などを経て、ベルトラン・ドラノエ・パリ市長の第1助役を13年間務める。30代半ばでフランス社会党に入党し、2014年パリ市長に当選。パリ市初の女性市長に就任。

イッシンガー, ヴォルフガンク

Ischinger, Wolfgang

1946.4.6～

ドイツ外務次官, ミュンヘン安全保障会議議長　外交官　㊝ドイツ　㊔Ischinger, Wolfgang Friedrich　㊖ボン大学(法学), ジュネーブ大学(法学)　㊞1973年国連事務局に勤務。75年西ドイツ外務省に入省。ゲンシャー外相秘書官などを経て、98年～2001年外務次官、01～06年駐米大使、06～08年駐英大使を歴任。08年からミュンヘン安全保障会議議長。旧ユーゴ内戦終結やロシア対応などで手腕を発揮した。　㊥旭日重光章(日本)(2014年)

イノウエ, ダニエル

Inouye, Daniel

1924.9.7～2012.12.17

米国上院議員(民主党)　㊝ハワイ州ホノルル　㊔Inouye, Daniel Ken 日本名＝井上 建　㊖ハワイ大学(1950年)卒, ジョージ・ワシントン大学ロースクール卒　㊞実家は祖父の代まで福岡県八女市にあった。父が3歳の時にハワイへ移住。ハワイ大在学中の1943～47年、第二次大戦で日系2世部隊(第442連隊)に参加、45年イタリア戦線で右腕を失う。54

〜58年ハワイ準州下院議員、58〜59年同上院議員。59年7月ハワイ州選出の民主党連邦下院議員。63年日系人初の連邦上院議員となり、以来9期連続当選。在任期間は約50年間にわたり、史上2位。この間、73年“ウォーターゲート事件”調査特別委員会のメンバーとして全国的に知られた。77年民主党議員総会書記長。79〜84年上院歳出委・国防小委委員長。87年にはイラン・コントラ事件の上院調査特別委員会委員長を務めた。2000年第二次大戦で功績のあった軍人に贈られる最高位の名誉勲章を受章。08年日米初の公式議会交流議長。09年1月からは政府予算を事実上決める上院歳出委員会委員長の座にあり、在沖縄海兵隊のグアム移転など国防関連予算でも大きな指導力を発揮した。知日派の重鎮。08年5月元全米日系人博物館館長のアイリーン・ヒラノと再婚。 [勲]米軍最高勲章, 勲一等旭日大綬章（日本）(1999年), 米国名誉勲章（2000年）, 桐花大綬章（日本）(2011年)　[賞]ジャパン・ソサエティー表彰（2008年）　[家]妻＝アイリーン・ヒラノ（元全米日系人博物館館長）

イノニュ, エルダル

Inönü, Erdal

1926〜2007.10.31

トルコ外相　物理学者　[出]アンカラ　[学]アンカラ大学, カリフォルニア工科大学 Ph. D.　[歴]1960〜74年中東工科大学物理学教授。91〜94年トルコ副首相。95年3月〜9月外相。のちサバンチ大学教授。　[家]父＝イスメト・イノニュ（トルコ首相・大統領）

イブライモフ, ジュマベク

Ibraimov, Zhumabek

1944.1.1〜1999.4.4

キルギス首相　[出]ソ連キルギス共和国チュイ州ジャヌイ・アルイシュ（キルギス）　[学]フルンゼ工業大学　[歴]1980年代よりキルギス共産党員として活動。93年ビシュケク市長、95年1月アカエフ大統領の補佐官、97年12月国家資産基金総裁を経て、98年12月首相に就任。99年4月に胃がんで亡くなるまで務めた。

イム・テヒ（任 太熙）

Yim Tae-hee

1956.12.1〜

韓国大統領室長　[出]京畿道城南　[学]ソウル大学（1980年）卒, ソウル大学大学院（1990年）修了　[歴]韓国大統領秘書室、財政経済省などを経て、2000年ハンナラ党から国会議員に初当選。04〜08年韓日議員連盟経済科学分科委員長。07年ハンナラ党の大統領選候補・李明博の秘書室長、08年ハンナラ党政策委議長。09年労相、10年7月雇用労働相を経て、大統領室長。李明博大統領の最側近といわれた。

イム・ドンウォン（林 東源）

Lim Dong-won

1934.7.25〜

韓国統一相, 韓国国家情報院院長　外交官, 軍人　[出]朝鮮・平安北道（北朝鮮）　[学]韓国陸軍士官学校（第13期）(1957年) 卒, ソウル大学（哲学）(1961年) 卒, ソウル大学行政大学院（1964年）修了　[歴]1964〜69年韓国陸軍士官学校助教授、73年韓国軍合同参謀本部戦略企画課長、77年陸軍本部戦略企画所長を務めていたが、80年少将で退役。81年駐ナイジェリア大使、84年駐オーストラリア大使、88〜92年外交安保研究院長、92年統一院（現・統一省）次官などを歴任。南北統一、外交、安保の3分野を全て経験した人物で、90年9月には南北高位級会談の代表も務め南北基本合意書と非核化共同宣言採択に大きく寄与した。98年2月大統領外交安保首席秘書官を経て、99年5月韓国統一相。同年12月国家情報院院長、のち文化観光相となり、2000年9月辞任。同年6月の南北首脳会談に同行し、01年3月再び統一相。同年9月退任し、金大中大統領の外交安保統一特別補佐役に任命される。02年4月、03年1月大統領特使として訪朝した。同年9月、00年の南北首脳会談直前に起きた北朝鮮への送金事件に関与したとして外為法違反などの罪に問われ、ソウル地裁により懲役1年6ケ月、執行猶予3年の有罪判決を受ける。05年11月には、国家情報院院長在任中に政財界への組織的盗聴を主導したとして、通信秘密保護法違反の疑いでソウル中央地検に逮捕される。04年より世宗基金会長。　[勲]黄条勤政勲章, 韓国保国勲章天授章

イリエスク, イオン

Iliescu, Ion

1930.3.3〜

ルーマニア大統領　[出]オルテニツァ　[学]ブカレスト工科大学卒　[歴]労働者の家庭に生まれる。ブカレストの大学を卒業後、電気技師になるためモスクワ大学に留学、そこでゴルバチョフ・ソ連共産党書記長と知り合った。1944年14歳で共産主義青年同盟に入り、19歳で同中央委員。53年ルーマニア共産党入党。67〜71年共産主義青年同盟第1書記兼青年問題担当相。この間68年党中央委員に昇格、71年2月には宣伝担当中央委書記に抜擢されたが、党の情報政策に反対したことからチャウシェスク書記長に嫌われ、7月トランシルバニア・ティミショアラ地方の党書記に左遷。79〜84年水資源評議会議長。84年党中央委員解任後は技術出版会社で編集に従事。87年情報公開を求める論文を発表したため、以後秘密警察の監視下に置かれた。89年12月チャウシェスク政権崩壊後、救国戦線評議会議長に。90年2月新しい暫定立法機関・国家統一暫定評議会議長、同年5月の自由選挙で大統領に当選、救国戦線議長を辞任。91年1月中国、4月ソ連をそれぞれ訪れ協力善隣友好条約に調印。92年5月新党"救国民主戦線"を結成。10月大統領に再選。93年7月所属党名がルーマニア社会民主党となる。96年11月の大統領選では中道右派の新人エミル・コンスタンティネスクに敗れ落選。2000年12月社会民主党から大統領選に出馬し、返り咲きを果たす。04年12月任期満了で退任。この間、1996年〜2000年、04年12月〜08年12月上院議員。1999年5月大学での特別講義のため来日。

イリヤニ, アブドルカリム

Iryani, Abd al-Karim al-

1934.10.12〜2015.11.8

イエメン首相　[出]イリヤン　[学]ジョージア大学, エール大学 Ph.D.（エール大学）（1968年）　[歴]1960年代は米国に留学し農業や生化遺伝学を学ぶ。74〜76年北イエメン開発相、76〜78年教育相、80〜83年首相、84〜90年副首相兼外相。90年南北イエメン統一でイエメン共和国が誕生し、外相に就任。83〜94年開発相、94〜98年副首相兼外相を経て、98年〜2001年首相を務めた。退任後はサレハ大統領の政治顧問を務めた。

イリューシン, ヴィクトル

Ilyoushin, Viktor

1947〜

ロシア第1副首相　[学]ウラル工科大学卒　[歴]ロシア・スベルドロフスク州コムソモール（青年共産同盟）第1書記などを経て、1991年ロシア大統領附属書記局長、92年5月大統領第1補佐官。96年8月〜97年3月第2期エリツィン政権下で第1副首相（社会保障担当）を務めた。

イリュムジノフ, キルサン

Ilyumzhinov, Kirsan

1962.4.5〜

カルムイク大統領　実業家　[出]ソ連ロシア共和国カルムイク自治共和国エリスタ　[名]Ilyumzhinov, Kirsan Nikolayevich　[学]モスクワ国際関係大学日本語科卒　[歴]日本との合弁企業に就職。日本風のビジネスを学び、短期間のうちに貿易、商品取引、金融、新聞など50の企業を支配する実業家として成功。一方、政治の世界にも名のり出て、1993年3月カルムイク共和国の初の首長（事実上の大統領）選挙に当選、億万長者の大統領として話題に。17年間務め、2010年10月任期満了で首長退任。この間、1998年6月、2000年のロシア大統領選立候補を表明。1995年より国際チェス連盟会長を務める。親日家。

イルベス, トーマス・ヘンドリック

Ilves, Toomas Hendrik

1953.12.26〜

エストニア大統領　[出]スウェーデン・ストックホルム　[学]コロンビア大学（心理学）卒, ペンシルベニア大学大学院修士課程修了　[歴]米国で育ち、コロンビア大学などで心理学を専攻。1991年エストニアが旧ソ連から独立した後、親の祖国であるエストニアに移住。駐米大使などを経て、96〜98年、99年〜2002年外相。04〜06年欧州議会議員。06年9月の大統領選で現職のリュイテリ大統領を破り当選、10月大統領に就任。11年10月再任。16年10月退任。

イロイロ, ジョセファ

Iloilo, Josefa

1920.12.29〜2011.2.6

フィジー大統領　[出]ブンダ　[名]Iloilovatu Uluivuda, Ratu Josefa　[学]ナタンブア政

府教員教育機関修了　㉬教員などを経て、フィジー下院議員に当選。1978年大首長会議委員。90年代は上院で活躍、96年同議長。99年副大統領を経て、2000年7月大統領に就任。06年3月再選されたが、12月の軍事クーデターで一時権限を剥奪される。07年1月復帰し、軍司令官として全権を掌握していたバイニマラマ暫定首相を支持。09年4月には暫定政権を違憲とした控訴裁判所の判断に対抗する形で憲法停止を発表した。88歳と世界でも最高齢の元首となっていた同年7月、大統領を退任した。

イワニシヴィリ, ビジナ

Ivanishvili, Bidzina

1956.2.18～

ジョージア首相, ジョージアの夢代表　実業家　㉬ソ連グルジア共和国チョルビラ村（ジョージア）　㉓トビリシ大学（工学・経済学）, モスクワ鉄道工学大学 経済学博士　㉬旧ソ連のグルジア共和国（現・ジョージア）チョルビラ村に5人兄弟の末っ子として生まれる。貧しい家庭に育つが、1986年モスクワの研究所で経済学修士号を取得。その後、コンピュータ販売業を経て、銀行を設立、推定64億ドル（約5000億円）の私財を誇る大富豪となる。ソ連崩壊後、ロシアやフランスを活動拠点としていたが、2004年グルジアに帰国し、グルジア国籍を取得。ミヘイル・サーカシヴィリの民主化運動を財政面で支援するが、同氏の大統領就任後袂を分かち、11年野党を結成。その後、フランス国籍を保有していたことが発覚したため、グルジア国籍を剥奪される。12年グルジア議会選では、野党連合グルジアの夢（現・ジョージアの夢）を率いて大勝利を収め、12～13年首相を務める。

イワノフ, イーゴリ

Ivanov, Igor Sergeevich

1945.9.23～

ロシア外相, ロシア安全保障会議書記　外交官　㉬ソ連ロシア共和国モスクワ（ロシア）　㉓モスクワ外国語教育大学（1969年）卒　㉬大学卒業後、1969～73年シンクタンクの世界経済国際関係研究所上級研究員を経て、73年ソ連外務省に入省。84～91年外相補佐官、官房次長、官房長を歴任。ソ連崩壊後の91～93年駐スペイン大使、93年12月欧州担当

のロシア外務第1次官などを経て、98年9月エリツィン政権下のプリマコフ内閣で外相に就任。99年5月内閣改造で留任、同年8月プーチン内閣、2000年5月プーチン政権下のカシヤノフ内閣で留任。04年3月安全保障会議書記。07年7月退任。

イワノフ, ヴィクトル

Ivanov, Viktor

1950.5.12～

ロシア麻薬流通監督庁長官　㉬ソ連ロシア共和国ノヴゴロド（ロシア）　㉔Ivanov, Col Viktor Petrovich　㉬1996年テレプリュス社長。98年ロシア連邦保安局所有安全保障局長、99年同副長官、2000年大統領府副長官を経て、04年3月プーチン・ロシア大統領補佐官。08年よりロシア麻薬流通監督庁長官、16年4月退任。

イワノフ, ゲオルギ

Ivanov, Gjorge

1960.5.2～

マケドニア大統領　㉬ヴァランドヴォ　㉓スコピエ大学法学部（1982年）卒 法学修士号（スコピエ大学）（1994年）, 法学博士号（スコピエ大学）（1998年）　㉬1988～95年マケドニア・ラジオ（公共放送）に編集者として勤務。95年スコピエ大学法学部助手、98年法学部政治理論・政治哲学専任講師、99年アテネ大学大学院南東欧研究科客員教授、2000年ボローニャ大学大学院の民主主義・人権に関する欧州修士課程理事会メンバー、01年スコピエ大学法学部政治学科主任、02年助教授、08年教授。同年マケドニア高等教育認定委員会議長。この間、04～08年法学部副学長。09年4月のマケドニア大統領選決選投票で勝利し、5月就任。14年4月大統領決選投票で再選、5月再任。

イワノフ, セルゲイ

Ivanov, Sergei

1953.1.31～

ロシア国防相・副首相, ロシア大統領府長官　㉬ソ連ロシア共和国レニングラード（ロシア・サンクトペテルブルク）　㉔Ivanov, Sergei Borisovich　㉬レニングラード大学文学部（1975年）卒　㉬幼い頃父を亡くし、光学技師の母に育てられる。ビートルズがきっかけで英語に興味を持ち、英語特別学校を卒業。

1976年ソ連国家保安委員会（KGB）に入る。81年対外情報部門の任務に就き、以後18年間英国やスウェーデン、フィンランド、アフリカを中心に活動。ソ連崩壊後、ロシア連邦保安局（FSB）に勤務、98年8月KGB同期生のプーチンFSB長官のもと副長官に就任。99年11月安全保障会議書記を兼務。チェチェン紛争から戦略ミサイル問題まで安保問題でロシアの立場をまとめ、プーチン政権下で事実上の国家最高意志機関を取り仕切る。2001年3月国防相に就任。軍の制服組以外からの国防相就任はソ連・ロシアを通じて初めて。05年11月副首相兼任。07年2月第1副首相に昇格。08年5月メドヴェージェフ政権下で副首相に就任。11年12月ロシア大統領府長官、16年8月ロシア大統領特別代表。英語とスウェーデン語が得意。

イングラオ, ピエトロ

Ingrao, Pietro

1915.3.30〜2015.9.27

イタリア下院議長　ジャーナリスト　㊐ラティーナ県レノーラ　㊛ローマ大学文学・哲学部卒, ローマ大学法学部卒　㊟大学在学中の1939年、反ファシスト学生グループの活動家となり、40年イタリア共産党に入党、43年党機関誌「ウニタ」編集スタッフ。ファシスト警察に追われ、特別法廷に告発されたため、非合法組織での活動に移り、43〜45年ローマ及びミラノで地下抵抗組織レジスタンスに加わる。44〜56年イタリア共産党ローマ県指導委員会委員、47〜57年「ウニタ」編集長、51年党中央委員、56年党第8回大会で指導部委員及び書記局員に選任、75年第14回大会で国家改革研究イニシアティブ・センター所長に指名された。一方、48年よりローマからイタリア下院議員に選出され、68〜72年下院共産党議員団長、76〜78年下院議長を務めた。共産党の刷新をめぐり、66年第11回党大会での発言が端緒となって、党主流派と訣別し"左翼反対派"を結成、89年第18回大会で世代交替を理由に党指導部委員を辞退した。91年左翼民主党（PDS）の誕生とともに、同党の最高指導機関、政治調整委員会委員に選ばれる。93年5月党主流派を批判し離党。90歳を超えても活動を続け、労働者の抗議デモにも参加した。自伝に「不可能なこと」「イタリア共産党を変えた男」がある。

イングラハム, ヒューバート・アレクサンダー

Ingraham, Hubert Alexander

1947.8.4〜

バハマ首相　㊐パインリッジ　㊟弁護士。バハマ進歩自由党（PLP）に入り、1976年議長。77年以来下院議員。82〜84年PLP内閣の住宅保健担当相。86年PLPから除名。90年5月自由国民運動（FNM）党首となり、92年8月下院議員選挙で圧勝、同月首相に就任。財務相、経産相を兼任した。97年3月総選挙でFNMが圧勝し、首相を続投。2002年首相退任。07年5月再び首相に返り咲く。財務相兼任。12年5月退任。

イングリッシュ, ビル

English, Bill

1961.12.30〜

ニュージーランド首相、ニュージーランド国民党党首　㊐ラムズデン　㊛オタゴ大学卒　㊟ニュージーランド南島南端部の農村出身。大学卒業後農業を経て、ニュージーランド財務省職員などを務める。1990年の総選挙にニュージーランド国民党から出馬し初当選。96〜99年保健相、99年財務相などを経て、2008〜16年盟友ジョン・キー首相の下、副首相兼財務相。同年12月突然辞任を表明したキー首相に後継に指名されて国民党党首となり、首相に就任。キー首相の政策を継承したが、17年9月の総選挙では国民党は獲得議席第一党の座を維持したものの過半数には届かず、小政党との連立交渉にも失敗して10月退陣。保守系の強硬派で、敬虔なカトリック教徒。

インサナリ, サミュエル・ルドルフ

Insanally, Samuel Rudolph

1936.6.23〜

ガイアナ外相　外交官　㊟大学で言語学と国際関係を専攻し、ロンドン大学、パリ大学などで学び、30歳までガイアナやジャマイカの大学でフランス語とスペイン語を教えた。ガイアナが英連邦内で独立した1966年、外交官に転身。米国ワシントンのガイアナ大使館参事官、駐欧州共同体（EC）大使などを経て、87年からガイアナの国連代表。職務上、駐日、駐韓大使も兼務。93年第48回国連総会議長。2001〜08年ガイアナ外相。のちガイアナ大統領特別顧問。　㊟旭日大綬

章（日本）（2009年）

インスルサ, ホセ・ミゲル
Insulza, José Miguel
1943.6.2〜
米州機構（OAS）事務総長, チリ内相・外相 ㉝サンティアゴ ㉓Insulza Salinas, José Miguel ㉕チリ大学卒, ミシガン大学大学院博士課程修了 政治学博士（ミシガン大学）㉞米国ミシガン大学で政治学博士号を取得。チリ大学, チリ・カトリック大学教授を歴任。ピノチェト軍事政権下の1974〜88年ローマやメキシコシティで亡命生活を送り、この間、81〜88年メキシコ国立自治大学教授を務めた。民政移管後の88年帰国。94〜99年外相を経て、2000年発足のラゴス政権下で内相。05年5月〜15年米州機構（OAS）事務総長を務めた。

インラック・シナワット
Yingluck Shinawatra
1967.6.21〜
タイ首相 実業家 ㉝チェンマイ県サンガンペーン郡 ㉕チェンマイ大学政治学部卒, ケンタッキー州立大学（米国）大学院修士課程修了 M.B.A. ㉞9人きょうだいの末娘で、兄はタイ首相を務めたタクシン・シナワット。米国のケンタッキー州立大学大学院で行政学修士号を取得。1993年タクシン一族の企業であるシナワット・ダイレクトリーズに入り、94年レインボー・メディア部長、95年シナワット・ダイレクトリーズ部長、97年副社長を経て、99年タイの携帯電話最大手であるアドバンスト・インフォ・サービス（AIS）執行副社長、2001年上級執行副社長、02年社長に就任。06〜11年不動産会社のSCアセット社長。11年5月政治経験がないままタクシン派最大野党・タイ貢献党の首相候補に選ばれ、7月の総選挙で貢献党が政権を奪還。8月44歳の若さでタイ初の女性首相に就任。最低賃金の引き上げやマイカー減税の導入など経済改革を実現。13年6月4年目の内閣改造。国防相兼務。同年7月来日。14年5月、政府高官人事で職権を乱用したと憲法裁判所が認めたため失職。第一審の初公判以来、一貫して無罪を主張。タイ最高裁の判決が出される直前の17年8月、国外へ逃亡。9月最高裁は本人不在のまま禁錮5年の判決を下した。172センチの長身で、一族企業の社長職にある夫との間に一人息子がいる。㉚兄＝タクシン・シナワット（元タイ首相）, 義兄＝ソムチャイ・ウォンサワット（元タイ首相）

【ウ】

ウー, ハリー
Wu, Harry
1937.2.8〜2016.4.26
人権活動家 ㉝中国・上海 ㉓中国名＝呉弘達〈Wu Hong-da〉 ㉕北京地質学院 ㉞裕福な銀行家の息子としてイエズス会のエリート校に学び、北京地質学院に入学。1960年思想犯として逮捕され、79年釈放されるまでの19年間、青海省の強制労働収容所で過ごす。父、弟も官憲により殺害された。85年カリフォルニア大学バークレー校客員研究員として米国に移住。のちスタンフォード大学フーバー研究所研究員となり、中国問題の研究を進めたほか、92年人権団体のラオガイ（労改）基金会を設立。労改（労働改造）とは、共産主義への "思想改造" を目的に炭鉱や土木工事で知識人らに重労働を科すこと。中国の人権抑圧を講演や議会証言などで非難し、「ニューズウィーク」誌、CBS報道番組「シクスティー・ミニッツ」、英国ITVのドキュメンタリーでも取り上げられた。告発を続けた結果、ラオガイは英語にもなった。95年6月中国に入国しようとして中国公安局に身柄を拘束され、8月武漢市中級人民法院より懲役15年の判決が出されると同時に国外追放処分を受けた。中国軍関係の病院による臓器売買に関する告発も行った。㉚フリーダム賞（ハンガリアン・フリーダム・ファイターズ・フェデレーション）（1991年）

ヴァ
→バをも見よ

ヴァイノ, アントン
→ワイノ, アントンを見よ

ヴァシレ, ラドゥ

Vasile, Radu

1942.10.10～2013.7.3

ルーマニア首相　[出]シビウ　[学]ブカレスト大学卒 博士号（1977年）　[歴]1989年の東欧民主化以前はブカレスト大学などで経済学教授を務めたエコノミスト。チャウシェスク独裁政権崩壊後の90年、与党第一党の全国農民党（CDNPP）に入党、92年ルーマニア上院議員に当選。96年再選、全国農民党幹事長。98年4月～99年12月首相を務めた。2000～04年上院議員。

ヴァスケス, タバレ

Vázquez, Tabaré

1940.1.17～

ウルグアイ大統領　医師　[出]モンテビデオ市テハ地区　[名]Vázquez Rosas, Tabaré Ramón　[学]ウルグアイ共和国大学医学部（1972年）卒 Ph.D.　[歴]貧しい家庭に生まれ、少年時代は新聞配達などで家計を支える。19歳で貿易会社に就職し、同時に大学の医学部に通うが、家族をがんで亡くしたのを機に勉強に専念。1969年国内の病院に放射線科医師として勤務。72年がんの放射線治療専門医の資格を取得。87年より共和国大学医学部教授。その後、政治の道に入り、ウルグアイ社会党を経て、96年左派の進歩会議代表に就任。この間、90～95年モンテビデオ特別県知事も務めた。94年、99年ウルグアイ大統領選に出馬するが、落選。2004年10月進歩会議・拡大戦線（EPFA）から大統領選に出馬し当選、05年3月就任。同国初の左派政権を率いた。10年2月退任。14年11月大統領選に再び勝利し、15年3月就任。

ヴァディム・トゥドール, コルネリウ

Vadim Tudor, Corneliu

1949.11.28～2015.9.14

欧州議会議員，大ルーマニア党（PRM）名誉党首　ジャーナリスト　[出]ブカレスト　[学]ブカレスト大学（1971年）卒 Ph.D.（クラヨーヴァ大学）（2003年）　[歴]1970～80年代はジャーナリストとして新聞や雑誌で活動。89年のルーマニア革命後は雑誌「Romania Mare」を創刊し編集長を務めた。91年民族主義政党の大ルーマニア党（PRM）を設立。92年～2008年ルーマニア議会議員、09～14年欧州議会議員などを歴任。00年の大統領選ではイリエスク候補とともに決選投票に進出し注目を集めた。

ヴァル, エリー・ウルド・モハメド

Vall, Ely Ould Mohamed

1952～2017.5.5

モーリタニア軍事評議会議長　軍人　[出]ヌアクショット　[歴]1966～73年ロッソの高等学校で学んだ後、73年モロッコ、メクネスの士官学校に入校。同年メクネスの法科学部に入り、法律の免許を取得。79～81年モーリタニア国家参謀本部指揮官、82～83年ロッソの第7連隊指揮官、83～85年ヌアクショットの第6連隊指揮官を経て、85年11月国家安全局長。2005年8月軍クーデターによりタヤ独裁政権を打倒、実権を掌握し、国家最高機関として設置した“正義と民主主義のための軍事評議会”議長に就任。07年の大統領選で当選したアブドライに民政移管した。翌年のクーデターで誕生したアブドルアジス政権に対しては一貫して批判を続けた。

ウーアルカイシ

Wuerkaixi

1968.2.17～

民主中国陣線副主席　中国民主化運動指導者　[出]中国ウルムチ　[名]全名＝多莱特・吾爾開希〈Doulaite Wuerkaixi〉，別名＝吾爾凱西　[学]北京師範大学教育管理系，ハーバード大学　[歴]ウイグル族出身。北京の少数民族幹部養成機関・中央民族学院予科で1年間学んだ後、1988年北京師範大学に進む。89年4月北京市学生自治連合会主席となり、中国の民主化要求学生運動指導者の一人として活躍、政府との対話を求めてハンストなどの平和方法で運動を指揮した。同年6月4日の天安門事件後、マカオ・香港を経由してパリに逃れ、同年9月厳家其らとともにパリで反体制中国人の政治組織“民主中国陣線”を結成、副主席に就任。同組織の“顔”として活動を続ける一方、ハーバード大学に籍を置き、学生生活を再開。同年12月同陣戦日本支部設立のため来日。90年2月国連人権委員会に証人として出席、10月訪台。同年民主中国陣線第2回世界大会で副主席辞任。94年台湾人女子学生との婚姻登記を申請し、96年台湾当局によって登記が認められた。99年に中華民国籍を取得。一時はテレビで政治評論家として活躍。また中国国内外の活動家らとインターネットで連絡を取り合い

ながら民主化運動を継続して行う。2009年6月公平な裁判と父母との面会のため中国への出頭を目指して台北からマカオに向かったが、空港で追い返された。 [賞]リーボック人権賞（米国）（1989年）

ヴァルス, マニュエル

Valls, Manuel

1962.8.13〜

フランス首相 [出]スペイン・バルセロナ [学]パリ第1大学歴史学部卒 [歴]父はスペイン人の画家で、フランコ政権から逃れた父に連れられフランスへ移住。1980年フランス社会党に入党。82年フランス国籍を取得。国会議員秘書や首相官房秘書官、地方議員などを経て、2001〜12年エブリ市長。02年国民議会（下院）議員当選。11年10月、12年の大統領選の社会党候補を決める予備選挙に出馬、落選したが論客として一躍脚光を浴びる。12年5月の社会党オランド候補の大統領当選を受け、同月エロー首相率いる内閣に内相として入閣。14年3月の統一地方選で社会党が惨敗、エロー内閣総辞職に伴い、同月オランド大統領により首相に任命された。党内では右派に位置づけられる。16年12月左派の大統領選予備選出馬のため首相を辞任、17年1月の予備選でブノワ・アモンに敗れた。

ヴァロー・ベルカセム, ナジャット

Vallaud-Belkacem, Najat

1977.10.4〜

フランス国民教育・高等教育・研究相 [出]モロッコ・ベニ・シケル [学]パリ政治学院卒 [歴]モロッコの農村に生まれ、幼い頃、フランス北部のアミアンに移住。父は建設労働者だった。パリ政治学院で学んだ後、弁護士事務所、国民議会（下院）議員秘書、ジェラール・コロン元老院議員・リヨン市長官房秘書官を経て、2004年ローヌ・アルプ地域圏議会議員に当選。07年の大統領選に出馬したセゴレーヌ・ロワイヤルの報道担当として頭角を現す。08〜12年リヨン市副市長、08年ローヌ県議会議員、10年パリ政治学院教授を経て、12年6月フランス下院議員に初当選。同年発足したオランド政権に34歳で最年少閣僚として入閣し、女性権利相・政府報道官に就任。14年4月国民教育・高等教育・研究相。

ヴィ

→ビを見よ

ウィクラマシンハ, ラニル

Wickremasinghe, Ranil

1949.3.24〜

スリランカ首相, スリランカ統一国民党（UNP）党首 [出]セイロン・コロンボ（スリランカ） [学]セイロン大学法学部卒 [歴]1977年スリランカ統一国民党（UNP）よりスリランカ国会議員に初当選。78年青年・雇用相、80〜89年青年・雇用相兼教育相、89年工業相、90年科学技術相兼任、93年5月〜94年8月首相。94年6月UNP党首。2001年12月首相に再任、政策立案・実施相を兼務。04年4月総選挙で野党連合の統一人民自由連合（UPFA）に敗れ、首相を退任。15年1月首相。同年8月の総選挙でUNPが第1党となり、首相に再任。首相就任は4度目。来日多数。

ウィクラマナヤケ, ラトナシリ

Wickremanayake, Ratnasiri

1933.5.5〜2016.12.27

スリランカ首相 [学]アーナンダ大学卒 [歴]1975年スリランカ法相兼プランテーション産業相、94年内務・公共行政・国会問題・プランテーション産業相、97年内務・公共行政・プランテーション産業相を経て、2000年8月〜01年12月、05年11月〜11年4月首相を務めた。

ウィジェトンガ, ディンギリ・バンダ

Wijetunga, Dingiri Banda

1922.2.15〜2008.9.21

スリランカ大統領 [出]英領セイロン・キャンディ近郊（スリランカ） [歴]裕福な農家に生まれる。高校卒業後、政府の集団農場局に勤務、職場で労組を結成。1946年セイロン統一国民党（UNP）に入党。65年セイロン国会議員に初当選。78年UNPの初代大統領ジャヤワルデネ政権の下で入閣し情報・放送相、79年電力・道路相、80年電力エネルギー相、82年郵政通信相、87年農業開発研究相を歴任。89年2月財務相に転じ北西部州長官も兼務。同年3月同じくUNPの2代大統領プレマダサの内閣改造で財務相兼任のまま首相に任命された。90年1月の平成天皇即位の礼に来日。93年5月プレマダサ大統領の暗殺に伴い大統領に就任。94年退任。

ウィラトゥ師

Wirathu

1968〜

僧侶，反イスラム運動指導者　㊧ビルマ・キョークス（ミャンマー）　㊲別名＝アシン・ウィラトゥ〈Ashin Wirathu〉㊨1984年仏道に入り、古都マンダレーで3000人もの僧を擁する強硬派仏教徒組織マバタの幹部となる。イスラム信者急増に危機感を抱き、90年代末よりイスラム脅威論を唱え始め、2001年"969運動（969は仏教の三宝，仏法僧を表す）"と呼ばれる反イスラム運動を開始。軍事政権下の03年には宗教暴動を煽ったとして逮捕・投獄された。民政移管後の12年恩赦により釈放され、活動を再開。同年民族主義的な僧侶のネットワーク"仏法を守る高僧の会"が結成される。異教徒排斥を訴える過激な言動はSNSなどを通じて急速に広まり、反イスラム仏教僧として世界の注目を集める。米欧メディアやイスラム教徒からは"ミャンマーのビンラディン"とも称され、13年7月には米誌「タイム」で"仏教テロの顔"のタイトルとともに表紙となった。ミャンマーの少数民族でイスラム教徒のロヒンギャ族に対する排斥運動の中心人物の一人でもあり、ロヒンギャ弾圧を先導。16年5月ヘイトスピーチ規制法が制定されると、サンガ・マハ・ナヤカ（仏教僧侶管理組織）により1年間の説法禁止が命じられた。7月にはヤンゴン管区政府より解散を促される。

ウィラント

Wiranto

1947〜

インドネシア調整相，インドネシア国軍司令官　軍人　㊧オランダ領東インド・ジョクジャカルタ（インドネシア）　㊲インドネシア国軍士官学校（1968年）卒　㊨インドネシア陸軍戦略予備軍司令官を経て、1989〜93年スハルト大統領副官、97年陸軍参謀長、98年2月国軍司令官に就任。同年5月ハビビ政権発足で国軍司令官兼国防相。99年10月ワヒド政権で政治・治安担当の調整相に就任。2000年2月、1999年8月末の独立を問う住民投票後に起きた東ティモール騒乱の責任から職務停止処分を受ける。大将を務め、2000年3月退役。同年8月調整相を退任。04年4月史上初めて直接選挙で実施される大統領選のゴルカル党公認候補に選出。一方、03年2月東ティモールで1999年に起きた虐殺事件に関与したとして、人道に対する罪などで起訴され、2004年5月東ティモールの重罪特別法廷より逮捕状が出される。06〜16年ハヌラ党党首。16年7月ジョコ政権の内閣改造で政治・治安担当の調整相に起用される。

ウィルソン, マイケル

Wilson, Michael

1937.11.4〜

カナダ財務相・貿易産業相　㊧トロント　㊲Wilson, Michael Holcombe　㊗トロント大学　㊨カナダ大手証券会社の副社長を経て、1979年下院議員（進歩保守党）に当選して政界入り。84年に発足したマルルーニー内閣の下で、84〜91年財務相、91〜93年貿易産業相を歴任。93年10月政界引退後、米国石油大手アモコ（イリノイ州）の社外重役に就任。

ウィン・アウン

Win Aung

1944.2.28〜2009.11.4

ミャンマー外相　外交官　㊧英領ビルマ・ダウェイ（ミャンマー）　㊗ヤンゴン大学卒，ビルマ国軍士官学校（1964年）卒　㊨士官学校を卒業後、ビルマ（現・ミャンマー）国防省、首相府勤務などを経て、1985年外務省に入省。駐ドイツ代理大使などとして欧州各国に赴任、国連工業開発機関（UNIDO）や国際原子力機関（IAEA）などのミャンマー代表も務めた。95年駐米大使を経て、98年11月〜2004年9月外相。常に諸外国との対話の前線に顔を出し、"トラブルシューター（紛争調停者）"の異名を取った。06年輸入車販売に絡む職権乱用罪で禁錮7年の判決を受け、刑に服した。1999年6月講演で来日。

ウィンティ, パイアス

Wingti, Paias

1951.2.2〜

パプアニューギニア首相，パプアニューギニア人民民主運動党党首　㊧モイカ村　㊗ポートモレスビー大学卒　㊨酋長の子として生まれる。ポートモレスビー大学在学中、オーストラリアのメルボルンで開かれた学生の会議に大学代表として出席、中国との友好協会会長も務めた。在学中の1977年、パプアニューギニア国会議員に当選。78年運輸・民間航空相、82年ソマレ内閣の副首相。

85年3月最大政党のパング党を飛び出してパプアニューギニア人民民主運動党（PDM）を結成して党首となり、11月内閣に不信任案を突きつけ首相に就任、87年8月再選。88年7月内閣不信任案可決により総辞職。92年7月再度首相に就任。93年5月不信任投票回避のため辞任し、翌日再選。94年8月最高裁はこれを無効と決定し、辞任した。97年国会議員退任。2002〜07年国会議員、12年より3度国会議員に当選。

ウィン・ティン
Win Tin
1929.3.12〜2014.4.21
ミャンマー国民民主連盟（NLD）創設メンバー　ジャーナリスト　㊣英領インド・ペグー（ミャンマー）　㊥1950年代からフランス通信ラングーン支局で編集者として働き始め、ジャーナリストとして活躍。62年ネ・ウィン将軍が樹立した社会主義軍事独裁政権により、新聞社や出版社が押収され仕事を失う。88年にはアウン・サン・スー・チーらとともにミャンマー国民民主連盟（NLD）を創設するが、89年ビルマ国内の刑務所における人権状況報告書を国連に送付したことで当時の軍事政権により政治犯として拘束され、60歳から約19年間投獄された。2008年9月恩赦で釈放。01年報道の自由に寄与したジャーナリストに与えられる"自由のための金ペン賞"を受賞。11年の民政移管後は、NLDの最長老としてスー・チー党首を支えた。　㊣自由のための金ペン賞（2001年）

ヴェ
→ベをも見よ

ウエア, ジョージ
Weah, George
1966.10.1〜
リベリア大統領　サッカー選手　㊣モンロビア　㊧Weah, George Tawlon Manneh Oppong Ousman　㊥子どもの頃にサッカーを始め、1985年リベリア3部のユン・サバイバーズに加入。のちカメルーンの強豪チーム、トネーレ・オブヤオウンデを経て、フランス・ASモナコのベンゲル監督に見出され、88〜92年ASモナコに所属。のちパリ・サンジェルマン、95年からイタリアのACミランで活躍。同年欧州年間最優秀選手賞（バロンドール）とアフリカ最優秀選手賞に輝く。リベリ

ア代表では選手、監督として活躍した他、90年代初めからは用具の購入や遠征費用など経済面でも援助した。抜群の身体能力を持ち、足技に秀でたオールラウンダーとして活躍、"リベリアの怪人"の異名を取った。2003年に引退した後は、内戦に苦しむ母国を助ける活動を行う。ユニセフ（国連児童基金）の親善大使も務める。その後、政治活動を始め、05年リベリア大統領選に立候補、決選投票まで進むがアフリカ初の民選女性大統領を目指したエレン・サーリーフに敗れる。09年留学先の米国から帰国、11年には副大統領候補として選挙戦を戦った。14年12月モンセラード郡選出の上院議員に当選。17年12月サーリーフ大統領の任期満了に伴う大統領選に立候補、決選投票で現職副大統領を破って当選、18年1月就任。アフリカ出身選手としては現在も唯一バロンドールを受賞しており、リベリアの国民的英雄として知られる。08年には福島県郡山市をホームにJリーグ入りを目指すバリエンテ郡山の総監督を務めた。　㊣アフリカ最優秀選手賞（1994年・1995年），バロンドール（1995年），FIFA世界年間最優秀選手（第5回、1995年度）

ウェイデンボス, シュール
Wijdenboshe, Jules
1941.5.2〜
スリナム大統領　㊦アムステルダム大学（憲法学）卒　社会科学博士　㊥税関勤務などを経て、1985年6月スリナム自治・法務相。87年首相。90年12月副大統領。91年国民民主党（NDP）党首。96年5月総選挙でトップ当選し、9月大統領に就任。2000年8月退任。

ウェスターウェレ, ギド
Westerwelle, Guido
1961.12.27〜2016.3.18
ドイツ外相　㊣西ドイツ・バートホンネフ（ドイツ）　㊦ボン大学（法律）卒、ハーゲン大学　㊥1991年より弁護士として活動。80年ドイツ自由民主党（FDP）に入党。党の青年組織代表、ボン地区代表などを経て、94年〜2001年FDP幹事長、01年5月〜11年5月FDP党首。1996年より西ドイツ連邦議会議員。2006〜09年FDP連邦議会議員団長。09年10月〜11年5月副首相。09年10月〜13年外相。外相としてたびたび来日し、10年には当時の鳩山由紀夫首相や岡田克也外相

と会談、核軍縮・不拡散分野での協力推進などを協議した。私生活では10年に長年パートナーとして交際していた実業家の男性と結婚式を挙げ話題になった。

ウェッブ, ジム

Webb, Jim

1946.2.9～

米国上院議員（民主党），米国海軍長官　作家，ジャーナリスト，軍人　[出]ミズーリ州　[名]Webb, James H.（Jr.）　[学]米国海軍兵学校（1968年）卒，ジョージタウン大学（1975年）卒 法学博士（ジョージタウン大学）　[歴]米国空軍将校の息子として生まれる。1968年第5海兵連隊のライフル部隊小隊長および中隊長としてベトナム戦争に従軍、特功十字章はじめ数々の勲章を受けた。78年処女小説「Fields of Fire」を出版し、ベストセラーに。その後、下院復員軍事委員会顧問となり、84年国防総省次官補を経て、87～88年第66代米国海軍長官。のち作家、ジャーナリストに転身。89年外務省の招きで来日。2007年1月～13年1月バージニア州選出の民主党上院議員。日米の安全保障政策に詳しく、上院外交委員会の東アジア・太平洋小委員会委員長として米軍普天間飛行場の移設問題や、在沖縄米海兵隊のグアム移転問題に関与。またイラク戦争に反対し、自らを経済的ポピュリストと位置づけた。15年7月、16年の大統領選への出馬を表明するが、10月撤退。　[賞]エミー賞（1983年）

ウエドラオゴ, ユスフ

Ouédraogo, Youssouf

1952.12.25～2017.11.18

ブルキナファソ首相　外交官　[出]フランス領オートボルタ・ティカレ（ブルキナファソ）　[歴]フランスの大学に留学した経済の専門家。1984～87年ブルキナファソ計画・人口開発相、87～89年計画・協力相を経て、92～94年首相。94～99年ベルギー、英国、ルクセンブルク、オランダ、欧州連合（EU）各大使、99年～2007年外相、07年よりアフリカ開発銀行（ADB）総裁特別顧問を務めた。

ヴェーヨニス, ライモンツ

Vējonis, Raimonds

1966.6.15～

ラトビア大統領　[出]ソ連ロシア共和国プスコフ州（ロシア）　[学]ラトビア大学（生物学）（1989年）卒　[歴]ラトビア大学で修士号を取得。生物教師やマドナ市議を経て、2002年ラトビア環境保護・地方開発相、03～11年環境相、14年国防相を歴任。15年6月大統領に選出され、7月就任。緑の党より選出された初の大統領となる。

ウェレット, アンドレ

Ouellet, André

1939.4.6～

カナダ外相　[出]ケベック州セントパスカル　[学]オタワ大学卒，シェルブルック大学卒　[歴]1967年以来ケベック州選出下院議員。自由党内閣で74～76年、80～84年消費者・企業相、公共事業相、83年労相などを歴任。93年11月外相。96年1月退任。

ヴォ

→ボをも見よ

ウォーウェライト, クラウス

Wowereit, Klaus

1953.10.1～

ベルリン特別市市長，ドイツ社会民主党（SPD）副党首　[出]西ドイツ西ベルリン（ドイツ・ベルリン）　[学]ベルリン自由大学卒　[歴]ドイツ社会民主党（SPD）に入党後、支部活動を経て、1995年ベルリン市議会議員。99年社民党市議団長。2001年6月ベルリン特別市（州と同格）市長の不信任案可決に伴い、市議会により市長に選出。同年11月～02年10月各州首相輪番制の連邦参議院議長を務める。09年11月～13年11月SPD副党首。14年12月ベルリン市長を辞任。

ウォーカー, スコット

Walker, Scott Kevin

1967.11.2～

ウィスコンシン州知事　[出]コロラド州コロラドスプリングス　[歴]大学中退、1993年～2002年ウィスコンシン州下院議員、02～10年ミルウォーキー郡長を経て、11年から同州知事。罷免（リコール）請求を受けた12年の選挙、14年の中間選挙に勝ち、米国大統領候補に躍り出た。15年7月、16年に行われる大統領選への立候補を表明したが、9月撤退。

ヴォッレベク, クヌート
Vollebaek, Knut
1946.2.11〜
ノルウェー外相, 駐米ノルウェー大使　外交官　[学]オスロ大学卒　[歴]1964〜65年教師を務めたのち、73年ノルウェー外務省に入省。91〜93年駐コスタリカ大使、のち駐フランス大使を経て、97年〜2000年外相。01年駐米大使。

ウォリスキー, アルカジー
Volskii, Arkadii
1932.5.15〜2006.9.9
ロシア産業企業家同盟名誉会長　[出]ソ連・白ロシア共和国ゴメリ州ドブルシュ（ベラルーシ）　[学]モスクワ鉄鋼大学（1955年）卒　[歴]自動車工場に勤務。1958年ソ連共産党入党。モスクワのリハチョフ記念自動車工場党委員会書記を経て、69年から党中央委員会に勤務、81年党中央委員会機械製作工業部長第1代理、83年〜84年2月党中央委員会アンドロポフ書記長補佐官（経済問題担当）、85〜88年同委機械製作工業部長などを務め、機械生産部門の党責任者として頭角を現す。88〜89年駐ナゴルノカラバフ党中央・最高会議代表。90年6月全ソ科学産業同盟（92年1月産業企業家同盟に改組）会長となり、2005年まで務め、ロシア産業界の重鎮として知られた。1991年7月民主改革運動副議長。8月の政変後、国民経済対策委員会副議長となる。92年5月全ロシア刷新同盟を創設、6月ルツコイ副大統領を中心とする中間派連合・市民同盟に参加。また日ロ経済協力委員会ロシア側議長も務めた。　[賞]ソ連国家賞（1971年）

ウォルフォウィッツ, ポール
Wolfowitz, Paul
1943.12.22〜
世界銀行総裁, 米国国防副長官　[出]ニューヨーク市ブルックリン　[名]Wolfowitz, Paul Dundes　[学]コーネル大学（1965年）卒, シカゴ大学大学院（1967年）修了 政治学博士（1972年）　[歴]ポーランドから米国に渡ったユダヤ系移民の家庭に生まれる。1970年エール大学教授を経て、73年米国国務省に入り、軍備管理軍縮局で第2次戦略兵器制限交渉（SALT2）を担当。カーター政権下で77〜80年国防副次官補（地域政策立案担当）。レーガン政権下で81年国務省政策企画委員長、82年12月国務次官補（東アジア・太平洋担当）、86年駐インドネシア大使を歴任。89年4月〜93年1月ブッシュSr.政権下で国防次官（政策担当）。94年ジョンズ・ホプキンズ大学高等国際問題研究大学院（SAIS）所長を経て、アーンスト・アンド・ヤングに所属。2001年2月ブッシュJr.政権の国防副長官に就任。政権内の新保守主義者（ネオコン）のトップで、イラクとアフガニスタンでの対テロ戦争では重要な役割を果たした。05年6月世界銀行の第10代総裁に就任。07年6月退任。日米関係に造詣が深い。

ウォーレン, エリザベス
Warren, Elizabeth
1949〜
米国上院議員（民主党）　[出]オクラホマ州　[学]ラトガース大学法科大学院修了　[歴]中流家庭に生まれ、13歳からウエートレスとして働き、19歳で結婚。出産後、子育てをしながら法科大学院に学び、弁護士となる。その後、離婚・再婚を経て、破産法の専門家としてハーバード大学教授に転身。2008年のリーマン・ショックの際には、消費者保護の立場からウォール街を厳しく批判したことがきっかけとなり、10年オバマ大統領により大統領補佐官に任命された。11年に起こった反格差デモ“ウォール街を占拠せよ”の理論的指導者とも言われる。12年11月マサチューセッツ州選出の上院議員に初当選。夫はハーバード大学教授。

ウォーレン, デービッド
Warren, David
1952.8.11〜
駐日英国大使, ジャパン・ソサエティ議長　外交官　[出]ロンドン　[学]オックスフォード大学エクセター・カレッジ卒　[歴]1975年英国外務省に入省。以後、主に日本及び東アジア情勢を担当。77〜81年在日大使館大使秘書官及び経済部2等書記官（後に1等書記官）、93〜98年在日大使館商務参事官として日本に勤務。87年にはケニアのナイロビにも赴任。2000〜04年英国貿易投資総省ディレクター、04〜07年外務省人事部長・理事会メンバーを務めた。08〜12年駐日大使。13年退官し、英日経済・文化交流団体のジャパン・ソサエティ議長などを務める。

ヴォロシン, アレクサンドル

Voloshin, Aleksandr

1956.3.3〜

ロシア大統領府長官　実業家　[出]ソ連ロシア共和国モスクワ（ロシア）　[名]Voloshin, Aleksandr Stalyevich　[学]モスクワ運輸技術大学卒　[歴]研究所勤務や会社社長などを経て、1997年11月ロシア大統領府長官補佐官、98年9月経済問題担当副長官、99年3月長官に就任。2003年退任後は実業界で活躍。

ヴォロジン, ヴャチェスラフ

Volodin, Vyacheslav

1964.2.4〜

ロシア下院議長　[出]ソ連ロシア共和国サラトフ州（ロシア）　[名]Volodin, Vyacheslav Viktorovich　[学]サラトフ農業機械大学（1986年）卒　[歴]1990年サラトフ市議会議員、94年サラトフ州議会議員、96年4月サラトフ州知事、99年12月中道連合 "祖国・全ロシア" から下院議員に当選。2001年9月祖国・全ロシア下院会派代表、07年12月与党 "統一ロシア" から下院議員に3選、03〜10年下院副議長、10年10月副首相兼官房長官、11年12月大統領府第1副長官を経て、16年10月ロシア下院議長に就任。

ウォロニン, ウラジーミル

Voronin, Vladimir

1941.5.25〜

モルドバ大統領, モルドバ共産党第1書記　[出]ソ連モルダビア共和国キシニョフ郊外コルジョワ（モルドバ）　[名]Voronin, Vladimir Nikoraevich　[学]全ソビエト食品工業大学通信課程（1971年）卒, ソ連共産党中央委附属社会科学アカデミー（1983年）卒　[歴]ルーマニア系。1967年ソ連共産党に入党。パン工場で働きながら、71年全ソビエト食品工業大学を卒業。同年モルダビア共和国ドゥボラルィ区党委工業・建設部長、83〜85年モルダビア共産党中央委組織・党活動部監督員・部次長、モルダビア大臣会議事務局組織・指導部長、85〜89年共和国ベンデラ市党委第1書記、89〜90年6月共和国内相を歴任。91年ソ連が崩壊。93年モルドバ共産党を復活し、94年第1書記に就任。96年大統領選に出馬。98年国会議員に選出。2001年4月議会で大統領に選出、旧ソ連構成諸国で初の共産党政権を発足させる。05年4月再選。09年5月連続3選禁止規定で任期切れを迎えたが、次期大統領が選出されず代行。9月辞任。　[家]長男＝オレグ・ウォロニン（実業家）

ウォロンツォフ, ユーリー

Vorontsov, Yurii

1929.10.7〜2007.12.12

駐米ロシア大使　外交官　[出]ソ連ロシア共和国レニングラード　[名]Vorontsov, Yurii Mikhailovich　[学]モスクワ国際関係大学（1952年）卒　[歴]1956年ソ連共産党入党、81年党中央委員。一方、52〜54年ソ連外務省の機関で活動。54〜58年、63〜65年国連ソ連代表部に勤務。66年在米ソ連大使館参事官、70年同参事官兼公使、77年駐インド大使、83年駐フランス大使を経て、86年5月より第1外務次官、88年10月〜89年9月駐アフガニスタン大使兼任。この間、アフガニスタン戦争の終結など新思考外交の実施に活躍した。90年4月外務次官兼任で国連大使に就任。91年12月ソ連邦解体に伴い、ロシア連邦の国連大使となる。92年2月エリツィン大統領外交顧問兼任。94〜98年駐米大使。

ヴォワネ, ドミニク

Voynet, Dominique

1958.11.4〜

フランス環境国土整備相, フランス上院議員　医師　[出]モンペリアール　[学]ブザンソン大学医学部卒　[歴]麻酔医の傍ら、1976年から環境保護活動を開始。84年フランス緑の党を共同創設、91年同党報道官。89年欧州議会議員。95年大統領選に出馬するが落選。97年フランス国民議会（下院）議員に当選、同年環境・国土整備相に就任。2004年上院議員に当選。08〜14年モントルイユ市長。07年の大統領選にも立候補した。

ウグラス, マルガレータ・アフ

Ugglas, Margaretha af

1939〜

スウェーデン外相　[出]ストックホルム　[学]ストックホルム経済大学卒　[歴]保守系紙論説委員、ストックホルム市会議員を経て、1974年穏健党からスウェーデン国会議員に当選。党執行委員、議会外交委メンバーの後、91年10月〜94年9月外相。81〜92年ヨーロッパ女性連合スウェーデン会長。

ウスマヌ, マハマヌ

Ousmane, Mahamane

1950.1.20〜

ニジェール大統領　㋑ジンデル　㋕ナント大学数学科（1974年）卒　㋖ニアメー東方750キロのジンデルの農家に生まれる。1974年フランスのナント大学数学科を卒業後、パリで金融・統計学を学び、カナダのモントリオール大学商学部に留学。フランス留学時代はフランス・ブラックアフリカ学生連盟（FEANF）ナント支部文化部長を務めた。91年1月民主社会会議（CDS）を創設。93年の民政移管選挙で勝利し、同年4月第4代ニジェール大統領に就任。95年1月の国会選挙で与党が逆転。96年1月国軍がクーデターを決行、逮捕される。

ヴチッチ, アレクサンダル

Vučić, Aleksandar

1970.3.5〜

セルビア大統領　㋑ユーゴスラビア・セルビア共和国ベオグラード（セルビア）　㋕ベオグラード大学法学部卒　㋖1993年極右民族派のセルビア急進党（SRS）に入党し、政治活動を始める。98年〜2000年ユーゴスラビア連邦セルビア共和国の情報相。08年SRSを離党し、のちの大統領ニコリッチと進歩党を結成。親欧州連合（EU）へと転向した。12〜14年セルビア第1副首相、12〜13年国防相。14年4月首相に就任。17年4月の大統領選に勝利し、首相を辞任して5月就任。

ウーデ, ミラン

Ude, Milan

1936.7.28〜

チェコ民族評議会議長　作家　㋕マサリク大学哲学科（1958年）卒　㋖1970年まで文芸誌の編集者、その後作家。90年6月〜92年6月チェコスロバキア文化相。91〜98年市民フォーラム右派が結成した市民民主党（ODS）党員。92年6月チェコ共和国民族評議会議長。

ウティーム, カッサム

Uteem, Cassam

1941.3.22〜

モーリシャス大統領　㋕モーリシャス大学, パリ第7大学　㋖1990〜92年産業技術相、92年7月〜2002年大統領。

ウドヴェンコ, ヘナジー

Udovenko, Hennadii

1931.6.22〜2013.2.12

ウクライナ外相, 国連大使　外交官　㋑ソ連ウクライナ共和国クリビィ・リグ（ウクライナ）　㋓Udovenko, Hennadii Yosipovich　㋕タラス・シェフチェンコ大学（1954年）卒Ph.D.　㋖1959年ウクライナ共和国外務省に入省、国際経済機関部長、人事部長などを歴任。65〜71年ジュネーブの国連欧州本部に勤務、77〜80年ニューヨーク本部事務局で幹部職、80〜94年外務次官、85〜92年国連大使、92〜94年駐ポーランド大使兼外務次官を経て、94〜98年外相。97年9月外相兼務のまま第52回国連総会議長に就任。ロシア語、ポーランド語、英語、フランス語に堪能。

ウドム・カッテイニャ

Oudom Khattigna

1930.3.9〜1999.12.9

ラオス副主席（副大統領）　㋑フランス領インドシナ・シェンクアン（ラオス）　㋖秘密工作員としてラオスの革命運動に参加。1960年ラオス人民党（72年ラオス人民革命党＝LPRPに改称）に入党。81年郷里のシエンクアン県党委員会書記、82年党中央委員、91年党政治局員、同年ビエンチャン特別市党委書記を経て、98年2月ラオス副主席（副大統領）に就任。ラオス国家建設戦線（LFNC）議長も務めた。

ウマラ, オジャンタ

Humala, Ollanta

1962.6.27〜

ペルー大統領　軍人　㋑リマ　㋓Humala Tasso, Ollanta Moisés　㋕Colegio Franco Peruano, カトリカ大学, ペルー陸軍士官学校卒　㋖7人兄弟の2番目で、先住民系の父は労働関係の弁護士で左翼民族主義の指導者。父の方針で学力の高い日系人学校ラ・ウニオン校に通い、1980年ペルー陸軍に入隊し、陸軍士官学校に入学。カトリック系の大学院でも学ぶ。陸軍で20年以上を過ごし、左翼ゲリラや麻薬密売組織の取り締まりに従事した。2000年10月弟らと部下を率いてアルベルト・フジモリ大統領の退陣を求める反乱を起こし、一躍その名を知られた。直後にフジモリ政権が崩壊したため追訴を免

れ、恩赦で軍に復帰。トレド政権でパリ、ソウルなどの大使館の駐在武官を務める。05年退官し政治家に転身、ペルー国民主義党を創設。06年大統領選に出馬、資源の国家管理など急進的な主張を掲げたが、アラン・ガブリエル・ガルシア・ペレスに決選投票で敗れた。以後、貧困対策と経済成長の両立を強調するなど穏健なイメージ戦略を打ち出し、11年6月大統領選決選投票でフジモリ元大統領の長女であるケイコ・フジモリを破り当選、7月就任。16年7月退任。"コマンダンテ(隊長)"の愛称で呼ばれる。"オジャンタ"の名はインカ帝国の戦士に由来し、先住民の言葉で "皆が仰ぎ見る戦士"の意味を持つ。

ウーヤヒア, アハメド

Ouyahia, Ahmed

1952.7.2～

アルジェリア首相, アルジェリア民主国民連合(RND)党首　[出]ティジウーゾ県　[学]国立行政学院(ENA, 外交科)卒　[歴]アルジェリア大統領府を経て、外務省勤務。1984～89年国連大使。92年隣国マリ内戦調停に成功し駐マリ大使。95年12月首相就任。97年6月再任。98年12月イスラム過激派の武力闘争を鎮圧できなかったことや、経済不振の責任を取り任期途中で辞任。2003年5月ベンフリス首相解任に伴い、再び首相に就任したが、06年5月解任。08年6月～12年9月ブーテフリカ政権の首相。14～17年8月大統領府長官。17年8月ブーテフリカ政権で3度目の首相に任命される。

ウリベ・ベレス, アルバロ

Uribe Vélez, Álvaro

1952.7.4～

コロンビア大統領　[出]アンティオキア州メデジン　[学]アンティオキア大学法学部卒, ハーバード大学大学院経営学修士課程修了, オックスフォード大学　[歴]牧畜業を営む豊かな家庭に生まれる。米国の大学で政治や司法を学んだ後、メデジン市、コロンビア労働省、航空局などに勤務。1982年メデジン市長を経て、86～94年上院議員、95～97年アンティオキア州知事を歴任。知事時代には議員の公用車を減らし、機能していない高級官僚を罷免するなど、財政から無駄を無くす手腕が話題を呼ぶ。98年からオックスフォード大学客員研究員も務めた。2002年5月パストラナ大統領の任期満了に伴う大統領選で、2大政党の一つ自由党を離脱して立候補。パストラナ政権がとってきたゲリラとの話し合い路線を批判、対ゲリラ強硬姿勢を訴え、国民の幅広い支持を得て当選。同年8月就任。06年5月再選。10年8月任期満了で退任。1983年父親が左翼ゲリラ・コロンビア革命軍(FARC)とみられる犯行グループに撃たれて殺害されたという経験を持つ。

ウリンソン, ヤコフ

Urinson, Yakov

1944.9.12～

ロシア経済相　[学]モスクワ国民経済大学卒　経済学博士　[歴]1972年旧ソ連国家計画委員会に勤務。93年ロシア経済省次官代理、94年経済省次官を経て、97年副首相兼経済相に就任。98年経済相に再任される。同年8月解任。

ウ・ルウィン

U Lwin

1924～2011.12.6

ミャンマー国民民主連盟(NLD)書記　[出]英領インド・ラングーン(ミャンマー・ヤンゴン)　[学]陸軍士官学校(日本)　[歴]英国の植民地支配と闘ったビルマ建国の父として国民に敬愛されるアウン・サン将軍(アウン・サン・スー・チーの父)が率いるビルマ独立軍に参加。1943年日本の陸軍士官学校に留学した経験もある。88年ミャンマーの旧最大野党勢力の国民民主連盟(NLD)が創設された際の中央執行委員会メンバーで、90年書記となり、長年スポークスマンとして活動した。NLDが圧勝し、軍政が結果を認めなかった90年の総選挙では、ヤンゴンの選挙区から出馬し当選。2000～02年には軍政により自宅に軟禁された。08年に脳卒中を患い、10年NLDの日常業務から引退した。

ウルセマル, ジョセフ

Urusemal, Joseph

1952.3.19～

ミクロネシア大統領　[出]ヤップ州　[学]ロックハースト大学(米国)卒　[歴]1987年ミクロネシア連邦議会議員を経て、2003年5月大統領に就任。07年退任。05年4月来日。

ウルフ, クリスティアン
Wulff, Christian
1959.6.19〜
ドイツ大統領　法律家　[出]西ドイツ・ニーダーザクセン州オスナブリュック（ドイツ）　[名]Wulff, Christain Wilhelm Walter　[学]オスナブリュック大学（法学）卒　[歴]幼い時に両親が離婚し、病身の母の看病、幼い妹の世話を続けた。1975年16歳でキリスト教民主同盟（CDU）に入党。大学で法律を学び、弁護士資格を取得したが、一貫して政界を歩く。94年ニーダーザクセン州議会議員に当選。98年〜2010年CDU副党首。ニーダーザクセン州首相選挙で2回敗れたのち、03年3月〜10年同州首相。柔らかな物腰と経済手腕などで、最も人気のある政治家となり、メルケル首相後の首相候補にも目された。10年7月ドイツ大統領に就任。51歳での就任は、戦後ドイツで最年少だった。12年2月ニーダーザクセン州首相時代の汚職疑惑をめぐり辞任。州首相時代、第一次大戦時にドイツ人捕虜収容所があった徳島県との国際交流を進めた親日家。11年来日、東日本大震災の被災地を訪れた。　[賞]レオ・ベック賞（2011年）

ウルマニス, グンティス
Ulmanis, Guntis
1939〜
ラトビア大統領　[出]リガ　[学]ラトビア国立大学経済学部卒　[歴]1965〜89年ソ連共産党員。長期間、ラトビアの首都リガの市役所に勤務。91年ラトビア国立銀行理事を経て、93年6月国会議員に当選し、7月旧ソ連から独立後初の大統領となる。96年6月再選。99年7月任期を終える。ラトビア農民同盟代表。18年に独立共和国を樹立した初代大統領カールリス・ウルマニスは親類にあたる。　[家]おじ＝カールリス・ウルマニス（ラトビア共和国初代大統領）

ウングレアーヌ, ミハイ・ラズヴァン
Ungureanu, Mihai-Razvan
1968.9.22〜
ルーマニア首相・外相　外交官　[出]ヤーシ　[学]ヤーシ大学卒, オックスフォード大学 Ph.D.　[歴]英国オックスフォード大学留学後、ヤーシ大学教員（歴史学者）などを経て、1998年〜2001年ルーマニア外務次官、01〜03年南東欧安定化協定地域代表。05〜07年ルーマニア外相。07年情報機関のトップ。12年2月〜4月首相。

ウン・フォト
Ung Huot
1945.1.1〜
カンボジア第1首相　[出]カンダル州　[学]メルボルン大学経営学（1974年）修士課程修了　[歴]メルボルン大学留学。1974年経営学修士号を取得。内戦により母国に帰国できず、75年オーストラリアに難民申請。カンボジアとオーストラリアの二重国籍を持つ。オーストラリアテレコム社に長く勤務。傍ら79年オーストラリア在住カンボジア人で自由戦線を結成、82年フンシンペック党のオーストラリア支部長となる。91年内戦終結後に帰国。説得に訪れたラナリットの言葉で出馬を決意、93年の制憲議会選挙では党の選挙責任者となり、自身も当選を果たす。暫定政府の郵政相、9月新生カンボジア誕生と同時に教育スポーツ相に就任。94年10月シリブッド殿下（副首相兼外相）が国外追放され外相を辞任した後、外相に就任。97年7月フン・セン第2首相により武力追放されたラナリット第1首相の後任に選出され、8月就任。同年フンシンペック党を離党。98年2月人民主義党を結成したが、のちフンシンペック党に復帰。2006年上院議員に当選。

【エ】

エイブラハム, スペンサー
Abraham, Spencer
1952.6.12〜
米国エネルギー長官, 米国上院議員（共和党）　[出]ミシガン州ランシング　[学]ミシガン州立大学卒, ハーバード大学ロースクール 法学博士　[歴]アラブ系。1980年からランシングで弁護士として活動。81年トーマス・M・クーリー・ロースクール教授を務めたのち、83〜90年ミシガン州共和党委員長、91〜93年共和党議会議員の副議長を経て、95年ミシガン州選出の上院議員。2000年11月落選。01年1月ブッシュJr.政権1期目のエネルギー長官に就任。移民問題を専門とし、合法移民の拡大に尽力。ガソリン税の引き下げに反

対し、原油の海外依存度引き下げのための国内油田開発解禁などを支持した。05年1月退任。

エイルウィン, パトリシオ

Aylwin, Patricio

1918.11.26〜2016.4.19

チリ大統領, キリスト教民主党（PDC）総裁　[出]ビニャデルマル　[名]Aylwin Azócar, Patricio　[学]チリ大学法学部卒　[歴]最高裁長官を務めた父親の影響で大学で法律を専攻、弁護士資格を取得。1945年ファランヘ・ナシオナル（国民同志党＝FN, 57年キリスト教民主党＝PDCに改組）に入党。46年チリ大学法学部教授。51年33歳の若さで党総裁に選出され、以来89年7月まで党首を7期務めた。この間、65〜73年上院議員、71〜72年上院議長。73年9月のピノチェト陸軍総司令官（のち大統領）による軍事クーデターの際はこれを暫定的に支持したが、74年決裂。以後、反ピノチェト・民主化運動を展開。88年10月軍政の肯否を問う国民投票で反軍政17野党連合を率いて勝利。89年7月同連合の統一大統領候補に指名され、12月当選、90年3月大統領に就任。民政移管の象徴的な存在となった。94年3月任期満了で退任。卓越した調停能力と雄弁の持主だった。その後、米州開発銀行（BID）や国連機関で要職に就き、2002年政界を引退した。1992年11月歴代のチリ大統領で初めて国賓として来日した。　[賞]早稲田大学名誉博士号（1992年）

エガル, モハメド

Egal, Mohamed

1928.8.15〜2002.5.3

ソマリランド大統領, ソマリア共和国首相・外相　[出]バーバラ　[名]Egal, Mohamed Ibrahim　[歴]英国領ソマリアの裕福な商人の家庭に生まれる。イスラム教の学校を卒業後、英国に留学。1954年ソマリア青年同盟に加盟、58年軍事顧問を経て、党首となる。60〜62年ソマリア共和国国防相、62〜63年教育相を経て、67年首相兼外相に就任。69年の軍事クーデターでソマリア民主共和国が誕生すると首相の座を追われ、75年まで拘禁された。解放後、軍事政権下でも76〜78年駐インド大使、85〜91年モガディシュ商業会議所会頭などを務めた。91年1月軍事政権の崩壊後、6月ソマリア北西部でソマリランドの独立に参加。93年大統領に就任。ソマリランドが国際社会から承認されないまま、2002年死去した。

エゴロフ, ニコライ

Egorov, Nikolai

1951〜1997.4.25

ロシア大統領府長官　[歴]1992年12月クラスノダール地方行政長官（知事）に就任。93年12月新議会選挙で上院議員に当選。94年5月民族地域相、同年12月副首相を兼任。95年8月大統領補佐官、96年1月〜7月大統領府長官。この間チェチェン紛争では武力解決を主張し、軍事進攻を積極的に支持した。

エシー, アマラ

Essy, Amara

1944.12.20〜

アフリカ連合（AU）暫定委員長, コートジボワール外相　[出]ブアケ　[学]ソルボンヌ大学（国際法）　[歴]コートジボワール外務省に入省。外交官としてブラジル、ニューヨークなどに駐在。1973年から国連外交に携わり、75年ジュネーブの国連欧州本部大使、81〜91年国連大使。88〜89年第43回国連総会副議長、90年安保理議長を経て、94年第49回国連総会議長に就任。96年国連事務総長候補となる。この間、90年〜2000年外相を兼任、リベリアやアンゴラの和平交渉で調停役を務める。アフリカ統一機構（OAU）を舞台とした活動にも積極的に参加し、01年7月OAU事務局長に就任。02年7月欧州連合（EU）にならってOAUを改組したアフリカ連合（AU）が発足、暫定委員長となる。03年退任。

エジェビット, ビュレント

Ecevit, Bülent

1925.5.28〜2006.11.5

トルコ首相, トルコ民主左派党（DLP）党首　ジャーナリスト　[出]イスタンブール　[学]ロバート・カレッジ, アンカラ大学, ロンドン大学, ハーバード大学　[歴]1946〜50年ロンドンのトルコ大使館で新聞担当官を務め、ジャーナリストとして活躍するが、57年トルコ共和人民党（RPP）から国会議員に初当選し政界入り。61〜65年労相に就任。66年RPP書記長になり、72年同党党首。74年1月トルコ国家救済党（NSP）との連立内閣で首相となり、同年7月キプロスに軍事進攻した

が、同年9月総辞職。77年、78〜79年首相再任。80年9月の軍事クーデターで政界引退をせまられ、81〜82年の間2度にわたって軍部によって監禁された。89年1月トルコ民主左派党（DLP）党首となる。97年7月ユルマズ内閣で副首相兼国務相。98年12月ユルマズ内閣退陣後、大統領より次期首相に指名されるが、連立工作に失敗し組閣を断念。99年1月中道右派2大政党の閣外協力を得て、暫定内閣を組閣し、3度目の首相に就任。のち総選挙で第1党となる。99年5月3党連立で組閣が成立。2002年11月退任。

エスキベル, マヌエル

Esquivel, Manuel

1940.5.2〜

ベリーズ首相　[出]ベリーズ　[学]ロヨラ大学（米国ニューオーリンズ）卒, ブリストル大学（英国）卒, ニューヨーク大学大学院修了　[歴]ベリーズ市のセントジョンズ・カレッジ教員を経て、1979年下院議員初当選。この間、73年統一民主党（UDP）に入党、76〜82年党首。84年12月〜89年9月、93〜98年首相。

エストラダ, ジョセフ

Estrada, Joseph

1937.4.19〜

フィリピン大統領　俳優　[出]マニラ・トンド地区　[名]Estrada, Joseph Marcelo Ejercito 別名＝Estrada, Erap　[学]マプア工科大学中退, アテネオ・デ・マニラ大学中退　[歴]映画界で二枚目アクションスターとして活躍、ベスト・アクターに5回選ばれるなど輝かしい芸能人経歴を持つ。政治家としては親マルコス派としてスタート。1969年から17年間マニラ首都圏サンフアン区長を務め、学校新設、税徴収などの面で成果を上げ、名区長と言われた。86年5月フィリピン上院議員に初当選。91年4月フィリピン大衆党を結成。92年大統領候補からコファンコの率いる民族主義者人民連合の副大統領候補にまわり当選、6月副大統領。98年5月最大野党“愛国的フィリピン民主の戦い”から大統領選に立候補し、主に庶民層の人気を集めて圧勝。6月大統領に就任。“フィリピンのレーガン”とも呼ばれた。しかし、就任1年後からは指導力不足が顕著となり支持が低落。また政治混乱で通貨下落などを招き、東南アジアの政治・経済の波乱要因となる。2000年10月違法賭博収益金収受疑惑が浮上、これを機に反大統領派の抗議デモが起こり、12月には同国史上初の大統領弾劾裁判の被告となり、辞表を提出。04年6月までの任期を残し、01年1月辞任。同年4月大統領在任中の地方交付金着服などで約40億ペソ（約100億円）を不正蓄財したとして、国家警察に逮捕、収監された。大統領経験者の逮捕はフィリピン史上初めて。07年9月公務員犯罪特別裁判所により終身刑判決を受けたが、10月特赦で釈放。13年5月マニラ市長に当選、16年5月再選。

エドワーズ, ジョン

Edwards, John

1953.6.10〜

米国上院議員（民主党）　法律家　[出]サウスカロライナ州セネカ　[学]ノースカロライナ大学（1974年）卒, ノースカロライナ大学ロースクール（1977年）修了　[歴]南部サウスカロライナ州で父は繊維工場の工員、母は商店を営む貧しい家庭に生まれる。大学卒業後、法廷弁護士として医療過誤裁判を中心に手腕を発揮し、一財産を築く。1999年ノースカロライナ州選出の上院議員。2004年大統領選の民主党予備選に出馬するが、3月に撤退。同年7月同党大統領候補・ケリー上院議員の副大統領候補に指名されるが、11月の大統領選で敗退。05年上院議員退任。08年の大統領選でも民主党候補指名争いに出馬するが、のち撤退。11年米連邦大陪審により、08年の大統領選の不正献金問題で起訴された。

エネビシ, ラムスレンギン

Enebish, Lhamsurengiin

1947〜2001.9.29

モンゴル国民大会議議長, モンゴル人民革命党（MPRP）書記長　[学]モンゴル国立大学建築学科（1970年）卒　[歴]ウランバートル市長、モンゴル副首相などを歴任。1996年最大勢力・モンゴル人民革命党（MPRP, 現・モンゴル人民党＝MPP）の書記長となり、2000年7月国民大会議（国会）選挙でMPRPが圧勝したのを受け、国民大会議議長に就任した。

エバディ, シリン

Ebadi, Shirin

1947〜

人権活動家, 法律家　[出]ハマダーン　[学]テヘラン大学法学部卒　[歴]イラン初の女性判事となり、1975年テヘランの裁判所長に就任するが、79年のイラン革命で女性の社会活動が制限され、辞任を余儀なくされる。その後は弁護士として活動し、女性の地位向上のための法改正を提唱。子どもの権利を守る非政府組織(NGO)・子どもの権利支援協会の会長も務め、国内での女性と子どもの人権擁護の先駆けとなる。また、97年の大統領選ではハタミ大統領を当選に導いた民主化運動に参加し、99年～2000年の保守派による弾圧で犠牲となった言論人の家族らの弁護を担当。これらの活動が保守派の反発を買い、当局からたびたび投獄されながらも、人権問題に関する著作を多数発表、国際会議でも発言を続けるなど、弾圧に屈せず精力的に活動。03年イランの民主化と人権擁護への取り組みが評価され、ノーベル平和賞を受賞。イラン人、女性イスラム教徒の受賞はいずれも初。　[賞]ノーベル平和賞(2003年), 人権監視賞(1996年), 今年の弁護士賞(2004年)

エハヌロフ, ユーリー

Yekhanurov, Yury

1948.8.23～

ウクライナ首相　[名]Yekhanurov, Yury Ivanovich　[歴]1999年ユーシェンコ政権の第1副首相に就任。2001年4月内閣総辞職。02年4月“我らがウクライナ”から出馬し代議員に当選、産業政策・企業活動問題委員会委員長に就任。オレンジ革命後の05年4月、ドニプロペトロフスク州知事。同年9月ティモシェンコ首相解任に伴い、首相に就任。06年1月ロシアとの天然ガス交渉が不調に終わったとして、最高会議(国会)が内閣不信任案を可決、エハヌロフ内閣は総辞職したが、後継首相が指名されていないため代行として8月まで首相職に留まった。

エバンス, ギャレス・ジョン

Evans, Gareth John

1944.9.5～

オーストラリア外相, オーストラリア国立大学総長　[出]ビクトリア州メルボルン　[学]メルボルン大学卒, オックスフォード大学マグダレン・カレッジ卒　[歴]1971年メルボルン大学法律学講師、77年法廷弁護士を経て、78～96年ビクトリア州選出のオーストラリア労働党上院議員。83年ホーク政権の司法長官(法相)となり、84年資源エネルギー相、87年運輸通信相、88年外相を歴任。キーティング首相の下でも引き続き外相を務め、96年退任。96年3月～98年10月労働党副党首。2000～09年国際危機グループ会長、09～12年メルボルン大学研究員、10年よりオーストラリア国立大学総長。

エバンズ, ドン

Evans, Don

1946.7.27～

米国商務長官　実業家　[出]テキサス州ヒューストン　[名]Evans, Donald L.　[学]テキサス大学(機械工学・経営学) M.B.A.(テキサス大学)　[歴]1975年天然ガス・石油会社のトム・ブラウンに入社。79年社長、のち会長兼CEO(最高経営責任者)を務めた。70年代ジョージ・ブッシュJr.と出会い、ビジネスのパートナーとしての関係を超えて家族ぐるみの付き合いを続け、仕事の傍ら一貫して同氏の政治資金集めを担当。2000年大統領選でブッシュ陣営の選挙対策本部長をこなし、1億ドルを超える記録的な資金集めで注目された。01年1月ブッシュ政権1期目の商務長官に就任。05年1月退任。

エブテカール, マスーメ

Ebtekar, Masoumeh

1960.9.21～

イラン副大統領・環境庁長官　科学者, ジャーナリスト　[出]テヘラン　[学]シャヒード・ベヘシュティ大学 博士号　[歴]小学校から大学まで米国で過ごし、生化学と免疫学で博士号を取得。イランに戻って研究を続け、英字紙「ケイハン・インタナショナル」の編集にも携わる。1979年テヘラン米国大使館占拠人質事件の際、大使館を占拠した強硬派イラン人のスポークスマンを務めたこともある。95年北京で開かれた世界女性会議にイラン代表として参加。テヘラン師範大学助教授を経て、97年8月ハタミ政権でイラン初の女性副大統領に就任、環境庁長官も兼任。2005年8月退任。一方、環境保護活動への取り組みが認められ、06年地球大賞を受賞。07年テヘラン市議。英語、フランス語に堪能。　[賞]地球大賞(2006年)

エベイド, アテフ

→オベイド, アテフを見よ

エマニュエル, ラーム

Emanuel, Rahm

1959.11.29〜

米国大統領首席補佐官, シカゴ市長　銀行家　[出]イリノイ州シカゴ　[名]Emanuel, Rahm Israel　[学]サラ・ローレンス・カレッジ(1981年)卒, ノースウエスタン大学大学院(1985年)修了　[歴]両親はイスラエルからの移民でユダヤ系。1991年の湾岸戦争ではボランティアとしてイスラエルの基地で働いた経験を持つ。92年クリントン大統領の選挙スタッフとなり、大統領政策顧問に抜擢される。98年から投資銀行に勤務し、2002年イリノイ州から米国下院議員に当選。06年中間選挙では民主党選挙対策委員長として12年ぶりの多数派奪還に成功、下院民主党ナンバー4の議員会長の座に就く。09年1月オバマ政権で大統領首席補佐官に就任。中東政策から医療保険まで、幅広い知識から政策通といわれる。政策的には中道志向だが、“ランボー”のあだ名を持つほどの徹底的な攻めの姿勢で知られ、米ドラマ「ザ・ホワイトハウス」の攻撃的な大統領側近のモデルとされる。10年10月首席補佐官退任。11年シカゴ市長に就任。15年再選。兄は世界的に著名な終末医療専門医、弟はハリウッドの監督や俳優の代理人を務める。

エムピー, レッジ

Empey, Reg

1947.10.26〜

北アイルランド自治政府首相, アルスター統一党(UUP)議長　[出]北アイルランド・ベルファスト　[名]Empey, Reginald Norman Morgan, 通称＝Reg E.　[学]クイーンズ大学　[歴]実業界を経て、1960年代アルスター統一党(UUP)党の青年部に加入して政治活動を開始。準軍事組織とも関わりを持つ。75年北アイルランド国制会議に選出。党内で頭角を現し、98年北アイルランド議会議員に選出される。99年〜2002年起業・商業・投資相。この間、デービッド・トリンブルの代行として、01年北アイルランド自治政府首相を務めた。トリンブル辞職後、05〜10年アルスター統一党党首、07〜10年雇用・教育相などを歴任。12年アルスター統一党議長。この間、11年一代貴族の男爵に叙される。　[勲]OBE勲章

エヤデマ, ニャシンベ

Eyadéma, Gnassingbe

1937.12.26〜2005.2.5

トーゴ大統領　[出]ラーマカーラ　[名]Eyadéma, Etienne Gnassingbe　[歴]1953〜61年フランス軍に参加、インドシナ、アルジェリア戦争などに従軍。63年反オリンピア大統領のクーデターに参加。65年陸軍参謀長、陸軍中佐。67年1月無血クーデターを起こしてグルニツキー大統領を追放し、4月大統領に就任。79年12月民政移管の大統領選で当選、国防相兼任。トーゴ人民連合(RPT)党首。99年シエラレオネ内戦の和平合意を仲介。コートジボワール内戦でも停戦調停に尽力した。2003年の選挙では大統領の3選を禁じた憲法を改正して出馬し、5選。05年に死去するまでアフリカで最長の38年間に及び大統領に君臨した。1989年大喪の礼参列などのため来日し、天皇陛下とも会見した。　[家]息子＝フォール・ニャシンベ(トーゴ大統領)

エリチベイ, アブルファズ

Elchibey, Abulfaz

1938.6.7〜2000.8.22

アゼルバイジャン大統領　[出]ソ連アゼルバイジャン共和国ナヒチェワン(アゼルバイジャン)　[学]アゼルバイジャン大学東洋学部アラビア文学科(1962年)卒　[歴]大学在学中から民族独立運動を志向。エジプトでアラビア語の通訳を2年間務めた後、再びアゼルバイジャン大学大学院でアジア・アフリカ史を学び、1969〜74年同大歴史学教授。教授時代、ソビエト体制を全体主義的と批判する講座を開いたため、75年KGBに逮捕され、77年まで獄中生活を送った。釈放後、アゼルバイジャン科学アカデミー古文書研究所研究員。89年7月アゼルバイジャン人民戦線を結成、議長に就任。92年5月ムタリボフ元大統領の政権復帰に反対してクーデターを敢行、同年6月大統領に選出される。イスラム教徒だったがイスラム原理主義には批判的で、トルコ型の民主国家を目標とし、急進的な民主主義路線を敷いた。ナゴルノカラバフの所属をめぐるアルメニアとの戦争で大敗、国民の人気を失い反政府派の軍事

クーデターにより、93年6月アリエフ最高会議議長に実権を奪われ、大統領を解任。以後、政界での影響力を失い、野党勢力としてアリエフ政権を批判した。“エリチベイ”は“国民の使者”を意味する尊称。

エリツィン, ボリス

Yeltsin, Boris

1931.2.1～2007.4.23

ロシア大統領　[出]スベルドロフスク州ブトカ村　[名]Yeltsin, Boris Nikolaevich　[学]ウラル工科大学（1955年）卒　[歴]1961年ソ連共産党入党。スベルドロフスク住宅建設コンビナートの技師長などを務めた後、76～85年スベルドロフスク州党委第1書記。81年党中央委員。82年アンドロポフ政権が誕生したころからその人脈に加わり、ゴルバチョフ政権誕生直後の85年4月党中央委建設部長として中央政界入り、同年7月党書記、12月モスクワ市党第1書記、86年2月政治局員候補。問題点をてきぱきと処理し、市民にも人気があったが、87年10月党中央委総会での発言が「市党組織の指導部を独り占めしようとする冒険主義」などの批判を受けて市党第1書記を解任され、国家建設委員会第1副議長へと左遷される。88年2月政治局員候補も解任。このことで反対派指導者としての立場を強め、89年3月ソ連初の複数候補システムで投票が行われたソ連人民代議員選挙で、特権階級の廃止、弱者救済を主張し圧勝。同年5月の最高会議選挙で繰り上げ当選。同年7月人民代議員の急進改革派“地域間代議員グループ（MRG）”を結成、共同議長の一人となり、党内においては“民主綱領派”リーダーに。90年6月ロシア共和国最高会議議長（元首）に当選。7月共産党を離党して反共産党の立場を示し、12月最高会議を脱退、“民主ロシア”からも離れる。91年6月ルツコイ副大統領候補と組んでロシア共和国初の国民投票による大統領選挙に当選。8月の保守派によるクーデターの際には、改革派市民とともにクーデターを阻んだ。以後、ゴルバチョフロシア連邦大統領と共に新しいソ連指導部の中心となるが、12月他の共和国とともにソ連邦消滅を宣言し、独立国家共同体（CIS）を創設、ロシア連邦の初代大統領となる。92年3月ロシア独自軍及びロシア国防省を創設し国防相、5月軍最高司令官。93年10月国賓として来日。12月議会選挙と新憲法採択を断行。96年7月の大統領選ではジュガノフ共産党議長と争った末再選される。大統領選の決選投票の直前にも心臓発作で倒れ、健康状態の悪化もあり、97年二女を大統領顧問に任命。98年3月若手改革派のキリエンコ燃料エネルギー相を首相代行兼第1副首相に任命。同年8月キリエンコ首相ら全閣僚を大統領令により解任、9月プリマコフ元外相を首相に任命。99年5月ロシア下院で大統領に対しての弾劾手続き開始の審議が行われるが否決。同年8月プーチンを大統領後継に指名、12月大統領を辞任した。　[賞]国際民主主義賞（米国・民主主義のためのセンター）（1991年）, IOCオリンピック功労章金章（1992年）　[家]二女＝タチヤナ・ディヤチェンコ（大統領顧問）

エルアイ, テイス・フヨ

Eluay, Theys Huyo

1937.11.3～2001.11.11

西パプア国民評議会（DNPB）議長　西パプア（イリアンジャヤ）独立運動家　[出]オランダ領東インド・センタニ地区イファレ（インドネシア）　[名]Eluay, Theodorus Huyo　[歴]父はホーランジア（現・ジャヤプラ）西方のセンタニ地区の部族長を統括する大部族長だったことから、自らも同地区の大部族長を務める。パプアニューギニア運輸局に勤め、気象観測業務に当たった。伝統社会評議会（LMA）メンバー、イリアンジャヤ州議会議員、LMA議長などを経て、1999年6月西パプア（イリアンジャヤ）国民評議会議長に就任。西パプア国としてインドネシアからの独立を目指していたが、2001年11月イリアンジャヤ州の州都ジャヤプラでの国軍行事からの帰宅途中、車中で何者かに絞殺されているのが発見された。

エルシャド, フセイン・モハマド

Ershad, Hossain Mohammad

1930.2.1～

バングラデシュ大統領　[出]インド・ラングプール（バングラデシュ）　[学]ダッカ大学（1950年）卒, クエッタ参謀学校卒　[歴]1952年パキスタン軍に入隊。陸軍中佐となり、第3、第7東ベンガル連隊長を歴任。独立後に帰国し78年陸軍参謀長。79年中将。82年3月24日無血クーデター以来、戒厳司令官。83年12月大統領に就任。86年8月陸軍参謀長を辞任しバングラデシュ国民党（JP）党首とな

る。同年10月15日大統領選で再選。国防相兼任。90年12月反政府運動が高まる中、大統領を辞任。同月警察当局により特別権力法違反で逮捕される。91年2月総選挙に獄中から立候補し当選。同年6月武器不法所持の罪で懲役10年の判決を受ける。97年1月保釈。バングラデシュ国民党（JP）エルシャド派党首。

エルデネバト, ジャルガルトラギン

Erdenebat, Jargaltulgyin

1974.7.17〜

モンゴル首相　[出]セレンゲ県　[学]モンゴル通商産業大学（1995年）卒　[歴]セレンゲ県庁財務・経済政策調整課長を経て、2004年県副知事、05〜08年県庁財務・国有基金課長。08〜12年県知事。12年6月の総選挙に出馬し当選、7月から国民大会議議員。14年12月〜15年8月サイハンビレグ内閣の財務相。16年7月国民大会議で首相に任命される。17年9月国民大会議で解任が決定し、10月退陣。

エルドアン, レジェプ・タイップ

Erdogan, Recep Tayyip

1954.2.26〜

トルコ大統領・首相, トルコ公正発展党（AKP）党首　[出]イスタンブール　[学]マルマラ大学経済商学部経営学専攻（1981年）卒　[歴]イスタンブール郊外の下町で貧しい少年時代を過ごし、靴磨きやパン売りをして家計を支える。宗教指導者養成校を経て、マルマラ大学ではイスラム愛国運動や詩作に熱中し、1969〜80年サッカー選手としても活躍。市交通局に勤務するが、髭を剃るよう上司に命令されたことから、80年辞職。85年親イスラム政党の福祉党イスタンブール支部代表となり、94年イスタンブール市長に当選。市街地の緑化、美化に尽力し、福祉向上で貧困層に支持を拡大。97年12月イスラム教を賞賛する戦闘的愛国詩を朗読し、扇動罪に問われて起訴され、98年8月有罪判決を受け市長解任。99年一時収監、被選挙権を剥奪されるが、その後も政治活動を続け、2001年8月親イスラム政党のトルコ公正発展党（AKP）を結成し党首に就任。02年総選挙で単独過半数を制し、トルコ初の親イスラム政党による単独政権誕生に導く。扇動罪の経歴から国政進出を阻まれていたが、議員資格を改正、03年3月国会補選に自ら当選し、同月首相に就任。AKPは07年、11年の総選挙でも勝利し、11年7月首相3期目。14年8月大統領選で当選、同月就任。憲法が大統領に政治的中立性を求めていることからAKP党首を退任。17年4月議員内閣制から大統領制に移行して大統領権限を大幅に強化する憲法改正の是非を問う国民投票を実施、僅差で賛成票が上回り改憲が決定。5月大統領が政党に所属できるようになったことからAKP党首に復帰。圧倒的な存在感とカリスマ性から国父的存在といわれる。

エルナンデス・アルバラド, フアン・オルランド

Hernández Alvarado, Juan Orlando

1968.10.28〜

ホンジュラス大統領　[出]レンピラ県グラシアス　[学]ホンジュラス国立自治大学（法学）卒, ニューヨーク大学大学院（行政学）（1995年）修士課程修了　[歴]コーヒー製造、ホテル、放送など実業家として活動。1998年ホンジュラス国会議員に当選。2010年1月国会議長を経て、13年11月の大統領選で当選、14年1月就任。17年11月の大統領選で再選、18年1月就任。

エルバカン, ネジメティン

Erbakan, Necmettin

1926.10.29〜2011.2.27

トルコ首相, イスラム福祉党党首　[出]シノプ　[学]イスタンブール工科大学卒, アーヘン工科大学卒 博士号（アーヘン工科大学）　[歴]1948〜51年イスタンブール工科大学講師、51〜54年西ドイツ系商社の技師、54〜66年イスタンブール工科大学教授、トルコ商工会議所連合会頭などを歴任。69年トルコ国会議員に初当選。72年トルコ国家救済党（NSP）を結成し、73年同党総裁。74年1〜9月、75年4月〜77年6月、77年7〜12月副首相。80年の軍事クーデターで政局混迷の責任を取らされて逮捕、政治活動を禁止される。83年イスラム原理主義のイスラム福祉党を設立し、党首に就任。91年国会議員に復帰。95年12月の総選挙でイスラム福祉党が第1党に躍進。96年正道党（TPP）と連立内閣を組むことに合意、7月建国以来初めての親イスラム政党党首として首相に就任したが、97年6月に軍の圧力などで辞任に追い込まれた。98年1月憲法裁判所は政教分離を柱とする憲

法に違反するとして、福祉党の解党と国会議員6人の政治活動を停止（5年間）する判決を下す。同年8月トルコ検察当局より、福祉党の資産を横領したとして起訴され、2000年3月国家公安裁判所から禁錮1年の実刑判決を言い渡された。政治活動禁止解除後の03～06年至福党党首を務めた。

エルバラダイ, ムハンマド・モスタファ
Elbaradei, Muhammad Mostafa
1942.6.17～
国際原子力機関（IAEA）事務局長　外交官, 国際法学者　㋴カイロ　㋕カイロ大学法学部（1962年）卒 国際法博士（ニューヨーク大学）（1974年）　㋫父親は元エジプト弁護士協会会長。カイロ大学法学部に進み、1964年エジプト外務省に入省。外務次官を務め、ニューヨークの国連代表部やジュネーブの国連欧州本部代表部に勤務。84年国際原子力機関（IAEA）に移り、事務局長代理に就任。87～91年IAEA法律顧問。93年事務局長補佐（渉外部門）を経て、97年12月非欧米系として初めて事務局長に就任。3期12年務め、2009年11月退任。IAEA事務局長就任以来、"核の番人"として世界の核不拡散体制の推進を目指し、イラン、北朝鮮、リビア、イラクなどとの交渉や査察で手腕を発揮。ウラン濃縮事業などを多国間管理下の施設に限定し、核物質の生産を制限する一方で、非核保有国に核燃料供給を補償する案を提案。核拡散防止条約（NPT）体制の補完に取り組む。核兵器が拡散する恐れのある中、原子力の軍事転用を防ぎ、平和のための原子力の安全利用に努めたことが評価され、05年IAEAとともにノーベル平和賞を受賞。10年国民変革協会を設立。11年1月エジプトでの民主化運動に加わるため帰国。13年7月のクーデターを経て、14日暫定副大統領に就任するが、8月辞任。　㋷ノーベル平和賞（2005年）

エルベグドルジ, ツァヒアギン
Elbegdorj, Tsakhiagiin
1963.3.30～
モンゴル大統領・首相　㋴ホブド県　㋕リボフ軍事政治大学（ソ連）（1988年）卒、ハーバード大学（米国）大学院（2002年）修了　㋫遊牧民出身で、8人兄弟の末っ子。旧ソ連で軍事ジャーナリズムを学ぶ。帰国後、モンゴル軍機関紙「Ulaan-Od（赤い星）」編集主幹、「ザ・デモクラシー」編集主幹、デモクラティック・ユニオン会長など歴任。1989年12月民主化運動の13人の1人として、集会結社の禁止を無視して立ち上がり、90年モンゴル人民大会議代議員。92年2月発効の新憲法の草案作りに関わる。同年6月新憲法下での第1回総選挙でモンゴル民主党（DP）より国民大会議（国会）議員に当選。96年から副議長を務めた後、98年4月民主連合政権で史上最年少の首相に就任するが、国営銀行の経営破綻などの混乱で7月辞任。のち中道右派の祖国民主同盟に所属。2004年9月同同盟とモンゴル人民革命党（MPRP, 現・モンゴル人民党＝MPP）の連立内閣で再び首相に就任。06年1月MPRPとの関係悪化により同内閣は任期満了を前に総辞職。06～08年民主党党首。08年6月の総選挙後に暴動が発生した時、陣頭指揮で説得に当たり人気が高まった。09年5月大統領選で現職のエンフバヤルを小差で破り初当選、6月就任。13年6月再選され、7月2期目就任。17年6月大統領選で敗れる。親日派。

エルモシン, ウラジーミル
Yermoshin, Vladimir
1942.10.26～
ベラルーシ首相　㋴ソ連ロシア共和国リャザニ州ブロンスク　㋕ノボチェルカスク大学卒、レニングラード民間航空大学卒　㋫鉄道車両工場勤務ののち、1990～92年ミンスク市執行委員会副議長、92～95年同第1副議長を経て、95年議長。2000年3月ベラルーシ首相に就任。01年解任される。

エロー, ジャンマルク
Ayrault, Jean-Marc
1950.1.25～
フランス首相　㋴モレブリエ　㋕ナント大学ドイツ語卒　㋫中等教員免許を得て、中学や高校でドイツ語を教える。1971年フランス社会党に入党。76～82年ロワール・アトランティック県議。86年フランス国民議会（下院）議員に初当選。89年～2012年ナント市長も務めた。1997年～2012年下院の社会党会派の議員団長。12年5月首相に就任。14年3月の統一地方選挙で社会党が惨敗し、同月内閣総辞職して首相を辞任。16年2月～17年5月外務・国際開発相（外相）を務めた。㋫旭日大綬章（日本）（2017年）

エロール, デルウィシュ

Eroğlu, Derviş

1938～

北キプロス・トルコ共和国大統領 ㊀キプロス・ファマグスタ ㊍イスタンブール大学（トルコ）医学部卒 Ph.D. ㊟南北分断が続く北キプロス・トルコ共和国で、1976年国家統一党（UBP）から北キプロスの議会議員に初当選。教育相などを経て、85～93年と96年～2004年首相、09年4月の議会選後に再び首相。10年4月大統領に当選。15年4月大統領選の決選投票で南側のキプロス共和国（ギリシャ系）との再統合に積極的な左派ムスタファ・アクンジュに敗れた。北キプロス・トルコ共和国はトルコのみ承認しており、国際的には認められていない。

エンダラ, ギジェルモ

Endara, Guillermo

1936.5.12～2009.9.28

パナマ大統領 ㊀パナマ市 ㊨Endara Galimani, Guillermo ㊌パナマ国立大学卒 ㊍パナマ大学で商法の教授を務める傍ら、1961年パナマ党（PP）設立に参加。68年アルヌルフォ・アリアス政権に計画・経済相として入閣するが、同年10月トリホス将軍のクーターで米国へ亡命。77年帰国し、83年真正パナマ党（PPA）結成、84年同書記長。88年アリアスの死去とともにPPA内部分裂、89年1月実力者ノリエガ将軍に対し反旗を掲げ主流派を率いて脱党。同年5月市民野党民主連合（ADOC）候補として大統領選に出馬、非公式集計ではノリエガ派候補を抑え当選したが無効とされた。同年12月米軍のパナマ進攻によりノリエガ将軍が失脚、米国の後ろ盾で大統領に就任。94年9月退任。

エンフサイハン, メンドサイハニィ

Enkhsaikhan, Mendsaikhani

1955.6.4～

モンゴル首相, モンゴル民主党（DP）党首 ㊀ウランバートル ㊌キエフ大学（経済学）（1978年）卒, ソ連科学アカデミー政治経済研究所大学院（1987年）修了 ㊍1989～90年モンゴル市場経済研究所初代所長を務めた後、90年初当選。同年3月モンゴル人民革命党（MPRP, 現・モンゴル人民党＝MPP）に一党独裁の放棄を迫った民主化運動を指導、92年有力野党のモンゴル民主党（DP）党首

に就任。93年オチルバトが野党から大統領選に出馬した際選挙運動の責任者を務め、当選に導いたことで名を上げ、93～96年大統領府長官。96年2月野党4党で構成するモンゴル民主連合議長。同年7月首相に就任。98年辞任。2005年5月民主党候補として大統領選に出馬するが人民革命党首のエンフバヤル元首相に敗北。1994年来日。

エンフバヤル, ナンバリン

Enkhbayar, Nambaryn

1958.6.1～

モンゴル大統領・首相, モンゴル人民革命党（MPRP）党首 作家 ㊀ウランバートル ㊌モスクワ・ゴーリキー記念文学大学（1980年）卒 ㊍英国留学の経験を持つ。ソ連の影響下にあったモンゴル政府、モンゴル人民革命党（MPRP, 現・モンゴル人民党＝MPP）で翻訳などの仕事を手がけ、1990年からの民主化以後、モンゴル翻訳者同盟副議長、政府の文化芸術発展委員会副議長などを歴任。92年7月モンゴル国民大会議（国会）議員に初当選。92年8月～96年8月文化相。96年MPRP書記長となるが、総選挙でMPRPがモンゴル民主連合に惨敗し、下野。97年6月MPRP党首に就任。8月国民大会議議員再選。2000年7月MPRPが総選挙で大勝し、首相に選出される。04年8月総選挙で与野党ともに過半数を獲得できず混乱した政局を受け、与野党の妥協で国民大会議議長に就任。9月首相退任。05年5月大統領選でモンゴル民主党（DP）のエンフサイハン候補を破り初当選、6月就任。09年5月大統領選でエルベグドルジに小差で敗れる。英語とロシア語に堪能で国際派として知られる。01年2月、03年11月来日。

エンフボルド, ミエゴムビーン

Enkhbold, Miegombyn

1964.7.19～

モンゴル首相, モンゴル人民党（MPP）党首 ㊀ウランバートル ㊌モンゴル国立大学経済学部（1987年）卒 ㊍ウランバートル市役所公共サービス課長、同市副区長などを歴任。1996年同市チンゲルティ区議会議員、99年～2005年ウランバートル市長。同年7月モンゴル人民革命党（MPRP, 現・モンゴル人民党＝MPP）党首、8月国民大会議（国会）議員に初当選）。06年1月モンゴル首相に選出され

る。07年10月党大会での党首選でバヤルに敗れ、11月首相を辞任、副首相となる。14年より再びMPP党首。

エンリレ, フアン・ポンセ

Enrile, Juan Ponce

1924.2.14～

フィリピン上院議長, フィリピン国防相 [出]カガヤン州ゴンサガ(ルソン島) [学]フィリピン大学卒, ハーバード大学大学院(1955年)修了 [歴]抗日ゲリラ活動を経て、マニラで弁護士開業。ファーーイースタン大学教授を務めた。1966年財務次官として官界入り。マルコス政権下で法相を経て、70年国防相。同年11月上院議員中間選挙のため辞任、落選したが78年国防相に再就任。81年7月、84年6月の内閣改造でそれぞれ再任。一時はポスト・マルコスの最右翼に擬せられたが、86年2月22日マルコス大統領に対する反乱を起こし、野党と合流してアキノ大統領誕生に重要な役割を演ずる(ピープル・パワー革命)。アキノ政権でも国防相に留任したが、度重なるクーデター未遂事件への関与が指摘され、同年11月解任。87年5月上院議員に当選。90年2月、89年12月のフィリピン軍反乱事件に関与した疑いで逮捕された。92年6月下院議員。95年5月～2001年5月、04～16年上院議員を務め、08～13年上院議長。

【オ】

オ・セフン (呉 世勲)

Oh Se-hoon

1961.1.4～

ソウル市長, 韓国国会議員(ハンナラ党) 法律家 [出]ソウル聖水洞 [学]高麗大学法学部卒, 高麗大学大学院修了 法学博士 [歴]幼いころは貧しい生活を送った。高麗大学法学部を卒業後、1年後の1984年に司法試験に合格し、兵役を終えた後、91年に弁護士を開業。主に環境問題に取り組み、94年大企業を相手にしたマンションの日照権訴訟で勝訴に導き、一躍スター弁護士となる。韓国環境運動連合法律委員長、同常任執行委員長(2000年)、淑明女子大学法学部教授を歴任。またラジオやテレビの法律相談番組の進行役としても活躍。00年ハンナラ党から16代韓国国会議員に当選。03～04年同党常任運営委員。04年も再選確実とされたが、長老政治家に世代交代を促す代わりに自身も出馬を辞退、政界引退を宣言した。06年6月ソウル市長選でウリ党の康錦実元法相らを破り当選、7月就任。10年6月再選。11年ソウル小中学校の給食無料化問題で、住民投票に敗北、即時市長を辞任。バレエ公演に特別出演するなど、舞踊や芸術にも造詣が深く、政界引退宣言後にはトライアスロンでの完走記録も持つ。

オイ・ムバ, カシミル

Oýe-Mba, Casimir

1942.4.20～

ガボン首相 銀行家 [出]リブルビル [学]レン大学(フランス)卒, パリ大学卒 [歴]1967年生地リブルビルの銀行に入り、70年部長。73年ガボン中央銀行総務部副部長を経て、78年中央アフリカ国際銀行頭取。この間69～76年国際通貨基金(IMF)ガボン駐在事務所長代行も兼ね、87～89年中央アフリカ銀行協会会長。90年11月の選挙で国民議会議員となり、94年までボンゴ大統領政権の首相、94年から外相。

王 安順 おう・あんじゅん

Wang An-shun

1957.12～

北京市長 [出]河南省輝県 [学]南開大学政治経済学部 [歴]1984年中国共産党に入党。99年甘粛省共産党委員会常務委員、2001年上海市党委常務委員、03年同副書記、07年北京市党委副書記、12年北京市副市長を経て、13～16年同市長。

王 毅 おう・き

Wang Yi

1953.10.8～

中国国務委員(副首相級)・外相, 中国共産党中央委員 外交官 [出]北京 [学]北京第二外国語学院アジア・アフリカ語系(1982年)卒, 南開大学大学院世界経済専攻修士課程修了 国際関係学博士 [歴]10代後半で文化大革命に巻き込まれ、黒竜江省で8年過ごす。北京第二外語学院で日本語を学び、1977年中国共産党に入党。82年中国外務省入省。84年日本課副課長、87年8月同課長、89年9月在日大使館参事官、93年4月在日大使館公使級

参事官などを経て、95年6月アジア局長。98年外務次官補も兼務。2001年2月〜04年外務次官（アジア地域担当）。この間、03年8月、04年2月、同年6月北朝鮮の核開発をめぐる6ケ国協議中国主席代表（議長役）。同年9月駐日大使。07年9月中国外務省党委書記・外務次官に就任。10月党中央委員に選出。08年6月より中共中央台湾工作弁公室主任、国務院台湾事務弁公室主任（閣僚級）となり、台湾工作に取り組む。13年3月外相に就任。16年8月日中韓外相会談に出席するため外相就任後初来日。18年3月の全人代で国務委員（副首相級）に昇格、外相留任。中国外務省きっての日本通として知られる。　[賞]アカデミア賞（特別賞, 2004年度）（2005年）　[家]岳父＝銭 嘉東（外交官）

王 岐山 おう・きざん

Wang Qi-shan

1948.7.1〜

中国国家副主席　[出]山西省天鎮　[学]西北大学歴史系卒　[歴]1971年陝西省博物館、82年国務院農村発展研究センター勤務。83年中国共産党入党。88年中国農業信託投資公司社長、同年中国共産党中央農村政策研究室試験区弁公室主任。89年中国人民建設銀行副行長（副頭取）、93年中国人民銀行副総裁、94年中国投資銀行董事長、中国人民建設銀行行長（頭取）、96年中国建設銀行行長（頭取）。97年広東省に転出し、98年同省副省長に就任。2000年12月国務院経済体制改革弁公室主任。02年11月党中央委員、海南省党委書記。03年4月新型肺炎（SARS）の虚偽報告で更迭された孟学農北京市長の後任として市長代行となり、04年2月〜07年11月北京市長。この間、03年北京市オリンピック組織委員会主席を務めた。07年10月党政治局員。08年3月副首相。11年11月党政治局常務委員・中央規律検査委員会書記。13年3月副首相退任。米中戦略・経済対話など国際金融の舞台で活躍して欧米での知名度が高く、08年秋の金融危機の際は金融担当の副首相として中国経済をV字回復に導く。習近平政権では習国家主席の右腕として大規模な汚職摘発運動“反腐敗”を指揮。17年10月“68歳定年”の慣例を破り最高指導部に残るかが注目されたが党政治局常務委員、中央規律検査委員会書記を退任。18年1月全国人民代表大会（全人代）の湖南省代表に選出。党政治局常務委員を退任した幹部が全人代代表に残留するのは極めて異例。3月全人代では国家副主席に選ばれ、こちらも党指導部を退いた後の異例の起用となった。岳父は姚依林元副首相で、太子党に属す。　[家]岳父＝姚 依林（中国副首相）

王 金平 おう・きんぺい

Wang Jin-pyng

1941.3.17〜

台湾立法院院長（国会議長）, 台湾国民党副主席　[出]高雄県　[学]台湾師範大学理学院数学系（1963年）卒　[歴]教師、会社社長、会長、高雄県工業会理事長、台湾区銀楼連合会顧問を歴任。1975年より台湾立法委員（国会議員）。90年国民党中央政策委副主任、93年党常務委員。同年2月立法院副院長（副議長）を経て、99年院長（議長）。02年2月立法院長再選、05年2月3選。同年7月国民党主席選挙に出馬するが馬英九台北市長に敗れる。08年2月立法院長4選。16年退任。00〜05年国民党副主席。87年2月台湾人日本兵補償問題代表団副団長として来日。

王 建煊 おう・けんけん

Wang Chien-shien

1938.8.7〜

台湾財政部長（財務相）, 台湾新党主席　[出]中国・安徽省合肥（本籍）　[学]成功大学会計統計系（1961年）卒, 台湾政治大学財政研究所（1965年）修士課程修了　[歴]ハーバード大学に留学、政治・財政を学ぶ。台湾財政部（財務省）で賦税署長、関務署長を歴任。1982年財税人員訓練所長、84年外貨協会副董事長、88年国民党第13期中央委員、89年経済部政務次長、90〜92年財政部長（財務相）。92年12月国民党の公認なしに立法委員（国会議員）選に立候補し当選。93年8月新政党“新党”結成に参加、主席（党首）。98年12月台北市長選に出馬するが落選。

王 剛 おう・ごう

Wang Gang

1942.10〜

中国人民政治協商会議（政協）副主席, 中国共産党政治局員　[出]吉林省　[学]吉林大学　[歴]1971年中国共産党入党。89年9月国務院弁公庁信訪局副局長、93年9月党中央档案館副館長、同年12月館長、94年1月国家档案局長、同年10月党中央弁公庁副主任を経て、99年3

月主任に就任。江沢民、胡錦濤両書記に仕えた。この間、97年党中央委員候補、2002年11月中央委員。07年9月党直属機関工委書記。10月党政治局員に昇格。12年退任。08～13年人民政治協商会議（政協）副主席。1980年4月外務省中堅指導者招聘により社会科学院代表団秘書長として来日。

王 光亜 おう・こうあ

Wang Guang-ya

1950.3～

中国外務省党委書記・外務次官, 中国共産党中央委員　外交官　㊥上海　㊫上海外国語大学附属外国語学校（1966年）卒, ウェールズ大西洋連合学院, ロンドン・スクール・オブ・エコノミクス　㊡上海の労働者の家庭で育ち、文化大革命では黒竜江省に下放される。ニクソン米国大統領が電撃訪中した1972年、ロンドンへ留学。75年中国外務省に入り、通訳室職員、米国留学などを経て、88～92年国連代表団参事官、93年国際局長、98年外務次官補、99年外務次官を経て、2003年国連大使、08年中国外務省党委書記・外務次官。10～17年国務院香港マカオ弁公室主任。12年より党中央委員。妻は中国外相を務めた陳毅の娘。　㊫岳父＝陳 毅（外相）

王 滬寧 おう・こねい

Wang Hu-ning

1955.10～

中国共産党中央政策研究室主任, 中国共産党政治局常務委員　㊥山東省萊州　㊫復旦大学大学院（1981年）修了　㊡30歳で全国最年少で復旦大学国際政治部副教授となり、1984年中国共産党入党。復旦大学教授を経て、88～89年米国の大学に留学。94年復旦大学法学院院長。頭脳の明晰さや弁舌力を江沢民政権の幹部に見い出され、95年調査研究機関の党中央政策研究室政治グループ長に転じる。2002年党中央政策研究室主任。習近平が総書記に就任した12年11月党政治局員となり、全面的な改革深化のための指導グループ弁公室主任に登用される。就任後は習総書記のほぼ全ての外遊に同行し、外交政策のアドバイザーを務める。17年10月の党大会で党政治局常務委員に昇格。政治理論構築の名手で、江沢民、胡錦濤、習近平と3総書記の演説を起草、中国共産党政権の理論的支柱を提供する。

王 晨 おう・しん

Wang Chen

1950.12～

中国全国人民代表大会（全人代）常務委員会副委員長, 中国共産党政治局員　ジャーナリスト　㊥北京　㊫中国社会科学院大学院（報道学）（1982年）修士課程修了　㊡1969年中国共産党入党。74年「光明日報」に入り、95年編集局長。2000年党中央宣伝部副部長。01年8月党機関紙「人民日報」編集局長、02年11月～08年3月同社長。02年より党中央委員。08年3月～13年国務院新聞弁公室主任（閣僚級）、党中央宣伝部副部長、党中央対外宣伝弁公室主任。11年2月より国家インターネット情報弁公室主任。13年5月より全国人民代表大会（全人代）常務委員会副委員長・秘書長。17年10月党政治局員。

王 丹 おう・たん

Wang Dan

1969.2.26～

民主化運動指導者　㊥北京　㊫北京大学歴史系中国史班 博士号（ハーバード大学）（2008年）　㊡北京市第41中学校を卒業し、1987年北京大学政治系に入学するが、中国問題解決の道を求めるため、88年同大歴史学系中国史班に転入。校内に民主サロンを設立して民主改革について討論し、時に方励之などを講師に招請。89年の学生運動では北京市大学学生自治連合会（高自連）の責任者を務めるなど一貫して指導的役割を演じ、6月の“天安門事件”前の最終局面では急進的な地方学生に対して広場からの撤退を主張した。同年7月逮捕され、91年1月北京市中級人民法院の裁判で反革命宣伝扇動罪で懲役4年の判決を受け服役。93年2月仮釈放されたが、94年8月に続いて、95年5月再び中国公安局に拘束され、96年11月政府転覆陰謀罪で懲役11年と政治権利剥奪2年の判決を受けた。同月上訴するが、北京市高級人民法院は一審判決を支持し刑が確定、服役。98年4月海外での病気治療の名目で釈放され米国へ出国。ハーバード大学で研究をしながら民主化運動を進めた。2000年天安門事件で人道的犯罪をおかしたとして李鵬元首相をニューヨーク連邦地裁に提訴。04年8月～05年6月台湾中央研究院で中国近代史を研究後、再渡米。08年ハーバード大学で博士号取得。その後、台湾へ渡り同地で運動を継続。

09〜17年台湾の大学で教壇に立った。11年5月華人民主書院主席となる。 [賞]リーボック人権賞（1989年），自由民主賞（ロス自由民主賞委員会）（1990年）

王 忠禹 おう・ちゅうう

Wang Zhong-yu

1933.2〜

中国人民政治協商会議（政協）筆頭副主席，中国共産党中央委員 [出]吉林省長春（本籍） [学]瀋陽軽工業高級職業学校（1953年）卒 [歴]1956年中国共産党入党。53年吉林製紙廠職場副主任、62年同計画科副科長、76年同副廠長兼技師長、80年吉林省第一軽工業庁副庁長・同庁長、84年同省党委常務委員会委員・秘書長を歴任。85年吉林省党委副書記となり、88年同省副省長を経て、89年同省長。92年国務院経済貿易弁公室副主任。同年第14期党中央委員。93年3月新設の国家経済貿易委員会主任。98年3月朱鎔基内閣の国務委員（副首相格）・国務院秘書長に就任。2002年11月党中央委員から退任、03年3月国務委員退任。同月人民政治協商会議（政協）筆頭副主席。

王 兆国 おう・ちょうこく

Wang Zhao-guo

1941.7〜

中国全国人民代表大会（全人代）常務副委員長，中国共産党政治局員 [出]河北省豊潤 [学]ハルビン工業大学動力機械学科（1966年）卒 [歴]1965年中国共産党入党。68年湖北省武漢第2自動車製造工場の共産主義青年団（共青団）書記、党委第1書記、79年副工場長。80年に同工場を視察した鄧小平に抜擢され、82年9月党中央委員。同年11月〜84年5月共青団第1書記。当時、部下の青共団書記にのち国家主席となる胡錦濤がいた。83年6月全国人民代表大会（全人代）常務委員。84年3月中日友好21世紀委中国側首席代表、同年5月〜86年胡耀邦総書記の下で党中央弁公庁主任。85〜87年党中央書記局書記。87年福建省党委員会副書記、同年福建省副省長、88年省長を経て、90〜96年国務院台湾事務弁公室主任（台湾問題の責任者）。92年12月〜2002年11月党中央統一戦線工作部長。1993年全国政協副主席。98年5月〜2000年10月党中央対台工作指導グループ秘書長。02年11月党政治局員。同年12月〜13年3月中華全国総工会主席。03年3月〜13年3月全人代常務副委員長。12年党政治局員を退任。

汪 道涵 おう・どうかん

Wang Dao-han

1915.3〜2005.12.24

海峡両岸関係協会会長，上海市長 [出]湖南省醴陵 [歴]1938年中国共産党に入党。早くから革命運動に参加し、主として軍需関係を担当。中華人民共和国成立の49年、浙江省財政庁長。52年周恩来の目に留まり中央に引き抜かれ、第一機械工業部副部長に。64年対外経済連絡委副主任。文化大革命で失脚するが、78年復活。80年上海市党委書記兼副市長、81年上海市長。85年市長ポストを江沢民に譲り、国務院上海経済区規画弁公室主任。88年上海市政府経済顧問。91年12月対台湾交流組織の海峡両岸関係協会初代会長に就任。93年4月シンガポールで台湾側の窓口となった辜振甫海峡交流基金会理事長と中台民間トップ初会談を行った。98年10月上海で第2回会談。2005年5月訪中した台湾の最大野党、国民党の連戦主席と会談。ただ、1990年代半ばから中台関係が悪化してきたため、自身の台湾訪問は実現しなかった。江沢民元国家主席の後見役として知られた。

汪 洋 おう・よう

Wang Yang

1955.3.12〜

中国副首相，中国人民政治協商会議（政協）主席 [出]安徽省 [学]中央党学校卒 [歴]1975年中国共産党に入党。82年共産主義青年団（共青団）安徽省委員会宣伝部長、88年安徽省銅陵市市長代理、同市長などを経て、93年安徽省副省長。99年朱鎔基内閣で国家発展計画委員会副主任。2003年国務院副秘書長（閣僚級）となり温家宝首相に仕えた。05年重慶市党委書記、07年広東省党委書記、12年党政治局員。13年3月副首相に選任され、経済や貿易を担当。17年10月党政治局常務委員（序列4位）に昇格。18年3月国政の助言機関・中国人民政治協商会議（政協）の主席に選ばれる。

王 楽泉 おう・らくせん

Wang Le-quan

1944.12.21〜

新疆ウイグル自治区党委書記, 中国共産党政治局員 ㊙山東省寿光県 ㊙1966年中国共産党入党。共産主義青年団（共青団）山東省副書記や山東省副省長など歴任。91年新疆ウイグル自治区政府副主席。92年10月党中央委員候補。93年全国人民代表大会（全人代）新疆自治区代表、新疆ウイグル自治区党委副書記を経て、95年より同書記を3期連続で務め、徹底した弾圧政策を敷いた。97年より党中央委員、2002年11月党政治局員に昇格。09年ウルムチで反党暴動が発生し、10年中央政法委員会副書記に転出。12年党政治局員を退任。13年中国法学会会長。

オーエン, デービッド

Owen, David

1938.7.2〜

英国外相、英国社会民主党（SPD）党首 ㊙プリマス ㊙Owen, David Anthony Llewellyn ㊙ケンブリッジ大学医学部卒 医学博士 精神科医を経て、1966年労働党（右派）から下院議員に初当選。67年国防次官、74年保健・社会保障担当次官、76年外務担当国務相を歴任し、77年38歳で英憲法史上最年少の外相に就任。81年3月労働党を脱党し、中道の社会民主党（SDP）を結成。83年社民党党首、87年8月辞任したが88年9月再選、90年6月解散。以降、保守党の政策支持を表明して、メージャー首相のブレーン役を務める。92年総選挙を機に政界第一線を退き、上院議員に。同年8月、旧ユーゴスラビア紛争の調停立て直しのための和平国際会議の共同議長に就任。95年6月辞任。92年男爵（一代貴族）、94年名誉勲位を授与。

オカムラ, トミオ

Okamura, Tomio

1972〜

チェコ上院議員　実業家 ㊙日本・東京都 ㊙父は日本人、母はチェコ人で、幼少期を東京・板橋の高島平団地で過ごす。母が体調を崩したのを機に、5歳の時に社会主義政権下のチェコスロバキアに移り住んだ。18歳で大学を中退して日本へ渡り、ゴミ収集などの仕事に就いたが、3年半でチェコへ帰国。旅行業界の団体代表を務め、頻繁にテレビ出演。2012年10月の上院議員選で初当選して政界入り。13年1月初の国民投票となる大統領選への出馬を表明したが、立候補に必要な署名が一定数に達せず立候補できなかった。反イスラム政党・自由と直接民主主義（SPD）を率い、17年10月の下院選では22議席を獲得して第3党に躍進。

オカンポ, ホセ・アントニオ

Ocampo, José Antonio

1952.12.20〜

国連事務次長, コロンビア財務相　経済学者 ㊙カリ ㊙エール大学大学院修了 ㊙1993〜94年コロンビア農業相、96〜97年財務相、98年〜2003年国連ラテンアメリカ・カリブ経済委員会（ECLAC）事務局長を経て、03〜07年経済社会問題担当の国連事務次長。07年よりコロンビア大学教授。12年の世界銀行総裁選に立候補したが、最終選考前に支持不足などを理由に撤退。

オギ, アドルフ

Ogi, Adolf

1942.7.18〜

スイス大統領 ㊙カンデルシュテーク ㊙Ogi, Adolf Fraubrunnen ㊙スイス商科大学卒 ㊙1963年マイリンゲンおよびハスリー谷開発協会のマネジャー、64年スイス・スキー協会に入り、69年技術部長、75年会長。84〜87年陸運連絡将校の少佐参謀を務めた。71〜83年国際スキー連盟世界およびヨーロッパ委員会副委員長、81年以降スイス・インタースポーツ持株会社社長を務める。この間、78年スイス国民党に入党、84〜87年党首。79〜87年国民議会議員。88年より連邦内閣の運輸・通信・エネルギー相。92年1月〜12月副大統領、93年1〜12月大統領（任期1年の輪番制）を兼任。のち国防相に就任。99年1〜12月副大統領兼任、2000年1〜12月大統領を兼任。のちスポーツ国連事務総長特別顧問。

オコナー, ゴードン

O'Connor, Gordon

1939.5.18〜

カナダ国防相 ㊙オンタリオ州トロント ㊙コンコルディア大学卒 ㊙カナダ陸軍に30年以上勤務。2004年カナダ下院議員を経て、06年2月ハーパー首相の下で国防相。07〜08年歳入相、08〜13年下院院内幹事長を務めた。

オザル, トルグト
Ozal, Turgut
1927〜1993.4.17
トルコ大統領　⊕マラティア　⊘イスタンブール工科大学電子工学 (1950年) 卒　⊗米国で経済学も修めた。トルコ国家計画庁 (SPO) 長官、アンカラ大数学教授など歴任。1979年総理府官房長官。80年9月軍事クーデターのあと経済担当副首相。83年5月穏健保守政党の祖国党党首、同年12月首相。88年6月暗殺未遂。89年10月の国民議会投票で大統領に就任、民政を復活。大胆な経済改革を推進し国民の人気を得た。

オジャラン, アブドラ
Öcalan, Abdullah
1948.4.4〜
クルド労働者党 (PKK) 創設者　⊕シャンルウルファ県　⊗アンカラ大学政治学部　⊗貧農の出身。1978年クルド労働者党 (PKK) を創設、マルクス・レーニン主義を信条にクルド民族の分離独立を掲げる。トルコ政府の弾圧により、80年シリアへ亡命。84年国外から指令を出し、政府要人をはじめ旅行者までをもテロの標的とした過激なゲリラ戦を開始。98年シリアを出国、亡命先を求め転々とする。同年11月ドイツの国際手配に基づきイタリアで逮捕されるが、その後ドイツが国際手配を撤回。イタリア司法当局からも法的拘束を解かれ、99年1月出国。ケニアのギリシャ大使館に潜伏するが、同年2月拘束されトルコに送還、6月イムラル島の国家治安裁判所特設法廷で判決公判が開かれ、国家反逆罪などで死刑判決、11月トルコ最高裁が判決を支持し上告を棄却、12月弁護側の再審請求も棄却され、死刑が確定。2000年1月トルコ連立与党が、欧州人権裁判所の判断が示されるまで刑の執行の一時凍結を決定。02年8月死刑制度廃止に伴い、終身刑に減刑され服役。13年3月トルコ国会で、クルド系政党である平和民主党 (BDP) の議員が、PKKが武装闘争から方針転換する事を示唆するオジャランの声明文を読み上げた。

オショティメイン, ババトゥンデ
Osotimehin, Babatunde
1949.2.6〜2017.6.4
国連人口基金 (UNFPA) 事務局長　医師　⊕オグン州　⊗イバダン大学 薬学博士 (バーミンガム大学)　⊗薬学や医療の専門家。2007〜08年ナイジェリアのエイズ対策を統合する国家エイズ活動委員会委員長、08〜10年保健相を歴任。長年エイズ対策に尽力、市民団体、宗教団体とも連携し、国民のエイズに対する意識改革に努めた。11年国連人口基金 (UNFPA) 事務局長に就任。女性や少女の権利擁護や高齢化社会への対応に尽力した。

オズボーン, ジョージ
Osborne, George
1971.5.23〜
英国財務相　⊕ロンドン　⊗Osborne, George Gideon Oliver　⊗オックスフォード大学　⊗壁紙会社オズボーン・アンド・リトルの共同創設者である準男爵の後継者で、ロンドンのパブリックスクール、セント・ポールズで学び、オックスフォード大学に進学。フリーのジャーナリストとして活動後、1994年英国保守党の調査部門に入る。2001年イングランド北西部のタットンから議員に選出され、05年5月 "影の" 財務相。10年5月に発足したキャメロン内閣で財務相に就任。15年5月第2次キャメロン内閣でも留任。欧州連合 (EU) 離脱を問う国民投票の結果を受けたキャメロン首相の辞任により、16年7月退任。保守党の次期党首候補といわれる。

オタリ, ムハンマド・ナジ
Otari, Muhammad Naji al-
1944〜
シリア首相　⊕アレッポ　⊗アレッポの大学で建築工学、オランダの大学で都市計画を学ぶ。1983〜87年アレッポ市議会議長。93年12月ホムス県知事。ミロ内閣の下で2000年3月バース党中央委員、同月シリア副首相 (公共事業相)。6月バース党地域指導部委員。03年3月人民議会議長を経て、9月首相に就任。11年4月退任。

オチルバト, ポンサルマーギン
Ochirbat, Punsalmaagiyn
1942.1.23〜
モンゴル大統領　⊗ソ連鉱山大学 (1965年) 卒　⊗1960〜65年ソ連の鉱山大学に留学。65年モンゴル人民革命党 (MPRP, 現・モン

ゴル人民党＝MPP）入党。工業省専門官などを経て、72年燃料エネルギー地質省次官、85年燃料エネルギー相、88年対外経済関係供給相、90年3月より人民大会議幹部会議長（国家元首）。MPRP中央委員。同年9月大統領制移行に伴う初の大統領に就任。90年訪日。91年9月MPRPから離脱。93年6月野党のモンゴル民主党（DP）から立候補し再選。97年5月の大統領選でMPRPのバカバンディ党首に敗れる。

オッドソン，ダヴィッド

Oddsson, David

1948.1.17～

アイスランド首相，アイスランド独立党党首　[出]レイキャビク　[学]アイスランド大学大学院法学（1976年）修士課程修了　[歴]1970～72年レイキャビク劇場事務局長、74年レイキャビク市議会議員（独立党）、75～76年モルグンブラデッド市議会担当記者、76～82年レイキャビク市衛生部長、82～91年同市長を歴任。91年3月独立党党首となり、同年4月首相に就任。2004年9月退任し、アウスグリムソン内閣の外相に就任。05年9月まで務めた。

オッペンハイム，フィリップ

Oppenheim, Phillip

1956.3.20～

英国財務相，英国下院議員（保守党）　[名]Oppenheim, Phillip Anthony Charles Lawrence　[学]オックスフォード大学卒　[歴]ビジネス情報誌「What to Buy for Business」の共同創刊者及び編集者。1983年英国国会議員に選出され、以来下院において貿易・産業問題の専門家として活躍。96年メージャー改造内閣の財務相に就任。欧州連合（EU）寄りで貿易障壁に対する熱心な反対論者として知られる。コンピューター、電気通信に関する著作もある。

オディンガ，ライラ

Odinga, Raila

1945.1.7～

ケニア首相，オレンジ民主運動（ODM）党首　[出]ニヤンザ州　[名]Odinga, Raila Amolo　[学]ヘルダー専門学校，マクデブルク大学　[歴]ルオ族出身。旧東ドイツのヘルダー専門学校、マクデブルク大学で学ぶ。1971～74年ナイロビ大学講師。82年モイ政権のクーデター未遂事件で逮捕され、6年間服役。複数政党制実現を目指すケニア革命運動（KRM）への参加の疑いで再逮捕、釈放後、91年ノルウェーに避難。帰国後、父が率いる民主主義回復フォーラム（FORD）に加盟、93年ケニア国会議員となる。野党6党を渡り歩き、2006年最大野党オレンジ民主運動（ODM）を組織。07年のケニア大統領選で自身を破って再選したムワイ・キバキ大統領に指名され、08年新設された首相に就任。13年退任。同年大統領選に出馬。ウフル・ケニヤッタ副首相と事実上の一騎打ちとなったが、接戦の末敗れる。17年8月大統領選に立候補、再び現職のケニヤッタと大統領の座を争うが敗れる。選挙の集計に不正があったと異議を申し立て、9月ケニア最高裁は不正を認めて再選挙を命じるが、10月の再選挙にはボイコットして出馬しなかった。01年日本で開かれた民主化セミナーに参加。

オトゥンバエワ，ローザ

Otunbayeva, Roza

1950.8.23～

キルギス大統領・首相　[出]ソ連キルギス共和国フルンゼ（キルギス・ビシュケク）　[名]Otunbayeva, Roza Isakovna　[学]モスクワ大学哲学科（1972年）卒　[歴]モスクワ大学卒業後、インターンでドイツへ渡る。帰国後、キルギス国立大学教師やキルギス共産党勤務を経て、1989年1月からソ連外務省に勤務。91年よりマレーシア・ブルネイの臨時大使を務める。ソ連崩壊後の92年、初代アカエフ政権でキルギス外相に就任。その後、92～94年駐米大使、94～97年外相、97年～2002年駐英大使を歴任。1997年の外相辞任後はアカエフ政権と距離を置き、野党活動に身を投じる。2005年“チューリップ革命”でアカエフ大統領の追放を実現。その時の同士だったバキエフが大統領に就任すると、外相に再任される。しかし、バキエフ政権も同族支配で腐敗。07年野党・社会民主党に参加し、議員に当選。09年党首となりバキエフ大統領の親族による汚職疑惑を追及した。10年4月流血の政変でバキエフ政権が崩壊し、直後に発足した臨時政府の代表に選ばれ、5月臨時のポストとして設けられた暫定大統領に就任。7月には大統領に就任し、ソ連崩壊後、中央アジアを含む独立国家共同体（CIS）では初の女性大統領と

なる。10年より首相兼任。11年12月任期満了で退任。10月の大統領選で当選した盟友のアタムバエフ元首相に、キルギスで初めて平和的に権力を移譲する。海外の交友関係が広く、国際協力機構（JICA）の理事長を務めた緒方貞子とも親しい。英語、ロシア語のほか、ドイツ語、フランス語もたしなむ。1男1女の母。

オニール, ピーター

O'Neill, Peter

1965.2.13～

パプアニューギニア首相, パプアニューギニア人民国民会議（PNC）党首　[出]南ハイランド州パンギア　[名]O'Neill, Peter Charles Paire　[学]パプアニューギニア大学卒　[歴]公認会計士資格を取得後、民間企業を経て、2002年パプアニューギニア国会議員に初当選。労働雇用関係相、公共サービス相、財務金融相、公共事業相などを歴任。11年8月議会により首相就任が決定。12年6～7月の議会総選挙で人民国民会議（PNC）が第1党となり、8月議会で正式に首相に選出された。17年の総選挙で与党連合は大幅に議席を減らしたものの過半数を維持、首相に再選される。

オニール, ポール

O'Neill, Paul

1935.12.4～

米国財務長官　実業家　[出]ミズーリ州セントルイス　[学]カリフォルニア州立大学フレズノ校（1960年）卒, インディアナ大学大学院行政学（1966年）修士課程修了, ジョージ・ワシントン大学　[歴]米国連邦政府復員軍人局勤務ののち、1967年行政管理予算局（OMB）に入り、74～77年フォード政権下で同局次長を務める。77年製紙大手の民間企業・インターナショナル・ペーパーズに転じ、副社長を経て、85年社長に就任。87年から米国アルミニウム最大手のアルコア会長兼CEO（最高経営責任者）を務め、99年5月～2000年会長に専任。約10年間で同社の利益を約4倍にする実績を挙げる。01年1月ブッシュJr.政権の財務長官に就任。02年12月辞任。グリーンスパン連邦準備制度理事会（FRB）議長と長年の親交を持ち、哲学書を愛する学究肌の財界人として知られる。

オノラ, ジャン・ジャック

Honourat, Jean-Jacques

1931～

ハイチ首相　法律家　[歴]長く保守系の人権擁護運動のリーダーとして活躍。1991年10月ヌレット暫定大統領の指名を受け暫定首相兼外相を務めた。

オバサンジョ, オルセグン

Obasanjo, Olusegun

1937.3.5～

ナイジェリア大統領　軍人　[出]オグン州アベオクタ　[学]英国陸軍士官学校卒　[歴]ナイジェリア南西部のヨルバ族出身。1958年ナイジェリア陸軍に入隊、英国へ留学後、65年工兵部隊司令官。67～70年軍総司令官としてビアフラ戦争に従軍。75年軍参謀総長、76～79年最高軍事評議会議長。この間、国家元首として“国に食糧を”のスローガンを掲げ農業計画を実施、大規模なモデル農場を経営することで農業の地位を高め、また新憲法による民政移管を実現。95年3月アバチャ軍事政権によりクーデターを計画したとして逮捕され、終身刑を宣告されるが、98年6月アバチャ暫定統治評議会議長の死去後、釈放される。99年2月民政移管の大統領選に当選、5月就任。2003年4月再選。07年5月退任。1992年地球環境賢人会議出席のため来日。99年4月来日。2000年7月途上国代表としてサミット参加国首脳と東京で会談。01年5月来日。　[賞]アフリカ賞（第4回）（1990年）, ガンジー賞（1995年）

オバマ, バラク

Obama, Barack

1961.8.4～

第44代米国大統領　法律家　[出]ハワイ州ホノルル　[名]Obama, Barack Hussein　[学]コロンビア大学（政治学）（1983年）卒, ハーバード大学ロースクール卒　[歴]父はケニア出身、母は白人の米国人。両親が離婚し母が再婚したため、1967年6歳の時インドネシア・ジャカルタへ移住。85年シカゴの地域改善団体・デベロッピング・コミュニティ・プロジェクトに就職。アフリカ系ゲットー“サウス・サイド”でコミュニティ・オーガナイザーとして住民や地域リーダーの組織化を目指す。90年アフリカ系初の「ハーバード・ロー・レビュー」編集長。97年～2004年民主党から

イリノイ州上院議員2期。04年7月のボストン民主党大会での基調演説「一つのアメリカ」で一躍脚光を浴び、11月同州選出の連邦上院議員に当選。05年1月就任。アフリカ系米国人としては南北戦争後史上3人目の上院議員となる。06年議会でイラクからの完全撤退を目指す「イラク戦争段階的縮小法案」を発表。08年大統領選の民主党候補選びでヒラリー・クリントン上院議員と争い、8月党全国大会で正式に大統領候補に。副大統領候補にはジョセフ・バイデン上院議員を指名。11月の大統領選では共和党のジョン・マケイン上院議員に勝利。09年1月米国史上初のアフリカ系大統領に就任。イラク戦争の終結や医療保険制度改革、環境政策の見直し、「核なき世界」実現に向けた取り組みなどに尽力。10月大統領就任から1年未満ながらノーベル平和賞を受ける。11月鳩山由紀夫首相との日米首脳会談で初来日。10年4月ロシアと新戦略兵器削減条約（新START）を締結。11月の中間選挙では民主党は60議席以上を失い、52議席を失った1994年の中間選挙を上回る大敗を喫した。12年11月の大統領選では接戦の末、共和党のロムニー候補を破り再選、13年1月2期目就任。14年11月の中間選挙でも民主党は大敗、共和党は8年ぶりに上下両院で過半数を奪還した。15年7月キューバと54年ぶりに国交を回復し、16年3月には現職の米国大統領として88年ぶりにキューバを訪問。5月現職の米国大統領として初めて被爆地・広島を訪れて演説を行い、被爆者とも言葉を交わした。17年1月2期8年の任期を終え退任。カリスマ的な演説に定評がある。妻のミシェルは弁護士で2女がある。　[賞]ノーベル平和賞（2009年），グラミー賞（最優秀朗読アルバム賞，第48回・50回）（2006年・2008年）　[家]妻＝ミシェル・オバマ（弁護士），母＝アン・ダナム（文化人類学者）

オフマン，カール

Offmann, Karl

1940.11.25〜

モーリシャス大統領　[歴]1982年モーリシャス経済計画相・地方行政相、91年労働社会保障相を経て、2002年2月大統領に就任。03年10月退任。

オブリ，マルティーヌ

Aubry, Martine

1950.8.8〜

フランス社会党第1書記，フランス雇用連帯相　[出]パリ　[名]Aubry, Martine Louise Marie　[学]パリ政治学院卒，国立行政学院（ENA）卒　[歴]父は欧州連合（EU）欧州委員会委員長を務めたジャック・ドロール。1975年25歳でフランス労働省に入り、労働法改正などで活躍、91〜93年労働・雇用・職業訓練相を務めた。国営の非鉄メーカー・ペシネー取締役を務めたこともあり、経済界の信頼も大きく、有力な社会党員として知られた。95年リール第1副市長。97年6月ジュペ内閣で雇用・連帯相に就任、ジョスパン内閣でも留任。この間、週35時間労働制導入の中心になり“35時間の女”と呼ばれた。2000年10月辞任。01年よりリール市長。00年社会党全国書記を経て、08年11月第1書記（党首）を選出する党員選挙で初の女性党首に選ばれる。11年10月、12年の大統領選の社会党候補を選出する予備選決定投票で、オランド元第1書記に敗れた。福祉重視の伝統的な社会主義者として知られる。　[家]父＝ジャック・ドロール（元EU欧州委員会委員長）

オプレ，ブラス

Ople, Blas

1927.2.3〜2003.12.14

フィリピン外相，フィリピン上院議員　[出]ブラカン州ハゴノイ　[学]フィリピン大学，マヌエル・ケソン大学　[歴]16歳で抗日運動に参加。以後、占領日本軍に対するゲリラ闘争を続ける。戦後、「デーリー・ミラー」のコラムニストなどを経て、1978〜86年マルコス政権の労相を務めた。この間、東南アジア諸国連合（ASEAN）労相会議議長など国際会議で活躍。86年アキノ政権誕生後、憲法起草委員会にフィリピン国民党副総裁として野党代表で参加。92年上院議員に当選し、上院外交委員会委員長。2002年7月アロヨ政権の外相に就任。03年12月東京で開かれた日本・ASEAN特別首脳会議に出席したアロヨ大統領に同行。バンコク経由でバーレーンに向かう途中の日航機内で心臓発作を起こし、死去した。

オベイド, アテフ

Obeid, Atef

1932.4.14〜2014.9.12

エジプト首相　　㊐ガルビヤ県タンタ　㊎Obeid, Atef Muhammad　㊐カイロ大学卒 経済学博士（イリノイ大学）　㊎1982年よりカイロ大学経営学教授を務める傍ら、エジプト政府各省の顧問として電気、工業、住宅分野の整備に貢献。85〜93年行政開発担当国務相、93〜99年公営企業相を経て、99年10月〜2004年7月ムバラク大統領の下で首相を務めた。その後、ムバラクによりアラブ国際銀行頭取に指名されるが、在任中の汚職疑惑により、11年シャラフ首相によって解任された。

オベイド, トラヤ・アフマド

Obaid, Thoraya Ahmed

1945.3.2〜

国連人口基金（UNFPA）事務局長　㊐イラク・バグダッド　㊐ミルズ・カレッジ（1966年）卒、ウェイン州立大学大学院（1968年）修士課程修了 Ph.D.（ウェイン州立大学）（1974年）　㊎サウジアラビア初の女子国費留学生として、米国の大学に留学。1975〜98年西アジア経済・社会委員会副議長などを歴任。98年〜2000年国連人口基金アラブ・ヨーロッパ局長を経て、01〜10年同基金事務局長。　　㊎旭日大綬章（日本）（2011年）

オペルティ, ディディエル

Opertti, Didier

1937.4.23〜

ウルグアイ外相　㊐モンテビデオ　㊎Opertti Bad'an, Didier　㊐ウルグアイ大学卒　㊎国際法の大学教授を経て、1995年ウルグアイ内相となり、98年2月外相に就任。同年9月第53回国連総会議長を務めた。2000〜05年再び外相を務めた。

オマル, ムハマド

Omar, Muhammad

1959〜2013.4

タリバン最高指揮者　イスラム原理主義活動家　㊐ウルズガン州　㊎パシュトゥーン人。イスラム党ハリス派に属し、ソ連軍進攻中の1980年代はイスラム革命運動のムジャヒディン（イスラム聖戦戦士）として抗戦。ソ連軍撤退後の90年代初めはイスラム神学校で学んでいたが、94年7月イスラム原理主義武装勢力"タリバン"を創設。95年2月反ラバニ大統領派イスラム党本部を制圧、9月には大統領派軍を破る。96年4月宗教上の最高指導者"アミル・モミニーン"に選出。9月カブールを制圧、以来破竹の勢いでほぼ全土を掌握。以後、イスラム原理主義に基づく独裁政治をしいた。2001年9月11日に米国で起きた同時多発テロ事件（9.11事件）の容疑者とされるオサマ・ビンラディンを匿っているとして米国からの空爆を受け、12月タリバン政権が崩壊。以後、所在不明であったが、15年7月アフガニスタン国家保安局が、13年にパキスタンの病院で死亡していたとの声明を発表した。旧ソ連軍との戦闘で右目を失明した。

オミナミ, カルロス3世

Ominami, Carlos III

1951〜

チリ経済相　経済学者　㊐サンティアゴ　㊎Ominami Pascual, Carlos Octavio　㊐チリ大学（1973年）卒, パリ第10大学（ナンテール）経済学博士（パリ大学）　㊎日系3世。1973年ピノチェト将軍率いる軍事クーデターが発生したため、ベルギー大使館に7ケ月滞在後出国し、パリに亡命。フランスの数理経済計画予測センター（CEPREMAP）や多国籍企業調査研究センター（CEREM）の共同研究員を歴任。前者ではR.ボワイエ、A.リピエツ、J.ミストラルらとともにM.アグリエッタの問題提起を受けてレギュラシオン理論の共同研究を行い、南北問題や多国籍企業に関する論文、著作を発表。85年チリの民政移管後帰国。85〜89年サンティアゴの国連ラテンアメリカ経済委員会（CEPAL=ECLA）で共同研究に携わった後、90年からチリ経済相。　　㊎旭日大綬章（日本）（2011年）

オランド, フランソワ

Hollande, François

1954.8.12〜

フランス大統領, フランス社会党第1書記　㊐ルーアン　㊎Hollande, François Gérard Georges　㊐国立行政学院（ENA）（1980年）卒　㊎ノルマンディー地方の古都ルーアンで裕福な医師の家庭に生まれる。1968年パリ郊外の高級住宅地に家族と移住し、国立

行政学院（ENA）をはじめフランスを代表するエリート校を卒業。在学中の79年にフランス社会党に入党。80年会計検査院に任官。ミッテラン大統領の経済政策担当の顧問として登用された81年、26歳の若さで後に大統領となるシラクと下院選で争い敗退。83〜84年大臣官房長。88年国民議会（下院）議員に初当選。同年〜92年にはパリ政治学院教授（経済学）を務めた。ジョスパン首相に重用され党内で頭角を現し、94年社会党書記（経済担当）、95年党広報担当を経て、97年〜2008年党第1書記（党首）。この間、1999年欧州議会議員、2001〜08年中部のチュール市長、08〜12年コレーズ県議会議長も務めた。一方、ENAの同級生だったセゴレーヌ・ロワイヤルと1970年代から同居し、婚姻届を出さない事実婚を続け4児をもうける。政界のおしどり夫婦として知られたが、2007年ロワイヤルが大統領選に敗れた後、同居を解消した。11年11月、大統領選の左派予備選決選投票でマルティーヌ・オブリ党第1書記を破り統一候補となる。12年4月第1回投票では保守派現職のサルコジ大統領を抑えて第1位となり、5月の決選投票で過半数を獲得して当選、同月就任。16年12月次期大統領選への不出馬を表明、17年5月退任。第5共和制で2期目を目指さず退任した大統領は初めて。　[家]パートナー＝バレリー・トリユルバイレール（ジャーナリスト），元パートナー＝セゴレーヌ・ロワイヤル（政治家）

オリ, K.P.シャルマ

Oli, K.P.Sharma

1952.2.22〜

ネパール首相, ネパール統一共産党（UML）議長　[歴]ネパール東部の生まれ。10代でマルクス・レーニン主義に傾倒し共産党に入党。王室の専制に対抗し、非合法の政治活動を開始。1970年最初に逮捕され、73〜87年獄中生活を送る。釈放後、91年ネパール議会選で当選。内戦終結とともに2006〜07年副首相兼外相。08年王政廃止。14年7月統一共産党（UML）議長に選出。15年10月新憲法制定を受けた議会で首相に選出され就任。その後、与野党の対立により、16年7月辞任。17年11〜12月王政廃止後、初めて実施された下院選挙でUMLと共産党毛沢東主義派（毛派）が共闘して過半数を獲得し、18年2月首相に就任（第2次）。下院任期5期の後半はダハル毛派書記長が首相を務める。

オルシェフスキ, ヤン

Olszewski, Jan

1930.8.20〜

ポーランド首相, 連帯顧問　法律家　[出]ワルシャワ　[学]ワルシャワ大学卒　[歴]鉄道労働者の家庭に生まれ、ポーランド社会党の党員だった父親から反共思想と左派リベラルの気風を仕込まれた。第二次大戦中に10代で反独青年組織に加わり、大学卒業後、新聞記者を経て弁護士に。1950年代末から政治犯の弁護活動を行い、68〜70年に弁護士活動停止処分を受けるなど、旧共産主義支配下で反体制を貫いた闘士として知られた。80年の自主管理労組・連帯結成時には組合綱領の共同起草者となり、その後、連帯顧問としてワレサ議長の対政府交渉で"知恵袋"役を担う。90年の大統領選でワレサ陣営を支援、ワレサ大統領から首班指名を受けたが、経済改革路線をめぐる対立から組閣を放棄。91年10月総選挙後、中道右派5党の統一候補となり、同年12月首相に就任。92年6月内閣不信任案可決により、退任。

オルター, ベイリー

Olter, Bailey

1932.3.7〜

ミクロネシア大統領　[学]ハワイ大学卒　[歴]1979〜83年連邦議会議員。83〜87年副大統領、87年ポンペイ州（ポナペ島）財務長官を経て、91年5月大統領に就任。97年5月退任。

オルティス, ギジェルモ

Ortiz, Guillermo

1948.7.21〜

メキシコ財務相　[出]メキシコシティ　[名]Ortiz Martínez, Guillermo　[学]スタンフォード大学大学院 経済学博士（スタンフォード大学）　[歴]国際通貨基金（IMF）、メキシコ中央銀行を経て、財務省に勤務。財務次官、通信・運輸相を務め、1994年12月〜98年財務相。メキシコ通貨危機の火消し役として、注目を集める。98年〜2009年メキシコ中央銀行総裁を務めた。

オルテガ, ダニエル
Ortega, Daniel
1945.11.11～
ニカラグア大統領, サンディニスタ民族解放戦線(FSLN)党首　革命指導者　[出]チョンタレス州ラリベルター　[名]Ortega Saavedra, José Daniel　[学]ニカラグア自治大学中退　[歴]1960年祖国青年党加入、62年サンディニスタ民族解放戦線(FSLN)参加。ニカラグア自治大学在学中FSLN最高幹部会員。67年資金目当ての銀行強盗容疑で懲役13年の刑を受けたが、74年元農相邸占拠事件の人質と交換に釈放、キューバへ。76年ニカラグアへ戻り、FSLN南部戦線の指揮者。79年7月FSLNによる革命政権樹立、国家再建委員となる。84年11月大統領に当選、85年1月就任。以後、ソ連やキューバの支援を受けながら、米国が後押しをする反政府右派ゲリラ(コントラ)と対立。87年以降は内戦停止の話し合いが続いていたが、90年2月の大統領選で国民野党連合候補のチョモロ女史に敗れ、4月辞任。91年FSLN党首、国会議員。96年、2001年の大統領選では落選したが、06年11月当選、07年1月大統領に就任、16年ぶりに中米に左派政権が誕生した。11年11月再選、12年1月2期目就任。16年11月3選、17年1月3期目就任(通算4期目)。　[家]妻＝ロサリオ・ムリジョ(ニカラグア副大統領), 弟＝ウンベルト・オルテガ(元ニカラグア国防相)

オルトフー, ブリス
Hortefeux, Brice
1958.5.11～
フランス内相　[出]ヌイイー・シュル・セーヌ　[学]パリ政治学院卒, パリ第10大学(ナンテール)　[歴]1999年～2005年欧州議会議員、05～07年地方団体担当相、07～09年1月移民・統合相を経て、09年労働・社会関係・家族・連帯相。同年6月～11年内務・移民相。サルコジ元大統領の盟友で、サルコジの最初の結婚の立会人となった。

オルバン, ヴィクトル
Orbán, Viktor
1963.5.31～
ハンガリー首相, フィデス・ハンガリー市民連盟党首　[出]セーケシュフェヘールバール　[学]エトベシュ・ロラーンド大学法学部卒, オックスフォード大学ペンブロークカレッジ Ph.D.　[歴]1988年民主化を要求する学生らとハンガリー青年民主連盟(略称FIDESZ, のちのフィデス・ハンガリー市民連盟)結成に参加。89年ハンガリー動乱の追悼集会で駐留ソ連軍の即時撤退を声高に訴え、一躍名声を高めた。90年戦後初の自由選挙でハンガリー国会議員となり、93年同連盟議長に就任、党勢拡大を意識して中道右派に転じる。98年5月の総選挙で勝利し、7月35歳で首相に就任。2002年4月総選挙で敗れ退任。03年フィデス・ハンガリー市民連盟党首。10年4月の総選挙で国会議席の3分の2以上を獲得し、5月8年ぶりの政権交代で再び首相に就任。14年5月再選。

オルブライト, マデレーン
Albright, Madeleine
1937.5.15～
米国国務長官, 国連大使　国際政治学者　[出]チェコスロバキア・プラハ(チェコ)　[名]Albright, Madeleine Korbel　[学]ウェルズリー大学(1959年)卒 政治学博士(コロンビア大学)(1976年)　[歴]父親はチェコの外交官。1948年11歳で家族と米国に移住。76年上院議員の法案担当補佐官、78年カーター政権の国家安全保障会議外交関係立法担当スタッフ。82年からジョージタウン大学教授として米ソ関係、東欧問題などを研究する傍ら女性外交官の育成に努める。84年、88年の大統領選では民主党のモンデール、デュカキス両候補の外交アドバイザーを務めた。93年1月クリントン政権下で国連大使に就任。同年8月国連安保理議長(輪番制)。97年1月米国初の女性国務長官となる。同年4月米誌「タイム」の“米国で最も影響力がある25人”に選ばれる。2000年現職の閣僚としては初めて北朝鮮を訪問、最高指導者の金正日・朝鮮労働党総書記と会談し、クリントン大統領の親書を手渡した。01年1月退任。同年オルブライト・グループ(現・オルブライト・ストーンブリッジ・グループ)を創立。ロシア、東欧問題の専門家で、ロシア語、チェコ語、ポーランド語のほか、フランス語も堪能。

オルメルト, エフド
Olmert, Ehud
1945.9.30～

イスラエル首相, エルサレム市長, カディマ党首 [出]ビンヤミナ [学]ヘブライ大学卒 [歴]右派政治家の家に生まれる。大学卒業後は弁護士となり、28歳で右派政党のリクードよりイスラエル国会議員に初当選。“大イスラエル主義”を唱えるタカ派として知られ、1978年対エジプト講和とシナイ半島からの撤退を決めたキャンプ・デービッド合意には党の方針に背いて反対した。88年無任所相、90年保健相を経て、93年から2期10年間エルサレム市長を務めた。99年リクード党首選に立候補するが、アリエル・シャロンに敗れる。2003年2月国政に復帰し、第2次シャロン内閣に首相代理兼通産相として入閣。05年11月財務相を兼任。“現実派”に転向し、ガザ地区からの撤退を進めるシャロン首相を支え、同月首相がリクードを離脱して新党カディマを結成するとこれに合流。06年1月シャロン首相が病に倒れると首相代行を務め、3月の総選挙でカディマを率い勝利。4月首相兼社会問題相に就任。7月ヒズボラによる兵士拉致でレバノン侵攻。07年4～7月財務相兼任。08年9月辞表を提出し暫定的な首相に。09年4月正式に辞任。

オレクシ, ユゼフ

Oleksy, Józef

1946.6.22～2015.1.9

ポーランド首相, ポーランド民主左翼連合(SLD)幹部 [出]ノビソンチ [学]ワルシャワ計画統計学校(大学)卒 経済学博士 [歴]旧ポーランド共産党のエリート。1968年統一労働者党(共産党)に入党。89年社会主義最後のラコフスキ内閣では労組との交渉を担当する無任所相として民主化に向けた円卓会議の政府代表を務め、自主管理労組“連帯”のワレサ議長との交渉を担当した。同年共産党支配の終焉以降は、党内改革派として西欧型社民政党を目指すポーランド社会民主党の結成に参加し、党首。民主化後は旧共産党系・ポーランド民主左翼連合(SLD)幹部。93年10月より下院議長を2度務め、95年3月首相に就任。96年1月ソ連やロシアの情報機関に国家機密を漏洩していたとの疑惑が浮上し、辞任。2000年10月ポーランド特別法廷は、1970年から78年にかけて軍情報局のスパイとして情報活動に従事していたとして有罪と認定した。

オレシャルスキ, プラメン

Oresharski, Plamen

1960.2.21～

ブルガリア首相 [出]キュステンディル [学]ソフィア国際経済大学大学院(1992年)博士課程修了 Ph.D. [歴]1997年～2001年ブルガリア財務次官。01～03年民主勢力同盟(UDF)副党首。03～05年ソフィア国際経済大学副総長・教授。05～09年財務相。09年ブルガリア国会議員となり、13年5月首相に就任。14年5月の欧州議会選での与党・社会党(BSP)の大敗により連立与党の権力バランスが崩れたことなどから、8月総辞職した。

オレシュコヴィッチ, ティホミル

Orešković, Tihomir

1966.1.1～

クロアチア首相　実業家 [出]ユーゴスラビア・クロアチア共和国ザグレブ(クロアチア) [学]マクマスター大学(カナダ)(1989年)卒, マクマスター大学大学院修士課程修了 M.B.A.(マクマスター大学) [歴]1989年カナダのマクマスター大学を卒業。同大で経営学修士(M.B.A.)を取得後、92年カナダの製薬会社に入り、製薬関連でキャリアを築く。2009年クロアチアの薬学大手プリバの幹部に。15年11月のクロアチア議会選に勝利した野党連合などに推され、非党人ながら16年1月首相に就任。しかし、政権与党内の混乱により不信任案が可決され、同年10月退任。

オレホフスキ, アンジェイ

Olechowski, Andrzej

1949.9.9～

ポーランド外相 [出]クラクフ [歴]1982～84年UNCTAD経済問題担当役員、85～87年世界銀行エコノミストを務める。92年ポーランド財務相、92～93年大統領経済顧問を経て、93年10月～95年1月外相。パヴラク政権の中で数少ないワレサ大統領支持者だった。

オン・カティン

Ong Ka-ting

1956.11.15～

マレーシア住宅・地方自治相, マレーシア華人協会(MCA)総裁 [出]マラヤ連邦レンゴン州(マレーシア) [名]中国名＝黄 家定 [学]マラヤ大学(1980年)卒 [歴]華人。大学では

数学と化学を専攻。1979年大学在学中にマレーシア華人協会（MCA）に参加。卒業後、高校教師を経て政界入りし、90年マレーシア華人協会中央委員会のメンバーに。99年マレーシア華人協会副総裁となり、同年マレーシア住宅・地方自治相（2008年まで）。03年与党・マレーシア華人協会総裁に就任。08年の総選挙後に辞職。

温 家宝　おん・かほう

Wen Jia-bao

1942.9.15〜

中国首相, 中国共産党政治局常務委員　[出]天津　[学]北京地質学院大学院地質構造学専攻（1965年）修了　[歴]両親ともに教師で祖父も校長という教育熱心な家庭に育つ。1965年中国共産党入党。甘粛省地質局副局長などを経て、83年地質鉱産省次官、85年10月党中央弁公庁副主任、86年6月〜93年3月同庁主任（秘書室長に相当）を務め、胡耀邦、趙紫陽、江沢民と3代の総書記のもとで党務をこなした。一方、87年党中央委員、中央書記局書記候補。89年の天安門事件では趙総書記とともに学生を見舞ったが、失脚を免れた。92年10月党政治局員候補、書記局書記。93年3月党中央財経指導グループ秘書長。97年9月党政治局員。98年から党中央金融工作委書記。98年3月第9期全人代で副首相に選任される。同年夏の長江大洪水で陣頭指揮を執り高い評価を得る。2002年11月党政治局常務委員に昇格（序列3位）。03年3月第10期全人代で首相に選任。07年4月中国首相としては6年半ぶりに日本を公式訪問し、中国首相として初めて国会で演説を行う。08年3月第11期全人代で首相再任。12年11月党政治局常務委員退任。13年3月首相退任。08年12月、10年5〜6月、11年5月訪日。中国“第4世代”に属し、“平民総理”の愛称で親しまれた。

オン・ケンヨン

Ong Keng-yong

1954.1.6〜

東南アジア諸国連合（ASEAN）事務局長, シンガポール外務省無任所大使　外交官　[名]中国名＝王 景栄　[学]シンガポール大学法律学科（1979年）卒　[歴]1979年シンガポール外務省に入省。84〜88年在リヤド大使館臨時代理大使、89〜91年在マレーシア高等弁務官事務所参事官、91〜94年外相報道担当官兼スポークスマン、96〜98年在インド高等弁務官兼在ネパール大使館大使、98年首相府報道官兼通信芸術省次官補、99年国民議会議長を経て、2003年1月東南アジア諸国連合（ASEAN）事務局長に就任。07年12月退任。のち駐マレーシア大使、無任所大使。

オン・テンチョン

Ong Teng-cheong

1936.1.22〜2002.2.8

シンガポール大統領　[名]中国名＝王 鼎昌　[学]アデレード大学（オーストラリア）卒, リバプール大学（英国）大学院土木学専攻（都市計画）修士課程修了　[歴]アデレード大学で建築設計を学び、卒業後設計実務に従事。奨学生としてリバプール大学に留学、都市計画の分野で修士号を取得して1967年帰国。同年シンガポール国家開発省計画局入省。72年与党・人民行動党（PAP）から国会議員に初当選。75年通信相となり、81年労相兼任、PAP中央執行委議長（党首）。83年無任所相、全国労働組合会議（NTUC）書記長。84年12月第2副首相、90年11月副首相。93年8月初の民選大統領選に副首相を辞任して出馬、当選。同年9月大統領に就任。99年8月任期満了で退任した。

オン・ジョー

Ohn Gyaw

1932.3.3〜

ミャンマー外相　外交官　[学]ラングーン大学卒　[歴]1956年ビルマ（現・ミャンマー）外務省に入省。米国、ユーゴスラビア、シンガポールなどの大使館勤務を経て、82年在モスクワ大使館参事官、85年外務省南・南東アジア部長、86年同省政務局長。88年の国家法秩序回復評議会（SLORC）成立後、外務次官に昇格。90年9月より外相、98年11月引退。

【カ】

賈 慶林　か・けいりん

Jia Qing-lin

1940.3〜

中国共産党政治局常務委員, 北京市長　[出]

河北省交河県　㊥河北工学院電力系（1962年）卒　㊟1959年中国共産党入党。62年機械工業省入省。78年中国機械設備輸出入総公司総経理（社長）、83年太原大型機械工場長、党委書記、85年福建省党委副書記、91年4月～94年4月同省長。92年10月第14期党中央委員。93年12月～96年福建省党委書記。96年北京市副市長兼党委副書記長に転じ、97年2月北京市長。同年8月北京市党委書記、同年9月第15回党大会で党政治局委員。99年2月北京市長を、2002年10月同市党委書記を退任。この間、08年の北京五輪招致を成功させた。02年11月第16回党大会後、党政治局常務委員。03年3月人民政治協商会議（政協）主席、08年3月再任。12年11月党政治局常務委員退任。13年3月政協主席退任。江沢民の腹心といわれた。

華 建敏　か・けんびん

Hua Jian-min

1940.1～

中国全国人民代表大会（全人代）常務副委員長　㊥江蘇省無錫　㊗清華大学動力系（1963年）卒　㊟1961年中国共産党に入党。同党中央弁公庁勤務、胡耀邦党総書記の秘書、上海申能電力開発公司社長などを経て、上海市党委常務委員、上海市計画委員会主任、94年上海市副市長に抜擢され、同市の新発展戦略を指導。2003年国務委員・国務院秘書長、08～13年全国人民代表大会（全人代）常務副委員長。英語に堪能な国際派。1995年来日。

何 厚鏵　か・こうか

Ho Hau-wah

1955.3.13～

マカオ特別行政区行政長官　銀行家　㊥マカオ　㊗英語名＝Ho, Edmund H.W.　㊗ヨーク大学（カナダ）（1978年）卒　㊟1981年公認会計士の資格を取得。82年香港勤務後、83年マカオに戻り、のち父が創設した大豊銀行頭取に就任。86年第6期中国全国政協委員（補選）、87年第7期全人代広東省代表、93年全人代常務委員。マカオ立法会（議会）副主席、マカオ銀行協会会長、マカオ中華総商会副会長などを歴任。99年5月中国返還後のマカオの最高責任者となるマカオ特別行政区初代行政長官に選出、同年12月就任。2004年8月再選され、9月中国国務院令で正式再任。09年退任。10年第11期中国全国政協委員副主席。　㊟父＝何 賢（大豊銀行創設者）

賀 国強　が・こくきょう

He Guo-qiang

1943.10～

中国共産党政治局常務委員・中央規律検査委員会書記　㊥湖南省　㊗北京化工学院無機化学学部（1966年）卒　㊟1966年中国共産党入党。67年山東魯南化学肥料工場に技術者として入社、副工場長など務める。80年山東化学石油工業庁に入り、庁長など歴任。86年山東省党委常務委員。87年済南市党委書記。91年化学工業部副部長。96年福建省に転じ、97～99年同省長。97年党中央委員。99年6月～2002年10月重慶市党委書記。02年10月党中央組織部長、11月党政治局員・書記局書記。07年10月党政治局常務委員・中央規律検査委員会書記。12年11月党政治局常務委員退任。

華 国鋒　か・こくほう

Hua Guo-feng

1921.2～2008.8.20

中国首相, 中国共産党主席　㊥山西省交城　㊗蘇 鋳　㊗交城県職業訓練学校　㊟本名は蘇鋳だが、17歳で抗日戦争に参加した際の"中華抗日救国先鋒隊"から名前をとったとされる。1938年太原の中学を中退して抗日遊撃隊に参加し、同時に中国共産党に入党。49年湖南省湘陰県党委書記。55年同省湘潭地区の水利事業で功績を上げ毛沢東に称賛される。58年7月同省副省長、70年12月同党委第一書記。71年9月の林彪事件以後、国務院へ転出し農業・財政・商業を担当。73年8月党中央政治局員。75年1月副首相兼公安相となり、中央政界でめざましい躍進を遂げる。文化大革命末期の76年4月、毛沢東の指名により、死去した周恩来の後任として党第1副主席兼首相に就任。同年9月の毛沢東死去に際しては1ケ月にわたる追悼行事を領導。10月文革を推進した毛沢東未亡人・江青ら"四人組"の逮捕に動いて文革を終結させ、直後に党主席、党中央軍事委主席に就任した。在任中は実際的な内外政策をとり、産業の拡大と教育の充実に力を入れ、西欧諸国や第三世界の国々と親密な関係を結んだ。78年鄧小平に実権を奪われ、80年9月首相を辞任。81年6月党主席、党中央軍事委

主席を解任、党副主席・政治局常務委員に降格し、事実上失脚。82年9月党副主席、政治局常務委員解任、中央委員に降格。87年11月第13期中央委員、92年10月第14期中央委員、97年9月第15期中央委員再任。2001年10月離党届を提出。02年11月中央委員を退任し引退。この間、1980年5月に中国首相として初めて日本を公式訪問し、7月には大平正芳元首相の葬儀参列のため再訪日した。

賈 春旺 か・しゅんおう

Jia Chun-wang

1938.5～

中国最高人民検察院検察長(検事総長), 中国公安相・国家安全相, 中国共産党中央委員　[出]北京　[学]清華大学工程物理系(1964年)卒　[歴]1962年中国共産党入党。清華大学工程物理講師、共産主義青年団(共青団)清華大委員会書記などを歴任。82年共青団第11期中央常務委員、84年北京市党委副書記、85年3月同市党規律検査委書記兼任。同年9月国家安全相就任、党中央委員選出。87年11月党中央委員再選。88年4月、93年3月国家安全相留任。97年9月党中央委員再選。98年3月公安相に就任。2002年11月党中央委員再選。03年3月全人代で最高人民検察院検察長(検事総長)。07年10月党中央委員退任。08年3月検事総長退任。

カー, ジョン

Kerr, John

1942.2.22～

英国外務次官, 英国上院議員　外交官　[名]Kerr, John Olav　[学]オックスフォード大学卒　[歴]1965年英国外務省に入省。モスクワ、イスラマバード勤務を経て、74年外務次官秘書官。79年財務省に出向。84年在米大使館参事官、87年外務審議官、90年欧州共同体(EC, 現・欧州連合＝EU)大使、95年駐米大使を経て、97年～2002年外務次官。男爵(一代貴族)に叙せられ、上院議員を務める。EU憲法案を作る諮問会議の事務局長も務めた。

柯 文哲 か・ぶんてつ

Ko Wen-je

1959.8.6～

台北市長　医学者　[出]新竹　[学]台湾大学医学部卒　[歴]台湾大学病院に勤務。米国ミネソタ大学外科研究員、台湾大学医学院助教授を経て、2013年教授。専門は救急医療や移植。14年11月の台北市長選で当選、12月就任。陳水扁総統の後援会幹部を務めたことがある。

回 良玉 かい・りょうぎょく

Hui Liang-yu

1944.10～

中国副首相, 中国共産党政治局員　[出]吉林省楡樹県　[学]吉林農業学校(1964年)卒　[歴]回族。1966年中国共産党入党。吉林省農牧庁副庁長、85年同省党委常務委員・農村工作部部長、87年吉林省副省長、91年2月党中央政策研究室副主任、92年8月湖北省党委副書記、94年安徽省副省長・党委副書記、95年3月安徽省省長、98年9月同省党委書記、99年～2002年江蘇省党書記など歴任。02年11月党政治局員に昇格、12年退任。03年3月～13年3月副首相を務めた。

ガイスラー, ハイナー

Geissler, Heiner

1930.3.3～

西ドイツ青少年・家族・保健担当相, キリスト教民主同盟(CDU)幹事長　[学]ミュンヘン大学, テュービンゲン大学　[歴]大学で哲学、法学を学ぶ。裁判官の後、バーデン・ビュルテンベルク州社会労働省勤務。1967～77年ラインラント・プファルツ州社会政策担当相として、訪問介護・医療や保育などで成果を挙げる。77～89年キリスト教民主同盟(CDU)幹事長としてヘルムート・コール政権成立に向け党体制作りに尽力。82～85年同政権で青少年・家族・保健担当相。89年～2000年ドイツ連邦幹部、1991～98年院内副総務などを歴任。70年代の“新しい社会問題”への対応を訴えて論争を惹き起こすなど、メディアでも活躍。

ガイダル, エゴール

Gaidar, Egor

1956.3.19～2009.12.16

ロシア第1副首相　経済学者　[出]ソ連ロシア共和国モスクワ(ロシア・モスクワ)　[名]Gaidar, Egor Timurovich　[学]モスクワ大学経済学部(1978年)卒 経済学博士　[歴]父方の祖父も母方の祖父も、ソ連で有名な作家。経済学者として20代でソ連の経済改革

に関わった。1987年「コムニスト」経済部長、90年「プラウダ」編集幹部、経済政策研究所長などを歴任。91年11月ロシア共和国副首相兼財務相に就任。ソ連崩壊後の92年3月第1副首相兼財務相に昇格、4月財務相解任。6月首相代行に昇格、“カミカゼ”と呼ばれた内閣を主導した。12月大統領相談役に退く。93年2月大統領諮問評議会メンバー、4月ロシア私営民営化企業協会会長。9月第1副首相に復帰。12月ロシア国家会議（下院）選で選挙団体“ロシアの選択”を率いる。エリツィン大統領の側近の一人で、価格自由化など、ロシア経済改革の責任者を務めたが、“ショック療法”と呼ばれた政策は急激なインフレと経済混乱を招いた。94年1月第1副首相辞任。同年6月“ロシアの民主的選択党”党首。95年下院選で惨敗。96年大統領の諮問機関である大統領評議会のメンバーを辞任し、エリツィンと訣別した。99年3月ユーゴスラビア連邦セルビアのコソボ紛争に際し、私的な立場で仲介にあたる。のち若手改革派政党・右派同盟に参加し、同年12月下院選に当選。プーチン政権の経済政策には批判的立場をとった。　[家]祖父＝アルカジー・ガイダル（童話作家）

カイドセブシ, ベジ

Caid Essebsi, Béji

1926.11.29～

チュニジア大統領　[出]フランス保護領チュニジア・シディブサイド（チュニジア）　[歴]15歳で独立派の新憲政党に入党。パリの大学で法律を学んだ後、弁護士となる。1956年のチュニジア独立後、ブルギバ政権下で、65～69年内務相、69～70年防衛相、81～86年外相、ベン・アリ政権下で89～91年国民議会（国会）議長を務めた。2011年のジャスミン革命により、同年2月～12月暫定首相となり、12年世俗派政党“チュニジアの呼び掛け”を結成。14年12月の大統領選決選投票でマルズーキ暫定大統領を破り、同月大統領に就任。

ガイトナー, ティモシー

Geithner, Timothy

1961.8.18～

米国財務長官, ニューヨーク連邦準備銀行総裁　エコノミスト　[出]ニューヨーク市ブルックリン　[名]Geithner, Timothy Franz　[学]ダートマス大学（アジア政治学）（1983年）卒, ジョンズ・ホプキンズ大学高等国際研究所ポール・ニッツ校（SAIS）国際経済学専攻（1985年）修士課程修了　[歴]父がフォード財団のアジア専門家だったことから、少年時代はザンビアやジンバブエ、インドなどに滞在。高校時代をタイのバンコクで過ごす。大学ではアジア政治学を専攻。その後、日本と中国に留学し、日本語と中国語を学ぶ。在日米大使館に勤務。1985～88年コンサルティング会社キッシンジャー・アソシエイツに勤務。88年米国財務省に入省し、クリントン政権下の98年、国際金融問題担当財務次官に抜擢される。2001年ブッシュJr.大統領就任に伴い、退職。同年米シンクタンク・外交問題評議会、国際通貨基金（IMF）政策開発局長を経て、03年11月42歳の若さでニューヨーク連邦準備銀行総裁に就任。09年1月～13年1月オバマ政権で財務長官を務め、米当局の中枢でリーマン・ショックに立ち会い、異例の危機対応に中心的な役割を果たす。13年11月大手投資会社ウォーバーグ・ピンカス社長に就任。

ガインゴブ, ヘイジ

Geingob, Hage

1941.8.3～

ナミビア大統領　[出]南西アフリカ・グルートフォンテイン（ナミビア）　[名]Geingob, Hage Gottfried　[学]アウグスティヌウム大学, テンプル大学, フォーダム大学, ニュースクール大学（ニューヨーク）, リーズ大学　[歴]ミッションスクールで学び、1962年ナミビアの急進派ゲリラ組織・南西アフリカ人民機構（SWAPO）に参加。教職に就いたが、南アフリカ統治下の教育制度に反発し、政治活動のため出国。米国の大学で学ぶ傍らSWAPO国連代表などを歴任し、89年に帰国。ナミビア独立の90年、憲法制定を主導した。90年～2002年首相、07年SWAPO副党首、08～12年経産相を経て、12年12月首相に就任。14年11月大統領選に勝利し、15年3月就任。

カウエン, ブライアン

Cowen, Brian

1960.1.10～

アイルランド首相, アイルランド共和党党首　[出]タラモラ　[学]ダブリン大学, ユニバーシティ・カレッジ卒　[歴]弁護士の修業をし

ていた24歳の時、アイルランド下院議員の父が急死。1984年補選に出馬して、政界入りを果たす。労相、運輸相、外相、財務相、副首相などの要職を歴任。英国領北アイルランドの和平合意に尽力したほか、好景気に貢献するなど、政権与党・共和党のナンバー2として活躍。アハーン首相の辞任表明を受け、2008年4月党大会で共和党党首となり、5月下院で首相に選出され、就任。11年1月政界引退の意向を表明。

ガウク, ヨアヒム

Gauck, Joachim

1940.1.24〜

ドイツ大統領　牧師, 人権活動家　[出]ロストク　[学]ロストク大学卒　[歴]新教の神学を学び、1965年から新教ルター派メクレンブルク邦教会の牧師を務め、70年東ドイツ・ロストク市のノイバウ地区教会の牧師に。89年東ドイツでの改革を求めた市民運動グループ“新フォーラム”に参加。90年の東西ドイツ統一後、人民議会選挙で“90年連合”から立候補し当選。議会では東ドイツの秘密警察・シュタージ（旧東ドイツ国家公安局）解体管理特別委員会委員長、その後シュタージ文書管理の現場最高責任者を経て、92年1月から2000年までシュタージの監視活動の調査をする旧東ドイツ国家公安局資料委託人機関（通称・ガウク機関）代表を務め、国民の人気を得た。12年3月連邦大会議で大統領に選出され、23日就任。初の東ドイツ出身の大統領となった。17年3月退任。　[賞]テオドール・ホイス・メダル（1991年）, ヘルマン・エーラース賞（1996年）, ハンナ・アーレント賞（1997年）, ナジ・イムレ賞（1999年）, ドルフ・シュテルンベルガー賞（2000年）, エーリッヒ・ケストナー賞（2001年）, トーマス・デーラー賞（2008年）, ショル兄妹賞（2010年）, ルートヴィヒ・ベルネ賞（2011年）, レオ・ベック賞（2014年）, エーワルト・フォン・クライスト賞（2017年）

カウフマン, ジルビア・イボン

Kaufmann, Sylvia-Yvonne

1955〜

欧州議会議員, ドイツ民主社会党（PDS）副党首　[出]東ドイツ東ベルリン（ドイツ・ベルリン）　[学]フンボルト大学　[歴]フンボルト大学で現代日本外交を専攻。1980年から1年半、大阪外国語大学と東京大学に留学。76年東ドイツ社会主義統一党（共産党）に入党。ベルリンの壁崩壊後、90年最後の東ドイツ議会選挙で当選。93年からドイツ民主社会党（PDS）副党首。一方、91年から欧州議会暫定議員、のち欧州議会議員。憲法（基本条約）委員会に所属。99年11月来日。

ガウラント, アレクサンダー

Gauland, Alexander

1941〜

ドイツAfD共同代表（党首）　[出]ザクセン州ケムニッツ　[学]フィリップス大学　[歴]保守派のキリスト教民主同盟（CDU）を経て、極右政党・ドイツのための選択肢（AfD）に所属。2015年秋以降、メルケル政権の中東からの難民受け入れを批判。17年4月の党大会でフラウケ・ペトリ共同代表（党首）を退け、経済学者アリス・ワイデルとともに党の実権を掌握、事実上のトップとなる。同党を保守ポピュリズム（大衆迎合主義）政党と位置づけ、移民排斥や地球温暖化対策の国際的な枠組みであるパリ協定からの離脱などを訴える。ガーナ出身の父をもつサッカー・ドイツ代表選手に対しての差別的発言やナチス時代を正当化するような発言で批判を浴びるも、17年9月の連邦議会選挙で同党は第3党に躍進。12月党共同代表に選出される。トレードマークは、黄色い犬があしらわれた緑のネクタイ。

カウンダ, ケネス・デービッド

Kaunda, Kenneth David

1924.4.28〜

ザンビア大統領, ザンビア統一民族独立党（UNIP）党首　民族主義運動指導者　[出]ルブワ　[歴]中学卒業後リブワで教師となる。1950年アフリカ民族会議（ANC）の支部を結成、書記となる。53年反政府運動で投獄。58年にANCのザンビア支部を独立させ、60年に統一民族独立党（UNIP）と改称、自ら党首に就任。62年自治政府地方行政・社会福祉相。64年1月の総選挙で勝って2月首相。同年10月独立とともに初代大統領に就任。非暴力主義、人道主義に基づく社会主義政策を推進。72年一党支配体制に移行。81〜83年東・南部アフリカ特恵貿易地域（PTA）議長、85年9月南部アフリカ前線諸国首脳会議議長、87〜88年アフリカ統一機構（OAU）議

長。88年10月大統領6選。その後UNIPによる一党独裁に対する国民の不満が高まり、90年6月には軍によるクーデター騒ぎが発生した。同年11月来日。91年10月複数政党制移行後初の大統領選で敗北。92年10月UNIP党首辞任。97年11月ジンバブエに亡命。同年12月、10月に起こった国軍若手将校によるクーデター未遂に関与したとして逮捕されたが釈放。のち自宅軟禁。

カガメ, ポール
Kagame, Paul
1957.10.23〜
ルワンダ大統領　軍人　㊐ベルギー領ルワンダ・ウルンディ・ルハンゴ（ルワンダ）　㊷ツチ族の旧王族。1960年多数派のフツ族の反乱で難民になり、ウガンダへ亡命。61年ルワンダの王制が廃止され、62年ベルギーから独立。78年アミン・ウガンダ大統領打倒を目指すゲリラ闘争に参加、ウガンダ反政府組織・国民抵抗運動（NRM）と共闘。86年NRMの政権奪取後はウガンダ軍情報担当将校。90年ツチ族が主体のルワンダ愛国戦線（RPF）最高司令官となり、ルワンダを越境攻撃、94年7月フツ族政権を追放し、フツ族穏健派のビジムングを大統領に据えた暫定政権を樹立、副大統領・国防相に就任。以来、ツチ族とフツ族の民族対立が激化し、難民200万人を出した。98年2月RPF代表。2000年4月暫定政府と議会より、独立以来ツチ族初の大統領に選出される。03年8月新政権として初の大統領選に当選、9月正式就任。10年9月再任。17年8月3期目就任。

郭 金龍 かく・きんりゅう
Guo Jin-long
1947.7〜
中国共産党政治局員, 北京市党委書記, 北京市長　㊐江蘇省南京　㊦南京大学物理学科卒　㊟1979年中国共産党に入党。90年四川省楽山市党委書記、93年四川省党委副書記、2000年チベット自治区党委書記、04年安徽省党委書記を歴任。07年北京市党委副書記、北京オリンピック組織委員会執行主席。08年1月北京市長に就任し、北京オリンピックの開催を指揮。12年7月北京市トップとなる党委書記に就任、同年11月第18回党大会で中央党政治局員に選出される。17年北京市党委員会書記を退任。胡錦涛元国家主席と

の関係が深いとされる。

郭 声琨 かく・せいこん
Guo Sheng-kun
1954.10〜
中国共産党中央政法委書記・党政治局員　㊐江西省　㊦北京科学技術大学卒 管理学博士　㊷漢族。1974年12月中国共産党入党。国有企業、中国非鉄金属工業総公司に勤務し、97年副社長。99年国家非鉄金属工業局副局長。2007年広西チワン族自治区党委書記。12年11月第18回党大会で党中央委員に選出され、12月公安相。13年党中央政法委副書記。17年10月第19回党大会で党政治局員に選出、党中央政法委書記。

郝 柏村 かく・はくそん
Hao Po-tsun
1919.7.13〜
台湾国民党副主席, 台湾行政院院長（首相）軍人　㊐中国・江蘇省　㊅字＝伯春　㊦台湾陸軍軍官学校卒、陸軍大学卒、三国連合参謀大学卒　㊟1958年陸軍第9師団長として小金門島を守備。以後、64年台湾軍長、65年侍衛長、70年軍団司令、75年陸軍副総司令、77年副参謀総長、78年二級上将、陸軍総司令を歴任し、81年一級上将、国民党中央委員、81年から8年間、参謀総長を務めた。82年中山科学院長兼任。84年より国民党中央常務委員、88年再選。89年12月国防部長（国防相）。反李登輝派の重鎮であったが、90年6月李総統の下で行政院院長（首相）に就任。"軍人組閣"への批判から、一級上将（終身軍人）の地位を放棄した。93年2月辞任。同年8月党副主席。95年立法院選挙（国会議員選挙に相当）で、党規に反し野党・新党の応援をしたことから、12月党籍取り消し処分となる。のち96年3月の台湾総統選挙に出馬する林洋港元国民党副主席の副総統候補として注目を集めた。

郭 伯雄 かく・はくゆう
Guo Bo-xiong
1942.7〜
中国共産党政治局員・中央軍事委員会副主席　軍人　㊐陝西省礼泉　㊦解放軍軍事学院（1983年）卒　㊟1961年中国人民解放軍に参加。63年中国共産党に入党。85年蘭州軍区副参謀長、90年同軍区47集団軍軍事長。93年

12月北京軍事区副司令官。94年7月少将。97年蘭州軍事区司令官。同年9月党中央委員、99年9月党中央軍事委員、同年10月国家中央軍事委員、軍常務副参謀長。2002年11月党政治局員、中央軍事委員副主席に昇格。03年3月国家中央軍事委員副主席、08年3月再任。上将。胡錦濤政権時に人民解放軍の制服組トップとして初めて訪米し、ブッシュJr.米国大統領と会談、米中の軍用機接触事件（01年）以来停滞していた軍事交流を拡大させるなど活躍したが、習近平政権下の15年7月、収賄容疑で党籍剥奪処分となる。16年7月中国軍事法院は無期懲役の判決を下し、生涯にわたる政治的な権利と上将の階級が剥奪された。

郭 鳳蓮 かく・ほうれん
Guo Feng-lian
1946.9〜
全人代常務委員　農村指導者　㉜山西省昔陽県　㉜通称＝鉄姑娘, 神槍手　㉞山西省昔陽県大寨が水害に見舞われ、1963年その復旧作業に大寨生産大隊の"鉄姑娘隊"の一員として加わり、64年同隊長となる。同年大寨は毛沢東により全国的なモデル農村とされ、"鉄の姑娘（グーニャン）"ともてはやされる。66年中国共産党に入党。73年大寨村党支部書記。改革・開放期に入ると、大寨モデルは否定され、80年党支部書記を罷免されるが、91年同書記に復帰。大寨経済開発総公司を設立し、董事長兼総経理に就任。"退耕還林"政策を開始し、生態系を重視した発展を進める。2008年中国共産党第11回全国代表大会（全人代）常務委員。09年"中国十大女傑"の栄誉称号を授与される。

郝 龍斌 かく・りゅうひん
Hau Lung-bin
1952.8.22〜
台北市長　㉜台北　㉜台湾大学農業化学部卒博士号（マサチューセッツ州立大学）　㉞中国共産党との戦闘の指揮を執り、台湾国防部長（国防相）や行政院院長（首相）を務めた郝柏村の長男で、中国大陸出身者（外省人）2世。台湾大学卒業後、米国に留学、食品栄養学の博士号を取得し、1983〜95年母校台湾大学教授。96年政界入りし、父を権力中枢から遠ざけた李登輝総統への反発から、台湾色を強めた国民党ではなく、中台統一色の強い"新党"

の立法委員（国会議員）となる。2000〜01年新党代表。01年3月民主進歩党（民進党）の要請を受け、新党を離れて環境保護署長（環境相）に就任（〜03年10月）。台湾の赤十字秘書長を経て、06年1月国民党に入党し、12月大物政治家の登竜門とされる最大都市・台北市の市長に当選。10年11月再選。14年12月市長退任。　㉜父＝郝 柏村（元台湾行政院院長）

カザコフ, アレクサンドル
Kazakov, Aleksandr
1948.5.24〜
ロシア第1副首相　㉜モスクワ　㉜モスクワ技術経済大学（1971年）卒 経済学博士㉞1973〜76年ソ連国家計画委員会に勤務。76〜84年モスクワの共産党チェリョームシキ地区委員会の党務に従事。92年国家資産管理委員会・地域委員会組織総局長に就任。93〜94年国家資産管理委員会副議長、94年大統領府地域担当局長を経て、96年1月ロシア副首相兼国家資産管理委員会議長。同年7月〜97年11月第1副首相。

カサス, フリオ
Casas, Julio
1936.2.16〜2011.9.3
キューバ国家評議会副議長, キューバ国防相　㉜マジャリアリバ　㉜Casas Regueiro, Julio　㉞会計士をしていたが、1957年よりカストロ兄弟率いる革命闘争に参加。58年ラウル・カストロ司令官の部隊に入隊し、右腕として活躍する。軍では財政部門などを担当し、国防次官などを歴任。2008年ラウル・カストロが国家評議会議長（元首）に就任して間もなく、後任の国防相に就任。国家評議会副議長も務めた。キューバ唯一の合法政党であるキューバ共産党の15人の政治局員の一人だった。

カザレッジョ, ジャンロベルト
Casaleggio, Gianroberto
1954〜2016.4.12
五つ星運動共同創設者　IT企業家　㉜ミラノ　㉞情報機器大手オリベッティのエンジニアを経て、インターネット・コンサルタント会社を設立。一方、2005年激しい政治風刺のお笑い芸人ベッペ・グリッロのブログを立ちあげ、イタリアで最も人気のあるブ

ログに育てた。09年グリッロとともに市民参加型の草の根政治組織“五つ星運動”を創設。“五つ星”の名は水、環境、交通、ネット社会、発展という五つの主要政策を掲げたことによる。同組織は13年の総選挙で大躍進し、下院では与党・民主党に次ぐ第2党になった。“五つ星運動の理論家”と呼ばれた。

カジェゲリジン, アケジャン

Kazhegeldin, Akezhan

1952.3.27〜

カザフスタン首相　[出]ソ連カザフ共和国セミパラチンスク州ゲオルギエフカ（カザフスタン）　[名]Kazhegeldin, Akezhan Magzhanuly　[歴]市場経済に精通した専門家。カザフスタン第1副首相を経て、1994年首相に就任。97年10月辞任。脱税と外国での財産不正取得の疑いで最高検から国際指名手配され、99年9月モスクワの空港で逮捕された。

カジェハス, ラファエル・レオナルド

Callejas, Rafael Leonardo

1943.11.14〜

ホンジュラス大統領　[学]ミシシッピ州立大学大学院（農業経済学）修了　[歴]ホンジュラスのアメリカンスクールを卒業後、米国へ留学。1967年経済企画庁入り。72〜75年天然資源事務次官を経て、軍政時代の75〜80年天然資源相。80年国民党財務長。81年、85年と大統領選に出馬するが、落選。89年11月大統領に当選し、90年1月就任。94年まで務める。民間企業数社を保有する資産家でもある。サッカー好きで知られる。

ガジズリン, ファリト

Gazizullin, Farit

1946〜

ロシア国家資産相　[学]ゴーリキー水運工科大学卒　[歴]1995年タタール共和国第1副首相。96年ロシア国家資産委員会第1副議長、97年12月ロシア副首相兼国家資産相。98年3月解任。同年9月国家資産相に再任。2000年5月退任。

カシヤノフ, ミハイル

Kasyanov, Mikhail

1957.12.8〜

ロシア首相　[出]ソ連ロシア共和国モスクワ州ソンツェボ（ロシア）　[名]Kasyanov, Mikhail Mikhailovich　[学]モスクワ自動車道路大学（1983年）卒　[歴]1981〜90年ソ連国家計画委員会（ゴスプラン）で対外経済関係の課長などを歴任。ソ連崩壊後、91年ロシア経済省対外経済局次長兼対外経済部長。93年財務省に転じ、外国融資・対外債務局長、95年11月財務次官、99年2月第1次官を経て、同年5月財務相、2000年1月第1副首相を兼務。同年5月プーチン政権の初代首相に就任。英語が堪能で国際金融機関などとの金融交渉で手腕を発揮、“金融外交官”の異名を持ち西側諸国と太いパイプを築くが、エリツィン派の最有力者としてしばしばプーチン大統領と衝突し、04年2月更迭される。以後、反プーチンの野党勢力政治家（Russian People's Democratic Union代表）として活動。

ガシュパロヴィッチ, イヴァン

Gašparovič, Ivan

1941.3.27〜

スロバキア大統領　[出]チェコスロバキア・ポルタル（スロバキア）　[学]コメニウス大学法学部（1964年）卒　[歴]1968年まで検察官としてブラチスラバなどで勤務。90〜92年チェコスロバキア検事総長。この間68〜90年コメニウス大学で教える。一方、68年共産党に入党。92年保守派の民主スロバキア運動（HZDS）に入党、スロバキア共和国議会議員。93年スロバキアが独立、98年まで国会議長も務める。98年〜2002年国会議員。02年の総選挙前にメチアル元首相と対立し、HZDSを離党、新党の民主運動（HZD）を設立し党首。04年4月大統領選に当選、6月就任。09年6月再任。14年6月退任。

カスタニェーダ, ホルヘ

Castañeda, Jorge

1953.5.24〜

メキシコ外相　政治学者, コラムニスト　[出]メキシコシティ　[名]Castañeda Gutman, Jorge Germán　[学]プリンストン大学卒 博士号（パリ大学）　[歴]政治評論誌「プロセソ」、「ニューズウィーク」、「ロサンゼルス・タイムズ」などで、左派系のコラムニストとして政治評論を寄稿。プリンストン大学、メキシコ国立自治大学、カリフォルニア大学バークレー校を経て、1997年よりニューヨーク大学で教鞭を執る。2000年12月〜03年1月ビセンテ・フォックス大統領のもとで、メキシコ外相

を務めた。04年には06年大統領選に立候補を表明。共著に「友好の限界—米国とメキシコ」など。

カストロ, フィデル
Castro, Fidel
1926.8.13～2016.11.25
キューバ国家評議会議長（元首），キューバ閣僚評議会議長　革命家　㉔オリエンテ州ビラン（オルギン州）　㉓Castro Ruz, Fidel Alejandro　㉗ハバナ大学法学部（1950年）卒　㉟スペイン系移民の裕福な砂糖農園主の子として生まれる。大学卒業後、弁護士開業。在学中から内外の革命運動に参加。1953年7月26日バティスタ独裁政権打倒を目指し、サンチアゴのモンカダ兵営を襲撃したが、失敗して投獄される。55年恩赦で釈放されメキシコに亡命。56年12月革命家のチェ・ゲバラら約80人の反乱軍を率いてキューバに上陸、ゲリラ戦を展開。59年1月ラテン・アメリカで最初の社会主義革命に成功。革命政府を樹立し、同年2月～76年12月首相。米国資本に支配されていた土地・産業の国有化を図り、61年2月国家経済会議を指導する中央計画委員長。同年米国が国交を断絶すると、「社会主義革命宣言」を発表。62年3月以来革命統一組織（63年社会主義革命統一党、65年10月キューバ共産党と改称）第1書記。同年ソ連の核ミサイル配備を受け入れると、米国がミサイル撤去を要求して海上封鎖し、米ソが核戦争の瀬戸際に至る"キューバ危機"を招いた。63年訪ソ。対中国関係をめぐり、ソ連との関係が一時悪化したが、その後関係を回復。75年独立後のアンゴラ内戦に派兵。76年12月より国家評議会議長（元首）、閣僚評議会議長。91年ソ連崩壊で経済危機に陥り、生活苦から米国への経済亡命者が相次ぐようになったのを機に、国民の外貨所有・使用容認に踏み切った。93年2月初の総選挙を実施し高い信任票を得る。95年12月初来日し、村山富市首相と会談。2002年5月カーター元米国大統領とハバナで会談。03年3月6選。同月来日し、小泉純一郎首相と会談。広島にも訪れ、原爆慰霊碑に献花した。06年腸内出血で倒れ、実弟ラウルへ暫定的に権限を委譲。08年2月健康問題を理由に国家評議会議長と軍最高司令官を退任。11年革命宣言から50年を迎えた共産党大会で正式に党の第1書記を退任し、事実上引退。約半世紀に渡って軍、

党、政府の最高指導者として君臨。反米姿勢を貫いて世界中の左翼運動に影響を与えた。14年7月ロシアのプーチン大統領、中国の習近平国家主席と相次いで会談。16年9月日本の首相として初めてキューバを訪問した安倍晋三首相と会談した。　㉟国際レーニン平和賞（1961年），国際陸連功労金賞，WHOヘルス・フォーオール（1998年），カダフィ人権賞（1998年）　㉝姉＝アンヘラ・カストロ，兄＝ラモン・カストロ，弟＝ラウル・カストロ（キューバ国家評議会議長），姪＝マリエラ・カストロ（キューバ国立性教育センター所長）

カストロ, フリアン
Castro, Julián
1974.9.16～
米国住宅都市開発長官　㉔テキサス州サンアントニオ　㉗スタンフォード大学（政治学・コミュニケーション）卒，ハーバード大学ロースクール卒　㉟祖母がメキシコ生まれ。市民活動家の母の影響で政治に興味を持つ。母子家庭という恵まれない環境で育つが、一卵性双生児の兄弟ホアキンとともに名門スタンフォード大学を経て、ハーバード大学ロースクールに進学。卒業後は同じ法律事務所に勤務。2001年テキサス州サンアントニオ市議に初当選。09年より市長に3選。12年民主党大会でヒスパニック系としては初めて基調演説を行い、全米での知名度を上げる。14年7月～17年1月オバマ政権の住宅都市開発長官。16年の大統領選では民主党のヒラリー・クリントン候補の副大統領候補に名前が挙がった。中学時代には日本語を3年間勉強したという親日家。ホアキンは13年より下院議員を務め、兄弟揃って民主党の期待の星といわれる。　㉝双子の兄弟＝ホアキン・カストロ（米国下院議員）

カストロ, ラウル
Castro, Raúl
1931.6.3～
キューバ国家評議会議長（元首），キューバ閣僚評議会議長　革命家　㉔オリエンテ州ビラン　㉓Castro Ruz, Raúl Modesto　㉗ハバナ大学中退　㉟フィデル・カストロの弟。1953年7月のモンカダ兵営襲撃に参加、失敗して入獄。54年大赦により釈放、メキシコに亡命。55年兄フィデルの組織した革

命軍に参加。56年以来の革命戦争に加わる。59年1月バチスタ政権を打倒し、2月兄が首相に、自身は革命軍参謀総長に就任。10月国防相となり、2008年2月まで約50年間にわたって務める。この間、1960〜72年副首相、61年中央計画委副委員長、62年革命統一組織(ORI, 現・キューバ共産党)全国指導委第2書記、65年より共産党第2書記兼政治局員、72〜76年第1副首相、76年12月より国家評議会第1副議長、閣僚評議会(内閣)第1副議長を兼務。2006年7月兄が腸の手術を受けたため、暫定的に最高指導者権限を委譲される。08年2月兄が健康問題を理由に引退し、国家元首にあたる国家評議会議長に選出される。閣僚評議会議長および軍総司令官兼任。最高指導者が変わるのは1959年のキューバ革命以来、初めてとなった。2009年内閣改造。11年4月兄の完全引退に伴い、共産党第1書記に昇格。13年2月国家評議会議長、16年4月共産党第1書記に再任。15年7月パナマで米国のオバマ大統領と1961年の国交断絶以来初となる首脳会談を行った。　[賞]レーニン章(1979年)　[家]妻＝ビルマ・エスピン(キューバ婦人同盟総裁), 娘＝マリエラ・カストロ(キューバ国立性教育センター所長), 姉＝アンヘラ・カストロ, 兄＝フィデル・カストロ(キューバ国家評議会議長)

カズヌーヴ, ベルナール

Cazeneuve, Bernard

1963.6.2〜

フランス首相　法律家　[出]サンリス　[学]ボルドー政治学院卒　[歴]大手銀行などで弁護士業務に就き、1997年フランス国民議会(下院)議員に初当選。2001〜12年北西部の軍港都市シェルブール・オクトビル市長、オランド大統領の下、12〜13年欧州問題担当相、13〜14年予算担当相を経て、14年治安対策を担う内相となり、15年11月のパリ同時テロなどで陣頭指揮を執る。左派の大統領選予備選に出馬したバルス首相の辞任に伴い、16年12月〜17年5月首相。

カスパロフ, ゲーリー

Kasparov, Garri

1963.4.13〜

反体制指導者, チェス選手　[出]ソ連アゼルバイジャン共和国バクー(アゼルバイジャン)　[名]Wainstein, Garry　[歴]ユダヤ人の父とアルメニア人の母の間に生まれる。4歳からチェスを習い始め、1976年ソ連ジュニア・チャンピオン、80年世界ジュニア・チャンピオン、81年ソ連チャンピオンに。85年にベテランのアナトリー・カルポフを破り、22歳で史上最年少のチェス世界チャンピオンになる。以来、2000年教え子に敗れるまでの15年間タイトルを保持し、世界一の評判をほしいままにした。1987年国際チェス協会(FIDE)との不和が原因で、グランド・マスターズ協会を設立、FIDEとは別に世界大会を開催する。89年コンピューターとの対戦に勝利。96年再びコンピューターと対戦し、初戦で初めて敗れるが、対戦成績3勝1敗2引き分けとし勝利する。97年再度対戦し、1勝2敗3分で敗れる。一方、アゼルバイジャン共和国の共産主義青年同盟中央委員を務めたのち90年にソ連共産党を離党、新党を結成し、モスクワで民主派の新聞編集者を務める。2005年3月スペインでのチェス大会に勝利した直後に突如引退を宣言。反プーチン勢力の結集を掲げる野党連合“もう一つのロシア”を組織。07年4月のモスクワのデモ行進は治安機関に鎮圧されたが、反体制指導者として西側の脚光を浴びた。12年大統領選の際にはプーチン政権に反対する行動に取り組んだ。

カズン, アーサリン

Cousin, Ertharin

1957〜

国連世界食糧計画(WFP)事務局長　[出]イリノイ州シカゴ　[学]イリノイ大学シカゴ校　[歴]シカゴの貧しい地域で生まれ育つ。弁護士として活動後、在ローマ国連機関米国政府代表部大使などを歴任。長く民間企業、非営利団体や政府において飢餓、食糧問題の改善に取り組む。2012年4月国連世界食糧計画(WFP)事務局長に就任。“女性を力づけることが社会の持続可能な発展につながる”として、食糧支援を通じ、女性の地位向上にも取り組む。14年米誌「フォーブス」の“最もパワフルな女性100人”に選ばれた。17年4月退任。

カセムサモソーン・カセムシー

Kasem-Samosorn Kasemsri

1931.3.9〜

タイ副首相　[学]ケンブリッジ大学(経済・国際法)　[歴]王族につながる名門の出身。1955

年タイ外務省に入省。71年駐インドネシア大使、75年初代中国大使ほか、北朝鮮、米国などの大使を歴任。また、最年少で外務次官に就任。政界入り後も、91年アナン暫定政権で首相府相、第2次アナン暫定内閣では副首相を務める。95年7月の総選挙に立候補したが落選、同月発足のバンハーン内閣に外相として議員外入閣。96年アジア欧州首脳会議（ASEM）でタイ外交の責任者を務める。同年9月副首相に就任。12月退任。

カーター, アシュトン

Carter, Ashton

1954.9.24～

米国国防長官　物理学者　[出]ペンシルベニア州フィラデルフィア　[学]エール大学（物理学・中世史）（1976年）卒 理論物理学博士（オックスフォード大学）（1979年）　[歴]ハーバード大学ケネディ行政大学院で長く教授を務め、安全保障論を教える。クリントン政権で米国国防次官補となり、旧ソ連諸国に残された核兵器を廃棄する計画を推進。1993～94年の朝鮮半核危機で対北朝鮮政策にも携わる。オバマ政権下で、2009～11年国防次官（調達担当）、11～13年副長官。14年12月オバマ大統領から国防長官に指名され、15年2月就任。17年1月退任。

カーター, ジミー

Carter, Jimmy

1924.10.1～

第39代米国大統領　[出]ジョージア州プレーンズ　[名]Carter, James Earl（Jr.）　[学]ジョージア工科大学卒, 米国海軍兵学校（1946年）卒　[歴]1946年任官したが53年父の死で退役、ピーナツ農園を経営。63～67年ジョージア州上院議員、71～75年同州知事。76年民主党大統領候補に指名され、現職の共和党フォードを破って当選、77年1月第39代大統領となった。アフリカ系問題で進歩的立場に立ち、外交面では中国との全面的国交の回復、ソ連との戦略兵器制限条約など、人権外交を展開した。80年の大統領選でレーガンに敗退し、81年1月退任。82年ジョージア州に非政府組織のカーター・センターを設立。以後、民間外交に積極的に関与。91年7月カーター・センターを本部として設立された国際交渉ネットワーク協議会会長に就任。86年アフリカ、アジア諸国の村々で発生していたギニア病根絶のため、飲料水の濾過方法を伝えるキャンペーンを行う。94年6月北朝鮮を訪問、金日成主席と会談し、核問題における対話路線や南北首脳会談開催などの仲介役を務める。同年9月ハイチへの米軍侵攻危機にあたってはハイチ軍指導部の退陣説得に努め、12月にはボスニア・ヘルツェゴビナ和平調停を行った。97年7月事実上の特使として訪中。99年6月に行われたインドネシア総選挙の国際監視団団長となる。2002年5月米国の元大統領として初めてキューバを訪問。同年12月国際紛争の解決に尽力し、民主主義と人権の発展に貢献したとしてノーベル平和賞を受賞。　[賞]ノーベル平和賞（2002年）, 世界メソジスト平和賞（1984年）, シュヴァイツァー賞（1987年）, オナシス財団賞（1991年）, 国際ケア賞（第1回）（1993年）, フルブライト国際理解賞（1994年）, ユネスコ平和賞（1995年）, ルイス・マンフォード平和賞, 国連人権賞（1998年）

カタイネン, ユルキ

Katainen, Jyrki

1971.10.14～

フィンランド首相, 欧州連合（EU）欧州委員会副委員長　[出]シーリンヤルビ　[学]タンペレ大学卒　[歴]1993年シーリンヤルビ市議から政界入りし、99年フィンランド国会議員に初当選。2004年野党第1党だった国民連合党の党首に就任。06年欧州規模の政党・欧州人民党の副議長に選出。07年3月の総選挙で国民連合党が飛躍を遂げ、バンハネン首相（中央党）の中道右派連立政権ではナンバー2の副首相兼財務相に就任。08年英経済紙「フィナンシャル・タイムズ」が選んだ“欧州のベスト財務相”に輝く。11年4月総選挙で国民連合党が第1党となると6月には6党による連立政権が組まれ、39歳で首相に選出される。14年6月退任。同年より欧州連合（EU）欧州委員会副委員長（成長・投資担当）。13年来日。

カタトニ, サード

Katatni, Saad al-

1952.4.3～

エジプト人民議会議長, エジプト自由公正党幹事長　植物学者　[歴]植物学と微生物学を専門とし、2004年よりミニヤ大学教授を務める。一方、1982年穏健派イスラム団体

ムスリム同胞団に入団。ムバラク政権では政党結成を禁じられていたため、2005年無所属でエジプト人民議会選（下院選）に出馬し、初当選。88人を率いる議員団長として、議会で独裁政権の腐敗を糾弾した。11年の反政府デモ直前には、政権側に危険視されて拘束されたこともある。ムバラク政権崩壊後、ムスリム同胞団が結成した自由公正党の幹事長に就任。12年1月エジプト人民議会議長に就任。

カダフィ, セイフ・イスラム

Qaddafi, Saif al-Islam al-

1972.6.25～

カダフィ国際慈善財団（カダフィ財団）総裁　[出]トリポリ　[学]IMADEC大学　[歴]リビアの最高指導者だったカダフィ大佐の二男。トリポリの大学で建築学を学んだ後、ウィーンに留学。1988年の米パンナム機爆破事件などで賠償金を支払うカダフィ国際慈善財団（カダフィ財団）の総裁を務めた。父に次ぐ実力者の一人として独裁体制を支えたが、2011年2月に起きた反政府運動を弾圧しようとしたとして、6月人道に対する罪の容疑で国際刑事裁判所（ICC）により指名手配される。その後、政権は崩壊し、10月父は反カダフィ派により射殺された。11月身柄を拘束される。13年10月殺人などの罪で起訴。14年4月初公判。15年7月トリポリの裁判所は死刑判決を言い渡した。05年4月に訪日し、小泉首相らと会談した。　[家]父＝ムアマル・アル・カダフィ（リビア最高指導者）

カダフィ, ムアマル・アル

Qaddafi, Muammar al-

1942.9～2011.10.20

リビア最高指導者　軍人　[出]シルト　[名]Qaddafi, Muammar Muhammad al-　[学]リビア大学卒, ベンガジ士官学校　[歴]リビア中部遊牧民ベドウィンのカダファ族出身。アラブ民族主義を説くエジプトのナセル大統領の「アラブの声」放送を聞いて育ち、中学生時代にナセル支持、反イスラエルのデモを主催。高校時代には反体制人物として警察に名前が回覧された。リビア大学卒業後、1963年ベンガジの士官学校に入学。64年幹部候補生の中で家柄のない者をひそかに集め自由将校団（のちの革命委員会）を結成。66年英国で英語、通信技術を学ぶ。69年9月1日無血クーデターでイドリス国王を追放、軍事政権を樹立。27歳の若さで革命評議会議長、最高司令官、大佐となり、以後40年以上に渡ってリビアの最高指導者として君臨。70年1月反革命陰謀発覚後、首相、国防相となるが、"人民による直接政治"を掲げ、政府や議会を廃止。72年7月首相、国防相を辞任した。73年4月からコーランの教えに基づく文化革命を推進。74年4月政治・行政権をジャルド首相に移譲。77～79年人民会議書記長。79年以降は具体的な役職はなく、"大佐"の称号が便宜上よく使われた。統一アラブ国家の建設を理想とし、アラブ社会主義政策を推進し、帝国主義打倒を標榜。86年4月の米国のリビア爆撃をきっかけに穏健路線へ動く。88年の米パンナム機爆破事件では、リビアの犯行を追及する米国と対峙し、国連安保理から経済制裁を発動された。当時のレーガン米国大統領からは"中東の狂犬"と呼ばれた。91年12月には国際テロ放棄を宣言。98年アラブ統一省を廃止、汎アフリカ主義、アフリカ統一を呼びかける。82年、83年アフリカ統一機構（OAU）議長。イラクのフセイン政権が崩壊した2003年、核兵器を含む大量破壊兵器の開発を認め、米英と即時廃棄で合意。09～10年アフリカ連合議長を務めた。11年2月反政府デモが発生すると、これに対して外国人傭兵を雇い入れ武力による鎮圧を図る。3月には米英仏などによる軍事介入を招き、8月には首都トリポリが陥落、独裁政権は事実上崩壊した。その後、行方をくらますが、10月最後の拠点だった故郷シルトで逃亡中に銃撃され死亡した。　[家]子＝ムハンマド・カダフィ, セイフ・イスラム・カダフィ, サアディ・カダフィ, ムタシム・カダフィ, ハンニバル・カダフィ, セイフ・アラブ・カダフィ, ハミス・カダフィ, アイシャ・カダフィ

カダンニコフ, ウラジーミル

Kadannikov, Vladimir

1941.9.3～

ロシア第1副首相　実業家　[出]ゴーリキー（現ニジーノブゴロド）　[名]Kadannikov, Vladimir Vasilievich　[学]ゴーリキー工業大学卒　[歴]大学卒業後、ゴーリキー自動車工場に勤務。プレス工を経て、1967年ボルガ自動車工場副工場長。88年同工場長となり、同年旧国営自動車会社アフトバズ社長に就任。また、89～92年人民代議員を務め、92年12

月の人民代議員大会ではエリツィン大統領が提案した5人の首相候補に残る。92〜93年政府附属の産業政策評議会議長。93年大統領評議会メンバー。95年5月チェルノムイルジン首相率いる"我々の家ロシア"の指導部メンバー。96年1月〜8月ロシア第1副首相。

カチンスキ, ヤロスワフ
Kaczyński, Jarosław
1949.6.18〜
ポーランド首相, 法と正義党首　法律家　ⓗワルシャワ　ⓕKaczyński, Jarosław Aleksander　ⓖワルシャワ大学卒 法学博士　ⓔ両親は第二次大戦中の対独市民決起"ワルシャワ蜂起"に加わった経歴を持つ。一卵性双生児の弟・レフとともに映画「月を盗んだ2人の少年」に主演し, 12歳で一躍スターとなった。1970年初めから反体制運動に参加。80年代に東欧初の自主管理労組"連帯"で幹部を務め, 兄弟で民主化に尽力。89年の初の自由選挙でポーランド上院議員に当選。91年下院議員に初当選。2001年弟とともに中道右派政党"法と正義 (PiS)"を設立, 03年党首に就任。05年9月の総選挙勝利後は首相就任の要請を固持して無名のマルチンキエビッツを党首に据える。06年7月弟のレフ・カチンスキを大統領から首相に指名された。07年10月総選挙で敗北, 11月首相辞任。10年4月, 第二次大戦中にポーランド人将校ら2万人以上がソ連によって虐殺された"カチンの森事件"の追悼式典のためロシアを訪れた弟が, 大統領専用機の墜落事故により急死。同年6〜7月の大統領選決選投票で落選。　ⓡ弟=レフ・カチンスキ (ポーランド大統領)

カチンスキ, レフ
Kaczyński, Lech
1949.6.18〜2010.4.10
ポーランド大統領　　　ⓗワルシャワ　ⓕKaczyński, Lech Aleksander　ⓖワルシャワ大学卒 Ph.D. (グダニスク大学) (1976年)　ⓔ両親は第二次大戦中の対独市民決起"ワルシャワ蜂起"に加わった経歴を持つ。一卵性双生児の兄・ヤロスワフとともに映画「月を盗んだ2人の少年」に主演し, 12歳で一躍スターとなった。その後, 法律を学び, 学者への道を歩む傍ら, 1970年代から反体制運動に参加。80年代に自主管理労組"連

帯"で活動, ワレサ議長の政策顧問となる。共産党支配の終焉と同時に政界入りし, 89〜91年ポーランド上院議員, 91〜93年下院議員。最高監査院総裁, 2000年法相などを歴任。01年兄とともに中道右派政党"法と正義 (PiS)"を設立, 兄が党首を務める。02年首都ワルシャワ市長となり, 治安強化に辣腕を振るう。05年9月の総選挙でPiSが第1党となり, 10月大統領に当選, 12月就任。10年4月, 第二次大戦中にポーランド人将校ら2万人以上がソ連によって虐殺された"カチンの森事件"の追悼式典のためロシアを訪れたが, 大統領専用機が空港着陸直前に墜落, 急死した。カトリックの価値観を重視し, "強いポーランド"を目指す愛国主義者で, タカ派として知られた。　ⓡ兄=ヤロスワフ・カチンスキ (ポーランド首相)

カツァブ, モシェ
Katsav, Moshe
1945.12.5〜
イスラエル大統領　ⓗイラン　ⓖヘブライ大学卒　ⓔ1951年6歳の時, 独立後間もないイスラエルに移住。同国では冷遇される中東・北アフリカ系ユダヤ人の典型で, 貧困層の出身。新聞記者を経て, イスラエル最年少で地方都市の市長に当選し, 以後8年間務める。77年右派リクード党からイスラエル国会議員に当選。同党の重鎮として国会議員団長を務め, 労働・福祉相, 運輸相, ネタニヤフ政権下で副首相兼観光相を歴任。2000年7月与党・労働党の推すノーベル平和賞受賞者のペレス元首相の対立候補として大統領選に出馬, 知名度の差から劣勢とされていた下馬評を覆し, 8月第8代大統領に就任 (任期7年)。07年退任。中東和平に関しては, 当初強硬派として1993年オスロ合意に反対するが, のち領土的譲歩を伴わない和平合意を唱え, リクード党内では穏健派に属する。この間, 観光相時代に部下の女性を強姦し, 大統領在任中には別の女性2人にセクハラをしたとして起訴され, 2010年テルアビブ地裁は強姦罪で有罪判決を下す。11年11月禁錮7年の実刑判決が確定し収監された。イスラエルの大統領経験者が収監されるのは初めて。

カディル, アブドル
Qadir, Abdul
1954〜2002.7.6
アフガニスタン副大統領・公共事業相 ㊥ジャララバード近郊ソルフロッド村 ㊗パシュトゥン民族の裕福な家庭に生まれる。兄弟2人とともにヒズビ・イスラーミー（イスラム党）を形成。1979年のソ連軍のアフガニスタン侵攻以降、主なスンニ派戦士グループの一つに数えられた同党で、最高司令官を務める。92年ナジブラ政権崩壊にともないナンガハル州の知事となり、東部の大物政治家として軍閥を率いた。96年のタリバンによるカブール制圧後はパキスタンに逃れて闘争を展開。2001年のタリバン政権崩壊直前には北部同盟に参加し、米国のアルカイダ掃討作戦にも積極的に協力した。この間、弟のアブドル・ハクも反タリバン闘争の中心的指導者として活躍したが、同年10月アフガニスタンに潜入したところをタリバンに捕らえられて処刑された。同年12月発足のアフガニスタン暫定行政機構（内閣）では、同じパシュトゥン民族出身で議長に就任したハミド・カルザイを支え、都市開発相を務める。02年6月アフガニスタン移行政権でカルザイが大統領に就任すると、5人の副大統領のうちの1人に選出されたが、7月何者かに射殺された。㊟弟＝アブドル・ハク（パシュトゥン人指導者）

カーディル, ラビア
Kadeer, Rabiya
1946.11.15〜
世界ウイグル会議主席　人権活動家 ㊥中国・新疆ウイグル自治区アルタイ ㊗15歳で銀行員と結婚するが、文化大革命中の内職が発覚して離婚。その後、新疆ウイグル自治区で貿易会社やデパートなどビジネスに成功して中国十大富豪の一人にまで数えられた。1996年人民政治協商会議（政協）で政府のウイグル抑圧を非難した演説を行ったことを契機に弾圧を受け、99年投獄される。2000年国家安全危害罪で懲役8年の実刑判決を受け、服役。米国の圧力で05年釈放され米国に亡命。06年在外ウイグル人の国際組織・世界ウイグル会議主席に就任、"ウイグルの母"と呼ばれ、ウイグル女性の人権擁護を訴える。ノーベル平和賞の候補にもなった。中国政府は09年7月のウルムチ暴動の首謀者だとして非難。07年、09年、12年、13年、15年来日。自伝「ウイグルの母 ラビア・カーディル自伝」がある。米国に亡命した現在の夫との間も含め11人の子供がいる。

カディルガマル, ラクシュマン
Kadirgamar, Lakshman
1932.4.12〜2005.8.13
スリランカ外相 ㊥英領セイロン・ジャフナ（スリランカ） ㊎コロンボ大学ロースクール（1955年）卒, オックスフォード大学（英国）文学専攻卒 ㊗タミル人キリスト教徒。法律家を経て、政治の世界に入る。クマラトゥンガ大統領率いるスリランカ自由党（SLFP）を支持し、1994年〜2001年クマラトゥンガ政権下で外相を務めた。04年の総選挙でSLFPが政権復帰したのに伴い、再度外相に就任。少数派タミル人の反政府武装勢力"タミル・イーラム解放のトラ（LTTE）"との交渉では強硬派として知られ、自治権拡大など妥協案に対しては反対し、LTTEがテロ組織として認定されるように国際的キャンペーンを張った。05年8月12日、コロンボ中心部の自宅プールで何者かに銃撃され、翌日搬送先の病院で死亡した。犯行声明は出ていないが、LTTEの犯行とみられている。

カディロフ, アフマト
Kadyrov, Akhmed
1951.8.23〜2004.5.9
チェチェン共和国大統領　イスラム指導者 ㊥ソ連カザフ共和国カラガンダ ㊞Kadyrov, Akhmed-Khadzhi Abdulkhamidovich ㊗チェチェン人。ブハラのマドラサ（イスラム神学校）、タシュケントのイスラム大学などで学び、聖職者に。1988年チェチェン共和国に初のイスラム大学を創設、学長に就任。その後ヨルダンに留学、ソ連が崩壊すると帰国し、95年同共和国のムフティ（イスラム最高指導者）に選出された。94年からチェチェン独立派の抵抗運動に参加するが、独立派を率いるマスハドフ大統領との権力闘争に敗れ、99年の第2次チェチェン戦争の際は一転してロシア連邦政府側につき、住民弾圧にも加担したとされる。その後連邦政府のプーチン大統領の後ろ盾を受け、2000年行政府長官を経て、03年チェチェン共和国大統領選に当選。就任後は"傀

儡政権"との批判が高まり、独立派との対立が激化。04年5月対独戦勝記念の式典中、爆破テロで死亡した。

カディロフ, ラムザン
Kadyrov, Ramzan
1976.10.5〜
チェチェン共和国大統領　[出]ソ連チェチェン・イングーシ自治ロシア共和国ツェントロイ（チェチェン共和国）　[名]Kadyrov, Ramzan Akhmadovich　[歴]2004年5月に爆弾テロで暗殺されたチェチェン共和国大統領アフマト・カディロフの息子。警察部隊を事実上の私兵として操り、父の死後後任に選ばれたアル・アルハノフ大統領を差し置いてチェチェンを牛耳る。05年首相代行を経て、06年3月首相、07年4月大統領に就任。親プーチン派。　[家]父＝アフマト・カディロフ（チェチェン共和国大統領）

カード, アンドルー
Card, Andrew
1947.5.10〜
米国大統領首席補佐官　[出]マサチューセッツ州ホルブルック　[名]通称＝Card, Andy　[学]サウスカロライナ大学（エンジニアリング），ハーバード大学行政大学院修了　[歴]働きながら学校を卒業。コンピュータ会社などいくつかの民間企業を歩いた後、1974年マサチューセッツ州下院議員に当選して政界入り。82年同州知事選に出るが落選。しかし80年の大統領選でレーガン陣営に貢献したのを買われ、83年ホワイトハウスの州政府渉外担当に。ブッシュSr.政権では89年より大統領首席補佐官代理としてスヌヌ元首席補佐官の下でホワイトハウスの日常業務をこなした後、92年1月〜93年1月運輸長官を務めた。同年9月から米国自動車工業会（AAMA）専務理事を務め、ロビー活動を展開。98年末AAMAが解散、99年6月ゼネラル・モーターズ（GM）副社長。2001年1月ブッシュJr.政権の大統領首席補佐官に就任、政権の官房長官役を務める。06年4月辞任。のちテキサスA&M大学公共政策学部長代行を務める。共和党。

カドウミ, ファルーク
Kaddoumi, Farouk
1931〜
パレスチナ解放機構（PLO）政治局長・ファタハ指導者　[出]ナーブルス近郊　[学]カイロ大学卒　[歴]1959年パレスチナ解放機構（PLO）のアラファト議長らとともにゲリラ組織ファタハ創設に参加。対外関係を受け持ち、67年までアラブ諸国との関係を担当。70年のヨルダン内戦でヨルダン軍に逮捕され、投獄。ナセル大統領の斡旋で釈放された。PLO内の穏健派の中心的存在でアラファト議長の右腕として活躍し、73年1月PLO政治局長（外相に担当）。75年と88年の国連総会にPLOの代表として出席。内閣に相当するPLO執行委員会の筆頭メンバーで、実質的なナンバー2として知られた。93年のオスロ合意（パレスチナ暫定自治宣言）に反対してその後も自治区外にとどまり、和平推進の立場のアッバス・パレスチナ自治政府議長と激しく対立する。2004年11月アラファト議長死去により、ファタハの指導者に選出される。

カートマン, チャールズ
Cartman, Charles
朝鮮半島エネルギー開発機構（KEDO）事務局長　外交官　[学]ジョージタウン大学大学院修了　[歴]1975年米国国務省に入省。96年クリントン政権下で国務次官補代理（東アジア・太平洋担当）に就任。97年ニューヨークで開催された米国、中国、韓国、北朝鮮が新たな朝鮮半島和平の枠組みを模索する4ケ国協議の予備会談で首席代表を務める。98年〜2001年国務省朝鮮半島和平協議担当特使を務め、00年にはオルブライト国務長官とともに平壌を訪問した。01年5月北朝鮮の所有する黒鉛減速型原子炉の軽水炉への転換を支援する共同事業体、朝鮮半島エネルギー開発機構（KEDO）事務局長に就任。05年KEDOは主要事業であった軽水炉建設計画が続行不可能となったため解散した。米国有数の朝鮮問題専門家として知られる。

カトラダ, アハメド
Kathrada, Ahmed
1929.8.21〜2017.3.28
南アフリカ国会議員　反アパルトヘイト運動家　[出]シュヴァイツァーレネケ　[名]Kathrada, Ahmed Mohamed　[学]ウィットウォーターランド大学中退　[歴]若い頃から南アフリカのアパルトヘイト（人種隔離政策）に反対し、人種隔離撤廃闘争に参加。

1963年に逮捕され、ネルソン・マンデラらとともに終身刑を言い渡された。約26年間監獄島と呼ばれたロベン島などで獄中生活を送り、解放後の94年国会議員に当選。マンデラ大統領の側近として知られた。

カナル, ジャラ・ナート

Khanal, Jhala Nath

1950.3.20～

ネパール首相, ネパール統一共産党(UML)議長　[出]イラム　[学]トリブバン大学卒　[歴]1967年王制下で非合法政党だったネパール共産党に入党、地下活動を続けた。78年ネパール共産党マルクス・レーニン主義派の結成に参画、82～90年書記長。90年ネパール農相・土地改革相・森林相、97年情報通信相。2008年ネパール統一共産党(UML)書記長を経て、09～14年党議長。11年2月～8月首相を務めた。

カナーン, ガジ

Kanaan, Ghazi

1942～2005.10.12

シリア内相　[出]Bhamra　[歴]1982年～2002年シリア国軍のレバノン担当情報局長としてレバノンに駐留。シリアが軍や情報機関を使ってレバノンを間接支配する構造を作り上げ、"レバノンの陰の支配者"と呼ばれた。04年5月内相に就任。05年2月レバノンのハリリ元首相暗殺事件で関与が疑われ、9月国連の独立調査委員会から事情聴取を受けた。暗殺事件への関与は否定したが、10月ダマスカスの内務省の自室で自殺した。

ガニ, アシュラフ

Ghani, Ashraf

1949.5.19～

アフガニスタン大統領　人類学者　[出]ロガール州　[名]Ghani Ahmadzai, Ashraf　[学]ベイルート・アメリカン大学, コロンビア大学人類学博士(コロンビア大学)　[歴]アフガニスタン中部のロガール州で、パシュトゥン人有力部族長の家に生まれる。高校卒業後、中東レバノンに留学し、さらに米国に渡る。コロンビア大学で人類学の博士号を取得し、カリフォルニア大学バークレー校などで教壇に立った。1991年より世界銀行で途上国開発に従事。2001年のタリバン政権崩壊後、新生アフガンの国造りに参加するため帰国。02～04年カルザイの移行政権で財務相。04～08年カブール大学学長。09年大統領選に出馬し4位で落選。14年4月の大統領選で2位となり、6月の決選投票に進出。対立候補のアブドラ・アブドラ元外相と不正投票をめぐり激しく対立したが、9月挙国一致政権の樹立で両陣営が合意し、大統領に就任。

ガニラウ, ペナイア

Ganilau, Penaia

1918.7.28～1993.12.15

フィジー大統領　[名]Ganilau, Penaia Kanatabatu　[学]オックスフォード大学卒　[歴]1953～56年フィジー軍に勤務。61年からフィジー人問題省次官、65年フィジー人問題相。70年の独立とともに内務兼土地・鉱物資源相、72年通信・土木・運輸相、73年副首相を歴任。83年2月総督に就任。87年ランブカ大佐による2回のクーデターの後、共和制移行、英連邦からの離脱という激動の中で同年12月大統領に就任。93年12月に亡くなるまで務めた。

ガネフ, ストヤン

Ganev, Stoyan

1955.7.23～2013.7.2

ブルガリア副首相・外相　[出]パザルジク　[学]ソフィア大学法学部(1979年)卒 Ph.D.　[歴]モスクワ大学に留学。帰国後ソフィア大学の講師に。ジフコフ元ブルガリア共産党書記長失脚後の1990年1月から統一民主センター党首を務め、同年6月の選挙で国会議員に当選。91年11月成立した社会党抜きの政府で副首相兼外相に就任。92年9月史上最年少(37歳)で第47回国連総会議長となり、ブルガリア民主化の旗手といわれた。96年～2001年米国ブリッジポート大学教授、のちニューヨーク大学社会学助教授を歴任。

ガネム, シュクリ

Ghanem, Shukri

1942.10.9～2012.4.29

リビア全人民委員会書記(首相)　[出]トリポリ　[名]Ghanem, Shukri Muhammad　[学]ベンガジ大学　[歴]リビア経済貿易相を経て、2003年首相に就任。06年より国営石油会社総裁。カダフィ氏の最側近の一人で、首相として市場開放政策を進めた。11年5月カダフィ政権を離反、家族と共に出国し、反体

制派を支持した。政権打倒後は欧州に滞在した。

ガネム, ファラジ・ビン

Ghanim, Faraj Said bin

1937.9.1〜2007.8.5

イエメン首相　[学]ハルツーム大学（スーダン）（1964年）卒　[歴]1969〜70年南イエメン財務事務次官、79〜89年計画相、89〜90年国連代表、90〜93年計画開発相。93年南北イエメン統一。95〜97年イエメン国連代表。97年5月〜98年4月首相を務めた。

カノ, アルフォンソ

Cano, Alfonso

1948.7.22〜2011.11.4

コロンビア革命軍（FARC）最高指導者　ゲリラ指導者　[出]ボゴタ　[名]Sáenz Vargas, Guillermo León　[学]コロンビア国立大学　[歴]1964年に創設されたコロンビア最大の左翼武装ゲリラ、コロンビア革命軍（FARC）のイデオロギー面での指導者として知られ、90年代の初めに政府との和平交渉で窓口になるが、失敗に終わった。2008年5月FARC創設者のマヌエル・マルランダ最高司令官の後継者として最高指導者の座に就く。11年11月FARCのメンバー14人と共にコロンビア南西部カウカ県の山岳地帯に潜んでいたところ、治安部隊に襲撃され死亡した。

カバー, アフマド・テジャン

Kabbah, Ahmad Tejan

1932.2.16〜2014.3.13

シエラレオネ大統領, シエラレオネ人民党（SLPP）党首　[出]ベンデンブ　[学]カーディフ工科大学, ウエールズ・アベリスウィズ専門学校（英国）卒　[歴]1954年シエラレオネ人民党（SLPP）に入党。英国で人文科学を学び、59年公務員となる。68年選挙でSLPPが敗北した後公務員を解雇され、英国へ亡命。同地で法律を学び、国連職員に。本部西アフリカ副官、国連開発計画ウガンダ事務所レジデント代表、同西部南部地区代表を歴任。92年軍事政権が設立した複数政党制復帰準備委員会長に任命される。96年3月大統領選で当選。97年5月コロマ少佐を指導者とする軍革命評議会（AFRC）が蜂起し全権を掌握したため、国外追放される。98年3月ギニアから帰国し、民政復帰で大統領に復帰。2002年5月再選。07年9月退任。

カバコ・シルバ, アニバル

Cavaco-Silva, Anibal

1939.7.15〜

ポルトガル大統領・首相, ポルトガル社会民主党（PSD）党首　経済学者　[出]アルガルベ州ローレ　[名]Cavaco-Silva, Anibal António　[学]リスボン工科大学経済財政学部（1964年）卒 経済学博士（ヨーク大学）　[歴]英国ヨーク大学で博士号を取得した経済学者で、カトリック大学助教授、リスボン新大学教授を歴任。1974年中道右派、ポルトガル社会民主党（PSD）結党とともに入党。77年ポルトガル銀行（国立中央銀行）調査部長を経て、80年国会議員に初当選。同3月〜81年1月サカルネイロ政権の財政計画相。85年5月PSD党首に選ばれ、10月の総選挙で同党が第1党になり、11月首相に就任。95年2月党首を辞任し、10月首相を退任。3期10年務め、74年の民主化以来最長の任期を記録。外貨導入と民営化、規制緩和で経済ブームを巻き起こし、86年欧州共同体（EC, 現・欧州連合＝EU）加盟を実現させた。96年大統領選で敗北後、ポルトガル銀行顧問、カトリック大学教授などを務めた。2006年1月ソアレス元大統領を2度目の挑戦で破り大統領に当選、3月就任。11年1月大統領選で再選、3月2期目就任。3選禁止のため、16年3月退任した。

カバリティ, アブドル・カリム・アル

Kabariti, Abdul Kalim Al

1949.12.15〜

ヨルダン首相・外相・国防相　[学]セント・エドワーズ大学（米国）卒　[歴]1989年国会議員。92〜93年労相、95〜96年外相を経て、96年2月首相兼外相兼国防相。97年3月辞任。

カバロ, ドミンゴ・フェリペ

Cavallo, Domingo Felipe

1946.7.21〜

アルゼンチン経済財政相, アルゼンチン共和国行動党党首　[出]コルドバ州サンフランシスコ　[学]コルドバ大学（1966年）卒, ハーバード大学大学院（1970年）博士課程修了 Ph.D.　[歴]1971〜72年コルドバ州立銀行副頭取、81年アルゼンチン内務次官、82年中央銀行総裁、89年外相、91年1月経済財政相。96年任期途中で辞任し、エクアドル政府の経済顧

問に就任。98年ロシア危機の際にはロシア政府から助言を求められモスクワに飛ぶなど、新興国危機の御意見番として奔走。99年大統領選、2000年ブエノスアイレス市長選に出馬。01年3月経済財政相に再登板するが、12月辞任。新興政党・共和国行動党党首を務める。

カピタニチ, ホルヘ

Capitanich, Jorge

1964.11.28〜

アルゼンチン首相　[出]チャコ州ロケ・サンズ・ペナ　[名]Capitanich, Jorge Milton　[歴]アルゼンチン正義党に入党。2001年チャコ州の上院議員を経て、02年1月〜3月ドゥアルデ政権の首相。07年12月〜13年11月チャコ州知事。13年11月〜15年2月キルチネル政権で再び首相を務めた。15年大統領選の与党の候補者の一人でもあった。愛称は“Coqui”。

カビラ, ジョセフ

Kabila, Joseph

1971.6.4〜

コンゴ民主共和国大統領　軍人　[出]ザイール・サウスキブ州(コンゴ民主共和国)　[学]マケレレ大学中退　[歴]ローラン・カビラ大統領の長男。旧ザイールのモブツ独裁政権時代、東部の山中でゲリラ活動をしていた父母のもとに生まれる。母はルワンダの出身。タンザニアで育ち、同国の高校を卒業後、ウガンダの大学を中退。1996年に始まった反モブツ政権の内戦で、東部の反政府軍の司令官を務める。97年5月父とともに反政府武装勢力を率い、アンゴラ軍やジンバブエ軍の支援を受けてモブツ政権を打倒。父がコンゴ民主共和国大統領に就くと軍の幹部に就任。98年軍事戦術を学ぶため北京に留学するが、同年8月新たな内戦(第2次コンゴ戦争)が始まったため3ケ月で帰国。少将に昇格し、2000年陸軍のトップである参謀総長となる。01年1月父が暗殺され、29歳で大統領に就任。国防相も兼任。反政府勢力を支援したルワンダ、ウガンダとの和平を実現させ内戦を終結に導き、03年4月には反政府勢力を取り込んだ暫定政府を樹立、大統領留任。06年10月民主的選挙で大統領に当選、12月就任。アフリカの最年少国家元首。11年11月大統領選に再選され、12月再任。英語とスワヒリ語に堪能。　[家]父＝ローラン・カビラ(コンゴ民主共和国大統領)

カビラ, ローラン

Kabila, Laurent

1939.11.27〜2001.1.18

コンゴ民主共和国大統領　[出]カタンガ(シャバ州リカシ)　[名]Kabila, Laurent Désiré　[歴]南部シャバ州でスワヒリ語系のルバ族に生まれ、フランスで哲学を学んだとされる。1950年代末からパトリス・ルムンバらとともにコンゴ独立運動に参加。60年の独立後、ルムンバ政権の閣僚クラスになるが、ルムンバ暗殺後は亡命してカイロやタンザニアを中心に活動。65年モブツ独裁政権成立(国名・ザイールと改称)後、キューバの支援でチェ・ゲバラとともにザイール国内で反乱を試みるが失敗。67年人民革命党を結成、反政府ゲリラ活動を繰り返した。70年代末からウガンダなどに亡命。80年代はダルエスサラームで金などを販売。96年ザイール東部紛争で、武装勢力連合の指揮者としてザイール東部を制圧、同年10月ツチ族系住民バニャムレング族主体のコンゴ・ザイール解放民主勢力連合(ADFL)を結成、11月暫定政府を宣言。その後、政府への攻撃を本格化させ、97年5月首都キンシャサを制圧、モブツ大統領を追放し、大統領(国家元首)に就任。また国名をコンゴ民主共和国と改称。国防相を兼任。政権掌握後、政党を禁止(99年解除)、政府批判者を投獄するなど民主化を弾圧し国際社会から孤立。さらに、ツチ族軽視政策を契機にモブツ打倒を後押ししたルワンダ、ウガンダとも不和となり、内戦に陥る。同年8月再び東部で親ルワンダ派が反乱を起こすと、ジンバブエ、アンゴラなど周辺6ケ国を引き込み、内戦を拡大させた。99年7月和平協定を結ぶが、ルワンダなど敵国と同様、協定を無視。その後内戦は小康状態となっていたが、2001年1月キンシャサの大統領官邸付近で大統領を警護中の政府軍兵士の間で銃撃戦が発生、警護員の一人に銃撃され、死亡した。　[家]息子＝ジョセフ・カビラ(コンゴ民主共和国大統領)

ガビリア, シモン

Gaviria, Simon

コロンビア自由党党首　[出]ペレイラ　[名]Gaviria, Simon Muñoz　[学]ペンシルベニア大学　[歴]父は元コロンビア大統領のセサ

ル・ガビリア。米国の大学で経済学を学び、銀行に勤務した経験もある。20代でコロンビア下院議員に当選し、下院議長を務めたのち、2011年与党連合を構成する自由党党首に選出される。新世代のリーダーと目されており、日本との経済連携協定（EPA）交渉にもあたる。　[家]父＝セサル・ガビリア（元コロンビア大統領）

ガビリア, セサル

Gaviria, César

1947.3.31～

コロンビア大統領, 米州機構（OAS）事務総長　[出]ペレイラ　[名]Gaviria Trujillo, César　[学]ロス・アンデス大学経済学部卒　[歴]大学を首席で卒業後、1970年23歳でペレイラ市会議員に当選、73年同市長。74年27歳で下院議員に転出。経済開発省次官などを務めた後、83～84年下院議長。86年自由党副党首となり、同年の大統領選でバルコ候補の選対委員長を務め、同政権発足と同時に財務相に抜擢される。87～89年内相、民族派ゲリラ「M19（4月19日運動）」との和平交渉を成功させる。89年8月ルイス・ガラン次期大統領候補が麻薬マフィアに暗殺されたため、選対委員長だったが身代わりに立候補し、90年8月～94年8月大統領。同年9月～2005年5月米州機構（OAS）事務総長。真面目な性格で、感情をあまり表に出さず、時間厳守を励行する実務家タイプの政治家。クラシックやビートルズ、ピンク・フロイドのファンで、ロックのレコードだけで4000枚収集したという音楽好き。

カブア, アマタ

Kabua, Amata

1928.11.17～1996.12.20

マーシャル諸島大統領　[学]マウナ・オル・カレッジ（ハワイ）卒　[歴]日本統括時代に大酋長の家に生まれる。1950年代の初めにマーシャル諸島酋長会議書記に就任、以後マーシャル諸島会議議員、議長を経て、70年代後半マーシャル諸島憲法制定会議の委員となり、79年5月マーシャル諸島共和国自治政府の発足とともに大統領。90年米国の信託統治が正式終了、91年11月総選挙で勝利し、92年1月大統領に選出される（5期）。96年来日。

カブア, イマタ

Kabua, Imata

1943.5.20～

マーシャル諸島大統領　[学]ヴェントーラカレッジ卒　[歴]1978年マーシャル諸島憲法会議員。96年ラリック諸島担当相。97年1月大統領。99年12月総選挙に敗れたことから大統領選への出馬を辞退。

カファンド, ミシェル

Kafando, Michel

1942.8.18～

ブルキナファソ暫定大統領　[出]フランス領オートボルタ・ワガドゥグ（ブルキナファソ）　[学]ボルドー大学, パリ政治学院 政治学博士（パリ大学）（1990年）　[歴]1982～83年ブルキナファソ外相、98年～2001年国連大使。市民の抗議デモ拡大に伴う混乱により、14年10月コンパオレ大統領が辞任したことを受け、11月暫定大統領に指名され、同月就任。15年9月大統領警備隊（RSP）により拘束されたが、国民の反対を受けクーデターは失敗。同年11月大統領選挙と国民議会選挙が行われ、退任。

カフィ, アリ

Kafi, Ali

1928～2013.4.16

アルジェリア国家評議会議長　[出]フランス領アルジェリア・エル・ハルーシュ（アルジェリア）　[歴]農家に生まれ、1944年16歳でアルジェリア人民党に参加。対フランス独立闘争では55年8月の蜂起に参加、チュニジアから2回も電気有刺鉄線を突破してアルジェリアに潜入した。62年の独立後は主に外交畑を歩み、リビア、エジプト、イラクなどの大使を歴任。79年アルジェリア民族解放戦線（FLN）中央委員。退役軍人国民協会事務局長。92年1月国家評議会メンバー。同年7月暗殺されたブディアフの後を継ぎ、94年まで国家評議会議長（国家元首）を務めた。穏健派で歴史と芸術好きな性格といわれた。

カブース・ビン・サイド

Qaboos bin Said

1940.11.18～

オマーン国王・首相　軍人　[出]サラーラ　[名]Qaboos bin Said as-Said　[学]サンドハースト陸軍士官学校（英国）卒　[歴]英軍勤務の

あと帰国。皇太子であったが、1970年7月父親のサイド・ビン・タイムール国王を宮廷クーデターで追放し、23日第8代国王に即位。国防相、外相、財務相、国軍最高司令官を兼任。71年12月首相も兼任。開国策を採り、石油資源を活用する近代化政策を実施、79年9月ホルムズ海峡安全構想を提案。90年代からは漸進的に民主化を推進。アラブ親米派の雄、親日的外交で知られる。 [家]父＝サイド・ビン・タイムール（オマーン第7代国王）

カボレ, ロシュ

Kaboré, Roch

1957.4.25～

ブルキナファソ大統領 [出]フランス領オートボルタ・ワガドゥグ（ブルキナファソ） [名]Kaboré, Roch Marc-Christian [学]ディジョン大学（フランス）卒 [歴]コンパオレ大統領の下で、1994～96年首相、2001年国民議会議長に就任。コンパオレの再選出馬を可能にする改憲の動きに反発し、14年1月新党・発展のための国民運動（MPP）結成。14年10月、27年間実権を握り続けてきたコンパオレ大統領が市民の反対デモを受けて退陣。暫定政権下で15年11月に行われた大統領選で当選、12月就任。

ガマー, ジョン

Gummer, John

1939.11.26～

英国環境相, 欧州保守グループ会長 [出]ストックポート [学]ケンブリッジ大学（1961年）卒 [歴]1971年ケンブリッジ大学で修士号取得。編集者を経て、83年下院議員となり、保守党議長（83～85年）、環境担当国務相（83～84年）、主計長官（84～85年）、農漁業食糧担当国務相（85～88年）などを歴任。89年7月サッチャー内閣の農漁業食糧相に就任、90年11月メージャー内閣でも留任。93年5月～97年5月環境相。ウルグアイ・ラウンド農業交渉で活躍、経済協力開発機構（OECD）環境閣僚会合議長も務めた。97年より欧州保守グループ会長。

カーマ, セレツェ・カーマ・イアン

Khama, Seretse Khama Ian

1953.2.27～

ボツワナ大統領 [出]英国サリー州 [歴]ボツワナ独立時のセレツェ・カーマ初代大統領の長男で、両親の亡命先だった英国に生まれる。英国で軍事教育を受けた後、マシーレ政権下の1989～98年陸軍司令官。国会議員に選出された98年に副大統領。引退を表明したモハエ大統領の後継指名を受け、2008年4月大統領に就任。09年10月2期目。14年10月3期目。 [家]父＝セレツェ・カーマ（ボツワナ初代大統領）

カマラ, ムサ・ダディ

Camara, Moussa Dadis

1964～

ギニア大統領 軍人 [出]クレ [学]アブデルナセル大学 [歴]コナクリのアブデルナセル大学で法学や経済学を学んだ後、1990年ギニア軍に入隊。2004～05年ドイツで訓練を受ける。コンテ大統領死去後の08年12月23日のクーデターを主導。25日スアレ首相や閣僚らが服従の意思を伝え、実権を掌握し、大統領就任を宣言。民主主義発展国民評議会（CNDD）議長、陸軍大尉。09年9月28日、コナクリで行われた暫定軍事政権に対するデモを武力制圧し、150人を超える死者と1200人以上の負傷者を出した。同年12月側近に頭部を撃たれ負傷、国外へ搬送された。

カミロフ, アブドゥラジズ

Kamilov, Abdulaziz

1947.11.16～

ウズベキスタン外相 [出]ソ連ウズベク共和国タシケント州ヤンギユリ（ウズベキスタン） [名]Kamilov, Abdulaziz Khufizovich [学]ソ連外務省外交アカデミー卒 歴史学博士 [歴]1972年ソ連外務省に入省。73～76年在レバノン・ソ連大使館員、78～80年ソ連科学アカデミー東洋学研究所研究員、80～84年在シリア・ソ連大使館2等書記官、84～88年ソ連外務省中東局1等書記官、88～91年ソ連科学アカデミー世界経済国際関係研究所上級研究員、91～92年在ロシア・ウズベキスタン大使館参事官、92～94年ウズベキスタン国家保安庁副長官、94年外務省第1次官、94年～2003年ウズベキスタン外相。1998年～2003年世界経済外交大学学長。03年ウズベキスタン大統領国家補佐官（外交担当）、03～10年駐米特命全権大使、04～10年駐カナダ特命全権大使（ワシントン在勤）、08～10年駐ブラジル特命全権大使（ワシントン在

勤)、10〜12年ウズベキスタン外務省第1次官、12年1月より再び外相を務める。1999年12月来日。

ガムサフルディア, ズビアド

Gamsakhurdia, Zviad

1939.3.31〜1993.12.31

グルジア大統領　文学者　[出]グルジア共和国　[名]Gamsakhurdia, Zviad Konstantinovich　[学]トビリシ大学西欧言語・文学部卒　[歴]グルジア文学研究所に研究員として勤務し、文学活動に従事。中世グルジアの国民詩人、ショタ・ルスタベリの研究者として知られる。1970年代に新聞・雑誌を地下出版し、4度にわたり反体制活動で投獄される。ヘルシンキ宣言監視グループのグルジア・ヘルシンキ同盟を創設、議長となる。89年聖イリア協会会長。90年10月の共和国最高会議選挙で非共産政治ブロック「自由グルジア円卓会議」を指導して圧勝、11月議長に就任。91年5月共和国大統領制導入で初代大統領に当選。92年1月、前年末からの反大統領派のクーデターで追放されアルメニアへ亡命。父は今世紀グルジア最大の作家として知られるコンスタンチン・ガムサフルディア。　[家]父＝コンスタンチン・ガムサフルディア(作家)

カムタイ・シパンドン

Khamtay Siphandone

1924.2.8〜

ラオス国家主席(大統領), ラオス人民革命党(LPRP)議長　軍人　[出]フランス領インドシナ・チャンパサック州ムオンクオン(ラオス)　[歴]農民の子。郵便局に勤め、日本軍がフランス領インドシナを占領すると中国、インド、サイゴンを訪れて各国の独立運動を体験。1947年ラオ・イサラ(自由ラオス)運動に参加、49年南部地域の責任者として南部抗戦委員会を設立。50年ラオス抗戦戦線全国大会でネオ・ラオ・イサラ(自由ラオス戦線)中央委員に選出。56年ラオス人民党(72年ラオス人民革命党＝LPRPに改称)中央指導委員会、61年ラオス人民解放軍最高司令官。62年党中央常務委員兼中央軍事委副書記。72年党政治局員兼中央軍事委書記。75年ラオス人民民主共和国建国に伴い副首相兼国防相。91年8月カイソン初代首相の後を受けて2代目首相に就任、92年11月カイソンが亡くなりLPRP議長。93年2月首相再任、96年3月党議長再任。98年2月ヌハク・プームサワン国家主席(大統領)の引退に伴い、国家主席に就任。2006年3月党議長、6月国家主席を引退。1995年5月来日。

カムプイ・ケオブラパ

Khamphoui Keoboualapha

1930.5.25〜2008.10.21

ラオス副首相　銀行家　[出]サーラワン　[歴]1960年ラオス人民党(現・ラオス人民革命党＝LPRP)に入党。ラオス人民民主共和国建国後はチャムパーサック県党委員会書記。ラオス国家銀行総裁を経て、91年第5回党大会で政治局員に抜擢され、同年副首相に就任、経済・計画・財政相を兼任。経済改革推進派と目されていたが、96年失脚した。

ガユーム, マウムーン・アブドル

Gayoom, Maumoon Abdul

1937.12.29〜

モルディブ大統領, モルディブ進歩党(PPM)党首　[出]マレ　[学]アル・アズハル大学(カイロ)卒, アル・アズハル大学大学院(1966年)修了　[歴]カイロのアメリカン大学、ナイジェリアのアーマド・ベロ大学でイスラム教学の助手、講師を務め、1971年帰国。72年海運局長、74年首相府特別補佐官、76年国連常駐代表、77年運輸相。78年11月モルディブ共和国の第3代大統領に就任。2003年10月国民投票で6選。08年10月7選を目指すが、モハメド・ナシードに敗れる。11年新党モルディブ進歩党(PPM)を創設し、党首。13年退任。清貧な学究肌の政治家。13年11月第6代大統領に就任したアブドラ・ヤミーンは異母弟にあたり、その後ろ盾だったが、次期大統領候補などを巡って対立。PPMを離党し、野党勢力と連携を強めた。18年2月政権転覆などの疑いで逮捕される。　[家]異母弟＝アブドラ・ヤミーン(モルディブ第6代大統領)

カラ, ユスフ

Kalla, Yusuf

1942.5.15〜

インドネシア副大統領, ゴルカル党総裁　[出]南スラウェシ州ボネ県ワタムポネ　[名]Kalla, Muhammad Yusuf　[学]ハサヌディン大学経済学部(1967年)卒　[歴]1968年貿易会社社

長。88年〜2001年インドネシア国民協議会議員。1999年ゴルカル党副総裁（総選挙担当）。同年10月〜2000年4月ワヒド政権の産業・貿易相、01年8月〜04年5月メガワティ政権の調整相（公共福祉担当）を経て、04年10月ユドヨノ政権の副大統領。12月ゴルカル党総裁に就任。09年ウィラントと組み大統領選に立候補。14年の大統領選は庶民出身のジョコ・ウィドドの副大統領候補として立候補し、ジョコと共に当選、2度目の副大統領となった。

ガライコエチェア, カルロス

Garaikoetxea, Carlos
1938.6.2〜
バスク連帯創立者, バスク自治州政府初代首班　バスク・ナショナリズム運動指導者
[出]ナバラ州パンプローナ　[名]Garaikoetxea Urriza, Carlos　[歴]バスク地方の3県ではないナバラ州の生まれながら、実業界を経て、バスク国民党（PNV）に入党。バスク州の自治権が継承されると、1980年初代自治政府首班となる。しかし、ナバラ県の扱い等をめぐって党多数派と対立し、85年辞任。翌年キリスト教民主主義のPNVに対して、社会民主主義とバスク独立を掲げる政党、バスク連帯を結成。PNVや、武装闘争を続けるバスク祖国と自由（ETA）などに挟まれながら、キャスティング・ボードを握る。99年政界を引退。

カラジッチ, ラドヴァン

Karadžić, Radovan
1945.6.19〜
セルビア民主党（SDS）党首　精神科医, 詩人
[出]ユーゴスラビア・モンテネグロ共和国ペトニツァ村（モンテネグロ）　[学]サラエボ大学医学部卒, コロンビア大学（米国）　[歴]1960年サラエボへ移住。妻とともに精神科医。2人の子どもも医学の道へ。詩人としての評価も高くこれまでに4冊の詩集を出す。89年の東欧改革で旧ユーゴ連邦内の民族紛争が再燃して以来セルビア民族主義者として活動。90年6月ボスニア内のセルビア人の主権を求めたセルビア民主党（SDS）を結成し、以来議長（党首）を務めた。セルビア系住民を率いてイスラム系およびクロアチア住民と激しい戦闘（ボスニア紛争）を繰り返し、支配地域から他民族を組織的に追い出す“民族浄化”を進めるなど、一貫して強硬な路線をとり続けた。92年12月ボスニア内で独立を宣言した“ボスニア・セルビア人共和国”の初代“大統領”に就任。95年7月スレブレニツァにセルビア人勢力が突入、約10日間に少年を含むイスラム系の男性ら7000人以上が殺害された“スレブレニツァの虐殺”などを指揮したとして、7月と11月に旧ユーゴ国際戦犯法廷（ICTY, オランダ・ハーグ）が大量虐殺（ジェノサイド）や人権侵害の容疑者として起訴、96年国際逮捕状が出された。6月にはSDS党首に再選出されるが、同月30日“大統領”を辞任、7月に政界引退を表明後、姿を隠す。2008年7月セルビア治安部隊により同国で拘束され、旧ユーゴ国際戦犯法廷に移送される。16年3月起訴された11の罪のうち10が有罪となり、禁錮40年の判決を受けた。　[賞]ショーロホフ文学賞（ロシア）（1994年）

カラシン, グリゴリー

Karasin, Grigory
1949.8.23〜
ロシア外務次官　外交官　[出]ソ連ロシア共和国モスクワ（ロシア）　[名]Karasin, Grigory Borisovich　[学]モスクワ大学　[歴]ソ連外務省に入り、1988年駐英国大使館参事官、92年外務省アフリカ中東局アフリカ部長、93年情報局長、96年外務次官（アジア太平洋地域担当）となり、対日政策責任者に。2000年駐英国大使を経て、05年外務次官（独立国家共同体諸国担当）。

カラス, シーム

Kallas, Siim
1948.10.2〜
エストニア首相　[出]ソ連エストニア共和国タリン　[学]タルトゥ大学卒　[歴]1991〜95年エストニア銀行総裁、95〜96年外相、99年財務相を経て、2002年1月〜03年首相。この間、1994年エストニア改革党を結成、党首を務める。

カラスカラオ, マヌエル

Carrascalão, Manuel
1933.12.16〜2009.7.11
東ティモール民族抵抗評議会（CNRT）総裁
[出]ポルトガル領アタウロ島（東ティモール）
[名]Carrascalão, Manuel Viegas　[歴]マリオ、

ジュアンとともにカラスカラオ3兄弟として、東ティモール政治に大きな役割を果たした。1974年フレテリンのライバルとなるティモール民主同盟（UDT）に参加。75年8月のUDTによるクーデター失敗後、マリオとともにインドネシアへの協力者となり、占領下は東ティモール州議会議員を務めた。98年スハルト政権が崩壊すると、独立派についた為、インドネシア派（統合派）の恨みを買い、99年4月、ディリの自宅が民兵によって襲撃され、子どもが殺された。東ティモール民族抵抗評議会（CNRT）幹部、2001年4月CNRT議長、のち総裁、社会民主党国会議員を歴任。　[家]弟＝マリオ・カラスカラオ（東ティモール副首相）

カラスカラオ, マリオ

Carrascalão, Mario

1937.5.12〜2017.5.19

東ティモール副首相, 東ティモール民族抵抗評議会（CNRT）総裁　[出]ポルトガル領ティモール・バウカウ県ヴェニラレ（東ティモール）　[名]Carrascalão, Mario Viegas　[歴]マヌエル、ジュアンとともにカラスカラオ3兄弟として、東ティモール政治に大きな役割を果たした。1982〜92年インドネシアの東ティモール知事、駐ポルトガル大使などを務める。東ティモールのインドネシアからの独立を目指す東ティモール民族抵抗評議会（CNRT）幹部として活動し、2001年3月議長を経て、総裁に就任。同年6月CNRTは解散。02年5月東ティモールはインドネシアからの独立を果たした。09〜10年東ティモール副首相。　[家]兄＝マヌエル・カラスカラオ（CNRT総裁）

ガラセ, ライセニア

Qarase, Laisenia

1941.2.4〜

フィジー首相　[出]ラウ島　[学]オークランド大学卒　[歴]協同組合勤務を経て、1979〜80年フィジー商工省事務次官、80〜83年公共事業委員会事務局長。2000年5月インド系住民に対抗する先住民族系の武装集団が議会を占領したクーデターののち、フィジー国軍のバイニマラマ司令官が全権を掌握。全土に戒厳令が出される中、同年7月首相に就任し、文民主導暫定政権を発足。11月にはフィジー高裁が同政権を違憲とする判断を下したため上訴、01年3月控訴審が同政権を再び違憲と判断、首相を辞職するなど政治混乱が続いた。同年5月先住民族系の統一フィジー党を旗揚げし、党首。9月総選挙で同党が第1党となり、首相に就任。06年12月、00年のクーデター首謀者らへの恩赦法案をめぐる対立が原因でクーデターが発生、軍が全権を掌握し首相を解任された。12年汚職行為により12ケ月の収監判決を受ける。02年、03年、05年訪日。

カラペチャン, カレン

Karapetyan, Karen

1963.8.14〜

アルメニア首相　実業家　[出]ソ連アゼルバイジャン共和国ナゴルノ・カラバフ自治州ステパナケルト　[学]エレバン大学応用数学部 Ph.D.　[歴]1985年アルメニア国家計画局コンピューターセンター、科学者・文化人協会勤務ののち、96年国営企業アルメンエネルゴ副社長、98年社長に就任。2001年エネルギー省次官に任命される。同年ガスプロム・アルメニア社会長兼CEO（最高経営責任者）。10年エレバン市長に選出される。11年ロシア政府系天然ガス企業のガスプロムバンク第1副社長を経て、16年9月サルキシャン大統領によりアルメニア首相に任命される。

カラマンリス, コンスタンティノス

Karamanlis, Konstantinos

1907.3.8〜1998.4.23

ギリシャ大統領　[出]オスマン帝国プロティ（ギリシャ）　[学]アテネ大学法学部卒　[歴]弁護士を経て、1935年ギリシャ国会議員に当選。労相、運輸相、国防相などを歴任。55年王命により首相に就任。56年新政党・全国急進連合を結成し党首。63年6月国王と衝突して首相辞任、11月総選挙に敗れ党首も辞任、パリへ亡命した。この間、4度組閣。74年キプロス紛争危機で11年ぶりに帰国、11月総選挙を経て、与党・新民主主義党（ND）党首兼首相となる。その後、キプロス派兵中止、政治犯の釈放、全知事の免職、52年憲法の復活など民主化政策を推進した。80年5月大統領就任に伴い党首辞任。85年3月大統領辞任。90年5月〜95年3月再び大統領を務めた。

カラマンリス, コンスタンティノス

Karamanlis, Konstantinos

1956.9.14〜

ギリシャ首相, ギリシャ新民主主義党（ND）党首　[出]アテネ　[名]別名＝Karamanlis, Kostas　[学]アテネ大学法学部（1979年）卒 博士号（タフツ大学）　[歴]第二次大戦後のギリシャ政界に君臨した同姓同名のカラマンリス大統領を叔父に持つ名門出身。1989年33歳で中道右派の新民主主義党（ND）からギリシャ国会議員に当選、94年同党中央委員、97年より党首を務める。2004年3月総選挙で勝利を収め、同国初の戦後生まれの首相に就任。07年9月再選。その後、支持率が低下し、09年議会を解散して国民に信を問うたが敗北し、首相とND党首を退任。英語、ドイツ語、フランス語に堪能。　[家]叔父＝コンスタンティノス・カラマンリス（ギリシャ大統領）

カラミ, オマル

Karami, Omar

1935.5〜2015.1.1

レバノン首相　[出]トリポリ　[学]カイロ大学法学部卒　[歴]1987年ヘリコプター爆破事件で暗殺されたラシド・カラミ首相の実弟。89年11月レバノン教育相を経て、90年12月首相に就任。92年5月レバノン全土の主要都市で起きた暴動で引責辞任。2004年10月再び首相に就任。その後、前任のハリリ首相暗殺事件発生で国政が混乱し、05年2月内閣総辞職で退任、3月再び首相に任命されるが、辞任した。親シリア派として知られた。　[家]兄＝ラシド・カラミ（レバノン首相）

カラム, アブドル

Kalam, Abdul

1931.10.15〜2015.7.27

インド大統領　核兵器開発者　[出]英領インド（インド・タミール・ナドゥ州）　[名]Kalam, Aavul Pakkri Jainulabidin Abdul　[学]セント・ジョセフ大学（タミール・ナドゥ州）卒, マドラス工科大学（航空工学）卒 工学博士　[歴]インドでは少数派であるイスラム教徒の貧しい漁師の家に生まれる。苦学して大学に入り、航空工学の専門家に。1960年代米国で宇宙工学を学び、インドに帰国後、マドラス技術研究所、防衛研究開発機構で航空工学を研究、80年代初期からロケットやミサイル開発に着手。誘導ミサイル技術の分野では第一人者で、国産ミサイルの「アグニ」や「プリトビ」「トリシュル」などを開発し、98年の核実験でも中心的役割を果たした。インドの核兵器や中距離弾道のミサイルの責任者として知られ、“ミサイル開発の父”とも呼ばれる。この間、92年国防相科学顧問兼国防研究開発庁次官、99〜2001年首相首席科学顧問など歴任。01年引退し、タミール・ナドゥ州のアンナ大学教授に就任するが、ヒンドゥー人民主義のインド人民党（BJP）などの連立与党から次期大統領候補に指名され、02年7月国会議員・州議会議員による大統領選で当選、イスラム教徒として3人目の大統領になる。07年7月退任。インド宇宙科学工学研究所所長も務めた。菜食主義者で、研究に打ち込むため独身を貫いた。

カラヤルチュン, ムラト

Karayalcin, Murat

1943〜

トルコ副首相　[出]サムスン　[学]アンカラ大学卒　[歴]1989年3月アンカラ市長に当選。93年9月トルコ社会民主人民党党首、副首相に就任、94年12月外相兼務。のち退任。

ガラン, ジョン

Garang, John

〜2005.7.30

スーダン第1副大統領, スーダン人民解放運動（SPLM）議長　スーダン南部黒人反体制指導者, 軍人　[出]ジョングレイ　[学]コーネル大学, グリンネン大学（米国アイオワ州）（1969年）卒 農業経済学博士（アイオワ州立大学）　[歴]米国から帰国後、1969〜70年スーダン陸軍入隊。70年代にアイオワ州立大学で農業経済学博士号を取得。その後軍情報研究センター副所長となり、のち大佐に昇進。南北内戦が始まった83年、国軍を抜けてスーダン人民解放運動（SPLM）を創設、議長。同年よりスーダン人民解放軍（SPLA）最高司令官を務め、自治拡大を求めるキリスト教系住民を率いて北部主体の政府軍と戦った。2005年1月南部に自治拡大を認める内戦終結で合意し、7月9日南北和解政府の発足に伴い第1副大統領に就任。しかし同月30日、訪問先のウガンダからヘリコプターでスーダンに帰る途中、墜落事故で死亡した。

ガリ, ブトロス・ブトロス
Ghali, Boutros Boutros
1922.11.14～2016.2.16
国連事務総長，エジプト国民人権会議会長
政治学者　� カイロ　㊡カイロ大学法学部政
治学科（1946年）卒，パリ大学卒　博士号（パ
リ大学・国際法）（1949年）　㊩キリスト教
の一派のコプト教徒。祖父は首相，叔父は外
相を務めた政界の名門の出。1949～77年カ
イロ大学教授，またコロンビア大学（米国）、
プリンストン大学、パリ大学などで国際法
や国際関係論を講じる。パリ大学客員教授、
「インターナショナル・ポリティックス」誌
編集長、エジプトの有力紙「アルアハラム」
政治戦略研究所会長、アフリカ政治学会会長
なども務めた。サダト大統領時代の77年10
月から外交担当国務相、メギド外相とともに
エジプト外交の実務に当たる。78年対イス
ラエル和平の"キャンプデービッド合意"に
尽力。89年6月には実質的な大統領特使とし
てイスラエル入り、パレスチナ和平に対する
ムバラク大統領の考え方をシャミル・イスラ
エル首相に伝えた。91年5月から外交担当副
首相。92年1月アフリカ大陸から初めての国
連事務総長（第6代）に就任。同年6月「平和
の課題」と題した報告書を発表し、国連の平
和構築のあり方などを示して変革を訴えた。
紛争地に緊急展開する"平和執行部隊"の創
設など国連平和維持活動（PKO）強化策を提
案したが、ソマリア、ボスニア・ヘルツェゴ
ビナでの任務は相次いで失敗した。96年12
月退任。97年～2002年国際フランス語圏機
構（OIF）の初代事務総長。03～06年発展途
上国46ケ国でつくるサウスセンター評議会
議長、03～12年エジプト国民人権会議会長。
親日家としても知られ、来日も多く、日本
とは良好な関係を築いた。　㊞勲一等旭日
大綬章（日本）（1997年）　㊞早稲田大学名誉
博士号（1993年）、オナシス賞（1995年）　㊨
祖父＝ブトロス・ガリ・パシャ（エジプト首
相）

ガリバシビリ, イラクリー
Garibashvili, Irakli
1982.6.28～
ジョージア首相　㊣ソ連グルジア共和国トビ
リシ（ジョージア）　㊡トビリシ大学（2004
年）卒、トビリシ大学大学院（2005年）修士課
程修了　㊤2002～04年パリ大学ソルボンヌ

校に留学し、国際関係を専攻。後のグルジ
ア（現・ジョージア）首相となるイワニシビ
リが所有する企業に勤務。12年2月イワニシ
ビリが率いた野党連合"グルジアの夢"に創
設メンバーとして参加。10月の議会選で同
連合が勝利し、内相就任。13年11月首相に
就任。

カリモフ, イスラム
Karimov, Islam
1938.1.30～2016.9.2
ウズベキスタン大統領　㊣ソ連ウズベ
ク共和国サマルカンド（ウズベキスタン）
㊤Karimov, Islam Abduganievich　㊡中央
アジア工科大学（1960年）卒、タシケント国
民経済大学卒　㊩ウズベク人。1964年ソ連共
産党に入党。航空機工場技師を経て、ウズベ
ク共和国国家計画委員会第1副議長、83年共
和国財務相、共和国閣僚会議副議長（副首相）
など歴任。86年カシカダリャ州党第1書記。
89年同共和国党第1書記、90年3月同共和国
大統領。同年7月ソ連共産党政治局員、中央
委員。11月共和国首相（内閣議長）兼任。91
年8月党政治局員辞任。同年11月ウズベク人
民民主党創設、党首となる。ウズベキスタ
ンと国名変更後の91年12月、初の大統領直
接選挙に当選。同月ソ連崩壊により独立国
家共同体に加盟。95年3月の国民投票で任期
を3年延長。2000年1月大統領に再選。03年
4月議会によって終身訴追免責特権が与えら
れ、任期も5年から7年に延長された。07年
12月大統領3選、15年3月大統領4選と形式的
な大統領選で当選を重ね、反体制派を厳しく
弾圧したことから欧米や国際人権団体の非
難を受けた。05年5月には南部アンディジャ
ンで起きた反政府暴動・集会を武力で鎮圧、
500人以上の犠牲者を出したといわれる。こ
れを機に欧米との関係が悪化。その半面、ウ
ズベキスタン・イスラム運動（IMU）などイ
スラム過激派を封じ込める必要性を訴え、ロ
シアや中国だけでなく、米国にも局面に応
じて接近する外交戦術をとった。1991年の
大統領就任から四半世紀以上にわたって独
裁政権を築き、2016年に78歳で亡くなるま
で旧ソ連諸国の首脳では最高齢だった。

カリユライド, ケルスティ
Kaljulaid, Kersti
1969.12.30～

エストニア大統領　[出]ソ連エストニア共和国タルトゥ(エストニア)　[学]タルトゥ大学卒　[歴]タルトゥ大学で遺伝学専攻した後、経済学の修士課程を修了。民間企業勤務を経て、1999年～2002年マルト・ラール首相の経済顧問を務め、年金制度改革にも携わる。02～04年国民エネルギー企業CFO(最高財務責任者)などを務め、04年欧州連合(EU)の欧州会計監査院委員。16年10月エストニア大統領に選出され、同月就任。

カル, ヒナ・ラバニ

Khar, Hina Rabbani

1977.1.19～

パキスタン外相　[出]パンジャブ州ムルタン　[歴]2002年政治家である父の地盤を受け継いでパキスタン国会議員に当選。11年2月副大臣級の外務担当相に就任、7月事実上更迭されたクレシ外相の後任として、同国で女性初の外相に最年少の33歳で就任、大きな話題を呼ぶ。そのファッションや美貌にも関心が集まった。13年退任。

カルイ, ハミド

Karoui, Hamid

1927.12.30～

チュニジア首相　[出]スース　[学]パリ大学医学部卒　[歴]15歳でデスツール社会党入党、独立運動を指導。パリ大学卒業後、帰国して地方病院の専門医を務めた後、1965年チュニジア国会議員に当選。83年国会副議長、85年スーサ市長、86年青年・スポーツ相、87年首相府担当相、88年法相を経て、89年9月～99年11月首相。

カルヴィーティス, アイガルス

Kalvitis, Aigars

1966.6.27～

ラトビア首相　[出]ソ連ラトビア共和国リガ　[学]ウィスコンシン大学(米国), ラトビア農業大学　[歴]1998年11月ラトビア国会議員。99年7月～2000年5月ラトビア農相、00年5月～02年11月財務相を経て、04年12月～07年首相。国民党に所属。06年4月来日。

カルザイ, ハミド

Karzai, Hamid

1957.12.24～

アフガニスタン大統領　[出]カンダハル州カルツ　[学]マーチャル大学(インド)　[歴]18世紀半ば以降5人の国王を輩出したパシュトゥン人の名門・ポパルザイ部族長の家系に生まれ、祖父、父はザヒル・シャー・アフガニスタン国王の下で国会議長を務めた。インドの大学で政治学を学び、1980年代は米国に滞在。ソ連軍のアフガニスタン侵攻への抵抗でムジャヒディン(イスラム戦士)として頭角を現し、同軍撤退後の92年ラバニ政権の外務次官に抜擢される。94年タリバン創設期には一時支持を表明するが、イスラム原理主義が強まっていくことに反発、パキスタンに逃れる。96年頃よりパキスタンのクエッタを拠点に、父と共にイスラム穏健派でつくるアフガニスタン民族戦線を率い、ザヒル・シャー元国王の復帰を求める運動を展開。99年7月タリバンとみられる勢力に父を暗殺されたことから、以後対決姿勢を強める。2001年9月米同時多発テロ事件が発生すると、10月米国の支援を受けてアフガニスタンに入り前線を指揮。同年12月米国の報復攻撃によって崩壊したタリバン政権の後を受ける暫定行政機構(内閣)の議長(首相)に就任。02年1月東京で開催されたアフガニスタン復興支援会議に出席のため来日。同年6月緊急ロヤ・ジルガ(国民大会議)で暫定政府大統領に選出。以後、民主憲法の制定や約300万人の難民帰還などの実績を上げる。04年10月同国初の直接選挙を実施し大統領に当選、12月就任。同国史上初めて国民の意志で選ばれた指導者となる。09年11月大統領2期目就任。14年9月退任。ザヒル・シャー元国王の側近中の側近として知られる。英語が堪能。民族衣装を巧みに取り入れたファッションセンスには定評がある。　[家]弟＝アフメド・ワリ・カルザイ(カンダハル州議会議長)

ガルシア, サムエル・ルイス

Garcia, Samuel Ruiz

1924.11.3～2011.1.24

チアパス州サンクリストバルデラスカサス教区名誉司教　人権擁護活動家, カトリック司教　[出]グアナフアト州イラプアト　[学]グレゴリオ神学大学(イタリア)(1949年)卒　[歴]メキシコ先住民。小学校から神学校に進み、1949年イタリア・ローマのグレゴリオ神学大学を卒業。59年チアパス州サンクリストバルデラスカサスの司教に任命され、以来40年にわたって司教を務めた。貧しい人々

の救済に熱心な"解放の神学"を支持し、差別に苦しんでいた先住民への布教と人権擁護活動に努めた。94年の先住民系武装組織・サパティスタ国民解放軍（EZLN）武装蜂起の際には、政府側との仲裁に当たる国民調停委員会代表を務め、以後、ノーベル平和賞の候補としてたびたび名前が挙がった。2002年庭野平和賞を受賞し、来日。　㉒庭野平和賞（日本，第19回）（2002年）

ガルシア・ペレス, アラン・ガブリエル
García Pérez, Alan Gabriel
1949.5.23～
　ペルー大統領　㉒リマ　㉒García Pérez, Alan Gabriel Ludwig　㉒サンマルコス大学法学部（1972年）卒　㉒10代でアメリカ革命人民同盟（APRA）入党。国立サンマルコス大学法学部卒業後、マドリード大学、パリ大学に留学。1977年帰国とともに党組織部長、78年制憲議会議員、80年ペルー下院議員。82年党書記長、85年党首。85年7月～90年7月大統領を務める。反緊縮・債務再交渉に努めるが、高率インフレとゲリラ組織の活動で破綻をきたした。その後、在任中の不正蓄財疑惑が発覚、91年10月上院で免責特権剥奪が決定し、11月起訴されたが、12月最高裁が起訴を却下。92年4月のフジモリ大統領の非常措置発動後、疑惑追及を逃れるため、6月コロンビアに亡命。95年5月最高裁は収賄罪などで一般刑事法廷で裁くことを決定。同年8月国際指名手配が出されるが、以後もコロンビアに居座る。フジモリ政権崩壊後の2001年1月ペルー司法当局が逮捕命令の取消を決定すると、帰国。同年6月大統領選に出馬するが、トレド候補との決選投票で敗れる。06年6月の大統領選では、決選投票でオジャンタ・ウマラを抑え当選。7月就任。11年7月退任。

ガルージン, ミハイル
Galuzin, Mikhail
1960.6.14～
　駐日ロシア大使　外交官　㉒ソ連ロシア共和国モスクワ（ロシア）　㉒モスクワ大学附属アジア・アフリカ諸国大学（1983年）卒　㉒1983年ソ連外務省入省。92～97年駐日ロシア大使館職員、2001～08年駐日ロシア公使、08～10年ロシア外務省アジア太平洋局長、10～12年同アジア第3局長、12年10月駐インドネシア大使、東南アジア諸国連合（ASEAN）担当大使。18年1月プーチン大統領から駐日大使に任命される。日本語、英語に堪能。　㉒ロシア友好勲章

カールソン, イングバル
Carlsson, Ingvar
1934.11.9～
　スウェーデン首相, スウェーデン社会民主労働党（SAP）党首　㉒ボロース　㉒ルンド大学（1958年）卒, ノースウェスタン大学（米国）卒　㉒1958年エルランデル元首相秘書官、社会民主青年同盟議長などを経て、64年以降スウェーデン国会議員（社会民主労働党＝SAP）。69～73年教育文化相、73～76年住宅相、82年10月～86年副首相兼環境相。86年3月パルメ首相暗殺後首相に就任。90年2月15日経済混乱の責任を取って内閣総辞職したが、同月26日首相に再任された。91年9月総選挙でSAPが敗北したため首相辞任。94年9月総選挙で3年ぶりにSAPが政権復帰し首相に返り咲く。96年3月に首相と党首を退任。

カルテス・ハラ, オラシオ・マヌエル
Cartes Jara, Horacio Manuel
1956.7.5～
　パラグアイ大統領　実業家　㉒アスンシオン　㉒アスンシオンの私立学校を卒業後、米国留学。帰国後、父の会社で働き、1989年に企業家として両替ビジネスを始める。その後、たばこ製造、飲料・食肉生産など事業を拡大し、25社を擁するカルテスグループを作り上げ、パラグアイ有数の実業家に。両替取引の不正で捜査対象となり、89年に一時収監された。2009年コロラド党に入党し、政治活動を開始。13年4月の大統領選で当選、8月就任。サッカーやバスケットボールなどスポーツ好きで知られ、01年にはサッカーチーム"リベルタ"のオーナーとなる。

カルデナス, クアウテモック
Cárdenas Solorzano, Cuauhtémoc
1935.5.1～
　メキシコ市長, 民主革命党（PRD）党首　㉒メキシコ国立自治大学工学部卒　㉒父は1930年代の石油産業の国営化などで国民的人気の高いラサロ・カルデナス大統領。制度的革命党（PRI）に入党し、幹部としてミチョア

カン州知事、上院議員を歴任。87年党内左派を引き連れて離党。90年旧共産党までの左派を糾合した民主革命党（PRD）を結成し党首に就任、民主化運動のシンボルとなる。88年、94年の大統領選では敗北。97年7月メキシコ市長選に当選、同年12月に就任。2000年7月大統領選に出馬するが落選。　㊗父＝ラサロ・カルデナス（元メキシコ大統領）

カルデラ, ラファエル
Caldera, Rafael
1916.1.24～2009.12.24
ベネズエラ大統領　法律家　㊥ヤラクイ州サンフェリペ　㊧Caldera Rodríguez, Rafael Antonio　㊣ベネズエラ中央大学（労働法）（1939年）卒　法学博士　㊗学生時代からキリスト教全国青年同盟リーダーとして活躍。ベネズエラ中央大学卒業後、弁護士となり、1943年同大法経社会学部長。45年短期間法相。軍政下の46年キリスト教社会党（COPEI）を創設し、下院議員に当選。民政移管後、政党政治の基礎を固めた。党幹事長などを歴任後、69～74年大統領。以後も大統領選に出馬し続け、94年2月～99年2月再び大統領を務めた。94年からの在任中には金融危機に見舞われ、国家主導型経済政策で財政赤字が拡大、ガソリン価格の大幅値上げなどで大規模抗議デモが頻発した。また、92年に青年将校だったウゴ・チャベス（のちの大統領）がクーデターを起こした際、同情的な姿勢を示していたが、晩年はチャベス政権の政策に批判的だった。労働法の専門家で、労働者の権利を擁護した現行法（"カルデラ法"と呼ばれている）の事実上の起草者。

カルデロン, アルマンド
Calderón, Armando
1948.6.24～2017.10.9
エルサルバドル大統領, エルサルバドル民族主義共和同盟（ARENA）党首　㊥サンサルバドル　㊧Calderón Sol, Armando　㊙コーヒー園、家具・洗剤製造企業などを経営する裕福な家庭に生まれる。弁護士業の傍ら家業に従事。1981年ダビソン退役少佐と保守右派政党の民族主義共和同盟（ARENA）創立に加わり、本格的な政治活動に入る。85～88年エルサルバドル国会議員を1期務めた後、88年サンサルバドル市長、ARENA党首

に就任。91年市長再選。約12年間続いた内戦が終わった92年、初の民選大統領に当選。99年まで務めた。この間、国民和解に尽力するとともに、電話公社の民営化など市場経済化政策を進めた。

カルデロン, フェリペ
Calderón, Felipe
1962.8.18～
メキシコ大統領　法律家　㊥ミチョラカン州モレリア　㊧Calderón Hinojosa, Felipe de Jesús　㊣メキシコ自治工科大学（経済）, ハーバード大学J.F.ケネディ公共政策大学院修士課程修了　㊙父はメキシコ国民行動党（PAN）の創設メンバーで党首を務め、姉、兄も国会議員を務めた政治家一家の出身。1980年PANに入党。91～94年、2000～03年メキシコ下院議員。1996～99年PAN党首を務めた。フォックス政権（2000～06年）下で国立開発銀行総裁、エネルギー相に就くが、04年フォックス大統領との確執から辞任。06年7月大統領選で当選、12月44歳で就任。12年11月退任。妻も政界の名門出身で下院議員の経験がある。

カルデロン, ラファエル・アンヘル
Calderón, Rafael Ángel
1949.3.14～
コスタリカ大統領　㊥ニカラグア　㊣コスタリカ大学法学部卒　㊙1940～44年大統領を務めたカルデロンの実子で、ニカラグア亡命中に生まれた。早くから中央政界に進出し、74～78年国会議員、78年には28歳の若さで外相に就任、80年まで務めた。82年、86年の大統領選に出馬するが連敗。90年2月社会キリスト教連合党（PUSC）から大統領に当選、同年5月～94年5月大統領を務めた。㊗父＝ラファエル・カルデロン（コスタリカ元大統領）

カルドゾ, フェルナンド・エンリケ
Cardoso, Fernando Henrique
1931.6.18～
ブラジル大統領　社会学者　㊥リオデジャネイロ　㊣サンパウロ大学卒, パリ大学 社会学博士（サンパウロ大学）　㊙パリ留学後、1953年サンパウロ大学教授になり、左翼運動に関係する闘う学者として活動。64年軍事クーデターと同時に事実上の国外追放に

なり、以後4年間チリ、米国、英国、フランスなどの大学で教鞭を執る。帰国後の69年、多くの欧米大学から客員教授に誘われるが、国内で反軍政運動に関わり公民権停止。74年反軍政候補として大統領選に立候補したウリシス・ギマラエスの参謀役を務める。78年野党・ブラジル民主運動党（PMDB）から上院選に出馬するが落選。85年サンパウロ市長選でも落選。83～94年ブラジル上院議員。88年民主社会党（PSDS）を結成。フランコ政権で92年10月外相、93年5月～94年3月財務相を務め、"レアル・プラン"を策定。95年1月大統領に就任。98年10月再選。2002年12月退任。中南米を代表する社会学者でもあり、1982～87年国際社会学学会会長を務めた。2003年より米国ブラウン大学教授。 [家]妻＝ルチ・カルドゾ（人類学者）

カルニエテ, サンドラ

Kalniete, Sandra

1952.12.22～

ラトビア外相, 欧州議会議員　外交官　[出]ソ連ロシア共和国トムスク州トグル村（ロシア）　[学]ラトビア芸術アカデミー（美学）修士課程修了　[歴]4歳の時、両親に連れられて祖国ラトビアの土を踏む。人民戦線の活動家として、1989年にバルト三国の人々が手を結び世界にバルト三国の問題を知らしめた"人間の鎖"を率先するなど、ラトビアの独立運動を主導。独立後はラトビア外務省に入省し、国連大使（93～97年）、駐フランス大使（97年～2000年）、国連教育科学文化機関（UNESCO）大使（00～02年）、外相（02～04年）を歴任。04年のラトビアの欧州連合（EU）加盟に際し、ラトビアの初代欧州委員に任命される。09年より欧州議会議員。政党"統一"のリーダー。

カルバスチ, ゴラムホセイン

Karbaschi, Gholamhossein

1954～

テヘラン市長　[学]ニューカッスル大学 博士号（都市計画）　[歴]イスファハン州知事を経て、1990年当時のラフサンジャニ大統領によりテヘラン市長に任命される。96年穏健・現実派の官僚、実務家などと穏健派政党"建設の奉仕者"の創設に関わり、97年ハタミ大統領当選に貢献。98年4月大統領選への市予算流用などの容疑で検察当局から拘束される。同月釈放。同年7月テヘラン特別法廷は禁錮5年、他にむち打ち60回、16億リアル相当の市財産返却、20年間の公務復帰禁止の有罪判決を言い渡した。同事件の裁判は、市民の強い要求でテレビで公開された。同年12月控訴審では、禁錮5年を2年に減刑する判決が下された。99年4月イラン最高裁は元市長の上告を退け、控訴審判決を支持し禁錮2年の実刑が確定。2000年1月最高指導者ハメネイ師の恩赦で釈放される。市長時代、至る所の壁に書かれた"米国に死を"のスローガンを消し、緑化を進めて"ミスター・フラワー"と呼ばれた。のちニュース週刊誌「シャフルバンデ・エムルズ」社主となるが、09年11月発禁。13年より"建設の奉仕者"の幹部を務める。

カルバリョ, エバリスト

Carvalho, Evaristo

1941.10.22～

サントメ・プリンシペ大統領　[出]ポルトガル領サントメ島サンタナ（サントメ・プリンシペ）　[名]Carvalho, Evaristo de　[歴]サントメ・プリンシペの建設・交通相・通信相、国防・内務相などを歴任し、1994年、2001～02年首相を務める。16年7月の大統領選第1回投票でダコスタ大統領を抑えて首位となり、8月の決選投票で勝利。9月大統領に就任。

カルビ, マハディ

Karrubi, Mahdi

1937～

イラン国会議長　[出]ロレスタン州アリグダルズ　[歴]イスラム教シーア派の聖地コムの神学校でホメイニ師に学び、1963年反国王闘争に参加。イラクのナジャフに亡命中のホメイニ師と6ケ月生活を共にする。73～76年投獄。イラン革命後、80年殉教者財団理事長。同年のイラン国会設立当初から議員を務め、84年第2副議長、86年第1副議長を経て、89年8月議長に就任。この間、87年7月に起きたメッカ巡礼団衝突事件では現地責任者として反米デモなどを指揮した。統制経済を主張する急進派聖職者グループ・テヘラン戦う聖職者集団の代表を務める。92年国会議長を退任。のち改革派の聖職者として活躍。2000年5月国会議員選挙で改革派が圧勝し、同年6月議長に就任。01年8月再任。

カルマ・チョペル

Karma Chophel

1949～

亡命チベット代表者議会（ATPD）議長　[出]中国・西チベット・ガリ（チベット自治区阿里）　[学]デリー大学卒　[歴]1959年ダライ・ラマ14世とともに家族でインドに亡命。難民学校の教師、亡命政府の教育担当局を経て、94年チベット国民民主党を創設。亡命チベット代表者議会（ATPD）議員。議長も務めた。2001年初来日。08年チベット暴動を機に設立された“緊急統一委員会”委員長を務める。同年来日し、中国、チベットの現状を訴えた。

カルマパ17世

Karmapa XVII

1985.6.26～

チベット仏教カギュー派最高位活仏　宗教指導者　[出]中国・青海省　[名]ウゲン・ティンレー・ドルジェ〈Urgyen Trinley Doje〉　[歴]チベットの遊牧民の子どもとして誕生、のち寺で修業を行う。7歳だった1992年チベット仏教カギュー派高僧によるカルマパ17世調査隊に見い出され、カルマパ16世の転生霊童（活仏の生まれ変わり）として認定、同年6月チベット仏教最高指導者ダライ・ラマ14世に、9月中国政府に認定される。同月カルマパ17世としてラサで即位。94年9月北京を訪問、江沢民国家主席らと面会。99年12月末チベット自治区を離れ中国を出国。2000年1月インドのダラムサラに到着し、同地にチベット亡命政府を構えるダライ・ラマ14世と面会、事実上亡命する。01年2月インド政府は難民としての在留資格を認める。同年4月本格的な宗教活動の開始を表明。チベット仏教ナンバー3の指導者とされ、中国政府、亡命政府の双方が承認した唯一の活仏。

カルマン, タワックル

Karman, Tawakel

1979.2.7～

鎖のない女性ジャーナリスト創設者　ジャーナリスト，人権活動家　[出]タイズ　[歴]2001年から新聞や雑誌で記事を書き始め、一貫して女性の権利や表現の自由を希求。05年NGO鎖のない女性ジャーナリストを創設。07年から毎週火曜日にイエメンの政府庁舎前で独裁政権に抗議する座り込み運動を開始。11年“アラブの春”が起きると退陣要求デモを指導し、支援者から“革命の母”“鉄の女”と呼ばれる。同年民主化が遅れる地域で女性の地位向上に尽力したとして、リベリア大統領のエレン・サーリーフ、同国の平和運動家リーマ・ボウイーとともに、32歳の若さでノーベル平和賞を受賞。　[賞]ノーベル平和賞（2011年）

カルミレイ, ミシュリン

Calmy-Rey, Micheline

1945.7.8～

スイス大統領　[出]シオン　[学]ジュネーブ大学大学院（1968年）修了　[歴]1979年スイス社会民主党に入党。86～90年党首。この間、81年ジュネーブ州議会議員に当選し政界入り。のち同議長、97年同州政府財務相。2002～11年スイス連邦議会議員。02～11年外相。06年7月副大統領、07年1月7人の閣僚が輪番で務める大統領に就任（任期1年）。スイスで2人目の女性大統領となる。10年副大統領。11年1月2度目の大統領に就任した。

カルモナ, アンソニー

Carmona, Anthony

1953.3.7～

トリニダード・トバゴ大統領　法律家　[出]英領トリニダード島ファイザバード　[名]Carmona, Anthony Thomas Aquinas　[学]西インド諸島大学卒，ヒュー・ウッディング法科大学院修了　[歴]検事、最高裁判事、2011～13年国際刑事裁判所（ICC）判事などを経て、13年3月トリニダード・トバゴ大統領に就任。

カルロ, マキシム

Carlot, Maxime

1941～

バヌアツ首相　[歴]1964～70年高校教師、70～73年フランス系住民の政治問題担当官、76年登記所書記官を経て、77年評議会議員、79年独立前の国民統一政府の国際問題担当相。英仏共同統治から80年英連邦の一員として独立後、81年以降は野党に所属。91年12月の総選挙でフランス語系・穏健諸党連合が勝利、連合政権で首相に選出された。公共事業相を兼任。95年12月退任。

カーン, アイリーン

Khan, Irene

1956.12.24〜

アムネスティ・インターナショナル事務総長　[出]東パキスタン・ダッカ（バングラデシュ）　[名]Khan, Irene Zubaida　[学]ハーバード大学ロースクール（1979年）卒　[歴]内戦に揺れていた独立前のバングラデシュに生まれる。16歳の時“女性は教育によって自由になれる”と言う母により北アイルランドの高校に送り出された。米国のハーバード大学ロースクール卒業後、1980年国連難民高等弁務官事務所（UNHCR）に就職。2001年8月国際人権擁護団体アムネスティ・インターナショナルの第7代事務総長に初のアジア系、初のイスラム教徒、初の女性として就任。以後、活動範囲を囚人や難民の権利保護だけでなく、経済権、社会権や文化的権利まで拡大。04年には女性への暴力に反対する世界的なキャンペーン（SVAWキャンペーン）を展開。09年まで務めた。ドイツ人の夫との間に1女がある。　[賞]フェリス女学院大学名誉博士号（2005年）

カーン, イムラン

Khan, Imran

1952.11.25〜

パキスタン下院議員, パキスタン正義行動党（PTI）代表　クリケット選手　[出]パンジャブ州ラホール　[名]Khan Niazi, Imran　[学]オックスフォード大学卒　[歴]パキスタンクリケット界のスーパースターで、1992年パキスタンのW杯優勝の立役者。引退後はイスラム教徒として社会活動に従事。96年自らの政治組織・パキスタン正義行動党（PTI）を結成し、政界入りを表明。97年総選挙に出馬するが落選。2002年パキスタン下院議員に初当選したが、その後落選。13年5月の総選挙でPTIは第3党に躍進。　[家]義父＝ジェームズ・マイケル・ゴールドスミス（投資家・英国国民投票党党首）

カン・ウンテ（姜 雲太）

Kang Un-tae

1948.11.15〜

韓国内相, 光州市長　[出]朝鮮・全羅南道和順（韓国）　[学]ソウル大学外交学科（1972年）卒　[歴]1972年韓国行政高等試験に合格。和順市長、全南企画管理室長、韓国大統領行政秘書官を経て、94年9月〜95年6月光州市長。95年12月〜96年8月農水相、97年3月〜8月内相、2010年7月〜14年6月光州市長。　[賞]カザフスタン大学名誉政治学博士号（1994年）

カン・ギョンファ（康 京和）

Kang Kyung-wha

1955.4.7〜

韓国外相　[出]ソウル　[学]延世大学政治外交学科（1977年）卒 博士号（コミュニケーション学, マサチューセッツ大学アマースト校）（1984年）　[歴]父は著名なアナウンサー。大学卒業後、米国留学を経て、1996年父と同じKBSテレビに入社、アナウンサー兼プロデュ-サーとして勤務。その後、国会議長の国際担当秘書官、世宗大学助教授を経て、98年外務省に専門職を対象とした特別枠採用で入省。2000年国際機構担当審議官、01年国連代表部公使参事官、03年国連女性の地位に関する委員会議長、05年外務省国際機構局局長を歴任。06年国連人権高等弁務官事務所（OHCHR）副弁務官、09年同事務所副代表、13年国連人道問題調整事務所（OCHA）事務次長補、17年1月国連事務総長特別顧問を経て、6月韓国初の女性外相に就任。

カン・グムシル（康 錦実）

Kang Kum-sil

1957.2.12〜

韓国法相　法律家　[出]済州道済州　[歴]1981年司法試験に合格。83年からソウル家庭法院判事、ソウル民事法院判事、ソウル高等法院判事などを務め、96年に弁護士として開業。韓国人権財団理事、民主社会のための弁護士の会副会長、新聞公正競争委員会委員などを歴任。ソウル初の女性刑事判事、初の女性法務法人代表、初の女性民事弁護士副会長となるなど、韓国の代表的女性弁護士として活動。2003年2月盧武鉉政権で女性初の法相に就任。06年ソウル市長選に立候補するが、ハンナラ党の呉世勲元国会議員に敗れる。　[賞]ソウル地方弁護士会表賞（2002年）

カーン, グーラム・イスハク

Khan, Ghulam Ishaq

1915.1.20〜2006.10.27

パキスタン大統領　[出]インド・カイバル・パクトゥンクワ州（パキスタン）　[学]パンジャ

プ大学化学植物学科卒　㊟1940年英国統治下の全インド高等文官試験に合格して官界入り。パキスタン独立後、33歳の若さで内務次官となり、61年水資源開発庁総裁、66年財務次官、70年内閣官房長官、71年国立銀行総裁などを歴任。77年クーデターによるモハマド・ジアウル・ハク政権成立後も、経済政策を中心に大きな発言力を持ち続け、78年財務相に就任。85年5月からは上院議長を務める。88年8月17日ハク大統領の飛行機事故死に伴い大統領代行となり、12月新大統領に就任。イスラム圏初の女性首相となったベナジル・ブットと国政を担当したが、90年8月汚職を理由にブット首相を解任。93年4月にはナワズ・シャリフ首相を解任するが、政治混乱を招き、7月辞任した。

カーン, サディク

Khan, Sadiq

1970.10.8〜

ロンドン市長　㊟ロンドン　㊨Khan, Sadiq Aman　㊌ノースロンドン大学卒　㊙ロンドンでパキスタン移民一家の8人きょうだいの5番目に生まれ、低所得者向けの公営住宅に暮らした。公立学校から法律家を志し、15歳で英国労働党に入党。人権派弁護士として働きながら、1994年区議会議員、2005年下院議員に当選。ブラウン労働党政権では交通担当相を務め、初のイスラム教徒の閣僚となった。16年イスラム教徒である自身を過激派に重ねて攻撃した対立候補を破り、ロンドン市長に当選。左派を自負し、手頃な価格の住宅供給や公共交通機関の値上げ凍結を公約に掲げて支持を集めた。

カン・ジェソプ（姜 在渉）

Kang Jae-sup

1948.3.28〜

ハンナラ党代表（党首）　㊟慶尚北道義城　㊌ソウル大学法学部（1974年）卒　㊙1970年司法試験に合格。73年韓国陸軍法務官となり、75〜83年光州、釜山、大邱、ソウルの地検で検事を務める。80〜85年大統領政務秘書官、法務秘書官、83〜87年法務省高等検察官。88年民正党国会議員に当選。民正党青年特別委員会副委員長、青年自願奉仕団総団長、民自党政策委員会副委員長、民自党代弁人、民自党総裁秘書室長、大邱市支部委員長などを歴任。97年8月新韓国党院内総務。2005年ハンナラ党院内代表、韓国欧州連合議員外交協議会会長。06年7月ハンナラ党代表（党首）に就任。08年4月李明博政権発足後初の総選挙では同党は過半数を獲得。自身は総選挙に出馬せず、同年7月党代表も退任。11年4月に行われた国会議員補欠選挙に立候補したが落選。

韓 正　かん・せい

Han Zheng

1954.4〜

中国副首相, 中国共産党政治局常務委員　㊟浙江省慈渓　㊌華東師範大学国際問題研究所卒　㊙1979年中国共産党に入党。上海市の国有企業勤務を経て、90年共産主義青年団（共青団）上海市委員会副書記、91年同書記を務める。97年上海市党委常務委員、2002年同副書記となり、03年から同市長。06年同市書記の陳良宇が汚職で解任された後、書記を引き継いだ習近平（のち国家主席）らを支え、混乱を収めた。12年11月上海市トップとなる党委書記に就任。同月第18回党大会で中央党政治局員、党中央委員。17年10月第19回党大会で党政治局常務委員に昇格。上海市党委書記は退任。18年3月の全人代で副首相に就任。

カン・ソクチュ（姜 錫柱）

Kang Sok-ju

1939.8.29〜2016.5.20

北朝鮮副首相, 朝鮮労働党書記（国際担当）外交官　㊟朝鮮・平安南道平原（北朝鮮）　㊌平壌国際大学仏語学科卒　㊙朝鮮労働党中央国際部補助指導員を経て、1980年党国際部課長。84年政務院外交部第1副部長。88年党中央委候補委員。90年最高人民会議外交委副委員長。91年党中央委員。同年9月北朝鮮が韓国と国連に同時加盟した際、国連総会で北朝鮮首席代表を務め、加盟受諾演説をした。以降、北朝鮮の対西側外交、国連外交で数多くの舞台を踏み、"北朝鮮外交の切り札"と言われた。93年6月から核問題をめぐるジュネーブでの米朝高官協議で北朝鮮首席代表として初めて国際舞台に立ち、94年6月訪朝したカーター米大統領と金日成主席との会談に同席。10月には核開発凍結と引き換えに軽水炉や重油の提供を受けるという内容の米朝枠組み合意（ジュネーブ合意）を成功させた。98年9月外務省第1副相（第1外務次

官)。2000年10月趙明禄国防委員会第1副委員長に同行しワシントン訪問。金正日総書記の側近として知られ、01年7〜8月総書記の訪ロに同行。日本人拉致問題などを巡る日朝交渉に参加し、02年と04年に小泉純一郎首相が訪朝した際の日朝首脳会談にも同席した。05年4月非公式に訪中、06年11月非公式に訪ロ、訪中。07年1月の白南淳外相の死後、一時外相職を代行。10〜11年金正日総書記の訪中、訪ロに同行。10年9月副首相、党政治局員に昇格。金正恩体制となってからも重用され、14年党で外交政策を統括する国際担当書記に就任。欧州を歴訪するなど活発に活動した。

カン・ソンサン（姜 成山）

Kang Song-san

1931.3.3〜2007

北朝鮮首相　[出]朝鮮・咸鏡北道清津（北朝鮮）　[学]万景台革命学院卒, 金日成総合大学卒　[歴]モスクワ大学に留学。1955年朝鮮労働党入党。62年党指導部長、67年党慈江道委員会責任秘書、70年2月党平壌市委員会責任秘書、73年3月平壌市委員会委員長。同年10月党中央政治委員候補。77年12月副首相、79年鉄道相を兼任。80年10月党政治局員。82年8月第1副首相を経て、84年1月首相、中央人民委員会委員。86年12月党書記選出、首相及び中央人民委委員解任。88年3月咸鏡北道党委責任書記兼人民委員会委員長。90年5月中央人民委委員。92年12月首相に復帰。"革命第2世代"で、金正日書記の側近とされる。98年9月金正日総書記が最高位に就くと同時に、首相を退任した。

カン・ボンギュン（康 奉均）

Kang Bong-kyun

1943.8.13〜

韓国財政経済相・情報通信相　[出]全羅北道群山　[学]群山師範学校（1961年), ソウル大学商学部（1968年）卒, ウィリアムズ大学大学院（米国）（1972年）修了　経済学博士（漢陽大学）（1989年）　[歴]1961年師範学校を卒業し、3年間小学校教師を務めたのち、ソウル大学商学部に入学。行政試験合格後、5回も経済開発5ケ年計画樹立に参加し、その企画力を評価される。69年韓国企画院事務官、75〜80年同資金計画・商工予算・文教予算課長、80年同予算政策課長、82年同予算室審議官、85年同経済企画局長、89年KDI派遣勤務、90年経済企画院経済企画局長、93年同対外経済調整室長、93年労働部次官、経済企画院次官、94年韓国国務総理行政調整室長、のち情報通信相を経て、98年2月大統領府政策企画主席秘書官。この間、ウルグアイラウンド米解放会談の代表を務めた。99年5月内閣改造により財政経済相に就任。2000年1月退任。　[勲]紅条勤政勲章

簡 又新　かん・ゆうしん

Chien Yu-hsin

1946.2.4〜

台湾外交部長（外相）　[出]桃園県　[名]別名＝Chien, Eugene　[学]台湾大学機械学部（1968年）卒, ニューヨーク州立大学航空エンジニアコース（1973年）博士課程修了　航空宇宙工学博士（ニューヨーク州立大学）　[歴]1978〜84年淡江大学工学院院長。83年12月、86年12月台湾立法委員（国会議員）、87〜91年行政院環境保護署長（環境相, 立法委員は辞任）。88年7月第13期国民党中央委員。91〜93年交通部長（交通相）、93〜97年在英代表処代表、97年国家安全会議諮問委員。2000年総統府副秘書長。02年2月外交部長（外相）。04年4月退任。　[賞]全国10代傑出青年（1978年）, 中華民国優秀青年工程師（1979年）, 大阪青年会議所10代傑出青年賞（1985年）, 米国青年商工会議所世界7代傑出青年賞（1985年）

ガンジー, ソニア

Gandhi, Sonia

1946.12.9〜

インド国民会議派総裁　[出]イタリア・ビチェンツァ　[学]ケンブリッジ大学　[歴]イタリアの建設業者の中流家庭に生まれ育つ。英語の通訳になろうと英国ケンブリッジ大学に留学している時にネールの孫ラジブ・ガンジーと知り合い、1968年ニューデリーで結婚。インドの名門ネール家の嫁という境遇になっても華やかな表舞台には出ず、主婦として家事と育児に専念、姑のインディラ元首相にもよく尽した。83年インド国籍を取得。84年10月インディラ暗殺により夫が首相を継ぎ、ファーストレディーに。ヒンズー語を話し、いつも民族衣装サリーで通し、国民の好感を得る。91年5月夫ラジブの暗殺により、インド国民会議派の後継総裁に選出されるが辞退。同年ラジブ・ガンジー

財団を設立、社会福祉活動に入る。97年5月インド国民会議派に入党。98年3月総裁に就任。99年10月インド総選挙に出馬し、下院議員に当選。2004年5月総選挙で国民会議派が勝利し、首相就任が決まるが、外国出身者の首相就任に対する野党の攻撃が強まり、就任を辞退。06年3月下院議員辞職。09年、14年下院議員当選。ヒンズー語のほかロシア語、スペイン語、フランス語も操る。　⊛夫＝ラジブ・ガンジー（インド首相）、長男＝ラフル・ガンジー（インド国民会議派総裁）、義母＝インディラ・ガンジー（インド首相）、義弟＝サンジャイ・ガンジー（インド下院議員）、義妹＝マネカ・ガンジー（インド下院議員）

ガンジー, マネカ・サンジャイ
Gandhi, Manek Sanjay
1956.8.26〜
インド女性・児童育成相　⊕ニューデリー　⊛軍人の家に生まれ、雑誌、編集者として活躍。インディラ・ガンジーの二男で、ラジブ・ガンジーの弟サンジャイと結婚。夫は人口抑制のため、強制避妊手術政策を進めるなど、剛腕政治家として鳴らしたが、1980年飛行機事故で急死。姑のインディラ首相とうまくいかず、ガンジー家を飛び出し、夫の遺志を継ぐため自ら政党を結成。84年のインディラ首相暗殺直後の総選挙で、ラジブと戦い敗れる。その後、反ラジブの政党ジャナタ・ダル（JD, 人民の党）結成に参加し、ラジブ政権打倒に一役買った。89年11月の総選挙で初当選し、直後に希望していたポスト、環境担当国務相に就任。シン内閣の紅一点、最年少閣僚となった。91年退任。以後、99年社会正義・能力開発相、2002年統計相、14年より女性・児童育成相を歴任。動物愛護運動家、菜食主義者として知られる。　⊛夫＝サンジャイ・ガンジー（インド下院議員）、義母＝インディラ・ガンジー（インド首相）、義兄＝ラジブ・ガンジー（インド首相）、義姉＝ソニア・ガンジー（国民会議派総裁）

ガンジー, ラジモハン
Gandhi, Rajimohan
1935.8.7〜
インド上院議員　歴史家, 人権・平和運動家　⊕英領インド・ニューデリー（インド）

⊗デリー大学卒　⊛インド独立の父マハトマ・ガンジーの孫（マハトマの四男、デワダスの長男）として生まれる。英国留学後、南部マドラスで反政府系の「インディアン・エクスプレス」紙編集者となり、独立運動に関する著書を執筆。歴史家としても知られる。その後、武器汚職疑惑などが相次いだラジブ・ガンジー政権の腐敗を批判し、在野で政治、社会改革を唱えてきた。1989年9月にインド政界の腐敗浄化を目指してジャナタ・ダル（JD, 人民の党）に入党、11月の下院総選挙にウッタルプラディシュ州アメティ選挙区から出馬。敗れたものの、野党政権誕生で90〜92年上院議員に。この間、91年ジャナタ・ダル議会派議長。同年政策研究センター教授。のちカリフォルニア大学ロサンゼルス校客員教授。平和運動、人権運動にも取り組み、国連人権会議のインド代表も務めた。　⊛祖父＝モハンダス・ガンジー（通称＝マハトマ・ガンジー, インド独立の父）、いとこ＝アルン・ガンジー（クリスチャンブラザーズ大学ガンジー非暴力研究所代表）

ガンジー, ラフル
Gandhi, Rahul
1970.6.19〜
インド下院議員, インド国民会議派総裁　⊕ニューデリー　⊗ケンブリッジ大学トリニティ・カレッジ　⊛3代にわたり首相を出した名門 "ネール・ガンジー王朝" の4代目で、ラジブ・ガンジーとソニア・ガンジーの長男。2004年インド下院議員に初当選、09年再選、14年3選。07年国民会議派代表幹事を経て、13年副総裁。14年の総選挙で国民会議派が大敗。15年2月のデリー首都圏（州に相当）議会選でも敗北し、その後2ケ月間消息不明となったが、4月バンコクから帰国した。17年12月より国民会議派総裁の座を継承。　⊛父＝ラジブ・ガンジー（インド首相）、母＝ソニア・ガンジー（政治家）

ガンズーリ, カマル
Ganzuri, Kamal
1933〜
エジプト首相　㊞Ganzuri, Kamal Ahmad Al　⊗カイロ大学農学部卒 経済学博士（ミシガン州立大学）　⊛南部ベニスエフ県の知事や計画省次官などを経て、1982年より

エジプト計画相として経済改革プログラムの立案にあたる。85～96年副首相兼計画相。96年1月首相に就任。99年10月辞任。

カンター, マンフレート

Kanther, Manfred

1939.5.26～

ドイツ内相　[出]シュワイトニッツ　[学]マールブルク大学, ボン大学（法学）（1962年）卒　[歴]高校まで旧東ドイツのテューリンゲンで学び、1957年旧西ドイツに移住。58年キリスト教民主同盟（CDU）入党、70～87年ヘッセン州支部幹事長兼事務局長。74～93年同州議会議員、87～91年同州財務相を経て、93年7月ドイツ内相に就任。98年10月退任。2000年1月CDUの不正献金疑惑の責任を取り連邦議会（下院）議員を辞職。

カンター, ミッキー

Kantor, Mickey

1939.8.7～

米国商務長官, 米国通商代表部（USTR）代表　法律家　[出]テネシー州ナッシュビル　[名]Kantor, Michael　[学]バンダービルト大学卒, ジョージタウン大学法律大学院（夜間）修了 法学博士（ジョージタウン大学）（1968年）　[歴]フロリダで移民労働者の権利保護を専門とする弁護士として出発。のち拠点をロサンゼルスに移し、ゼネラル・エレクトリック、マーティン・マリエッタ、フィリップ・モリスなど大企業を顧客に抱え、ロビイストとしても活動。1975年法律事務所マナット・フェルプス・フィリップス・アンド・カンターの共同経営者、93年ロサンゼルス法律事務所パートナー、97年よりメイヤー・ブラウンパートナー。一方、カーター大統領の再選やモンデール大統領候補の選挙戦に州責任者として参加した選挙対策のプロとしても知られ、92年の大統領選ではクリントン陣営の選対本部長を務めた。93年1月クリントン政権の通商代表部（USTR）代表に就任。対日通商交渉も担当。96年4月ブラウン商務長官が飛行機事故で死亡したため、後任に指名される。同年11月辞任。のちモルガン・スタンレー上級顧問。クリントン夫妻とは、78年にヒラリー夫人が委員長をしていた米国法律事業組合の役員になって以来の付き合い。

カンディール, ヒシャム・ムハンマド

Qandil, Hisham Muhammad

1962.9.17～

エジプト首相　[出]ベニ・スエフ　[学]カイロ大学工学部（1984年）卒, ユタ州立大学大学院（1988年）修士課程修了 博士号（ノースカロライナ州立大学）（1993年）　[歴]水資源問題や農業の専門家で、米国で博士号を取得。アフリカ開発銀行（AfDB）シニアマネージャーを経て、エジプト水資源・灌漑省でナイル川の水利を所管する部局のトップを務めた。2011年2月ムバラク政権崩壊後に発足したシャラフ、ガンズーリ両暫定内閣で水資源・灌漑相。12年7月49歳の若さで、ムルシ大統領より首相に指名される。政党などに所属しない独立系の実務家。13年首相解任。

カント, クリシャン

Kant, Krishan

1927.2.28～2002.7.27

インド副大統領　科学者　[出]英領インド（インド・パンジャブ州コット・モハメド・ハーン）　[学]ベナレス・ヒンドゥー大学卒　[歴]英国統治時代、独立運動に参加して投獄される。1966～77年インド国民会議派の上院議員、77～80年下院議員、90～97年アンドラプラデシュ州知事を経て、97年副大統領に就任。科学者でもあり、98年の核実験を強く支持した。

ガンヌーシ, モハメド

Ghannouchi, Mohamed

1941.8.18～

チュニジア首相　[出]フランス領チュニジア・スース　[学]チュニス大学法政経学部（1966年）卒　[歴]1966年チュニジア計画省入省。88年計画相、91年財政相、92年国際協力・外国投資相を経て、99年11月首相に就任。2011年1月の民衆デモで、ベン・アリ大統領がサウジアラビア亡命後、暫定政権の首相として国政の舵取りを続けていたが、デモは激化、2月首相を辞任。

ガンバリ, イブラヒム・アッボーラ

Gambari, Ibrahim Agboola

1944.11.24～

ナイジェリア外相, 国連事務次長　外交官　[出]イロリン　[学]ラゴス・キングズ・カレッジ, LSE, コロンビア大学 Ph.D.　[歴]コロンビア

大学で政治学・国際関係論を研究し、1970年修士号、74年博士号を取得。69〜74年ニューヨークのクィーンズ・カレッジ講師、74〜77年ニューヨーク州立大学助教授、77〜80年ナイジェリアのアーマド・ベロ大学上級講師、80〜83年同大学準教授、83〜89年同大学教授を歴任。84〜85年ナイジェリア外相。90年〜2001年国連大使。02年9月〜03年2月アナン国連事務総長のアンゴラ担当特別代表と国連アンゴラ・ミッション団長を務める。05年7月より政治問題担当の事務次長。07年10月ミャンマー情勢を協議するためアジアを歴訪。08年3月にはミャンマー軍政幹部、アウン・サン・スー・チー女史と会談し仲介役を目指したが、不発に終った。　鄻ナイジェリア連邦共和国勲章（2002年）　鄽ブリッジポート大学（米国）人文科学名誉博士号（2002年）

カンポス, エドゥアルド
Campos, Eduardo
1965.8.10〜2014.8.13
ペルナンブコ州知事，ブラジル社会党（PSB）党首　甲ペルナンブコ州レシフェ　嫺Campos, Eduardo Henrique Accioly　祖父はペルナンブコ州で強い影響力を誇る知事だったミゲル・アラエス。自身も2007年ペルナンブコ州知事となり、ブラジル社会党（PSB）党首を務める。労働者党と民主社会党の2大政党が続くブラジルにおいて第三の勢力を目指し、14年10月のブラジル大統領選に立候補。"ブラジルの将来を担う有力政治家"として大きな注目を浴びる。世論調査では全候補者中3位の支持率を得ていたが、選挙キャンペーン中の8月、リオデジャネイロからサンパウロに向かう途中で小型機が墜落し、搭乗していた7人全員が死亡した。　鄇祖父＝ミゲル・アラエス（ペルナンブコ州知事）

【キ】

魏 京生 ぎ・きょうせい
Wei Jing-sheng
1950.5〜
人権活動家，民主化運動家　甲北京　鄇筆名＝金 生　嶝中国人民大学附属初級中学校

卒　鄻文革時代、紅衛兵として活動。1968年農村に下放され、翌年解放軍に入隊。73年から北京市公園管理事務所の電気工として勤務。78年12月北京の西単にあった「民主の壁」に壁新聞を貼り出し、それに共鳴する仲間と79年1月雑誌「探索」を発行。中国政府が掲げた"4つの現代化"も民主化という"第5の現代化"がなければ意味がなく、中国は社会主義の外衣をまとった封建君主制であるという主張で大きな反響を呼んだ（北京の春）。同年3月中越戦争を発動した鄧小平を批判する「民主か新たな独裁か」と題する壁新聞を発表して逮捕され、反革命扇動罪と国家機密漏洩罪で懲役15年の判決を受け服役。89年1月方励之が魏京生釈放を求める書簡を鄧小平に提出。これが、同年6月の天安門事件につながる一連の民主化運動へと発展した。93年9月刑期を半年残して仮釈放されたが、民主化を求める発言を続けたことから94年4月再び拘束される。95年11月政府転覆陰謀罪容疑で逮捕、12月北京市第一中級法院で懲役14年、政治権利剥奪3年の有罪判決が出る。同月判決が確定。服役中の97年11月国際的世論の高まりを受け海外での病気治療名目で仮釈放され、98年3月米国へ出国。同年コロンビア大学客員研究員となる。以後、1年の半分は米国外を飛び回り、中国の人権改善を訴え続ける。米国籍を取得せず、中国籍にこだわり続ける。2006年初来日。　鄽ケネディ人権賞（第11回）（1994年），パルメ人権賞（1995年），サハロフ賞（1996年），ロバート・ケネディ人権賞（1996年）　鄇妹＝魏 柵柵（画家）

キー, ジョン
Key, John
1961.8.9〜
ニュージーランド首相，ニュージーランド国民党党首　甲オークランド　嶝カンタベリー大学卒，ハーバード大学（米国）大学院修了　鄻6歳の時に父が他界。ナチス・ドイツの迫害から逃れたオーストリア出身のユダヤ系の母、姉妹と南部クライストチャーチの公営住宅で貧しい生活を送る。大学卒業後、地元企業を経て、外資系投資銀行に転職、為替ディーラーなどのキャリアを積む。1995年大手投資銀行メリルリンチに移り、シンガポール、ロンドン、シドニーなどで外国為替部門、デリバティブ取引部門などの責任者に抜擢される。ニューヨーク連邦銀行の外為

委員だった2001年、ニュージーランド国民党のシップリー党首らに見い出され、"将来の指導者候補"として帰国し、国民党入り。02年総選挙で初当選を果たす。党の財務報道官を経て、04年影の財務相となり、06年11月には異例の早さで党首に選出される。08年11月総選挙で国民党が9年ぶりに政権を奪取し、政界に入ってわずか6年、3回目の議員当選で首相に就任。11年12月再任。14年10月3期目就任。16年12月突然辞意を表明し、盟友ビル・イングリッシュを後継に指名して辞任。投資銀行勤務の間に蓄えた推定5000万ニュージーランドドル（約29億円）の資産を持つ富豪として、地元経済誌の長者番付に名を連ねたこともある。

キヴィニエミ, マリ
Kiviniemi, Mari
1968.9.27〜
フィンランド首相，経済協力開発機構（OECD）事務次長　㉔セイナヨキ　㉓Kiviniemi, Mari Johanna　㋲ヘルシンキ大学　㋱社会科学の修士号を持つ。中道右派のフィンランド中央党の学生組織の事務局長を務めるなどした後、1995年26歳でフィンランド国会議員に当選。2003〜08年中央党副党首。国会の外務委員会副委員長などを歴任し、04年バンハネン首相の経済担当特別顧問。05〜06年バンハネン内閣の貿易・開発相、07年内相、07〜10年6月地方行政相を歴任。10年6月中央党党首選で勝利し、同月首相を辞任したバンハネンの後継として、首相に就任。同国で女性首相が誕生するのは、03年に中央党の当時のヤーテンマキ党首が選ばれて以来、2人目。ハロネン大統領も女性で、ヤーテーンマキの首相時代と同じく、大統領、首相ともに女性となった。11年退任。14年8月経済協力開発機構（OECD）事務次長。

ギグー, エリザベート
Guigou, Élisabeth
1946.8.6〜
フランス法相・雇用連帯相　㉔モロッコ・マラケシュ　㉓Guigou, Élisabeth Alexandrine Marie　㋲モンペリエ大学（アメリカ文学・経済学）卒、国立行政学院（ENA）（1974年）卒　㋱19歳でフランスに来て政治運動に加わり、一時は統一社会党、1972年に社会

党に入党した。フランス財務省入省後、ロンドンの大使館などに勤務。81年ドロール財務相の大臣官房に加わり、9ケ月後請われてエリゼ宮（大統領府）の国際経済・通貨顧問となる。85年から欧州政策担当。86年欧州経済協力問題連絡閣僚会議事務局長。88〜90年大統領府秘書官。90年10月欧州問題担当相に就任。マスコミに"ミッテランの電卓""冷血漢""鉄の女""マダム・ヨーロッパ"とあだ名される。91年5月クレッソン内閣、92年4月ベレゴヴォワ内閣でも留任したが、93年3月退任。94〜97年欧州議会議員。97年6月ジュペ内閣で法相に就任、ジョスパン内閣でも留任。2000年10月オブリ雇用連帯相退任に伴い雇用連帯相に横滑り。02年退任。英語に堪能。

キクウェテ, ジャカヤ・ムリショ
Kikwete, Jakaya Mrisho
1950.10.7〜
タンザニア大統領　㉔英領タンガニーカ・バガモヨ（タンザニア）　㋲ダルエスサラーム大学経済学専攻（1975年）卒　㋱1975〜77年TANU党副書記官、77〜80年タンザニア革命党（CCM）副書記官、80〜81年CCM党本部・防衛安全局長、81〜83年CCM地域行政官、82年CCM国家執行委員、84〜86年タンザニア人民防衛軍政治主任など歴任。86〜90年タンザニア国会議員任命、90年国会議員選出。91年陸軍中佐。90〜94年水・エネルギー・鉱物資源相、94年財務相、95年外務・国際協力相（第1次ムカパ内閣）、2000年外務・国際協力相再任（第2次ムカパ内閣）。05年12月大統領選で当選、同月就任。06年6月CCM党首。10年10月大統領選で再選、11月再任。2期10年を務め、15年11月退任。1998年2月東アフリカ共同体（EAC）閣僚使節団の団長として来日。2006年10月来日。英語、スワヒリ語を話す。

ギジ, グレゴール
Gysi, Gregor
1948.1.16〜
ドイツ民主社会党（PDS）党首　法律家　㉔ベルリン　㋲フンボルト大学（法律）卒　㋱ユダヤ人の家系に生まれ、父親は旧東ドイツ教会問題担当国務次官、文化相、イタリア大使を歴任したクラウス・ギジ。1971年弁護士を開業、以後刑事、民事、行政を中

心に旧東ドイツの社会主義統一党(SED)党員の弁護活動を続ける。88年全国弁護士評議会会長兼東ベルリン弁護士会会長。89年民主化運動の高まりの中で反体制組織「新フォーラム」の代理人となり団体登録を申請、同年10月クレンツ政権発足後も憲法改正、旅行・言論・結社の自由を要求、さらにホーネッカー時代の腐敗・汚職を調査する党委員会を率いるなど党内急進改革派として活躍。同年12月クレンツ退陣後、党「作業委員会」メンバー、円卓会議党代表、次いで党首に選出される。90年2月党名を民主社会党(PDS)と改称。同年10月連邦議会PDS議員団長。93年1月党首辞任。 [家]父＝クラウス・ギジ(元東ドイツ文化相)

キスカ, アンドレイ

Kiska, Andrej

1963.2.2〜

スロバキア大統領　実業家　[出]チェコスロバキア・ポプラト(スロバキア)　[学]スロバキア工科大学(1986年)卒　[歴]1986年ポプラトにあるNaftprojekt社に勤務。90年米国へ渡り、1年半建設工事員や店員を経験。スロバキア帰国後に起業した会社は数週間で倒産。その後も起業を繰り返し、96年に創設した金融関連会社で成功、2005年に同社を売却し財を成した。06年重病の子を抱える家族を支援するNPO・Dobry Angel(Good Angel)を友人と共に設立し慈善活動に従事。11年チェコでDobry Angelを友人と共に設立。同年スロバキアの芸術・スポーツ・慈善活動等の分野における功労者に贈られるクリスタルの翼賞を受賞。12年スロバキア大統領選に無所属で出馬することを決め、14年3月大統領選決選投票でフィツォ首相を破り当選、6月就任。

キゼルボ, ジョセフ

Ki-Zerbo, Joseph

1922.6.21〜2006.12.4

ブルキナファソ民主進歩党党首　歴史家　[出]フランス領西アフリカ・ナヤラ州トマ(ブルキナファソ)　[学]ソルボンヌ大学 歴史学博士(ソルボンヌ大学)　[歴]フランスのソルボンヌ大学で歴史学の博士号を取得し、1957年帰国。歴史学研究の傍ら、社会主義的な政治活動に従事。伝統的農民の思考と技法を近代技術と接合させる“内発的発展”論を提唱した。72年ワガドゥグー大学歴史学教授となるが、83〜92年軍事政権に追われ亡命。帰国後、民主進歩党を結成して党首となり、06年国会議員に当選した。

キティラット・ナ・ラノン

Kittirat Na Ranong

1958.8.3〜

タイ副首相・財務相　[学]チュラロンコン大学経済学部卒　[歴]複数の証券会社トップを務めた後、2001〜06年タイ証券取引所(SET)所長。タクシン元首相の一族系のシナワット大学学長を経て、11年タクシン首相の妹であるインラック・シナワットが首相となると、副首相兼商業相として入閣。12年副首相兼財務相。14年退任。

キティンガン, パイリン

Kitingan, Pairin

1940.8.17〜

サバ自治州首相　[出]英領北ボルネオ・パパル(マレーシア・サバ州)　[名]Kitingan, Panglima Joseph Pairin　[歴]カダザンドゥスン人の弁護士でキリスト教徒。1985年第2代族長、85年サバ団結党(PBS)総裁、85〜94年サバ州首相を務める。在任中に“サバ人のサバ”を掲げ、マレー人ムスリム優位の連邦政府と対立した。

キーティング, ポール

Keating, Paul

1944.1.18〜

オーストラリア首相, オーストラリア労働党党首　[出]ニューサウスウェールズ州シドニー　[名]Keating, Paul John　[歴]アイルランド系。ボイラー工の息子としてシドニーの労働者街で育つ。14歳で学校を中退、同市の地区役所職員となり、1959年15歳でオーストラリア労働党に入党。州の党青年部会長を経て、69年史上最年少の25歳で下院議員に初当選、以後連続11回当選。75年ホイットラム政権で北オーストラリア担当相に起用される。83年3月〜91年6月ロバート・ホーク首相の下で長く財務相を務め、豪ドル変動相場制への移行の他、金融自由化、民営化、規制緩和、経営合理化、税制改革などを推進、英国経済誌「ユーロ・マネー」から86年の“今年の財務相”に選ばれた。90年4月〜91年6月副首相を兼任。91年12月労働

党党首に選出され、同月首相に就任。先住民アボリジニの権利保護や福祉の充実、他文化主義の堅持に努める一方、アジア・太平洋経済協力会議など多国間自由化交渉を重視して対アジア関与を強化。また、英女王を国家元首に頂く現行の立憲君主制の廃止論者で、政体を共和国大統領制に転換する国民投票を公約したが、96年3月の総選挙で自由党・国民党連合に惨敗し、首相と労働党党首を退任。4月議員も辞職し、政界を引退した。

キナフ, アナトーリー
Kinakh, Anatolii
1954.8.4〜
ウクライナ首相　㊐ソ連モルダビア共和国(モルドバ)　㊤Kinakh, Anatolii Kyrilovich　㊥レニングラード造船大学卒　㊨モルドバのウクライナ人村の貧しい家庭に生まれる。レニングラード(現・サンクトペテルブルク)の造船大学を卒業後、エストニアの首都・タリンで造船技師となる。1981年ウクライナ南部の造船工場に転じ、工場責任者を務める。ソ連からの独立後、ウクライナ議会の民主選挙で当選し、民族主義色の濃い"人民議会"グループに加入。92年ニコラエフスク州代表、95年クチマ大統領政権下で産業政策担当副首相。96年閣外に出たが、99年第1副首相に再任。2000年産業企業家同盟を旗揚げし議長。01年5月〜02年11月ウクライナ首相。02年より国会議員。保守的で親ロシア的といわれるテクノクラート官僚としても知られる。

ギナンジャール・カルタサスミタ
Ginandjar Kartasasmita
1941.4.9〜
インドネシア調整相, インドネシア国民協議会(MPR)副議長　㊐オランダ領東インド西ジャワ州バンドン(インドネシア)　㊤バンドン工科大学(化学工学専攻)(1960年)卒, 東京農工大学(1965年)卒　㊨バンドン工科大学1年の時に奨学金を得、日本の東京農工大学へ留学。その後、行政学院、空軍の学校で教育を受け、空軍研究開発総局長の経験もある空軍中将。技術官僚として頭角を現し、1982年以来インドネシア国民協議会議員。83〜88年国産品利用促進担当副大臣を務め、79年以来のプリブミ(先住のマレー系住民)企業家振興政策を主導。85〜88年投資調整庁(BKPM)長官、88年鉱業・エネルギー相、93年国家開発企画庁長官を経て、98年経済担当の調整相となり、スハルト大統領辞任前夜には経済閣僚14人のスハルトへの非協力をとりまとめ、スハルトに引導を渡した。続くハビビ政権でも留任、99年9月辞任。同年10月新たに発足した国民協議会(MPR)の地方代表議員となり、副議長に就任。2001年4月国営石油会社・プルタミナと民間企業の契約に絡み、国家に約2500万ドルの損害を与えたとする容疑で最高検察庁に逮捕されるが、南ジャカルタ地裁は検察当局が空軍の許可を得ずに逮捕したのは違法とする決定を下した。04年MPR副議長を退任。同年〜09年新設された地方代表議会(DPD)初代議長。10年ユドヨノ政権で大統領諮問会議委員。日本の政財界と強いパイプを持つ知日派。1999年5月来日、2000年3月来日。

キネリョフ, ウラジーミル
Kinelev, Vladimir
1945〜
ロシア副首相・教育相　㊤Kinelev, Vladimir Georgievich　㊥バウマン工業大学卒　㊨バウマン工業大学で助手、教授、副学長として教育に携わる。1990〜91年ロシア科学・高等教育・技術政策省高等教育委員会委員長兼第1副首相、93年高等教育委員会委員長、96年副首相を経て、同年普通教育・専門教育相に就任。98年解任。

キノック, ニール
Kinnock, Neil
1942.3.28〜
英国労働党党首, 欧州連合(EU)欧州委員会副委員長　㊐ウェールズ　㊤カーディフ大学卒　㊨炭鉱員と看護師の間に生まれる。大学時代は学生連合議長。1957年労働党入党。70年28歳の若さで下院初当選。74年労働党全国執行委員、79年影の内閣教育相を経て、83年10月マイケル・フット党首引退後、党首に就任。88年10月再選。92年4月総選挙に敗北し党首を辞任。党内左派に属し、フット党首の支持者。95年1月欧州連合(EU)欧州委員会委員に就任、運輸・欧州交通網担当。99年3月予算をめぐる不祥事の責任を取り総辞職、同年7月欧州委員会副委員長に選

ばれる。

キバキ, ムワイ

Kibaki, Mwai

1931.11.15～

ケニア大統領　[出]英領ケニア・ニエリ（ケニア）　[名]Kibaki, Mwai Emilio Stanley　[学]マケレレ大学（ウガンダ）卒, ロンドン・スクール・オブ・エコノミクス公共財政学専攻卒　[歴]ケニア最大の民族・キクユ族の農家に生まれる。ウガンダ、英国で学び、1959～60年母校のマケレレ大学で経済学を教える。ケニア独立運動から政治活動に入り、63年ケニア・アフリカ民族同盟（KANU）から国会議員に当選。初代ケニア大統領のケニヤッタ政権で、通産相（66～69年）、財政相（69～78年）などを歴任。78年の大統領の死後にはモイ副大統領を支持し、同年～88年モイ政権の副大統領を務める。91年野党・民主党を結成、党首。92年、97年大統領選で敗北。2002年12月野党連合・国民虹の連合（NARC）の候補として大統領選に当選し、ケニア初の政権交代を実現。07年12月国民統一党（PNU）党首として大統領選に挑み勝利宣言するも、対立候補オディンガから不正告発があり、キクユ人とルオ人との民族紛争に発展。アナン元国連事務総長の仲介で両者は和解。首相職を新設し、オディンガを同職に就けた。12年の大統領選には出馬せず、13年引退。

キーブ, アブドルラヒム

Keib, Abdurrahim al-

1950～

リビア暫定政府首相　電気工学者　[出]トリポリ　[学]トリポリ大学（1973年）卒, 南カリフォルニア大学（1976年）修士課程修了　博士号（ノースカロライナ州立大学）（1984年）　[歴]西部サブラタの名門部族の出身。トリポリ大学で電気工学を専攻し、米国に留学して送電技術などを研究。1984年米国ノースカロライナ州立大学で博士号を取得、96年アラバマ大学教授。米国や湾岸諸国などの複数の大学で教鞭を執る傍ら、電力関係企業を経営。2007～09年アラブ首長国連邦のアブダビ石油研究所電気工学部長。11年カダフィ大佐の長期独裁体制崩壊に際して、反カダフィ派の中核組織であるリビア国民評議会（TNC）にトリポリ地区代表の一員として加わり、資金面の援助も行う。10月TNCから暫定政府首相に選出される。12年11月退任。

キブリア, シャー・A.M.S.

Kibria, Shah A.M.S.

1931.5.1～2005.1.27

バングラデシュ財務相, ESCAP事務局長　外交官　[出]インド・シルヘット（バングラデシュ）　[学]ダッカ大学経済学部（1953年）卒, フレッチャー法律外交学院卒 M.A.　[歴]1954年外交官としてパキスタンに着任。71年まで各地で外交活動に従事。72～73年バングラデシュ外務省書記官、76～78年国連へ代表として赴任、78～81年再び外務次官。81～92年ESCAP事務局長。87年カンボジア人道的援助計画の国連代表者。96年6月～2001年10月財務相を務めた。05年1月北部ラスカルプールで開かれていた野党アワミ連盟（AL）の政治集会に出席中、手榴弾が投げ込まれ、死亡した。

キム・イルチョル（金 鎰喆）

Kim Il-chol

1933～

北朝鮮人民武力相（国防相）, 北朝鮮国防委員会委員　軍人　[出]朝鮮・平壌（北朝鮮）　[学]平壌学院修学, 万景台革命学院（第1期生）（1946年）卒, ソ連海軍大学修了　[歴]1950年北朝鮮海軍副戦隊長・戦隊長、65年海軍司参謀部参謀、68年海軍司副参謀長、71年同参謀長、74年海軍副司令官、78年同司令官を歴任。同年朝鮮労働党中央委員候補、80年党中央委員・中央軍事委員。82年中将、最高人民会議代議員、85年上将、海軍司令官、92年大将、97年次帥。同年4月人民武力省第1次官。98年7月最高人民会議第10期代議員、9月国防委員会副委員長、同月人民武力相（国防相）。2000年9月韓国・済州島での南北国防相会談に出席。01年4月訪ロし、イワノフ国防相と会談。02年9月日朝首脳会談で小泉首相を平壌国際空港に出迎えた。03年9月国防委員に降格。06年4月訪朝した中国の曹剛川国防相と会談。07年11月南北国防相会談出席。09年2月人民武力相、10年北朝鮮国防委員会委員を退任。　[勲]金日成メダル（1982年）

キム・ウォンギ（金 元基）

Kim Won-ki
1937.2.16〜
韓国国会議長　[出]朝鮮・全羅北道井邑（韓国）　[学]延世大学卒, ソウル大学新聞研究所修了　[歴]東国大学・漢陽大学講師、東亜日報調査部長を経て、1979年10代韓国国会議員に当選。平民党院内総務国会内務委員、民韓党党務委員、11代国会議員、民韓党全北第6地区党委員長などを歴任。91年9月新民党（金大中総裁）と民主党（李基沢総裁）が合同して新しく発足した民主党の事務総長に就任。のち党副総裁を経て、95年12月党共同代表。96年4月落選するが、のち復帰。2003年離党し、親・盧武鉉大統領派の国会議員らとともにウリ党を結党。04年6月〜06年5月国会議長。11年12月民主統合党常任顧問。

キム・キジェ（金 杞載）

Kim Ki-jae
1946.9.6〜
韓国行政自治相　[出]河東　[学]高麗大学（経営学）（1972年）卒, ハーバード大学行政大学院（1981年）修了, 東国大学大学院（1986年）修了　[歴]1972〜75年釜山市事務官を務め、76年からは内務部で行政係長、税務家庁、地方自治企画団長、地域経済局長、企画管理室長などを歴任。94〜95年釜山市長を務め、96年15代韓国国会議員に当選。99年2月金大中政権の行政自治相に就任。同年5月内閣改造で留任。2000年1月退任。　[勲]韓国緑条勤政勲章, 韓国青条勤政勲章　[賞]韓国大統領表彰

キム・ギチュン（金 淇春）

Kim Ki-choon
1939.11.25〜
韓国大統領府秘書室長　[出]朝鮮・巨済（韓国）　[学]ソウル大学法学部（1962年）卒 法学博士（ソウル大学）（1984年）　[歴]韓国法務研修院長、検察庁長、1991年法務部長官（法相）を歴任。95〜96年韓国野球委員会（KBO）総裁。96年総選挙に出馬し、当選。2013〜15年2月朴槿恵政権の秘書室長。事実上の政権ナンバー2として国政運営全般を取り仕切った。17年2月朴槿恵大統領や周辺の疑惑を捜査している特別検事から職権乱用権利行使妨害や強要などの容疑で起訴される。同年7月ソウル中央地裁は懲役3年、18年1月ソウル高裁は一審より重い懲役4年の判決を下した。　[勲]青条勤政勲章, 保国勲章天授章

キム・ギョクシク（金 格植）

Kim Kyok-sik
1938.3.11〜2015.5.10
朝鮮人民軍総参謀長, 北朝鮮人民武力相（国防相）　軍人　[出]朝鮮・咸鏡南道定平郡（北朝鮮）　[学]金日成軍事総合大学卒　[歴]1957年9月朝鮮人民軍に入隊。軍団司令官などを経て、2007〜09年総参謀長。12年10月人民武力部長（国防相）。13年3月朝鮮労働党政治局員候補、4月国防委員。5月軍総参謀長に再び就任したが、10月に解任が確認された。軍階級は大将。朝鮮人民軍の強硬派とされ、10年の韓国海軍哨戒艦沈没や延坪島砲撃を主導したと韓国では見なしていた。

キム・ギョンヒ（金 慶喜）

Kim Kyong-hui
1946.5.30〜
朝鮮労働党政治局員・書記, 朝鮮人民軍大将　[出]朝鮮・平壌（北朝鮮）　[学]金日成総合大学卒, モスクワ大学卒　[歴]1994年に死去した金日成北朝鮮国家主席と金正淑の長女で、金正日朝鮮労働党総書記と母を同じくするただ一人の妹。71年民主女性同盟中央執行部役員、75年党国際部指導員、76年同副部長、87年党軽工業部長。88年より党中央委員、90年より4期連続で最高人民会議代議員。93年党経済政策検閲部長を経て、97年党軽工業部長に就任。その後、公式活動が途絶えていたが、2009年6月金正日の視察活動への同行が約14年ぶりに伝えられた。10年9月党政治局員、朝鮮人民軍大将。12年4月党書記。1972年大学時代に知り合った張成沢と結婚。夫は2013年12月国家転覆陰謀行為罪で処刑された。16年5月の党大会に伴い公表された党の幹部名簿に金慶喜の名前はなかった。　[家]父＝金 日成（北朝鮮国家主席）, 母＝金 正淑, 兄＝金 正日（朝鮮労働党総書記）, 夫＝張 成沢（朝鮮労働党行政部長）

キム・グァンジン（金 寛鎮）

Kim Kwan-jin
1949.8.27〜
韓国国防相, 韓国合同参謀本部議長　軍人　[出]全羅北道全州　[学]韓国陸軍士官学校（28期）（1972年）卒　[歴]1998年韓国陸軍本部企

画参謀部戦略企画所長、99年第35師団長、2000年陸軍本部企画管理参謀部長、02年陸軍第2軍団長、04年合同参謀本部作戦本部長、05年第3野戦軍司令官を経て、06年8月～08年3月合同参謀本部議長。10年12月李明博政権で国防部長官（国防相）に就任。13年3月朴槿恵政権の国防相候補の就任辞退を受け留任決定。14年5月退任。17年11月李政権時代に組織的な世論操作を軍サイバー司令部に指示したとして軍刑法違反（政治関与）の容疑などでソウル中央地検に逮捕される。

キム・グクテ（金 国泰）

Kim Guk-tae

1924.8.27～2013.12.13

朝鮮労働党政治局員・中央委員会検閲委員長　㊐朝鮮・咸鏡北道城津（北朝鮮・金策）　㊫万景台革命学院, 金日成大学卒, モスクワ大学留学　㊟1963年朝鮮人民軍総政治局副総局長（中将）、66年党中央委員、67年より最高人民会議代議員、党宣伝扇動部長、70年党中央委員、74年党最高級党学校長、77年咸鏡南道人民委員長、駐エチオピア大使、83年党中央委部長、90年金日成高級党学校長、92年党書記。2010年党代表者会で党書記及び幹部部長を解任。その後、党中央委員会検閲委員長、党政治局委員、党中央委員を歴任。

キム・クンテ（金 槿泰）

Kim Geun-tae

1947.2.14～2011.12.30

韓国保健福祉相　民主化運動家　㊐朝鮮・京畿道富山（韓国）　㊫ソウル大学商学部（1971年）卒　㊟ソウル大学在学中から軍事独裁政権に対する民主化運動に身を投じ、逮捕歴は20回以上、通算5年以上投獄された韓国の“民主化の父”。1983年民主化運動青年連合（民青連）初代議長に就任。85年民主青年連盟事件で逮捕され、警察で過酷な拷問を受け、これが発覚し民主化弾圧への批判が高まった。87年ロバート・ケネディ人権賞を受賞。89～90年全国民族民主運動連合（全民連）政策企画室長、執行委員長を務め、90年再び投獄されるが、その後も民主抗争記念国民委員会共同執行委員長などの活動を続ける。94年統一時代国民会議共同代表。95年民主党に合流し副総裁。96年15代国会議員に当選し、連続3期当選。2000年新千年民主党最高委員、01年同党常任顧問。03年9月国民参与統合新党結成に参加、11月院内総務となる。04年6月～05年12月盧武鉉政権で保健福祉相。06年6月当時の与党“開かれたウリ党”代表（党首）に就任し、07年2月まで務めた。08年の総選挙で落選。拷問の後遺症に苦しみながらも、一時は大統領の座を目指したが、病床からの復活は果たせなかった。㊌ロバート・ケネディ人権賞（1987年）

キム・ゲグァン（金 桂冠）

Kim Kye-gwan

1943.1.6～

北朝鮮最高人民会議外交委員　外交官　㊐朝鮮・平安北道雲山（北朝鮮）　㊫平壌国際関係大学フランス語科卒　㊟1973年在アルジェリア北朝鮮大使館書記官、75年外交部課長、84年駐ニジェール大使、85年外交部国際機構局専門委員、89年同巡回大使、91年同参事などを経て、95年1月同副部長（外務次官, 米国担当）に就任。この間、93年国際原子力機関（IAEA）定例理事会で演説、93～94年核やミサイルを巡る米朝高官協議次席代表。95年から同首席代表、97～99年朝鮮半島和平を巡る4者会談の首席代表、2004年2月の第2回から6ケ国協議首席代表を務める。06年4月ヒル米国国務次官補らとともに東京での国際学術会議に参加。07年1月ベルリンでヒル次官補と米朝協議、2月朝鮮半島の非核に向けた6ケ国協議合意文書を採択した。09年12月、平壌で行われたオバマ政権と初の米朝高官協議で米代表団と会談。10年9月外務省第1副相（第1外務次官）に昇格。11年7月のワシントン、10月のジュネーブでの米朝高官協議で首席代表。12年2月の北京での米朝高官協議団長。17年4月最高人民会議外交委員。

キム・ジョンイル（金 正日）

Kim Jong-il

1942.2.16～2011.12.17

北朝鮮国防委員会委員長, 朝鮮労働党総書記・政治局常務委員・中央軍事委員長　㊐ソ連ロシア共和国ハバロフスク・ビヤブスカヤ（ロシア）　㊫金日成総合大学政治経済学部（1963年）卒　㊟北朝鮮の公式文献は中朝国境の白頭山の朝鮮人民革命軍秘密基地で生まれたとしているが、実際には北朝鮮建国の父とされる金日成が日本軍の追討を逃れて旧ソ連軍に身を寄せていた際にソ連領で生

まれたといわれる。大学在学中の1961年朝鮮労働党に入党。72年党中央委員、73年7月党組織指導部長兼宣伝扇動部長、9月党組織宣伝担当書記となり、三大革命小組運動を指導。74年2月党中央委第5期第8回総会で政治委員となり、“後継者”に決定。80年10月第6回党大会で政治局常務委員兼書記兼軍事委員に任命され、初めてテレビに姿を現した。90年5月国防委第1副委員長、91年12月朝鮮人民軍最高司令官、92年4月元帥、93年4月国防委員会委員長。金日成主席の死去後3年間の服喪期間を経て、97年10月党総書記に就任。98年9月最高人民会議第10期第1回会議で国防委員会委員長に再任。この際、憲法改正を通じて金日成主席の地位を永遠の社会主義の始祖と規定、また国防委員会を“国家主権の最高軍事指導機関”と格上げし、自らは国防委員長として実質的最高位に就き、権力の継承を完成させる。2000年6月平壌で韓国の金大中大統領と分断以来初めて南北首脳会談を行い、南北共同宣言に署名。02年9月日本の首相として初めて訪朝した小泉純一郎と会談、国交正常化交渉の再開を柱とする日朝平壌宣言に署名。また自ら日本人拉致を認め、10月拉致被害者5人を帰国させた。07年10月韓国の盧武鉉大統領が訪朝し、7年ぶりに南北首脳会談を行う。08年8月脳卒中で倒れるが、次第に復帰。09年2月党中央軍事委員長。10年9月朝鮮労働党代表者会を44年ぶりに開催し、三男の正恩を後継者に選出。12月17日現地指導に向かう途中の列車の中で急病のため死去。すべてにおいて軍事を優先するという“先軍政治”の理念を国家運営の根幹に据え、軍事力を背景とした体制維持を推進。核兵器やミサイル開発に力を入れ、1998年8月には長距離弾道ミサイル“テポドン1”を発射。2003年核不拡散条約（NPT）を脱退し、05年には核保有を公式に宣言。06年と09年国際社会が反対する中で核実験を強行。一方、軍需産業に国家資源をつぎ込んだことで、1990年代半ばから経済状況が急速に悪化。経済再建と人民生活向上を図ったが、十分な成果は上げられなかった。映画や舞台など多彩な趣味を持ち、約2万本の映画コレクションがあったといわれる。　[家]父＝金 日成（北朝鮮国家主席），母＝金 正淑，妻＝高 英姫，元妻＝成 恵琳（女優），長男＝金 正男，二男＝金 正哲，三男＝金 正恩（朝鮮労働党委員長），妹＝金 慶喜（朝鮮労働党政治局員），異母弟＝金 平日（外交官），義弟＝張 成沢（朝鮮労働党中央委員）

キム・ジョンウン（金 正恩）

Kim Jong-un

1983.1.8〜

北朝鮮国務委員長，朝鮮労働党委員長，朝鮮人民軍最高司令官　[出]平壌　[学]金日成軍事総合大学　[歴]生年には1982年、84年説もある。北朝鮮の金正日総書記と、大阪生まれの在日朝鮮人だったとされる高英姫との間に生まれた2番目の息子で、総書記の三男。99年〜2000年スイス・ベルンの公立中学で教育を受け、帰国後、朝鮮人民軍幹部を養成する金日成軍事総合大学で学んだといわれる。10年9月に44年ぶりに開かれた朝鮮労働党代表者会で、党中央委員と新設ポストの党中央軍事委員会副委員長に27歳の若さで選出された。また朝鮮人民軍大将の称号が与えられる。党と軍の要職に就いたことにより、金総書記の後継者となることが公式に決定。これらの報道により、“ジョンウン”の名前が初めて北朝鮮の公式メディアに登場した。11年12月金総書記が死去し、北朝鮮メディアの報道で党内序列1位が確認された。同年に12月30日付で軍最高司令官。12年4月党代表者会で第1書記、最高人民会議で国防委第1委員長に就任。7月共和国元帥。13年12月叔母の夫で事実上のナンバー2とされた張成沢を粛清。16年5月党大会で新設の党委員長に就任、6月国防委から改編された国務委員会の委員長。18年3月初の外遊で北朝鮮最高指導者として7年ぶりに中国を訪問し、習近平国家主席と会談。　[家]父＝金 正日（朝鮮労働党総書記），母＝高 英姫，妻＝李 雪主，兄＝金 正哲，祖父＝金 日成（北朝鮮国家主席），異母兄＝金 正男，妹＝金 与正，叔母＝金 慶喜（朝鮮労働党政治局員）

キム・ジョンガク（金 正角）

Kim Jong-gak

1941.7.20〜

北朝鮮人民武力相，朝鮮労働党政治局員候補・中央軍事委員　軍人　[出]朝鮮・平安南道（北朝鮮）　[学]金日成軍事総合大学卒　[歴]1959年朝鮮人民軍に入隊。91年朝鮮労働党中央委員候補、92年党中央委員となり人民武力部副部長（次官級）に。2000年大将。07年人民軍総政治局第1副局長。10年党政治局員候

補・中央軍事委員。12年2月次帥に昇格。4月人民武力部長（相）就任が確認されたが、12月解任が判明。09〜13年国防委員会委員。

キム・ジョンピル（金 鍾泌）
Kim Jong-pil
1926.1.7〜
韓国首相，韓国自由民主連合（自民連）総裁　[出]朝鮮・忠清南道扶余（韓国）　[名]号＝雲庭，愛称＝JP　[学]ソウル大学師範学部（1947年）中退，韓国陸士（第8期）（1949年）卒　[歴]1958年韓国陸軍情報参謀部企画課課長、61年朴正熙の軍事クーデターに加わり、同年KCIA（韓国中央情報部）初代部長に就任。62年10月東京で大平正芳外相と日韓交渉の大筋をまとめる（金・大平メモ）。63年国会議員に初当選。同年民主共和党議長。71年6月〜75年11月首相を務め、73年11月金大中事件の“謝罪特使”で来日。76〜79年韓日議員連盟韓国側初代会長。79年11月民主共和党総裁。全斗煥政権下の80年5月、200億ウォンを超す不正蓄財の疑いで戒厳軍に連行され、6月一切の公職から引退。84〜86年渡米。85年3月公民権回復、87年10月新民主共和党を結成し総裁となり、12月の大統領選に出馬したが落選。90年5月与党三党が合併して発足した新与党・民主自由党（民自党）の最高委員となる。92年8月党代表最高委員（党ナンバー2）に昇格。93年5月〜95年1月党代表委員。95年2月民自党離党、3月韓国自由民主連合（自民連）を結成し総裁に就任。97年11月名誉総裁。98年2月金大中政権で首相に指名されるが国会の同意が得られず、3月首相代理。同年8月〜2000年1月首相。同年7月韓日議員連盟会長に選出。01年10月自民連総裁に復帰。04年4月総選挙敗北の責任を取って、総裁を辞任、政界を引退した。国会議員は通算9期務めた。金泳三、金大中と並ぶ有力政治家の一人として“三金”と呼ばれ、朴大統領の後継者とも目されたが、最高指導者の座に就く機会には恵まれなかった。“JP”の愛称で呼ばれ、知日派としても知られた。終生の政治目標は“大統領制から議院内閣制への改憲”だった。04年5月、02年の統一地方選挙に関わる政治資金法違反の罪で、最高検察庁に在宅起訴される。04年6月ソウル中央地裁より懲役1年、執行猶予2年の判決を受ける。自民連は06年に解散。[勲]米銅星勲章，一等保国勲章，中国大授宝勲章，勤政・修交勲章　[賞]青山学院大学名誉博士号（国際政治学）（2007年）

キム・ジンピョ（金 振杓）
Kim Jin-pyo
1947.5.4〜
韓国副首相・財政経済相　[出]朝鮮・京畿道水原（韓国）　[学]ソウル大学法学科（1971年）卒，ソウル大学行政大学院（1974年）修了，ウィスコンシン大学大学院公共政策学科（1988年）修了，韓国国防大学院（1994年）修了　[歴]1973年韓国行政高等試験に合格。大田地方国税庁、国税審判所、財務部税制局などを経て、83年寧越税務署長に就任。96年から財政経済院で広報官、長官秘書室長、財政室税制審査官などを歴任し、98年にはアジア欧州連合（ASEM）準備企画団事業推進本部長を務める。金泳三大統領の下で金融実名制度を主導して話題を集め、2001年4月〜02年1月財政経済部次官、同年7月まで大統領秘書室政策企画主席秘書官を務めながらサッカーW杯の経済分野を担当。その後、国務総理国務調整室長、大統領引き継ぎ委員会副委員長を経て、03年2月〜06年7月盧武鉉政権の副首相兼財政経済相。11年5月〜12年5月民主党の院内代表。17年文在寅政権の国政企画委員長に就任。

キム・スハン（金 守漢）
Kim Soo-han
1928.8.20〜
韓国国会議長　[出]大邱　[学]嶺岡大学卒　[歴]1967年韓国国会議員に当選、70年新民党スポークスマン、85年同党副総裁、90年民自党党務委員、93年韓日親善協会会長。96〜98年国会議長。99年外国人としては最高位の勲一等旭日大綬章を受章。金泳三大統領側近の知日派として知られる。　[勲]勲一等旭日大綬章（日本）（1999年）

キム・ソクギュ（金 奭圭）
Kim Suk-kyu
1936.3.10〜
駐日韓国大使　外交官　[出]慶尚北道星州　[学]ソウル大学（1962年）卒　[歴]韓国外務省に入り、1968年外務次官秘書官、72年国連代表部第1等書記官、76年在米参事官、83年駐パラグアイ大使、88年大統領政務秘書官、89年駐イタリア大使、93年駐ロシア大使を歴任。96年外交安保研究院院長を経て、98年

4月～2000年3月駐日大使。

キム・ソクス（金 碩洙）
Kim Suk-soo
1932.11.20～
韓国首相, 韓国最高裁判事　法律家　⑰慶尚南道河東　㋓延世大学法学部（1956年）卒, 米国陸軍法務学校修了　㋭1958年司法試験合格。63年釜山地裁を皮切りに判事となり、86年釜山地裁所長、91～97年大法院（最高裁）判事を務める。この間、金泳三政権下の93～97年中央選挙管理委員会委員長、97年公職者倫理委員会委員長を経て、2000年9月新聞倫理委員会委員長。02年金大中政権下で2人の首相候補者が否決されたのち、10月韓国首相に就任。03年2月政権交代により退任。㋫延世大学名誉法学博士号（1997年）

キム, ソン
Kim, Sung
1960～
駐韓国米国大使, 駐フィリピン米国大使　外交官　⑰韓国ソウル　㋓ペンシルベニア大学卒, ロヨラ大学ロースクール, ロンドン・スクール・オブ・エコノミクス　㋭韓国系。外交官の父・金基完は、1973年に東京で起きた金大中拉致事件の際、駐日韓国大使館公使だった。父は情報機関出身で、当時は"金在権"といい、事件後、責任を取る形で公職を退いた（94年死去）。74年中学1年生の時、家族とともに渡米。80年に米国市民権を取得。ペンシルベニア大学卒業後、検事を経て、米国国務省入りし、外交官として韓国、日本、香港などに勤務。2006年国務省朝鮮課長、08年6ケ国協議首席代表を経て、11～14年駐韓国大使、14年北朝鮮担当特別代表、16年駐フィリピン大使。韓国語が達者で韓国に知己は多く、国務省で一番の朝鮮半島通と目されている。夫人は韓国人。　㋲父＝金 基完（外交官）

キム・ソンファン（金 星煥）
Kim Sung-hwan
1953.4.13～
外交通商相（外相）　外交官　⑰ソウル　㋓ソウル大学（1976年）卒　㋭1977年韓国外務省（のち外交通商省, 現・外交部）に入省。96年駐米参事官、2000年北米局審議官、01年北米局長、02年駐ウズベキスタン大使、06年駐オーストリア大使、08年3月李明博政権で外交通商省第2次官を経て、6月大統領外交安保首席秘書官。10年10月外交通商相（外相）に就任。13年2月退任。

キム・チャンス（金 章洙）
Kim Jang-soo
1948.2.26～
韓国国防相, 駐中国韓国大使　軍人　⑰光州　㋓韓国陸軍士官学校（27期）（1971年）卒　㋭1993年韓国首都防衛司令部作戦処長、97年韓国陸軍六師団長などを経て、2000年合同参謀本部作戦部長。01年陸軍七軍団長、03年合同参謀本部作戦本部長、04年米韓連合軍司令部副司令官、05年陸軍参謀総長を経て、盧武鉉政権時代の06年11月～08年国防相を務める。13年朴槿恵政権が大統領府に新設した国家安保室の室長となるが、14年5月旅客船沈没事故を巡る発言で事実上更迭される。15～17年駐中国大使。

キム・テジ（金 太智）
Kim Tae-ji
1935.2.20～
駐日韓国大使　外交官　⑰朝鮮・済州島南済州（韓国）　㋓ソウル大学法学部（1957年）卒　㋭韓国法務省を経て、1959年外務省入り。62年ジュネーブ代表部3等書記官、67～70年在日大使館1等書記官、73年駐米参事官、79年アジア局長、84年駐ニューヨーク総領事、87年駐インド大使などを歴任。92年外交安保研究院研究委員、93年駐ドイツ大使を経て、95年1月～98年4月駐日大使。アジア通の実務派外交官。日本語に堪能。

キム・デジュン（金 大中）
Kim Dae-jung
1924.1.6～2009.8.18
韓国大統領, 新千年民主党総裁　⑰朝鮮・全羅南道荷衣島（韓国）　㋓木浦商業学校（1943年）卒, 建国大学政治学科中退, 高麗大学経営大学院修了, 慶熙大学大学院修了 Ph.D.　㋭1948～50年木浦日報社長などを経て政界に入り、56年民主党入党。61年4度目の挑戦で国会議員に初当選。民主党再建に加わり、66年党政策審議室長、67年新民党スポークスマン。朴正熙大統領の軍政下で民主化勢力指導者として頭角を現し、71年4月の大統領選では南北和解と交流を掲げて支持を集

めたものの、朴大統領に惜敗。直後、交通
事故を装った暗殺工作に遭い、生涯足を引
きずる体となった。その後亡命生活に入り、
日本や米国で朴政権批判の運動を展開。来
日中の73年8月東京のホテルから韓国中央情
報部（KCIA）により誘拐・連行され、5日後
にソウルで解放され自宅軟禁に（金大中事
件）。76年3月民主教国宣言事件で服役（の
ち自宅軟禁）。朴大統領死後の80年2月公民
権を回復。金泳三、金鍾泌とともにいわゆる
"三金"の一人として活発な政治活動に乗り
出したが、5月軍部のクーデターにより逮捕
され、7月光州事件に関与したとして国家保
安法違反、内乱陰謀罪などで81年1月死刑が
確定（のち無期懲役）。82年3月懲役20年に
減刑され、12月刑執行停止を受け渡米。85
年2月全斗煥政権の反対を押し切って帰国し
政治活動を再開。87年7月公民権回復。11月
平和民主党（平民党）を結成して総裁となり、
12月の大統領に出馬したが落選。88年4月国
会議員に当選。91年4月新民党を結成。9月
第2野党の民主党（李基沢総裁）と合同し、新
野党・民主党が発足、共同代表。92年12月
大統領選に落選、国会議員を辞職し政界引
退を表明。95年9月新党・新政治国民会議の
総裁となり政界復帰。97年12月4度目の挑戦
で大統領選に当選、韓国初の与野党交代を
実現させる。98年2月第15代韓国大統領に就
任。10月国賓として来日、小渕恵三首相と
未来志向の日韓関係を目指す「日韓共同宣
言」を発表。それまで厳しく制限されてき
た日本の大衆文化の流入を段階的に解禁し、
2002年にはサッカーW杯日韓共催大会を実
現させた。00年6月北朝鮮の平壌を訪問し金
正日総書記と分断以来初めて南北首脳会談
を行い、南北共同宣言に署名。対北朝鮮融
和策である"太陽政策"を推進し北朝鮮との
和平と和解に貢献したとしてノーベル平和
賞を受賞。国内ではアジア通貨危機からの
経済再建に尽力、金融、企業、政府、労働の
4分野で構造改革を進め、"IMF優等生"と言
われるまでの経済成長を成し遂げた。03年
2月大統領退任。　㉑ノーベル平和賞（2000
年），フィラデルフィア自由賞（1999年）　㉗
妻＝李姫鎬（女性運動家）

キム・テホ（金 台鎬）

Kim Tae-ho
1962～
慶尚南道知事　㉔慶尚南道　㉗ソウル大学農

業教育学科卒　㉔慶尚南道の寒村の農家出
身。苦学してソウル大学農業教育学科を卒
業。大学教授を志したが、ハンナラ党議員の
選挙に関わったのをきっかけに、同党の調査
研究機関の社会政策室長に就任。1998年慶
尚南道の道議員に当選し、政界入り。2004
年史上最年少の41歳で道知事となり、注目
を集める。10年8月李明博大統領より首相に
指名され、39年ぶりとなる40代の首相とし
て期待されたが、不正疑惑で辞任した。11
年4月国会議員再補選でハンナラ党から立候
補し当選。12年大統領選への出馬を表明す
るが、セヌリ党の予備選で敗退。14年党最
高委員。

キム・テヨン（金 泰栄）

Kim Tae-young
1949.1.13～
韓国国防相　軍人　㉔ソウル　㉗韓国陸軍
士官学校（29期）（1973年）卒　㉔1997年韓
国陸軍第6軍団砲兵旅団長、98年国防相補佐
官、2000年歩兵第23師団長、02年陸軍本部
企画管理参謀部長、03年国防省政策企画局
長、04年首都防衛司令官、05年合同参謀本
部作戦本部長、06年第1野戦軍司令官、08年
合同参謀本部議長を経て、09年9月国防相に
就任。10年3月に起きた北朝鮮魚雷攻撃によ
る韓国哨戒艦沈没事件への対応が遅れたこ
とへの責任を取り、11月辞任。

キム・ドゥグァン（金 斗官）

Kim Doo-gwan
1959.4.10～
慶尚南道知事, 韓国行政自治相　㉔慶尚南道
南海　㉗慶南専門大学行政学科（1981年）卒,
東亜大学（政治外交学）（1987年）卒, 慶南大
学最高経営者課程（1999年）卒　㉔1986年民
主憲法争奪のための忠北道民決議大会を主
導した罪で拘束されるが、同年赦免で復権。
88～90年南海イオ里の里長を務め、93年農
漁村社会研究所理事に就任、98年からは21世
紀南海発展企画団長も務める。98年～2002
年南海郡郡首。この間新千年民主党で党改
革特別委員も務める。03年2月盧武鉉政権の
行政自治相に就任。地方自治団体長出身と
しては初の行政自治相で、郡首時代から人
事請託を徹底的に排除するなど改革的な行
政で注目される。その後、3度目の挑戦で慶
尚南道知事となる。総選挙には3度出馬する

が落選。12年民主総合党より大統領選に出馬。 [賞]環境運動連合緑色公務員賞（1998年），環境部環境経営大賞（1999年），誇らしき慶尚南道フォーラム人賞（2000年）

キム・ドク（金 悳）

Kim Deok

1935.5.25〜

韓国副首相・統一院長官　国際政治学者 [出]慶尚北道善山 [学]ソウル大学法学部（1958年）卒，インディアナ大学大学院（1962年）修了 政治学博士（韓国外国語大学）（1975年） [歴]1962年韓国外国語大学講師となり、助教授、副教授を経て、74年〜93年2月教授。この間、同法制学部長、同大学院長、韓国国際政治学会会長、南北赤十字対談諮問委員などを歴任。93年2月金泳三政権の国家安全企画部長に抜擢、94年12月副首相兼統一院長官となるが、95年2月更迭。

キム・ドンシン（金 東信）

Kim Dong-shin

1941.3.13〜

韓国国防相，韓国陸軍参謀総長　軍人 [出]全羅南道光州 [学]韓国陸軍士官学校（1965年）卒，ソウル大学（1969年）卒 [歴]1984年韓国国防省国外政策担当官、87年同国外政策企画官室次長、89年合同参謀会議戦略企画局次長、90年第51師団長、92年同会議戦力企画部長、94年同会議作戦参謀部長、96年韓米連合司令部副司令官、98〜99年陸軍トップの陸軍参謀総長を歴任。2001年3月国防相に就任。

キム・ハジュン（金 夏中）

Kim Ha-joon

1947.1.9〜

韓国統一相　外交官 [出]ソウル [学]ソウル大学（1969年）卒 [歴]1973年韓国外務省に入省。82年駐インド大使館参事官、85年外相補佐官、88年在日大使館参事官、92年駐中国公使を経て、95年アジア太平洋局長。日本や中国との関係に精通し、97年の北朝鮮の黄長燁書記亡命の際は特使として中国政府と交渉に当たる。98年韓国大統領儀典秘書官、2000年8月大統領外交安保首席秘書官、02年より駐中国大使。08年3月李明博政権の統一相に就任。09年2月退任。

キム・ハンギル（金 ハンギル）

Kim Han-gil

1953.9.17〜

新政治民主連合共同代表，韓国文化観光相　作家 [出]日本・東京都 [学]建国大学（政治外交学）（1953年）卒 [歴]1982年「風と剝製」で文壇デビュー。長編「ラクダは一人で泣かない」がベストセラーとなり映画化もされる。81〜85年米州韓国日報記者を務め、85〜87年中央日報米州支社長。88年からソウルオリンピック国際学術大会代弁人、放送委員会代弁人などを歴任。ラジオのDJやテレビのトークショーの司会なども務め、96年韓国国民会議選挙対策委員会代弁人に選ばれ、金大中大統領のメディア選挙運動のプロデュースを担当。同年国民会議から15代韓国国会議員に当選。総裁特補、教育特別委員会長、99年大統領政策首席秘書官を経て、文化観光相。2001年9月辞任。その後、最大野党・韓国民主党（のち民主統合党）に所属し、13年党代表に就任。14年安哲秀とともに新政治民主連合の共同代表となるが、同年7月国会議員の再・補選で惨敗し、揃って辞任。 [家]妻＝崔 明吉（タレント）

キム・ビョンシク（金 炳植）

Kim Byong-sik

1919.2.10〜1999.7.21

北朝鮮国家副主席，朝鮮社会民主党中央委員会委員長 [出]朝鮮・全羅南道新安（韓国） [歴]1943年日本へ渡り、旧制二高で学ぶ。朝鮮高級中学教員、朝鮮通信社編集局長、朝鮮問題研究所長などを経て、59年朝鮮総連人事部長、63年組織部長、66年同総連副議長、67年最高人民会議第4期代議員、71年同総連第1副議長。72年10月南北赤十字会談出席のため北朝鮮に渡航したが、その後動静が不明になる。93年7月朝鮮社会民主党中央委員会委員長に選出され、12年ぶりに公式の場に登場。同年12月国家副主席。98年第10期代議員。同年8月党顧問となる。9月主席制廃止に伴い副主席の座を失った。

キム・ファジュン（金 花中）

Kim Hwa-joong

1945.2.20〜

韓国保健福祉相　保健学者 [出]忠清南道論山 [学]ソウル大学看護学科（1967年）卒，ソウル大学保健大学院（1971年）修了，コロン

ビア大学大学院教育学科（1980年）修了　保健学博士（ソウル大学）（1984年）　㋮1967年からソウル大学病院で看護師を務め、71年ソウル大学保健大学院教授に就任。韓国産業看護協会初代会長、韓国学校保健学会長、大韓看護学会会長などを歴任。99年新千年民主党の創党発起人として参加、2000年第16代民主党国会議員に当選。新千年民主党内副総務、国会女性特別委員会委員などを務め、03年2月盧武鉉政権の保健福祉相に就任、04年6月まで務める。　㋭夫＝高玄錫（全羅南道穀城郡首）

キム・ファンシク（金 滉植）
Kim Hwang-sik
1948.8.9〜
韓国首相, 韓国最高裁判事　法律家　㋩全羅南道長城　㋕ソウル大学（1971年）卒　㋮韓国民主党の圧倒的な地盤である南西部の全羅南道出身。光州の高校を卒業後、ソウル大学に進学。1974年裁判官に任官。85年ソウル高裁判事、89年全州地裁部長判事、91年ソウル家裁部長判事、93年ソウル刑事地裁部長判事、96年光州高裁部長判事、97年最高裁先任裁判研究官、2000年ソウル高裁部長判事、04年光州地裁所長を歴任。05年最高裁判事に就任。被告人の人権保護を重視し、刑事裁判で推定無罪の原則を厳格に適用してきたことで知られる。李明博政権発足後の08年9月、任期途中で監査院長に転身。10年10月李政権で首相に就任。13年2月退任。

キム・マンボク（金 万福）
Kim Man-bok
1946.4.25〜
韓国国家情報院院長　㋩釜山　㋕ソウル大学卒, 建国大学大学院修了　㋮1974年韓国国家安全企画部（現・国家情報院）に入る。2003年国家安全保障会議事務局情報管理室長、同年第2次イラク合同調査団長。04年国家情報院企画調整室長、06年4月同院海外担当第1次長を経て、11月同院長に就任。08年1月"不透明な南北対話"記録が韓国メディアに流出した責任を取り辞任。

キム・ヤンゴン（金 養建）
Kim Yang-gon
1942.4.24〜2015.12.29
朝鮮労働党中央委員会統一戦線部長・政治局員候補・書記, 北朝鮮国防委員会参事　㋩朝鮮・平安南道安州（北朝鮮）　㋕金日成総合大学卒　㋮1986年朝鮮労働党中央委員会国際部副部長、97年国際部長、2007年統一戦線部長。この間、1990年4月最高人民会議代議員。91年2月朝鮮外交協会副会長、7月朝日友好促進親善協会会長。2000年5月、01年1月金正日総書記の訪中に随行。05年7月国防委員会参事。07年8月対南政策の責任者である党統一戦線部長に就任。11月訪韓、盧武鉉大統領との会談に同席。09年8月金大中元韓国大統領を追悼するため訪韓、玄仁沢統一相と会談。10年5月と8月金正日の訪中に同行。9月政治局員候補・書記を兼任。14年10月仁川アジア大会閉会式に合わせ訪韓。15年8月南北軍事境界線上にある板門店で開かれた南北高官会談に出席。党の対外政策や南北問題に関する要職を務め、南北対話の立役者として知られた。1989年社会党の招きで党代表団団長として訪日、91年党代表団一員として訪日。97年11月訪朝した自民、社民、さきがけ3党の訪問団と国交正常化交渉再開などについて協議した。

キム・ユンファン（金 潤煥）
Kim Yoon-whan
1932.6.7〜2003.12.15
ハンナラ党副総裁, 韓日議員連盟会長　㋩慶尚北道善山　㋐雅号＝虚舟　㋕慶北大学（1956年）卒, オハイオ大学大学院新聞学科（1968年）修了　㋮1960年朝鮮日報に入社、62年駐日特派員、66年駐米特派員、71年政治部長、75年編集局長代理。79年3月韓国第10代国会議員（維政会）に当選し、政界入り。80年12月民正党創党発足人。81年3月第11代国会議員（民正党）。同年5月韓国議連幹事長、85年2月文化公報次官、86年8月大統領政務第1首席秘書官、87年7月〜88年2月金斗煥政権下で大統領秘書室長、88年3月盧泰愚政権下で政務第1長官、88年4月〜89年8月民正党党内総務。90年4月政務第1長官。同年10月民自党院内総務、91年2月〜92年3月同党事務総長。94年12月金泳三政権下で政務第1長官。95年7月民自党（のち新韓国党, ハンナラ党, セヌリ党, 現・自由韓国党）事務総長。同年8月党ナンバー2の役職である代表委員に就任。同年12月党代表職を辞任。97年ハンナラ党顧問。98年建設会社の社長から融資の仲介料として5000万ウォン（約500万円）を受け取ったとして、特定犯罪加重処

罰法（あっせん収賄）違反の罪で在宅起訴される。2000年の総選挙では党内抗争からハンナラ党を離党して民主国民党（民国党）に参加したが、落選した。盧泰愚、金泳三両政権の発足に関わり、"キングメーカー"の異名を取った。知日派として知られ、1993〜98年韓日議員連盟会長。抜群の日本語と竹下登元首相ら日本政界との豊富な人脈を生かし、日韓のパイプ役として活躍した。

キム・ヨジョン（金 与正）

Kim Yo-jong

朝鮮労働党宣伝扇動部副部長・政治局員候補 ㊣金日成総合大学卒 ㊥生年月日は1987年9月26日という説がある。金正日朝鮮労働党総書記とその3番目の妻である高英姫との間に生まれた。金正恩党委員長の実妹。90年代後半、兄とともにスイスに留学。2011年末、父の葬儀に参列した際、初めて公の場に姿を見せた。14年3月公式報道に初めて登場し、その8ケ月後に党副部長と紹介された。兄の視察に度々同行していることから、韓国政府は宣伝扇動部副部長と見ている。兄が児童養護施設で子供を抱く映像を公開するなど、人民に対しては慈悲深いとする"愛民"路線の宣伝に力を入れる。16年5月の党大会で中央委員に選ばれ、17年10月には政治局員候補に抜擢される。18年2月平昌五輪に合わせ、北朝鮮の高官級代表団の一員として韓国を訪れた。金正恩が最も信頼を寄せる最側近と見られている。　㊕父＝金 正日（朝鮮労働党総書記）、母＝高 英姫、兄＝金正哲，金 正恩（朝鮮労働党委員長），祖父＝金 日成（北朝鮮国家主席），異母兄＝金 正男，叔母＝金 慶喜（元朝鮮労働党書記）

キム・ヨンイル（金 英逸）

Kim Yong-il

1944.5.2〜

北朝鮮首相　㊣海運大学卒　㊥朝鮮人民軍で9年間服務後、海運大学を卒業して航海技師の資格を取得。3大革命小組で活動後、陸海運部指導員を経て、1995年海運相、98年9月最高人民会議第10期代議員、陸海運相選出。2000年12月陸海運省代表団団長として中国訪問。03年4月キューバ訪問。9月陸海運相再選。05年5月同省代表団団長としてシリアを訪問。同年電算化された現代の大型ドックを南浦市に新設、金正日総書記から

高い評価を得た。07年4月最高人民会議で首相に選出される。10月首相として初めて東南アジアを歴訪、11月南北首脳会談出席のためソウルを訪問、盧武鉉大統領や韓悳洙首相と会談。09年3月訪中し胡錦涛国家主席と会談。4月首相再任。10年6月首相退任。

キム・ヨンサム（金 泳三）

Kim Young-sam

1927.12.20〜2015.11.22

韓国大統領, 韓国民自党総裁　㊕朝鮮・慶尚南道巨済島（韓国）　㊗号＝巨山，愛称＝YS，別称＝上道洞　㋐ソウル大学文理学部哲学科（1952年）卒　㊥1954年26歳で韓国国会議員に初当選。以来当選9回。朴正熙政権下の63年軍政延長反対デモで投獄。67年新民党院内総務、73年同党副総裁を経て、74〜76年同党総裁。76年緊急措置9号違反で不拘束起訴。79年再び党総裁。同年9月ソウル地裁で総裁権限の剥奪、同10月与党により国会議員除名処分。朴大統領死後、80年の"ソウルの春"時は"三金"の一人として活動。83年5月政治活動禁止の解除を要求して23日間のハンスト闘争を繰り広げた。84年5月在野政治組織・民主化推進協議会を結成、共同議長に就任。85年3月政治活動禁止解除。86年2月新韓民主党（新民党）に入党、常任顧問。87年5月統一民主党を結成し総裁に就任。同年12月大統領選に出馬したが2位で落選。89年6月韓国の政党党首として初訪ソ。90年5月、与党三党が合併して発足した新与党・民主自由党（民自党）の代表最高委員となる。92年5月次期大統領選候補に指名され、8月民自党総裁に就任。同年12月の大統領選でライバル金大中を破って当選し、93年2月第14代韓国大統領に就任。32年ぶりの"文民大統領"となった。94年3月国賓として来日。96年11月韓国国家元首として初めて、ベトナムを訪問。97年9月党総裁を辞任し、新韓国党名誉総裁。同年11月、翌月の大統領選を公正に管理するため離党。98年2月大統領を任期満了で退任した。在任中は軍人色の一掃と不正追放に尽力。対日政策では歴史問題などで強硬姿勢を見せたが、私的には日本人との交友を好んだ。2002年4月早稲田大学特命教授に就任。　㊞キング平和賞（米国）（1994年）、早稲田大学名誉法学博士号（1994年）　㊕息子＝金 賢哲

キム・ヨンジュ （金 英柱）

Kim Yong-ju

1920〜

北朝鮮国家副主席, 北朝鮮最高人民会議常任委員会名誉副委員長 ㉛朝鮮・平安南道（北朝鮮） ㉕モスクワ大学（1945年）卒, モスクワ高級党学校修学 ㉑金日成の弟。金日成抗日パルチザンに参加。1954年朝鮮労働党組織指導部指導員、57年同指導課長、62年10月同組織指導部長。61年党中央委員、66年党政治委員（現・政治局員）候補、69年党政治委員兼書記。72年7月南北調整委員会合同委員長となり、7.4南北共同声明に署名。74年2月副首相。75年7月以後公職から引退していたが、93年7月、18年ぶりに登場、12月党政治局員、国家副主席として復帰。同月最高人民会議代議員。98年9月最高人民会議常任委員会名誉副委員長。 ㉑兄＝金 日成（北朝鮮国家主席）

キム・ヨンジン （金 勇進）

Kim Yong-jin

〜2016.7

北朝鮮副首相 ㉑2012年北朝鮮の内閣で複数いる副首相のうちの一人に就任。教育担当の副首相を務める。16年5月姜錫柱党書記国家葬儀委員会委員名簿53人のうち序列30位と把握され、対外的な知名度も低かった。6月最高人民会議に出席中、態度が悪かったことが問題視され、7月反党反革命分子として銃殺された。

キム・ヨンスン （金 容淳）

Kim Yong-sun

1934.7.5〜2003.10.26

朝鮮労働党中央委員会書記（対南担当） 外交官 ㉛朝鮮・平安南道平原（北朝鮮） ㉕金日成総合大学卒 ㉑モスクワ大学に留学。典型的なエリートコースを歩み、1960年江原道人民委員会副委員長、69年元山人民委員長、70年駐エジプト大使、73年対外文化連絡委副部長、76年朝鮮労働党国際事業部副部長、80年党中央委員となる。82年2月より最高人民会議代議員。海外経験も豊富で、その手腕を買われ、84年党国際事業部部長、89年党中央委員会国際部長、最高人民会議外交委副委員長を歴任。90年5月党中央委員会国際担当書記となり外交の舵をとる。朝鮮反核平和委員会委員長、世界人民との

連帯朝鮮委員会委員長も兼任。91年2月党代表団を率いて訪日、7月朝日友好親善協会最高顧問。92年1月ニューヨークでカンター米国務次官と初の米朝高官会談を行った。同年4月最高人民会議外交委員に選出。同年12月党政治局員候補、党国際担当兼対南（韓国）担当書記。93年4月最高人民会議統一政策委員長、8月祖国平和統一委員会副委員長。同年12月党政治局員候補解任。94年7月アジア太平洋平和委員会委員長。95年3月朝鮮労働党と自民党、社会党、新党さきがけの与党3党が日朝国交交渉の早期再開で一致した合意文書に党代表として署名した。99年4月祖国平和統一委員会副委員長に就任、北朝鮮の対南関係を統括する。2000年5月金正日総書記の訪中に随行。同年6月南北首脳会談で金総書記を補佐し、南北共同宣言の署名にも同席した。同年9月ソウルを訪問し、金大中大統領を表敬訪問。02年8月金総書記のロシア極東訪問に随行した。この間、金総書記の側近として長く対南、対日政策の責任者を務めた。対南政策では、韓国の財閥・現代グループの北朝鮮への投資を誘致。金大中政権の"太陽政策"に裏付けられた南北融和時代を北朝鮮側の"統一戦線路線"から推進した。対日政策では、朝鮮総連を指導下におき、日本人妻の里帰り事業や拉致事件の行方不明者調査などで窓口の役割を担った。03年交通事故死し、翌日"英雄"の称号を授与された。

キム・ヨンチュン （金 永春）

Kim Yong-chun

1936.3.4〜

北朝鮮人民武力相（国防相）, 朝鮮人民軍総参謀長 軍人 ㉛朝鮮・咸鏡北道会寧（北朝鮮） ㉕プルンゼアカデミー（ソ連）卒 ㉑1980年朝鮮労働党中央委員候補、86年12月党中央委員。同年最高人民会議代議員、90年4月より最高人民会議代表。92年4月朝鮮人民軍大将。94年3月人民軍第6軍団長。95年10月次帥となり、95年〜2007年人民軍総参謀長。1998年9月より国防委員。2000年5月金総書記の訪中に随行、01年7月訪ロ、02年8月ロシア極東訪問にも随行。07年4月最高人民会議で国防委員会副委員長に昇格。08年9月建国60周年閲兵式の際に演説。09年2月〜12年人民武力相（国防相）。10年5月と8月金正日訪中に同行。11年8月のロシア、中国訪問にも同行。10年9月党政治局員、党中央軍事委

員。16年5月元帥に昇格。

キム・ヨンチョル（金 英哲）

Kim Yong-chol

朝鮮労働党副委員長・政治局員　軍人　㋫金日成軍事総合大学卒　㋭生年は1945年頃と見られる。金正恩朝鮮労働党委員長の家庭教師を務め、正恩の母高英姫の補佐役も務めた。80年代終わりから南北間の主要協議、会談で北朝鮮代表団として出席。軍の韓国通の代表格として知られる。韓国の金大中大統領が2000年6月に訪朝し、南北史上初めて実現した南北首脳会議では南北高位級会談儀典警護実務者接触首席代表。07年盧武鉉大統領が訪朝した際、首脳会談後に開かれた南北国防長官級会談には代表として出席した。09年朝鮮人民軍中将から上将に昇格し、対韓国工作の司令塔である偵察総局長に就任。12年大将に昇進。15年末に死去した金養建党書記の後継として統一戦線部長と対南（韓国）担当書記に就任。18年2月平昌五輪閉会式に出席するため韓国に派遣された高官代表団の団長を務めた。

キム・ヨンナム（金 永南）

Kim Yong-nam

1928.2.4〜

北朝鮮最高人民会議常任委員会委員長、朝鮮労働党政治局常務委員　㋬朝鮮・平壌（北朝鮮）　㋫金日成総合大学卒　㋭1953年モスクワ大学留学。56年朝鮮労働党国際部書記長、60年対外文化連絡協会副委員長、61年党国際部副部長、62年外務省副相（外務次官）。70年12月第5回党大会で中央委員、72年12月党国際部長。同年より最高人民会議代議員。74年列国議会同盟東京大会参加のため北朝鮮議会代表団副団長で初来日。75年2月党国際担当書記、78年2月党政治局員兼書記。83年12月より副首相兼外相。以来、金日成主席の各国訪問に同行。89年9月祖国平和統一委副委員長。94年7月金日成主席の追悼大会で追悼の辞を述べた。98年9月最高人民会議常任委員会委員長。憲法上の国家元首。99年6月中国を公式訪問、91年以来の北朝鮮首脳級の訪中となる。2001年7月ベトナム、ラオス、カンボジアを公式訪問。02年7月インドネシア、リビア、シリアを公式訪問。同年9月日朝首脳会談で小泉首相を空港に出迎える。04年10月訪中。05年4月インドネシアの

アジア・アフリカ会議出席。06年9月非同盟諸国会議首脳会談のためキューバ訪問。09年5月ズマ大統領就任式出席のため南アフリカ訪問。7月非同盟諸国会議首脳会議出席のためエジプト訪問。10年9月党政治局常務委員。18年2月韓国で開催された平昌五輪に際し、北朝鮮代表団の団長として訪韓。60年以上にわたって北朝鮮の党や政府で働きながら粛清されたことがない稀有な人物。

キム・ヨンファン（金 永煥）

Kim Young-hwan

1963〜

人権活動家、北朝鮮研究家　㋬慶尚北道安東　㋐旧筆名＝鋼鉄　㋫ソウル大学法学部卒　㋭自称 "北朝鮮革命家"。1980年代から北朝鮮の主体思想（チュチェ思想）を研究。民族解放派の学生組織・救国学生連盟議長で、親北朝鮮派が主導する韓国大学総学生会連合（韓総連）の理論的指導者を務めた。87年国家保安法違反の罪で懲役7年、資格停止7年を宣告される。89年執行猶予で釈放。91年から6年間、北朝鮮の朝鮮労働党から指令を受ける地下党 "民族民主革命党" 代表を務め、党員100人を含む約4000人の活動家を組織した。97年転向、99年雑誌「月刊朝鮮」で転向の反省文を発表、金正日政権打倒を説く "青い共同体21" 会長に就任。季刊誌「時代精神」編集委員として新保守の理論担当。中国で脱北者救出活動を行っていた2012年3月、現地の公安警察に逮捕される。7月釈放。

ギャネンドラ・ビル・ビクラム・シャー・デブ

Gyanendra Bir Bikram Shah Dev

1947.7.7〜

ネパール国王　㋬カトマンズ　㋫トリブバン大学卒、ケンブリッジ大学　㋭マヘンドラ国王の二男。ラナ家一族による専制政治下で王族の多くがインドに亡命したため、1950年11月〜51年2月3歳で王位に就く。72年の兄ビレンドラ国王即位後は側近として仕える。90年の王制から立憲君主制への移行時には懐疑的な立場をとった。2001年6月王宮での王族射殺事件でビレンドラ国王が死去、脳死状態のままで甥のディペンドラ皇太子を国王に立て摂政に就任するが、同国王も死去し、王位を継承。02年5月下院議会を解散。10月には首相を解任した後1週間、自ら

直接統治した。05年2月デウバ首相ら全閣僚を解任し再び直接統治するが、06年4月主要7政党による民主化要求デモが激化したため、下院議会を復活させる。08年5月制憲議会で王制廃止と共和制移行が決議され、240年続いたシャー王朝の歴史は幕を閉じた。 [家]父＝マヘンドラ・ビル・ビクラム・シャー（ネパール国王）, 兄＝ビレンドラ・ビル・ビクラム・シャー（ネパール国王）, 息子＝パラス王子（ネパール皇太子）, 甥＝ディペンドラ・ビル・ビクラム（ネパール国王）

キャメロン, デービッド

Cameron, David

1966.10.9〜

英国首相, 英国保守党党首　[出]ロンドン　[名]Cameron, David William Donald　[学]オックスフォード大学（哲学・政治経済学）(1988年）卒　[歴]英国王ウィリアム4世（在位1830〜1837年）の子孫にあたり、裕福な株式仲買人の家に生まれる。イートン校を経て、1988年オックスフォード大学を卒業後、すぐに英国保守党に入党。88〜92年同党リサーチ部門担当、92〜94年財務相、内相の特別補佐官を歴任。その後、メディア関係の民間企業を経て、2001年6月英国下院議員に初当選。03〜05年保守党副幹事長。05年下院議員に再選し、影の内閣の教育・技能相を務める。同年12月39歳の若さで党首に当選。10年5月総選挙で保守党が第1党となり、第3党の自由民主党との連立内閣を樹立し43歳で首相に就任。13年ぶりの政権交代が実現した。15年5月の総選挙は保守党が単独過半数を獲得し首相続投。08年のリーマン・ショックで悪化した経済の立て直しに尽力し、15年には米国の反対を振り切って中国が主導するアジアインフラ投資銀行（AIIB）への参加を決定。16年6月英国の欧州連合（EU）離脱の是非を問う国民投票を実施、残留派に立つが、国民はEU離脱を選択。7月首相、9月下院議員を辞職し、政界を引退した。 [家]妻＝サマンサ・キャメロン

キャリントン, ピーター

Carrington, Peter

1919.6.6〜

北大西洋条約機構（NATO）事務総長, 英国外相　[出]ノッチンガム　[学]王立陸軍士官学校卒　[歴]1951〜56年のチャーチル政権下で農業、国防両次官。59〜63年海相。64〜70年保守党上院院内総務。70〜74年国防担当相。74年エネルギー相。79〜82年外相。84年6月〜89年6月NATO事務総長。91年欧州共同体（EC）主導のユーゴスラビア国際和平会議の議長となり、1年にわたり紛争解決に努めてきたが、解決の糸口をつかめず92年8月辞任した。

ギャレット, ピーター

Garrett, Peter

1953.4.16〜

オーストラリア環境相　環境保護活動家, ロック歌手　[出]ニューサウスウェールズ州シドニー　[名]Garrett, Peter Robert　[学]オーストラリア国立大学人文学部卒, ニューサウスウェールズ大学法学部卒　[歴]大学を卒業後法律家となるが、1977年ロックバンド"ミッドナイト・オイル"のボーカルとしてデビュー。反核やオーストラリア先住民族アボリジニ問題、環境問題など政治性の強い歌詞を独特な振りで歌うスタイルで一世を風靡する。2000年シドニー五輪の閉会式ではアボリジニへの土地返還を訴える曲を演奏し話題となる。反核や反米軍基地を訴えて核軍縮党を結成し、1985年連邦上院選に立候補。89年オーストラリア保護基金の代表に就任。2002年バンドを脱退し、政治活動に専念。04年労働党から総選挙に出て初当選。07年11年ぶりに政権に返り咲いた労働党政権のケビン・ラッド首相により環境相に任命される。10〜13年学校教育・幼児・青年問題担当相。198センチの長身と、剃り上げた頭がトレードマーク。

キャンベル, キム

Campbell, Kim

1947.3.10〜

カナダ首相, カナダ進歩保守党党首　[出]ブリティッシュ・コロンビア州ポートアルバーニ　[学]ブリティッシュ・コロンビア大学卒, オレゴン大学, ロンドン・スクール・オブ・エコノミクス卒　[歴]1986〜88年ブリティッシュ・コロンビア州議会議員を務めた後、88年連邦下院議会に進出。89年いきなりインディアン北部開発相に大抜擢され、90年の内閣改造で重要閣僚の法相に就任。銃規制や同性愛者の権利拡大、中絶問題などに取り組む。93年1月初の女性国防相。また同年

6月進歩保守党党首に選出され、初の女性首相に就任するが、10月の総選挙では自らも落選する惨敗を喫し退陣。12月党首も辞任。辞任後は欧米の大学で教鞭を執りながら、執筆・講演活動に励んでいたが、96年ロサンゼルス総領事に就任した。一方、法相在任時の92年末、黒い法服を手に肩をむき出しにしたポーズの写真がカナダ各紙に掲載されて以来、"カナダのマドンナ"の異名を取る。弁護士資格をもち、母校ブリティッシュ・コロンビア大学で政治学を教えたこともある。ロシア語とフランス語に堪能。

邱 義仁　きゅう・ぎじん

Chiou I-jen

1950.5.9〜

台湾行政院副院長（副首相）　[出]台南　[学]台湾大学哲学科卒, シカゴ大学大学院（政治学）修了　[歴]1986年台湾民主進歩党（民進党）の創設に参加。党秘書長、党駐米代表、行政院（内閣）秘書長などを経て、2002年3月陳水扁政権の国家安全会議秘書長。03年1月総統府秘書長（官房長官）に任命される。07年5月張俊雄行政院院長（首相）の下でナンバー2の行政院副院長（副首相）に就任。民進党内の有力派閥で急進的な主張で知られる新潮流派のリーダーで、権謀術数に長けているとして"黒幕"などと呼ばれる。ブランド"イッセイ・ミヤケ"を愛用する黒いサングラス姿でも知られる。08年5月パプアニューギニアへの外交工作費スキャンダルで副院長を引責辞任。16年5月台湾の対日窓口機関、亜東関係協会会長に選出される。

キュー・サムファン

Khieu Samphan

1931.7.27〜

民主カンボジア（ポル・ポト派）代表（議長）　[出]スバイ・リエン州　[名]別名＝Hem　[学]リセ・シソワト卒, パリ大学卒 経済学博士　[歴]フランス留学中に左派系留学生の運動を指導。1959年帰国後、プノンペンで左派系紙「オプセルバトゥール」の編集長として政府を攻撃、数回投獄される。62年シアヌーク政権下で商業担当国務相、8ケ月後辞任。同年国民議会議員に選出。67年クメール・ルージュに参加、左派分子の弾圧で地下に潜行。70年ロンノル将軍のクーデター後、ポル・ポト派反政府ゲリラの解放闘争に入り、4月シアヌーク殿下の王国民族連合政府（在北京）副首相兼国防相。71年民族解放軍総司令官。ポル・ポト政権成立後の76年1月民主カンボジア政府樹立、4月国家幹部会議長（元首）。79年1月のプノンペン陥落後はタイ国境の山岳地帯でゲリラ戦に突入。12月首相および民族統一民主愛国戦線臨時議長を兼任。82年7月民主カンボジア三派連合政府（カンボジア国民政府）樹立で外務担当副大統領。85年8月ポル・ポト派代表（議長）に就任。90年6月カンボジア和平東京会議に出席。91年11月四派和平成立後プノンペン入りしたが、群衆に襲われバンコクに避難。92年11月"カンボジア国家統一党"結成。94年7月ポル・ポト派が樹立した"暫定国民団結救国政府"の首相兼国防相に就任。96年内閣改造で国防相を退任。98年4月ポル・ポト死去により、ポル・ポト派は壊滅状態となる。12月ヌオン・チア元人民代表議会議長とともにカンボジア政府に投降、タイ国境で隠居生活。2006年ポル・ポト派特別法廷（二審制）が設置され、07年11月逮捕される。10年9月他の幹部とともに起訴される。11年6月初公判。13年10月検察側が終身刑を求刑。14年8月終身刑の判決が出された。16年11月第二審（上級審）で最高刑の終身刑が確定。

キュナスト, レナーテ

Künast, Renate

1955.12.15〜

ドイツ消費者保護食糧農業相, 90年連合緑の党代表　[歴]ソーシャルケースワーカーを経験。ベルリン特別市議会の90年連合緑の党議員団長を経て、2000年6月党代表（2人制）。01年1月〜05年ドイツ消費者保護・食糧・農業相。

ギュリブ・ファキム, アミーナ

Gurib-Fakim, Ameenah

1959.10.17〜

モーリシャス大統領　生物学者　[出]英領モーリシャス・サバンナ（モーリシャス）　[学]エクセター大学（英国）卒 博士号（有機化学, エクセター大学）（1987年）　[歴]英国に留学し、1987年エクセター大学で有機化学の博士号を取得。帰国後はモーリシャス大学教授などを務め、生物学者として国際的にも知られる。2014年12月のモーリシャス総選挙で野党連合の勝利を受け、女性として初の大

統領に指名され、15年6月就任。

ギュル, アブドラ

Gül, Abdullah

1950.10.29〜

トルコ大統領　[出]アナトリア・カイセリ　[学]イスタンブール大学経済学部（1971年）卒, ロンドン大学 経済学博士（イスタンブール大学）（1983年）　[歴]旋盤工の息子として生まれる。イスタンブール大学で経済学博士号を得た後、2年間英国へ留学。大学講師を経て、1983〜91年サウジアラビアのイスラム開発銀行（IDB）に8年間勤務。91年イスラム主義政党である福祉党からトルコ国会議員に初当選して政界入り。93年副党首。96年同党中心の連立内閣発足で国務相に就任し、イスラム諸国との外交に手腕を発揮。イスラム主義政党は政教分離に反するとして解散を余儀なくされた経験から、2001年8月イスラムの政治化を目指さない公正発展党（AKP）を旗揚げ、筆頭副党首。党内では穏健派とされる。02年11月総選挙で圧勝し、首相になれないエルドアン党首に代わり、首相に就任。03年3月エルドアンの首相就任を受け、首相を辞任し、副首相兼外相に就任。外交手腕に定評があり、トルコの悲願である欧州連合（EU）加盟交渉に筋道をつけた。07年4月の大統領選では唯一の候補となるが、近代トルコ史上初めてのイスラム系大統領誕生に反発する軍部の圧力で立候補を取り下げる。7月総選挙でのAKP圧勝を受けて再出馬し、大統領に当選、8月就任。14年8月大統領退任。親欧米派、経済通として知られる。

ギュレン, フェトフッラー

Gülen, Fethullah

1941.4.27〜

イスラム教指導者, ギュレン運動指導者　[出]エルズルム　[名]Gülen, Muhammed Fethullah　[歴]エルズルムの一村にモスクのイマーム（礼拝の導師）の子として生まれる。1959年エディルネ、69年イズミルで宗教庁の説教師を務める。70年代以降サイード・ヌルスィーが創始したヌルジュ運動の有力指導者の一人として頭角を現すと、次第にギュレンを精神的指導者とする独自のグループ“フェトフッラージュ”が形成され、独立。90年代以降はヌルジュ運動本体をもしのぐほどの教勢を持つようになった。ギュレンの説教はテロリズムを批判し宗教間対話を説く比較的穏健なものであるが、96年イスラム法に基づく国家の樹立を謀った容疑で検察庁に起訴されると、99年から健康問題を理由に米国に居住（2006年無罪判決）。13年ギュレン運動が主導してエルドアン政権中枢の汚職疑惑が露呈したことから、かつては協力関係にあったエルドアン大統領はギュレン運動の締め付けを強化。16年7月軍の一部がエルドアン体制の転覆を狙い軍事行動を起こすが、政権側に制圧される（トルコ・クーデター未遂事件）。エルドアン政権はギュレンをクーデターの黒幕と主張、イスタンブールの裁判所は拘束令状を発出したが、ギュレンは関与を否定している。

許 嘉棟　きょ・かとう

Shea Jia-dong

台湾財政部長（財務相）　[出]台南　[学]スタンフォード大学大学院博士課程修了　[歴]1982年台湾のシンクタンクである中央研究院経済研究所に入所。同研究所長を経て、96年より台湾中央銀行副総裁。中央銀行きっての理論家といわれる。2000年5月台湾初の民主進歩党（民進党）政権で財政部長（財務相）に就任、10月退任。

許 其亮　きょ・きりょう

Xu Qi-liang

1950.3〜

中国共産党政治局員・中央軍事委員会副主席, 中国国家中央軍事委員会副主席　軍人　[出]山東省濰坊　[学]空軍第5航空学校卒　[歴]1966年中国人民解放軍に入隊。67年中国共産党に入党。93年空軍副参謀長、94年空軍参謀長。99年瀋陽軍区副司令官、2004年軍副総参謀長。07年上将、空軍司令官、中央軍事委員会委員。02年より党中央委員。12年11月空軍出身者として初めて党政治局員となり、党中央軍事委副主席。13年3月国家中央軍事委副主席。17年10月留任。

許 志永　きょ・しえい

Xu Zhi-yong

1973〜

新公民運動創設者　人権活動家, 法学者　[歴]北京郵電大学講師、米国エール大学客員教授を経て、“教育の機会均等”や“政府の透明性

拡大”に取り組む。2003年人民代表大会（議会）代表に当選し、2期8年務めたが、11年の同選挙では妨害を受け落選。人権擁護運動に専念し、12年11月には習近平総書記に宛てた民主社会を建設する運動の必要性を訴える文書を公開したことで、公安当局に一時拘束された。その後も出稼ぎ農民に対する教育の機会の平等を求めてビラの配布や集会を開くなど、“新公民運動”と呼ばれる人権運動のリーダーとして活動するが、13年8月公安当局に再び拘束された。14年1月北京市第1中級人民法院（地裁）において、証人を呼ぶことも認められない中、公共秩序騒乱罪で懲役4年の有罪判決が言い渡された。17年7月刑期を終えて出所。

許 信良　きょ・しんりょう

Hsu Sin-liang

1941.5.27～

台湾民主進歩党主席　[出]桃園県　[学]台湾政治大学（1963年）卒　[歴]1969年英国エディンバラ大学大学院に留学。20歳で国民党に入党。73年台湾省議員。党未公認で桃園県長（知事）選に出馬、党を除籍処分となったが、77年当選。79年反体制派雑誌「美麗島」社長。同年高雄市でデモに参加して2年間の停職処分を受け、密出国。80年8月米国で週刊誌「美麗島」を発刊、反体制活動を展開。81年7月“美麗島事件”関係容疑で逮捕令が出る。85年台湾革命党を結成。86年ニューヨークで台湾民主党建党委員会を設立、10月新設の民主進歩党（民進党）の海外組織の主席となる。89年密入国しようとして逮捕され10年の実刑判決を受けたが、90年5月特赦で釈放され、公権復活。この間、89年10月民進党に正式入党。91年10月最大野党の民進党第4代主席に選出。93年11月主席辞任。96年6月～98年7月再び主席を務めた。99年5月同党を離党、2000年3月総統選挙に出馬するが落選。08年民進党に復党。美麗島派（穏健派）。

許 水徳　きょ・すいとく

Hsu Shui-teh

1931.8.1～

台湾考試院院長　[出]高雄　[学]台湾師範大学教育学部卒, 政治大学院教育学科研修所修了　[歴]1966年東京教育大学大学院に留学。帰国後、公務員高等試験（教育行政科）合格。中学教師、高雄市政府教育局長、75年台湾省政府社会所所長、79年国民党中央委社会工作委主任、高雄市政府秘書長、82年高雄市長、84年国民党中央常務委員、85年台北市長、88年7月台湾内政部長（内相）。91年7月台湾の対日窓口機関、亜東関係協会の第5代駐日代表（大使に相当）に転じる。92年駐日台北経済文化代表事務所と改称。93～96年党中央委秘書長。96年6月～2002年8月台湾考試院（人事院）院長。02年9月台湾総統府資政（最高顧問）、亜東関係協会会長に就任。　[勲]旭日大綬章（日本）（2015年）

許 世楷　きょ・せいかい

Hsu Shih-kai

1934.7.7～

台北駐日経済文化代表処代表（駐日台湾大使）　国際政治学者　[出]彰化　[学]台湾大学法学部政治系（1957年）卒, 早稲田大学大学院政治学研究科修士課程修了, 東京大学大学院法学政治学研究科政治学（日本政治外交史）専攻（1968年）博士課程修了 法学博士（東京大学）（1968年）　[歴]1959年日本に留学。68年津田塾大学学芸学部講師、のち助教授、教授を歴任。90～92年には同大学附属国際関係研究所所長を兼任。この間、60年東京で結成された台湾青年社（のち台湾青年独立連盟）に参加、機関誌「台湾青年」編集委員となり、台湾独立運動派として活動。国民党政権からパスポートを取り消され、強制送還の危機にさらされながら投降の呼びかけにも屈せず独立運動を続け、70年新成立の台湾独立連盟日本本部中央執行委員、72年日本本部委員長、81年同連盟総本部副主席を歴任。87年台湾独立建国連盟に改称し、同総本部主席（91年まで）に就任、同年12月台湾共和国憲法草案を起草し「民主時代」誌に発表。国民党政権の軟化で92年連盟総本部中央委員会が初めて台湾で開催されたのを機に33年ぶりに一時帰国した。93年6月帰台、12月民進党に入党。その後、静宜大学教授、台湾文化学院院長、台湾憲政研究センター委員長などを経て、2004年7月台北駐日経済文化代表処代表（駐日大使に相当）に就任。08年7月任期を終え、帰国。　[勲]旭日重光章（日本）（2017年）　[家]妻＝盧 千恵（児童文学者）

姜 春雲　きょう・しゅんうん

Jiang Chun-yun

1930.4～

中国副首相, 中国共産党政治局員　[出]山東省莱西県(本籍)　[歴]1947年中国共産党に入党。54〜56年莱西県党委弁公室主任、65年山東省党委宣伝部弁公室副主任、75〜77年同省党委弁公室副主任、77〜83年同省党委副秘書長、同秘書長、83年同副書記、84年済南市党委書記、87年山東省長代行を歴任後、88年山東省長兼同省党委書記(89年省長解任, 94年書記解任)。一方、第13期〜15期党中央委員、第14期〜15期党政治局員、第14期党中央書記局書記兼任。95年3月〜98年3月副首相、98年3月〜2003年全人代常務委副委員長を務めた。

喬 石　きょう・せき

Qiao Shi

1924.12.21〜2015.6.14

中国全国人民代表大会(全人代)常務委員長, 中国共産党政治局常務委員　[出]上海　[名]蔣志彤　[学]華東連合大学文学系中退　[歴]1940年中国共産党入党。新中国成立後は杭州市青委書記、中央華東局青委統戦部副部長、酒泉鋼鉄公司設計院長など務める。64年以降、党対外連絡部入りし、82年4月同部長、同年9月党書記候補、中央委員。83年8月〜84年5月党中央弁公庁主任、84年5月〜85年9月党中央組織部長、85年9月党政治局員兼書記局書記。86年4月〜88年4月副首相。87年11月より党政治局常務委員、中央規律検査委書記。89年の天安門事件に至る民主化運動への弾圧には中立的だったとされる。89〜93年中央党学校長兼任。92〜94年党中央保密委員会主任。93年3月全人代常務委員長(国会議長に相当)に選出(兼任)。次期首相候補の一人だったが、97年9月第15回党大会で党内の職務から引退。98年3月第9期全人代で常務委員長を退任。江沢民国家主席、李鵬首相に次いで党内序列はナンバー3にとどまったが、98年の引退まで大きな影響力を保った。92年に鄧小平が失速しかけた改革開放をてこ入れしようとした“南巡講和”を支持し、中国が経済建設優先の軌道に戻ることを促した。

ギラード, ジュリア

Gillard, Julia

1961.9.29〜

オーストラリア首相, オーストラリア労働党党首　法律家　[出]英国ウェールズ・バリー　[名]Gillard, Julia Eileen　[学]メルボルン大学法学部卒　[歴]英国ウェールズの貧しい家庭に生まれ、慢性的な呼吸器系疾患に悩まされたこともあり、4歳の時に家族でオーストラリアに移住。メルボルン大学では法律を学ぶ一方、学生運動にも参加。1987年法律事務所に入り、労使問題を担当。敏腕弁護士として知られた。95〜98年ブランビーVIC州労働党党首首席補佐官。98年オーストラリア下院議員に初当選。オーストラリア労働党では穏健左派に属し、貧困層の教育や医療問題などに取り組む。2001〜03年“影の内閣”の人口・移民相、03〜06年影の保健相、06年12月副党首兼影の雇用・職場関係相を歴任。07年11月の総選挙では副党首としてケビン・ラッドを支え、11年ぶりに政権を奪回。12月ラッド内閣で副首相となり、教育相、雇用・職場関係相、社会包括相を兼任。10年6月労働党党首に選出され、オーストラリア初の女性首相となる。9月首相再任。13年6月労働党党首選でラッド前首相に敗れ、首相を辞任。同年11月よりアデレード大学の名誉客員教授を務める。歯切れのよい語り口と誠実な人柄、美しい容姿の持ち主で、国民の人気は高い。独身。

ギラニ, サイヤド・ユサフ・ラザ

Gilani, Syed Yousuf Raza

1952.6.9〜

パキスタン首相　[出]シンド州カラチ　[学]パンジャブ大学ジャーナリズム論専攻卒　[歴]東部パンジャブ州を地盤とする有力政治家の家系に生まれる。1978年政界入り、85年パキスタン下院議員に初当選、モハマド・ジアウル・ハク軍事政権で住宅・公共事業・鉄道相などを歴任。88年からパキスタン人民党(PPP)の下院議員候補として93年まで4期連続当選。88年PPP副総裁となり、93〜97年第2次ブット政権で下院議長を務める。99年のムシャラフ国軍総参謀長によるクーデター後、2001年職権乱用罪に問われ逮捕、5年間投獄される。08年2月の総選挙でPPPが下院第1党となり、3月首相に就任。12年6月退任。

キリエンコ, セルゲイ

Kirienko, Sergei

1962.7.26〜

ロシア首相, 沿ボルガ連邦管区大統領全権代

表 [出]ソ連グルジア共和国スフミ（ジョージア） [名]Kirienko, Sergei Vladilenovich [学]ゴーリキー水運技術大学（1984年）卒 [歴]父親がユダヤ人で母親はロシア人。ゴーリキー（現・ニジニノブゴロド）の造船工場勤務を経て、ゴーリキー州（現・ニジニノブゴロド州）の共産主義青年同盟（コムソモール）第1書記。ソ連崩壊後、1993～96年民間銀行ガランティア頭取、96～97年石油会社ノルシーオイル社長。同社を1ケ月で経営を立て直した手腕を認められ、97年5月燃料エネルギー省の第1次官に就任。11月燃料エネルギー相を経て、98年3月エリツィン大統領により首相代行、第1副首相に任命される。同月首相候補に任命されるが、下院で2度否決。4月3度目の投票で承認され、5月首相に就任。7月ロシア首相として初めて来日。8月大統領令により解任される。"新しい力"を率い、99年8月ネムツォフ元第1副首相らの連合、"正義"とともに選挙連合・右派同盟を結成、同年12月下院議員に当選。2000年5月～05年プーチン大統領が創設した7つの連邦管区のうち、沿ボルガ連邦管区大統領全権代表を務める。05～16年原子力庁長官。16年より大統領府第1副長官。改革派。

キール, サルバ

Kiir, Salva

1951～

南スーダン初代大統領, スーダン人民解放運動（SPLM）議長　軍人 [出]スーダン・バハルアルガザル地方（南スーダン） [名]Kiir Mayardit, Salva [歴]1960年代前半にスーダン北部との戦闘に参加。戦闘終結後、スーダン政府軍に入隊。83年スーダン人民解放運動（SPLM）に参加し、のち副議長。99年参謀長としてスーダン人民解放軍（SPLA, SPLMの軍事部門）を率いた。2005年SPLM創設者であるジョン・ガランがヘリコプターの墜落事故により急死すると、SPLM議長及びSPLA最高司令官となり、スーダン第1副大統領及び南部自治政府大統領に就任。11年7月スーダンから独立した南スーダンの初代大統領に就任。

キルキラス, ゲディミナス

Kirkilas, Gediminas

1951.8.30～

リトアニア首相 [出]ビリニュス [学]ビリニュス政治学院（1982年）卒 [歴]1982年リトアニア共産党に入党。92年リトアニア国会議員となり、国会で国家治安・防衛委員長、外交委員長などを歴任。2001年民主労働党副党首、04年12月国防相、06年7月アダムクス大統領の下で首相に就任。08年退任。

キルチネル, ネストル

Kirchner, Néstor

1950.2.25～2010.10.27

アルゼンチン大統領, 南米諸国連合（UNASUR）初代事務局長 [出]サンタクルス州リオガジェゴス [名]Kirchner, Néstor Carlos [学]ラプラタ大学法学部（1976年）卒 [歴]欧州移民の家庭に生まれる。学生時代にアルゼンチン正義党（ペロン党）に入党。学生運動のさなかに仲間のクリスティナと結婚。大学卒業後、弁護士となる。1987年リオガジェゴス市長を経て、91年からサンタクルス州知事を3期務め、低所得者層への住宅建設や、金融不安時の預金凍結などで手腕を発揮。2003年4月正義党から大統領選に出馬し、カルロス・メネム大統領が決選投票を辞退したことから当選、5月就任。01年のデフォルト（債務不履行）に伴う経済危機脱却を最優先に、国際通貨基金（IMF）との交渉などを経て、経済回復に導いた。また、軍事政権時代に子どもを殺された親たちの人権団体などを支援し、手厚い貧困対策で国民に支持された。07年10月妻のクリスティナが後任の大統領に当選し、世界でも珍しい夫婦間の政権移譲を実現した。12月退任。09年6月の下院選敗北で責任を取り、正義党党首の辞任を表明するが、10年3月に党首復帰。5月には南米諸国連合（UNASUR）初代事務局長に就任した。 [家]妻＝クリスティナ・フェルナンデス・デ・キルチネル（アルゼンチン大統領）

ギルマ・ウォルドギオルギス

Girma Woldegiorgis

1925.12～

エチオピア大統領 [出]アディスアベバ [歴]エチオピア最大部族のオモロ族出身。オランダ、スウェーデン、カナダで教育を受け、1941年エチオピア陸軍に入隊。46年空軍に入隊。58年民間航空局長官、59年通商・産業・計画省局長。61年エチオピア人民代表議会（下院）議員。ハイレ・セラシエ皇帝時

代に下院議長。2001年10月議会で大統領に選出、就任。07年10月再選。13年10月退任。

ギルモア, ジム

Gilmore, Jim

1949.10.6〜

バージニア州知事, 米国共和党全国委員長　法律家　[出]バージニア州リッチモンド　[名]Gilmore, James Stuart III　[学]バージニア大学卒 法学博士　[歴]1971〜74年米国陸軍に所属。77〜80年、84〜87年弁護士として活動。97年〜2001年バージニア州知事。共和党に所属し、01年1月〜12月全国委員長。情報技術(IT)政策に明るく、インターネット関連の税制のあり方を検討するため連邦議会が設置した電子商取引諮問委員会の委員長も務めた。08年の上院議員選では民主党のマーク・ワーナーに敗北。現在、保守系シンクタンク、フリー・コングレス・ファンデーション代表。16年の大統領選に出馬を表明。

キレス, ポール

Quilès, Paul

1942.1.27〜

フランス内相, フランス国民議会軍事防衛委員会委員長　[出]アルジェリア・サンドニデュシグ　[学]エコール・ポリテクニク　[歴]パリの高等学校を卒業した後、1964〜78年シェル社技師を経て、フランス社会党の国民議会(下院)議員。83年3月パリ市長選に出馬し、ジャック・シラクに敗れる。同年10月フランス都市計画・住宅相、84年7月運輸相兼任。85年9月〜86年3月国防相。88年5月郵政・通信相。91年5月設備・住宅・運輸・宇宙相。92年4月〜93年3月ベレゴヴォワ内閣で内相。97年〜2002年国民議会で軍事防衛委員会委員長。

キロガ, ホルヘ・フェルナンド

Quiroga, Jorge Fernando

1960.5.5〜

ボリビア大統領, ボリビア民族民主行動(AND)副党首　[出]コチャバンバ　[学]テキサスA&M大学, セントエドワーズ大学大学院企業経営学修士課程修了　[歴]米国テキサス州の大学で企業経営学の修士号を取得。1981〜88年IBM職員。88年ボリビアに帰り、ボリビア民族民主行動(ADN)に入党、95年より副党首。90〜93年パスサモラ政権の財務相を務める。97年37歳で副大統領に当選。2001年8月バンセル大統領が病気を理由に辞任したことを受け、ボリビア史上最年少の41歳で大統領に就任。02年8月退任。

キン・オーンマー

Khin Ohmar

民主化運動家　[学]ヤンゴン大学　[歴]1988年学生デモに参加し、ダダーニー事件に遭遇。友人らと学生組織を作り、副代表として同年8月の全国規模のデモを支えるが、軍のクーデターで挫折。政治難民として米国に渡る。98年拠点を再びタイ国境に置き、2006年設立した連絡組織・ビルマ・パートナーシップのコーディネーターとして世界各地でミャンマー民主化を目指す団体をつなぐ。08年国際的な人権賞であるアンナ・リンド賞を受賞した。　[賞]アンナ・リンド賞(2008年)

キング, スティーブンソン

King, Stephenson

1958.11.13〜

セントルシア首相　[歴]2006年セントルシア下院議員に当選し、厚生労働相。07年より財務相兼内相兼対外担当相兼国家安全保障相。同年コンプトン首相の病死を受け首相に就任した。11年退任。

ギングリッチ, ニュート

Gingrich, Newt

1943.6.17〜

米国下院議長(共和党)　[出]ペンシルベニア州ハリスバーグ　[名]Gingrich, Newton Leroy　[学]エモリー大学(1965年)卒 博士号(チューレン大学)(1971年)　[歴]1970〜78年ウェストジョージア大学で教壇に立った後、79年からジョージア州選出の下院議員。89年共和党下院院内副総務。94年の中間選挙で保守革命を掲げて共和党を大勝に導き、95年1月戦後11代目の下院議長に就任。94年には減税、犯罪対策、財政赤字削減などの包括的政策を盛り込んだ公約集「米国との契約」を発表し注目を集める。"ハリケーン・ニュート"の異名を持ち保守革命の旗手として脚光を浴びるが、96年には強気一本やりの姿勢や自身の税金疑惑などが取沙汰される。97年の下院議長選では辛くも再選を果たした。99年1月議長を退任。同年発表した著書「辛

い方法で学んだ教訓」は、それまでのイメージを一新し話題となる。2012年の大統領選の共和党予備選に出馬したが敗退。1995年米誌「タイム」の“マン・オブ・ザ・イヤー”に選ばれたこともある。99年ギングリッチ・グループを創立し、CEO（最高経営責任者）に就任。近年FOXテレビのコメンテーターを務めるなど、保守派の論客として知られる。

キンケル, クラウス

Kinkel, Klaus

1936.12.17〜

ドイツ副首相・外相, ドイツ自由民主党（FDP）党首　㊞バーデン・ヴュルテンベルク州メッツィンゲン　㊫テュービンゲン大学, ボン大学, ケルン大学 法学博士（1964年）　㊍弁護士から官僚になり、1970年当時内相だったゲンシャーの目に留まり西ドイツ内務省入り。74年ゲンシャーの外相就任に伴い外務省に移り、官房長、企画局長を歴任。その後、79〜82年連邦情報局（BND）局長、82年から3年間法務次官を務め、旧東ドイツのスパイ摘発や左翼過激派の融和政策で功績を上げる。91年1月議員でないただ一人の閣僚として法相に就任。同年2月ドイツ自由民主党（FDP）入党。92年5月ゲンシャーの後を継ぎ外相就任。93年1月内閣改造で副首相兼任。98年10月退任。93年6月〜95年6月FDP党首。

ギンゴナ, テオフィスト

Guingona, Teofisto

1928.7.4〜

フィリピン副大統領　㊞サンフアン　㊫アテネオ・デ・マニラ大学卒　㊍1971年フィリピン憲法制定委員。フィリピン工芸大学評議員、旅行観光局長などを経て、86年2月会計検査委員長。87年5月上院議員に当選。95〜98年法相を経て、2001〜04年アロヨ大統領の下で副大統領兼外相に就任。02年7月外相職を辞任。与党・ラカス代表を務めた。

キン・ニュン

Khin Nyunt

1939.10.11〜

ミャンマー首相　軍人　㊞英領ビルマ・チャウタン（ミャンマー）　㊫ラングーン大学中退, ビルマ国軍幹部候補生学校（OTS）卒　㊍のちミャンマー大統領となるネ・ウィンに見い出され、情報畑で地位を固める。精鋭部隊の第44軽歩兵師団長を経て、1983年秘密警察に相当する国防情報局の局長に就任。88年9月の軍事クーデターで国家法秩序回復評議会（SLORC）第1書記となる。97年11月SLORCは国家平和発展評議会（SPDC）に改称。2002年9月大将に昇進。03年8月首相兼SPDC第2副議長に就任。軍政序列第3位だったが、04年10月突然更迭される。05年7月汚職など8つの罪で禁錮44年の執行猶予付き有罪判決を受け自宅軟禁。12年1月軟禁が解除された。柔軟派で、切れ者として知られる。

【ク】

クアン, チャン・ダイ

→チャン・ダイ・クアンを見よ

クウィック・キアン・ギー

Kwik Kian Gie

1935.1.11〜

インドネシア調整相　経済学者　㊞オランダ領東インド中部ジャワ州（インドネシア）　㊫エラスムス大学（オランダ）　㊍中国系。オランダのエラスムス大学に留学。経済学者、経済評論家を経て、1987年インドネシア民主党（PDI）、99年よりインドネシア闘争民主党（PDI-P）に所属して調査開発部長や副党首を歴任。同年PDI-P副党首として国民協議会（MPR）副議長を務める。同年10月ワヒド政権で経済産業担当の調整相に就任、2000年8月退任。01年8月メガワティ政権の国家開発企画庁長官に就任、04年退任。

グウェル, ハリファ

Ghwell, Khalifa

リビア制憲議会首相・国務相　㊞ミスラタ　㊫ベンガジ大学卒　㊍カダフィ体制崩壊の2012年7月、1952年の王政下以来初めて国政選挙が実施され、8月国民暫定評議会（NTC）から制憲議会に権限移譲。2014年6月機能不全と批判があった制憲議会に代わる暫定議会選挙が実施され、制憲議会からNTCへ権限委譲されるはずであったものの、委譲されなかったことで、両議会の政府が並立する事態が生じる。ハシ制憲議会首相の内閣で第1副首相兼国防相を務め、ハシ解任後、15

年3月首相兼国防相に就任。元エンジニア。

クエール, ダン

Quayle, Dan

1947.2.4～

米国副大統領　[出]インディアナ州インディアナポリス　[名]Quayle, James Dan　[学]デポー大学政治学部(1969年)卒, インディアナ大学法律大学院(1974年)修了　[歴]インディアナ州で新聞社を数社持つ名門の出身。大学卒業後、弁護士、新聞の副発行人として活躍。1969～75年インディアナ州兵。インディアナ州検事局消費者保護担当官、州知事補佐官などを歴任。76年米国下院議員に初当選、2期務めた後、80年"新しい指導者の時代"のスローガンを掲げて33歳で上院に初当選。以後一貫して共和党保守派として行動、軍事委と予算委に属する。84年上院改革調査委員長。86年再選。88年の大統領選でブッシュSr.大統領候補から共和党副大統領候補に指名され当選、89年1月副大統領に就任。93年1月退任。2000年大統領選に出馬を表明するが途中断念。　[家]父＝ジェームズ・クエール(新聞発行人)

グエン・スアン・フック

Nguyen Xaun Phuc

1954.7.20～

ベトナム首相　[出]クアンナム省　[学]国家経済大学卒　[歴]1978年クアンナム・ダナン省職員。その後、クアンナム省人民委員会委員長兼同省共産党副書記を経て、2006年4月ベトナム政府監察院副総裁、同月第10回党大会で党中央委員となり、5月政府官房筆頭副長官。07年8月官房長官。11年1月第11回党大会で党政治局員に昇格、同年5月国会議員に当選(第13期, クアンナム省選出)し、同年7月副首相。16年1月第12回党大会で党政治局員に再任され、同年4月首相に就任。

グエン・タン・ズン

Nguyen Tan Dung

1949.11.17～

ベトナム首相, ベトナム共産党政治局常務委員　[出]カマウ省　[学]ハノイ法律大学卒, ホーチミン国家政治学院修了　[歴]早くから南ベトナム解放民族戦線に参加。キエンザン省ハーティエン県共産党書記を経て、1986年第6回ベトナム共産党大会で党中央委員候補、91年6月第7回党大会で中央委員。94年内務次官。96年7月第8回党大会において40代半ばの若さで史上最年少の政治局員に抜擢され、同時に政治局常務委員。97年7月ベトナム国会議員。同年9月第1副首相に就任。98年5月～99年12月副首相として初めて中央銀行総裁を兼務。2002年7月再選。06年6月首相に選出される。07年7月と11年7月首相再任。16年4月退任。1999年、2000年来日。

グエン・チ・ビン

Nguyen Thi Binh

1927～

ベトナム国家副主席(副大統領)　[出]フランス領インドシナ・サイゴン(ベトナム)　[歴]ベトナム民族主義運動の指導者・ファン・チュー・チンの孫。早くから反政府婦人愛国運動に参加。1950年進歩主義婦人協会委員、51～54年反仏運動のかどで投獄。62年民族解放戦線代表で各国歴訪。解放婦人連盟副議長、68年パリ和平会談次席代表、69年南ベトナム臨時革命政府外相、69～73年パリ和平会談首席代表を務め、ダエン・チ・ディン女史とともに南部解放戦線の二輪の花と謳われ、パリ和平会議に民族衣装のアオザイ姿で臨んだことから"アオザイの闘士"とも呼ばれた。南北統一後、76年～87年2月教育相。87年6月国会対外委員長、国家評議会副議長。92年9月新憲法の下で国家副主席(副大統領)に選出。2002年退任。　[賞]レーニン平和賞　[家]祖父＝ファン・チュー・チン(ベトナム民族主義運動指導者)

グエン・フー・チョン

Nguyen Phu Trong

1944.4.14～

ベトナム共産党書記長　[出]フランス領インドシナ・ハノイ(ベトナム)　[学]ハノイ総合大学(現・ハノイ国家大学)哲学科(1967年)卒, ソ連科学アカデミー歴史学(1983年)博士課程修了 博士号(政治学)(1983年)　[歴]農家の出身で、1967年ハノイ総合大学(現・ハノイ国家大学)哲学科を卒業してベトナム共産党に入党、党理論誌「タプチ・コンサン」編集部員となる。83年ソ連科学アカデミーで歴史学博士課程修了。90年「タプチ・コンサン」副編集長、91～96年同編集長。94年より党中央委員、96年ハノイ市党委員会副委員長、97年12月より党政治局員。2000

～06年1月ハノイ市党委員会委員長を経て、06年6月ベトナム国会議長に就任。11年1月党書記長に選出。16年1月再任。この間、数度来日し、15年9月公賓として訪日。

グエン・マイン・カム

Nguyen Manh Cam

1929.9.15～

ベトナム副首相, ベトナム共産党政治局員　外交官　[出]フランス領インドシナ・ゲティン省（ベトナム）　[歴]1945年から独立革命運動に参加し、インドシナ共産党に入党。ベトナム外務省に入り、50年北京ロシア語専門学校に留学。62年から4年間在ソ連大使館勤務、73年駐ハンガリー大使、77年、81年駐西ドイツ大使、81年外国貿易次官、87年駐ソ連大使を歴任。91年8月より外相、97年9月より副首相を兼務。86年ベトナム共産党中央委員、94年1月党政治局員。2000年1月外相兼任を解かれる。01年4月政治局員解任。露英仏の3ケ国語を話す。

グエン・ミン・チェット

Nguyen Minh Triet

1942.10.8～

ベトナム国家主席（大統領）　[出]フランス領インドシナ・ビンズオン省（ベトナム）　[学]サイゴン大学　[歴]経済の専門家で、大学では数学を専攻。サイゴン（現・ホーチミン）で1960年代から青年組織を率いてベトナム戦争を戦い、65年ベトナム共産党に入党。86年政府が改革・開放のドイモイ（刷新）路線に転じてからは手腕を発揮。91年の第7回党大会で中央委員。同年ソンベ省党委員会書記。92年ベトナム国会議員。97年12月党政治局員に昇格、党中央大衆動員委員長。2000年1月ホーチミン市のトップである同党委員会書記となり、外資導入などに大きな成果を上げた。06年6月国家主席（大統領）に就任。07年7月再任。同年ベトナム戦争終結後、国家元首として初めて訪米。11年7月国家主席退任。

クォン・オギ（権 五琦）

Kwon O-gi

1932.12.10～2011.11.3

韓国副首相・統一院長官　ジャーナリスト　[出]朝鮮・慶尚北道安東（韓国）　[学]ソウル大学法学部（1957年）卒　[歴]1957年京郷新聞記者。59年東亜日報記者となり、63年同東京特派員、70～74年同ワシントン特派員、77年同編集局長、83年同主筆、専務理事を経て、89年副社長、93年社長。夕刊紙だった「東亜日報」を朝刊にした。この間85年新聞編集人協会会長。95年12月金泳三大統領が行った内閣改造で副首相兼統一院長官（現・統一相）に就任。朝鮮半島の統一論議を本格化させた。98年3月退任。その後、大学教授、財団理事長などを務め、南北関係や日韓関係について幅広く発言。韓国を代表する知日派言論人。

クォン・オギュ（権 五奎）

Kwon O-kyu

1952.6.27～

韓国副首相・財政経済相　[出]江原道　[学]ソウル大学卒, ミネソタ大学 Ph.D.　[歴]1999年韓国財政経済省経済政策局長、2000年大統領府財政経済秘書官、03年大統領府政策首席秘書官、新行政首都建設推進企画団長、04年駐経済協力開発機構（OECD）代表部韓国大使、06年大統領府政策室長を経て、06年7月～08年2月副首相兼財政経済相。07年10月平壌での第2回南北首脳会談に随行。

クォン・チョルヒョン（権 哲賢）

Kwon Chol-hyun

1947.1.2～

韓国国会議員（ハンナラ党）, 駐日韓国大使　行政学者　[出]釜山　[学]延世大学（政治外交学）（1970年）卒, 延世大学大学院行政学研究科（1974年）修了 都市社会学博士（筑波大学）（1987年）　[歴]1977～80年延世大学都市問題研究所研究員を務める。80年から東亜大学専任講師、助教授、副教授を経て、92年行政学科教授に就任、95年まで務める。この間、87年に来日、筑波大学で都市社会学を学び、博士号を取得。95年民自党釜山沙上甲地区党委員長となり、96年より3期国会議員（ハンナラ党）に連続当選。2000年ハンナラ党スポークスマン。04年から韓日議員連盟副会長・幹事長も務めた日本通。08～11年李明博政権で駐日大使を務めた。

グカシャン, アルカジー

Ghukassian, Arkadii

1957.6.21～

ナゴルノ・カラバフ共和国大統領　[出]ソ連

アゼルバイジャン共和国ナゴルノ・カラバフ自治州ステパナケルト　㊟Ghukassian, Arkadii Arshavirovich　㊥イェレバン国立大学（アルメニア）　㊙旧ソ連アゼルバイジャン領土内の自治州ながら、独立共和国を宣言するアルメニア人居住地域ナゴルノ・カラバフ共和国（現・アルツァフ共和国）で、1993年外相に就任。97年第2代大統領に当選。2007年退任。

クカン, エドアルド
Kukan, Eduard
1939.12.26〜
スロバキア外相, 欧州議会議員　外交官　㊥チェコスロバキア・スロバキア共和国Trnovec nad Vahom（スロバキア）　㊥カレル大学（プラハ）法学博士　㊙1964年チェコスロバキア外務省に入省。68〜73年在ザンビア大使館職員、77〜81年在米国大使館参事官、85〜88年駐エチオピア大使、90〜93年国連大使、94年3月〜12月スロバキア外相。98年10月〜2006年7月外相に再任。この間、1999年4月コソボ担当の国連特使に指名される。2009年欧州議会議員に当選。欧州人民党（EPP）に所属。

クーサ, ムーサ
Koussa, Moussa
リビア外相　㊥リビア・ベンガジ　㊟Koussa, Moussa Mohammad　㊙1994年から15年間にわたってリビアの情報機関長官を務め、カダフィ政権を支えた。2009年リビア外相に就任。11年3月突然、カダフィ大佐を裏切り、英国に亡命。パンナム機爆破事件など、数々のテロ工作に関与した疑いが持たれている。

クシニッチ, デニス
Kucinich, Dennis
1946.10.8〜
米国下院議員（民主党）　㊥オハイオ州クリーブランド　㊟Kucinich, Dennis John　㊙クリーブランド市議を経て、1977年31歳で同市長に当選、米国最年少の市長として注目を集める。94年オハイオ州議会上院議員などを経て、96年民主党候補として連邦下院議員に当選。米国憲法に抵触し、米国人の自由と人権を侵害している「愛国者法」や「対イラク攻撃決議」に反対し、米国議会における進歩的平和派のリーダーとして、活

発な議会活動を展開。99年4月NATOのユーゴ空爆で、米国大統領に空爆の権限を与える決議案では野党の共和党主流に同調して反対票を投じ、空爆停止を訴えた。2004年大統領選に民主党から立候補。08年大統領選の民主党候補指名争いに出馬するが、1月撤退を表明。12年の下院選は選挙区再編の影響で、予備選で選挙区が重複する候補に敗れ、引退。

クシャクレフスキ, マリアン
Krzaklewski, Marian
1950〜
連帯議長　㊥シレジア工科大学卒　㊙シレジア工大の講師などを務めたのち、1980年オートメーション・システム企業労組副議長。独立自主管理労働組合・連帯の南部シレジア支部の活動家で、連帯非合法時代の地下活動を経て、90年4月第2回大会で全国委幹部会メンバーに。91年2月ほとんど無名の存在からワレサの後任として議長に選出される。2000年の大統領選に立候補するが大敗。02年退任。

クシュネル, ベルナール
Kouchner, Bernard
1939.11.1〜
フランス外相・保健相, 国境なき医師団（MSF）創設者　医師　㊥アビニョン　㊟Kouchner, Bernard Jean, 旧姓（名）＝Gridaine, Bernard　㊙医学生時代、共産主義学生連合に属するが、1965年脱退。68年フランスで最も権威のあるコシャン・パリ公立病院の胃腸医学の教授への道を投げうち、医師として内戦中の途上国など困難な状況下の医療活動に飛び回る。同年ビアフラ内戦で国際赤十字の一員として活動。71年国際緊急医療援助団体・国境なき医師団（MSF）、80年世界の医師団をそれぞれ創設し、双方の会長も経験。一方、フランス社会問題・雇用担当相などを経て、88年6月世界で初めてフランス政府に設けられた人道援助省の大臣（閣外相）となり、難民救済など人道的活動を行う。92年4月〜93年3月ミッテラン大統領のもとで保健・人道援助相（社会党）。97年6月〜99年6月保健担当閣外相。また94〜97年欧州議会議員も務める。99年7月ユーゴスラビア・コソボ自治州の復興と自治政府の樹立に取り組む国連コソボ暫定統

治機構（UNMIK）初代代表となり、2001年1月まで事務総長特別代表を務める。同年3月〜02年5月保健相。07年5月サルコジ政権の下、フィヨン内閣の外相に就任。10年11月退任。00年2月来日。1999年にMSFがノーベル平和賞を受賞。　[勲]KBE勲章　[家]妻＝クリスティーヌ・オークラン（ニュースキャスター）

クシュパン, パスカル
Couchepin, Pascal
1942.4.5〜
スイス大統領　[出]マルティニー　[学]ローザンヌ大学卒　[歴]マルティニー市議などを経て、1979年スイス急進民主党の下院議員。89〜96年党下院議員団長。98年経済相。2002年副大統領を兼務。03年内相となり、同年輪番制の大統領（任期1年）を務める。07年副大統領、08年1月再び大統領に就任。内相兼任。12月大統領を退任。09年11月内相を退任。

グジュラル, インデル・クマール
Gujral, Inder Kumar
1919.12.4〜2012.11.30
インド首相　[出]英領インド・ジェラム（パキスタン・パンジャブ地方）　[学]パンジャブ大学商学部卒　[歴]パンジャブ大学で修士号取得。1930〜31年インド独立運動に参加し投獄される。42年パキスタンのインドからの分離独立運動の際、再び投獄。47年パキスタンからインドに移住。政府の難民支援対象補助などに従事。64年インド国民会議派から上院議員に当選。計画相、情報放送相などを歴任し、76〜80年駐ソ連大使。89年下院議員に当選、同年〜90年ジャナタ・ダル（JD, 人民の党）政権下で外相。92年再び上院議員。96年6月ゴウダ政権下で再び外相。97年4月中道左派政党中心の連立政権で首相に就任するが、同年11月国民会議派との対立により辞任した。

グスマン, シャナナ
Gusmão, Xanana
1946.6.20〜
東ティモール大統領・首相, 東ティモール民族抵抗評議会（CNRT）議長　独立運動家　[出]ポルトガル領ティモール・マナトゥト（東ティモール）　[名]Gusmão, José Alexandre　[歴]ポルトガル人とティモール人の間に生まれる。小学生の頃からサッカーの選手として活躍。オーストラリアの大学でジャーナリズムを学び、帰国後「東ティモールの声」の記者になり、詩を創作しては同紙に掲載。1975年インドネシアからの独立を目指す東ティモール独立革命戦線（フレティリン）に参加、78年ゲリラ隊長を経て、81年フレティレンの軍事部門・東ティモール民族解放軍（ファリンティル）司令官。88年フレティレンを離脱し、大同団結組織・マウベレ民族抵抗評議会（CNRM）議長。反インドネシア闘争の先頭に立ち“独立の英雄”として国民の人気を集める。92年11月反乱罪などで逮捕、終身刑を受けるが後に禁錮20年に減刑され、ジャカルタのチピナン刑務所で服役。98年獄中で東ティモール民族抵抗評議会（CNRT）議長に就任。ハビビ政権により東ティモール独立容認が打ち出され、99年2月民家での軟禁措置に切り替えられる。同年8月東ティモールの独立の是非を問う住民投票で独立派が圧勝した後、釈放され、10月7年ぶりに東ティモールのディリに帰還。2000年8月ファリンティル司令官を引退。01年6月CNRTを解散。02年4月大統領選に圧勝、5月独立と同時に初代大統領に就任。07年5月大統領退任。同年フレティリン政権に対峙し、東ティモール再建国民会議（CNRT）を設立、現場での陣頭指揮を執る。同年6月の総選挙後、8月首相に就任。12年8月首相再任。15年2月首相辞任。　[賞]東ティモール詩賞（1974年）, サハロフ人権賞（1999年）, シドニー平和賞（第3回）（2000年）　[家]母＝アントニア・ヘンリケス・グスマン

クズムク, オレクサンドル
Kuzmuk, Oleksandr
1954.4.17〜
ウクライナ副首相・国防相　軍人　[出]ソ連ウクライナ共和国フメリニツキー（ウクライナ）　[歴]ウクライナのクリミア駐留軍司令官などを歴任した後、1996年〜2001年、04〜05年ウクライナ国防相。07年副首相。

グセイノフ, スレト
Guseinov, Suret
1959〜
アゼルバイジャン首相　軍人　[学]ギャンジャ技術学校卒　[歴]毛織物工場の工場長を経て、

ナゴルノ・カラバフ自治州境界のマルダケルト部隊司令官。1990年アゼルバイジャン最高会議議員、92年ナゴルノ・カラバフ全権代表。93年3月司令官を解任された後、エリチベイ大統領に反旗を翻し、ギャンジャを拠点に反政府部隊を組織、首都バクーに進攻して大統領を逃亡に追いやった。同年6月アゼルバイジャン首相に就任。国防・保安・内務の各省も直轄。94年10月クーデター未遂事件へ関与したとして首相解任。陸軍大佐。

グーゼンバウアー, アルフレート
Gusenbauer, Alfred
1960.2.8〜
オーストリア首相, オーストリア社会民主党党首 ㊐ザンクト・ペルテン ㊐ウィーン大学 哲学博士 ㊙1981〜90年オーストリア社会民主党(社民党)青年部書記。91〜93年連邦議会(上院)議員。93年国民議会(下院)議員。2000年1月社民党幹事長、4月党首に就任。30年ぶりに野党に転落した同党の再生に取り組み、06年10月の下院総選挙で第1党となり、07年1月社民党と国民党の大連立政権で首相に就任。08年6月連立政権が崩壊したことを受けて社民党の党首を辞任し、12月には首相も退任。

グーダル, ビヨルン・トーレ
Godal, Bjoern Tore
1945.1.20〜
ノルウェー外相 ㊐シェン ㊐オスロ大学卒 ㊙1991〜94年ノルウェー貿易・海運相、94〜97年外相、2000〜01年国防相を歴任。

クチマ, レオニード
Kuchma, Leonid
1938.8.9〜
ウクライナ大統領 ㊐ソ連ウクライナ共和国チェルニゴフ州チャイキノ村 ㉛Kuchma, Leonid Danilovich ㊐ドニエプロペトロフスク州立大学機械工学専攻(1960年)卒 ㊙工学博士候補の学位を持つ。1960〜75年旧ソ連秘密設計事務所で設計技師として勤務。86〜92年ドニエプロペトロフスクにある旧ソ連最大のミサイル工場長。90年ソ連最高会議代議員、91年ウクライナ人民代議員。独立後の92年10月〜93年9月ウクライナ首相。94年7月ウクライナ大統領に就任。96年ウクライナ議会が新憲法を採択。97年ルーマニ

アとの友好協力条約に調印、北ブゴビナ、南ベッサラビアをめぐる領土紛争に終止符を打つ。99年11月大統領選で再選。2005年1月退任。

クーチャン, ミラン
Kućan, Milan
1941.1.14〜
スロベニア大統領 ㊐クリジェブツィ ㊐リュブリャナ大学法学部卒 ㊙1958年ユーゴスラビア共産党入党。ユーゴスラビア共産青年同盟常任幹部会委員、スロベニア共産党青年同盟中央委員会議長を経て、68年スロベニア共産主義者同盟(共産党)中央委員会委員、86年より同中央委員会議長(党首)、ユーゴ労働者社会主義連盟最高幹部会委員。後に民主化推進役に転じ、90年4月スロベニアで初の自由選挙を実施、旧共産党大敗のあとを受け、同年5月スロベニア大統領に就任。91年6月ユーゴからの独立を宣言。92年12月独立後初の大統領選で当選。97年11月再選。2002年12月退任。

クチンスキ, ペドロ・パブロ
Kuczynski, Pedro-Pablo
1938.10.3〜
ペルー大統領・首相 エコノミスト, 実業家 ㊐リマ ㊐オックスフォード大学卒, プリンストン大学卒 経済学修士号(プリンストン大学) ㊙1961年世界銀行に入り、中南米担当のチーフエコノミストとして活躍。ペルー中央銀行専務理事、国際通貨基金(IMF)主任エコノミスト、世界銀行調査部長を歴任し、ラテンアメリカ金融問題に精通した国際的エコノミストとして知られる。80年ペルー政府のエネルギー・鉱業相に就任したが、政策路線の変更から内閣を去り、82年ファースト・ボストン・インターナショナル会長。トレド政権下で、2001〜02年、04〜05年経済財政相、05〜06年首相を務める。11年中道右派の国民連合から大統領選に出馬。16年4月大統領選第1回投票で2位、6月決選投票で当選、7月就任。右派政党・変革のためのペルー国民党首。

クック, ロビン
Cook, Robin
1946.2.28〜2005.8.6
英国外相, 英国下院院内総務 ㊐スコットラ

ンド・アバディーン　㋒Cook, Robert Fin-layson　㋓エディンバラ大学卒　㋭教員生活を経て、1974年英国下院議員（労働党）に初当選。野党時代は影の内閣で外相のほか、貿易産業相、保険相を務めた。97年5月ブレア内閣発足とともに外相に就任。2001年の総選挙後に下院院内総務（閣僚ポスト）に転じた。労働党左派を代表する一人で、新たな国連決議なしでイラク攻撃を決定したブレア首相に抗議し、03年3月辞任。その後もブレア首相のイラク政策を一貫して批判した。経済通で産業界の信任が厚く、ユーロ参加積極派だった。名文家としても知られ、故郷スコットランドの地元紙に週刊コラムを執筆。競馬ファンとしても有名だった。1998年元秘書と再婚。2000年7月沖縄サミット出席のため来日した。05年8月休暇先のスコットランドで山登りの途中、心臓発作で急死した。

グッテンベルク, カール・テオドール・ツー

Guttenberg, Karl-Theodor zu

ドイツ国防相・経済技術相　㋭貴族の家系で、祖父は政治家、父は指揮者として活躍。保守系のキリスト教社会同盟（CSU）出身で、2009年アンゲラ・メルケル首相の大連立内閣に経済技術相として入閣。同年9月のドイツ連邦議会（下院）選挙では選挙区で68%もの票を集めてトップ当選を果たし、新聞に"得票王"と書かれた。メルケル首相の保守中道政権で国防相に就任。11年、07年にバイロイト大学で法学博士号を取得した博士論文の盗用で批判を受け、国防相を辞任。

グティエレス, カルロス

Gutierrez, Carlos

1953.11.4～

米国商務長官　実業家　㋺キューバ・ハバナ　㋭キューバに生まれる。一家で米国フロリダ州を旅行中、父親の経営していたパイナップル輸出会社がカストロ政権に接収されて帰国できなくなり、6歳で米国に亡命。フロリダのホテルでボーイをしながら英語を学び、1975年メキシコで食品会社のケロッグに入社。トラックの運転手などを経て、メキシコ法人の総支配人となり、2年間で世界最高水準に一変させたことから頭角を現す。99年4月CEO（最高経営責任者）に就任、2000

～04年会長兼任、4年間で売上高を43%伸ばすなど経営手腕を発揮。05年1月2期目のブッシュJr.政権で商務長官に就任。09年1月退任。

グティエレス, ルシオ

Gutiérrez, Lucio

1957.3.23～

エクアドル大統領、エクアドル愛国的社会党（PSP）党首　軍人　㋺キト　㋒Gutiérrez Borbúa, Lucio Edwin　㋭先住民の血を引く貧しい両親の間に生まれる。15歳でエクアドル陸軍士官学校に入学。軍附属の大学で土木工学、物理学、経営学を学んだのち、米国やブラジルへ留学。大統領付副官などを歴任。陸軍大佐だった2000年1月、先住民や将校とともに国会を占拠し、マワ大統領を追放する事実上の軍事クーデターを主導。首謀者として逮捕されるが、半年後特赦により釈放され、貧困層の間で一躍英雄的な存在となる。のち退役し、02年2月左派政党"愛国的社会1.21党（1月21日愛国協会＝PSP）"を創設、党首となる。同年11月大統領決選投票で当選し、03年1月就任。しかし、元軍人で政治基盤がなく、議会の与党議員も少数だったことから連立相手を取り換えて政権を延命、公約した政策はほとんど実現されなかった。04年12月最高裁判所の判事を大幅に入れ替えたことで国民の批判が集中、05年4月議会により解任され、ブラジルに亡命。同年10月帰国し逮捕されたが、06年3月釈放。09年4月の大統領選に野党候補として出馬したが落選。

グテレス, アントニオ

Guterres, António

1949.4.30～

ポルトガル首相、国連事務総長　㋺リスボン　㋒Guterres, António Manuel de Oliveira　㋓リスボン工科大学（電気工学）卒　㋭大学卒業後はエンジニアの道へは進まず、政界を目指し、1974年革命後、ポルトガル社会党に入党。76年国会議員に当選、党の政策担当を務める。92年党書記長に就任し、自由経済重視路線を推進。95年10月総選挙で10年ぶりに社会党を勝利に導き、首相に就任。99年10月再選。2001年12月社会党が地方選挙で敗北した責任を取り、02年退任。1999年～2005年社会主義インターナショナル議

長も務めた。05年6月第10代国連難民高等弁務官に就任。10年6月再任、15年12月退任。17年1月第9代国連事務総長に就任、首相経験者として初めて国連事務総長となった。

グテレス, フランシスコ
→ル・オロを見よ

グテレス・ロペス, アニセト
Guterres Lopes, Aniceto
1967〜
東ティモール真実和解委員会委員長　人権活動家　㊽バリ島の大学で法律を学んだ後、東ティモールに戻り、インドネシア軍による人権侵害の実態を告発。1999年の独立を問う住民投票の際は監視団を結成、法律家の立場から祖国がインドネシア支配を抜け出すのに貢献、2002年独立が実現する。同年独立前の人権侵害を調べ、国民の和解を勧めることを目的とする"真実和解委員会"が発足し、委員長に就任。旧独立支持派と旧インドネシア併合派との会合を開き、話し合いでの解決を目指すなど地道な活動を続ける。03年長年の人権保護の活動が評価され、フィリピンのマグサイサイ賞を受賞。㊽マグサイサイ賞（2003年）

クドリン, アレクセイ
Kudrin, Aleksei
1960.10.12〜
ロシア副首相・財務相　㊽ソ連ラトビア共和国　㊽Kudrin, Aleksei Leonidovich　㊽レニングラード大学卒　㊽1990年サンクトペテルブルク市経済改革委員会副議長、のち同市経済財政委員会議長を経て、95年3月〜96年6月サンクトペテルブルク市第1副市長。96年ロシア大統領府副長官、同総務局長、97年3月財務次官を経て、2000年5月副首相兼財務相。04年3月財務相留任。07年9月副首相兼任。08年5月メドヴェージェフ政権下でも副首相兼財務相に再任。11年9月副首相・財務相を解任。

クーナ, シェイフ・エル・アフィア・ウルド・モハメド
Khouna, Cheikh El Afia Ould Mohamed
1956〜
モーリタニア首相　㊽アムルジ　㊽1995年ブカー改造内閣で漁業相。96年1月〜97年12月首相。続くギグ内閣では外務協力相を務める。98年11月ギグ首相解任を受けて首相に再任される。2003年退任。モーリタニア共和民主社会党（PRDS）幹部。

クナーゼ, ゲオルギー
Kunadze, Georgii
1948.12.21〜
ロシア外務次官　日本研究家、外交官　㊽ソ連ロシア共和国モスクワ（ロシア）㊽Kunadze, Georgii Fridrikhovich　㊽モスクワ大学東洋語学部日本史専攻（1971年）卒　歴史学博士（1976年）　㊽グルジア人。1971〜83年ソ連科学アカデミー東洋学研究所日本部研究員を経て、83〜86年在日大使館に1等書記官として勤務。帰国後、科学アカデミーの世界経済国際関係研究所（IMEMO）に入り、90年日本韓国政治部長。ソ連が北方領土領有の根拠にしているヤルタ秘密合意の破棄を主張、"歯舞・色丹二島返還、残る二島の日ソ共同占有"を提案するなど、対日柔軟派の代表的論客。91年1月ソ連軍のリトアニアへの武力行使に抗議して共産党を脱退。5月対日政策を重視するロシア共和国の外務次官に就任。8月の保守派クーデターの際には、発生と同時に同共和国最高会議ビルに立てこもり、エリツィン大統領の"知恵袋"となった。同年10月、日ソ領土小委員会のソ連代表となる。93年12月駐韓国大使に転出。のちロシア世界経済国際関係研究所首席研究員。

クバス, ラウル・グラウ
Cubas, Raúl Grau
1943.8.23〜
パラグアイ大統領　㊽アスンシオン　㊽アスンシオン大学, カトリック大学（ブラジル）工学部卒　㊽電気技師として電力会社に勤務後、水力発電などの事業に関わり、実業家として成功。1994年ワスモシ政権下で企画庁長官、96年から財務相を務める。98年5月大統領選で当選、同年8月就任。99年3月政変により辞任、ブラジルに亡命。

クフォー, ジョン・アジェクム
Kufuor, John Agyekum
1938.12.8〜
ガーナ大統領　㊽英領ゴールドコースト・

アシャンティ州(ガーナ)　[名]Kufuor, John Kofi Agyekum　[学]オックスフォード大学(経済学・哲学・政治学)(1964年)卒　[歴]名家の出身。1961年ロンドンで法廷弁護士資格を取得、64年オックスフォード大学を卒業。65年ガーナに帰国して弁護士を開業、69年制憲議会のメンバーとなり、憲法を起草する。同年ブシア政権の外務次官となるが、72年クーデターにより政界を追われ、実業界に転じた。79年再び憲法起草に携わる。96年ガーナ新愛国党(NPP)党首に選ばれ大統領選に出馬、善戦する。2000年12月、19年に及び統治したローリングス大統領が憲法の規定に従って出馬せず、平和裏に政権を譲る形で行われた大統領選で当選。01年1月就任。04年12月再選。08年12月の大統領選に敗れ、09年1月退任。02年10月、03年9月来日。長身で控えめなところから"静かな巨人"と呼ばれる。

クマラトゥンガ, チャンドリカ・バンダラナイケ

Kumaratunga, Chandrika Bandaranaike
1945.6.29〜
スリランカ大統領・首相　[出]英領セイロン・コロンボ(スリランカ)　[学]ソルボンヌ大学卒 開発経済学博士(ソルボンヌ大学)　[歴]スリランカを治めたキャンディ王朝の流れをくむ家系に属し、ソロモン・バンダラナイケ元首相、世界初の女性元首となったシリマボ・バンダラナイケの二女。1959年父を暗殺で失う。ソルボンヌ大学で経済学と政治学を専攻し、帰国後の78年、映画俳優で人権活動家のビジャイ・クマラトゥンガと結婚、一男一女の母となる。夫とスリランカ人民党を創設したが、88年には政治家に転身した夫を暗殺で失った。姉が政治から身を引き、93年弟がスリランカ統一国民党(UNP)にくら替えしたため、スリランカ自由党(SLFP)副党首として高齢の母親を支える。93年5月西部州議会選に当選後、州首相を務める。94年8月総選挙でSLFPを中心とする統一人民自由連合(UPFA)の代表として勝利し、スリランカ首相に就任。同年11月の大統領選にも当選、スリランカ初の女性大統領となる。母を首相に再任。99年12月大統領選で"タミル・イーラム解放のトラ(LTTE)"の自爆テロに遭い片目を失明。同月再選。2期11年務め、2005年11月任期満了で退任。強烈なカリスマ性を備え、スリランカ版"鉄の女"と呼ばれた。　[家]夫＝ビジャイ・クマラトゥンガ(人権活動家・俳優),父＝ソロモン・バンダラナイケ(スリランカ自由党創設者),母＝シリマボ・バンダラナイケ(スリランカ首相)

クム・ソカー

Kem Sokha
1953.6.27〜
カンボジア人権党党首, カンボジア救国党党首　人権活動家　[出]タカエウ州トラムコック郡　[学]カンボジア王立法律経済大学(法律)卒, プラハ化学技術大学大学院(生物化学)修士課程修了　[歴]1981〜86年プラハ留学後、91年人権NGO"Vigilance"の設立に参加。93年仏教自由民主党からカンボジア制憲議会選挙に出馬し当選。98年総選挙での落選後、99年フンシンペック党(ノロドム・シアーヌク派の政党)に加わり上院議員に任命されるが、2002年議員辞職して人権NGO"カンボジア人権センター"を設立。07年人権党を旗揚げ、党首に就任。08年総選挙で当選し政界復帰を果たした。12年10月サム・レンシーとともに救国党を結成、副党首に就任。15年レンシーが逮捕され、17年2月党首に就任。6月の地方議会選で同党が躍進すると、9月米国と共謀して政権転覆を謀ろうとしたとして国家反逆罪で訴追される。11月には最高裁が党の解党を命じた。

クライン, ラルフ

Klein, Ralph
1942.11.1〜2013.3.29
アルバータ州首相, カルガリー市長, カナダ環境相　[出]カルガリー　[学]カルガリー・ビジネス・カレッジ　[歴]6歳のとき両親が離婚し、母と継父、祖父母に育てられた。17歳の時に高校を退学し、カナダ空軍に入隊。高校卒業資格を取得後、ジャーナリストを志し、カルガリー・ビジネス・カレッジで学ぶ。1969年テレビ局のニュースルームに就職。その後、政治の世界に関わるようになり、82年カルガリー市長に当選。86年再選。在任中、冬季五輪の誘致に尽力し、88年のカルガリー五輪開催を成功させた。89年アルバータ州議選にカナダ進歩保守党(PC)から立候補して当選、ドン・ゲッティ内閣の環境相に任命される。92年12月アルバータPCの党首に選ばれ、州首相に就任。2006年

まで14年間に渡って務め、州財政の建て直しに尽力した。謙虚な人柄、正直な性格などで州民の人気を得、“キング・ラルフ”“アンクル・ラルフ”の愛称で親しまれた。

クラウス, ヴァツラフ

Klaus, Václav

1941.6.19～

チェコ大統領・首相　経済学者　[出]チェコスロバキア・プラハ(チェコ)　[学]プラハ経済大学卒 Ph.D.　[歴]チェコ科学アカデミー経済研究所、国立銀行に勤務。米国などに留学した後、1988年から科学アカデミーで経済予測の研究を続ける。社会主義圏における経済改革、インフレに関する著書が多数ある。89年12月～92年7月チェコスロバキア連邦財務相を務め、市場経済導入を主導。この間、90年10月市民フォーラム議長、91年4月市民民主党(ODS)党首、同年9月連邦副首相兼務。92年6月の総選挙で市民民主党が大勝し、7月チェコ共和国首相に就任。スロバキアの分離独立後、93年チェコ首相。96年7月再任、97年11月退任。98年1月～2002年6月下院議長。03年2月上下院合同総会が大統領に選出、3月就任。08年3月再任。13年3月退任。　[家]妻＝リビア・クラウンバー(チェコ経済協会事務局長)

クラーク, ウィリアム

Clark, William (Jr.)

1930.10.12～2008.1.22

米国国務次官補(東アジア・太平洋担当)　外交官　[出]カリフォルニア州オークランド　[学]サンホセ州立大学, コロンビア大学　[歴]米国国務省に入り、日本課長(1980～81年)、駐日公使(81～85年)、駐エジプト公使、国務次官補代理などを経て、89～92年4月駐インド大使、92年5月～93年東アジア・太平洋担当国務次官補を務めた。93～95年戦略国際問題研究センター日本部長を経て、96年～2003年ニューヨーク・ジャパン・ソサエティ理事長。通算14年の滞日生活を送った知日派の代表的人物の一人。　[勲]勲二等瑞宝章(日本)(2000年)

クラーク, ケネス・ハリー

Clarke, Kenneth Harry

1940.7.2～

英国財務相　[出]ウエストブリッジフォード　[学]ケンブリッジ大学卒　[歴]1963年弁護士資格取得。70年英国保守党より下院議員に初当選。82年保健担当国務相、85年支払総監、87年6月ランカスター公領相、88年7月保健相、90年11月教育科学相を経て、92年4月内相。93年5月～97年5月財務相。91年来日。親ユーロ派で知られる。

クラーク, ヘレン

Clark, Helen

1950.2.26～

ニュージーランド首相, ニュージーランド労働党党首　[出]ハミルトン　[名]Clark, Helen Elizabeth　[学]オークランド大学(政治学)卒　[歴]オークランド大学で政治学を専攻する傍ら、ベトナム戦争反対運動や反アパルトヘイト運動に加わり、1969年ニュージーランド労働党に入党。73～81年オークランド大学政治学科講師を経て、81年ニュージーランド国会議員に初当選、米国の核搭載艦の寄港禁止など反核政策を推進した。87～89年住宅相兼自然保護相、89～90年副首相兼労相。90年労働党副党首を経て、93年12月初の女性党首に就任。99年11月総選挙で労働党が勝利し、12月首相に就任。2002年、05年の総選挙でも勝利。08年11月の総選挙で労働党は議席数を減らし、国民党に政権の座を明け渡すことになる。これを受け、党首を辞任、首相を退任。09年4月女性初の国連開発計画(UNDP)総裁。13年4月再任、同月2期目就任。17年4月退任。09年初来日。　[勲]旭日大綬章(日本)(2017年)

グラジアノ・ダ・シルバ, ジョセ

Graziano da Silva, José

1949.11.17～

ブラジル食料安全保障飢餓撲滅特命相, 国連食糧農業機関(FAO)事務局長　[学]サンパウロ大学, カンピーナス州立大学 Ph.D.　[歴]ブラジルとイタリアの国籍を持つ。サンパウロ大学で農学士と農村社会経済修士、カンピーナス州立大学より経済学の博士号を取得。また、ロンドン大学ユニバーシティ・カレッジのラテンアメリカ学、カリフォルニア大学サンタクルーズ校の環境学と2つのポスト博士号も所有する。ブラジルの食料安全保障・飢餓撲滅特命相として“ゼロハンガープログラム”の制定に主導的な役割を果たし、実施責任者も務めた。2006年より国

連食糧農業機関（FAO）の中南米カリブ海地域代表を務め、11年6月次期事務局長に選出される。12年1月就任。15年8月再任。

グラジエフ，セルゲイ

Glaziev, Sergei

1961.1.1～

ロシア対外経済関係相，ロシア安全保障会議局長　[出]ソ連ウクライナ共和国ザポロージエ（ウクライナ）　[名]Glaziev, Sergei Yurievich　[学]モスクワ大学経済学部（1983年）卒　[歴]1986年ソ連科学アカデミー中央数理経済研究所主任研究員、91～92年ロシア対外経済関係委員会第1副議長を経て、92年12月対外経済関係相。93年辞職、同年12月下院議員に当選し、経済政策委員会議長。96年8月ロシア安全保障会議局長。一方、ロシア民主党党首を経て、"祖国"（のち祖国・統一ロシア，現・統一ロシア）共同創設者。現在は大統領府顧問（経済政策担当）を務める。

クラース，ウィリー

Claes, Willy

1938.11.24～

ベルギー副首相・外相，北大西洋条約機構（NATO）事務総長　[出]リンビュルク州ハッセルト　[名]Claes, Willem Werner Hubert　[学]ブリュッセル自由大学卒　[歴]大学卒業後、フラマン系社会党（SP）に入党、執行委員会委員となり1975～77年共同党首を務める。64年リンビュルク州議を経て、68年からベルギー連邦下院議員。72～73年教育相、73～74年および77～81年経済相、79～81年副首相兼任、88～92年副首相兼経済計画相、教育相、92年3月副首相兼外相。94年10月北大西洋条約機構（NATO）事務総長に就任。95年10月閣僚時代の献金疑惑で辞任。89年6月および91年4月に訪日。ピアノは独演会が開ける腕前で、指揮者としてはCDも出し、海外公演も含め、国内主要オーケストラの大半でタクトを振っている。オランダ語、フランス語のほか、英語とドイツ語に堪能。

クラスツ，グンタルス

Krasts, Guntars

1957.10.16～

ラトビア首相　[学]ラトビア大学（1982年）卒　[歴]1983～91年ラトビア農業経済研究所勤務。祖国と自由党員となる。95～97年ラトビア経済相を経て、97年8月首相に就任。98年11月退任。

クラセー・チャナウォン

Krasae Chanawongse

タイ外相　[歴]英国、米国に留学経験を持つ。1970年代に政界入り。94年チュアン政権の国立大学相、95年外相。2001～05年タクシン政権の首相府相を務めた。医療を中心とした社会活動を行い、1973年にはマグサイサイ賞を受賞している。　[勲]旭日大綬章（日本）（2004年）　[賞]マグサイサイ賞（1973年）

グラチョフ，パーヴェル

Grachev, Pavel

1948.1.1～2012.9.23

ロシア国防相　軍人　[出]ソ連ロシア共和国トゥーラ州レーニン区ルヴィ村（ロシア）　[名]Grachev, Pavel Sergeevich　[学]リャザン高級空挺士官学校（1969年）卒，フルンゼ記念陸軍大学卒，ソ連軍参謀大学卒　[歴]1972年ソ連共産党に入党。空挺大隊指揮官、連隊長、師団長を歴任。アフガン戦争に従軍し、ソ連邦英雄の肩書を授与される。90年12月ソ連軍地上軍空挺部隊司令官。91年8月のクーデター事件の際、当時のヤゾフ国防相の命令に背いてロシア最高会議ビル突入を拒否、エリツィン支持に回り、クーデター挫折の歴史的きっかけを作る。事件後、ロシア政府軍事問題委員会委員長に抜擢され、ロシア国防省および独自軍創設の責任者となる。92年4月ロシア国防第1次官を経て、同年5月初代国防相に就任、12月留任。96年6月退任。エリツィン大統領と対立した議会庁舎への砲撃やチェチェン戦争を指揮した。上級大将。

グラディン，アニタ

Gradin, Anita

1933～

スウェーデン貿易相，欧州連合（EU）欧州委員会委員　[歴]欧州共同体（EC，現・欧州連合＝EU）会議スウェーデン代表、移民・女性平等相を経て、1986年貿易相に就任。89年9月、女性の政治参加を推進する国際組織・社会主義女性インターナショナル（SIW）が東京で開いた執行委員会に議長として来日。95年1月EU欧州委員会委員に就任。移民、司法・内務問題担当。99年3月予算をめぐる不

祥事の責任を取り総辞職した。

グラニッチ, マテ

Granič, Mate

1947.9.19〜

クロアチア外相　㉭ユーゴスラビア・バスカヴォーダ（クロアチア）　㊦ザグレブ大学卒　㊞1990年ザグレブ大学医学部長、91年クロアチア共和国副首相、93年4月〜2000年1月外相。

グラハム, ウィリアム

Graham, William

1939.3.17〜

カナダ外相　㉭モントリオール　㉝通称＝Graham, Bill　㊦トロント大学卒, トロント大学ロースクール修了 法学博士（パリ大学）㊞弁護士などを経て、1993年カナダ下院議員に当選（自由党）。97年再選、2000年3選。02〜04年外相を務めた。

グラバルキタロヴィッチ, コリンダ

Grabar-Kitarović, Kolinda

1968.4.29〜

クロアチア大統領　外交官　㉭ユーゴスラビア・クロアチア共和国リエカ（クロアチア）㊦ザグレブ大学（英語・文学）卒、ウィーン外交アカデミー　㊞少女時代は米国で過ごした。2003〜08年クロアチア国会議員。03〜05年欧州統合相、05〜08年外務・欧州統合相、08〜11年駐米大使、11〜14年北大西洋条約機構（NATO）事務総長補（広報担当）を歴任。15年1月の大統領選決選投票で当選し、2月クロアチア初の女性大統領に就任。

クラーフ, ヨハン

Craag, Johan

1913〜1996

スリナム暫定大統領，スリナム国民党（NPS）名誉総裁　㊞キリスト教委員会のメンバーで、50歳から70歳まで国民議会議員、その後首相代行も務めた。クレオール（アフリカ系と白人との混血）を代表するスリナム国民党（NPS）の名誉総裁を務め、1990年12月デシ・ボーターセ中佐（のち陸軍司令官に復帰）の無血クーデターののち、シャンカル大統領と内閣の総辞職を受けて、同月国民議会で総選挙実施までの暫定大統領に選出された。

クラフチュク, レオニード

Kravchuk, Leonid

1934.1.10〜

ウクライナ大統領　㉭ロブノ州㉝Kravchuk, Leonid Makarovich　㊦キエフ大学（経済）卒　㊞農家に生まれ、少年時代に父親が戦死。1960年ウクライナ共産党に入党後、州党委員会をふりだしに党官僚としての出世コースを歩み、88年共和国党委イデオロギー・プロパガンダ部長、のち第2書記。90年3月共和国人民代議員。同年7月ソ連共産党中央委員に昇格すると同時にウクライナ共和国最高会議議長に選出され、以後それまでの独立反対の立場から、独立路線に転向。91年8月政変直後離党。12月同共和国初代大統領に就任。ウクライナ共和国軍最高司令官兼任。同月ソ連邦解体により独立国家共同体に加盟。93年9月首相も兼任したが、94年7月の大統領選で敗れ下野。同年9月代議員の補欠選挙に当選して政界に復帰。

グラム, リンゼー

Graham, Lindsay

1955.7.9〜

米国上院議員（共和党）　㉭サウスカロライナ州セントラル　㉝Graham, Lindsay Olin　㊞米国空軍の弁護士を務めた後、1993年下院議員に当選。2003年よりサウスカロライナ州選出の上院議員。16年の大統領選に向けた共和党予備選の候補者だったが、15年12月撤退。

グリア, ホセ・アンヘル

Gurria, José Angel

1950.5.8〜

メキシコ財務相・外相, 経済協力開発機構（OECD）事務総長　エコノミスト　㉭タマウリパス州タンピコ　㉝Gurria Treviño, José Angel　㊦メキシコ自治大学経済学部（1972年）卒, リーズ大学大学院修士課程修了, ハーバード大学大学院修了 経済学博士㊞1978年メキシコ財務省に入省。4年後の82年には累積債務問題の責任者である公債局長となり、大口債権者である先進国の銀行を相手に精力的に交渉を重ねた。88年財務次官、93年メキシコ国立貿易銀行頭取、94年4月制度的革命党国際局長を経て、同年12月〜98年1月外相。94年末の通貨危機では金

融支援の取り付けに奔走した。98年1月～2000年12月財務相。06年6月経済協力開発機構（OECD）第5代事務総長に就任。英語、フランス語、スペイン語を流暢に操る。

クリヴィーヌ, アラン

Krivine, Alain

1941.7.10～

欧州議会議員　社会運動家　[出]パリ　[歴]少年時代より共産主義運動に参加。スターリン批判の流れのなかで共産党を批判し、トロツキズムに傾倒する。1966年フランス共産党を除名される。68年5月の学生運動に積極的に参加し、投獄される。74年革命的共産主義者同盟（LCR）を設立。99年～2004年欧州議会議員。

クリコフ, アナトリー

Kulikov, Anatolii

1946.9.4～

ロシア副首相・内相　[学]フルンゼ陸軍アカデミー（1966年）卒, ロシア参謀本部アカデミー（1990年）卒　[歴]1992年内務次官、95年チェチェン共和国駐留ロシア軍司令官を経て、同年内相に就任。96年8月第2期エリツィン政権下で留任。97年2月兼務で副首相に就任。チェチェン独立派武装勢力に対する最強硬派として知られる。98年3月退任。　[勲]ロシア勲三等祖国功労賞（1996年）

グリゴロフ, キロ

Gligorov, Kiro

1917.5.3～2012.1.1

マケドニア大統領　[出]セルビア王国マケドニア・シュティプ（マケドニア）　[学]ベオグラード大学法学部（1939年）卒　[歴]第二次大戦中、マケドニアの反ファシスト人民解放会議の幹部会員、旧ユーゴスラビア反ファシスト人民解放会議メンバーなどとして活動。戦後、1946年ユーゴスラビア連邦のマケドニア共和国創設に参加。47年財務次官、55年経済問題諮問委副委員長。この間、48～49年ベオグラード大学経済学部教授を兼任。62年ユーゴスラビア連邦財務相、67年連邦幹部会副議長、69年ユーゴ共産主義者同盟委員を経て、74～78年マケドニア共和国議会議長。ベオグラードで引退生活を送っていたが、91年9月旧ユーゴからの分離独立宣言後、初代マケドニア大統領に就任。92年に連邦軍が撤退を完了し、無血で独立を達成した。94年10月再選。95年にはスコピエで自動車爆弾により重傷を負ったが大統領職にとどまり、99年11月任期を満了し引退した。

クリジャノビッチ, ヨゾ

Križanović, Jozo

1944.7.28～

ボスニア・ヘルツェゴビナ幹部会員（クロアチア人代表）　[出]旧ユーゴスラビア・ビテズ　[学]サラエボ大学工学部卒　[歴]クロアチア人。1969年から国営兵器会社などで建設技術者として勤務。83年ノビトラブニク市長を経て、96年コンサルタント会社を設立。2001年3月ボスニア・ヘルツェゴビナ幹部会員（クロアチア人代表）となり、6月幹部会議長（国家元首）に就任。幹部会議長は、セルビア系、クロアチア系、ボシュニャク系（イスラム教徒）の主要3民族をそれぞれ代表する幹部会員が8ケ月ごとの輪番制で務める。02年10月幹部会員退任。

クリスティ, クリス

Christie, Chris

1962.9.6～

ニュージャージー州知事　法律家　[出]ニュージャージー州メンダム　[名]Christie, Christopher James　[歴]連邦検事を経て、2010年ニュージャージー州知事に当選。16年の米国大統領選に向けた共和党予備選の候補者だったが、2月撤退。18年1月知事退任。

クリスティ, ペリー・グラッドストン

Christie, Perry Gladstone

1943.8.21～

バハマ首相・財務相　法律家　[出]英領バハマ・ナッソー（バハマ）　[学]ロンドン大学, バーミンガム大学卒　[歴]弁護士となる。1974年史上最年少でバハマ上院議員に当選。77年進歩自由党（PLP）内閣の保健国民保険相、82年観光相を経て、90～93年農業・貿易・産業相。97年PLP党首。2002年5月の総選挙でPLPが第1党になり、首相兼財務相に就任。07年5月の総選挙で野党の自由国民運動党（FNM）に敗れ退任。12年5月総選挙で勝利し、首相就任。財務相兼任。17年5月の総選挙ではFNMに敗れ退任。

クリスティアニ, アルフレド

Cristiani, Alfredo

1947.11.22〜

エルサルバドル大統領　実業家　[出]サンサルバドル　[学]ジョージタウン大学（米国）（1968年）卒　[歴]大コーヒー農園主の息子として生まれ、米国の大学を卒業後父の後を継いでコーヒー農園や自動車会社の経営に乗り出し、綿業組合、コーヒー輸出連盟の理事長、1977〜79年全国民間企業協会副会頭などを歴任。85年保守右派政党の民族主義共和同盟（ARENA）に請われて入党し、エルサルバドル国会議員に当選。85〜88年ARENA党首。豊富な資金力と米国生活でつちかった社交術で経済界、中産階級から支持を集め、89年3月エルサルバドル大統領に当選。同6月1日就任、94年5月まで務めた。70年の中米カリブ競技大会でバレーボールの全国選抜チームに加わったのをはじめ、バスケット、スカッシュでも全国有数の技量を持つスポーツマン。

クリストファー, ウォーレン

Christopher, Warren

1925.10.27〜2011.3.18

米国国務長官　法律家　[出]ノースダコタ州スクラントン　[学]南カリフォルニア大学（1945年）卒, スタンフォード大学ロースクール修了 法学博士（スタンフォード大学）　[歴]1943〜45年U.S.N.R.勤務、49〜50年ダグラス連邦最高裁判事の法務事務官を経て、50年よりロサンゼルスの法律事務所オメルベニー・アンド・メイヤーズに所属。61年日米繊維交渉米国側首席代表。64〜65年ロンドン、ローマ、東京での繊維交渉代表。67〜69年ジョンソン政権で司法副長官、77〜81年カーター政権で国務副長官を務め、“人権外交”の推進役に。退職間際、懸案のイランの米大使館員人質事件で52人の解放交渉に成功した。85〜88年世界問題協議会理事。93年1月〜97年1月クリントン政権の国務長官を務めた。在職中、ボスニア・ヘルツェゴビナ和平を合意に導き、3年以上にわたる内戦を終結させ、中東和平にも尽力した。粋な着こなしから長官時代はベストドレッサーとしても知られた。　[勲]自由勲章（米国大統領）（1981年）

グリズロフ, ボリス

Gryzlov, Bolis

1950.12.15〜

ロシア内相・下院議長, 統一ロシア党首　[出]ソ連ロシア共和国ウラジオストク（ロシア）　[名]Gryzlov, Bolis Vyacheslavovich　[学]レニングラード電気技術大学卒 Ph.D.　[歴]大学卒業後、電気技師として電子会社に勤務。1980年代半ばから労働組合幹部としてレニングラード（現・サンクトペテルブルク）などとの折衝を通じて政治活動を開始。98年同市市議会選挙で落選。99年12月ロシア下院選に政権与党・統一（現・統一ロシア）の比例代表で初当選。2000年1月統一代表。01年3月〜03年12月プーチン政権下のカシヤノフ内閣で内相。02年11月統一ロシア党首に選出。03年下院議員に当選、同年12月下院議長。08年4月プーチン首相の党首就任決定に伴い、統一ロシア幹部に。11年下院議長を辞任。

グリックマン, ダン

Glickman, Dan

1944.11.24〜

米国農務長官, 米国下院議員（民主党）　[出]カンザス州ウィチタ　[名]Glickman, Daniel Robert　[学]ミシガン大学卒, ジョージワシントン大学卒 法学博士（ジョージワシントン大学）　[歴]1977年32歳でカンザス州選出の民主党下院議員に当選。以来、情報特別委員長のほか農業委員会の有力議員として90年農業法成立に尽力した。94年中間選挙で落選、95年農務長官に就任。97年1月第2期クリントン政権でも留任。2001年1月退任。04〜10年米国映画協会（MPAA）会長。

グリッロ, ベペ

Grillo, Beppe

1948.7.21〜

五つ星運動共同創設者　コメディアン, 政治活動家　[出]ジェノバ　[名]Grillo, Giuseppe Piero　[歴]1970年代から政治漫談の多いコメディアンとしてテレビや舞台で活躍。87年当時のクラクシ首相周辺の腐敗をネタにしたことで、放送界から追放されるが、90年代前半にクラクシが政界を追われると、大衆人気が不動のものとなる。主に舞台で活躍しているが、ブログを開設して独特の筆致で政界の腐敗を表現。主要都市の広場でイ

ベントとして催す"反政治集会"は"Vデー"と呼ばれ、数万人を動員した。2009年IT企業家のジャンロベルト・カザレッジョとともに「インターネットによる直接民主主義」を目標に掲げた"五つ星運動"を創設。"五つ星"の名は水、環境、交通、ネット社会、発展という五つの主要政策を掲げたことによる。13年の下院選では約870万票、108議席を獲得し、単独政党としては第1党となる。16年にはローマ市長選で初の女性市長ビルジニア・ラッジを誕生させた。

グリバウスカイテ, ダリア

Grybauskaitė, Dalia

1956.3.1〜

リトアニア大統領 [出]ソ連リトアニア共和国ビリニュス(リトアニア) [学]レニングラード大学(現・サンクトペテルブルク大学)卒 Ph.D. [歴]父は電気技師、母はセールスマン。レニングラード大学(現・サンクトペテルブルク大学)で政治経済学を学んだ後、地元の高校で教壇に立った。1991年リトアニアが独立すると首相府の計画局長、対外経済関係省の欧州局長に就任。その後、駐米公使、財務次官、外務次官を歴任。2000年副外相、01〜04年財務相。04年リトアニアが欧州連合(EU)に加盟した際、欧州委員会委員(財政計画・予算担当)に就任、05年"最も優れた欧州委員"に選ばれた。09年5月の大統領選で当選、7月リトアニア初の女性大統領に就任。14年7月2期目就任。英語、フランス語、ロシア語、ポーランド語を話し、趣味は空手。リトアニア版"鉄の女"の異名を持つ。

グリブ・ファキム, アミーナ

→ギュリブ・ファキム, アミーナを見よ

クリマ, ヴィクトール

Klima, Viktor

1947.6.4〜

オーストリア首相, オーストリア社民党党首　実業家 [出]ウィーン [学]ウィーン大学 [歴]大学でコンピューターを学び、半国営石油企業OMVに入り、1990年まで取締役。92年4月オーストリア運輸・国有企業相、96年1月財務相を経て、97年1月首相に就任、2000年2月辞任。またオーストリア社民党党首を務めるが、同党が連立政権樹立に失敗し野党になったことを受け、党首を辞任。

グリムソン, オラフル・ラグナル

Grimsson, Olafur Ragnar

1943.5.14〜

アイスランド大統領 [出]イーサフィヨルズル [学]マンチェスター大学(政治学) Ph.D. [歴]1970〜91年マンチェスター大学講師・教授を務めた。一方、66年アイスランド進歩党に入党。74年左派の人民連合に移り、87〜95年党首。この間、78〜83年、91〜96年議員、88〜91年財務相。96年6月大統領選に初当選、8月就任。2012年8月5期目就任。16年退任。平和と軍縮実現に向けた国際議員組織"地球的行動のための議員会議(PGA)"のメンバーでもある。1999年6月来日。 [賞]インディラ・ガンジー平和賞(1987年)

グリーン, ステファン

Green, Stephen

1948.11.7〜

英国貿易投資相　銀行家 [学]ランシング・カレッジ卒, オックスフォード大学卒, マサチューセッツ工科大学修士課程修了 [歴]英国政府海外開発局を皮切りに、1977年マッキンゼー・アンド・カンパニーを経て、82年香港上海銀行に入行。92年HSBCホールディングス・グループ財務責任者、98年エグゼクティブ・ディレクター、2003年HSBCグループCEO(最高経営責任者)、05年HSBC銀行会長、06〜10年HSBCグループ会長。11〜13年キャメロン首相の下で貿易投資相を務めた。また、10年男爵(一代貴族)に叙された。

グリーン, マイケル

Green, Michael

1961〜

米国国家安全保障会議(NSC)上級アジア部長, 米国戦略国際問題研究所(CSIS)上級副所長　国際政治学者 [出]ワシントンD.C. [学]ジョンズ・ホプキンズ大学高等国際関係大学院(SAIS)修了 博士号(ジョンズ・ホプキンズ大学) [歴]1983年日本の文部省が募集する英語教員として来日。86年再来日し、東京大学の佐藤誠三郎教授に師事して日本政治を研究した他、椎名素夫参院議員秘書を務めた。のちジョンズ・ホプキンズ大学客員助教授。95年米国国防総省附属防衛分析研究所(IDA)研究員を経て、97年外交問題評議会主任研究員。国防総省アジア太平洋

担当政策顧問も兼務し、日米防衛指針見直しに参画。2001年2月ブッシュJr.政権の国家安全保障会議（NSC）日本・朝鮮部長を経て、04年上級アジア部長に就任。ブッシュ政権の対日政策に重要な役割を果たした。05年12月退任し、戦略国際問題研究所（CSIS）日本部長、ジョージタウン大学准教授に就任。のち同研究所上級副所長。

グリーン, ロサリオ

Green, Rosario
メキシコ外相　㊥メキシコ国立自治大学卒　㊗国連勤務、駐旧東ドイツ大使などを経て、メキシコ上院議員に当選。1997～2000年メキシコ外相を務める。

グリンデアーヌ, ソリン

Grindeanu, Sorin
1973.12.5～
ルーマニア首相　　㊙カランセベシュ　㊥Grindeanu, Sorin Mihai　㊥ティミショアラ西大学卒　㊗ルーマニア情報社会相などを経て、2017年1月首相に就任。同年6月社民党の不信任動議を受け辞任。

クリントン, ヒラリー

Clinton, Hillary
1947.10.26～
米国国務長官, 米国上院議員（民主党）　㊙イリノイ州シカゴ郊外　㊗Clinton, Hillary Rodham　㊥ウェルズリー大学（1969年）卒, エール大学ロースクール（1973年）修了　法務博士（エール大学）（1973年）　㊗エール大学ロースクール時代、ビル・クリントンと出会い、卒業後の1975年に結婚。結婚後も自らの姓を名のることに固執したが、夫が州知事に出馬（78年）した頃に"クリントン"を名のるように。弁護士としてはワシントンの非営利団体・児童保護基金を手始めに、74年下院のニクソン大統領弾劾委員会で40人の弁護士（女性は2人）の一人として活躍。77年アーカンソー州リトルロックのローズ法律事務所共同経営者となる。78年夫がアーカンソー州知事に当選。79年カーター大統領の指名により非営利団体の司法事業推進公社の理事を務める。88年と91年に"全米で最も優秀な弁護士100人"に名を連ねる。92年の大統領選では行動力あふれる大統領候補夫人として夫を支え、93年1月

夫が第42代米国大統領に就任、ファーストレディーとなる。クリントン政権では医療保険制度改革の特別部会座長も務め、"影の首席補佐官"といわれた。94年夫の州知事時代に関係した金融機関にまつわる"ホワイトウォーター疑惑"が発覚、96年1月大陪審から召喚された。98年夫と元ホワイトハウス実習生とのスキャンダルが噴出。2000年11月民主党からニューヨーク州の上院選に当選。ファーストレディーとして上院選に挑戦し当選したのは史上初。01年1月夫は任期満了で退任。06年11月上院選中間選挙で再選。07年1月大統領選出馬を表明。当初は本命視されていたが、民主党内の指名争いでバラク・オバマ相手に苦戦。08年6月予備選・党員集会の全日程が終わった時点で獲得代議員数でオバマに及ばず、撤退。11月オバマは大統領に当選。09年1月オバマ政権で国務長官に就任。アフガニスタン、パキスタン、イラン、北朝鮮との外交の円滑化を図った。13年1月退任。15年4月大統領選に出馬表明し、16年7月の民主党大会で大統領候補に指名される。米国初の女性大統領として本命視されていたが、11月の大統領選で共和党のドナルド・トランプに予想外の敗北を喫した。経済誌「フォーブス」の"世界で最もパワフルな女性たち100人"で、04年と10年5位、11年、15年と16年2位に選ばれる。　㊣シュヴァイツァー・リーダーシップ賞（1993年）, グラミー賞（朗読・非音楽アルバム賞, 第39回）（1997年）「村中みんなで」, WHOヘルス・フォーオール（1998年）, アラブ首長国連邦健康基金賞（1998年）　㊗夫＝ビル・クリントン（米国第42代大統領）, 長女＝チェルシー・クリントン

クリントン, ビル

Clinton, Bill
1946.8.19～
第42代米国大統領　㊙アーカンソー州ホープ　㊗Clinton, William Jefferson　㊥ジョージタウン大学国際問題専攻（1964年）卒, オックスフォード大学（1970年）卒, エール大学ロースクール（1973年）卒　法学博士（エール大学ロースクール）（1973年）, 民法学博士（オックスフォード大学）（1993年）　㊗1963年J.F.ケネディ大統領に会う機会に恵まれ、政治家を志す。68年ローズ奨学生としてオックスフォード大学に留学。70年エール大学ロースクールに入学してヒラリー・ロー

ダムと出会い、75年結婚。弁護士、アーカンソー大学教授を経て、77年アーカンソー州司法長官。78年当時全米史上最年少の32歳で同州知事に初当選。80年落選したが、82年再選後、93年1月まで通算5期知事を務める。この間、86～87年全米州知事会長、民主党知事会長などを歴任。90～91年民主党指導者評議会（DLC）会長を務めるなど中道穏健派の代表として活躍。州知事在任中、医療制度や福祉プログラムの改革を手がけ、92年民主党の大統領候補指名を勝ち取る。同年11月の大統領選ではA.ゴアを副大統領候補として“チェンジ（変化）”を掲げブッシュSr.共和党候補を破り当選。93年1月第42代大統領に就任、初の第二次大戦後生まれの大統領となる。94年州知事時代に関係した金融機関にまつわる“ホワイトウォーター疑惑”が発覚。96年11月の大統領選ではドール共和党候補を破り、民主党の大統領としては大戦後初めて再選に成功し、97年1月2期目就任。98年アーカンソー州知事時代のセクハラ行為や、元ホワイトハウス実習生との不倫疑惑が表面化したにも関わらず、11月の中間選挙では民主党不利の予想を覆し、上院は現状維持、下院で議席を増やし、事実上勝利した。99年2月不倫もみ消し疑惑をめぐる偽証と司法妨害に対する弾劾裁判で無罪評決を受ける。この間、米国経済はコンピューターなどの技術革新で好調の一途をたどり、財政黒字も過去最大を記録した。外交では、98年10月パレスチナ、イスラエル和平首脳会談を仲介、包括合意文書（ワイ合意）調印に導く。12月17～19日イラクのフセイン政権が国連大量破壊兵器廃棄特別委員会（UNSCOM）の査察を拒否したことへの制裁措置として、英国と共にイラクに対して軍事攻撃（「砂漠の狐」作戦）を行う。2000年10月にも中東和平緊急会談で仲介役を務め暴力停止合意に導くなど中東和平達成に尽力した。01年1月退任。09年5月潘基文国連事務総長が新たに設けたハイチ特使に任命され、8月電撃訪朝し金総書記と会談、脱北者問題取材中に拘束された米女性記者2人を連れ戻した。　㊞自由勲章（米国大統領）（2013年）　㊫オックスフォード大学名誉博士号（1994年），カール大帝賞（2000年），日本大学名誉博士号（2002年），グラミー賞（最優秀児童向け朗読アルバム賞，第46回）（2004年）「ピーターと狼/狼のたどる道」　㊐妻＝ヒラリー・クリントン（元米国国務長官），長女＝チェルシー・クリントン

グルエフスキ，ニコラ

Gruevski, Nikola

1970.8.31～

マケドニア首相，マケドニア国家統一民主党（VMRO-DPMNE）党首　㊥ユーゴスラビア・マケドニア共和国スコピエ（マケドニア）　㊧ビトラの大学で経済を学び、銀行に就職。無任所相や経財相を経て、1999年～2002年財務相となり民主化や経済改革に尽力。02年9月マケドニア議会議員に当選し、03年野党・国家統一民主党（VMRO-DPMNE）党首。06年7月議会選挙に勝利し、8月首相に就任。14年4月の議会選でマケドニア民主党が第1党となり、6月首相再任。16年1月辞任。

クルーズ，テッド

Cruz, Ted

1970.12.22～

米国上院議員（共和党）　㊥カナダ・アルバータ州カルガリー　㊔Cruz, Rafael Edward Ted　㊧テキサス州の検察官を経て、2012年より同州選出の米国上院議員。13年オバマ大統領が進める医療保険制度改革（オバマケア）を阻止するため、関連予算が含まれる暫定予算案を成立させまいと21時間に及ぶ演説を繰り広げ、一躍注目を集めた。16年大統領選の共和党候補指名争いでドナルド・トランプに敗れ、5月撤退を表明。

クルース，ネリー

→クロエス，ニーリーを見よ

クルツ，セバスティアン

Kurz, Sebastian

1986.8.27～

オーストリア首相，オーストリア国民党（ÖVP）党首　㊥ウィーン　㊫ウィーン大学法学部　㊧父はエンジニア、母は教師の家庭に生まれる。少年時代から政治に興味を持ち、16歳で中道右派の国民党（ÖVP）青年部に入る。当時は大学生以上が入党の条件だったが、何度も要望して認められた。青年部ウィーン支部長を経て、ウィーン大学法学部在籍のまま、2010年ウィーン市議に当選し、移民統合相に抜擢される。13年国民議会（下院）議員に初当選し、同年27歳で外相に就任、核兵器禁止条約の採択に尽力

した。17年5月国民党党首になると、同年10月の総選挙では"反移民・難民"を掲げ、長身と甘い容姿も手伝って国民党を第1党に躍進させる。同年12月第3党の極右政党・自由党との連立政権を発足させ、31歳で首相に就任。

クルトゥルムシュ, ヌーマン
Kurtulmus, Numan
トルコ副首相, トルコ公正発展党（AKP）副党首　㉒博士号（経済学, コーネル大学）（1992年）　㉟1992年米国コーネル大学大学院で博士号を取得。学者を経て、98年から政治活動を行う。イスラム系の美徳党と至福党を経て、2012年トルコ公正発展党（AKP）入り。副党首を務め、党の経済政策を立案する。

グールドモンターニュ, モーリス
Gourdault-Montagne, Maurice
1953.11.16〜
駐日フランス大使　外交官　㉜パリ　㉒パリ大学法学部, フランス国立東洋語学校, パリ政治学院卒　㉟1978年フランス外務省に入省。アジア局を振り出しに、インドやドイツのフランス大使館に勤務した後、外務省副報道官を経て、93〜95年アラン・ジュペ外相の副官房長を務める。95年ジュペ首相就任に伴い首相府官房長に就任。98年ジャック・シラク大統領顧問となり、同年4月シラク大統領の訪日に同行。98年6月駐日大使に任命。2002〜07年シラク大統領の外交顧問を務め、03年エビアン・サミットで議長国フランスのシェルパを担当。07〜11年駐英大使、11〜14年駐ドイツ大使、14〜17年駐中国大使。専門のヒンズー語や中国語のほか、ドイツ語、英語にも堪能。

クレイ, アフマド
Quray, Ahmad
1937〜
パレスチナ自治政府首相, パレスチナ自治評議会（国会）議長　㉜アブ・ディス　㉟別名＝アブ・アラ〈Abu Ala〉　㉒ベイルート大学卒　㉟大学卒業後は銀行で働き、30歳過ぎでパレスチナ解放闘争組織・ファタハに参加。その後、パレスチナ解放機構（PLO）経済局長、経済財政担当顧問などを歴任、アラファト議長の側近として頭角と現す。パレスチナ開発復興経済評議会（PECDAR）事務総長も務める。1993年オスロでPLO側代表としてイスラエルとの秘密交渉にあたり、同年合意文書に仮調印した（オスロ合意）。94年7月〜96年6月パレスチナ自治政府経済貿易相。96年3月〜2003年9月パレスチナ自治評議会（国会）議長。ファタハ中央委員会メンバーも務める。03年10月自治政府緊急内閣首相、11月首相に就任。04年11月アラファト議長の死去に伴い自治政府の治安権限を継承。05年2月第2次クレイ内閣を発足。06年1月内閣が総辞職。

クレスティル, トーマス
Klestil, Thomas
1932.11.4〜2004.7.6
オーストリア大統領　㉜ウィーン　㉒ウィーン経済大学（外交学）卒　博士号（1957年）　㉟ウィーンの市電運転手の子に生まれる。1957年オーストリア首相府入り。59〜62年パリの経済協力開発機構（OECD）オーストリア代表部、62〜66年ワシントンDC大使館員、66〜69年首相補佐官、69〜74年在ロサンゼルス総領事、78〜82年国連大使、82〜87年駐米大使を経て、87年より外務次官。92年5月の大統領選に国民党から出馬し決選投票の末当選、7月最年少の大統領に就任。98年4月再選され、2004年7月任期満了で退任する直前に死去した。良識ある知米派の保守政治家として知られ、00年極右の自由党が連立政権に参加した際には最後まで批判的な態度を貫いた。外務次官時代に来日。1999年6月国賓として来日、大統領の来日は国交樹立以来初めてのことだった。

クレッグ, ニック
Clegg, Nick
1967.1.7〜
英国副首相, 英国自由民主党（LDP）党首　㉜バッキンガムシャー　㉟Clegg, Nicholas William Peter　㉒ケンブリッジ大学卒, ミネソタ大学（米国）, ヨーロッパ大学（ベルギー）　㉟銀行家の三男。ケンブリッジ大学では考古学、文化人類学を学び、学生演劇に熱中、大学テニスチームのキャプテンも務める。卒業後は米国のミネソタ大学、ベルギーのヨーロッパ大学に留学。1994〜96年欧州連合（EU）欧州委員会顧問、99年〜2004年欧州議会議員。この間、欧州委員会によ

る旧ソ連の中央アジア・カフカス地域の援助計画を指揮した。05年5月イングランド中部シェフィールドハラム選挙区で下院議員に初当選。07年12月自由民主党（LDP）党首に就任。10年5月の総選挙では議席を減らすが第3党となり、第1党の保守党、第2党の労働党がいずれも過半数を獲得できなかったため、両党と連立政権樹立を協議。その結果、保守党と合意に達して初の政権入りを果たし、キャメロン内閣で副首相兼枢密院議長に就任。15年5月総選挙での大敗によりLDPが政権離脱したため、副首相と枢密院議長、党首を辞任。下院有数のEU通として知られる。

クレッソン, エディット

Cresson, Edith

1934.1.27～

フランス首相, 欧州連合（EU）欧州委員会委員　[出]ブーローニュ・ビヤンクール　[学]パリ女子高等商業学院卒 法学博士　[歴]1965年ミッテランに共鳴し共和制度協議会（社会党の前身）に入党。75年社会党全国書記。77年チューレ市長、83年シャトルロー市長を歴任。この間、79年欧州議会議員、81年からは国民議会（下院）議員に3選。81年5月～83年ミッテラン政権で農業相、83年3月～84年対外貿易・観光相、84年7月～86年3月工業開発・貿易相を歴任し、88年5月～90年10月ロカール内閣の欧州問題担当相を務め、貿易問題での対日強硬派として知られた。91年5月ロカール首相の辞任に伴い、フランス初の女性首相に就任。92年4月首相辞任。同年9月コンサルタント会社SISIE会長に就任。ミッテラン元大統領の強力なる側近だった。95年1月欧州連合（EU）欧州委員会委員に就任。科学、研究開発、教育職業訓練担当。その後、職権乱用など不正疑惑が発覚、99年3月予算をめぐる不祥事の責任を取り総辞職した。2000年2月欧州委員会により訴追免責特権が剥奪される。自叙伝に「太陽と一緒に」（76年）がある。　[勲]レジオン・ド・ヌール勲章シュバリエ章, 国家功労勲章大十字章（1991年）　[家]夫＝ジャック・クレッソン（元プジョー役員）

クレティエン, ジャン

Chrétien, Jean

1934.1.11～

カナダ首相　[出]ケベック州シャウィニガン　[名]Chrétien, Joseph Jacques Jean　[学]ラバル大学法学部（ケベック州）卒　[歴]法廷弁護士を経て、1963年29歳でカナダ自由党からカナダ下院議員に当選。以来、86年まで8期23年間務めた。この間、トルドー政権時代の67年無任所相、76年工業・貿易・商業相、77年財務相、80年法相、82年エネルギー・鉱山・資源相、84年6～9月副首相兼外務担当国務相を歴任。86年に引退し法律家に戻るが、90年6月カナダ自由党党首として政界復帰。93年10月総選挙で勝ち、11月首相に就任。97年総選挙でカナダ自由党が過半数を確保し、再選。2000年10月下院の解散・総選挙を行い、11月3選を果たす。03年11月党首選に敗れ、12月任期半ばで首相を退任。素朴で愛嬌のある政治家として国民に親しまれたが、党内政治を尊重し、国際社会でのカナダの地位低下を招いたとの批判もあった。1996年11月来日。

グレド・アプティドン, ハッサン

Gouled Aptidon, Hassan

1916～2006.11.21

ジブチ大統領　[歴]イッサ族。1952年フランス第4共和制下で海外領選出上院議員。59年フランス連合議会議員（下院議員）。67年教育相を辞任し独立アフリカ人民同盟（LPAI）に参加。75年LPAI議長となり、77年5月の国民投票と選挙に勝利し自治政府首相就任。同年6月の独立でジブチ共和国初代大統領就任。79年3月よりジブチ進歩人民連合（RPP）議長。22年間にわたって同国を治め、99年5月大統領を退任。イスマイル・オマル・ゲレ同国大統領は甥にあたる。90年初訪日。　[家]甥＝イスマイル・オマル・ゲレ（ジブチ大統領）

クレバノフ, イリヤ

Klebanov, Ilya

1951.5.7～

ロシア副首相　[出]ソ連ロシア共和国レニングラード（ロシア）　[名]Klebanov, Ilya Iosifovich　[学]レニングラード工科大学卒　[歴]光学機器メーカー勤務などを経て、1997年サンクトペテルブルク副首相。99年5月ロシア副首相に就任。2000年5月～02年プーチン政権下のカシヤノフ内閣で副首相再任。00年8月ロシア原子力潜水艦沈没事故で政府事故

調査委員長。01〜03年産業・科学技術相、03〜11年北西連邦管区大統領全権代表。

グレフ, ヘルマン

Gref, Herman

1964.2.8〜

ロシア経済発展貿易相　[出]ソ連カザフ共和国パンフィロボ（カザフスタン）　[名]Gref, Herman Oskarovich　[学]オムスク大学卒　[歴]1990年オムスク大学講師、92〜94年サンクトペテルブルク市国有資産管理委員会副議長、94〜97年議長を経て、97年9月副市長。98年8月ロシア国有資産省第1次官となり、2000年5月〜07年9月経済発展貿易相。07年11月ロシア最大の銀行であるロシア貯蓄銀行（ズベルバンク）CEO（最高経営責任者）に就任。

クレブス, ジョン・リチャード

Krebs, John Richard

1945.4.11〜

英国食品基準庁（FSA）長官　動物学者　[出]シェフィールド　[学]オックスフォード大学動物学科（1966年）卒 Ph.D.（オックスフォード大学）（1970年）　[歴]「シジュウカラのなわばり行動と団体群の調節」の研究でPh.D.取得。1970年ブリティッシュ・コロンビア大学（カナダ）助教授、73年ノースウェールズ大学（英国）講師、75年オックスフォード大学エドワード・グレイ研究所講師を経て、88年〜2005年オックスフォード大学教授（英国学士院研究教授）。1994年〜2000年自然環境研究所所長。00〜05年食品基準庁（FSA）長官。07〜15年オックスフォード大学ジーザス・カレッジ学長。12〜13年英国科学振興協会会長。07年男爵（一代貴族）に叙せられる。

クレメント, ウォルフガング

Clement, Wolfgang

1940.7.7〜

ドイツ経済相・労相, ドイツ社会民主党（SPD）副党首　ジャーナリスト　[出]ボーフム　[学]ミュンスター大学法律専攻卒　[歴]1970年ドイツ社会民主党（SPD）に入党。ジャーナリストとして活躍し、87〜89年「ハンブルガー・モルゲンポスト」編集長を務める。89年ノルトライン・ウェストファーレン州首相に就任。99年SPD副党首となる。2002〜05年第2次シュレーダー内閣で経済相兼労相。08年SPDを離党した。

クレリデス, グラフコス

Clerides, Glafcos

1919.4.24〜2013.11.15

キプロス大統領　[出]トルコ領キプロス島ニコシア（キプロス）　[学]ロンドン大学キングスカレッジ卒　[歴]英国に留学。1939〜45年第二次大戦で英空軍パイロットとして活躍。51〜60年弁護士を務める傍ら、反英独立闘争を指導。60年独立後、キプロス国会議員となり、初代国会議長に就任。74年7月のマカリオス大主教（大統領）追放クーデターで大統領代行。その後復帰したマカリオス大統領と対立し、76年2月国会議長を辞任。同年右派勢力を集めて野党民主連合を結成、党首となりキプロス最大の政党に育て上げる。しかし、83年2月の大統領選でキプリアヌに、88年2月の大統領選でバシリウに敗れる。93年2月挑戦3回目で第4代大統領に当選。98年2月再選。2003年2月の大統領選で敗退。在任中、欧州連合（EU）への加盟交渉をまとめ、トルコ系の北キプロスとの再統合交渉も推進した。

グレンジャー, デービッド

Granger, David

1945.7.15〜

ガイアナ大統領　軍人　[出]英領ギイアナ・ジョージタウン（ガイアナ）　[名]Granger, David Arthur　[学]ガイアナ大学卒 社会学博士　[歴]ガイアナ大学で社会学の修士号を受けた後、英国などで軍事教育を受け、ガイアナ国軍司令官や大統領国家安全保障担当補佐官を歴任。2015年5月総選挙が行われ、野党連合・国民統一のためのパートナーシップ（APNU）及び変化のための同盟（AFC）が国会全65議席のうち33議席を獲得。23年ぶりに政権が交代し、大統領に就任。

グロイスマン, ウォロディミル

→フロイスマン, ウォロディミルを見よ

クロエス, ニーリー

Kroes, Neelie

1941.7.19〜

欧州連合（EU）欧州委員会委員　エコノミスト　[出]ロッテルダム　[学]エラスムス大学卒　[歴]1965〜71年エラスムス大学助教授を

経て、71年オランダ自由民主党(VVD)より下院議員に初当選。77〜81年交通・公共事業・通信副大臣、82〜89年同大臣。2004年欧州連合(EU)欧州委員会競争政策担当委員、10〜14年同デジタルアジェンダ担当委員。

グロス, スタニスラフ
Gross, Stanislav
1969.10.30〜2015.4.16
チェコ首相　[出]チェコスロバキア・プラハ(チェコ)　[歴]職業学校卒業後、鉄道の運転士を経て、1989年チェコスロバキア社会民主党(CSSD)に入党。党の青年部で頭角を現し、青年部のリーダーとなる。92年22歳で下院議員に当選後、大学院に進学し法学修士の学位を取得。93年チェコが独立。95年院内幹事長、2000年チェコ内相を経て、04年8月欧州最年少の34歳で首相に就任。労働者階級の英雄的存在で、国民の人気が高かったが、05年1月に自宅購入資金の疑惑が浮上、連立与党を構成していたキリスト教民主連合(KDU)が政権離脱し、4月辞任に追い込まれた。

クロドゥマール, キンザ
Clodumar, Kinza
1945.2.8〜
ナウル大統領　[出]ボエ　[名]Clodumar, Kinza Godfrey　[歴]1971〜79年、83〜89年、95年〜2003年ナウル国会議員。97年2月大統領に就任、98年5月退任。97年5月福岡市で開催のアジア開発銀行(ADB)福岡総会に出席のため来日。

クロフ, フェリクス
Kulov, Feliks
1948.10.29〜
キルギス首相　[名]Kulov, Feliks Sharshenbayevich　[学]ソ連内務省オムスク上級学校卒　[歴]1987年ソ連内務省第1次官。91年キルギス副大統領、97年国家保安相。2000年職権乱用などの容疑で逮捕・投獄される。05年3月政変にともない釈放され、8月首相代行、9月〜06年首相を務めた。

グロモフ, アレクセイ
Gromov, Aleksei
1960.5.31〜
ロシア大統領府第1副長官　外交官　[名]Gromov, Aleksei Alekseyevich　[学]モスクワ大学卒　[歴]1982年ソ連外務省に入省。カルロビバリ総領事館、チェコスロバキア大使館での勤務を経て、92年在スロバキア大使館参事官。96年11月ロシア大統領府プレスサービス局長官を経て、2000年1月大統領報道官に。08年5月メドヴェージェフ大統領の下で大統領府副長官に就任。12年5月プーチン大統領の下で大統領府第1副長官。

グロンダール, ヒシュティ・コッレ
Grøndahl, Kirsti Kolle
1943.9.1〜
ノルウェー国会議長　[歴]オスロ郊外で中学教師を務めた後、ノルウェー労働党に入り、オスロ市議候補の比例名簿の上位を女性にする運動を展開。1972年オスロ市議に当選。77年党が採用したノルウェー国会議員の4割以上を女性にする“クオータ制(割り当て制)”により、国会議員に当選。2度入閣し、93年女性初の国会議長に就任。国会の委員会審議の時間を早め、夜間審議を原則廃止、子連れ登院ができるように議員の託児所を契約、育児休暇を議会や内閣に定着させるなど女性議員の定着に力を注ぐ。94年来日、2000年来日。

グワイル, ハリファ
→グウェル, ハリファを見よ

クワシニエフスキ, アレクサンデル
Kwaśniewski, Aleksander
1954.11.15〜
ポーランド大統領, ポーランド社会民主党党首　[出]コシャリン県ビアロガルト　[学]グダニスク大学流通経済学部　[歴]医師の家庭に生まれる。大学在学中の1976年から社会主義学生同盟のリーダーとして活躍し、77年23歳で統一労働者党(共産党)に入党。81〜84年青年向け週刊誌「イロイロ(ITD)」編集長、84〜85年社会主義青年同盟機関誌「青年の旗」編集長。ヤルゼルスキ大統領、ラコフスキ党第1書記らに重用され、85年11月青年問題担当相に就任。88〜91年ポーランド・オリンピック委員会委員長。89年の円卓会議では複数政党制問題で党を代表、同年6月連帯幹部のミフニクと公開テレビ討論を行い、ジョークを交えた率直な発言と柔軟な姿勢で人気を高めた。90年1月党の社会民主

党移行に伴い、最高評議会議長（党首）に就任。91～95年下院議員。93年社会民主党を中心とする国会会派、民主左翼連合（SLD）代表。95年11月ワレサ大統領を破り、大統領に当選、党を離党。12月就任。2000年10月再選。01年7月第二次大戦中のユダヤ人虐殺事件について正式謝罪した。05年12月任期満了に伴い退任。1998年2月長野五輪開会式出席のため来日。流暢な英語を話し、ドイツ語、ロシア語もこなす。

グンガードルジ, シャラビン

Gungaadorj, Sharavyn

1935.5.2～

モンゴル首相　[学]チミリャゼブ農業アカデミー（ソ連）（1959年）卒　[歴]モンゴル国営農業局の専門官などを経て、農牧省次官、1980年国営農場省次官、81～86年セレンゲ県のモンゴル人民革命党（MPRP, 現・モンゴル人民党＝MPP）委員会第1書記、86年農牧相、87～90年3月副首相兼農政相兼食品工業相、同年3月より首相。90年9月首相解任。

グンロイグソン, シグムンドゥル

Gunnlaugsson, Sigmundur

1975.3.12～

アイスランド首相　[出]レイキャビク　[学]コペンハーゲン大学, オックスフォード大学（英国）, モスクワ大学　[歴]2009年アイスランド議会議員に初当選し、アイスランド進歩党党首。議会の外交委員会などに所属。13年4月の議会選で中道右派の進歩党と独立党の野党2党が勝利し、5月首相に就任。16年4月「パナマ文書」によってタックスヘイブン（租税回避地）を利用した資産隠し疑惑が浮上し、首相を辞任した。

【ケ】

ゲアハルト, ウォルフガング

Gerhardt, Wolfgang

1943.12.31～

ドイツ自由民主党（FDP）党首　[学]マールブルク大学 哲学博士　[歴]1965年旧西ドイツ自由党に参加。82年ヘッセン州の自由党党首、85年自由党の連邦副党首を経て、95年ドイツ自由民主党（FDP）大会で党首に就任。

倪 志福　げい・しふく

Ni Zhi-fu

1933.5.22～2013.4.24

中国全国人民代表大会（全人代）常務委員会副委員長, 中国共産党中央委員　機械技師　[出]江蘇省川沙県（上海）　[歴]解放後、北京の工場労働者だったが、1953年北京永定機械廠組立て工となり、同年高能率の「倪志福ドリル」を開発。58年中国共産党に入党。59年全国先進生産者の称号を獲得。65～74年北京永定機械廠技師、副技師長、技師長、同廠党委員会書記を歴任。文化大革命で活躍し、69年党中央委員。73年4月北京市総工会主任、同年8月政治局員候補、北京市党委書記。四人組失脚後、76年10月上海市党委第2書記。76年天安門事件で大衆鎮圧に当った民兵の指揮者。77年7月～81年1月北京市党委第2書記。77年8月～87年11月党政治局員。78年10月～93年10月全国総工会主席。88～98年全人代常務委副委員長。87年～2002年党中央委員。天安門事件（1989年）では全国総工会主席として、労働者の党からの離反行為を批判されたが、改革・開放期に生き残った。　[賞]全国先進生産者（1959年）, 国家科技委発明奨（1965年）, 国連世界知的所有権機構金章（1986年）

ゲイ, ロベール

Guei, Robert

～2002.9.19

コートジボワール大統領　軍人　[歴]1999年ベディエ政権の汚職体質に対する若手軍人によるクーデターにより、2000年1月大統領に就任。コートジボワール初の軍事政権が誕生した。同年10月民政移管と同時に退任するという公約を翻して大統領選に出馬、イボワール人民党（FPI）のバグボ党首が勝利したが敗北を認めず、軍政側が一方的に勝利を発表。選挙管理委員会を解散し、独自の開票結果を発表したため、群衆の抗議行動が起きた。バグボ党首の勝利宣言を受け、アビジャンから逃亡。同年11月バグボ大統領と会談し、同大統領の就任を追認し拘束を逃れていたが、02年9月退役軍人による反乱で死亡した。

ケイタ, イブラヒム

Keita, Ibrahim

1945.1.29〜

マリ大統領　[出]フランス領スーダン・クティアラ（マリ）　[名]Keita, Ibrahim Boubacar　[学]ダカール大学, パリ第1大学　[歴]フランス植民地時代のマリ南部クティアラの公務員家庭に生まれる。セネガルとフランスの大学で歴史と国際関係を学んだ後、フランス国立科学研究センター研究員となる。パリで20年以上生活したのち、1986年帰国し援助機関で開発問題に取り組む。その後、マリ民主同盟（ADEMA）の創設に加わり、93年外相を経て、94年首相に就任。2000年ADEMAの内部対立に伴い、首相を辞任。02〜07年国会議長を務めた。01年新党“マリ連合（RPM）”を結成。02年、07年の大統領選に出馬するが落選。13年8月3度目の挑戦で大統領選に当選、9月就任。イスラム過激派の抵抗や遊牧民トゥアレグ族と多数派の黒人との対立で分断状態にある国家の再建を目指す。社交的な性格で、欧州に広い人脈を持つとされる。

ゲオルギエフスキ, リュプチョ

Georgievski, Ljubčo

1966.1.17〜

マケドニア首相, マケドニア国家統一民主党（VMRO・DPNE）党首　[出]ユーゴスラビア・マケドニア共和国シュティブ（マケドニア）　[学]スコピエ大学哲学科卒　[歴]1990年よりマケドニアの独立運動に参加。独立後の91年初の複数政党制議会でマケドニア副大統領に選任されたが、8ケ月後に辞任。93年マケドニア国家統一民主党（VMRO・DPNE）を結成し党首。98年議会選挙で野党として戦い、野党連合が大勝したのを受けて11月首相に就任。旧ユーゴスラビア連邦加入以来、53年ぶりに非共産政権を樹立。2002年10月首相退任。

ケーシック, ジョン

Kasich, John

1952.5.13〜

オハイオ州知事　[出]ペンシルベニア州マッキーズロックス　[名]Kasich, John Richard　[歴]1983年米国下院議員に当選。2011年よりオハイオ州知事。16年大統領選の共和党候補指名争いに出馬するが、5月撤退を表明。

ケジリワル, アービンド

Kejriwal, Arvind

1968.6.16〜

デリー州政府首相, インド一般人党（AAP）党首　社会活動家　[出]ハリヤナ州ヒサール　[学]インド工科大学　[歴]インドで情報公開法の制定運動に尽力し、2006年にはアジアのノーベル賞と言われるマグサイサイ賞を受賞。その後、市民団体“反汚職のインド”のリーダーとして政界がらみの不正疑惑を次々と告発。12年には与党・インド国民会議派のソニア・ガンジー総裁の女婿が経営する企業を告発したほか、最大野党インド人民党（BJP）のニティン・ガドカリ総裁が運営する団体が州政府から受けた土地の譲渡に問題があると指摘した。同年インド一般人党（アーム・アードミ党＝AAP）を結党して党首となる。13年12月デリー州議会選挙で党が大勝、州政府首相に選ばれるが、14年2月辞任。15年2月の州議会選挙で9割超の議席を確保し、再び州政府首相に就任。13年米誌「タイム」で“世界で最も影響力のある人物100人”の第2位に選ばれる。　[賞]マグサイサイ賞（2006年）

ケスリ, シタラム

Kesri, Sitaram

〜2000.10.24

インド国民会議派総裁　[出]英領インド（インド・ビハール州）　[歴]低位カーストの出身。13歳で反英独立闘争に参加、英植民地当局により何度も投獄される。マハトマ・ガンジーを知る数少ないインド国民会議派生え抜きの1人で、1977年より党中央の収入役を務めた。96年の総選挙でラオ首相率いる同党が大敗を喫したことから、総裁に就任。97年中道・左派少数連立のゴウダ政権への閣外協力を打ち切り、同政権崩壊の引き金となった。しかし会議派政権の樹立には失敗、“（首相になることを）あせった老人”と党内からも非難され、98年3月ソニア・ガンジーに総裁の座を譲った。

ゲーツ, ロバート

Gates, Robert

1943.9.25〜

米国国防長官, 米国中央情報局（CIA）長官　[出]カンザス州ウィチタ　[学]ウィリアム・アンド・メアリー大学（1965年）卒, インディア大

学大学院(ロシア史)(1966年)修士課程修了 博士号(ジョージタウン大学)(1976年) [歴]米国空軍勤務を経て、1966年から中央情報局(CIA)に勤務、ソ連情報の分析や軍縮に関わる。76年ロシア・ソビエト史の研究でジョージタウン大学から博士号取得。同年ホワイトハウスの国家安全保障会議(NCS)スタッフに任命され、ニクソン、フォード、カーター各大統領の補佐官として働いた。80年CIAに戻り、86年副長官。87年レーガン大統領からCIA長官に指名されたが、イラン・コントラ事件との関わりを指摘され議会の承認を得られなかった。89年ブッシュSr.大統領の国家安全保障問題担当次席補佐官となり、パナマ進攻、リベリア内戦、湾岸危機などで活躍。91年11月～93年1月CIA長官。対ソ分析の第一人者で、ゴルバチョフ政権の先行き不安に警鐘を鳴らした。2002～06年テキサスA&M大学長。06年12月イラク戦争後の情勢停滞の責任を取って辞任したラムズフェルドの後任として共和党のブッシュJr.大統領により指名され、国防長官に就任。07年イラクに対する米軍増派戦略を成功に導いた。09年1月発足のオバマ政権でも国防長官に留任。11年7月辞任。12年より母校のウィリアム・アンド・メアリー大学総長。 [勲]旭日大綬章(日本)(2017年)

ゲッパート, リチャード
Gephardt, Richard
1941.1.31～
米国民主党下院院内総務　法律家　[出]ミズーリ州セントルイス　[名]通称＝Gephardt, Dick　[学]ノースウェスタン大学卒, ミシガン大学法律大学院修了 法学博士(ミシガン大学) [歴]勤労者階級の家庭で育ち、苦学してミシガン大学大学院を卒業。1965年ミシガン州弁護士となり、65～76年トンプソン・アンド・ミッチェル法律事務所パートナー。71～76年セントルイス市議を経て、79年よりミズーリ州選出の連邦下院議員。この間、85年民主党の内部改革を目指す政策集団・民主党指導協議会を設立し初代会長。87年包括貿易法案審議で提案した保護主義的色彩の強い修正案(ゲッパート条項)で名をあげた対日強硬派。88年大統領予備選に出馬したが敗れる。89年6月民主党下院院内総務に就任。2002年11月退任。04年大統領選党予備選に出馬するが、途中で撤退。05年下院議員退任。

ゲッベルス, ロベール
Goebbels, Robert
1944～
ルクセンブルク経済相・動力公共事業相 [歴]「タゲブラット」記者、ルクセンブルク・ジャーナリスト協会会長、社会主義労働者党幹事長、外相などを経て、1989年7月から経済・運輸・公共事業相。のち経済相兼動力公共事業相。99年6月総選挙で所属している社会労働党(POS)が敗北し、退任。

ケニー, エンダ
Kenny, Enda
1951.4.24～
アイルランド首相, 統一アイルランド党党首　[出]メイオー州カスルバー　[学]セント・パトリックス・カレッジ・オブ・エデュケーション, ユニバーシティ・カレッジ・ゴールウェイ　[歴]小学校教師を務めていたが、1975年亡父の跡を継いで、24歳の若さでアイルランド下院議員(統一アイルランド党)に当選。選挙区はメイオー。86～87年教育・労働相、94～97年観光・貿易相。2002年6月の総選挙後、統一アイルランド党党首に就任。11年3月中道右派の同党が総選挙で勝利し、アイルランド首相に就任。16年2月の総選挙で統一アイルランド党は第1党を維持したものの大幅に議席数を減らし、少数与党となる。5月第2党の共和党の協力を得て首相に再選。17年5月統一アイルランド党党首、6月首相を辞任した。

ケニヤッタ, ウフル
Kenyatta, Uhuru
1961.10.26～
ケニア大統領　[出]ナイロビ　[学]アマースト大学(1985年)卒　[歴]父はケニア建国の父といわれるジョモ・ケニヤッタ初代大統領。銀行員として働いたのち、米国アマースト大学に留学。帰国後、農場やホテルを有する家族のグループ企業で経営に携わる。1997年議会選に出馬するが落選。その後、モイ大統領の引立てにより地方政府担当相を務め、2002年モイ大統領の後継者として出馬するが落選。07年の大統領選ではキバキ大統領を推薦し、08年副首相兼貿易相、09年副首相兼財務相を歴任。12年国際刑事裁判所(ICC)に暴動を首謀したとして人道に対する罪で訴追され、財務相を辞任。13年3月

大統領選でオディンガ首相を破り当選、4月就任。ICCの検察は14年12月起訴を取り下げた。17年8月の大統領選で再選したが、野党候補のオディンガ元首相が集計に不正があったと主張、9月ケニア最高裁は不正を認めて選挙のやり直しを命じる。10月再選挙でも当選、11月2期目就任。名前の“ウフル”は、スワヒリ語で“自由”“独立”を意味する。[家]父＝ジョモ・ケニヤッタ（ケニア初代大統領）

ケネディ, キャロライン

Kennedy, Caroline

1957.11.27～

駐日米国大使　[出]ニューヨーク市　[名]Kennedy, Caroline Bouvier　[学]ラドクリフ・カレッジ卒, コロンビア大学ロースクール修了　[歴]1963年11月に暗殺されたケネディ米国大統領とジャクリーン夫人の長女。父親の大統領就任に伴って3歳でホワイトハウスに移り住み幼少期を過ごす。5歳で父親を失った後、母に連れられてニューヨークに移り、メディアから遠ざけられて育った。ラドクリフ・カレッジ、コロンビア大学で学び、80年メトロポリタン美術館に勤務。弁護士資格を持ち、作家、慈善活動家としても活動。2008年大統領選の民主党予備選に出馬したバラク・オバマを「父のような大統領になれる」と支持し、一躍脚光を浴びる。12年の大統領選にもオバマ大統領の再選キャンペーンの共同チェアマンを務めた。この間、09年にはヒラリー・クリントンの国務長官就任に伴い、ニューヨーク州選出の上院議員の後継候補となるが、叔父のエドワード・ケネディ上院議員の健康状態を理由に撤退。13年7月オバマ大統領が駐日大使に指名、11月就任。17年1月退任。多額の資産を相続し、資産家としても知られる。デザイナーの夫、エドウィン・シュロスバーグとの間に一男二女がある。　[家]父＝ジョン・F.ケネディ（米国第35代大統領）, 母＝ジャクリーン・ケネディ・オナシス, 叔父＝ロバート・ケネディ（米国司法長官）, エドワード・ケネディ（米国上院議員）

ケネディ, チャールズ

Kennedy, Charles

1959.11.25～2015.6.1

英国自民党党首　[出]インバネス（スコットランド）　[名]Kennedy, Charles Peter　[学]グラスゴー大学　[歴]1983年23歳で英国下院議員に当選。99年自民党党首に就任。2005年の総選挙でブレア首相のイラク戦争参戦判断を厳しく批判、自民党は戦後最多の62議席を獲得した。06年アルコール依存症で治療を受けていることが発覚し、党首を辞任。その後も下院議員を務めたが、15年5月自民党が壊滅的敗北を喫した総選挙で地域政党スコットランド民族党（SNP）の候補に敗れ、32年間守った議席を失った。

ゲーノ, ジャン・マリー

Guéhenno, Jean-Marie

1949.10.30～

国連事務次長（平和維持活動担当）　国際関係学者　[出]ブーローニュ　[学]パリ高等師範学校卒, 国立行政学院（ENA）（1976年）卒　[歴]フランス外務省に入省し、1979～81年政策企画部、82～86年在米大使館文化部長、89～93年政策企画部長、93～95年西欧同盟のフランス代表大使、98年高等国防研究所長。「国防白書」（94年）担当委員会委員も務め、99年から軍縮問題に係わる国連事務総長の諮問理事会のメンバー。2000年国連事務次長（平和維持活動担当）に就任。14年紛争防止・解決を目指す非政府組織の国際危機グループ（ICG）会長となる。実務の経験と学問を兼ね備えた国際関係学者として第一線で活躍。特に冷戦終結後の世界の動きに詳しい。パリ政治学院教授も務めた。著書「民主主義の終わり」（1993年）はヨーロッパで大きな論争を巻き起こした。　[勲]レジオン・ド・ヌール五等勲章

ゲブザ, アルマンド・エミリオ

Guebuza, Armando Emílio

1943.1.20～

モザンビーク大統領, FRELIMO総裁（党首）　[出]ポルトガル領モザンビーク・ムルプラ（モザンビーク）　[歴]1963年モザンビーク解放戦線（FRELIMO）に参加。ゲリラ戦士として旧宗主国ポルトガルからの独立を目指す。75年独立後、暫定政府行政相。75～77年、83～85年内相、90年運輸相。92年10月反政府組織モザンビーク民族抵抗運動（RENAMO）との和平で政府交渉団長。94年国会議員、FRELIMO議員団長。2002年

6月党幹事長、05年党総裁（党首）。この間、シサノ大統領から後継指名を受け、04年12月大統領に当選し、05年2月就任。09年10月大統領選に再選、10年1月2期目就任。15年1月退任。内相時代、ポルトガル人に24時間以内の国外退去を命じ、貧困層には国内移住を強制するなど、強権的な政治手腕で知られる。

ケマケザ, アラン

Kemakeza, Allan

1951〜

ソロモン諸島首相　[出]パヌエリ村　[歴]2001年12月ソロモン諸島首相に就任。05年7月来日し、小泉純一郎首相と会談。06年4月退任。

ケーラー, ホルスト

Köhler, Horst

1943.2.22〜

ドイツ大統領　銀行家　[出]ポーランド・スキエルビエシェフ　[学]テュービンゲン大学卒 経済学博士（テュービンゲン大学）　[歴]ポーランド領のドイツ人農家に生まれ、第二次大戦後の混乱の中、1945年家族で東ドイツに避難。53年西ドイツに移住。テュービンゲンの応用経済研究所を経て、76年西ドイツ経済省に入省。81年キリスト教民主同盟に入党。82年財務省に移り、90〜93年コール政権下の財務次官として、ドイツ統一に伴う金融・財政問題や旧ソ連・東欧への支援などで手腕を発揮。93年ドイツ貯蓄・振替銀行協会会長に就任、98年9月から欧州復興開発銀行（EBRD）総裁を務める。2000年5月国際通貨基金（IMF）専務理事に就任。04年3月野党統一候補として大統領選に立候補するため辞任し、5月当選、7月第9代大統領に就任（任期5年）。財務官僚出身者の大統領はドイツでは異例。09年7月2期目を迎えるが、10年5月アフガニスタンでのドイツ連邦軍の活動に関する発言で批判を受け、任期半ばで辞任。　[勲]レジオン・ド・ヌール勲章オフィシエ章（1995年）

ケリー, ジョン

Kerry, John

1943.12.11〜

米国国務長官, 米国上院外交委員長（民主党）　[出]コロラド州デンバー　[名]Kerry, John Forbes　[学]エール大学（1966年）卒 法学博士（ボストン大学法科大学院）（1976年）　[歴]父は米国国務省のキャリア外交官、母は財閥のフォーブス家出身というエリート家庭に生まれ、幼い頃からスイスの全寮制学校などで親元を離れて教育を受ける。大学卒業後、海軍士官としてベトナム戦争に従軍。数々の戦功を立てながら、1970年除隊、帰国後はベトナム反戦復員兵士運動に身を投じ、71年には上院公聴会で反戦演説を行い注目を集める。72年下院議員に立候補。76年ボストン大学法科大学院で法学博士号取得。76〜79年マサチューセッツ州ミドルセックス郡検事補。79〜82年ボストンのケリー＆スラゴー事務所パートナー。83〜85年同州副知事。85年1月から同州選出の上院議員（民主党）。2004年7月民主党大会で大統領候補に指名されるが、11月の大統領選では現職のブッシュJr.大統領と接戦の末、敗退。09年1月上院外交委員長。13年2月第2期オバマ政権の国務長官に就任。17年1月退任。リベラル派。再婚したテレーザ夫人は世界最大のケチャップメーカー・ハインツの経営者ジョン・ハインツ上院議員の前夫人で、1991年に死別後、多額の遺産を相続した。

ケリー, ジョン

Kelly, John

1950.5.11〜

米国大統領首席補佐官　軍人　[出]マサチューセッツ州ボストン　[名]Kelly, John Francis　[学]マサチューセッツ州立大学（1976年）卒　[歴]1970年米国海兵隊に入隊。40年間を軍で過ごし、イラク戦争ではジェームズ・マティス国防長官とともに指揮官を務めた。2011〜12年国防長官上級軍事補佐官、12〜16年南方軍事司令官。オバマ大統領がグアンタナモ米軍基地の閉鎖を打ち出した際には、軍事的に有用だとして反対を表明した。16年海兵隊大将で退役。同年12月トランプ政権の国土安全保障長官に指名され、17年1月就任。トランプ大統領がメキシコとの国境に「壁をつくる」と公約したことを受け、国境の警備などを担う。同年7月医療保険制度改革法（オバマケア）見直しの調整に失敗して更迭されたラインズ・プリーバスの後任として大統領首席補佐官に就任。

ケリム, スルジャン
Kerim, Srgjan
1948.12.12～
マケドニア外相　外交官, 国際経済学者　[出]ユーゴスラビア・マケドニア共和国スコピエ（マケドニア）　[歴]1994年～2000年駐ドイツ大使を務め、95年からリヒテンシュタイン、スイス大使を兼務。00～01年マケドニア外相、01～03年国連大使を歴任。07～08年第62回国連総会で議長を務める。外交官、国際経済学者のほかメディアビジネスマンの顔も持ち、オーストリアに本部を置くWAZメディアグループ南東欧本部長としてハンガリー、ルーマニアなど8ケ国で36の新聞と70以上の雑誌を発行、テレビ事業も始める。

ゲルマン, オリビウ
Gherman, Oliviu
ルーマニア上院議長　[学]クルージュ大学数学物理学部卒　[歴]クルージュ大学教授などを経て、1990年上院議員、92年から同議長。与党・社会民主主義党議長も兼ね、イリエスク大統領の側近。94年原文兵衛・参院議長の招きで議員団5人を率いて来日。

ケルン, クリスティアン
Kern, Christian
1966.1.4～
オーストリア首相　[出]ウィーン　[歴]電気技術者の家庭で育ち、大学ではジャーナリズムを学ぶ。社民党重鎮議員の事務所所長兼広報担当を務めた後、エネルギー企業幹部に。2010年オーストリア国営鉄道の社長に抜擢される。難民政策で批判されたファイマン首相の辞任を受け、16年5月首相に就任。17年12月退任。

ゲレ, イスマイル・オマル
Guelleh, Ismaïl Omar
1947.11.27～
ジブチ大統領　[出]エチオピア・ディレダワ　[歴]1960年代にジブチに移住。68年フランス警察隊に入隊。のちジブチ独立運動に参加。77年独立後大統領府官房長官。79年ジブチ進歩人民連合（RPP）活動家となり、87年RPP政治局に入る。89年海岸沿いに建設した豪華リゾート施設の成功により政治的地位を高め、おじのグレド大統領の顧問として情報機関、警察を率いる。99年4月大統領選で圧勝し、同年5月大統領に就任。2005年4月再選、5月再任。11年5月3期目、16年5月4期目就任。　[家]おじ＝ハッサン・グレド・アプティドン（ジブチ初代大統領）

ケレク, マチュー
Kérékou, Mathieu
1933.9.2～2015.10.14
ベナン大統領　軍人　[出]フランス領ダホメ・ナティティングー（ベナン）　[名]Kérékou, Mathieu Ahmed　[学]フランス陸軍士官学校卒　[歴]マリとセネガルで教育を受ける。フランス軍に勤務後、1961年ダホメ（現・ベナン）陸軍に参加。67年のクーデターでC.ソグロ軍事政権を打倒し、軍事革命評議会議長。68～70年フランス陸軍士官学校に留学。70年副参謀長。72年軍事クーデターにより大統領となる。首相、国防相兼任。社会主義路線を推進し、国民革命議会（CNR）を設立。75年に国名をダホメからベナンに改称。79年人民委員選挙による民政移管を実施。84年大統領再選。ベナン人民革命党（PRPB）党首。冷戦終結に伴い、89年に社会主義を放棄。複数政党制を認め、91年3月に初の民選大統領選を行ったが、N.ソグロに敗北して下野した。96年3月大統領選決選投票でN.ソグロ大統領を破り、4月大統領に返り咲く。2001年に再選されたが、3選禁止規定に従い、06年の大統領選でヤイに政権を引き継いだ。大統領在任期間は通算で30年近かった。晩年はコートジボワールなど西アフリカで紛争の調停役として活躍した。

ゲレメク, ブロニスワフ
Geremek, Bronisław
1932.3.6～2008.7.13
ポーランド外相, 欧州議会議員　歴史学者　[出]ワルシャワ　[学]ワルシャワ大学歴史学部卒 歴史学博士　[歴]ユダヤ系。1955～85年ポーランド科学アカデミー歴史研究所に勤務し、中世文化史研究部長などを歴任。この間、56～58年パリ高等研究院で中世都市パリの職人について研究。50年統一労働者党（共産党）に入るが、68年チェコスロバキアの民主化運動“プラハの春”にワルシャワ条約機構軍が軍事介入したことに抗議し、離党。80年に発足した自主労組“連帯”ではレフ・ワレサ委員長を補佐する顧問に就任。共産政権と連帯との協力の必要性を提唱し、

ポーランドの民主化に尽力した。83年戒厳令で約1年間入獄。連帯系議員が大量進出した89年6月の国会選挙で下院議員に当選。その後、連帯系議員が結成した"市民議会クラブ"の会長に選ばれた。90年7月ワレサ委員長の指導方針に反対して連帯を脱会。91年首相に指名されたが、組閣を断念。91年民主同盟代表となり、94年自由同盟代表。97年10月～2000年12月外相を務め、1999年には北大西洋条約機構（NATO）加盟も実現した。2004年7月欧州議会議員に当選。中世フランス、ヨーロッパに関する著書多数。00年2月来日。

ケレンバーガー, ヤコブ

Kellenberger, Jakob
1944.10.19～
赤十字国際委員会（ICRC）委員長, スイス外務次官 外交官 ㊐ハイデン ㊐チューリヒ大学 博士号（チューリヒ大学） ㊐チューリヒ大学で博士号を取得後、1974年スイス外務省に入り、欧州諸国との関係を主に担う重要ポストを歴任。92～99年外務次官。98年赤十字国際委員会（ICRC）委員長に選出され、2000年就任。12年7月退任。

ケンゴ・ワ・ドンド

Kengo wa Dondo
1935～
ザイール首相, コンゴ民主共和国上院議長 ㊐1979年ザイール法相、80年駐ベルギー大使を経て、82年11月首相。86年10月外相、87年1月会計検査院総裁。88年首相に再任、89年2月内閣改造。90年退任。その後、同国は91年12月の任期切れ後も大統領の座に留まるモブツ大統領と、野党連合主導で開設された共和国高等評議会（HCR）を背景とするチセケディ首相の二重権力状態に陥ったが、94年7月モブツとNCRが改編された共和国高等評議会・暫定議会（HCR・PT）の合意により3度目となる首相に就任。95年中に複数政党が参加する大統領・議会選挙の実施を言明した（のち2年間延期）。96年4月ザイール議会がツチ族系住民バニャムレングの国籍剥奪と国外追放を発表。これに端を発してバニャムレングの武装組織コンゴ・ザイール解放民主勢力連合（ADFL）が蜂起、ADFLを後押しするルワンダを始め周辺諸国を巻き込んだ第1次コンゴ戦争に発展。同年12月

内閣改造、97年3月退任。同年5月モブツ政権は崩壊し、ザイールはコンゴに国名変更した。2007年1月コンゴ上院議員に当選、5月同議長に選出される。

ゲンツ, アルパード

Göncz, Árpád
1922.2.10～2015.10.6
ハンガリー大統領 作家 ㊐ブダペスト ㊐パズマニ・ペテル大学（法律）（1944年）卒 法学博士（ブダペスト大学） ㊐大学卒業後、反ファシスト政治闘争に参加。1945年小地主党に入党、青年向け機関紙「世代」の編集に携わり、反ドイツレジスタンス運動に参加。48年同党が共産党勢力に一掃されたため、溶接工などを経て、54年農業大学に進学。56年ハンガリー動乱にナジ政府の閣僚の個人秘書として参加したことから、57年終身刑を受け、63年特赦で釈放されるまで6年間獄中生活を送った。釈放後、監視のもとで英米文学の翻訳などをしながら小説、戯曲作品を執筆。川端康成「みづうみ」、谷崎潤一郎「瘋癲老人日記」、森鷗外「雁」など日本文学の翻訳も手がけた。70年代に入ってからは人権擁護、民主改革運動に身を投じ、88年自由民主同盟の創設メンバーに。89～90年ハンガリー作家同盟会長。90年の自由選挙で野党・自由民主同盟を率いて議会第2党の最大野党に進出し、同年5月暫定大統領となり、8月正式に大統領に就任。95年6月再選。2000年退任。同年4月東京芸術劇場で代表作「鉄格子」が日本初演され、来日。

ケンプ, ジャック

Kemp, Jack
1935.7.13～2009.5.2
米国住宅都市開発長官, 米国下院議員（共和党） ㊐カリフォルニア州ロサンゼルス ㊐オクシデンタル大学（1957年）卒、ロングビーチ州立大学, ウェスタン大学 ㊐バッファロー・ヒルズなどで、プロフットボール（AFL）の名クオーターバックとして1957年から13年間にわたって活躍。この間65～70年同リーグ選手会長。また65年にはAFLの最優秀選手に選ばれた。のち、政界に転じ、レーガン・カリフォルニア州知事補佐官などを経て、70年ニューヨーク州選出連邦下院議員に当選。以後89年まで9期連続当選し18年間務めた。共和党保守派の論客で、80年

大統領選ではレーガン共和党候補支援に活躍。レーガン政権下では減税を通じた景気拡大を主唱、経済政策（レーガノミックス）で評価を積み上げてきた。88年の大統領選に出馬したが予備選で敗退。89年1月～93年1月ブッシュSr.政権下で住宅都市開発長官。サプライサイド・エコノミクス（供給重視経済学）の信奉者。政策提言グループ・エンパワーアメリカの主宰者の一人だった。96年8月共和党の副大統領候補に指名されるが、11月現職のクリントン大統領らに敗れた。

ケンプソーン，ダーク

Kempthorne, Dirk

1951.10.29～

米国内務長官，アイダホ州知事　[出]カリフォルニア州サンディエゴ　[名]Kempthorne, Dirk Arthur　[学]アイダホ大学卒　[歴]1978～81年アイダホ・ホーム・ビルダーズ・アソシエーション副社長、86～93年アイダホ州ボイス市長を経て、93～98年同州選出の連邦上院議員（共和党）。99年～2006年アイダホ州知事。06～09年ブッシュJr.政権の内務長官を務めた。

【コ】

胡 佳　こ・か

Hu Jia

1973.7.25～

人権活動家　[出]北京　[学]北京経済学院（現・首都経済貿易大学）情報学部（1996年）卒　[歴]学生時代にエイズウイルス感染者の支援活動に参加したことをきっかけに人権擁護や民主化運動に取り組む。2004年エイズ孤児支援などのボランティア団体・北京愛源匯教育研究センターを設立。その後、政府から弾圧を受けている人権活動家の支援活動にも加わり、中国当局から何度も軟禁、拘束されたが、中国各地の活動家と連携し、中国当局の弾圧をインターネットで世界に配信する役割を担う。06年2月当局に拘束されて41日監禁され、その後も軟禁状態が続いた。妻の曽金燕も自身のブログで夫の活動を支え、07年米誌「タイム」の“世界で最も影響力のある100人”に選ばれた。同年12月外国メディアの取材を受けたことなどを理由に国家政権転覆扇動容疑で逮捕され、08年4月北京市中級人民法院により懲役3年6ケ月、政治権利剝奪1年の実刑判決を受け、天津の刑務所に収監される。同年8月には妻子も一時ホテルに軟禁された。11年6月刑期を終え出所。しかし、事実上の自宅軟禁が始まる。12年1月北京市内の派出所に呼ばれ尋問を受け、家宅捜索も受けた。08年ノーベル平和賞候補として名前が挙げられ、同年欧州議会より“思想の自由のためのサハロフ賞”を受賞。肝炎が悪化し肝硬変が進行、健康状態が憂慮されている。　[賞]サハロフ賞（第21回）（2008年）　[家]妻＝曽 金燕

呉 官正　ご・かんせい

Wu Guan-zheng

1938.8.25～

中国共産党政治局常務委員　[出]江西省余幹県　[学]清華大学大学院動力系（1968年）修了　[歴]貧しい農家の生まれで牛の放牧をしながら育つ。1962年中国共産党に参加。75年武漢市科学技術委員会副主任兼市工程科学技術研究センター主任、武漢市科学技術協会副主席、82年武漢市党委書記、83年同市長を経て、86年江西省省長。87年党中央委員。95年4月江西省党委書記。97年4月山東省党委書記。同年9月党政治局員。2002年11月党政治局常務委員・中央規律検査委員会書記、07年10月同退任。

呉 儀　ご・ぎ

Wu Yi

1938.11.17～

中国副首相，中国共産党政治局員　[出]湖北省武漢　[学]北京石油学院石油精錬系（1962年）卒　[歴]1962年中国共産党入党。高級技師となり、北京東方紅精油工場副技師長、副工場長を経て、83年北京燕山石油化工公司副経理（副社長）・党委書記。88年北京市副市長。91年国務院に移り対外経済貿易常務次官となり、米中貿易交渉の代表として才覚を発揮、“中国のヒルズ”と呼ばれた。93年3月対外貿易経済協力相（対外経済貿易相が改称）。同年11月中日投資促進委員会会長。98年3月国務委員（副首相格）。2003年3月副首相、4月衛生相兼任。一方、1987年11月党中央委員候補、92年10月党中央委員、97年9月党政治局員候補、2002年11月党政治局員。03年3月全人代で副首相。03年4月～05年4月衛生相兼任。同年5月来日。07年10月党政治局員

退任。08年3月全人代で副首相も退任。“鉄娘子(鉄の女)”と呼ばれた。

胡 錦濤　こ・きんとう

Hu Jin-tao

1942.12.25～

中国国家主席, 中国共産党総書記　[出]上海　[学]清華大学水利工程系(1965年)卒　[歴]1964年中国共産党入党。清華大学で水力発電技術を学んだ後、68年水力発電省の技師として甘粛省に赴任。水力発電所建設に当たるとともに共産主義青年団(共青団)で活躍。74年甘粛省建設委に転任、80年同委副主任。81年中央党学校入学。82年9月党中央委員候補。10月共青団甘粛省委書記、12月北京の共青団中央委書記に抜擢された。84年4月国際青年年中国組織委主任。同年12月～85年7月共青団中央委第1書記。同年7月43歳で貴州省党委書記となり、少数民族を多く抱えた貧しい辺境の省で経済、教育の振興のため精力的に活動。同年9月党中央委員、87年11月再選。88年3月第7期全人代貴州省代表。同年12月46歳の若さでチベット自治区党委書記に就任。89年3月ラサ暴動を鎮圧して高い評価を得る。92年10月党政治局常務委員、党中央書記局書記に抜擢される。93年10月中央党学校長兼務。21世紀の中国を担う“第4世代”のリーダーと言われ、98年3月第9期全人代で国家副主席に選任。99年9月党中央軍事委副主席、10月国家中央軍事委副主席に任命される。2002年5月初訪米。同年11月党総書記に就任。03年3月第10期全人代で国家主席に選任。04年9月党中央軍事委主席。05年3月国家中央軍事委主席。07年10月総書記に再任される。08年3月国家主席・国家中央軍事委主席再任。12年11月党総書記・中央軍事委主席・政治局常務委員退任。13年3月国家主席・国家中央軍事委主席を退任し引退。1998年4月国家副主席として来日。2008年5月国家主席として来日し、天皇陛下と会見。天皇陛下が国賓の中国国家主席と会見するのは、1998年11月の江沢民以来約10年ぶりだった。

呉 建民　ご・けんみん

Wu Jian-min

1939～2016.6.18

中国外交学院院長, 駐フランス大使　外交専門家　[出]四川省重慶　[学]北京外国語学院フランス語学科(1959年)卒　[歴]中国外務省に入り、オランダやフランスなどの大使を歴任。毛沢東や周恩来のフランス語通訳を務めた。1991年外務省新聞司司長。92年江沢民総書記の来日に随行。94年朱鎔基副総理の来日に随行。2003年退官後、同省傘下の大学である外交学院の院長を務めた。のちシンクタンク・国家革新と発展戦略研究会常務副会長。引退後も良識派の外交専門家として活躍し、排他的な民族主義を批判。日中関係の重要性も強調し、05年の反日デモの際には中国外務省の委託を受けて学生らに違法な破壊活動を自制するよう説得にあたった。16年に日中の有識者で発足した、日中両国の歴史の相互理解に向けた有識者会議の中国側委員長も務めた。

コ・ゴン（高 建）

Ko Gon

1938.1.2～

韓国首相, ソウル市長　[出]朝鮮・沃溝(韓国)　[学]ソウル大学政治学科(1960年)卒　[歴]父は大学教授。名門・京畿高校からソウル大学に進学。1962年韓国内務省に入り、73年江原道副知事、75年全羅南道知事、79年大統領政務首席秘書官、80年交通相、81年農水相を歴任。85年国会議員に初当選。87年内相を経て、88～90年ソウル市長。94～97年明知大学総長。97年3月～98年3月金泳三政権の首相。同年6月国民会議よりソウル市長選に当選。2002年6月退任。03年2月盧武鉉政権の首相に就任。04年3月韓国国会史上初の大統領弾劾追訴案可決により、盧大統領の職務を代行。同年5月弾劾追訴が棄却され、盧大統領の職務復帰後、首相を辞任。07年1月政界を引退。歴代政権で要職に就き、“行政の達人”の異名を取った。09～10年大統領直属の社会統合委員会(社統委)初代委員長を務めた。1999年11月来日。　[勲]紅条勤政勲章, 青条勤政勲章

胡 志強　こ・しきょう

Hu Chih-chiang

1948.5.15～

台湾外交部長(外相)　[出]中国・吉林省　[学]台湾政治大学卒 政治学博士(オックスフォード大学)　[歴]1989年中山大学中山学術研究所助教授、91年1月台湾総統府第1局副局長を経て、同年9月行政院新聞局長(スポークスマン)に就任。93年国民党中央委員。96年台北駐米経済文化代表所所長(駐米大使)。97

年9月外交部長（外相）に就任。99年11月辞任。夫人はテレビ「苦情花」で台湾版“おしん”役を演じ大当たりをとった女優の邵暁鈴。　[家]妻＝邵 暁鈴（女優）

顧 秀蓮 こ・しゅうれん

Gu Xiu-lian

1936.12～

中国全国人民代表大会（全人代）常務副委員長　エコノミスト　[出]江蘇省南通　[学]瀋陽冶金機械専科学校（1961年）卒　[歴]1956年中国共産党に参加。61年から甘粛省金川有色金属公司技術員、国家紡織工業省化学技術情報所技術員、73年国家計画委員会副主任、82年江蘇省省長、同省党委副書記などを経て、89年～98年3月化学工業相。2003年3月全人代常務副委員長に就任。8月中華全国婦女連合会主席。一方、82年9月～02年11月党中央委員。

胡 春華 こ・しゅんか

Hu Chun-hua

1963.4～

中国副首相, 中国共産党政治局員　[出]湖北省　[学]北京大学中文系卒　[歴]1983年中国共産党に入党。長くチベット自治区で活動し、92年共産主義青年団（共青団）チベット自治区委書記、97年共青団中央書記局書記、2003年チベット自治区党副書記。06年12月共青団中央書記局第1書記、河北省長などを経て、09年内モンゴル自治区党委書記。12年11月第18回党大会で、49歳の若さで党政治局員に昇格、12月広東省党委書記。胡錦濤元国家主席と近く、同時に党政治局員に抜擢された同年齢の孫政才と並び習近平体制の次の指導者候補とされる“第6世代”を代表する一人。第19回党大会で最高指導部の常務委員に昇格するとの観測があったが、党大会直前の17年7月に孫は失脚、自身は党政治局員に再選される。18年3月の全人代で副首相に就任。

伍 世文 ご・せいぶん

Wu Shih-wen

1934.7.24～

台湾国防部長（国防相）　軍人　[出]中国・広東省台山　[学]台湾海軍軍官学校卒, 三軍大学卒, 米国海軍戦争学院卒　[歴]1990年台湾海軍軍官学校校長、92年海軍副総司令官、93年国防部副参謀総長、97年海軍総司令官などを歴任。99年国防部副部長を経て、2000年5月国民党の陳水扁政権発足に伴い国防部長（国防相）に就任。02年2月退任。

ゴー・チョクトン

Goh Chok Tong

1941.5.20～

シンガポール首相　[出]英領シンガポール　[名]中国名＝呉 作棟　[学]ラッフルズ学院（シンガポール）卒, シンガポール大学経済学部（1964年）卒, ウィリアムズ大学　[歴]貧しい家庭に生まれ育ち、苦学して奨学金を得て、米国ウィリアムズ大学で開発経済学の修士号を取得。帰国後、1969年海運会社の国営ネプチューン・オリエント・ラインズ入社。目覚しい業績・昇進がリー・クアンユー首相の目にとまるきっかけとなり、76年シンガポール国会議員に初当選。77年35歳の若さで財務担当国務相、以後、79年商工相、81年商工相兼保健相、同年保健相兼第2国防相、82年国防相を歴任。85年第1副首相兼国防相、90年11月リー首相の辞任に伴い首相兼国防相に就任。91年6月国防相辞任。92年12月人民行動党（PAP）党首。97年総選挙では定数83のうち81議席を得て圧勝した。2004年8月退任し、首相職をリー初代首相の長男のリー・シェンロン副首相に委譲。同月、上級相、通貨庁会長就任。11年5月上級相、通貨庁会長辞任。同月名誉上級相、通貨庁上級顧問。身長190センチの長身で温厚なナイス・ガイとして知られ、首相在任中には国民に高い人気を得たが、リー初代首相の影響力を受け続け、民主化を推進することはなかった。　[勲]旭日大綬章（日本）（2011年）　[賞]ジャワハルラル・ネール賞（2004年）

コー, トミー

Koh, Tommy

1937.11.12～

アジア欧州基金総裁　法学者, 外交官　[出]英領シンガポール　[名]Koh, Tommy Thong Bee　[学]シンガポール大学法学部（1961年）卒, ハーバード大学大学院法学修士課程修了　[歴]ハーバード大学、ケンブリッジ大学などに学ぶ。シンガポール大学で教える一方、国連常駐大使、駐米大使を歴任。1990～97年、2000～04年シンガポール国立大学政策研究所（IPS）所長、04年会長、09年より特別顧問。1990年地球サミット準備委員会議長に

選ばれ、92年「地球サミット」本委員会議長を務めた。国連海洋法会議議長、国連環境開発会議議長などを務め、国際的な調整力を持つ。97年～2000年アジア欧州基金総裁。また1990年よりシンガポール無任所大使も務め、シンガポール外交に影響力を持つ。 [勲]旭日重光章（日本）（2009年）

呉 敦義 ご・とんぎ

Wu Den-yih

1948.1.30～

台湾副総統・行政院院長（首相），台湾国民党主席 [出]南投県 [学]台湾政治大学中退，台湾大学歴史系（1970年）卒 [歴]本省人。1971年中国時報記者、73年台北市議、81～89年南投県長（知事）を経て、90～98年高雄市長。2007年1月～09年9月台湾国民党秘書長、08年11月～09年10月党副主席。09年9月台風被害対応で引責辞任した劉兆玄の後を受け、行政院院長（首相）に就任。12年1月の総統選で馬英九総統と組み、副総統候補として出馬し当選。5月就任。16年5月退任。17年5月現職の洪秀柱を破り党主席に選出され、8月就任。“政界の孤島”の異名を持つ。 [賞]台湾一等三級内政奨章（1986年）

呉 伯雄 ご・はくゆう

Wu Poh-hsiung

1939.6.19～

台湾総統府秘書長（官房長官），台湾国民党主席 [出]桃園県 [学]成功大学企業管理系（1962年）卒 [歴]1968年台湾省議員、73年桃園県長、76年台湾省煙酒専売局長を歴任。76年より国民党中央委員、82年党中央秘書処主任。84年行政院内政部長（内相）。86年より党中央常務委員。88年7月台北市長、90年6月行政院政務委員を経て、91年6月内政部長再任。93年2月内政部長留任。94年12月総統府秘書長（官房長官）。96年8月国民党中央委秘書長。97年総統府資政（最高顧問）。2000年6月国民党副主席。同年11月訪中。07年4月～09年10月党主席を務め、以後、名誉主席として中台関係を取り仕切る。08年5月には中国の胡錦濤国家主席と中台分裂以来、政権党同士として初の国共トップ会談を行った。10年7月にも胡主席と会談。

呉 邦国 ご・ほうこく

Wu Bang-guo

1941.7.22～

中国全国人民代表大会（全人代）常務委員長，中国共産党政治局常務委員 [出]安徽省肥東 [学]清華大学無線電子学系（1967年）卒 [歴]1964年中国共産党に入党。68～80年上海電子管第3廠技師・同廠長。80～81年上海電子部品工業公司副経理。81～82年上海市電子真空部品工業公司副経理。82～83年上海市メーター電信工業局党委員会副書記。83～85年上海市党委常務委員・科学技術工作委員会書記、85年から上海市党委副書記を務め、91年4月朱鎔基の後を受けて同書記に昇格。92年10月党政治局員。94年9月～97年9月党中央書記局書記兼務。95年3月～2003年3月副首相（国有企業改革担当）。02年11月党政治局常務委員。03年3月全人代常務委員長（国会議長）に就任。07年10月党政治局常務委員留任。党内序列2位。08年3月全人代常務委員長再選。12年11月党政治局常務委員退任。13年3月全人代常務委員長退任。“上海閥”として江沢民の人脈に連なった。

ゴア，アルバート（Jr.）

Gore, Albert (*Jr.*)

1948.3.31～

米国副大統領 環境問題専門家 [出]テネシー州 [名]Gore, Albert Arnold (Jr.) [学]ハーバード大学（1969年）卒，バンダービルト大学ロースクール（1976年）修了 [歴]1969年ハーバード大学卒業後、2年間米陸軍兵士としてベトナム戦争に従軍。帰国後、バンダービルト大学に学び、在学中の71～76年ナッシュビルの朝刊紙「テネシアン」記者としても働く。76年27歳でテネシー州より民主党下院議員に初当選。84年同州始まって以来の大量得票で上院議員に当選、93年まで務めた。この間、88年の民主党大統領指名争いに加わったが敗退。92年の大統領選ではビル・クリントンに民主党副大統領候補に指名され、11月当選、93年1月米国副大統領に就任。97年1月第2期クリントン政権でも留任。外交、安全保障、軍縮問題、環境問題のエキスパートである一方、“情報スーパーハイウェイ”を提唱、IT革命にも貢献した。98年9月、2002年開催のソルトレークシティ冬季五輪政府特別委員会委員長に就任。00年8月民主党大会で同党大統領候補に指名さ

れる。共和党のブッシュJr.候補との対決となった11月の大統領選では、僅差のため決着がつかず、フロリダ州では再集計が行われるなど1ケ月以上に渡って混乱が続いたが、12月敗北宣言する。01年1月副大統領を退任。同年2月よりコロンビア大学講師やカリフォルニア大学ロサンゼルス校（UCLA）客員教授などを務める。04年ジェネレーション・インベストメント・マネジメント会長に就任。アース・デー（地球の日）の提案者としても知られ、以後も環境問題の専門家として活動。06年地球温暖化に関するドキュメンタリー「An Inconvenient Truth（不都合な真実）」（D.グッゲンハム監督）に出演。同映画は07年アカデミー賞長編ドキュメンタリー賞を受賞。自身も同年ノーベル平和賞を受けた。17年「An Inconvenient Sequel：Truth to Power（不都合な真実2：放置された地球）」（B.コーエン，J.シェンク監督）が公開される。　㊣ノーベル平和賞（2007年），ケネディ記念賞（1993年）　㊣妻＝ティッパー・ゴア（PMRC創立者），父＝アルバート・ゴア（米上院議員），娘＝クリスティン・ゴア（作家・脚本家）

コイビスト, マウノ
Koivisto, Mauno
1923.11.25～2017.5.12
フィンランド大統領　㊣トゥルク　㊣Koivisto, Mauno Henrik　㊣トゥルク大学卒 博士号　㊣船大工の息子として生まれる。学生時代に左派系のフィンランド社会民主党に入党。1950年代初頭、トゥルクで共産主義勢力に対抗した労働組合運動で名を挙げる。ヘルシンキ労働者貯蓄銀行に入行し、専務まで昇進。66～68年財務相を経て、68～70年、79～82年首相。68～82年フィンランド銀行総裁兼任。81年ケッコネン大統領が病気のため辞任すると、大統領代行に就任。82年1月社民党初の大統領に当選し、94年2月まで2期12年務めた。この間、対ソ連友好路線を引き継ぎ、ソ連崩壊後の92年、48年にソ連と締結した友好・協力・相互援助条約に代わる新たな政治協定及び経済協定をロシアと締結。一方、欧州自由貿易連合（EFTA）に正式加盟する（85年）など欧州諸国との友好関係を構築。92年に欧州連合（EU）に加盟を申請し、大統領退任後の95年に加盟が実現した。

コイララ, ギリジャ・プラサド
Koirala, Girija Prasad
1925.2.20～2010.3.20
ネパール首相, ネパール会議派（NCP）総裁　㊣インド・ビハール州テディ　㊣ベレナス大学（インド）中退　㊣父親の代からの政治ファミリーで、コイララ5人兄弟の末っ子。ラナ一族の専制政治により父親が亡命していたインドで生まれた。大学中退後ネパールに戻り、1947年ネパール会議派（NCP）結成に参加。王政との闘いで労働、農民運動、党活動に身を投じ、59年民主政権を獲得（NCP中央委員, この時兄ビシュエシュワルが首相に就任）。しかし60年再びマヘンドラ国王のクーデターで倒され、7年間の獄中生活に。67年釈放後、68年NCP再組織、71年8年間の投獄刑の宣告を受け72年インドに亡命。76年NCP書記長。79年特赦で帰国。85年不服従運動を主導し、90年国王中心のパンチャヤト体制打倒に成功。91年5月32ぶりの民主選挙のすえ首相に就任。国防相他、外相、財務相を兼任。94年首相辞任。98年4月再び首相に就任するが、同年12月連立政権となり、99年5月総選挙に敗れ退任。2000年3月バタライ首相退陣に伴い首相に返り咲くが、01年7月辞任。05年ギャネンドラ国王が直接統治に乗り出したことに反発、民主化を求める主要7政党の抗議行動を率いて民政復帰を成し遂げ、その後君主制廃止の立役者となった。06年4月5度目の首相に就任。07年4月再任。08年4月の制憲議会選で敗北し首相辞任。通算14年の獄中生活を持つ反王政活動の闘士。㊣異母兄＝マトリカ・プラサド・コイララ（ネパール首相），兄＝ビシュエシュワル・プラサド・コイララ（ネパール首相）

コイララ, スシル
Koirala, Sushil
1938.2.3～2016.2.9
ネパール首相, ネパール会議派（NCP）総裁　㊣ビラトナガル　㊣1954年当時、王政に対して民主的な改革を求めていたネパール会議派（NCP）に参加。王政による弾圧で、60年から16年間、インドに亡命。NCP書記長、副総裁を経て、2010年総裁。14年2月ネパール首相に就任。在任中の15年4月、約9000人が死亡したネパール大地震が発生。効果的な被災者支援ができなかったとして批判された。9月に新憲法が公布されたことに伴い、

10月退任。続投を狙ったが、議会の投票でオリ首相に敗れた。ともにネパール首相を務めたB.P.コイララ、G.P.コイララの親類。延べ6年間の投獄経験があった。

江 宜樺 こう・ぎか
Jiang Yi-huah
1960.11.18～
台湾行政院院長（首相） 政治学者 [出]基隆 [学]台湾大学政治学部（1983年）卒, 台湾大学大学院政治学（1987年）修士課程修了 政治学博士（エール大学）（1993年） [歴]1995年台湾大学政治学部副教授、99年教授、2003年同大社会科学院副院長、06年同大副教務長を歴任。この間、01年米国のコロンビア大学東アジア研究所客員教授。09～12年台湾内政部長（内相）、12年2月行政院副院長（副首相）を経て、13年2月行政院院長（首相）。14年12月院長退任。

黄 菊 こう・きく
Huang Ju
1938.9～2007.6.2
中国副首相, 中国共産党政治局常務委員, 上海市長 [出]浙江省嘉善 [学]清華大学電機工程系（1963年）卒 [歴]1966年中国共産党入党。電機工場のエンジニアを経て、82年上海市に入り、第一機械電力局副局長、83年3月同市第4期党委常務委員、85年7月第5期党委副書記など歴任。86年10月副市長を経て、91年4月～95年2月市長を務め、上海市再開発の目玉である浦東開発などを積極的に推進した。一方、87年11月党中央委員候補となり、92年10月中央委員、94年9月政治局員兼上海市党委書記。96年党中央規律検査委員会書記。2002年11月党政治局常務委員。03年3月第10期全人代で副首相に選任。07年在任中に病死した。1980年経営管理研修生として東京、名古屋に留学。90年には中国沿海都市訪日団団長として来日した。知日派。

黄 国昌 こう・こくしょう
Huang Kuo-chang
1973～
台湾立法委員, 時代力量主席 法学者 [歴]台湾の最高学術機関・中央研究院法律研究所の研究員だった2014年3月、国民党の馬英九政権が中国と結んだ経済協定が立法院（国会）で承認されるのを阻止しようと議場を占拠した“ひまわり学生運動”でブレーン的役割を果たす。市民の力で政治を変えようという“公民運動”に深く関わり、15年1月政治の透明化や市民参加をうたった新党・時代力量を結成。16年1月に行われた立法院選では台北郊外の新北の選挙区で国民党現職を破り当選、全体では5議席を得、第3党となった。00～01年米国の大学の博士課程に在籍中、論文を書くために東京大学で1年間研究。東京・吉祥寺の学生寮に暮らした経験がある。

黄 昆輝 こう・こんき
Huang Kun-hui
1936.11.8～
台湾内政部長（内相）, 台湾団結連盟（台連）主席 [出]雲林県 [学]台湾師範大学教育学修士課程修了 教育学博士（ノースコロラド大学） [歴]台湾師範大学教授、研究所所長。1979年台北市教育局長、81年第12期国民党中央委員、台湾省教育庁長、87年党中央青年工作会主任。89年台湾師範大学退職、三民主義統一中国大同盟秘書長、91年行政院大陸委主任、93年第14期党中央常務委員、94年内政部長（内相）兼政務委員。のち総統府国策顧問を経て、96年8月秘書長。99年11月国民党秘書長（幹事長）に就任、2000年3月辞任。李登輝元総統が精神的な指導者として主導する台湾団結連盟（台連）の主席を務めたが、16年1月の立法委員（国会議員）選挙で大敗し、辞任。

黄 坤明 こう・こんめい
Huang Kun-ming
1956.11～
中国共産党中央宣伝部長・党政治局員 [出]福建省 [学]清華大学公共管理学院卒 [歴]1976年中国共産党入党。82年福建省竜岩地区党委組織部幹部、98年竜岩市長。2000年浙江省湖州市長、07年同省宣伝部長、10年同省杭州市党委書記。13年党中央宣伝部副部長。17年10月第19回党大会で党政治局員に選出され、中央宣伝部長となる。

黄 志芳 こう・しほう
Huang Chih-fang
1958.9.14～
台湾外交部長（外相） 外交官 [出]台南 [学]台湾大学政治学部（1981年）卒 [歴]台湾外交

部（外務省）北米局一課長、行政院大陸委員会連絡処副処長を経て、2002年総統府公共事務室主任、04年総統府副秘書長、06年1月台湾外交部長（外相）に就任。陳水扁総統の信任が厚い側近として知られる。08年5月パプアニューギニアへの外交工作費スキャンダルで外相を引責辞任。

洪 秀柱 こう・しゅうちゅう

Hung Hsiu-chu

台湾国民党主席　[出]台北　[学]中国文化大学法学部卒，ノースイースト・ミズーリ州立大学（現・トルーマン州立大学）修士課程修了　[歴]外省人系。台湾立法委員（国会議員）、台湾国民党副主席を経て、法院副院長（国会副議長）。2016年3月女性として初めて党主席に選出される。17年5月党主席選で呉敦義に敗れる。

黄 主文 こう・しゅぶん

Huang Chu-wen

1941.8.20～

台湾内政部長（内相），台湾団結連盟（台連）主席　[出]桃園県　[学]台湾大学法律系卒　[歴]検察官、弁護士を経て、1983年12月～98年台湾立法委員（国会議員）。この間、90年1月集思会長、93年8月国民党中央評議会委員、98～2000年李登輝政権の内政部長（内相）などを歴任。01年8月李登輝が精神的指導者として主導する新政党・台湾団結連盟（台連）の主席に就任。同年9月訪日。05年退任。

黄 昭堂 こう・しょうどう

Huang Chao-tang

1932.9.21～2011.11.17

台湾独立建国連盟主席　台湾独立運動家，政治学者　[出]台南　[名]別名＝黄 有仁　[学]台湾大学経済学部（1956年）卒，東京大学大学院社会科学研究科国際関係論専攻修了 社会学博士（東京大学）（1967年）　[歴]1958年来日、東京大学に留学。聖心女子大学、東京大学教養部各非常勤講師を経て、76年昭和大学政治学教授。この間、60年に台湾青年社を設立、日本を拠点に台湾独立運動を続けた。83年台湾独立建国連盟日本本部委員長、90年同連盟総本部副主席、92年1月同連盟日本本部委員長を歴任。同年11月34年ぶりに台湾帰郷を果たし、台湾独立建国連盟主席となる。台湾独立運動の長老として民主進歩党（民進党）を支持、台湾総統府国策顧問、台湾安全保障協会理事長などを務めた。台湾の歴史や国際的地位についての研究者としても業績を残し、

黄 信介 こう・しんかい

Huang Hsin-chieh

1928.8.20～1999.11.30

台湾民主進歩党主席　[出]台北　[名]字＝金竜　[学]台湾省立行政専科学校（現・台北大学）（1951年）卒，日本大学大学院法学研究科政治学専攻修了 政治学博士（日本大学）　[歴]台北の裕福な家庭に生まれ、日本統治時代に東京の中学で学んだ。弁護士、台北市議、啓新化工公司董事長（理事長）などを歴任。1969年、72年、75年立法委員（国会議員）に当選。台湾の民主化運動に参加し、リーダーとして反国民党運動を展開。75年雑誌「台湾政論」を発行したが、5ケ月で発禁に。79年「80年代」と「美麗島」を相次いで発行。同12月無党派勢力と警察隊が衝突した“美麗島事件（高雄事件）”に連座して逮捕、懲役14年の判決を受け服役、87年仮釈放。88年10月野党・民主進歩党（民進党）主席となる。89年10月市議再選。90年5月特赦、同年11月新成立の台湾主催独立運動委員会委員長。91年10月民進党主席を辞任、11月美麗島基金会会長。92年12月の立法院（国会）選挙で落選したが、当選者に不正があったとして93年3月繰り上げ当選。96年李登輝政権下で総統府資政（最高顧問）に就任。民進党穏健派の長老で国民党独裁を打破する野党結党運動の先頭に立って活動したことから“台湾民主の父”と呼ばれた。

江 沢民 こう・たくみん

Jiang Ze-min

1926.8.17～

中国国家主席，中国共産党総書記・中央軍事委員会主席　[出]江蘇省揚州　[学]上海交通大学電気機械学部電機科（1947年）卒　[歴]大学在学中の1946年中国共産党に入党。49年新中国成立後上海益民食品第一工場副工場長などを務め、50年華北軍区軍事技術部長。50～56年駐ソ大使館参事官。その間、55年中国機械工学協会科学指導局長、55～56年モスクワのスターリン自動車工場で実地研修を受ける。帰国後、長春第一自動車工場動力分工場長、第一機械工業省武漢熱加工機

械研究所長、同省外事局長などを歴任。文化大革命中援助のためルーマニアに派遣される。四人組追放後、江道涵らの推薦で、80年人民政治協商会議（政協）全国委員、国家輸出入管理委員会、国家外国投資管理委員会の両副主任に昇格。82年5月新設の電子工業省次官、同年9月党中央委員、83年電子工業相。85年6月上海市党委副書記、7月同市長。87年党政治局員に抜擢され、上海市長、同市党委書記を兼務。88年上海市長を離任し、市党委書記に専念。89年胡耀邦元総書記の死をきっかけに始まった学生・市民らによる一連の民主化要求運動に対しては、学生らと直接対話して説得する一方、上海紙「世界経済導報」を発禁処分にし、5月20日の戒厳令や6月4日の武力鎮圧には真っ先に支持を表明。直後党中央宣伝イデオロギー工作責任者となり、6月20日には初の死刑を上海で執行するなど保守的・反民主的な立場をとり、24日第13期4中全会で総書記と中央政治局常務委員に抜擢される。同年8月上海市党委書記解任。9月鄧小平の後継者に指名され、11月鄧の引退により第13期5中全会で党中央軍事委主席に就任。90年4月国家中央軍事委主席。93年3月国家主席に選出され、党、国家、軍の三大権力を掌握する。96年初のインド訪問でゴウダ首相と会談、中印関係改善にあたる。97年7月1日、155年ぶりに英国から香港が返還され、香港特別行政区が成立。同年10月初の米国公式訪問。98年7月日本共産党・不破委員長と32年ぶりの首脳会談を行い、両党関係の正常化を確認。同年12月国賓として来日。2002年11月党総書記、政治局常務委員を退任、軍事委主席は留任。03年3月国家主席を退任、中央軍事委主席は留任。04年9月党軍事委主席を辞任。05年3月国家軍事委主席も退き引退したが、その後も上海閥のリーダーとして政界に影響力を持ち続ける。英語、ロシア語、フランス語、ルーマニア語、日本語に堪能で、音楽、絵画、文学にも造詣が深い才人。　㊟
妻＝王 巳萍（イデオロギー工作専門家）

江 丙坤　こう・へいこん
Chiang Ping-kun
1932.12.16～
台湾立法院副院長（副議長）　㊍南投県　㊎中興大学法商学部夜間部地政系（1959年）卒、東京大学大学院農業経済学専攻博士課程修了　農業経済学博士（東京大学）（1971年）　㊺貧

農の家に生まれ、21歳で高級公務員試験に合格、22歳で南投県庁に入る。1961年第1回中山学術奨学金により東京大学大学院に留学。66年在日中華民国大使館（現・台北駐日経済文化代表処）商務官として正式の公務員になり、この時から経済外交に携わる。74年南アフリカに派遣され、82年帰国し経済部国際貿易局副局長、83～88年対外貿易協会秘書長。以後、88年9月経済部国際貿易局局長、89年8月経済部常務次長、90年6月経済部政務次長を歴任。93年2月連戦内閣で経済部長（経産相）に就任。8月国民党中央委員。96年1月経済部長を退任し、行政院経済建設委員会主任委員。99年1月退任。2002年2月立法院副院長（副議長）に就任。のち国民党副主席となる。08年5月海峡交流基金会理事長に就任、対中交渉のトップとなる。12年9月退任。その後、台日経済貿易発展基金会、台日商務交流協進会、中華民国三三企業交流会のトップを兼任。14年東京スター銀行会長に迎えられる。15年日台交流の実績が評価され、旭日重光章を受章。師弟関係にある李登輝元総統の懐刀として知られた。台湾きっての知日派で日本語、英語に堪能。　㊟
旭日重光章（日本）（2015年）

コヴァチ, ミハル
Kováč, Michal
1930.8.5～2016.10.5
スロバキア大統領　エコノミスト　㊍チェコスロバキア・ルビサ（スロバキア）　㊎ブラチスラバ経済学校（1954年）卒　㊺1956年チェコスロバキア国立銀行に入行。チェコスロバキア共産党に入党後、67～69年同行ロンドン支店次長を務めたが、68年の"プラハの春"で改革派とみられ、69年党を追放された。その後、研究機関の調査員などとして通貨政策や銀行業務に関する研究に従事。89年の"ビロード革命"以後政治家に転じ、同年12月～91年5月スロバキア共和国財務相、90年6月複数政党制の総選挙で連邦議会議員に初当選。その後、メチアル首相の民主スロバキア運動（HZDS）に加わり、91年6月HZDS副議長。92年6月の総選挙でも再選され、93年1月の連邦解体まで最後のチェコスロバキア連邦議会議長を務めた。同年3月チェコと分離独立したスロバキアの初代大統領に就任。在任中はメチアル首相と対立、98年3月大統領退任後は政界から遠ざかった。

ゴウダ, H.D.デーベ

Gowda, H.D.Deve

1933.5.18〜

インド首相 [出]英領インド(インド・カルナタカ州) [学]バンガロール大学卒 [歴]ボカリンガという下層カーストの農家に生まれる。カルナタカ州の技師養成学校を卒業後、水力発電関連の下請け企業を経営。のち農民の生活改善を目指して政界入り。青年の頃、一時インド国民会議派に籍を置いたが、その後ジャナタ・ダル(JD, 人民の党)に加わり、1962年カルナタカ州議会議員に当選、6期務める。91年インド下院議員になり、93年カルナタカ州ジャナタ党総裁、94年カルナタカ州首相(知事)に就任、積極的な経済開放政策を実践。州都バンガロールをインド版シリコンバレーに育て上げる。96年6月国民戦線・左翼戦線連合でインド首相に就任。同年9月上院議員補欠選に当選。97年4月内閣信任案が否決されたのを受け、内閣総辞職。99年10月総選挙で落選。

コエリョ, ペドロ・パソス

Coelho, Pedro Passos

1964.7.24〜

ポルトガル首相, ポルトガル社会民主党(PSD)党首 [出]コインブラ [名]Passos Coelho, Pedro Manuel Mamede [学]リスボン大学 [歴]幼い頃をアフリカの旧植民地であるアンゴラで送る。帰国後、14歳でポルトガル社会民主党(PSD)青年部に入り、1990〜95年同党青年部長。91年27歳で国会議員に初当選。党人派で96年副党首にまでなったが、長女の健康問題を理由に99年議員活動を休止。これを機にリスボンのルシアダ大学で経済学の学位を取得し、企業コンサルタントに転身。大手投資会社の経営に従事した。2005年PSD副党首に返り咲き、10年3月PSD党首選で勝利。11年6月総選挙で与党・ポルトガル社会党(PS)を破り、46歳で首相に就任。15年10月の総選挙でPSDを中心とした連立与党が最大勢力を維持したものの過半数を割り込み、11月経済政策計画が議会で否決されたため内閣総辞職となった。

コーエン, ウィリアム

Cohen, William

1940.8.28〜

米国国防長官 作家 [出]メーン州バンゴア [学]ボストン大学ロースクール修了 [歴]弁護士業を経て、1971〜72年バンゴア市長、73年からメーン州選出の連邦下院議員(共和党)を3期務めた後、79年より上院議員。軍事委員会、特別委員会、環境・公共事業委員会等に所属。軍縮問題の第一人者として活躍。85年には日米貿易摩擦に関して、共和党議員団として訪日。3期連続当選したが、96年11月4選不出馬を表明。97年1月クリントン政権2期目の超党派人事で国防長官に就任。2001年1月退任。

ゴザリ, シド・アハメド

Ghozali, Sid Ahmed

1937.3.31〜

アルジェリア首相 実業家 [出]フランス領アルジェリア・モスタガネム(アルジェリア) [学]パリ土木技術工科大学卒 [歴]イスラム教徒スンニ派。もとアルジェリア民族解放戦線(FLN)の政治局員。1962年フランスからの独立後、工業・エネルギー省のエネルギー局長。64年経済相顧問となり、64〜65年公共事業次官。ブーメジエン政権のもとで66年炭化水素公社(SONATRACH)総裁となり(84年まで)、アルジェリア最大の企業に成長させ、同国の石油政策最大の推進者となった。のち同公社経営理事会議長。この間79年3〜10月水力相、87〜89年ベルギー大使、89〜91年外相。91年6月イスラム原理主義を唱えるイスラム救国戦線(FIS)の大デモの圧力で辞職したハムルーシュ内閣の後を受けて、首相に就任、92年まで務める。

コシガ, フランチェスコ

Cossiga, Francesco

1928.7.26〜2010.8.17

イタリア大統領, イタリア終身上院議員 [出]サルデーニャ島ササリ [歴]1945年キリスト教民主党(DC)に入党。56〜58年DC地方支部書記長、58年DC全国評議会評議員。63年イタリア下院議員となり、66〜70年国防次官、74〜76年公共・行政相。76年内相に就任するが、極左組織によるモロ元首相拉致殺人事件の責任を取り、78年5月辞任。長らく政権を担ったDC内で派閥色のない政治家として知られ、79年8月〜80年9月首相を務めた。83年7月〜85年6月上院議長。85年7月史上最年少の56歳で大統領に就任。92年1月DCを離党し、総選挙でのDC敗北直後、大統領を辞

任した。在任中、DCが冷戦期に反共秘密武装勢力を組織していたことを告白。その後、終身上院議員となる。98年には中道新党・共和国民主連合を創設。中道左派ダレーマ政権に加わったが、99年に同連合は分裂した。2007年米中枢同時テロを“米国の自作自演”と発言し、物議を醸した。

コシュトニツァ, ヴォイスラフ

Koštunica, Vojislav

1944.3.24～

セルビア首相, ユーゴスラビア連邦大統領　憲法学者　[出]ユーゴスラビア・セルビア共和国ベオグラード(セルビア)　[学]ベオグラード大学法科大学院修了 法学博士　[歴]社会主義政権下の旧ユーゴスラビアで法学者を志し、憲法を学ぶ。ベオグラード大学法科大学院助教授となるが、チトー政権末期の1974年、戦後4度目の憲法改正に反対したため大学を追われる。ベオグラード社会科学研究所勤務、法律雑誌の編集長などを務める。その後、人権擁護活動に取り組むが、東欧諸国が激動に揺れた89年、野党・ユーゴスラビア民主党創設に参加。92年離党し、新たにセルビア民主党(DSS)を旗揚げして党首。この間、90年にセルビア共和国議会選挙に初当選、93年再選。2000年9月長年に渡るミロシェヴィッチ大統領の独裁政権に反旗を翻し、野党連合の統一候補として大統領選に出馬。大統領と一騎打ちの末、得票数を上回るが、過半数に達していないとして大統領側が決選投票実施を主張。それに反発した民衆が蜂起し政権が崩壊、同年10月ユーゴスラビア連邦大統領就任を宣言する。同年12月セルビア議会選で野党連合が全議席の3分2以上を占め大勝利を収める。03年2月ユーゴスラビア連邦が消滅し、連合国家のセルビア・モンテネグロが発足。04年3月セルビア共和国首相に就任。06年6月モンテネグロの独立で現セルビア首相に。07年5月再任。08年3月コソボ独立をめぐる連立政権内の対立により政府が機能しなくなったとして、辞意を表明。5月の総選挙で議席を減らし、退任。14年DSSを離党。“反共闘士”の顔と反米色の強い民族主義者の顔を持つ。

コジョ, エデム

Kodjo, Edem

1938～

トーゴ首相, アフリカ統一機構(OAU)事務局長　[出]ノエデ　[学]レンヌ大学(フランス)卒, フランス国立行政学院(ENA)卒　[歴]ENA卒業後、フランスの放送局に勤務。1967年クーデターで帰国、エヤデマ政権の財務事務次官となる。その後、73年財務相、76年外相などを歴任。この間、73～76年西アフリカ中央銀行総裁、西アフリカ通貨連合総裁、アフリカ開発銀行総裁を兼任。78～83年アフリカ統一機構(OAU)事務局長。91年野党・トーゴ民主連合(UTD)を創設、党首に。94～96年トーゴ首相。

ゴス, ポーター

Goss, Porter

1938.11.26～

米国中央情報局(CIA)長官, 米国下院議員　[出]コネティカット州ウォーターベリー　[学]エール大学(1960年)卒　[歴]大学卒業後、米国中央情報局(CIA)入り。1971年病気療養のため退職。74年政界に転じ、フロリダ州のサニベル市議、市長を経て、89年同州選出の下院議員に当選。CIA出身の経歴が買われ、97年～2004年下院情報特別委員長を務める。04年9月CIA長官に就任するが、06年5月辞任。

コズイレフ, アンドレイ

Kozyrev, Andrei

1951.3.27～

ロシア外相　外交官　[出]ブリュッセル(ベルギー)　[名]Kozyrev, Andrei Vladimirovich　[学]モスクワ国際関係大学(1974年)卒　[歴]1974年ソ連外務省に入り、国際組織局に長く勤務、89年10月局長を務めた。90年10月ロシア共和国外相に就任。91年4月ゴルバチョフソ連大統領訪日に同行。92年3月ロシア連邦外相として来日。94年1月再任。95年12月ロシア国家会議(下院)議員に当選し、96年1月外相を辞任。

コスグローブ, ピーター

Cosgrove, Peter

1947.7.28～

オーストラリア総督　軍人　[名]Cosgrove, Peter John　[学]英国王立陸軍大学卒　[歴]22歳の時、ベトナム戦争に小隊長として従軍、功績を挙げ、1969年オーストラリアの戦功十字勲章を受章。陸軍畑だが、米国の海兵隊

幕僚大学に留学した経験を持ち、英国陸軍大学で教えたこともある。98年3月からオーストラリア陸軍最大規模を誇る第一部隊の司令官を務める。99年8月東ティモールでインドネシアからの独立の是非を問う住民投票が行われ、独立派が勝利するが、その後暴動から内乱となり国連による多国籍軍の派遣が決定、同年9月東ティモール多国籍軍（東ティモール国際軍）司令官に就任、2000年2月国連平和維持軍（PKF）に治安任務を引き継ぐ。同年6月〜02年オーストラリア陸軍最高司令官、02〜05年オーストラリア国防軍最高司令官。10〜14年オーストラリアン・カトリック大学総長。14年オーストラリア総督に就任。元ラグビー選手。ナイト爵位を叙せられる。　[勲]オーストラリア戦功十字勲章（1969年）

コスタ, アントニオ

Costa, António

1961.7.17〜

ポルトガル首相, ポルトガル社会党書記長　[出]リスボン　[名]Costa, António Luís dos Santos da　[学]リスボン大学卒, ポルトガル・カトリック大学大学院修了　[歴]大学で法律と政治を学び、大学院では欧州地域研究を専攻。大学時代からポルトガル社会党の活動に参加。1991年ポルトガル国会議員に初当選、99年〜2002年法相。07〜15年リスボン市長、14年社会党書記長に選出。社会党は15年10月の総選挙で第2党だったが、左派政党と協力してコエリョ社会民主党政権に事実上の不信任を突き付ける。11月カバコ・シルバ大統領から首相に指名され、同月就任。16年3月に就任したレベロデソウザ大統領の下でも安定的な政権運営を行う。

コストフ, イワン

Kostov, Ivan

1949.12.23〜

ブルガリア首相　経済学者　[出]ソフィア　[学]国民世界経済大学卒　[歴]ソフィア大学経済学助教授を経て、1990年経済顧問として中道右派の民主勢力同盟（UDF）に入る。91年戦後初の非共産党政権で財務相となるが1年後退任。93年UDF副党首、94年UDF議長。97年同党党首となり、4月の総選挙でUDFが第一党に躍進し、5月首相に就任。2001年6月総選挙でUDFが惨敗し、7月退任。菜食主義者で、酒やたばこをたしなまず、質素な生活ぶりで知られる。

コソル, ヤドランカ

Kosor, Jadranka

1953.7.1〜

クロアチア首相, クロアチア民主同盟（HDZ）党首　[出]ユーゴスラビア・パクラツ（クロアチア）　[名]旧姓（名）＝Vlaisavljević, Jadranka　[学]ザグレブ大学法学部卒　[歴]1972年より「ベチェルニ・リスト」紙、ラジオ・ザグレブの記者として活動。91年よりクロアチア・ラジオの記者として旧ユーゴスラビア内戦などを取材し、難民・避難民の強い信頼を得たことをツジマン大統領に評価され、政界入り。95年クロアチア下院議院副議長、98年クロアチア民主同盟（HDZ）婦人会カタリナ・ズリンスキ会長、2002年HDZ副党首。04年サナデル内閣で副首相兼家庭・退役軍人・世代間連帯相。09年7月サナデル首相が辞任したことに伴い、クロアチアで初の女性首相となる。09年よりHDZ党首。11年12月首相退任。

コチャリャン, ロベルト

Kocharian, Robert

1954.8.31〜

アルメニア大統領　[出]ソ連アゼルバイジャン共和国ナゴルノ・カラバフ自治州ステパナケルト　[名]Kocharian, Robert Sedrakovich　[学]エレバン工科大学（電気工学）卒　[歴]工場勤務などを経て、1980年ソ連共産党活動に従事、アルメニア人が大多数を占めるアゼルバイジャン共和国ナゴルノ・カラバフ自治州のアルメニアへの編入を求める民族自立運動を起こす。89年ソ連アルメニア共和国最高会議議員。91年ナゴルノ・カラバフ自治州最高会議議員。92年“ナゴルノ・カラバフ共和国”（現・アルツァフ共和国）国防委員会議長兼首相、94年12月“ナゴルノ・カラバフ共和国”の初代大統領に選出、96年11月再選。97年3月アルメニア首相、98年4月アルメニア大統領に就任。2003年3月再選、08年退任。

コック, ウィム

Kok, Wim

1938.9.29〜

オランダ首相, オランダ労働党（PVDA）党

首　[出]ベルガンバハト　[名]Kok, Willem　[学]ナイエンロード・ビジネス・スクール卒　[歴]私立大学の経済学科を卒業後、貿易会社に就職するが、大豆の値段を掛け合う仕事にあきたらなくなり、労働組合に入る。1961年建設労働組合顧問、67年同組合書記。69年オランダ労働組合連合の執行委員となり、73年同議長。79年ヨーロッパ労働組合連合議長。86年以来オランダ下院議員、労働党（PVDA）党首。89年11月第3次ルベルス内閣で副首相兼財務相。94年8月連立政権で首相に就任、財政赤字削減、大幅減税を断行。98年8月首相再任。99年国民投票制度導入をめぐる連立内閣の亀裂からベアトリクス女王に内閣総辞職願を提出するが、のち撤回。2002年4月内閣総辞職、PVDA党首も退任。1996年11月、2000年2月来日。

コックス, パトリック

Cox, Patrick

1952.11.28〜

欧州議会議長　エコノミスト　[歴]大学の経済学講師、ニュースキャスターなどを経て、1989年欧州議会議員。中道右派の欧州自由民主改革グループ代表となり、2002〜04年欧州議会議長を務めた。

コッティ, フラヴィオ

Cotti, Flavio

1939.10.18〜

スイス外相　[出]Muralto　[学]フランブルク大学（ドイツ）（1964年）卒　[歴]1967〜75年ティシノ州議会議員、75〜83年同州政府閣僚（77年と81年同州知事）、83年スイス国民連邦議会議員、84年キリスト教民主党党首、86年より連邦議会議員。86〜91年内相、91年1月〜12月大統領（任期1年の輪番制）、92年1月外相（任期4年）、98年1月再び大統領、同年12月外相。99年4月退任。

コップス, シーラ

Copps, Sheila

1952.11.27〜

カナダ民族遺産相　[名]Copps, Sheila Maureen　[学]西オンタリオ大学卒, ルーアン大学卒　[歴]1974〜76年「オタワシチズン」記者、81〜84年オンタリオ州議会議員、84年下院議員、90年自由党副党首を経て、93年副首相兼環境相に就任。96年1月内閣改造で副首相兼民族遺産相、97年6月内閣改造で民族遺産相、99年8月内閣改造で留任。

コート, リチャード

Court, Richard

1947〜

西オーストラリア州首相, 駐日オーストラリア大使　外交官　[出]西オーストラリア州パース　[学]西オーストラリア大学（商学）卒　[歴]父は西オーストラリア州首相を務めたチャールズ・コート。資源投資戦略コンサルタントなどを経て、1982年同州下院議員に当選。93年〜2001年同州首相兼財務相を務めた。17年2月駐日大使に着任。この間、08年日豪関係の拡大や日豪経済関係強化への貢献により旭日重光章を受章。　[勲]オーストラリア勲章（一般部門・コンパニオン）（2003年）, 旭日重光章（2008年）　[家]父＝チャールズ・コート（西オーストラリア州首相）

ゴドマニス, イワルス

Godmanis, Ivars

1951.11.27〜

ラトビア首相　物理学者　[出]リガ　[学]ラトビア州立大学卒 物理学博士　[歴]1986〜90年国立ラトビア大学教授、ラトビア人民戦線副議長を経て、90年5月〜93年ラトビア共和国首相。

コナレ, アルファ・ウマル

Konaré, Alpha Oumar

1946.2.2〜

マリ大統領, アフリカ連合（AU）委員長　[出]ケーズ　[学]ワルシャワ大学卒 Ph.D.　[歴]教師を経て、マリ文化省に勤務。1978年青年スポーツ文化相に就任したが、80年トラオレ大統領の軍事独裁政権を批判し解任。79年マリ初の独立系紙「レゼク」を発行し、91年大統領辞任を要求。マリ民主同盟（ADEMA）書記長（党首）。91年3月トラオレ大統領を逮捕し全権を握ったトゥーレ中佐が行った初の複数政党下の大統領選に出馬して92年4月当選、6月就任。97年5月再選。2002年6月任期満了で退任。03年9月〜08年2月アフリカ連合（AU）委員長。

コパチ, エバ

Kopacz, Ewa

1956.12.3〜

ポーランド首相 [出]ワルシャワ近郊スカリシェフ [学]ルブリン医科大学(1981年)卒 [歴]病院の総合診療医や小児科医、地方議員を経て、2001年中道保守の市民プラットフォームから出馬してポーランド下院議員に当選。市民プラットフォームが政権を取ると、07〜11年保健相。10年市民プラットフォーム副党首。11年11月〜14年9月に女性として初の下院議長を務めた。14年9月欧州連合(EU)大統領に転出するトゥスク首相に代わり首相に就任。ポーランド史上2人目の女性首相となった。15年10月の総選挙で市民プラットフォームは保守野党“法と正義”に大敗し、辞任。

コービン, ジェレミー
Corbyn, Jeremy
1949.5.26〜
英国労働党党首, 英国下院議員 [出]ウィルトシャー州チッペナム [名]Corbyn, Jeremy Bernard, 通称＝Corbyn, Jelly [歴]電気技師の父と数学教師の母はともに、平和運動の活動家であった。10代の頃にジャマイカで2年間のボランティア活動を行い、その後労働組合運動に取り組む。ロンドンの大学を中退し、1974年ロンドン北部で英国労働党の地方議員に初当選。83年下院議員に当選。急進左派として知られ、“反戦・反核・反緊縮”を信条とするほか、鉄道や電力会社の再国有化、大学の学費無料化を訴える。また、北大西洋条約機構(NATO)脱退、英国王室廃止を持論とする。労働党の伝統的社会主義路線を転換して中道路線に舵を切ったブレア政権では、反発して500回以上造反した。2015年5月総選挙での大敗を受けミリバンド党首が辞任したのを受け、9月臨時党大会で労働党党首に選出される。16年9月党首再選。

コビンド, ラム・ナート
Kovind, Ram Nath
1945.10.1〜
インド大統領 法律家 [出]英領インド・ウッタルプラデシュ州カンプール(インド) [学]カンプール大学卒 [歴]インドのカースト制度で最下層に位置した“ダリット”出身。弁護士を経て、1994年〜2006年上院議員、15〜17年ビハール州知事を歴任し、与党インド人民党(BJP)幹部として下層カースト市民の権利拡大に努める。17年7月ムカジー大統の任期満了に伴う大統領選で、ダリット出身でインド初の女性下院議長メイラ・クマルを破り、第14代大統領に当選、同月就任。

コフィゴ, ジョゼフ・コクー
Koffigoh, Joseph Kokou
1948〜
トーゴ首相 [出]クペレダフォ [学]アビジャン大学(フランス)卒, ポアティエ大学(フランス)卒 [歴]ホテルの夜警、駅員補助などをしながら弁護士資格取得。80年トーゴ弁護士協会を創立。91年12月首相、92年9月内閣改造。94年退任。

ゴーベル, ラフマット
Gobel, Rachmat
1962.9.3〜
インドネシア貿易相 実業家 [出]ジャカルタ [学]中央大学商学部(日本)卒 [歴]父のタエブ・モハマッド・ゴーベルは実業家で、トランジスタラジオの国産第1号製品を売り出し、1960年に松下電器産業(現・パナソニック)と技術協力契約を結び、テレビの生産を開始した。70年には合弁会社ナショナル・ゴーベルを設立。父が病に倒れた際、父から日本への留学と後継者になることを告げられ、中央大学商学部で学ぶ。大学卒業後の1年間は松下電器貿易、松下電池工業など全国の松下の系列企業で様々な実務経験を積む。88年帰国し、ナショナル・ゴーベルの社員として仕事を始め、93年副社長を経て、94年ゴーベル・インターナショナル社長に就任。2002年インドネシア商工会議所(KADIN)副会頭、同産業育成ビジョン執行委員長に推され、インドネシア産業の“ビジョン2030”“ロードマップ2010”を作成。06年インドネシア日本友好協会(PPIJ)理事長に就任。08年インドネシアと日本の国交樹立50周年友好記念行事でインドネシア側実行委員長を務める。14年10月庶民出身のジョコ・ウィドド大統領の下、貿易相として入閣したが、15年8月内閣改造により退任。知日派。 [家]父＝タエブ・モハマッド・ゴーベル(ゴーベル・インターナショナル創立者)

コーヘン, エリ
Cohen, Eli
1949.5.29〜

駐日イスラエル大使，イスラエル経済相　外交官　㉥エルサレム　㉒ヘブライ大学数学・物理学科，テームズバリー大学　㉟ヘブライ大学数学・物理学科，テームズバリー大学で学び，M.B.A.を取得。マーレアドミム市副市長，イスラエル国防相補佐官，ハイテク企業経営を経て，2002～03年イスラエル国会議員。04～07年駐日大使。17年経済相として入閣。空手の有段者で，イスラエル松涛館空手道協会会長を務める。

ゴマソール，スティーブン・ジョン
Gomersall, Stephen John
1948.1.17～
駐日英国大使　実業家，外交官　㉥ヨークシャー州ドンカスター　㉒ケンブリッジ大学クイーンズ校（1969年）卒，スタンフォード大学大学院（1970年）修了　㉟1970年英国外務省に入省。72年日本に勤務。在米大使館書記官などを経て，86年在日大使館経済参事官，90年外務省安全保障政策課長，94年国連代表部副代表，98年安全保障政策局長。99年～2004年駐日英国大使を務めた。安全保障問題に精通。04年日立製作所欧州総代表，11年4月日立ヨーロッパ会長となり，同年6月には日立製作所取締役に外国人として初めて就任。13年日立ヨーロッパ会長。14年日立製作所取締役を退任。中国語，日本語を専攻し，日本語に堪能。ナイト爵位を叙せられる。　㉱旭日大綬章（日本）（2015年）

コムシッチ，ジェリコ
Komšić, Željko
1964.1.20～
ボスニア・ヘルツェゴビナ幹部会員（クロアチア人代表）　㉥ユーゴスラビア・ボスニア・ヘルツェゴビナ共和国サラエボ（ボスニア・ヘルツェゴビナ）　㉒サラエボ大学卒，ジョージタウン大学　㉱弁護士。内戦中はボスニア・ヘルツェゴビナ軍に入隊し，終結後，政治活動に入る。2001～02年初代駐セルビア・モンテネグロ大使を経て，06年11月ボスニア・ヘルツェゴビナ幹部会員クロアチア人代表。14年11月退任。

コモロフスキ，ブロニスワフ
Komorowski, Bronisław
1952.6.4～
ポーランド大統領　㉥オボルニキ・シロンスキェ　㉒Komorowski, Bronisław Maria　㉒ワルシャワ大学歴史学部卒　㉥ポーランド南部のリトアニア出身の旧貴族階級の家庭に生まれる。ワルシャワ大学歴史学部を卒業後，労働者支援活動などに従事。カトリック系新聞の編集長として反体制活動にも携わる。自主管理労組“連帯”創設に関わり，1970年代末から戒厳令下の80年代にかけて逮捕，拘置されたこともある。民主化が実現した89年以降，いくつかの官職を経て，91年のポーランド下院選で初当選。国防相などを経て，2007年下院議長に就任。10年4月にレフ・カチンスキ大統領が航空機事故で死去後は大統領代行を兼務した。同年7月の大統領選決選投票で当選，8月大統領に就任。15年5月大統領選決選投票で僅差で敗れる。8月退任。

コラー，アーノルド
Koller, Arnold
1933.8.29～
スイス司法警察相　㉥アッペンツェル州　㉒法律，経済を修めて大学教授を務めた後，1986年よりスイス連邦議会議員（閣僚）。86～89年国防相を経て，89年より司法・警察相。89年副大統領，90年1月～12月大統領（任期1年の輪番制）兼任。97年1月～12月2度目の大統領。のち司法警察相。99年4月退任。キリスト教民主党所属。

コリンバ，アンドレ
Kolingba, André
1936.8.12～
中央アフリカ大統領・首相・国防相　軍人　㉒フランス陸士（1965年）卒　㉱1975～79年駐カナダ，駐インド大使を務めた以外は，65年以来職業軍人の道を歩み，国軍参謀総長，陸軍大将。81年9月クーデターを起しダッコ大統領より全権掌握，国家再建軍事委員会議長（元首）となり，首相・国防相兼任。民政移管により85年9月より大統領。90年11月訪日。93年8月大統領落選。

コール，ヘルムート
Kohl, Helmut
1930.4.3～2017.6.16
ドイツ首相，キリスト教民主同盟（CDU）党首　㉥ルートウィヒスハーフェン　㉒Kohl,

Helmut Josef Michael [学]フランクフルト大学(1951年)卒, アルトハイデルベルク大学(1958年)卒 哲学博士(アルトハイデルベルク大学)(1958年) [歴]地方官吏の家庭に育ち、フランクフルト大学などで政治、歴史学などを学ぶ。1947年17歳で西ドイツのキリスト教民主同盟(CDU)に入党。化学工場勤務を経て、59〜76年ラインラント・プファルツ州議会議員。63〜69年CDU同州議会議員団長、66〜73年CDU同州支部長、69〜76年同州首相を歴任。この間、69年CDU副党首を経て、73年6月同党首となる。76年〜2002年連邦議会議員。1976〜82年キリスト教民主・社会同盟(CDU・CSU)連邦議会議員団長。82年10月3党の連立政権が誕生し首相に就任。83年再選、87年3選。89年11月東西冷戦の象徴だった"ベルリンの壁"が崩壊すると、ドイツ統一に向け抜群の行動力を発揮。90年7月モスクワに乗り込み、統一ドイツの北大西洋条約機構(NATO)帰属について、ソ連のゴルバチョフ共産党書記長から了解を取り付けた。大国誕生への欧州諸国の警戒や、経済が立ち遅れていた東ドイツとの統合を懸念する国内の慎重論を押し切り、同年10月統一を実現。ドイツ連邦共和国の初代首相に就任した。12月の統一ドイツ総選挙でも圧勝し、91年1月首相に4選。94年11月5選。98年9月の総選挙でCDUは社会民主党に大敗、自身も小選挙区で落選(比例区では当選)し、10月退陣。在任期間は戦後ドイツの首相として最長の5865日に及んだ。同年11月CDU名誉党首。この間、隣国フランスとの関係強化に努め、欧州統合やNATOの強化拡大に貢献。欧州の経済通貨統合を推進し、ユーロ導入に道筋をつけた。99年1月オランダ政府より"欧州宰相"の称号と勲章が贈られた。2000年1月CDUをめぐる不正献金疑惑により名誉党首を辞任。02年9月政界を引退。1983年10月、86年5月、93年2月、96年10月来日。2009年ドイツの世論調査機関TNSが行った調査で、"戦後ドイツ史で最も重要な人物"に選ばれた。190センチ、118キロの巨漢として知られた。 [勲]自由勲章(米国大統領)(1999年), チェコ国家勲章(1999年) [賞]カール大帝賞(フランス)(1988年), ベルリン名誉市民(1992年), シュンペーター賞, 慶応義塾大学名誉法学博士号(1996年), フリーダム・オブ・ザ・シティー・オブ・ロンドン(1998年), 欧州名誉市民(1998年)

ゴールディング, ブルース

Golding, Bruce

1947.12.5〜

ジャマイカ首相 [出]クラレンドン [学]西インド諸島大学(1969年)卒 [歴]1972年下院選で初当選。74〜84年ジャマイカ労働党(JLP)事務局長、84〜95年同議長、80〜89年建設相、84〜85年国連人間居住委員会議長。95年JLPを離脱して国民民主運動(NDM)を設立、2001年まで党首。02年JLPに戻り、03年議長。02〜05年上院議員、05年JLP党首を経て、07〜11年ジャマイカ首相。

ゴルデーエフ, アレクセイ

Gordeyev, Aleksei

1955.2.28〜

ロシア農相, ロシア中央連邦管区大統領全権代表 [出]東ドイツ・フランクフルト・アン・デア・オーダー(ドイツ・ブランデンブルク州) [名]Gordeyev, Aleksei Vassilyevich [学]モスクワ鉄道工科大学卒 [歴]ソ連時代から農政に従事し、1997年ロシア農業食料省経済局長、98年同第1次官、99年8月農業食料相、2000年2月副首相兼農相、04年3月〜09年3月農業・漁業相。09年3月〜17年12月ヴォロネジ州知事。17年12月中央連邦管区大統領全権代表に就任。

ゴールデンベルグ, シュライベル

Goldenberg, Schreiber

1929.12.8〜

ペルー首相・外相 [名]Goldenberg, Schreiber Efrain [学]サンマルコス大学卒 [歴]1993年8月ペルー外相、94年2月〜95年7月首相兼外相。

ゴルバチョフ, ミハイル

Gorbachev, Mikhail

1931.3.2〜

ロシア社会民主主義者同盟議長 [出]ソ連ロシア共和国スタブロポリ州プリボルノエ村(ロシア) [名]Gorbachev, Mikhail Sergeevich [学]モスクワ大学法学部(1955年)卒, スタブロポリ農業大学(通信制)(1967年)卒 [歴]1952年ソ連共産党に入党。66〜68年スタブロポリ市党委第1書記。68〜70年スタブロポリ地方党委第2書記、70〜78年同第1書記。71年党中央委員、78年11月党書記、79年11月政治局員候補、80年10月政治局員。この

間、70年にソ連最高会議代議員となり、79
〜85年農務長官、84年4月最高会議外交委員
長。85年3月党書記長、88年10月には最高会
議幹部会議長に就任し、党と国家の全権を
握る第一人者となる。国内では"ペレストロ
イカ"(改革)に励み、外交にあっては"ノー
ボエ・ムイシュレーニエ"(新思考)を旗印に
新しいイニシアチブを打ち出す。89年5月、
新しい最高議決機関である人民代議員大会
で新設の最高会議議長に選出され、内政、外
交、国防の実質統括権を持つソ連の最高指
導者となる。同月約30年間きしみ続けた中
国との関係正常化実現のため訪中。また同
年12月、クレムリンの最高指導者として初
めてバチカンを公式訪問し、ローマ法王・
ヨハネ・パウロ2世と会見した。さらに同月
ブッシュSr.米大統領と歴史的な"マルタ会
談"を行う。90年3月大統領制を導入し初代
大統領に就任、最高会議議長辞任。7月書記
長再選。12月憲法改正と大規模な政治機構
改革を断行。同年ノーベル平和賞受賞。91
年4月ライサ夫人と初来日、史上初のソ連最
高首脳の来日とあって大きな期待が寄せられ
た。同年8月19日軍部・保守派のクーデター
により失脚するが、3日後復権。しかし、24
日共産党書記長を辞任、ソ連共産党中央委
員会の解散を勧告し、ソ連共産党の実質的
解体を宣言した。さらに同年12月ソ連邦が
解体するとともに大統領を辞任。92年ゴル
バチョフ基金を創設し、総裁に就任。同年
より「ニューヨーク・タイムズ」等世界の有
力紙で言論活動を開始。93年環境保全のた
めの国際的非政府団体・国際緑十字初代会
長に就任。96年6月のロシア大統領選に出馬
するが落選。99年6月モスクワにペレストロ
イカをテーマにした記念館を開館。2000年2
月中道路線の統一ロシア社会民主党を創設、
同年3月党首に就任。04年5月政界引退。同
年クリントン元米国大統領、女優のソフィ
ア・ローレンと共に児童向けアルバムの朗
読でグラミー賞を受賞。07年ロシア政治の
改革を目指す団体"社会民主主義者同盟"の
議長に就任。　㋘ドイツ特別大十字功労勲
章(1999年)、チェコ国家勲章(1999年)、聖
徒アンドレイ・ベルボズバンニー勲章(ロシ
ア国家勲章)(2011年)　㋘ノーベル平和賞
(1990年)、モンデーロ国際文学賞審査委特
別賞(1988年)「ペレストロイカと新しい発
想」、アルバート・アインシュタイン平和賞
(1990年)、マーティン・ルーサー・キング

平和賞(1990年)、マン・オブ・ヒストリー
賞(1990年)、フランクリン・D・ルーズベ
ルト自由メダル(1990年)、フィユジ賞(イ
タリア)(1990年)、オットー・ハーン金メダ
ル(ドイツ)(1990年)、立命館大学名誉法学
博士号(1991年)、バー・イラン大学名誉博
士号(イスラエル)(1992年)、シュヴァイツ
ァー賞(米国)(1992年)、ベルリン名誉市民
(1992年)、創価大学名誉博士号(1993年)、
米田正利平和記念賞(1995年)、グラミー賞
(最優秀児童向け朗読アルバム賞、第46回)
(2004年)「ピーターと狼/狼のたどる道」

ゴルブノフ, アナトリー

Gorbunovs, Anatoliis
1942〜
ラトビア議会議長　㋩ルドザ　㋕リガ工科大
学卒、ソ連共産党中央委附属科学アカデミー
卒 博士号　㋘建築学と政治学の学位を持つ。
ラトビア共和国共産党中央委書記、共産主
義青年同盟(コムソモール)地方幹部などを
経て、1988年同共和国最高会議幹部会議長、
89年同最高会議議長に就任。90年5月再選。
91年9月ソ連政変後の国家評議会会議でラト
ビアの独立が承認された。93年7月議長に就
任。96年より副首相、環境保護・地域開発
相、ラトビア・ロシア政府間委員会委員長。

コレア, ラファエル

Correa, Rafael
1963.4.6〜
エクアドル大統領　経済学者　㋩グアヤキ
ル　㋕Correa Delgado, Rafael Vicente　㋙
サンティアゴ・デ・グアヤキル・カトリッ
ク大学卒、ルーベン・カトリック大学(1991
年)経済学修士課程修了、イリノイ大学大学
院経済学博士課程修了 経済学博士(イリノ
イ大学)(2001年)　㋙中流層の家庭に生ま
れる。7歳の時ボーイスカウトに入り20年間
活動に励んだ。奨学金を得て、ベルギーや
米国に留学し経済学を学ぶ。2001年博士号
取得。米州開発銀行(IDB)勤務、サンフラ
ンシスコ・デ・キト大学教授・経済学部長な
どを経て、05年4月〜8月経済・財務相。06
年11月大統領選で初当選、07年1月就任。08
年10月新憲法制定。09年4月新憲法制定に伴
う大統領選に再選、8月再任。13年2月3選を
果たし、5月3期目就任。17年5月任期満了で
退任。ベネズエラのチャベス大統領を信奉

し、反米と南米統合を唱える急進左派。英語、フランス語に堪能。

コロマ, アーネスト・バイ

Koroma, Ernest Bai

1953.10.2〜

シエラレオネ大統領　[出]マケニ　[学]フォーラベイ・カレッジ（現・シエラレオネ大学）（1976年）卒　[歴]マケニの中学校教師を経て、1978年保険会社に勤務。2002年3月野党・全人民会議党（APC）党首。5月の大統領選に出馬したが敗北。07年8月の大統領選、9月の決選投票の結果、当選し、シエラレオネ大統領に就任。12年11月の大統領選に再選、同月就任。

コロル・デ・メロ, フェルナンド

Collor de Mello, Fernando

1949.8.12〜

ブラジル大統領　[出]リオデジャネイロ　[学]ブラジリア大学経済学部卒, アラゴアス州連邦大学新聞学部卒　[歴]父親はアラゴアス州知事、ブラジル連邦議会上院議員を務めたことがあり、叔父はバルガス政権時代の労相という恵まれた政治家の家系に育つ。大学卒業後、一族の経営する新聞、テレビ局でジャーナリスト、管理職を経験。1979年30歳でアラゴアス州都マセイオ市長に任命され政界入り。82年社会民主党から連邦下院議員に当選。86年移籍した民主運動党から同州知事に当選。知事時代に“マラジャ（高給取りの公務員）追放”に取り組み、クリーンなイメージを作り上げた。89年3月国家再建党結成、知事辞任。同年12月大統領に当選、90年3月就任。92年10月汚職疑惑により下院の弾劾決議で職務停止、12月上院の弾劾裁判冒頭で辞任、同月有罪評決により8年間の公職追放となる。しかし、94年12月連邦最高裁は証拠不十分として無罪評決を下した。2007年上院議員となり政界に復帰、14年上院議員再選。スポーツマンとしても知られ、空手は黒帯で学生時代の1969年ブラジル選手権で優勝している。90年1月来日。

コロン, アルバロ

Colom, Álvaro

1951.6.15〜

グアテマラ大統領　実業家　[出]グアテマラシティ　[名]Colom Caballeros, Álvaro　[学]サン・カルロス大学　[歴]縫製会社の経営者。首都グアテマラ市長を務めたおじが1979年に暗殺されたことがきっかけで政界入り。91年グアテマラ経済省次官となり、その後、内戦被害のための和平基金総裁を7年間務めた。2001年に中道左派の社会民主主義の国民希望党を創設。1999年と2003年の大統領選に立候補したが落選。07年11月3度目の挑戦で当選、08年1月就任。12年1月退任。カトリック教徒だが、マヤ先住民の宗教に詳しく、マヤ司祭の資格を持つ。

コン・ノミョン（孔 魯明）

Gong Ro-myung

1932.2.25〜

韓国外相・駐日大使　外交官　[出]朝鮮・咸鏡北道明川（北朝鮮）　[学]ソウル大学法科（1961年）卒, ロンドン大学卒　[歴]1958年陸軍大尉で退役後、韓国外務省入り。66年在日大使館2等書記官などの後、77年亜洲局長、駐カイロ総領事、第1外務次官補、83年駐ブラジル大使、86年駐ニューヨーク総領事、90年駐ソ連2等領事部長、同年初代駐ソ連大使、のち駐ロシア大使、92年外交安保研究院（韓国外務省の諮問機関）院長、93年3月駐日大使を経て、94年12月〜96年11月外相。韓国外務省随一のネゴシエーター（交渉者）と評され、国連安保理非常任理事国入り、経済協力開発機構（OECD）加入などの功績を残した。97年〜2003年東国大学日本学研究所所長。孔子の79代目の末裔。　[勲]紅条勤政勲章

ゴンザルベス, ラルフ

Gonsalves, Ralph

1946.8.8〜

セントビンセント・グレナディーン首相・財務相　[出]英領西インド連邦コロナリー（セントビンセント・グレナディーン）　[学]ウェスト・インディーズ大学（ジャマイカ）卒, マンチェスター・ビクトリア大学 Ph.D.　[歴]ジャマイカのウェスト・インディーズ大学で講師を務めながら英国に留学。1979年セントビンセント・グレナディーン統一人民運動（UPM）党首に就任。94年国会議員に初当選。同年統一労働党（ULP）副党首を経て、98年党首。2001年3月首相に就任。05年12月再任。10年12月3期目、15年12月4期目就任。財務・国家安全保障・法務・グレナ

ディーン問題相兼任。

ゴンザレス, アルベルト
Gonzales, Alberto
1955.8.4〜
米国司法長官　法律家　㊞テキサス州サンアントニオ　㊞通称＝Gonzales, Al　㊞米国空軍士官学校卒, ハーバード大学ロースクール（1982年）修了　㊞ヒスパニック系移民出身の両親のもとに生まれる。弁護士となり、1994年ジョージ・ブッシュJr.テキサス州知事の法律顧問、97年テキサス州務長官、99年州最高裁判事などを歴任し、2001年ブッシュJr.政権発足時に法律顧問に起用される。05年2月2期目のブッシュ政権でヒスパニック出身としては初の司法長官に就任。07年9月連邦検事8人を政治的な理由で解雇した疑惑をもたれ、辞任。

ゴンサレス, フェリペ
Gonzáles, Felipe
1942.3.5〜
スペイン首相, スペイン社会労働党（PSOE）書記長　㊞セビリア　㊞Gonzáles Márques, Felipe　㊞セビリア大学法学部卒, ルーベン大学（ベルギー）卒　㊞セビリア大在学中から政治運動に入り、卒業後弁護士。1964年スペイン社会労働党（PSOE）に入党。66年セビリアに初の労働問題専門の法律事務所を開設。党の再建に努め、74年書記長。79年5月党内左派との路線対立で辞任したが同9月書記長に返り咲く。82年10月の総選挙で同党が圧勝。同年12月半世紀ぶりの社会主義政権首相となる。85年9月スペイン首相として初めて来日。93年7月4選するが、96年ゴンサレス政権の80年代中期に起きた、バスク・ゲリラ関係者に対する誘拐・殺人事件への関与を取りざたされ、国会の解散、総選挙に追いこまれ、社会労働党は13年ぶりに敗北。5月首相を退任。97年党書記長を退任。

ゴンサレス, ルイス・アンヘル
González, Luis Ángel
1947.12.13〜
パラグアイ大統領　㊞アスンシオン　㊞González Macchi, Luis Ángel　㊞アスンシオン国立大学法学社会科学学部卒　㊞弁護士、パラグアイ法務労働省での人材養成機関の長などを経て、1993年コロラド党か

らパラグアイ下院議員に当選、98年上院議員となり、議長を務める。99年3月政変によりアルガニャ副大統領が暗殺、クバス大統領が辞任しブラジルに亡命したため、憲法の規定により、同月大統領に就任。

コンスタンチネスク, エミル
Constantinescu, Emil
1939.11.19〜
ルーマニア大統領　地質学者　㊞ルーマニア・ティギナ（モルドバ・ベンデルイ）　㊞ブカレスト大学法学部法律学科（1960年）卒, ブカレスト大学大学院（地質学）修了　博士号（地質学）　㊞ブカレスト大学卒業後、地裁の判事となるが、共産主義下の司法制度に失望、再び大学に戻り、地質学科に学士入学、鉱物学を研究。卒業後、ブカレスト大学地質学部助手、講師を経て、教授。1992〜96年同大学長を務める。オックスフォード大学などでも講義を行い、国際的に活躍。一方、90年ごろから民主化を求める市民運動に参加、反旧共産党勢力連合の民主会議創設者の一人となる。92年ルーマニア大統領選に出馬、決選投票でイリエスクに敗れるが、野党連合の民主会議議長に就任。96年11月ルーマニア初の非共産系大統領となる。97年ウクライナとの友好協力条約に調印、北ブコビナ、南ベッサラビアをめぐる領土紛争に終止符を打つ。2000年12月退任。1997年来日。

ゴンチグドルジ, ラドナースンベレリーン
Gonchigdorj, Radnaasumbereliin
1954.7.18〜
モンゴル国民大会議議長, モンゴル社会民主党（MSDP）党首　数学者　㊞アルハンガイ州　㊞モンゴル国立大学（1975年）卒　数学博士（ハンガリー科学アカデミー）（1991年）　㊞1975〜88年モンゴル国立大学講師を経て、88〜90年モンゴル科学アカデミー数学研究所長。90年数学者の仲間10人でモンゴル社会民主党（MSDP）を旗揚げ、民主化運動にも積極的に参加し、同年7月総選挙で初当選、同年9月副大統領（人民小議会議長兼務）に選出される。94年MSDP党首。96年7月の総選挙では民族民主党など主要な民主勢力と共闘し、"民主連合"として与党のモンゴル人民革命党（MPRP, 現・モンゴル人民党＝MPP）に勝利し、国民大会議（国会）

議長に就任。2000年7月退任。

コーン・チャーティカワニット
Korn Chatikavanij
1964.2.19〜
タイ財務相　㉺英国ロンドン　㉕オックスフォード大学セント・ジョンズ・カレッジ　㉿福建系華僑（蘇姓）の第4世代。父クライシーは関税局長やタイ政府貯蓄銀行頭取を務め、伯父のカセームも工業相を歴任するなど一族は官界とビジネス界で活躍。英国オックスフォード大学セント・ジョンズ・カレッジで政治学、哲学、経済学を学ぶ。1988年タイに戻り、J.P.モルガン等で働いた後、2005年タイ下院選挙に民主党から初当選。08年アビシット・ウェチャチワ同党党首の下で副党首となり、同年〜11年同政権の財務相を務めた。

コンデ, アルファ
Condé, Alpha
1938.3.4〜
ギニア大統領　㉺フランス領西アフリカ・ボケ（ギニア）　㉕パリ政治学院 博士号（パリ大学）　㉿15歳でフランスに渡る。1958年ギニア共和国独立。60年代トゥーレ独裁政権に対する反政府運動をフランスで展開。70年にトゥーレ大統領により本人不在のまま国外追放処分を受け、フランスで亡命生活を送る。パリ大学ソルボンヌ校教授を務めた後、91年帰国し、ギニア人民結集党（RPG）を創設。93年の大統領選で落選。98年の大統領選に出馬した際、クーデター計画容疑で逮捕され有罪判決を受けた。2001年恩赦で釈放され、同年〜05年フランスへ国外追放。10年11月に行われたギニア初の民主的大統領選で当選し、12月就任。15年10月再選され、12月2期目就任。

コンテ, ランサナ
Conté, Lansana
1934〜2008.12.22
ギニア大統領　軍人　㉺フランス領西アフリカ・コナクリ近郊（ギニア）　㉿少数派のスース一族。バンジェルヴィル（コートジボアール）、サン・ルイ（セネガル）のフランス軍学校で中等教育を終了。1955年フランス軍に入り、アルジェリア戦争に従軍。58年ギニア独立と同時に軍解隊。59年新設ギニ

ア軍に入隊し、陸軍伍長。62年士官学校を卒業し、見習士官。63年少尉、65年中尉、71年大尉、75年陸軍参謀次長、77年少佐、82年大佐。第5軍管区（西部ボケ地区）司令官当時の84年4月、無血軍事クーデターで政権を掌握し、軍事救国委員会を結成、議長に就任、大統領となる。同年12月より首相を兼任。93年12月初の複数政党制の下で大統領選に当選。98年12月再選、2003年12月3選した。

コンティッチ, ラドイエ
Kontić, Radoje
1937.3.31〜
ユーゴスラビア連邦首相　㉺ユーゴスラビア・モンテネグロ共和国ニクシッチ（モンテネグロ）　㉕ベオグラード大学卒　㉿モンテネグロ共和国議会議員。1982〜86年同共和国副首相、89〜91年同共和国首相を経て、92年7月ユーゴスラビア連邦副首相、93年2月〜98年5月首相。

コンパオレ, ブレーズ
Compaoré, Blaise
1951.2.3〜
ブルキナファソ大統領・国防相　軍人　㉺フランス領オートボルタ・ワガドゥグ（ブルキナファソ）　㉿モシ族。カメルーン、フランス、モロッコで軍事教育を受ける。軍に入隊。1983年8月のクーデター後、サンカラ革命民族評議会議長政権の大統領府担当国務相・法相、第5軍管区司令官。87年10月のクーデターでサンカラ議長を打倒し、人民戦線議長（元首）兼首相。大尉。91年12月憲法改正後の大統領選に当選、同月就任。98年11月再選。2005年12月3選。10年11月4選を果たし、12月4期目就任。14年10月大統領辞任。11〜14年国防相兼任。1995年、2003年9月来日。

コンプトン, ジョン
Compton, John
1925〜2007.9.7
セントルシア首相　㉺セントビンセント・グレナディーン　㊙Compton, John George Melvin　㉕ロンドン大学卒　㉿1954年セントルシア立法院議員、労働党入り。57〜61年通産相。全国労働運動（現・統一労働党, UWP）結成、64年より党首。67年自治政府

首相。79年2月独立と同時に初代首相。79年7月総選挙敗北で辞任。82年5月総選挙で勝利、首相に再任。92年4選を果たし、96年まで務めた。97年引退、同年英国のエリザベス女王よりナイト爵に叙された。2005年UWP党首に復帰し、06年総選挙で政権を獲得、首相に返り咲いた。07年在任中に病死。国民からは“ダディ・コンプトン”と呼ばれ親しまれた。

コンロテ, ジオジ
Konrote, Jioji
1947.12.26〜
フィジー大統領　軍人　[出]ロツマ　[歴]ニュージーランドやオーストラリアで軍事教育を受ける。フィジー軍幹部や外交官（大使級）を歴任。2006年フィジー議会議員。14年9月の民政復帰に伴い雇用・生産相兼産業関係相。15年10月大統領に選出され、11月就任。

【サ】

サアキャン, バコ
Sahakian, Bako
1960.8.30〜
アルツァフ共和国大統領　[出]ソ連アゼルバイジャン共和国ナゴルノ・カラバフ自治州ステパナケルト　[歴]旧ソ連のアゼルバイジャン共和国のアルメニア人居住地域、ナゴルノ・カラバフ自治州に生まれる。アゼルバイジャン領土内の自治州ながら、独立共和国を宣言するナゴルノ・カラバフで、2001年より保安長官を務める。07年第3代大統領に当選。12年7月再選。17年2月国民投票によりアルツァフ共和国への改称を宣言。

サアド・アル・アブドラ・アル・サレム・アル・サバハ
Saad al-Abdullah al-Salem al-Sabah
1930〜2008.5.13
クウェート首長, クウェート首相　[学]ヘンドン大学（英国）　[歴]第11代クウェート首長アブドラの長男。1961年内相、65年から国防相兼任。78年1月皇太子、2月首相。90年8月イラク軍による武力侵攻・全土制圧後、サウジアラビアへ脱出。91年2月戒厳令下で司令官に就任。同年4月イラク撤退後、新内閣を発足。92年10月、99年7月首相再任。2003年7月病弱のため首相解任。06年1月15日ジャビル首長死去に伴い第14代首長に即位するが、健康問題を理由に、わずか9日後に退位した。　[家]娘＝シェイハ・アル・サバハ（クウェート石油公社常務理事）

蔡 英文　さい・えいぶん
Tsai Ing-wen
1956.8.31〜
台湾総統, 台湾民主進歩党主席　法学者　[出]台北　[学]台湾大学法律科（1978年）卒, コーネル大学大学院（法学）（1980年）修士課程修了, ロンドン大学大学院博士課程修了 Ph.D.　[歴]1984年台湾政治大学法律科助教授、91年東呉大学教授を経て、93年台湾政治大学国際貿易科教授。同年台湾行政院経済部貿易調査委員、2000年5月民主進歩党（民進党）が政権を獲得した時、行政院大陸委員会主任。02年2月留任。06〜07年行政院副院長（副首相）。08年5月民進党主席に就任。10年5月再選。12年1月総統選で落選、2月民進党主席辞任。14年5月再び民進党主席に選出。16年1月の総統選で初当選、5月就任。

蔡 奇　さい・き
Cai Qi
1955.12〜
中国共産党政治局員, 北京市党委書記　[出]福建省　[学]福建師範大学経済法律学院卒　[歴]1975年中国共産党入党。78年福建師範大学党委弁公室幹部、93年福建省党委弁公室副主任、97年福建省三明市長。99年浙江省衢州市長、2007年同省杭州市長。14年党中央国家安全委弁公室副主任。17年1月北京市長、5月北京市党委書記、6月北京冬季オリンピック・パラリンピック組織委主席。同年10月第19回党大会で党政治局員に昇格。

崔 世安　さい・せいあん
Chui Sai-on
1957.1〜
マカオ特別行政区行政長官　[出]ポルトガル領マカオ（中国）　[名]英語名＝Chui, Fernando　[学]カリフォルニア州立大学サクラメント校, オクラホマ大学 公共衛生学博士（オクラホマ大学）　[歴]ポルトガル統治時代から政財界の中枢を占め、何家、馬家と並んでマカオの3代ファミリーに数えられる崔家の二男。中

学卒業後、米国に留学してオクラホマ大学で公共衛生学の博士号を取得。1992～96年マカオ立法会議員などを経て、マカオ中国返還後の99年から10年間は、政府の社会文化庁長官を務め、医療行政などを担当。2003年の新型肺炎（SAAS）流行では対策に手腕を発揮した。09年7月マカオ特別行政区行政長官に当選、12月就任。14年8月再選され、12月2期目就任。親中派。　[家]兄＝崔 世昌（政協委員），いとこ＝崔 世平（全人代代表）

崔 天凱 さい・てんがい

Cui Tian-kai

1952.10～

駐日中国大使　外交官　[出]上海　[学]華東師範大学外国語学部（英語）（1977年）卒，華東師範大学近代英語大学院（1979年）修了，北京外国語大学国連通訳養成センター大学院（1981年）修了，ジョンズ・ホプキンズ大学国際問題上級研究院国際パブリックポリシー（1987年）修士課程修了　[歴]1969～74年黒龍江省の農村に配属。華東師範大学卒業後、77～78年上海師範大学外国語学部教師。北京外国語大学大学院修了後、中国外務省に入り、81～84年国連本部中国語事務局通訳、84～86年外務省国際局アタッシェ、3等書記官、88～96年国際局課長、参事官など歴任。96～97年スポークスマン役の副報道局長として知名度を上げ、97年国連中国代表部公使参事官、99年外務省政策研究室副主任、2001年同主任、03年アジア局長、06年1月外務次官補（アジア・国際・軍縮担当）、07年9月駐日大使、10年2月外務次官を経て、13年4月駐米大使。手堅い交渉手腕には定評がある。アジア局長時代には厳しい対日姿勢も示した。英語に堪能。

蔡 武 さい・ぶ

Cai Wu

1949.10～

中国文化相　[出]甘粛省　[学]北京大学国際政治系卒 法学博士　[歴]1973年1月中国共産党に入党。76年10月甘粛省石炭局に入局。83年7月以降共産主義青年団中央工作部部長、全国青年連合会主席などを歴任。97年7月党中央対外連絡部副部長。2005年8月中国国務院新聞弁公室主任（閣僚級）、党中央対外宣伝弁公室主任。07年10月党中央委員。08年3月～14年12月文化相。北京大学国際関係教授。

柴 玲 さい・れい

Chai Ling

1966.4.15～

人権活動家，民主化運動家，実業家　[出]山東省日照県　[学]北京大学心理系（1987年）卒，北京師範大学大学院，プリンストン大学大学院政治学専攻（1993年）修士課程修了，ハーバード大学ビジネススクール経営学専攻（1996年）修士課程修了　[歴]両親とも軍医。北京大学で心理学を学び、1987年から北京師範大学大学院に進み児童心理学を専攻。88年封従徳（元北京大学遙感技術研究所研究生）と結婚。89年の民主化要求運動では北京市大学学生自治連合会ハンスト団総指揮、天安門防衛総指揮として活躍。6月4日の天安門事件後は公安局より逮捕状が出され、オーストラリアへの亡命説が流れる中で「私はまだ生きている」という声明を香港のラジオを通じて発表、そのテープが世界中に流され話題となった。90年1月ノルウェー北部のトロムソー大学から“名誉学生”の資格を送られた。同年4月香港のテレビに出演、同年6月ワシントンで記者会見。同年12月離婚。91年プリンストン大学大学院に入学し、93年ボストンの有名コンサルティング会社に入社。以後自身の生活を優先させながら講演活動などを行う。95年アメリカ人女性監督カーマ・ヒントンが製作したドキュメンタリー映画「天安門」が初上映されると、事件直前の柴玲の発言が問題となり、大騒ぎとなった。97年5月天安門事件にまつわる行事には参加しないとの条件つきで英国当局からビザがおり香港を訪問。“中国のジャンヌ・ダルク”と称された民主化運動の象徴だった。その後、ハーバード大学ビジネススクールで学んだ後、98年IT企業を立ち上げる。280人の社員を抱える規模に成長。2009年クリスチャンとなる。中国の一人っ子政策と強制堕胎を知り、10年中国の女性や子供を支援するNGOを設立。　[家]元夫＝封 従徳（民主化運動家）

サイ・チュム

Say Chhum

1945.2.5～

カンボジア上院議長　[出]コンポンチャム州コホソーティン郡　[歴]元中学校教員。1985年カンプチア人民革命党中央委員兼コポンスプー州党書記、86年カンボジア農相、89

年党政治局員、90年副首相を歴任。90年代以降は党中央員会常任委員会常務委員長として党務を取りしきる。93年総選挙から4期連続当選を果たし、2008年国民議会第2副議長に就任。上院選挙に鞍替え出馬し、12年上院第1副議長となる。チア・シム上院議員の死去に伴い、15年6月後任の上院議長に選出される。

サイトティ, ジョージ

Saitoti, George

1945〜2012.6.10

ケニア副大統領　数学者　[名]Saitoti, George Kinuthia　[学]ウォーウィック大学(英国)　[歴]マサイ族出身。ナイロビ大学数学教授、1977〜82年ケニア商業銀行頭取を務めた。83年任命議員となり、同時に財務相に就任。89年5月〜97年副大統領(財務相兼任)。99年4月〜2002年副大統領に再任。08年1月国内治安担当相に就任し、ソマリアのイスラム過激派アルシャバブの掃討作戦に携わっていたが、12年6月搭乗していた警察当局のヘリコプターが墜落し死亡した。

ザイド・ビン・スルタン・アル・ナハヤン

Zayed bin Sultan al-Nahyan

1918〜2004.11.2

アラブ首長国連邦(UAE)大統領, アブダビ首長　[出]アル・アイン　[歴]アブダビ首長の王子として生まれる。1946〜66年東部州知事。この間、アブダビ社会の近代化に努め、アブダビの石油生産が開始されて4年後の66年、近代化に頑強に抵抗するシャクブート首長をクーデターで追放し、アブダビ首長を継承。69〜71年英国からの独立を目指して結成されたアラブ首長国連盟最高評議会議長。71年12月他の5首長国(ドバイ, アジュマン, シャルジャ, フジャイラ, ウムアルカイワイン)とともにアラブ首長国連邦(UAE)を結成し独立、初代大統領となる。以来、通算7期(任期5年)約33年間に渡り大統領を務め、独立志向の強い7つの首長国をまとめて連邦制の強化に努めた。また石油収入を基に近代化と国民所得の向上を成し遂げた。バンク・オブ・クレジット・アンド・コマース・インターナショナル(BCCI)経営者でもあった。90年5月国賓として来日。2000年8月米国で腎臓の移植手術を受けた。アラビア半島遊牧民(ベドウィン)の典型的な騎士だった。　[家]長男＝ハリファ・ビン・ザイド・ナハヤン(アラブ首長国連邦大統領)

サイハンビレグ, チメド

Saikhanbileg, Chimed

1969.2.17〜

モンゴル首相　[出]ドルノド県　[名]Saikhanbileg, Chimediin　[学]モスクワ人文科学大学, モンゴル国立大学(1995年)卒, ジョージ・ワシントン大学　[歴]1996年モンゴル国民大会議(国会)議員に初当選。98〜99年文部相。政府報道局長、モンゴル民主党(DP)議員連盟会長などを経て、2012年官房長官。14年11月アルタンホヤグ首相の辞任を受けて首相に選出、12月就任。15年2月来日。16年6月選挙で自身や党首が落選する惨敗を喫し、首相を退任した。

サヴィサール, エドガー

Savisaar, Edgar

1950〜

エストニア共和国首相, エストニア中道党党首　歴史学者　[歴]エストニア共和国の経済相、副首相などを歴任し、1990年4月〜92年1月首相。民族組織"人民戦線"指導者、中道党党首。

ザヴェリューハ, アレクサンドル

Zaveryukha, Aleksandr

1940.4.30〜

ロシア副首相　[学]オレンブルク農業大学卒　[歴]オレンブルク州のコルホーズ(集団農場)長、同州農業委員会議長、同州畜産研究所所長など一貫して農業分野で活動。1990年ロシア最高会議代議員。93年2月ロシア副首相。同年12月の議会選挙に保守派の農業党から出馬し当選。94年1月内閣改造で留任。96年8月第2期エリツィン政権下でも留任。97年3月解任。この間、96年1月〜5月農相を兼任。

サウダルガス, アルギルダス

Saudargas, Algirdas

1948.4.17〜

リトアニア外相　[出]カウナス　[学]カウナス医科大学　[歴]1977〜82年リトアニア農業アカデミー講師、82〜90年カウナス医科大学研究員を経て、90〜92年リトアニア外相。96年再任。99年10月退任。リトアニア・キリスト民主党に所属。99年同国の外相として

初来日。

サウド・アル・ファイサル
Saud al-Faisal
1940～2015.7.9
サウジアラビア外相　[出]リヤド　[学]プリンストン大学(1964年)卒　[歴]暗殺されたファイサル第3代国王の第4王子。1964年米国プリンストン大学卒業。71～74年サウジアラビア石油鉱物資源省次官を経て、75年3月外務担当国務相、同年10月外相に就任。以来、2015年4月に健康上の理由で辞任するまで40年間外相を務め、在任期間は世界最長だった。冷戦時代、"親米、反ソ"を基軸に外交を展開。11年に始まったシリア内戦では、反アサド政権派を支援した。また、初代国王アブドルアジズ(イブン・サウード)の孫にあたる"第3世代"のプリンスの中では唯一の閣僚経験者で、将来の有力国王候補だった。1996年来日。　[家]父＝ファイサル・ビン・アブドルアジズ(サウジアラビア第3代国王), 祖父＝アブドルアジズ・イブン・サウード(サウジアラビア初代国王)

ザエフ, ゾラン
Zaev, Zoran
1974.10.8～
マケドニア首相　[出]ユーゴスラビア・マケドニア共和国ストルミツァ(マケドニア)　[学]スコピエ大学経済学部(1997年)卒　[歴]大学で金融経済学と財政学の修士号を取得。2003～05年マケドニア国会議員。05年ストルミツァ市長。08年社会民主同盟連合(SDSM)副党首を経て、13年党首。3期目途中の16年12月市長職を辞任。同月の前倒し議会選挙の結果、内部マケドニア革命組織・民族統一民主党連合(VMRO-DPMNE)が第1党となったが、アルバニア系政党との連立合意に至ることが出来ず、17年5月第2党SDSMと、アルバニア系の"統合のための民主同盟(DUI)"、"アルバニア人のための同盟"の2政党との連立内閣が発足し、首相に就任。

サカ, アントニオ
Saca, Antonio
1965.3.9～
エルサルバドル大統領　スポーツキャスター　[出]ウスルタン　[名]Saca Gonzáles, Elías Antonio　[学]エルサルバドル大学(ジャーナリズム)中退　[歴]祖父はベツレヘムから来たパレスチナ移民。14歳でラジオ局のスポーツ担当アナウンサーとなり、1980年代のエルサルバドル内戦時には一時戦場記者を経験。その後テレビに移って、働きながらジャーナリズムを学び、スポーツ記者として活動。サッカーW杯のナレーターなどを担当し、熱狂的で饒舌な語り口で一躍人気キャスターとなる。93年自身のラジオ局"ラジオ・アストラル"を設立、97年～2001年ラジオ放送協会会長、01～03年民間企業連盟会長。03年11月に20代から所属する親米右派の民族主義共和同盟(ARENA)の党首に就任。04年3月大統領選に当選、同年6月就任。09年3月退任。

ザカエフ, アフメド
Zakayev, Akhmed
1956.4.26～
チェチェン独立運動指導者　[出]ソ連カザフ共和国キロフスキー(ロシア)　[名]Zakayev, Akhmed Khalidovich　[歴]チェチェン共和国の穏健独立派指導者。ロシアにより国際指名手配され、2002年デンマーク、英国当局に拘束されたが証拠不十分で釈放される。03年英国に政治亡命して以来、同国に滞在。10年9月ポーランドで開催された国際会議に出席、事前に同国外務省より入国すれば拘束すると通知されていたため、入国後に検察当局に出頭。一時拘束されたが、即日釈放された。

サーカシヴィリ, ミヘイル
Saakashvili, Mikheil
1967.12.21～
ジョージア大統領　[出]ソ連グルジア共和国トビリシ(ジョージア)　[学]キエフ大学(国際関係論)(1992年)卒, コロンビア大学ロースクール修了 博士号(ジョージ・ワシントン大学)　[歴]アルメニア系のグルジア人の家庭に生まれる。ウクライナで学んだあと、米国に留学し、ニューヨークで弁護士となる。その後、国際性と法律知識を請われて帰国し、1995年27歳でグルジア(現・ジョージア)議会議員に当選。シェワルナゼ政権2期目の2000年10月法相となるが、01年9月政権の腐敗に抗議して辞任。同年急進的な国民運動(ENM)を結成、党首を務める。03年11月大

統領の議会選挙不正関与に抗議するため民衆の先頭に立って議事堂になだれ込み、無血クーデター（バラ革命）で大統領を退陣に追い込んだ。同年野党統一候補として大統領選に立候補、04年1月当選し、就任。独立国家共同体（CIS）で最年少の元首となった。08年1月再選。在任中は汚職対策を進めた。反ロシア派の急先鋒として知られる。13年11月退任。12月ウクライナへ渡るが、母国では職権乱用罪などで訴追されており、そのままウクライナに留まる。15年2月ポロシェンコ大統領の顧問に就任。5月にはウクライナ国籍を取得、ジョージア国籍を失う。6月オデッサ州知事に任命される。国家元首経験者が外国の地方首長に転身するのは異例。その後、政権の腐敗を批判して反旗を翻し、国外滞在中の17年4月、ウクライナ国籍を剝奪される。同年9月ポーランドから大勢の支持者と国境検問を強行突破してウクライナに“再入国”。18年2月ウクライナ国内で治安当局に拘束され、ポーランドに強制退去させられる。一方、ジョージアの司法当局は大統領時代の強引な野党封じなどについて権力乱用の疑いで捜査し、18年1月ジョージアの裁判所は有罪判決を下した。妻はオランダ人で、英語、フランス語など6ケ国語を操る。

サクスコブルク, シメオン

Saxe-Coburg Gotha, Simeon

1937.6.16〜

ブルガリア国王・首相　[出]ソフィア　[名]Simeon Borisov Saxe-Coburg-Gotha, 前名＝シメオン2世〈Simeon II〉　[歴]ボリス3世の息子で、1943年父の急死で6歳にしてシメオン2世としてブルガリア王位を継承。46年8月国民投票による王制廃止に伴い、47年家族とともにエジプトに亡命した。51年スペイン政府から亡命王族と認められ、以来マドリードで実業家として生活。この間、58〜59年米国軍事アカデミーで学び少尉となる。89年12月東欧での民主化の動きに関連し、国民が望むなら王位復活の可能性もあることを示唆。96年5月半世紀ぶりに一時帰国する。2001年4月新党“シメオン2世国民運動”を結成し、6月のブルガリア総選挙へ参加、国民からの熱狂的な支持を受け第1党となり、7月首相に就任。シメオン・サクスコブルクゴツキと改名（のちサクスコブルク）。元国王が選挙によって行政の最高責任者となるのは戦後のヨーロッパでは異例で、旧共産圏諸国では初めてのこととなった。05年6月の総選挙で敗れ、8月首相を退任。8ケ国語を操り、アラブ諸国の王家にも人脈を持つ。スペイン貴族の妻との間に4男1女がある。　[家]父＝ボリス3世（ブルガリア元国王）, 母＝ジョバナ・ディサボヤ（ボリス3世王妃）

サザーランド, ピーター

Sutherland, Peter

1946.4.25〜2018.1.7

世界貿易機関（WTO）事務局長, アイルランド法相　法律家　[出]ダブリン　[名]Sutherland, Peter Denis　[学]ダブリン大学法律専攻卒　[歴]1968〜71年ダブリン大学法学講師、68〜81年アイルランド弁護士会のメンバーを経て、81〜82年、82〜85年アイルランド法相。85年1月〜89年1月競争政策担当の欧州連合（EU）欧州委員会委員を務め、競争原理の尊重を唱えて各国の保護主義的な補助金に猛反対した。89年4月〜93年アイルランド銀行家連盟会長。93年7月ガット（GATT, 関税貿易一般協定）事務局長に就任。“タフ・ネゴシエーター”との評判をとり、同年12月ウルグアイ・ラウンドの難交渉をまとめあげた。95年世界貿易機関（WTO）が発足すると事務局長選びが難航したため、発足から4ケ月間、暫定的に初代事務局長を務めた。2006年より国連移住機関（IOM）事務局長特別大使。世界経済フォーラムの創設メンバーの一人。　[勲]レジオン・ド・ヌール勲章シュバリエ章

サジャド, ワシム

Sajjad, Wasim

パキスタン大統領代行　[出]インド・ジャランダル　[学]パンジャブ大学卒　[歴]奨学金で英国オックスフォード大学に学び法学修士を取得。帰国して弁護士として活躍後、1985年パキスタン上院議員に初当選。法相を経て、88年上院議長。核疑惑を解くため米国政府に説明する使節団の団長を務めるなど国際的に活躍。93年7月大統領代行、11月レガリ大統領就任により退任。97年12月〜98年1月にも大統領代行を務めた。

サス・ヌゲソ, ドニ

Sassou-Nguesso, Denis

1943〜

コンゴ共和国大統領, コンゴ労働党（PCT）党首　軍人　[出]フランス領コンゴ・エドゥ（コンゴ共和国）　[歴]ムボシ族。1960年8月独立、コンゴ共和国となる。同年コンゴ軍入隊。68年政界入り。69年マルクス・レーニン主義を唱える単一政党コンゴ労働党（PCT）創設に加わる。70年1月コンゴ人民共和国と改称。国家評議会議員を経て、75年国防相、77年PCT軍事委員会第1副議長兼国防相。陸軍大佐。79年3月の政変によりPCT大会で党首とコンゴ大統領に選出され、国防・治安相兼任。84年再選。86〜87年アフリカ統一機構（OAU）議長。89年7月大統領3選。90年一党独裁を放棄し、91年6月国名をコンゴ共和国に戻し、名目上の国家元首となる。92年8月初の民主選挙による大統領選で落選。97年6月大統領選をめぐってリスバ派対サスヌゲソ派の内戦発生、10月内戦勝利でリスバ大統領を追放し政権掌握、大統領に就任。2002年3月新憲法下で当選、8月就任。06年1月〜07年1月アフリカ連合（AU）議長。09年8月大統領再任。16年3月新憲法下で3選を果たし、4月3期目就任。

サタ, マイケル・チルフヤ

Sata, Michael Chilufya

1937.7.6〜2014.10.28

ザンビア大統領　[出]ムピカ　[歴]1985年ルサカ市長。91年複数政党制民主主義運動（MMD）に入党し、ザンビア地方自治相、保健相などを歴任。2001年野党・愛国戦線（PF）を結成し、党首に就任。01年、06年、08年の大統領選で敗北。11年9月の大統領選では、銅産業に対する中国からの投資や外国企業によるザンビア労働者の不当な扱いを非難して人気を集め、現職のバンダら9人の候補者を破って当選した。

サチ, ハシム

Thaçi, Hashim

1968.4.24〜

コソボ大統領・首相, コソボ民主党党首　軍人　[出]ユーゴスラビア・セルビア共和国コソボ自治州ドレニツァ（コソボ）　[学]プリシュティナ大学哲学部卒, チューリヒ大学 Ph.D.　[歴]アルバニア系。歴史を学んでいた大学時代、ミロシェヴィッチ・ユーゴスラビア大統領のコソボ支配強化時期に反セルビア人ゲリラ闘争に参加。セルビア治安部隊への反抗、逮捕、釈放を繰り返し、中部マリシェボを中心にアルバニア系武装組織コソボ解放軍（KLA, 現・コソボ保安部隊＝KPC）の中で次第に頭角を現す。1996年マリシェボで行われたKLAの正式設立から政治代表部の一員として参加。98年“コソボ紛争”時にはKLA政治局長として活動。99年2月KLAが発足させたコソボ暫定政府の暫定首相を兼任。フランス・ランブイエで行われた和平交渉で国際舞台に初登場、アルバニア系住民の交渉団長としてユーゴスラビア側と対峙。同年6月北大西洋条約機構（NATO）による空爆の結果ユーゴスラビア軍がコソボから撤退するとコソボ政治の表舞台に登場。2000年急進独立派政党・コソボ民主党を旗揚げ、党首。04年コソボ自治州議会議員。07年11月州議会選挙で民主党が第1党となり、08年1月首相に就任。2月セルビアからの独立を宣言。14年12月首相退任。14年より副首相兼外相。16年2月議会で大統領に選出され、4月就任。

サディック, ナフィス

Sadik, Nafis

1929.8.18〜

国連人口基金（UNFPA）事務局長　小児科医, 産婦人科医　[出]インド・ジャウンプール　[学]ロレット大学（インド）, カルカッタ医科大学 医学博士　[歴]カルカッタ医科大学から米国ジョンズ・ホプキンズ大学に留学。留学中にパキスタン陸軍将校と結婚。帰国後、1954〜63年パキスタン陸軍病院に産婦人科医として勤務。64年パキスタンの健康・家族計画委員会委員長、71〜72年国連人口基金（UNFPA）アドバイザーを経て、87年UNFPA事務局長に就任。89年5月の「世界人口白書」では「人口問題に果たす女性の役割」をテーマにし、女性の教育水準を高め、家庭内や社会の中での発言権を強めることが、人口爆発を防ぎ、環境をよくする早道であると強調。94年国連の国際人口・開発会議では“女性が出産を自由に決めたい”と主張し、議論を呼ぶ。2000年12月退任。02〜12年国連アジア太平洋地域HIV/AIDS問題特使を務めた。1989年、91年来日。　[賞]日本大学名誉経済学博士号（1999年）　[家]父＝ムハマド・ショアイブ（世界銀行副総裁）

サドル, ムクタダ

Sadr, Muqtada al-

1973.8.12〜

イスラム教シーア派指導者　㊱バグダッド　㊳1980年にフセイン政権下で処刑されたイスラム教シーア派最高権威 "大アヤトラ" のムハンマド・バーキル・サドル師らを輩出した名門の家系に生まれる。同じく大アヤトラとしてフセイン政権に不服従の姿勢を貫いた父のムハンマド・サーディクは99年に暗殺され、兄弟2人も父と同時に失う。2003年のイラク戦争後、米軍の暫定占領統治に対する住民の反発が強まる中、父の威光を背景に支持を拡大し、宗教家としては学生の身分ながら強硬派指導者として台頭。民兵 "マフディ軍団" を組織し、占領軍と対立。14年2月自身のホームページで政治活動を辞めると発表した。　㊗父＝ムハンマド・サーディク・サドル（イスラム教シーア派指導者）

ザドルノフ, ミハイル

Zadornov, Mikhail

1963.5.4〜

ロシア財務相　㊱モスクワ　㊴Zadornov, Mikhail Mikhailovich　㊳1993年ロシア穏健派改革派のヤブロコに参加、同派代表のヤブリンスキー代表らと500日の市場経済移行計画を作った経済の専門家。94年下院予算・税・銀行・財政委員長を経て、97年11月財務相に就任。98年4月再任。同年8月解任、9月再任。99年5月内閣改造で第1副首相に就任するが、4日後解任。

ザトレルス, バルディス

Zatlers, Valdis

1955.3.22〜

ラトビア大統領　整形外科医　㊱ソ連ラトビア共和国リガ　㊲リガ医科大学卒　㊳1979年からリガ市第2病院で整形外科医として勤務。90〜91年米国のエール大学などで研修し、94年からラトビア国立外科病院院長、理事長を歴任。ラトビア整形外科医師会会長も務めた。2007年5月議会での大統領選出選挙で当選、7月ラトビア大統領に就任。11年退任。

サナデル, イボ

Sanader, Ivo

1953.6.8〜

クロアチア首相、クロアチア民主同盟（HDZ）党首　㊱ユーゴスラビア・クロアチア共和国スプリト（クロアチア）　㊲インスブルック大学（1982年）卒 Ph.D.（インスブルック大学）（1982年）　㊳書籍編集者などを経て、1990年クロアチア民主同盟（HDZ）支部を設立。92年8月国会議員に初当選。HDZ政権下で、外務事務次官、科学技術相などを歴任。2000年4月HDZ党首。03年11月の総選挙で同党が第1党となり、4年ぶりに政権を奪還、12月首相に就任。08年1月2期目。09年7月1日辞任。10年在任中の汚職容疑で逮捕された。

サニン・ポサダ, ノエミ

Sanin Posada, Noemi

コロンビア外相　㊳1982〜86年コロンビア通信相を務め、姉のマステーリャ労相と姉妹閣僚と話題になった。駐ベネズエラ大使時代には、コロンビアで起こった左翼ゲリラ・コロンビア革命軍（FARC）による東芝社員誘拐事件解決に貢献。91年11月コロンビア初の女性外相に就任。92年10月来日、94年外相退任。駐英大使、駐スペイン大使なども歴任。98年、2002年、10年コロンビア大統領選に立候補した。

サネ, ピエール

Sané, Pierre

1948.5.7〜

アムネスティ・インターナショナル事務総長　㊱ダカール　㊴Sané, Pierre Gabriel Michel　㊲ロンドン・スクール・オブ・エコノミクス, カールトン大学（カナダ）　㊳フランス、英国、カナダで学ぶ。1978年カナダに拠点を置くアフリカの開発団体IDRCに参加、東アフリカ、南アフリカで活動。88年アムネスティ・インターナショナルのメンバーになり、92年初の非ヨーロッパ、南側出身として事務総長に就任。2001年退任。01〜10年国連教育科学文化機関（UNESCO）人文社会科学局事務局長補。1994年、2000年来日。

サバハ・アル・アハマド・アル・ジャビル・アル・サバハ

Sabah al-Ahmad al-Jabir al-Sabah

1929.6.16〜

クウェート首長　㊲アルムバラキヤハ学校卒　㊳ジャビル元首長の異母弟で、支配一

族サバハ家のジャビル分家出身。1962〜63年情報指導社会問題相、63〜91年クウェート外相。65年財務相兼石油相代理、78年内相、78〜91年副首相。92年〜2003年7月第1副首相兼外相。この間、1990年のイラク軍侵攻直前にイラクを批判し、湾岸戦争後侵攻を招いた責任者として外相を一時更迭されたが、92年復職、外相を約40年間務めた。2003年7月〜06年1月首相。異母兄ジャビル首長の病死に伴い、06年1月29日第15代首長に即位。 [家]異母兄＝ジャビル・アハマド・サバハ（クウェート首長）

サハフ, ムハンマド・サイード・アル

Sahhaf, Mohammed Saeed al-

1939〜

イラク外相　軍人　[学]バグダッド大学文学部英語専攻卒　[歴]英語教師を目指していたが、大学在学中バース党に入党。1968年同党が無血クーデターで政権を奪取した際、イラク国営テレビ・ラジオ局長に就任。以後、フセイン政権のプロパガンダを担う。アジズ情報相（のち副首相）のもとで働いた後、インド、イタリア、国連の各大使を歴任。フセイン大統領に重用され、湾岸戦争後の92年〜2001年外相を務めたが、大統領の長男ウダイとの確執から情報相に降格。国際的な知名度が高く、フセイン政権の閣僚の中では知性派として知られた。03年3月イラク戦争が勃発すると、スポークスマンとして連日記者会見を開催。軍服、ベレー帽、腰に銃といういでたちで会見に臨み、イラク軍劣勢の中で強気の発言を繰り返した。英国メディアからは“ケミカル・アリ”の異名で恐れられたアリ・ハッサン・アル・マジド国防相をもじって“コミカル（こっけいな）・アル”と揶揄された。首都陥落前日の4月8日以降行方不明となるが、のちUAEに出国していることが判明。

サパン, ミシェル

Sapin, Michel

1952.4.9〜

フランス財務・公会計相　[出]ブーローニュ・ビヤンクール　[学]パリ第4大学卒, エコール・ノルマル・シュペリウール卒, パリ政治学院卒, 国立行政学院（ENA）卒　[歴]1975年フランス社会党に入党。80年パリ行政裁判所判事、81年以来国民議会（下院）議員。84〜85年および88年下院副議長を務め、91年5月国璽尚書・法務担当相（法相）、92年4月〜93年3月経済・財政相（財務相）、保革共存政権の2000年3月〜02年5月、公務員・国家改革・分権相。オランド政権では、12年5月〜14年3月労働・雇用・職業教育・労使対話相、14年4月〜16年財務・公会計相。フランス銀行通貨政策評議会委員、フランス地域圏協会第1副会長、アヴニール・ライユ（鉄道の将来を考える会）会長を歴任。

サビンビ, ジョナス・マリェイロ

Savimbi, Jonas Malheiro

1934.8.3〜2002.2.22

アンゴラ副大統領, アンゴラ全面独立民族同盟（UNITA）議長　民族運動指導者　[出]ポルトガル領アンゴラ・モシコ州ムニャンゴ（アンゴラ）　[学]リスボン大学（医学）, フリブール大学, ローザンヌ大学（政治学）　[歴]1958年リスボン大留学中、ポルトガル警察の迫害を受け出国、スイスに行きフリブール、ローザンヌ両大学で政治学と法学を修める。61年アンゴラ独立運動組織アンゴラ人民同盟（UPA）に参加、同書記長。62年H.ロベルトUPA議長とアンゴラ解放民族戦線（FNLA）を結成、レオポルトビルに樹立したアンゴラ亡命革命政府（GRAE）の外相となる。64年FNLAを離脱、66年アンゴラ全面独立民族同盟（UNITA）を結成、議長に就任。75年独立を果たしたアンゴラ解放人民運動（MPLA）の政府軍に宣戦し内戦開始。米国や南アフリカの支援を受け、政府軍に対しゲリラ活動を展開。アンゴラは米ソ代理戦争の舞台となった。UNITAはダイヤモンド産出地帯を拠点に、一時国土の半分を制圧。91年5月政府側と和平協定を結び、16年にわたる内戦を一時終結させた。しかし、92年10月アンゴラ初の大統領選と国民議会選にUNITAが敗北するや、再び内戦を開始。和平協定は94年11月に再び調印され、95年7月副大統領となるが、ドスサントス大統領の下になることに抵抗。97年4月に発足した国民統一政府には加わらず、特別な権限を与えられた野党代表に就任したが、98年12月内戦が再燃。冷戦後は、アンゴラの石油資源に目をつけた米国と、社会主義路線を放棄したMPLA政権が関係を強化、政府軍が優勢となる中で抵抗を続ける。2002年2月政府軍との戦闘で死亡した。

サファディ, アイマン
Safadi, Ayman
1960.3.30〜
ヨルダン外相・移民相　実業家　[出]ザルカー　[名]Safadi, Ayman Hussein Abdullah al-　[学]ヤルムーク大学（英語学・英文学）卒, バイラー大学（米国）大学院（国際ジャーナリズム）修士課程修了　[歴]1980年代はヨルダン・タイムズ、アルガードなどの新聞社記者、90年代はアブダビ・メデイア・カンパニーCEO（最高経営責任者）を務める。2004年国際連合イラク支援ミッション報道官。14年パス・アラビアを創設し、CEOに就任。16年ヨルダン上院議員となり、外相兼移民相を務める。ヨルダン裁判所報道官も務めた。

サファル, アーデル
Safar, Adel
1953〜
シリア首相　[出]ダマスカス　[名]Safar, Adel Ahmed　[学]ダマスカス大学農業学科（1977年）卒 Ph.D.（生物工学, フランス国立高等農学院）（1987年）　[歴]フランス国立高等農学院（ENSAIA）で農学などを学び、1992年〜2000年ダマスカス大学農学部長。政界入りし、オタリ内閣で03〜11年農業・農業改革相。オタリ内閣の総辞職を受け、11年4月アサド政権で首相に就任。12年6月辞任。

ザフィ, アルベール
Zafy, Albert
1927.5.1〜2017.10.13
マダガスカル大統領　外科医　[出]アンツィラナナ州　[歴]1954年フランスに渡り、数学、物理、医学を学び、医学博士号を取得。64年、66年2度に渡って外科医学修学のためフランスに留学。70年帰国して首都アンタナナリボの総合病院外科部長、マダガスカル大学医学部で外科病理学、記号論を教える。73〜75年社会問題相。83年大統領選に立候補するが、高裁により拒否。88年民主開発国民同盟（NUDD）を創設。90年野党連合である社会勢力行動委員会（CFV）代表となり、91年7月暫定政府の首相。93年2月新憲法下の直接選挙で大統領に当選した。96年9月退任。

サブラ, ジョージ
Sabra, George
1947〜
シリア国民評議会議長　[出]ダマスカス　[学]ダマスカス大学卒　[歴]キリスト教徒で、高校教師の傍ら、アラブ版「セサミストリート」の台本を手がけるなど、子ども向けの執筆活動を行う。元共産党幹部で、政府批判により1988年以降、計8年間投獄された。アサド政権退陣を求めるデモに参加したことで2度拘束され、2012年国外に脱出し、パリに在住。同年シリア反体制派の有力組織であるシリア国民評議会議長に選出された。

サブリ, ナジ
Sabri, Naji
1951〜
イラク外相　ジャーナリスト　[歴]1968〜75年バース党機関紙「アル・サウラ」編集長を経て、80〜98年「バグダッド・オブザーバー」編集長。この間、69〜75年バグダッド大学講師、75〜80年在英イラク大使館参事官なども務める。政治家としてフセイン政権の中枢を担い、90〜91年情報・文化省対外情報局長、91〜95年同省次官、95〜98年大統領府顧問、99〜2001年駐オーストリア大使兼国際原子力機関・国連工業開発機関・国連代表部イラク常駐代表、01年4月外務担当国務相などを経て、同年8月外相に就任。03年イラク戦争が起こり、政権は崩壊した。

サマーズ, ローレンス
Summers, Lawrence
1954.11.30〜
米国国家経済会議（NEC）委員長, 米国財務長官　経済学者　[出]コネティカット州ニューヘブン　[名]Summers, Lawrence Henry　[学]マサチューセッツ工科大学（1975年）卒, ハーバード大学大学院修了 経済学博士（ハーバード大学）（1982年）　[歴]両親とも経済学者で、父方のポール・サミュエルソン、母方のケネス・アローと、2人の伯父はともにノーベル賞受賞者。フェルドスタイン教授の門下生で、ケインズ経済モデルの再構築を目指す学界のホープとなり、政策エコノミストとしてレーガン政権の大統領経済諮問委員会（CEA）に加わる。のち議会予算局の経済顧問。1983年28歳でハーバード大学史上最年少の正教授に就任、神童と称された。90年退任。この間、労働省、財務省や大企業のほかカナダ、ジャマイカ、日本、インドネシア、

メキシコ政府などの経済コンサルタントを務め、その傍ら「季刊ジャーナル・オブ・エコノミックス」の編集に携わる。また85年には日本の大蔵省財政研究所で日本の財政について研究したことがある。91年1月世界銀行に出向、30代で副総裁兼主任エコノミストとなり、発展途上国の経済顧問役も果たす。93年4月クリントン政権で国際経済担当財務次官に就任。95年8月財務副長官に昇格。99年7月ルービン財務長官の辞任を受け後任に就任。史上最高の好景気をつくり出した立役者の一人と言われる。2001年1月退任し、ワシントンの有力シンクタンク・ブルッキングズ研究所研究員となる。02年7月ハーバード大学総長に就任するが、女性への差別的な発言や強権的な大学運営に批判が集まり、06年6月辞任。同年よりCharles W.Elliot大学教授・ハーバード大学名誉総長。09年1月〜10年12月オバマ政権で国家経済会議（NEC）委員長。　[賞]アラン・T・ウォーターマン賞（1987年），ジョン・ベイツ・クラーク・メダル（1993年），アレクサンダー・ハミルトン・メダル（2001年）　[家]伯父＝ポール・サミュエルソン（経済学者），ケネス・アロー（経済学者）

サマック・スンタラウェート

Samak Sundaravej

1935.6.13〜2009.11.24

タイ首相，タイ国民の力党（PPP）党首　[出]バンコク　[学]タマサート大学法学部（1958年）卒　[歴]旧貴族の家系に生まれる。シカゴ大学に留学後、政治コラムニストなどを経て、1975年タイ民主党より下院議員に初当選。75〜76年副農業相、76〜77年内相を務める。しかし、70年代の民主化運動で反民主化の論陣を張り、母校の名門タマサート大学の学生弾圧に一役買ったと批判され、民主党と決別。79年タイ人民党を結成、党首となる。83〜86年、90〜91年運輸通信相を経て、92年副首相。96年チャワリット政権下で副首相に再任。97年10月退任。2000年に立候補したバンコク知事選では過去最高の100万票を得票、03年まで務める。06年の上院選でも最多得票で当選。07年8月タイ国民の力党（PPP）の党首に就任。12月民政移管のための総選挙でPPPが第1党となり、08年2月首相に就任。料理が趣味で、首相就任前から時々、テレビの料理番組にホストとして出演。首相就任後も数回出演し、報酬を受け取っていたため、同年9月タイ憲法裁判所が閣僚の兼業を禁じた憲法に違反するとの判決を言い渡し、就任から7ケ月で失職した。

サマドフ, アブドゥジャリリル

Samadov, Abduzhalil

1949.11.4〜

タジキスタン首相　[出]ソ連タジク共和国レニナバード（タジキスタン・ホジェンド）　[名]Samadov, Abduzhalil Akhadovich　[学]モスクワ国民経済大学（1969年）卒　[歴]タジク人。1979年共産党入党。タジク共和国科学アカデミー経済研究所研究員、同共和国国家計画委経済数理経済計画法研究所部長、82年同委部長、88年同委副議長、90年タジク共和国大臣会議副議長、国家経済改革委議長。91年タジキスタン副首相を経て、93年12月首相。

サマラス, アントニス

Samaras, Antonis

1951.5.23〜

ギリシャ首相・外相，ギリシャ新民主主義党（ND）党首　[出]アテネ　[学]アテネ大学，アマースト大学，ハーバード大学ビジネススクール修士課程修了 M.B.A.　[歴]米国アマースト大学、ハーバード大学で経済学を学ぶ。1977年以来国会議員（ND＝新民主主義党）。89年7〜10月ツァネタキス内閣で財務相、同年11月〜90年2月ゾロタス内閣で外相、同年4月ミツォタキス内閣で留任。92年外相を更迭され離党。93年6月民族主義的新党“政治の春”を結成。2004年NDに復党し、09年の党首選に当選。12年6月議会再選挙でNDが第1党となり、連立工作に成功し、同月首相に就任。15年1月退任。

サマル, シマ

Samar, Sima

1957.2.3〜

アフガニスタン人権委員会委員長　医師，人権活動家　[出]ガズニ州　[学]カブール大学　[歴]アフガニスタンでは少数派のハザラ人に生まれる。医師の資格を取って間もない1979年、ソ連侵攻が始まり、夫が親ソ派に連行され行方不明になる。自身はパキスタンに逃れ、国境近くで難民向け病院や女性のための学校を開校。運営費を調達するためブル

カで身元を隠して各国を回る。2001年タリバン政権が崩壊し、新たに発足した暫定行政機構で副議長兼女性相に就任。起業融資や職業訓練を提唱、軍閥の武装解除も主張する。02年6月の組閣では保守派に"非イスラム的"と批判されて入閣はならず、人権侵害を監視する人権委員会委員長に就任。同年12月来日し、アフガニスタン再建への継続的な支援を訴える。

サマン・ウイニャケート
Samane Vignaketh
1927.3.3〜
ラオス国会議長 ㊙解放闘争参加後、南部でラオス人民解放軍政治担当となる。第2回ラオス人民党（現・人民革命党）大会で党中央委員、1972年書記局員、82年第3回党大会で政治局員。73年ラオス人民解放軍政治総局長に就任、75年のラオス人民共和国建国後も、国防副大臣、国防省政治総局長として、政治思想を担当する。92年〜2006年国会議長。11年第9回党大会で引退。

サミー・ベル
Samy Vellu
1936.3.8〜
マレーシア公共事業相，マレーシア・インド人会議（MIC）総裁 ㊙英領マラヤ・ジョホール州クルアン（マレーシア）㊙1952年クアラルンプールに出て、建築事務所などに勤務。59年インド人系を代表する政党、マレーシア・インド人会議（MIC）に入党、74年議員に初当選。78〜79年マレーシア住宅・地方行政省副大臣、78〜89年公共事業相、89〜95年エネルギー・電信通信・郵政相、95年〜2008年公共事業相を歴任。1979年からMIC総裁職を31年にわたり務め、批判もあった。野党連合が大躍進した2008年の総選挙で負け、10年総裁を辞任。

サムドン・リンポチェ
→テンジン，ロブサンを見よ

サム・レンシー
Sam Rainsy
1949.3.10〜
カンボジア救国党党首，カンボジア財政経済相 ㊙プノンペン ㊙パリ政治学院卒，IN-SEAD（経営学）修士課程修了 ㊙フランス

で経営コンサルタント会社を経営。1992年帰国。シアヌーク殿下によるフンシンペック党設立に参加、最高国民評議会（SNC）でラナリット第1首相と2人で党代表を務める。93年カンボジア国会議員に初当選し、10月財政経済相となり、経済改革と汚職追放などを訴え国民の人気を集める。94年10月政争から更迭。その後、政府批判を繰り返し、党から除名、95年6月国会議員の地位を剥奪された。同年11月新党を結成、政府から無効とされたが、96年3月小政党の自由和解党党首に就任、同党名をクメール国民党（KNP）に変更。97年7月フン・セン派とラナリット派の武力衝突が起きた際にはフランスに滞在、国外にとどまるが、11月帰国。98年3月、7月の総選挙に向けてサム・レンシー党を旗揚げ。フン・セン政権に対する徹底した批判で支持を広げ、下院議員に当選。フン・セン首相と対立を深め、2009年フランスに事実上亡命。11年3月最高裁判決で公共財産破壊などの罪で禁錮12年の実刑が確定し、下院議員資格を剥奪される。12年10月カンボジア救国党を結成、13年4月党首に就任。7月恩赦を受けて帰国。14年7月下院議員に復帰。15年、7年前の演説が当時の外相を中傷しているとして逮捕状が出され、16年帰国禁止令が発令される。"犯罪歴のある者が率いる政党は解党できる"という法律があるため、17年2月カンボジア救国党党首を辞任。6月の地方議会選で同党が躍進すると、9月米国と共謀して政権転覆を謀ろうとしたとして後任党首のケム・ソカを国家反逆罪で訴追。11月には党自体も国家反逆罪によりカンボジア最高裁の命令で解党された。

サモンド，アレックス
Salmond, Alex
1954.12.31〜
スコットランド自治政府首相，スコットランド民族党（SNP）党首 ㊙スコットランド ㊙Salmond, Alexander Elliot Anderson ㊙セントアンドルーズ大学 M.A. ㊙大学在学中、スコットランド民族党の活動に加わる。1987年〜2000年英国下院議員、スコットランド民族党党首（1990年〜2000年, 04年〜）として英国内におけるスコットランド議会、スコットランド自治政府の設置を実現させる。07年にはスコットランド自治政府首相に就任。11年の地方議会選挙でスコットランド民族党が大勝し、キャメロン英国首相

に住民投票の実施を認めさせる。14年9月英国からの独立を問う住民投票を実施。英国のみならず世界中が注目する中で行われた投票は、反対多数により独立は否決された。同年11月スコットランド民主党党首を辞任。

サーモンド, ストロム
Thurmond, Strom
1902.12.5〜2003.6.26
米国上院議員（共和党）・軍事委員長　㉱サウスカロライナ州エッジフィールド　㉪Thurmond, James Strom　㉯クレムソン大学卒　㊨弁護士等を経て、1947〜51年サウスカロライナ州知事。48年大統領選に民主党州権派（南部民主党）から立候補。54年11月サウスカロライナ州の上院議員に選出される。57年公民権法案に反対して24時間18分という議事妨害のための長時間演説（フィリバスター）の最長記録をつくった。保守政界の重鎮だったバリー・ゴールドウォーター上院議員を慕って、64年9月共和党に移籍。81〜87年上院司法委員長。95〜99年上院軍事委員長。96年3月米国議会議員の最年長記録（93歳3ケ月）を35年ぶりに更新。2002年12月米国史上初の100歳議員となる。03年1月引退。保守派として知られ、人種差別撤廃を謳った1960年代の公民権運動には強い反対論を唱えたが、70年代には立場を変更。南部選出の上院議員として初めてアフリカ系スタッフの採用に踏み切った。南部共和党の実力者として知られた。

サラビ, ハビバ
Sarabi, Habiba
1957.12.5〜
アフガニスタン女性問題相, バーミヤン州知事　㉱マザリシャリフ　㉯カブール大学薬学部卒　㊨カブール大学で薬学を学んだのち、中東医療研究所教授に就任。タリバン政権下の1996年、3人の子どもを連れてパキスタンに脱出。夫はカブールで、自身はペシャワルでNGO（非政府組織）活動をしながら、6年間の離散生活を送る。タリバン制圧後、アフガニスタンでソーシャルワーカーとして学校建設に取り組んでいたところ、政府から緊急召集がかかり、2002年アフガニスタン暫定政府の女性問題相に就任。職業訓練など女性の自立支援施設を整備する傍ら、各国に自国の状況を説明する外交を行う。同

年10月国連人口基金東京事務所開設を機に初来日。04年退任。05年よりアフガニスタン史上初の女性知事としてバーミヤン州を治める。　㉵マグサイサイ賞（2013年）

サラマット, ハシム
Salamat, Hashim
1942.7〜2003.7.13
モロ・イスラム解放戦線（MILF）議長　イスラム教指導者　㉱ミンダナオ島マギンダナオ州　㉯アズハル大学大学院修士課程修了　㊨南部フィリピン・コタバトの支配層出身で、エジプトのアズハル大学などでイスラム法学を学ぶ。1970年帰国、ミスアリらとミンダナオ島のイスラム教徒による独立国家樹立を目指すモロ民族解放戦線（MNLF）を設立、コタバト革命委員会議長に就任。72年戒厳令公布で地下に潜行するとリビアに移ってミスアリと合流、MNLF外務委員長、その後、ミスアリと対立してMNLFは分裂、サラマット派の中央委員会議長となった。84年同派はモロ・イスラム解放戦線（MILF）に改称。以来武装闘争を続け、カリスマ的なイスラム教指導者として知られた。

サラーム, タマム
Salam, Tammam
1945.5.13〜
レバノン首相　㉱ベイルート　㉯ベイルート・アメリカン大学　㊨イスラム教スンニ派。元レバノン首相サイーブ・サラームの長男。1965年に英国に留学。74年にレバノンで改革運動を立ち上げ、82年〜2000年、父親から引き継いだベイルートのイスラム協会会長。1996年の議会選で初当選し、2000年の選挙で落選。シニオラ内閣で08年7月〜09年11月文化相。09年6月の議会選で再選。無所属。ミカティ首相の辞任を受け、13年4月スレイマン大統領から首相候補に指名された。14年2月に新内閣を発表。16年2月退任。　㉞父＝サイーブ・サラーム（レバノン首相）

サリナス, カルロス
Salinas, Carlos
1948.4.3〜
メキシコ大統領　㉱メキシコシティ　㉪Salinas de Gortari, Carlos　㉯メキシコ国立自治大学卒, ハーバード大学卒 政治経

済学博士（ハーバード大学）（1978年）　[歴]18歳でメキシコの政権党、制度的革命党（PRI）青年部に参加。メキシコ国立自治大学統計学助教授、政治・社会・経済学研究所長などを経て、1978〜79年財務省企画局次長、局長、79〜81年計画・予算省経済政策局長、82〜88年計画・予算相。88年12月大統領に就任。経済テクノクラートで、巨額の累積債務、高インフレ、高失業率の三重苦解消の大胆な経済政策を打ち出すと同時に、汚職、麻薬追放の積極運動を展開した。94年12月任期満了で退任。政権末期はペソ大暴落が発生、さらに95年3月にはルイス・マシューPRI幹事長暗殺事件への関与疑惑が表面化し、同月出国。一時行方不明となっていたが、96年4月ニューヨークに現れた。米国金融経済情報サービス大手のダウ・ジョーンズ取締役を務めた。のちアイルランドのダブリンに移住。

サーリーフ, エレン

Sirleaf, Ellen

1938.10.29〜

リベリア大統領　[出]モンロビア　[名]別名＝ジョンソン・サーリーフ, エレン〈Johnson-Sirleaf, Ellen〉　[学]西アフリカ大学, コロラド大学, ハーバード大学大学院行政学専攻（1971年）修士課程修了　[歴]17歳で結婚、夫とは離婚、死別したが、4人の子どもを持つ。1961年渡米し、ハーバード大学で学び、帰国後、79年リベリア財務相に就任。80年ドウによるクーデターと粛清から逃がれ、ケニアに亡命。世界銀行にエコノミストとして勤務。85年帰国し、上院選に出馬したが、ドウ軍事政権を批判したため禁錮10年の判決を受け、合計9ケ月間の投獄後、米国に亡命。92〜97年国連開発計画（UNDP）でアフリカ局長などを務める。97年帰国し大統領選に立候補するが、武装勢力を率いるチャールズ・テイラーに敗れ、亡命。内戦終結後の2003年に帰国し、暫定政府の“統治改革委員会”委員長に就任。05年12月大統領選の決選投票で元サッカー選手のジョージ・ウエアを破り、06年1月アフリカ初の民選女性大統領に就任。07年11月ブッシュJr.米国大統領より自由勲章を授与される。11年12月民主化が遅れる地域で女性の地位向上に尽力したとして、同じくリベリアの平和運動家リーマ・ボウイー、イエメンの反政府活動家タワックル・カルマンとともにノーベル平和賞を受賞。11年11月大統領再選、12年1月2期目就任。18年1月退任。“鉄の女”の異名を取る。　[勲]自由勲章（米国大統領）（2007年）　[賞]ノーベル平和賞（2011年）, インディラ・ガンジー賞（2013年）

サリム, サリム・アハメド

Salim, Salim Ahmed

1942.1.23〜

アフリカ統一機構（OAU）事務局長, タンザニア首相　外交官　[出]ザンジバル・ペンバ島　[学]ルムンバ大学, コロンビア大学, デリー大学卒　[歴]大学時代ザンジバル島の独立運動にリーダーとして身を投じる。1963年全ザンジバル・ジャーナリスト組合書記長。64年アフリカ大陸側のタンガニーカと連合して現在のタンザニアが建国された年に、21歳で駐アラブ連合共和国大使に抜擢される。以来駐インド弁務官、駐中国・北朝鮮大使などを経て、70年から10年間国連大使を務める。その間79年第34回国連総会議長。その後、80〜84年タンザニア外相、84〜85年首相、86〜89年副首相兼国防相などを歴任。81年には国連事務総長選に立候補。89年7月東アフリカ出身者としては初めてアフリカ統一機構（OAU）事務局長に就任。パン・アフリカニズムを掲げ、独立解放に大きな役割を演じる。97年6月3選。2001年7月退任。

サル, マッキ

Sall, Macky

1961.12.11〜

セネガル大統領　[出]ファティック　[学]シェイク・アンタ・ジョップ大学, アンスティテュ・フランセ・デュ・ペトロール（パリ）　[歴]セネガルとフランスで地質学を学ぶ。国営石油会社の幹部を経て、2000〜01年ワッド大統領のもとで特別顧問（鉱山・エネルギー担当）。01〜03年鉱山・エネルギー・水利相、03〜04年内相、04〜07年首相、07〜08年国民議会（下院）議長。08年ワッドのセネガル民主党（PDS）を離党し、“共和国のための同盟”を設立。12年3月大統領選決選投票で3選を目指したワッドを破り当選、4月就任。

サルキシャン, アラム

Sarkisyan, Aram

1961.1.2〜

アルメニア首相　[出]ソ連アルメニア共和国ア

ララト（アルメニア）　[学]エレバン工業大学（1989年）卒　[歴]1980～82年ソ連軍に従軍。セメント工場の社長を経て、99年11月、10月にアルメニア議会での銃乱射事件で射殺された兄ワズゲンの後任として首相に任命される。2000年5月解任。アルメニア共和党を経て、17年議会選挙はリベラル政党ウェイアウトアライアンスから当選。　[家]兄＝ワズゲン・サルキシャン（アルメニア首相）

サルキシャン, セルジ

Sargsyan, Serzh

1954.6.30～

アルメニア大統領, アルメニア共和党党首　[出]ソ連アゼルバイジャン共和国ナゴルノ・カラバフ自治州ステパナケルト　[学]エレバン大学卒　[歴]旧ソ連アゼルバイジャン共和国のアルメニア人居住地域、ナゴルノ・カラバフ自治州（現・アルツァフ共和国）に生まれる。1975年エレバン電機工場で組立工に。79年ステパナケルト市のレーニン青年共産同盟（コムソモール）市委員会課長、第2書記、第1書記、共産党ステパナケルト市委員会宣伝・煽動課長、ナゴルノ・カラバフ自治州委員会第1書記補佐官などを歴任。89年“ナゴルノ・カラバフ共和国”防衛委員会議長。アゼルバイジャンとの紛争時、アルメニア系住民の武装組織を率いて軍事的に勝利、実効支配の実現に貢献。90年アルメニア国民議会議員。91年9月アルメニア共和国独立。93年アルメニア国防相、95年国家保安相、96年内相、99年国家安全保障会議書記を歴任。2007年4月与党アルメニア共和党（RPA）党首となり、首相に就任。08年2月大統領選に初当選、4月就任。13年2月再選、4月2期目就任。

サルキシャン, ワズゲン

Sarkisyan, Vazgen

1959.3.5～1999.10.27

アルメニア首相　[出]ソ連アルメニア共和国アララト（アルメニア）　[学]アルメニア体育大学（1979年）卒　[歴]1992～93年アルメニア国防相、93～95年国務相、95～99年国防相を歴任。99年6月首相に就任したが、10月最高会議（国会）で演説中に武装グループが侵入、議場に向けた銃の乱射で死亡した。後任の首相には弟のアラムが就いた。　[家]弟＝アラム・サルキシャン（元アルメニア首相）

サル・ケン

Sar Kheng

1951.1.15～

カンボジア副首相・内相　[出]プレイベン州コムチャイミア郡クロバウ行政区　[歴]農家に生まれる。1970年民族統一戦線に参画し、クロバウ行政区党書記などを経て、76年東部管区の共産党指導部に加わる。77年ベトナムに亡命し、78年ポル・ポト政権打倒を掲げる救国団結戦線に参画。80年人民革命党政権ではペン・ソバン首相の私設秘書、84年人民革命党（のちの人民党）中央委員、89年党中央委員会事務局長。同年党政治局員など党内の要職に加え、同年副首相、92年内相を歴任。93年総選挙から4期連続当選を果たし、93年～2005年副首相兼内相。05年から副首相兼内相ポストを維持する。フン・センに代わる首相候補と目される。チア・シム人民党党首の義弟。副首相兼党中央委員常任委員のケ・キム・ヤン王国軍総司令官と姻戚関係にある。　[家]義兄＝チア・シム（カンボジア上院議長・カンボジア人民党党首）

サルコジ, ニコラ

Sarkozy, Nicolas

1955.1.28～

フランス大統領, フランス国民運動連合（UMP）党首　[出]パリ　[名]Sarközy de Nagy Bocsa, Nicolas Paul Stéphane　[学]パリ大学卒, パリ政治学院卒　[歴]ハンガリー移民2世。1977年からフランス共和国連合（RPR）中央委員会委員。党首も務める。弁護士を経て、77～83年フランス中西部のヌイイー・シュル・セーヌ市議、83年より市長。88～93年、93～95年、97年～2007年下院議員。この間、1993～94年予算担当相、94～95年文化・通信相、2002～04年内務・治安相（内相）、04～05年経済・財務・産業相。04年11月与党・国民運動連合（UMP）党首に就任。05年6月ド・ヴィルパン内閣の内相に就任。国民の人気が高く、07年5月初の女性大統領を目指したセゴレーヌ・ロワイヤル元環境相を破り、大統領に当選。同月就任。フランス史上初の移民系大統領で、第二次大戦後生まれとしても初の大統領となった。タカ派の親英米派。09年6月フランス国民議会（下院）と元老院（上院）の合同会議で演説、大統領の議会への出席は161年ぶりだった。12年5

月大統領決選投票で社会党のオランド第1書記に敗れ、退任。14年11月のUMP党首選で勝利し、党首に復帰。16年11月中道・右派の大統領予備選で敗れ、政界引退を表明。大統領在任中の07年10月セシリア夫人と離婚、国家元首の離婚はフランス第5共和制で初めてのことだった。08年ファッションモデルでシンガー・ソングライターのカーラ・ブルーニと結婚。元妻、前妻との間に3人の子どもがあり、11年10月カーラ夫人が女児を出産。任期中に大統領が父親になるのも第5共和制では初めてだった。同年、大統領選に勝利するまでの軌跡を描いた映画「ラコンケット（征服）」が公開され、話題を呼んだ。　㋩妻＝カーラ・ブルーニ（歌手・モデル）、元妻＝セシリア・サルコジ

サルゼタキス, クリストス

Sartzetakis, Christos

1929.4.6～

ギリシャ大統領　法律家　㋩サロニカ　㋑サロニカ大学卒　㋕1954年司法界入り。63年映画「Z」のモデルになったランブラキス事件を担当。69年当時の軍事政権に抵抗し、2度にわたり逮捕、投獄された。74年アテネ高裁判事、82年最高裁判事を経て、85年3月ギリシャ大統領に就任。90年3月退任。

ザルダリ, アシフ・アリ

Zardari, Asif Ali

1955.7.26～

パキスタン大統領，パキスタン人民党（PPP）共同総裁　実業家　㋩西パキスタン・シンド州ナワブシャー（パキスタン）　㋕南部の政治家の子どもとして生まれ、不動産業や建設業を営む。1987年ズルフィカール・アリ・ブット元首相の長女で、のちにイスラム諸国初の女性首相としてカリスマ的な人気を得るベナジル・ブットと結婚し、政治家に転身。90年パキスタン下院議員に初当選。この年、実業家に爆弾を送り付けて脅迫した容疑で逮捕されたが、ブットが2度目に首相に就いた93年、釈放されて環境相（後に投資相を兼任）に就任。また汚職から殺人まで数々の罪に問われ、96年から2004年まで約8年間服役した。07年12月妻が暗殺され、妻が総裁を務めていた野党パキスタン人民党（PPP）の総裁に長男のビラワルが選ばれると、自身は補佐役の共同総裁に就任、

事実上の党首となる（15年まで）。08年2月の総選挙でPPPが下院第1党に。9月ムシャラフ大統領辞任に伴う大統領選で当選、同月就任。13年9月辞任。農業専門家の肩書を持つ。　㋩妻＝ベナジル・ブット（パキスタン首相）、長男＝ビラワル・ブット（パキスタン人民党総裁）、岳父＝ズルフィカール・アリ・ブット（パキスタン首相）

サルネイ, ジョゼ

Sarney, José

1930.4.24～

ブラジル大統領　文筆家　㋩マラニョン州ピニェイロ　㋑マラニョン州立大学法学部卒　㋕新聞記者、弁護士を経て、1956年ブラジル下院議員。65年マラニョン州知事。70年より上院議員。79年旧軍民与党国家革新同盟（80年社会民主党＝PDSに改組）創立に参加し党首。84年6月PDS党首を辞任。同8月野党ブラジル民主運動党（PMDB）に入党、同党とPDS分派自由戦線の連合体民主同盟の副大統領候補となり、85年1月タンクレド・ネベス大統領候補とともに当選。3月ネベス急病のため副大統領兼大統領代行となり、4月ネベス死去により大統領に就任。89年12月の大統領選には出馬せず、90年3月大統領退任。91年～2015年再び上院議員を務め、03～05年、09～13年同議長。一方、22歳で処女詩集を出すなど文筆家としても活躍し、1980年以来ブラジル文学アカデミー正会員。　㋩長女＝ロゼアナ・サルネイ（マラニョン州知事）

サルマン・ビン・アブドルアジズ

Salman bin Abdul-Aziz

1935.12.31～

第7代サウジアラビア国王, サウジアラビア首相　㋩リヤド　㋕急進的なイスラム思想ワッハーブ主義を保護する豪族で、サウジアラビア初代国王の父アブドルアジズ（イブン・サウード）以来、絶対君主的な王政を敷くサウード家の出身。初代国王とスデイリ家出身のハッサ妃の間に生まれ、サウード家の中でも最大の勢力を持つ "スデイリ7人兄弟" の一人。1954～55年リヤド州副知事。55～60年、63年～2011年リヤド州知事。11年10月実兄スルタン皇太子の死去を受けて国防相に就任。12年6月実兄ナエフ皇太子（副首相兼内相）の死去を受けて皇太子となり、副首相を兼務。15年1月23日異母兄アブドラ国

王の死去を受けて第7代国王に即位。サウジアラビアでは、初代国王の息子である“第2世代”の王子たちが兄弟間で順番に王位を引き継いできたが、亡きアブドラ国王が任命した王位継承者の異母弟ムクリン皇太子を、同年4月突然解任し、初代国王の孫にあたる“第3世代”で実兄ナエフの息子ムハンマド・ビン・ナエフを皇太子に、息子(七男)のムハンマド・ビン・サルマンを副皇太子(兼国防相)に据える。17年6月ムハンマド皇太子を解任し、息子の副皇太子兼国防相を皇太子に昇格させる異例の人事勅令を発表した。同年3月、サウジアラビア国王として46年ぶりに来日。　[勲]菊花大綬章(日本)(2017年)　[家]七男＝ムハンマド・ビン・サルマン(サウジアラビア皇太子), 父＝アブドルアジズ・イブン・サウード(サウジアラビア初代国王), 実兄＝ファハド・ビン・アブドルアジズ(第5代国王), スルタン・ビン・アブドルアジズ(サウジアラビア皇太子), ナエフ・ビン・アブドルアジズ(サウジアラビア皇太子), 異母兄＝サウード・ビン・アブドルアジズ(第2代国王), ファイサル・ビン・アブドルアジズ(第3代国王), ハーリド・ビン・アブドルアジズ(第4代国王), アブドラ・ビン・アブドルアジズ(第6代国王)

ザルム, ヘリット

Zalm, Gerrit

1952.5.6～

オランダ副首相・財務相　[出]エンクハイゼン　[学]アムステルダム自由大学経済学部(1975年)卒　[歴]1975年オランダ国務省に入省。予算作成部門統括者などを経て、94年～2002年財務相を務める。この間、1998年国会議員に転じ、2003～07年副首相兼財務相。1990年代半ばからオランダの経済政策を主導、同国の安定成長の立役者として欧州で高い評価を受ける。2008～10年国際会計基準審議会(IASB)財団評議会議長。08年国有化されたABNアムロ銀行のCEO(最高経営責任者)に就任。

サルワイ, シャルロット

Salwai, Charlot

1963.4.24～

バヌアツ首相　[出]ペンテコスト島　[名]Salwai Tabimasmas, Charlot　[歴]ニューカレドニアで学生時代を過ごし、会計士、首相秘書官などを経て、2002年バヌアツ国会議員に初当選。04年国土相、07年教育相、12年法務・コミュニティーサービス担当相、12～13年財務相、14年内相などを歴任。16年1月の総選挙を経て、2月議会による首相選出投票で選出され、就任。

サレハ, アリ・アブドラ

Saleh, Ali Abdullah

1942.3.21～2017.12.4

イエメン大統領　軍人　[出]サヌア州　[歴]北イエメンの軍人出身。16歳で旧イエメン王国の軍に入隊。1962年共和革命に参加、王統派との内戦で勲功を重ね、のち北イエメン・タイーズ州公安部長を経て、78年6月国軍副司令官。同月ガシュミ大統領暗殺事件が発生、7月北イエメン大統領に就任。82年国民全体会議(GPC)を組織。88年7月3選。90年5月南北イエメン統一で新国家・イエメン共和国の初代大統領に就任。大将に特進。94年7月南北イエメンの内戦に勝利し、10月改めて大統領に選出。99年9月初の大統領直接選挙で当選。2006年9月2度目の直接選挙で再選。11年6月反体制デモが激化する中、大統領宮殿への砲撃で重傷を負い、サウジアラビアで治療滞在するが、9月帰国。12年中東・北アフリカの長期政権が相次いで倒れた“アラブの春”の中で退陣。14年イスラム教シーア派反政府武装勢力のフーシ派が首都サヌアを含む広範な国土を掌握した際、同派に合流。しかし、17年12月フーシ派との同盟関係が決裂し、フーシ派によって殺害された。アラブ民族主義を信条とした。1999年、2005年来日。

サレヒ, アリ・アクバル

Salehi, Ali Akbar

1949.3.24～

イラン副大統領・外相　物理学者　[出]イラク・カルバラ　[学]ベイルート・アメリカン大学, マサチューセッツ工科大学 原子力工学博士(マサチューセッツ工科大学)(1977年)　[歴]イラン原子力庁、テヘランのシャリフ工業大学教授・学長などを経て、1998年～2003年国際原子力機関(IAEA)担当大使。09年7月～10年原子力庁長官。11年1月～13年外相。13年副大統領兼原子力庁長官。

ザワヒリ, アイマン

Zawahiri, Ayman

1951.6.19～

ジハード団指導者,アルカイダ指導者　軍人,外科医　㋩カイロ・ギザ地区　㋕カイロ大学大学院医学研究科修士課程修了　㋛父はカイロ大学医学部教授、祖父はイスラム法学の最高学府とされるアズハル大学の元総長という名門の学者一族に生まれ、大学で医学を修めて外科医となる。一方、イスラム原理主義に傾倒。1966年15歳の時、非合法組織・ムスリム同胞団に加入し逮捕された後、より過激なジハード団に参加する。81年サダト大統領暗殺事件の際、武器不法所持で3年間服役。出所後、対ソ連戦のためアフガニスタン入りし、イスラム戦士を医療面で支援。アラブ人義勇兵を徴募していたイスラム過激派指導者のオサマ・ビンラディンと親交を深める。89年ソ連軍のアフガニスタン撤退後も祖国へは戻らず、活動を続ける。98年オサマ・ビンラディンらと反米・反イスラエル連合組織 "対ユダヤ・十字軍聖戦のための世界イスラム戦線" を発足させ、世界的に知名度を上げた。これを機にジハード団内部で路線対立が激化し、2000年同団指導者を辞任。01年6月同団の過激分子を率いてビンラディンの率いる軍事組織・アルカイダと合併。以後、アルカイダでテロに関する宗教的な理論面や作戦面を取り仕切る。"アルカイダのナンバー2" と呼ばれる。この間、1999年エジプトで死刑判決を受けた。2001年米同時多発テロ（9.11テロ）の首謀者の一人として米国が指名手配。アフガン・パキスタン国境付近に潜伏中とされる。11年6月ビンラディンが米軍に殺害されたため、後継指導者に選ばれる。

サンギネッティ, フリオ・マリア

Sanguinetti, Julio Maria

1936.1.6～

ウルグアイ大統領　㋩モンテビデオ　㋕ウルグアイ共和国大学卒、ウルグアイ共和国大学法学部大学院修了　㋛両親はイタリア移民。学生時代から新聞記者として活躍する一方、コロラド党員として政治活動に携わる。1963年ウルグアイ下院議員当選。憲法起草委員、70年商工相、72～73年教育文化相を歴任。76年当時の軍政に批判的だったことから公職追放となる。83年からコロラド党書記長（党首）。84年11月大統領に当選、85年3月10日就任、90年まで務める。94年11月の大統選選で与党国民党を上回る得票数で大統領に返り咲き、95年3月就任。2000年3月退任。政治分析から芸術批評まで幅広い分野で国内外の新聞などにコラムを寄稿。1989年9月初来日。

サンゲリ, アンドレイ

Sangeli, Andrei

1944.7.20～

モルドバ首相　㋩エディネツキ区グリネウツ村　㋑Sangeli, Andrei Nikolaevich　㋕フルンゼ記念キシニョフ農業大学（1971年）卒、キエフ高等党学校（1988年）卒　㋛1967年ソ連共産党入党。農業技師出身。80～86年モルダビア共和国ドイデュシャヌィ区党委第1書記、86～89年同共和国閣僚会議第1副議長・農工国家委議長、89年モルドバ共和国第1副首相・農相、91年5月第1副首相解任、92年7月首相。中道派として知られ、ドニエストル地域の民族紛争の解決と国内経済安定化の方針を打ち出す。96年退任し、大統領選に出馬するが落選。

サンコー, フォダイ

Sankoh, Foday

1937.10.17～2003.7.30

革命統一戦線（RUF）議長　㋛のちにリベリア大統領となるチャールズ・テイラーらとともにリビアのゲリラキャンプで訓練を積み、1990年リベリア内戦に参加。その後シエラレオネに戻り、反政府武装勢力・革命統一戦線（RUF）を結成、市民の手足を切り落とす残虐行為で恐れられた。97年の軍事クーデターで革命評議会が発足すると副議長に就任するが、98年西アフリカ諸国平和維持軍（ECOMOG）に首都を制圧され、軍事政権は崩壊。99年RUFを率いて一時フリータウンを制圧。同年和平調停に調印後も政府と衝突を続け、2000年身柄を拘束される。03年国連安保理決議に基づき、政府と国連がRUF幹部の非人道的行為を裁くために設置した特別法廷で、戦争犯罪人として訴追される。体調の悪化により医師は国外での治療が必要と訴えていたが、受け入れる国がないまま、同年7月死去した。

サンダース, バーニー
Sanders, Bernie
1941.9.8～
バーリントン市長, 米国上院議員(無所属) ㊥ニューヨーク市ブルックリン ㊔Sanders, Bernard ㊫シカゴ大学卒 ㊧ポーランド系ユダヤ人の父とニューヨーク出身の母のもと、ニューヨーク市ブルックリンで生まれる。1964年バーモント州に移り、大工やジャーナリストなど様々な職を経験。81年同州最大の都市バーリントンの市長に当選、4期務める。88年米国下院選(バーモント州)に出馬するも落選。90年の下院選では社会党から立候補し、共和党の現職を破って当選。2007年には無所属で戦った上院選で当選。以後、無所属議員としては米議会史上最も長く議員を務める人物となる。自らを社会主義者と名のっており、議会内で最も率直なリベラル派の一人で、10年には富裕層向け減税に対し9時間に及ぶ議事妨害(フィリバスター)を行った。15年4月、16年の大統領選に向けた民主党予備選への出馬を表明。若者層から圧倒的な支持を集め、本命といわれたヒラリー・クリントン候補に猛追したが、16年6月クリントンが勝利宣言し、サンダースはクリントンへの支持を表明。しかし、最後まで選挙戦からの撤退は正式に表明しなかった。

サンタナ・ロペス, ペドロ
Santana Lopes, Pedro
1956.6.29～
ポルトガル首相 ㊥リスボン ㊫リスボン大学(1978年)卒 ㊧大学で法律を学ぶ。1976年ポルトガル社会民主党に入党。80年国会議員に初当選し、政界入り。2001年リスボン市長に当選。02年社会民主党副党首を経て、04年党首に選出される。同年7月首相に就任するが、経済運営の失敗などで批判を浴び、12月内閣総辞職。05年3月退任。

サンチェス, ゴンサロ
Sánchez, Gonzálo
1930.7.1～
ボリビア大統領 ㊥ラパス ㊔Sánchez de Lozada, Gonzálo ㊫シカゴ大学哲学科卒 ㊧外交官の父が政治亡命したため、1936年から米国で少年・青年期を送った。シカゴ大学卒業後、母国に帰り、62年金、銀、スズなどを産する鉱山会社コムスル(COMSUR)を買収、82年まで社長を務め、ボリビア最大の企業に成長させる。78年から中道右派の民族革命運動(MNR)で政治活動を始め、79年下院議員、82～86年上院議員。85～86年上院議長、86～88年パス・エステンソロ政権時代に企画調整相。89年の大統領選では惜敗。93年8月大統領に就任。通信、電力など5つの国営企業を民営化し、半分を外資に任せる"資本化政策"を推進。その利益で65歳以上の国民に年金制度を創設するなど内外から評価される。97年8月退任。2002年8月再び大統領に就任。03年10月反政府運動による混乱の責任を取り辞任。米語なまりのスペイン語を話す。

サンチェス・セレン, サルバドル
Sánchez Cerén, Salvador
1944.6.18～
エルサルバドル大統領 ㊥サンサルバドル郊外ケサルテペケ ㊧小学校教師から左翼ゲリラに転じ、1980年ファラブンド・マルティ民族解放戦線(FMLN)に参加。2000～09年エルサルバドル国会議員を務めた後、09年6月より副大統領。14年2月の大統領選、3月の決選投票を経て当選、6月就任。

サンディフォード, ロイド・アースキン
Sandiford, Lloyd Erskine
1937～
バルバドス首相 ㊫ウェスト・インディーズ大学, マンチェスター大学(英国)卒 ㊧マンチェスター大学(英国)で経済学修士号を取得。1966年バロー・バルバドス首相秘書官。67年バルバドス民主労働党(DLP)幹事長。71年バルバドス国会議員、教育・青年・スポーツ相、保健福祉相などを経て、86年6月副首相。87年6月バロー首相の死去に伴い首相に就任。94年退任。

サンテール, ジャック
Santer, Jacques
1937.5.18～
欧州連合(EU)欧州委員会委員長, ルクセンブルク首相 ㊥ワッサービリヒ ㊫パリ大学卒, パリ政治学院卒 ㊧1963年ルクセンブルク労働・社会保障省に入省。64年弁護士登録。66～72年キリスト教社会党(CSV)院内総務、74～82年同党党首。74～79年ルクセ

ンブルク国会議員兼欧州議会議員。76～79年ルクセンブルク市長。79～84年財務相、84年7月首相兼財務相。89年7月首相再任、94年7月再々任。91年前半ルクセンブルクが欧州共同体（EC）議長を務めた際にはジャンクロード・ユンケル財務相とともに通貨統合（ユーロ）を謳ったマーストリヒト条約起草に手腕を発揮。95年1月欧州連合（EU）の政策執行機関である欧州委員会委員長に就任。99年7月予算をめぐる不祥事の責任を取り総辞職した。同年6月～2004年6月欧州議会議員。1996年来日、立命館大学より名誉博士の称号を贈られる。母国語のフランス語の他、ドイツ語、英語にも堪能。　[勲]旭日大綬章（日本）（2015年）　[賞]立命館大学名誉博士号（1996年）

サントス, フアン・マヌエル

Santos, Juan Manuel

1951.8.10～

コロンビア大統領, コロンビア国民統一党党首　[出]ボゴタ　[名]Santos Calderón, Juan Manuel　[学]コロンビア海軍士官学校（カルタヘナ）, カンザス大学（経済学・経営学）卒, ロンドン・スクール・オブ・エコノミクス経済学専攻修士課程修了, ハーバード大学大学院（経済発展・公共経営学）修了　[歴]コロンビアきっての名門サントス・ファミリーの出身で、父エンリケは有力紙「エル・ティエンポ」の元編集長、大伯父にエドゥアルド・サントス元大統領がいる。カルタヘナの海軍士官学校を経て、米国ハーバード大学大学院で公共経営学などを学ぶ。国際コーヒー機関コロンビア代表を務めた後、帰国。「エル・ティエンポ」のコラムニストなどを経て、1991年ガビリア政権の通商相に抜擢され政界デビュー。93～94年国連ラテンアメリカ・カリブ経済委員会（ECLAC）委員長、2000～02年財務相、01～02年アンデス開発公社総裁を歴任。自由党出身だったが、ウリベ大統領の再選を支持するため、05年国民統一党を創設し、06年のウリベ大統領再選に際しては選挙キャンペーンの責任者を務めた。06～09年国防相となり、ゲリラ掃討で成果を上げる。10年2月同党党首に就任。同年6月大統領に当選、8月就任。14年6月の大統領選決選投票で再選、8月2期目就任。半世紀に及ぶ左翼ゲリラ・コロンビア革命軍（FARC）との内戦終結に向けた和平協議を主導、16年9月最終合意にこぎ着けるが、同月の国民投票では小差で和平合意が否決される。10月内戦終結への努力が評価されノーベル平和賞を受賞。熱心なカトリック信者。　[賞]ノーベル平和賞（2016年）　[家]大伯父＝エドゥアルド・サントス（元コロンビア大統領）

サントラム, リック

Santorum, Rick

1958.5.10～

米国上院議員（共和党）　[出]バージニア州ウィンチェスター　[名]Santorum, Richard John　[学]ペンシルベニア州立大学卒, ピッツバーグ大学, ディッキンソン法科大学卒 M.B.A.　[歴]1991～95年ペンシルベニア州選出の米国下院議員。95年～2007年同州選出の上院議員。01～07年共和党上院議長。12年の大統領選に共和党候補として立候補したが、4月撤退を表明。16年大統領選の共和党候補指名争いにも出馬したが、2月撤退。社会派保守派として知られ、労働者層の経済的苦境に焦点を当ててきた。

サンハ, マラン・バカイ

Sanhá, Malam Bacai

1947.5.5～2012.1.9

ギニアビサウ大統領　[出]ポルトガル領ギニア・ダルサラム（ギニアビサウ）　[歴]1962年ギニア・カーボヴェルデ独立アフリカ党（PAIGC）に入党。ガブ州知事などを経て、92年ギニアビサウ情報通信相、92～94年労相、94～99年国会議長。99年のクーデターによるビエイラ政権崩壊後の暫定大統領を務め、同年11月及び2000年1月に実施された大統領選に出馬したが、決選投票の末、ヤラ候補に敗北。05年の大統領選にも出馬するが落選。09年3月ビエイラ大統領が暗殺されたことを受け、6月と7月に大統領選が行われ、決選投票でヤラ元大統領に勝利し、9月就任。

サンパイオ, ジョルジェ

Sampaio, Jorge

1939.9.18～

ポルトガル大統領　[出]リスボン　[名]Sampaio, Jorge Fernando Branco de　[学]リスボン大学卒　[歴]サラザール独裁時代、反体制学生運動を指揮。その後弁護士として非合法共産党活動家を法廷で弁護。1978年ポルトガル

社会党に入党したが、ソアレス書記長と不仲
で不遇が続く。79年国会議員に初当選。ソ
アレスが大統領に就任後、89年党首に。リ
スボン市長を経て、96年1月大統領に当選、3
月就任。2001年1月再選。06年3月任期満了
に伴い退任。在任中は一貫してポルトガル
の民主化を支援した。06年国連事務総長結
核撲滅担当特使、07年"文明間の同盟"国連
高等代表。15年南アフリカの反アパルトヘ
イト(人種隔離)闘争を主導したマンデラ元
大統領にちなんで、人道活動で功績のあっ
た人物に贈られる第1回ネルソン・マンデラ
賞を受賞。フランス語、英語に堪能。　㊞
ネルソン・マンデラ賞(第1回)(2015年)

サンババンザ, カトリーヌ
Samba-Panza, Catherine
1954.6.26〜
中央アフリカ暫定大統領　㊐フランス領赤道
アフリカ・フォールラミ(チャド・ヌジャメ
ナ)　㊗弁護士や実業家として活動後、2013
年5月中央アフリカ国民移行評議会の指名を
受けて首都バンギの市長に就任。14年1月同
評議会により暫定大統領に選出され、同月就
任。中央アフリカで初の女性大統領となっ
た。16年3月退任。

サンビ, アフメド・アブダラ・モハメド
Sambi, Ahmed Abdallah Mohamed
1958.6.5〜
コモロ大統領　㊐フランス領コモロ・ヌズ
ワニ島(アンジュアン島)ムツァムド(コモ
ロ)　㊗ハウザト・アル・カアイム　㊗サウ
ジアラビア、スーダン、イランに留学。イ
ランの神学校で政治学・宗教学を学び、イスラ
ム教スンニ派の宗教指導者となる。帰国し
て1990年政党・正義国民戦線を創設し党首
となるが、後にビジネス界に転身。マット
レスや水、香水などを製造する工場やテレビ
局を所有。2006年5月大統領に就任。11年5
月退任。

サンペル・ピサノ, エルネスト
Samper Pizano, Ernesto
1950.8.3〜
コロンビア大統領　㊐サンタフェデボゴタ
㊗ハベリアナ大学経済学・法学部卒　㊗名門
家庭に生まれる。大学卒業後金融界に入り、
26歳で全国金融業協会会長に就任。1982年

自由党の政治活動家として政界に転身、上
院選挙に出馬したが落選。84年サンタフェ
デボゴタ市議を経て、86年上院議員に当選
し、中央政界へ。89年麻薬密輸組織、メデ
ジン・カルテルに銃撃されるが、九死に一
生を得る。90〜91年経済開発相、91〜93年
駐スペイン大使を歴任。94年8月大統領に就
任。98年8月退任。親日家。

サンヤ・タマサク
Sanya Thammasak
1907.4.5〜2002.1.6
タイ首相・枢密院議長　法律家　㊐バンコク
㊗アサンプション大学卒, タイ司法省法律学
校(1928年)卒, ミドル・テンプル高等法学
院(ロンドン)卒　博士号　㊗官費奨学金を得
て英国へ留学し、法률資格を取得。タイ司
法省に入省。判事、1953年司法次官、58年
最高裁判事、63年同長官など歴任。68年枢
密院顧問官。同年タマサート大学法学部長、
71〜73年学長。民主化運動がわき起こった
73年10月、プミポン国王の任命で首相に就
任し、事態の収拾にあたった。74年民主憲
法を制定、75年1月退任。同年12月〜98年枢
密院議長。また84〜88年世界仏教徒連盟会
長も務めた。　㊞勲一等旭日大綬章(日本)
(1974年)　㊞仏教伝道功労賞(日本)(1990
年)

【シ】

施 明徳　し・めいとく
Shih Ming-teh
1941.1.15〜
台湾民主進歩党主席　民主化運動家　㊐高雄
㊗陸軍砲兵学校(1961年)卒　㊗1959年軍人
になるために陸軍砲兵学校に入学、同年結
婚。最前線の金門島に配属されていた62年、
友人たちとの勉強会が反国家的として逮捕
され、無期懲役に。服役中、妻は他の政治犯
仲間と駆け落ちする。75年蒋介石総統の死
により減刑、77年社会復帰し、無党派人士と
して選挙戦を手伝い、手腕を買われる。後に
米国人と結婚。79年仲間と反体制派雑誌「美
麗島」を発行していたが、高雄事件主犯の嫌
疑を受け逃亡。80年1月逮捕、無期徒刑、公
権終身剥奪の判決を受け、獄中で戒厳令の廃

止を要求し、4年余のハンストを行った。初の台湾人総統として李登輝が登場後、90年特赦で釈放される。92年立法委員（国会議員）選挙で台南市でトップ当選を果たす。93年民主進歩党（民進党）党首、94年5月再任。95年12月立法委員に再選。96年3月台湾初の総統直接選挙で自党の彭明敏候補が敗れた責任を取って党主席を辞任。2000年民進党を離党、06年には陳水扁総統打倒運動（倒扁運動）を指揮した。

ジア, カレダ

Zia, Khaleda

1945.8.15〜

バングラデシュ首相, バングラデシュ民族主義党（BNP）党首 [出]インド・ラジシャヒ州ディナジプール県（バングラデシュ） [名]Zia, Begum Khaleda [学]スンドラ・カレッジ（ディナジプール）中退 [歴]中産階級の実業家の家に生まれ、15歳で当時陸軍将校だったジアウル・ラーマンと結婚。夫が1971年のバングラデシュ独立戦争で英雄となり、77年大統領に就任、一躍ファーストレディーになるが、表には出ず、2人の息子の養育に専念。しかし、81年に軍部の反乱で夫が暗殺されたため、82年夫が創設した中道右派・バングラデシュ民族主義党（BNP）副党首に就任し政界へ。84年党首。その後夫の敵ともいえるエルシャド大統領に終始非妥協的な態度を貫き、エルシャド政権下で行われた選挙はすべてボイコットした。91年2月総選挙で第1党になり、首相に就任。9月議院内閣制移行後の初代首相となる。96年2月主要野党不参加のまま総選挙を実施したことから、野党陣営が反発、ゼネストを展開。同年3月辞任。2001年10月総選挙でBNPが圧勝し、首相に復帰。06年10月退任。07年身内に汚職疑惑が出てサウジアラビアへ政治亡命。9月汚職容疑で逮捕される。08年9月1年ぶりに仮釈放。14年1月の総選挙は不正があるとしてBNPはじめ野党がボイコットした結果、300議席のほとんどを与党アワミ連盟（AL）が占め、シェイク・ハシナが任期5年の首相の座に就任。15年1月BNP率いる野党連合は、ハシナ首相に総選挙のやり直しを求め、無期限で全国規模の道路、鉄道、水上交通の封鎖を実施。1994年3月来日。 [家]夫＝ジアウル・ラーマン（バングラデシュ大統領）

シアゾン, ドミンゴ

Siazon, Domingo

1939.7.9〜2016.5.3

フィリピン外相, 国連工業開発機関（UNIDO）事務局長 外交官 [出]カガヤン州アパリ（ルソン島） [名]Siazon, Domingo L.（Jr.） [学]アテネオ・デ・マニラ大学（政治学）卒, 東京教育大学（物理学）卒, ハーバード大学大学院（行政学）修了 [歴]1959年文部省の奨学生として来日。東京外国語大学で1年間日本語を学んだ後、東京教育大学で物理学を専攻。卒業後、在日フィリピン大使館に入り、その間外交官試験に合格。64年外交官となり、68〜73年在スイス大使館勤務、73年国際原子力機関（IAEA）フィリピン代表を経て、80年駐オーストリア大使、85年秋から国連工業開発機関（UNIDO）事務局長。93〜95年駐日大使。95年5月ラモス大統領に外相として起用される。職業外交官が外相に上りつめたのはフィリピンで初めてとなった。98年高校の同級生だったエストラダ大統領のもと再び外相に起用され、東南アジア諸国連合（ASEAN）を舞台に外交をほぼ一手に担う。2001年1月退任し、9月2度目の駐日大使に就任。10年まで務めた。フィリピン人看護師や介護士の日本就労に向けた経済連携協定（EPA）の交渉を担当した。夫人は日本人で、日本の財官界に知人が多かった。日本語、フランス語など6ケ国語を操った。

シアヌーク, ノロドム

Sihanouk, Norodom

1922.10.31〜2012.10.15

カンボジア国王 [出]プノンペン [歴]ノロドム家のスラマリト殿下とシソワット家コサマク王妃の長子で、旧サイゴン、フランスで教育を受ける。1941年母方の祖父モニボン国王の死去によりノロドム家とシソワット家の対立を収めると期待されて18歳で即位。53年カンボジア王国としてフランスから独立。55年2月王位を父スラマリト殿下に譲り、同年9月人民社会主義共同体（サンクム）を率いて総選挙に大勝、首相兼外相に就任。60年4月父国王の死去後、王位に就かず国家元首となり、王制と社会主義を組み合わせた独自の体制づくりを進める。70年3月モスクワ訪問中、ロン・ノル将軍の右派クーデターで追放され、同年4月北京でカンボジ

ア民族統一戦線と王国民族連合政府を樹立。75年4月ポル・ポト派（クメール・ルージュ）の反クーデターに伴い、同年9月帰国。76年総選挙後国家元首辞任、引退声明を出し、ポル・ポト政権下で幽閉の日々を送る。79年1月ベトナム軍の侵攻でポル・ポト政権代表団長として北京経由で緊急国連安保理に出席。以後、ベトナムの支援で成立したヘン・サムリン政権（カンプチア人民共和国）に対抗し、北京、平壌などで活動。81年フンシンペック党（独立・中立・平和・協力のカンボジアのための民族統一戦線）を結成し、82年7月反ベトナム派による民主カンボジア連合政府（三派連合政府）樹立で大統領に就任。89年7月三派代表とヘン・サムリン政権のパリ和平交渉に出席。90年5月民主カンボジアからカンボジア国民政府に名称変更。91年7月大統領を辞任し、SNC議長に就任。同年10月カンボジア問題パリ国際会議（PICC）で和平合意文書に調印し、11月、12年10ケ月ぶりに帰国。国家元首としてカンボジアの再建にあたる。93年5月新憲法制定のための制憲議会選挙を実施。同年6月国連カンボジア暫定行政機構（UNTAC）監視下の総選挙で暫定国民政府の軍最高司令官に就任。同年9月憲法が発布され、52年ぶり2度目の国王に即位。以後、政治の表舞台から退くが、相次ぐ政争や内紛を収めるなど多大な影響力を持った。2004年10月高齢と健康問題を理由に、第6王妃の息子シハモニに王位を譲る。"独立の父" "国民統合の象徴"といわれた。一方、趣味が高じて1965年から本格的な映画製作を始め、69年には自ら日本軍の将校役を演じた親日色の強い映画「ボコールのバラ」を製作した。　⊗息子＝ノロドム・ラナリット（元カンボジア第1首相）, ノロドム・チャクラポン（元プノンペン政権副首相）, ノロドム・シモハニ（カンボジア国王）, 異母弟＝ノロドム・シリブット（元カンボジア副首相）, 従妹＝ペウ・リダ王女（元カンボジア国会議員）

シェイク・サルマン・ビン・ハマド・アル・ハリファ

Shaikh Salman bin Hamad al-Khalifa
1969.10.21〜
バーレーン皇太子, バーレーン第1副首相, バーレーン国防軍副最高司令官　⊞英領バーレーン諸島マナーマ郊外リファ（バーレーン）　⊕アメリカン大学（米国）, ケンブリッジ大学（英国）　⊕ハマド・バーレーン国王の長男。1995〜99年国防次官。99年3月皇太子に即位。2008年国防軍副最高司令官に任命される。13年第1副首相を兼任。経済開発委員会議長も務める。　⊗父＝ハマド・ビン・イサ・アル・ハリファ（バーレーン国王）

ジェエンベコフ, ソオロンバイ

Jeenbekov, Sooronbay
1958.11.16〜
キルギス大統領　⊞ソ連キルギス共和国オシ州（キルギス）　⊕キルギス農業大学畜産専攻（1983年）卒, キルギス農業大学経済学部経理専攻（2003年）卒　⊕郷里オシュ州でロシア語教師を務めたのち、首都ビシケクの農業大学で畜産を専攻。1983年オシ州ソビエト地区国営農場（ソフホーズ）畜産技師、89年同州ソフホーズ共産党委書記、91年同州党代表、93年同州カラクルジャ地区カシュカ・ジョル・コルホーズ議長などを歴任。95年キルギス議会上院議員。2007年農業・水資源・加工工業相、10年オシュ州知事、15年国家人事局長官、16年大統領府第1副長官を経て、同年4月首相に就任。11月再任。17年8月大統領選出馬のため辞任表明し、10月アタムバエフ大統領の支援を受けて当選、11月大統領に就任。

ジェーガン, ジャネット

Jagan, Janet
1920.10.20〜2009.3.28
ガイアナ大統領　⊞米国イリノイ州シカゴ　⊕ミシガン州立大学　⊕英領ギアナ出身で米国留学中の歯科医チェディ・ジェーガンと知り合い、1943年結婚後、英領ギアナに移住、夫とともに独立運動に参加、人民進歩党（PPP）創設に加わる。47年急進的左翼思想を理由に米国籍を剥奪され、55年英国の植民地政策を批判したため6ケ月間投獄。英領ギアナに帰化し、進歩党政権下で、57〜61年労働・保健・住宅相、63〜64年内相などを歴任。66年英領ギアナはガイアナとして独立。92年から大統領を務めた夫が97年3月病死。同年12月大統領と総選挙によりガイアナ初の女性大統領に選出される。99年8月辞任。　⊗夫＝チェディ・ジェーガン（ガイアナ大統領）

ジェーガン, チェディ

Jagan, Cheddi

1918.3.22～1997.3.6

ガイアナ大統領, ガイアナ人民進歩党(PPP)党首　[出]英領ギイアナ・ムーラン(ガイアナ)　[名]Jagan, Cheddi Berret　[学]クイーンズ・カレッジ(ガイアナ)卒, ノースウェスタン大学(米国)卒　[歴]インド系ヒンズー教徒。留学後歯科医となり、帰国後砂糖農園労働者の政治活動に参加。1947年立法評議会議員、50年当時英領ギイアナで人民進歩党(PPP)を結成、指導者となる。53年農業・土地・鉱山相。54年政治問題にからんで6ケ月下獄したが、57年復活して貿易工業相。61年初の総選挙に勝ち、英領ギイアナ首相となるが、中立と社会主義を唱えて急進的な政策が宗主国英国から嫌われ、穏健な人民全国会議からも“マルクス主義者”と評された。64年首相退任、以来野党PPPの党首を続ける。66年英領ギイアナはガイアナとして独立。92年10月総選挙で勝利し大統領に就任。　[家]妻＝ジャネット・ジェーガン(ガイアナ大統領)

シェシェリ, ヴォイスラフ

Šešelj, Vojislav

1954.10.11～

ユーゴスラビア連邦副大統領, セルビア急進党創設者　[出]ユーゴスラビア・ボスニア・ヘルツェゴビナ共和国サラエボ(ボスニア・ヘルツェゴビナ)　[学]サラエボ大学法学部卒, ベオグラード大学大学院 博士号(1979年)　[歴]1979年最年少で博士号を取得。ユーゴ共産主義者同盟とアカデミズムの癒着を批判したため、81年同党を除名され、84年逮捕される。ベオグラードに移住して、91年大セルビアを目指す極右政党、セルビア急進党(SRS)を創設。93～98年、2000～03年議会議員。1998年～2000年ミロシェヴィッチ政権の副大統領として関わったコソボ紛争(1998～99年)時の反人道的行為などにより、2003年国連旧ユーゴスラビア国際戦犯法廷(ICTY)から人道に対する罪や戦争犯罪など9件で起訴されると、同年自らオランダのハーグに出頭。裁判は長期化し、14年1月セルビアに戻ってからは国際法廷を批判し民族主義的発言を繰り返した。16年3月同法廷はシェシェリ不在の中、無罪判決を言い渡す。同年4月の議会選挙で当選。

シェティ, サリル

Shetty, Salil

1961.2.3～

アムネスティ・インターナショナル事務局長　人権活動家　[出]マハラシュトラ州ボンベイ(ムンバイ)　[学]バンガロール大学, ロンドン・スクール・オブ・エコノミクス修士課程修了 M.B.A.　[歴]父はインドの不可触民(ダリット)の解放を目指す活動家。母は女性の権利獲得の活動家。学生時代から人権運動に関わり、ロンドン・スクール・オブ・エコノミクス(LSE)で社会政策計画学修士課程修了。2003～10年国連ミレニアム・キャンペーン事務局長。10年6月からアムネスティ・インターナショナル事務局長。同年11月ノーベル平和賞受賞者世界サミットに招かれ来日。

ジェトゥー, ドリス

Jettou, Driss

1945.5.24～

モロッコ首相　[出]エルジャディダ　[学]ラバト大学理学部物理・化学高等教育課程修了　[歴]ロンドンで企業管理・経営学修得。1993～94年モロッコ商業・産業相、95年商業・産業・手工業相、97～98年財政・商業・産業・手工業相、2001年8月燐酸塩公社(OCP)代表、同年9月内務相。02年9月モハメッド6世国王統治下で初めての下院選挙が行われ、11月首相に就任。07年9月退任。

シェパード, ジリアン

Shephard, Gillian

1940.1.22～

英国教育雇用相　[名]Shephard, Gillian Patricia　[学]オックスフォード大学卒　[歴]教育界に身を投じ、一方で2人の養子を育てる生活に忙殺されていたが、熱心な保守党の活動家で、1987年の総選挙で下院議員候補者に選ばれ初当選。財務省でメージャー財務相の知遇を得、89年社会保障担当次官などを経て、90年メージャー政権誕生後、女性初の財務担当閣外相を務める。92年第2次メージャー内閣に雇用相として初入閣。93年5月農漁業食糧相、94年7月教育相、95年7月教育雇用相を歴任。小柄だがエネルギッシュで、“数10億ビットの女”と頭の回転の速さを評されている。

ジェバリ, ハマディ

Jebali, Hamadi

1949.10.13～

チュニジア暫定首相　[出]スース　[歴]フランスの大学などで工学を学ぶ。太陽光発電を研究。1981年イスラム政党アンナハダの前身"イスラム志向運動"幹事長。89年アンナハダ幹事長。アンナハダの機関紙の編集長を長く務め、92年～2006年非合法組織参加などの罪で投獄された。ベン・アリ政権崩壊後の11年12月、チュニジア暫定首相に就任。13年3月退任。

シェフ, アマドゥ

Cheiffou, Amadou

1942.12.1～

ニジェール首相・国防相, ニジェール社会民主連合(RSD)党首　[出]フランス領西アフリカ・Kornaka(ニジェール)　[歴]民間の国際航空機関地方幹部を経て、1991年10月～93年ニジェール首相兼国防相。2004年ニジェール社会民主連合(RSD)を設立。

シェーファー, エド

Schafer, Ed

1946.8.8～

米国農務長官, ノースダコタ州知事　実業家　[出]ノースダコタ州ビスマーク　[名]Schafer, Edward Thomas　[学]ノースダコタ大学, デンバー大学 M.B.A.　[歴]1974年ゴールド・シール副社長などを経て、86年ダコタ・クラシックス社長。92年～2000年ノースダコタ州知事。08年1月～09年1月ブッシュJr.政権の農務長官を務めた。共和党。

ジェミレフ, ムスタファ

Dzhemilev, Mustafa

1943.11.14～

ウクライナ最高会議代議員　民族運動指導者　[出]ソ連ウクライナ共和国クリミア(ウクライナ)　[名]Dzhemilev, Mustafa Abdul-Dzhemil　[歴]ソ連の指導者・スターリンの政策により、1944年5月クリミアから両親と共にウズベキスタンのヤンギユルに強制移住。18歳の時タタール民族運動の青年組織を結成、5年後に逮捕。ペレストロイカの始まった86年までに7回逮捕され、20年間シベリアのオムスクやヤクーツク、極東のウラジオストクやマガダンなどの監獄や強制収容所に収監、78年には収容所内で抵抗のハンストを行う。86年12月国内流刑中だったノーベル平和賞受賞者のアンドレイ・サハロフ博士がモスクワに帰還、博士の要求により自身も釈放され、ヤンギユルに戻る。89年6月クリミアに帰還。91年よりクリミア・タタール民族の故国での復権運動・メジリス(会議の意)の指導者として活動。98年国連難民高等弁務官事務所(UNHCR)よりクリミア・タタール人の故国帰還とウクライナ国籍取得、基本的人権回復に功績があったとしてナンセン・メダルを受賞。チェチェン紛争に反対し、タタール人と同様に中央アジアに強制連行された経験を持つチェチェン民族との連帯を表明。2014年新設された連帯賞を受賞。06年12月来日。　[賞]ナンセン・メダル(1998年), 連帯賞(2014年)

ジェム, イスマイル

Cem, Ismail

1940～2007.1.24

トルコ外相, 新トルコ党党首　[出]イスタンブール　[学]ローザンヌ大学法学部(1963年)卒　[歴]1974～75年トルコ国営放送(TRT)総裁を経て、87年トルコ国会議員に当選。95年文化相、97年外相に就任、トルコの悲願である欧州連合(EU)加盟に向けた活動に取り組み、また対立関係にあるギリシャとの関係改善に力を注いだ。2002年7月与党・民主左派党(DSP)から離党、外相も辞任し、新トルコ党を旗揚げした。

ジェームズ, エディソン

James, Edison

1943.10.18～

ドミニカ首相　[出]マリゴット　[名]James, Edison Chenfil　[学]レディング大学　[歴]レディング大学などで農業、生化学を学ぶ。1988年ドミニカ国統一労働者党を創設、後に党首。95年国会選挙で勝利し、首相に就任。2000年退任。

シェレスタル, ジャンマリー

Cherestal, Jean-Marie

1948～

ハイチ首相　[出]ポルトサリュー　[学]ハイチ大学経済学科卒, モントリオール大学卒　[歴]1982年ハイチ企画省入省。企画・対外協力省局長、外務省総局長、財務相、91年計

画・対外協力相などを経て、2001年2月アリスティド大統領のもと首相に就任。02年3月辞任。　㊙妻＝モード・シェレスタル（経済学者）

ジェレニエツ, ヨセフ
Zieleniec, Josef
1946～
チェコ副首相・外相　㊙1990年カレル大学経済研究所長、91年チェコ市民民主党（ODS）副党首、92年外相を経て、96年副首相を兼務。97年解任。

ジェレフ, ジェリュ
Zhelev, Zhelyu
1935.3.3～2015.1.30
ブルガリア大統領　㊙ルセ市近郊シューメン　㊙Zhelev, Zhelyu Mitev　㊙ソフィア大学（哲学）卒 哲学博士　㊙農家の生まれ。大学卒業後、郷里で数年間図書館司書を務め、この間にブルガリア共産党に入党。1961年からソフィア大学助手となるが、64年論文「近代自然科学による物質の定義」がレーニン主義の逸脱と批判され、65年党除名とともにソフィアの居住権を奪われた。80年代初め、首都ソフィアに戻ることを許される。82年全体主義を分析した「ファシズム」を出版するが直ちに発禁に。その後、民主化運動の波に乗り、88年 "情報公開と改革支持クラブ"の設立に参加。89年12月、35年にわたったジフコフ政権崩壊後に発足した野党連合 "民主勢力同盟"（UDF）の初代議長となり、90年6月大国民議会選挙で当選。同年8月、新設の大統領となったムラディノフの辞任を受け大統領に就任。92年1月ブルガリア初の大統領直接選挙で当選。96年末の大統領選には出馬せず、97年1月退任。

シェワルナゼ, エドアルド
Shevardnadze, Eduard
1928.1.25～2014.7.7
グルジア大統領　㊙ソ連グルジア共和国ママティ（グルジア）　㊙Shevardnadze, Eduard Amvrosievich　㊙クタイシ教育大学歴史学部（1959年）卒　㊙1948年ソ連共産党に入党。50年代はコムソモール（共産青年同盟）に、60年代はグルジア内務省に籍を置く。64年以来、治安関係の要職を務め、68～72年ソ連グルジア共和国内相。72～85年グル

ジア共産党第1書記。76年ソ連共産党中央委員、78年党政治局員候補、85年7月党政治局員に昇格。同月9代目ソ連外相に就任。90年3月ソ連大統領評議会メンバー、同年7月政治局員退任。ペレストロイカ政策を推進するゴルバチョフ政権の外交責任者として、米ソ協調、ドイツ統一、中ソ和解など歴史に残る変革（"新思考外交"）を支え、原則はゆずらない "外柔内剛" 型外交官といわれた。91年1月外相辞任、2月対外政策協会初代会長に就任。7月新党・民主改革運動議長。8月の政変後、新設の政治諮問評議会メンバーとなる。11月外相に復帰するが、12月ソ連邦は解体した。92年3月祖国グルジアに戻り、グルジア国家評議会議長に就任、対外政策協会会長を辞任し、名誉理事長に。同年10月総選挙によりグルジア最高会議議長（国家元首）に当選、11月就任。93年夏以降、グルジア西部のアブハジア自治共和国でイスラム教徒の民族主義過激派や、旧大統領派の武装闘争が激化。95年11月同国大統領選に当選、新憲法採択後の初代大統領に就任。2000年4月再選。03年11月議会選挙の不正に関与したとして野党が議会を占拠、抗議活動は国民にも広がり、無血クーデター（バラ革命）によって辞任に追い込まれた。来日数度。　㊙レーニン勲章（5回）

ジェンティローニ, パオロ
Gentiloni, Paolo
1954.11.22～
イタリア首相　ジャーナリスト　㊙ローマ　㊙Gentiloni Silveri, Paolo　㊙貴族の子孫にあたるローマの裕福な家庭に生まれる。大学時代は左翼運動に加わったが、次第に中道左派へ転じていく。1984～93年環境保護団体の雑誌編集に携わった後、93年～2001年ローマ市長報道官。01年の総選挙で下院議員に当選。06～08年第2次プローディ内閣で通信相を務める。13年の総選挙では中道左派の民主党から出馬。14年10月、当時のモゲリーニ外相が欧州連合（EU）の外交安全保障上級代表に転身したのを受けて、レンツィ政権の外相となる。レンツィ政権による憲法改正法案が、16年12月の国民投票において反対多数で否決されたことを受け、マッタレッラ大統領から組閣を命じられ、同月首相に就任。妻は建築家。

シグルザルドッティル, ヨハンナ
Sigurdardóttir, Jóhanna
1942.10.4～
アイスランド首相　㊥レイキャビク　㊫アイスランド・コマーシャル・カレッジ卒　㊭大学卒業後、旅客機の客室乗務員になるが、参加した労働運動で頭角を現し政界に転じる。1978年アイスランド社会民主同盟（SDA）の前身政党で議員となり、2度の社会問題相（87年7月～94年6月, 2007年5月～09年2月）や、同党副党首を歴任。一時は自身の政党を立ち上げた経験を持つ。09年2月SDAと野党第一党の緑の党（VG）による中道左派連立政権の首相に就任。13年5月退任。前夫との間に2人の息子をもうけたが、同性愛者であることを公言している。

シケレ, アンドリス
Skele, Andris
1958.1.16～
ラトビア首相, ラトビア国民党党首　㊭実業家を経て、1995年12月～97年7月ラトビア首相。のちラトビア国民党を率い、99年7月～2000年4月再び首相を務める。

シサノ, ジョアキム・アルベルト
Chissano, Joaquim Alberto
1939.10.22～
モザンビーク大統領　㊥ガザ州シブト　㊭首都マプトの高校卒業後リスボンに留学中、モザンビーク解放戦線（FRELIMO）に参加。1969～74年FRELIMO主席代表。74～75年暫定独立政府の首相。75年6月から外相、86年10月マシェル大統領の事故死により、11月第2代大統領に就任。90年6月一党独裁制をやめ複数政党制へ移行すると声明。94年11月、99年12月再選。2004年12月まで3期務めた。

シサワット・ケオブンパン
Sisavat Keobounphan
1928.5.1～
ラオス副主席（副大統領）・首相　軍人　㊭1947年ラオスの革命運動に参加。50年インドシナ共産党に入党。55年5月ラオス人民党（72年ラオス人民革命党＝LPRPに改称）中央委員、60年ラオス人民軍参謀総長。75～91年内相兼首相府長官、91年農林相を経て、96年副主席（副大統領）、98年2月首相に就任。2001年3月退任。親日家として知られる。00年6月国際交流会議で来日。

シシ, アブデルファタフ・サイード
Sisi, Abdel Fattah Said el-
1954.11.19～
エジプト国防相, エジプト陸軍司令官, エジプト大統領　軍人　㊥カイロ　㊫エジプト軍士官学校（1977年）卒, 米国陸軍大学大学院（2006年）修士課程修了　㊭1977年エジプト陸軍歩兵軍団に配属。機甲歩兵大隊司令官、国防省情報部門トップなどを歴任。2012年8月モルシ大統領によるタンタウィ軍最高評議会議長解任に伴い、国防相兼陸軍司令官に就任。元帥に昇進。13年7月のクーデターを主導し、モルシの権限を剝奪した。16日発足の暫定政権で第1副首相兼国防相。14年5月の大統領選に勝利し、6月就任。

ジジッチ, ゾラン
Žižić, Zoran
1951.3.4～2013.1.4
ユーゴスラビア連邦首相, モンテネグロ社会人民党（SNP）副党首　㊥ユーゴスラビア・モンテネグロ共和国ポドゴリツァ（モンテネグロ）　㊫ベオグラード大学法学部卒　㊭1968年ユーゴスラビア共産主義者同盟に入党。ポドゴリツァ大学法学部講師を経て、90～97年モンテネグロ共和国副首相。97～98年モンテネグロ議会副議長。共和国議会議員兼ユーゴスラビア連邦上院議員を務め、2000年9月上院議員選で再選。同年11月ユーゴスラビア連邦首相に就任。01年6月ミロシェヴィッチ元大統領の国連旧ユーゴ戦犯法廷への移送に抗議して辞任した。

ジスカール・デスタン, ヴァレリー
Giscard d'Estaing, Valéry
1926.2.2～
フランス大統領, フランス民主連合（UDF）議長　㊥ドイツ・コブレンツ　㊔Giscard d'Estaing, Valéry Marie René George　㊫国立理工科学校卒, 国立行政学院（ENA）卒　㊭第二次大戦中はレジスタンス活動に参加。1952年フランス財務省に入り、54年フォール内閣官房長。56～62年下院議員（独立農民派）。56～57年国連総会代表。59年財務相付財政担当行政長官。62～66年1月財務経済相、69年6月～74年同再任。この間、65

年独立共和派（のちの共和党）を結成し議長となる。67年下院議員。74～81年共和党党首。74年5月～81年5月大統領を務め、ド・ゴール退陣後のフランス保守政界の大立物として活躍。75年西側主要国に呼びかけて第1回主要国首脳会議（サミット）をパリ近郊のランブイエで開く。また欧州単一通貨・ユーロ導入の前段階となった欧州通貨制度（EMS）の発足を主導した。84～89年、93年～2002年下院議員。1988年7月～96年6月民主連合（UDF）議長。89年～93年欧州議会議員。2002年～03年7月"欧州連合（EU）の将来像協議会"議長を務め、EU憲法を起草。03年12月フランス大統領として初めてアカデミー・フランセーズ会員に選出される。04年3月オーベルニュ地域圏議会選で敗北、地域議員辞任。中道右派の重鎮として現在も政界に助言する。　[勲]レジオン・ド・ヌール勲章グランクロア章，メリット勲章グラン・クロア章

シスターニ，アリ

Sistani, Ali al-

1930.8.4～

イスラム教シーア派指導者　[出]イラン・マシャド　[名]Sistani, al-Sayyid Ali al-Husaini al-　[歴]イスラム法学者の家系に生まれ、イランの聖地コムでイスラム法学を修める。21歳でイラクのナジャフに移住し、シーア派の最高権威である大アヤトラの一人、アブドルカセム・アル・ホエイの元で学ぶ。のち自身も大アヤトラに。穏健派として知られ、宗教者の政治への直接関与を否定する立場をとる。

シスネロス，ヘンリー

Cisneros, Henry

1947.6.11～

米国住宅都市開発長官　[出]テキサス州サンアントニオ　[学]テキサスA&M大学卒，ハーバード大学大学院（都市開発行政）修士課程修了，ジョージ・ワシントン大学大学院博士課程修了，マサチューセッツ工科大学大学院博士課程修了 博士号（ジョージ・ワシントン大学）　[歴]メキシコ系3世。16歳で高校を卒業し、大学在学中、ホワイトハウスで働き、政治の世界を垣間見た。26歳の時テキサス大学教授となったが、政治家になることを望み、1975年よりサンアントニオ市議を3期、81年より同市長（民主党）を4期務めた。ヒスパニック系移民の多い同市で、都市の貧困とスラム化の問題に取り組み、産業と観光企業誘致で都市問題を解決した。その実績が買われ、93年1月～97年1月クリントン政権の住宅都市開発長官。その後、97年～2000年ユニビジョン・コミュニケーションズ（ロサンゼルス）社長兼COO（最高執行責任者）、00年よりアメリカン・シティ・ビスタ（サンアントニオ）の会長兼CEO（最高経営責任者）。

シチェルバク，ウラジーミル

Shcherbak, Vladimir

1939.1.24～

ロシア副首相・農相　[学]クラスノダール工科大学卒　[歴]1992年ロシア農業省第1次官。99年5月～2000年5月ステパーシン内閣及び第1次プーチン内閣の副首相兼農相。

シチェルバク，ユーリー

Shcherbak, Yuri

1934～

ウクライナ環境相，駐米ウクライナ大使，ウクライナ最高会議長顧問　医師，作家　[出]ソ連ウクライナ共和国キエフ　[学]キエフ医科大学（1958年）卒 医学博士　[歴]1987年までキエフ伝染病研究所に勤務し、伝染病調査に従事。88年ウクライナ緑の運動を結成、党首に就任。89年旧ソ連人民最高会議の初議席を獲得。野党党首として共産党政権の秘密主義を鋭く追及した。ソ連崩壊後、ウクライナ環境相、駐米大使を歴任。チェルノブイリ原発事故の際は、事故直後に現地入りして記事やドキュメンタリー小説などで実態を明らかにした。疫学とウイルス学に関する多くの論文のほか、詩集、脚本、随筆の著作がある。2006年チェルノブイリ原発事故の講演のため初来日。　[賞]文学新聞賞（1986年）「チェルノブイリのルポルタージュ」

シップリー，ジェニー

Shipley, Jenny

1952.2.4～

ニュージーランド首相　[出]ゴア　[名]Shipley, Jennifer Mary　[学]クライストチャーチ師範学校卒　[歴]牧師だった父を18歳で失い、大学には行かず小学校教師になる。農家の妻と

して農業にも従事。1975年ニュージーランド国民党に入党。地区評議会員を経て、87年国会議員に当選。90年社会福祉相兼女性問題相、93年保健相、96年運輸相を歴任。97年11月国民党党首となり、12月ニュージーランド初の女性首相に就任。99年12月首相退任。同年9月同国で開催のアジア太平洋経済協力会議(APEC)首脳会議で議長を務めた。2001年党首退任。

司徒 華 しと・か

Szeto Wah

1931.2.28～2011.1.2

香港市民支援愛国民主運動連合会主席　民主化運動指導者　[学]葛量洪教育学院卒, 官立文商専科夜学校卒　[歴]教師養成の専門学校で1年間の教育を受け、1952年小学校の教員に。31年間校長の職を務め、92年定年退職。73年香港政庁が教師の賃金減額を決めたため、教員ストを指導した。これをきっかけに香港で初めての教員労働組合である香港教育専業人員協会を創設し、同協会幹部になる。89年の天安門事件では、先頭に立って香港で100万人デモを実現させ、民主派を象徴するリーダーの一人として運動を率いた。同年民主派団体の香港市民支援愛国民主運動連合会(港支連)を結成、主席に選ばれ、毎年恒例の追悼集会を主導。85年～2004年香港立法評議会議員を19年間務めた。1994年には香港民主同盟と他の政党との合併で結成された香港民主党で中央常務委員に選出された。

シト, テブロロ

Tito, Teburoro

1953.8.25～

キリバス大統領・外相　[出]タビテウエア・ノース　[学]セント・ジョセフ・カレッジ, サウスパシフィック大学(パプアニューギニア)卒　[歴]1977年サウス・パシフィック大学学生調査官。80年教育省入省。83年上級教育官。同年キリバス議会初当選。87～91年野党マニエバン・テ・マウリ党首。94年10月キリバス大統領に就任。外相兼任。98年11月再選。2003年2月3選を果たすが、3月に不信任案が可決され辞任、議会は解散した。

シド, ハビブ

Essid, Habib

1949.6.1～

チュニジア首相　[出]スース　[学]チュニス大学卒, ミネソタ大学(米国)農業経済学専攻　[歴]1975年チュニジア農業省技師。灌漑事業などに取り組み、ベン・アリ政権下の93年農業省官房長。97年～2001年内務省官房長。11年3～12月同政権崩壊後の暫定政権下で内相。14年12月の大統領選で当選したカイドセブシ大統領により、15年1月首相候補に指名され、2月就任。16年7月議会は賛成多数で不信任決議案を可決し、辞任。

シドゥウォ, ベアタ

Szydło, Beata

1963.4.15～

ポーランド首相　[出]オシフィエンチム　[名]Szydło, Beata Maria　[学]ヤギェロン大学哲学歴史学部(1995年)博士課程修了, クラクフ経済大学行政マネジメント課程(2001年)修了 博士号　[歴]南部オシフィエンチムで炭鉱労働者の家庭に生まれる。クラクフの大学で民俗学の博士号を取得。1987年クラクフ歴史博物館、95年リビョンシュ文化センター勤務を経て、97年ブジェシチェ文化センター長、98年～2005年ブジェシチェ町長を歴任。05年ポーランドの右派政党“法と正義(PiS)”に入党、その年の下院選ではフシャヌフ地方における投票数トップで当選。07年下院選で再選。10年PiS副党首に就任、14年9月より会計担当も務める。15年10月の総選挙でPiSが勝利し、1989年の民主化後初めてPiSによる1党単独政権が発足。11月前任のコパチ首相に続く女性首相に就任。2017年12月辞任。

シドルスキー, セルゲイ

Sidorsky, Sergei

1954.3.13～

ベラルーシ首相　[出]ソ連・白ロシア共和国ゴメリ(ベラルーシ)　[名]Sidorsky, Sergei Syarheyovich　[学]ベラルーシ鉄道技師大学卒　[歴]2001年ベラルーシ副首相、02年第1副首相を経て、03年12月～10年12月首相。

シニオラ, フアド

Siniora, Fouad

1943.7.19～

レバノン首相　銀行家　㉄サイダー　㋓ベイルート・アメリカン大学卒 M.B.A.　㉄地元の大学で経営学修士号を取得後、1977～82年レバノン中央銀行幹部を経て、82～92年大富豪ハリリ傘下の金融グループの幹部を務める。92年に発足した第1次ハリリ内閣で国務相として初入閣。92～98年財務相代行、2000～04年財務相を務め、01年国民の猛反対に抗して付加価値税を導入した。ハリリ家と関係が深く、05年2月ハリリ首相の暗殺後はハリリ家のスポークスマンを務め、シリア軍撤退要求のデモの顔となる。同年7月首相に就任。ハリリ元首相とは少年の頃からの知り合いで最側近だった。06年11月野党の閣僚6人が辞任して以来政治空白が1年8ケ月続いたが、08年7月挙国一致内閣が成立した。09年12月首相退任。1996年投資促進を求め来日。

シハヌーク, ノロドム
→シアヌーク, ノロドムを見よ

シハブ, アルウィ
Shihab, Alwi
1946.8.19～
インドネシア外相, インドネシア国民覚醒党(PKB)党首　イスラム学者　㉄オランダ領東インド南スラウェシ州(インドネシア)　㋓インドネシア国立イスラム学院(IAIN)卒, アズハル大学(エジプト), テンプル大学(米国)　㋓アラブ系インドネシア人でイスラム法学者の家庭に生まれる。マッカサルの国立イスラム学院(IAIN)を卒業、エジプトのアズハル大学、アインシャムス大学、米国のテンプル大学に留学して修士号・博士号を取得。ハーバード大学神学大学院で教鞭を執り、同附属世界宗教研究センター理事会にイスラム学者として初めて名を連ねた。インドネシア国民覚醒党(PKB)副党首を務め、1999年6月インドネシア国会議員、同年10月～2001年7月ワヒド政権で外相、04年10月～05年12月国民福祉担当調整相。ワヒド大統領の側近中の側近として知られる。02～05年PKB党首を務めた。

シハモニ, ノロドム
Sihamoni, Norodom
1953.5.14～
カンボジア国王　㉄プノンペン　㋓愛称＝トキオ　㉄カンボジアが正式に独立した1953年、シアヌーク国王と6番目の夫人モニク妃の長男として誕生。父が外遊先の日本から帰国したちょうどその日に生まれたことから、"トキオ(東京)"の愛称で呼ばれる。14歳でチェコスロバキアのプラハに留学し、学校教育やバレエ、音楽、演劇などの芸術教育を受ける。75年には北朝鮮に渡り、映画製作技術を学んだ。ポル・ポト政権樹立後の76年に帰国。以後、ヘン・サムリン政権発足までの3年間、両親と共に幽閉生活を送る。その後、両親らと一緒に国外へ脱出、北京と平壌に滞在。81年渡仏し、パリの芸術学校で音楽やダンスを教える。92～93年カンボジア最高国民評議会国連常駐代表(在米)。93年パリ在住のまま国連教育科学文化機関(UNESCO)大使に任命され、11年間務めた。2002年カンボジア独立記念日の式典を主宰。04年10月退位した父に代わり国王に即位。フランス語、チェコ語に堪能で、英語、ロシア語も話す。　㋕父＝ノロドム・シアヌーク(カンボジア国王), 母＝モニク妃, 異母兄＝ノロドム・ラナリット(元カンボジア第1首相), ノロドム・チャクラポン(元カンボジア副首相)

シバル, カピル
Sibal, Kapil
1948.8.8～
インド法相　㉄パンジャブ州ジャランダール　㋓デリー大学卒、ハーバード大学ロースクール卒　㉄1998年インド上院議員に選ばれ、2004年下院議員。同年5月から科学技術相を務め、地球科学相も兼務。09～12年人的資源開発相、11～14年通信・情報技術相、13～14年法相。14年総選挙で落選。

シピラ, ユハ
Sipilä, Juha
1961.4.25～
フィンランド首相　㉄ヴェテリ　㋓Sipilä, Juha Petri　㉄実業界を経て、2011年フィンランド国会議員、12年中央党首。15年4月の総選挙で、前回選挙で野党に転落した中央党が第1党に復活。中央党、フィン人党、国民連合党からなる連立政権を発足させ、5月首相に就任。

シーファー, トーマス
Schieffer, Thomas
1947.10.4～
駐日米国大使　[出]テキサス州フォートワース　[名]Schieffer, John Thomas　[学]テキサス大学卒　[歴]1972年テキサス州下院議員（民主党）に当選、3期6年務めた後、州弁護士資格取得。実業界入りし、石油、ガス事業などに関わる。89年政界入りする前のブッシュJr.元大統領とともに大リーグのテキサス・レンジャーズの球団経営に携わった。2001年7月駐オーストラリア大使。05年4月～09年1月ブッシュJr.政権で駐日大使を務めた。実兄はCBSキャスターのボブ・シーファー。　[勲]旭日大綬章（日本）（2013年）　[家]兄＝ボブ・シーファー（キャスター）

ジブコヴィッチ, ゾラン
Živković, Zoran
1960.12.22～
セルビア共和国首相　エコノミスト　[出]ユーゴスラビア・セルビア共和国ニシュ（セルビア）　[学]ベオグラード大学経済学部（1983年）卒　[歴]1992年親欧米・改革路線のセルビア民主党（DSS）に入党、93年セルビア共和国議員。96年ニシュ市長。ミロシェヴィッチ・ユーゴスラビア大統領に対する抗議行動を指導し、2000年10月辞任に追い込んだ。同年11月ユーゴスラビア連邦内相を経て、03年3月暗殺されたジンジッチ首相の後任としてセルビア共和国首相に就任。04年7月法相。

ジブリル, マハムード
Jibril, Mahmoud
1952.5.28～
リビア暫定政府首相, 国民勢力連合（NFA）代表　[歴]米国ピッツバーグ大学で政治学などの博士号を取得。米国や中東を舞台にコンサルタント業に従事。2007年カダフィ政権に請われて経済開発理事会総裁（閣僚級）に就任、民営化や市場開放を通じた近代化に取り組む。11年2月反政権デモが起こるといち早く政権を離脱してムスタファ・アブドルジャリル議長らと反カダフィ派の中核組織であるリビア国民評議会（TNC）を設立。同代表、暫定政府首相を務め、カダフィ政権打倒に際してTNCを国際社会にリビアの正統な統治組織として認めさせるなど、優れた外交手腕を発揮した。12年国民勢力連合（NFA）を設立して代表に就任。反カダフィ派内では親欧米のリベラル派。

ジボ, サル
Djibo, Salou
1965～
ニジェール民主主義復興最高評議会（CSRD）議長　軍人　[出]ナマロ　[歴]1987年軍に入隊し、コートジボワールで士官訓練、モロッコや中国で砲兵科の軍事訓練を受ける。コートジボワール、コンゴ（旧ザイール）での国連平和維持活動（PKO）に参加し、2006年帰国。10年2月の軍事クーデターで軍政勢力・民主主義復興最高評議会（CSRD）の議長となり、ニジェールの事実上の元首となる。11年3月民政移管のための大統領選が行われ、4月元首を退任。

シーマン, マルト
Siimann, Mart
1946～
エストニア首相　[学]タルトゥ国立大学卒　[歴]1971～82年タルトゥ国立大学研究助手、82～87年エストニアテレビ会長代理、87～89年エストニアラジオ会長、89～92年エストニアテレビ会長、92～95年民営テレビ支配人、95～98年エストニア連合党党首。97年3月～99年3月エストニア首相。

シミティス, コンスタンティノス
Simitis, Konstantinos
1936.6.23～
ギリシャ首相, 全ギリシャ社会主義運動（PASOK）党首　[出]ピレウス　[学]マールブルク大学, ロンドン・スクール・オブ・エコノミクス 法学博士　[歴]1961年ギリシャ最高裁判所弁護士。学生時代から政治運動に参加、軍事政権下の67年国外へ亡命。71～75年西ドイツの大学で教鞭を執り、75年アテネ大学商法教授に。74年民政復帰で帰国し、全ギリシャ社会主義運動（PASOK）に参加、パパンドレウ内閣で81～85年農相、85～87年国民経済相。87年首相と衝突して経済相を辞任し、国立政治・法科大学で商法を教える。89～90年教育・宗教問題相。93～95年貿易相兼工業・エネルギー・技術相。95年首相が健康問題などで辞任、96年1月後任選挙で選出され、首相に就任。2000年4月再任。04年3月退任し、引退。

シメオニデス, ニコス
Symeonides, Nicos
1939～2007.5.3
キプロス国防相 [歴]法律・経済の専門家で、法務省、教育・文化省、労働・社会保障省などの要職を務めた。2006年10月国防相に就任。07年5月病死した。

ジモーニス, ハイデ
Simonis, Heide
1943.7.4～
シュレスウィヒ・ホルシュタイン州首相 [出]ボン [歴]大学で経済学を専攻。ブラント元西ドイツ首相を慕って1969年社会民主党(SPD)に入党。76年連邦議会議員に初当選。88年シュレスウィヒ・ホルシュタイン州財務相、93年3月同州副首相を経て、同年5月首相に就任、ドイツ初の女性州首相に。2005年退任。同年より08年までユニセフ(国連児童基金)会長を務めた。1970年代初めに2年間東京の放送局やドイツ企業子会社に勤務したこともある親日家。早口で知られ"唇ジモーニス"とも評される。 [勲]旭日中綬章(日本)(2010年)

シモネンコ, ワレンチン
Simonenko, Valentin
ウクライナ第1副首相 [名]Simonenko, Valentin Konstantinovich [歴]国営工場の経営者、1985年ウクライナ共和国オデッサ市執行委員会議長など経て、92年7月ウクライナ第1副首相、10月首相代行を務める。

シモンズ, ケネディ
Simmonds, Kennedy
1936.4.12～
セントクリストファー・ネーヴィス首相 [名]Simmonds, Kennedy Alphonse [学]西インド大学医学部(ジャマイカ)卒 [歴]医師。病院や研究所に勤務した後、1965年人民行動党(PMA)創設に参加。76年党首。80年2月英自治領セントキッツ・ネビスの首相に。83年9月独立とともに首相に就任、95年まで務める。

謝 長廷 しゃ・ちょうてい
Hsieh Chang-ting
1946.5.18～
台湾行政院院長(首相), 台北駐日経済文化代表処代表(駐日台湾大使) [出]台北 [名]別名=Hsieh, Frank Chang-ting [学]台湾大学法学部卒, 京都大学大学院法学研究科博士課程修了 法学博士(京都大学) [歴]京都大学に留学。帰国後、台北で弁護士を開業。1979年美麗島事件の際、民主人士の弁護活動に奔走した。81年、85年台北市議に当選。86年9月台湾民主進歩党(民進党)創設に参加。87年6.12事件で逮捕され、90年最高裁で懲役2年、減刑1年、執行猶予4年の判決を受ける。89年12月台湾立法委員(国会議員)に当選。96年総統選に民進党の副総統候補として出馬するが落選。98年12月から高雄市長選に2選。河川浄化や新交通システムなどの整備に手腕を発揮した。2000年7月～02年7月民進党主席を兼任。05年2月陳水扁政権の台湾行政院院長(首相)に就任。06年1月統一地方選で民進党が大敗したことなどの引責で内閣総辞職。同年12月の台北市長選に出馬したが落選。08年3月総統選に民進党候補として出馬するが、国民党の馬英九元主席に大差で敗れる。流暢な日本語を話す知日派で、16年6月台北駐日経済文化代表処代表(駐日台湾大使)に着任。

シャー, プラカシュ
Shah, Prakash
1939.7.4～
国連大使 外交官 [出]英領インド・ボンベイ(インド・マハラシュトラ州ムンバイ) [学]ボンベイ大学(経済・法学)卒 [歴]インド国立銀行入行後、1961年外務省入り。62～64年ヨーロッパ経済共同体(EEC)、64～67年米国大使館、外務省経済局、首相府勤務などを経て、83～85年ベネズエラ大使、91～92年ジュネーブ国連代表などを歴任。92年国連軍縮会議核兵器委員会議長。同年10月～95年駐日大使。95年国連大使。98年イランとの政治交渉や人道援助などを総括するアナン事務総長特別代表に就任。

ジャイトリー, アルン
Jaitley, Arun
1952.12.28～
インド財務相 [出]ニューデリー [学]デリー大学法学部(1977年)卒 [歴]学生時代に政治活動を始め、1975年インド国民会議派政権による非常事態宣言で1年半投獄された。80年インド人民党(BJP)に入党。ナレンドラ・モ

ディが州首相を務めたグジャラート州選出の上院議員に当選。91年よりBJP幹部党員となり、総書記や広報担当を務める。99年からのBJP政権で法相や商工相を歴任。2014年5月に発足したモディ政権の財務相に就任、同政権ナンバー2となる。

シャイミエフ, ミンチミル

Shaimiyev, Mintimer

1937.1.20～

タタールスタン共和国初代大統領　[出]ソ連タタール自治共和国アクタヌイシ郡アニャコヴォ（ロシア・タタールスタン共和国）[名]Shaimiyev, Mintimer Sharipovich　[学]カザン農業大学（1959年）卒　[歴]タタール人の農家の息子として生まれる。農業大学を卒業後、農政関連の技術官僚として頭角を現す。1967年共産党活動に入り、党タタール州委員会に勤務。83年タタール自治共和国副首相兼務で党州委員会書記。85年ペレストロイカ期にタタール自治共和国閣僚会議議長（首相）、89年党州委員会第1書記となる。89～92年ソ連人民代議員、90年タタール自治共和国最高会議議長となり、91年のソ連崩壊前に主権を宣言し、同年6月タタールスタン共和国初代大統領に就任。ソ連崩壊によりロシア連邦が成立するとタタールスタンもその一部となるが、連邦政府が共和国や州などと結ぶ権限分割条約（連邦条約）の署名は拒否。独自の権限獲得を目的として権限分割条約を結ぶことを主導し成功。地方政府が主導権を握る90年代のロシアの先駆けとなった。その後は“タタールスタン主義”を掲げて社会面, 、経済面を安定させ、96年の大統領選で再選。90年代後半にエリツィン政権が不安定化すると、99年地方首長の政治組織“全ロシア”を立ち上げ、モスクワ市長ルシコフとともに、やがてプーチン系となる“統一と祖国連合”（統一ロシア）派の中心になった。2004年連邦構成主体の首長が任命制になった際も大統領職にとどまり、タタールスタンの顔として同国の発展に寄与。05年には首都カザン1000年祭を開催。09年後継にルスタム・ミンニハノフを推薦し、10年大統領を退任。ミンニハノフ政権では新設の国家顧問に就き、権威を保持。タタールスタン主権運動の父であり、その発展を支えた人物として尊敬され“我々のおじいさん”と呼ばれている。　[賞]ロシア労働英雄（2017年）

ジャクソン, ジェシー

Jackson, Jesse

1941.10.8～

黒人運動指導者, 牧師　[出]ノースカロライナ州グリーンビル　[名]Jackson, Jesse Louis　[学]イリノイ大学卒, イリノイ農業技術大学（1964年）卒, シカゴ神学校（1965年）中退　[歴]1968年バプテスト教会牧師となる。66年以降、マーティン・ルーサー・キング牧師の下で南部キリスト者指導会議などを通じアフリカ系の地位向上運動を指導、71年シカゴでアフリカ系貧困層救済運動“PUSH（People United To Save Humanity＝人間性を救う人民連合）”機構を創設。96年Rainbow Coalitionと合流し、Rainbow PUSH Coalition代表。この間、84年民主党大統領候補指名の予備選にアフリカ系として初めて出馬。88年にも再出馬し予想を上回る善戦をした。92年の大統領選には不出馬を表明。2000年の大統領選にも不出馬を表明、アル・ゴアを支持。1999年NATO軍によるユーゴ空爆で拘束されていた米軍兵士3人の釈放に尽力した。2002年7月和平仲介のための宗教者団を率い、中東を訪問。

ジャグデオ, バラト

Jagdeo, Bharrat

1964.1.23～

ガイアナ大統領　経済学者　[出]英領ギイアナ東デメララ地区ユナイティ村（ガイアナ）　[学]モスクワ大学　[歴]ガイアナ人民進歩党（PPP）の青年組織に入り、1984年幹部候補生としてモスクワに留学、経済学修士号を取得。90年帰国後、ガイアナ国家企画庁エコノミスト、92年財務省特別顧問、93年副財務相、95年財務相。99年8月9日首相となるが、ジャネット・ジェーガン大統領の辞任を受け、同月11日35歳の若さで第7代大統領に就任。2006年9月3期目。11年退任。

ジャグナット, アヌルード

Jugnauth, Anerood

1930.3.29～

モーリシャス大統領・首相, モーリシャス社会主義運動（MSM）党首　[出]英領モーリシャス・パルマ（モーリシャス）　[学]リージェント・カレッジ　[歴]ロンドンの大学の法学部を卒業。1955年モーリシャスで弁護士を開業。独立前進ブロックに加わり、63年モーリシャ

ス国会議員。65年以降、発展担当相、労務相などを歴任。68年モーリシャスは英連邦の一員として独立。71年野党モーリシャス闘争運動（MMM）に入党、76年党総裁。76年以降は左派野党指導者。82年6月総選挙に勝って首相に就任。83年3月新党モーリシャス社会主義運動（MSM）を結成、党首。同年8月の総選挙で首相再任。95年12月総選挙で野党連合に大敗し退陣。2000年9月総選挙でMMMとともに勝利し、両党が首相任期を分け合う合意のもと、首相に返り咲く。03年10月首相を辞任し、名誉職である大統領に就任（任期5年）。08年9月大統領再任、12年3月辞任。14年12月の総選挙で野党連合の人民同盟が勝利し、同月首相に復帰。17年1月首相辞任、MSMの党首に就任していた息子プラビン・ジャグナット財務・経済開発相が首相となる。ナイト爵位を叙せられる。1988年来日。　⑩勲一等旭日大綬章（日本）（1988年），レジオン・ド・ヌール勲章グラン・オフィシエ章（1990年）　㊙息子＝プラビン・ジャグナット（モーリシャス首相）

ジャグナット, プラビン
Jugnauth, Pravind
1961.12.25〜
モーリシャス首相, モーリシャス社会主義運動（MSM）党首　㊉Jugnauth, Pravind Kumar　㊗バッキンガム大学　㊙英国留学後、父アヌルードが1987年に創設したモーリシャス社会主義運動（MSM）に参加。99年MSM副代表。2000年農業・食料技術・天然資源相。03年MSM党首、副首相兼財務・経済開発相。14年12月父が首相に復帰した内閣で、技術・通信・イノベーション相、16年財務・経済開発相。17年1月父が首相を辞任し、首相に就任。　㊙父＝アヌルード・ジャグナット（元モーリシャス大統領・首相）

シャケル, ザイド・イブン
→ザイド・イブン・シャケルを見よ

ザイド・イブン・シャケル
Zaid ibn Shaker
1934.9.4〜2002.8.30
ヨルダン首相　軍人　㊉トランスヨルダン（ヨルダン）　㊗Field Marshal Sharif Zaid ibn Shaker　㊗アレクサンドリア・ビクトリア・カレッジ（エジプト）卒, サンドハー

スト陸軍大学（英国）卒, リーベンワース陸軍大学装甲部隊コース修了　㊴1957〜58年駐英ヨルダン大使館付陸軍武官補、63年ヨルダン歩兵第1連隊司令官、70年第3装甲師団長、ヨルダン軍作戦副参謀長、72年参謀長、76〜88年ヨルダン軍最高司令官、88〜89年王宮官房長官兼フセイン国王軍事顧問を経て、89年4〜12月首相。89〜91年再び王宮官房長官。91年11月〜93年5月再び首相。93年、95〜96年3度目の王宮官房長官。　㊙いとこ＝フセイン・イブン・タラール（ヨルダン国王）

シャース, ナビル
Shaáth, Nabil
1930〜
パレスチナ自治政府国際協力相　㊉ガザ　㊗ペンシルベニア大学　㊴アラファトPLO議長顧問として、ワシントンでのイスラエルとパレスチナ代表団の暫定自治交渉を監督。暫定自治合意調印後、イスラエルとの交渉で中心的な役割を果たす。1994年5月の自治開始とともにガザ入り。96年6月パレスチナ自治政府に国際協力相として入閣。2002年6月内閣改造で留任。技術系の企業 "ティーム" などを所有する実業家でもある。

ジャスライ, プンツァグイン
Jasrai, Puntsagiin
1933.11.26〜2007.10.25
モンゴル首相　㊉ゴビアルタイ県　㊗モンゴル国立大学, モスクワ経済統計大学　㊴牧畜家庭に生まれる。モンゴル国立大学に学び、1957年から4年間、モスクワ経済統計大学に留学。61年から母校で経済、統計を教えた後、65〜67年科学アカデミー経済研究所研究員を経て、67〜70年国家統計局第1副長官、70〜75年国家価格委員会議長、78年国務相、85〜90年3月ソドノム政権下で経済担当副首相（87〜90年国家経済計画委員会議長兼任）を歴任。また、社会主義時代のモンゴル人民革命党（MPRP, 現・モンゴル人民党＝MPP）では政治局員候補を務めた旧体制の指導者の一人。民主化後は一時、表舞台から去るが、92年7月〜96年6月首相。93年日本を公式訪問。96年〜2004年国民大会議（国会）議員。　㊙二男＝ジャンツァン（モンゴル郵便公社総裁）

ジャビル・アハマド・サバハ

Jabir al-Ahmad al-Sabah
1928～2006.1.15
クウェート首長　[学]アルムバラキヤハ学校卒　[歴]アハマド首長の第3子。1955～62年クウェート国家最高執行委メンバー。63年、65年財政産業商業相。65～77年首相。66～77年皇太子。アハマド首長の病死に伴い、77年12月31日首長に即位。膨大な石油収入を背景に国の近代化を進めたが、90年8月イラク軍による武力侵攻・全土制圧（湾岸戦争）でサウジアラビアに亡命。国内にはイラク軍の手で暫定自由政府が設置されたが、91年3月国土回復し帰国。親米路線をとり、2003年のイラク戦争では米軍などに基地を提供。一方で米国の民主化要求に押される形で1999年に女性参政権を認める首長令を公布、最終的に2005年に法案が可決された。03年にはサアド皇太子の首相職を解き、皇太子と首相を分離した。01年9月～02年1月脳出血のためロンドンで治療を受けた。

ジャビル・ムバラク・ハマド・サバハ

Jabir Mubarak al-Hamad al-Sabah
1942.1.4～
クウェート首相　[歴]ハワリやアハマディの知事を歴任、クウェート社会問題相や情報相などを経て、2001～06年副首相兼国防相。06年7月内相も兼任し、07年10月第1副首相兼国防相。11年12月首相に任命される。その後、内閣総辞職や議会解散が繰り返され、17年8月第7次内閣発足。　[勲]旭日大綬章（日本）（2009年）

シャーピング，ルドルフ

Scharping, Rudolf
1947.12.2～
ドイツ国防相，ドイツ社会民主党（SPD）党首　[出]ニーダーエルバート　[学]ボン大学（政治学・法学）卒　[歴]1966年ドイツ社会民主党（SPD）入党。党青年部副議長を経て、75年27歳でラインラント・ファルツ州議会議員に当選。以後、州政治家として活動し、85年同州党代表。91年4月同州議会選で連立与党に転じ、94年まで同州首相。93年6月～95年11月SPD党首。98年10月シュレーダー政権で国防相に就任。2002年7月不正所得疑惑で解任される。

ジャファアリ，イブラヒム

Jaafari, Ibrahim al-
1947～
イラク首相，イラク暫定政府副大統領，イラク外相　医師　[出]カルバラ　[名]Eshaiker, Ibrahim al-　[学]モスル大学医学部卒　[歴]イラク中部シーア派の聖地カルバラの名家に生まれ、スンニ派やクルド人が暮らす北部モスル大学で医学を学ぶ。医師として働く傍ら、1966年穏健なイスラム国家建設を目指すシーア派政党“ダワ党”に入党、反政府運動に身を投じる。80年フセイン政権の弾圧でイランへ亡命、聖地コムでイスラム法学を修める。89年以降は英国から反政府運動を指揮。2003年4月フセイン政権崩壊に伴い帰国、ダワ党代表となる。同年7月米国が設けたイラク統治評議会の初代議長に指名され、のち暫定政府副大統領を務める。05～06年イラク移行政府の首相。14年9月アバディ内閣の外相に就任。夫人も医師で、シーア派最高権威シスタニ師の縁戚にあたる。

シャフライ，セルゲイ

Shakhrai, Sergei
1956.4.3～
ロシア大統領府副長官　[名]Shakhrai, Sergei Mikhailovich　[学]ロストフ州立大学法学部卒，モスクワ大学大学院修了　[歴]法学博士候補。モスクワ大学法律情報研究所主任研究員を経て、ソ連最高会議専門職員。1990年ロシア人民代議員に当選。90～91年最高会議法務委委員長。91年12月ロシア国家顧問から副首相（法制改革、国防・安全保障担当）に。92年4月辞任し、大統領顧問を務めるが、11月再び副首相兼国家民族政策委員会議長に復帰。同月、民族紛争で非常事態に入った北オセチア共和国暫定政府議長に就任。同月ロシア安全保障会議メンバー兼任。93年10月穏健改革・中道派のロシア統一合意党を結成、党首。94年1月チェルノムイルジン内閣の民族地域担当相となり、同年4月～95年1月副首相。同月国家会議（下院）代議員。96年12月大統領府副長官に就任、憲法裁判所での大統領代理を務めた。98年6月退任。

シャヘド，ユスフ

Chahed, Youssef
1975.9.18～
チュニジア首相　[出]チュニス　[学]国立チュニ

ジア農業学院卒, グリニョン国立農学院(フランス)卒 博士号(農業経済学, グリニョン国立農学院) ㉖国立チュニジア農業学院で学び, フランスのパリ・グリニョン国立農学院(現・アグロ・パリテック)で農業経済学の国家博士号取得。フランスの大学などで教える傍ら, 国連食糧農業機関(FAO)など国際機関で専門家として働いた。2011年のジャスミン革命後に政治活動を開始し, 13年世俗派政党"チュニジアの呼び掛け"に参加。16年1月地方問題相。同年8月チュニジア史上最も若い40歳で首相に就任。

ジャベル, カメル・アブ
Jaber, Kamel Abu
ヨルダン外相 政治学者 ㉖米国女性と結婚, プリンストン大学で学位を取得したキリスト教徒。ヨルダン大学教授を経て, 1991年10月外相に就任。同月マドリードでの中東和平会議でヨルダン・パレスチナ合同代表団団長を務める。ヨルダン国内きっての和平会議推進論者として知られる。

シャポワリヤンツ, アンドレイ
Shapovalyants, Andrei
1952.2.23〜
ロシア副首相・経済相 ㊐プレハーノフ経済大学卒 ㉖1969〜90年ソ連国家計画委員会(ゴスプラン)に勤務。93年ロシア経済省第1次官を経て, 98年9月副首相兼経済相に就任。99年8月〜2000年5月経済相を務める。

ジャマリ, ザファルラ・カーン
Jamali, Zafarullah Khan
1944.1.1〜
パキスタン首相 ㊀英領バルーチスターン(パキスタン・バルーチスターン州) ㉔Jamali, Mir Zafarullah Khan ㊐パンジャブ大学大学院(歴史学)(1965年)修士課程修了 ㉖バルーチ族有力部族であるジャマリ族の名門政治家一家に生まれる。大学時代ホッケー部の主将を務め, 政界入りした後もパキスタン五輪委員会などで活躍。バルーチスターン州議会議員や同州首相などを経て, 1985〜86年パキスタン中央政府の水力発電相, 88年鉄道相, 上下両院議員などを歴任。99年のムシャラフ陸軍参謀長のクーデター後, 親ムシャラフ政党のパキスタン・イスラム教徒連盟クアイディアザム派

(PML-Q)の結成に参画, のち幹事長。2002年10月の総選挙に勝利し, 11月国会で選出されバルーチ族出身者として初めて首相に就任。04年6月大統領に解任される。

ジャミール, ファトラ
Jameel, Fathulla
1942.9.5〜2012.3.1
モルディブ外相 ㊀英領モルディブ・マレ ㉔アル・アズハル大学(エジプト)卒, アレン・シャムス大学(エジプト)卒 ㉖1973年モルディブ外務次官補, 76年外務次官, 77年国連常駐代表, 78年〜2005年外相, 82年兼計画・開発相。80年, 82年来日。

シャムザイ, ニザムディン
Shamzai, Nizamuddin
〜2004.5.30
イスラム教スンニ派原理主義指導者 ㉖パキスタンのイスラム教スンニ派原理主義勢力の最高指導者(ムフティ)として, パキスタン, アフガニスタン両国の過激派に強い影響力を発揮。カラチを拠点に1万人を越える生徒を抱えパキスタン最大のイスラム宗教学校, ビヌリ・マドラサを運営した。2001年米同時多発テロ直後, 米国のアフガニスタン攻撃を回避するためにパキスタン政府によってアフガニスタンに派遣された代表団の一員で, オサマ・ビンラディンの身柄引き渡しをめぐり, タリバン最高指導者・オマル師との交渉にあたった。反米主義者だが政界とは一線を画し, メディアとの接触も少ないことで知られた。04年5月カラチの自宅近くで何者かに銃撃され死亡した。

ジャメ, ヤヤ
Jammeh, Yahya
1965.5.25〜
ガンビア大統領・国防相 軍人 ㊀カニライ村 ㉔Jammeh, Yahya Abdul-Azziz Jemus Junkung ㊐ガンビア高卒 ㉖ジョラ人。ムスリム。1984年旧ガンビア憲兵隊に入隊。89年少尉, 92年中尉, 94年大尉。93〜94年米国で軍人・警察官基礎課程修了。94年7月軍兵士による無血クーデターで国外脱出したジャワラ大統領に代わって権力を掌握し, 統治評議会会議長となる。96年9月大統領選に当選, 10月就任。国防相兼任。2001年10月再選, 06年9月3選, 11年11月4選, 12年1

月4期目就任。約22年間にわたり実権を掌握してきたが、16年12月の大統領選で野党統一候補のアダマ・バロウに敗れる。その後、一転して選挙のやり直しを求め政権移行を拒否、任期切れ後も大統領職に居座った。17年1月西アフリカ諸国経済共同体（ECOWAS）等の調停を受け入れ、出国した。

ジャヤラトナム, J.B.

Jeyaretnam, J.B.

1926.1.5〜2008.9.30

シンガポール労働者党（WP）書記長 [出]スリランカ [名]Jeyaretnam, Joshua Benjamin, 通称＝JBJ [学]ロンドン大学卒 [歴]タミル系インド人でキリスト教徒。地方判事を経て、1963年に弁護士を開業。71年シンガポール労働者党（WP）書記長に就任。人民行動党（PAP）の事実上の一党支配が続くシンガポールで、81年の補欠選挙に立候補し、初の野党国会議員となった。86年WPの不正経理で罪に問われ、罰金刑を受けたため5年間、被選挙権を失う。PAPについて“庶民の生活を無視している”などと与党批判を続け、シンガポール野党を象徴する政治家とされたが、ゴー・チョクトン首相から名誉毀損で告訴され、98年7月敗訴、賠償額10万シンガポールドル（約830万円）の支払いを命じられた。この間、97年の総選挙で再び当選を果たしたが、訴訟の損害賠償金を完済できず、2001年破産し、国会議員を失職。それでも著書を街頭販売するなどして“リー王朝との対決”を続けた。08年4月に改革党を結成し、次期選挙への立候補を目指していたが、9月死去した。

ジャヤラリタ, ジャヤラム

Jayalalitha, Jayaram

1948.2.24〜2016.12.5

タミール・ナドゥ州首相　女優 [出]マイソール州（カルナタカ州） [歴]13歳で映画デビュー。タミル語映画の大スター、MGRことマルトゥール・ゴパラン・ラーマチャンドランと共演するなど100本以上の映画に出演。1982年MGRの勧めで彼が創設したタミル地域政党の全インド・アンナ・ドラビダ進歩同盟（AIADMK）に参加、のち党首。84年下院議員に当選。91〜96年タミール・ナドゥ州首相。98年AIADMKはインド総選挙で第1党になる。同年3月発足のバジパイ連立政権に参加するが、99年4月政権から離脱。2001年、02〜06年、11年タミール・ナドゥ州首相。この間、1996年に6億6000万ルピーの出所不明な巨額資産の保有で摘発される。2014年9月カルナタカ州バンガロールの特別法廷は懲役4年の有罪判決を言い渡すとともに、10億ルピーの制裁金を科する決定を下し、州首相を失職。15年5月釈放され、タミール・ナドゥ州首相に復帰。AIADMKを率いて貧困層を支援し、支持者から“アンマ（母）”と親しまれた。インド南部の主要民族タミル人の大衆的な人気を得、中央政界にも大きな影響力を及ぼした。

シャラ, ファルーク

Shara, Farouk al-

1938.12.10〜

シリア副大統領 [出]ダマスカス [学]ダマスカス大学英文学科卒 [歴]1963年シリア航空に入社、ロンドン駐在代表などを務めた。76〜80年駐イタリア大使、80〜84年外務担当国務相を経て、84年外相に就任。以来、アサド大統領政権下のシリア外交の責任者として、内戦の続くレバノン各派の和解や誘拐された西側人質の解放交渉などで力を発揮。91年10月のマドリードでの中東和平会議にも代表として出席。99年10月心臓の動脈破裂で手術を受ける。2000年3月ミロ内閣で留任。00年〜13年7月バース党地域指導部長。01年12月〜03年9月副首相兼任。06年2月副大統領。ハフェズ・アサド大統領の右腕としてイスラエルなどとの交渉に当たり、バシャール・アサド大統領にも側近として仕えた。

シャラフ, イサーム

Sharaf, Essam

1952〜

エジプト首相　土木工学者 [出]ギーザ [学]カイロ大学, パーデュー大学 Ph.D. [歴]カイロ大学助教授、キングサウード大学助教授を歴任。2004〜05年エジプト交通相。11年3月ムバラク政権崩壊後、暫定内閣のシャフィク首相が退任したのを受けて、首相に就任。11年11月辞任。

シャランスキー, ナタン

Sharansky, Natan

1948.1.20〜

イスラエル副首相・住宅相 [出]ソ連ウクライナ共和国ドネーツク（ウクライナ） [歴]モスクワの物理工学教育機関を卒業。1977年ソ連時代に反体制活動家としてスパイ容疑で投獄される。78年自由剝奪13年の判決を受け、ウラルの矯正収容所へ。86年東西のスパイ交換で釈放され、イスラエルに移住。「エルサレム・レポート」副編集長を経て、新党を旗揚げ。96年総選挙でロシア移民党を率いて7議席を獲得。同年ネタニヤフ内閣の通産相に就任。97年ロシアを訪れる。99年7月内相に就任。その後、右派政党のリクードに転じ、2001年3月シャロン内閣の副首相兼住宅相に就任。05年ガザ撤退に反対して閣僚を辞任、06年12月議員を引退。

シャリフ, ナワズ

Sharif, Nawaz

1949.12.25〜

パキスタン首相, パキスタン・イスラム教徒連盟シャリフ派（PML-N）党首 [出]パンジャブ州ラホール [名]Sharif, Mian Mohammed Nawaz [学]パンジャブ大学法学部（1969年）卒 [歴]父親はパキスタン重工業界の重鎮でイッテファーク・インダストリー会長。大学を卒業後、父親の事業に参加する傍ら、長年軍政を敷いたジア・ウル・ハク大統領の知遇を得て1985年政界入り。下院議員とパンジャブ州議会議員に当選。以来、同大統領の“精神的な後継者”といわれ、軍部の強力な後押しで同年よりパンジャブ州首相を2期5年間務める。88年10月保守連合・イスラム民主同盟（IDA）を結成。90年10月IDA総裁として総選挙に圧勝、11月連邦政府首相に就任。一旦首相を退任するが、97年2月総選挙で自らが率いるパキスタン・イスラム教徒連盟（PML）が単独過半数を獲得し、首相に返り咲く。98年5月2度の核実験を強行したインドの脅威に対抗するため、パキスタンも核実験を敢行したことを発表。同年9月国連総会の演説で包括的核実験禁止条約（CTBT）へ1年以内に署名する方針を明言。99年2月インドのバジパイ首相と会談し、核兵器をめぐる紛争回避で合意、ラホール宣言を採択。同年10月国軍ナンバー1のムシャラフ参謀総長の解任を発表した直後に軍事クーデターが発生、首相官邸で軟禁状態となり首相を解任される。同年12月国家反逆と殺人謀議などの罪で起訴される。2000年4月特別法廷で誘拐と殺人未遂は無罪、ハイジャックなど2つの罪については有罪となり、終身刑と全財産没収などが言い渡され、同年7月脱税や資産隠しの罪でも有罪となり、懲役14年と21年間の政治活動禁止などが言い渡される。収監中の同年12月、恩赦で家族とともにサウジアラビアに国外追放される。06年拠点をロンドンに移し、政治活動を再開。07年8月パキスタン最高裁は帰国を認める判決を出し、9月帰国したが、政府により再びサウジに追放。11月サウジの後押しで帰国。09年3月治安当局により3日間の自宅軟禁を受ける。13年5月の総選挙でパキスタン・イスラム教徒連盟シャリフ派（ムスリム連盟ナワズ派, PML-N）を率いて圧勝し、6月3度目の首相に就任。国防相兼任。16年4月“パナマ文書”により課税逃れ疑惑が浮上。17年7月最高裁は下院議員の資格を剝奪する判決を下し、首相を辞任。後任首相に弟でパンジャブ州首相のシャバズを指名。シャバズが首相就任条件の下院議員に当選するまでは、側近のシャヒド・カカーン・アバシが暫定首相を務める。 [家]弟＝シャバズ・シャリフ（パンジャブ州首相）

シャルマ, シャンカル・ダヤル

Sharma, Shankar Dayal

1918.8.19〜1999.12.26

インド大統領 [出]英領インド・マドヤプラデシュ州ボパール（インド） [学]ラクノー大学卒 法学博士（ケンブリッジ大学） [歴]バラモンの医者の家に生まれる。インドの3大学で法律と英文学を学び、ラクノー大学の講師となる。その後、英国ケンブリッジ大などに留学。帰国後弁護士を経て、1950年インド国民会議派中央委員、52年マドヤプラデシュ州議会議員に当選、首相を務める。71年インド下院議員に当選。72年国民会議派総裁を務めたあと、74年通信相。84年よりアンドラプラデシュ、85〜86年パンジャブ各州の知事を歴任。87年副大統領兼上院議長を経て、92年7月〜97年7月第9代大統領を務めた。

シャレーラ, ドナ

Shalala, Donna

1941.2.14〜

米国厚生長官　政治学者 [出]オハイオ州クリーブランド [名]Shalala, Donna Edna [学]ウェスタン大学卒 博士号（シラキュース大

学）（1970年）　[歴]ウェスタン大学卒業後、平和部隊に参加し、1962〜64年イランで英語を教える。65〜69年シラキュース大学都市計画を指導。70年ニューヨーク市立バルーク大学政治学助教授、72年コロンビア大学準教授。77〜80年カーター政権で住宅都市開発省次官補（政策企画・調査担当）。その後、ニューヨーク市立ハンター大学学長を経て、88年ウィスコンシン大学マディソン校学長。93年1月クリントン政権の厚生長官。97年1月第2期クリントン政権でも留任。2001年1月退任。同年マイアミ大学学長に就任。ヒラリー・クリントン夫人の後を継いで全国児童保護基金会長も務めた同夫人の長年の友人。

シャロビッチ, ミルコ

Šarović, Mirko

1956.9.16〜

セルビア人共和国大統領, ボスニア・ヘルツェゴビナ幹部会員（セルビア人代表）　[出]ユーゴスラビア・ボスニア・ヘルツェゴビナ共和国ロガティツァ　[学]サラエボ法科大学卒　[歴]1996〜98年セルビア人共和国議会議員、98年〜2000年副大統領、00年大統領を経て、02〜03年ボスニア・ヘルツェゴビナ幹部会員（セルビア人代表）。

シャローム, シルヴァン

Shalom, Silvan

1958〜

イスラエル副首相・内相　ジャーナリスト　[出]チュニジア　[学]テルアビブ大学法学部卒, ベン・グリオン大学経済学部卒, テルアビブ大学大学院公共政策専攻修士課程修了　[歴]チュニジアに生まれ、1959年イスラエルへ移住。90年イスラエル・エネルギー省事務次官、92年第13期クネセット初当選（リクード）、97〜99年国防副大臣、98〜99年科学技術相、99年副首相兼財務相を経て、2003〜06年副首相兼外相。リクードの中では穏健派であり、アリエル・シャロン元首相に近い人物として知られたが、シャロンがカディマを結成した際はそれに同調せず、リクードに留まった。09年副首相兼地域開発相などを経て、15年副首相兼内相。

シャロン, アリエル

Sharon, Ariel

1928.2.26〜2014.1.11

イスラエル首相, リクード党首　軍人　[出]英領パレスチナ・クファル・マラル（イスラエル）　[学]ヘブライ大学卒, テルアビブ大学　[歴]英国統治下のパレスチナのモシャブ（農業共同村）に生まれる。1945年イスラエル軍の前身であるユダヤ人自衛組織ハガナに入隊。48年第1次中東戦争に20歳で小隊長として参加したのをはじめ、イスラエルの戦争には全て参加。73年第4次中東戦争では戦車師団を率いてスエズ逆渡河作戦を指揮し、戦線を立て直して伝説を残す。同年退役。74年ベギンが率いる“リクード”（右翼連合）結成に参画し国会議員に当選。77年ベギン内閣で農相を務め、ヨルダン川西岸とガザ地区にユダヤ人入植地建設を推進。81年8月国防相となり、82年6月レバノン侵攻作戦を指揮。この時行われたパレスチナ難民虐殺は国際的批難を浴び、83年2月国防相解任、無任所相に。84年9月〜90年2月商工相。90年6月〜92年シャミル政権で建設・住宅相兼移民問題行政委員会委員長を務め、再びヨルダン川西岸、ガザ地区へのユダヤ人入植地建設を推進。96年ネタニヤフ政権で国家基盤相、98年10月外相兼務。99年5月ネタニヤフが首相公選で敗北、リクード党首を辞任したため党首となる。2001年2月首相公選に当選し、3月就任。同年12月パレスチナ過激派がイスラエルのバスを襲撃したことから、アラファト議長との関係断絶を表明。02年3月アラファトの滞在するラマラ自治区を制圧、アラファトを“敵”と宣言して監禁状態に置き、大規模な軍事作戦を行う。03年1月総選挙でリクードが圧勝し、2月第2次内閣発足。同年6月米国のブッシュJr.大統領、パレスチナ自治政府のアッバス首相との3者会談で“イスラエルとパレスチナ二国家の平和的共存”を実現させる決意を宣言。同年9月“和平への障害”としてアラファト議長の追放を閣議決定。04年3月閣議決定でイスラム原理主義組織ハマス創設者のヤシンを殺害、国際的に非難を浴びる。05年2月アッバス議長との会談で停戦を宣言。11月リクードを離党し同党や労働党などから議員を集めて新党カディマ（前進）を結成。06年1月脳卒中で倒れ意識不明の重体に陥るが、3月の総選挙でカディマは第1党となる。4月には執務不能の状態が100日間を超えたため、法律

の規定により退任。超タカ派の強硬論を持つ指導者でアラブ世界では"ブルドーザー"などの呼び名で知られた。一方、政務の傍ら大農場の経営者として野菜を栽培、多くの羊を飼い、自ら土に親しむなどの一面もあった。

ジャワラ, ダウダ
Jawara, Dawda
1924.5.16〜
ガンビア大統領 ㉑Jawara, Dawda Kairaba ㋸グラスゴー大学医学部(英国)卒 ㋹マンディンゴ族出身。アチモタ高校(アクラ)、英グラスゴー大で獣医学を学ぶ。1957年帰国後政府の獣医部長。60年人民進歩党を結成し、党首。同年国会議員、教育相。62年英国下で首相、70年共和制移行とともに大統領に就任。81年7月訪英中に起きたクーデターをセネガルの軍派遣要請で鎮圧。82年2月の"セネガンビア連邦"発足で連邦副大統領を兼任したが、89年同連邦廃止で連邦副大統領退任。92年4月大統領6選。94年7月軍事クーデターが起こり、セネガルへ亡命。96年10月退任。90年11月訪日。

ジャン, ミカエル
Jean, Michaëlle
1957.9.6〜
カナダ総督, 国際フランス語圏機構(OIF)事務総長 ジャーナリスト ㋹ハイチ・ポルトープランス ㋸モントリオール大学卒, フローレンス大学(イタリア) ㋹ハイチに生まれる。父が独裁政権から拷問を受け、11歳で家族とカナダへ難民として逃れた。父の暴力に母が苦労するのを目の当たりにしたことから、学生時代より虐待を受けた女性のための支援活動に携わる。その後、ジャーナリストとしてドキュメンタリー番組制作で表彰を受け、ニュース番組のアンカーも務めた。2005〜10年アフリカ系として初めてカナダ総督を務めた。15年より国際フランス語圏機構(OIF)事務総長。

シャンカール, ラムセワク
Shankar, Ramsewak
1937.11.6〜
スリナム大統領 ㋹オランダ領ギニア(スリナム) ㋸ワゲニンゲン農業大学(オランダ)卒 博士号(ワゲニンゲン農大)(1964年)

㋹インド系3世。1965年スリナム農漁相、69年1月司法警察相、同12月農漁相、71年農業公社理事長。80年の軍事クーデター後民間企業入りし最大の損害保険会社、製粉会社などの社長に。81年以来スリナム銀行農業顧問。85年2月農務省顧問。87年9月改革推進党(VHP)副党首。88年1月国民議会により大統領に選出。90年12月軍部による無血クーデターにより大統領辞任。

ジャン公
Jean, Duke of Nassau
1921.1.5〜
ルクセンブルク大公(元首) ㋹コルマーベルグ ㉑Jean Benoit Guillaume Marie Robert Louis Antoie Adolphe Marc D'aviano ㋹第二次大戦で亡命、英国陸軍中尉として参戦。1953年ベルギー国王の妹君ジョゼフィーヌ・シャルロット王女と結婚。アンリ王子など3男2女をもうけた。62年摂政就任。64年11月母シャルロット大公女の退位に伴い大公に即位。2000年10月アンリ大公に位を譲った。来日多数。 ㋺妻＝ジョゼフィーヌ・シャルロット、長男＝アンリ大公、母＝シャルロット大公女

朱 鎔基 しゅ・ようき
Zhu Rong-ji
1928.10.20〜
中国首相、中国共産党政治局常務委員 ㋹湖南省長沙(原籍) ㋸清華大学(北京)電機工程系(1951年)卒 ㋺1949年中国共産党入党。52年以降国家計画委員会に勤務。57年の反右派闘争で右派分子とされ、職務降格、党籍解除、5年間の下放労働処分を受ける。79年名誉回復後、国家経済委員会委員兼技術改造局長、石油工業省管理局副主任など経済・技術畑を歴任。83年8月国家経済委副主任。87年12月上海に転任し、同市党委副書記、88年4月上海市長に就任、89年8月同市党委書記兼任。この間、同市の浦東開発計画を陣頭指揮し、東欧諸国などとの協力プロジェクトをまとめるなど上海経済立て直しに実績を上げた。また、89年の天安門事件の際には江沢民書記を助けて、上海の学生運動を平隠に終らせた。91年4月国務院副総理(副首相)に就任。同年7月新設の国務院経済貿易弁公室主任兼任。93年3月第1副首相就任。一方、87年党中央委員候補、

事典・世界の指導者たち　　シユウ

92年10月党政治局常務委員に昇格、一気に党序列ナンバー5に。同年11月中国経済運営の最高決定機関である党中央財政経済指導小組組長。93年7月～95年6月中国人民銀行（中央銀行）行長（総裁）兼務。94年7月企業改革を推進する“現代企業制度試験工作指導グループ”の責任者。98年3月第9回全人代で首相に選出。国有企業、金融、行政の3大改革を宣言し、海外のマスコミに“中国のゴルバチョフ”と呼ばれ、改革派の旗手として注目される。99年4月中国首相としては15年ぶりに米国を公式訪問。2002年11月党政治局常務委員を退任。03年3月第10期全人代で引退。この間、金融・経済問題に辣腕を振るい、中国の飛躍的な経済発展を支えた。英語に堪能。1994年2月来日。2000年10月来日、テレビで日本の市民と“直接対話”を行い話題となる。

朱 立倫 しゅ・りつりん
Chu Li-luan
1961.6.7～
台湾行政院副院長（副首相）, 台湾国民党主席, 新北市長 ㋐桃園県（桃園市） ㋑英語名＝Chu, Eric Li-luan ㋔台湾大学工商管理学部卒, ニューヨーク大学大学院金融学専攻修士課程修了 ㋥台湾大学教授を経て、1990年代末には北京大学客員教授。99年より台湾立法委員（国会議員）、2001年桃園県長（知事）を歴任。08年国民党副主席。09年9月行政院副院長（副首相）。10年11月新北市長に当選、12月就任。14年11月再選。15年1月国民党主席（党首）に選出される。16年の総統選に立候補するが民主進歩党（民進党）の蔡英文に惨敗、党主席を辞任した。馬英九、胡志強とともに“馬立強”と呼ばれ、国民党の中堅世代の中心人物といわれる。

周 永康 しゅう・えいこう
Zhou Yong-kang
1942.12～
中国国務委員・公安相, 中国共産党政治局常務委員 ㋐江蘇省無錫 ㋔北京石油学院石油地球物理学勘探専業（1966年）卒 ㋥1964年中国共産党入党。高級工程師。大慶油田、遼河油田、遼河石油などに勤務。85年12月中国石油工業部副部長、88年中国石油天然ガス総公司副総経理、89年タリム石油勘探開発指揮部指揮、93年全国緑化委員会委員、96年中国石油天然ガス総公司総経理（社長）な

ど歴任。98年3月国土資源相。この間、92年党中央委員候補、97年党中央委員。2000年1月より四川省党委書記を務め、国家プロジェクトの西部大開発を推進した02年11月党政治局員に昇格、03年3月国務委員、同年公安相に就任。07年10月党政治局常務委員、党中央政法委書記。08年3月国務委員、公安相退任。12年11月党政治局常務委員退任。“国務院石油派”の一人として知られたが、15年4月収賄や職権乱用、国家機密漏洩などの罪で起訴される。6月一審判決で無期懲役を言い渡され、上訴しない考えを示したため、判決が確定した。党最高指導部にあたる常務委員経験者の汚職での起訴は、1949年の建国以降初めて。

周 強 しゅう・きょう
Zhou Qiang
1960.4～
中国最高人民法院院長（最高裁長官） 法律家 ㋐湖北省黄梅 ㋔西南政法大学民法専攻 ㋥1978年中国共産党に入党。85年司法部政策研究室法規処幹部・主任科員、法規司法律法規処主任科員、91年司法部法規司法律法規処処長、95年4月司法部法制司司長、95年10月共産主義青年団中央書記処書記、97年11月共産主義青年団中央書記処常務書記、98年6月共産主義青年団中央書記処第1書記、2006年9月湖南省委員会副書記、07年2月湖南省委員会副書記・省長、10年4月中共湖南省委員会書記、9月湖南省第11期人民代表大会常務委員会主任、13年3月最高人民法院院長、党組書記に就任。中共第16期、17期、18期中央委員。第9期、10期、11期、12期全国人民代表大会代表。

習 近平 しゅう・きんぺい
Xi Jin-ping
1953.6.15～
中国国家主席・国家中央軍事委員会主席, 中国共産党総書記・中央軍事委員会主席 ㋐北京 ㋔清華大学化工系（1979年）卒 ㋥副首相などを歴任した習仲勲の長男で、高級幹部の子弟グループ“太子党”の代表格の一人。1969年父が文化大革命で失脚した際、10代で陝西省梁家河村へ下放され、自身も投獄された経験を持つ。74年中国共産党入党。79年清華大学卒業後、国務院弁公庁、中央軍事弁公庁などを経て、82年河北省正定県党

227

委副書記、83年同書記。85年アモイ市副市長、88年福建省寧徳地区党委書記、90年福州市党委書記、福州市人民代表大会常務委員会主任、95年福建省党委副書記、99年8月福建省副省長、代理省長を経て、2000年1月省長に選出。02年11月浙江省党委書記、党中央委員。07年3月上海市党委書記となり、陳良宇前市党委書記の汚職で揺れる上海市の建て直しに取り組む。10月2階級特進で政治局常務委員、党中央書記局書記。12月中央党学校校長。08年3月第11期全人代で国家副主席に選任される。09年12月来日。10年10月党中央軍事委員会副主席、国家中央軍事委副主席。同年11月第18回党大会で党総書記、党中央軍事委主席に選ばれ、習近平体制が発足。13年3月第12期全人代で国家主席、国家中央軍事委主席に選任される。17年10月第19回党大会で党総書記、党中央軍事委主席再任。党規約に自身の名前を冠した「習近平の新時代の中国の特色ある社会主義思想」を明記。18年3月第13期全人代で国家主席の任期を連続2期までに制限する規定を撤廃して習近平思想を盛り込む憲法改正案が成立。全会一致で国家主席に再選された。12年2月、13年6月、15年9月、16年3～4月訪米。現場に足を運ぶ"庶民派"として知られる。妻は中国軍所属の国民的歌手の彭麗媛。　[家]父＝習 仲勲（中国副首相），妻＝彭 麗媛（歌手）

シュエ・マン

Shwe Mann

1947.7.11～

ミャンマー下院議長　軍人　[出]英領ビルマ・バゴー管区ピュー（ミャンマー）　[名]別称＝トゥラ・シュエ・マン〈Thura Shwe Mann〉　[学]ビルマ国軍士官学校（1969年）卒　[歴]1969年ビルマ（現・ミャンマー）国軍に入隊。80年代にカレン民族同盟（KNU）との戦闘で功績を挙げ、武勲を立てた軍人であることを示す"トゥラ"の称号を受ける。97年南西軍管区司令官、准将。同年11月国家平和発展評議会（SPDC）委員。2001年11月国軍総参謀長。02年中将、03年大将に昇進、軍政序列第3位となる。10年8月総選挙出馬のため退役。11年1月下院議長に選出、就任。軍政翼賛政党・連邦団結発展党（USDP）党首。次期大統領候補の一人と目されていたが、15年8月警察隊がUSDP本部を包囲し、党首を解任され、16年4月除名。2月よりミャンマー下院諮問委員会委員長。

ジュカノヴィッチ, ミロ

Dukanović, Milo

1962.2.15～

モンテネグロ首相, モンテネグロ民主社会党党首　[出]ユーゴスラビア・モンテネグロ共和国ニクシッチ（モンテネグロ）　[学]ティトーグラード大学（現・ポドゴリツァ大学）経済学部（1986年）卒　[歴]西部ニクシッチの名家の出身。学生時代から旧モンテネグロ共産主義者同盟（現・民主社会党, DPS）の下部組織・青年同盟幹部として活躍。旧ユーゴスラビアが分裂崩壊した1991年、欧州最年少の29歳でユーゴスラビア連邦モンテネグロ共和国首相に就任。以後、2期首相を務め、急速な企業の民営化とユーゴスラビア連邦セルビア共和国の民主化運動支持を主張、ミロシェヴィッチ連邦大統領と対立した。97年10月モンテネグロ共和国大統領選決選投票で現職のブラトヴィッチを破り、98年1月大統領に就任。2002年いっぱいの任期を待たずして辞任し、03年1月再び首相に就任。同年2月ユーゴスラビア連邦が消滅し、連合国家のセルビア・モンテネグロが発足。06年6月のモンテネグロ独立を主導し、9月の議会選ではDPS率いる与党連合が勝利するが、11月シュトラノヴィッチ法相に首相の座を禅譲した。08年2月シュトラノヴィッチ首相の辞任を受け、再び首相に就任。10年12月辞任。DPS党首は留任。12年12月首相に就任。16年10月の議会選でDPSが勝利したものの単独過半数には届かず、連立政権発足に際して退任した。英語とロシア語が堪能。

ジュガーノフ, ゲンナジー

Zyuganov, Gennadii

1944.6.26～

ロシア下院議員, ロシア共産党委員長　[出]ソ連ロシア共和国オリョール州ムィムリノ（ロシア）　[名]Zyuganov, Gennadii Andreevich　[学]オリョール国立教育大学卒, ソ連共産党中央委附属社会科学アカデミー卒　[歴]1961～65年中学校教師を務める。66年ソ連共産党に入党、67年から労組コムソモール・党活動を始め、オリョール国立教育大学教官、オリョール州・区コムソモール委第1書記に。74年オリョール市党委書記、オリョール州

党委宣伝・煽動部長。83年ソ連共産党中央委宣伝部指導員、86年宣伝部課長、89年イデオロギー部次長を歴任。ソ連崩壊の91年ロシア共産党中央委政治局員に。93年2月ロシア共産党委員長に就任。同年12月議会選挙でロシア下院議員に当選。以来6回連続当選。96年6月の大統領選第1回投票ではエリツィン大統領に次いで2位となるが、7月の決選投票で敗れた。97年4月共産党委員長再選。2000年3月大統領選に出馬するがプーチン大統領に敗れ2位。08年3月の大統領選で2位、12年3月の大統領選でも2位。

ジュグノート, アネルード

→ジャグナット, アヌルードを見よ

シュクラバロ, ズデンコ

Skrabalo, Zdenko

1929.8.4〜2014.1.12

クロアチア外相　[学]ザグレブ大学卒　[歴]1978年ザグレブ大学教授。91年6月旧ユーゴスラビアが解体してクロアチア共和国が独立後、外務次官、92年6月〜93年6月外相を務めた。

シュクリ, サーメハ

Shoukry, Sameh

1952.10.20〜

エジプト外相　[名]Shoukry, Sameh Hassan　[学]アインシャムス大学法学部(1975年)卒　[歴]1976年エジプト外務省に入省。95〜99年ムバラク大統領秘書官、99年〜2003年駐オーストリア大使、05〜08年在ジュネーブ国連本部エジプト代表、08〜12年駐米大使を歴任。14年6月に発足したシシ政権の外相に就任。

ジューコフ, アレクサンドル

Zhukov, Aleksandr

1956.6.1〜

ロシア副首相・国家院第1副議長　[出]ソ連ロシア共和国モスクワ(ロシア)　[名]Zhukov, Aleksandr Dmitreyevich　[歴]ロシア下院予算委員長を長く務め、経済通、改革派として知られる。下院第1副議長を経て、2004年3月副首相に。07年9月副首相再任。08年5月メドヴェージェフ政権下でも副首相に再任。12年国家院第1副議長。この間、10年ロシア・オリンピック委員会(ROC)会長、13年国際オリンピック委員会(IOC)委員。17年12月ロシアの組織ぐるみのドーピングが問題となり、ROCはIOCから資格停止処分を受け、18年の平昌冬季五輪には国としての参加を認められなかった。

シュステル, ルドルフ

Schuster, Rudolf

1934.1.4〜

スロバキア大統領　[出]チェコスロバキア・コシツェ　[学]スロバキア工科大学(1959年)卒　[歴]大学卒業後、ブラチスラバ地方を管轄する農業計画研究所、スロバキア科学アカデミーなどを経て、1979年コシツェ市会副議長、83〜86年市長。89年共産党独裁体制崩壊後、民主化選挙が実施される90年までの移行期にはスロバキア共和国国会議長も務める。90〜92年駐カナダ大使。93年チェコとの分離独立後、94年コシツェ市長に再選、98年中道の市民理解党を設立し議長に就任。99年5月中道右派の連立与党統一候補としてスロバキア大統領に当選、6月就任。2004年6月退任。またラジオ番組の脚本や劇作、ドキュメンタリー映画にも携わる。　[賞]コシツェ工科大学名誉博士号

ジュスムート, リタ

Süssmuth, Rita

1937.2.12〜

ドイツ連邦議会議長　[出]ウッパータール　[学]ミュンスター大学(1961年)卒 教育学博士, 社会心理学博士　[歴]ルール大学教授(教育学専門)などを歴任。1981年キリスト教民主同盟(CDU)入党。ドイツ・カトリック中央協議会の結婚家庭委員会議長を経て、85年9月議席がないままコール内閣の青年・家庭・保健相(86年青年・家庭・婦人・保健相と改称)として入閣。87年1月連邦議会議員に初当選、88年11月女性初の連邦議会議長に就任。90年、94年再選、98年まで務める。リベラルな姿勢で野党からも評価されている。

シュタインブリュック, ペール

Steinbrück, Peer

1947.1.10〜

ドイツ財務相　[出]ハンブルク　[学]クリスチャン・アルブレヒト大学卒　[歴]キールのクリスチャン・アルブレヒト大学で経済学と社会科学を学ぶ。1969年ドイツ社会民主党(SPD)入党。93年北部シュレスウィヒ・ホルシュ

タイン州の経済相、98年北部ノルトライン・ウェストファーレン州の経済相、2000年同州財務相を歴任し、02年同州首相。05〜09年メルケル内閣の財務相。13年の総選挙でSPDの首相候補となる。

シュタインマイヤー, フランクワルター

Steinmeier, Frank-Walter

1956.1.5〜

ドイツ大統領　法律家　[出]西ドイツ・ノルトライン・ウェストファーレン州デトモルト（ドイツ）　[学]ユストゥス・リービヒ大学卒　[歴]1975年西ドイツ社会民主党（SPD）に入党。ギーセンの大学で法律、政治学を学ぶ。86年法曹資格取得。ニーダーザクセン州の首相府に勤め、96年州首相府長官、98年連邦政府の首相府勤務。99年〜2005年シュレーダー政権で連邦首相府長官を務め、同年11月発足のキリスト教民主・社会同盟（CDU・CSU）とSPDの大連立政権、メルケル内閣で外相に就任。07年11月副首相兼任。09年9月の総選挙ではSPDは敗北し、10月副首相・外相を退任。13〜17年1月メルケル政権で再び外相を務めた。17年2月大統領に選出され、3月就任。計7年間の外相在任中はイランと欧米との核合意に尽力した他、ウクライナ危機の仲介役として交渉の最前線に立った。16年の米国大統領選ではドナルド・トランプ候補を“憎しみの伝道師”と批判、注目を集めた。

シュッセル, ウォルフガング

Schüssel, Wolfgang

1945.6.7〜

オーストリア首相, オーストリア国民党（OVP）党首　[出]ウィーン　[学]ウィーン大学（法律, 経済）（1968年）卒　[歴]大学卒業後、オーストリア国民党（OVP）に入党。1987年副党首を経て、95年〜2007年党首。一方、1979年オーストリアの国民議会（下院）議員に選出。89〜95年フラニツキ内閣で経済相を務める。96年〜2000年クリマ政権で副首相兼外相。00年2月極右政党のオーストリア自由党との連立政権で首相に就任。03年2月再任。欧州連合（EU）各国が極右の政権参加に反発し、外交関係の凍結などの制裁措置が発動される。06年10月の下院総選挙でOVPは第2党となり、07年1月首相を退任。11年政界を引退。

シュティッヒ, オットー

Stich, Otto

1927.1.10〜2012.9.13

スイス大統領　[出]ドルナハ　[歴]1947年スイス社会民主党（SDP）入り。バーゼルで就学、71年まで教職に就く。63〜83年スイス国民議会議員、83年より連邦議会議員。84年より財政相。この間、87年副大統領、88年1月〜12月大統領、93年再び副大統領、94年1月〜12月2回目の大統領（任期1年の輪番制）兼任。

シュトラノヴィッチ, ジェリコ

Šturanović, Željko

1960.1.31〜2014.6.30

モンテネグロ首相　[出]ユーゴスラビア・モンテネグロ共和国ニクシッチ（モンテネグロ）　[歴]旧ユーゴスラビア時代にベオグラードで医学を目指したが、その後ポドゴリツァに戻って法律を学び、弁護士資格を取得。ニクシッチの鉄鋼会社勤務を経て、1993年ユーゴ連邦議員となり2期務める。2001年の選挙でモンテネグロ共和国議会議員。01〜06年同共和国の法相。独立後初めての06年9月の議会選で第1党となった民主社会党がジュカノヴィッチ首相の後任として指名することを決定、11月首相に就任。08年2月退任。

シュトルテンベルク, ゲアハルト

Stoltenberg, Gerhard

1928.9.29〜2001.11.23

ドイツ国防相, 西ドイツ財務相　[出]キール　[学]キール大学卒　[歴]1947年キリスト教民主同盟（CDU）に入党。キール大学講師を経て、54〜57年シュレスウィヒ・ホルシュタイン州議会議員。57〜71年と83年から西ドイツ連邦議会議員。65〜69年キージンガー内閣の科学・研究相。69年CDU副党首。71〜82年9月シュレスウィヒ・ホルシュタイン州首相、82年10月財務相、89年4月国防相。91年1月ドイツ統一後のコール内閣でも国防相を務め、財政再建に手腕を発揮した。92年3月正式な手続きを経ずにドイツ製戦車をトルコに輸出したことが発覚し辞任した。98年政界を引退。

シュナイダーアマン, ヨハン

Schneider-Ammann, Johann

1952.2.18〜

スイス大統領　実業家　[出]ズミスバルト

[名]Schneider-Ammann, Johann Niklaus [学]チューリヒ工科大学（1977年）卒 [歴]1981年妻の一族が経営する建設機械会社に入社し、90年企業グループの会長となる。99年～2010年スイス下院議員。10年11月経済・教育・研究相を経て、16年1月大統領。17年1月より再び経済・教育・研究相。スイスは内閣全体が集団的な国家元首で、大統領は7人の閣僚の輪番制。

シュピドラ, ウラジミール

Spidla, Vladimír

1951.4.22～

チェコ首相, チェコ社会民主党党首 [出]チェコスロバキア・プラハ（チェコ） [学]カレル大学芸術学部歴史学専攻卒 [歴]大学卒業後は共産党員でなかったことなどから劇場の舞台係、林業や牛乳工場などでの仕事を転々とする。民主化後、チェコスロバキア社会民主党（CSSD）の再結成に参加して頭角を現し、1991～96年地方の労政事務所所長、97年CSSD副党首を経て、2001年4月党首となる。この間、1998年副首相兼労相。2002年6月の総選挙で勝利し、7月ハヴェル大統領から指名を受け、首相に就任。汚職の噂のないクリーンさが評価されており、EU加盟積極派として改革と社会保障の充実に取り組んだが、04年7月欧州議会選での惨敗の責任を取り、首相と党首を辞任。

ジュペ, アラン

Juppé, Alain

1945.8.15～

フランス首相・外相, フランス国民運動連合（UMP）党首 [出]ランド県モンドマルサン [名]Juppé, Alain Marie [学]エコール・ノルマル・シュペリウール卒, パリ政治学院卒, 国立行政学院（ENA）（1972年）卒 [歴]1972年フランス財務省総査察部に入り、76年シラク内閣官房秘書官。同年12月共和国民主連合（UDC）を改組してできた共和国連合（RPR）の全国代表となり、78年まで務めた。83年予算・財政担当パリ市長第2補佐官。86年国民議会（下院）議員に初当選し、86～88年経済相付予算担当相、88年よりRPR事務局長（幹事長）。同年より下院議員。93年3月バラデュール内閣で外相。95年5月首相。同年6月～2001年ボルドー市長。同年10月RPR党首。1997年総選挙でRPRが大敗し、6月首相を辞任、7月には党首も辞任。2001～04年ボルドー市長再選。02年11月国民運動連合（UMP）党首に就任。04年1月、RPR幹事長を務めていた1988～95年に公金横領事件に関与したとして、ナンテール裁判所より懲役1年6ケ月（執行猶予つき）の判決を受ける。2004年7月UMP党首を辞任。06年よりボルドー市長。07年5月～6月サルコジ政権の下、フィヨン内閣の環境と開発問題を併せて担当する国務相・環境相。10年国防相・ベトナム問題相を経て、11年2月外相・欧州問題相に就任。12年5月退任。00年6月来日。 [勲]レジオン・ド・ヌール勲章グラン・オフィシエ章（2009年）

シュベーヌマン, ジャン・ピエール

Chevénement, Jean-Pierre

1939.3.9～

フランス内相, 共和派市民運動（MRC）党首 [出]ベルフォール [学]パリ大学卒, パリ政治学院卒, 国立行政学院（ENA）卒 [歴]1964年フランス社会党に入党。65年フランス財務省入り。65～71年党内左派組織“共和国と社会主義”指導者、71～75年党全国書記、75年から執行委員。また、73年下院議員、81年5月～83年3月工業・研究相及びベルフォール市長、84年7月～86年3月教育相。88年5月国防相となるが、91年1月ミッテラン大統領の湾岸戦争政策に抗議して辞任。92年8月政治団体・市民運動（MDC）を結成。93年3月社会党を離党。欧州連合条約（マーストリヒト条約）には反対の立場をとる。97年6月ジュペ内閣で内相に就任、2000年8月辞任。02年大統領選に立候補。03年MDCを母体に共和派市民運動（MRC）を旗揚げ、名誉党首となる。08年より同党首。08～14年上院議員。

シューマー, チャールズ

Schumer, Charles

1950.11.23～

米国民主党上院院内総務 [出]ニューヨーク市ブルックリン [名]Schumer, Charles Ellis [学]ハーバード大学ロースクール卒 法学博士 [歴]ニューヨーク州選出の連邦下院議員を経て、1998年より連邦上院議員（民主党）。2006年党議員総会副会長、17年1月院内総務。

シュミーゲロー, ヘンリク

Schmiegelow, Henrik

1941.1.29～

駐日ドイツ大使　外交官　[出]ロストク県ロストク　[学]国立行政学院(ENA) L.L.M.(バージニア大学)(1973年)　[歴]1961～67年マールブルク、ジュネーブ、ハンブルクの大学で法学を、68～69年国立行政学院(ENA)で経済学と行政学を、70～71年バージニア大学ロースクールで政治学、法律学、経済学を専攻した。この間、67～72年ハンブルク州高等裁判所で司法修習。72年西ドイツ外務省に入り、74年在日西ドイツ大使館1等書記官、77年在スリランカ西ドイツ大使館1等書記官、80年外務省総務局人事課法務担当官、84年在米西ドイツ大使館政務担当参事官、87年中米・カリブ課長代理、91年大統領府企画室長、96年大統領府外務局長を経て、2001～06年駐日ドイツ大使。妻は日本研究家のミシェル・シュミーゲローで、1992年には共著「日本の教訓―戦略的プラグマティズムの成功」で大平正芳記念賞を受けた。　[賞]大平正芳記念賞(第8回)(1992年)「日本の教訓―戦略的プラグマティズムの成功」(共著)　[家]妻＝ミシェル・シュミーゲロー(日本研究家)

シュミット, パール

Schmitt, Pál

1942.5.13～

ハンガリー大統領　フェンシング選手　[出]ブダペスト　[学]カール・マルクス経済大学卒 Ph.D.　[歴]フェンシングのハンガリー代表選手として、1968年メキシコ五輪、72年ミュンヘン五輪に出場し、それぞれ金メダルを獲得。83年国際オリンピック委員会(IOC)委員となり、91～99年同理事会委員、95年よりスポーツ・環境委員長、95～99年副会長を歴任。2001年サマランチ会長の後任を決める会長選に立候補。この間、1993～97年駐スペイン大使を経て、98年～2002年駐スイス大使を務めた。04年欧州議会議員、09年6月再選され副議長。10年4月ハンガリー国会議員に当選、5月国会議長。6月国会で大統領に選出され、8月就任。12年4月、1992年に書いた博士論文の盗用疑惑を受け、辞任。

シュメイコ, ウラジーミル

Shumeiko, Vladimir

1945.2.10～

ロシア連邦会議(上院)議長　エコノミスト　[出]ロストフ州　[名]Shumeiko, Vladimir Filippovich　[学]クラスノダール工科大学(1972年)卒　[歴]金物組立工、技師などを経て、1972年クラスノダール工科大を卒業。85年クラスノダールの電子関係企業の主任技師、のち国営計測器工場長を経て、90年ロシア人民代議員。91年ロシア最高会議副議長、92年6月ロシア第1副首相。エリツィン大統領を支える側近の一人だったが、93年9月汚職疑惑問題で解任される。10月新聞情報相。12月新議会選挙で当選、94年1月連邦会議(上院)議長に選出、96年まで務める。経済改革推進派。

ジュリアーニ, ルドルフ

Giuliani, Rudolph

1944.5.28～

ニューヨーク市長　実業家, 法律家　[出]ニューヨーク市ブルックリン　[名]Giuliani, Rudolf William Louis III, 通称＝Giuliani, Rudy　[学]マンハッタン大学卒, ニューヨーク大学ロースクール(1968年)修了　[歴]イタリア移民の3世としてニューヨークの下町に生まれる。1970年米国連邦司法省入り。検事補からスタートし、麻薬取締局総括指揮者、司法省上級検事などを経て、81年同省次官補、83～89年ニューヨーク連邦検事。この間、ウォール街のインサイダー取引やマフィアの摘発に活躍。89年ニューヨーク市長選に立候補するが、落選。最初民主党員だったが、のち共和党に鞍替えして、93年11月ニューヨーク市長に当選、94年1月就任。97年11月再選。2000年4月前立腺がんと診断されたことを公表、同年11月の上院選での最有力候補と目されていたが出馬を断念する。在任中は同市の犯罪率を大幅に低下させて人気を集め、01年9月ニューヨークの世界貿易センタービルなどで起きた同時多発テロ事件以後は、救助活動と復旧の陣頭指揮を執った。同年雑誌「タイム」のパーソン・オブ・ザイヤー(今年の人)に選ばれる。02年1月任期満了のため退任後、治安維持に関するコンサルタント会社ジュリアーニ・パートナーズを設立、会長兼CEO(最高経営責任者)。同年2月英国のエリザベス女王より

名誉ナイトの称号を授与される。04年来日。06年ジュリアーニ・パートナーズと日本のIT企業フォーバルが合弁でジュリアーニ・セキュリティー・アンド・セーフティ・アジアを立ち上げる。07年、08年の大統領選の共和党候補指名争いに出馬するが、08年1月撤退を表明。　[勲]KBE勲章　[家]妻＝ドンナ・ジュリアーニ（テレビキャスター）

シュルター, ポウル

Schlüter, Poul

1929.4.3〜

デンマーク首相　[出]デンマーク　[名]Schlüter, Poul Holmskov　[学]コペンハーゲン大学卒　[歴]コペンハーゲン大学卒業後、弁護士を開業。1961年デンマーク青年商工会議所会頭。64年デンマーク国会議員に初当選。71年保守党政治スポークスマン。74年以降保守党党首。82年9月首相に就任。第2位政党の党首でありながら、6次にわたって連立政権の首相を務めた。93年1月タミル人難民への入国ビザを巡る疑惑で辞任。

ジュルチャーニ, フェレンツ

Gyurcsány, Ferenc

1961.6.4〜

ハンガリー首相　実業家　[出]パーパ　[学]ヤヌス・パンノニウス大学（現・ペーチ大学）卒　[歴]大学では教育学と経済学を学ぶが、社会主義政権が崩壊した東欧革命後の1990年から投資会社に勤務。92年民営化された旧国営企業を買収し、転売を専門とする投資会社を設立、2002年まで社長を務める。同年当時野党だったハンガリー社会党（MSZP）の選挙参謀就任をきっかけに政界入り。同年メッジェシ首相の戦略アドバイザーを務め、03年5月青年・スポーツ相を経て、04年10月首相に就任。06年6月再任。07年3月MSZP党首。09年首相、MSZP党首を退任。11年民主連合（DK）を旗揚げして党首となる。国内一の億万長者と言われ、“ハンガリーのトニー・ブレア”とも称される。英語に堪能。

シュルツ, マルティン

Schulz, Martin

1955.12.20〜

欧州議会議長, ドイツ社会民主党（SPD）党首　[出]ノルトライン・ウェストファーレン州ヘールラート　[歴]父は労働者階級出身の警察官。国立の中等教育機関であるギムナジウムで学ぶ。プロのサッカー選手を目指すが、高校時代に怪我で断念。高校を中退し、アルコール依存症に陥った時期もあった。1982年27歳の時にアーヘン近郊のヴュルゼーレン市に書店をオープン。ドイツ社会民主党（SPD）の青年部で頭角を現し、84年同市議会議員を経て、87年31歳で州最年少の市長に就任。94年欧州議会議員に当選。2012年より議長を務め、“ミスター欧州”と呼ばれる。労働者階層の出身で低学歴、中央政界の経験なしという異色の経歴ながら、舌鋒鋭い弁舌で人気を集め、17年3月SPD党首に就任。以後、SPDの支持率は上昇し、9月の総選挙ではメルケル首相の4選を阻む可能性のある強敵と目されていたが、結果は惨敗。直後に連立政権からの下野を表明したが、メルケル首相率いるキリスト教民主・社会同盟（CDU・CSU）が他の小政党との連立交渉に失敗すると、連立交渉を開始。大連立政権で外相に就任する予定だったが、SPDの支持率は落ち続け入閣を断念、党首を辞任した。

シュレーダー, ゲアハルト

Schröder, Gerhard

1944.4.7〜

ドイツ首相, ドイツ社会民主党（SPD）党首　実業家　[出]ノルトライン・ウェストファーレン州モッセンベルク　[学]ゲッティンゲン大学法律学専攻卒　[歴]貧しい家庭に育ち、工場などで生活費を稼ぎながら夜学で学び、大学入学資格を取得。1963年西ドイツ社会民主党（SPD）入党。66〜71年ゲッティンゲン大学で法学を学び、76年弁護士資格を取得。80〜86年連邦議会議員。86〜90年社民党ニーダーザクセン州議会議員団長。90年6月ニーダーザクセン州首相、94年再選。98年3月ドイツ社民党のニーダーザクセン州議会選挙圧勝により、ドイツ総選挙の連邦首相候補となり、同年4月社民党大会で正式に連邦首相候補に指名される。9月総選挙で社民党が大勝し、同年10月首相に就任。99年4月ラフォンテーヌ党首の辞任を受け、社民党党首に選出される。11月公賓として来日。12月党首に再選。2002年10月首相に再選。04年3月党首を辞任。12月来日し日独首脳会談を実施。05年9月総選挙で敗北、10月首相を退任。11月連邦議会議員辞任。この間、イラク戦争をめぐり戦後ドイツ指導者として

は初めて米国と本格衝突し、7年間の在任中はフランスとともに欧州連合（EU）を主導した。06年よりNord Stream AG会長。

シュワブ, スーザン
Schwab, Susan
1955.3.23～
米国通商代表部（USTR）代表　㋐Schwab, Susan Carroll　㋘ウィリアムズ・カレッジ（政治・経済学），スタンフォード大学大学院応用経済学修士課程修了，ジョージ・ワシントン大学 Ph.D.　㋕1977年から2年間カーター政権の重鎮ストラウスが代表を務めていた米国通商代表部（USTR）で東京ラウンド多角的貿易交渉を担当。79～81年東京の米国大使館に通商政策担当官として駐在。その後ワシントンに戻り、81～86年ダンフォース上院議員事務所のエコノミスト兼立法部長としてスーパー301条、電気通信、自動車などの法案作成に関わる。89～93年商務省次官補（米国内・外国商務担当局長）となり、世界貿易機関（WTO）の多角的貿易交渉（ドーハ・ラウンド）の推進役となる。93～95年通信機器大手モトローラの幹部、95年～2003年メリーランド大学公共政策学教授・部長。05年11月ブッシュJr.政権下でUSTR次席代表を経て、06～09年代表を務めた。

シュワルツェンベルク, カレル
Schwarzenberg, Karel
1937.12.10～
チェコ第1副首相・外相　㋩チェコスロバキア・プラハ（チェコ）　㋕ボヘミアの名門貴族シュワルツェンベルク家の嫡男として生まれる。1940年ナチス・ドイツに領地を没収、48年には共産政権から追放され、一家とともにウィーンに移った。その後、オーストリア・ハプスブルク帝国時代に一族から首相や大司教を輩出したウィーン・シュワルツェンベルク家の養子となり、ウィーン中心部の館を改装した高級ホテル兼レストランと山林業、養殖業を営む。90年8月旧知のハヴェル・チェコスロバキア大統領から大統領府長官に任命される。2007～09年チェコ外相。09年新党"伝統・責任・繁栄09（TOP09）"を結成。10～13年第1副首相兼外相。11年10月日本を公式訪問。13年初めて国民の直接選挙で選ばれる大統領選に立候補し、決選投票でミロシュ・ゼマン元首相に敗れた。人権擁護団

体・国際ヘルシンキ連盟総裁を務め、中欧各国の市民権を持つ多国籍人。チェコ語、ドイツ語、英語、ロシア語を操る。

シュワロフ, イーゴリ
Shuvalov, Igor
1967.1.4～
ロシア第1副首相　㋩ソ連ロシア共和国マガダン州（ロシア）　㋘モスクワ大学法学部（1993年）卒　㋕法律事務所代表などを経て、1998年ロシア国家資産省次官、2000年内閣官房長官、03年大統領補佐官、同年大統領府副長官、04年大統領補佐官、05年主要国（G8）首脳会議のプーチン大統領の個人代表（シェルパ）を兼任。08年5月第1副首相に就任。

ジュン・ユンチョル（田 允喆）
Jeon Yun-churl
1939.6.15～
韓国副首相・財政経済相　㋩全羅南道木浦　㋘ソウル大学法学部卒　㋕1997年3月～2000年8月韓国公正取引委員会副委員長、のち水産庁長官、企画予算庁長官などを歴任。02年1月金大中大統領秘書室長を経て、4月副首相兼財政経済相に就任。

徐 才厚　じょ・さいこう
Xu Chai-hou
1943.6～2015.3.15
中国共産党政治局員・中央軍事委員会副主席, 中国国家中央軍事委員会副主席　軍人　㋩遼寧省　㋘ハルビン軍事工程学院（1968年）卒　㋕1963年中国人民解放軍に入り、68年ハルビン軍事工程学院を卒業。71年中国共産党に入党。瀋陽軍区14集団軍政治部主任、政治委員などを歴任。92年軍総政治部主任助理を経て、93年副主任。96年12月済南軍区政治委員・同党委書記。97年9月党中央委員、99年9月党中央軍事委員、同年10月国家中央軍事委員に選出。同月人民解放軍総政治部常務副主任、2002年11月同部主任、党中央書記局書記。04年9月同部主任退任、党中央軍事委副主席。05年3月国家中央軍事委副主席。07年10月党政治局員。1999年上将。2014年10月収賄などの容疑で取調べを受け起訴された。15年3月死亡により軍事検察院は不起訴を決定した。

ショー，バーノン
Shaw, Vernon
1930.5.13〜2013.12.2
ドミニカ国大統領　[出]英領ドミニカ（ドミニカ国）　[名]Shaw, Vernon Lorden　[学]オックスフォード大学トリニティカレッジ　[歴]ドミニカ国放送会社会長などを経て、1998年ドミニカ国大統領に就任。2003年退任。

ジョ・ヨンギル（曺 永吉）
Jo Young-gil
1940.5.9〜
韓国国防相　軍人　[出]全羅南道霊光　[学]東国大学行政大学院修了　[歴]韓国陸軍本部政策企画室戦略企画課長、国防大学院教授部長、合同参謀本部議長などを歴任。2003年2月盧武鉉政権の国防相に就任。04年7月北朝鮮船の越境に関して軍が虚偽報告をした責任を取り辞任。　[勲]米国政府功労勲章（2000年）

ジョアナ，ミルチャ
Geoana, Mircea
1958.7.14〜
ルーマニア外相，ルーマニア社会民主党（PSD）党首　[出]ブカレスト　[名]Geoana, Mircea Dan　[学]ブカレスト大学卒，フランス国立行政学院（ENA），ハーバード大学　[歴]1990年ルーマニア外務省に入省。94年局長を経て、96年〜2000年駐米大使、00〜05年外相。05〜10年ルーマニア社会民主党（PSD）党首。

ショイグ，セルゲイ
Shoigu, Sergei
1955.5.21〜
ロシア国防相　[出]ソ連ロシア共和国トゥワ自治共和国（ロシア・トゥワ共和国）　[名]Shoigu, Sergei Kuzhugetovich　[学]クラスノヤルスク工科大学（1977年）卒　[歴]1986年アバカンバゴンストロイ企業長。88〜89年ソ連共産党アバカン市委員会第2書記。90年ソ連ロシア共和国建築・建設国家委員会副議長、91年11月ロシア共和国大統領附属非常事態委員会議長、ソ連崩壊後の92〜94年ロシア連邦国家非常事態委員会議長、94年11月エリツィン政権下のチェルノムイルジン内閣でロシア非常事態相、96年内閣改造で留任、98年再留任、99年5月内閣改造で留任、同年8月プーチン内閣でも留任。同年10月新政治連合・統一の創設大会で代表となる。12月の下院選挙で“統一”を大躍進させた。2000年1月〜5月副首相を兼務、統一代表を辞任。同年5月プーチン政権下のカシヤノフ内閣で兼任が解かれ非常事態相に留任。01年12月新与党・“統一ロシア”幹部。04年3月非常事態相留任。12年5月モスクワ州知事。同年11月国防相。

ショイブレ，ウォルフガング
Schäuble, Wolfgang
1942.9.18〜
ドイツ内相・財務相，ドイツ・キリスト教民主同盟（CDU）党首，ドイツ連邦議会議長　[出]バーデン・ヴュルテンベルク州フライブルク　[学]フライブルク大学卒，ハンブルク大学卒　[歴]1965年旧西ドイツのキリスト教民主同盟（CDU）入党。66年フライブルク大学助手、72年より西ドイツ連邦議会議員、75〜84年欧州議会議員、76〜84年党スポーツ委員会議長兼任、84〜89年首相府長官兼特命相。89年4月内相となり、コール首相の側近として手腕を発揮し、90年の東西ドイツの統一交渉ではボン政府側の代表の一人として重要な役割を果たした。10月統一ドイツの内相となる。同月12日、フライブルク市に近いオッペナウでCDUの政治集会に出席中凶弾に倒れ車いす生活となる。91年1月統一ドイツ総選挙後のコール新内閣でも内相。同年11月キリスト教民主同盟・社会同盟（CDU・CSU）院内総務。97年10月CDU次期党首に指名され、98年11月総選挙敗北の責任を取り辞任したコール党首の後任となる。2000年4月党首辞任。05年11月〜09年メルケル政権で内相。09年10月からは同政権の財務相を務め、ギリシャ債務危機の混乱収拾などに尽力。財政規律重視派で欧州の金融市場安定にも努めた。17年10月連邦議会議長に転じる。

章 孝厳　しょう・こうげん
Chang Hsiao-yen
1941.5.2〜
台湾行政院副院長（副首相）・外交部長（外相）　外交官　[出]中国・江西省南昌（本籍）　[学]東呉大学文学系卒，ジョージタウン大学（米国）大学院修士課程修了　[歴]蒋介石の長男・蒋経国と、愛人の章亜若の間に双子の長

シヨウ　　　　　　　　事典・世界の指導者たち

男として生まれるが、兄弟ともに蒋家に認め
られず、母方の姓を名のる。ブリュッセル
大学に研究留学し、革命実践研究院修了。台
湾外交部（外務省）に入り、在米大使館2等書
記官、外交部北米司第1科長を経て、1980年
北米司副司長、81年11月北米事務協調委秘
書長兼外交部北米司副司長、82年北米司長。
86年外交部常務次長、88年第13期国民党
中央委員、90年外交部政務次長、93年行政院政
務委員兼僑務委員会委員長、第14期党中央
常務委員。96年6月外交部長（外相）。97年8
月行政院副院長（副首相）に就任。同年12月
党秘書長。99年11月、2000年の総統選で党
が厳しい状況にあることから党秘書長を事
実上更迭。同月総統府秘書長（官房長官）に
就任、同年12月不倫問題により辞任。02年
12月台湾当局から蒋家との血縁を認定され
る。　　Ⓙ祖父＝蒋 介石（台湾総統），父＝蒋
経国（台湾総統）

蒋 仲苓 しょう・ちゅうれい
Chiang Chung-ling
1922.9.21～2015.3.18
台湾国防部長（国防相）　軍人　Ⓙ中国・浙
江省義烏県　Ⓖ陸軍参謀大学第6期卒，三軍
大学戦争学院将官班卒　Ⓗ師長、軍長、軍団
司令などを歴任。1981年陸軍総師令、88年
副参謀総長、中山科学研究院兼任、89年
総統府参軍長、94年国防部長（国防相）兼政
務委員、国民党中央常務委員。97年8月国防
部長に再任。99年1月高齢により退任。　Ⓗ
パラグアイ大綬国家功績勲章（1986年），1等
雲麾勲章（1992年）

常 万全 じょう・ばんぜん
Chang Wan-quan
1949.1～
中国国務委員（副首相級）・国防相・国家中央
軍事委員、中国共産党中央委員・中央軍事委
員　軍人　Ⓙ河南省南陽　Ⓖ国防大学基本系
Ⓗ1968年中国人民解放軍に入隊、中国共産党
に入党。78年蘭州軍区司令部秘書。2002年
蘭州軍区参謀長。同年より党中央委員。03
年北京軍区参謀長、04年瀋陽軍区司令官。07
年軍総装備部長、党中央軍事委員。同年11
月上将。08年国家中央軍事委員。同年有人
宇宙船 "神舟7号" 打ち上げプロジェクト総
指揮。12年11月党中央軍事委員再任。13年
3月国家中央軍事委員に再任され、国務委員

（副首相級）兼国防部長（国防相）に任命され
る。17年10月党中央委員退任。

蕭 万長 しょう・ばんちょう
Hsiao Wan-chang
1939.1.3～
台湾副総統・行政院長（首相）　外交官　Ⓙ
嘉義県　ⒿSiew Wan-chang, 英語名＝Siew,
Vincent C.　Ⓖ台湾大学外交学系（1961年）
卒、国立政治大学外交研究所（1965年）修士
課程修了、ジョージタウン大学　Ⓗ1966年在
クアラルンプール総領事館副領事、69年領事
を歴任。72年台湾行政院経済部（通産省）国
際貿易局に入り、77年副局長、82年局長。86
～87年米台貿易交渉のため度々訪米。88年
7月国民党中央委員。同年8月経済建設委副
主任委員、90年5月経済部長（経済相）、93年
2月経済建設委主任委員、94年大陸委員会主
任委員。95年11月辞任。96年から政治家に
転身し台湾立法委員（国会議員）に当選。同
年6月国民党中央委員会秘書長。97年9月連
戦内閣総辞職を受け、行政院長（首相）に
就任。99年1月内閣総辞職後、再任。2000年
3月総統選では国民党副総統候補となるが、
国民党は惨敗。同年5月行政院長を退任。
00年～05年国民党副主席。08年5月～12年5
月馬英九総統の下で副総統を務めた。　Ⓗ
アイゼンハワー賞

蕭 揚 しょう・よう
Xiao Yang
1938.8～
中国最高人民法院院長（最高裁判官），中国司
法相、中国共産党中央委員　Ⓙ広東省河源県
Ⓖ中国人民大学法律系（1962年）卒　Ⓗ1966
年中国共産党入党。清遠地区党委副書記、広
東省人民検察院検察長、最高人民検察院検察
長などを経て、93年3月～98年3月司法相。98
年3月より最高人民法院院長（最高裁長官）。
この間、92年党中央委員候補、97年より党
中央委員、2007年10月党中央委員退任。08
年3月最高裁長官退任。

ジヨエフ，ミルゾ
Ziyoyev, Mirzo
1960～2009.7.11
タジキスタン非常事態相、タジク統一野党
（UTO）司令官　軍人　Ⓖドゥシャンベ地質
学専門学校卒　Ⓗ1992年エモマリ・ラフモ

ノフ（現・ラフモン）大統領派の政府軍と内戦を始めたイスラム反政府勢力・タジク統一野党（UTO）の指導者として、93～97年司令官を務める。97年和平合意後、99年2月連立政権の非常事態相に就任。アフガニスタンのタリバン政権と反タリバン勢力・北部同盟の双方にパイプを持つ実力者といわれる。同年8～10月キルギスの南部オシ州でイスラム武装勢力ウズベキスタン・イスラム運動による日本人鉱山技師4人の拉致事件が発生。指導者タヒル・ユルダシュとの太いパイフを生かし、解放交渉を担った。退任後も政治力を維持していたが、2009年7月麻薬密売組織に降伏を求めて説得中、武装集団の銃撃を受け死去した。

ジョコ・ウィドド

Joko Widodo

1961.6.21～

インドネシア大統領　㊥中部ジャワ州ソロ　㊫ガジャマダ大学林業学部卒　㊧父は木材加工業の傍ら、トラックやバスの運転手をしていた。高校では一時不登校となるが、一念発起してガジャマダ大学に進学。卒業後、家具輸出業を営む。1992～96年インドネシア商工会議所スラカルタ支部鉱業エネルギー部長、2002～07年インドネシア家具手工芸品協会会長。この間、05年スラカルタ（ソロ）市長選に当選。10年再選。2期目途中で辞任して、12年ジャカルタ首都特別州知事選に闘争民主党の支持を受けて出馬、現職候補を破って当選。保健や教育政策で実績を挙げた。1期目途中で辞任して、14年7月インドネシア大統領選にユスフ・カラ副大統領と組んで出馬、53.15%の得票を得て当選、10月就任。非エリートの経歴から親しみを込めて“ジョコウィ”と呼ばれる。

ジョスパン, リオネル

Jospin, Lionel

1937.7.12～

フランス首相　㊥オー・ド・セーヌ県ムドン　㊔Jospin, Lionel Robert　㊫パリ政治学院卒, 国立行政学院（ENA）卒　㊧在学中から政治運動に参加、1960年フランス統一社会党に入党。65年フランス外務省入りする傍ら、教鞭を執り、70年パリ第6大学教授。71年社会党に入党。73～75年党全国書記、75～79年第三世界問題担当国会書記、79～81年国際関係担当、81～87年党第1書記。81年より国民議会（下院）議員。88年5月～92年国民教育相。93年3月総選挙で落選。95年4月社会党公認で大統領選へ出馬、第1回投票で1位となり健闘したが落選。同年10月党第1書記に復帰。97年6月首相に就任。2000年10月内閣一部改造。02年4月大統領選第1回投票で敗れ、政界引退を表明。00年1月初来日。　㊫妻＝シルヴィアンヌ・ジョスパン（哲学者）, 弟＝ノエル・シャトレ（作家）

ショート, クレア

Short, Clare

1946.2.15～

英国国際開発相　㊫キール大学卒, リーズ大学卒　㊧人権団体代表などを経て、1983年バーミンガム州レディウッド選出の下院議員（労働党）に当選。97年5月ブレア政権で国際開発相に就任。2003年5月イラク戦争後の復興での国連軽視を批判して辞任。

ジョトディア, ミシェル

Djotodia, Michel

1949～

中央アフリカ大統領, 民主統一戦線連合（UFDR）創設者　反政府勢力指導者　㊥ウバンギシャリ・バカガ（中央アフリカ）　㊔Djotodia, Michel Am Nondroko　㊧ソ連で教育を受け、帰国後は公務員として勤務。隣国スーダン西部ダルフール地方に領事として赴任経験もあったが、2005年頃から反政府活動を開始。06年反政府勢力の民主統一戦線連合（UFDR）創設に参加。06～08年投獄される。反政府勢力・セレカの指導者として12年12月に武装蜂起し、13年1月の政権側と停戦などで合意したことを受け、2月に中央アフリカ第1副首相兼国防相に就任。しかし、合意履行が不十分として3月に首都を制圧し、自ら暫定大統領就任を宣言。8月に大統領就任式を行ったが、14年1月辞任。

ジョナサン, グッドラック・エベレ

Jonathan, Goodluck Ebele

1957.11.20～

ナイジェリア大統領　㊥バイエルサ州　㊫ポートハーコート大学大学院動物学専攻博士課程修了 Ph.D.　㊧ナイジェリア南部ニジェール川河口デルタ地帯のカヌー製作職人の家に生まれる。1983～93年生物学で教壇に立ち、93年から環境保護の職に就く。99

年バイエルサ州副知事を経て、2005年12月知事。07年5月ヤラドゥア政権の副大統領に就任。10年2月ヤラドゥア大統領の病気のため暫定大統領となり、5月大統領が死去したことを受け、正式に大統領に就任。11年4月の大統領選で当選、5月大統領再任。15年3月の選挙では元軍人のムハンマドゥ・ブハリ野党候補に敗れ、退任。

ショネカン, アーネスト

Shonekan, Ernest

1936.5.9～

ナイジェリア暫定国民政府首班（元首）　[出]ラゴス　[名]Shonekan, Ernest Adegunle Oladeinde　[学]ロンドン大学ロースクール卒　[歴]英国で教育を受けた法律家・実業家。1985年の無血クーデター以来8年間続いたババンギダ軍事政権下で、93年1月民政移管評議会委員長（首相職）に就任。同年8月～11月暫定国民政府の首班を務めた。

ジョハル, サイド・モハメド

Djohar, Said Mohamed

～2006.2.22

コモロ大統領　[歴]教師、校長を務めた後、1957年入閣しコモロ設備相。60年連邦議会議員となり、61年官房長官、63年公職・労働・青年・スポーツ相、68年社会問題相、70年労働・雇用相、72年議会議長を経て、73年大統領府長官。73～75年駐マダガスカル大使。78年アブダラ大統領がクーデターで暗殺された後、臨時大統領となり、87年最高裁判所長官。90年3月の大統領選で正式に大統領に就任。コモロ進歩連合党首も務めた。95年9月のクーデターで失脚。旧宗主国のフランスが介入し、治療名目でフランス領レユニオンに追放されたが、96年1月に帰国した。

ジョハンズ, マイク

Johanns, Mike

1950.6.18～

米国農務長官, ネブラスカ州知事　[出]アイオワ州オーセージ　[名]Johanns, Michael Owen　[学]セント・メアリー・カレッジ卒, クレイトン大学（法学）卒　[歴]1991年ネブラスカ州リンカーン市長を経て、99年ネブラスカ州知事。2005年2期目のブッシュJr.政権で農務長官に就任。07年退任。09年よりネブラスカ州選出の共和党上院議員。

ショーヒン, アレクサンドル

Shokhin, Aleksandr

1951.12.25～

ロシア副首相　経済学者　[名]Shokhin, Aleksandr Nikolayevich　[学]モスクワ大学経済学部（1974年）卒 経済学博士　[歴]経済・科学技術発展予測研究所主任研究員を経て、1987年シュワルナゼ・ソ連外相の経済問題顧問。91年ソ連外務省対外経済関係局長。同年8月ロシア共和国労相。同年11月ガイダル内閣でガイダル首相代行の側近として労相兼社会政策担当副首相を務め、92年12月チェルノムイルジン内閣でも副首相に留任。93年6月独立国家共同体（CIS）調整諮問委員会議長。10月“ロシアの統一と合意”党結成、12月の議会選挙（下院）に当選。94年1月内閣改造で経済相、3月副首相兼任。同年11月ルーブル大暴落の引責で辞任。95年12月の下院選で再選。96年1月～97年9月下院第1副議長。97年9月“わが家ロシア”下院代表。98年9月金融・財政担当副首相に就任するが、ザドルノフ財務相代行の起用に抗議してまもなく辞任。同年12月“わが家ロシア”下院代表を退任。99年12月下院議員に当選。

ジョマア, メヘディ

Jomaa, Mehdi

1962.4.21～

チュニジア首相　[出]マハディア　[学]チュニス国立工科大学（1988年）卒　[歴]フランス石油大手トタルの航空部門子会社に勤務し、取締役を務めた。2013年3月に発足したライズ内閣でチュニジア産業相に就任して政界入り。14年1月大統領選と議会選実施を準備する選挙管理内閣の首相に就任。15年2月退任。

ジョヤ, マラライ

Joya, Malalai

1978.4.25～

アフガニスタン国会議員　人権活動家　[出]ズィケン　[歴]アフガニスタン西部の山岳地帯に生まれる。4歳の時にソ連の侵攻による弾圧を避けて隣国に逃れ、イランとパキスタンでの難民生活を強いられた。パキスタンでアフガニスタン女性革命協会（RAWA）の学校に学び、創始者ミーナと出会う。やがてア

フガニスタン女性能力開発協会（OPAWC）の社会活動に参加し、20歳で女子教育のために母国へ戻る。2003年ファラー州の代表として参加したロヤ・ジルガ（国民大会議）で有力議員らの戦争犯罪を糾弾する演説を行って注目を集め、05年には27歳の最年少で国会議員に就任したが、政府要人の腐敗を断罪したため議員資格を剥奪された。10年米国「タイム」誌による“世界で最も影響力のある100人”の一人に選出された。自伝「アフガン民衆とともに」がある。11年来日。

ショーヨム, ラースロー

Sólyom, László

1942.1.3〜

ハンガリー大統領, ハンガリー憲法裁判所長官　法律家　[出]ペーチ　[学]ペーチ大学（1965年）卒, フリードリヒ・シラー大学, ハンガリー科学アカデミー 博士号　[歴]東ドイツの大学で法学を研究し博士号取得。図書館司書などを経て、1982年〜2002年ブダペスト大学教授。1996年よりブダペスト・カトリック大学教授を務めながら環境保護運動に取り組む。87年市民フォーラム創設に参加。90〜98年ハンガリー憲法裁判所長官を務め、死刑の廃止や経済改革の合憲性など同国の民主化に重要な司法判断を示す。2005年6月右道右派、フィデス・ハンガリー市民連盟の推薦候補として大統領に選出され、8月就任。10年退任。

ジョン・セヒョン（丁 世鉉）

Jeong Se-hyun

1945.5.7〜

韓国統一相　[出]旧満州　[学]ソウル大学（1971年）卒　[歴]1977年韓国国土統一院（現・統一省）に入省以来、南北統一問題一筋に歩む。79年共産圏研究官、83年南北対話事務局対話運営部長、86年世宗研究所政治外交研究室長、91年民族統一研究院副院長、93年大統領統一秘書官、96年民族統一研究院院長。金大中政権が発足した98年初代統一次官に就任。同年4月北京で開かれた南北次官級会談では首席代表を務めるなど、北朝鮮との豊富な交渉経験を持つ。2001年5月から国家情報院院長特別補佐役として太陽政策（包容政策）を支え、02年1月統一相に就任。03年2月発足の盧武鉉政権でも留任。04年6月退任。“タンク（戦車）”の異名で知られる。

ジョーンズ, カーウィン

Jones, Carwyn

1967.3.21〜

ウェールズ首相　法律家　[出]ウェールズ・スウォンジー　[名]Jones, Carwyn Howell　[学]ウェールズ大学　[歴]大学在学中に労働党に加盟。法曹資格を得て弁護士として開業。1999年新設のウェールズ議会議員に選出され、2000年からウェールズ副首相、同年〜07年環境・計画・田園相、07年教育・文化・ウェールズ語相、同年〜09年ウェールズ法相を歴任。09年ウェールズ労働党党首選に勝利して、ウェールズ首相に就任。15年9月初来日。

ジョンストン, ドナルド

Johnston, Donald

1936.6.26〜

経済協力開発機構（OECD）事務総長　[出]オンタリオ州カンバーランド　[学]マッギル大学卒, グルノーブル大学卒　[歴]法理事務所勤務後、1963〜76年マッギル大学で教鞭を執る。78年カナダ下院議員に当選。80〜84年財務相、経済開発・科学技術相、法相など歴任。90〜94年自由党党首。徹底した自由貿易論者で、カナダの電話会社、カナダ・ベルの役員も務め、ビジネスの世界にも通じる。96年6月経済協力開発機構（OECD）の4代目事務総長として、欧州以外から初めて就任。OECDの近代化と改革を押し進める一方、OECDが扱う領域を電子商取引から医療政策にまで拡大した。2006年5月退任。[勲]旭日大綬章（日本）（2006年）

ジョンソン, ゲーリー

Johnson, Gary

1953.1.1〜

ニューメキシコ州知事　実業家　[出]ノースダコタ州マイノット　[名]Johnson, Gary Earl　[学]ニューメキシコ大学卒　[歴]1976〜99年ビッグ・J・エンタープライジズ社長兼CEO（最高経営責任者）。一方、95年〜2003年ニューメキシコ州知事。共和党出身で、12年米国の第3党・リバタリアン党の指名候補として大統領選に立候補。16年の大統領選でも同党の指名を獲得した。

ジョンソン, ボリス
Johnson, Boris
1964.6.19〜
英国外相, ロンドン市長　ジャーナリスト　[出]米国ニューヨーク市　[名]Johnson, Alexander Boris de Pfeffel　[学]オックスフォード大学　[歴]オスマン帝国の閣僚や英国王室の血を引き、ニューヨーク生まれであることから“るつぼからなる人間”と自称する。イートン校からオックスフォードに進学。卒業後はジャーナリストとなり、「デーリー・テレグラフ」紙の記者などを務める。1999年週刊「スペクテイター」誌編集長に就任。2001年英国保守党より下院議員に当選。04年4月影の芸術担当相に任命されるも、女性問題がきっかけで11月に解任。05年12月影の高等教育担当相に就任し、その後間もなく「スペクテーター」誌編集長を辞任。08年5月ロンドン市長に当選(下院議員を辞任)。12年5月再選。7月からのロンドン五輪では“緑豊かで安全な街に”と訴えてレンタサイクルを導入。自らも通勤で市内を疾走し、1万台の青い通称“ボリス・バイク”は市民や観光客の足として定着した。15年5月総選挙で7年ぶりに下院議員に返り咲き、16年までロンドン市長と兼務。同年6月の英国の欧州連合(EU)離脱の是非を問う国民投票では盟友として支えてきたキャメロン首相と袂を分かって離脱派を率い、7月発足のメイ政権で外相に就任。“ボリス”とファースト・ネームで呼ばれる英国では数少ない政治家。

シライジッチ, ハリス
Silajdžić, Haris
1945.10.1〜
ボスニア・ヘルツェゴビナ幹部会員(イスラム教徒代表)・共同議長(首相)　[出]ユーゴスラビア・ボスニア・ヘルツェゴビナ共和国サラエボ　[学]ベンガジ大学卒 Ph.D.　[歴]リビアの大学でイスラム学、アラビア語を学ぶ。1990年までプリシュティナ大学教授、サラエボ大学教授を務めた。91〜93年ボスニア・ヘルツェゴビナ外相、93年10月〜96年1月首相。96年4月民主行動党を離れ、ボスニア・ヘルツェゴビナ党を結成。のち、民主行動党と関係を修復。同年12月与党・民主行動党によりボスニア和平協定に基づいた統一政府の共同議長(首相, 2人)のモスレム人枠に指名され、97年1月就任。2000年2月退任。06年11月〜10年10月幹部会員(イスラム教徒代表)。

シラーエフ, イワン
Silaev, Ivan Stepanovich
1930.10.21〜
欧州共同体(EC)大使, ロシア共和国首相　[出]ニジェゴロツキー(旧ゴーリキー)　[学]カザン航空大学(1954年)卒　[歴]1959年ソ連共産党入党。航空技師となり、54〜74年ゴーリキーの航空機製造工場に勤め、職場長、技師長、工場長などを歴任。ブレジネフ時代の74年航空工業省次官、77年同第1次官、80年工作機械・器具工業相、81年航空工業相を経て、85年11月ゴルバチョフ政権の副首相に就任。86年11月機械製作ビュロー議長兼務。90年6月ロシア共和国閣僚会議議長(首相)に選出。91年7月共産党離党、同月同共和国首相再任。同年8月の政変後、ソ連国民経済対策委員会議長となる。9月ロシア共和国首相辞任、11月連邦内閣にあたる共和国間経済委員会議長。92年3月〜94年2月欧州共同体(EC)駐在大使。穏健改革派。　[賞]レーニン賞(1972年), 社会主義労働英雄(1975年)

シラク, ジャック
Chirac, Jacques
1932.11.29〜
フランス大統領　[出]パリ　[名]Chirac, Jacques René　[学]パリ政治学院卒, 国立行政学院(ENA)(1959年)卒　[歴]米国留学を経て、1959年フランス会計検査院入り。62〜65年ポンピドー首相官房秘書官。67年国民議会(下院)議員初当選。68年五月革命の際、グルネン協定締結に活躍。68〜71年財務経済相付閣外相。72〜74年農相。74年第3次メスメル内閣内相。同年5月の大統領選でジスカール・デスタンを支持。74〜76年8月ジスカール・デスタン政権で首相。76年12月共和国民主連合(UDR)を共和国連合(RPR)に改組して総裁(党首)。“ド・ゴール主義”を標榜。77〜95年パリ市長。81年4月大統領選に初出馬したが第1回投票で敗退。86年3月〜88年5月ミッテラン政権で首相。88年5月の大統領選に再出馬したがミッテラン大統領に敗れる。94年11月大統領選出馬のためRPR総裁を辞任。95年5月3度目の挑戦で大統領に当選。就任後、ムルロア環礁沖での核実験再開を発表し、9月から6回強行実

施した。2002年5月再選。05年5月欧州連合(EU) 憲法条約の批准を国民投票にかけるが、大差で否決される。07年5月引退。パリ市長時代に関わったとされる職員の架空雇用事件で、11年12月執行猶予付き有罪判決を受け、控訴せずに有罪確定。08年“持続可能な発展と文明間の対話のためのジャック・シラク財団”を設立。仏教や陰陽道、大相撲を好む知日派で、多数来日している。09年回想録「一歩一歩に目標がないと」を出版。 [勲]フランス国家功労勲章シュバリエ章, レジオン・ド・ヌール勲章大十字章 [賞]ルイーズ・ミシェル賞(1986年) [家]妻＝ベルナデット・シラク(政治家)

シリー, オットー

Schily, Otto

1932.7.20～

ドイツ内相　法律家　[出]ボーフム　[学]ミュンヘン大学, ハンブルク大学, ベルリン大学 [歴]ミュンヘン大学、ハンブルク大学、ベルリン大学で法律を学んで弁護士となり、1970年代西ドイツ赤軍派(RAF) 幹部の弁護を引き受け一躍有名になった。その後、緑の党党員として連邦議会で活躍し、89年にはドイツ社会民主党(SPD)との連立政権を目指す全国執行部に選出された。90年SPD入党。98年10月シュレーダー政権で内相に就任した。2005年退任。

シリセナ, マイトリパラ

Sirisena, Maithripala

1951.9.3～

スリランカ大統領　[出]セイロン・ポロンナルワ(スリランカ)　[名]Sirisena, Pallewatte Gamaralalage Maithripala Yapa　[学]ポロンナルワ王立大学　[歴]幼少期から中部ポロンナルワで育つ。1967年セイロン自由党(SLFP) の青年組織に加入。農学を学んだ後、89年スリランカ国会議員初当選。2001年SLFP幹事長。農業開発相などを経て、10年保健相。14年11月ラジャパクサ大統領の与党SLFPから造反し、最大野党のスリランカ統一国民党(UNP) に推されて大統領選への立候補を表明。15年1月の大統領選でラジャパクサを破り当選、同月就任。16年来日。

ジリノフスキー, ウラジーミル

Zhirinovskii, Vladimir

1946.4.25～

ロシア自由民主党(LDPR) 党首, ロシア下院議員　[出]ソ連カザフ共和国アルマトイ(カザフスタン)　[名]Zhirinovskii, Vladimir Volfovich, 旧姓(名)＝Eidelstein, Vladimir　[学]モスクワ大学附属アジア・アフリカ研究所卒, モスクワ大学法学部夜間部(1977年)卒 [歴]1970～72年旧ソ連軍ザカフカス軍管区司令部付将校。83年モスクワの出版社ミールに法務担当社員として勤務したころから政治活動に入り、89年12月ソ連自由民主党を結成。90年3月党首。ソ連崩壊後の91年ロシア大統領選に立候補、約600万票を得て3位に食い込んだ。92年ロシア自由民主党党首。93年12月ロシア議会選挙で自由民主党(LDPR) を率い下院に当選、以来連続当選。民族主義的な過激な発言で“ジリノフスキー旋風”を巻き起こす。96年6月大統領選に立候補し、5位。2000年1月下院副議長。同年3月大統領選に立候補し、5位。08年3月の大統領選では3位、12年は4位、18年は3位。

シリブット, ノロドム

Sirivudh, Norodom

1951.6.8～

カンボジア副首相　[学]パリ大学(経済学)　[歴]シアヌーク殿下(国王)の異母弟。1971年フランスに留学、パリ大学で経済学を専攻。シアヌーク派の欧州担当となった後、88年、17年ぶりにカンボジアに戻り、シアヌーク派の拠点となっているタイ国境近くのアンピルで同派の主要メンバーとして本格的な活動を始める。フランス語、英語に堪能なことから外交担当となり、タイ、中国、日本、米国などに同派への支援を求めるなどの役割を果した。91年のパリ和平会議にも同派主要メンバーとして参加。93年6月総選挙で民族統一戦線(フンシンペック党, シアヌーク派) 選出の議員となり、選挙後の暫定国民政府で外相に就任、10月副首相兼任。95年11月フン・セン第2首相暗殺計画の容疑で逮捕されるもシアヌーク国王の介入により、12月パリに亡命。96年2月禁錮10年の判決が下される。98年11月恩赦となり、99年1月帰国。2001年フンシンペック党幹事長、04年副首相兼内相を歴任し、08年政界を引退。 [家]異母兄＝ノロドム・シアヌーク(カンボジア

国王)

シルバ, アルバロ
Silva, Alvaro
石油輸出国機構(OPEC)事務局長　[歴]ベネズエラ鉱業相を務める。2002年7月〜03年12月石油輸出国機構(OPEC)事務局長。

シレジェヴィチウス, アドルファス
Slezevicius, Adolfas
1948.2.2〜
リトアニア首相　[学]カウナス工科大学卒　[歴]工場技師、1983〜89年リトアニア共産党農工コンプレクス副議長、90年農林次官、民主労働党幹部会員を経て、同党党首。93年4月リトアニア首相、96年2月辞任。

ジワニア, ズラブ
Zhvania, Zurab
1963.12.9〜2005.2.3
グルジア首相　[出]ソ連グルジア共和国トビリシ(ジョージア)　[名]Zhvania, Zurab Vissarionovich　[学]トビリシ大学　[歴]2003年11月のグルジア議会選挙でシェワルナゼ政権による大規模な不正があったとして、サアカシュビリらと野党の抗議行動を指導。政権交代を実現し、04年1月発足のサアカシュビリ政権で首相に就任した。05年2月トビリシ市内にあるクベモカルトリ地方の副知事宅で、副知事と共に死亡しているのが発見された。

シン, アジット
Singh, Ajit
1938.9.25〜
東南アジア諸国連合(ASEAN)事務総長　外交官　[出]マラヤ・ジョホール州(マレーシア)　[学]マレーシア大学卒　[歴]外交官としてオーストラリア勤務を振り出しに本国外務省、エチオピア、国連での勤務を経て、駐ベトナム、オーストリア、ウィーン国連代表部、ブラジルの各大使を歴任。1992年7月東南アジア諸国連合(ASEAN)初代事務総長に就任。97年末退任。英語、マレー語、パンジャブ語に堪能。

シン・ガクス (申 珏秀)
Shin Gak-su
1955.1.16〜
駐日韓国大使　外交官　[出]忠清北道永同　[学]ソウル大学法学科(1977年)卒, ソウル大学大学院法学科(1991年)博士課程修了　博士号(国際法)(1991年)　[歴]大学在学中の1970年、福島や仙台に1ケ月滞在し日本の学生と交流した経験を持つ。77年韓国外務省(のち外交通商省, 現・外交部)に入省。86年在日韓国大使館1等書記官。91年国際法の博士号を取得。93年東北アジア第1課長、95年国連代表部次席大使、98年駐スリランカ公使参事官、2002年条約局長、04年国連代表部次席大使、06年駐イスラエル大使、08年外交通商省第2次官、09年同第1次官を経て、11年6月駐日大使に就任。13年6月退任。

シン, カーパル
Singh, Karpal
1940.6.28〜2014.4.17
マレーシア民主行動党(DAP)党首　[出]英領マラヤ・ペナン(マレーシア)　[学]シンガポール大学卒　[歴]パンジャブ系インド人。人権派弁護士として活動後、1970年マレーシア民主行動党(DAP)に入党。78年下院議員に初当選。87年、2000年国内治安法(ISA)により逮捕される。1998年にはアンワル・イブラヒム元副首相の弁護人を務めた。2004年DAP党首に就任。09年に起きたペラ州議会の混乱の際、与党連合・国民戦線(BN)の肩をもったスルタン、アズラン・シャー殿下を批判。14年2月差し戻し高裁判決で扇動罪による有罪判決を受け、党首を退任した。同年4月自動車事故により亡くなった。

シン, ジャスワント
Singh, Jaswant
1938.1.3〜
インド外相・財務相　[出]ラジャスタン州　[歴]1998年〜2001年インド外相、00〜01年国防相兼務、02〜04年財務相。かつて英領インドからの分離・独立を導いたパキスタン建国の父、モハメド・アリ・ジンナーを称賛する著書を出したとして、09年インド人民党(BJP)を除名される。

シン, ディネシュ
Singh, Dinesh
1925.7.19〜1995.11.30
インド外相　[出]英領インド連合州(インド・ウッタルプラデシュ州)　[学]ラクノー大学卒

[歴]1957～77年インド下院議員。66年外務担当国務相、67年商業相、69年外相、70～71年工業開発相。77～82年上院議員。84年再び下院議員。88～89年商業相を経て、93年1月外相。

シン, ナトワル

Singh, Natwar

1931.5.6～

インド外相　外交官　[出]英領インド(インド・ラジャスタン州バラトプール)　[名]Singh, Kunwar Natwar　[学]デリー大学, ケンブリッジ大学, 北京大学　[歴]1953年インド外務省に入り、パキスタン、中国、英国、国連の大使を歴任。2004年5月～05年11月外相を務めた。

ジン・ニョム (陳 稔)

Jin Nyum

1940.12.2～

韓国財政経済相, 韓国企画予算庁長官, 韓国労相　[出]全羅北道全州　[学]ソウル大学経済学部(1963年)卒, ワシントン大学大学院(1968年)修了 経済学博士(漢陽大学)(1988年)　[歴]韓国財務部次官、経済企画院次官、1991～93年動力資源相などを歴任。95年5月収賄容疑で辞任した李炯九の後を受けて、労相に就任。同年12月留任。のち、企画予算委員会委員長を経て、99年5月予算関連部署を統合して新設された企画予算庁長官に就任。2000年8月財政経済相(財務相)。01年3月内閣改造でも留任。また、1997年11月から半年間経営が破綻した起亜グループ会長を務めた。　[勲]紅条勤政勲章

シン, ハイメ

Sin, Jaime

1928.8.31～2005.6.21

フィリピン・カトリック教会最高指導者, マニラ大司教　カトリック枢機卿　[出]アクラン州パナイ島　[名]Sin, Jaime Lachica Cardinal　[歴]父親は中国からの移民。パナイ島の神学校を卒業後、1954年司祭になり、74年45歳の若さでマニラ大司教に就任。76年5月ローマ法王庁から法王に次ぐ地位である枢機卿に任命された。マニラ大司教区の組織改革に取り込む一方、教会の政治への積極的関与を先導。86年のフィリピン大統領選で、野党候補の一本化を主張すると同時に、マルコス政権の不正選挙を強く非難し、政権退陣とアキノ政権誕生に大きな役割を果たした。大統領選直後に社会が混乱した際、ラジオ放送を通じてキリスト教の聖職者や市民に街頭に出てマルコス政権支持勢力を包囲するよう呼び掛け、内乱状態に陥るのを防いだことでも知られる。2001年のエストラダ政権崩壊に際しても、政権の不道徳性を非難して政権打倒の動きに影響を与えた。人口の8割を占めるカトリック教徒の最高指導者として政治的影響力を発揮し、アロヨ政権も支持を受けた。03年11月大司教を引退。1986年11月にマニラで起きた若王子信行・三井物産マニラ支店長誘拐事件では、教会系ラジオで犯人に投降を呼び掛けた他、5人の聖職者を犯人との交渉に当たらせ、若王子氏解放に貢献した。88年9月初来日。

シン, マンモハン

Singh, Manmohan

1932.9.26～

インド首相　エコノミスト　[出]英領インド西パンジャブ(パキスタン)　[学]パンジャブ大学大学院(1954年)修士課程修了, ケンブリッジ大学, オックスフォード大学大学院博士課程修了 経済学博士(オックスフォード大学)(1962年)　[歴]パンジャブ大学教授、デリー大学教授、国連貿易開発会議(UNCTAD)出向を経て、1971年インド商業省で政府経済顧問、72年財務省で首席経済顧問、76～80年財務次官。82～85年インド準備銀行総裁。86年首相顧問(経済担当)。91年上院議員となり、同年6月～96年5月ラオ政権で財務相を務め、経済自由化の推進役を果たした。98年～2004年インド国民会議派の上院議員団長。この間、1999年10月総選挙で下院議員に出馬するが落選。のち再び上院議員に選出。2004年5月国民会議派が総選挙で勝利を収め、ソニア・ガンジー総裁の首相就任が決まるが、外国出身者の首相就任に対する野党の攻撃が強まり総裁が就任を辞退、その後首相に選出される。敬虔なシーク教徒で少数派のシーク教徒の首相就任は初。08年米印原子力協定を結び、外交上の大転換を実現。09年5月総選挙で再び国民会議派が圧勝し、第2次政権発足。14年総選挙後の5月に退任。インドを代表するエコノミストとして知られる。ケンブリッジ大学セントジョーンズカレッジ名誉会員。1992年インド投資セミナーで講演のため来日。　[勲]桐

花大綬章（日本）（2014年）　賞アダム・スミス賞, 日経アジア賞（経済発展部門, 第2回）（1997年）, アジアコスモポリタン賞大賞（第2回）（2014年）

ジンジッチ, ゾラン

Djindjić, Zoran

1952.8.1～2003.3.12

セルビア共和国首相　地ボサンスキ・シャマツ　学ベオグラード大学哲学科（1974年）卒, ベオグラード大学大学院（哲学）修士課程修了, コンスタンツ大学大学院（哲学）博士課程修了　哲学博士（コンスタンツ大学）略大学在学中の1974年、社会主義体制を批判する学生団体を組織し、投獄されたことがきっかけで政治活動に取り組む。77年1月西ドイツへ脱出、同国内の大学で博士号を取得。ノビサド大学教授を務め、89年帰国、セルビア民主党（DSS）創設に参加。94年1月党首に就任。96年11月からセルビア全土で3ケ月間続いた反政府デモを指導したことから、ミロシェヴィッチ政権打倒を目指す野党勢力"変革のための同盟"の中核を担った。97年2～9月ベオグラード市長。2000年NATO軍による空爆時には、国外に逃れ国民の信用を失うが、9月の大統領選では選対本部長として清廉な人柄のコシュトニツァを野党統一候補に立て勝利、ユーゴ政変の中心人物となる。01年1月セルビア共和国首相に就任。西欧流改革派の旗手として急進的な経済改革を推進した。03年2月ユーゴスラビア連邦が消滅し、連合国家のセルビア・モンテネグロが発足。同年3月ベオグラードの共和国庁舎前で何者かに銃撃され死亡した。

シンセキ, エリック

Shinseki, Eric

1942.11.28～

米国陸軍参謀総長, 米国退役軍人長官　軍人　地ハワイ州カウアイ島　学米国陸軍士官学校（1965年）卒　略祖父の代に広島県から米国に移住した日系3世。ベトナム戦争に従軍、足を負傷し、名誉負傷勲章を受章。1997年7月～98年10月ボスニア・ヘルツェゴビナ平和安定化部隊（SFOR）司令官を務めるなど欧州で10年以上の経験を持つ。米国陸軍参謀次長を経て、99年～2003年日系人としては初の参謀総長（大将）を務めた。09年1月オバマ政権で退役軍人長官に就任。13年1月2

期目も留任。14年5月辞任。

ジンダル, ボビー

Jindal, Bobby

1971.6.10～

ルイジアナ州知事　地ルイジアナ州バトンルージュ　全Jindal, Piyush Bobby　略インド系。2004年ルイジアナ州選出の連邦下院議員を経て、08年ルイジアナ州知事に就任。15年、16年に行われる大統領選への立候補を表明したが撤退。16年ルイジアナ州知事を退任。共和党保守派。

シンニ, アブドラ

Thinni, Abdullah

1954.1.7～

リビア暫定政府首相　地ナイジェリア・カノ　学リビア軍士官学校（1976年）卒, マフトゥーハ大学卒　略ナイジェリアに生まれ、リビア西部ガダミスでリビア国籍を取得。1980年代にカダフィ政権下で政治犯として投獄。2013年8月内戦状態のリビアで国際的な承認を受ける、東部トブルクを拠点とするゼイダン政権の国防相。14年3月制憲議会の下でリビア暫定首相に就任。暫定議会の組閣要請に従い、同年9月内閣発足。16年4月対立するイスラム系のトリポリ政府が、国連が支持する統一政府に権限を移譲すると発表したが、トブルク政府は統一政府を認めない姿勢を維持している。

シンハ, ヤシュワント

Sinha, Yashwant

1937.11.6～

インド外相・財務相　地英領インド（インド・ビハール州パトナ）　略1971～74年ボン、フランクフルトでインド大使館1等書記官。90～91年、98年～2002年の2度にわたってインド財務相を務めた他、02～04年外相。インド人民党（BJP）所属。

シンプソン・ミラー, ポーシャ

Simpson-Miller, Portia

1945.12.12～

ジャマイカ首相, ジャマイカ人民国家党党首　地セントキャサリン　全Simpson-Miller, Portia Lucretia　学マイアミ大学（米国）　略1976年ジャマイカ国会議員。78年～2006年ジャマイカ人民国家党（PNP）副

党首。1989年労働・社会保障・スポーツ相、93年労働・社会保障相、95年労相、2000年観光・スポーツ相などを経て、02年地方政府・コミュニティー開発・スポーツ相。06年2月PNPの党首選で当選し、3月ジャマイカ初の女性首相に就任。07年9月の総選挙で敗北して政権を譲るが、11年12月の総選挙でPNPが圧勝し、12年1月再び首相の座に就く。16年2月総選挙でPNPが敗れ、3月首相を退任した。17年PNP党首を退任。

【ス】

スアレス, グスタボ

Suarez, Gustavo
1949〜
スペイン国防相　㊞オビエード　㊔Suarez Pertierra, Gustavo　㊫オビエード大学, バリャドリード大学, ミュンヘン大学卒　㊝1978年マドリード大学教会法教授などを経て、93年よりスペイン教育科学相。95年7月〜96年4月国防相。

鄒 家華　すう・かか

Zou Jia-hua
1926.10〜
中国副首相, 中国共産党政治局員　㊞上海　㊔原名＝嘉驊　㊫ハルビン工業大学（ロシア語）, バウマン高等工業学院機械製造系（モスクワ）（1955年）卒　㊝1944年新四軍に参軍、45年中国共産党入党。その後ハルビン工業大学を経て、48〜55年モスクワのバウマン高等工業学院機械製造系に留学。帰国後、瀋陽第二機床廠（工作機械工場）廠長兼総工程師、74年5月国防工業弁公室副主任、83年8月国防科学技術工業委副主任、85年6月国務院兵器工業相、86年12月国家機械工業委主任、88年4月国務委員（副首相級）兼機械電子工業相を経て、89年12月国家計画委主任。91年4月国務委員解任、副首相に就任。85年9月より党中央委員、92年10月党政治局員に昇格。90年1月来日。93年3月国家計画委主任解任。97年9月党政治局員・中央委員を引退。98年3月副首相離任。"バランスのとれたテクノクラート"と評される。　㊎父＝鄒 韜奮（ジャーナリスト）, 弟＝鄒 競蒙（中国国務院国家気象局長）, 義父＝葉 剣英（元中国全人代常務委員長）

スカーギル, アーサー

Scargill, Arthur
1938.1.11〜
全国炭坑労働組合（NUM）委員長　労働運動指導者　㊞ヨークシャー州Worsborough　㊝父は共産党員の炭坑労働者。15歳で炭坑労働者となり、1955〜62年青年共産主義者同盟を経て、62年労働党に参加。72年バーミンガムの炭坑ストライキに関わり、73〜81年全国炭坑労働組合（NUM）ヨークシャー支部長として、73〜74年の炭坑ストを組織。81年全国炭坑労働組合委員長となり、84〜85年炭鉱ストを主導してサッチャー内閣と対決するが敗れる。"ニュー・レイバー"（新しい労働党）の旗印の下で労働党が生産分配手段の公有化政策を放棄すると、96年社会主義労働党を創設し、97年、2001年議会選挙に出馬するが落選。02年全国炭坑労働組合委員長を退任。

スカルファロ, オスカル・ルイジ

Scalfaro, Oscar Luigi
1918.9.9〜2012.1.29
イタリア大統領　㊞ピエモンテ州ノバラ　㊫カトリック大学法学部（ミラノ）卒　㊝第二次大戦中、反ファシスト運動に参加。戦後、弁護士を経て、1946年の制憲議会選挙で当選、現イタリア憲法の起草に加わる。48年共和国議会発足以来一貫して下院議員を務め、この間、運輸相、教育相、内相など要職を歴任。92年4月総選挙後、下院議長に選出され、次いで5月ファルコーネ判事暗殺事件を契機に大統領に選出される。99年5月退任、同月終身上院議員となる。キリスト教民主党（DC）創設メンバーだが党内では特定の派閥に属さず、真面目で正義感の強い政治家として、しばしばローマの政治家大カトーと比較された。98年4月国賓として来日。

スクビシェフスキ, クシシトフ

Skubiszewski, Krzysztof
1926.10.8〜2010.2.8
ポーランド外相　国際法学者　㊞ポーランド・ポズナニ　㊔Skubiszewski, Krzysztof Jan　㊫ポズナニ大学法経学部卒, ナンシー大学, ハーバード大学　㊝ポズナニ大学準教授などを務める傍ら、仏ナンシー大学、米

国ハーバード大学、コロンビア大学で研究。73～96年ポーランド科学アカデミー“法と行政研究所”教授。国際法の権威。一方、89年9月マゾビエツキ内閣で外相に就任。80年以来、連帯のメンバーだが、独自の立場を維持し、閣内では無党派中立系とされる。91年1月ビエレツキ首相の下で外相に留任、92年7月のスホツカ内閣でも留任。93年退任。

スケート, ウィリアム

Skate, William

1953.9.26～2006.1.3

パプアニューギニア首相　[出]ガルフ州アラアラ　[名]通称＝Skate, Bill　[学]ラエ工科大学卒　[歴]民間会社に勤務した後、1992年パプアニューギニア国会議員に選出され政界入り。同年6月国民議会党党首に就任後、ウィンティ連立政権下で国会議長を務める。94年ポートモレスビー特別州知事に当選、97年6月再選。ブーゲンビル島問題で混乱の中、同年7月首相に選出。アジア経済危機のあおりで国内経済が悪化する中、99年7月に台湾との外交関係樹立を発表して内外の猛反発を招き、辞任した。親日家。

スケリット, ルーズベルト

Skerrit, Roosevelt

1972.6.8～

ドミニカ国首相　[出]英領ドミニカ・ビエイユケース(ドミニカ国)　[学]ニューメキシコ州立大学, ミシシッピ大学(米国)　[歴]ドミニカ国の大学講師を経て、2001年1月総選挙でドミニカ国会議員に初当選。00～04年教育・スポーツ・青少年問題相を経て、04年1月チャールズ首相急逝に伴い、史上最年少の31歳で首相に就任。財務相兼任。同年3月中国との国交樹立を発表。07～08年外相、10年より財務相・外相・IT担当相兼任。04年よりドミニカ労働党(DLP)党首。

スコウクロフト, ブレント

Scowcroft, Brent

1925.3.19～

米国大統領補佐官(国家安全保障担当)　[出]ユタ州オグデン　[学]米国陸軍士官学校(1947年)卒, コロンビア大学大学院 Ph.D.(国際関係論, コロンビア大学)　[歴]1947年米国空軍に入り、在ベオグラード大使館武官、空軍士官学校教官、国防総省、総合参謀本部勤務を経て、74年中将で退役。72年キッシンジャー補佐官の側近としてホワイトハウス入り。ニクソン大統領の国家安全保障担当次席補佐官を務めた後、75～77年フォード政権下で国家安全保障担当大統領補佐官を務め、77～81年カーター政権下で軍備管理問題の大統領顧問委員会委員。ついでレーガン政権下では戦略兵器に関する大統領直属委員会座長としてミゼットマン・ミサイルの推進を提言するなど経験と知識を武器に活躍。その後キッシンジャーの主宰するシンクタンクの副理事長。88年大統領選ではブッシュSr.選対顧問となり、89年1月～93年1月ブッシュ政権の国家安全保障担当大統領補佐官。この間、91年の湾岸戦争にあたっては大統領の戦争ブレーンとして活躍。“現実主義”の外交・安保戦略で冷戦終結に貢献した。93年2月国防大手ノースロップの社外役員に迎えられる。94年よりコンサルタント会社スコウクロフト・グループ社長。ロシア語に堪能。　[勲]自由勲章(米国大統領)(1991年), 旭日大綬章(日本)(2015年)

スコッティ, ルドウィグ

Scotty, Ludwig

1948.6.20～

ナウル大統領　[出]アナバー　[名]Scotty, Ludwig Derangadage　[歴]2004年6月ナウル大統領に就任。同年9月予算審議の膠着状態を打開するため非常事態宣言を発出し、議会を解散。10月に行われた総選挙後、再選される。07年退任。

スシ・プジアストゥティ

Susi Pudjiastuti

1965.1.15～

インドネシア海洋・水産相　実業家　[出]西ジャワ州パンガンダラン県　[歴]裕福な家庭に育つが、高校中退を機に親と不仲になり、自立のために魚の行商を始める。1983年水産物輸出会社を設立し、2004年ロブスターなど魚介類輸送を目的とした航空会社スシ・エアーを設立。14年10月ジョコ・ウィドド政権で海洋・水産相に就任。中国やベトナム、フィリピンなどの違法漁業船を多数拿捕、“見せしめ”として爆破するなど強硬策をとり、国民から高い人気を得る。16年自然と生物多様性保護に貢献した人物に贈られる世界自然保護基金(WWF)のWWFリーダー

ズ・フォー・ア・リビング・プラネット賞を受賞。右足首に不死鳥の入れ墨があり、愛煙家で、ムスリムだが酒も嗜む。　㉟WWFリーダーズ・フォー・ア・リビング・プラネット賞（2016年）

スタージョン, ニコラ
Sturgeon, Nicola
1970.7.19〜
スコットランド自治政府首相, スコットランド民族党（SNP）党首　㉓アーバイン　㉕グラスゴー大学（1992年）卒　㉟事務弁護士を経て、1997年からスコットランド議会議員。2004年より英国の地域政党であるスコットランド民族党（SNP）副党首を務める。14年9月スコットランド独立の是非を問う住民投票で独立が否決されたのを受け、アレックス・サモンドがSNP党首と行政府首相を辞任。同年11月SNP党首となり、行政府初の女性首相に選出される。

スタニシェフ, セルゲイ
Stanishev, Sergei
1966.5.5〜
ブルガリア首相, 欧州社会党（PES）党首　㉓ソ連ウクライナ共和国ヘルソン（ウクライナ）　㉕モスクワ国立大学歴史学科（1989年）卒, ロンドン経済学政治学スクール国際関係学専攻 Ph.D.　㉟1989年ブルガリア共産党に入党。94〜95年ジャーナリストとして多くの外交関連記事を執筆。95年ブルガリア社会党最高評議会外交政策・国際問題局専門官、96年同評議会外交政策・国際問題局長、2000年同評議会幹部（国際問題担当）。01年7月国民議会選で当選。同年12月パルヴァノフ同評議会議長の大統領当選に伴う党大会で新議長（党首）に選出。02年欧州社会党（PES）最高会議幹部。05年8月首相に就任。09年退任。12年PES党首に就任。

スダルソノ, ユウォノ
Sudarsono, Juwono
1942〜
インドネシア国防相　㉟オランダ、米国、英国などに留学。インドネシア大学教授、インドネシア陸軍国防研究所副所長を経て、スハルト政権で環境相を務める。1998年5月ハビビ政権で文相、99年10月ワヒド政権で文民として初の国防相に就任、2000年8月退任。

03〜04年駐英大使、04年ユドヨノ政権で再び国防相。09年退任。

スダルモノ
Sudharmono
1927.3.12〜2006.1.25
インドネシア副大統領, ゴルカル総裁　軍人　㉓オランダ領東インド東ジャワ州グレシック（インドネシア）　㉕インドネシア陸軍法律学校（1962年）卒　㉟1945年東部ジャワ軍予備隊指導官を経て、57年軍事法廷検事、62年陸軍法務官、同年インドネシア法律家協会会長となるなど、スカルノ政権下の軍内部で法律専門家として昇進。66年内閣官房長。能吏としての手堅い仕事ぶりと実績を買われ、73年第2次スハルト内閣で大統領府官房長官。以来15年間同職にあり、スハルト大統領の女房役を果たした。83年10月〜88年10月与党のゴルカル（職能グループ）総裁、88年3月〜93年3月副大統領。軍の政治力と資金力を弱めようとして水面下で軍と対立した。98年5月学生デモなどで窮地に陥ったスハルトに対し、他の副大統領経験者2人とともに大統領辞任を勧め、スハルトの退陣表明につながった。また日本との関係緊密化に貢献し、97年勲一等旭日大綬章を受章した。退役陸軍中将。　㉟勲一等旭日大綬章（日本）（1997年）

スチュアート, フローンデル
Stuart, Freundel
1949.4.27〜
バルバドス首相　㉓英領バルバドス島セントフィリップ（バルバドス）　㉝Stuart, Freundel Jerome　㉕西インド諸島大学卒　㉟1984年弁護士資格を取得。2003〜07年バルバドス上院議員。08年の下院総選挙で民主労働党（DLP）が勝利し、副首相兼司法・内務相。10年10月に死去したデービット・トンプソン首相の後を継ぎ、首相に就任。

スチンダ・クラプラユーン
Suchinda Kraprayun
1933.8.6〜
タイ首相, タイ国軍最高司令官　軍人　㉓ナコーン・パトム県　㉕タイ陸軍士官学校（5期）卒, タイ陸軍大学卒　㉟米国陸軍大学校に留学。1967年砲兵の作戦参謀としてベトナム戦争に従軍。チャワリット元国軍最高

司令官代行兼陸軍司令官の秘蔵っ子として、駐米陸軍武官、陸軍作戦部長、参謀次長のエリートコースを歩き、90年4月陸軍司令官に就任。91年2月スントン国軍最高司令官のクーデターに参加。クーデター後、実権を握った"国家平和秩序維持評議会"の副議長として報道陣の前に姿を見せ、チャチャイ前政権の金権・汚職体質を痛烈に批判、軍事行動に出た目的や背景を説き、軍政への不信感をやわらげた。同年10月国軍最高司令官となる。92年4月首相兼国防相に就任。同年5月反政府デモ武力鎮圧の責任を取り、辞任。陸軍大将。94年通信関連企業の名誉会長に就任。　㊗義兄＝イサラポン（タイ陸軍司令官）

スティーブン, マーカス

Stephen, Marcus

1969.10.1〜

ナウル大統領　重量挙げ選手　㊗重量挙げ選手として活躍し、1992年バルセロナ五輪にサモア代表として出場。96年アトランタ五輪、2000年シドニー五輪にはナウル代表として出場した。英連邦に属する国や地域が4年ごとに行う総合競技大会・コモンウェルスゲームズでは、90年オークランド大会で金メダル1つと銀メダル2つ、94年ビクトリア大会と98年クアラルンプール大会ではそれぞれ3つの金メダルを、02年マンチェスター大会では3つの銀メダルを獲得。03年ナウル国会議員となり、07〜11年大統領を務めた。

スティール, マイケル

Steele, Michael

1958〜

米国共和党全国委員長　㊙メリーランド州　㊦ジョージタウン大学ローセンター（1991年）卒　㊗大学卒業後、弁護士として活動し、東京勤務の経験を持つ。2003〜07年メリーランド州副知事を務める。06年上院選で落選、テレビの政治解説などを務める。09年1月〜11年1月アフリカ系として初めて共和党全国委員長を務めた。

ステパーシン, セルゲイ

Stepashin, Sergey

1952.3.2〜

ロシア首相, ロシア会計検査院院長　㊙中国・旅順　㊏Stepashin, Sergey Vadimovich　㊦ソ連内務省政治学校（1973年）卒, レーニン記念軍事アカデミー（1981年）卒　法学博士　㊗ソ連海軍士官の子として中国で生まれる。ソ連内務省治安軍勤務ののち、1990年ロシア共和国人民代議員に選出。91〜92年ロシア連邦保安庁副長官、92年保安次官、93年第1保安次官、94年3月ロシア連邦防諜局長官、95年4月〜6月保安局長官、95〜97年政府官房行政局局長。97〜98年法相を経て、同年4月内相に就任。同年8月解任、9月再任。99年4月第1副首相（治安・地域担当）。99年5月首相代行を経て、首相に就任、同年8月解任。同年12月下院議員に当選。下院汚職・腐敗問題対策委員長を務め、2000年4月会計検査院院長に就任。13年退任。

ステパノフ, ヴィクトル

Stepanov, Victo

1947〜

カレリア自治共和国最高会議議長　㊙カレリア自治共和国ビドリツァ　㊏Stepanov, Victor Nikolaevich　㊦カレリア国立教育大学卒, レニングラード高等党学校卒　㊗哲学修士号を取得。1966年からカレリア自治共和国オロネツ区コムソモール委員会第2書記、第1書記、カレリア州コムソモール委員会第2書記、オルネツ区党委員会第2書記、プリャジャ区党委員会第1書記を務めた。69年共産党に入党、88〜89年共産党中央委員会機関に勤務。90年からカレリア自治共和国最高会議議長。

ステファノプロス, コンスタンティノス

Stephanopoulos, Konstantinos

1926.8.15〜2016.11.20

ギリシャ大統領　㊙パトラス　㊏別名＝Stephanopoulos, Costis　㊦アテネ大学卒　㊗父親も息子も政治家という政治家一家の出。弁護士として出発するが、1964年保守系政党からギリシャ国会議員に初当選。軍事政権時代は一時弁護士生活を送り、軍政が崩れた74年再び政界に戻る。同年内相、76年社会福祉相、77年首相府相。81年新民主主義党（ND）国会議員団長。85年新民主主義党を離党、民主刷新党を結成し、議長となるが、党拡張に失敗。93年政界の第一線から引退。95年3月保守政党"保守政治の春"から出馬し大統領に当選。2000年2月再選。01年1月

大統領自らローマ法王ヨハネ・パウロ2世を
ギリシャに招待。東西キリスト教会が分裂
して以来、1000年間の歴史上初めてのこと
だった。05年3月任期満了で退任。英語、フ
ランス語に堪能だった。

ストゥブ, アレクサンデル

Stubb, Alexander

1968.4.1〜

フィンランド首相　㉔ヘルシンキ　㉑Stubb,
Cai-Göran Alexander　㉑ファーマン大学
（米国），ソルボンヌ大学，欧州大学院大学
（ベルギー）博士号（ロンドン・スクール・
オブ・エコノミクス）（1999年）　㉔ジャー
ナリストなどを経て、2000〜07年欧州大学
院大学教授。04〜08年欧州議会議員。08〜
11年フィンランド外相。11年4月フィンラン
ド議会議員となり、6月欧州・貿易相を経て、
14年6月首相に就任。15年5月退任。

ストエレ, ヨーナス・ガール

Støre, Jonas Gahr

1960.8.25〜

ノルウェー外相　外交官　㉑ノルウェー海軍
士官学校（1981年）卒，パリ政治学院（1985
年）卒　㉔1998年在ジュネーブ国連代表部
ノルウェー大使。2000〜01年ノルウェー官
房長官。03〜05年ノルウェー赤十字事務局
長。05〜12年外相を務めた。労働党所属。

ストヤノフ, ペータル

Stoyanov, Petar

1952.5.25〜

ブルガリア大統領　㉔プロフディフ
㉑Stoyanov, Petar Stefanov　㉑ソフィア大
学法学部卒　㉔学生時代はバレーボール選
手。大学卒業後、1978年から民法関係の弁
護士。89年共産政権崩壊後、民主勢力同盟
の設立に尽力し、91年同同盟が政権に就いた
際はブルガリア法務次官を務めた。94年総
選挙でブルガリア国会議員に当選。95年同
同盟副議長を経て、97年1月大統領に就任。
2001年11月大統領選で敗れ、02年退任。

スドラジャット, エディ

Sudradjat, Edi

1938.4.22〜2006.12.1

インドネシア国軍総司令官・国防・治安相,
インドネシア正義統一党（PKPI）総裁　軍

人　㉔オランダ領東インド・ジャンビ（イン
ドネシア）　㉑インドネシア陸軍士官学校
（1960年）卒, インドネシア陸軍幕僚指揮学
校（1972年）卒　㉔インドネシア国軍に入り、
1972年歩兵センター長、73年特殊部隊長、80
年空挺師団長、81年地域群司令官、85年最高
司令官作戦補佐官。86年陸軍副参謀総長と
なり、88年陸軍参謀総長、93年2月国軍総司
令官を経て、同年3月〜98年3月国防・治安
相。同年12月与党ゴルカルを離脱し、99年
2月正義統一党（PKP）を設立、総裁に就任。
2002年インドネシア正義統一党（PKPI）に
改称。

ストラッサー, バレンタイン

Strasser, Valentine

1965〜

シエラレオネ国家最高評議会議長（元首）
軍人　㉔フリータウン　㉑シエラレオネ
陸軍士官学校卒　㉔1992年5月モモ大統領
を軍事クーデターで追放し国家暫定評議会
（NPRC）議長（元首）に就任。国防相兼任。
同年7月NPRCを国家最高評議会（SCS）に
改称。軍事クーデターの将校団のナンバー
2で陸軍大尉。

ストリスノ, トリ

Sutrisno, Try

1935.11.15〜

インドネシア副大統領、インドネシア国軍総
司令官　軍人　㉔オランダ領東インド東ジャ
ワ州スラバヤ（インドネシア）　㉑バンドン
陸軍工兵学校（1959年）卒、インドネシア指
揮幕僚大学卒　㉔イスラム過激派掃討作戦
に参加した後、1962年西イリアン解放作戦
などで活躍。在学中に行った「45年世代の
価値観継承」のテーマの講演がスハルト大
統領の目にとまり、74〜78年に大統領付副
官を務め大統領の個人的信頼を築き上げた。
79〜82年スリウィジャヤ師団長、82〜85年
ジャカルタ首都防衛師団長、86年陸軍参謀
長を歴任。熱心なイスラム教徒で、首都司
令官当時の84年9月、ジャカルタ北部で起き
たイスラム教徒と治安部隊との武力衝突事
件では、平服でイスラム寺院を回って「軍
はイスラムと共存できる」と説き、イスラ
ム過激派の怒りを鎮めて事態収拾に大きく
貢献した。88年2月事実上のナンバー2であ
る国軍総司令官に。同年9月国家安定強化調

整庁初代長官兼任。93年3月副大統領。98年12月与党ゴルカルを離脱。ミスターに当たる“パパ”に名前をつけた“パトリ”という愛称で呼ばれ、国民からの人気が高い。

ストルテンベルグ, イエンス

Stoltenberg, Jens

1959.3.16〜

ノルウェー首相, 北大西洋条約機構(NATO)事務総長 [出]オスロ [学]オスロ大学経済学専攻(1987年)卒 [歴]父はノルウェー外相を務めたトールバル・ストルテンベルグ。少年時代はユーゴスラビアで過ごす。1979年ノルウェー労働党系の新聞「アルベイデルブラデット」記者になり、89〜90年オスロ大学講師、90〜92年労働党オスロ支部長。労働党のプリンスと呼ばれ、92年副党首に。93年ノルウェー国会議員に初当選。93〜96年貿易・エネルギー相、96〜97年財務相を歴任し、2000年3月ノルウェー最年少の41歳で首相に就任。01年10月総選挙で大敗して辞任。05年10月左派社会党・中央党との歴史的な選挙連合を成立させ首相再任。10年4月、40年に及ぶロシアとの最大の懸案であった、北極圏のバレンツ海の境界線確定で合意した。13年10月首相を退任。14年10月より北大西洋条約機構(NATO)事務総長。ベトナム戦争に抗議し、オスロの英国大使館に投石したエピソードで知られる。 [家]父＝トールバル・ストルテンベルグ(元ノルウェー外相)

ストルテンベルグ, トールバル

Stoltenberg, Thorvald

1931.7.8〜

ノルウェー外相, 国連難民高等弁務官 外交官 [出]オスロ [歴]スイス、米国などで国際法を学び、ノルウェーの外交官に。1959年在サンフランシスコ副領事、61年駐ユーゴ大使館書記官、64年外務省報道官、国連南北委員会委員長、71年外務次官、73年国防次官、74年商業次官などを歴任。79〜81年国防相、87〜89年外相、89〜90年国連大使、90年1〜11月国連難民高等弁務官、同年11月〜93年4月ブルントラント内閣の外相、同月より国連旧ユーゴスラビア和平国際会議共同議長を務める。95年7月ボスニア・ヘルツェゴビナ問題に関する国連事務総長の特使に任命される。 [家]息子＝イエンス・ストルテンベルグ(元ノルウェー首相)

ストロー, ジャック

Straw, Jack

1946.8.3〜

英国外相・法相・大法官, 英国労働党下院院内総務 法律家 [出]エセックス州バックハースト・ヒル [名]Straw, John Whitaker [学]エセックス大学, リーズ大学ロースクール卒 [歴]1972年弁護士資格を取得、72〜74年法廷弁護士として活動。79年英国下院議員(労働党)。87〜92年“影の内閣”の教育相、92〜94年環境相、94〜97年内相を歴任。97年5月ブレア政権で内相、2001年6月第2次ブレア内閣で外相に就任。06年5月労働党下院院内総務。07年6月ブラウン政権で法相・大法官に就任、憲法改革問題を担う。10年5月ブラウン政権退陣まで約13年間に渡って連続して閣僚を務めた。

ストロエフ, エゴール

Stroev, Egor

1937.2.25〜

ロシア連邦会議(上院)議長, オリョール州知事 [出]ソ連ロシア共和国オリョール州(ロシア) [学]ミチューリン果実野菜栽培大学(通信制)(1960年)卒, ソ連共産党中央委附属高等党学校(1969年)卒 [歴]1958年ソ連共産党入党。集団農場員、農業技師などを経て、73年オリョール州党委書記、84年党中央委監査官、85年オリョール州党委第1書記、86年党中央委員を経て、89年9月党中央委書記、90年7月政治局員(農業問題担当)兼書記。93年オリョール州行政府長官(知事)。97年10月再選。95年5月エリツィン政権与党・われらの家ロシアの創設に加わる。96年1月〜2001年12月ロシア連邦会議(上院)議長を務める。09年2月オリョール州行政府長官(知事)を退任。

ストロジャン, テオドル

Stolojan, Theodor

1943.10.24〜

ルーマニア首相 [出]トゥルゴビシュテ [学]ブカレスト経済大学卒 経済学博士(1980年) [歴]大学では財務・会計学を専攻。ルーマニア共産党に入党。1966年官界入りし、チャウシェスク政権時代の財務省、食糧工業省で経済テクノクラートとしてキャリアを積

む。財務省統計局長時代に水増し統計数字の捏造に耐えられず発表を先送りしたため閑職に飛ばされた経験を持つ。89年12月の政変後、財務次官。90年6月にはロマン首相に請われ財務相に就任したが、急速な市場経済への移行を主張して首相と対立、91年3月辞任、5月国家民営化庁長官に。同年10月炭鉱労働者の圧力で辞任したロマン首相の後を受け首相に就任。92年10月首相退任、世界銀行に就職。

ストロスカーン, ドミニク

Strauss-Kahn, Dominique

1949.4.25～

フランス財務相, 国際通貨基金（IMF）専務理事　経済学者, 法律家　[出]ヌイイー・シュル・セーヌ　[名]Strauss-Kahn, Dominique Gaston André　[学]パリ政治学院卒, 高等商業専門学校（HEC）経営大学院卒, パリ大学統計研究所卒, 国立行政学院（ENA）経済学博士（パリ大学）　[歴]1981年パリ第10大学（ナンテール）教授などを経て、88～91年フランス社会党下院議員。91年5月クレッソン内閣で産業・貿易担当相、92年4月ベレゴボウ内閣の産業・貿易相。95年から社会党書記局員。95～97年サルセル市長。また、93～97年には企業弁護士として民間部門で活動した。97年6月ジョスパン内閣で経済・財政・産業相（財務相）となり、国営企業の民営化など、財政再建に尽くす。99年11月フランス学生共済組合（MNEF）の顧問弁護士を務めていた時に資金の不正流用事件に関与していた疑いをかけられたことを理由に辞任。2000年以降パリ政治学院で経済学の教鞭を執るほか、米国スタンフォード大学客員教授を務めた。06年11月、07年の大統領選候補を選出する社会党党員投票でロワイヤルに敗退。07年10月下院議員辞職。同年11月国際通貨基金（IMF）専務理事に就任（任期5年）。08年秋以降の金融危機ではギリシャなど欧州各国へのIMF支援を主導した。11年5月ニューヨークのホテルで女性従業員に性的暴力を働いたとして、逮捕・起訴される。同月IMF専務理事を辞任。同年8月ニューヨーク検察局は女性の虚偽証言で、全ての起訴を取り下げた。親日家。　[家]元妻＝アンヌ・サンクレール（テレビジャーナリスト）

ストロング, モーリス・フレデリック

Strong, Maurice Frederick

1929.4.29～2015.11.27

国連環境計画（UNEP）初代事務局長　環境保護運動家, 実業家　[出]マニトバ州オークレーク　[歴]13歳で高校を中退、狩猟家、貿易商、鉱山採掘師などを経て、石油と天然ガスの採掘で財をなす。18歳で国連入り。1964年カナダ電力公社総裁に就任。カナダ国営石油会社、カナダ開発投資会社社長なども務める。66年カナダ政府の国際援助計画への協力要請に応え、国際開発庁長官に就任。その後ウー・タント国連事務総長の要請により、国連事務次長として国連人間環境会議（ストックホルム会議）を組織、72年同会議事務局長、73年国連環境計画（UNEP）初代事務局長に就任。国連アフリカ緊急活動事務所長、国連協会世界連盟会長、世界経済フォーラム理事会長、世界資源研究所会長、世界銀行副総裁などを歴任。90年国連環境開発会議（地球サミット）事務局長、93年非政府組織（NGO）アースカウンシル会長、97年国連改革調整責任者（事務次長）。2003年より北朝鮮問題担当の国連事務総長特使も務めたが、イラク人道支援事業をめぐる汚職疑惑で、韓国人ロビイストとの密接な関係を指摘され、05年失職した。英国、カナダ学士院の特別会員。国際開発と環境保全問題の世界的権威として知られた。1989年飢餓終結を目指す国際団体主催の記念講演を行うため来日。　[賞]ブループラネット賞（推進賞）（1995年）

スネグル, ミルチャ

Snegur, Mircea

1940.1.17～

モルドバ大統領　[学]キシニョフ農業大学（1961年）卒　[歴]1964年ソ連共産党入党。農業技術者を経て、89年モルドバ共和国共産党中央委農業担当書記から同最高会議議長となる。90年9月大統領。91年12月直接大統領選で再選。96年落選。

スノー, ジョン

Snow, John

1939.8.2～

米国財務長官　実業家　[出]オハイオ州トレド　[学]ケニアン大学卒, ジョージ・ワシントン大学ロースクール（1967年）修了 経済学

博士（バージニア大学）（1965年）　㊞1965
～67年メリーランド大学経済学部助教授な
どを経て、72年米国運輸省に入り、75～76
年フォード政権下で運輸次官代理を務める。
80年貨物輸送大手のCSXの副社長となり、91
年～2002年会長兼CEO（最高経営責任者）を
務め、同社を米国東部最大の鉄道輸送網を
持つ巨大企業に育て上げた。一方、大企業
のトップが構成するロビイスト団体ビジネ
ス・ラウンドテーブルの会長なども務める。
03年1月～06年7月ブッシュJr.政権の財務長
官を務めた。06年よりサーベラス・キャピ
タル・マネジメント会長。

ズバイディ, ムハマド・ハムザ
Zubaydi, Muhammad Hamza
1938～
　イラク首相　㊞イラク南部のイマーム（イス
ラム教の導師）の家に生まれる。1958年バー
ス党入党。77年タミール県知事、82年バー
ス党地域指導部メンバーなどを経て、87年
運輸通信相、91年副首相、同年9月～93年9月
首相。94年5月副首相。2001年5月退任。の
ちイラク革命評議会メンバー。03年3月イラ
ク戦争が起こり、4月の政権崩壊後、米英軍
に身柄を拘束される。

ズバク, クレシミール
Zubak, Krešimir
1947.11.29～
　ボスニア・ヘルツェゴビナ幹部会員（クロア
チア人代表）　㊞ドボイ　㊦サラエボ大学
卒　㊞1992年ドボイ地裁所長。94年クロア
チア人代表となり、96～98年ボスニア・ヘル
ツェゴビナ幹部会員。ボスニア・ヘルツェ
ゴビナの元首（幹部会議長）は、セルビア系、
クロアチア系、ボシュニャク系（イスラム教
徒）の主要3民族をそれぞれ代表する幹部会
員が8ケ月ごとの輪番制で務める。

スパチャイ・パニチャパク
Supachai Panitchpakdi
1946.5.30～
　国連貿易開発会議（UNCTAD）事務局長, タ
イ副首相　㊞バンコク　㊦エラスムス大
学（オランダ）大学院修了, ケンブリッジ大
学Ph.D.（経済開発）　㊞1974年タイ中央銀
行入行。総裁室長、金融機関監督局長など
を歴任。86年タイ民主党から総選挙に立候

補しタイ下院議員に初当選、プレム政権の
副財務相に抜擢される。88年総選挙では落
選。91年タイ商業銀行頭取。92年上院議員、
92～95年チュアン政権で経済担当副首相。
96年総選挙で返り咲き、97年11月～2001年
2月副首相兼商業相。02年9月世界貿易機関
（WTO）事務局長。05年9月国連貿易開発会
議（UNCTAD）事務局長に就任。09年9月再
任。13年8月退任。　㊞日経アジア賞（経済
発展部門、第5回）（2000年）

スパドリニ, ジョヴァンニ
Spadolini, Giovanni
1925.6.21～1994.8.4
　イタリア首相　㊦フィレンツェ大学卒　㊞
フィレンツェ大で政治学の教鞭を執ったの
ち、1955～68年ボローニャ紙「レスト・デ
ル・カルリーノ」編集長。68～72年「コリ
エーレ・デラ・セラ」紙編集主幹。72年共和
党から上院議員。74年文化・環境相、79年
文相。同年9月共和党書記長。81年6月～82
年11月首相。83年8月～87年4月国防相。87
年7月～94年4月上院議長。この間、92年コ
シガ大統領辞任に伴い、憲法規定により大
統領代行を務めた。イタリア近現代史のす
ぐれた歴史家としても知られる。

スハルト
Suharto
1921.6.8～2008.1.27
　インドネシア大統領　軍人　㊞オランダ領東
インド・ジョクジャカルタ（ジャワ島中部）
（インドネシア）　㊦オランダ中学校卒、イン
ドネシア陸軍指揮幕僚課程修了　㊞ジョクジ
ャカルタの村役人の家に生まれる。1940年
オランダ領東インド軍（KNIL）に入隊。43
年日本軍政下の祖国防衛義勇軍（PETA）小
団長（小隊長相当）、44年中団長。45年イン
ドネシア国軍の前身の人民治安軍に入隊し、
対オランダ植民地軍戦（独立戦争）で活躍。
56年陸軍ディポネゴロ（中部ジャワ）師団長、
61年参謀本部次長、62年西イリアン解放作戦
司令官、63年陸軍戦略予備軍初代司令官（少
将）を歴任。65年陸軍参謀長となり、9.30事
件（共産党によるクーデター未遂事件）を収
拾、陸相兼陸軍最高司令官に就任し、軍の
実権を掌握。66年内閣幹部会議議長。67年
3月全権を剥奪されたスカルノ大統領の代行
となり、68年3月第2代大統領に就任。76年
東ティモール併合を宣言。82年10月日米な

ど歴訪、85年9月には東欧諸国訪問。92年9月～95年10月非同盟諸国首脳会議議長。96年インドネシア政府によるジェット旅客機N2130の開発会社・ドゥア・サトゥ・ティガ・プル（DSTP）設立にあたり、同社会長に就任。98年3月無投票で7選、また国権の最高機関である国民協議会（MPR）より大統領の非常大権を認められる。同年5月経済危機を引き金にした政治的混乱の責任を取り辞任、32年に及ぶスハルト体制に終止符が打たれた。退役陸軍大将。この間、一貫して"開発"を第1の国家目標に掲げ、日本をはじめ西側諸国の経済援助のもとに飛躍的な経済発展を達成。同国を東南アジア諸国連合（ASEAN）の盟主に押し上げ、"開発の父"と称された。一方、言論・報道の統制、親族・側近の優遇など独裁体制を敷いて数々の人権侵害や汚職に関与した。98年12月最高検察庁より不正蓄財疑惑で召喚状が送られる。99年7月脳卒中で入院。2000年5月自宅軟禁が決定、8月腐敗防止法違反（汚職罪）で在宅起訴されるが、9月公判に耐えられる健康状態にないとして裁判が打ち切られる。しかし世論の批判が高まり、07年7月最高検は約4億2000万ドル（約450億円）の不正蓄財の返還などを求める民事訴訟を起こした。㉘国連人口賞（1989年）、国際陸連功労金賞（1993年）㉛長女＝シティ・ハルディヤンティ・ルクマナ（インドネシア社会相），三男＝フトモ・マンダラ・プトラ（フンプスグループ代表），女婿＝プラボウォ・スビアント（インドネシア陸軍戦略予備軍司令官）

スパンタ, ランジン・ダドファル

Spanta, Rangin Dadfar

1953.12.15～

アフガニスタン外相　㉑ヘラート州　㉒カブール大学（政治学），アンカラ大学（政治学），アーヘン工科大学大学院（哲学）（1992年）博士課程修了　哲学博士（アーヘン工科大学）（1992年）　㉟タジク人。1982年よりドイツに住み、96年～2005年アーヘン工科大学教授。05年アフガニスタンに帰国し、カルザイ大統領の顧問（国際問題）に就任。06～10年アフガニスタン外相。10年大統領顧問（国家安全保障担当）。

スピッツァー, エリオット

Spitzer, Eliot

1959.6.10～

ニューヨーク州知事　法律家　㉑ニューヨーク市ブロンクス　㉚Spitzer, Eliot Laurence　㉒プリンストン大学（1981年）卒，ハーバード大学ロースクール卒　㉟1998年ニューヨーク州司法長官に就任。大手企業が関わった証券スキャンダルなどの捜査を指揮し、"ミスター・クリーン"と呼ばれる敏腕検事として活躍。2006年ニューヨーク州知事に当選。民主党のホープと目されていたが、07年高級クラブで買春していたことが判明し、08年3月辞職。13年9月ニューヨーク市の会計監査官に立候補するが、スコット・ストリンガーに敗れる。

スピロイウ, コンスタンティン・ニクラエ

Spiroiu, Constantin Niculae

1936.7.6～

ルーマニア国防相　軍人　㉑ブカレスト　㉒ルーマニア軍士官学校卒，ルーマニア軍技術アカデミー卒　㉟陸軍に入り、戦車・自動車化部隊のテスト及び研究センター副所長、陸軍補給工廠長官などを経て、1990年国防次官、91年5月国防相。陸軍中将。

スビン・ピンカヤン

Subin Pinkayan

1934.6.16～

タイ外相　㉑チェンマイ　㉒チュラロンコン大学（水利工学）博士号（コロラド州立大学）　㉟豊かな商家の出身。ククリット首相時代（1975～76年）に政策顧問を務め、83年タイ社会行動党から下院議員に初当選。88年商業相を経て、90年8～12月外相。86～91年社会行動党副党首。

ズプコフ, ヴィクトル

Zubkov, Viktor Alekseevich

1941.9.15～

ロシア首相　実業家　㉑ソ連ロシア共和国スベルドロフスク州（南ウラル地方）（ロシア）　㉒レニングラード農業大学（1965年）卒　Ph.D.　㉟ソ連時代は国営農場（ソルホーズ）やスベルドロフスク州共産党組織の指導者として地方官僚の出世階段を上った。ソ連崩壊後の1992～93年、プーチンがサンクトペテルブルク市対外関係委員会議長だった時、

第1副議長として仕え、2000年の大統領選で
も集票を支えた。この間、1993年～2000年
連邦税務局・税務省勤務。1999年州知事選
に立候補したが敗退。2001年財務省第1次官
に抜擢され、04年からは連邦金融監視局長
として、テロ組織や犯罪集団のマネーロン
ダリングの摘発を進めた。07年9月首相に就
任。08～12年第1副首相。08年よりOAOガ
スプロム会長。　㊛女婿＝アナトリー・セ
ルジュコフ（政治家）

スプリング, ディック
Spring, Dick
1950.8.29～
アイルランド副首相・外相，アイルラン
ド労働党党首　㊐ケリー州　㊎Spring,
Richard Brendan　㊥トリニティ・カレッ
ジ卒　㊞1981年ケリー州選出のアイルラン
ド下院議員に当選。82年労働党党首となり、
同年より87年まで副首相。この間、82～83
年環境相を兼務。93～94年、94～97年外相。
97年党首退任。

スブロト
Subroto
1928.9.19～
石油輸出国機構（OPEC）事務局長　経済学
者　㊐オランダ領東インド中部ジャワ州ソ
ロ（インドネシア）　㊥インドネシア大学卒
経済学博士（1958年）　㊞国立インドネシア
大学教授を経て、インドネシア商業省入り。
調査・振興総局長、1971年移住・協同組合相、
73年労働・移住・協同組合相、78～87年鉱業・
エネルギー相を歴任。この間、85年から1年
間石油輸出国機構（OPEC）議長も務めた。
88年6月～94年6月OPEC事務局長。

スペリングス, マーガレット
Spellings, Margaret
1957.11.30～
米国教育長官、米国大統領補佐官（内政担当）
㊐ミシガン州　㊎Spellings, Margaret La
Montagne　㊥ヒューストン大学卒　㊞教育
関係のロビイストとして活動していた1990
年、当時テキサス州知事だったジョージ・
ブッシュJr.と知り合い、テキサス州の教育
政策を担当。2001年1期目のブッシュJr.政
権で内政担当補佐官に就任。02年公立小中
学校に成果主義を導入する革新的な教育改

革法に携わる。05年2期目のブッシュ政権で
教育長官に就任。09年1月退任。

スペンサー, ボールドウィン
Spencer, Baldwin
1948.10.8～
アンティグア・バーブーダ首相・外相　㊥英
領西インド諸島アンティグア島グリーンベ
イ（アンティグア・バーブーダ）　㊎Spencer,
Winston Baldwin　㊥オックスフォード大
学ラスキン校（英国）卒, オスロ大学（ノル
ウェー）卒　㊞アンティグア・バーブーダ
労働者組合第1副委員長、国会議員などを経
て、1992年結党の統一進歩党（UPP）党首。
2004年3月の総選挙でUPPが圧勝し、首相に
就任。09年3月再任。14年6月退任。05～14
年外相兼任。

スホツカ, ハンナ
Suchocka, Hanna
1946.4.3～
ポーランド首相　㊥チェコスロバキア・プ
レショフ（スロバキア）　㊥ポズナニ大学法
学部（1968年）卒 法学博士（ポズナニ大学）
㊞薬剤師一家に生まれる。ポズナニ大学で
憲法学を教え、関連する著書もある。1980
年旧共産党の翼賛政党・民主党からポーラン
ド国会議員に当選。同年自主管理労組・連
帯の法律顧問に加わり、81年戒厳令施行に
同僚議員とわずか3人で反対し注目された。
91年マゾビエツキ元首相率いる連帯系の民
主同盟に入党。92年7月欧州会議総会副議長
からポーランド初の女性首相に就任。93年5
月下院の不信任可決を受けて辞任。97～99
年法相・法務長官。敬虔なカトリック教徒
で、中絶反対主義者として知られる。英仏
独語に堪能。

ズマ, ジェイコブ
Zuma, Jacob
1942.4.12～
南アフリカ大統領，アフリカ民族会議
（ANC）議長　㊥クワズールー・ナタール
州インカンドラ　㊎Zuma, Jacob Gedley-
ihlekisa　㊞南アフリカ最大の民族ズールー
出身。4歳で警察官の父を亡くし、母は白人
家庭の召使いとして働く。小学校を5年で中
退。15歳で働き始め、1959年アフリカ民族
会議（ANC）に加入、軍事部門"民族のやり"

構成員となる。63年逮捕され、ロベン島刑務所に収監。10年の獄中生活を経て、ザンビアなどに12年間亡命。この間、77年ANC全国執行委員に選出。90年アパルトヘイト体制崩壊後帰国。91年ANC副書記長、94年12月全国会長、97年12月副議長。99年6月第1期ムベキ政権で南アフリカ副大統領に就任。2005年6月贈賄事件に絡んで更迭される。12月レイプ罪で起訴されたが、06年5月ヨハネスブルク高裁が無罪判決。07年12月ANC議長(党首)にムベキ大統領を破って当選。汚職罪にも問われていたが、08年9月公訴が棄却され、事実上無罪となる。09年5月議会が大統領に選出、同月就任。"最貧困層の擁護者"を自任し、黒人大衆から絶大な支持を得る。12年12月ANC議長再選。14年5月大統領再選、同月2期目就任。18年2月辞任。ズールーの伝統でもある一夫多妻を実践、3人の妻がいる。　[家]元妻＝ヌコサザナ・ドラミニ・ズマ(元南アフリカ外相)

スミス, スティーブン

Smith, Stephen

1955.12.12～

オーストラリア外相・国防相　[出]ウエスタンオーストラリア州ナロジン　[名]Smith, Stephen Francis　[学]ウエスタンオーストラリア大学卒　[歴]1991～92年キーティグ内閣の首相補佐官を経て、93年～2013年オーストラリア下院議員を務めた。この間、1996年労働党"影の内閣"の貿易相。2007年ラッド内閣の外相に就任、10～13年ギラード内閣、第2次ラッド内閣で国防相。14年よりウエスタンオーストラリア教授。

スラキアット・サティヤンタイ

Surakiart Sathirathai

1958.6.7～

タイ副首相・外相, アジア平和・和解評議会(APRC)会長　法学者　[出]バンコク　[学]チュラロンコン大学卒, タフツ大学, ハーバード大学(国際法)　[歴]1988年"インドシナを戦場から市場に"をスローガンに、インドシナの和平回復に取り組み、経済発展に導いたチャチャイ元首相のブレーンの一人で、以後も歴代首相の顧問を務めるなどタイ政治を陰から支える。92～95年チュラロンコン大学準教授・法学部長。95～96年5月バンハーン政権の財務相。2001年2月タクシン政権下の外相に就任。05年3月副首相。06年9月クーデターでタクシン政権が崩壊し解任。同年国連事務総長選に立候補するが落選。のちアジア平和・和解評議会(APRC)会長。妻はシリキット王妃の姪。

ズラビシュヴィリ, サロメ

Zurabishvili, Salomé

1951～

ジョージア外相　外交官　[出]フランス・パリ　[名]Zurabishvilli-Kashia, Salomé　[学]政治学院卒　[歴]フランスでグルジア(現・ジョージア)移民の家系に生まれ、夫もグルジア出身。米国留学を経て、1977年フランス外務省に入省。ワシントンD.C.、国連代表部、ブリュッセルなどに勤務し、2003年駐グルジア大使に就任。04年グルジア、フランスの二重国籍となり、サーカシビリ大統領に請われてグルジア外相に就任、主要国の外交官が任地で外相に転じるのは極めて稀な人事として話題となる。駐留ロシア軍撤退交渉をまとめたが、05年解任。06年グルジアの道を設立、党首に就任。10年退任。英語、ロシア語に堪能。

スラユット・チュラノン

Surayud Chulanont

1943.8.28～

タイ暫定首相・国軍最高司令官　軍人　[出]ペッチャブリ県　[学]タイ陸軍士官学校(1965年)卒　[歴]父はタイ共産党幹部になった陸軍中佐パヨームで、母は1933年に戦死した反乱軍司令官の娘。66年タイ陸軍に入隊。特別戦闘司令部司令官、第2管区司令官などを経て、98年陸軍司令官。以後、政治とは距離を保ち、国軍の近代化・職業化を進めた。軍人事への介入を強めるタクシン首相と対立、2002年8月実権を持たない国軍最高司令官に棚上げされる。03年退役。国王の信頼が厚く、11月枢密院顧問官。06年9月のクーデターを受け、10月1日暫定内閣の首相に就任。07年4月来日。08年1月首相を退任し、再び枢密院顧問官。

スリ・ビンタン・パムンカス

Sri Bintang Pamungkas

インドネシア民主連合(PUDI)党首　民主活動家　[学]バンドン工科大学(1971年)卒 経済学博士　[歴]エンジニアとして働き、その後米国で経済学博士号を取得。1991年最大

野党のインドネシア開発統一党（PPP）に所属し、政治の世界に入る。92年からPPPの指名でインドネシア国会議員を務めていたが、95年党の方針で任期半ばで議席を剝奪された。のち政府非公認の新党インドネシア民主連合（PUDI）党首。その後、投獄されるが、98年5月スハルト政権の崩壊により釈放された。

スリ・ムルヤニ・インドラワティ

Sri Mulyani Indrawati

1962.8.26〜

インドネシア財務相　経済学者　[出]スマトラ島ランプン州　[学]インドネシア大学経済学部（1986年）卒，イリノイ大学大学院経済学修士課程修了 経済学博士（1992年）　[歴]米国から帰国後、母校で教鞭を執る傍ら、インドネシアの政府機関で補佐官などを務める。1999年〜2001年アブドゥルラフマン・ワヒド政権期に国家経済評議会（DEN）委員に起用される。その後渡米して01〜02年米国国際開発庁（USAID）コンサルタント、02〜04年国際通貨基金（IMF）東南アジア担当理事。04〜05年第1期ユドヨノ政権で開発計画国務相・国家開発企画庁（Bappenas）長官として入閣。05〜10年財務相に横滑りすると、汚職の巣窟とされた租税・関税総局の改革に着手。08年から経済調整相を兼務して世界不況を乗り切り、“アジア最高の財務相”と称された。第2期ユドヨノ政権でも財務相に留任したが、国会で08年の銀行救済の責任を追及されるなどした後、10年世界銀行専務理事に転出。16年ジョコ大統領の下、再び財務相となる。傑出した行政手腕が高く評価される一方、世銀・IMF寄りとの批判も根強い。

ズリンダ，ミクラーシュ

Dzurinda, Mikuláš

1955.2.4〜

スロバキア首相　[出]チェコスロバキア・スピシスキーシトブルトク　[学]ジリナ運輸通信大学（1979年）卒 Ph.D.　[歴]共産主義政権時代はチェコスロバキア国鉄に勤務。1989年民主化後に政界入り、キリスト教民主運動（KDH）の結成に参加し、92年スロバキア民族評議会議員。93年KDH副議長。94年運輸・通信・公共事業相。98年7月スロバキア民主連合（SDK）議長、同年10月首相に就任。2002年4月再任。06年7月退任。

スリン・ピッスワン

Surin Pitsuwan

1949.10.28〜2017.11.30

東南アジア諸国連合（ASEAN）事務局長，タイ外相　政治学者　[出]ナコーン・シ・タマラート　[学]クレアモント大学卒 博士号（ハーバード大学）（1982年）　[歴]タイでは少数派のイスラム教徒。父はナコーン・シ・タマラート県の著名なイマーム（イスラム教の指導者）。米国のハーバード大学などで学び、1975〜86年タマサート大学政治学部教員。新聞「ネイション」のコラムニストも務めた。86年民主党からタイ下院議員に初当選。92〜95年副外相を経て、97年11月〜2001年2月外相。アジア通貨危機から立ち直るタイを外交面から支えた。08年1月〜12年12月東南アジア諸国連合（ASEAN）事務局長を務め、加盟国内で意見対立がある南シナ海問題などで取りまとめに尽力。13年よりタイ未来革新研究所所長。経済発展を目指すため、15年に発足したASEAN経済共同体（AEC）の実現に向けた合意形成などに力を注いだ。

スルコフ，ウラジスラフ

Surkov, Vladislav

1964.9.21〜

ロシア副首相・官房長官　[名]Surkov, Vladislav Yuryevich　[学]モスクワ国際大学卒　[歴]チェチェン系ロシア人ともいわれる。1989年ミハイル・ホドルコフスキーの金融会社メナテップ社で働き、91年同社副理事長。92年メナテップ銀行に移り、97年投資銀行アリファで第1副議長、98年さらに同社が影響力を持ったロシア公共テレビORTの第1副議長を務める。エリツィン大統領の下で大統領府長官補佐官としてクレムリンに入り、99年大統領府副長官となる。プーチン大統領時代に“主権民主主義”論を提唱、D.A.メドヴェージェフ副首相らと論争したが、メドヴェージェフが大統領となってからも引き続き政治・イデオロギーを担当し、2004年大統領補佐官、08〜11年第1副長官を歴任。12年プーチンが再び大統領になると、副首相兼官房長官に任命される。13年大統領補佐官。

スールシュ, マーチャシュ
Szürös, Màtyàs
1933.9.11〜
ハンガリー大統領　[学]モスクワ国際関係大学（1959年）卒 経済学博士（カールマルクス経済大学）（1964年）　[歴]1955年社会主義労働者党（現・社会党）入党。58〜65年外務省勤務。75〜78年駐ベルリン大使、78〜82年駐ソ連大使を務めた。78年党中央委員、82年党国際部長、83年党書記。88年5月グロース体制発足に伴い国政の前面に躍り出、党中央委外交部長、同書記長を歴任。89年6月には党中央委総会で直前にグロース書記長退陣を示唆、急進派攻勢の先陣を切る。同年10月「人民共和国」から「共和国」に移行して大統領制が導入された際、国会議長から大統領代行に選ばれた。90年5月大統領代行退任。

スルタン・ビン・アブドルアジズ
Sultan bin Abdul-Aziz
1931.1.5〜2011.10.22
サウジアラビア皇太子・第1副首相　[出]リヤド　[歴]アブドルアジズ（イブン・サウード）初代サウジアラビア国王の第12子で、初代国王とスデイリ家出身のハッサ妃の間に生まれ、サウード家の中でも最大の勢力を持つ“スデイリ家7兄弟”の一人。1947年リヤド州知事。農業相、通信相を経て、62年国防・航空相に就任。以後、サウジアラビアの国防政策で中心的な役割を果たした。82年6月同相兼任のまま、国王、皇太子に次ぐナンバー3の第2副首相に就任。99年6月内閣改造で留任。2005年8月1日実兄ファハド国王が死去し、異母兄アブドラが新国王になると、皇太子兼第1副首相に就任。親米・親西欧路線を唱える実力者だった。　[家]父＝アブドルアジズ・イブン・サウード（サウジアラビア初代国王），実兄＝ファハド・ビン・アブドルアジズ（第5代国王），実弟＝ナエフ・ビン・アブドルアジズ（サウジアラビア皇太子），サルマン・ビン・アブドルアジズ（第7代国王），異母兄＝サウード・ビン・アブドルアジズ（第2代国王），ファイサル・ビン・アブドルアジズ（第3代国王），ハーリド・ビン・アブドルアジズ（第4代国王），アブドラ・ビン・アブドルアジズ（第6代国王），異母弟＝ムクリン・ビン・アブドルアジズ（元サウジアラビア皇太子）

スレイマン, オマル
Suleiman, Omar
1936.7.2〜2012.7.19
エジプト副大統領　軍人　[出]ケナ県　[歴]エジプトとソ連の士官学校で学ぶ。1967年の第3次中東戦争、73年の第4次中東戦争でイスラエル軍と戦い、戦略家としての名声を得た。93年ムバラク政権でエジプト情報長官に就任。2000年に始まったパレスチナとイスラエルの衝突激化後は、双方の仲介役として奔走した。11年1月エジプト騒乱を受けて副大統領に任命されるが、2月にムバラクが大統領を辞任すると、自身も副大統領を辞任した。

スレイマン, ミシェル
Sleiman, Michel
1948.11.21〜
レバノン大統領　軍人　[出]アムシート　[学]レバノン軍士官学校（1970年）卒　[歴]軍事学校卒業後、情報部や歩兵旅団司令官などを経て、1998年12月レバノン軍司令官に就任。18宗教、宗派が混在するレバノンで、キリスト教ロマン派に所属。ヒズボラ、シリアとも一定のパイプを持ち、2005年ハリリ首相暗殺事件の際には大規模デモの軍事介入を避け、中立を保った。08年5月国民議会が賛成多数で大統領に選出、就任。14年5月任期満了で退任。

ズレンコ, アナトリー
Zlenko, Anatolii
1938.6.2〜
ウクライナ外相　外交官　[出]ソ連ウクライナ共和国キエフ　[名]Zlenko, Anatolii Maksimovich　[学]キエフ国立大学（1967年）卒　[歴]1962年ソ連共産党に入党。67年ウクライナ共和国外務省国際組織部門第2書記、79年同部参事官、83〜87年国連教育科学文化機関（UNESCO）常駐ウクライナ共和国代表、87〜89年ウクライナ共和国第1外務次官、90年UNESCO委議長、90〜94年外相を歴任。この間、91年独立。94年国連大使、97年駐フランス大使を経て、2000年10月〜03年9月外相。

【セ】

ゼイダン, アリ
Zeidan, Ali
1950〜
リビア首相　外交官　[出]リビア　[学]ジャワハルラル・ネール大学（インド）大学院国際関係論修士課程修了　[歴]インドのジャワハルラル・ネール大学で国際関係論の修士号を取得。外交官として在インド大使館に勤務していた1980年、カダフィ政権から離反し、81年創立の反政府組織・リビア救国国民戦線に参加。その後30年以上に渡って亡命生活を送り、ジュネーブを拠点に人権派弁護士として活動。カダフィ政権崩壊後の2012年7月の制憲議会選で当選。10月首相に選出され、11月就任。在任中の13年10月、旧体制派の民兵組織に連れ去られ、数時間後に解放された。14年3月首相を解任される。

セイディウ, ファトミル
Sejdiu, Fatmir
1951.10.23〜
コソボ大統領　法学者　[出]ユーゴスラビア・セルビア共和国コソボ自治州ポドゥイェボ近郊（コソボ）　[学]プリシュティナ大学法学部卒 Ph.D.（プリシュティナ大学）　[歴]アルバニア系。プリシュティナ大学で博士号を取得後、フランスや米国の大学に留学。1989年アルバニア系の穏健独立派政党・コソボ民主同盟の設立に参加。92年コソボ自治州議会選に当選。94年党事務局長。コソボ紛争後の2001年11月国連管理下で行われた州議会選挙で再び当選。ルゴバ大統領死去後の06年2月州議会で選出され、大統領に就任。08年1月再任。10年9月退任。

セイヨム・メスフィン
Seyoum Mesfin
1949.1.25〜
エチオピア外相　外交官　[出]ティグレ　[学]アディスアベバ大学卒　[歴]1975〜91年マルクス・レーニン主義を掲げた反政府ゲリラ組織ディグレ人民解放戦線（TPLF）、他のゲリラとの共闘組織であるエチオピア人民革命民主戦線（EPRDF）の書記、対外関係局長など歴任。95年〜2010年エチオピア外相、10年駐中国大使。のち東アフリカ地域の準地域機構で平和と安定の促進などを行う政府間開発機構（IGAD）の仲裁責任者を務め、南スーダン内戦の調停などにあたる。

セイン・ウィン
Sein Win
1953.12.7〜
ビルマ国民連合政府首相　[学]ラングーン大学卒 博士号　[歴]ハンブルク大学に留学。帰国後1988年までラングーン大学で数学講師を務め、同年ソウ・マウン政権を批判して最大野党の全国民主連盟（NLD）に入る。90年5月総選挙でNLDが大勝するが、ソウ・マウン政権により弾圧。同年末NLDが国民民主党（PND）、ビルマ民主連盟（DAB）と協力して樹立した国民連合政府の首相に選出される。92年来日。　[家]いとこ＝アウン・サン・スー・チー（民主化運動指導者）

ゼエビ, レハバム
Zeevi, Rechavam
〜2001.10.17
イスラエル観光相, イスラエル国家統一党党首　軍人　[出]エルサレム　[歴]若い時からイスラエル建国運動に身を投じる。軍人として第1次・第2次・第3次中東戦争（1948年, 56年, 67年）に従軍。軍でナンバー2の地位まで上り詰める。のち政治家に転じ、右派・国家統一党党首に就任。対パレスチナ強硬姿勢をとる民族主義強硬派として知られた。13年に渡って国会議員を務め、2001年発足のアリエル・シャロン内閣では観光相に。同年10月イスラエル軍のヘブロン撤退に反発して辞任を表明。その直後に、パレスチナ解放機構（PLO）強硬派のパレスチナ解放民族戦線（PFLP）によって、アブ・アリ・ムスタファPFLP議長暗殺への報復として暗殺された。

セガン, フィリップ
Séguin, Philippe
1943.4.21〜2010.1.7
フランス会計検査院院長, フランス共和国連合（RPR）党首　[出]チュニジア・チュニス　[名]Séguin, Philippe Daniel Alain　[学]国立行政学院（ENA）卒　[歴]1970年フランス会計検査院検査官、77年同主任検査官。傍

ら、71～77年パリ政治研究所助教授。77年首相官房入りし、78～86年保守政党の国民議会（下院）議員、この間81～86年下院副議長、84～86年共和国連合（RPR）全国幹事。83～97年エピナル市長。86～88年社会問題・雇用相。93～97年下院議長。97年7月～99年4月RPR党首。2004年から会計検査院院長。1992年の欧州連合条約（マーストリヒト条約）には反対の論陣を張った。欧州統合懐疑派、国益重視のドゴール主義者で、ジャック・シラク元大統領と同じ政治党派に属しながらシラクの最大政治的ライバルの一人だった。

セゼル, アフメット

Sezer, Ahmet

1941.9.13～

トルコ大統領　法律家　[出]アナトリア・アフヨン　[名]Sezer, Ahmet Necdet　[学]アンカラ大学法学部（1962年）卒　[歴]教師の家庭に生まれる。1962年裁判官となり、地方の裁判所を経て、83年アンカラの上訴裁判所判事、88年憲法裁判所（最高裁）判事を経て、98年～2000年最高裁長官。1998年1月政教分離を柱とする憲法に違反するとして、トルコ福祉党の解党とエルバカン党首らの政治活動を停止する判決を下し注目される。2000年5月トルコ大統領に選出。07年退任。イスラム主義者やクルド人を対象とした治安維持法を緩めるなど人権擁護派として知られる。

セチン, イーゴリ

Sechin, Igor

1960.9.7～

ロシア副首相　実業家　[出]ソ連ロシア共和国レニングラード（ロシア・サンクトペテルブルク）　[名]Sechin, Igor Ivanovich　[学]レニングラード大学人文学部（1984年）卒　[歴]ソ連国家保安委員会（KGB）の出身。兵役を経て、アンゴラで通訳として活動。1991～96年サンクトペテルブルク市役所に勤め、ウラジーミル・プーチン第1副市長（のち大統領）の補佐役を務める。2000年プーチンが大統領代行に就任すると、大統領府副長官に就任。03年プーチンの政敵だったホドルコフスキーの逮捕に始まる石油大手ユコスの再国有化を指揮した一人とされ、04年には国営石油企業ロスネフチの会長に就任。08年プーチン首相のもと、副首相（資源エネルギー担当）を務めた。12年ロスネフチ社長。ロスネフチの親会社でもある国営持株会社ロスネフテガス会長も務める。プーチン政権により台頭した“シロビキ（軍・治安機関出身者ら武闘派）”の代表格として知られ、ロシア経済に大きな影響力を持つ。

セッションズ, ジェフ

Sessions, Jeff

1946.12.24～

米国司法長官, 米国上院議員（共和党）　法律家　[出]アラバマ州ハイバート　[名]Sessions, Jefferson Beauregard III　[学]ハンティンドン・カレッジ（1969年）卒 博士号（アラバマ大学）（1973年）　[歴]1981～93年南アラバマ地域弁護士、95～97年アラバマ州司法長官を経て、97年～2017年同州選出の連邦上院議員（共和党）。不法移民排斥を強く主張して不法移民の合法化に道を拓く法案にことごとく反対する他、同性婚や女性の妊娠中絶の権利などに批判的な、共和党の最右派。16年の大統領選ではドナルド・トランプをいち早く支持し、17年2月トランプ政権で司法長官に就任。

セディキ, ソヘイラ

Seddiqi, Suhaila

1931～

アフガニスタン暫定行政機構保健相　外科医　[出]カンダハル　[歴]裕福なパシュトゥン人家庭に生まれる。高校卒業後医学を志し、7年間ソ連の大学に学ぶ。1987年軍病院の責任者になり、医者としての卓越した技量が認められ“将軍”の称号を与えられる。90年代初頭内戦が勃発して多くの人々が亡命する中、カブールに留まり医者の仕事を続行。96年タリバン政権が発足すると一時職を追われるが、のち負傷兵を抱える国防省の強い要請で、女性としてただ一人復職を許され、カブールの陸軍病院の院長を務める。その見返りとして女医の勉強の許可を取り付け、病院併設の医学校で教鞭を執る。タリバンによる女性に対するブルカ着用の義務づけを拒否し、ただ一人屋外でもベールをかぶるだけで闘い続ける一方、政治的には一貫して中立的立場を貫いた。2001年12月タリバン政権崩壊後、暫定行政機構（内閣）の保健相に抜擢され就任。04年退任。“前線基地で1日100人の手術をした”“24時間寝ずに手

術を続けた”などの伝説を持つ。

セディジョ, エルネスト
Zedillo, Ernesto
1951.4.27〜
メキシコ大統領　エコノミスト　[出]メキシコシティ　[名]Zedillo Ponce de León, Ernesto　[学]メキシコ国立理工科大学経済学部（1972年）卒, エール大学大学院経済学博士課程修了　経済学博士（エール大学）　[歴]貧しい家庭に生まれたが勉学に励み、英国ブラッドフォード大学や米国エール大学に留学。帰国後、メキシコ中央銀行エコノミストとなる。1978〜80年メキシコ国立理工科大学教授を経て、経済テクノクラートとして官僚ポストを歴任。87年よりサリナス政権で計画予算省（現・財務省）次官、88〜92年同相、92〜93年文相を務め、親米的な“サリナス改革”推進の中心的な役割を果たした。94年3月暗殺されたコロシオ制度革命党（PRI）次期大統領候補の後任候補に選ばれ、同年8月大統領に当選し、12月就任。2000年7月大統領選で国民行動党（PAN）のビセンテ・フォックスに敗れ、また、PRIは議会選でも上下両院でPANに敗れ、71年ぶりの政権交代となる。同年12月退任。この間、市場開放や民主化を進めた。02年よりエール大学教授・グローバリゼーション研究センター長。11年、1997年にメキシコで起きた先住民虐殺事件をめぐり、その遺族や生存者らが当時の大統領の責任を問う提訴を米国で起こした。

セドキ, アテフ
Sedki, Atef
1930.8〜2005.2.25
エジプト首相　[出]タンタ　[名]Sedki, Atef Mohamed Naguib　[学]カイロ大学法学部（1951年）卒　経済学博士（パリ大学）（1958年）　[歴]1958〜73年カイロ大学教授。73〜80年在フランス大使館文化参事官。80年エジプト大統領諮問（シューラ）会議経済委員長。81年会計検査院長官。86年11月首相に就任。96年1月解任され、内閣総辞職。在任中はイスラム原理主義組織による反政府テロが頻発し、93年には自らもカイロで爆弾テロに遭ったが、無事だった。

ゼドケア, チューレラン
Zedkaia, Jurelang
1950.7.13〜2015.10.7
マーシャル諸島大統領　[出]マジュロ　[歴]マジュロ地方政府の評議員を経て、1991年第2回憲法評議会のマジュロ代表。91年マーシャル諸島国会議員。94〜97年国会副議長を経て、2008〜09年同議長。09年11月〜12年1月大統領を務めた。

ゼナウィ, メレス
→メレス・ゼナウィを見よ

セニョレ, クラレンス
Seignoret, Clarence
1919.2.25〜2005.5.5
ドミニカ国大統領　[出]ロゾー　[名]Seignoret, Clarence Henry Augustus　[学]ドミニカ・グラマー・スクール卒, オックスフォード大学バリオルカレッジ卒　[歴]英国植民地下で1967〜77年内閣官房長官。独立後の80〜83年商工協会事務局長。83年12月〜93年ドミニカ国大統領。ナイト爵位を叙せられる。

セベリノ, ロドルフォ
Severino, Rodolfo
1936.4.22〜
東南アジア諸国連合（ASEAN）事務局長　外交官　[出]マニラ　[名]Severino, Rodolfo Certeza（Jr.）　[学]アテネオ・デ・マニラ大学卒　[歴]1965年フィリピン外務省に入省。ワシントン、北京勤務などを経て、88〜92年駐マレーシア大使を務めた後、92年外務次官に就任。米国寄りの外交姿勢を修正し、東南アジア諸国連合（ASEAN）との関係を深めるようラモス大統領に進言。大統領演説の起草なども手がける。98年1月ASEAN事務局長に就任。2003年退任。

セベリン, アドリアン
Severin, Adrian
1954.3.28〜
ルーマニア外相　[学]ブカレスト大学卒　[歴]1989年ブカレスト大学教授。90年ルーマニア民営化担当副首相、91年中小企業民営化開発局長官。92年下院議員に選出。96〜97年外相。

ゼーホーファー, ホルスト

Seehofer, Horst

1949.7.4～

ドイツ大統領代行, キリスト教社会同盟（CSU）党首　㊞西ドイツ・バイエルン州（ドイツ）　㊞Seehofer, Horst Lorenz　㊞1992～98年ドイツ保健相を務め、医療制度改革などに取り組む。2005～08年消費者保護・食料・農業相。08年キリスト教社会同盟（CSU）党首に選出。連邦政府の大臣ポストを辞任し、バイエルン州首相に転じた。11～12年各州首相輪番制の連邦参議院議長。12年2月～3月クリスティアン・ウルフ大統領の辞任を受けて大統領代行を務めた。

ゼマン, ミロシュ

Zeman, Miloš

1944.9.28～

チェコ大統領・首相, 市民の権利名誉党首　㊞チェコスロバキア・プラハ近郊コリーン（チェコ）　㊞プラハ経済大学国家経済計画学専攻（1969年）卒　㊞大学進学を目指すが、反体制的な行動が目立ったため入学を拒否され、通信教育でプラハ経済大学を卒業。1968年 "プラハの春" でチェコスロバキア共産党員として民主化運動に参加、ソ連軍主導のワルシャワ条約機構軍の侵攻に反発し、70年党から除名処分を受ける。その後、体育産業会社などの企業や経済予測研究所に勤務。89年 "ビロード革命" を主導したヴァーツラフ・ハヴェルらが率いる市民フォーラムに参加し、90年チェコスロバキア連邦議会議員、予算委員会委員長。市民フォーラム解散後の92年チェコ社会民主党（CSSD）に入党、93年CSSD議長（党首）に選出。96年総選挙で第2党に躍進し、下院議長。98年6月総選挙で第1党に導き、7月首相に就任。2002年6月退任。07年CSSDを離党。09年12月新党・市民の権利（SPOZ）を創設、10年同党首、同年10月名誉党首。13年1月の大統領選で勝利し、3月就任。18年1月再選。

セラノ, ホルヘ

Serrano, Jorge

1945.4.26～

グアテマラ大統領　実業家　㊞グアテマラシティ　㊞Serrano Elias, Jorge　㊞サンカルロス大学工学部（1969年）卒　㊞1973年米国スタンフォード大学で教育学の修士号を取得、スウェーデンにも留学。国立サンカルロス大学工学部などで物理、数学の教授をしながら、経済に関する著作を発表するなど多方面にわたる学究として社会的地位を築いた。その傍ら、内相も経験した有力な保守系政治家だった父親の影響から、60年代にキリスト教民主政に接近、その後右派の国家改新党に移り、政治活動を本格化。74年から政府の経済や教育計画の作成に協力し、78～80年には米州機構（OAS）の教育科学文化理事会に出向、常設委員会の委員長を務める。82～83年リオス・モント軍事政権下で国家評議会議長。85年自分の党 "連帯行動運動（MAS）" を創設し、民政移管大統領選に挑むが3位。90年3月ゲリラとの和平予備交渉で中心的役割を果たす。91年1月大統領に当選、就任。93年6月強権措置に出て失脚。雄弁家。英語も堪能。来日2回。

セラヤ, ホセ・マヌエル

Zelaya, José Manuel

1952.9.20～

ホンジュラス大統領　㊞オランチョ県カタカマス　㊞Zelaya Rosales, José Manuel　㊞ホンジュラス国立自治大学中退　㊞銀行取締役や経団連執行役員などを経て、1970年ホンジュラス自由党（PL）に入党、85年国会議員。94年～2002年社会投資基金長官。05年11月大統領選で当選、06年1月に就任。09年6月クーデターにより失脚。10年同国のロボ次期大統領とドミニカ共和国政府が結んだ合意を受け入れ、ドミニカ共和国に事実上の亡命。

セラル, アブデルマレク

Sellal, Abdelmalek

1948.8.1～

アルジェリア首相　㊞フランス領アルジェリア・コンスタンティーヌ（アルジェリア）　㊞国立行政学院（ENA）（1974年）卒　㊞1996～97年駐ハンガリー大使。アルジェリア内務・地方自治・環境相、青年・スポーツ相、運輸相などを歴任。2010～12年水資源相。12年5月の国民議会（下院）選でブーテフリカ大統領の連立与党が大勝した際には、選対幹部を務めた。同年9月ブーテフリカより首相に指名される。14年3月大統領選でブーテフリカ大統領の選対本部長を務めるため辞任するが、5月再び首相に就任。17年5月退任。

ゼーリック, ロバート

Zoellick, Robert

1953.7.25〜

米国国務副長官, 世界銀行総裁（第11代）, 米国通商代表部（USTR）代表　実業家　[出]イリノイ州エバーグリーンパーク　[名]Zoellick, Robert Bruce　[学]スウォースモア大学卒, ハーバード大学ケネディスクール修士課程修了, ハーバード大学ロースクール修了　[歴]大学卒業後、2年間香港に滞在。1985年米国財務省で財務次官補代理としてダーマン副長官に仕えていた時、当時のベーカー財務長官に見込まれ、89年同氏の国務長官就任とともに国務省審議官に就任。ベーカー長官の文字通りの右腕で、長官室への書類のすべてに目を通し、ベーカー演説のほとんどを起草したといわれる。90年東西ドイツ統一問題の事務レベル協議では米国代表として直接交渉に当たった。日米構造協議、アジア太平洋閣僚会議（APEC）なども担当。91年5月から経済農業問題担当国務次官、92年8月からベーカー長官が大統領首席補佐官になるとともに大統領次席補佐官を務める。この間、NAFTA交渉やウルグアイラウンド米代表などを務める。93年政府を離れ、93〜97年住宅金融投資会社ファニー・メイ副会長、97〜98年海軍兵学校教授（安全保障論）などを経て、98年7月米国戦略国際問題研究所（CSIS）に入り、99年1月所長兼CEO（最高経営責任者）に就任。同年5月ブッシュSr.元大統領の長男、ブッシュJr.テキサス州知事への助言などが問題となり辞任。2001年7月ブッシュJr.政権で米国通商代表部（USTR）代表、05年2月2期目のブッシュ政権で国務副長官。06年6月退任。06〜07年ゴールドマン・サックス・グループ国際副会長。07年7月第11代世界銀行総裁に就任。中国と台湾を世界貿易機関（WTO）に加入させる中心的役割を果たした。12年6月退任。シンクタンクのピーターソン国際経済研究所特別客員研究員とハーバード大学ベルファー科学・国際関係研究所上級研究員に就任。13年よりゴールドマン・サックス・グループアドバイザー。

ゼルーアル, ラミン

Zeroual, Lamine

1941.7.3〜

アルジェリア大統領　軍人　[出]フランス領アルジェリア・バトナ（アルジェリア）　[歴]16歳でアルジェリア民族解放軍に入隊、対仏独立戦争に参加。モスクワとパリの陸軍士官学校に学び、職業軍人としての道を歩む。1980年代に各軍管区司令官を歴任後、89年陸軍総司令官に就任するが、シャドリ大統領と対立して辞任、ルーマニア大使に左遷される。93年7月国防相を経て、94年1月軍部により大統領に任命される。その後、フランスを中心とする国際的圧力の中で、イスラム原理主義勢力との政治対話に着手するが失敗。95年11月大統領選を強行し、当選。99年2月任期途中で大統領職を退任。

セルゲーエフ, イーゴリ

Sergeev, Igor

1938.4.20〜2006.11.10

ロシア国防相・大統領補佐官　軍人　[出]ソ連ウクライナ共和国ボロシロフグラード州ベルフニー　[名]Sergeev, Igor Dmitrievich　[学]ナヒモフ海軍士官学校（1960年）卒, ジェルジンスキー記念軍事アカデミー（1973年）卒, ソ連参謀本部軍事アカデミー（1980年）卒 工学博士　[歴]1960〜71年ソ連ロケット軍の様々な技術職、指揮官、参謀ポストを歴任。71〜92年ロケット軍の連隊、次いで師団の参謀長、ロケット軍第1副司令官、戦略ロケット軍作戦局長兼副参謀長、第1副参謀長、副総司令官（戦闘準備担当）を歴任。92〜97年ロシア戦略ロケット軍総司令官を経て、97年5月エリツィン政権下のチェルノムイルジン内閣でロシア国防相に就任。99年8月プーチン内閣、2000年5月プーチン政権下のカシヤノフ内閣で留任。01年3月内閣改造で大統領補佐官に就任。この間、00年4月新軍事ドクトリンで通常兵器の大規模侵略行為に対する核兵器の先制使用を打ちだした。

セルジュコフ, アナトリー

Serdyukov, Anatolii

1962.1.8〜

ロシア国防相　[出]ソ連ロシア共和国クラスノダール州ホルムスキー（ロシア）　[名]Serdyukov, Anatolii Eduardovich　[学]サンクトペテルブルク大学卒　[歴]ソ連軍を除隊後、家具屋で働く。2004年ロシア財務省ロシア連邦税務庁長官に就任。07年2月国防相となり、9月再任される。12年国防相を退任。

セレズニョフ, ゲンナジー
Seleznev, Gennadii
1947.11.6〜2015.7.19
ロシア国家会議(下院)議長　ジャーナリスト　[出]ソ連ロシア共和国スベルドロフスク州セロフ　[名]Seleznev, Gennadii Nikolaevich　[学]レニングラード大学(1974年)卒　[歴]1968〜74年コムソモール(共産青年同盟)で働く。70年ソ連共産党に入党。75年レニングラードの地元誌「スメナ」編集長、80年「コムソモリスカヤ・プラウダ」編集長、88年「教員新聞」編集長、91年「プラウダ」編集長を歴任。93年12月ロシア国家会議(下院)選にロシア共産党から当選、95年1月下院副議長。同年12月下院選で再選。96年1月下院議長に選出。同年5月共産党書記職を解任される。99年12月下院議員に3選、2000年1月議長に再選される。同年モスクワ州知事選に出馬するが敗退した。

セレソ, ビニシオ
Cerezo, Vinincio
1943.12.26〜
グアテマラ大統領　法律家　[学]グアテマラ・サンマルコス大学卒　[歴]在学中にキリスト教社会学生戦線委員長、全学連副委員長などを歴任。1967年キリスト教民主党(DCG)入党。74年グアテマラ国会議員。76年党書記長。86年1月〜91年1月大統領。

銭 其琛 せん・きしん
Qian Qi-chen
1928.1〜2017.5.9
中国副首相・外相, 中国共産党政治局員　外交官　[出]天津　[歴]1942年14歳で中国共産党に入党。40年代は上海で党活動。54年ソ連共産主義青年同盟(コムソモール)中央学校へ留学。50年代後半から60年代前半にかけて2度、駐ソ大使館書記官を務め、72年にも参事官として赴任。74年駐ギニア大使、76〜82年外務省報道局長、82〜88年ソ連・東欧・報道担当外務次官を歴任。この間、82年10月から始まった中ソ次官級協議の中国側特使、87年2月から再開された中ソ国境交渉の中国側首席代表。同年8月国連軍縮・開発国際会議団長。88年4月外相に就任。同年12月中ソ外相会談のため訪ソ、89年の中ソ和解に大きく貢献した。90年にはサウジアラビア、シンガポール、インドネシアなどとの国交正常化を果たし、その外交手腕は内外で高く評価される。91年4月国務委員(副首相格)兼務。93年3月副首相兼外相。98年3月〜2003年3月副首相。この間、1996年1月香港特別行政区準備委員会主任。党活動でも、82年党中央委員候補、85年党中央委員を経て、92年10月〜2002年11月党政治局員。03年に引退するまで、ソ連との関係正常化や香港返還などを担当。その後、外相経験者で党政治局員や副首相に就いた人物は他におらず、最高レベルまで上り詰めた外交官として知られる。ロシア問題の専門家でロシア語、英語も話した。1989年2月昭和天皇の大喪の礼に国家主席特使として参加するなど度々来日し、日本の政官界とも深いつながりを持った。

銭 復 せん・ふく
Chien Fu
1935.2.17〜
台湾外交部長(外相)　[出]中国・浙江省　[名]英語名＝Chien, Fredrick F.　[学]台湾大学政治系(1956年)卒, エール大学大学院修了 哲学博士(エール大学)(1962年)　[歴]1962年台湾行政院秘書、中央大学教授。64年外交部(外務省)入り、69年同北米局長、72年行政院新聞局長、75年外交部次長、82年北米事務協調委駐米代表、88年経済建設委主任、国民党中央常務委員を経て、90年6月外交部長(外相)。93年2月外相再任。96年1月退任。98年監察院長に就任。

センゲ, ロブサン
Sangay, Lobsang
1968〜
チベット亡命政府首相　国際法学者　[出]インド・ダージリン　[学]デリー大学(1994年)卒, ハーバード大学ロースクール　[歴]インド北東部ダージリンの亡命チベット人キャンプで生まれる。父は東チベットの僧侶から対中国ゲリラに転じた元兵士で、母はチベット動乱の中で家族とはぐれた農家の娘。チベットでの生活を経験していない難民2世。1994年デリー大学を卒業し、米国ハーバード大学で国際法を専攻。2004年同大で亡命チベット人として初めて博士号を取得。同大上級研究員としてチベットを中心とする国際関係を研究。11年4月世界中の亡命チベット人による亡命政府首相選で当選、8月就任。チベット亡命政府はインド北部のダラムサ

ラに拠点を置く。

センドフ, ブラゴヴェスト

Sendov, Blagovest
1932.2.8～
ブルガリア国民議会議長, 駐日ブルガリア大使　数学者　[出]Plovdivska　[名]Sendov, Blagovest Hristov　[学]ソフィア大学卒, モスクワ大学, ロンドン大学インペリアルカレッジ Ph.D.（ソフィア大学）（1964年）　[歴]教師を経て、1958年ソフィア大学助手となり、63年助教授、67年教授を経て、73～79年学長。76年ブルガリア国民議会議員に選ばれ、95～97年議長も務める。2003～09年駐日大使。ブルガリア科学界の重鎮として知られ、約200冊の著作がある。傍ら、長年ブルガリアの子ども達の数学離れを防ぐ実験にも取り組み、同国の数学教育水準の引き上げにも尽力した。

【ソ】

蘇 嘉全　そ・かぜん

Su Jia-chyuan
台湾立法院院長（議長）　[歴]1997年屏東県長、2004年台湾内政部長（内相）などを歴任。10年台中市長選では与党・国民党の現職をあと一歩まで追いつめた。民主進歩党（民進党）秘書長を務め、12年の台湾総統選では、総裁に名のりを上げる蔡英文党主席に次ぐ副総統候補として立候補した。16年民進党から初めて台湾立法院院長（国会議長）に就任。

ソ・チョンウォン（徐 清源）

Seo Cung-won
1943.4.3～
韓国ハンナラ党代表　[出]朝鮮・江原道鉄原　[学]韓国中央大学（政治外交学）（1967年）卒　[歴]「朝鮮日報」記者を歴任。1981年民韓党から11代韓国国会議員に当選。のち民自党から13代、新韓国党から14代、ハンナラ党から15代の国会議員に当選。この間、ハンナラ党院内総務、同党事務総長、選挙対策本部長などを務め、2000年同党から16代国会議員に再選。04年1月政治資金法違反の疑いで最高検に逮捕される。08年未来希望連帯から18代、13年セヌリ党（現・自由韓国党）から19代の国会議員に当選。通算7期。韓日議員連盟会長を務める。　[勲]青条勤政勲章

蘇 貞昌　そ・ていしょう

Su Tseng-chang
1947.7.28～
台湾行政院院長（首相）, 台湾民主進歩党（民進党）主席　[出]屏東県　[学]台湾大学法律系（1969年）卒　[歴]1971年司法試験に合格し弁護士に。79年美麗島事件で被告側弁護団に参加したのが縁で政治家に転身。民主進歩党（民進党）の結党に参加。81年台湾省議員に当選。86年民進党中央常務執行委員。87年党代表団員として米・日を訪問。89年屏東県長（知事）。93年民進党秘書長。96年台湾立法委員（国会議員）。97年～2004年台北県長（知事）。04年5月～05年1月総統府秘書長（官房長官）。05年2月～12月党主席。06年1月行政院院長（首相）に就任。07年5月退任。08年3月総統選で民進党副総統候補となったが敗北。12年5月～14年5月党主席。

ソ・ヒョンソプ（徐 賢燮）

So Hyon-sopu
1944.10.8～
韓国外交通商部大使　作家, 外交官　[出]全羅南道求礼　[学]建国大学畜産学部卒, 建国大学政治学部政治外交科（1975年）卒　国際法学博士（明治大学）（1988年）　[歴]1975年からの在日韓国大使館3等書記官時代に明治大学大学院で学ぶ。80年代にはオランダのアムステルダム大学でオランダ・日本関係を研究。のち1等書記官として、88年から参事官として日本に計6年間勤務。この時1000冊以上の日本関係書を読破。在ケニア大使館参事官、在日大使館参事官、在ロシア大使館参事官、欧州局審議官、外交情報管理官などを歴任。のち駐パプアニューギニア大使、98年5月在福岡総領事、2001年2月在横浜総領事、02年2月ローマ法王庁大使を経て、03年韓国外交通商部大使。04年退官。韓国内では知日派として知られ、1994年著書「イルボヌン・イッタ（日本の底力）」はベストセラーとなる。　[賞]九州大学名誉博士号

ソ・ヨンフン（徐 英勲）

Suh Young-hoon
1923.5.26～

大韓赤十字社総裁，新千年民主党代表　[出]朝鮮・平安南道徳川（北朝鮮）　[学]ソウル新聞学院（1952年）修了　[歴]1953年大韓赤十字社に入り、72〜81年事務総長。72年南北赤十字会談の韓国側代表。2000年12月総裁に就任。この間、1988〜90年韓国放送公社（KBS）社長。94〜97年市民団体協議会共同代表。95〜97年監査院不正防止対策委員長。96年北朝鮮への人道支援を行う市民団体“わが民族助け合い運動”常任代表。98年金大中大統領の諮問機関、第二の建国汎国民推進委員会の共同委員長に就任。2000年1月同大統領らが結成した新千年民主党の代表に選出されるが、同年退任。　[勲]韓国国民勲章冬柏章　[賞]赤十字人道章金章

ソアレス，マリオ

Soares, Mário

1924.12.7〜2017.1.7

ポルトガル大統領　[出]リスボン　[名]Soares, Mário Alberto Nobre Lopes　[学]リスボン大学卒　[歴]大学在学中から当時のサラザール独裁政権に反対する地下運動（サラザール学生運動）に参加。卒業後、弁護士となるが、民主化運動に参加して逮捕され、亡命した。逮捕歴は10数回。1964年ポルトガル社会党の前身、社会主議行動党（ASP）を創立、書記長に就任。68年サラザールによって国外追放され、サントメ・プリンシペ諸島に8ケ月間追放。70年から4年間パリへ亡命。73年中道左派・社会党を創設し、初代書記長に就任。74年の民主化革命（カーネーション革命）で独裁政権が倒れたあとに帰国し、5月暫定内閣外相に就任。ギニアビサウなどポルトガルのアフリカ植民地独立交渉に当たった。76年7月〜78年7月、83年6月〜85年10月首相を務め、欧州連合（EU）の前身である欧州共同体（EC）加盟を主導した。86年2月60年ぶりの文民大統領となり、2期10年務めた。ポルトガルでは“民主化の父”と称され、同国の民主主義の礎を築いた。93年国賓として来日。　[家]父＝ホアン・ソアレス（政治家）

曽 蔭権　そう・いんけん

Tsang Yam-kuen

1944.10.7〜

香港特別行政区行政長官　[出]香港　[名]英語名＝ツァン，ドナルド〈Tsang, Donald〉　[学]香港華仁書院卒，ハーバード大学大学院行政学（1982年）修士課程修了　[歴]父親は警察官。6人兄弟の長男だが、家庭が貧しく大学に進めず、中学卒で製薬会社に入社。英国植民地時代の1967年香港政庁に入庁。77年から1年間アジア開発銀行（ADB）に出向。81〜82年米国のハーバード大学に公費留学もした。通商局長や収入役を経て、95年中国系として初めて政庁ナンバー3の財政長官に就任。97年7月香港の中国への返還後、董建華に重用され、香港特別行政区政府財政官に。97〜98年のアジア通貨危機では香港ドル防衛に成功した。中国指導部との関係も良好で、予算案に対する市民の意見を街頭で聞くなど市民との交流を重視するスタイルでも知られる。2001年5月政務官（ナンバー2ポスト）に。05年3月任期途中で退任した董建華の後任として行政長官代行となり、その後長官選挙で無投票当選、6月行政長官に就任。07年3月再選、7月再任。12年6月退任。15年10月在任中に不正行為を働いたとして香港の汚職捜査機関に起訴され、17年2月香港高等法院は禁錮1年8ケ月の実刑判決を下した。1997年英政府よりナイト爵を授与される。2002年11月来日。　[勲]KBE勲章（1997年）

曽 慶紅　そう・けいこう

Zeng Qing-hong

1939.7〜

中国国家副主席，中国共産党政治局常務委員　[出]江西省吉安（原籍）　[学]北京工業学院自動制御系（1963年）卒　[歴]父は重要閣僚を歴任した曽山。1960年中国共産党入党。ミサイルなど軍事技術を扱う第7機械工業部などに勤務し、国防関連先端技術専門家として活動。79年国家計画委員会弁公庁秘書、83年海洋石油総公司連絡部副経理、84年石油工業部外事司副司長などを経て、85年上海市党委組織部長、86年同副書記など歴任。天安門事件後の89年8月党中央弁公庁副主任、93年3月〜99年3月同主任。97年9月党政治局員候補、中央書記局書記。99年3月党中央組織部長。2000年10月党中央対台湾工作指導グループ秘書長。02年11月党政治局常務委員、中央書記局書記、12月中央党学校校長。03年3月第10期全人代で国家副主席に選任される。07年10月党政治局常務委員を退任。08年3月国家副主席も退き引退。江沢民が総書記に抜擢された際、側近中の側近として唯

一、上海から中央に連れ出した人物として知られる。"第4世代"リーダーの一人。1998年11月の江沢民来日に同行。2000年4月、02年4月来日。日本の政治家との接触も多い。
Ⓢ父＝曽山（中国内相）

宋 健 そう・けん

Song Jian

1931.12.29〜

中国人民政治協商会議（政協）副主席，中国共産党中央委員　宇宙工学者　Ⓗ山東省栄成県（原籍）　Ⓔハルビン工業大学中退，北京外語学院卒，バウマン高等工業学院（モスクワ）卒，モスクワ大学数学力学系卒　博士号　Ⓚ農家に生まれる。14歳で八路軍に参加。1947年中国共産党に入党。53年モスクワのバウマン工学院に留学、卒業後、サイバネティックス科学者フリードバウム教授の研究生となり、さらにモスクワ大学数学力学系を卒業。60年中ソ関係悪化により帰国、国防部第5研究院第2分院に入り、ミサイルの研究開発に従事。62年科学院数学研究所控制論（サイバネティクス）研究室副主任となり、制御システム設計の中心となった。65年第7機械工業部26所副所長。文化大革命中は農村に下放。76年潜水艦発射ミサイル第1副総設計師として復活。81年第7機械工業部副部長兼技師長、82年5月宇宙工業部副部長。84年9月国家科技委主任となり、86年4月国務委員（副首相級）兼任。87年11月党中央委員。88年6月国務院環境保護委主任。98年3月国務委員離任、中国人民政治協商会議（政協）副主席に就任し、6月より中日友好協会会長も務める。98年〜2002年中国工程院院長。中国でのサイバネティックス論の権威。1992年の地球サミットに中国政府代表として出席するなど、環境保護にも尽力。2001年5月来日。02年11月党中央委員退任。03年3月全国政協副主席退任。12年3月中日友好協会会長退任。英語、ロシア語に堪能。　Ⓐ北朝鮮一級友誼勲章（1987年）　Ⓐ国家自然科学奨二等奨、国家科技進歩奨一等奨、アインシュタイン賞（国際数学モデル学会）（1987年）

曹 剛川 そう・ごうせん

Cao Gang-chuan

1935.12〜

中国国防相、中国国家軍事委員会副主席，中国共産党政治局員・中央軍事委副主席　軍人　Ⓗ河南省　Ⓔソ連砲兵高級軍事技術学校（1963年）卒　Ⓚ1954年中国人民解放軍に入隊。56年中国共産党入党。63年人民解放軍総後勤部入り、75年総参謀部へ転出。82年総参謀部装備部副部長、89年同軍務部長、少将。92年同副総参謀長、中将。98年4月総装備部長、上将。この間、93年首都緑化委員会副主任委員、全国緑化委員会委員を務め、96〜98年3月国防科学技術工業委員会主任、98年11月国家中央軍事委員。一方、97年共産党中央委員、98年10月党中央軍事委員、2002年11月党政治局員、中央軍事委員会副主席。03年3月国家中央軍事委員会副主席、国務委員、国防相に就任。07年10月党政治局員、党中央軍事委員会主席退任。08年3月国家中央軍事委員会副主席、国務委員、国防相退任。

宋 楚瑜 そう・そゆ

Sung Chu-yu

1942.3.16〜

台湾親民党主席　Ⓗ中国・湖南省湘潭県　Ⓔ英語名＝Soong, James　Ⓔ台湾政治大学外交系（1964年）卒，カリフォルニア大学バークレー校大学院政治学（1967年）修士課程修了，米国カトリック大学大学院図書管理学（1971年）修士課程修了，ジョージタウン大学大学院政治学（1974年）博士課程修了　政治学博士（ジョージタウン大学）（1974年）Ⓚ7歳の時、家族とともに台湾に移住。台湾政治大学卒業後、米国に留学、3大学で修士号と博士号を取得。1974年帰台し、行政院簡任秘書、台湾大学・台湾師範大学副教授、政治大学国際関係研究員などを歴任。77年行政院新聞副局長、79年同局長、81年第12期国民党中央委員、87年同党中央委員会副秘書長、88年第13期党中央常務委員、89年6月李煥の後任として同党中央委秘書長に就任。90年同党憲政改革策画小組員、同年国家統一委員会委員を兼任。93年3月任命制の台湾省主席。同年8月第14期党中央常務委員。94年12月台湾史上初の省長選挙で台湾省長に当選。97年8月国民党中央委員選でトップ当選。98年12月台湾省政府簡素化により省長の任期が終了。99年総統府資政（最高顧問）に任命されるが辞退。同年7月総統選挙への無所属での出馬を表明、11月国民党から除名される。2000年3月総統選で落選。同月親民党を結成、主席となり、01年12月立法院選挙で第2党に躍進。04年3月の総統選で副

総統候補として出馬したが落選。05年中国を訪問し、胡錦濤総書記と会談。06年12月台北市長選で落選。12年台湾総統選に立候補したが3%未満の得票率で敗北。16年の総統選でも落選。　㊞アイゼンハワー賞

曽 培炎 そう・ばいえん
Zeng Pei-yan
1938.12〜
中国副首相, 中国共産党政治局員　㊺浙江省紹興　㊎清華大学無線電系（1962年）卒　㊞1978年中国共産党入党。第一機械工業省西安整流器研究所副技師長、駐米国中国大使館商務部1等書記官、電子工業省弁公庁主任などを歴任。87年電子工業省次官、88年機械電子工業省次官、92年国家計画委副主任を経て、98年3月国家発展計画委主任。西部開発などを担当。2003年3月副首相。この間、1992年10月党第14回全国代表大会で中央委員候補、97年党中央委員、2002年11月党政治局員。07年10月党政治局員退任。08年3月副首相も退任。09年4月中国が"アジア版ダボス会議"を目指す国際会議、ボアオアジアフォーラムの副理事長に就任。

荘 銘耀 そう・めいよう
Chuang Ming-yao
1929.11.16〜2002.1.6
台北駐日経済文化代表処代表（駐日台湾大使）　外交官, 軍人　㊺高雄　㊎海軍軍官学校（第41期）（1952年）卒、海軍参謀大学卒　㊞本省人。海軍副総司令、国防部副部長（副国防相）などを経て、1992年台湾出身者では初めて海軍総司令に就任。軍の国家化に努めた。94年退役、総統府戦略顧問を務めた。李登輝総統の信頼が厚く、95年総統府国策顧問、96年6月〜2000年5月台北駐日経済文化代表処代表（駐日大使に相当）した。同年陳水扁政権発足に伴い、国家安全会議秘書長に就任。軍事・対日政策の責任者として政権を支えた。01年8月亜東関係協会会長となり、日台交流に尽くした。日本の自衛隊で魚雷技術を習得するなど滞日経験が豊富で、日本語も堪能だった。

ソー・ウィン
Soe Win
1949.5.10〜2007.10.12
ミャンマー首相　軍人　㊎ビルマ国軍士官学校卒　㊞1970年ビルマ（現・ミャンマー）少尉任官、のち中将。93年第66軽歩兵師団副師団長、94年同師団長。97年11月国家平和発展評議会（SPDC）の設置で同委員、北西軍管区司令官。2001年11月国防省防空局長。03年2月SPDC第2書記となり、そのわずか半年後の8月に第1書記に抜擢される。04年10月キン・ニュン首相の解任を受けて首相に就任。大将に昇進。国軍内では民主化勢力封じ込めの先頭に立つ強硬派に属し、SPDCのタン・シュエ議長の忠実な部下として知られた。03年5月に起きた民主化運動指導者アウン・サン・スー・チーの身柄拘束事件では実行を指揮したとされる。英語に堪能。

ソガバレ, マナセ
Sogavare, Manasseh
1954.1.17〜
ソロモン諸島首相　㊛Sogavare, Manasseh Damukana　㊞1997〜98年ソロモン諸島財務相を経て、2000〜01年首相。06年4月スナイダー・リニ新首相が暴動により1週間で辞任したのを受け、5月再び首相となった。07年12月退任。14年12月3度目の首相に就任。社会信用党党首を務める。

ソクラテス, ジョゼ
Sócrates, José
1957.9.6〜
ポルトガル首相　㊺ポルト近郊　㊛Sócrates Carvalho Pinto de Sousa, José　㊎ポルトガル国立公衆衛生大学卒　㊞土木技術者。高校の数学教師、市役所勤務を経て、1981年ポルトガル社会党に入党。87年国会議員に初当選。グレテス社会党政権時代の99年環境・都市計画相に就任。2004年9月社会党書記長に選出。05年2月総選挙で社会党が単独過半数を獲得し、3月首相に就任。09年10月再任。11年辞任。党内では中道右派に属する。

ソグロ, ニセフォール
Soglo, Nicéphore
1934.11.29〜
ベナン大統領　㊺フランス領東トーゴランド・ロメ（トーゴ）　㊎ソルボンヌ大学卒　㊞旧宗主国フランスで教育を受け、ベナン経済・財政相、ベナン大学教授などを経て、1979〜86年世界銀行理事を務めたテクノクラー

ト。90年2月国民代表者会議で首相に選任。91年3月、19年にわたるケレク社会主義一党支配政権を民主的な大統領選で破り、4月大統領に就任。96年3月大統領選決選投票でケレク元大統領に敗れ退任。2003年よりコトヌー市長を務める。

ソー・ケーン

→サル・ケンを見よ

ソスコヴェツ, オレグ

Soskovets, Oleg

1949.5.11～

ロシア第1副首相　[出]カザフスタン南部　[名]Soskovets, Oleg Nikolaevich　[学]カラガンダ冶金コンビナート附属大学卒　[歴]1990年1月～91年4月カザフ共和国カラガンダ冶金コンビナート総支配人。一方、89年ソ連最高会議議員となり、91年4月～8月1日ソ連冶金工業相。カザフスタン第1副首相、92年ロシア冶金工業委員会議長を経て、93年4月ロシア第1副首相(工業担当)に就任。94年1月の内閣改造でも留任。96年6月解任。94年11月来日。　[家]妻＝エブゲニア・ソスコヴェツ(経済学者)

ソック・アン

Sok An

1950.4.16～2017.3.15

カンボジア副首相　[出]タカエウ州キリボン郡プレアハバートチョアンチュム行政区　[学]王立プノンペン大学(1972年)卒　[歴]大学卒業後、1973年から2年間外交を学ぶ。80年初めポル・ポト派(クメール・ルージュ)を追放し設立されたヘン・サムリン政権(カンプチア人民共和国)でフン・センと共にカンボジア外務省に勤務。外務省長官、駐インド大使、外務省副大臣に就任。最高国民評議会のメンバーとしても和平交渉においてフン・セン首相を支えた。93年総選挙から4期連続当選。同年首相府相、98年閣僚評議会担当相、2004年副首相を歴任。長年に渡ってフン・セン首相の“参謀長”役を務めた。[家]息子＝ソック・プティブット(実業家)

ソテール, クリスチャン

Sautter, Christian

1940.4.9～

フランス財務相　経済学者, 日本研究家　[出]オチュン　[学]エコール・ポリテクニク(1960年)卒　[歴]1965～71年フランス国立統計経済研究所研究員。同年～72年経済企画庁経済研究所に留学で来日。以来度々来日。73年パリで現代日本研究センターを主宰し、多くの知日家、親日家を輩出。81年大統領府入りし、事務局次長やパリを含む首都圏、イル・ド・フランスの知事を歴任。93年財務省財務監督官を経て、97年6月ジョスパン政権で予算担当閣外相に就任。99年11月ストロスカーン経済・財政・産業相(財務相)の辞任にともない同相を兼務。2000年3月内閣改造で更迭される。のちパリ副市長に就任。日仏対話フォーラムのメンバーも務める。知日派。　[勲]旭日重光章(日本)(2014年)

ソドノム, ドマーギン

Sodnom, Dumaagiyn

1933～

モンゴル首相　[出]ドルノゴビ県　[学]ウランバートル大学卒, イルクーツク市経済大学卒　[歴]ソ連に留学。1950年モンゴル財政省入りし63～69年まで財政相を務めた。66年モンゴル人民革命党(MPRP, 現・モンゴル人民党＝MPP)中央委員。69年国家計画委員会議長、72年から副首相兼任。84年12月の党中央委総会で政治局員。同月の人民大会で首相に就任。ゴルバチョフ議長の影響で87年からモンゴル版ペレストロイカともいうべき“変革・刷新”を推進し、企業の独立採算制導入など経済改革に着手した。90年2月初来日。同年3月改革の遅れの責任を取り首相を辞任、党政治局員も辞任。7月には党の任務達成失敗との理由で監察処分を受けた。　[勲]旭日大綬章(日本)(2005年)

ソーハインド, クリスピン

Sorhaindo, Crispin

1931.5.23～2010.1.10

ドミニカ国大統領　銀行家　[出]英領ドミニカ・Vieille Case(ドミニカ)　[名]Sorhaindo, Crispin Anselm　[学]オックスフォード大学卒　[歴]国立ドミニカ商業銀行会長、農業工業開発銀行会長、カリブ開発銀行副頭取など歴任。1988～93年ドミニカ国会議長。93～98年大統領。

ソー・バ・ティン

Saw Ba Thin Sein
〜2008.5.22
カレン民族同盟（KNU）議長　㊺ミャンマー（ビルマ）で反政府武装闘争を続ける少数民族組織カレン民族同盟（KNU）の最高指導者で、議長を務めた。

ゾービ, マハムド・アル

Zoubi, Mahamoud al
1938〜2000.5.21
シリア首相　㊺1963年シリア農産物局議長、64年地区農業・農地改革委員長、73年ユーフラテス流域投資会社総理事。この間、71年バース党農民局書記、80年党指導部委員。81〜87年人民議会議長を務め、87年11月首相に就任。同年5月バース党から除名処分を受け、全財産を没収。さらに首相在任中の規律違反、違法行為について裁判にかけられる。同月短銃で頭を撃ち自殺した。

ソビャニン, セルゲイ

Sobyanin, Sergei
1958.6.21〜
ロシア副首相, モスクワ市長　㊺ソ連ロシア共和国チュメニ州（ロシア）　㊸Sobyanin, Sergei Semenovich　㊺コストロマ工業大学卒 Ph.D.　㊺石油ガス田で有名な西シベリア・チュメニ州の出身で、工業と法律に関する二つの高等教育機関を卒業。ハンティ・マン自治管区議会議長、上院議員などを経て、2001年チュメニ州知事に就任。元石油王で英国サッカーチーム・チェルシーのオーナーでもあるアブラモヴィッチの支援で知事になったといわれる。04年からプーチン率いる統一ロシアの最高会議メンバー。プーチン政権時代の05年11月、大統領府長官に起用され、中央政界入り。08年5月副首相兼官房長官。10年10月メドヴェージェフ大統領の指名によりモスクワ市長に就任。13年9月の市長選で当選し、再任。

ソフィヤンスキー, ステファン

Sofiyanski, Stefan
ブルガリア首相　㊺ブルガリア国立経済大学卒　㊺祖父は自身と同じ名でブルガリア国会議員であったが、1944年共産党に粛清された。国立経済大学卒業後、経済学者と

して研究所に勤務。共産党独裁時代には政治に関わらず、東欧民主化の嵐が吹き荒れた89年、ブルガリア民主勢力同盟（UDF）に参加。94年国会議員、95年ソフィア市長に当選。97年2月選挙管理（暫定）内閣の首班に就任し、民営化や価格自由化を断行、4月の総選挙でUDFを勝利に導いた。5月ソフィア市長に復職。

ソポアンガ, サウファツ

Sopoanga, Saufatu
1952.2.22〜
ツバル首相・外相・労相　㊺マンチェスター大学大学院開発行政学専攻卒, リバプール大学大学院公共行政学専攻修士課程修了　㊺1976年ツバル政府次官、96年〜2000年官房長官、00〜02年国会議員、財務相、経済企画相、産業相を経て、02〜04年ツバル首相（外相・労相兼務）。

ソボトカ, ボフスラフ

Sobotka, Bohuslav
1971.10.23〜
チェコ首相　㊺チェコスロバキア・テルニツェ（チェコ）　㊺ブルノ大学（法学）　㊺1989年チェコスロバキア社会民主党（CSSD）に入党し、ブルノ地区での党活動に従事。96年チェコ下院議員に初当選。2002〜06年財務相、05〜06年第1副首相。10年社民党副党首を経て、11年3月党首。13年10月の下院選で社民党が第1党になり、14年1月チェコ首相に就任。17年12月退任。同年6月来日。

ソマビア, フアン

Somavia, Juan
1941.4.21〜
国際労働機関（ILO）事務局長, 国連大使 外交官　㊺チリ・カトリック大学, パリ大学　㊺弁護士出身。1973〜83年亡命生活を送る。チリに帰国後、反軍政党連合で活動。90〜98年国連大使を経て、99年3月南半球出身者で初めて国際労働機関（ILO）事務局長に就任。3期務め、2012年9月退任。1999年11月、2004年11月来日。

ソマルガ, シモネッタ

Sommaruga, Simonetta
1960.5.14〜
スイス大統領　㊺ツーク　㊺ルツェルン音

楽院ピアノ専攻, フライブルク大学　[歴]早くからピアニストとして活躍。米国、イタリアへの留学を経て、1985年フリブール州立音楽院教授。86年スイス社会民主党(SDP)に加入。女性保護活動なども始め、99年〜2003年国民議会(下院)議員。00〜10年スイス消費者保護基金会長。03〜10年全州議会(上院)のベルン州代表。10年11月から司法警察相。14年副大統領、15年大統領。

ソマレ, マイケル

Somare, Michael

1936.4.9〜

パプアニューギニア首相, パング党党首　[出]ラバウル　[名]Somare, Michael Thomas　[学]ソゲリ師範卒, 行政管理大学卒　[歴]教員、パプアニューギニア情報省放送担当官、記者を経て、1968年住民議会議員、パング党党首。72年州首相を経て、75年9月オーストラリアから独立して初代首相に就任、"祖国の英雄"といわれる。77年初の総選挙で勝ち、8月首相に再選。80年3月議会の不信任案可決で辞任したが、82年8月返り咲いた。85年11月退任。97年国民同盟党を旗上げ、党首。99年7月パプアニューギニア人民民主運動党(PDM)の主体のモラウタ政権で外相を務めた。2002年6月の総選挙で国民同盟党が第1党となり、8月首相に就任。10年12月辞職宣言し、11年8月議会が首相交代を決定。ナイト爵位を叙せられる。青年時代に日本を旅して回った経験のある親日家。　[勲]旭日大綬章(日本)(2015年)

ソムキット・チャトゥシピタク

Somkid Jatusripitak

1953.7.15〜

タイ副首相　[出]バンコク　[学]タマサート大学(1972年)卒 経営学博士号(ノースウエスタン大学)　[歴]華人家庭の10人いる子どもの一人として育つ。1990年代にチャワリット内閣で商業相を務めたソム・チャトゥシピタクは兄。米国ノースウエスタン大学のケロッグ経営大学院に留学して博士号を取得、マーケティングの世界的権威であるフィリップ・コトラーに学び、師との共著「マーケティング・オブ・ネーションズ」もある。タイに帰国後、タクシン・シナワットとの出会いから政界入り。98年タイ愛国党(タイ・ラック・タイ党=TRT)の結党に参加、経済分野の知恵袋として2001年1月の総選挙での大躍進に貢献。タクシン政権が発足すると副首相や財務相などを歴任し、"タクシノミクス"と呼ばれた、政権の支持基盤である地方農民や低所得層への利益誘導を意識した大衆迎合的な政策を推進した他、日本との経済連携協定(EPA)交渉などに関わった。06年クーデターにより同政権が崩壊し、軍主導の暫定政権が発足すると経済政策の対外説明を担う閣僚として入閣したが、反タクシン派から激しい批判を浴び1週間で辞任。以後、政界から距離を置いた。15年8月タクシン元首相の妹であるインラック・シナワット首相をクーデターで倒したプラユット政権に、内閣改造により副首相として入閣。知日派。　[家]兄=ソム・チャトゥシピタク(元タイ商業相)

ソムサワット・レンサワット

Somsavat Lengsavat

1945.6.15〜

ラオス副首相　[出]フランス領インドシナ・ルアンパバーン(ラオス)　[歴]中国系。ラオス人民民主共和党建国後、党中央事務局と閣僚評議会事務局を兼任し、カイソーン国家主席を補佐。1991年中央委員に選出され、93年〜2006年外相。また、1998年から副首相を務め、2006年からは常任副首相として政府業務を統括。

ソムチャイ・ウォンサワット

Somchai Wongsawat

1947.8.31〜

タイ首相　法律家　[出]ナコーン・シ・タマラート　[学]タマサート大学法学部(1970年)卒, タイ国立行政大学院修了　[歴]タイ南部の農家出身。1973年法廷弁護士資格を取得。25年間裁判官を務め、高裁判事などを経て、99年司法次官、2006年労働次官を務める。この間、地裁判事だった1970年代にタクシン元首相の妹と結婚。2006年のクーデターによりタクシン派のタイ愛国党幹部だった妻や元首相が公民権停止処分に遭い、愛国党は解党。07年同派の乗っ取ったタイ国民の力党(PPP)に送り込まれ、副党首に就任。同年末の民政移管のための下院選で長女とともに初当選。08年2月に発足したサマック政権で副首相兼教育相。同年9月政治家経験わずか9ケ月で首相に就任するが、12月憲法

裁判所は07年の下院選での選挙違反を巡り、国民の力党など連立与党3党の党ぐるみの関与があったとし、3党に解党を命じたほか、ソムチャイ首相ら党役員の被選挙権を5年間剝奪。これにより失職し、政権が崩壊した。[家]義兄＝タクシン・シナワット（元タイ首相）

ソーヤー, エーモス

Sawyer, Amos

1945〜

リベリア暫定大統領　[学]リベリア大学（政治学）博士号（ノースウェスタン大学）　[歴]アメリコ・ライベリアン（米国から入植した解放黒人奴隷の子孫）。リベリア大学社会学部長、米国インディアナ大学教授などを歴任。1989年12月の内戦でガンビアで暫定政権を樹立。90年11月リベリアに平和維持軍を派遣している西アフリカ諸国経済共同体（ECOWAS）の支持を得てリベリアに帰国、ドウ大統領を倒した連合ゲリラ勢力の指導者らによって結成された暫定政権の大統領に就任。同月リベリア人民党（LPP）党首。94年暫定国家評議会議長より暫定大統領の任を解かれた。

ソラナ, ハビエル

Solana, Javier

1942.7.14〜

北大西洋条約機構（NATO）事務総長, スペイン外相　物理学者　[出]マドリード　[名]Solana Madariaga, Francisco Javier　[学]コンプルテンセ大学卒 物理学博士　[歴]父は化学者、祖父は外交官。1966年フルブライト奨学生として米国に留学し68年まで物理学を研究。68〜71年バージニア大学の助手、のちマドリード自治大学などを経て、コンプルテンセ大学物理学教授となる。固体物理学の分野で30以上の論文を発表。一方、64年22歳の時に穏健左翼のスペイン社会労働党（PSOE）に入党、76年同党の連邦実行委員会委員を経て、77年民主化後初の総選挙で下院議員に当選。82年12月ゴンサレス政権で文化相となり、85年政府スポークスマン兼任、88年教育・科学相を経て、92年6月より外相となり、スペインを欧州連合（EU）加盟に導いた。95年12月北大西洋条約機構（NATO）第9代事務総長に就任。99年3月ユーゴスラビア連邦セルビア共和国のコソボ紛争に際し、ミロシェヴィッチ・ユーゴスラビア大統領に和平交渉を求めるが拒否されたため、NATO軍による空爆を指示した。99年10月退任。同月新欧州連合条約により創設されたEU共通外交・安全保障上級代表に就任。2009年退任。同年よりESADE世界経済・地政学センター長。1999年〜2009年西欧同盟（WEU）事務局長を兼任。この間、01年8月マケドニア和平協定調印に関与。00年7月来日。　[家]兄＝ルイ・ソラナ・マダリアガ（実業家・元スペイン電社総裁）

ソランキ, マダブシン

Solanki, Madhavsinh

1927.7.29〜

インド外相　[出]英領インド・Piloodara（インド）　[学]ボンベイ大学卒　[歴]1950年グジャラート語新聞副編集長。57年ボンベイ州議会議員、60〜88年グジャラート州議会議員（うち76〜77年, 80〜85年同州首席大臣）、88年インド上院議員、88〜89年計画相を経て、91年6月〜92年3月外相。

ソリス, ルイス

Solís, Luis

1958.4.25〜

コスタリカ大統領　[出]サンホセ　[名]Solís Rivera, Luis Guillermo　[学]コスタリカ大学卒 博士号（中南米研究, チュレーン大学）　[歴]1981〜87年コスタリカ大学歴史・政治学准教授。86年よりコスタリカ外務省官房長や対外政策局長など歴任。97年国民解放党（PLN）に加入、2002〜03年事務局長。09年市民行動党（PAC）に入党。14年4月の大統領選決選投票で当選、5月就任。

ソルベルグ, エルナ

Solberg, Erna

1961.2.24〜

ノルウェー首相　[出]ベルゲン　[学]ベルゲン大学大学院（1986年）修士課程修了　[歴]1989年ノルウェー国会議員に初当選。2001〜05年自治・地方開発相。04年保守党党首。移民規制の強化を断行し、“鉄のエルナ”の異名を取る。05年、09年と2度にわたるノルウェー議会選惨敗を経てソフト路線に転じ、11年の地方選での大勝、13年9月の議会選での野党連合勝利に導く。同年10月労働党のブルントラント以来、女性として2人目の首相に就任。17年10月再任。

ソン・イルホ（宋 日昊）

Song Il-ho

1955.4〜

朝日国交正常化交渉担当大使　外交官　[出]平壌　[学]平壌師範大学卒　[歴]朝鮮社会主義労働青年同盟（現・金日成・金正日主義青年同盟）中央委員会、朝鮮労働党国際部などに所属後、朝日友好親善協会常務委員、北朝鮮外務省日本課長などを経て、アジア局副局長。2004年5月の第2回日朝首脳会談前の準備実務協議に参加。同会談後の日朝実務者協議、政府間協議で北朝鮮代表。06年1月朝日国交正常化交渉担当大使に就任。07年の3月と9月に開かれた6ケ国協議の日朝作業部会の北朝鮮代表。08年6月と8月、北京と瀋陽で開かれた日朝実務者協議に出席。12年11月モンゴルのウランバートルでの日朝外務省局長級協議に出席。14年3月再開された日朝政府間協議で北朝鮮側代表。

孫 家正　そん・かせい

Sun Jia-zheng

1944.3〜

中国文化相，中国共産党中央委員　[出]江蘇省泗陽県　[学]南京大学中国文学系（1968年）卒　[歴]1966年中国共産党入党。共青団江蘇省委員会書記、徐州市党委書記、江蘇省党委常務委員、全国人民代表大会（全人代）同省代表などを経て、86年同省党委副書記。のち同省党委宣伝部長など江蘇省の党役員を歴任。82年党中央委員候補。94年5月中央の放送・映画・テレビ相。98年3月文化相に就任。97年より党中央委員、2007年10月党中央委員退任。08年3月文化相退任。08年3月〜13年3月人民政治協商会議（政協）副主席。06年より中国文学芸術界連合会主席。

孫 春蘭　そん・しゅんらん

Sun Chun-lan

1950.5〜

中国副首相，中国共産党中央政治局員・統一戦線工作部長　[出]河北省饒陽　[歴]漢族。1969年遼寧省鞍山時計工場に就職。73年中国共産党入党。93年遼寧省婦女聯合会主席・党組書記、94年省総工会主席・党組書記、97年省委員会副書記、2001年大連市委員会書記、05年中華全国総工会党組書記・副主席、09年福建省委員会書記を経て、10年同省人民代表大会常務委員会主任。12年第18回党大会で党中央政治局委員に昇格。同年天津市党委書記。のち、統一戦線工作部長。18年3月の全国人民代表大会（全人代）で副首相に就任。

孫 政才　そん・せいさい

Sun Zheng-cai

1963.9〜

重慶市党委書記，中国共産党政治局員　[出]山東省栄成　[学]北京市農林科学院作物栽培・耕作専攻修士（大学院）農学博士　[歴]山東省の農村出身で、大学でもトウモロコシ栽培などを研究した農業の専門家。1988年中国共産党に入党。94年北京市農林科学院副院長、97年北京市順義県党委副書記、2002年北京市党委秘書長。北京市の幹部時代、同市党委書記だった賈慶林中国人民政治協商会議（政協）主席ら中央指導者の目にとまり、06年12月43歳の若さで温家宝内閣の農業部長（農相）に抜擢される。09年11月中国の代表的な穀倉地帯である吉林省の党委書記に就任。12年党政治局員、11月重慶市党委書記に任命され、西部大開発事業を陣頭指揮。現職最年少の政治局員で同世代の胡春華らとともに習近平体制の次の指導者候補とされる"第6世代"を代表する一人だったが、17年7月"重大な規律違反"で身柄を拘束され、重慶市党委書記を解任される。9月党籍を剝奪されて公職追放処分を受け失脚。18年2月収賄の罪で起訴される。

ソン・ハッキュ（孫 鶴圭）

Sohn Hak-kyu

1947.11.22〜

韓国国会議員，韓国民主党代表　政治学者　[出]京畿道始興　[学]ソウル大学（政治学）（1973年）卒，オックスフォード大学大学院修了 政治学博士（オックスフォード大学）（1988年）　[歴]1988年仁荷大学政治外交学科教授、90〜93年西江大学政治外交学科教授を歴任。93年民自党より第14代韓国国会議員に当選し、党副代弁人を務める。のちハンナラ党に移り、96年第15代、2000年第16代国会議員に再選。1996〜97年保健福祉部長官を務めた。2002〜06年京畿道知事。07年3月ハンナラ党を離党、大統合民主新党に入党。同年12月の大統領選に向けた同党内予備選で落選。08年1月大統合民主新党代表、統合民主党共同代表。10年10月韓国民主党代表。11年10月ソ

ウル市長選の候補擁立に失敗した責任を取り代表を辞任。　[勲]青条勤政勲章

ソン・ホギョン（宋 浩京）

Song Ho-gyong

～2004.9.19

朝鮮労働党中央委員会副部長，朝鮮アジア太平洋平和委員会副委員長　外交官　[出]朝鮮・平安北道（北朝鮮）　[学]金日成総合大学卒　[歴]1977年6月在ユーゴスラビア大使館参事官、85年国際問題研究所副所長。89年5月北朝鮮外務省傘下の軍縮・平和研究所副所長、94年4月所長。95年5月駐カンボジア大使。96年朝鮮アジア太平洋平和委員会副委員長に就任。この頃から金容淳朝鮮アジア太平洋平和委員長の右腕として活動。韓国側と南北首脳会談のための協議を重ね、2000年4月南北首脳会談の非公式協議で首脳会談の合意書に署名し、南北分断以来初の首脳会談を実現させた。また韓国財閥・現代グループとの経済交流では実質責任者を務めた。この間、1992年8月朝鮮労働党中央委員会副部長。対日関係では97年より朝日友好親善協会会長を兼務。2000年の民主党代表団、02年の社民党代表団の訪朝時に対応した。

ソン・ミンスン（宋 旻淳）

Song Min-soon

1948.7.28～

韓国外交通商相（外相）　外交官　[出]慶尚南道晋陽郡（晋州市）　[学]ソウル大学（1975年）卒　[歴]1975年韓国外務省（のち外交通商省，現・外交部）に入省。86年中米1等書記官、89年安保課長、91年北米1課長、92年駐シンガポール参事官、99年北米局長、2001年駐ポーランド大使、04年企画管理室長など歴任。この間、1994年ハーバード大学国際問題研究所研究員、97年大統領安保秘書官、98年大統領外交通商秘書官も務める。2005年1月外交通商次官補となり、6ケ国協議の韓国首席代表を務め、初の共同宣言とりまとめに関与した。06年1月大統領統一外交安保政策室長。06年11月～08年2月盧武鉉政権の外交通商相。08～12年国会議員。

ソン・ヨンム（宋 永武）

Song Young-moo

1949.2.24～

韓国国防相　軍人　[出]忠清南道論山　[学]韓国海軍士官学校（27期）（1973年）卒，韓国海軍大学（1985年）卒　[歴]1999年韓国海軍第2艦隊司令部第2戦闘戦団長。2006年海軍参謀総長。08年退役し、国防科学研究所政策委員に。09～11年法務法人律村顧問。16年10月 “共に民主党” 国防安保特別委員会委員長。17年7月文在寅政権で国防相に就任。

ソン・サン

Son Sann

1911.10.5～2000.12.19

カンボジア首相，カンボジア仏教自由民主党（BLDP）党首　[出]プノンペン　[歴]フランスに留学し、パリの商業高校を卒業。1935～39年バタンバン州副知事。46～47年カンボジア財務相、50年外相、54～68年カンボジア国立銀行総裁、67年5月～12月シアヌーク政権下で首相、68年第1副首相を歴任。70年ロン・ノル首相のクーデターで一時フランスへ移住。79年10月プノンペン陥落後、ヘン・サムリン政権（カンプチア人民共和国）に対抗して、旧ロン・ノル軍を中心にクメール人民民族解放戦線（KPNLF）を創設。議長を務め、82年6月シアヌーク、ポル・ポト派（クメール・ルージュ）とともに反ベトナムの民主カンボジア連合政府（三派連合政府）を樹立し、7月首相に就任。85年からKPNLF内の反ソン・サン派勢力が強まり、90年5月サク・ストサカーン総司令官が自由民主主義党を旗揚げして離脱、政府内での発言力は弱まる。同年2月より政府呼称をカンボジア国民政府に変更。同年6月カンボジア和平東京会議に出席。91年最高国民評議会（SNC）メンバー。92年5月党名を仏教自由民主党（BLDP）に変更。93年国連監視下による総選挙では、10議席を獲得したが、党内抗争で95年8月除名。この間、93年6～10月制憲議会議長として、立憲君主制などを柱にしたカンボジア新憲法の制定に主導的役割を果たした。97年1月BLDP党首及び国会議員を辞任。98年3月ソン・サン党を結成するが、7月の総選挙で議席を失い、晩年はパリで暮らした。　[家]姪＝ペウ・リダ王女（元カンボジア国会議員）

ソン・セン

Son Sen

1930.6.12～1997.6.10

民主カンボジア軍（ポル・ポト軍）最高司令官，ポル・ポト派副代表　軍人　[出]フラン

ス領インドシナ・チャビン（ベトナム）㋐モンペリエ師範学校（フランス）卒㋲1950年代初めパリに留学。56年帰国。リセ・シソワトで教鞭を執るが、63年地下活動のため潜行。71年ポル・ポト派（クメール・ルージュ）軍参謀長。75年8月王国民族連合政府副首相（国防担当）。76年4月民主カンボジア副首相（国防担当）。79年12月ポル・ポト軍最高参謀長。82年7月民主カンボジア連合政府（三派連合政府）樹立で国防調整委員会委員。85年8月ポル・ポト退任で民主カンボジア軍（ポル・ポト軍）最高司令官、同派副代表（ナンバー5）となる。91年最高国民評議会（SNC）メンバー。97年6月政府との帰順交渉をめぐりポル・ポト派内で指導部が対立、フン・セン第2首相に情報を流したとして粛清された。

ソンティ・ブンヤラガリン
Sonthi Boonyaratglin
1946.10.2〜
タイ副首相，タイ祖国党党首　軍人　㋐タイ陸軍士官学校（1969年）卒　㋲イスラム教徒。タイ陸軍に入隊後、特殊戦部隊畑を歩み、のち陸軍司令官補。2005年9月陸軍司令官。06年9月クーデター実行を指揮、タクシン政権を崩壊させ民主改革評議会議長、10月国家治安評議会議長。07年9月国家治安評議会議長と陸軍司令官を退任。同年10月〜09年副首相。09年イスラム教徒の政治家が結成したタイ祖国党の党首に就任。11年総選挙に立候補するが、敗退。

【タ】

戴 相龍　たい・そうりゅう
Dai Xiang-long
1944.10〜
天津市長　銀行家　㋤江蘇省儀征県　㋐中国中央財政金融学院（1967年）卒　㋲1973年中国共産党入党。中国人民銀行江蘇省支店、中国農業銀行江蘇省支店勤務後、86年中国農業銀行副頭取、90年中国交通銀行総経理（頭取）、93年7月中国人民銀行副行長（副総裁）を経て、95年7月同銀行行長（総裁）に就任。98年3月再任。2002年12月天津市長代行に転任。03年1月〜07年天津市長。08年全国社会

保障基金理事会理事長。一方、中国共産党中央委員候補を経て、1997年9月党中央委員に昇格。2002年3月来日。

戴 秉国　たい・へいこく
Dai Bing-guo
1941.3〜
中国国務委員（副首相級）・筆頭外務次官　外交官　㋤貴州省印江県　㋐四川大学外文系ロシア語専攻（1964年）卒　㋲少数民族の土家族。1966年中国外交部（外務省）入省。69年ソ連駐在大使館員。73年共産党に入党。のち外務省ソ連東欧局長、89年駐ハンガリー大使、91年外務次官補、93年外務次官など歴任。95年党中央委員会対外連絡部副部長、97年8月〜2003年同部長。1997年9月より党中央委員。2003年3月〜07年筆頭外務次官。05年3月党中央外事弁公室主任も兼務。同年11月来日。08年3月国務委員（副首相級）に昇格。12年11月党中央委員退任。13年3月国務委員退任。胡錦濤元主席の信任が厚く北朝鮮にも太いパイプを持つ。13年より済南大学学長。

ダイス, ヨゼフ
Deiss, Joseph
1946.1.18〜
スイス大統領　経済学者　㋤フリブール州　㋐フライブルク大学、ケンブリッジ大学キングズ校 経済・社会学博士号（フリブール大学）㋐フリブール大学、ローザンヌ大学、ジュネーブ大学などで経済学を教える。1981年フリブール州議会議員として政界入り。91年スイス連邦下院議員に当選。99年〜2002年外相、03〜06年経済相。この間、04年1月7人の閣僚が輪番で務める大統領を兼任（任期1年）。10年9月第65会期の国連総会議長。中道キリスト教民主党に所属。　㋱レジオン・ド・ヌール勲章（フランス）（2007年），旭日大綬章（日本）（2008年）㋱ソフィア大学名誉博士号（ブルガリア）（2001年），ヌーシャテル大学名誉博士号（2007年），ローザンヌ経営大学院名誉博士号（2008年）

ダイセルブルーム, イェルーン
Dijsselbloem, Jeroen
1966.3.29〜
オランダ財務相　㋤エイントホーベン

㉘Dijsselbloem, Jeroen René Victor Anton ㉕ワーゲニンゲン大学農業経済学専攻（オランダ），コーク・ユニバーシティカレッジ大学院（アイルランド）修士課程修了　㊎両親とも教師という家庭に生まれ、大学で農業経済学を学ぶ。2000〜12年オランダ下院議員。12年11月ルッテ政権で財務相に就任。13年1月ユーロ圏財務相会合議長、2月欧州安定メカニズム（ESM）理事会総裁。

ダイム・ザイヌディン
Daim Zainuddin
1938.4.29〜
マレーシア財務相　㊋マラヤ・ペラ州（マレーシア）　㊎1957年英国留学。帰国後、弁護士、ジョホール州判事、ペラ州副検事などを歴任。79年米国に留学。80年マレーシア上院議員、82年下院議員、84〜91年財務相。のち政府経済顧問を経て、新設の特別任務相に就任。99年1月第1財務相。同年12月経済問題担当の特命相を兼任。2001年6月辞任。与党・統一マレー国民組織（UMNO）に所属し、財務部長も務めた。

ダヴィドフ, オレグ
Davydov, Oleg
1940.5.25〜
ロシア副首相・対外経済関係相　㉕Davydov, Oleg Dmitriyevich　㉕モスクワ建設技術学校（1963年）卒　㊎1970〜75年外貿公団・アトムエネルゴエクスポルト在フィンランド代表部長、83年駐リビア・ソ連大使館経済担当参事官などを経て、86年11月ソ連対外経済関係国家委員会副議長。88〜91年ソ連対外経済関係次官を務め、93年9月ロシア対外経済関係相。94年1月の内閣改造で留任、同年11月副首相兼任。96年8月第2期エリツィン政権下でも留任。98年3月解任。

ダウトオール, アフメト
Davutoğlu, Ahmet
1959.2.26〜
トルコ首相，トルコ公正発展党（AKP）党首　国際政治学者　㊋コンヤ　㉕ボスポラス大学（1983年）卒　政治学博士・国際関係学博士（ボスポラス大学）　㊎1993年マレーシア国際イスラム大学政治学科長、99年イスタンブールのベイケント大学国際関係学科教授。2003〜09年トルコ首相府筆頭顧問（外

交担当）を経て、09年5月外相に就任。アルメニアとの国交回復の立役者。14年8月トルコ公正発展党（AKP）党首、同月首相に就任。16年5月エルドアン大統領と対立して首相とAKP党首を辞任。

ダウナー, アレクサンダー
Downer, Alexander
1951.9.9〜
オーストラリア外相，オーストラリア自由党党首　外交官　㊋サウスオーストラリア州アデレード　㉕Downer, Alexander John Gosse　㉕ニューカッスル大学卒　㊎祖父、父ともに政治家の家に生まれる。銀行員、外交官を経て、1982年フレーザー自由党・国民党連立内閣で首相補佐官。84年サウスオーストラリア州からオーストラリア下院議員に当選。92年 "影の内閣" の国防相、93年同財務相を歴任。94年5月〜95年1月自由党党首。96年3月〜2007年12月ハワード政権の外相。14年6月駐英オーストラリア高等弁務官（大使）。

タウフィック・キマス
Taufiq Kiemas
1942.12.31〜2013.6.8
インドネシア国民協議会議長　実業家　㊋オランダ領東インド・ジャカルタ（インドネシア）　㊎学生運動家として頭角を現し、1973年スカルノ初代大統領の長女メガワティと結婚。2001年メガワティの大統領就任時には、最大の難関であるイスラム政党からの支持を取り付け、政権獲得に貢献。09年から国会と地方代表議会の議員の合同会議である国民協議会（MPR）議長を務めた。メガワティが率いるインドネシア闘争民主党（PDI-P）の実力者で、メガワティ大統領時代は政策決定に強い影響力を持っていたと言われる。一方、やり手のビジネスマンとしても知られた。　㊛妻＝メガワティ・スカルノプトリ（インドネシア大統領）

ダーカン, マーク
Durkan, Mark
1960.6.26〜
英国社会民主労働党（SDLP）党首　㊋北アイルランド・ロンドンデリー　㉕クイーンズ大学　㊎父は王立アルスター警察の警部。大学在学中より英国社会民主労働党（SDLP）に

加入し、ジョン・ヒューム党首を補佐。1990〜95年同党幹事長として、聖金曜日協定に向けた交渉の主役の一人となる。再設北アイルランド議会に選出され、99年〜2001年財務・人員相、01〜02年副首相。ヒュームの後を受け、01〜10年社会民主労働党党首。

タキ, モハメド
Taki, Mohamed
〜1998.11.6
コモロ大統領　㋐Taki Abdoulkarim, Mohamed　㋒1996年コモロ大統領選に当選。97年軍事色の強い臨時暫定政府を樹立。

タクシン・シナワット
Thaksin Shinawatra
1949.7.26〜
タイ首相, タイ愛国党党首　実業家　㋐チェンマイ県　㋒漢字名＝丘達新　㋒タイ警察士官学校（1973年）卒 博士号（テキサス州立大学）　㋒タイ北部の有名なシルクメーカーの華人一族に生まれる。1973年タイ警察士官学校を首席で卒業後、米国に国費留学して刑事訴訟の博士号取得。帰国後、タイ警察へのコンピューター導入を牽引。警察中佐まで務めるが、コンピューター賃貸業で成功し、87年ビジネスに専念するため警察を退職。その後、タイ初の商業衛星打ち上げの他、携帯電話、ケーブルテレビなどへ事業を拡大。87〜94年タイ最大の情報企業集団シナワット・グループ会長を務める。一方、94年10月チュアン首相に起用され、過去最年少の45歳でタイ外相に就任。95年5月タイ道義党（パランタム党）党首となり、7月バンハーン内閣で副首相に抜擢される。96年11月の総選挙には立候補せず、また道義党惨敗の責任を取り党首を辞任。97年8月経済担当副首相に就任、3ケ月務める。98年7月タイ愛国党（タイ・ラック・タイ党＝TRT）を設立、党首に就任。他党の有力議員100人以上を引き抜き、国軍・法曹出身者が支配していたタイ政界の構造を打破して新風を吹き込む。総選挙直前の2001年1月、資産隠しの疑いで国家汚職防止委員会により憲法裁判所に起訴されるが、総選挙では愛国党が大躍進。同党を軸に、国民党、新希望党が連立政権に参加し、2月首相に就任。同年8月憲法裁判所は無罪判決を下す。05年2月の総選挙でも愛国党が下院500議席中377議席を獲得する歴史的大勝となり、タイ憲政史上初めて

の単独政権を樹立。在任中は、経済危機後の回復を優先課題とし、内需拡大、輸出振興策などで高度経済成長の軌道に乗せることに成功した。06年1月一族の保有株売却をめぐる不正疑惑をきっかけに退陣要求運動が激化し、4月退陣を表明。その後、暫定首相として政務を執っていたが、9月国連総会出席のため渡米中に陸軍によるクーデターが勃発、首相の座を追われ英国へ亡命。タイの憲法裁判所は、07年前年の総選挙の際の選挙違反を巡り5年間の公民権停止と、当時の与党・愛国党の解党処分を下す。08年国有地を不正取得したとして汚職防止法違反の罪で禁錮2年の実刑、10年不正蓄財を認定、一族の資産6割に当たる460億バーツ没収の判決を下す。08年8月から国外逃亡、一連の判決は不当であると批判を続ける。10年12月新たにプアタイ党（PTP）を結成、11年8月〜14年5月実妹のインラック・シナワットを首相に就かせた。　㋔妹＝インラック・シナワット（元タイ首相）

ダグラス, デンジル
Douglas, Denzil
1953.1.14〜
セントクリストファー・ネーヴィス首相　㋐Douglas, Denzil Llewellyn　㋒ウェスト・インディーズ大学（1977年）卒、セント・ポールズ大学（1984年）卒　㋒1995年7月総選挙で労働党（SKNLP）が勝利し、セントクリストファー・ネーヴィス首相に就任。2010年1月4選。15年退任。05年10月来日。

ダコスタ, マヌエル・ピント
Da Costa, Manuel Pinto
1937.8.5〜
サントメ・プリンシペ大統領　軍人　㋐ポルトガル領サントメ島アグアグランデ（サントメ・プリンシペ）　㋒ベルリン大学卒　㋒東ドイツで教育を受ける。1972年サントメ・プリンシペ解放運動（MLSTP）を創設、書記長。75年7月の独立で初代大統領に就任。軍最高司令官兼務。85年9月3選。在任中に農業・土地改革・国防相や計画経済相を兼任。78〜88年首相兼任。91年複数政党制導入後初の大統領選には出馬しなかった。96年、2001年の大統領選では落選。11年8月の大統領選決選投票で当選、9月就任。国軍最高司令官兼務。16年退任。

ダシュル, トーマス

Daschle, Thomas

1947.12.9〜

米国民主党上院院内総務 ㋜サウスダコタ州アバディーン ㋐通称＝Daschle, Tom ㋓サウスダコタ州立大学卒 ㋕米国空軍中尉、上院議員秘書などを経て、1979年サウスダコタ州選出の下院議員、87年1月より同州選出の上院議員。95年1月民主党上院院内総務。2001年6月上院多数派院内総務。02年上院院内総務。04年上院選で元下院議員のジョン・スーンに敗れる。09年1月に発足したオバマ政権の厚生長官に指名されるが、過去の納税漏れを理由に辞退した。

ダシヨンドン, ブドラグチャーギン

Dashyondon, Büdragchaagiin

1946.2.17〜

モンゴル人民革命党（MPRP）中央幹部会議長 ㋜フブスグル州 ㋓モンゴル国立大学歴史学科（1968年）卒 ㋕モンゴル西北部の牧畜民の家庭に生まれる。モンゴル国立大学でしばらく教鞭を執り、ソ連のキエフ大学留学後、1979〜85年モンゴル人民革命党（MPRP）幹部養成大学の副学長、85〜90年党中央委組織局の次長、局長を歴任。90年5月ウランバートル市党委第1書記、同年11月党中央幹部会員。91年2月党議長に選出される。96年7月総選挙において落選、民主連合に政権を譲る。改革派と保守派に分かれる党内にあって保革妥協による党局安定を目指す穏健中間派。

ダスカロフ, スタニスラフ

Daskalov, Stanislav

1952.4.4〜

ブルガリア外相 ㋓モスクワ国際関係大学卒 ㋕1988年国連ジュネーブ常駐代表部第1書記、91年ブルガリア外国貿易省次官を経て、93年6月〜94年9月外相。

ダチッチ, イヴィツァ

Dačić, Ivica

1966.1.1〜

セルビア首相・外相 ㋜ユーゴスラビア・セルビア共和国コソボ・メトヒア自治州プリズレン（コソボ） ㋓ベオグラード大学政治学部卒 ㋕2006年セルビア社会党（SPS）党首。旧ユーゴスラビア紛争最大の戦犯とさ

れたミロシェヴィッチ元ユーゴスラビア大統領に近く、1990年代にはミロシェヴィッチの下でSPSの報道官を務めた。2007年よりセルビア国会議員。07〜08年財務相、08年7月〜12年7月セルビア第1副首相、08〜14年内相、12年7月〜14年4月首相。14年より外相兼第1副首相。

ダティ, ラシダ

Dati, Rachida

1965〜

フランス法相, パリ第7区長, 欧州議会議員 ㋜ソーヌエロワール県サンレミー ㋓フランス国立司法学院 ㋕モロッコ移民の父とアルジェリア移民の母の間に生まれ、フランス移民街の典型的な貧困家庭で育つ。16歳の頃から働きながら経済学などを学ぶ。エルフ・アキテーヌ（現・トタル）グループ会計官、フランス国民教育省の法務部門における技術顧問などを歴任。1997〜99年国立司法学院で学び、その後、受任裁判官や検事代理を務めた。2002年ニコラ・サルコジ内相の顧問に就任し、後に軽犯罪防止のための法律プロジェクトを担当。06年国民運動連合（UMP）に入党し、07年の大統領選でサルコジ陣営のスポークスマンを務めた。07年5月法相に就任。アラブ移民2世としてフランス初の主要閣僚となる。08年3月よりパリ第7区長。09年6月法相を退任、7月より欧州議会議員兼任。13年、14年に行われるパリ市長選への立候補を表明するが、のち撤退。この間、法相在任中に独身ながら妊娠・出産したことで話題を呼んだ。

タディッチ, ボリス

Tadić, Boris

1958.1.15〜

セルビア大統領 ㋜ユーゴスラビア・ボスニア・ヘルツェゴビナ共和国サラエボ（ボスニア・ヘルツェゴビナ） ㋓ベオグラード大学卒 ㋕大学で心理学の教授を務め、心理学者として軍にも勤務。一方、社会主義体制下のユーゴスラビアで著名反体制派活動家だった父の影響を受け、1960年代から反体制雑誌に寄稿。90年セルビア民主党（DSS）に入り、のち副執行委員長、副党首。90年代はミロシェヴィッチ政権への批判を展開。2002年ユーゴスラビア連邦通信相。03年セルビア・モンテネグロ議会議員となり、03〜

04年セルビア・モンテネグロ国防相。03年DSSのジンジッチ党首が暗殺され、04年後任として党首に就任。同年7月セルビア・モンテネグロを構成するセルビア共和国の4度目のやり直し大統領選で、極右民族主義者の候補者を破って当選。06年6月モンテネグロの独立で現セルビアの大統領となる。08年2月再選。12年4月任期を10ケ月残して辞任。

ダトー・ヌーア・アドラン

Dato 'Noor Adlan

1939〜

アジア太平洋経済協力会議(APEC)事務局長　外交官　[出]マラヤ・ペラック州(マレーシア)　[学]マレーシア大学(歴史)　[歴]1963年マレーシア外務省に入省。88年度非同盟運動経済会議でマレーシア代表を務める。90年駐中国大使、および駐北朝鮮大使に同時就任。国連大使、サウジアラビア、ヨルダン、韓国、フィリピンの各国駐在大使なども務める。98年アジア太平洋経済協力会議(APEC)事務局長。

タナエフ, ニコライ

Tanayev, Nikolai

1945.11.5〜

キルギス首相　[出]ソ連ロシア共和国ペンザ州(ロシア)　[歴]ロシア系。2000年アカエフ大統領の下で第1副首相を務める。02年5月反政府デモをきっかけに内閣が総辞職し、首相に就任。キルギス独立後、初のロシア系首相となる。05年3月退任。

ダニエルズ, ミッチェル

Daniels, Mitchell

1949〜

インディアナ州知事, 米国行政管理予算局(OMB)局長　実業家　[出]インディアナ州インディアナポリス　[学]プリンストン大学卒, ジョージタウン大学卒　[歴]1971〜82年共和党のルーガー上院議員をインディアナポリス市長時代から選挙対策委員長、首席補佐官などの立場で支える。85年から3年間、レーガン大統領の政治担当補佐官を務める。その後、保守系シンクタンク・ハドソン研究所所長に就任。90年イーライ・リリーに入社し、97年経営戦略担当の上級副社長。非医薬品部門を縮小し、本業に回帰するリストラを推進する。2001年1月〜03年1月ブッシュJr.政権の米国行政管理予算局(OMB)局長。05〜12年インディアナ州知事を務めた。

タノン・ビダヤ

Thanong Bidaya

1947.7.28〜

タイ財務相・商業相　[出]スパンブリー　[学]横浜国立大学(経営学)(1970年)卒, ノースウェスタン大学大学院(1971年)修了　[歴]日本の文部省国費留学生として、1965〜70年横浜国立大学で経営学を学ぶ。92年タイ軍人銀行頭取を経て、97年6月〜10月財務相。通貨危機に対応し、タイ・バーツの変動相場制移行を断行した。2001年2月タクシン首相の経済顧問に就任。05年第2次タクシン政権の商業相。タイ国際航空会長、国営不良債権処理会社のタイ資産管理会社会長も歴任。　[勲]旭日大綬章(日本)(2004年)

タパ, スーリヤ・バハドール

Thapa, Surya Bahadur

1928.3.20〜2015.4.15

ネパール首相　[出]ムガ　[学]アラハバード大学(インド)卒　[歴]カーストはチェットリー(武人階級)。1959年ネパール上院議員に当選。62〜63年副首相兼財務相、63〜64年首相、65〜69年首相兼宮内相。72年当時のパンチャヤト制度(国王を頂点とした政治体制)を批判して2年間投獄。のち復帰し、79年5月〜83年7月、97年10月〜98年4月にも首相を務めた。90年の民主化後は王室を擁護するネパール国民民主党(NDP)を創設して総裁となる。2003年5月首相に任命されたが、04年2月から起きた反政府デモの事態打開のため、5月辞任。1960年代から王制下などで5回首相を務め、比較的リベラルな政治姿勢で知られた。

タバイ, イエレミア

Tabai, Ieremia

1950〜

キリバス大統領　[学]ビクトリア大学(ニュージーランド)卒　[歴]1973年上級会計士補佐。74年議会議員に当選(野党党首)、78年再選、英領ギルバート諸島首席大臣。79年7月キリバス共和国独立とともに大統領に就任。首相・外相を兼任。87年4選。91年7月辞任。

タバネ, モツォアハエ・トーマス

Thabane, Motsoahae Thomas

1939.5.28～

レソト首相　㊥英領レソト・マセル(レソト)　㊔通称＝Thabane, Tom　㊫南アフリカ大学卒　㊣レソト外相、通信・科学技術相などを歴任。2006年所属していたレソト民主主義会議(LCD)を離党し、全バソト会議(ABC)を設立。12年5月の総選挙で議席数第2党となったABCが他の野党と連立で合意、政権交代を果たした。6月首相に就任。15年3月首相退任。17年6月の総選挙でABCが勝利し、再び首相に就任。

ダハビ, ナデル

Dahabi, Nader al

1946.10.7～

ヨルダン首相・国防相　㊥アンマン　㊫クランフィールド工科大学(現・クランフィールド大学, 英国), オーバーン大学(米国)大学院修士課程　㊣英国のクランフィールド工科大学(現・クランフィールド大学)にて航空工学を修め、米国のオーバーン大学で行政学の修士号を取得。1964年ヨルダン空軍に入隊、装備担当副司令官として退役。94年～2001年ヨルダン航空会長、01～03年運輸相、04年アカバ経済特区局長官を経て、07年11月ヨルダン首相兼国防相に就任。09年12月内閣総辞職。

ダハル, プスパ・カマル

Dahal, Pushpa Kamal

1954.12.11～

ネパール首相, ネパール共産党毛沢東主義派(毛派)書記長　㊥カスキ郡　㊔旧姓(名)＝Dahal, Chhabilal, 別名＝プラチャンダ〈Prachanda〉　㊣大学で農業を専攻。米国際開発庁(USAID)の専門家としてチトワンの農業開発を手がけ、貧困にあえぐ農村部の窮状から共産主義に傾倒。1980年代に地下活動を始め、96年からネパール共産党毛沢東主義派(毛派/マオイスト)を率いて反政府武装闘争を展開。2005年のギャネンドラ国王の直接統治に抵抗した主要政党と連携、06年4月の民政復帰後に和平交渉を開始、11月に武装闘争終結を宣言。内戦終結で表舞台に登場してからは、素朴でユーモアのある語り口で人気を集める。08年王政が廃止され、4月の第1回制憲議会選挙で毛派を第1党に導き、8月首相に就任。09年5月、国軍トップを解任したことに対し、連立内部から離脱が相次ぎ、首相を辞任。16年7月オリ首相の辞任を受け、8月首相に選出。17年5月退任。同年11～12月王政廃止後初めて実施された下院選挙で共産党毛沢東主義派(毛派)と統一共産党(UML)が共闘して過半数を獲得。18年2月UMLのオリ議長が首相に就任。下院任期5年の後半はダハルが首相を務める。ゲリラ名のプラチャンダは“荒々しい者”を意味する。

タボネ, ビンセント

Tabone, Vincent

1913.3.30～2012.3.14

マルタ大統領　㊥ゴゾ島ビクトリア　㊔Tabone, Censu　㊫セント・アロイシウス・カレッジ, マルタ大学(医学), オックスフォード大学卒　㊣第二次大戦中は砲兵として従軍し、戦後、眼科医として病院に勤務。1961年マルタ国民党(NP)執行委員となり政界入り。66年国会議員に当選。労働・雇用・福祉相、87年外相を経て、89年4月～94年4月大統領を務めた。89年12月に東西冷戦終結を宣言したマルタ会談に際し、ブッシュSr.米国大統領とソ連のゴルバチョフ書記長を歓迎した。

タミム・ビン・ハマド・ビン・ハリファ・アル・サーニ

Tamim bin Hamad bin Khalifa al-Thani

1980.6.3～

カタール首長　㊥ドーハ　㊫サンドハースト陸軍士官学校(英国)(1998年)卒　㊣カタール首長のハマドと第2夫人モーザ妃との間に四男として生まれる。英国のサンドハースト陸軍士官学校卒業後、軍に入り、2009年国軍副司令官。この間、03年ハマドから皇太子に指名され、13年6月首長位を継承。皇太子在任中はスポーツで名を成し、06年のドーハ・アジア大会を成功させた。　㊮父＝ハマド・ビン・ハリファ・アル・サーニ(元カタール首長)

タヤ, マーウイヤ・ウルド・シディ・アハメド

Taya, Maaouiya Ould Sidi Ahmed

1943～

モーリタニア大統領　軍人　[出]アタール　[歴]アラブ人。フランスで軍事教育を受け, 1978年7月のクーデター後、国家再建軍事委員会（後の救国軍事委）メンバーとなる。79年4月憲兵隊司令官を経て、80年4月参謀長に昇進。81年4月首相兼国防相に任命されたが、84年3月解任。同年12月クーデターに成功し大統領に就任。首相、国防相兼務。複数政党制選挙後、92年1月、97年12月、2003年11月大統領に連続当選。しかしその後、クーデター未遂等が発生し、05年8月にはタヤ大統領不在時に軍部が政権を掌握した。

タヤーニ, アントニオ

Tajani, Antonio

1953.8.4～

欧州議会議長, 欧州人民党（EPP）副党首　ジャーナリスト　[出]ローマ　[学]ローマ・ラ・サピエンツァ大学（法学）卒　[歴]イタリア空軍士官を経て、週刊誌編集者、国営放送のラジオニュース番組司会者、日刊紙のローマ編集局長およびレバノン、ソ連、ソマリア特派員として活動。1994年シルビオ・ベルルスコーニと共に中道右派政党フォルツァ・イタリアの結成に加わり、第1次ベルルスコーニ内閣で首相報道官を務める。同年欧州議会議員に当選し、以来2期連続当選。2002年と06年欧州人民党（EPP）副党首に選出。08年5月欧州連合（EU）欧州委員会委員、10年2月副委員長。17年1月欧州議会議長に選出される。　[勲]レジオン・ド・ヌール勲章オフィシエ章

ダライ・ラマ14世

Dalai Lama XIV

1935.7.6～

チベット仏教（ラマ教）最高指導者　宗教指導者　[出]チベット・アムドタクシェ村（中国・青海省）　[名]テンジン・ギャツォ（丹増嘉措）〈Tenzin Gyatso〉　[歴]1939年ダライ・ラマ13世の転生として認定され、40年2月12日4歳半のときラマ教の聖地ラサ市に行きポタラ宮殿で14世ダライ・ラマに即位、チベットの政治、宗教の最高権威者となる。第二次大戦中は中立。中華人民共和国成立後、中国と対立し、50年中国人民解放軍のチベット進駐を許したが、51年平和解放のチベット協定を結び、親中国で別派のパンチェン・ラマ10世と和解した。その後53年中国仏教協会名誉会長、54～59年全人代常務委副委員長、56年チベット自治区準備委員会主任委員などを歴任。しかし、59年3月反中国のラマ教僧侶、貴族、数万の一般民衆がラサ市で起こした“チベット反乱事件”（チベット動乱）で、インドへ亡命。以降インドのパンジャブ州ダラムサラに亡命政府を樹立し、非暴力によるチベットの解放運動・チベット自治政府樹立運動を指導。64年チベット自治区準備委主任委員解任。79年中国の政変に伴い、初の代表団を北京及びチベット本土へ派遣。89年ノーベル平和賞受賞。97年チベット民族蜂起38周年を記念して、声明を発表。同年初めて台湾入りした。世界各地を巡り、講演・法要などを行い、チベット問題を国際世論にアピールしている。さらに宗教間の和解や核問題、地球温暖化、人口増加などの解決にも取り組む。2008年3月以降中国チベット自治区などで騒乱が起きるが, 北京五輪開催支持、暴力否定の記者会見を行う。10年2月オバマ米大統領と会談。11年8月チベット亡命政府の政治権限をロブサン・センゲ新首相に移譲。1967年以来、来日多数。　[勲]モンゴル平和勲章（1979年）　[賞]ノーベル平和賞（1989年）, 名誉博士号（フランス）（1984年）, 自由人権財団賞（スイス）（1988年）, 米国議会人権賞（第1回）（1989年）, 米国議会金メダル（2007年）　[家]兄＝タクツェル・リンポチェ（チベット亡命政府駐米代表）

タラウネ, ファエズ

Tarawneh, Fayez

1949.5.1～

ヨルダン首相・国防相　[出]アンマン　[学]ヨルダン大学（1971年）卒, カリフォルニア大学（1974年）卒　[歴]1984～87年ヨルダン首相府経済顧問。89年供給相。94～97年駐米大使。97～98年2月外相。98年8月首相兼国防相に就任。のち退任。2000年1月王室官房長官に就任。

タラト, メフメット・アリ

Talat, Mehmet Ali

1952.7.6～

北キプロス・トルコ共和国大統領　[出]キプロス・ギルネ　[学]中東工科大学（トルコ・アンカラ）大学院修士課程修了　[歴]1975年北キプロスのトルコ系住民が独立を宣言、さらに83年北キプロス・トルコ共和国を樹立。北キプロスの教育文化相、副首相を歴任。96

年共和国トルコ党党首。2003年の議会選挙で南北キプロス再統合交渉の再開を主張、同党躍進の原動力となり、04〜05年首相、05〜10年大統領を務めた。北キプロス・トルコ共和国はトルコのみ承認しており、国際的には認められていない。

タラバニ, ジャラル
Talabani, Jalal
1933.11.12〜2017.10.3
イラク大統領、クルド愛国同盟（PUK）議長 ㊤アルビル近郊ケルクン ㊦バグダッド大学法学部卒 ㊥14歳で少数民族クルド人の政党、クルド民主党（KDP）に加入。クルド反政府運動の祖ムスタファ・バルザニ党首の下で頭角を現し、1962年反政府闘争で4人の支部司令の一人に選任。その後、路線対立で脱退。75年11月シリアの後押しでクルド愛国同盟（PUK）を設立し、議長に就任。バース党政権へのゲリラ戦を指揮した。91年湾岸戦争後の反政府運動ではKDPと共同戦線を張り、対政府交渉にあたった。2003年3月開戦のイラク戦争では米軍に協力。フセイン政権崩壊後の同年7月から米軍占領下でのイラク暫定統治機関・統治評議会の評議員を務めた。05年1月国民議会選挙ではKDPなどと政党連合・クルディスタン同盟を結成し、第2党に。同年4月暫定国民議会によりクルド系として初めて大統領（移行政府）に選出。06年4月国民議会により本格政府大統領に選出された。10年11月再任後は、対立が顕在化したシーア派、スンニ派両勢力の橋渡し役を担ったほか、中央政府とクルド自治政府との交渉も仲介した。14年7月退任。長くクルド人の独立運動を率いたリーダーの一人だった。

タラル, ムハマド・ラフィク
Tarar, Muhammad Rafiq
1929.11.2〜
パキスタン大統領　法律家 ㊤インド・パンジャブ州（パキスタン）㊦パンジャブ大学法学部卒 ㊥大学卒業後、パキスタン裁判官となり、1974年ラホール高裁判事、89年同高裁長官を経て、91年1月〜94年10月最高裁判事。97年3月パキスタン・イスラム教徒連盟（PML）から上院議員に当選。同年末の選挙で大統領に選出され、98年1月大統領就任。2001年6月ムシャラフ陸軍参謀長に解任される。イスラム教急進主義者。

タランギ, トケ・トゥフキア
Talagi, Toke Tufukia
1951.1.9〜
ニウエ首相 ㊤アロフィ ㊥ニウエ副首相、財務相、教育相などを務め、2008年より首相。

タランド, アンドレス
Tarand, Andres
1940.1.11〜
エストニア首相 ㊤ソ連エストニア共和国タリン（エストニア）㊥1988〜90年エストニアのタリン植物園園長を経て、政界入り。92〜94年ラール政権下で環境相を務めた後、94〜95年首相。

タリチェアヌ, カリン・ポペスク
Tăriceanu, Călin Popescu
1952.1.14〜
ルーマニア首相、ルーマニア国民自由党党首 ㊦ブカレスト大学建築学部水力工学科卒、ブカレスト大学大学院（コンピューター・数学）修士課程修了 ㊥1996年ルーマニア国民自由党から下院議員に当選し、96〜97年産業・通商相、96年〜2000年国会経済政策・改革・民営化委員長。産業保護法案提出、道路建設に関する特別予算改定法案提出などを議員として行う。自動車製造輸入業者協会会長。04年12月4党連立政権（国民自由党・民主党・ハンガリー人民主同盟・人道党）の首相に就任。05年2月国民自由党党首。08年上下両院選で民主自由党に敗れ、首相退任。09年3月党首を辞任し、その後離党。14年3月上院議長。英語、フランス語を話す。

タリン・ニマンヘミン
Tarrin Nimmanahaeminda
タイ財務相 ㊦ハーバード大学（1968年）卒、スタンフォード大学大学院（1970年）修士課程修了 ㊥タイ商業銀行頭取などを経て、1992年第1次チュアン内閣でタイ財務相に就任。その後、一時政権を離れるが、97年11月第2次チュアン内閣で再び財務相を務める。2001年2月退任。この間、アジア通貨危機の際には、国際通貨基金（IMF）との交渉で手腕を発揮。00年7月九州沖縄サミット財務相会合（福岡）に出席のため来日。

ダルビニャン, アルメン
Darbinyan, Armen
アルメニア首相　㊙1997年アルメニア財政経済相を経て、98〜99年首相。99年〜2000年産業貿易相。

タルボット, ストローブ
Talbott, Strobe
1946.4.25〜
米国国務副長官　ジャーナリスト　㊏オハイオ州デイトン　㊐エール大学（1968年）卒,オックスフォード大学（ローズ奨学生）修了㊙英国オックスフォード大学にローズ奨学生として留学、のち米国大統領となるビル・クリントンとともに学ぶ。1971年「タイム」誌に入り、東欧特派員、米国務省、ホワイトハウス担当記者、84年ワシントン支局長などを務めたあと、89年9月外交問題コラムニスト兼編集副主幹となる。93年クリントン政権下で新設の無任所大使兼新興独立国家（NIS）担当国務長官特別顧問となり、94年2月国務副長官に就任。95年2月日本など5ケ国を歴訪。99年5月ユーゴ紛争で仲介役を務める。2001年1月退任。02年9月米国有力シンクタンクのブルッキングズ研究所所長に就任。11年より国務省外交政策委員会座長。ロシア情勢と米国の対ロ政策に詳しい。　㊙旭日大綬章（日本）（2016年）

ダレーマ, マッシモ
D'Alema, Massimo
1949.4.20〜
イタリア首相　㊏ローマ　㊐ピサ大学哲学科卒　㊙イタリア共産党の幹部だった父親の影響を受け、1963年イタリア共産青年同盟に参加、13歳で党大会で演説。68年イタリア共産党入党。69年全国共産党青年同盟委員長、75年共産青年同盟全国書記を務める。87年より4回連続で下院議員当選。88年党機関紙「ウニタ」政治部長を経て、89年同紙編集長。また、同年7月影の内閣を組閣。91年2月共産党が左翼民主党（PDS）に改組・改称し、同党全国執行委員会委員となり、94年7月〜98年10月党書記長を務めた。この間、96年4月の総選挙の際には中道左派連合・オリーブの木構想に参画。98年10月首相に就任。99年12月政局の流動化から大統領に辞表を提出し、同月大統領からの組閣の要請により第2次内閣を発足。2000年4月辞任。同年

12月〜07年書記長廃止に伴い党委員長。06年5月〜08年5月プローディ政権で副首相・外相。

タロン, パトリス
Talon, Patrice
1958.5.1〜
ベナン大統領　実業家　㊏フランス領ダホメ・ウィダ（ベナン）　㊐Talon, Patrice Athanase Guillaume　㊐ダカール大学（セネガル）卒　㊙セネガルのダカール大学で学び、その後パイロットを目指したが断念。綿花産業などで富を築く。2011年の大統領選までヤイ大統領を支援したが、その後関係が悪化。毒殺を計画した疑いなどをかけられ、12年フランスに亡命。恩赦で帰国し、16年3月の大統領選では決選投票を経て当選、4月就任。

タン, オードリー
→唐鳳（とう・ほう）を見よ

タン, トニー
Tan, Tony
1940.2.7〜
シンガポール大統領　㊏英領シンガポール　㊐Tony Tan Keng Yam, 漢字名＝陳慶炎　㊐シンガポール大学（1962年）卒, マサチューセッツ工科大学（米国）オペレーション・リサーチ専攻（1964年）卒 博士号（応用数学, アデレード大学）（1967年）　㊙1967年シンガポール大学数学講師、69年華僑銀行（OCBC）サブマネージャーを経て、79年シンガポール国会議員に当選。シンガポールの与党・人民行動党（PAP）の実力者で、80年教育相兼シンガポール国立大学副学長、81年貿易産業相兼シンガポール国立大学及び南洋工科大学担当相、83年財務相兼貿易産業相、85年1月財務相兼保健相兼教育相、同年3月貿易産業相兼教育相、86年教育相専任。91年OCBC会長兼CEO（最高経営責任者）。95年副首相兼国防相。2003年副首相兼防衛分野調整担当首相府相。05〜11年7月政府系ファンドのシンガポール政府投資公社（GIC）副会長、シンガポール・プレス・ホールディング（SPH）会長。11年8月元国会議員のタン・チェンボックと大統領の座を争い、票差が全体票の2%に満たなかったため異例の再集計の末に僅差で大統領に当

選。9月就任。17年8月退任。

ダンカン・スミス, イアン

Duncan Smith, Iain

1954.4.9〜

英国保守党党首, 英国雇用・年金相 ⓔ英国陸軍士官学校卒、ペルージャ大学 ⓕ曽祖母は日本人。英国陸軍大尉を務め、退役後不動産業などに携わる。1992年英国下院議員に当選。97年英国保守党の"影の社会保障相"、99年"影の国防相"を務める。2001年9月〜03年10月保守党党首。10〜16年雇用・年金相。穏やかな語り口で"静かな男"と呼ばれるが、反ユーロの右派として知られる。

タンジャ, ママドゥ

Tandja, Mamadou

1938〜

ニジェール大統領 軍人 ⓗフランス領ニジェール・マイネソロア ⓔブアケ士官学校（コートジボアール）(1967年)卒 ⓕカヌリ族出身。1950年代半ばニジェール軍に入隊後、マリやマダガスカルの軍士官学校で学ぶ。74年4月の軍事クーデターに関与し、89年までクンチェ軍事政権の評議会メンバーを務める。90年ニジェール内相、駐ナイジェリア大使などを歴任。91年退役、ニジェール社会発展国民運動（MNSD）党首に就任。93年、大統領選に立候補するが落選。99年11月大統領選で当選、12月就任。2004年12月再選、同月2期目就任。10年大統領退任。退役大佐。

タン・シュエ

Than Shwe

1933.2.2〜

ミャンマー首相・国防相・国軍最高司令官 軍人 ⓗ英領インド・マンダレー地方チャウセー（ミャンマー） ⓔビルマ国軍幹部候補学校（OTS）(1953年)卒 ⓕ高校卒業後、郵便局員。1953年ビルマ（現・ミャンマー）国軍幹部候補学校に入学。陸軍畑を歩み、80年第88師団長、83年南西軍管区司令官、86年国軍参謀次長を歴任。88年9月のソウ・マウン参謀総長によるクーデターで軍事政権を主導する国家法秩序回復評議会（SLORC）メンバーになり、90年同副議長となり大将に昇格。92年3月国防相兼任、4月SLORC議長（元首）・首相・国防相・国軍最高司令官。

93年定年のない上級大将に昇任。97年11月SLORCは国家平和発展評議会（SPDC）に改組・改称、議長。2003年8月内閣改造で首相退任、06年9月には国軍最高司令官を退く。この間、1988年に引退したネ・ウィンの影響力を排除し、2004年その影響下にあった軍政序列3位のキン・ニュンを失脚させた。06年首都をヤンゴンから内陸部のネーピードーに遷都。08年新憲法を施行、10年総選挙を実施して軍政翼賛政党・連邦団結発展党（USDP）を圧勝させた。11年3月SPDC解散に伴い、政界引退。

タンジュン, アクバル

Tandjung, Akbar

1945.8.14〜

インドネシア国会議長 ⓗオランダ領東インド北スマトラ州シボルガ（インドネシア） ⓔインドネシア大学工学部卒 ⓕインドネシア大学在学中から政治活動を始め、スハルト政権発足を支持するインドネシア学生行動連合（KAMI）に参加。インドネシア青年国家委員会（KNPI）、インドネシア改革青年世代（AMPI）の創設にも参画、1972〜74年インドネシア学生協会（HMI）会長、78〜81年KNPI会長、78〜80年AMPI初代会長を歴任。また与党のゴルカル（職能グループ）に所属、77年から国会議員を務めた。83〜87年ゴルカル副幹事長、88年からスハルト政権で青年・スポーツ担当相、93年国民住宅担当相を歴任。98年スハルト大統領の退陣後、ハビビ大統領の側近として国家官房長官となり、同年7月ゴルカル総裁に就任。99年5月総選挙の活動に専念するため国家官房長官を辞任。同年6月の総選挙でメガワティ党首が率いる野党・インドネシア民主闘争党（PDI-P）に敗北。同年10月国会議長に選出される。2002年3月食糧調達庁の公金流用容疑で逮捕され、腐敗防止法違反などの罪状で一・二審で禁錮3年の実刑判決を受けるが、04年2月最高裁は逆転無罪を言い渡す。同年4月の総選挙でゴルカルは勝利を収め第一党に返り咲くが、党大統領公認候補の指名争いではウィラント元国軍司令官に敗れ、党首選でも副大統領となったユスフ・カラに敗れた。

タンジュン, フェイサル

Tanjung, Feisal

1939.6.17〜2013.2.18

インドネシア調整相・国軍司令官　軍人　[出]オランダ領東インド北スマトラ（インドネシア）　[学]インドネシア陸軍士官学校（1961年）卒　[歴]カリマンタン、イリアンジャヤ、東ティモールで作戦指揮を執り、インドネシア陸軍第6管区（カリマンタン）司令官、陸軍参謀長を経て、1993年5月〜98年2月国軍司令官。98年3月〜99年スハルト政権最後の内閣及びハビビ政権で政治・治安担当の調整相を務めた。99年6月検事総長代行を兼任。

タンタウィ, ムハンマド・サイード

Tantawi, Mohamed Said

1928.10.28〜2010.3.10

アズハル機関総長　イスラム教スンニ派最高指導者, 法学者　[歴]イスラム教スンニ派の最高学府アズハル大学でハディス（イスラム教の伝承）の研究で博士号を取得。同大イスラム・アラブ学部学部長などを経て、スンニ派最高権威機関・アズハルの総長となる。スンニ派で最も権威のある法学者で、穏健派として知られた。1996年大導師就任以来、イスラム過激派による自爆テロを、“ハラーム”（イスラム教の禁止行為）と非難するファトワ（宗教見解）を出した。また西側世界との対話を強調、オバマ米国大統領のイスラム世界への歩み寄り姿勢を高く評価した。

タンタウィ, ムハンマド・フセイン

Tantawi, Muhammad Hussein

1935.10.31〜

エジプト軍最高評議会議長　軍人　[出]カイロ　[歴]1956年のスエズ動乱（第2次中東戦争）、67年の第3次中東戦争、73年の第4次中東戦争に従軍。軍参謀総長などを経て、91年よりムバラク大統領の強権体制下でエジプト国防相を務める。2011年1月エジプト騒乱を受けて副首相を兼務し、2月ムバラク大統領辞任に伴い、軍最高評議会議長に就任。ムバラクから全権の移譲を受け、モルシ大統領就任の12年6月まで事実上の国家元首となる。国防相を兼務。同年8月モルシにより軍最高評議会議長、国防相解任。以後、大統領アドバイザーを務める。　[勲]ナイル勲章

ダンチラ, ヴィオリカ

Dăncilă, Viorica

1963.12.16〜

ルーマニア首相　[出]テレオルマン県　[名]Dăncilă, Vasilica Viorica　[学]石油・ガス機構卒　[歴]大学に相当する石油・ガス機構を卒業後、ルーマニア社民党（PSD）に入党。高校教師、地方議会議員などを経て、2009年欧州議会議員に当選。18年1月PSD主導の連立政権でルーマニア初の女性首相に就任。

ダンフォース, ジョン・クラゲット

Danforth, John Claggett

1936.9.5〜

国連大使, 米国上院議員（共和党）　[出]ミズーリ州セントルイス　[学]プリンストン大学（1958年）卒, エール大学ロースクール（1963年）卒　[歴]ニューヨークで弁護士資格を取得。1969〜76年ミズーリ州法務長官を経て、77年よりミズーリ州選出の上院議員（共和党）。94年引退。この間、82年対等な市場アクセスを外国に迫る「互恵貿易・投資法案」（ダンフォース案）を、87年包括貿易法案を上院に提出した。2001年ブッシュJr.大統領によりスーダン特使に任命される。04年7月〜05年1月国連大使。貿易問題での対日強硬派。

ダンフォード, ジョセフ

Dunford, Joseph

1955.12.8〜

米国統合参謀本部議長　軍人　[出]マサチューセッツ州ボストン　[名]Dunford, Joseph Francis (Jr.)　[学]ジョージタウン大学大学院修了, タフツ大学フレッチャー法律外交大学院修了　[歴]陸軍大学などを卒業後、ジョージタウン大学大学院とタフツ大学フレッチャー法律外交大学院で修士号を取得。1977年米国海兵隊入隊。アフガニスタン駐留軍司令官などを経て、2014年10月海兵隊司令官。15年10月統合参謀本部議長に就任。

ターンブル, マルコム

Turnbull, Malcolm

1954.10.24〜

オーストラリア首相, オーストラリア自由党党首　[出]ニューサウスウェールズ州シドニー　[名]Turnbull, Malcolm Bligh　[学]シドニー大学法学部卒, オックスフォード大学ロースクール　[歴]8歳から有名寄宿学校に入り、シ

ドニー大学法学部に学び、奨学金でオックスフォード大学に留学。大学時代、オーストラリアのテレビ局でジャーナリストとして活動した経験を持つ。法廷弁護士として活躍後、IT関連企業を興し、事業の売却により巨額の富を得る。また、投資銀行幹部なども務めた。2004年オーストラリア下院議員に当選。ハワード政権で環境・水資源相を務め、下野後は“影の内閣”の財務相に就く。08年9月オーストラリア自由党党首に就任するも、温暖化対策を巡る党内分裂により、09年12月の党首選では1票差でアボットに敗れる。13年9月アボット内閣で通信相に就任。15年9月アボット首相の辞任に伴い、自由党党首に選ばれ、首相に就任。 [家]妻＝ルーシー・ターンブル（元シドニー市長）

【チ】

遅 浩田 ち・こうでん

Chi Hao-tian

1929.7.9～

中国国防相・国務委員, 中国共産党中央軍事委員会副主席・党中央委員　軍人　[出]山東省招遠県　[学]南京軍事学院卒　[歴]1944年15歳で革命運動に参加、46年中国共産党入党。50年中国人民義勇軍として北朝鮮に渡り、米軍と戦闘。第3野戦軍の戦闘英雄として著名。58～60年南京総高級歩兵学校、南京軍事学院で学習。69年蘇州市革命委副主任、75年北京軍区副政治委員、77年「人民日報」副編集長を兼任、同年軍副総参謀長、85年済南軍区政治委員を経て、87年11月から人民解放軍総参謀長、88年4月から国家中央軍事委員会委員。92年10月党中央委員・党中央軍事委委員選出、軍総参謀長解任。93年3月国防相・国務委員（副首相格）に就任。95年9月党中央軍事委員会副主席。同年12月国家中央軍事委員会副主席を兼務。98年3月国防相・国務委員再任。上将。2002年11月党中央軍事委員会副主席を退任。　[家]義父＝楊尚昆（元中国国家主席）

チア・シム

Chea Sim

1932.11.15～2015.6.8

カンボジア上院議長, カンボジア人民党党首　[出]スワイリエン州　[歴]1952年フランスからの独立運動に参加、地下活動を指導。71年プレイベン州フーニアクレク地区党委員会書記。76年以降人民代表議会議員。78年5月反ポル・ポト政権の決起を指導。79年1月ヘン・サムリン政権（カンプチア人民共和国）内相。同年9月カンボジア救国民族統一戦線副議長。81年5月人民革命党政治局員。同年6月国会議長。同年7月国家建設防衛統一戦線（KUFNCD）全国評議会議長。91年10月臨時党大会で人民革命党から人民党に党名変更するとともに、新設の中央委員会議長（党首）に選出。93年6月制憲議会副議長、10月国会議長。99年3月新設された上院議長に就任。　[勲]旭日大綬章（日本）（2013年）　[家]義弟＝サル・ケン（カンボジア副首相・内相）

チェ・インギ（崔 仁基）

Choi In-kee

1944.3.18～

韓国行政自治相, 韓国農水相　[出]羅州　[学]ソウル大学行政学科（1966年）卒, ジョンズ・ホプキンズ大学院（1976年）修了　[歴]忠清南道副知事、光州市長、全羅南道知事などを歴任し、韓国内務次官。1994年12月～95年12月農水相、2000年1月～01年3月行政自治相を務める。　[勲]セマウル勲章努力章

チェ・ソンホン（崔 成泓）

Choi Sung-hong

1938.12.24～

韓国外交通商相（外相）　外交官　[出]全羅南道新安　[学]ソウル大学大学院（1963年）卒　[歴]1969年外交官試験合格。74年在イタリア大使館1等書記官、78年外務省法務官、92年欧州局長、93年駐ハンガリー大使、96年国連代表部次席大使、98年外務次官補、99年駐英大使などを歴任。金大中政権で頭角を現し、2001年外務次官を経て、02年2月外交通商相（外相）に就任。03年2月退任。温厚な人柄で知られる。

チェ・テボク（崔 泰福）

Choe Thae-bok

1930.12.6～

北朝鮮最高人民会議議長, 朝鮮労働党中央委員会副委員長　[出]朝鮮・平安南道南浦（北朝鮮）　[学]金日成総合大学卒, ライプツィヒ工業大学　[歴]1959年朝鮮労働党教育部指導

員、61年咸興化学工大教授、65年科学院化学研究所咸興研究所長、68年咸興化学工大教授部長、76年党中央委副部長、78年9月全策工業大学学長、80年高等教育部長兼教育委副委員長、81年5月教育委員長。82年2月より最高人民会議代議員。86年12月党中央委員・書記、90年5月政治局員候補。92年12月党国際担当書記、93年10月党教育担当書記。98年9月最高人民会議議長。2003年8月再任。06年11月イランを訪問し大統領と会談。16年5月党中央委員会副委員長。80代の高齢ながら金正恩政権の中枢を担う。

チェ・ビョンヨル（崔 秉烈）

Choe Byung-yul

1938.9.16～

韓国労相, ソウル市長, 韓国ハンナラ党代表　[出]朝鮮・慶尚南道山清（韓国）　[学]ソウル大学法学部（1964年）卒, 南カリフォルニア大学大学院（1973年）修了　[歴]1959年「朝鮮日報」政治部記者となり、のち同政治部長・社会部長・編集局長などを経て、84年まで理事。その後、85年12代韓国国会議員、大統領政務首席秘書官、文公部長官、90年3月公報処（広報庁）長官、同年12月～92年6月労働部長官（労相）を歴任。94年11月～95年6月ソウル市長。98年6月のソウル市長選にハンナラ党から立候補するが、落選。ハンナラ党副総裁を経て、2003年6月～04年3月代表。

チェ・ブイル（崔 富一）

Choe Pu-il

1944.3.6～

北朝鮮国務委員, 朝鮮労働党政治局員　軍人　[出]朝鮮・咸鏡北道会寧（北朝鮮）　[学]金日成軍事総合大学卒　[歴]朝鮮人民軍副総参謀長、総参謀部第1副総参謀長兼作戦局長などを経て、2013年2月人民保安部長。同年3月朝鮮労働党政治局員候補。4月国防委員に就任。6月大将に昇格。14年12月少将に降格と判明。その後、大将に復帰。16年5月党大会で政治局員に選出、6月国防委員会から改編された国務委員会の委員となる。

チェ・ヨンリム（崔 永林）

Choe Yong-rim

1930.11.20～

北朝鮮首相, 朝鮮労働党政治局常務委員　[出]朝鮮・咸鏡北道慶興（北朝鮮）　[学]金日成総合大学卒, モスクワ大学　[歴]1956年朝鮮労働党組織指導部責任指導員、62年党国際事業部副部長、66年党中央委員候補、67年党中央委副部長、70年党中央委員、71年党中央委部長、73年党主席部長・総務部長、80年党中央委員、政治局員候補、82年8月より政治局員。この間、72年12月より最高人民会議第5期、7～12期代議員。84年2月副首相、90年5月党政治局員候補に選出され副首相兼国家計画委委員長、92年12月副首相兼金属工業相、98年9月中央検察所（現・最高検察所）所長、2009年7月平壌市党委責任書記を歴任。10年6月首相に就任。9月党政治局常務委員。13年4月首相退任。

チェ・リョンへ（崔 竜海）

Choe Ryong-hae

1950.1.15～

北朝鮮国務副委員長, 朝鮮労働党副委員長・政治局常務委員　軍人　[出]黄海南道　[学]金日成総合大学卒　[歴]抗日パルチザンだった崔賢元人民武力相の二男。1986年朝鮮社会主義労働青年同盟委員長、朝鮮労働党中央委員、北朝鮮最高人民会議常設会議委員。96年金日成社会主義青年同盟第1書記となるが、98年1月病気を理由に解任。2006年黄海北海の党責任書記として復帰、10年5月と8月金正日総書記の訪中に同行。同年9月朝鮮労働党書記・政治局員候補・中央軍事委員に選出。12年4月党政治局常務委員・中央軍事委員会副委員長・軍総政治局長。同月次帥に昇格したが、12月大将に降格、13年2月次帥への復帰が判明。同年5月金正恩第1書記の特使として訪中。14年4月国防副委員長就任、5月軍総政治局長退任。9月国家体育指導委員長就任、国防副委員長解任。11月金正恩第1書記の特使として訪ロ。15年3月党政治局委員・党書記への降格が判明。9月北京での「抗日戦争勝利70周年」記念行事に出席。16年5月党政治局常務委員に復帰、党大会で新設された党副委員長に就任、6月国防委から改編された国務副委員長。18年1月人事権を握る党の権力中枢機関・組織指導部の部長となる。　[家]父＝崔 賢元（北朝鮮人民武力相）

チェイニー, ディック

Cheney, Dick

1941.1.30～

米国副大統領・国防長官　実業家　[出]ネブラスカ州リンカーン　[名]Cheney, Richard Bruce　[学]ワイオミング大学(1965年)卒, ワイオミング大学大学院(1966年)修士課程修了, ウィスコンシン大学大学院博士課程　[歴]青年時代をワイオミング州キャスパーで過ごし、1960年代末からワシントンへ。ドナルド・ラムズフェルド(元フォード政権・国防長官)のスタッフとして働き、69年ニクソン政権の経済機会局特別補佐官として中央政界入り。ニクソン、フォード両共和党政権で要職を歴任、75年11月～77年1月フォード大統領の首席補佐官に抜擢され、議会との連絡調整、カーター政権への政権移行などに活躍。78年ワイオミング州から下院議員に初当選、2期目には共和党政策委員長、88年には党下院院内幹事の要職に就く。この間、87年イラン・ニカラグア秘密工作調査特別委委員。89年3月ブッシュSr.政権下で米国国防長官に就任。91年の湾岸戦争では大統領の戦争ブレーンとして活躍。93年1月長官退任後は、P&GやTRWなどの役員を務める。95年10月世界最大手の石油掘削会社ハリバートン社長兼CEO(最高経営責任者)に就任。2000年8月共和党大会でブッシュJr.大統領候補の副大統領候補に指名され、12月当選。01年1月副大統領に就任。SDI(戦略防衛構想)の擁護者として知られる。03年3月のイラク戦争ではブッシュJr.大統領を支えた。04年の大統領選でもブッシュ大統領候補の副大統領候補に指名され、再選。05年1月2期目。07年2月来日。09年1月退任。新保守主義(ネオコン)派。　[勲]自由勲章(米国大統領)(1991年)

チェイフィー, リンカーン

Chafee, Lincoln

1953.3.26～

ロードアイランド州知事, 米国上院議員　[出]ロードアイランド州プロビデンス　[名]Chafee, Lincoln Davenport, 通称＝Chafee, Line　[学]ブラウン大学(1975年)卒, モンタナ州立大学蹄鉄学校　[歴]馬の蹄鉄師などを経て、1985年政治家に転身。93～99年ロードアイランド州ウォリック市長を経て、2000～07年同州選出の連邦上院議員(共和党)。この間、共和党上院議員としてただ一人、イラク戦争に反対票を投じた。06年の中間選挙で敗れ、07年に共和党を離党。10年には無所属でロードアイランド州知事に就任。13年民主党に鞍替えしたが、14年の知事選には不出馬。16年の大統領選に民主党候補として名のりを上げたが、15年10月撤退。

チェテイン, ヒクメト

Cetin, Hikmet

1937～

トルコ首相　[出]リジェ　[学]アンカラ大学卒　[歴]1973年トルコ国家計画庁(SPO)長官、77年国民会議議員。89年社会民主人民党幹事長。91年11月～95年デミレル首班の連立内閣で外相に就任、95～96年副首相兼首相。

チェルノムイルジン, ヴィクトル

Chernomyrdin, Viktor

1938.4.9～2010.11.3

ロシア首相　外交官, 実業家　[出]ソ連ロシア共和国オレンブルク州(ロシア)　[名]Chernomyrdin, Viktor Stepanovich　[学]クイビシェフ総合工科大学(1966年)卒, 全ソ通信制総合工科大学(1972年)卒　[歴]1957～60年兵役に服す。61年ソ連共産党に入党。73年オレンブルク・ガス生産精製プラント支配人などを経て、78年から党中央委員会重工業部に勤務。82～85年ソ連ガス工業省次官(83～85年チュメニ州ガス採取全ソ工業合同総支配人兼任)の後、ゴルバチョフ政権下で85～89年ソ連ガス工業相。86～90年党中央委員。89年国営ガスコンツェルン・ガスプロムを創設し、社長に就任。92年5月ロシア副首相(燃料エネルギー担当)を経て、ソ連崩壊後の同年12月、新興勢力の代表格としてロシア首相に就任し、エリツィン大統領に次ぐ権力を誇った。94年1月首相留任、財務相兼任。95年5月エリツィン大統領与党“われらの家ロシア”代表。96年1月内閣改造で首相留任。同年チェチェン和平に関する国家委員会委員長となる。同年8月第2期エリツィン政権下でも首相留任。98年3月チェルノムイルジンの台頭を嫌った大統領によって突然解任された。99年4月NATOによるユーゴ空爆が行われたコソボ紛争で、ユーゴ問題特使に任命される。99年～2001年下院議員、01～09年駐ウクライナ大使、09年より大統

領顧問を務めた。この間、1999年〜2000年ガスプロム会長。

チェレプコフ, ヴィクトル

Cherepkov, Viktor

1942〜2017.9.2

ウラジオストク市長, ロシア下院議員 [出]ソ連ロシア共和国リャザニ州(ロシア) [歴]1993〜94年ウラジオストク市長を務め、96年再び市長に就任。新潟県などとの環日本海交流にも関わったが、地元知事との政争が続き、98年当時のエリツィン大統領に解任された。2000〜07年ロシア下院議員を務めた。

チギリ, ミハイル

Chigyri, Mikhail

1948〜

ベラルーシ首相 [学]ミンスク経済大学卒 [歴]1975年旧ソ連国立銀行勤務。91年ベラルーシ農業生産銀行頭取を経て、94年7月ルカシェンコ初代大統領のもとで首相に就任。96年11月大統領の路線を批判し辞任。

チセケディ, エティエン

Tshisekedi, Étienne

1932.12.14〜2017.2.1

ザイール首相, コンゴ民主社会進歩同盟(UDPS)党首 [出]ベルギー領コンゴ東カサイ州ルルアブール(カナンガ) [名]Tshisekedi Wa Mulumba, Étienne [歴]モブツ大統領とともにコンゴ(1971〜97年の国名はザイール)革命人民運動(MPR)の創設者の一人で内相、法相を歴任。その後対決色を強め、81年から9年間拘束され、自宅軟禁状態となる。90年複数政党制解禁とともに自由の身となった。この間、82年民主社会進歩連合(UDPS)を結党。91年10月首相となるが、1週間後モブツ大統領と対立して解任。92年8月民主化促進の新憲法制定などにあたる国民会議により首相に選出されるが、93年2月再び解任。97年3月再び首相、4月解任。98年2月より政府当局により拘束され、カサイ州の自宅で軟禁状態に置かれるが、7月解放された。2006年大統領選はカビラ大統領を独裁的と批判する立場からボイコット。11年カビラ大統領の対抗馬として大統領選に立候補するが敗れた。

チダムバラム, パラニアパン

Chidambaram, Palaniappan

1945.9.16〜

インド財務相 [出]英領インド・タミール・ナドゥ州(インド) [学]マドラス大学, ハーバード大学ビジネススクールM.B.A. [歴]弁護士活動をしていたが、1984年政界入りし、96年ゴウダ政権下で財務相に就任。インド政府が力を入れている対外開放、経済自由化政策の旗振り役として活躍、将来の首相候補の一人と言われた。97年グジュラル政権下で再び財務相に就任するが、98年辞任。99年10月総選挙で落選。その後、2004〜08年財務相、08〜12年内相を歴任。12年8月シン政権の財務相に就任。14年5月退任。与党・インド国民会議派の重鎮。1996年来日。

チプラス, アレクシス

Tsipras, Alexis

1974.7.28〜

ギリシャ首相, ギリシャ急進左派連合(SYRIZA)党首 [出]アテネ [学]アテネ技術大学(NTUA)土木工学専攻 [歴]高校時代に共産主義の青年組織で中心的な役割を果たし、1995〜97年全国学生連盟中央委員として活動。2006年アテネ市長選で落選。08年ギリシャの急進左派連合(SYRIZA)党首に就任。15年1月総選挙で反財政緊縮策を掲げたSYRIZAが歴史的勝利を収め、40歳で首相に就任。以後、経済危機に陥ったギリシャの財政再建に取り組むが、欧州連合(EU)などと合意した緊縮策を巡る与党の分裂で政権維持が難しくなり、8月首相を辞任。9月の解散総選挙でSYRIZAが145議席を獲得して中道右派の最大野党・新民主主義党(ND)に勝利、首相続投が決まった。トレードマークは開襟シャツにノーネクタイ。

チー・マウン

Kyi Maung

1920.12.20〜2004.8.19

ミャンマー国民民主連盟(NLD)副議長 [出]英領インド・パテイン(ミャンマー) [歴]1962年ネ・ウィン将軍の軍事クーデターに青年将校として参加、革命評議会のメンバーとなり、イラワジ軍管区司令官を務めたが、ネ・ウィンと対立し63年解任された。64年退役。88年ミャンマー国民民主同盟(NLD)結成以来幹部を務め、温厚な性格からNLDの急進

的な若者と反ネ・ウィン派の軍人ら現実的穏健派との取りまとめ役を果たした。89年7月ティン・ウNLD議長、アウン・サン・スー・チーNLD書記長らが自宅軟禁されて以降、議長代行としてNLDを指導。民主化運動の先頭に立ち、90年5月総選挙で議席の8割を獲得したが、同年9月軍事政権によって国家機密漏洩罪で逮捕され、91年4月NLD執行委員を解任。95年3月釈放され、同年10月NLD副議長に就任。スー・チーが最も信頼している側近といわれたが、後年は路線の違いも指摘され、97年副議長を辞任し引退した。

チモシェビッチ, ウオジミエシュ
Cimoszewicz, Włodzimierz
1950.9.13〜
ポーランド首相　[出]ワルシャワ　[学]ワルシャワ大学法学部卒 博士号(国際法)　[歴]1980〜81年フルブライト奨学金でコロンビア大学に留学。71年ポーランド統一労働者党(共産党)に入党。90年民主化後初の大統領選に立候補するが第1回投票で落選。93年民主左翼連合(SLD)に参加、11月パブラク左翼連立内閣で副首相兼法相。95年3月下院副議長に就任。のち議会憲法制定委員会の委員長にも選出。96年2月〜97年10月首相。

チモシェンコ, ユリヤ
→ティモシェンコ, ユリヤを見よ

チャオ, イレーン
Chao, Elaine
1953.3.26〜
米国労働長官・運輸長官　[出]台湾　[名]中国名＝趙 小蘭　[学]ハーバード大学経営大学院卒, マサチューセッツ工科大学(国際海軍), コロンビア大学(財政学) M.B.A.(ハーバード大学)　[歴]8歳の時、家族とともに台北からニューヨークへ移住。苦学してマサチューセッツ州の女子大を卒業後、ハーバード大学経営大学院を首席で卒業。傍らマサチューセッツ工科大学で国際海運を、コロンビア大学で財政学を学ぶ。大手銀行の金融スペシャリストとして働いた後、レーガン政権の政策スタッフを務め、連邦海事委員長を歴任。1989年4月ブッシュSr.政権下で、アジア系米国人としては最高位の運輸副長官に就任。90年代には国際協力機関・ピースコー(平和部隊)の責任者やボランティア団体の連合体“ユナイテッド・ウェイ”会長を歴任。96年保守系シンクタンク・ヘリテージ財団研究員となり、2009年名誉研究員。01年1月ブッシュJr.政権の労働長官に就任、アジア系女性として初めて閣僚ポストを得る。05年1月2期目のブッシュJr.政権でも留任。09年1月退任。17年1月トランプ政権の運輸長官に就任。1986年に全米女性協議会から表彰され87年には“10人の顕著な米国婦人”に選ばれた。93年ケンタッキー州選出のマコネル共和党上院議員と結婚、3人の娘がいる。[家]夫＝ミッチ・マコネル(米国上院議員)

チャクラポン, ノロドム
Chakrapong, Norodom
1945.10.21〜
カンボジア副首相　[歴]父は“カンボジアの独立の父”と呼ばれたノロドム・シアヌーク。タイ国境での抗ベトナム闘争ではシアヌーク派の軍副参謀総長としてゲリラ戦を指揮していたが、パリ和平協定調印後の1991年末、プノンペン政権側に転じ、92年1月同政権の副首相に就任。93年6月総選挙の結果を不満としてカンボジア東部7州を“自治区”宣言するが失敗に終わる。同月暫定国民政府軍大将。94年7月シン・ソン元国家治安相らとクーデターを図るが未遂に終り、パリに出国。同年10月本人不在のまま禁錮20年の有罪判決が下される。99年帰国を許されたのち新党を旗揚げしたが、支持を得られずシアヌーク派のフンシンペック党に復党。[家]父＝ノロドム・シアヌーク(カンボジア国王), 異母兄＝ノロドム・ラナリット(元カンボジア下院議長)

チャチャイ・チュンハワン
Chatichai Choonhavan
1922.4.5〜1998.5.6
タイ首相, タイ国家発展党党首　[出]バンコク　[学]タイ陸軍士官学校(1940年)卒　[歴]軍人でタイ副首相を務めたピン・チュンハワンの長男。タイ陸軍士官学校卒業後、1955年戦車学校校長となり、56年に准将に昇る。57年父がクーデターで失脚すると58年に外交官に転身、駐オーストリア、駐スイス、駐ユーゴスラビア大使などを歴任し、72年タノム政権で外務次官に起用された。75年下院議員に初当選して政界入りし、ククリット政権下で75〜76年外相、第1次プレム政権では80〜83年工業相を務めた。74年に創設さ

れたタイ国民党では長く副党首のポストに
あったが、86年7月党内若手の支持を受け、
義兄のプラマーン・アディレクサーンに代
わって党首に就任。同年8月第5次プレム内
閣に同党は連立与党として参加、自ら副首相
となる。88年8月タイ首相に就任。同年9月
国防相兼任。首相在任中、インドシナ地域
の活性化に向け"戦場から市場へ"をスロー
ガンに掲げ、インドシナ外交政策の転換に
尽力。また、金融緩和による経済活性化で
タイの高度成長に貢献した。90年12月8日政
治混乱の責任を取り一旦首相を辞任したが、
翌日再任。また金融関係の会社を経営する
など実業家としても有名で、"ビジネスマン
首相"の異名をとった。中国とのパイプが太
く、貿易使節団長やタイ・中国友好協会会
長を務めた。日本の財界にも顔が広かった。
91年2月国軍無血クーデターで失脚、3月政
界引退を表明したが、92年の民政復活で復
権し、7月万民党を吸収合併する形でタイ国
家発展党（チャーパタナ党）を結成、党首に
就任。98年1月引退。　父＝ピン・チュン
ハワン（タイ副首相・タイ国民党創設者）、息
子＝クライサック・チュンハワン（タイ上院
議員）、義兄＝プラマーン・アディレクサー
ン（タイ副首相）、甥＝ポンポン・アディレ
クサーン（タイ外相）

チャベス, ウゴ

Chávez, Hugo

1954.7.28～2013.3.5

ベネズエラ大統領　軍人　　バリナス州サ
バネタ　　Chávez Frías, Hugo Rafael　
ベネズエラ陸軍士官学校（1975年）卒, シモ
ン・ボリバル大学大学院（政治学）中退　
貧しい教員夫婦の家庭に6人兄弟の二男とし
て生まれる。高校時代は野球で左腕投手と
して活躍、一時は米国大リーグ入りも夢見
た。1975年ベネズエラ陸軍士官学校を卒業
し、シモン・ボリバル大学大学院で政治学を
学ぶ。陸軍に入隊し、空挺部隊に勤務。左
翼活動家の兄や友人の影響で社会主義に共
感するようになり、82年軍隊内に独立戦争
の父シモン・ボリバルの精神を受け継ぐ秘
密結社、ボリバル革命運動を組織。92年2月
陸軍中佐の時、ペレス大統領政権打倒を目指
しクーデター事件を起こすが、軍上層部など
に阻まれ、投獄。94年3月軍籍を剥奪され、
赦免。以来、一貫して貧困の撲滅と汚職の追
放を主張。98年12月ベネズエラ大統領選に

当選、99年2月就任。以後、豊富な石油収入
を裏付けに"21世紀の社会主義"と銘打った
社会改革を推進。無料の医療施設建設や職
業訓練に注力し、貧困率は大きく低下、低所
得者層から圧倒的な支持を集めた。2000年7
月憲法改正に伴う大統領選で当選し、8月就
任。02年4月反チャベス派によるクーデター
で辞任に追い込まれるが、そのわずか30時
間後、再び政権に復帰。04年8月罷免を問う
国民投票で信任され、政権を維持。06年12
月野党候補に大差をつけ、3選を果たす。07
年1月3期目就任。同年全てのエネルギー産
業の国有化を宣言。晩年は独裁批判も強ま
り、09年の国民投票で再選制限撤廃の改憲
案が承認された。同年訪日し、麻生太郎首
相と会談。外交面では、キューバのカスト
ロ国家評議会議長と並ぶ、急進的な反米左
翼陣営のリーダー的存在で、米国を中心と
する外国資本を"植民地主義""帝国主義"と
痛烈に非難。06年の国連演説ではジョージ・
ブッシュJr.大統領を"悪魔"と呼ぶなど、歯
に衣を着せない批判を繰り返した。自国の
石油を提供することで、ニカラグア、アル
ゼンチン、ボリビアなど中南米の左派政権
を支え、米国と対立するイランやリビアの
ほか、ロシアや中国とも友好関係を保った。
04年には米国の覇権主義に対抗し、米州ボ
リバル同盟（ALBA）を創設、南米独自の経
済発展を目指した。11年6月テレビ演説でが
んの手術を受けたと公表。12年10月4選を果
たしたが、12月にキューバで手術を受けた
後、病状が悪化し、13年3月死去した。

チャムロン・スリムアン

Chamlong Srimuang

1935.7.5～

タイ副首相、タイ道義党党首　　バンコク・
トンブリ　　タイ陸軍士官学校（1960年）卒
　1960年通信隊に入り、62年米国に留学。ラ
オス戦線、ベトナム戦争に従軍、陸軍少将
まで昇進。2度目の米国留学から帰国後、80
年プレム・ティンスラノン首相の首席秘書
官を務める。"ミスター・クリーン"の名で
知られ、退役して、85年11月バンコク知事
選に無党派で出馬し圧勝。88年タイ道義党
（パランタム党）を結成すると、1ヶ月で党員
が10万人となる。90年バンコク知事に再選。
92年1月任期途中で知事を辞職して、3月総
選挙に出馬、道義党はバンコクの定員35議
席中32議席を獲得して圧勝する。同年5月4

〜9日ハンストを敢行するなど民主化運動を指導し、スチンダ・クラプラユーン首相を退陣に追い込んだ。5月9日道義党党首を辞任。デモが拡大する中、5月18日国軍に逮捕され、21日釈放。同年9月下院議員に当選。94年道義党党首に復帰、同年10月〜95年7月内閣改造の副首相。同年5月党の連立離脱を表明し、副首相と党首を退任。96年バンコク知事選に出馬するが落選。以後、政界を離れたが、2006年からタクシン・シナワット派打倒運動で原理主義的仏教宗派サンティ・アソークの信者を動員して中心的な役割を果たした。菜食、禁欲主義の敬虔な仏教徒。[賞]マグサイサイ賞(1992年)

チャモロ, ビオレタ・バリオス・デ

Chamorro, Violeta Barrios de
1929.10.18〜
ニカラグア大統領　新聞人　[出]マナグア　[学]ブラックストーン短期大学(米国バージニア州)卒　[歴]豊かな酪農家の娘として育つ。中学卒業後、米国に留学、バージニア州の短大で学ぶ。1953年ラプレンサ紙社主ペドロ・ホアキン・チャモロと結婚。78年10月ソモサ独裁政権批判の論陣を張った夫が暗殺された後、社業を引き継いだ。79年のサンディニスタ革命後は同年7月から80年4月まで国家再建委員会(臨時政府)に参画したが、その後反サンディニスタ政権の態度をとり、野に下った。89年9月大統領選で国民野党連合(UNO)の統一候補に指名され、90年2月ダニエル・オルテガ大統領を抑え当選、同4月就任。6月には反政府右派ゲリラ(コントラ)の武装解除が完了、内戦を終結させた。大統領職は96年まで務めた。　[家]夫＝ホアキン・チャモロ(元ラプレンサ紙社主)

チャラビ, アフマド

Chalabi, Ahmad
1944.10.30〜2015.11.3
イラク副首相, イラク国民会議(INC)代表　銀行家　[出]バグダッド　[名]Chalabi, Ahmad Abdel Hadi　[歴]祖父、父親とも政治家の、イスラム教シーア派の裕福な家に生まれ、1958年の王制打倒クーデターでイラクを離れる。米国で数学の博士号を取得後、レバノンの大学で教鞭を執る。その後、中東各地で展開していた銀行業などのファミリー・ビジネスに参加。76年ヨルダンでペトラ銀行を創立、頭取として同銀行をヨルダン第2の大銀行に育て上げる。89年横領疑惑が浮上し、帳簿粉飾が発覚してシリアに逃亡、90年銀行は倒産。92年被告人不在のまま、横領・窃盗などの罪で懲役22年の判決を受ける。同年ロンドンに移り住み、イスラム教シーア派、クルド人などのイラク反体制派を結集したイラク国民会議(INC)を設立。米国の援助のもと、北イラクでサダム・フセイン打倒の軍事作戦を指揮。また、フセイン政権下での大量破壊兵器の開発や保有に関する偽情報を米当局に提供し、イラク戦争開戦とフセイン政権崩壊に大きな役割を果たした。統治評議会のメンバーに選出される。2005年に発足したイラク移行政府の副首相に就任。06年退任。

チャールズ, ピエール

Charles, Pierre
1954.6.30〜2004.1.6
ドミニカ国首相　[学]セントメリーズ・アカデミー卒　[歴]ドミニカ南部で生まれ、小学校教師を務める。ドミニカ労働党(DLP)に所属し、1986年国会議員に当選。2000年1月通信・公共事業相。ダグラス首相死去に伴い、同年10月首相に就任、外務・法務・労働・カリブ人問題相を兼任した。親米的な政治家が多いカリブ海にあって、米国に批判的な言動で知られた。1983年の米国のグレナダ侵攻や2001年のアフガニスタン空爆に際しても、米国を非難。対キューバ制裁の解除も主張した。

チャールズ, メアリー・ユージニア

Charles, Mary Eugenia
1919.5.15〜2005.9.6
ドミニカ国首相　[出]ポイント・マイケル　[学]トロント大学(カナダ)卒　[歴]ロンドンで経済学、青少年問題を学び弁護士資格を取得。西インド諸島に戻って開業。ドミニカ従業員連合議長、ドミニカ協同銀行総裁などを歴任。1968年政界に入り、70年ドミニカ自由党(DFP)を創設し党首。75年国会議員初当選。80年7月独立後初の総選挙で自由党が大勝、8月首相に就任。カリブ海地域初の女性首相となる。外務、財務、国防、経済相兼任。90年3選、以後95年6月まで首相を務める。92年9月来日。93年8月自由党党首選敗北。親米派で“カリブのサッチャー”と呼

ばれた。デームの称号を持つ。

チャルノグルスキー, ヤン

Carnogurský, Ján

1944.1.1〜

スロバキア共和国副首相, キリスト教民主運動議長　法律家　[出]ブラチスラバ　[学]カレル大学(1969年)卒　[歴]1970年ブラチスラバで弁護士となりスロバキア中央弁護士会、チェコ中央弁護士会に所属。81年政治事件の裁判の弁護についたことから弁護士活動を禁止され、82年以後ブラチスラバの会社で運転手や法律事務に従事。87年弁護士会から除名。失職中も反政府活動のメンバーや宗教活動家に法律家の立場から助言・支援を続け、89年8月拘禁されたが民主化運動の盛り上る中で11月赦免された。同年12月チェコスロバキア第1副首相に就任。90年立法議会議長、同年スロバキア共和国第1副首相を経て、91年〜92年6月同副首相。90年以降キリスト教民主運動の議長、スロバキア政府の情報政策およびマスメディア会議議長を務める。

チャワリット・ヨンチャイユート

Chavalit, Yongchaiyudh

1932.5.25〜

タイ首相・陸軍司令官, タイ新希望党党首　軍人　[出]バンコク　[学]チュラチョンクラオ陸軍士官学校(1953年)卒, 米国陸軍参謀学校　[歴]ハト派路線のタイ共産党ゲリラ帰順政策で名を挙げ、中国・三国志の名軍師として知られる諸葛亮になぞらえられる。タイ民主化路線の軍部内中心人物で、1985年10月陸軍参謀長、86年5月陸軍司令官、87年国軍最高司令官代行を歴任。90年3月退役し、副首相兼国防相となり政界入り。同年6月カンボジア和平東京会議の仲介役を務めたが、成果を収められず辞任。同年10月タイ新希望党を結成し党首。92年3月下院議員に当選し、同年9月〜94年12月内相。93年9月労働・社会福祉相兼務。95年7月バンハーン首相の下で副首相兼国防相。96年11月総選挙(下院選)で新希望党が第1党となり、首相に就任。97年11月経済危機の責任を取り辞任。タイ国軍特別顧問を務める。2001年2月タクシン首相の下で副首相兼国防相。02年10月国防相辞任。08年ソムチャイ内閣でも副首相を務めた。

チャン, ジュリアス

Chan, Julius

1939.8.29〜

パプアニューギニア首相, パプアニューギニア人民進歩党党首　[出]ニューアイルランド島　[学]クイーンズランド大学(オーストラリア)卒　[歴]父は中国広東省出身の移民、母はパプアニューギニア人。豪領パプアニューギニア行政府勤務、海運会社役員を経て、1968年住民議会議員。75年オーストラリアからの独立に際してソマレ内閣の財務相に就任、75〜77年アジア開発銀行副総裁。77〜78年副首相兼第1次産業相。77年パプアニューギニア人民進歩党(PPP)党首。80年3月ソマレ首相不信任案の可決で首相の座に就き、82年7月の総選挙後辞任。94年1〜8月副首相兼外相を経て、8月再び首相に就任。97年3月辞任。ナイト爵位を叙せられる。　[勲]KBE勲章, CBE勲章

チャン・ジョンナム（張 正男）

Jang Jong-nam

北朝鮮人民武力相(国防相)　軍人　[歴]生年、出生地は不明。韓国メディアによると、2011年朝鮮人民軍中将に昇進、江原道の最前方を担当する第1軍団長を務めた。12年大将に昇格。13年5月人民武力相(国防相)への就任が判明するが、14年6月には軍団長(階級は上将)に降格されたことが判明した。

チャン・ソンテク（張 成沢）

Chang Song-taek

1946.2.6〜2013.12.13

北朝鮮国防委員会副委員長, 朝鮮労働党行政部長・政治局員・中央軍事委員　[出]朝鮮・江原道文川(北朝鮮)　[学]金日成総合大学卒, モスクワ大学　[歴]金正日総書記の実妹の金慶喜党政治局員の夫で金正日の側近中の側近といわれた。金正恩第1書記の義理の叔父にあたる。1985年7月金正日朝鮮労働党書記(のち総書記)に随行して万景台水泳場を視察、党中央委第1副部長と判明。86年11月最高人民会議第8期代議員。89年4月党青年・3大革命小組織部長、6月党中央委員候補。90年最高人民会議第9期代議員、92年12月党中央委員。94年9月党中央委組織指導部第1副部長。98年第10期代議員。2002年8月金総書記のロシア極東訪問に随行。10〜11月経済視察団メンバーで訪韓。04年11月失脚が伝えられ

たが、06年1月復権が確認。3月経済視察団を率いて訪中。07年12月党行政部長に昇進。09年4月第12期最高人民会議で国防委員会委員に選出。10年5月と8月、11年5月金正日訪中に同行。10年6月国防委員会副委員長。9月政治局員候補、党中央軍事委員。12年党政治局員。8月経済関連協議出席のため訪中。11年12月金正日亡き後、金正恩第1書記の後見人となり、事実上のナンバー2として実権を握っていたとされる。しかし、13年12月8日、反党・反革命的な分派行為や不正・腐敗行為があったとしてすべての職務から解任され、12日の軍事裁判では国家転覆陰謀行為罪で死刑判決が下され、13日処刑された。[家]妻＝金 慶喜（朝鮮労働党政治局員），兄＝張 成禹（朝鮮人民軍次帥），義父＝金 日成（北朝鮮国家主席），義兄＝金 正日（朝鮮労働党総書記），甥＝金 正恩（朝鮮労働党第1書記）

チャン・チョル（張 澈）

Chang Chol

1926.3～2003.8.30

北朝鮮副首相・最高人民会議副議長　[出]朝鮮・慶尚北道（韓国）　[学]明治大学卒　[歴]植民地時代に日本に渡り、明治大学を卒業。在日本朝鮮人総連合会（朝鮮総連）で教育担当の幹部を務めた後、1965年北朝鮮に帰国。66年文化省副相、70年朝鮮労働党中央委員候補、72年文化芸術部副部長、80年党中央委員候補、83年公演協会長、86年文化芸術部長、88年党中央委員、90年第9期代議員、副首相。同年10月ソウルでの汎民族統一音楽会に参席。98年より国会に相当する最高人民会議の副議長を務めた。

チャン，マーガレット

Chan, Margaret

1947.8.21～

世界保健機関（WHO）事務局長　医師　[出]香港　[名]Chan, Margaret Fung Fu-chun，漢字名＝陳馮 富珍　[学]西オンタリオ大学（カナダ）医学部卒，シンガポール国立大学 医学博士号　[歴]米国、中国でも学ぶ。1978年香港保健衛生局、87年同保健衛生局首席医師、92年同副局長、94年同局長。2003年まで務め、その間に鳥インフルエンザや重症急性呼吸器症候群（SARS）対策の指揮を執った。05年世界保健機関（WHO）事務局長補を経て、06年11月同事務局長に指名され、07年1月就任。中国人が国連の主要機関トップに就任するのは初めて。09年新型インフルエンザ（豚インフルエンザ）の警戒レベルを"フェーズ5"に引き上げる発表を行う。17年6月退任。　[勲]OBE勲章

チャン・ダイ・クアン

Tran Dai Quang

1956.10.12～

ベトナム国家主席（大統領）　[出]ニンビン省　[学]ベトナム人民警察学院卒　[歴]1972年7月革命に参加。75年旧ベトナム内務省（現・公安省）入省し、一貫して公安畑を歩む。80年ベトナム共産党に入党。公安省治安総局副総局長を経て、2006年4月党中央委員（第10回党大会）、公安次官、少将。07年4月中将に昇進、11年1月党政治局員（第11回党大会）、同年5月国会議員に当選（第13期，ニンビン省選出）。同年7月公安相。12年12月大将に昇進。16年1月政治局員再任（第12回党大会）。同年4月の国会で国家主席（大統領）に選出される。党内序列第2位。この間、13年5月公安相として来日。

チャンド，ロケンドラ・バハドル

Chand, Lokendra Bahadur

1940.2.15～

ネパール首相　[出]バイタディ地区　[歴]インドの大学で法律と文学を学ぶ。ユーモア、風刺文学作家としても知られ、手書き雑誌「新たな夜明け」編集長としても活躍。弁護士を経て、1974年ネパール下院議員に当選。83年7月～86年3月首相。複数政党制運動が高まった90年4月、10日間のみ首相を務めた。ネパール国民民主党（NDP）幹部の一人となり、97年3月首相に就任。同年10月議会が内閣不信任案を可決し辞任。2002年10月総選挙までの暫定政権の指導者として首相に就任するが、03年5月辞任。

チャン・ドク・ルオン

Tran Duc Luong

1937.5.5～

ベトナム国家主席（大統領），ベトナム共産党政治局員　[出]フランス領インドシナ・クアンガイ省（ベトナム）　[学]ハノイ鉱山地質大学卒　[歴]旧ソ連で地質学や経済学を学ぶ。1955年南北分断によりベトナム南部から北部ハ

ノイへ移住。ベトナム地質総局に勤務し、79年地質総局長、84年国家科学技術委員会委員長を歴任。この間、59年ベトナム労働党（ベトナム共産党）に入党。86年12月第6回党大会で中央委員。87年2月閣僚評議会副議長。92年9月副議長を改称し副首相に再任され鉱工業対外貿易担当。96年党政治局員。97年9月国家主席（大統領）に選出。2002年7月再選。06年6月退任。1995年ド・ムオイ党書記長の訪日に随行するなど2回来日。

チャンピ, カルロ・アゼリョ

Ciampi, Carlo Azeglio

1920.12.9～2016.9.16

イタリア大統領・首相　[出]トスカーナ州リボルノ　[学]ピサ高等師範学校ドイツ文学科卒, ピサ大学法律学科（1941年）卒　[歴]第二次大戦中、3年間軍役に就く。復員後、ピサ大学に入学し、法律学科を卒業。1946年イタリア中央銀行に入行。60年調査部員を務めた後、70年同部長となり、73年総務部長、76年管理部門担当理事、78年副総裁を経て、79～93年総裁。この間、国際決済銀行（BIS）理事なども務めた。政治混乱が続いた93年5月～94年5月、実務者内閣を首相として率いた。国会議員でない首相は、現代イタリア史上初めてだった。96年5月プローディ政権下で国庫相兼予算企画相（財務相）となり、財政赤字削減などの欧州通貨同盟（EMU）参加資格を達成。98年10月ダレーマ政権下で再任。99年5月大統領に就任。欧州単一通貨ユーロの導入に貢献した。2006年5月任期満了で退任し、終身上院議員。

チュー, スティーブン

Chu, Steven

1948.2.28～

米国エネルギー長官　物理学者　[出]ミズーリ州セントルイス　[学]ロチェスター大学, カリフォルニア大学バークレー校 Ph.D.（カリフォルニア大学バークレー校）（1976年）　[歴]中国系移民の家族に生まれる。カリフォルニア大学バークレー校で2年間研究を続けた後、AT&Tベル研究所に入り、1983年量子エレクトロニクス研究部門長。87年～2004年スタンフォード大学教授、1990～93年物理学部長も務めた。2004年ローレンス・バークレー国立研究所所長となり、代替エネルギーや再生可能エネルギーの開発に取り組む。早くから原子の動きを止める方法について研究を続け、1985年ナトリウム原子にレーザー光を当てて熱エネルギーを奪い減速させるドップラー冷却法を開発し、絶対温度100万分の240度を実現した。97年レーザー光による原子冷却トラップ法の開発の功績でクロード・コーエンタヌジ教授、ウィリアム・フィリップス博士とともにノーベル物理学賞を受賞。2009年1月オバマ政権でエネルギー長官に就任。13年1月2期目も留任するが、4月辞任。　[賞]ノーベル物理学賞（1997年）, フンボルト賞（1995年）

チュ・ミエ（秋 美愛）

Chu Mi-e

1958.10.23～

共に民主党代表, 韓国国会議員　法律家　[出]慶尚北道大邱　[学]漢陽大学（法学）（1981年）卒, 漢陽大学大学院（1983年）修了　[歴]1985年韓国司法研修院を修了し、89年から仁川地法判事、全州地法判事、光州高等法院判事を歴任。95年弁護士を開業。96年金大中の誘いを受け、金が率いる新政治国民会議から15代韓国国会議員に初当選、同党副代弁人、総裁特補などを務める。2000年新千年民主党から16代国会議員に再選。04年の総選挙で党選挙対策委員長を務めるが落選。08年返り咲き。通算5期。新政治民主連合（現・共に民主党）の最高委員を経て、16年8月共に民主党代表に選出される。

チュアン・リークパイ

Chuan Leekpai

1938.7.28～

タイ首相, タイ民主党党首　[出]トラン県トラン　[名]中国名＝呂 基文　[学]タマサート大学法学部（1962年）卒　[歴]家が貧しかったためバンコクで寺に寄宿しながら絵画・彫刻学校に通い、名門タマサート大学法学部卒業後、弁護士になる。1969年総選挙にトラン県からタイ民主党候補として当選して以来、連続8回当選。この間、76年に第2次セニ内閣の司法相を務めたのを皮切りに、首相府相、80～86年のプレム政権時代には司法相、商務相、農業・組合相、教育相を歴任し、86～88年下院議長、89～90年チャチャイ政権の副首相を務め、91年のクーデターで下野。民主党副党首を経て、91年1月から党首。92年5月の民主化運動への流血事件では、道義党指導者チャムロンとは一線を画し、議会

内で軍政批判を続けた。同年9月の総選挙で第1党となり、連立内閣の首相に就任。95年7月の総選挙で敗北し、首相辞任。97年11月チャワリット首相辞任で首相復帰。国防相兼任。98年10月野党第2党の国家開発党を加え、内閣改造。2001年1月の総選挙で大敗し退任。03年4月党首辞任。国会議員になってからも母親がトランの市場で野菜売りを続けるなど庶民的な面も有名。1994年来日。

チュオン・タン・サン

Truong Tan Sang

1949.1.21〜

ベトナム国家主席（大統領）　軍人　[出]ロンアン省　[学]ベトナム教員養成大学卒　[歴]17歳で革命運動に加わる。1969年ベトナム労働党（ベトナム共産党）に入党。ホーチミン市で農場局長、林業局長などを歴任。91年共産党中央委員となり、92年ホーチミン市人民委員長（市長）に就任。96年同市党委員会書記に昇格。ドイモイ（刷新）政策に取り組む。95年来日。96年47歳の若さで党政治局員となり、2000〜06年党中央経済委員長を務める。06年から党書記局常務。11年7月グエン・ミン・チェット国家主席（大統領）の引退に伴い、新国家主席に選出される。国家元首で、人民軍総司令官・国防安全保障評議会議長兼任、軍の統帥権を持つ。16年1月退任。経済通で知日派として知られる。

チュチャー, クラウス

Tschütscher, Klaus

1967.7.8〜

リヒテンシュタイン首相　[学]ザンクトガレン大学 法学博士号（ザンクトガレン大学）　[歴]リヒテンシュタイン国税庁高官、リヒテンシュタイン大学非常勤講師などを経て、2005年4月副首相。09年3月〜13年3月首相。

チュバイス, アナトリー

Chubais, Anatolii

1955.6.16〜

ロシア第1副首相　実業家　[出]ソ連・白ロシア共和国ボリソフ（ベラルーシ）　[名]Chubais, Anatolii Borisovich　[学]レニングラード技術経済大学（1977年）卒 Ph.D.　[歴]1982〜90年レニングラード技術経済大学助教授。90年レニングラード市ソビエト執行委員会副議長（副市長）、91年6月レニングラード市長経済顧問、同年11月ロシア国家資産管理委員会議長、92年6月ロシア副首相兼任。93年12月の議会選挙で急進改革派の“ロシアの選択”から国家会議（下院）に当選。94年1月の内閣改造で副首相兼国家資産管理委員会議長留任。同年11月第1副首相に昇格、国家資産管理委員会議長解任。96年1月第1副首相解任。7月ロシア大統領府長官。97年3月内閣改造で第1副首相兼財務相に復帰するが、11月財務相解任、98年3月第1副首相解任。同年4月ロシア全土の電力関連企業を統括するロシア統一電力体系（EES）理事会メンバーとなる。同月ロシア最大の電力会社・統一エネルギー機構（UES）CEO（最高経営責任者）に就任。2001〜08年UESのCEO兼会長。1998年6〜8月ロシア大統領特別代表（国際金融機関担当）。ネムツォフ元第1副首相らと連合“正義”を率い、99年8月キリエンコ元首相の率いる“新しい力”とともに12月の下院選に向けた選挙連合・右派同盟を結成。2003年12月下院選に落選。08年より国営ロシア・ナノテクノロジー（ロスナノテク）CEO。

チュルキン, ヴィタリー

Churkin, Vitaly

1952.2.21〜2017.2.20

国連大使　外交官　[出]ソ連ロシア共和国モスクワ（ロシア）　[名]Churkin, Vitaly Ivanovich　[学]モスクワ国際関係大学（1974年）卒 Ph.D.　[歴]1974年ソ連外務省に入省。79年まで本省通訳部に勤務。この間、ジュネーブで第2次戦略兵器制限交渉（SALT2）に携わる。79年本省米国部を経て、82年5月から5年間、在ワシントン大使館2等、1等書記官として報道などを担当。87年ソ連共産党国際部に勤務。89年1月外務省に戻り、シェワルナゼ外相補佐官（プレス担当）、90年11月情報局長。91年12月のソ連邦解体に伴い、92年1月ロシア外務省の情報局長となる。同年4月駐チリ大使、6月外務次官（旧ユーゴスラビア担当）に就任。94年大統領特使としてボスニア和平に尽力。94〜98年駐ベルギー大使、98年〜2003年駐カナダ大使を経て、06年国連大使。以後、国連安全保障理事会などを舞台に、ウクライナやシリアをめぐるロシア政府の立場を雄弁に主張し、しばしば欧米を厳しく批判した。英語に堪能。

チュンマリ・サイニャソーン
Choummaly Sayasone
1936.3.6～
ラオス国家主席(大統領), ラオス人民革命党(LPRP)書記長　[出]フランス領インドシナ・アタプー県サイセタ(ラオス)　[学]ソ連陸軍士官学校, ベトナム政治行政学院　[歴]1954年から革命運動に兵士として参加。55年ラオス人民党(72年ラオス人民革命党＝LPRPに改称)に入党後、ソ連陸軍士官学校、ベトナム政治行政学院などで学ぶ。ラオス人民軍作戦部長、参謀次長を経て、82年党中央委員、国防副大臣。91年党政治局員、国防相。98年副首相兼国防相。2001年副主席(副大統領)兼党国防・治安維持委員長。06年3月党トップの書記長、6月国家主席(大統領)に就任。08年来日。11年3月党書記長再任、6月国家主席再任。16年退任。

チョ・スン(趙 淳)
Cho Sun
1928.2.1～
ソウル市長　[出]江原道溟州　[学]ソウル大学商学部(1949年)卒, ボウディン大学(米国)(1960年)卒 経済学博士(カリフォルニア州立大学)(1967年)　[歴]1951年陸軍士官学校教官、65年米国ニューハンプシャー大学助教授、68年ソウル大学助教授を経て、70年教授、75年社会科学部長。88年12月～90年3月副首相兼経済企画院長官、92年3月～93年9月韓国銀行総裁を務めた。95年6月民主党よりソウル市長に当選。当選後に党籍を離脱したが、民主党に再入党し、97年8月民主党総裁に就任。同年9月大統領選出馬のため市長辞任。同年11月新韓国党と合同したハンナラ党を結成、総裁に就任、大統領選不出馬表明。98年8月国会議長選敗北の責任を取りハンナラ党総裁を辞任。同党名誉総裁となる。2000年3月民主国民党(民国党)が発足、代表最高委員に就任。

チョ・セヒョン(趙 世衡)
Cho Se-hyung
1931.8.22～2009.6.17
駐日韓国大使, 韓国国会議員　[出]全羅北道金堤　[学]ソウル大学文理学部ドイツ語文学科(1953年)卒　[歴]1958年「朝鮮日報」記者、61年「韓国日報」外信部長、68年ワシントン支局長、74年論説委員、78年編集局長などを歴任。79年国会議員に初当選。4回当選。88年韓日議員連盟副会長を務めた。また平民党政策委員会議長、95年新政治国民会議(のち新千年民主党)副総裁、96年同総裁代行などを歴任。98年の金大中大統領誕生に貢献した。2000年議員を引退し、新千年民主党(現・共に民主党)常任顧問に就任。02年2月～04年3月駐日大使。

チョ・ソンテ(趙 成台)
Cho Song-dae
1942.11.3～
韓国国防相　[出]忠清南道天安　[学]韓国陸軍士官学校(第20期)(1964年)卒, 韓国陸軍大学(1974年)卒　[歴]1988年韓国陸軍本部軍史研究室長、89年56師団長、91年国防部政策企画官、92年第1軍団長、93年国防部政策室長、95年第2軍司令官などを歴任。96年予備役編入後、東国大学大学院で安保学の講師を務め、99年5月国防相に就任。2001年3月退任。

チョ・ミョンギュン(趙 明均)
Cho Myoung-gyon
1957.11.17～
韓国統一相　[出]京畿道議政府　[学]ソウル大学行政大学院(1981年)修士課程修了　[歴]1984年韓国統一省調査研究室に入る。98～99年米国ハドソン研究所客員研究員。2004年統一省開城工業団地事業支援団長、06～08年統一外交安保政策秘書官。17年7月文在寅政権の統一相に就任。

チョ・ミョンロク(趙 明禄)
Jo Myong-rok
1928.7.12～2010.11.6
朝鮮労働党政治局常務委員, 北朝鮮国防委員会第1副委員長　軍人　[出]満州・延吉(中国)　[学]万景台革命学院卒　[歴]満州・延吉で生まれ、1945年朝鮮へ戻る。ソ連に留学。50年朝鮮人民軍に入隊。航空学校を卒業後、金日成護衛部隊中隊長・大隊長、77年中将及び空軍司令官。80年朝鮮労働党中央委員、党中央軍事委員。同年空軍司令官、85年上将、92年大将、95年次帥に昇格、人民軍総政治局長。82年より第7期～第10期最高人民会議代議員。98年9月新設の国防委員会第1副委員長に就任。軍ナンバー2となり、金正日総書記の軍重視の指導路線“先軍政治”を支え

た。2000年10月金総書記の特使として米国を訪れ、クリントン大統領と会談。米朝共同コミュニケを発表した。03年4月訪中、胡錦濤書記と会談。9月国防委第1副委員長再選。06年4月中国の曹剛川国防相と会談。07年4月人民軍創建75周年の閲兵式に出席。08年9月建国60周年の閲兵式に出席。10年9月の党代表者会では政治局常務委員5人のうちの一人に選出され、10月時点での指導部内の推定序列は4位だった。

張 維慶 ちょう・いけい
Zhang Wei-qing
1944.3～
中国共産党中央委員, 中国国家人口計画出産委員会主任　[出]陝西省臨潼県　[学]北京大学哲学系(1968年)卒　[歴]1972年中国共産党に入党。82年山西省共産党青年団第8期書記、83年山西省副省長、88年山西省第5期党委宣伝部長、94年国家計画生育副主任を歴任。98年～2008年国家人口計画出産委員会主任。1997年～2007年党中央委員。

張 業遂 ちょう・ぎょうすい
Zhang Ye-sui
1953.10～
中国筆頭外務次官　外交官　[出]湖北省　[歴]中国外務省国際局副局長などを経て、2000年外務次官補。03年外務次官、08年国連大使、10年3月駐米大使、13年3月筆頭外務次官。

趙 啓正 ちょう・けいせい
Zhao Qi-zheng
1940.1～
中国共産党中央委外事委員会主任　原子物理学者　[出]北京　[学]中国科学技術大学(核物理学)(1963年)卒　[歴]1963年より原子炉の物理設計研究に従事。75年より上海広播器材廠技術員、工程師。81年高級工程師となる。79年中国共産党入党。84年から上海市政府で工業、人事を担当し、91年6月副市長。93年1月浦東新区管理委員会主任を兼務。98年1月党中央対外宣伝弁公室副主任。同年4月～2005年8月国務院新聞弁公室主任を務め、対外報道を統括する。02年11月～07年10月党中央委員。05年11月中国人民大新聞学院院長。08年3月～13年3月人民政治協商会議(政協)外事委員会主任。08年党中央委外事委員会主任。04年12月来日。

趙 洪祝 ちょう・こうしゅく
Zhao Hong-zhu
1947.7～
中国共産党中央委員・党書記局書記・党中央規律検査委員会副書記　[出]内モンゴル自治区寧城　[歴]1965年内モンゴル自治区で解放軍総後勤部の実務、76年から内モンゴルの行政単位である盟の委員を務める。この間、69年中国共産党に入党。94年中国共産党中央規律検査委員会弁公庁主任、97年同委員会常務委員、2003年同委員会常務委員兼中央組織部副部長を経て、07年同委員会常務委員兼浙江省委員会書記。12年第18回党大会で党中央委員、中央書記局書記、中央規律検査委員会副書記に選出。17年10月第19回党大会で退任。

張 高麗 ちょう・こうれい
Zhang Gao-li
1946.11～
中国副首相, 中国共産党政治局常務委員　[出]福建省晋江県　[学]アモイ大学経済系(1970年)卒　[歴]1973年中国共産党に入党。広東省の茂名石油工業公司に勤務し、80～84年同副経理。84年広東省茂名市党委副書記、85年広東省経済委員会主任、88年同省副省長、93年同省党委常務委員、97年同省深圳市党委書記、98年同省党委副書記。2001年山東省党委副書記に転じ、03年同省党委書記。02年党中央委員。07年3月天津市党委書記。同年10月党政治局員、12年11月党政治局常務委員に昇格。13年3月副首相に選出される。17年10月党政治局常務委員を退任。エネルギー問題の専門家で、企業誘致型の地域開発が得意。

張 志軍 ちょう・しぐん
Zhang Zhi-jun
1953.2～
中国国務院台湾事務弁公室主任　外交官　[出]江蘇省南通(原籍)　[学]北京大学　[歴]1971年中国共産党に入党。75～88年党対外連絡部員、91～94年在英国大使館に勤務。94年中央連絡部アメリカ大陸北欧局副局長、97年対外連絡部研究室主任、2000年同副部長などを経て、09年外交部副部長(外務次官)。10年12月筆頭外務次官。13年3月国務院台湾事務弁公室主任。12年11月より党中央委員。

張 俊雄　ちょう・しゅんゆう
Chang Chun-hsiung
1938.3.23～
台湾行政院院長（首相）　[出]日本　[学]台湾大学法学部（1960年）卒　[歴]第二次大戦前に両親の留学先である日本で生まれる。大学卒業後、1962年弁護士事務所を開業。79年民主化運動の幹部が一斉逮捕された美麗島事件の軍事法廷で陳水扁と共に弁護活動に当たり、政界入り。83年台湾立法委員（国会議員）選に出馬し、当選。86年民主進歩党（民進党）中央常務委員、中央執行委員、87年同党幹事長。94年高雄市長選に出馬。2000年台湾総統選では、民進党選挙対策本部長を務め、陳水扁政権発足後、5月総統府秘書長（官房長官）、7月行政院副院長（副首相）を経て、10月院長（首相）に就任。02年1月退任。同年7月民進党秘書長（党内ナンバー2）。05年6月対中国窓口機関の海峡交流基金会理事長。07年5月再び行政院院長。08年5月退任。

張 善政　ちょう・ぜんせい
Chang San-cheng
1954.6.24～
台湾行政院院長（首相）　技術者　[出]中国・天津　[学]スタンフォード大学（米国）（1977年）卒, コーネル大学（米国）卒 土木工学博士（コーネル大学）（1981年）　[歴]米国のスタンフォード大学やコーネル大学で土木工学を学び、1981～90年台湾大学土木工学科講師、副教授、教授を歴任。91～97年台湾行政院国家科学委員会国家高速コンピューターセンター主任、98年～2000年行政院国家科学委員会企画考核処長、00～10年台湾パソコン大手の宏碁（エイサー）電子化事業群副総経理、10～12年米国グーグルのアジアハードウェア運営プロデューサーを経て、12～14年行政院政務委員、14年3～12月科学技術部長（科学技術相）、14年12月～16年1月行政院副院長を務め、16年2月馬英九政権の行政院院長（首相）に就任。同年5月退任。

張 徳江　ちょう・とくこう
Zhang De-jiang
1946.11～
中国副首相, 中国全国人民代表大会（全人代）常務委員長, 中国共産党政治局常務委員　[出]遼寧省台安県　[学]延辺大学朝鮮語系（1975年）卒, 金日成総合大学（北朝鮮）（1980年）卒　[歴]文化大革命で吉林省の農村に下放。1971年中国共産党入党。72年延辺大学朝鮮学部に入学。78～80年北朝鮮の金日成総合大学に留学。延辺大学副学長、延吉市党委副書記、延辺朝鮮族自治州党委副書記などを経て、86年民政省次官。90～95年延辺朝鮮族自治州党委書記、吉林省党委副書記。92年10月中国共産党第14回全国代表大会で中央委員候補。95～98年吉林省党委書記。97年より党中央委員。98年～2002年浙江省党委書記。02年11月党政治局員。02年11月～07年12月広東省党委書記。08年3月～13年3月副首相。この間、12年3月失脚した薄熙来に代わり、重慶市党委書記を兼務。同年11月第18回党大会で党政治局常務委員に昇格。13年3月中国全国人民代表大会（全人代）常務委員長（国会議長）に選任される。17年10月党政治局常務委員、18年3月全人代常務委員長を退任。太子党の一人。

張 万年　ちょう・ばんねん
Zhang Wan-nian
1928.8～2015.1.14
中国人民解放軍総参謀長, 中国共産党中央軍事委員会副主席, 中国国家中央軍事委員会副主席　軍人　[出]山東省黄県（原籍）　[学]軍事学院基本系（1961年）卒　[歴]1944年八路軍に入隊、45年中国共産党入党。47～48年東北民主連合軍中隊副指導員、49～50年東北野戦軍通信股股長。新開嶺などの戦役に参戦し、48年国共内戦の最大激戦地である塔山防衛戦で大功を立てる。参謀長、連隊長、師団長、78年副軍長、81年軍長などを歴任後、82年9月武漢軍区副司令員、85年7月広州軍区副司令員、87年同司令員、90年4月済南軍区（山東省）司令員。92年10月党中央軍事委員会委員となり、11月人民解放軍総参謀長。93年3月国家中央軍事委員会委員。95年9月党中央軍事委員会副主席。12月国家中央軍事委員会副主席。97年9月党政治局員兼任し、2003年引退。1988年中将、93年6月上将。江沢民元国家主席を支えた軍幹部。

張 陽　ちょう・よう
Zhang Yang
1951.8～2017.11.23
中国共産党中央軍事委員委員, 中国国家中央軍事委員会委員　軍人　[出]河北省武強（原籍）　[学]国防大学基本学部・軍事学院基本指

揮班 ㊟1969年中国共産党に入党。96年～2000年陸軍第163師団政治委員、00～02年陸軍第42集団軍政治部主任、02～04年陸軍第42集団軍政治委員、03年第10期全国人民代表大会（全人代）代表、04～07年広州軍区政治部主任、軍区党委員会常務委員、06年中将に昇進、07年9月広州軍区政治委員、軍区党委員会書記、10月第17期党中央委員会委員。08年1月に起きた記録的な中国南部大雪害の際は、最前線の現場でリスク管理の指揮を執った。10年上将に昇進。12年総政治部主任となって中央軍事委員会入り。13年国家中央軍事委員会委員。失脚した元軍高官の郭伯雄、徐才厚とつながりがあったとして、当局から捜査を受けていた17年11月、北京の自宅で首を吊って自殺しているのが発見された。

張 又侠 ちょう・ようきょう

Zhang You-xia

1950.7～

中国共産党中央軍事委副主席・上将・党政治局員 軍人 ㊙陝西省 ㊎中国軍事学院基本系卒 ㊟漢族。1968年中国人民解放軍に入隊、69年中国共産党入党。2005年北京軍区副司令官、07年瀋陽軍区司令官。同年中将、11年上将に昇進。12年党中央軍事委員、解放軍総装備部長、15年党中央軍委装備発展部長。17年10月第19回党大会で党政治局員となり、党中央軍事委副主席を務める。

趙 楽際 ちょう・らくさい

Zhao Le-ji

1957.3～

中国共産党政治局常務委員・中央規律検査委員会書記 ㊙青海省 ㊎北京大学哲学系卒 ㊟原籍は陝西省西安。1975年中国共産党に入党。青海省商業庁で長く幹部を務め、91年同省商業庁庁長、94年同省副省長兼省財政庁庁長・党組書記。2000年の青海省省長（兼同省委員会副書記）、03年の同省党委書記就任はいずれも当時最年少（香港メディア）。04年同省党委書記・省人民代表大会常務委員会主任。07年陝西省党委員会書記となり、同省にあった習近平の父・習仲勲副首相の墓を大改装して記念館を建設。08年同省委員会書記・省人民代表常務委員会主任。12年11月第18回党大会で習近平政権が発足すると、中央政治局員、党中央書記局書記に選出、党の人事を担当する中央組織部長に抜擢される。13年中央機構編制委員会委員。17年10月第19回党大会で中央政治局常務委員、中央規律検査委員会書記に昇格。

チョヴィッチ, ドラガン

Čović, Dragan

1956.8.20～

ボスニア・ヘルツェゴビナ幹部会員（クロアチア人代表）㊐ユーゴスラビア・ボスニア・ヘルツェゴビナ共和国モスタル（ボスニア・ヘルツェゴビナ）㊎モスタル大学機械工学部（1976年）卒 機械工学博士（モスタル大学）（1996年）㊟1996年よりモスタル大学教授。98年～2001年ボスニア連邦副首相兼財務相。02年10月ボスニア・ヘルツェゴビナ幹部会員（クロアチア人代表）に選出されるが、ボスニア連邦財務相時代の汚職で起訴され、05年幹部会員を解任される。14年11月再び幹部会員に就任。ボスニア・ヘルツェゴビナの元首（幹部会議長）は、セルビア系、クロアチア系、ボシュニャク系（イスラム教徒）の主要3民族をそれぞれ代表する幹部会員が8ヶ月ごとの輪番制で務める。

チョードリ, アンワルル

Chowdhury, Anwarul Karim

1943.2.5～

国連事務次長 ㊐ダッカ ㊎ダッカ大学 ㊟1996年～2001年バングラデシュ政府国連常駐代表を務める。在任中、安全保障理事会議長、国連児童基金（UNICEF）執行理事会議長、経済社会理事会副議長、総会第5委員会（行財政問題）議長を歴任。「平和の文化に関する宣言及び行動計画」をはじめ、1997年～2001年に採択された「平和の文化」についての総会決議を導く。02年国連の後発開発途上国・内陸開発途上国・小島嶼開発途上国担当高等代表（事務次長）に就任。ウ・タント平和賞、ユネスコ・平和の文化のためのガンジー金賞、第1回国連の精神賞などを受賞。対談集に「新しき地球社会の創造へ」がある。㊕ウ・タント平和賞、ユネスコ・平和の文化のためのガンジー金賞, 国連の精神賞（第1回）

チョードリ, バドルドーザ
Choudhury, Badruddoza
1932.11.1〜
バングラデシュ大統領　㋳ダッカ大学医学部卒、ウェールズ大学卒　㋱ダッカ大学医学部教授、バングラデシュ結核防止協会会長を経て、1979年バングラデシュ副首相兼保健・家族計画相。バングラデシュ民族主義党（BNP）事務局長を務め、国会議員に当選5回。2001年10月ジア内閣で外相。同年11月無投票で大統領に就任。02年6月辞任。06年バングラデシュ自由民主党（LDP）設立に参画、13年まで党首を務めた。

チョードリ, マヘンドラ
Chaudhry, Mahendra
1942.9.2〜
フィジー首相，　フィジー労働党党首　㋿Chaudhry, Mahendra Pal　㋱1999年5月インド系初のフィジー首相に就任。2000年5月インド系とフィジー系住民の対立によるクーデターにより監禁状態となり、同年7月軟禁状態ながら他の政治家と対面。01年3月解任された。

チョルベア, ビクトル
Ciorbea, Victor
1954.10.26〜
ルーマニア首相　㋲ポノル村　㋳クルージュ・ナポカ大学法学部卒　㋱1979〜84年ブカレスト地裁判事。89年のルーマニア民主化までは、検察官や弁護士として勤務。その後、ブカレスト大学法学部で教鞭を執る傍ら、同大の労組や、ルーマニア全国自由労働組合連盟などの労働活動で頭角を現す。のち、ルーマニア野党連合の民主会議に参加。96年6月ブカレスト市長に当選。同年12月ルーマニア史上最年少の首相に就任。98年3月辞任。

チョン・ウォンシク（鄭 元植）
Chung Won-shik
1928.8.5〜
韓国首相　教育学者　㋲朝鮮・黄海道載寧（北朝鮮）　㋳ソウル大学予科（1948年）修了、ジョージ・ピーボディ大学大学院（米国）（1958年）修了 哲学博士（ジョージ・ピーボディ大学）（1966年）　㋱1946年38度線を越え南へ移住。朝鮮戦争では通訳将校を務め、陸軍大尉で退役。米国留学後、62年ソウル大学教育学部助教授となり、のち副教授を経て、74〜88年教授。この間、79〜83年同大教育学部長、84年教育学会長、85年図書雑誌週刊新聞倫理委員長、88年放送審議委員長を歴任。その見識が盧泰愚大統領の目にとまり、同年12月文教相（教育相）に抜擢された（90年12月まで）。文教相在任中に表面化した教員労組問題や大学紛争には断固とした姿勢を示す。91年5月〜92年10月首相。92年12月金泳三大統領職継承委員長。95年与党・民自党よりソウル市長選に立候補したが、落選。97年8月大韓赤十字社総裁に就任。のちパラダイス福祉財団理事長。　㋱韓国国民勲章冬柏章

チョン・ウンチャン（鄭 雲燦）
Chung Un-chan
1946.2.29〜
韓国首相　経済学者　㋲忠清南道公州　㋳ソウル大学（1970年）卒，プリンストン大学大学院 経済学博士（プリンストン大学）（1978年）　㋱経済学者として、1976年米国コロンビア大学助教授、78年〜2009年ソウル大学教授、02〜06年同大総長を務めた。06〜07年韓国社会科学協議会会長、ソウル大学金融経済研究院院長。著書「マクロ経済論」「貨幣金融論」は学生のベストセラーとなる。この間、1997年の通貨危機では政府主導による財閥企業の構造調整を主張して注目を集めた。2009年9月〜10年李明博政権で首相を務めた。

チョン・セギュン（丁 世均）
Chung Sye-kyun
1950.9.26〜
韓国国会議長　㋲全羅北道鎮安　㋳高麗大学卒　㋱1978〜95年サンヨン（双竜）グループに勤務し、常務理事などを歴任。96年新政治国民会議から韓国国会議員に初当選。2005年開かれたウリ党（ウリ党）院内代表、国会運営委員長。06〜07年産業資源相（盧武鉉内閣改造）、07年2月ウリ党議長（8月解党）を経て、08〜10年民主党代表。11年に発足した民主統合党で常任顧問に就任。12年の大統領選に出馬を表明するが、党内の予備選で文在寅に敗れる。16年国会議長に就任。

事典・世界の指導者たち　　　　チョン

チョン・テファ（鄭 泰和）
Jong Thae-hwa
1930.10〜
北朝鮮外務省副部長，朝日国交正常化交渉北朝鮮首席代表　外交官　㊗中国・東北地方　㊗黄埔軍士官学校卒　㊙中国の黄埔軍官学校を卒業後、朝鮮戦争に従事し、中国語の通訳として休戦協定の会談に参加。そのまま北朝鮮に留まり、1962年から北ベトナムで駐在武官として勤務。70年北朝鮮外務省に入省し、駐トーゴ大使、第6局長（アフリカ担当）、84年駐マダガスカル大使、86年駐モーリシャス大使などを経て、91年副部長（外務次官）。この間、海外初のチュチェ思想研究所開設などで、金日成主席や金正日総書記から高い評価を得る。2000年4月の第9回朝日国交正常化交渉から北朝鮮首席代表を務め、02年10月に再開された第12回交渉も担当。朝日間の非公式会談でも交渉役を務める。05年退任。タフ・ネゴシエーターとして知られる。フランス語、中国語、日本語に堪能。

チョン・ドンヨン（鄭 東泳）
Chung Dong-young
1953.6.17〜
韓国統一相，ウリ党議長　㊗全羅北道淳昌郡　㊗ソウル大学卒、ウェールズ大学卒　㊙1978年韓国文化放送（MBC）に入社。政治部記者、ロサンゼルス特派員などを経て、ニュース番組アンカーマン。96年金大中率いる新政治国民会議に入党し、韓国国会議員に当選。2000年総選挙で再選。演説に定評があり、1996年、2000年選挙での得票数は全国最多を記録する。00年与党・新千年民主党最高委員に就任。01年同党常任顧問。02年の大統領選では、同党公認選で盧武鉉候補と最後まで争った。03年開かれたウリ党（ウリ党）の結成に参加、04年1月議長（党首）に就任。4月の総選挙で第1党に躍進し、7月統一相に就任。05年12月辞任。同年6月平壌を訪問、金正日総書記と会談。06年6月統一地方選惨敗の責任を取り、ウリ党議長を辞任。07年8月ウリ党大多数議員と民主党の一部が合流して大統合民主新党を結成。12月大統領選に同党公認候補として出馬するが、ハンナラ党候補の李明博元ソウル市長に敗れる。08年4月統合民主党（民主党）から総選挙に出馬し落選。09年4月の国会議員補選では無所属で出馬し、返り咲き。10年2月民主党に復党。民主党と市民統合党が統合して11年12月に発足した民主統合党では常任顧問に就任。12年4月の総選挙で落選。15年1月民主統合党を離党して在野や市民社会が主導する新党 "国民の会" に合流。同年4月の国会議員補選で落選。

チョン・ハチョル（鄭 夏哲）
Chong Ha-chol
1933.5〜
朝鮮労働党宣伝扇動部長　㊗朝鮮・江原道（北朝鮮）　㊗金日成総合大学卒　㊙朝鮮労働党機関紙「労働新聞」の記者、論説委員などを経て、1986年朝鮮中央放送委員会副委員長、90年同委員長。同年最高人民会議代議員、同常設会議議員。92年党中央委員、98年党宣伝扇動部長を経て、2001年党書記。その後、政治犯収容所に送られたといわれる。

チョン・ビョンホ（全 秉浩）
Jon Pyong-ho
1926.3〜2014.7.7
朝鮮労働党政治局員・書記，北朝鮮国防委員会委員　㊗朝鮮・慈江道（北朝鮮）　㊗金日成総合大学、モスクワ大学　㊙1956年朝鮮労働党組織指導部指導員、60年同責任指導員、68年同副部長、70年党中央委員候補、76年党組織指導部第1副部長、79年同部長。80年党中央委員となり、82年最高人民会議第7期代議員、党政治局員候補、86年軍需担当書記、第8期代議員。88年党政治局員となり、90年国防委員、第9期代議員。98年第10期代議員。核・ミサイル開発を担当した。また82年3月軍需経済を統括する第2経済委員会委員長も務めた。2014年7月死去の際には国葬が営まれた。

チョン・ホンウォン（鄭 烘原）
Chung Hong-won
1944.10.9〜
韓国首相　法律家　㊗朝鮮・慶尚南道河東（韓国）　㊗成均館大学（1971年）卒　㊙1972年司法試験に合格。74年検事任官、ソウル地検勤務。77年釜山地検検事。91年最高検中央捜査部課長、2002年釜山地検検事長、03年法務研修院長。04年弁護士に転身、中央選挙管理委員会常任委員。12年ハンナラ党（現・自由韓国党）の総選挙公認候補審査機

関トップとなる。13年2月韓国首相に就任。14年4月“旅客船セウォル号沈没事故”で首相の辞意を表明したが、6月後任候補辞退で留任となる。15年2月退任。

チョン・モンジュン（鄭 夢準）

Chung Mong-joon

1951.10.17〜

ハンナラ党代表　実業家　[出]釜山　[学]ソウル大学経済学部（1975年）卒, マサチューセッツ工科大学経営大学院（1980年）修了, ジョンズ・ホプキンズ大学大学院 国際政治学博士（ジョンズ・ホプキンズ大学）（1993年）　[歴]韓国財閥・現代グループ総帥、鄭周永の六男。1978年グループの要の一つである現代重工業に入社。常務を経て、82年社長、87年会長を歴任し、91年〜2002年顧問。この間、1987年から約3年間東京大学客員教授も務めた。88年4月の総選挙で無所属から韓国国会議員初当選。92年の総選挙では韓国国民党より出馬し当選、同党政策委員長を務める。93年2月国民党を離党。のちハンナラ党（現・自由韓国党）所属。2002年11月新党・国民統合21を旗揚げ、12月に行われる大統領選への出馬を表明するが、盧武鉉候補との候補1本化で断念。08年4月6選。08年ハンナラ党最高委員。09年9月〜10年6月同党代表。14年6月ソウル市長選にセヌリ党公認で立候補するが、野党候補に敗れた。一方、1993年韓国サッカー協会会長（2009年より名誉会長）となり、1994年国際サッカー連盟（FIFA）副会長（2011年より名誉副会長）に就任。02年W杯の韓国誘致に尽力し、1996年5月FIFA理事会で日韓共催が決定。2002年W杯日韓共催大会で韓国組織委員会共同会長を務め、韓国は4強入りを果たすなどW杯を成功に導く。15年FIFAの次期会長選に立候補を表明していたが、06年と10年のW杯開催地決定に向けた手続きで、FIFAの規則に違反したとして、15年10月活動禁止6年と10万スイスフラン（約1320万円）の罰金を科される。会長選への出馬は実質不可能となった。現代重工業の最大の株主で、08年米経済誌「フォーブス」による韓国の億万長者第1位となる。[勲]銀塔産業勲章　[家]父＝鄭 周永（現代グループ創業者），兄＝鄭 夢九（現代自動車会長），鄭 夢禹（現代アルミニウム工業会長），鄭 夢憲（現代グループ会長），義父＝金 東作（元韓国外相）

チョン・ヨンテク（千 容宅）

Chon Yong-teack

1937.8.28〜

韓国国家情報院院長・国防相　[出]全羅南道莞島　[学]韓国陸軍士官学校（1960年）卒, 韓国中央大学大学院（1980年）修了　[歴]韓国陸軍で1985年12師団長、89年2軍団長、91年合同参謀本部戦略企画本部長などを歴任。93年金泳三大統領政権で国家安保常任委員と非常企画委員会委員長を務め、95年国民会議に入党。96年15代韓国国会議員に全国区で当選。国民会議安保特委委員長を務め、98年3月国防相を経て、99年5月情報機関、国家情報院院長に就任。同年12月更迭。　[勲]韓国青条勤政勲章

チルバ, フレデリック

Chiluba, Frederick

1943.4.30〜2011.6.18

ザンビア大統領　[出]キトウェ近郊　[学]ロンドン大学（英国）（1971年）卒　[歴]中等学校を中退し、貿易会社などを経て、1966年鉱山会社に入社。翌年から労働運動を始め、70年ザンビア貿易労組評議会の地区議長、74年31歳の若さで労働界トップの労働組合評議会（ZATU）議長となる。81年国際労働機関（ILO）理事。89年南部アフリカ労組調整評議会（SATUCC）議長兼務。91年2月複数政党制民主主義運動（MMD）議長（党首）。同年10月総選挙で“ザンビア建国の父”カウンダ大統領を破り、11月大統領に就任。2期務め、2002年1月退任した。当初は民主化の旗手とされたが、その後、強権体質が批判される。03年大統領在任中の汚職容疑で逮捕、起訴されたが、09年に無罪判決を受けた。

チルレル, タンス

Ciller, Tansu

1946〜

トルコ首相　[出]イスタンブール　[学]ロバート・カレッジ（現・ボスフォラス大学）経済学部（1967年）卒, エール大学 経済学博士（コネティカット大学）（1970年）　[歴]1974年母校ボスフォラス大学教授に就任、83年経済学部長も務めた。80年代後半にデミレル正道党（TPP）党首の経済顧問となり、90年TPPに入党。91年トルコ国会議員に初当選、デミレル政権の経済担当国務相に起用された。93年6月TPP党首に選出され、トルコ初の女

性首相に就任。国営企業の民営化促進が持論。95年9月辞表を提出するが、少数与党政権として首相の座にとどまる。同年10月内閣不信任投票に敗れ、11月新たに連立内閣を組閣するが、96年3月ユルマズ祖国党党首を首班とする連立内閣が成立。さらに6月にはエルバカン率いるイスラム福祉党と連立内閣を組むことに合意し、副首相兼外相となった。

陳 雲林 ちん・うんりん
Chen Yun-lin
1941.12～
中国共産党中央委員, 中国国務院台湾事務弁公室主任　[出]遼寧省黒山　[学]北京農業大学土壌化学系（1967年）卒　[歴]1966年中国共産党に入党。チチハル市楡樹屯電化工場長、チチハル市計画委員会主任などを経て、83年同市市長、85年黒龍江省党委副書記、87年黒龍江省副省長。94年1月国務院台湾事務弁公室副主任、97年1月同主任となる。この間、92年10月中国共産党第14回全国代表大会で中央委員候補に当選。97年～2007年党中央委員。08年6月中国の対台湾交流窓口機関、海峡両岸関係協会会長に就任。11月会長として初めて台湾を訪問、1949年の中台分断以来、中国側代表では最高位の訪台となった。2013年4月会長退任。

陳 希 ちん・き
Chen Xi
1953.9～
中国共産党中央組織部長・党政治局員　[出]福建省　[学]清華大学化学学科卒, 清華大学大学院　[歴]1970年福州大学機械工場職員。75～82年清華大学化学学科、同大学院で学び、理学修士号の学位を取得。この間、78年中国共産党入党。90年清華大学教師、同年～92年米国スタンフォード大学客員研究員。2002年清華大学党委書記。08年教育省次官。10年遼寧省党委副書記。13年党中央組織部常務副部長。17年10月第19回党大会で党政治局員となり、党中央組織部長。同年11月中央党学校校長就任が判明。

陳 菊 ちん・きく
Chen Chu
1950.6.10～
高雄市長　[出]宜蘭県　[学]世界新聞専科学校（現・世新大学）（1968年）卒　[歴]民主派勢力が台湾当局と衝突した1979年の美麗島事件で実刑判決を受け、6年余り服役。86年の民主進歩党（民進党）の結党に参加。95年台北市社会局長、98年高雄市社会局長を経て、2000～05年労工委員会主任委員（労相）。06年12月高雄市長に当選。08年7月民進党中央常務委員に復帰。09年5月民進党幹部として初訪中。10年11月高雄市長再選。12年2月祭英文主席の辞任を受け、民進党代理主席となったが、5月の総統選に敗北した。14年11月高雄市長再選。

陳 錦華 ちん・きんか
Chen Jin-hua
1929.7～
中国人民政治協商会議（政協）副首席, 中国国家計画委員会主任　実業家　[出]安徽省青陽　[学]中国人民大学卒　[歴]1946年中国共産党入党、革命運動に参加。新中国成立後、華東軍政委員会紡績工業管理部に勤務。49年から軽工業部門を歩き、72年周恩来首相の指示による上海など4ケ所の石油化学プラント導入に従事。77年上海市党委常務委員兼革命委副主任、79年5月上海市党委副書記、同年12月上海市副市長、82年2月宝山製鉄廠指揮部政治委員など歴任。83年7月政府直属の経営体として発足した中国石油化工総公司総経理（社長）に就任。90年9月国家経済体制改革委員会主任（閣僚）となり、同月中国石油化工総公司総経理解任。93年3月～98年3月国家計画委主任。一方、92年10月～97年党中央委員。98年～2003年人民政治協商会議（政協）副首席。ボアオ・アジア・フォーラム中国首席代表も務める。日本の金融界、産業界に知己が多い。　[勲]旭日大綬章（日本）（2008年）

陳 健 ちん・けん
Chen Jian
1942.2.2～
国連事務次長, 駐日中国大使　外交官　[出]江蘇省　[学]復旦大学卒　[歴]1967年中国外務省に入り、国際局副局長などを経て、92年国連代表部副代表（大使級）、94年外務省報道局長、96年外務次官補。この間、91年のアジア太平洋経済協力会議（APEC）や朝鮮半島の和平をめぐる四者会談の中国代表を務めるなど活躍。98年6月～2001年7月駐日大使を務める。01年8月～07年国連事務次長。07～12年中国国連協会会長。

陳 光誠 ちん・こうせい
Chen Guang-cheng
1971.11〜
人権活動家　[出]山東省　[歴]盲目の人権活動家で、大学の授業を聴講するなどして法律知識を身につけ、障害者の権利擁護のために活動。中国政府の行う“一人っ子政策”が強制的な堕胎や避妊手術を助長していると告発し、被害者の訴訟を支えたが、2006年器物損壊や交通妨害などの罪状で懲役4年3ケ月の判決を受けて服役。同年米誌「タイム」の選ぶ“世界を形づくる100人”に選ばれ、07年にはマグサイサイ賞を受けた。10年刑期を終え出所後、自宅周辺に監視カメラが設置されるなど自宅軟禁が続いたが、12年4月に脱出。北京の米国大使館へ保護された後、病院に移った。妻と2人の子どもとともに5月渡米、事実上の亡命生活に入る。ニューヨークに滞在。17年初来日。　[賞]マグサイサイ賞（2007年）

陳 至立 ちん・しりつ
Chen Zhi-li
1942.11.21〜
中国全国人民代表大会（全人代）常務副委員長, 中国国務委員, 中国共産党中央委員　[出]福建省仙游　[学]復旦大学物理学専攻（1964年）卒　[歴]1961年中国共産党入党。80〜82年ペンシルベニア州立大学客員研究員。84年上海市科学技術工作委員会書記。江沢民が上海市党委書記時代の89年3月より同党委宣伝部長を務めた。8月より上海市党委副書記兼任。97年8月国家教育委員会党組書記、9月同委副主任を経て、98年3月教育相。2003年3月国務委員（副首相級）。08年3月国務委員退任、全人代常務副委員長。10月中華全国婦女連合会主席。一方、1987年中国共産党中央委員候補、97年9月党中央委員。2011年退任。13年3月全人代常務副委員長退任。

陳 水扁 ちん・すいへん
Chen Shui-bian
1951.2.18〜
台湾総統, 台湾民主進歩党主席　[出]台南　[名]愛称＝阿扁　[学]台湾大学法律系卒　[歴]本省人の貧しい小作農家の生まれだが、小、中、高、大学をすべて首席で卒業。大学在学中に司法試験に合格、台湾最年少の弁護士となる。1979年民主化運動の幹部が一斉逮捕された美麗島事件で被告団の弁護に立ったことから政治に目覚め、81年無党派として台北市議選に出馬、最高得票で当選。戒厳令下の市議時代に雑誌社の社長となり、マルクス主義に関する翻訳記事を掲載したとして実刑判決を受け、議員を辞職。86年刑が確定し、8ケ月入獄。出獄後、87年民主進歩党（民進党）に入党、党中央常務委員。89年台湾立法委員（国会議員）選に出馬し、当選。国防政策の専門家として活躍。94年12月初の直接選挙で台北市長に当選。同年米誌「タイム」で世界100人のニューリーダーの一人に選ばれた。98年落選。99年7月民進党の総統選公認候補となり、2000年3月国民党の連戦副総統、無所属の宋楚瑜元台湾省長を抑え、台湾総統に初当選。初の政権交代を実現させ、これにより国民党による長期単独政権が終焉した。同年5月就任、国民党の唐飛国防部長（国防相）を行政院院長（首相）に起用し、党派などにこだわらない政権をスタートさせる。02年7月民進党主席に就任。04年3月総統選の遊説中に銃撃を受け負傷するが、連戦国民党主席を小差で破り再選、5月就任。同年12月立法院選挙で敗北した責任を取り、党主席を辞任。06年11月妻の呉淑珍が総統府機密費流用の疑いで起訴され、総統退陣の要求が激化する。07年再び党主席となるが、08年1月立法院選挙で国民党に敗北し、党主席を辞任。同年5月総統を退任。同年11月総統府機密費の海外不正送金など4つの事件で計5容疑で最高検により逮捕される。09年9月台北地裁で無期懲役、終身公民権剥奪、罰金2億台湾ドル（約5億6000万円）の判決を受け、控訴。9月と12月に収賄やマネーロンダリングなどの罪で追起訴。10年11月最高裁は土地をめぐる収賄などについて懲役11年と懲役8年の判決を下し、12月高裁は刑期を懲役17年6ケ月とする裁定を下した。同月服役開始。機密費不正流用は、11年8月の差し戻し審判決で無罪。12年9月入院。13年6月自殺未遂。15年1月治療のため仮釈放。台湾独立をうたった民進党綱領の起草メンバー。　[家]妻＝呉 淑珍（元台湾立法委員）

陳 冲 ちん・ちゅう
Chen Chun
1949.10.13〜
台湾行政院院長（首相）　[出]中国・福建省福州　[名]英語名＝Chen, Sean　[学]台湾大学法学部卒　[歴]台北銀行や農民銀行に勤務後、台湾

財政部（財務省）で金融局長、次長（次官）などを歴任。2008年12月金融監督管理委員会主任委員を経て、10年5月行政院副院長（副首相）、12年2月同院長（首相）に就任。13年2月退任。

陳 肇敏 ちん・ちょうびん
Chen Chao-min
1940.7.10〜
台湾国防部長（国防相）　軍人　㋲台湾空軍官学校卒、三軍大学戦争学院卒　㋱台湾空軍443連隊長や空軍作戦司令部司令などを経て、2002年総統府戦略顧問。08年5月台湾国防部長（国防相）に就任。09年退任。

陳 定南 ちん・ていなん
Chen Ding-nan
1943.9.29〜2006.11.5
台湾法務部長（法相）　㋒宜蘭県　㋲台湾大学法律科（1966年）卒　㋱靴輸出会社社長を経て、1981年から2期8年にわたって宜蘭県長（知事）を務める。94年台湾立法委員（国会議員）。“ミスタークリーン”と呼ばれ、汚職や情実の一掃に成功した手腕を買われ、2000年5月台湾初の民進党政権（陳水扁政権）で法務部長（法相）に就任。02年2月留任。05年退任。

陳 唐山 ちん・とうさん
Chen Tan-sun
1935.9.16〜
台湾外交部長（外相）　㋒台南県　㋲台湾大学（1959年）卒、オクラホマ大学大学院（1966年）修士課程修了、パデュー大学大学院（1972年）博士課程修了 博士（パデュー大学）（1972年）　㋱1966年米国オクラホマ大学で修士号、72年パデュー大学で博士号を取得。73〜92年米国に在住し、世界台湾同郷会連合会会長などを務めた。92年台湾立法委員（国会議員）、93年台南県知事、2001年立法委員。04年4月外交部長（外相）、06〜07年総統府秘書長（官房長官）、07〜08年国家安全会議秘書長。12〜16年立法委員。

陳 徳銘 ちん・とくめい
Chen De-ming
1949.3〜
中国商務相, 海峡両岸関係協会会長　㋒上海　㋲南京大学卒 Ph.D.　㋱江蘇省蘇州市長な

どを経て、2000年蘇州市党委書記。02年陝西省副省長、05年省長。06年5月中国国家発展改革委員会副主任。商務次官を経て、07年12月〜13年3月商務相。13年4月対台湾交流窓口機関である海峡両岸関係協会会長に就任。

陳 敏爾 ちん・びんじ
Chen Min-er
1960.9〜
重慶市党委書記, 中国共産党政治局員　㋒浙江省　㋲紹興師範専科学校（1981年）卒, 中央党校研究生卒　㋱浙江省の庶民家庭に生まれ、地元の専門学校で中国文学を学ぶ。1982年中国共産党に入党。81年紹興師範専科学校宣伝部幹事、97年寧波市委員会常務委員・副市長、99年浙江日報報業集団社長、2001年浙江省党委宣伝部長、07年浙江省副省長。この間、習近平総書記が初めて地方のトップに立った浙江省書記時代に宣伝部長として仕え、その才覚を見出された。12年党中央委員、13年貴州省省長、15年貴州省党委書記。17年重慶市トップだった孫政才の失脚に伴い、同市党委書記に就任、10月党政治局員。

陳 慕華 ちん・ぼか
Chen Mu-hua
1921.6〜2011.5.12
中国副首相, 中国全国人民代表大会（全人代）常務委員会副委員長　㋒浙江省青田県　㋲延安抗日軍政大学　㋱1938年中国共産党に入党。対外経済畑で活動し、71年対外経済連絡次官。73年党中央委員。77年1月対外経済連絡相、8月党政治局員候補。78年3月〜82年5月副首相。81年3月国家計画出産委主任。82年3月国務委員兼対外経済貿易相。85年3月対外経済貿易相を辞任。85〜88年中国人民銀行（中央銀行）総裁。87年11月党政治局員候補解任、中央委員に降格。88年4月〜98年3月全人代常務委副委員長（国会副議長）。89年9月中華全国婦女連合会（全国婦連）執行委員会主席、98年4月名誉主席。この間、95年北京で開かれた国連世界女性会議で議長を務めた。97年9月党中央委員を退任。女性指導者の第一人者として、経済や計画出産、女性問題などの分野で活躍した。

陳 履安 ちん・りあん
Chen Li-an
1937.6.22～
台湾監察院院長 [出]中国・浙江省青田 [学]マサチューセッツ工科大学電気科卒 数学博士(ニューヨーク市立大学)(1968年) [歴]1960年米国ハネウェル社に入社。68年ニューヨーク市立大学助教授。帰国後、70年教育学院院長、74年台湾工業技術学院院長を経て、77年教育部常務次長、78年政務次長、79年国民党中央委員会副秘書長、同組織工作会主任、84年国家科学委員会主任委員など歴任。86年国民党中央常務委員に選出され、88年7月再選。同年経済部長(経産相)、90年6月国防部長(国防相)、93年1月～95年9月監察院長。のち国民党を離党。96年3月台湾初の総統直接選挙に無所属で立候補した。 [家]父＝陳 誠(台湾副総統)

チンチジャ, ラウラ
Chinchilla, Laura
1959.3.28～
コスタリカ大統領 [出]サンホセ郊外 [名]Chinchilla Miranda, Laura [学]コスタリカ大学卒, ジョージタウン大学(米国)政治学修士課程修了 [歴]コスタリカの与党・国民解放党(PLN)に所属。1994～96年公安副大臣、96～98年公安相、2002～06年国会議員を歴任。06～08年、ニカラグア、グアテマラなどの内戦停止や再発防止などを決めた"中米和平合意"を導いた功績でノーベル平和賞を受賞したオスカル・アリアス・サンチェス大統領の下で第1副大統領を務めた。10年2月同大統領の任期満了に伴う選挙で、同国初の女性大統領に当選、5月就任。14年5月退任。

陳方 安生 ちんほう・あんせい
Chan Fong On-sang
1940.1.17～
香港特別行政区政務官, 香港立法会議員 [出]中国・上海 [名]英語名＝チャン, アンソン〈Chan, Anson〉 [学]香港大学卒 [歴]祖父の方振武は国民党政府軍の将軍。1948年8歳の時、両親とともに香港へ渡る。英国植民地時代の62年香港政庁に入り、最後の総督パッテンから高い評価を受ける。社会福祉局長などを経て、87年経済長官。93年11月香港総督に次ぐ政庁ナンバー2の行政長官に就任。中国人としても女性としても初めての就任となった。官僚としての手腕に評価が高く、"香港のサッチャー女史"との異名を取る。97年7月1日の香港返還後、中国と英国の間に立ち復帰作業に尽力、香港特別行政区政府の創設とともに初代政務官に就任。99年定年が2002年6月までに延長されるが、01年5月退任。07年12月香港立法会(議会)香港島選挙区の補欠選挙で、親中派の葉劉淑儀を破り当選。08年7月、議員を引退すると表明。中立的で毅然とした執務姿勢は欧米のメディアより"香港の良心"を称された。旧姓は"方"で結婚後に夫の姓の"陳"をつけ"陳方"を名のる。 [賞]香港中文大学名誉博士号(2001年) [家]祖父＝方 振武(軍人)

【ツ】

ツァン, ドナルド
→曽 蔭権(そう・いんけん)を見よ

ツァンギライ, モーガン
Tsvangirai, Morgan
1952.3.10～2018.2.14
ジンバブエ首相, ジンバブエ民主変革運動(MDC)議長 [出]ローデシア・グッ(ジンバブエ) [名]Tsvangirai, Morgan Richard [学]ハーバード大学 [歴]れんが職人を父に、9人の兄弟姉妹の長男として生まれる。学校を途中で辞め、1974年から10年間鉱山で働き、家族を養う。80年の独立時は与党ジンバブエ・アフリカ民族同盟愛国戦線(ZANU-PF)の支持者だったが、88年ジンバブエ労働組合会議(ZCTU)書記長に就任。99年労働組合を母体に野党民主変革運動(MDC)を組織、議長を務める。2000年の議会選では、全議席の約半数を取る大健闘を見せた。02年3月大統領選に出馬するが、ムガベ大統領に惜しくも敗れる。ムカベ暗殺を計画したとして02年に起訴されたが、04年10月無罪となる。07年3月当局に拉致され、拷問で頭部に重傷を負う。08年3月大統領選1回目投票で5期目を目指すムガベ大統領を抑えて最多得票を得るが、当選可能な得票率に達しなかったとして、7月に大統領との決選投票が決定。しかし、6月遊説に向かう途中、警察に拘束される。議長支持者約90人が殺害されるな

ど組織的な暴力による選挙戦が展開され、自由で公正な選挙が不可能になったとして、決選投票を辞退した。9月大統領と連立政権樹立に関する合意文書に調印。09年2月に発足した連立政権で新設の首相に就任し、ムガベ大統領の権限を弱めることに初めて成功。13年7月の大統領選でムガベに敗北し、首相ポスト廃止に伴い失職した。ムガベ大統領と長年対立し、絶えず逮捕や暗殺の危険にさらされながらも独裁体制に抵抗を続け、“抵抗の象徴”として国民の支持を集めた。

ツイアツア・ツプア・タマセセ・エフィ

Tuiatua Tupua Tamasese Efi

1938.3.1〜

サモア元首　[出]ニュージーランド領西サモア・モトオツア（サモア）　[学]ビクトリア大学（ニュージーランド）卒　[歴]1966年サモア議会議員、70〜72年公共事業担当相、76〜81年首相を経て、2007年6月元首に就任。12年7月再任。17年7月退任。

ツィプラス, アレクシス

→チプラス, アレクシスを見よ

ツィマー, ガブリエレ

Zimmer, Gabriele

1955.5.7〜

ドイツ民主社会党（PDS）党首　[出]東ドイツ東ベルリン　[学]カール・マルクス大学（ロシア語・フランス語）　[歴]1977年車両・狩猟用武器製造工場に勤務。81年東ドイツの政権党だった社会主義統一党（SED）に入党。ドイツ統一後の90年ドイツ民主社会党（PDS）テューリンゲン州支部長、95年同党幹部会メンバー、97年副党首を経て、2000年10月党首に就任。

ツウェテ, スティーブ

Tshwete, Steve

1938〜2002.4.26

南アフリカ治安・保安相　[出]トランスバール州スプリングス　[名]Tshwete, Steve Vukile　[歴]アフリカ民族会議（ANC）のメンバーとして反アパルトヘイト運動に参加。1964年逮捕され、79年まで投獄される。91〜94年ANCスポーツ局長などを務めたのち、94〜99年スポーツ相としてアパルトヘイトで分裂したスポーツ団体の融和に尽力。99年治安・保安相に就任した。

ツェラル, ミロ

Cerar, Miro

1963.8.25〜

スロベニア首相　法学者　[出]ユーゴスラビア・スロベニア共和国リュブリャナ（スロベニア）　[名]Cerar, Miroslav　[学]リュブリャナ大学 Ph.D.　[歴]父は東京五輪、メキシコ五輪の体操・あん馬の金メダリスト。法学者で憲法の起草にも携わり、リュブリャナ大学法学部教授を務めた。2014年6月中道左派の新党“ミロ・ツェラル”を結成。同年7月スロベニア国民議会（下院）選挙で同党が第1党になり、9月首相に就任。

ツォグトバータル, ダムディン

Tsogtbaatar, Damdin

1970〜

モンゴル外相　[出]ウランバートル　[学]モスクワ国際関係大学（1992年）卒, モスクワ国際大学大学院（1994年）修了, オーストラリア国立大学大学院（1998年）修了　[歴]1994年モンゴル対外関係省（現・外務省）に入省。94〜96年アジア・アフリカ局事務官、98年〜2002年貿易・対外協力局事務官、多国間協力局次長、02〜04年バガバンディ大統領外交政策顧問、04〜08年エンフバヤル大統領外交政策顧問、08〜11年外務省事務次官、11〜12年バトボルド首相顧問、12年バトボルド改造内閣の自然環境・観光相、14〜15年サイハンビレグ内閣の建設・都市計画相。16年国家大会議（国会）議員に当選。17年10月フレルスフ内閣の外相に就任。この間、12年人民党書記（対外関係担当）、15年スフバータル区支部長。英語、ロシア語、クメール語、タイ語に堪能。

ツジマン, フラニオ

Tudjman, Franjo

1922.5.14〜1999.12.10

クロアチア大統領　[出]ユーゴスラビア・クロアチア共和国ヴェリコ・トルゴヴィシチェ（クロアチア）　[歴]第二次大戦中はチトー元ユーゴスラビア大統領率いる共産党パルチザンとしてドイツ軍とのゲリラ戦に参加。戦後、参謀本部に入りユーゴ最年少の陸軍将校となったが、1961年軍を退きザグレブ大学歴史学教授に転じる。“民族の自決権確

立"を訴えたため、67年共産党から追放され、72年と81年の2度投獄された。89年右派民族主義政党・クロアチア民主同盟（HDZ）を結成、党首。90年戦後初のクロアチア共和国自由選挙で共産党を破り、大統領に就任。以後、民族主義を掲げ、ユーゴスラビア連邦からの分離・独立を主導、92年5月国連加盟を実現した。同年8月独立後初の大統領選で再選。95年12月ボスニア・ヘルツェゴビナ和平協定に調印し、ボスニア内戦終結に貢献した。97年6月3選。のち腹部がんの疑いで入院、99年11月重体となり、憲法裁判所が大統領資格を暫定的に停止、12月死去した。

ツツ, デズモンド・ムピロ

Tutu, Desmond Mpilo

1931.10.7～

南アフリカ真実和解委員会委員長　平和運動家, 黒人解放運動家, 聖職者　[出]トランスバール州クラークスドープ　[学]南アフリカ大学（1959年）卒, ロンドン大学キングズ・カレッジ（1966年）卒 M.TH.　[歴]南アフリカ大学卒業後、教師となるが、1957年南ア政府の黒人差別教育立法に反対して教壇を去る。聖職者に転身し、60年英国国教会司祭となり、75年ヨハネスブルク主任司祭を経て、77～78年レソト主教。79～84年南ア・キリスト教会評議会事務局長を務め、人種差別撤廃運動のリーダーとして活動、84年ノーベル平和賞を受賞した。84～86年英国国教会ヨハネスブルク主教、86～95年ケープタウン大主教（黒人として初めて）。この間、88年よりウエスタン・ケープ大学学長を務める。89年9月ケープタウンで反アパルトヘイトのデモ行進に参加し逮捕された。"南アのマーティン・ルーサー・キング"と呼ばれる。95～99年真実和解委員会委員長。約2年半にわたり、アパルトヘイト（人種隔離）時代の南アフリカで起きた人権侵害、犯罪を調査する。98年10月マンデラ大統領に最終報告書を提出、また国民に公表した。86年広島での"86平和サミット"出席のため来日、2006年11月"広島国際平和会議2006"に出席のため再来日。　[賞]ノーベル平和賞（1984年）, 名誉博士号（ケント大学, ハーバード大学, アバディーン大学, コロンビア大学, マウントアリソン大学, オックスフォード大学）, ロンドン大学キングズ・カレッジ・フェロー, オナシス財団賞, マーティン・ルーサー・キング記念賞（1986年）, 第三世界賞（1989年）, FIFA会長賞（2010年）

ツベトコヴィッチ, ミルコ

Cvetković, Mirko

1950.8.16～

セルビア首相　エコノミスト　[出]ユーゴスラビア・セルビア共和国ザイェチャル（セルビア）　[学]ベオグラード大学経済学部卒 経済学博士（ベオグラード大学）　[歴]世界銀行や国連開発計画（UNDP）の民間コンサルタントとして、インド、ソマリアなどで経済開発プロジェクトを手がける。2001年ユーゴスラビア連邦の経済・民営化省副大臣、03年セルビア・モンテネグロ民営化庁長官を歴任。07年5月コシュトニツァ政権（民主党）でセルビア財務相を務めた。08年5月の議会選で民主党を中心とする政党連合が対欧州連合（EU）強硬派の民族派政党を破って第1党となり、7月首相に就任。11年財務相兼任。タディッチ大統領の側近の一人として知られる。12年7月首相退任。

ツポウ4世

Tupou IV

1918.7.4～2006.9.10

トンガ国王　[出]ヌクアロファ　[名]Taufa'ahau Tupou IV　[学]シドニー大学（1938年）卒　[歴]皇太子時代は1949年から16年間、首相兼外相として活躍。65年母のサローテ女王死去に伴い即位。以後、約40年に及ぶ治世で同国の教育、保健向上、インフラ整備などの近代化に尽力した。70年に英国から独立。身長が2メートル、体重が200キロという巨体の持ち主で、76年のギネスブックに体重209.5キロの"世界一重い国王"として掲載されたこともある。その後、130キロ台に減量したとされる。親日家で度々来日した。　[賞]大東文化大学名誉博士号（1995年）　[家]息子＝ツポウ5世（トンガ国王）, ツポウ6世（トンガ国王）

ツポウ5世

Tupou V

1948.5.4～2012.3.18

トンガ国王　[名]George Tupou V　[学]オックスフォード大学卒　[歴]1966年トンガ皇太子。駐英公使、79～98年外相、国防相を歴任。2006年9月父のツポウ4世の死去に伴い国王に即位。直後に民主化の遅れに抗議す

る暴動が起きたことを受け、民主化推進に尽力。10年に初の民主的な選挙を実施した。未婚だが、王女がいる。親日家として知られ、頻繁に日本を訪問、11年には天皇・皇后両陛下と昼食をともにした。 [家]父＝ツポウ4世（トンガ国王），弟＝ツポウ6世（トンガ国王）

ツポウ6世

Tupou VI

1959.7.12〜

トンガ国王 [出]ヌクアロファ [学]米国海軍大学卒，ボンド大学（オーストラリア） [歴]父はトンガ国王のツポウ4世、兄はツポウ5世。1998年トンガ外務・国防相、2000〜06年首相兼外務・国防相。06年9月皇太子。12年3月兄の死去に伴い国王に即位。 [家]父＝ツポウ4世（トンガ国王），兄＝ツポウ5世（トンガ国王），息子＝ツポウトア・ウルカララ（トンガ皇太子）

ツルベンコフスキ，ブランコ

Crvenkovski, Branko

1962.10.12〜

マケドニア大統領・首相 [出]ユーゴスラビア・ボスニア・ヘルツェゴビナ共和国サラエボ [学]スコピエ大学卒 [歴]1987〜90年SEMOS会社のコンピューター技術者。90年〜2004年マケドニア国会議員。1990〜92年左派政党のマケドニア社会民主同盟（SDUM）議長、91年〜2004年同党首。1992〜98年マケドニア首相。2002年9月総選挙で社会民主同盟が勝利し、11月首相に返り咲く。04年4月大統領決選投票で勝利し、5月就任。09年4月任期満了で退任。

【テ】

デアラウジョ，ルイ・マリア

De Araújo, Rui Maria

1964.5.21〜

東ティモール首相　医師 [出]ポルトガル領ティモール・コファリマ（東ティモール） [学]ウダヤナ大学（インドネシア・バリ島）医学部（1994年）卒，オタゴ大学（ニュージーランド） [歴]大学時代、東ティモール学生レジスタンスグループのRENETILに参加。1990年東ティモール独立革命戦線（フレティリン）に参加。94〜98年医師としてディリ州立病院に勤務。東ティモール独立後の2001〜06年初代保健相。06〜07年副首相。15年2月首相に就任。17年9月退任、アルカティリ新首相の下で保健相を務める。

テアンナキ，テアタオ

Teannaki, Teatao

1936〜2016.10.11

キリバス大統領 [学]キリバス・セントジョセフ・カレッジ卒 [歴]1959年公務員となったが、72年英国に留学。74年キリバス代表議会議員に当選。76年国務相、78年教育相など各種閣僚ポストを歴任後、79〜91年副大統領兼財務相。独立以来大統領を務めてきたタバイの任期終了により、91年大統領に就任。94年の総選挙で大敗し辞任。

丁 関根　てい・かんこん

Ding Guan-gen

1929.9〜2012.7.22

中国共産党政治局員・中央宣伝部長，中国鉄道相 [出]江蘇省無錫 [学]上海交通大学鉄道運輸管理系（1951年）卒 [歴]1956年中国共産党に入党。58年鉄道部運輸総局工程師、75年同部外事局工程師、82年同部教育局長、83年全人代常務委副秘書長などを経て、85年6月鉄道相に就任。同年党中央委員、87年11月党中央政治局員候補。88年4月連続鉄道事故の責任を取り鉄道相辞任。同年8月国家計画委副主任兼国務院台湾事務弁公室主任。89年6月党中央委書記局書記となる。90年11月党中央委統一戦線工作部長兼任。92年10月党政治局員に昇格、書記局書記再選。12月イデオロギーやメディアを統括する党中央宣伝部長となり、報道規制を強める政策をとった。93年3月全人代陝西省代表。2002年引退。ブリッジ好きで知られ、06年世界ブリッジ連合会から最高栄誉賞を受賞。

程 建人　てい・けんじん

Cheng Chien-jen

1939.8.11〜

台湾外交部長（外相） [出]中国・江蘇省嘉定県（上海市嘉定区） [学]台湾政治大学外交系卒，ケンブリッジ大学卒，ジョージタウン大学 [歴]ケンブリッジ大学卒業後、台湾外交

部（外務省）に入り、在米国大使館勤務ののち、1980年同部北米局長、89年5月～92年12月常務次長（次官）。93年立法委員（国会議員）を経て、98年行政院新聞局長。99年11月～2000年5月外交部長（外相）。同年7月駐米台北経済文化代表部代表（駐米大使）に就任。

丁 薛祥 てい・せつしょう

Ding Xue-xiang

1962.9～

中国共産党中央弁公庁主任・政治局員 [出]江蘇省（原籍） [学]復旦大学管理学院卒 [歴]機械エンジニアの出身で、1982年上海材料研究所に勤務。84年中国共産党に入党。96年上海材料研究所所長。2004年上海市党委組織部副部長。習近平の最側近で、07年習の上海市党委書記時代に秘書長などを務める。12年上海市政法委書記、13年党中央弁公庁副主任兼国家主席弁公室主任。17年10月党政治局員に昇格、党内調整を取り仕切る要職である中央弁公庁主任に就任。11月の習国家主席のベトナム、ラオス外遊に同行。

ディアス・カネル・ベルムデス, ミゲル

Díaz-Canel Bermudez, Miguel

1960.4.20～

キューバ国家評議会第1副議長 [出]ビジャクララ州サンタクララ [名]Díaz-Canel Bermudez, Miguel Mario [歴]1982年キューバ革命軍に入隊。87年より青年共産主義連盟に所属。共産党に入党後、ビジャクララ州やオルギン州の幹部などを経て、2003年党政治局員。09年高等教育相、12年閣僚評議会副議長を歴任。13年革命後世代としては初めて国家評議会第1副議長に抜擢される。国家元首であるラウル・カストロ国家評議会議長の後継者と見られている。16年初来日。

ティア・バン

Tea Banh

1945.11.5～

カンボジア副首相・国防相 軍人 [出]コホコン州 [歴]コホコン州のタイ系カンボジア人の家庭に生まれる。1962年カンプチア共産党に入党後、70～75年の内戦期に民族統一戦線内で軍人としての頭角を現す。74年共産党中央と袂を分かち、78年救国団結戦線の結成に合流。85年人民革命党政権で党中央委員、89年同政治局員。87～88年、93～94年、2006年から国防相、また、1988～93年副首相、94年～2006年共同大臣、06年から副首相を務める。

ティアム, ハビブ

Thiam, Habib

1933.1.21～2017.6.26

セネガル首相 [出]ダカール [歴]1964～67年セネガル開発相、68～73年農村経済相。73年セネガル社会党から国民議会（下院）議員に当選。アブド・ディウフ大統領の下、81～83年、91～98年の2度首相を務めた。83～84年には国民議会議長を務めた。

ディウフ, アブド

Diouf, Abdou

1935.9.7～

セネガル大統領, アフリカ統一機構（OAU）議長 [出]ロガ地方 [学]ダカール大学卒, パリ大学卒 [歴]セレール人。1961年セネガル進歩同盟に参加。同年政府官房副長官、国防次官、62年外務省官房長、64年大統領政府総務長官、68年計画・産業相を歴任し、70年首相。サンゴール大統領引退に伴い81年1月大統領に昇格。2000年3月大統領選で敗れる。この間、1985～86年アフリカ統一機構（OAU）議長を務め、92年7月～93年再び同議長に選出。2003～14年国際フランス語圏機構（OIF）事務総長。1988年6月初来日。アフリカを代表する穏健派政治家で、2メートル近い長身に端正なマスクで知られる。

ディウフ, ジャック

Diouf, Jacques

1938.8.1～

国連食糧農業機関（FAO）事務局長 外交官, 作物学者 [出]サン・ルイ [学]パリ国立農業学校 Ph.D. [歴]セネガルとフランスで農業と社会科学を修める。1971～77年西部アフリカ米穀開発協会勤務。78～83年セネガル政府の科学技術研究相、85～90年西アフリカ銀行総務部長など歴任。91年国連大使を経て、94年1月から国連食糧農業機関（FAO）事務局長。3期務め、2011年退任。 [勲]旭日大綬章（日本）（2012年）

ティダ・タウォンセート

Tida Tawornseth

反独裁民主同盟（UDD）議長 [歴]1970年代、

90年代のタイ民主化運動に参加した政治運動家で、タクシン首相が失脚した2006年の軍事クーデターの後、理論的な支柱としてタクシン支持派（赤シャツ）の運動を指導。10年11月～14年3月反独裁民主同盟（UDD）議長を務めた。

ディテラ, ギド

Di Tella, Guido

1931.6.12～2001.12.31

アルゼンチン外相　外交官　[出]ブエノスアイレス　[名]Di Tella, Guido José Mario　[学]ブエノスアイレス大学卒, マサチューセッツ工科大学卒　[歴]1970年代の第3次ペロン政権下で経済次官、駐米大使などを経て、91～99年外相。この間、82年のフォークランド紛争で悪化した対英関係の改善に努め、98年のカルロス・サウル・メネム大統領の公式訪英を実現させた。

ディトリッヒ, ボリス

Dittrich, Boris

1955～

オランダ下院議員　社会活動家　[出]オランダ　[学]ライデン大学ロースクール修士課程修了　[歴]1993年にゲイであることを公表。弁護士、裁判官を経て、オランダ下院議員に当選し、同性婚の法整備に取り組む。まず、デンマークなどで施行されていた“登録パートナーシップ法”制定に取り組み、2001年には世界で初めて同性婚を認めた法案の成立に尽力した。06年下院議員を辞任。07年より国際人権団体“ヒューマン・ライツ・ウォッチ”においてLGBT（レズビアン, ゲイ, バイセクシュアル, トランスジェンダーの略）の権利を守る活動を続ける。13年LGBTの権利保護活動が評価され、オランダ政府よりJos Brink State賞を受賞。男性と結婚している。12年日本IBMの招きで来日。　[賞]Jos Brink State賞（2013年）

ディーニ, ランベルト

Dini, Lamberto

1931.3.1～

イタリア首相・外相・財務相　エコノミスト　[出]フィレンツェ　[学]フィレンツェ大学（1955年）卒　[歴]1957年米国に留学し、ミネソタ大学、ミシガン大学で学んだ後、59年国際通貨基金（IMF）に勤務。76年同理事などを歴任し、79年イタリア銀行（中央銀行）副総裁に就任。国際的に名を知られる金融の専門家として94年5月ベルルスコーニ内閣の国庫相（財務相）に起用され年金制度の改革にあたった。95年1月～96年1月イタリア首相兼国庫相。96年4月中道左派連合から総選挙へ出馬、5月プローディ政権下の外相となり、ユーロ加盟を実現させた。2001年6月退任。同年～13年ラツィオ州選出の上院議員を務め、01～06年上院副議長。フランス語、ドイツ語にも堪能。　[勲]旭日大綬章（日本）（2009年）

ディ・ピエトロ, アントニオ

Di Pietro, Antonio

1950.10.2～

イタリア公共事業相, 価値あるイタリア党創立者　法律家　[出]モリーゼ州モンテネーロ・ディ・ビザッチャ　[学]ミラノ大学法学部卒　[歴]南部の貧しい農家に生まれ、南部で特に強い政治家とマフィアの癒着関係を目の当たりに見てきた。“法と正義はどんな人間にも平等”との信念で、31歳で検察入り。1992年夏マフィアから名指しの暗殺予告を受けるが、ミラノ市政の贈収賄汚職を摘発。これをきっかけに政・官・財癒着の全国的な汚職構造の摘発が進み、それを推進した検察チーム“清い手”の中心人物として知られる。一連の汚職事件捜査で大企業の経営トップなど300人以上を逮捕、93年3月には政界の実力者クラクシ社会党書記長が辞任に追い込まれた。“良心の象徴”として国民的英雄となったが、94年12月突然辞職、カルロカッタネオ大学教授に転じる。95年政界進出をねらって新党を結成。同年収賄や職権乱用の疑いで検察から公判請求を受けたが、96年4月不起訴が決定。同年5月～11月第1次プローディ政権下で公共事業相。同年11月上院補欠選挙に左翼民主党から立候補し、圧勝。98年政党“価値あるイタリア”を結成して市民的立場から法と正義を尊重する政治を唱える。2006～08年第2次プローディ政権下で建設相（インフラ整備相）。14年価値あるイタリア党党首を退任。

ティヒッチ, スレイマン

Tihić, Sulejman

1951.11.26～2014.9.25

ボスニア・ヘルツェゴビナ幹部会員（イスラ

ム教徒代表） [出]ユーゴスラビア・ボスニア・ヘルツェゴビナ共和国ボサンスキシャマツ（ボスニア・ヘルツェゴビナ） [学]サラエボ大学 [歴]検事、弁護士などを経て、1996～99年ボスニア外相補佐官。2002年10月～06年10月ボスニア・ヘルツェゴビナ幹部会員（イスラム教徒代表）。04年2月～10月幹部会議長（国家元首）。幹部会議長は、セルビア系、クロアチア系、ボシュニャク系（イスラム教徒）の主要3民族をそれぞれ代表する幹部会員が8ケ月ごとの輪番制で務める。11年より下院議員を務めた。

ティマカタ, フレッド

Timakata, Fred

1936～1995.3.21

バヌアツ大統領 [出]シェパード島 [学]太平洋神学校（フィジー）卒 [歴]ニューカレドニアで牧師を務め、1980年独立に伴いバヌアツ副首相兼内相。85年国会議長、88年保健相を歴任後、89～94年大統領。

ディマス, スタブロス

Dimas, Stavros

1941.4.30～

ギリシャ外相, 欧州連合（EU）欧州委員会委員 [出]アテネ [学]アテネ大学（法学・経済学）卒, ニューヨーク大学修士課程修了 [歴]米国で弁護士として活動後、1977年ギリシャの中道右派、新民主主義党の国会議員を務める。ギリシャ貿易相、農相などを経て、2004年3月欧州連合（EU）の執行機関である欧州委員会の雇用・社会問題担当委員に選出、同年11月環境担当委員に就任。新化学物質規制 "REACH" の導入、自動車の二酸化炭素排出規制の策定など、EUの環境政策の強化、拡充を進める。10年2月退任。10年7月新民主主義党（ND）副党首。11年11月～12年5月ギリシャ外相。14年12月サマラス首相率いる連立与党が推す大統領候補に擁立されるが、当選に必要な票数を得られず、国会は解散を余儀なくされた。

ディミトリエフ, エミル

Dimitriev, Emil

1979.3.19～

マケドニア首相 [出]ユーゴスラビア・マケドニア共和国プロビシュティップ（マケドニア） [学]スコピエ大学卒, ベオグラード大学（セルビア）卒 [歴]大学で社会学などを学ぶ。2008年マケドニア国防省副大臣を経て、16年1月首相に就任。17年5月退任。

ディミトロフ, フィリップ

Dimitrov, Filip

1955.3～

ブルガリア首相, ブルガリア民主勢力同盟（UDF）議長 [出]ソフィア [学]フソィア大学法学部卒 [歴]大学卒業後、弁護士となり、東欧革命の進行した1989年緑の党設立に加わり、また「独立弁護士協会」設立に奔走。旧共産党には一切関係せず、野党連合「民主勢力同盟」（UDF）に参加。以後、政権側との円卓会議で活躍し、90年12月UDF議長に選出される。91年10月総選挙で第1党となり、11月首相に就任。92年10月議会での信任投票に敗れ内閣総辞職。哲学、法律に関する著書のほか、14世紀のブルガリアを題材にした歴史小説などがある。濃いヒゲと眼鏡がトレードマーク。

ティメルマン, エクトル

Timerman, Hećtor

アルゼンチン外相・貿易相 [出]ブエノスアイレス [歴]1981年コロンビア大学で国際関係学の修士号を取得。新聞・雑誌の記者などを経て、軍事政権時代に米国へ亡命。2007年クリスティナ・フェルナンデス・デ・キルチネル政権の駐米大使、10～15年アルゼンチン外相兼貿易相。

ティモシェンコ, ユリヤ

Tymoshenko, Yulia

1960.11.27～

ウクライナ首相 [出]ソ連ウクライナ共和国ドニエプロペトロフスク（ウクライナ） [名]Tymoshenko, Yulia Volodymyrivna, 旧姓（名）=Grigyan, Yulia [学]ドニエプロペトロフスク大学（1986年）卒 [歴]ロシアに近いドニエプロペトロフスクの母子家庭で育つ。大学で経済を学び、旧ソ連共産党エリートの息子と結婚後、1989年義父の援助でレンタルビデオ店を開店。95年ガス輸入最大手 "統一エネルギー機構" 社長となり、"ウクライナで最も裕福な女性" と言われた。96年国会にあたるウクライナ最高会議議員補選で当選し、政界入り。99年12月クチマ政権下でエネルギー担当の副首相となり、改革

手腕を発揮。しかし抵抗勢力の反発を買い、2001年1月解任される。同年ガス会社社長時代の汚職容疑で逮捕され、のち釈放。同年11月野党連合"ティモシェンコ連合"党首。04年11月大統領選では野党代表のユーシェンコ候補を支え、政権交代につながる"オレンジ革命"を成功に導く原動力となり、"ウクライナのジャンヌ・ダルク"と称される。05年1月ユーシェンコ大統領就任に伴い首相に任命されるが、大統領と対立し9月解任される。07年12月最高会議選挙で代表を務める政治ブロックが躍進し、首相に復帰。ロシア産天然ガスの輸入価格交渉では、プーチン首相と合意を取り付ける手腕を見せた。10年1月大統領選に立候補するが、2月の決選投票でヤヌコヴィッチ首相に敗れる。3月内閣不信任決議が可決され、即日解任された。11年8月ロシアとの天然ガス取引を巡る職権乱用罪で起訴され、10月禁錮7年の実刑判決を受け服役。13年1月には、1996年に同国で起きた実業家射殺事件を首謀したとして殺人罪で起訴されたが、2014年ヤヌコヴィッチ政権の崩壊により釈放される。09年3月初来日、日本のネットでも人気を博した。女優のような美貌で、長いブロンドを三つ編みにして後頭部に回すウクライナの農民風髪型がトレードマーク。

ティモフティ, ニコラエ
Timofti, Nicolae
1948.12.22〜
モルドバ大統領　法律家　㊐ソ連モルダビア共和国チュトゥレシティ（モルドバ）㊛Timofti, Nicolae Vasilyevich　㊡モルドバ国立大学法学部（1972年）卒　㊨1974〜76年陸軍に在籍。76年判事となり、キシニョフの裁判所に配属。80年モルダビア共和国最高裁判事。2005年モルドバ最高裁判事。11年司法官最高評議会議長。ウォロニン大統領が09年9月に辞任して以来、大統領不在は2年半に及んでいたが、12年3月議会による大統領選出の議員投票で大統領に選出される。16年退任。

テイラー, チャールズ
Taylor, Charles
1948.1.28〜
リベリア大統領　㊐モンロビア　㊛Taylor, Charles MacArthur Ghankay　㊡ベント

リー・カレッジ（米国）（1977年）卒　㊨リベリアを建国した米国の解放奴隷の子孫を父に持ち、米国の大学で経済学を学ぶ。1980年ドウ政権下で調達庁長官。84年公金横領容疑で指名手配を受け、逃亡先の米国内で逮捕。85年強制送還を待つ間に脱獄し、89年12月ドウ政権打倒を掲げリベリア国民愛国戦線（NPFL）議長として蜂起、リベリア内戦に火を付けた。95年暫定国家評議会副議長。96年停戦合意。97年7月NPFLの後身であるリベリア国民愛国党（NPP）を率いて大統領選に圧勝し、8月就任。その後も内戦は続き、2003年6月反政府勢力との停戦協定に調印。同年8月退任し、ナイジェリアに亡命するが拘束され、06年シエラレオネ国際戦犯法廷に移送された。

ティラーソン, レックス
Tillerson, Rex
1952.3.23〜
米国国務長官　実業家　㊐テキサス州ウィキタフォールズ　㊡テキサス大学オースティン校卒　㊨1975年エンジニアとして石油大手のエクソン（現・エクソン・モービル）に入社。87年まで監督職を務め、89〜92年生産部門長、99年〜2001年エクソン・モービル・ディベロップメント副社長。01年エクソン・モービル上級副社長、04年社長を経て、06〜16年会長兼CEO（最高経営責任者）。17年2月トランプ政権の国務長官に就任するが、翌18年3月イラン核合意など外交政策をめぐる考え方の相違を理由に解任される。石油事業を通じてロシアと関わりが深く、プーチン大統領とも親交がある。13年にはロシア友好勲章を受けた。　㊤ロシア友好勲章（2013年）

ティールゼ, ウォルフガング
Thierse, Wolfgang
1943.10.22〜
ドイツ連邦議会議長　㊐ドイツ・ブレスラウ（ポーランド・ブロツワフ）　㊡フンボルト大学（美学）卒　㊨ベルリンのフンボルト大学で美学を学び、同大助手。1975〜76年東ドイツ文化省に勤務。77年東ドイツ科学アカデミーに勤務。90年1月東ドイツ社会民主党に入党。90年3〜10月人民議会議員、6〜9月同党党首。90年10月のドイツ統一後は連邦議会議員、ドイツ社民党副議員団長を務

める。98年10月旧東ドイツ出身者で初の連邦議会議長に就任。2002年10月再任。

ディ・ルポ, エリオ

Di Rupo, Elio

1951.7.18〜

ベルギー首相, ワロン系社会党党首　[出]モルランベル　[学]モンス大学卒 薬学博士　[歴]南部フランス語圏ワロン地域のモルランベル出身。1歳の時にイタリア移民の炭鉱労働者だった父親が亡くなり、苦学しモンス大学で薬学博士号を取得。英国リーズ大学に留学。学生時代からワロン系社会党(PS)で活動。1982年モンス市議、2001年より市長。1989〜91年欧州議会議員、91〜95年ベルギー上院議員。94年スキャンダルで辞任した同僚の後任として副首相に就任。経済・通信相など兼任。99年PS党首となり、同年から2007年の間、2度ワロン地域政府首相を務めた。11年PS党首を退任。10年6月の総選挙から約540日かかって連立交渉が成立、11年12月首相に就任。14年10月退任。独身で、同性愛者であることを公表している。

ディレイ, トム

DeLay, Tom

1947.4.8〜

米国共和党下院院内総務　[出]テキサス州　[名]DeLay, Thomas D.　[学]ヒューストン大学卒　[歴]石油採掘員の息子としてベネズエラやテキサス州で育ち、テキサス州議会議員を経て、1984年米国下院に当選。中小企業の生き残りを目指す全米独立企業連盟(NFIB)のリーダーとして活躍。94年共和党が大勝した中間選挙後、95年下院院内幹事に就任、当時のギングリッチ下院議長の下で活動。98年ギングリッチ下院議長の辞職後共和党のまとめ役に浮上、99年院内幹事に再選。2003年1月下院院内総務に就任。以後、同じテキサス州出身のブッシュJr.大統領の右腕として議会運営や選挙対策を指導。05年9月テキサス州の選挙資金法違反で起訴され、院内総務を辞任。"ハンマー"の異名を持つ剛腕として知られる。

ティロ, ハッサン

Tiro, Hasan

1925.8.25〜2010.6.3

自由アチェ運動(GAM)最高指導者　独立運動指導者　[名]Tiro, Hasan Muhammad di　[学]コロンビア大学(米国)卒　[歴]20世紀初頭までオランダの侵略に抵抗し続けたアチェ王国の指導者の子孫。インドネシア国連代表部勤務を経てアチェに戻り、1976年独立派ゲリラ組織の自由アチェ運動(GAM)を結成。資源の利益が地元に還元されないことなどを理由にインドネシアからの独立を宣言した。スハルト政権に弾圧されて79年国外に逃れ、スウェーデンで亡命生活を送りながら独立運動を指導。ゲリラ戦で多くの犠牲者が出た。2004年のスマトラ沖地震による巨大津波の被害を受け、05年独立要求を取り下げ、政府と和平合意。政府から恩赦が適用されたが、健康上の理由などで、合意から3年が過ぎた08年10月、29年ぶりに帰国した。

ディーン, ウィリアム・パトリック

Deane, William Patrick

1931.1.4〜

オーストラリア総督, オーストラリア高等裁判所判事　法律家　[出]ビクトリア州メルボルン　[学]シドニー大学卒 法学博士(1955年)　[歴]1977〜82年ニューサウスウェールズ州最高裁判事、82〜96年オーストラリア高等裁判所判事を経て、96年〜2001年オーストラリア総督。ナイト爵位を授与。　[勲]KBE勲章

ディーン, ハワード

Dean, Howard

1948.11.17〜

米国民主党全国委員長, バーモント州知事　[出]ニューヨーク市　[学]エール大学(1971年)卒, アルバート・アインシュタイン大学医学部卒 医学博士　[歴]1978〜82年バーモント州の病院に内科医として勤務。83〜86年バーモント州選出の米国下院議員、86〜91年同州副知事を経て、91年〜2003年知事。04年大統領選の民主党予備選に出馬。一貫してイラク戦争に反対し、インターネットを駆使した前例のない選手戦術で若者層を中心に"ディーン現象"を巻き起こすが、予備選途中で撤退。05年2月〜09年1月民主党全国委員長。リベラル派。　[家]弟＝ジム・ディーン(デモクラシー・フォー・アメリカ代表)

ティン・ウ

Tin Oo

1927.3.12〜

ミャンマー国民民主連盟（NLD）議長　軍人　[出]英領インド・バセイン（ミャンマー）　[歴]1946年独立前のビルマ（現・ミャンマー）軍に入隊。独立後の国軍で、幹部候補生学校（OTS）司令官、歩兵旅団司令官などを経て、74年少将となる。同年3月ビルマ国防次官兼参謀次長から国防相兼参謀総長に昇格、ネ・ウィンの右腕と目される。76年3月権力闘争で失脚、汚職を理由に解任。若手将校によるネ・ウィン元議長暗殺未遂事件（3月）に関与したとして服役、80年出獄。85年陸軍参謀長に就任。88年8月29日ウ・ヌー元首相らとともに政界長老、退役軍人の在野組織“民主平和連盟”を結成するが、9月11日離脱。同年12月ミャンマー最大野党の国民民主連盟（NLD）議長に就任。また国家法秩序回復評議会（SLORC, のちの国家平和発展評議会＝SPDC）の第2書記となる。軍政序列4位の地位にあり、序列2位のマウン・エイ副議長に忠誠を誓う保守派と位置づけられていたが、89年7月国家破壊分子法違反容疑で軍事政権により自宅軟禁され、同年12月国家の独立と治安を乱したとして軍事法廷で懲役3年の刑を受け服役。90年中将に昇進。91年4月服役中のまま議長解任。95年3月釈放され、同年10月NLD副議長に選出されるが、政府は却下。97年4月日本から自宅に送られてきた小包爆弾が爆発、長女が死亡する。のちNLD副議長としてアウン・サン・スー・チー書記長らとともに活動。2000年9月軍施設に拘束、01年1月自宅軟禁、8月アウン・シュエNLD議長とともに自宅軟禁措置解除。03年5月暴力事件を理由にスー・チー書記長とともに拘束されカレー刑務所に収監、04年2月より再び自宅に軟禁される。10年2月、6年9ケ月ぶりに軟禁が解除された。

テイン・セイン

Thein Sein

1945.4.20〜

ミャンマー大統領　軍人　[出]英領ビルマ・エヤワディ（ミャンマー）　[学]ビルマ国軍士官学校卒　[歴]小作農の三男に生まれる。1967年ビルマ（現・ミャンマー）軍少尉。国防省主任参謀などを経て、95年三角地帯軍管区司令官、97年国家平和発展評議会（SPDC）委員。2002年中将、03年SPDC第2書記、国民会議招集委員長、04年10月SPDC第1書記。07年にソー・ウィン首相の病気に伴い首相代行に就任。ソー・ウィンの死去を受け、10月首相に就任。同年大将に昇格。10年4月総選挙に出馬のため退役。11月軍政翼賛政党・連邦発展団結党（USDP）党首として総選挙を戦い勝利。11年2月連邦議会が大統領に選出、3月就任。同年8月民主化運動指導者アウン・サン・スー・チーと会談。15年11月、民政移管後初の総選挙でUSDPがアウン・サン・スー・チー率いる国民民主連盟（NLD）に惨敗した結果を受け“平和的に政権を委譲する”との声明を発表。1960年代より続く軍事政権からの政権交代を認めた。16年大統領を退任、僧籍に入った。　[賞]アジアコスモポリタン賞大賞（第3回, 日本）（2017年）

ティン・チョー

Htin Kyaw

1946.7.20〜

ミャンマー大統領　[出]ビルマ・ラングーン（ミャンマー・ヤンゴン）　[学]ヤンゴン大学卒　[歴]アウン・サン・スー・チーと同じ高校で学ぶ。ヤンゴン大学で経済学などを専攻、ロンドン大学や米国の大学でも学び、経済学やコンピューター科学が専門。1970年代に数ケ月間研修のため日本に滞在。75年から社会主義政権下でビルマ工業省と計画・財務省の官僚を務める。92年退官してスー・チーが率いるビルマ最大野党の国民民主連盟（NLD）に参加、長年スー・チーを裏から支える。2000年政治犯として4ケ月間投獄。10年11月スー・チーが自宅軟禁から解放される。12年スー・チーが母親の名前を冠した慈善団体を設立すると役員に就任。15年11月民政移管後初の総選挙でNLDが圧勝したことを受け、16年3月大統領に就任。民主的な手続きを経て軍人出身ではない国家指導者が選出されるのは半世紀ぶり。スー・チーは新設の国家顧問と外相に就いた。父は国民的詩人・作家のミン・トゥ・ウンで、1990年の総選挙ではNLDから立候補し当選。妻はNLDの下院議員で、義父ルウィンはNLD創設メンバーの一人。　[家]父＝ミン・トゥ・ウン（詩人・作家）, 妻＝スー・スー・ルウィン（ミャンマー下院議員）

ティンデマンス, レオ

Tindemans, Leo

1922.4.16～2014.12.26

ベルギー首相, 欧州議会議員　[出]アントワープ　[名]Tindemans, Leonard Clemence　[学]アントワープ大学, ヘント大学, ルーベン大学　[歴]ルーベン大学社会学特別教授を経て、1961年ベルギー連邦下院議員に当選。65～76年エデヘム市長。68～71年地域問題相、72～73年農相、73～74年副首相兼予算相を歴任。74年3月～78年10月首相。79～81年フラマン系キリスト教民主党(CVP)党首。81年12月～89年6月外相。一方、79～81年、89～99年欧州議会議員を務め、92～94年同議会の欧州人民党(EPP)党首。ヨーロッパ統合とベルギーの国家改造に努め、75年「欧州連合」と題するティンデマンス報告を発表、波紋を呼んだ。77年にはエフモント協定を締結してベルギーの連邦制化を図った。　[賞]シャルルマーニュ賞(1976年)

ティンレイ, ジグメ

Thinley, Jigme

1952.9.9～

ブータン首相・外相　外交官　[出]ブムタン　[学]デリー大学(インド)卒, ペンシルベニア州立大学卒　[歴]国連代表部、欧州連合、欧州各国大使などを経て、1998年～2003年ブータン外相。同年から1年間首相(輪番制)を務めた後、04年内相兼文化相。ブータンの開発哲学である国民総幸福量(GNH)について内外で発言。民主化に伴い、07年ブータン調和党(DPT)を設立し党首。08年3月ブータン初の総選挙で圧勝し、4月初代首相に就任。13年7月の総選挙で敗北し、首相辞任。愛知万博で来日するなど訪日も多い。

デウバ, シェール・バハドル

Deuba, Sher Bahadur

1946.6.13～

ネパール首相, ネパール・コングレス党(NC)党首　[出]ダデルドゥラ区　[学]トリブバン大学卒, トリブバン大学大学院政治学修士課程修了　[歴]士族カーストの中農家庭に生まれる。1988～90年ロンドン・スクール・オブ・エコノミクス研究員として国際政治学を学ぶなどエリートコースを歩む一方、大学時代の65年からカトマンズ西部学生自治会議長、71～80年全ネパール学生同盟議長を務める。この間、党活動が禁じられていたパンチャヤト体制下でネパール会議派(NCP)に加わり、85年までの間に通算9年間投獄生活を経験。ネパール会議派党員として、90年の民主化闘争からリーダーとして活躍。91年下院議員に当選(極西開発区ダデルドゥラ区)。コイララ政権で91～94年内相。在野中の94～95年ネパール会議派下院国会議員団長。94年コングレス民主党党首。95年9月首相に就任。97年3月下院での信任動議で過半数の獲得に失敗し辞任。2001年7月再び首相に就任(第2次)、外相、国防相なども兼任。02年10月ギャネンドラ国王に更迭される。04年6月再度首相に任命されるが(第3次)、05年2月内閣総辞職。08年王政が廃止され、4月第1回制憲議会選挙で当選。16年3月ネパール・コングレス党(NC)党首に就任し、17年6月首相就任(第4次)。同年11～12月王政廃止後初めて実施された下院選挙でNCは統一共産党(UML)と共産党毛沢東主義派(毛派)の連合に敗れ、18年2月退任。

デオカンポ, ロベルト

De Ocampo, Roberto

フィリピン財務相　[学]ミシガン大学修士課程修了　[歴]世界銀行では、フィリピン人として初めての上席融資担当官を務めた。フィリピン開発銀行総裁などを経て、1994年ラモス政権の財務相に就任。フィリピン経済の立て直しの功績を評価され、金融雑誌「ユーロマネーマガジン」で、95年世界のベスト財務相、96年アジアのベスト財務相に選ばれた。98年1月退任。

デクエヤル, ハビエル・ペレス

De Cuéllar, Javier Pérez

1920.1.19～

ペルー首相・外相, 国連事務総長　外交官　[出]リマ　[学]リマ・カトリック大学(法学)卒　[歴]1940年ペルー外務省入り。駐スイス大使、駐ポーランド大使、69年駐ソ連大使などを経て、71～75年国連大使。この間、安全保障理事会議長も務める。75～77年キプロス紛争調停のための国連事務総長特使、79～81年国連事務次長(特別政治問題担当)、82年1月より第5代国連事務総長。この間、8年間に及んだイラン・イラク戦争の停戦で調停に取り組んだ他、キプロス問題、アフガン

問題、ペルシャ湾岸危機の解決などに奔走。90年8月には、イラクのクウェート侵攻で緊張が続く中東情勢打開のため、仲介役としてイラクのタリク・アジズ外相と会談。91年12月任期満了で事務総長退任。92年よりペルー国立銀行ニューヨーク部長。同年富士銀行欧州アドバイザリーボードメンバー。95年4月のペルー大統領選に出馬するが落選。99年4月国際オリンピック委員会(IOC)倫理委員会委員に選ばれる。2000年11月～01年7月パニアグア大統領のもと、ペルー首相兼外相。01年8月～04年9月駐フランス大使。 [賞]ネール賞(1987年), オロフ・パルメ賞(1989年)

デクラーク, フレデリク

De Klerk, Frederik

1936.3.18～

南アフリカ大統領, 南アフリカ国民党(NP)党首 [出]ヨハネスブルク [名]De Klerk, Frederik Willem [学]南アフリカ神学大学法学部(ポッチェフストルーム大学)(1958年)卒 [歴]曽祖父、父とも南アフリカ上院議員で、白人政界では"サラブレッド"と評される。1961年から弁護士業の傍ら熱心な党活動を続け、72年35歳の若さで国会議員に。以後郵政・通信相、鉱山相、内相などの閣僚を歴任。82年の強硬保守派脱党騒ぎを機に国民党トランスバール州支部長の座に就き地歩を固め、85年国民教育相兼白人閣僚評議会議長、89年2月国民党(NP)党首に。群を抜く交渉能力と統率力から"したたかな寝業師"と言われる。89年8月ボタ大統領の辞任を受け大統領代行、9月大統領に就任。以来、民主化路線の実行に邁進し、黒人解放運動指導者マンデラの釈放、解放組織33団体の合法化、86年来の全土非常事態宣言の解除、アパルトヘイト政策の撤廃などの新政策を次々に実行、世界各国の対南アメリカ経済制裁解除を引き出した。92年3月信任投票で大勝。また、核廃絶にも積極的に取り組み、91年核不拡散条約(NPT)に加盟。93年3月議会演説で原爆製造の事実と世界初の核全廃を発表した。同年12月マンデラANC議長とともにノーベル平和賞を共同受賞。94年5月制憲議会選挙でNPは第2党に後退、マンデラ政権の下で第2副大統領となるが、96年6月辞任。97年8月NP党首も辞任し、政界から引退。 [賞]ノーベル平和賞(1993年), ユネスコ平和賞(第1回)(1992年), フィラデルフィア自由賞(1993年)

デジール, アルレム

Désir, Harlem

1959.11.25～

フランス社会党第1書記(党首) [出]パリ [学]パリ大学(哲学) [歴]反人種差別の市民団体・SOSラシズムの設立に参加し、1984～92年代表を務める。99年欧州議会議員。2011年フランス社会党のオブリ第1書記が、12年の大統領選の社会党候補を決める予備選に出馬したため、7～10月第1書記代行に就任。12年10月第1書記(党首)に選出。14年退任。

デスコト, ミゲル

D'Escoto, Miguel

1933.2.5～2017.6.8

ニカラグア外相 外交官, カトリック神父 [出]米国カリフォルニア州ロサンゼルス [名]D'Escoto Brockman, Miguel [学]コロンビア大学ジャーナリズム科大学院(1962年)修士課程修了 [歴]幼少期をニカラグアで過ごした後、1947年留学のため渡米。53年ニューヨーク州メリノールのカトリック神学校に学び、61年メリノール宣教会司祭に任命され、世界各地を巡る。63年には労働者の権利擁護のための地域社会活動に取り組み、サンティアゴ周辺のスラム地区に暮らす人々の地位向上を目指し、チリで国家人民行動研究所(INAP)を創設。72年ニカラグアの首都マナグアを襲った地震の被災者援助のため、73年ニカラグア共同体総合開発基金(FUNDECI)を創設。79年7月～90年4月ニカラグア外相を務め、2008年6月第63回国連総会議長に選出された。09年8月議長として広島、長崎を訪問。11年3月空席となっていたリビアの国連大使にカダフィ政権の要請で就任。強硬な反米主義者として知られた。 [勲]カルロス・フォンセカ・アマドル勲章(1986年), ミゲル・オバンド・ブラボ枢機卿勲章(2007年) [賞]国際レーニン賞(1986年), トーマス・マートン賞(1987年)

デハーネ, ジャン・リュック

Dehaene, Jean-Luc

1940.8.7～2014.5.15

ベルギー首相 [出]フランス・モンペリエ [名]Dehaene, Jean-Luc Joseph Marie [学]ナミュール大学卒, ルーベン・カトリック大

学経済学部　[歴]学生時代から政治運動に参加、1967年北部オランダ語圏の右派キリスト教民主フランドル党（CD&V）の前身フラマン系キリスト教民主党（CVP）の青年組織副代表。72年政界入り。79年第1次マルテンス内閣で官房長。その後もマルテンス政権で81〜88年社会問題・機構改革相、88〜92年副首相兼通信・機構改革相を歴任し、92年3月連立政権の首相に就任。95年6月再任。権謀術策渦巻くベルギー政界で根回しを得意とする実力者として知られた。99年6月総選挙で敗北し、辞職。2002〜08年欧州連合（EU）将来像協議会副議長。EU欧州委員会委員長の候補にもなった他、のちのEUの基本条約、リスボン条約につながる欧州憲法草案の作成にも貢献した。1990年11月来日。

デビ, イドリス

Déby, Idriss

1952〜

チャド大統領　軍人　[出]フランス領赤道アフリカ・ベルドバ（チャド）　[名]Déby Into, Idriss　[歴]チャド北部のザグハワ族出身。1982年ハブレ政権の発足と同時に陸軍参謀総長となり、85年フランスで軍事教育を受けたのち、86年北部で反政府勢力を支援していたリビア軍撃退を陣頭指揮し、87年リビア軍を敗走させた。ハブレ大統領の軍事顧問となったが、クーデターを企てたと非難され、89年4月スーダンに亡命。リビアなどの支援を受けて反政府ゲリラ・愛国救済運動（MPS）を結成し、90年11月首都ヌジャメナに進撃を開始、同年12月国外に逃亡したハブレ大統領に代わり政権を掌握、91年3月大統領に就任。陸軍最高司令官兼任。96年7月初の複数政党制による大統領選で当選。2001年5月再選。06年5月3選。11年4月4選、8月4期目就任。

デビリヤ, レナト

De Villa, Renato

1935.7.20〜

フィリピン国防相　軍人　[出]バタンガス州サンフアン（ルソン島）　[学]フィリピン国軍士官学校卒　[歴]1968年フィリピン軍ベトナム派遣民間協力部隊司令官。69〜77年国家警察軍司令部勤務の後、地方司令官歴任。86年2月アキノ政権の国家警察軍司令官（87年参謀次長兼任）に就任。88年参謀総長となり、続発した国軍反乱事件の鎮圧に貢献した。90年12月定年退官。軍内ではラモス派の中心人物だった。91年7月国防相に就任。92年7月ラモス政権誕生後も国防相に留任。97年9月辞任。98年フィリピン大統領選に出馬するが落選。2001年1月〜5月アロヨ政権の官房長官を務めた。

テプファー, クラウス

Töpfer, Klaus

1938.7.29〜

ドイツ建設相, 国連環境計画（UNEP）事務局長　[出]バルデンブルク　[学]マインツ大学, フランクフルト大学, ミュンスター大学 Ph. D.　[歴]1972年西ドイツ・キリスト教民主連盟（CDU）入党。78年ハノーファー大学環境問題研究所所長。85年マインツ大学名誉教授。同年ラインラント・ファルツ州厚相を経て、87年環境相。91年1月統一ドイツ後のコール内閣でも環境相留任。94年11月〜98年10月第5次コール内閣で建設相（ベルリン首都移転担当）。98年〜2006年国連環境計画（UNEP）事務局長。

デブラシオ, ビル

Deblasio, Bill

1961.5.8〜

ニューヨーク市長　[出]ニューヨーク市　[学]コロンビア大学大学院修士課程修了　[歴]コロンビア大学で修士号を取得後、中米ニカラグアの左派サンディニスタ民族解放戦線（FSLN）への支援などに携わった。1990年代初めからニューヨークの行政に携わり、2002〜10年ニューヨーク市議、のち市政監督官を務めた。13年11月ニューヨーク市長に当選、14年1月就任。17年11月再選。ボストン周辺で育ち、熱烈なレッドソックス・ファンとして知られる。

デブルム, トニー

De Brum, Tony

1945.2.26〜2017.8.22

マーシャル諸島外相　[出]ツバル　[名]De Brum, Anton　[歴]1954年9歳の時、日本のマグロ漁船第五福竜丸なども被曝した、米国によるマーシャル諸島ビキニ環礁での水爆実験ブラボーを、約400キロ離れた別の環礁から目撃した。84年よりマーシャル諸島国会議員を務め、健康・環境相、財務相、外

相（79〜87年, 2008〜09年, 14〜16年）、大統領補佐相を歴任。長年に渡り、計67回に及んだ米国の核実験による被害や補償問題を訴え、14年マーシャル諸島政府が国際法上の核軍縮義務違反で核兵器保有9ケ国を国際司法裁判所（ICJ）に提訴した際に主導的な役割を果たした。気候変動への対策も訴え、15年に採択された地球温暖化対策の国際枠組み“パリ協定”では、先進国と途上国が立場を超えて連携する“野心連合”を提唱。島嶼国や欧州連合（EU）、米国など100ケ国以上が連携し、合意の道筋を作った。

デベネシア, ホセ

De Venecia, Jose

1936〜

フィリピン下院議長, アジア政党国際会議（ICAPP）議長　[出]パンガシナン州　[名]De Venecia, Jose Claveria（Jr.）　[歴]通信社記者、石油会社社長などを経て、1969〜72年、87〜98年、2001〜10年フィリピン下院議員。この間、1992〜98年下院議長。98年大統領選に出馬するが落選。2001〜08年下院議長を再度務めた。のちアジア政党国際会議（ICAPP）議長。

デホープスヘッフェル, ヤープ

De Hoop Scheffer, Jaap

1948.4.3〜

北大西洋条約機構（NATO）事務総長, オランダ外相　外交官　[出]アムステルダム　[名]De Hoop Scheffer, Jakob Gijsbert　[学]ライデン大学法学部（1974年）卒　[歴]兵役を経て、1976年オランダ外務省に入省。78〜80年北大西洋条約機構（NATO）代表部に勤務し防衛計画策定に従事。86年キリスト教民主勢力（CDA）よりオランダ下院議員に初当選、97年〜2001年同党党首を務める。02年7月〜03年12月外相。この間、1994〜97年北大西洋議会メンバー。2004年1月オランダ人として3人目となるNATO事務総長に就任。09年7月退任。

デマルコ, グイド

De Marco, Guido

1931.7.22〜2010.8.12

マルタ大統領　刑法学者　[出]英領マルタ・バレッタ（マルタ）　[学]マルタ王立大学（哲学・経済学）（1952年）卒 法学博士（マルタ王立大学）（1955年）　[歴]幼少時代、第二次大戦の戦場となったマルタで爆撃を体験した。1956年からマルタ高裁で判事を務め、64年からマルタ王立大学刑法学教授も兼務。64年マルタ共和国独立。傍ら政治家を志し、66年マルタ国民党から国会議員に初当選以来、連続当選を果たす。この間、72年同党書記長、77年副党首と党内ポストを歴任。87年5月の総選挙で国民党が16年ぶりに政権を奪回すると副首相に就任、96年まで務める。この間、87〜91年内相及び法相兼任、91〜96年と98年外相兼任。67年以来、欧州議会議員としても活動、主に人権問題に取り組んだ。90年9月第45回国連総会議長に就任（任期1年）、中東・湾岸危機の処理に当たる。99年〜2004年には大統領を務め、04年に欧州連合（EU）加盟を果たした。英語、イタリア語に堪能。古典文学に通じ、雄弁家で知られた。

デミレル, スレイマン

Demirel, Süleyman

1924.11.1〜2015.6.17

トルコ大統領・首相　[出]アナトリア地方ウスパルタ県　[学]イスタンブール工科大学（1949年）卒　[歴]土木技師、米国留学を経て、1950年アンカラ電気研究所長、55年トルコ国家水利庁長官、60年中東工業大学教授などを歴任。64年中道右派の正義党（現・正道党＝TPP）党首（81年まで）となり、65年副首相を経て、同年10月40歳の若さで首相に就任。以後、80年9月まで6度首相を務めた。80年のクーデターで逮捕され、政治活動を禁じられる。87年TPP党首として復権。91年11月7度目の首相に就任。93年5月オザル大統領の急死に伴い大統領に選出。2000年5月任期満了で退任。トルコ政界の父と呼ばれた。あだ名は“ババ（オヤジさん）”。1992年12月来日。

デメネゼス, フラディケ

De Menezes, Fradique

1942.3.21〜

サントメ・プリンシペ大統領　[出]ポルトガル領サントメ島マダレナ（サントメ・プリンシペ）　[学]ブリュッセル自由大学卒　[歴]米国シカゴで国際貿易を学び、1977〜81年ブリュッセルで米企業などに勤務。のち中道の独立民主行動（ADI）に所属。83年駐ベル

ギー大使を経て、86年マヌエル・ピント・ダコスタ大統領時代にサントメ・プリンシペ外務・協力相を務める。91年国民議会議員。トロボアダ大統領の後継者として、2001年7月の大統領選で当選、9月就任。陸軍最高司令官兼任。06年7月再選。11年9月退任。

テメル, ミシェル

Temer, Michel

1940.9.23〜

ブラジル大統領　[出]サンパウロ州チエテ　[名]Temer Lulia, Michel Miguel Elias　[学]サンパウロ州立大学(USP)法学部卒, サンパウロ・カトリック大学(PUC)法学博士(サンパウロ・カトリック大学)　[歴]レバノン移民2世で、8人きょうだいの末っ子。サンパウロ・カトリック大学(PUC)で法学修士号と博士号を取得。1964〜66年サンパウロ州教育局長付職員、70年サンパウロ州検察庁検事、83〜84年サンパウロ州検事総長、84〜86年サンパウロ州公安局長、87年ブラジル民主運動党(PMDB)からサンパウロ州選出の下院議員に初当選(6期連続当選)。92年サンパウロ州検事総長、92〜93年サンパウロ州公安局長、97年〜2001年下院議長(2期連続)。01年PMDB党首に就任。09〜10年3度目の下院議長、11年副大統領、15年再任。ルセフ大統領を支える立場でありながら、PMDBは連立を離脱。弾劾裁判開始でルセフ大統領が停職となり、16年5月大統領代行。ルセフ大統領罷免に伴い、8月大統領に昇格。

デメロ, セルジオ・ビエイラ

De Mello, Sergio Vieira

1948.3.15〜2003.8.19

国連事務総長イラク特別代表, 国連人権高等弁務官　[出]リオデジャネイロ　[学]ソルボンヌ大学(哲学)卒 Ph.D.　[歴]リオデジャネイロの高校を卒業後、ソルボンヌ大学で哲学を学び、学士、修士と2つの博士号を取る。1969年国連難民高等弁務官事務所(UNHCR)に入り、アルゼンチン事務所代表を経て、88年アジア大洋州局長。89年再び増加したインドシナ難民問題の理解を求めて来日。国連難民高等弁務官補を経て、98年1月人道援助機関の調整や政策立案を行う緊急援助調整官室長(国連事務次長)に就任。のち国連コソボ暫定統治機構(UNMIK)暫定特別代表、99年11月〜2002年5月国連東ティモール暫定統治機構(UNTAET)事務総長特別代表を経て、02年9月国連人権高等弁務官。03年5月アナン事務総長に請われイラク担当の国連事務総長特別代表に就任、6月バクダッド入り。イラク戦争後の復興事業に取り組んだ。将来の事務総長候補とも言われていたエリートだったが、同年8月バグダッドの国連本部事務所で起きた爆弾テロ事件により死亡した。英語やフランス語、スペイン語を自在に駆使した説得力ある口調と抜群の行動力を持ち、緒方貞子元国連難民高等弁務官ら日本人の国連職員や外交官にも知己が多かった。

デューア, ドナルド

Dewar, Donald

1937.8.21〜2000.10.11

スコットランド自治政府首相　[出]ストラスクライド州グラスゴー(スコットランド)　[名]Dewar, Donald Campbell　[学]グラスゴー大学　[歴]1966年英国下院議員(労働党)に初当選。70年議席を失うが、78年補欠選挙で下院に復帰、81〜92年影の内閣のスコットランド相を経て、97年5月ブレア政権誕生に伴い、正式に同相に就任。地方分権を進め、99年5月、292年ぶりに復活したスコットランド議会で労働党を第一党に導き、自治政府初の首相に就任。2000年4月スコットランド首相として初来日。

デュフロ, セシル

Duflot, Cécile

1975.4.1〜

フランス地域間平等・住宅相　[出]ヴァル・ド・マルヌ県ヴィルヌーヴ・サン・ジョルジュ　[学]エセック経済商科大学院大学卒　[歴]父は鉄道員、母は学校教員だった。環境保護活動に関わり、2003年緑の党執行部代表、05年党全国報道官、06年党全国書記を経て、10年ヨーロッパ・エコロジー緑の党(EELV)全国書記に就任。社会党と協議し、縮原発の合意をまとめた。04年ヴィルヌーヴ・サン・ジョルジュ市議会議員、08年同副市長、10年イール・ド・フランス地域圏議会議員を歴任。12年37歳でオランド政権の地域間平等・住宅相に就任。14年退任。4児の母。

テラビ, ウィリー

Telavi, Willy

ツバル首相　㋲サウスパシフィック大学,
ノーザンテリトリー大学（現・チャールズ・
ダーウィン大学）　㋙1993～2009年ツバル
警視総監。06年国会議員に当選し, 内相に
就任。10年より首相を兼務。13年退任。

デ・ラ・プエンテ, オスカル・フランシスコ

De La Puente, Oscar Francisco

1938.10.4～

ペルー首相　㋪リマ　㋲サンマルコ国立大学
卒, マドリード大学卒　㋙1960年代後半に不
動産の法律顧問などを経て, 71～75年石油
会社の法律顧問となり, 傍ら73年国際労働機
構（ILO）に勤務, 82～84年日刊紙「ラプレ
ンサ」の発行人, 90年リマ貯蓄銀行会長。91
年フジモリ政権のもとで教育相（文相）, 住
宅建設相を歴任。92年4月デロスエロス首相
がフジモリ大統領の非情大権発動に抗議し
て辞任したため, 5月首相に就任, さらに外
相も辞任したため外相も兼務。93年8月首相
退任。

デラルア, フェルナンド

De La Rúa, Fernando

1937.9.15～

アルゼンチン大統領　法学者　㋪コルドバ州
コルドバ市　㋲コルドバ大学法学部卒　㋙弁
護士。20代で中流階級が主な支持基盤のア
ルゼンチン急進党に入党。1963～66年内相。
73年上院議員に初当選。76年クーデターで
失職。83年再選。96年からブエノスアイレ
ス市長を務め, 99年10月野党連合・同盟から
アルゼンチン大統領に当選, 12月就任。2001
年12月与野党連立政権の樹立工作に失敗し,
任期途中で辞任。一方, ブエノスアイレス
大学で訴訟法の教授も務める。ドイツ語, 英
語, イタリア語も話す。親日家で知られ, 日
本アルゼンチン友好議員連盟の創設者。

デーリー, ウィリアム

Daley, William

1948.8.9～

米国大統領首席補佐官　実業家　㋪イリノ
イ州シカゴ　㋲ロヨラ大学卒, ジョン・マー
シャル法律学校　㋙父と兄がともに元シカ
ゴ市長という政治家一家に育つ。弁護士, 銀

行家として活躍する一方, 中西部民主党組織
内でも手腕を発揮。1992年の大統領選での
働きと93年の北米自由貿易協定（NAFTA）
の議会承認でクリントン大統領に認められ,
97年1月～2000年7月クリントン政権で商務
長官を務めた。01～04年通信大手のSBCコ
ミュニケーションズ社長, 04～11年J.P.モー
ガン・チェースの中西部部門会長を歴任。11
年1月～12年1月オバマ政権で大統領首席補
佐官を務めた。　㋞父＝リチャード・ジョセ
フ・デーリー（元シカゴ市長）, 兄＝リチャー
ド・デーリー（元シカゴ市長）

デルカスティージョ, ホルヘ

Del Castillo, Jorge

1950.7.2～

ペルー首相, ペルー・アプラ党（PAP）幹事
長　㋪リマ　㋞Del Castillo Gálves, Jorge
Alfonso Alejandro　㋲サンマルコス国立大
学（1974年）卒　㋙1987～89年リマ市長を経
て, 95年ペルー国会議員に当選。2006年7月
首相に就任。08年10月石油汚職によって内
閣総辞職。この間, 1999年～2006年, 10～
14年ペルー・アプラ党（PAP）幹事長。

テルジッチ, アドナン

Terzić, Adnan

1960.4.5～

ボスニア・ヘルツェゴビナ閣僚評議会議長
㋪ユーゴスラビア・クロアチア共和国ザグレ
ブ（クロアチア）　㋲サラエボ大学土木工学
部（1986年）卒　㋙ムスリム系。1995～96年
トラブニク市執行評議会議長, 96年～2001
年ボスニア中央カントン輪番制知事及び副
知事, 00～02年ボスニア・ヘルツェゴビナ
連邦代議院, 民主行動党（SDA）院内総務,
01年10月SDA副党首, 03～07年閣僚評議会
議長（首相に相当）。

デルビシュ, ケマル

Derviş, Kemal

1949.1.10～

トルコ財務相, 国連開発計画（UNDP）総裁
経済学者　㋪イスタンブール　㋲ロンドン・
スクール・オブ・エコノミクス卒, プリン
ストン大学大学院博士課程修了　経済学博士
（プリンストン大学）　㋙1973年中東工科大
学講師, 77年プリンストン大学経済学部講
師を務める。富める人と貧しい人が出るわ

けを知りたいとの思いから78年世界銀行に入行。96年副総裁となりバルカン復興支援を指揮。2001年3月トルコ財務相に就任、国営企業民営化など既得権益に切り込み、トルコを経済危機から救った。共和人民党に入党し、02年11月〜05年5月トルコ国会議員。05年8月国連開発計画（UNDP）総裁に英米以外から初めて就任。09年退任。　㉘旭日大綬章（日本）（2009年）

テルペトロシャン, レボン
Ter-Petrosyan, Levon
1945.1.9〜
アルメニア大統領　㉧シリア・アレッポ　㉛Ter-Petrosyan, Levon Akopovich　㉕エレバン大学卒, レニングラード大学大学院修了 哲学博士　㉙アルメニア共和国科学アカデミー附属文学大学の学術研究員、エレバン古文書保管所上級学術研究員を歴任。民族運動指導者として1990年8月同共和国最高会議議長に就任し、91年10月大統領選で当選、11月就任。96年再選。アゼルバイジャンのナゴルノカラバフ自治州の領土問題をめぐり与党内部対立が激化、一部閣僚が辞任する事態に至ったため、98年2月辞任。フランス語など数ケ国語に通じる。

デルポンテ, カルラ
Delponte, Carla
1947.2.9〜
旧ユーゴスラビア国際戦争犯罪法廷（ICTFY）主任検事, スイス検事総長　法律家, 外交官　㉧ルガノ　㉕ベルン大学, ジュネーブ大学　㉙ベルンなどで法律を学び、ルガノの法律事務所を経て、1981〜94年ルガノの検察官として麻薬・武器密輸事件などを担当。94年〜2000年スイス検事総長。1999年9月から旧ユーゴスラビア国際戦争犯罪法廷（ICTFY）主任検事。2001年1月旧ユーゴスラビアのコシュトニツァ大統領と会談し、ミロシェヴィッチ元大統領の身柄引き渡しを要求。抵抗を押し切り、同年7月元大統領を国際戦犯法廷の初公判に引き出した。07年12月退任。1999年〜2003年ルワンダ国際犯罪法廷の主任検事兼任。08〜11年駐アルゼンチン大使。12年よりシリア問題に関する国連調査委員会調査官を務める。　㉘国際ソロプチミスト平和賞（2007年）

デレイケ, エリック
Derycke, Eric
1949.10.28〜
ベルギー外相　法律家　㉧ワレヘム　㉕ヘント大学卒　㉙1972年よりコルトレイクの弁護士。84年からベルギー連邦下院議員（社会党）を務め、90〜91年マルテンス政権で科学政策相、91年開発協力担当国務相、続くデハーネ政権でも95年まで留任。95〜99年外相。2007年より憲法裁判所判事を務める。

デレオン・カルピオ, ラミロ
De Leon Carpio, Ramiro
1942.1.12〜2002.4.16
グアテマラ大統領　法学者　㉧グアテマラシティ　㉕ラファエル・ランディバル大学（憲法学）卒　㉙憲法学の権威として知られ、母校のラファエル・ランディバル大学教授を務めた。またグアテマラ国立中央銀行の法律顧問や砂糖業協会専務理事などを歴任。1980年代に国家中央同盟（UCN）の創設に参加。85年軍政から民政に移行する時の新憲法制定議会の議長を務めた。同年大統領選にUCN副大統領候補として出馬したが敗北。その後UCNを離れ、89年国会の指名により人権擁護官となる。93年6月議会解散の強権措置発動で失脚したセラノ大統領にかわり大統領に就任。96年1月まで務めた。

テレシチェンコ, セルゲイ
Tereshchenko, Sergei
1951.3.30〜
カザフスタン首相　㉧レソザヴォック　㉛Tereshchenko, Sergei Aleksandrovich　㉕カザフ国立農業大学（1973年）卒、アルマ・アタ高等党学校（通信教育）（1986年）卒　㉙1973年カザフスタン・チムケント州クイブィシェフ（名称コルホーズ）農業技師長となり、75年ソ連共産党入党。同年チムケント州チュリクバス区コムソモール委第1書記、79年同区党委組織部長、81年同州ブグニ区党委第2書記、83年同州レンゲル区党委第1書記。85年同党党委書記、86〜90年同州ソビエト執行委員長。89〜90年カザフスタン共和国大臣会議第1副議長、90年同最高会議第1副議長、同副大統領を経て、91年首相に就任。94年退任。

田 紀雲 でん・きうん
Tian Ji-yun
1929.6〜
中国副首相, 中国全国人民代表大会（全人代）常務副委員長　[出]山東省肥城県　[歴]1945年中国共産党入党。47年土地改革工作組組長。49年以後、貴州省財政庁副科長、弁公室主任、副庁長など歴任。文革で批判されたが、69年四川省に移り、同省財政局局長、財政庁長を務め、趙紫陽政権成立後の81年8月国務院副秘書長に転出。82年9月党中央委員。83年6月副首相兼秘書長に就任し経済改革を推進。85年9月党政治局員兼中央書記。87年11月中央書記解任。88年副首相再選。趙紫陽の側近といわれたが、趙失脚後も現職を維持。92年10月党政治局員再選。93年3月全人代常務副委員長選出、副首相退任。2002年11月党政治局員退任。03年3月全人代常務副委員長退任。

田 弘茂 でん・こうも
Tien Hung-mao
1938.11.7〜
台湾外交部長（外相）　政治学者　[出]台南　[学]台湾東海大学政治学科（1961年）卒, ウィスコンシン大学大学院（1966年）修士課程修了 政治学博士（ウィスコンシン大学）（1969年）　[歴]フーバー研究所客員研究員、台湾研究委員会およびアジア研究学会の座長などを経て、1968年よりウィスコンシン大学政治学部教授。91年台湾に戻り、シンクタンク・国策研究センター院長。96年総統府国策顧問。97年国家統一委員会委員。98年国策研究センターを改組した国策研究院の院長となる。2000年5月台湾初の民進党政権で外交部長（外相）に就任。02年2月退任。16年8月対中窓口機関である海峡交流基金会理事長に起用される。

田 成平 でん・せいへい
Tian Cheng-ping
1945.1〜
中国労働社会保障相, 中国共産党中央委員　[出]河北省大名県　[学]清華大学土木建築系（1968年）卒　[歴]1964年中国共産党入党。83年北京燕山石油化工公司党委副書記、84年北京市西城区党委書記などを経て、88年青海省党委副書記。92年12月青海省副省長、93年1月青海省長。97年4月青海省党委書記。99年山西省党委書記。2003年全人代山西省常任委員長。05〜07年労働社会保障相。一方、1987〜97年党中央委員候補、97年〜2007年党中央委員。

田 聡明 でん・そうめい
Tian Cong-ming
1943.5〜2017.12.26
中国共産党中央委員　[出]陝西省府谷県　[学]北京師範大学政治教育系（1970年）卒　[歴]1965年中国共産党に入党。74〜80年中国国営通信・新華社内モンゴル支社記者。内モンゴル自治区党委員会に転出し、84年同委副書記、88年11月チベット自治区党委員会副書記、12月対外宣伝担当。90年国務院広播電影電視部副部長（放送映画テレビ省次官）を経て、98年4月総局長。2000〜08年国営通信の新華社社長。02年11月〜07年10月党中央委員。

デンクタシュ, ラウフ
Denktas, Rauf
1924.1.27〜2012.1.13
北キプロス・トルコ共和国大統領　[出]キプロス・パフォス　[学]リンコン法学院（ロンドン）卒　[歴]弁護士となり、1949年検事総長代理。58〜60年トルコ系住民自治体首席代表、60年トルコ系住民自治評議会議長、70年再選。73年キプロス共和国副大統領。74年のキプロス紛争（ギリシャとトルコの介入で南北に分裂）後、トルコ軍占領下でトルコ系住民地区代表として、75年2月“キプロス連邦トルコ系住民共和国”の樹立を宣言、大統領に選出。83年11月北キプロス・トルコ共和国の独立を宣言し、大統領に就任。南北再統合には反対の立場を堅持し、2005年4月まで大統領を5期務めた。北キプロス・トルコ共和国はトルコのみ承認しており、国際的には認められていない。

テンジン, ロブサン
Tenzin, Lobsang
1939.11.5〜
チベット亡命政府首相, チベット仏教（ラマ教）指導者　[出]チベット・ジョル（中国雲南省）　[名]僧侶名＝サムドン・リンポチェ〈Samdhong Rinpoche〉　[歴]1944年サムドン・リンポチェ4世の転生として認定される。59年3月反中国のラマ教僧侶、貴族、数万の

一般民衆がラサ市で起こした“チベット反乱事件”(チベット動乱)で、インドへ亡命。68年チベット仏教顕教の最高学位・ララムパ、69年チベット密教の最高学位・ガクリムパを受け、71年より高等チベット中央学院の学院長を務める。91年ダライ・ラマ14世より亡命チベット代表者議会(ATPD)議員に任命され、満場一致で議長に選出される。96年カム地方からATPD議員に選出され、再び同議長。2001年初の直接選挙によりチベット亡命政府首相に就任、11年まで務めた。

【ト】

杜 青林　と・せいりん
Du Qing-lin
1946.11～
中国人民政治協商会議(政協)副主席, 中国共産党中央委員　[出]吉林省磐石県　[学]東北師範大学政治教育系(通信教育)(1984年)卒　[歴]1966年中国共産党に入党。共青団吉林省委員会書記、長春市党委副書記、吉林省党委組織部部長などを経て、88年吉林省党委副書記。92年海南省党委副書記、98年同省党委書記、2001年農業相、06年四川省党委書記。この間、1992年10月党中央委員候補、97年より党中央委員。2007年12月台湾問題や華僑・華人対策、宗教・民族問題を担当する党中央統一戦線工作部長。党書記局書記。08年人民政治協商会議(政協)副主席に就任。13年3月再任。

トアファ, マアティア
Toafa, Maatia
1954.5.1～
ツバル首相・外相・労相　[出]ナヌメア　[歴]ツバル副首相を経て、2004～06年首相(外相・労相兼務)。

ドアマラル, ディオゴ・フレイタス
Do Amaral, Diogo Freitas
1941.7.21～
ポルトガル副首相・外相　政治学者　[学]リスボン大学卒 Ph.D.　[歴]1968年リスボン大学法学部教授を経て、74年ポルトガル社会民主中央党(CDS)設立を機に政界入り。80年副首相兼外相となり、同年12月サカルネイロ首相が飛行機事故で死亡したのを受け、暫定首相に就任。81～83年副首相兼国防相。86年大統領選に出馬。95～96年第50回国連総会議長を務める。2001年再び大統領選に出馬するが大差で敗れる。

ドイニン, イキリル
Dhoinine, Ikililou
1962.8.14～
コモロ大統領　[出]フランス領コモロ諸島ムワリ島(コモロ)　[歴]ギニアの首都コナクリの大学で学び、帰国し薬剤師に。政界入りし、コモロ財務相などを経て、2008年よりサンビ大統領の下で副大統領を務める。10年12月大統領選決選投票で勝利し、11年5月就任。16年退任。

ドイブラー・グメリン, ヘルタ
Däubler-Gmelin, Herta
1943.8.12～
ドイツ法相, ドイツ社会民主党(SPD)副党首　[出]チェコスロバキア・ブラチスラバ(スロバキア)　[学]テュービンゲン大学卒, ベルリン大学 法学博士　[歴]父親はテュービンゲンで保守系の市長を務めた。1965年ドイツ社会民主党(SPD)に入党。大学卒業後弁護士をしながら、ヘッセン州南部で党活動を開始、72年総選挙で初当選。81年議会代表団の一員として日本訪問。88年SPD結党以来初の女性副党首となる。98年シュレーダー政権で法相に就任。2002年9月総選挙でキリスト教民主同盟(CDU)の候補に敗退、選挙後に法相辞任。

唐 英年　とう・えいねん
Tang Ying-yen
1952.9.6～
香港特別行政区政務官　[出]中国・江蘇省無錫(原籍)　[名]英語名＝タン, ヘンリー〈Tang, Henry〉　[学]ミシガン大学卒　[歴]米国に留学し、ミシガン大学を卒業後、1976年香港に戻る。実業家を経て、91～98年香港立法評議会議員。94年香港事務顧問、香港工業総会会長、香港産業連盟会長などを歴任。2002年7月商工科学技術長官を経て、03年8月特別行政区財務長官、07～11年政務官を務めた。　[賞]香港青年実業家賞(1989年), 香港

理工大学名誉経理学博士号, 香港城址大学名誉法学博士号

唐 家璇 とう・かせん

Tang Jia-xuan

1938.1〜

中国国務委員（外交担当）・外相, 中国共産党中央委員　外交官　[出]上海　[学]復旦大学英語系（1958年）卒, 北京大学日本語学科（1962年）卒　[歴]1962年中国外務省に入り、64年から通訳に従事。72年日中国交正常化の外交交渉に参加。73年中国共産党入党。75年中日友好協会理事となり、同代表団秘書長として訪日。78年在日大使館2等書記官、80年1等書記官。83年帰国し、外務省アジア局副局長。88〜91年在日大使館参事官・公使、91年外相助理（外務次官補）を経て、93年3月外務次官。97年外務省党委書記、党中央委員。98年3月〜2003年3月外相。03年3月副首相クラスに当たる国務委員（外交担当）に昇格。07年10月党中央委員退任。08年3月国務委員退任。09年11月新日中友好21世紀委員会座長。12年3月中日友好協会会長。知日家。　[家]妻＝趙 永華

董 建華 とう・けんか

Tung Chee-hwa

1937.5.29〜

香港特別行政区行政長官, 中国人民政治協商会議（政協）副主席　実業家　[出]上海　[学]リバプール大学（1960年）卒　[歴]香港の海運王、董浩雲の長男。1947年家族とともに香港へ移住。米国の企業勤務を経て、69年香港に戻り、父の海運会社オリエント・オーバーシーズ社（OOIL）に入社、79年父の跡を継いで同社会長に就任。92年10月パッテン総督から行政評議会議員に指名される。95年12月香港特別行政区準備委員会の副主任に選任され、96年6月香港特別行政区行政長官選挙に立候補、12月当選。97年7月1日英国から香港が返還され、初代行政長官に就任。2002年7月再任。05年3月任期途中で行政長官を辞任。1993年より中国人民政治協商会議（政協）委員、2005年3月同副主席。　[家]父＝董 浩雲（実業家）

唐 飛 とう・ひ

Tang Fei

1932.3.15〜

台湾行政院院長（首相）　軍人　[出]中国・江蘇省太倉　[学]台湾空軍軍官学校卒, 三軍大学空軍学院卒, 戦争学院卒　[歴]16歳から台湾国民党に所属。台湾空軍軍官学校長などを経て、1989年空軍総務政戦部主任、中将。90年空軍副総司令、91年空軍2級上将、92年空軍総司令、のちに参謀総長を経て、99年国防部長（国防相）に就任。参謀総長時代、初めて立法院（国会）で答弁に立ち "開かれた軍" を印象付け、国防相時代には李登輝総統に協力し、軍の近代化を進めた。2000年3月総統選に当選した民主進歩党（民進党）の陳水扁総統により行政院院長（首相）に指名され、同年5月就任するが、10月辞任。

唐 鳳 とう・ほう

Tang Feng

1981〜

台湾政務委員（デジタル担当）　プログラマー　[名]旧姓（名）＝唐 宗漢 英語名＝タン, オードリー〈Tang, Audrey〉　[歴]新聞記者の両親の長男として生まれる。幼い頃、先天性の心臓病で運動ができなかったが、生後8ケ月で言葉を話し始め、知能指数は測定限界を超えた。小学1年生で連立方程式を解き、3年生でコンピューターのプログラムを書いた。幼稚園から小学校まで9回の転園・転校を繰り返し、不登校に転じる。ドイツで暮らしたのち、台湾の中学校に進むが、14歳で中退。15歳の時には中国語の歌詞を検索する検索エンジンを立ち上げ、16歳でインターネット起業家となりプログラミング言語「パール6」の開発で大きな役割を果たした。2014年中国とのサービス貿易協定に反対する学生が立法院（国会）を占拠した "ひまわり学生運動" では、カメラ機材やパソコンを院内に運び、学生の議論を24時間実況するシステムを立ち上げた。17年史上最年少の35歳で無任所閣僚の政務委員（デジタル担当）に就任。情報通信技術（ICT）を使い、行政に市民の声を取り込む試みや、仮想現実（VR）を活用した市民の議論の場の開設などに取り組む。自らの性別を男か女かにとらわれないトランスジェンダーで、もとは唐宗漢という男性名だったが、中性的な唐鳳に改名した。

鄧 樸方　とう・ぼくほう
Deng Pu-fang
1944〜
中国共産党中央委員　[出]四川省延安　[学]北京大学技術物理系（1968年）卒　[歴]鄧小平の長男。1965年中国共産党入党。67年文化大革命で迫害され下半身不随となる。80年10月〜81年2月カナダで治療。84年康華発展総公司（総合商社）設立に参加。85年3月中国身体障害者福利基金会理事長。同年7月国連「身障者10年」中国組織委副主任委員、90年より主任。87年6月〜89年9月中国社会福利有奨募捐委副主任。88年3月半官半民の中国身体障害者連合会を立ち上げ、初代主席に就任。身体障害者の福利事業に取り組み、世界的に活躍。88年には国連より特別賞を受賞。97年9月より党中央委員候補、2002年より党中央委員。1998年〜2003年人民政治協商会議（政協）常任委員、08年同副主席。また北京五輪組織委員会執行会長を務め、パラリンピックを担当。08年11月身体障害者連合会主席退任。　[賞]国連特別賞（1983年），ヘンリー・ケスレー賞（1992年），国連人権賞（2003年）　[家]父＝鄧 小平（政治家），母＝卓 琳，姉＝鄧 林（水墨画家），妹＝鄧 楠（中国国家科学技術委員会副主任），鄧 榕（中国国際友好連絡会副会長），弟＝鄧 質方（実業家）

湯 曜明　とう・ようめい
Tang Yiau-min
1938.11.29〜
台湾国防部長（国防相）　軍人　[出]台中　[学]三軍大戦争学院卒，台湾陸軍軍官学校卒　[歴]1993〜95年台湾陸軍軍団司令官、95〜96年陸軍総部副総司令官を経て、96〜99年総司令官。99年2月本省人（台湾出身者）で初めて参謀総長に昇格し、2002年2月本省人初の国防部長（国防相）に就任。

トゥアデラ, フォスタン・アルシャンジュ
Touadéra, Faustin-Archange
1957.4.21〜
中央アフリカ大統領　数学者　[出]バンギ　[学]バンギ大学卒，リール第1大学（フランス）卒　数学博士（リール第1大学）　[歴]バンギ大学で学び、フランスのリール第1大学で数学の博士号を取得。数学者として教壇に立ち、バンギ大学学長などを歴任後、2008〜13年中央アフリカ首相を務める。14年7月イスラム系反政府勢力連合セレカとキリスト教系敵対勢力（アンチ・バラカ）が停戦合意。15年5月国民和解フォーラムが開催される。同年2月〜16年3月憲法国民投票、大統領選挙、国民議会選挙が順次実施され、16年2月の大統領選決選投票を経て、3月大統領に就任。

ドゥアルデ, エドゥアルド
Duhalde, Eduardo
1941.10.5〜
アルゼンチン大統領　[出]ブエノスアイレス州ロマスデサモラ　[名]Duhalde Maldonado, Eduardo Alberto　[学]ブエノスアイレス大学（1970年）卒　[歴]中産階級の出身。弁護士や大学教授などを経て、1987年正義党（ペロン党）からアルゼンチン下院議員に当選、下院第1副議長。89年メネム政権の副大統領、91〜99年ブエノスアイレス州知事を歴任。99年大統領選に出馬するがデラルアに大敗。2001年10月上院議員に当選、正義党を上下両院の最大勢力に復帰させる立役者となる。02年1月大統領に就任。03年5月退任。麻薬撲滅運動に取り組み、「麻薬なき世界を目指し」（1994年）などの著書がある。

ドゥアルテ, ニカノル
Duarte, Nicanor
1956.10.11〜
パラグアイ大統領　[出]コロネルオビエド　[名]Duarte Frutos, Nicanor　[学]アスンシオン・カトリック大学法学部卒，アスンシオン国立大学哲学部卒，アスンシオン国立大学大学院政治学修士課程修了 Ph.D.　[歴]貧農の家庭に生まれる。大学進学後は、地元ラジオ局のスポーツ・アナウンサーや材木運びで授業料を支払った。卒業後弁護士となり、傍ら地元有力紙「ウルティマオラ」で10年間（1981〜91年）コラムニストを務める。一方、14歳の時に父親の影響でコロラド党に入党。党内で実力者に気に入られて基盤を築き、93年からワスモシ政権下などで教育文化相を2度、通算7年務める。2001年党首に就任。03年4月パラグアイ大統領選に当選、8月就任。05年10月来日。08年退任。スペイン語とグアラニ語を話す。

ドゥアンチャイ・ピチット

Douangchay Phichit
1944～2014.5.17
ラオス副首相・国防相　軍人　㊟2001年ラオス国防相となり、06年副首相兼務。14年5月行事出席のため搭乗していた軍用機がラオス北東部のシエンクアン県で墜落し、死亡した。

トゥイマレアリイファノ, バアレトア・スアラウピ2世

Tuimaleali'ifano, Va'aletoa Sualauvi II
1947.4.29～
サモア元首　法律家　㊥オーストラリア国立大学卒　㊞教員や警察幹部などを経て、1993年～2001年国王不在時に国事行為を代行する評議会メンバーを務める。04年から再び評議会メンバー。17年7月サモア元首に就任。

ドゥイヨゴ, バーナード

Dowiyogo, Bernard
1946.2.14～2003.3.9
ナウル大統領　㊥ナウル　㊥オーストラリア国立大学卒　㊞弁護士を経て、1973年以来ナウル国会議員。ナウル総合病院事務長、ナウル生協理事長などを経て、76年～2001年の間に6度大統領を務め、03年1月ハリス大統領の不信任で7度目の大統領復帰を果たした。この間、1983年法相、85年ナウル銀行会長、92年ナウル党党首、94年南太平洋フォーラム議長（1年間）などを務めた。

トゥイラエパ・サイレレ・マリエレガオイ

Tuilaepa Sailele Malielegaoi
1945.4.14～
サモア首相・外相・警察相　㊥オークランド大学（ニュージーランド）大学院商学修士課程修了　㊞青年時代はラグビー選手。1970年西サモア財務省調査官、71～73年同省経済局課長補佐、73～78年同省副次官、78～80年アフリカ・カリブ・大平洋諸国（ACP）事務局貿易・運輸・通信担当専門官を歴任。81年西サモア国会議員に初当選。82～84年経済問題・運輸・民間航空担当相兼財務副大臣、84～85年と88年財務相、アジア開発銀行（ADB）理事会議長、91年人権擁護党（HRPP）副党首、副首相兼財務相、96年副首相兼財務相。97年7月国名が西サモアからサ

モアに変更される。98年11月首相に就任（外務・財政・税関及び国税相兼務）。2001年3月の総選挙では、HRPPが大きく議席数を落としたが、野党のサモア国家開発党（SNDP）の得票数も伸びなかったため、首相兼外相を続投。06年4月第3次内閣、11年3月第4次内閣が発足。14年4月改造。16年3月の総選挙でもHRPPが大勝し、首相に再任して第5次内閣が発足。17年8月改造。首相就任以来、外相を兼任。1997年以来、度々来日。

ド・ヴィルパン, ドミニク

De Villepin, Dominique
1953.11.14～
フランス首相　外交官　㊥モロッコ・ラバト　㊍De Villepin, Dominique Marie François René Galouzeau　㊥パリ大学、パリ政治学院、国立行政学院（ENA）卒　㊞少年時代は父親の仕事で世界中を転々とする。24歳の時、フランス共和国連合（RPR）へ参加。ENA修了後、外務省に入省。アフリカ問題担当を経て、1984～89年在米フランス大使館報道官。インド勤務を経て、92年フランスに戻り、93～95年ジュペ外相の官房長を務める。この間、94年シラク大統領の特別顧問として大統領選を支え、95年5月大統領府（エリゼ宮）事務局長となる。2002年5月再選した大統領からラファラン内閣の外相に引き上げられる。イラク戦争で米英に反対の立場をとったフランスの"顔"としての手腕を買われ、04年3月第3次ラファラン内閣の内相に昇格。05年5月首相に就任。07年の大統領選ではニコラ・サルコジと右派候補の座を争ったが、断念。同年5月退陣。04年にサルコジの追い落としを図ったとされる"クリアストリーム疑惑"で虚偽告発の罪に問われるが、10年1月パリ軽罪裁判所は無罪判決を言い渡した。歯に衣着せぬ物言いと、率直で誠実な人柄として知られる。詩人として詩集も出している。　㊞レジオン・ド・ヌール勲章シュバリエ章

ドヴォルコヴィッチ, アルカジー

Dvorkovich, Arkady
1972.3.26～
ロシア副首相　㊥ソ連ロシア共和国モスクワ（ロシア）　㊍Dvorkovich, Arkady Vladimirovich　㊥モスクワ大学経済学部（1994年）卒　㊞1994年モスクワ大学経済学

部を卒業後、97年まで米国デューク大学に留学。2001年経済発展貿易省次官などを経て、08年より大統領補佐官（経済担当）。メドヴェージェフ大統領の側近で、政権の経済政策のキーマンの一人。12年副首相に就任。

トゥスク, ドナルド

Tusk, Donald

1957.4.22〜

ポーランド首相, 欧州連合（EU）大統領　[出]グダニスク　[名]Tusk, Donald Franciszek　[学]グダニスク大学（歴史）卒　[歴]ドイツ系少数民族のカシューブ人。大工の父と看護師の母の間に生まれる。大学時代から旧共産主義体制に批判的な学生運動や“連帯”に参加し、地下活動も経験した。1991年ポーランド自由民主会議党首となり、91〜93年下院議員。自由同盟副党首を経て、97年〜2001年上院議員・副議長。01年市民プラットフォーム結成に参加、03年党首となる。01〜05年下院副議長。05年の総選挙、大統領選では、いずれもカチンスキ兄弟に敗れた。07年10月の総選挙でカチンスキ兄弟による政治混乱を嫌う世論も味方につけ、市民プラットフォームを第1党に導き、11月首相に就任。11年11月第2次内閣発足。14年9月辞表提出、12月欧州連合（EU）大統領に就任。東欧出身者がEUの重要ポストに就くのは初めてのことだった。17年6月再任。民間活力による市場経済の活性化が持論。対ロ強硬派として知られる。

ドゥダ, アンジェイ

Duda, Andrzej

1972.5.16〜

ポーランド大統領　[出]クラクフ　[名]Duda, Andrzej Sebastian　[学]ヤギェウォ大学法学部卒 法学博士　[歴]ヤギェウォ大学で法学を学び、博士号を取得。2006〜07年ポーランド法務副大臣として法律制定、裁判所・検事局のIT化、国際協力を担当。08年カチンスキ大統領時代に大統領府次官に就任。10年4月カチンスキ大統領が政府専用機の事故で亡くなったのを受けて政界入り、11年下院議員、14年欧州議会議員。15年5月大統領選に右派政党“法と正義（PiS）”から立候補、決選投票で現職のコモロフスキを僅差で破り当選、8月就任。

ドゥダーエフ, ジョハル

Dudaev, Dzakhar

1944.2〜1996.4.21

チェチェン共和国大統領　軍人　[出]チェチェン・イングーシ自治共和国　[学]ガガーリン記念ソ連空軍アカデミー卒　[歴]13歳までカザフスタンで育つ。旧ソ連軍の戦闘機パイロットで、非スラブ系民族では異例の少将まで昇進。1987〜90年エストニア配備の重爆撃機師団長。91年10月チェチェンの独立を主張するチェチェン全民族会議執行委員会がロシア共和国の反対を押し切って同年10月に強行した大統領選で当選。同年11月共和国独立の大統領令を布告。92年3月のロシア連邦条約に調印せず、同年6月ロシア連邦チェチェン・イングーシ自治共和国内で独立を宣言した。93年4月議会と政府を解散し、直轄統治に入る。94年12月ロシア軍に進攻され、95年1月のロシア軍による大統領府制圧後も、独立を求める武力闘争を指導した。96年4月ゲヒチュ村近郊で、ロシア軍のミサイル攻撃により死亡。

トゥデラ・バン・ブロイゲル・ダグラス, フランシスコ

Tudela van Breugel Douglas, Francisco

1955.7.20〜

ペルー第1副大統領　外交官　[出]リマ　[学]カトリック大学法学部卒, ロンドン大学　[歴]カトリック大学教授からペルー国会議員になり、外交委員会で実績を挙げる。1995年外相に就任。外相を務めていた96年ペルー日本大使公邸占拠事件で人質となり、97年4月救出される。同年7月国家情報局による電話盗聴の実態を暴いたテレビ局社主の国籍剥奪に抗議して外相を辞任、ハーバード大学で国際法などの研究生活を送る。99年3月フジモリ大統領の指名で国連大使に就任。2000年6月3選されたフジモリ大統領により第1副大統領に指名され、同年7月就任したが、モンテシノス国家情報部顧問の帰国問題に絡んで辞任。

ドゥテルテ, ロドリゴ

Duterte, Rodrigo

1945.3.28〜

フィリピン大統領　[出]レイテ島マアシン　[名]Duterte, Rodrigo Roa　[学]サンベダ大学卒　[歴]大学で法学を学び、南部ミンダナオ

島ダバオ市で検察官に。犯罪学の教壇にも立つ。10年働いた後、政治家に転身。1986年ダバオの副市長となり、88年市長に初当選(98年まで)。その後、2001〜10年、13〜16年ダバオ市長を務める。禁じられている連続4選を回避するため、1998年〜2001年はフィリピン下院議員、10〜13年はダバオ副市長を務め、4期目に当たる期間は娘を市長にして通算7期の長期政権を続けた。この間、超法規的で強硬な治安対策を進め“殺人の都”と呼ばれた同市を劇的に改善、フィリピンで最も住みやすい都市と評されるまでに回復させた。16年5月の大統領選では「薬物などの犯罪、汚職の撲滅」を掲げて勝利し、6月大統領に就任。過激な発言から“フィリピンのトランプ(米大統領)”ともいわれ、その言動がたびたび物議を醸している。

ドゥビニン, ユーリー

Dubinin, Yurii

1930.10.7〜2013.12.20

駐米ソ連大使　外交官　[出]ソ連ロシア共和国ナリチク(ロシア)　[名]Dubinin, Yurii Vladimirovich　[学]モスクワ国際関係研究所卒 Ph.D.　[歴]1955年ソ連外務省に入省。国連教育科学文化機関(UNESCO)書記局勤務、在フランス大使館参事官などを経て、71年外務省第1欧州(南欧)局長。その後、78〜86年駐スペイン大使、86年3〜5月駐国連大使、86年5月〜90年4月駐米大使、90年5月〜91年11月駐仏大使、96〜99年駐ウクライナ・ロシア大使を歴任。この間、86年ソ連共産党中央監査委員を務めた。

トゥボン, ジャック

Toubon, Jacques

1941.6.29〜

フランス司法相，フランス共和国連合(RPR)幹事長　[出]ニース　[学]国立行政学院(ENA)卒　[歴]1965〜76年公務員。72〜74年フランス農相官房長、74〜76年首相顧問、77〜81年共和国連合(RPR)副幹事長、81〜93年国民議会(下院)議員、84〜88年RPR幹事長。93年3月バラデュール内閣で文化・フランス語圏相。95年5月〜97年6月ジュペ内閣で司法相。2004〜09年欧州議会議員。

ドゥラン・バジェン, シクスト

Durán Ballén, Sixto

1921.7.14〜2016.11.15

エクアドル大統領　[出]米国マサチューセッツ州ボストン　[名]Durán Ballén Cordovez, Sixto Alfonso　[学]コロンビア大学建築学部卒　[歴]父親は外交官で、父の赴任先の米国で生まれる。大学卒業後、石油ブームに沸くベネズエラに長期間滞在しビル建設に携わる。27歳で政治家へ転身、キリスト教社会党(PSC)創設に参画。1948〜60年エクアドル・セントラル大学建築学部教授、学部長の傍ら、カミロ・ポンセ政権で56〜60年エクアドル公共事業相を務めた。60〜68年米州開発銀行勤務を経て、70〜78年キト市長。市長時代の78年、財政改善案で公共水道料金を引き上げ、これが祟って大統領選に敗れた。84年国会議員に当選。91年PSC党首選で敗れ離党、新党・共和連合党を結成。92年7月3度目の大統領選で当選、8月就任。96年8月まで務めた。“建築家”という肩書を好み、写真は個展を開くほどの腕前だった。91年12月訪日。

トゥルク, ダニロ

Türk, Danilo

1952.2.19〜

スロベニア大統領　[出]ユーゴスラビア・スロベニア共和国マリボル(スロベニア)　[学]リュブリャナ大学(1975年)卒, リュブリャナ大学大学院 法学博士号(リュブリャナ大学)(1982年)　[歴]1992年スロベニア初の国連大使に就任し、2000〜05年国連事務次長補(政治担当)、05年帰国し、リュブリャナ大学教授(国際法)を務める。ドルノウシェク大統領の任期満了に伴う07年11月の大統領選決選投票で当選、12月スロベニア大統領に就任(中道左派)。12年12月任期満了に伴う大統領選決選投票で、野党の中道左派・社会民主党のボルト・パホル元首相に敗れる。

トゥルチノフ, アレクサンドル

Turchynov, Oleksandr

1964.3.31〜

ウクライナ大統領代行　[出]ソ連ウクライナ共和国ドニエプロペトロフスク(ウクライナ)　[名]Turchynov, Oleksandr Valentynovych　[歴]1993年ウクライナのクチマ首相の経済顧問となり、94年同郷で当時エネ

ルギー会社幹部だったティモシェンコ元首相と知り合い、その右腕となる。98年ウクライナ最高会議（国会）議員に選出され、99年にティモシェンコが創設した政党祖国の旗揚げに参加。2004年の“オレンジ革命”では、ユーシェンコ元大統領の選対幹部を務め、ティモシェンコ首相時代には3年間第1副首相を務めた。14年2月ヤヌコヴィッチ大統領が欧州連合（EU）からロシア寄りの政策をとり追放されたのち、ウクライナ最高会議議長と大統領代行を務める。

トゥーレ，アマドゥ・トゥマニ

Touré, Amadou Toumani

1948.11.4～

マリ大統領　軍人　[出]フランス領マリ・モプチ（マリ）　[学]パリ総合軍事学院（1972年）卒　[歴]1989～90年パリの高等総合軍事学校に留学。帰国後、軍隊に入り、パラシュート部隊隊長。91年3月、23年間に渡るトラオレ軍事政権打倒のため中佐としてクーデターを起こし、大統領を逮捕。市民、軍による暫定政権・国民救済暫定委員会を設置し、議長（国家元首）に就任。92年4月マリ初の民主選挙による大統領選が行われ、マリ民主同盟のコナレが当選、6月全権限をコナレ大統領に移譲。マリに複数政党制が導入されるきっかけをつくった民政化の立役者として知られる。96年大将に昇進。2001年中央アフリカ国連総会特使。02年5月大統領に当選、6月就任。07年6月再任。12年4月退任。01年、03年9月来日。

トゥン・サライ

Thun Saray

1951.12.3～

カンボジア人権開発協会（ADHOC）会長　人権活動家　[出]コンポンチャム州オーレアンアウ郡　[学]プノンペン大学（経済学）　[歴]ロン・ノル政権時代に財務省に勤務。ポル・ポト政権下の1975～76年、再教育キャンプに収容され、苦役と空腹の日々を過ごした。人民革命党のヘン・サムリン政権下では、80～90年に社会学研究所副所長。90年改革派のウン・ポン運輸相らと新党を結成して逮捕され、91年10月まで獄中にあった。92年1月カンボジア人権開発協会（ADHOC）を設立。98年アジア人権賞を受賞。　[賞]アジア人権賞（1998年）

トカエフ，カスイムジョマルト

Tokaev, Kassimjomart

1953.5.17～

カザフスタン首相　外交官　[出]アルマトイ　[名]Tokaev, Kassimjomart Kemel-uly　[歴]外交官を経て、1994年カザフスタン外相、のち副首相を兼任。99年10月首相に就任。2002年1月辞任。

ドガン，アハメド

Dogan, Akhmed

1954.3.29～

権利と自由のための運動（MRF）議長　[名]Dogan, Akhmed Demir　[学]ソフィア大学卒　[歴]大学で哲学を学び、ブルガリア科学アカデミー哲学研究所研究員となる。1985年トルコ系住民に対する人権抑圧政策に抗議し、89年禁錮10年の宣告を受ける。体制転換期に釈放され、90年トルコ系少数民族政治団体“権利と自由のための運動”（MRF）を組織し議長となる。トルコ系・イスラム系住民の権利回復を主張し、連立与党として民主勢力同盟、社会党それぞれと政権を担う時期もあった。2013年名誉議長。

ドシャレット，エルベ

De Charette, Herve

1938.7.30～

フランス外相　[出]パリ　[学]国立行政学院（ENA）卒　[歴]国立行政学院（ENA）卒業後、フランス国務院に入る。労働行政専門家としての事務処理能力が当時のジスカールデスタン大統領の目に止まり、1977年民主連合（UDF）の中核である共和党の全国書記に登用される。86年総選挙で下院議員に当選、88年までシラク内閣で首相付公務・計画担当相を務める。91年UDF副議長。93～95年バラデュール内閣の住宅相、95～97年ジュペ内閣の外相。ジスカールデスタン支持者の集まりである“展望と現実”の会長を務めた。

トショフスキー，ヨゼフ

Tošovský, Josef

1950.9.28～

チェコ首相　銀行家　[出]チェコスロバキア・ナーホト（チェコ）　[学]プラハ経済学校卒　[歴]1973年からチェコスロバキア国立銀行に勤務、89～92年同行総裁、93年1月チェコ国立銀行総裁。97年12月ハヴェル大統領

により首相に指名され、98年1月就任。同年7月退任。

ドス・サントス, ジョゼ・エドゥアルド

Dos Santos, José Eduardo

1942.8.28〜

アンゴラ大統領　㉒ポルトガル領アンゴラ・ルアンダ（アンゴラ）　㊐アゼルバイジャン石油化学大学卒　㊨1961年アンゴラ解放人民運動（MPLA）の反ポルトガル抵抗闘争に参加。同年キンシャサに亡命。63〜69年ソ連に留学、通信工学、石油工業などを学ぶ。70年アンゴラに戻り、ゲリラ闘争に入る。74年MPLA中央委員、政治局員。75年MPLA議長。同年11月独立後、外相、第1副首相、計画相、国家計画委員長などを歴任。ネト初代大統領が79年9月モスクワで死去した後、大統領に就任。91年5月反政府組織アンゴラ全面独立民族同盟（UNITA）とルサカ和平協定に調印。92年9月初の民主的大統領選で再選。同年10月再び内戦に突入。94年11月再び和平協定に調印するが、98年12月内戦が再燃。99年1月事実上の非常事態を宣言。2002年2月UNITAの絶対的指導者だったサビンビ議長が死去。同年4月停戦協定を結び、27年間続いた内戦を終結させる。12年9月大統領再任。アフリカで史上2番目に長い38年間に渡って政権を維持したが、16年3月に政界引退を表明。17年9月退任、MPLA副議長のジョアン・ロウレンソが大統領に就任。01年来日。

ドスタム, アブドルラシド

Dostum, Abdul Rashid

1954〜

アフガニスタン第1副大統領　軍人　㉒シベルガン　㊨ウズベク人。1980年代にアフガニスタン北部で自衛団を結成、マザリシャリフを拠点とする。ナジブラ政権の第53師団長に就任、86〜92年防衛相。90年祖国党中央評議会メンバーとなる。イスラム武装勢力に合流、92年イスラム国民運動を組織。94年ヘクマティアル元首相と共に首都カブールへの攻撃を開始。2001年暫定政権の国防次官。04年大統領選は敗北。05年軍参謀長。08年家族とトルコへ移住するも、09年カルザイ大統領支持を条件に帰国。14年からガニ大統領の下、第1副大統領を務める。

ドストブラジ, フィリップ

Douste-Blazy, Philippe

1953.1.1〜

フランス外相・文化相　医師　㉒ルルド　㊎Douste-Blazy, Philippe Jean Georges Marie　㊐トゥールーズ大学卒 医学博士　㊨心臓病専門の医師で13年の臨床経験を持ち、大学教授資格を取得。1988年トゥールーズ大学教授。89年ルルド市長（〜2000年）になったのを皮切りに政界へ進出。1989〜93年欧州議会議員。93年国民議会（下院）議員となり、専門を生かして当時のバラデュール内閣の厚生担当相の政府スポークスマンを務めた。95年〜97年6月ジュペ内閣で文化相。日本とフランスの相互交流に取り組み、日仏交換美術展の旗振り役も務めた。97年総選挙の選挙運動中、背中をナイフで刺されけがを負う。2001〜04年トゥールーズ市長。04年3月〜05年5月ラファラン内閣で連帯・保健・家族相。05年6月〜07年6月ド・ヴィルパン内閣で外相。

ドッド, クリストファー

Dodd, Christopher

1944.5.27〜

米国上院議員（民主党）　㉒コネティカット州ウィリマンティック　㊎Dodd, Christopher John　㊐プロビデンス・カレッジ卒、ルイビル大学卒 法学博士　㊨1966〜68年ドミニカ共和国の平和部隊でボランティア活動を行う。73年弁護士資格を取得、75〜81年コネティカット州選出の連邦下院議員を経て、80年〜2011年同州選出の連邦上院議員（民主党）を務めた。上院銀行住宅都市委員長として、10年バーニー・フランク下院金融委員長と金融規制改革法（ドッド・フランク法）の制定を主導した。

ドディック, ミロラド

Dodik, Milorad

1959〜

セルビア人共和国首相　㊐ベオグラード大学卒　㊨ボスニア・ヘルツェゴビナ独立社会民主党党首、ラクタシ市長を経て、1998年1月セルビア人共和国（スルプスカ共和国）首相に就任。99年3月ブルチコ問題に対する裁定を不服とし、内閣総辞職。

ドドン, イーゴル

Dodon, Igor

1975.2.18～

モルドバ大統領　[出]ソ連モルダビア共和国カララシ地区（モルドバ）　[学]モルドバ農業国立大学卒　[歴]モルドバ経済アカデミーなどでの教職を経て、2006年モルドバ経済貿易相、08年第1副首相兼経済貿易相。11年モルドバ共産党を離党し、社会党の党首に選出される。16年11月大統領選（決選投票）で親欧州とされるサンドゥ候補（行動と連帯党党首）に勝利し、12月就任。親ロシア派。

トーニングシュミット, ヘレ

Thorning-Schmidt, Helle

1966.12.14～

デンマーク首相, デンマーク社会民主党党首　[出]コペンハーゲン近郊レズオウア　[学]コペンハーゲン大学卒, 欧州大学院大学修士課程修了　[歴]コペンハーゲン郊外で育ち、高校時代に平和運動にのめり込む。大学で政治学を学び、欧州連合（EU）に関心を持ち、デンマーク社会民主党に入党。労働組合のコンサルタントを経て、1999年～2004年欧州議会議員を務める。05年2月社会民主党から国会議員に初当選、4月党首に就任。11年10月中道左派政権の連立与党党首としてデンマーク初の女性首相に就任。15年6月の総選挙で社民党は第1党に復帰したが、中道左派連合全体では議席を減らし、中道右派連合が過半数を獲得したため敗北。党首と首相職を辞任。労働者を代表する政党の党首でありながら、高級ブランド・グッチの服やバッグを身につける姿から“グッチ・ヘレ”と揶揄される。夫は世界経済フォーラム幹部のスティーブン・キノックで、英国労働党党首を務めたニール・キノックは義父、ブラウン政権下で英国欧州担当相を務めたグレニス・キノックは義母にあたる。14年3月首相として来日。　[家]義父＝ニール・キノック（政治家）, 義母＝グレニス・キノック（政治家）

トピ, バミル

Topi, Bamir

1957.4.24～

アルバニア大統領　生物学者　[出]ティラナ　[名]Topi, Bamir Myrteza　[学]ティラナ農業大学卒 博士号（生物学）　[歴]大学卒業後、獣医学研究所研究員。イタリアに留学し、生物学で博士号を取得。1995年まで食品安全研究所所長。96年のアルバニア人民議会選に出馬し初当選。ベリシャ政権で97年まで農業・食料相を務め、民主党副党首に就任。2007年7月議会でモイシウ大統領の後任に選出され、就任（任期5年）。12年7月退任。

ドビルパン, ドミニク

→ド・ヴィルパン, ドミニクを見よ

トフィラウ・エティ・アレサナ

Tofilau Eti Alesana

1924.6.4～1999.3.19

サモア首相　[出]米領サモア・バイトギ　[学]中卒　[歴]1941年サモア防衛隊入隊。57年立法議会当選。59年厚相、61～63年公務員委委員、67～70年保健相、82年副首相兼財務相を経て、のち首相となるが、85年バーイ・コロネ副首相と対立し、同年12月退陣。88年7月再び首相兼外相に就任。他に移民相、公共サービス相、警察・刑務所相を兼務。97年7月国名を西サモアからサモアに変更。98年11月病気のため辞任。

トブゲイ, ツェリン

Tobgay, Tshering

1965.9.19～

ブータン首相　[出]ハ県　[名]Tobgay, Lyonchhen Tshering　[学]ピッツバーグ大学（米国, 機械工学）, ハーバード大学ケネディスクール（米国, 公共政策）（2004年）修了　[歴]米国のピッツバーグ大学で機械工学を学び、帰国してブータン教育省などに勤務。ブータン国民民主党の結成に参加し、2008年総選挙で初当選。09年党首。13年7月の総選挙に勝利し、首相に就任。

トポラーネク, ミレク

Topolánek, Mirek

1956.5.15～

チェコ首相　[出]チェコスロバキア・フセチーン（チェコ）　[学]ブルノ工科大学卒　[歴]採鉱会社などを経て、1994年チェコ市民民主党（ODS）に入党。96年～2004年上院議員、02～04年上院副議長。02年からODS議長。06年6月下院議員に当選。9月首相に任命されたが、下院から不信任を受けた。07年1月再び任命され、首相に就任。09年3月下院で不

信任決議が可決され、5月辞任。

トーマス, ティルマン
Thomas, Tillman
1945.6.13〜
グレナダ首相，グレナダ国民民主会議（NDC）党首　㋲英領グレナダ島ハーミテイジ（グレナダ）　㋐Thomas, Tillman Joseph, 別称＝Uncle Tilly　㋑ヒュー・ウッディング法科大学院（トリニダード・トバゴ）修了　㋭1984年グレナダ下院議員に初当選、87年国民民主会議（NDC）創設メンバーに。99年の総選挙でNDCが敗北後の2000年に党首となる。08年7月8日の総選挙でNDCが勝利し、翌9日首相に就任。13年2月の総選挙でNDCは自身の議席を含む全15議席を失う大敗を喫した。14年NDC党首を辞任。

ド・ムオイ
Do Muoi
1917.2.2〜
ベトナム首相，ベトナム共産党書記長　㋲フランス領インドシナ・ハノイ（ベトナム）　㋐グエン・ズイ・コン〈Nguyen Duy Cong〉　㋭漆器職人を経て、フランス植民地時代の1936年から革命運動に参加。39年インドシナ共産党に入党。41年フランス当局に逮捕され10年の刑を受けたが、3年後に出獄、地下運動に参加。45年以降北部各省の党委書記を歴任。55年ハイフォン市党委書記、58年商業相、60年ベトナム労働党（ベトナム共産党）中央委員、69年北ベトナム副首相、73年建設相兼任。南北統一後の76年ベトナム副首相兼建設相。同年ベトナム共産党政治局員候補、82年政治局員。87年5月副首相を解かれ、書記局員（常務書記）兼務に。88年6月首相に就任、刷新（ドイモイ）政策を推進。91年6月グエン・バン・リン書記長の引退に伴い書記長に就任。同年首相退任。旧ソ連をはじめとする社会主義諸国との経済協力のスペシャリストといわれた。95年4月来日。また同月国家元首として韓国を初訪問。97年12月書記長を退任。ド・ムオイは本名ではなく、"ド"は脱獄、"ムオイ"は十を意味する。

ドムブロフスキス, ヴァルディス
Dombrovskis, Valdis
1971.8.5〜

ラトビア首相　エコノミスト　㋲ソ連ラトビア共和国リガ（ラトビア）　㋒ラトビア大学，リガ工科大学，マインツ大学（ドイツ），メリーランド大学（米国）　㋭ラトビア銀行のエコノミスト、2002〜04年ラトビア財務相、04〜09年欧州議会議員を経て、09年ラトビア首相に就任。同国のユーロ導入により、貿易や投資環境を改善し、欧州への経済・政治統合を深める国家目標の実現を目指す。14年のユーロ導入を前に、13年11月首相を退任。14年ラトビア議会議員、欧州議会議員、14年11月より欧州連合（EU）欧州委員会ユーロ・社会対話担当副委員長。

トメイン, リトクワ
Tomeing, Litokwa
1939.10.14〜
マーシャル諸島大統領　㋲ウォッジェ　㋒小学校教師を経て、1965〜69年ウォッジェ市長。74〜78年信託統治下でミクロネシア議会議員を務め、自治政府発足後の79年マーシャル諸島国会議員に。92〜95年国会副議長、2000〜08年同議員。07年11月の総選挙で党首を務める統一人民党（UPP）が勝利。08年1月現職のケサイ・ノートの3選を阻止して大統領に当選。09年10月議会内の混乱を背景に、ノート元大統領を含む複数の与野党議員が提出した大統領不信任決議案が可決され、辞任した。

トモルオチル, サンジベグジーン
Tomorochir, Sanjbegziin
1950.12.24〜
モンゴル国民大会議議長　㋲アルハンガイ県　㋒モンゴル国立大学（1974年）卒　㋭大学では社会学と哲学を専攻。1974年国立師範大学講師を経て、81年モンゴル国立大学教授となり、副学長も務める。95年科学・教育相を経て、96年モンゴル国民大会議（国会）議員に当選。2000年7月モンゴル人民革命党（MPRP, 現・モンゴル人民党＝MPP）議員団長。01年10月国民大会議議長に就任。02年2月来日。

トライコフスキ, ボリス
Trajkovski, Boris
1956.6.25〜2004.2.26
マケドニア大統領　㋲ユーゴスラビア・マケドニア共和国ストルミツァ　㋒スコピエ大

学法学部（1980年）卒　[歴]スラブ系の中でも少数派のキリスト教メソジスト派。プロテスタント、メソジスト教会の牧師を務めた経験を持つ。キセラボダ市長補佐官などを経て、旧ユーゴが解体への動きを見せ始めた1990年マケドニア民族主義色の強い政党、内部マケドニア革命組織の結成に参加。98年の総選挙後に外務次官となり、コソボ紛争では30万人に上ったコソボからのアルバニア系難民の流入に、欧米諸国に支援を要請。99年12月の大統領選で与党マケドニア国家統一民主党から出馬し、アルバニア系住民の支持を得て当選。穏健派として知られ、複雑な民族構成に揺れる同国を、対話の繰り返しによって内戦再突入から救った。また欧州連合（EU）や北大西洋条約機構（NATO）への加盟路線を推進。2004年2月EU加盟申請のため訪れていたEU議長国のアイルランドから帰国途中、乗っていた政府専用機が墜落し死亡した。

ドライフス, ルート

Dreifuss, Ruth

1940.1.9～

スイス大統領　[出]サン・ガール　[学]ジュネーブ大学（1970年）卒　[歴]ユダヤ系。1960～65年ジャーナリストとして活動、64～72年ジュネーブ大学などで教鞭を執る。81～93年労働組合運動を経て、93年スイス内相に就任。のち副大統領兼内相を経て、99年1～12月大統領（任期1年の輪番制）兼内相、初のユダヤ系女性大統領となった。社会保障問題の専門家。スイス社会民主党に所属。

トラオレ, ディオンクンダ

Traoré, Dioncounda

1942.2.23～

マリ暫定大統領　[出]フランス領スーダン・カティ（マリ）　[学]モスクワ大学, アルジェ大学 博士号（ニース大学, フランス）　[歴]ソ連時代のモスクワ大学、アルジェリアのアルジェ大学で数学を学んだ後、フランスのニース大学で博士号を取得し数学教員に。労働組合で活動。マリ民主同盟（ADEMA）に加わり、コナレ大統領の下で、1992～93年公務員・労働・行政近代化相、93～94年国防相、94～97年外相。97年国会議員に初当選。2007年国会議長。反乱軍のクーデターを受け、12年4月暫定大統領に就任。当初の任期は40日間だったが、5月大統領選実施による民政移管を進めるため任期を1年延長。

トラオレ, ムサ

Traoré, Moussa

1936.9.25～

マリ大統領　軍人　[出]フランス領スーダン（マリ）　[学]フランス陸軍士官学校　[歴]フランス領スーダン（現・マリ）西部の農家に生まれる。フランスの軍事学校で学び、1959年のマリ独立後（60年）に帰国。64年マリ軍中尉。のち准将。68年11月ケイタ大統領に対する無血クーデターを指導し民族解放軍事委員会議長。ケイタ政権で導入された社会主義経済政策の一部を廃止。74年国民投票により新憲法を成立させる。79年5月単一政党の人民民主同盟（UDPM）を創設、書記長。6月の共和制移行で大統領に就任。80年までは首相も兼務した。85年6月再選。88年5月～89年7月アフリカ統一機構（OAU）議長。91年複数制要求の運動が高まり、3月軍事クーデターで失脚。93年殺人罪で妻とともに死刑判決を受けるが、後にコナレ大統領により終身刑に減刑。2002年人道的理由から赦免された。1990年来日。

ドラシュコヴィッチ, ブック

Drašković, Vuk

1946.11.29～

ユーゴスラビア連邦副首相, セルビア・モンテネグロ外相　[出]ユーゴスラビア・ボスニア・ヘルツェゴビナ共和国（ボスニア・ヘルツェゴビナ）　[学]ベオグラード大学　[歴]セルビア人。ベオグラード大学生のときユーゴスラビア共産主義者同盟（共産党）に入党。国営タンユグ通信のアフリカ特派員などを経て作家活動へ。1990年1月セルビア共和国でセルビア民族政党であるセルビア再生運動を設立、党首に。同年12月の共和国大統領選では旧共産主義者同盟のセルビア社会党（SPS）党首のミロシェヴィッチに敗れるが、その後も反共、反政府運動の指導者として国民の支持を集める。93年投獄。のち、99年1月挙国一致で祖国を守る必要があるとして政権入りを求められ、副首相に就任。同年4月政府の立場に反した発言を公にしたとして解任され、連立与党からの離脱を表明。2004～07年セルビア・モンテネグロ外相。

ドラノエ, ベルトラン

Delanoe, Bertrand

1950.5.30〜

パリ市長, フランス上院議員　[出]チュニジア・チュニス　[名]Delanoë, Bertrand Jacques Marie　[学]トゥールーズ大学政経学部卒　[歴]測量技師だった父の赴任先・チュニジアで生まれ、14歳から南フランスの街・ロデスで母親のもとで育てられる。大学卒業後、パリに出て社会党員となる。1977年パリ市議会議員に当選し、81〜86年パリ18区選出の国民会議(下院)議員、党ナンバー3の組織担当全国書記を歴任。私生活を優先するため一時政界から引退するが、93年党パリ市議団長に復帰し、95年から上院議員を兼任。2001年3月2度目の挑戦でパリ市長に当選。08年3月再選。14年退任。1998年テレビで同性愛者であることを告白。2004年自伝「人生、熱烈に」を出版。同年来日。　[勲]旭日重光章(日本)(2013年)

トラフキン, ニコライ

Travkin, Nikolai Iliich

1946〜

ロシア無任所相, ロシア下院議員　[名]Travkin, Nikolai Iliich　[歴]大学で物理、数学を専攻。ロシア共和国モスクワ州建築局次長を経て、1990年5月共産党離党、ただちにロシア民主党を創設し党首(議長)に就任。92年6月ルツコイ元副大統領が事実上率いる自由ロシア人民党などが結成した中間派連合「市民同盟」に参加、93年10月に解散された旧最高会議では、エリツィン大統領に対する旧議会側の抵抗の一翼を担った。94年5月大統領与党に転換し、無任所相に就任。95年12月のロシア議会議員に当選。

ドラミニ, シブシソ

Dlamini, Sibusiso

1942.5.15〜

スワジランド首相　[名]Dlamini, Barnabas Sibusiso　[学]ウィスコンシン大学卒, 南アフリカ大学卒　[歴]1969年スワジランド鉄鉱石開発に入社。78年上院議員、83年下院議員、84年財務相、92年国際通貨基金(IMF)でアフリカ地域責任者を務める。96年7月〜2003年スワジランド首相。08年再び首相に就任。

ドラミニ, セムバ

Dlamini, Themba

1950.12.1〜

スワジランド首相　[名]Dlamini, Absalom Themba　[歴]2003〜08年スワジランド首相。

ドラミニ・ズマ, ヌコサザナ

Dlamini-Zuma, Nkosazana

1949.1.27〜

南アフリカ外相, アフリカ連合(AU)委員長　[出]クワズールー・ナタール州　[名]Dlamini-Zuma, Nkosazana Clarice　[学]ズールーランド大学(動植物学)卒, ブリストル大学(医学)卒　[歴]1975〜76年南アフリカ学生組織副議長。88〜89年アフリカ民族会議(ANC)在英政治委員会委員長、90年全国執行委員に就任。94年4月全人種選挙で南アフリカ下院議員に当選。94〜99年厚相、99年〜2009年外相、09〜12年内相。12年10月アフリカ連合(AU)委員長に選出される。女性委員長は初。17年1月退任。ジェイコブ・ズマ南アフリカ大統領の元妻。　[家]元夫＝ジェイコブ・ズマ(南アフリカ大統領)

ドラミュラ, ジャン・パスカル

Delamuraz, Jean-Pascal

1936.4.1〜1998.10.4

スイス大統領　[出]ローザンヌ近郊　[学]ローザンヌ大学卒　[歴]1974年ローザンヌ市長を経て、83年連邦議会議員となり、84〜87年国防相、87〜98年経済相。89年、96年大統領(任期1年の輪番制)兼任。スイス国民軍の輸送大尉も務めた。97年ナチス・ドイツによる虐殺の犠牲者への賠償を求めていたユダヤ人グループの活動を"恐喝"と批判し、国際的な抗議を浴びた。89年11月来日。

トランプ, イバンカ

Trump, Ivanka

1981.10.30〜

米国大統領補佐官　実業家, ファッションモデル　[出]ニューヨーク市　[学]ペンシルベニア大学ウォートン校(2004年)卒　[歴]父は"米国の不動産王"と呼ばれるドナルド・トランプ。父の最初の妻との間に長女として生まれる。幼少期から芸能界に興味を持ち、1997年テレビデビューし、バラエティやドラマに出演。ファッションモデルとしても活躍し、トミー・ヒルフィガーの広告に起用された

こともある。大学卒業後、一族の企業ではない他社不動産会社に就職。その後、父の会社に再就職。一方、自身のファッションブランド“イバンカ・トランプ・コレクション”を立ち上げる。2009年実業家のジャレッド・クシュナーと結婚。16年父の大統領選に際しては、妊娠中ながら集会に駆け付け、支持獲得や資金集めに奔走した。17年2月父が第45代大統領に就任すると、3月大統領補佐官に任命され、大統領上級顧問の夫とともにホワイトハウス入り。11月日本政府が主催する国際女性会議に出席するため初来日。18年2月韓国で開催された平昌五輪閉会式に出席。　[家]夫＝ジャレッド・クシュナー（実業家），父＝ドナルド・トランプ（第45代米国大統領）

トランプ, ドナルド

Trump, Donald

1946.6.14～

第45代米国大統領　実業家　[出]ニューヨーク市クイーンズ　[名]Trump, Donald John　[学]ペンシルベニア大学ウォートン校（1968年）卒　[歴]ニューヨークで不動産会社を営むドイツ移民の父とスコットランド移民の母との間に生まれる。大学卒業後、父の建設・不動産会社を手伝い、1973年不況のただ中のニューヨークに進出。急速に頭角を現し、ニューヨーク・マンハッタン五番街に世界一豪華なビルを建て、42歳にして資産50億ドルを持つに至る。不動産業を足場にカジノ経営、航空業と次々に手を広げ、投資家としても派手な動きで株式市場の注目を集める。87年のブラックマンデー以降、カジノ経営の失敗などで多額の借金を抱え込む。94年アジア、欧州の投資家と共同でニューヨークのエンパイア・ステートビルを買収。90年代には、いくつかの会社が経営破綻するなど苦境に陥るが、90年代後半に奇跡的な復活を成し遂げ、不動産王の地位を取り戻す。2009年サブプライム問題に端を発した大不況の影響を受け、トランプ・エンターテインメント・リゾーツ社が破産法の適用を申請。保有する個人資産は約37億ドル（約3800億円）といわれる。04年テレビ番組「ジ・アプレンティス」のホストを務めるなどタレントとしてもさまざまな媒体に登場し、さらに知名度を上げた。一方、00年、08年、12年の大統領選出馬の可能性について言及したことはあったが、実際に出馬したことはなかった。15年6月大統領選に出馬表明し、16年7月の共和党大会で大統領候補に指名される。選挙戦を通じて過激で差別的な発言を繰り返し、大統領としての資質や政治手腕が疑問視されていたが、白人の労働者階級を中心に支持を広げ、11月大統領選では大本命と見られていた民主党のヒラリー・クリントン元国務長官を破って当選。17年1月就任。米国で軍も含む公職経験のない初めての大統領となる。05年24歳年下のファッションモデル、メラニア・クナウスと3度目の結婚。離婚した2人の前妻との間に生まれた子どもを含めて、3人の息子と2人の娘がいる。　[家]妻＝メラニア・トランプ（元ファッションモデル），長女＝イバンカ・トランプ（実業家）

トリッティン, ユルゲン

Trittin, Jürgen

1954.7.25～

ドイツ環境相, ドイツ院内総務　[出]西ドイツ・ブレーメン（ドイツ）　[学]ゲッティンゲン大学　[歴]研究助手やジャーナリストなどを経て、1980年緑の党に入党。85～90年ニーダーザクセン州議会議員となり、85～86年、88～90年院内総務。G.シュレーダーの下、90～94年同州の連邦・欧州問題担当相、98年～2005年ドイツ連邦の環境相を務め、00年原子力発電所の廃止期限を決定した。09年連邦院内総務。

トリビオン, ジョンソン

Toribiong, Johnson

1946.7.22～

パラオ大統領　法律家　[出]アイライ　[学]コロラド大学（米国）卒, ワシントン大学（米国）法科学大学院　[歴]米国のワシントン大学法科学大学院にて法律を学び、弁護士資格を持つ。1979年パラオ憲法協議会副会長、ミクロネシア連邦・ヤップ州裁判所の裁判官などを経て、2001年初代の台湾大使を務める。08年11月のパラオ大統領選で勝利し、09年1月就任。12年11月の大統領選でレメンゲサウ元大統領に敗れ、13年7月退任。

トリホス, マルティン

Torrijos, Martin

1963.7.18～

パナマ大統領, パナマ民主革命党（PRD）書

記長　[出]パナマシティ　[名]Torrijos Espino, Martin　[学]テキサスA&M大学（1988年）卒　[歴]1968年に軍事クーデターで政権についたパナマの国民的英雄のトリホス将軍を父に持ち、幼い頃から父の視察などに同行して政治に目覚める。14歳で米国に移住。テキサス州の大学で政治と経済を学んだのち、マクドナルドに勤務。92年パナマに帰国。94年9月～99年5月バジャダレス政権で内務・法務次官など歴任。99年父が創設した民主革命党（PRD）から大統領選に出馬するが敗退。同年8月同党書記長となる。2004年5月大統領選に当選し、同年9月就任。09年8月退任。[家]父＝オマール・トリホス・エレラ（パナマ軍最高司令官）

トリンブル, デービッド
Trimble, David
1944.10.15～
北アイルランド自治政府首相, アルスター統一党（UUP）党首　[出]北アイルランド・ベルファスト　[名]Trimble, William David, 別名＝Trimble of Lisnagarvey　[学]クイーンズ大学法学部卒　[歴]1968年よりクイーンズ大学講師（77～90年上級講師）を務め、弁護士資格取得。一方、20歳代末からプロテスタント強硬派の運動に傾斜し、78年アルスター統一党（UUP）に入党。北アイルランドの歴史などを中心に出版を行う団体、アルスター・ソサエティーを主宰。プロテスタント社会の中核をなす組織、オレンジ協会の支持を集め、90年英国下院議員に当選。95年9月UUP党首になり、98年7月新設された北アイルランド地方議会により初代北アイルランド行政府首相（首席大臣）に選出。同年12月北アイルランド和平に貢献したとして、カトリック指導者ジョン・ヒュームとともにノーベル平和賞を受賞。99年12月自治政府が正式発足し首相。2000年2月アイルランド共和軍（IRA）の武装解除があいまいだとして英国の北アイルランド相により自治政府の機能が停止され、英国政府の直轄統治に戻る。同年5月自治が復活。01年7月IRAが武装解除に着手しないことに抗議して首相を辞任するが、11月首相に復帰。02年10月英国政府の直轄統治復活で首相機能停止。05年5月の総選挙では落選した。同年UUP党首退任。06年一代貴族の男爵に叙される。　[賞]ノーベル平和賞（1998年）

ドール, エリザベス
Dole, Elizabeth
1936.7.29～
米国労働長官, 米国上院議員（共和党）　[出]ノースカロライナ州ソールズベリ　[名]Dole, Elizabeth Hanford　[学]デューク大学政治学専攻卒, ハーバード大学ロースクール修了, オックスフォード大学　[歴]1968年にジョンソン政権の消費者問題担当顧問の立法スタッフ。71～73年ニクソン政権のホワイトハウス消費者問題室副室長、73～79年連邦取引委員会（FTC）委員などを歴任。78年ボブ・ドール上院議員と結婚。80年大統領選ではレーガン・ブッシュSr.選出有権者全国大会委員長、81年レーガン政権下では対外連絡担当大統領補佐官を務めた。83年2月運輸長官に就任。87年10月、夫の88年大統領候補選に全面的に協力するため辞任。89年1月～90年10月ブッシュSr.政権下で労働長官を務める。91～99年1月米国赤十字社総裁。2000年の大統領選に出馬したが、資金不足のため途中断念。02年11月ノースカロライナ州選出の上院議員に初当選。08年落選し、09年退任。自伝に「ドール一家」がある。　[家]夫＝ボブ・ドール（政治家）

ドール, ボブ
Dole, Bob
1923.7.22～
米国上院議員, 米国共和党上院院内総務　[出]カンザス州ラッセル　[名]Dole, Robert J.　[学]カンザス大学卒, ウォシュバーン大学卒　[歴]第二次大戦で陸軍に志願、終戦直前のイタリア戦線で爆弾を肩に受け重傷を負い、この後遺症で現在も右手の自由がきかない。1951～53年カンザス州議会議員。61～68年同州選出連邦下院議員。69年より同上院議員。共和党保守派。71～73年共和党全国委員長。76年党大会で副大統領候補に指名される。81年1月～85年1月財政委員長。85年1月～96年6月党上院院内総務。80年及び88年の大統領予備選に出馬。96年5月大統領選に専念するため議員辞職。同年8月共和党の大統領候補に指名されるが、11月の大統領選ではクリントン民主党候補に敗れる。98年台湾の政治顧問に就任、米国議会対策などについて助言する。のち政界を引退。　[勲]自由勲章（米国大統領）（1997年）　[家]妻＝エリザベス・ドール（元米労働長官・元米国赤

十字社総裁)

トルエドソン, インゲセード

Troedsson, Ingegerd

〜2012.11

スウェーデン国会議長　[歴]1979〜91年スウェーデン国会副議長を経て、91年9月議長に就任。94年退任。穏健党所属。

トルドー, ジャスティン

Trudeau, Justin

1971.12.25〜

カナダ首相, カナダ自由党党首　[出]オンタリオ州オタワ　[名]Trudeau, Justin Pierre James　[学]マッギル大学(英文学), ブリティッシュ・コロンビア大学(教育学), マッギル大学大学院地理学専攻　[歴]父はカナダ首相を16年間務めた名宰相ピエール・トルドー。父が首相在任中に生まれ、首都オタワの首相公邸で育つ。6歳の時に両親が離婚。高校教師やスノーボードのインストラクターを経て、2008年カナダ自由党からケベック州選出の下院議員に初当選。13年圧倒的な支持を得て自由党党首に当選。約70年の間与党であった同党が、06年に第2党、11年には第3党に転落したことを受け、同党の立て直しに取り組む。15年10月の総選挙で自由党が過半数の議席を獲得して大勝し、約10年ぶりの政権交代を実現。11月カナダ史上2番目となる43歳の若さで首相に就任。端正な容姿でもメディアの注目を集める。　[家]父＝ピエール・トルドー(カナダ首相)

ドルノウシェク, ヤネズ

Drnovšek, Janez

1950.5.17〜2008.2.23

スロベニア大統領, スロベニア自由民主主義党(LDS)党首　[出]旧ユーゴスラビア・スロベニア共和国ツェリエ　[学]リュブリャナ大学(経済学専攻)卒, マリボル大学大学院修了 経済学博士　[歴]オスロの国際経済研究所に留学。銀行やいくつかの企業の管理職を務め、外交官(在カイロ大使館参事官)の経験もある。1984年ユーゴスラビア連邦議会議員。89年5月スロベニア共和国初の直接選挙で連邦幹部会員に選出され、同時に旧ユーゴ史上最年少の連邦幹部会議長(国家元首)となる。同年9月には、100ケ国・2組織からなる非同盟諸国首脳会議議長に就任。議長としてユーゴスラビア解体の道筋を付け、91年にスロベニアを独立に導く。同年よりスロベニア自由民主党(現・自由民主主義党＝LDS)党首。92年4月〜2000年5月、00年11月〜02年スロベニア首相。02年12月大統領選に就任。欧州連合(EU)と北大西洋条約機構(NATO)への加盟を主導した。この間、1999年にがんと診断されて以来、病気と闘いながら執務を続けたが、2003年末がんが再発。07年12月の大統領選には立候補しなかった。

ドレ, ジャン・マリー

Doré, Jean-Marie

1939.6.12〜2016.1.29

ギニア首相　[歴]フランスで法律を学ぶ。ギニア進歩連合(UPG)党首を務め、1993年と98年の大統領選に出馬。95年国民議会議員に当選。2010年1月軍と野党勢力からなる暫定政権で首相に就任。12月に初の民主的な大統領選が行われ退任した。

トレス, カルロス

Torres, Carlos

1942〜2000.6.16

ペルー首相・外相　法学者　[名]Torres y Torres Lara, Carlos　[学]サンマルコ大学法学部卒　[歴]弁護士。リマ大学法学部教授、リマ証券取引所理事などを経て、1990年7月労働・社会促進相に。91年2月フジモリ大統領の強い要請で首相兼外相に就任したが、同年11月辞任。リマ大学教授に戻った。97〜98年国会議長。92年7月外務省の招きで来日。

トレド, アレハンドロ

Toledo, Alejandro

1946.3.28〜

ペルー大統領　経済学者　[出]アンカッシュ県チンボテ　[名]Toledo Manrique, Alejandro 別名＝Toledo, Cholo　[学]スタンフォード大学大学院博士課程修了 開発経済学博士(スタンフォード大学)　[歴]先住民インディオ系の血が濃い混血・チョロ出身でペルー北部の山岳地帯にある寒村の貧困家庭に生まれる。少年時代、靴磨きをして生計を支えた。苦学をして米国に留学、博士号を取得し、国連開発計画、世界銀行、米州開発銀行、国際労働機関(ILO)、経済協力開発機構(OECD)などでエコノミストを歴任。1991

〜94年ハーバード大学研究員、のちリマ経営学大学院教授。95年フジモリ政権を批判して大統領選に出馬したが敗北。96年12月に発生したペルー日本大使公邸人質事件では3日間人質となった。99年野党“ペルー・ポシブレ（可能なペルー）”を創設、党首となる。2000年4月の大統領選では3選を目指すフジモリ大統領に肉薄し決選投票に持ち込むが、5月選挙の不正を訴え大統領選をボイコット。01年4月大統領選に出馬し1位となるが、有効得票の過半数を獲得できず、6月に2位のガルシア元大統領との決選投票を行い当選。7月就任。06年7月退任。11年の大統領選に出馬するが、第1回目投票で第4位にとどまり敗退。その後、“開発および民主主義のためのグローバルセンター（CGDD）”を創設。1994年早稲田大学に留学した他、同大客員教授（国際経済）を務めた経験を持つ。愛称はチョロ。夫人はベルギー国籍の白人で文化人類学者。

トレモンティ, ジュリオ

Tremonti, Giulio

1947.8.18〜

イタリア経済財務相　㊤ソンドリオ　㊫パビーア大学（法学）（1970年）卒　㊧パビーア大学、オックスフォード大学などで教鞭を執ったのち、政治家に転身。1994年イタリア下院議員に当選。94年5月〜95年1月シルヴィオ・ベルルスコーニ内閣で財務相を担当。2001年6月〜04年7月第2次ベルルスコーニ内閣で経済財務相。05年4月〜06年5月第3次ベルルスコーニ内閣の副首相を務め、05年9月〜06年5月経済財務相を兼任。08年5月〜11年11月第4次ベルルスコーニ内閣で経済財務相を務めた。

ドロウヒ, ウラジミール

Dlouhý, Vladimír

1953.7.31〜

チェコ経済相・通商産業相, チェコ市民民主党副議長　経済学者　㊤チェコスロバキア・プラハ（チェコ）　㊫プラハ経済大学卒, カレル大学, ルーベン・カトリック大学（ベルギー）　㊧プラハ経済大学講師などを経て、1983年チェコスロバキア科学アカデミー経済予測研究所研究員、のち副所長。89年改革グループ、市民フォーラム代表メンバーとして入閣。国家計画委員会の議長として中央計画経済を終結させる。90年6月〜92年経済相。92〜97年通商産業相。市民フォーラム分裂後、91年に発足した右派政党、市民民主同盟のメンバーとなり、93年市民民主党副議長。急進的経済改革論者。

ドロジャトゥン・クンチョロヤクティ

Dorodjatun Kuntjoro-Jakti

1939.11.25〜

インドネシア調整相　経済学者　㊤オランダ領東インド・バンテン州（インドネシア）　㊫インドネシア大学経済学部卒　博士号（インドネシア大学）, Ph.D.（カリフォルニア大学バークレー校）（1981年）　㊧1962年からインドネシア大学で教鞭を執る傍ら、税制改革など40以上の研究プロジェクトに参加。94年から経済学部長を経て、98年〜2001年駐米大使。01〜04年メガワティ政権では経済担当の調整相を務めた。

トロットマン, カトリーヌ

Trautmann, Catherine

フランス文化・通信相　㊧ストラスブール市議などを経て、1988年第1次ロカール内閣の高齢者・身体障害者問題閣外相を務め、89年3月ストラスブール市長に。就任後、日本初の国際生命研究所計画、HFSP（ヒューマン・フロンティア・サイエンス・プログラム）推進機構の誘致に成功。欧州議会議員も務めた。97年6月〜2000年3月文化・通信相。99年来日。

トロボアダ, ミゲル

Trovoada, Miguel

1936.12.27〜

サントメ・プリンシペ大統領　㊔Trovoada, Miguel dos Anjos da Cunha Lisboa　㊫リスボン大学卒　㊧1972年サントメ・プリンシペ解放運動（MLSTP）政治局員・外交問題総局長。75年ポルトガルからの独立後、首相、外相、国防相、協力観光相、産業通商漁業相を歴任するが、79年“国賊”“西洋のスパイ”容疑で投獄される。81年釈放後パリを経てリスボンに亡命。90年帰国。野党の民主集中党に属し、91年1月複数政党制導入後の総選挙で過半数の議席を獲得、同年3月の大統領選で当選。95年8月軍部の無血クーデターで軟禁されたが、間もなく全権掌握。96年7月再選。2001年9月退任。

ドロール, ジャック
Delors, Jacques
1925.7.20～
欧州連合（EU）欧州委員会委員長, 我々のヨーロッパ会長　労組市民活動家　[出]パリ　[名]Delors, Jacques Lucien Jean　[学]パリ大学法学部卒　[歴]1945～62年フランス銀行（中央銀行）勤務。この間夜学に通い経済学を学ぶ。人民共和運動（MRP）政党員を経て、キリスト教民主主義系の労働組合（CFTC）で活動。50年総裁官房入り。59年クラブ“市民60”を結成し、市民教育に尽力。59～61年経済社会審議会委員。62～69年計画庁社会局長を務め、労資協調に取り組む。69年および71～72年シャバンデルマス内閣で審議官。73～79年パリ銀行理事。傍らパリ大学、国立行政学院（ENA）で経済学や経営学を講じる。74年フランス社会党入党。76年から同党国際経済担当。79～81年欧州議会議員、経済・通貨委員長。81年5月～84年7月ミッテラン政権下の財務・経済相。85年1月欧州共同体（EC）委員長に就任。89年“ドロール報告”を作成、マーストリヒト条約への道筋をつける。ソ連・コメコン東欧諸国との外交交渉をまとめあげ、東西欧州関係に新風を送るとともに、92年“EC市場統合”に向けて奮戦。93年11月欧州連合（EU）移行に伴い欧州委員会委員長。雇用創出プログラム「ドロール白書」を欧州首脳に採択させる。95年1月退任、“ドロールの10年”に幕を閉じる。同年フランス大統領選に出馬要請をうけるが辞退。96年クラブ“我々のヨーロッパ”を設立し、会長。99年7月経済協力開発機構（OECD）事務総長ドナルド・ジェームス・ジョンストンの特別顧問に就任、成長の持続と雇用の創出などのテーマについて事務総長を補佐する。　[勲]勲一等旭日大綬章（日本）（1995年）　[賞]エラスムス賞（1997年）　[家]長女＝マルティーヌ・オブリ（元フランス雇用連帯相）

トワギラムング, フォスタン
Twagiramungu, Faustin
1945～
ルワンダ首相　[歴]ルワンダ民主共和運動（MDR）党首を務め、1993年8月アリューシャ協定によりルワンダ首相指名されるが、カナダ等へ亡命。94年7月首相に就任したが、95年8月辞任。

トン, アノテ
Tong, Anote
1952.6.11～
キリバス大統領・外相　[出]英領ファニング島タブアエラン島（キリバス）　[名]中国名＝湯安諾　[学]カンタベリー大学（ニュージーランド）卒, ロンドン大学政治経済学院（LSE）卒　[歴]父は太平洋戦争後に移民した中国系、母はキリバス人。キリバス情報・労働次官などを経て、1994～96年鉱物資源開発相。96年～2003年マイアナ島議員。03年7月大統領選で兄のハリー・トンを破って初当選、同月就任、8月外相を兼務。11月台湾と外交関係を樹立、これに対抗して中国はキリバスと国交を断絶した。07年10月再選、12年1月3選。16年の大統領選には立候補せず、政界を引退した。　[家]兄＝ハリー・トン（政治家）

トンシン・タマウォン
Thongsing Thammavong
1944.4.12～
ラオス首相　[出]フランス領インドシナ・ファパン県（ラオス）　[学]高等政治理論学校（1982年）卒　[歴]中学校長などを経て、1976～82年ラオス教育省組織局長。82年ラオス人民革命党（LPRP）中央委員、86年党政治局員。2001～06年ビエンチャン市長、06～10年国民議会議長。10年12月ブアソン首相の辞任に伴い、首相に就任。11年6月再任。16年1月退任。

トンプソン, デービッド
Thompson, David
1961.12.25～2010.10.23
バルバドス首相, バルバドス民主労働党（DLP）党首　[出]英国ロンドン　[学]西インド諸島大学（1984年）卒　[歴]弁護士を経て, バルバドス民主労働党（DLP）に入党し、地域開発・文化相や財務相を歴任。1994年～2003年DLP党首、06年党首再任。08年下院総選挙でDLPが与党バルバドス労働党（BLP）を破って勝利し、首相に就任。10年3月にがんが見つかって以降、米国ニューヨークとの間を行き来し、化学療法を受けていたが、10月死去した。

トンプソン, トミー
Thompson, Tommy
1941.11.19～

事典・世界の指導者たち　　　　ナエフ

米国厚生長官，ウィスコンシン州知事（共和党）　㉔ウィスコンシン州エルロイ　㊸Thompson, Tommy George　㊎ウィスコンシン州立大学卒　㊺1987年共和党よりウィスコンシン州知事に当選。数少ない黒字州財政を維持する行政手腕に定評があり、グローバルな視点から経済の全体像を的確に把握し、北米自由貿易協定や関税貿易一般協定の交渉に強い影響力を持つ。2001年1月ブッシュJr.政権1期目の厚生長官に就任。05年1月退任。大の親日家で、1992年10月ミルウォーキー交響楽団を引き連れて来日。

トンルン・シスリット
Thongloun Sisoulith
1945.11.10～
ラオス首相　㉔フアパン県　㊎ラオス内戦期の民族解放運動指導者プーミ・ボンビチットの義理の息子。ラオス愛国戦線で教育分野を担当後、ハノイの学校に勤務。ソ連に留学して、1978年言語学と文学の修士号を取得。ビエンチャン大学教員を経て、93～97年ラオス労働・社会福祉相。2001年3月副首相兼国家計画委員会委員長。06年6月副首相兼外相。16年1月ラオス人民革命党大会が開かれ10年ぶりに新指導部が発足、4月国民会議（国会）で首相に選出される。就任直後に国内の汚職問題に切り込み、国民から支持を集めた。ロシア語、ベトナム語、英語に堪能。　㊛義父＝プーミ・ボンビチット（民族解放運動指導者・ラオス副首相）

【ナ】

ナイ, ジョゼフ（Jr.）
Nye, Joseph（Jr.）
1937.1.19～
米国国防次官補　政治学者　㉔ニュージャージー州サウスオレンジ　㊸Nye, Joseph Samuel（Jr.）　㊎プリンストン大学（1958年）卒, オックスフォード大学, ハーバード大学大学院博士課程 Ph.D.（ハーバード大学）（1964年）　㊎カーネギー国際平和基金、ジュネーブ国際問題研究大学院、英国国際問題研究所の客員研究員や教授を歴任。1969年よりハーバード大学教授。77～79年カーター政権の安全保障援助・科学・技術担当国

務次官代理を務めた。88年の大統領選では民主党の外交政策顧問となり、デュカキス政権実現のあかつきには国家安全保障担当の大統領補佐官になると言われた程のアメリカ国際政治学界有数の実力者。93～94年CIA関連機関の国家情報会議（NIC）議長を経て、94年クリントン政権の国務次官補（国際情勢総括）となり、"ナイ・イニシアチブ"と呼ばれる日米安保体制の再定義をめぐる作業を進め、「東アジア戦略報告」を取りまとめた。95年12月辞任、ハーバード大学に戻り、ケネディ行政大学院院長に就任。2004年より特別功労教授。アーミテージ元国務副長官と並ぶ知日派の重鎮。1998年には小説「ダーティー・ハンズ（汚れた手）」が米国に先駆けて日本で出版された。　㊎旭日重光章（日本）（2014年）

ナイラティカウ, ラツ・エペリ
Nailatikau, Ratu Epeli
1941.7.5～
フィジー大統領　㉔英領フィジー諸島レブカ（フィジー）　㊎ニュージーランドで軍事訓練を受ける。1982年フィジー軍司令官となり、87年のランブカ大佐によるクーデターで退役した後、オックスフォード大学で外交を学び、ヨーロッパ、中東方面のフィジー大使を歴任、99年フィジー外務次官。2000年のクーデター後は暫定政権副首相、00年総選挙後は下院議長を歴任。06年末のバイニマラマ暫定首相によるクーデターの後、暫定政府外相に就任。09年4月の憲法停止後、副大統領に就任。イロイロ大統領の退任に伴い、11月大統領に就任。12年11月再任。　㊎OBE勲章

ナエフ・ビン・アブドルアジズ
Nayef bin Abdul-Aziz
～2012.6.16
サウジアラビア皇太子・第1副首相・内相　㉔タイフ　㊎急進的なイスラム思想ワッハーブ主義を保護する豪族で、サウジアラビア初代国王だった父アブドルアジズ（イブン・サウード）以来、絶対君主的な王政を敷くサウード家の出身。1934年頃に初代国王とスデイリ家出身のハッサ妃の間に生まれ、サウード家の中でも最大の勢力を持つ"スデイリ7人兄弟"の一人。53～54年リヤド州知事。70～75年内務担当国務相。75年内相。2009

341

年3月第2副首相に就任。11年10月実兄スルタン皇太子の死去を受け、皇太子、第1副首相兼内相となり、異母兄アブドラ国王に次ぐナンバー2の地位に就く。00年代、サウジアラビアで続発した国際テロ組織アルカイダ系勢力の掃討を指揮。女性の参政権容認に消極的で王族の中で最も保守的とされた。[家]息子＝ムハンマド・ビン・ナエフ（元サウジアラビア皇太子），父＝アブドルアジズ・イブン・サウード（サウジアラビア初代国王），実兄＝ファハド・ビン・アブドルアジズ（第5代国王），スルタン・ビン・アブドルアジズ（サウジアラビア皇太子），実弟＝サルマン・ビン・アブドルアジズ（第7代国王），異母兄＝サウード・ビン・アブドルアジズ（第2代国王），ファイサル・ビン・アブドルアジズ（第3代国王），ハーリド・ビン・アブドルアジズ（第4代国王），アブドラ・ビン・アブドルアジズ（第6代国王），異母弟＝ムクリン・ビン・アブドルアジズ（元サウジアラビア皇太子）

ナカムラ, クニオ

Nakamura, Kuniwo

1943.11.24～

パラオ大統領　[出]ペリリュー島　[学]ハワイ大学卒　[歴]日系。三重県伊勢市出身の船大工の8人兄弟の末っ子で、母親は現地パラオ人。終戦後、家族とともに父の故郷に帰り、4年間三重で生活。1950年父の仕事で再びペリリュー島に戻る。25歳から選挙に出馬。若手議員として81年の憲法制定に参画。米国高等弁務官補佐官、81～88年ベラウ（パラオ）上院議員、89～93年副大統領を経て、93年1月大統領に就任。同年8月お盆に父の実家へ墓参りのため、大統領就任後初の訪日。94年10月国連による米国信託統治領から独立、国名をベラウからパラオに変更。96年11月再任。2000年11月退任。

ナザルバエフ, ヌルスルタン

Nazarbaev, Nursultan

1940.7.6～

カザフスタン大統領　[出]ソ連カザフ共和国アルマアタ州チェモルガン（カザフスタン）　[名]Nazarbaev, Nursultan Abishuli　[学]カラガンダ冶金技術大学卒，ソ連共産党中央委高級党学校卒 経済学博士　[歴]カザフ人。農家に生まれ、若くして一家を支える。1960年カラガンダ冶金工場勤務。62年ソ連共産党入党、77年からカラガンダ州党書記、第2書記など歴任。79年カザフ共和国党書記となり、84～89年同共和国閣僚会議議長（首相）。86年ソ連共産党中央委員。89年2月同共和国党第1書記。90年2月同共和国最高会議幹部会議長、4月同共和国大統領に就任。7月ソ連共産党政治局員。同共和国の経済再建に独自の手腕を見せ、また連邦条約のとりまとめでも政治的影響力を発揮して、ソ連の新しい指導者の一人として注目を集める。91年8月党政治局員及び同共和国党第1書記を辞任。カザフスタンと国名変更した91年12月初の直接選挙で大統領当選、同月ソ連邦解体により独立国家共同体に加盟。95年4月の国民投票で、2000年まで大統領の任期延長。97年12月アルマトゥからアスタナに遷都。98年10月の憲法修正で大統領任期を5年から7年に延期した上で、99年1月繰り上げ選挙で再選。05年12月の選挙でも圧勝し3選。07年5月初代大統領に限り3選禁止の適用を除外する憲法改正を国会が採択し、“終身大統領”が可能となる。11年4月、15年5月再選。1994年、99年、2008年来日。

ナーザン, S.R.

Nathan, S.R.

1924.7.3～2016.8.22

シンガポール大統領　[出]シンガポール　[名]Nathan, Sellapan Ramanathan　[学]マラヤ大学（1954年）卒　[歴]1955年医療社会福祉士となる。66年シンガポール外務省に入り、内務省、国防省勤務を経て、79年外務第1次官。国防省時代の74年、日本赤軍などの過激派が石油精製所を爆破しフェリーを乗っ取った事件を担当。人質に代わり、犯人と共にクウェート行きの航空機に乗るなど、事件解決に尽力した。82年「ストレイト・タイムズ」会長、88年駐マレーシア大使、90年7月～96年6月駐米大使を歴任。同年シンガポール国防戦略研究所所長及び無任所相を兼務。99年9月第6代大統領に就任。2005年8月再選。2期12年務め、11年9月退任。シンガポールで少数派のインド系出身の大統領として、多民族国家の融和に努めた。09年には広島を訪れ、公式訪問した外国元首で初めて被爆者の証言を聞いた。

ナシード, モハメド

Nasheed, Mohamed

1967.5.17〜

モルディブ大統領，モルディブ人民主党（MDP）党首　⊕マレ　㊛通称＝アンニ〈Anni〉　㊎ジョン・ムーア大学（英国）卒　㊙モルディブの首都マレで観光業を営む家庭に生まれ，中学はスリランカ，高校，大学は英国に留学。帰国後の1990年代初めに政治雑誌記者となり，ガユーム大統領に権限が集中する政治体制を批判し，改革を求める記事を内外のメディアに発表。99〜2001年モルディブ国会議員。03年11月スリランカでモルディブ人民主党（MDP）を結成し，政府への影響が大きい英国でも民主化運動を推進。05年4月帰国，6月政党が容認され，12月MDP党首。08年民主新憲法制定へ政府を追い込んだ。この間，長年の運動で治安当局に繰り返し逮捕され，通算6年間を獄中で過ごした。"モルディブのネルソン・マンデラ"の異名を持ち，国際人権団体アムネスティ・インターナショナルの"良心の囚人"に認定されたこともある。08年10月ガユームの7選を阻み，モルディブ大統領に当選，11月就任。12年2月反政府デモを受け辞任。15年2月在任中に不当に判事逮捕を命じたとして反テロ法違反容疑で逮捕され，実刑判決を受けて収監される。16年1月治療目的で英国へ出国，5月同国に政治亡命。18年1月モルディブ最高裁は無罪判決を下した。

ナジフ, アハマド・ムハンマド

Nazif, Ahmad Muhammad

1952.7.8〜

エジプト首相　⊕アレクサンドリア　㊛Ahmad Mahmoud Muhammad　㊎カイロ大学電気工学科（1973年）卒, マッギル大学コンピューター工学博士（マッギル大学）（1983年）　㊙コンピューター技師から政治家に転身。1994年カイロ大学教授，89〜95年エジプト情報センター（IDSC）所長を務めた。99年10月エジプト通信情報担当国務相となり，インターネットの無料接続などを主導した。2004年7月〜11年首相。

ナジブ・ラザク, モハマド

Najib Razak, Mohamad

1953.7.23〜

マレーシア首相・財務相, 統一マレー国民組織（UMNO）総裁　⊕マラヤ連邦パハン州クアラリピス（マレーシア）　㊎ノッティンガム大学（産業経済学）（1974年）卒　㊙マレーシア独立後2代目の首相を務めたアブドル・ラザクの長男。高校，大学時代を英国で過ごし，帰国後，1974〜78年国営石油会社ペトロナスに勤務。76年23歳の時，急死した父の後を継ぐ形でも史上最年少のマレーシア下院議員に初当選。77〜79年マジュトルナック社長。57年の独立以来，政権を維持する与党第1党の統一マレー国民組織（UMNO）に所属。78〜80年エネルギー・通信・郵政副大臣，80年教育副大臣，82〜86年パハン州知事。マハティール政権で86年文化・青年スポーツ相，90年10月国防相，95年5月教育相，99年12月国防相。2004年1月アブドラ・バタウィ政権で副首相兼国防相，08年財務相。この間，04年9月UMNO副総裁。09年3月アブドラ・バタウィの後継としてUMNO総裁に選出され，4月国王より第6代首相に任命される。マレーシアで初めて親子2代の首相就任となる。「マレーシアはひとつ」をスローガンとして提唱，10年には「新経済モデル」を発表。　㊛父＝アブドル・ラザク（マレーシア第2代首相），弟＝ナジル（CIMBグループCEO），おじ＝フセイン・オン（マレーシア第3代首相）

ナスタセ, アドリアン

Năstase, Adrian

1950.6.22〜

ルーマニア首相・下院議長　法学者　⊕ブカレスト　㊎ブカレスト大学法学部卒 法学博士　㊙在学中にルーマニア共産党入党。旧政権時代から法律研究所副所長を務める一方，外務省でも法律問題専門家として活躍。1990年よりブカレスト大学教授。一方，民主救国戦線の外交委員会メンバーを経て，90年5月ルーマニア下院議員。同年6月〜92年10月外相。92年10月〜96年下院議長。92年社会民主党（民主救国戦線の党名変更）執行委員長，2000年党首。同年12月首相，04年12月〜06年下院議長。　㊛叔父＝アンジェロ・ミクレスク（元農相・元中国大使）

ナスララ, ハッサン

Nasrallah, Hassan

1960.8.31〜

ヒズボラ指導者（党首）　宗教指導者　⊕ベ

イルート郊外　㊙ベイルートのスラム街で生まれ、10代半ばからイラクのナジャフ、イランのコムなどのイスラム教シーア派の聖地で宗教を学ぶ。帰国後、同派民兵組織アマルに入隊、政治局員。1982年に設立されたシーア派民兵・政治組織ヒズボラに合流。カリスマ性と妥協しない対イスラエル姿勢で信頼を集め、92年2月イスラエルによりヒズボラの指導者・ムサウィ師が暗殺されると32歳で後継指導者に就任。イランから支援を受け、軍事面だけでなく、民生面の施策を拡大して人心を掌握、ヒズボラの存在感を"国家の中の国家"と言われるまでに高めた。

ナーゼル, ヒシャム

Nazer, Hisham

1932.8.31～2015.11.14
サウジアラビア石油相　外交官　㊨ジェッダ　㊛Nazer, Hisham Mohieddin　㊊カリフォルニア大学ロサンゼルス校（UCLA）大学院国際関係論専攻（1957年）修士課程修了　㊙1958年サウジアラビア石油鉱物資源省に入り、62～68年同次官。この間、61年石油輸出国機構（OPEC）理事会の初代サウジアラビア代表。その後、68年中央企画庁長官、71年国務相、75年企画相を経て、86～95年石油相。2005～11年駐エジプト大使を務めた。

ナセル・ムハンマド・アハマド・サバハ

Nasser Muhammad al-Ahmad al-Sabah

1940～
クウェート首相　㊊ジュネーブ大学　㊙サバハ首長の甥。クウェートや英国で教育を受けた後、ジュネーブ大学で学んだ。1968年駐イラン・クウェート大使。79年クウェート情報省次官。85年情報相、88年社会問題労働相、90年外相を歴任。98年首長府担当相。2006年2月首相に就任。11年辞任。　㊞おじ＝サバハ・アル・アハマド・アル・ジャビル・アル・サバハ（クウェート首長）

ナタペイ, エドワード

Natapei, Edward

1954.7.17～2015.7.28
バヌアツ首相　㊨フツナ島　㊛Natapei, Edward Nipake　㊊マラポア・カレッジ卒　㊙1983年バヌアツ国会議員に当選。バヌア・アク党（VP）党首となり、2001～04年、08～

10年と2度首相を務めた。この間、10年10月太平洋・島サミット第1回中間閣僚会合の共同議長を務めた。13～14年副首相兼外相。

ナティシン, レーモン・ジョン

Hnatyshyn, Ramon John

1934.3.16～2002.12.18
カナダ総督, カナダ法相　法律家　㊨サスカチワン州サスカツーン　㊊サスカチワン大学卒　㊙サスカチワン大学講師を経て、1974年保守党下院議員に初当選。79～80年エネルギー・鉱山・資源相、国務相（科学技術担当）。84～86年与党進歩保守党下院院内総務。86年6月法相・検事総長。90年1月～95年カナダ総督。

ナテクヌーリ, アリ・アクバル

Nateq-nouri, Ali Akbar

1943～
イラン国会議長　㊨マザンダラン州　㊊テヘラン大学イスラム哲学科（1970年）卒　㊙16歳からイスラム教シーア派の聖地コムで宗同派教義を学習、1970年テヘラン大学イスラム哲学科卒。63年ごろからパーレビ王制打倒運動に参加。ホメイニ師派の聖職者としてイラン革命に参加し、革命後の79年イスラム共和党中央評議会メンバーとなり、81年内相に就任。86年より国会議員。92年4月の総選挙で再選され、国会議長に就任。96年再任。97年5月大統領選に出馬するが、ハタミ元イスラム指導相に敗れる。99年5月国会議長に8選。2000年5月国会選挙で改革派が圧勝し、議長を退任。保守派。

ナノ, ファトス

Nano, Fatos Thanas

1952.9.16～
アルバニア首相　経済学者　㊨ティラナ　㊊ティラナ大学卒　㊙大学でマクロ経済学を専攻、20代でマルクス・レーニン主義研究所の経済アナリストとなり、東欧における市場経済化の研究で頭角を表す。のちアルバニア労働党（旧共産党）の要職を占め、1991年1～2月アルバニア閣僚評議会（内閣）総書記（副首相）、2～6月評議会議長（首相）。同年6月労働党の党大会で社会党と改称、同党議長（党首）に選出される。94年汚職の罪で禁錮12年の判決を受け刑務所に収監されるが、97年3月恩赦となる。同年7月3度目の首

相に就任。98年9月内閣改造失敗の責任を取り辞任。2002年7月4度目の首相に就任。05年7月退任。6ケ国語に堪能。

ナポリターノ, ジョルジョ

Napolitano, Giorgio

1925.6.29〜

イタリア大統領　[出]ナポリ　[学]ナポリ大学法学部卒　[歴]1942年ムッソリーニ政権下で反ファシズム地下組織に加入し、英語力を買われて上陸した連合国軍の通訳を務める。45年イタリア共産党に入党。在籍したナポリ大学では学生運動を組織化し、53年イタリア下院議員に当選。西側で最大勢力といわれる同党がソ連とは異なる社会主義を追求する中で、党の外交政策を欧州志向に変えさせた他、冷戦後の91年同党が共産主義と決別して社会民主主義へと政策転換を果たし、党名を左翼民主党に変更した際には、その最初の提唱者として推進役を担った。92〜94年下院議長。96年5月中道左派のプローディ政権では旧共産党出身者として初入閣、治安を担当する内相に就任。89〜92年、99年〜2004年欧州議会議員。05年イタリア初の旧共産党出身者の終身上院議員、06年5月同じく初のイタリア大統領となった。13年4月再任。控えめかつ温厚な人柄で調整能力にすぐれ、中道右派陣営からの信望も厚かった。15年2月退任。イタリア最後の国王であるウンベルト2世によく似た容姿と、舞台俳優時代に身につけた優雅な物腰から“赤いプリンス”“ウンベルト王”と呼ばれる。

ナマリュー, ラビー

Namaliu, Rabbie

1947.4.3〜

パプアニューギニア首相, パング党党首　[出]ニューブリテン島ラルアナ　[名]Namaliu, Rabbie Langanai　[学]パプアニューギニア大学卒, ビクトリア大学大学院(カナダ)修了　[歴]1982年パプアニューギニア国会議員、82〜84年外務貿易相、84〜85年第1次産業相、85年パング党副党首、88年5月同党首。同年7月首相に就任。92年7月退任。2002年ソマレ内閣で外相を務め、06年退任して金融相。ナイト爵位を叙せられる。

ナラヤナン, コチェリル・ラーマン

Narayanan, Kocheril Raman

1920.10.27〜2005.11.9

インド大統領　[出]英領インド(インド・ケララ州)　[学]トラバンコール大学英文学部卒, ロンドン・スクール・オブ・エコノミクス　[歴]南部ケララ州で被差別カーストの医術師の家に生まれ、極貧のなかで育つ。苦学の末に大学をトップで卒業し、英国のロンドン・スクール・オブ・エコノミクスに留学。トラバンコール大学英文学講師、「ソーシャル・ウェルフェア・ウィークリー」ロンドン特派員などを経て、1949年インド外務省に入省。東京などに勤務後、63〜67年中国課長、のち駐タイ大使、76〜78年駐中国大使、80〜84年駐米大使などを歴任。この間、79〜80年ネール大学副学長。84年インド国民会議派に入党し、下院議員に当選。85〜86年外務担当国務相、86〜88年科学技術担当国務相を歴任。92年8月副大統領に無投票当選。97年7月大統領選に当選、“指定カースト”と呼ばれる最下層階級の出身者として初めて大統領に就任した。同年12月国会を解散。2000年訪中し、インドと中国の関係改善に寄与した。02年7月任期満了で退任。

ナランツァツラルト, ジャンラブ

Narantsatsralt, Janlav

1957.6.10〜2007.11.12

モンゴル首相　[出]ウランバートル　[学]モンゴル国立大学卒 Ph.D.　[歴]1981年モスクワに留学し、農業について学んだのちモンゴル国立大学を卒業。81〜89年モンゴル農業省土地利用合理化課技師、主任技師を務める。98〜91年環境保護省研究員から部長。91〜93年ウランバートル市役所都市建設企画課長。93〜94年インド・ジョプル市砂漠研究所研究員。93〜96年ウランバートル市役所都市土地企画局長。96年ウランバートル市長に就任。98年12月モンゴル民主連合の成員として首相に選出される。99年7月退任。99年〜2000年モンゴル国立大学教授、00年より国民大会議(国会)議員、06年より建設・都市計画相。

ナルイシキン, セルゲイ

Naryshkin, Sergei

1954.10.27〜

ロシア対外情報庁長官　[出]ソ連ロシア共和

国レニングラード（ロシア・サンクトペテルブルク）　[名]Naryshkin, Sergei Yevgenyevich　[学]レニングラード機械大学（1978年）卒　[歴]1990年プーチン、クドリン（のち財務相）の下でサンクトペテルブルク市勤務。のちレニングラード州行政府などに勤務。2004年1月ロシア大統領府経済局次長、3月政府官房副長官を経て、9月官房長官。07年2月副首相兼任、9月副首相再任。08年5月メドヴェージェフ大統領の下で大統領府長官。11年12月の下院選挙で与党・統一ロシアの候補者名簿に登載されて当選、同月下院議長に就任。16年10月ロシア対外情報庁長官に転じる。

ナーレス, アンドレア

Nahles, Andrea

1970.6.20～

ドイツ労働・社会相, ドイツ社会民主党（SPD）連邦議会院内総務　[出]ラインラント・プファルツ州メンディグ　[名]Nahles, Andrea Maria　[学]ボン大学卒　[歴]ドイツ社会民主党（SPD）の青年部に所属し、代表を務める。1998年28歳で連邦議会議員に初当選。2013年労働・社会相に就任。ドイツ初の全国統一の最低賃金法を導入し、注目を集めた。17年9月の総選挙でSPDが歴史的惨敗を喫した後、トーマス・オッパーマンの後任としてSPD連邦議会院内総務に就任。私生活では10年に結婚し、娘をもうけたが、16年離婚。

ナワフ・アル・アハマド・アル・ジャビル・アル・サバハ

Nawaf al-Ahmad al-Jabir al-Sabah

1938～

クウェート皇太子・第1副首相　[歴]サバハ首長の弟で、支配一族サバハ家のジャビル分家出身。英国の大学で学んだ。1978～88年クウェート内相、88～92年国防相、2003年副首相兼内相、03～06年第1副首相。06年2月皇太子に即位。　[家]兄＝サバハ・アル・アハマド・アル・ジャビル・アル・サバハ（クウェート首長）

ナワリヌイ, アレクセイ

Navalnyi, Aleksei

1976.6.4～

ロシア進歩党党首　反政権ブロガー, 政治活動家　[出]ソ連ロシア共和国モスクワ州（ロシア）　[名]Navalnyi, Aleksei Anatolievich　[学]ロシア諸民族友好大学法学部（1998年）卒　[歴]弁護士出身。プーチン政権幹部の腐敗を追及するブロガーとして台頭。2011年12月のロシア下院選や12年3月の大統領選で不正があったと抗議する反政権デモの指導者として脚光を浴びる。ロシア連邦捜査委員会は12年7月、キーロフ州知事の顧問だった09年に公的企業から資産を横領した罪で起訴したと発表。13年7月キーロフの裁判所は懲役5年を言い渡したが、10月の控訴審判決で懲役5年、執行猶予5年に減刑された。同年9月モスクワ市長選ではプーチンの側近の現職に対抗して出馬し、2位と善戦。11月野党・国民連合党党首に選出。14年2月進歩党に党名を変更。15年4月法務省が政党登録を取り消した。17年2月横領罪で有罪判決を受ける。12月には18年3月の大統選に立候補を届け出るが却下された。

【ニ】

ニコノフ, ビャチェスラフ

Nikonov, Vyacheslav

1956.6.5～

ロシア下院議員　政治評論家　[出]ソ連ロシア共和国モスクワ（ロシア）　[名]Nikonov, Vyacheslav Alekseevich　[学]モスクワ大学歴史学部（1978年）卒 歴史学博士　[歴]旧ソ連のゴルバチョフ政権下の大統領府附属機関で、社会・経済分析などを担当。1988年ソ連共産党書記、89年党中央委員、90年大統領府補佐官。91年国家保安委員会（KGB）長官バカーチンの補佐官。93年ロシア下院選に中間派の統一合意党から立候補し当選。外交委員会の国際安全保障・軍備管理小委員会委員長を務めた。96年大統領選でエリツィンの選挙対策を行い、プーチン政権でも親大統領的な立場で政治評論を行う。2007年ロシアの言語・文化推進機関“ロシア世界”の理事長に就任。13年再び下院議員に当選。

ニコラエフ, ミハイル

Nikolayev, Mikhail

1937.11.13～

サハ共和国初代大統領　[出]ソ連ヤクート自治共和国オルジョニキーゼ地区（ロシア・サハ

共和国）　[名]Nikolayev, Mikhail Yefimovich　[学]オムスク獣医大学卒, ソ連共産党中央委員会高級党学校卒　[歴]ヤクート人。獣医。ヤクート自治共和国共産党書記（農業担当）、同自治共和国最高会議議長。1990年独立を宣言したヤクート・サハ共和国の最高会議議長（大統領）、ソ連連邦人民代議に選出。ソ連崩壊後、91年サハ共和国初代大統領となり、2001年まで務めた。

ニコリッチ, トミスラヴ

Nikolić, Tomislav

1952.2.15～

セルビア大統領　[出]ユーゴスラビア・セルビア共和国クラグエバツ（セルビア）　[歴]墓地管理人だった経歴から、"葬儀屋"の異名をもつ。建設会社勤務などを経て政界入り。1991年極右民族派のセルビア急進党の創設に関わり、副党首。独立を求めるコソボとの民族紛争が本格化した90年代後半には、強権政治を敷いていたミロシェヴィッチ政権で副首相を務めた。その後、ハーグの国際戦犯法廷に起訴された急進党党首に代わって同党を率い、反欧米、親ロシア姿勢を見せていたが、2008年進歩党を結成し、欧州連合（EU）への早期加盟を目指す立場に転換。この間、04年大統領選に出馬。07年国会議長。08年再び大統領選に出馬、タディッチ大統領に敗れる。12年5月3度目の大統領選で勝利し、就任。17年5月任期満了で退任。

ニコルソン, ジム

Nicholson, Jim

1938～

米国退役軍人長官, 米国共和党全国委員長　軍人　[出]アイオワ州　[学]コロンビア大学卒　[歴]ベトナム戦争に落下傘兵、陸軍レンジャー部隊隊員として8年間従軍。青銅星章を受章。大佐で退役の後、住宅開発業などを経て、1997年～2001年共和党全国委員会委員長、01年駐バチカン大使。05年1月2期目のブッシュJr.政権で退役軍人長官に就任。07年10月辞任。　[勲]青銅星章

ニシャニ, ブヤール

Nishani, Bujar

1966.9.29～

アルバニア大統領　[出]ドゥラス　[名]Nishani, Bujar Faik　[学]テキサス大学, ティラナ大学大学院（2005年）修士課程修了　[歴]ティラナの軍事学校で学んだ後、1996年米国カリフォルニアに留学。2005年ティラナ大学で欧州研究の修士号を取得。この間、1991年アルバニア民主党に入党。2005年国会議員当選。07年3月～09年9月内相、09年9月～11年4月法相。4回にわたる議会での大統領選選挙会合の結果、12年6月大統領に選出され、7月就任。17年7月退任。

ニーニスト, サウリ

Niinistö, Sauli

1948.8.24～

フィンランド大統領　[出]サロ　[名]Niinistö, Sauli Väinämö　[学]トゥルク大学卒　[歴]サロで弁護士として活動後、1987年フィンランド国会議員に初当選、2011年まで務めた。保守政党の国民連合に属し、1995年～2003年司法相、財務相を歴任。07～11年国会議長。1998年～2002年には欧州の保守政党で構成する欧州民主同盟の会長も務めた。12年2月大統領選決選投票で当選し、3月就任。

ニーハウス・ケサダ, ベルン

Niehaus Quesada, Bernd

1941～

コスタリカ外相　[出]サンホセ　[学]ボン大学政治経済学部卒, コスタリカ大学法学部卒, ストラスブール大学修士課程修了　[歴]コスタリカ大学教授、外務次官などを経て、1990年から外相。キリスト教社会連合党全国政治局員。米州機構（OAS）次期事務総長候補。

ニーマン, ヤコブ

Neeman, Yaakov

1939～2017.1.1

イスラエル法相　[出]テルアビブ　[学]ヘブライ大学, ニューヨーク大学ロースクール　[歴]1966年イスラエル弁護士会に入会。弁護士事務所を経て、カリフォルニア大学ロサンゼルス校、テルアビブ大学、ニューヨーク大学、ヘブライ大学客員教授を務める。79～81年財務省長官。96年ネタニヤフ政権で法相を務めたが、野党党首の疑惑にからむ捜査で虚偽の証言をした罪により起訴され辞任。97～98年財務相、2009～13年法相。

ニャシンベ, フォール

Gnassingbé, Faure

1966.6.6～

トーゴ大統領　[出]ラック県アファニャン　[名]Gnassingbé Eyadema, Faure Essozimna　[歴]フランス、米国の大学に留学後、トーゴ国会議員に当選。2003年7月設備・鉱山・電気通信相。05年2月、大統領の父ニャシンベ・エヤデマの死去直後に軍が大統領就任を宣言したが、国際社会の非難が高まり辞任。4月の大統領選で当選し、5月就任。10年5月再任。　[家]父＝ニャシンベ・エヤデマ（トーゴ大統領）

ニヤゾフ, サパルムラト

Niyazov, Saparmurat

1940.2.19～2006.12.21

トルクメニスタン大統領・首相　[出]ソ連トルクメン共和国アシハバード（トルクメニスタン・アシガバート）　[学]レニングラード工科大学卒, ソ連共産党中央委附属高級党学校（通信制）卒　[歴]トルクメン人。1962年ソ連共産党入党。86年党中央委員。トルクメン共和国で党活動に従事し、85年同共和国首相・党第1書記。その後90年11月まで同共和国最高会議議長。90年7月ソ連共産党政治局員。同年10月トルクメン共和国初代大統領に当選。91年12月ソ連邦解体により独立国家共同体に加盟。同月民主党（旧共産党）議長。トルクメニスタンと国名変更後の92年6月再選。同年より首相・陸軍総司令官兼任。94年1月国民投票で2002年まで大統領任期延長。1999年12月憲法改正により終身の国家元首となるが、2001年終身大統領を放棄。極端な個人崇拝を国民に強い、北朝鮮並みといわれる強力な独裁国家を築いた。

ニャン・ウィン

Nyan Win

1953.1.22～

ミャンマー外相　軍人　[学]ビルマ国軍士官学校（1973年）卒, インド国防大学（1988年）卒, ミャンマー国防大学（2001年）卒　[歴]2001～03年ミャンマー指揮幕僚大学学長、03年ミャンマー国防省訓練局次長を経て、04年9月～11年3月外相。11～16年ヤンゴン近郊のバゴー管区知事を務めた。

ニュシ, フィリペ・ジャシント

Nyusi, Filipe Jacint

1959.2.9～

モザンビーク大統領　[出]ポルトガル領東アフリカ・ナマウ（モザンビーク）　[学]ブルノ陸軍学校（チェコ）, マンチェスター大学　[歴]1990年チェコスロバキア（現・チェコ）に留学し、工学修士号を取得。鉄道会社勤務などを経て、公職の経験がないまま、2007年モザンビーク国防相に抜擢される。14年10月の大統領選にゲブザ大統領の後継候補として与党モザンビーク解放戦線（FRELIMO）から出馬し、当選。15年1月大統領に就任。

ニレカニ, ナンダン

Nilekani, Nandan

1955.6.2～

インド固有識別番号庁（UIDAI）総裁　実業家　[出]バンガロール　[学]インド工科大学卒　[歴]1981年インドIT大手のインフォシス・テクノロジーズを創業。2002～07年社長を経て、07～09年共同会長を務める。09～14年ITに精通した手腕を買われ、閣僚級の待遇でインド政府が進める“国民背番号制度”の担当庁、インド固有識別番号庁（UIDAI）初代総裁を務めた。

【ヌ】

ヌアイミ, アリ・イブラヒム

Nuaimi, Ali Ibrahim al-

1935～

サウジアラビア石油鉱物資源相　実業家　[名]Nuaimi, Ali bin Ibrahim al-　[学]スタンフォード大学　[歴]1947年12歳で国営石油会社アラムコの前身に“お茶係”として入社。同社の訓練制度や留学制度を利用して、米国スタンフォード大学などで地質学を修めた後、油田開発や生産部門を歩む。88年それまで米国人によって占められていたアラムコ社長の座にサウジアラビア人として初めて就く。95年第4代サウジアラビア石油相に就任。以後、アブドラ国王の信認のもと、石油輸出国機構（OPEC）での生産調整など同国の石油政策のかじ取り役を担う。15年アブドラ国王死去後のサルマン国王の下でも

留任。16年5月退任。在任は20年を超えた。

ヌクルンジザ, ピエール

Nkurunziza, Pierre
1963.12.18〜
ブルンジ大統領　[出]ヌゴジ　[学]ブルンジ大学(教育学・スポーツ学)卒　[歴]ブルンジ大学で体育教官を務めていた1995年、学生ら多数をツチ族兵士に殺害され、最大のフツ系武装勢力・民主防衛軍(FDD)に入隊。ゲリラ戦で頭角を現し、2001年民主防衛国民会議・民主防衛軍(CNDD-FDD)議長となる。03年11月FDDはブルンジ暫定政府との間で和平協定を結び武装解除、政党に転換、党首に。04年暫定政権の国家総監察官担当相に就任。05年7月上院・下院の総会による間接選挙でブルンジ大統領に選出、8月就任。1993年の内戦勃発後、民主的選挙を通じて選ばれた初めての大統領となる。2010年8月2期目。

ヌゲマ, テオドロ・オビアン

Nguema, Teodoro Obiang
1942.6.5〜
赤道ギニア大統領・最高軍事評議会議長　軍人　[出]スペイン領ギニア・バータ(赤道ギニア)　[名]ヌゲマ・ムバソゴ, テオドロ・オビアン〈Nguema Mbasogo, Teodoro Obiang〉　[学]サラゴーサ士官学校(スペイン)　[歴]赤道ギニア国防次官を経て、1979年8月クーデターを起こし、叔父にあたるマシアス大統領政権を倒し、同月25日最高軍事評議会議長、10月大統領に就任。86年より国防相兼任。2009年12月大統領6選。　[家]叔父＝マシアス・ヌゲマ(赤道ギニア大統領)

ヌコモ, ジョシュア

Nkomo, Joshua
1917.6.19〜1999.7.1
ジンバブエ副大統領, ジンバブエ・アフリカ民族同盟(ZANU)副議長　[出]マタベレランド　[学]アダムス・カレッジ(南アフリカ)卒　[歴]少数派部族ヌデベレ族出身。南アフリカで中学、高学を卒業した後、1947年ローデシアに戻り、51年鉄道黒人労組書記長。61年にジンバブエ・アフリカ人民同盟(ZAPU)を結成して議長となり、黒人多数支配闘争を指導。64〜74年一時期の仮釈放を除き、白人政府に拘禁されていた。76年からザンビアに本拠を置いてゲリラ戦を指揮、またジンバブエ・アフリカ民族同盟(ZANU)のムガベ議長とともに愛国戦線(PF)を結成して共同議長。80年4月英国からの独立とともに、ムガベ首相の下で内相、81年無任所相を務めたが、82年2月解任された。暗殺の危険があったとして83年3月〜8月英国に亡命。85年に始まった話し合いでZAPUはZANUに合併。87年12月副大統領に就任し、99年7月に亡くなるまで務めた。

ヌシミリマナ, アドルフ

Nshimirimana, Adolphe
1964〜2015.8.2
ブルンジ軍参謀長・国家情報局長官　軍人　[出]ギテガ県ギシュビ　[歴]ブルンジ軍参謀長、国家情報局長官を務め、ヌクルンジザ大統領の警備を担当し、事実上の政権ナンバー2とみられていた。2015年8月首都ブジュンブラを車で移動中、ロケット弾や自動小銃による襲撃を受け、殺害された。この暗殺事件の1週間ほど前には、大統領選でヌクルンジザ大統領が憲法の規定を無視して3選を宣言。ヌクルンジザの大統領選出馬は違憲だとして数ケ月にわたって抗議行動が続き、政府側の厳しい取り締まりにより少なくとも100人が死亡。同年5月中旬にはクーデター未遂事件も発生したが、ヌシミリマナ将軍がデモ参加者の取り締まりを指揮し、クーデターを失敗させた立役者とみられていた。

ヌジョマ, サム・ダニエル

Nujoma, Sam Daniel
1929.5.12〜
ナミビア大統領, 南西アフリカ人民機構(SWAPO)議長　黒人解放運動家　[出]南西アフリカ・オンガンジェルソン地方エトゥンダ村(ナミビア)　[名]Nujoma, Samuel Shafiihuma　[学]ウィントフーク(ナミビア)のミッションスクール卒　[歴]鉄道、市役所職員などを経て民族主義運動に参加。1959年4月ナミビアの急進派ゲリラ組織である南西アフリカ人民機構(SWAPO)を結成し、60年初代議長となる。同年12月南アフリカ当局に逮捕。釈放後、61年タンザニアへ亡命、ダルエスサラームに臨時本部を設立した。66年に一時ナミビアへ戻ったが再び南ア当局に捕まり国外追放。以来、アンゴラ南部でゲリラ闘争を指導していたが、84年2月アンゴラ

政府と南アフリカの停戦協定によりアンゴラでの“聖域”をほぼ失い窮地に陥った。89年9月、国連安保理決議435号の実施に基づく独立移行で約30年ぶりにナミビアに帰国。90年3月独立したナミビア共和国の初代大統領に就任。95年3月再任。同年アフリカの飢餓をなくすために貢献した指導者に贈られるアフリカ賞を受賞。99年12月3選。2005年3月退任。1996年来日。　[賞]アフリカ賞（1995年）

ヌスール, アブドラ

Ensour, Abdullah

1939.1.20〜

ヨルダン首相・国防相　[出]トランスヨルダン・サルト（ヨルダン）　[学]ベイルート・アメリカン大学, パリ大学　[歴]米国、フランスに留学。1989年ヨルダン下院議員に初当選。計画相、教育相、外相などを歴任し、96年高等教育相、97年副首相。2012年10月首相兼国防相に就任。13年3月再任。16年5月アブドラ国王令により下院議院が解散し、辞職。

ヌゾ, アルフレッド

Nzo, Alfred

1925.6.19〜2000.1.13

南アフリカ外相, アフリカ民族会議（ANC）書記長　[出]ヨハネスブルク近郊ベノニ　[名]Nzo, Alfred Baphethuxolo　[学]フォートヘア大学中退　[歴]父親は金鉱山の事務員。東ケープ州に移り、貧しい生活の中、教会系の学校で初等教育を受け、黒人教育の名門フォートヘア大学で自然科学を学んだ。在学中の1950年アフリカ民族会議（ANC）の青年同盟に参加。ロンドンの衛生学校を卒業後は医学検査士として黒人居住区の救援活動に。その後、バスのボイコット運動などを指揮して投獄され、60年3月国外に亡命。69年からANC書記長。91年7月書記長解任。94年5月マンデラ政権で外相に就任。98年中国との国交正常化、台湾断交の対応などに当たり、強硬派として知られた。99年6月総選挙を機に政界を引退。同年12月心臓発作のため入院した。

ヌティバンツンガニャ, シルベストゥル

Ntybantunganya, Sylvestre

1956.5.8〜

ブルンジ大統領　[歴]国内の大学卒業後、パリ留学。フツ族系政党、ブルンジ民主戦線の創設に関わる。民主化選挙によるヌダダイエ大統領就任直後の1993年7月、外務協力相。93年11月21日の軍部クーデターによるヌダダイエ大統領殺害、後任のヌタリャミラ大統領の94年4月6日の飛行機墜落死で、大統領代行。94年10月大統領に正式就任。96年7月少数派ツチ族出身のブヨヤ元大統領が軍部クーデターにより大統領代行に就任。

ヌディミラ, パスカル・フィルマン

Ndimira, Pascal-Firmin

1956.4.9〜

ブルンジ首相　[出]ムインガ　[歴]フツ族出身。長期間にわたり、ツチ族の最大政党ウプロナ党のメンバー。1994〜95年ヌティバンツンガニャ政権で農相を務める。96年クーデターで政権を握ったブヨヤ暫定大統領により首相に指名される。98年退任。

ヌーデル, ペール

Nuder, Pär

1963〜

スウェーデン財務相　[出]ストックホルム　[歴]スウェーデン社会民主労働党（SAP）の活動から政界に入り、1994年国会議員に当選。ペーション首相の政治顧問や政策調整相、文化相を経て、2004〜06年財務相。妻はジャーナリスト。

ヌネス, アロイジオ

Nunes, Aloysio

1945.4.5〜

ブラジル外相　[出]サンパウロ州サン・ジョゼ・ド・リオ・プレト　[名]Nunes Ferreira, Aloysio　[学]サンパウロ州立大学（USP）法学部卒, パリ第8大学政治経済学, パリ第1大学政治学　[歴]1983〜91年サンパウロ州議会議員、91〜95年サンパウロ州副知事、95年〜2007年ブラジル下院議員（サンパウロ州選挙区）、01〜02年カルドーゾ政権の法相を経て、11年ブラジル社会民主党（PSDB）からサンパウロ州選出の上院議員に当選。14年副大統領候補、15〜16年上院外交国防委員長を経て、17年3月テメル大統領の下、外相に就任。この間、16年10月日伯経済合同委員会出席のため上院外交国防委員長として来日。

ヌハク・プームサワン

Nouhak Phoumsavanh

1914.4.9～2008.9.9

ラオス国家主席(大統領)　[出]フランス領インドシナ・サバナケット州(ラオス)　[歴]貧農の子として生まれ、小学校を卒業。抗仏闘争中、ベトナム独立同盟会(ベトミン)のラオス連絡員となる。インドシナ共産党に入り、1950年ネオ・ラオ・イサラ(自由ラオス戦線)抗戦政府経済・財政相、54年ジュネーブ会議代表、ラオス抗戦政府外相。55年カイソンらとラオス人民党(72年ラオス人民革命党＝LPRPに改称)を結成し、中央委員。57年国民議会議員。59年プイ・サナニコン政権に逮捕され、60年脱走。63年愛国戦線中央委筆頭常任委員。73年党政治局員。75年王制廃止、ラオス人民民主共和国樹立とともに副首相兼財務相に就任。82年8月第1副首相、89年5月最高人民議会議長。92年11月カイソン国家主席(大統領)の死去に伴い第2代国家主席に就任、93年2月再任。96年3月党大会で政治局員退任、党中央委顧問となる。98年2月国家主席を退任。

ヌハマジョ, マヌエル・セリフォ

Nhamajo, Manuel Serifo

1958.3.25～

ギニアビサウ暫定大統領　[歴]ポルトガルに留学し会計学を専攻。1975年ギニア・カーボヴェルデ独立アフリカ党(PAIGC)に入党。94年ギニアビサウ国会議員に初当選。2008年国会第1副議長。12年1月国会議長代行。4月のクーデターを受け、5月暫定大統領に就任。14年6月退任。

ヌーリ, アブドラ

Nouri, Abdollah

1950～

イラン内相　[学]イスファハン神学校卒　[歴]イスファハンの神学校などで学んだ後、コムに移り反王制活動に参加。1979年ラジオ・テレビ局総裁、80年外務次官、89年3月革命防衛隊ホメイニ師代理を経て、同年8月～93年8月内相。97年8月ハタミ政権でも内相に就任。98年6月保守派との対立により内相を罷免されるが、ハタミ大統領により国会の承認の必要がない副大統領(開発・社会問題担当)に任命される。99年7月改革派日刊紙「サラーム」の発禁処分に関連してイランの最高指導者ハメネイ師を非難する発言を行い、のちイスラム教を冒瀆したとして訴追、同年11月有罪の評決を受け、聖職者特別裁判所から禁錮5年、罰金1500万リアルとすべての報道活動の5年間にわたる禁止の量刑を言い渡され、収監。2000年2月出獄を認められる。

ヌリ, サイド・アブドゥロ

Nuri, Said Abdullo

1947.3.15～2006.8.9

イスラム復興党党首　[出]ソ連タジク共和国　[名]Abdullo Nuriddinovich Saidov　[歴]旧ソ連タジク共和国に生まれ、1970年代にイスラム復興党を組織してソ連当局からたびたび拘束された。ソ連崩壊によるタジキスタン独立後の92年に始まった共産勢力との内戦では、亡命先のイランからイスラム系統一野党勢力を指導したが、97年ラフモノフ大統領と和平合意により帰国。98年秋野豊筑波大学助教授射殺事件の犯人拘束や、99年のキルギス日本人技師人質事件での人質解放に影響力を発揮した。

ヌール, ファジル

Noor, Fadzil

～2002.6.23

全マレーシア・イスラム党(PAS)総裁　[歴]1989年イスラム至上主義を掲げる全マレーシア・イスラム党(PAS)総裁に就任。99年総選挙でPASの下院議席を3倍以上に増やして躍進、同時に行われた全国13州の州議会選でも1州増やし、2州で政権を握った。

ヌール, モハマド

Noor, Muhamad

アジア太平洋経済協力会議(APEC)事務局長　外交官　[出]マレーシア　[学]マラヤ大学卒, ウィスコンシン・マディソン大学　[歴]1974年マレーシア政府入り。2003～09年12月ジュネーブで世界貿易機関(WTO)大使として活躍し、07年にはWTO一般理事会の議長も務めた。10～12年アジア太平洋経済協力会議(APEC)初の専任事務局長。

ヌルガリエフ, ラシド

Nurgaliyev, Rashid

1956.10.8～

ロシア内相　[出]ソ連カザフ共和国(カザフス

タン）　[名]Nurgaliyev, Rashid Gumarovich　[学]クーシネン国立大学 Ph.D.　[歴]1981年よりソ連国家保安委員会（KGB）に勤務。2002年ロシア第1内務次官などを経て、04年3月内相に就任。07年9月内相再任。12年安全保障会議副書記。

【ネ】

ネガソ・ギダダ

Negaso Gidada

1944.9.8～

エチオピア大統領　[学]ハイレ・セラシェ1世大学卒 民族学博士（フランクフルト大学）　[歴]教員出身。1991～93年エチオピア労働・社会問題相、93～95年情報相、健康相を経て、95年8月～2001年10月大統領。

ネグロポンテ, ジョン

Negroponte, John

1939.7.21～

米国国務副長官　外交官　[出]英国ロンドン　[名]Negroponte, John Dimitri　[学]エール大学卒　[歴]1960年米国外務省に入省。81～85年駐ホンジュラス大使、85～87年国務次官補、87～89年レーガン大統領副補佐官（国家安全保障問題担当）、89～93年駐メキシコ大使、93～96年駐フィリピン大使を歴任。97年から大手出版社のマグロウヒル副社長を務める。2001年3月1期目のブッシュJr.政権で国連大使に任命されるが、ホンジュラス大使時代に同国政府が行ったとされる人権侵害事件を黙認した疑惑を指摘され、上院承認が難航、同年9月の米同時多発テロ事件後にようやく正式に就任。03年イラク戦争開戦前の安保理では、イラクに大量破壊兵器の廃棄を迫る決議1441を全会一致で採決させる。04年6月イラク戦争後の初代駐イラク大使に就任。05年4月2期目のブッシュ政権で新設の国家情報長官に就任。07年2月～09年1月国務副長官。5ケ国語に堪能。

ネーダー, ラルフ

Nader, Ralph

1934.2.27～

消費者運動家, 法律家　[出]コネティカット州ウィンステッド　[学]プリンストン大学卒, ハーバード大学ロースクール卒　[歴]両親はレバノンからの移民。1958年コネティカット州で弁護士を開業。61～64年フリーランスのジャーナリストとしてヨーロッパ、ソ連、ラテン・アメリカ、アフリカの各地を旅行。65年ゼネラル・モーターズ（GM）の欠陥車を告発した著書「どんなスピードでも危険」で一躍有名となり、68年には若い弁護士グループ“ネーダー突撃隊”を率いて大企業や政府の不正を相次いで摘発。その範囲は自動車公害から危険食品にまで及び消費者運動の旗手となる。97年にはマイクロソフト社に対し反トラスト法（独占禁止法）の適用を求める運動に乗り出す。この間、67～68年プリンストン大学講師を務めた。80年公共市民財団の代表となる。ネイティブ・アメリカンの権利保護、環境保全、原発反対などの問題でも活躍。92年、96年、2000年、04年、08年と大統領選に立候補するが敗退。1989年3度目の来日。　[賞]年間最優秀青年十人（米国青年商工会議所）（1967年）, ウッドロー・ウィルソン賞（1972年）

ネタニヤフ, ベンヤミン

Netanyahu, Benjamin

1949.10.21～

イスラエル首相, リクード党首　外交官　[出]テルアビブ　[学]マサチューセッツ工科大学卒, マサチューセッツ工科大学大学院修了　[歴]10代から米国で過ごし、大学では建築、経営管理学などを学び、修士号を取得。民間のコンサルタント会社、生産会社の上級幹部を経て、1982～84年在米大使館に勤務、84～88年国連大使。88年右派政党リクード選出のイスラエル国会議員となり、88～91年外務次官を務め、この間、湾岸戦争時にはマドリード中東和平会議のスポークスマンとして知名度をあげた。91年10月からはシャミル政権下で中東和平会議のイスラエル代表団報道官を務め、その雄弁さでリクードの若手党員を中心に支持を広げ、93年3月同党党首に選出される。兄のヨニが対テロ特殊部隊パラスに所属し、76年7月エンテベの奇襲に参加し死亡したため国際テロリズムに関する著作も多く、96年5月イスラエル初の首相公選では、テロへの恐怖をあおり、暗殺されたラビン首相の遺志を受け継ぎ和平路線を主張するペレス元首相と大接戦を演じ、勝利。6月7党連立内閣を発足させた。首相の

他、建設住宅相、宗教相を兼務。97年1月パレスチナ自治政府のアラファト議長と会談し、イスラエル軍のヘブロン（ヨルダン川西岸）撤退に合意。98年10月にはイスラエル軍追加撤退とパレスチナ自治政府治安対策強化などを定めた包括合意文書（ワイ合意）に調印。99年5月首相公選でイスラエル労働党のバラクに敗れ、党首を辞任。国会議員も辞職。2002年11月シャロン内閣の外相、03年2月～05年8月財務相。05年12月リクード党首に当選。07年8月党首再選。09年2月の総選挙を受けて3月首相就任。13年1月の総選挙を経て3月首相再任。"ビビ"の愛称で知られる。

ネチャス, ペトル

Nečas, Petr

1964.11.19～

チェコ首相　[出]チェコスロバキア・ウヘルスケー・フラディシュチェ（チェコ）　[学]博士号（J.E.プルキニェ大学）（1988年）　[歴]1988～92年テレビ工場の技術者として勤務。91年チェコスロバキア市民民主党（ODS）に入党。92年下院議員に初当選。国防次官、下院外交委員長などを経て、2006年チェコ副首相兼労働福祉相。09年ODS第1副党首。10年4月暫定党首に就任し、5月下院選の選挙戦を率いた。6月ODS党首、首相に就任。13年首相辞任。12～13年国防相兼任。

ネパール, マダブ

Nepal, Madhav

1953.3.6～

ネパール首相, ネパール統一共産党（UML）党首　[出]ラウタハト　[名]Nepal, Madhav Kumar　[学]トリブバン大学卒　[歴]ネパール国王が権力を握っていた1960年代、父が館長をしていた図書館の本で共産主義に触れ、69年16歳でネパール共産党マルクス・レーニン主義派に入党。民主化を求める学生運動の先頭に立ち、地下で武力闘争を繰り広げ、2年間の投獄経験を持つ。78年穏健派の左派政党・ネパール共産党創設で政治局員となり、91年ネパール統一共産党（UML）結成に参加、93年UML書記長。94～95年副首相兼外相兼国防相。99年アディカリUML議長死去に伴い書記長のまま党首となる。2005年2月からのギャネンドラ国王による直接統治への反対運動を主要7政党で指揮。08年の制憲議会選挙で落選、第3政党に終わった責任を取り書記長を辞任。09年1月繰り上げ当選。同年前首相が大統領、国軍との対立で辞任したため、野党から一致して推され5月首相に就任。10年退任。副首相時代の1994年に来日。

ネプトュヌ, イボン

Neptune, Yvon

ハイチ首相　[歴]ハイチ上院議長を経て、2002年3月シュレスタル首相の汚職による辞任に伴い、首相に就任。04年3月退任。ラバラス・ファミリーに所属。

ネムツォフ, ボリス

Nemtsov, Boris

1959.10.9～2015.2.27

ロシア第1副首相　物理学者　[出]ソ連ロシア共和国ソチ（ロシア）　[名]Nemtsov, Boris Yefimovich　[学]ゴーリキー州立大学放射線物理学部卒　[歴]1981～91年放射線物理学研究所の物理学者。一方、ソ連時代末期に原発反対運動のリーダー格として名を上げ、90年ロシア共和国の最高会議議員に選出される。91年8月のソ連保守派クーデター事件後、大統領令でニジニノブゴロド州の大統領代表、11月同州知事に任命され、企業や農場の民営化を軸とする経済改革に着手。93年12月連邦会議（上院）代議員。95年10月知事選挙で当選。97年3月エリツィン政権でロシア第1副首相兼燃料エネルギー相に就任。同年11月燃料エネルギー相を解任。98年4月キリエンコ内閣で第1副首相留任。同年8月解任。9月ロシア地方自治体評議会副議長。99年3月ユーゴスラビア連邦セルビアのコソボ紛争に際し、私的な立場で仲介にあたる。チュバイス元副首相らと連合"正義"を率い、8月キリエンコ元首相の率いる"新しい力"とともに選挙連合・右派勢力同盟を結成、12月下院議員に当選。2000年2月～6月下院副議長。00年3月右派勢力同盟下院会派代表。03年12月下院議員落選。05年2月ウクライナ政府顧問。プーチン政権では野党に転じ、14年からはロシアの対ウクライナ政策への批判を強めた。15年2月27日モスクワ中心部で銃撃され死亡した。1997年6月初来日。

ネーメト, ミクローシュ
Németh, Miklós
1948.1.24〜
ハンガリー首相　[出]ボルショド県モノク　[学]カール・マルクス経済大学（1971年）卒, ハーバード大学　[歴]1968年20歳の時にハンガリー社会主義労働者党（共産党）に入党。マルクス経済大学で教えた後、77年ハンガリー国家計画庁次長。81年党中央委経済政策部入りし、次長を経て87年1月部長に就任。同年6月中央委書記に抜擢された。88年5月政治局員兼書記、同年6月幹部会員。同年11月首相に就任。89年10月共産党から社会党に移行される中で全国幹部会員に選出された。90年4月の自由選挙で保守中道系の民主フォーラム（MDF）に敗れ、内閣総辞職。91年〜2000年欧州復興開発銀行副総裁。

【ノ】

ノ・ジェボン（盧 在鳳）
Roh Jai-bong
1936.2.8〜
韓国首相, ソウル大学教授　国際政治学者　[出]慶尚南道馬山　[学]ソウル大学文理学部政治学科（1957年）卒 政治学博士（ニューヨーク大学）（1967年）　[歴]1966年米国アームストロング州立大学助教授、67年ソウル大学文理学部講師、のち専任講師、助教授を経て、78年同大国際問題研究所長、81年同大外交学科教授。現実分析に優れた国際政治学者として学界、政界に影響を与えた。88年6月民正党議員研修会で「光州事件は金大中氏の老獪な政治工作によって起きた」と発言、野党の反発を買い、大学を去る。同年12月大統領政治担当特別補佐官として青瓦台入り。90年3月大統領秘書室長を経て、同年12月首相に就任。91年5月学生を中心とする反政府デモの拡大による国内混乱の責任を取って首相辞任。92年3月比例代表で国会議員に当選。93年民自党常務委員。95年2月離党。96年4月韓国総選挙で落選。

ノ・テウ（盧 泰愚）
Roh Tae-woo
1932.12.4〜
韓国大統領　軍人　[出]朝鮮・慶尚北道達城（韓国）　[名]雅号＝庸堂　[学]韓国陸士（第11期）（1955年）卒, 米国特殊戦学校（1959年）修了　[歴]1968年韓国陸軍首都師団大隊長官、74年空輸特戦旅団長、79年師団長、首都公安司令部長官。同年12月全斗煥少将主導の“粛軍クーデター”に師団長として参加。80年国軍保安司令官。81年陸軍大将で予備役編入、7月政務第2長官。82年3月体育相、同年4月〜83年7月内相。83〜85年ソウル五輪組織委委員長。84年10月大韓体育会会長兼大韓五輪委委員長。85年国会議員、与党民主正義党代表委員、87年5月同党総裁。同年12月の大統領選（直接選挙）で当選。88年2月第13代大統領に就任。同年9月ソウル五輪開会宣言。10月韓国大統領として初の国連演説をする。90年2月与党三党が合併して発足した新与党・民主自由党（民自党）の最高委員となり、同年5月同党総裁。同月国賓として来日。同年6月ゴルバチョフ・ソ連大統領と会談、韓ソ国交樹立で合意し、12月訪ソ。92年3月の総選挙では民自党は大敗し、8月名誉総裁に退く。同年9月初訪中。93年2月任期満了で大統領退任。95年11月大統領在任中に総額2000億ウォンを超える巨額の収賄をしていた疑いで逮捕、12月起訴された。さらに79年12月の“粛軍クーデター”から80年5月の“光州事件”に至る一連の責任者として96年1月内乱罪などで追起訴。8月粛軍クーデターは軍反乱、光州事件は内乱と認定され、軍反乱罪、内乱罪などに対して懲役22年6ケ月、収賄事件に関しては追徴金2838億ウォンの有罪判決が下された。12月の控訴審では懲役17年に減刑。97年4月韓国大法院は上告を棄却、内乱罪に対しては懲役17年、収賄罪に対しては追徴金2629億ウォンが確定した。同年12月特別赦免により釈放される。文学・音楽に親しみ、英語・日本語に堪能。　[勲]保国勲章国仙章, 乙支武功勲章, 無窮花大勲章　[家]妻＝金 玉淑, 義兄＝金 復東（自民連首席副総裁）

ノ・ムヒョン（盧 武鉉）
Roh Moo-hyun
1946.8.6〜2009.5.23
第16代韓国大統領　法律家　[出]朝鮮・慶尚南道金海（韓国）　[学]高麗大学大学院（1998年）修了　[歴]釜山郊外に貧しい農家の三男として生まれる。商業高校を卒業後、1977年独学で司法試験に合格。同年大田地方法院判事を経て、78年弁護士に転身。80年代

の民主化運動時代、拷問を受けた学生や運動家の弁護に当たるなど、労働運動や人権問題に取り組む。野党指導者の金泳三に見込まれ、88年4月第13代韓国国会議員に初当選。全斗煥政権の不正を国会で厳しく追及したことで知名度を上げた。90年政治不信を巡る対立が原因で金泳三と決別。91年民主党スポークスマン、95年党副総裁。97年新政治国民会議副総裁。同年金大中陣営に合流。98年補欠選挙で国会議員当選。2000年8月～01年3月金大中政権で海洋水産部長官。02年12月野党ハンナラ党の李会昌候補との一騎打ちとなった大統領選で当選。03年2月就任。9月与党・新千年民主党が分裂すると離党して無所属となる。与党が分裂するのは韓国政治史上初。この直後に自身を支持する議員らにより“開かれたウリ党”が結党され、少数ながら実質の与党となり、過半数議席を占める最大野党ハンナラ党との対立が深まった。02年の大統領選中に不法政治資金を受けとったとされる疑惑が持ち上がり、側近が相次いで逮捕される。04年3月特定政党（ウリ党）への支持発言問題や、自身と側近の不正問題、国民経済と国政の破綻を理由に、国会で韓国憲政史上初の大統領弾劾追訴案が可決され、権限行使が停止される。4月総選挙でウリ党が第1党となり、5月憲法裁判所が弾劾追訴を棄却、職務に復帰、その後、ウリ党に入党。07年2月ウリ党離党を表明。同年10月陸路で金大中大統領以来7年ぶりに訪朝し、金正日総書記と南北首脳会談を行う。この間、金大中の後継者として、内政においては新自由主義的な構造改革路線を推進、過去の軍事政権下での人権抑圧の検証を進めた。対北朝鮮政策においては太陽政策を継承。外交においては独自外交路線を推し進め、日米との摩擦も表面化した。08年2月大統領退任後、在任中の07～08年に、身内の不正資金受け取り疑惑が深まり、元大統領府秘書官や姪の夫が韓国最高検により逮捕され、妻や長男も事情聴取を受けた。09年4月には自身も包括収賄容疑で事情聴取を受けたが、容疑を否認。5月自宅の裏山から転落して死亡した。遺書も遺されていたことから自殺とされる。2003年6月国賓として初来日。

ノーキスト, グローバー

Norquist, Grover

1956～

全米税制改革協議会（ATR）議長　反税金運動家　[出]マサチューセッツ州　[学]ハーバード大学経済学部卒, ハーバード大学経営管理学修士課程修了　[歴]1985年レーガン大統領の要請で全米税制改革協議会（ATR）を創設。88年ブッシュSr.政権における共和党綱領委員会の大統領スタッフとして勤務。93年小さな政府、減税など保守政策の実現を目指す草の根団体を集め“水曜会”を設立。94年中間選挙では、全米ライフル協会、全米独立企業連盟など大規模組織から草の根団体までを糾合、保守連合を作り上げ、連邦議会下院で共和党を40年ぶりに多数党とする立役者となった。歴代共和党政権の税財政に関するアドバイザーを務める。傍ら月刊誌「アメリカン・スペクテーター」に「政治について」と題するコラムを連載。またテレビ番組「Empowerment Outreach Live」の共同司会を担当。

ノート, ケサイ

Note, Kessai

1950.8.7～

マーシャル諸島大統領　[学]ブーダル・カレッジ（パプアニューギニア）卒　[歴]日系3世。1974年ミクロネシア議会議員、79年マーシャル諸島国会議員。資源・開発相、内相などを経て、88～99年国会議長を務める。副大統領を経て、2000年1月大統領に就任。04年1月再任。07年11月の総選挙で敗れ、退任。09年10月国会議員による大統領選出選挙でチューレラン・ゼドケアに敗れる。

ノビツキー, ゲンナジー

Novitsky, Gennady

1949～

ベラルーシ首相　[学]ベラルーシ工科大学卒　[歴]1994年ベラルーシ建設相、97年副首相を経て、2001～03年首相。

ノボア, グスタボ

Noboa, Gustavo

1937.8.21～

エクアドル大統領　[出]グアヤキル　[学]グアヤキル・カトリック大学卒 法学博士　[歴]1986年からグアヤキル・カトリック大学学長を2期務めた後、98年8月エクアドル副大統領に就任。2000年1月軍事クーデターでマワ大統領が失脚、憲法規定により大統領に就任。

03年1月退任。

ノン・ドク・マイン
Nong Duc Manh
1940.9.11～
ベトナム共産党書記長，ベトナム国会議長
㊉フランス領インドシナ・バクタイ省（ベト
ナム・バクカン省）　㊄ハノイ農業学校（1961
年）卒，レニングラード農業大学（1971年）卒
㊊少数民族タイ族の出身。1958年革命運動
に従事し、63年ベトナム共産党入り。農学
校卒業後、バクタイ省（現・バクカン省）の
林業事務所に勤務するなど、青年時代は林
業振興に携わる。66～71年ソ連に留学。72
年帰国後、バクタイ省森林局監察委員会副
委員長、フールオン伐採所長など歴任。76
年バクタイ省党委員会委員および同省林業
局局長、80年同省人民委員会主席、86年同省
党委書記などを歴任して指導力を認められ、
89年党中央委員となり、91年政治局員に抜
擢。98年政治局常務委員。92年～2001年ベ
トナム国会議長を2期務め、国会の地位向上
に努めた。01年4月党書記長（党内序列1位）
に就任。少数民族の出身者が党の最高ポス
トに就くのは、1954年のベトナム独立以来
初めて。2006年4月再任。11年1月退任。自
身は中間派に属するが、温厚で謙虚な人柄
で改革派からの支持が高い。1995年林業事
情の視察で来日。

【ハ】

バ
　→ヴァをも見よ

馬 英九 ば・えいきゅう
Ma Ying-jeou
1950.7.13～
台湾総統, 台湾国民党主席　㊉香港　㊄台
湾大学法律系（1972年）卒、ニューヨーク大
学大学院（法学）（1976年）修士課程修了 法
学博士（ハーバード大学）（1981年）　㊊中
国湖南省出身で台湾国民党幹部の父ら一家
が国共内戦後に避難していた香港で生まれ
た。台湾大学卒業後、軍務を経て、1974年
渡米、ハーバード大学で法学博士号を取得。
メリーランド大学法学研究顧問、81年台湾

総統府第1局副局長、蔣経国総統英文通訳、国
民党副秘書長、88年7月行政院研究発展考核
委主任委員、89年2月大陸工作会会報執行秘
書長（兼）、90年10月国家統一委研究委員、
91年行政院大陸委副主任委員（兼）を歴任。
この間、88年第13期国民党中央委員、中央
副秘書長。93年2月～96年1月連戦内閣で法
務部部長（法相）。93年8月第14期党中央委員。
のち、李登輝総統の行政院政務委員（上級無
任所相）となるが、97年5月治安悪化の責任
を取って辞任、政治大学法学部副教授を務め
る。98年12月国民党から台北市長選に出馬
し、現職の陳水扁を破って当選。99年8月国
民党中央常務委員。2002年12月市長に再選。
03年3月国民党副主席を経て、05年7月全党
員による初の直接投票で党主席に当選。06
年12月台北市長を退任。07年2月台北市長時
代の公金横領などの罪で検察に起訴され、責
任を取って党主席辞任。8月台北地裁により
無罪が言い渡される。08年3月総統選に国民
党候補として出馬し、与党・民進党の謝長廷
元行政院院長を220万票の大差で破り当選。
5月総統に就任。09年7月国民党主席選挙で
当選し、10月再任。政府と党の最高権力を
掌握した。12年1月の総統選で再選、5月2期
目就任。13年11月国民党主席辞任。14年12
月党主席辞任。前任の陳水扁総統時代に悪
化した中台関係の改善に努め、15年11月に
は中国の習近平国家主席と中台分断後初の
首脳会談を行った。16年5月任期満了で総統
を退任。"ひとつの中国"を認め、対中融和政
策を主張する。甘いマスクで流暢な英語を
話し、女性に抜群の人気を誇る。

馬 凱 ば・がい
Ma Kai
1946.6～
中国副首相, 中国共産党政治局員　㊉上海
㊄中国人民大学政治経済卒　㊊1965年中国
共産党に入党。88年国家物価局副局長、93
年中国国家経済体制改革委副主任、95年国家
発展計画委副主任など歴任。2003年より国
家発展改革委主任。08年3月国務委員、国務
院秘書長に就任。02年党中央委員、12年11
月党政治局員。13年3月副首相。17年10月党
政治局員退任。

馬 力 ば・りき
Ma Lik
1952～2007.8.8

香港民主建港協進連盟主席, 中国全国人民代表大会（全人代）代表　[出]中国・広州　[歴]1997年の香港返還前から香港の親中派政党・民主建港連盟（現・香港民主建港協進連盟）秘書長として政策立案などを担当。2003年香港の区議会選大敗を受け当時の党首が引責辞任したため、党首に就任。中国全国人民代表大会（全人代）代表の他、香港立法会（議会）議員、中国系香港紙「商報」副社長も兼務した。07年天安門事件を巡り"中国共産党による虐殺はなかった"などと発言し、民主派議員らから猛反発を招いた。

バアシル, アブ・バカール

Ba'asyir, Abu Bakar

1938〜

ジェマー・イスラミア（JI）指導者　イスラム教指導者　[出]オランダ領東インド中部ジャワ州ソロ（インドネシア）　[名]別名＝ソマド, アブドゥス〈Somad, Abdus〉　[歴]世界最多のイスラム教徒がいるインドネシアでイスラム系の青年組織で活動。1970年代初めに友人とともにイスラム寄宿学校を設立したり、急進的なイスラム教解釈を広めるためにラジオ局をつくったりした。70年代末、同国でのイスラム法の適用を主張し、スハルト政権下では4年間投獄される。釈放後、85〜99年マレーシアで逃亡生活を送りながら原理主義的なイスラム解釈を説いて回り、熱心な支持者グループを形成。同様のグループがシンガポールにも作られる。スハルト政権の崩壊に伴い帰国し、イスラム寄宿学校を運営。99年に結成されたイスラム法の適用を求める団体、インドネシア・ムジャヒディン評議会（MMI）の議長を2000年から務める。02年1月にはオサマ・ビンラディン率いるアルカイダとの関係などを疑われ、警察の事情聴取を受けるが、疑惑を全面否定。東南アジアの過激派組織・ジェマー・イスラミア（JI＝イスラム共同体）のリーダーで、00年のクリスマスイブにインドネシア各地で起きた爆弾事件、1999年、2001年のメガワティ大統領暗殺未遂事件などに関与したとされる。02年10月バリ島爆弾テロ事件発生後、メガワティ大統領暗殺未遂事件での国家反逆罪で国家警察に逮捕される。05年3月バリ島爆弾テロ事件における共謀罪で禁錮2年6ケ月の判決を受けたが、出所後の06年12月インドネシア最高裁は一転して無罪判決を下した。08年MMIを脱退してジャマー・アンシャルット・タウビット（JAT）を設立。10年JIの軍事訓練キャンプが摘発された事件に絡んでテロ教唆の罪で逮捕され、禁錮15年の判決を受ける。服役中。マレーシアでは過激派組織・マレーシアン・ムジャヒディンを指揮する人物の一人とみなされている。

バイカル, デニズ

Baykal, Dniz

1938〜

トルコ副首相・外相　[出]アンタリア　[学]アンカラ大学法学部卒　[歴]1973年トルコ国会議員に初当選。74年財務相、78年エネルギー天然資源相を歴任。95年共和人民党党首に就任。同年副首相兼外相。

ハイダー, イェルク

Haider, Jörg

1950.1.26〜2008.10.11

オーストリア自由党党首　[出]オーバーエスタライヒ州バートゴイルセン　[学]ウィーン大学卒, ウィーン大学大学院博士課程修了 法学博士（ウィーン大学）（1973年）　[歴]元ナチス党員の家庭に生まれる。学生時代からオーストリアの右翼政党・自由党の政治活動に参加、1976年同党執行委員。79年29歳でオーストリア国民議会（下院）に当選。86年自由党党首に就任。89年党首兼任のままケルンテン州知事に就任するが、91年6月ナチス擁護の発言に対する責任を追及され、ケルンテン州知事を辞任。その後の各地の選挙では排外主義的な主張で巧みに情緒に訴えて得票率を上昇させ、同年11月のウィーン議会選挙では第2党に躍進、オーストリアに右翼旋風を巻きおこす。99年ケルンテン州知事に再選。同年11月ナチスに関する過去の発言を謝罪し撤回。2000年2月オーストリア国民党との連立内閣が発足したことから欧州連合（EU）各国が自由党を"極右"と非難、外交関係の凍結などの制裁措置が発動された。新政権には入閣せず、ケルンテン州知事のまま閣外にとどまる。同年5月党首を辞任。04年3月州知事3選。05年4月自由党から離脱し未来同盟を結成、党首に就任。06年6月党首から退いたが、08年夏党首に復帰。9月の総選挙で3倍増の21議席を獲得したが、10月交通事故で死去した。

バイデン, ジョセフ (**Jr.**)

Biden, Joseph (Jr.)

1942.11.20〜

米国副大統領, 米国上院議員(民主党) Ⓟ ペンシルベニア州スクラントン Ⓡ Biden, Joseph Robinette (Jr.) 通称= Biden, Joe Ⓔデラウェア大学卒, シラキュース大学ロースクール卒 Ⓦ弁護士を経て, デラウェア州ニューカッスル郡議員を皮切りに政界入り。1972年11月同州選出の上院議員(民主党)に初当選。直後の12月, 最初の妻と娘を自動車事故で失う。以後, 残された2人の息子たちの子育てのためにデラウェア州から首都ワシントンに電車通勤した。87〜95年上院司法委員長を経て, 2001年6月〜02年12月外交委員長。1988年の大統領選の民主党有力候補だったが, 87年演説盗用が発覚して断念した。2007年1月〜09年1月再び上院外交委員長。08年の大統領選に出馬表明したが, 1月のアイオワ州党員集会での結果が振るわず撤退。8月民主党の候補者指名が確定したバラク・オバマ上院議員に, 副大統領候補に指名される。11月の大統領選でオバマが勝利。09年1月副大統領に就任。12年11月再選, 13年1月再任。15年5月デラウェア州司法長官を務めた長男のボーが脳腫瘍のため46歳の若さで死去。自身は16年の大統領選への出馬を見送った。17年1月退任。米政界きっての国際主義者として知られる。 Ⓜ自由勲章(米国大統領)(2017年) Ⓧ長男=ボー・バイデン(デラウェア州司法長官)

ハイド, ヘンリー

Hyde, Henry

1924.4.18〜2007.11.29

米国下院外交委員長(共和党) Ⓟイリノイ州シカゴ Ⓔジョージタウン大学(1947年)卒, ロヨラ大学ロースクール(1949年)修了 Ⓦ弁護士活動の後, 1967年イリノイ州下院議員。74年11月イリノイ州から連邦下院議員に当選し, 16期32年務めた。95年下院司法委員長。クリントン大統領の不倫もみ消し疑惑の弾劾裁判で主任検事役を務めた。2001年1月〜06年12月外交委員長。同月引退。外交委員長在任中は日本の小泉純一郎首相の靖国神社参拝を厳しく批判して, 同神社の施設・遊就館の展示修正などを求めた。

バイナイ, ゴルドン

Bajnai, Gordon

1968.3.5〜

ハンガリー首相 金融家 Ⓟセゲド Ⓔブダペスト経済大学(現・ブダペスト・コルヴィヌス大学)国際関係学部(1991年)卒 Ⓦ金融の専門家で, 銀行, 証券会社などを経て, 2005年ブダペスト空港会社社長, 06年ハンガリー国家開発庁・開発政策担当政府コミッショナーに就任。国会議員の経験はなかったが, フェレンツ・ジュルチャーニ首相と盟友関係にあり, 07年地方自治体・地域振興相に抜擢され, 08年より経済相。09年ジュルチャーニ首相の辞任により, 41歳の若さで首相に就任。10年5月の任期満了をもって政界を引退。

バイニマラマ, ボレンゲ

Bainimarama, Voreqe

1954.4.27〜

フィジー首相 軍人 Ⓟ英領フィジー諸島スーバ(フィジー) Ⓡ Bainimarama, Josaia Voreqe, 別名= Bainimarama, Frank Ⓦ1975年フィジー海軍入隊。海軍司令官などを経て, 99年よりフィジー国軍総司令官。2000年5月フィジー系武装集団による国会占拠事件収拾のため全国に戒厳令を布告, フィジーの全権掌握を宣言, 大統領権限を掌握。同年7月ジョセファ・イロイロ大統領に権限を委譲, ガラセ内閣を発足させる。06年12月無血クーデターを主導して政権を奪取, ガラセ首相を解任。07年1月暫定首相に就任。09年4月9日控訴裁判所が暫定政権について違憲と判断, 10日イロイロ大統領は憲法廃止を発表, 11日再度暫定首相に就任。14年9月民政復帰, 同月首相就任。同年退役。

ハイネ, ヒルダ

Heine, Hilda

1951.4.6〜

マーシャル諸島大統領 Ⓟマジュロ環礁 Ⓔ南カリフォルニア大学(米国)卒 教育学博士(南カリフォルニア大学) Ⓦ教員などを経て, 2012年マーシャル諸島議会議員。ロヤック大統領の下で教育相を務める。16年1月議会議員(33名)の互選による大統領選出選挙の結果, 前与党が擁立した無所属(新人)のキャステン・ネムラが大統領に選出され就任したが, 同月14日野党から不信任動議が

提出され大統領は失職。改めて大統領選が実施され、初の女性大統領に就任。

バイルー, フランソワ

Bayrou, François

1951.5.25〜

フランス法相・国民教育相, フランス民主運動党首　[出]バースピレネー県ボルデール　[学]ボルドー第3大学（1974年）卒　[歴]ピレネー山村の農村出身。中学・高校教師、雑誌編集長などを経て、1986年フランス国民会議（下院）議員。93〜97年保守党内閣で国民教育相などを歴任。98年中道政党の民主連合（UDF）議長（党首）に就任。99年〜2002年欧州議会議員。02年の大統領選に出馬し、得票率は6.8%。07年5月UDFに代わる新党“民主運動”（MoDem）を結成。同年の大統領選にも出馬、第1回投票で約18%を獲得し、第3位。12年の大統領選にも立候補するが、第1回投票で5位に終わる。14年ポー市長選で当選。17年の大統領選ではマクロン候補を支持し、マクロン大統領誕生後、法相として政権に参加（党議員秘書給与を巡る背任疑惑により1ケ月で退任）。

ハイレマリアム・デサレン

Hailemariam Desalegn

1965.7.19〜

エチオピア首相　[出]ワライタ　[学]アディスアベバ大学（1988年）卒, タンペレ工科大学（フィンランド）（1992年）修士課程修了, アズサパシフィック大学（米国）（2006年）修士課程修了　[歴]1995年〜2008年エチオピア連邦議会（上院）議員。01〜06年南部諸民族州知事を兼務。08年人民代表議会（下院）議員。10〜12年副首相兼外相。メレス首相の死去を受け、12年9月首相に就任。15年5月の下院選で圧勝、10月下院で首相に再選される。同年末より反政府デモが始まり政情が不安定化。18年1月6500人以上の政治犯を釈放、2月辞意を表明した。

ハインズ, サミュエル

Hinds, Samuel

1943.12.27〜

ガイアナ大統領・首相　[出]英領ギイアナ・マハイコニー（ガイアナ）　[名]Hinds, Samuel Archibald Anthony 通称＝Hinds, Sam　[学]クィーンズ・カレッジ, ニュー・ブラウンズウィック大学（カナダ）卒　[歴]1992年10月〜97年3月ガイアナ首相兼労働・通信・地域開発相を経て、97年3〜12月大統領。97年12月〜99年8月、99年8月〜2015年5月首相を務めた。

ハウ, ブライアン

Howe, Brian

1936.1.28〜

オーストラリア副首相　[出]ビクトリア州メルボルン　[名]Howe, Brian Leslie　[学]メルボルン大学卒　[歴]1977年オーストラリア下院議員に初当選、83年よりホーク政権で国防相、84年社会保障相、90年保健・住宅相を歴任。91〜95年キーティング政権で副首相を務めた。96年3月下院議員を退任。

ハヴェル, ヴァーツラフ

Havel, Václav

1936.10.5〜2011.12.18

チェコ大統領　劇作家　[出]チェコスロバキア・プラハ（チェコ）　[学]プラハ工科大学経済学専攻（1957年）卒, チェコ音楽芸術大学演劇学部卒　[歴]ブルジョワ出身のため高校卒業試験が受けられず、タクシー運転手、化学試験所技師の傍ら夜間ギムナジウムに通う。1954年高卒資格を取得。大学では詩のサークルに所属。卒業後、2年間強制的軍務につく。61年より市内の劇場で脚本書きや演出を手伝いながら劇作と著作活動を始める。63年第1作「ガーデン・パーティ（邦題・路線の上にいる猫）」、「メモランダ」（65年）など体制を皮肉った喜劇を発表。68年独立作家サークル議長。同年の“プラハの春”の弾圧を受け、一時プラハを離れ、トルトノバの醸造所に勤務。75年フサーク大統領宛てに公開書簡を送る。77年人権運動組織・憲章77の創立に参加、以後反体制活動家として活躍し、3回投獄（通算5年間）される。また国内での作品公刊・公演を禁じられた反面、西側諸国に翻訳が広まり、国際的な知名度は増した。83年釈放、病気を理由に刑執行が延期される。89年1月デモに参加して逮捕されたが国内はじめ東西各国の抗議により減刑、同年11月草の根民主運動組織・市民フォーラム代表として共産党に改革・民主化を要求、ヤケシュ書記長を退陣に追い込んだ（ビロード革命）。同年12月チェコスロバキア大統領に就任。90年7月再選。92年4月初来日。

同年7月チェコスロバキアの分離・独立に抗議して大統領を辞任。93年1月チェコとスロバキアの分離に伴い、2月初代チェコ大統領に就任。98年再選。99年北大西洋条約機構（NATO）に加盟。2003年2月任期満了で引退。この間、どの政党にも属さず、国家の精神的支柱として、チェコの変革期を築いた。東欧民主化のリーダーとしてポーランドのワレサと共に強い影響力を握り、東西冷戦の終結の立役者の一人だった。また文明の共存や世界のあり方にも発言を続け、ノーベル平和賞の候補にも挙がった。ヘビースモーカーとしても知られ、96年12月肺がんで右肺の3分の1を切除、その後も慢性気管支炎などを患い、入退院を繰り返した。最初の妻と死別した後、97年チェコの人気女優と再婚し国民を驚かせた。　[賞]エラスムス賞（1986年），パルメ平和賞（1989年），ドイツ書籍商組合平和賞（1990年），シモン・ボリバル賞（ユネスコ）（1990年），カール大帝賞　[家]妻＝ダグマル・ベスクルノバ（女優）

パウエル, コリン

Powell, Colin

1937.4.5～

米国国務長官　軍人　[出]ニューヨーク市サウス・ブロンクス　[名]Powell, Colin Luther　[学]ニューヨーク市立大学卒，ジョージ・ワシントン大学大学院修士課程修了 M.B.A.（ジョージワシントン大学）（1971年）　[歴]ジャマイカ移民の家庭に生まれる。苦学してニューヨーク市立大学の上級士官養成コースを卒業後、1958年米国陸軍入り。軍勤務の傍らジョージ・ワシントン大学で経営学修士号を取得。62年ベトナム戦争に従軍し、名誉負傷賞を受けるなど“兵士の中の兵士”といわれた。その後、在韓米軍勤務などを経て、77～81年国防副長官補佐官、83～86年ワインバーガー国防長官補佐官、西ドイツ駐留の米国陸軍第5軍司令官、87年1月国家安全保障会議（NSC）事務局次長を歴任。同年11月～88年12月レーガン政権下で国家安全保障担当大統領補佐官を務め、イラン・コントラ事件で傷ついたレーガン政権立直しに貢献した。89年10月ブッシュSr.政権下で黒人初の統合参謀本部議長に就任。91年1月湾岸戦争では多国籍軍の事実上の最高司令官を務め、“砂漠の嵐”作戦を立案するなど勝利の立役者となる。93年9月退任、英女王よりナイト勲位を授与される。95年共和党の次期大統領候補と注目されるが、11月不出馬を表明。以後、若者の健全育成を目指す非営利団体の代表を務める。同年発表した自伝「マイ・アメリカン・ジャーニー」は全米ベストセラーとなった。97年には米誌「タイム」の“米国で最も影響力がある25人”に選ばれた。2001年1月ブッシュJr.政権下で黒人初の国務長官に就任。同年7月ベトナムを訪問。02年7月北朝鮮外相とブルネイで非公式会談。強硬派や新保守主義（ネオコン）色の強い政権内で国際強調路線をとった。03年2月ブッシュJr.政権を代表し、国連で演説、イラクのフセイン独裁政権が核や生物化学兵器の開発を続けていると非難した。05年1月退任。12年「リーダーを目指す人の心得」を出版、イラク開戦の苦い汚点を振り返った。　[勲]米国陸軍有功勲章，米国空軍殊勲章，パープルハート勲章，黄金名誉勲章（1991年），自由勲章（米国大統領）（1991年），勲一等旭日大綬章（日本）（1991年），KCB勲章（1993年）　[賞]名古屋工業大学名誉博士号（2005年）　[家]息子＝マイケル・パウエル（米国国防総省），長女＝リンダ・パウエル（女優）

ハウプト, ヘルベルト

Haupt, Herbert

1947.9.28～

オーストリア社会相，オーストリア自由党党首　[出]ゼーボーデン　[歴]獣医を経て、1978年オーストリア自由党入り。86年国民議会（下院）に当選。2000年10月社会相。02年12月自由党党首。

パヴラク, ワルデマル

Pawlak, Waldemar

1959.9.5～

ポーランド首相，ポーランド農民党（PLS）党首　[出]プウォツク州カミョンカ　[学]ワルシャワ工科大学自動車農業機械学科（1984年）卒　[歴]1985年当時共産党の翼賛政党だった統一農民党に入党。89年初の自由選挙でポーランド下院議員に当選。90年農民党（PLS）への改組の過程で“冷静な現実主義者”として頭角を現し、91年6月党首に就任。同年11月下院議員。92年6月ポーランド史上最も若い32歳で首相に指名されるが、組閣で難航し7月辞任。93年11月再び首相に就任。95年3月首相辞任。ワルシャワの西約90キロのプ

ウォツクに自ら17ヘクタールの農場を経営する。

パヴロプロス, プロコピス

Pavlopoulos, Prokopis

1950.7.10～

ギリシャ大統領　法律家　[出]カラマタ　[学]アテネ大学法学部卒, パリ第2大学大学院法学部博士課程修了 法学博士(パリ大学)　[歴]1974年ミハリス・スタシノプロス大統領秘書、89年アテネ大学法学部教授、89～90年ゾロタス内閣の政府報道官、90～95年カラマンリス大統領付法律顧問。96年新民主主義党(ND)のギリシャ議会議員として初当選。2004～07年内務・行政・地方分権化相、07～09年内相。15年2月大統領に選出され、3月就任。

バエナ・ソアレス, ホアン

Baena Soares, João

1931.5.14～

米州機構(OAS)事務総長　外交官　[出]パラ州ベレン　[名]Baena Soares, João Clemente　[学]リオデジャネイロ・カトリック大学法学部(1953年)卒 法学博士(1962年)　[歴]ブラジル外務省に入省。パラグアイ、ポルトガル、グアテマラ、ベルギー、国連代表部を経て、1974年外務省国際機構局長、77年外相特別補佐官、79年外務次官。83年ニカラグアに武器を運ぶ途中のリビア機がブラジリアに強制着陸させられる事件が発生した際、解決の陣頭指揮にあたり外交手腕を発揮した。84～94年米州機構(OAS)事務総長。2003年アナン国連事務総長の諮問機関ハイレベル委員会委員に任命される。

パエニウ, ビケニベウ

Paeniu, Bikenibeu

1956.5.10～

ツバル首相・外相　[学]南太平洋大学(1980年)卒　[歴]1980～84年ツバル商業・天然資源省農業局長。84年ハワイ大学留学。85～88年南太平洋委員会アシスタント・エコノミスト。88年国会議員に当選し厚生相となり、89年10月より首相兼外相を務める。93年退任。96～99年再び首相を務める。

パーカー, アニース

Parker, Annise

1956～

ヒューストン市長　[歴]大学時代に同性愛者のグループを設立。石油関係企業に就職後も余暇に市民活動を行い、ヒューストン市議を3期務める。2009年決選投票を制し、全米4位の大都市であるヒューストン市長に当選。10年1月就任。保守的な南部のテキサス州にありながら、100万以上の大都市で初めて同性愛者を公表した市長となった。16年1月退任。

バーガー, サンディ

Berger, Sandy

1945.10.28～2015.12.2

米国大統領補佐官(国家安全保障問題担当)　[出]コネティカット州シャロン　[名]Berger, Samuel Richard　[学]コーネル大学卒, ハーバード大学法律大学院修了　[歴]弁護士開業ののち、リンゼイ・ニューヨーク市長や上下両院議員の補佐官を経て、1977～80年カーター政権時に国務省政策企画局副局長。民主党政治に深く関わり、92年大統領選中に学生時代からの友人だったクリントン候補の外交政策顧問となる。93年1月クリントン大統領副補佐官(国家安全保障問題担当)を経て、97年1月補佐官に就任。オルブライト国務長官と並んで外交政策を推進し、中国を国際社会に組み入れていく関与(エンゲージメント)政策を進めた。2001年退任し、ワシントンにコンサルティング会社ストーンブリッジを開く。08年大統領選では民主党予備選に出馬したヒラリー・クリントンの外交アドバイザーを務めた。09年オルブライト元国務長官が率いるオルブライト・グループと合併してオルブライト・ストーンブリッジグループを設立し会長。　[勲]旭日大綬章(日本)(2015年)

ハガティ, ウィリアム

Hagerty, William

1959.8.14～

駐日米国大使　外交官, 実業家　[出]テネシー州ナッシュビル　[名]通称＝Hagerty, Bill　[学]バンダービルト大学(1981年)卒, バンダービルト大学法科大学院修了 法務博士(バンダービルト大学法科大学院)(1984年)　[歴]バンダービルト大学法科大学院時代、ロー・

レビュー誌の共同編集者を務める。国際的な経営コンサルティング会社ボストン・コンサルティング・グループに勤務し、1988年から3年間東京駐在を経験。その後、アジアやヨーロッパの複数の企業のCEO（最高経営責任者）を歴任。未公開株式投資会社ハガティ・ピーターソン・アンド・カンパニーの創業者の一人として、業務執行役員なども務めた。また、共和党ジョージ・ブッシュSr.大統領のスタッフとして競争力評議会に関わり、国際貿易を担当。2011〜15年テネシー州知事諮問委員会メンバー、同州経済地域開発局長を歴任。16年ドナルド・トランプが大統領選の共和党候補者指名を獲得後、陣営に入り、テネシー州財務委員長として選挙資金確保に貢献。同年トランプ大統領政権移行チームの政治任用担当ディレクターとなり、閣僚候補選びの責任者を務める。17年3月第30代駐日大使に指名され、8月着任。経済に明るい知日派。趣味はボーイスカウトで、100人に2人程度しか取得できないとされる最高位の“イーグル・スカウト”を受章している。

バガバンディ, ナツァギーン

Bagabandi, Natsagiin

1950.4.22〜

モンゴル大統領, モンゴル人民革命党（MPRP）党首　[出]ザブハン県　[学]オデッサ技術大学（ソ連）, モスクワ社会科学アカデミー（1987年）卒 博士号（モスクワ社会科学アカデミー）（1987年）　[歴]遊牧民の家庭に育つ。1972〜75年ウランバートルのウォッカ工場技師。79年モンゴル人民革命党（MPRP, 現・モンゴル人民党＝MPP）に入党し、80〜84年トゥブ州人民革命党委員会イデオロギー局長、90年4月党中央委員、同年11月中央委員会書記。92年6月国民大会議（国会）議員に当選。同年7月〜96年6月議長。97年2月MPRP党首。同年5月現職のオチルバト大統領を破り大統領に当選、6月就任。2001年5月再選。05年6月退任。1994年10月、98年5月、2003年12月来日。元大相撲力士の旭鷲山と幼なじみで、長男は日本の大学に留学したこともある。

バガプシュ, セルゲイ

Bagapsh, Sergei

1949.3.4〜2011.5.29

アブハジア自治共和国大統領　[出]ソ連グルジア共和国アブハジア自治共和国スフミ　[名]Bagapsh, Sergei Uasyl-ipa　[歴]ソ連時代にグルジア・アブハジアの首都スフミで生まれる。ソ連共産党青年組織の地元地区幹部などを経て、ソ連崩壊後の1997〜99年、アブハジア自治共和国首相。2005年大統領に初当選し、09年に行われた大統領選でも僅差で再選を果たす。グルジアからの独立を主張し、08年に起きたグルジア紛争後、ロシアなど4ケ国から独立を承認された。11年肺の手術のために入院していたモスクワの病院で急死した。

ハカマダ, イリーナ

Hakamada, Irina

1955.4.13〜

ロシア下院議員・副議長　[出]ソ連ロシア共和国モスクワ（ロシア）　[名]Hakamada, Irina Mutsuovna　[学]モスクワ大学経済学部卒, モスクワ大学大学院修了 経済学博士　[歴]父は日本共産党員の袴田陸奥男、母はロシア人。父に反発して学生時代からリベラルな思想を持ち、ゴスプラン勤務、リハチョフ工場附属学校教授、コンピュータ会社経営などを経て、1988年から全ロシア原材料商品取引所理事。92年5月ロシア初のブルジョア政党といわれる“経済自由党”創設に参加。同年12月第1回党大会で初代党書記長（党首）に選出。93年12月新議会選挙で国家会議（下院）議員に当選、ロシア初の日系議員となる。その後、党とは距離を置き、無所属の改革派議員からなる院内会派“十二月十二日自由民主同盟”を率いる。94年11月ソスコベツ第1副首相に同行して来日。95年12月再選。のち“共通事項”を率いる。97年小企業家支援発展国家委員会議長に就任。その後、ネムツォフ元第1副首相らと連合“正義”を率い、99年8月キリエンコ元首相の率いる“新しい力”とともに選挙連合・右派同盟を結成し、同年11月下院議員に当選。2000年6月日系人として初の下院副議長に選出。04年大統領選に無所属で出馬。作家、デザイナーとしても活躍。1998年1月来日。　[家]父＝袴田 陸奥男（日本共産党員）, 異母兄＝袴田 茂樹（青山学院大学名誉教授）, 伯父＝袴田 里見（日本共産党副委員長）

バカロイウ, ニコラエ
Vacaroiu, Nicolae
1943.12.5〜
ルーマニア首相　[出]モルドバ・ボルグラード　[学]ブカレスト経済大学(1969年)卒　[歴]有数の経済通としてチャウシェスク政権下で国家計画委員会の幹部にまで上り、1989年の革命後も経済省次官として金融、通貨、価格などの政策に携わる。その後、経済財政省主税局長として付加価値税法案を作成、また、国際通貨基金(IMF)などとの交渉団にも加わった。92年11月再選されたイリエスク大統領の下で首相に就任、96年まで務める。96年より上院議員。97年より民主化委員会委員長。

バキエフ, クルマンベク
Bakiyev, Kurmanbek
1949.8.1〜
キルギス大統領　[出]ソ連キルギス共和国ジャラルアバド州(キルギス)　[名]Bakiyev, Kurmanbek Saliyevich　[学]クイビシェフ総合技術大学(電気工学)卒　[歴]南部ジャラルアバド州の農村の出身。ソ連時代にクイビシェフ総合技術大学でコンピューターを学び、卒業後、電気機器などの工場で技術者や経営者として働く。ソ連末期の1990年、キルギスで初めての複数候補の選挙でコクヤンガク市第1書記に選出される。91年のキルギス独立後、政治家として頭角を現し、94年キルギス国家資産基副総裁、97年チュイ州知事、ジャラルアバド州知事などを歴任。2000年12月アカエフ政権で首相に就任するが、02年5月中国への一部領土引渡しをきっかけとする反政府デモに警官隊が発砲した事件に抗議し、辞任。04年野党連合・国民運動の代表に転じる。05年3月独裁化を強めたアカエフ大統領追放の立役者となり、大統領代行兼首相に。同年7月大統領選に当選、8月就任。09年7月大統領再選。10年4月大統領退陣を求めるデモ隊に対して警官隊が発砲し、首都ビシュケクは騒乱状態となり、政権が崩壊。国外に脱出し、辞任を表明した。キルギス語、ロシア語、ウズベク語に堪能。

ハキム, アブドル・アジズ
Hakim, Abdel Aziz al-
1950〜2009.8.26
イラク・イスラム最高評議会(SIIC)指導者　イスラム教シーア派指導者　[出]ナジャフ　[歴]サダム・フセイン政権時代にイランに亡命。1982年テヘランで、実兄のムハマド・ハキムを指導者として結成された、イラク・イスラム最高評議会(SIIC)の前身組織であるイラク・イスラム革命最高評議会(SCIRI)に加わり幹部となる。2003年イラク戦争によりフセイン政権が崩壊すると帰国したが、同年兄が爆弾テロで暗殺されたことから後継者に選ばれた。SIICはイラクのイスラム教シーア派政党の中で議会最大勢力を誇る有力政党となった。　[家]父＝モーセン・アッ・ハキム(イラスム教シーア派指導者), 兄＝マハディ・ハキム(イラク反体制指導者), ムハマド・ハキム(イスラム教シーア派指導者)

ハキム, ムハマド・バキル
Hakim, Mohammad Baqil al-
1939〜2003.8.29
イラク・イスラム革命最高評議会(SCIRI)議長　イスラム教シーア派指導者　[出]ナジャフ　[歴]イラクの高名なイスラム教シーア派法学者の子として生まれる。1970年代からイランのホメイニ師に心酔。イラク国内でバース党体制に反対する運動を行い、たびたび逮捕された。79年イラン革命後、フセイン政権の弾圧を受け、80年イランに亡命。イラン・イラク戦争ではイラン側に立つ。83年イラク・イスラム革命最高評議会(SCIRI)を結成、イスラム原理主義を奉じ、イラン型のイスラム共和国を目指した。91年湾岸戦争後クルド人組織など国外にいる反フセイン政権組織と共同歩調をとり、シーア派組織の中心人物になる。2003年5月イラク戦争でフセイン政権が崩壊し、23年ぶりに帰国。SCIRIは暫定組織の“統治評議会”にメンバーを送るなど米軍主導の復興プロセスに協力姿勢を示したが、同年8月爆弾テロで暗殺された。アヤトラ(アラーの反映)の称号を持つ。　[家]父＝モーセン・アッ・ハキム(イラスム教シーア派指導者), 兄＝マハディ・ハキム(イラク反体制指導者), 弟＝アブドル・アジズ・ハキム(イラスム教シーア派指導者)

パーキンス, チャールズ
Perkins, Charles
1936.6.16〜2000.10.18
オーストラリア先住民問題省次官　先住民

族指導者 ㊋アールタンガ ㊎シドニー大学（1965年）卒 ㊍父は白人、母はオーストラリア先住民のアボリジニ。16歳の時サッカーの才能を見込まれ英国に留学。1965年シドニー大学を卒業、アボリジニとして初の大卒者となる。大学では先住民を研究、以来一貫して先住民問題に取り組み、米国での黒人の運動を模して"フリーダム・ライド"運動を組織。ニューサウスウェールズ州各地をバスで回り、アボリジニへの差別撤廃を訴えた。60年代末オーストラリア連邦政府に入り、81年先住民開発委員会議長、84年先住民問題省次官。90年代半ばからは政府機関のアボリジニ・トレス海峡島嶼民委員会で活動し、94～95年副議長を務めた。2000年シドニー五輪では、大会前にハワード政権の先住民政策を批判し五輪への抗議運動を呼び掛けるも、招致委員として先住民文化を尊重する大会の運営に貢献。歯に衣着せぬ発言と闘争的なスタイルで様々な摩擦を起こしたが、アボリジニの地位向上に生涯を捧げた情熱は、政治的立場を超えて高く評価されている。 ㊟オーストラリア最高勲章（1987年）

パク・ウィチュン（朴 宜春）

Pak Ui-chun
1932.8.15～
北朝鮮外相 外交官 ㊟1973年駐カメルーン臨時大使、80年駐アルジェリア大使兼駐モーリタニア大使などを経て、87年外務次官。92年駐シリア大使、のち駐レバノン大使兼任、96年外務次官に復帰。98年～2006年9月駐ロシア大使。最高人民会議代議員兼務。07年5月外相に就任。同年8月ASEAN地域フォーラム閣僚会議に出席。9月テヘランでイランのアハマディネジャド大統領と会談。08年4月初訪中。7月シンガポールで開かれた6ケ国協議の非公式外相会合に出席。10月訪ロしラブロフ外相と会談。09年5月ブラジルを訪問。10年7月訪問先のミャンマーでテイン・セイン首相らと会談。14年4月外相退任。

パク・ウォンスン（朴 元淳）

Park Won-soon
1956.3.26～
ソウル市長，参与連帯代表 法律家，市民運動家 ㊋慶尚南道昌寧 ㊎ソウル大学法学部除籍、檀国大学史学科（1979年）卒 ㊍ソウル大学の学生だった1975年、軍事独裁体制に反対するデモに参加して投獄され、ソウル大学を除籍された。80年司法試験に合格し、地検検事を経て、83年から弁護士として活動。富川警察署性拷問事件、朴鐘哲拷問致死事件などの弁論を担当。88年「ハンギョレ」新聞論説委員。93年ハーバード大学客員研究員。また大韓弁協公報理事を務める。この間、80年代半ばから民主化を求める市民運動や従軍慰安婦問題に従事。94年革新系市民団体・参与連帯を創設、96年事務所長。財閥系企業の不正追及などにあたり、韓国最大級の市民団体となる。2000年4月の総選挙では、候補者の選挙違反歴や贈収賄事件への関与を調べ上げ、リストアップする"落選運動"を展開し、注目を集めた。同年11月日本の市民団体の組織運営を研究するため来日。01年市民団体の活動支援などを行うNGO・美しい財団常任理事。06年韓国の民主主義の発展に貢献したとして"アジアのノーベル賞"といわれるマグサイサイ賞を受賞。11年10月ソウル市長選に無所属で当選。 ㊟マグサイサイ賞（2006年）

薄 熙来 はく・きらい

Bo Xi-lai
1949.7.3～
中国共産党政治局員，重慶市党委書記 ㊋山西省定襄県（原籍） ㊎北京大学歴史系（1977年）卒、中国社会科学院大学院国際新聞専攻（1982年）修士課程修了 ㊟薄一波元副首相の二男。北京大学卒業後米国に留学。1982年中国共産党書記局研究室に入り、その後、遼寧省の行政幹部の道を歩む。大連市金州区長などを経て、89年大連市副市長、93年市長就任。99年同市党委書記、遼寧省党委常務委員。2001年2月～04年2月遼寧省長。02年党中央委員。04年2月～07年中国商務相。07年10月党政治局員に昇格して、12月重慶市党委書記。太子党出身若手指導者の一人で、長身で女性に人気があった。12年11月の党大会で最高指導部入りが有力視されていたが、3月党の紀律違反問題が発覚し重慶市党委書記解任。9月党籍剥奪と公職追放、刑事訴求の処分を受けた（薄熙来事件）。また妻の谷開来が英国人実業家を毒殺した罪で、8月に執行猶予付きの死刑判決が下された。13年9月山東省済南市中級人民法院が無期懲役判決。10月の上訴審判決で上訴が棄却され判決が確定した。 ㊟父＝薄 一波（元中国副首相）、弟＝薄 熙成（元北京市観光事

業管理局長)

パク・クァンヨン (朴 寛用)

Park Kwan-yong

1938.6.6〜

新韓国党事務総長　[出]釜山　[学]東亜大学政治科(1961年)卒, ソウル大学大学院修了, 漢陽大学大学院修了　[歴]1960年代初めの学生運動から政界に入り、67年李基沢国会議員秘書などを経て、81年民主党から第11代国会議員に初当選(以後連続4選)。国会統一政策特別委員会委員長、南北国会会談の代表などを歴任。87年李の下を離れ、金泳三統一民主党総裁の参謀となる。90年民自党議員。92年12月の大統領選では金泳三候補の公報委員長を務め、93年2月同大統領秘書室長、94年12月政治特別補佐官を経て、97年3月新韓国党事務総長に就任。

パク・クネ (朴 槿恵)

Park Geun-hye

1952.2.2〜

第18代韓国大統領　[出]慶尚北道大邱　[学]西江大学電子工学科(1974年)卒　[歴]元韓国大統領・朴正煕の長女。フランスに留学。1974年22歳の時、朴大統領暗殺未遂事件(文世光事件)で父を狙った凶弾の流れ弾により母・陸英修が死去。急遽帰国し、以後、ファーストレディー代行を務め人気を博した。同年ガールスカウト連盟名誉総裁。79年奨学財団・正修奨学会理事長に就任。同年10月父が側近に射殺される。93年韓国文化財団理事長、94年韓国文人協会会員。97年ハンナラ党(のちセヌリ党, 現・自由韓国党)に入党。98年4月国会議員補欠選挙に出馬し初当選。11月党副総裁に選出。2001年末党の大統領候補に名のりを上げるが、02年2月離党。5月未来連合を旗揚げし代表に就任したが、11月ハンナラ党に復党。04年3月同党代表に就任。06年5月統一地方選挙運動中、ソウルでカッターナイフを持った50歳の男に切りつけられ大怪我をした(朴槿恵代表襲撃事件)。同年6月代表を退任。07年の大統領選では党内予備選に出馬したが、李明博候補に敗北、のち同候補を積極的に支援した。11年12月〜12年5月ハンナラ党臨時執行部非常対策委員長。12年4月第19代国会議員。12月の大統領選では革新系の最大野党、民主統合党の文在寅を僅少で破って当選。13年2月韓国初の女性大統領に就任。16年12月親友・崔順実による国政介入疑惑を巡り、国会の弾劾追訴を受けて権限停止となる。17年3月憲法裁判所によって罷免され、韓国史上初めて弾劾を受け罷免された大統領となった。同月収賄や職権乱用などの容疑で逮捕される。韓国大統領経験者の退任後の逮捕は、1995年に内乱罪や不正蓄財などに問われた盧泰愚、全斗煥以来、22年ぶり3人目。[家]父＝朴 正煕(韓国大統領)

白 克明　はく・こくめい

Bai Ke-ming

1943.10〜

全国人民代表大会(全人代)常務委教育科学文化衛生委主任委員　[出]陝西省　[学]ハルビン軍事工程学院ミサイル工程学科卒　[歴]1975年中国共産党入党。中国国家教育委員会弁公庁に勤務した後、89年国務院研究室教育科学文化衛生局長、93年党中央宣伝部秘書長、同副部長(次官)などを歴任。2000年3月党中央委員会弁公庁副主任(大臣級)に就任。同年6月共産党の機関紙「人民日報」の社長を兼務。01年8月海南省党委書記、9月同省人代常務委員会主任(議長)。02〜07年河北省党委書記、共産党中央委員。07年全国人民代表大会(全人代)常務委教育科学文化衛生委副主任委員、08〜13年同主任委員。01年来日。

パク・サンチョン (朴 相千)

Park Sang-chon

1938.10.31〜

韓国法相, 韓国国会議員(新千年民主党)　[出]朝鮮・全羅南道高興(韓国)　[学]ソウル大学法学部(1962年)卒　[歴]1961年高等試験司法科に合格し、ソウル、釜山、大邱地検で検事を務める。88年から13〜18代韓国国会議員に当選し、新民党代弁人、国会保健福祉委員長などを歴任。国民会議院内総務も務め、98年3月〜99年5月法相。2003年9月〜11月新千年民主党代表を務める。

パク・ジウォン (朴 智元)

Park Ji-won

1942.6.5〜

韓国文化観光相　[出]朝鮮・全羅南道珍島(韓国)　[学]檀国大学(経営学)(1969年)卒　[歴]1970年ラッキー金星社に入社。72年東西

洋行ニューヨーク支社長、75年デーリーペンションジ代表理事など、長年米国で生活。ニューヨーク韓国人会長、米州韓国人会総連合会長なども務める。89年人権問題研究所理事長、91年民主党統一国際委員会副委員長。92年14代韓国国会議員に当選し、国民会議企組室長、国民会議総裁特別補佐などを歴任。92〜95年の民主党代弁人、95年新政治国民会議代弁人、96年同企画調整室長を務める。98年2月大統領公報首席秘書官（スポークスマン）を経て、99年5月〜2000年9月文化観光相。この間、金大中大統領の指名で北朝鮮側と南北首脳会談のための協議を重ね、00年6月南北分断以来初の首脳会談を実現させた。01年3月〜11月大統領政策企画首席秘書官、02年1月大統領特別補佐役を経て、同年4月大統領秘書室長。03年2月退任。同年6月南北首脳会談に絡む北朝鮮への秘密送金事件に関与した疑いで逮捕される。08年国会議員に当選。10〜11年民主党院内代表、17年1月〜5月国民の党代表。

パク・ジェギュ （朴 在圭）

Park Jae-kyu

1944.8.11〜

韓国統一相　国際政治学者　㉟朝鮮・慶尚南道馬山（韓国）　㉢フェアリーディキンスン大学（米国）（1967年）卒、ニューヨーク市立大学大学院（1969年）修了　㊔米国、韓国の大学院で国際政治学を学んだ後、1972年より慶南大学で教え、助教授、78年教授を経て、86年42歳の若さで総長に就任。73〜91年同大の極東問題研究所長を兼務。96年韓国私立大学総長協議会長、97年大学総長協会長。99年12月〜2001年3月統一相。北朝鮮の分析をはじめ、ロシアの極東政策、韓国の東南アジア政策など著書多数。

パク・ジュンギュ （朴 浚圭）

Park Jyun-kyu

1925.9.12〜2014.5.3

韓国国会議長、自民連最高顧問　㉟朝鮮・慶尚北道達城（韓国）　㉢ソウル大学文理学部（1948年）卒、ブラウン大学大学院（1950年）修了、コロンビア大学大学院（1953年）博士課程修了　㊔1954年ソウル大学教授。60年民主党国会議員、63年共和党国会議員。73年共和党政策委議長。88年南北国会会談首席代表。盧泰愚政権を支える地縁集団である

いわゆる "TK（大邱・慶尚北道）グループ"の重鎮として同年12月から民正党代表委員を務めていたが、89年12月韓国政界再編論の発言が問題となり、同委員を辞任。90年2月結成された与党の民主自由党（民自党）最高委員となる。同年5月国会議員に選出。93年3月資産疑惑で議長辞任。98年国民会議と自民連の連立与党から国会議長選に擁立され、決選投票で第1党野党・ハンナラ党の候補を破り、議長に就任。2000年5月退任。同年の総選挙には出馬せず引退した。　㊞台湾特種大綬京星勲章

パク・ジョンス （朴 定洙）

Park Jong-soo

1932.2.9〜2003.3.24

韓国国会議員（国民会議）、韓国外交通商相（外相）　㉟慶尚北道金泉　㉢延世大学政治外交学専攻（1953年）中退、ジョージタウン大学（米国）外交学専攻（1958年）卒　行政学博士（アメリカン大学）（1965年）　㊔1973〜76年韓国国民大学で教授を務める。79年から10〜11、13〜15代国会議員に当選。国会外務統一委員長、民正党と民自党の国際委員長、列国議会同盟（IPU）実行委員などを歴任。96年国民会議に移籍、副総裁を務めた。金大中政権下の98年3月、外交通商相（外相）に就任し、日韓漁業協定の交渉などにあたった。同年8月対ロシア外交摩擦の責任を取り辞任。91年には国会議員の一員として訪朝し、金日成主席と会談した。　㊞韓国修交勲章興仁章　㊅妻＝李 範俊（政治学者）

パク・セジク （朴 世直）

Park Sae-jik

1933.9.18〜2009.7.27

ソウル市長、韓国国家安全企画部長　軍人　㉟慶尚北道漆谷　㉢韓国陸士（第12期）（1956年）卒、ソウル大学文理学部（1959年）卒、韓国陸大（1969年）卒、ソウル大学行政大学院（1978年）修士課程修了　㊔1956年陸士教官となり、74年中佐に進級し、首都整備司令部作戦参謀に抜擢される。76年朴正熙大統領特別補佐官（安保担当）として青瓦台入りし、以後78年国防長官補佐官、80年第12師団長、81年首都警備司令官を歴任、同年予備役編入（少将）となる。82年国家安全企画部第2次長、85年総務庁長官、86年体育相。同年

事典・世界の指導者たち　　　　　　　　　ハク

ソウル五輪組織委員長に就任し、88年9月ソ
ウル五輪を平和裡に成功させ世界に名を馳せ
た。88年12月盧泰愚内閣改造で国家安全企
画部長に登用されたが、相次ぐ“訪朝事件”で
89年7月解任。90年12月ソウル市長に就任。
91年2月ソウル市の宅地開発をめぐる不正事
件に絡み市長辞任。92年から国会議員。98
年5月2002年のサッカーW杯日韓共催韓国組
織委員長に就任。語学力は抜群で、英語、フ
ランス語、ドイツ語、ロシア語、スペイン
語に堪能。

パク・チョルオン（朴 哲彦）

Park Chul-un
1942.8.5～

韓国自民連副総裁, 韓国国民党最高委員, 韓
国青少年体育相　㊉慶尚北道大邱　㊊ソウ
ル大学法学部（1965年）卒, ソウル大学司法
大学院（1969年）卒, ジョージ・ワシントン
大学大学院修了 法学博士（漢陽大学）（1990
年）　㊍父は繊維事業を営み裕福な家庭だっ
た。盧泰愚大統領の近い親戚でもある。小
学校6年間を級長で通し、名門・慶北高校を
出た後、ソウル大学法学部に入り、首席で卒
業。陸軍法務官などを経て、1972年ソウル
地検検事となり、“完璧な報告書を作る検事”
として知られる。78年中央情報局（KCIA）
に派遣され、朴正熙大統領暗殺事件の捜査に
あたり、当時合同捜査部長だった全斗煥将軍
の目にとまる。第五共和国発足に当って憲
法草案の起草に関わるなど権力中枢部に足
を踏み入れ、80～85年青瓦台（大統領府）の
政務・法律秘書官を務める。85年国家安全
企画部長特別補佐官となり3年間情報畑に携
わり、対北朝鮮秘密接触を担当。87年盧代表
委員の意を受けて“盧泰愚民主化宣言”の宣
言づくりを主化。88年4月の総選挙では民正
党から出馬し当選。同年青瓦台の政策担当
特別補佐官となり脚光を浴びる。89年7月政
務第1長官として初入閣するが、90年4月金
泳三最高委員に対する暴言が報道されて辞
任。同年12月～91年12月青少年体育相。92
年3月民自党から国会議員に当選するが、10
月民自党を離党し新韓国党を結成、11月鄭周
永の国民党に合流し最高委員となる。“北方
外交の密使”といわれる。94年6月収賄の罪
で懲役1年6ヶ月が確定。同年9月仮釈放。の
ち自民連副総裁。2000年4月総選挙で落選。
㊤いとこ＝金 玉淑（盧泰愚元大統領夫人）

パク・テジュン（朴 泰俊）

Park Tae-joon
1927.9.29～2011.12.13

韓国首相, 韓日議員連盟会長　実業家　㊉朝
鮮・慶尚南道梁山（韓国）　㊐早稲田大学機
械工学科（1946年）中退, 韓国陸士（第6期）
（1948年）卒　㊍小学校卒業後、日本に渡り、
麻布中学、早稲田大学機械工学科で学ぶ。解
放後、韓国に戻り陸軍士官学校を卒業。1961
年に朴正熙少将の軍事クーデターに参加、国
家再建最高会議議長秘書室長を務めた。63
年少将で予備役編入。以後、経済界に転じ、
65年大韓重石社長を経て、68年浦項総合製
鉄（現・ポスコ）を創業とともに社長に就任。
81～92年会長を務め、世界有数の鉄鋼メー
カーに育てた。のち名誉会長となり、93年
退任。2001年再び名誉会長。この間、1975
年韓国鉄鋼協会会長、81～88年韓日経済協
会会長を歴任。一方、81年国会議員初当選
後、政界でも活躍。88～92年韓日議員連盟
韓国側会長。90年1月民正党代表委員に抜擢
され、同年2月、与党三党が合併して発足し
た新与党・民主自由党（民自党）最高委員代
行、5月同最高委員に就任。92年10月民自党
離党、12月議員も辞職、93年3月経済界から
も引退。同年5月収賄・横領などの容疑で告
発され、日本へ亡命。97年5月帰国し、政界
復帰を宣言。7月補選で国会議員当選、11月
自由民主連合（自民連）に入党、同月党総裁
に就任。98年12月韓日議員連盟韓国側会長
に再任。2000年1月首相に就任。同月韓日議
員連盟会長を辞任。のち自民連総裁も退任。
同年5月資産隠しが表面化し、首相を辞任。
韓国政界きっての知日派で“鉄の男”の異名
をとった。　㊎金塔産業勲章、韓国国民勲
章無窮花章、オーストリア銀星・金星功労大
勲章、ペルー功労勲章、ドイツ功労十字勲章、
勲一等旭日大綬章（日本）（1999年）　㊏英国
金属学会ベソマ金賞

パク・ヒテ（朴 熺太）

Park Hee-tae
1938.8.9～

ハンナラ党代表（党首）　法律家　㊉慶尚
南道南海　㊐ソウル大学法学部（1961年）卒
㊍1966～84年ソウル地検・釜山地検検事、82
年法務部出入国管理局長、87年釜山高検検
事長をつとめる。88年韓国国会議員に当選。
ハンナラ党に入党。93年法相。97年国会運
営委員長。2002年ハンナラ党最高委員、03

367

年党代表。04年国会副議長。08年の総選挙では党公認が得られず出馬を断念したが、7月党代表に選出される。09年9月退任。

パク・ポンジュ（朴 奉珠）

Pak Pong-ju

1939.4.10～

北朝鮮首相・国務副委員長, 朝鮮労働党政治局常務委員　[出]朝鮮・咸鏡北道金策（北朝鮮）　[学]徳川工業大学卒　[歴]1962年平安北道の龍川食料工場の支配人となる。80年朝鮮労働党中央委員候補。83年南興青年化学連合企業所党委員会責任書記、93年党軽工業部副部長、94年経済政策検閲部副部長などを歴任し、98年9月化学工業相。2003年9月最高人民会議の第11期第1回会議で首相に選出される。04年4月と06年1月金正日総書記に同行して訪中。05年3月訪中し胡錦濤国家主席と会談。07年4月更迭。12年4月～13年3月党軽工業部長。13年3月党政治局員、4月首相に再就任。16年5月党政治局常務委員となり、6月国防委員会から改編された国務副委員長を兼務。

パク・ヨンシク（朴 永植）

Pak Yong-sik

北朝鮮人民武力相（国防相）, 朝鮮人民軍大将, 朝鮮労働党政治局員　軍人　[歴]生年出身地不明。1999年4月朝鮮人民軍少将、2009年4月中将、14年4月上将昇格が判明、15年5月大将昇格が判明。同年7月人民武力部長就任が判明。16年5月朝鮮労働党政治局員。同年7月人民武力部長の役職名が人民武力相（国防相）に変わったことが判明。

バーク, レイ

Burke, Ray

1943.9.30～

アイルランド外相　[出]ダブリン　[歴]1978～80年アイルランド商業・エネルギー相、80～82年環境相、87～89年エネルギー・通信相、88～89年商業・通信相、89～91年法務・通信相、91～92年法相を経て、97年6月～10月外相。

パクサス, ロランダス

Paksas, Rolandas

1956.6.10～

リトアニア大統領・首相　[出]テルシャイ　[学]ビリニュス工科大学卒, レニングラード民間航空大学（1984年）卒　[歴]工業エンジニア出身でアクロバット飛行士の経験を持つ。1992～97年建設会社社長を経て、97～99年ビリニュス市長。99年5月～10月リトアニア首相。2000年10月首相に返り咲くが01年1月辞任。03年1月大統領に当選、2月就任。04年4月解任される。

ハクサル, ムラ

Khaksar, Mullah

～2006.1.14

タリバン情報機関長官　イスラム原理主義活動家　[名]Khaksar, Mullah Abdul Samad　[歴]1994年のイスラム原理主義組織タリバンの創設者の一人。96年カブール制圧後の1年間、情報機関長官を務め、米国のアフガン攻撃による2001年11月の同政権崩壊時は副内相だった。この間、タリバンが国際テロ組織アルカイダの影響力拡大により変質するのに幻滅し、1999年ごろから米国と接触、反タリバン連合（北部同盟）の密告者となった。2002年3月毎日新聞との会見で、アルカイダを率いるビンラディン容疑者がその財力でいかにタリバン指導部に食い込んだかなどを証言。06年1月アフガニスタン南部カンダハルで銃撃により暗殺された。事件後、タリバンが暗殺を認める声明を発表。

バグダディ, アブバクル

Baghdadi, Abu Bakr al-

1971.7.28～

イスラム国（IS）指導者　イスラム過激派指導者　[出]サマラ　[名]Ibrahim Awwad Ibrahim Ali Muhammad al-Badri al-Samarrai　[歴]イラク中部のサマラで生まれ、バグダッドの大学でイスラム学の博士号を取得。大学で教鞭を執っていたとも言われる。1996年～2000年アルカイダが潜伏するアフガニスタンに居住。04年2月～10月イラク駐留米軍に拘束され、その前後にイスラム過激派組織に参加したとされる。05年から4年間はイラク国内にある米軍の収容所に拘束されていたが、10年5月イスラム教スンニ派過激派組織“イラク・イスラム国”のトップとなり、シーア派のモスクや警察署を狙ったテロを相次いで起こした。12年のシリア内戦に乗じて、戦闘員や武器を確保。シリア東部からイラク北部にいたる地域を実効支配、同年6

月イスラム教の最高指導者“カリフ”を自称し、新国家“イスラム国(IS)”の建設を宣言した。11年には米国国務省が、拘束につながる有益な情報に対して1000万ドル(11億5000万円)の報奨金を支払うと発表。15年1月には拘束していた日本人ジャーナリスト2人を殺害するなど、数々の残虐行為で恐れられている。14年7月当時占領したばかりのモスルのヌリ・モスクでカリフ制国家の樹立を宣言して以来、公の場に姿を現しておらず、その生死をめぐって様々な憶測がされる。17年6月にはロシア国防省はロシア軍によるシリア北部での空爆により死亡した可能性があると発表。しかし、9月ISはバグダディ容疑者の音声とみられる録音を公開した。

バクト, シカンダール

Bakht, Sikander

1918.8.24～2004.2.23

インド外相　[出]英領インド・デリー(インド)　[学]アングロ・アラビック・カレッジ卒, デリー大学卒　[歴]1977年インド下院議員、住宅供給・都市開発相、96年外相を経て、98年工業相。この間、82～93年インド人民党(BJP)副党首。2002年よりケララ州首相を務めた。

バグボ, ローラン

Gbagbo, Laurent

1945.5.31～

コートジボワール大統領, イボワール人民党(FPI)党首　[出]フランス領コートジボワール・ガニョア県ママ村(コートジボワール)　[学]アビジャン大学, リヨン大学中退, ソルボンヌ大学, パリ第7大学 Ph.D.　[歴]西部の出身で、アビシャンの高校で歴史、地理の教員を務める。1971年危険思想を広めたとして投獄される。労働組合運動の指導者として、ウフェボワニ政権への批判を展開、82年非合法の左翼政党・イボワール人民党(FPI)創設。82～88年フランスへ亡命。88年帰国し、FPI書記長。90年コートジボワール国会議員。同年大統領選に出馬、7選を狙うウフェボワニとの一騎打ちで政治の表舞台に登場したが落選。92年軍による学生弾圧に抗議するデモを組織したとして拘留。96年FPI党首。60年のコートジボワール独立以降、99年まで続いたコートジボワール民主党(PDCI)に批判的な態度を貫く。2000年10月大統領選で軍事政権のゲイ大統領と対立し、自身の大統領への就任を宣言。同年11月ゲイ将軍と会談し、大統領就任を追認される。10年11月の大統領決選投票ではワタラ元首相と争い、選挙管理委員会はワタラが勝利したとの暫定結果を発表したが、憲法評議会がこれを覆してバグボ再選と発表。国際社会の退陣要求を無視して12月就任を宣誓したが、11年4月逮捕される。FPIを率いるカリスマ的指導者として知られる。

バグラチャン, グラント

Bagratyan, Hrand

1958.10.18～

アルメニア首相　[出]ソ連アルメニア共和国エレバン(アルメニア)　[名]Bagratyan, Hrand Araratovich　[学]エレバン・インスティテュート・オブ・ナショナル・エコノミー　[歴]1991年第1副首相、のち経済相、首相代行を経て、93年2月首相。96年辞任を表明、首相解任。

バクリ, アブリザル

Bakrie, Aburizal

1946.11.15～

ゴルカル党党首　実業家　[出]ジャカルタ　[学]バンドン工科大学(1973年)卒　[歴]スマトラ南部ランプン出身のバクリ・グループ創業者アフマド・バクリの長男。持株会社バクリ・アンド・ブラザーズ社に入社。父の死去に伴い、1988～92年社長、92年～2002年会長を歴任。1979年以降のプリブミ(先住のマレー系住民)企業家振興政策下でグループ経営を復調させ、2代目経営者として事業多角化、経営改革を推進。94年～2004年インドネシア商工会議所会頭を2期務める。アジア通貨危機で重債務に陥り、事業再編を余儀なくされたが、04～07年第1期ユドヨノ政権で経済調整相、07～09年国民福祉副大臣として入閣すると、グループ事業は復活、急拡大した。しかし企業の利害が絡んだ政策運営を巡ってスリ・ムルヤニ・インドラワティ財務相としばしば対立。第2期ユドヨノ政権では閣外に外されたが、09年ゴルカル党首に選出される。14年退任。　[家]父＝アフマド・バクリ(バクリ・グループ創業者)

バコヤンニ, ドーラ

Bakoyannis, Dora

1954.5.6〜

ギリシャ外相, アテネ市長 [出]アテネ [学]ミュンヘン大学, アテネ・ロースクール [歴]ギリシャ首相を務めたコンスタンティノス・ミツォタキスを父に持ち、軍事クーデター後の1967〜74年、パリでの亡命生活を余儀なくされる。89年著名なジャーナリストの夫を極左ゲリラ組織"11月17日"に暗殺されたことをきっかけに政界入り。父が党首を務める新民主主義党(ND)に所属し、父の政権下で文化相などを歴任。2002年アテネ市長に当選し、03年アテネ初の女性市長に就任。04年アテネ五輪の開催に尽力。06〜09年外相を務めた。 [家]父＝コンスタンティノス・ミツォタキス(元ギリシャ首相)

ハサウネ, アウン・シャウカト

Khasawneh, Awn Shawkat al-

1950.2.22〜

ヨルダン首相 [出]アンマン [学]ケンブリッジ大学(英国)卒 [歴]1975年ヨルダン外務省に入り、国連代表部、法務局長などを経て、85〜95年皇太子顧問(国際法担当)。91〜94年ヨルダン・イスラエル和平交渉ヨルダン代表団法律顧問。95年国王顧問、96〜98年王宮府長官。2000〜11年国際司法裁判所(ICJ)判事。11年10月ヨルダン首相に就任するが、12年4月辞任。

バサエフ, シャミル

Basayev, Shamil

1965.1.14〜2006.7.10

チェチェン共和国第1副首相 軍人, チェチェン独立派武装勢力指導者 [出]ソ連チェチェン共和国 [名]Basayev, Shamil Salmanovich [歴]1991年チェチェン共和国のロシアからの独立宣言後、共和国特殊部隊隊長に就任。内戦中の95年6月ロシア南部の病院で患者らを人質に立てこもり、ロシア側に停戦を受け入れさせる。96年8月には首都・グロズヌイ進行作戦を指揮、奪還に成功するなど、独立派ゲリラの強行派指導者として知られた。97年4月第1副首相。95〜98年7月まで首相代行を務めた。その後、独立派武装勢力を率いて2002年10月のモスクワ劇場占拠事件、03年5月のチェチェンで起きた連続爆破テロ、04年9月の北オセチア共和国ベスランの学校占拠事件などを起こし、犯行声明を出した。06年7月イングーシ共和国内でロシア特殊部隊の掃討作戦により殺害された。

バザン, マルク

Bazin, Marc

1932.3.6〜2010.6.16

ハイチ大統領代行・首相, ハイチ民主回復運動(MIDH)議長 [出]サンマールク [名]Bazin, Marc Louis [学]パリ大学卒, アメリカン大学(ワシントンD.C.)卒 [歴]1950年ハイチ外務省事務官助手、51年ハイチの国立高等中学校教授、58年パリの不動産会社の法律顧問、60年パリ大学商法講師などを経て、62年モロッコのラバト市財務顧問、64年同市副総法律顧問、65年同市財政顧問。68年国際復興開発銀行(IBRD)に入り、ワシントンで貸付主任、70年IBRDの西アフリカ派遣委員団副団長、72年IBRD貸付部長などを歴任。80年母国ハイチのポルトープランス市の工業開発計画責任者。82年デュバリエ独裁政権で財政経済相。同年IBRDに戻り国連特別代表、86年国際機構担当部長。同年以降、中道系右派のハイチ民主回復運動(MIDH)議長。90年の大統領選に立候補したが、アリスティドに敗北した。91年にアリスティド大統領政権下で起きたクーデターで成立した軍事政権下で、92年6月〜93年6月大統領代行兼首相を務めた。2001年3月〜02年1月計画・対外協力相、02年3月〜9月無任所相。

バジェ, ホルヘ

Batlle, Jorge

1927.10.25〜2016.10.24

ウルグアイ大統領 [出]モンテビデオ [名]Batlle Ibáñez, Jorge Luis [学]ウルグアイ共和国大学法学部卒 [歴]曽祖父、大伯父、父が大統領というウルグアイ最高の名門バジェ一族の出身。1943年16歳の時ラジオ局のジャズ番組でDJを務める。共和国大学法学部卒業後、弁護士となる。コロラド党に入党し、59〜67年軍政下でウルグアイ下院議員。64年より日刊紙「アクシオン」編集長を務めるが、73年新聞記者の職を追われ地下で政治活動に取り組む。民政移管後、84年に上院議員に当選して政界に復帰。66年大統領選に初出馬、以来5回目の挑戦で、99年11月当選。2000年3月〜05年3月大統領を務めた。在任中は前政権の基本路線を踏襲。

事典・世界の指導者たち　　　　　　　　　　　　　　　ハシハ

ブラジルやアルゼンチン経済危機の影響を受け脆弱化した経済の建て直しに取り組んだ。　Ⓚ父＝ルイス・バジェ（ウルグアイ大統領），大伯父＝ホセ・バジェ・イ・オルニェス（ウルグアイ大統領）

バシェフスキー, シャーリン
Barshefsky, Charlene
1950.8.11～
米国通商代表部（USTR）代表　法律家　Ⓗイリノイ州　Ⓖウィスコンシン大学（1972年）卒，カトリック大学法律大学院（1975年）　Ⓟ弁護士として貿易専門法律事務所、ステプトー・アンド・ジョンソンに勤務。1993年クリントン政権発足とともに、カンター代表から米国通商代表部（USTR）入りを要請され、同代表部次席代表に。95年2月には対中国交渉で知的所有権保護や中国市場へのアクセス推進などで合意を勝ち取る。96年4月同代表部代表代行。97年1月同代表に就任。2001年1月退任、ウッドロー・ウィルソン・センターで学究生活に入る。

バジェ・リエストラ, ハビエル
Valle Riestra, Javier
1932～
ペルー首相　法律家　Ⓟペルー伝統政党のアメリカ革命人民同盟（アプラ党）上院議員を務める。1990年離党。98年6月首相に指名されるが、同年8月辞任。憲法の専門家。

ハシナ, シェイク
Hasina, Sheikh
1947.9.28～
バングラデシュ首相, アワミ連盟（AL）党首　Ⓗ東パキスタン・ゴバルガンジ県タンギバラ村（バングラデシュ）　ⒼHasina Wajed, Sheikh　Ⓖダッカ大学（1973年）卒　Ⓟムジブル・ラーマン初代大統領の長女。著名な物理学者ワゼド・ミアと結婚。1971年より西パキスタン占領軍により拘束される。75年8月父のラーマン大統領や母、弟が殺害されたクーデターでは西ドイツにいて難を逃れ、インドに亡命。81年2月アワミ連盟（AL）党首に選出され5月帰国。86年バングラデシュ国会議員。91年3月の総選挙ではカレダ・ジア率いるバングラデシュ民族主義党（BNP）に敗れた。96年6月総選挙で第1党となり、首

相に就任。ALが政権の座に就くのは父親が暗殺されて以来21年ぶり。懸案だったインドとのガンジス川の水配分問題を解決したが、一方で政権は汚職で腐敗し、2001年7月選挙管理内閣発足で退陣。10月の総選挙に敗北。のち、ジア政権の下で最大野党党首として政治活動を続ける。07年7月国の事業受注の見返りに金を恐喝した容疑で逮捕されたが、1年後仮釈放。08年12月議会選でALが圧勝し、09年1月首相に返り咲く。14年1月の選挙でもALが勝利し、同月3度目の就任。1994年、97年、2010年、14年、16年来日。　Ⓣ早稲田大学名誉法学博士号（1997年）　Ⓚ父＝ムジブル・ラーマン（バングラデシュ初代大統領），夫＝M.A.ワゼド・ミア（物理学者）

バジパイ, アタル・ビハリ
Vajpayee, Atal Bihari
1924.12.25～
インド首相, インド人民党（BJP）総裁　Ⓗ英領インド中央州（インド・マディアプラデシュ州グワリオル）　Ⓖクイーン・ビクトリア大学卒, カンプール大学　Ⓟカーストはバラモン。1940年ジャンサン党下部戦闘組織RSS（民族義勇団）に参加し、反英闘争で42年逮捕。51年インド人民党（BJP）の前身、ジャンサン党（大衆連盟）の創始者の一人。57年インド下院議員、62年上院議員。77～79年外相を務める。80～86年BJP総裁。96年5月総選挙で第1党となり、首相に就任するが、不信任動議を受け歴代政権で最短命の13日間で内閣総辞職した。98年3月首相に再任され第2次内閣発足。同年5月約24年ぶりに2度の核実験を行い、世界的非難を浴びる。同年9月国連総会で包括的核実験禁止条約（CTBT）への1年以内の署名に向けて前向きに検討する方針を示す。99年2月パキスタンのシャリフ首相と会談し、核兵器をめぐる紛争回避で合意、ラホール宣言を採択。同年4月国会による信任投票が行われ、1票差で信任案が否決。辞表を提出するが、最大野党・国民会議派が組閣を断念、引き続き暫定政権を担う。同年10月下院総選挙で勝利、同月第3次内閣発足。2004年5月下院総選挙で国民会議派に敗れ、同月辞任。ヒンディー語の詩人としても有名。

バジャダレス, エルネスト・ペレス

Balladares, Ernesto Pérez

1946.6.29〜

パナマ大統領 ㊗パナマ ㊗ノートルダム大学経済学修士課程修了，ペンシルベニア大学経営学修士課程修了 ㊗ニカラグアから移住した外科医の家庭に生まれる。米国系銀行の役員を経て、トリホス軍政下1976〜81年財務相、81〜82年経済企画相を歴任。ノリエガ将軍が実権を掌握していた80年代は同将軍と対立し要職を離れた。トリホス将軍が79年民主革命党（PRD）を創設した時のメンバーで、92年書記長。94年5月大統領に当選、9月1日就任。99年8月退任。身長187センチ、体重90キロで愛称は"トロ（雄牛）"。

バジャンマル, アブドルカディル・アル

Bajammal, Abdul-Qadir al-

1946.2.18〜

イエメン首相 ㊗セイユン ㊗カイロ大学卒 ㊗1978〜80年アデン大学経済学部講師を務める。90年の南北イエメン統一時には国民全体会議（GPC）の常任委員会委員に。94〜97年副首相兼計画開発相、98年計画開発相、2000〜01年副首相兼外相を経て、01年4月首相に就任。初めて女性閣僚を登用する。07年退任。

バシリウ, ゲオルギオス

Vassiliou, Georgios

1931.5.21〜

キプロス大統領 実業家 ㊗ファマグスタ（キプロス東部） ㊗ジュネーブ大学，ウィーン大学，ブダペスト大学，ロンドン大学卒 ㊗医師であり、キプロス共産党（労働者進歩党）の創立メンバーであった両親のもとに生まれる。第二次大戦後両親とともにハンガリーへ。ジュネーブで医学、ハンガリーで経済学、英国でマーケティングを学ぶ。1962年キプロスで市場調査会社を設立。中東を中心に12ケ国に支社を持つ大会社に発展させ、ギリシャ系キプロス有数の実業家となるが、共産党や中道右派の支持を受けて、88年2月第3代キプロス大統領に就任。同国の南北統一に取り組む。93年2月大統領選で敗退。ギリシャ語のほか、英語、フランス語、ドイツ語など6ケ国語に堪能。

バシル, オマール・ハッサン・アハメド・アル

Bashir, Omar Hassan Ahmed al-

1944.1.1〜

スーダン大統領・首相 軍人 ㊗アングロ・エジプト・スーダン・ナイル州（スーダン） ㊗スーダン軍事アカデミー（1966年）卒 ㊗スーダン北部ナイル州の小村にある農家の生まれ。マレーシア、米国、パキスタン、エジプトへ留学。1973年の第4次中東戦争でエジプト側につき対イスラエル戦参戦。75〜79年アラブ首長国連邦に軍事顧問として出向。その後、スーダン軍空挺部隊の准将として南部スーダンで6年間反政府軍との戦闘を実戦指揮。西部軍司令官、ハルツーム駐屯降下部隊副司令官、第8旅団司令官を歴任。85年4月のスワル・アド・ダハブ将軍のクーデターでは重要な役割を果たす。89年6月30日クーデターを起こしてサディク・アル・マハディ政権を倒し、7月自ら革命評議会議長兼首相兼国防相に就任。93年10月革命評議会解散で大統領兼首相。96年4月大統領選を実施、圧勝。2000年12月再選。03年アラブ系政府に反発する黒人系の反政府組織が蜂起すると、アラブ系民兵らが黒人住民を組織的に襲撃、約30万人が死亡、約250万人が国内避難民となる（ダルフール紛争）。南部の内戦終結を受けた05年7月の暫定政府発足でも大統領、首相兼任。08年7月、"世界最悪の人道危機"と呼ばれるダルフール紛争をめぐり、国際刑事裁判所（ICC）検察局はバシル大統領の逮捕状を請求した。09年3月ICC予審裁判部が、03年以降の殺人・強姦など人道に対する罪と戦争犯罪で逮捕状を発行。10年4月24日ぶりに複数政党が参加した大統領選で再選、5月5期目就任。

バズ, ジョゼ・マリオ

Vaz, José Mário

1957.12.10〜

ギニアビサウ大統領 ㊗ポルトガル領ギニアビサウ・カシェウ（ギニアビサウ） ㊗1982年リスボンにあるポルトガル銀行（中央銀行）でエコノミストとしての研修を受けた。2004年ビサウ市長を経て、09〜12年ギニアビサウ財務相。14年5月の大統領選決選投票で当選し、6月就任。

ハズ, ハムザ

Haz, Hamzah

1940.2.15～

インドネシア副大統領, インドネシア開発統一党(PPP)党首 [出]オランダ領東インド西カリマンタン州(カリマンタン島)(インドネシア) [学]タンジュン・プラ大学経済学部卒 [歴]大学時代は学生運動に取り組み、卒業後はインドネシア最大のイスラム教組織、ナフダトゥル・ウラマ(NU)に所属。地元紙記者、教師、1968年西カリマンタン州議会議員などを経て、71年NU代表としてインドネシア国会議員に当選。73年設立されたインドネシア開発統一党(PPP)に転じ、当選を重ねる。98年12月PPP党首。財政問題に通じ、同年5月ハビビ政権の投資担当相に就任。99年ワヒド政権発足時には副大統領選に出馬、メガワティ・インドネシア闘争民主党(PDI-P)党首に敗れる。同政権では公共福祉担当調整相として入閣するが、過去の資金疑惑を指摘されたことに反発し、1ケ月後に辞任。2001年7月ワヒド大統領の罷免によって誕生したメガワティ政権で副大統領に就任。04年5月メガワティ大統領との関係を解消し、自ら大統領選に立候補するが落選。07年PPP党首を退任。

パスクア, シャルル

Pasqua, Charles

1927.4.18～2015.6.29

フランス内相, フランス連合(RPF)党首 [出]ニース近郊グラース [名]Pasqua, Charles Victor [学]エクサン・プロバンス大学卒 [歴]第二次大戦中にドゴール将軍が率いた対ナチス・ドイツ抵抗運動に18歳で参加。戦後、実業界を経て政界入り。1968～73年フランス下院議員。この間、72年商業コンサルタント。74～76年下院幹事長。77年上院議員。81～86年共和国連合(RPR)上院議員団長。86～88年内相。93年3月～95年5月バラデュール内閣で内務・国土開発相。保守派のシラク、サルコジ両大統領の下で、内務・治安部門を掌握する重鎮とされた。厳しい移民規制法を導入したことで知られるが、退任後は不法移民を合法化すべきなどの発言を行う。99年11月保守新党のフランス連合(RPF)を結成、党首に就任。晩年は武器輸出をめぐる不正などが発覚し、2009年に収賄罪で有罪判決を受けた。

パス・サモラ, ハイメ

Paz-Zamora, Jaime

1939.4.15～

ボリビア大統領, 左翼革命運動党(MIR)党首 [出]コチャバンバ [学]ルベーヌ大学(ベルギー) [歴]軍人の家に生まれ、父将軍はパス・エステンソロ・ボリビア元大統領のいとこに当る。少年時代聖職者を志したが断念し、ベルギーのカトリック大学で国際関係論を学んだ。1971年政敵バンセル将軍が軍事クーデターで大統領に就任したためチリに亡命、地下に潜行して左翼革命運動党(MIR)を結成。3年後政治犯として逮捕されたが、76年ベネズエラへ亡命し反バンセル闘争を続けた。80年大統領選挙戦中、原因不明の飛行機事故に遭い一命を取りとめる。82年MIR、共産党などで組織する人民民主連合が政権をとり、85年までシレス政権副大統領。89年8月バンセル将軍の民族民主行動党(ADN)と連合し、大統領に就任。93年大統領辞任。90年初来日。 [賞]東京農業大学名誉農業博士(1991年) [家]叔父＝ビクトル・パス・エステンソロ(元ボリビア大統領)

ハスタート, デニス

Hastert, Dennis

1942.1.2～

米国下院議長(共和党) 実業家 [出]イリノイ州オーロラ [名]Hastert, J.Dennis [学]ウィートン大学(1964年)卒, ノーザン・イリノイ大学 [歴]1964～80年イリノイ州の高校で歴史教師の傍ら、レスリングチームのコーチを務める。80～86年イリノイ州下院議員。87年～2007年イリノイ州選出の連邦下院議員。共和党下院院内副総務代理を経て、1999年1月～2007年1月下院議長。同年11月政界を引退。08年よりDickstein Shapiro LLPの上級アドバイザー。 [勲]旭日大綬章(日本)(2010年)

パストゥホフ, ボリス

Pastukhov, Boris

1933～

ロシア独立国家共同体担当相 外交官 [名]Pastukhov, Boris Nikolaevich [学]バウマン高等技術大学 [歴]共産青年同盟第1書記などを経て、外務省に入省。1986～89年デンマーク大使、89～92年アフガニスタン大使

を経て、92年外務次官。96年2月外務第1次官に昇格。98年9月独立国家共同体（CIS）担当相に就任。99年5月内閣改造で退任。

パストラナ, アンドレス
Pastrana, Andrés
1954.8.17～
コロンビア大統領　㊐サンタフェデボゴタ　㊥Pastrana Arango, Andrés　㊊ロサリオ大学法学部卒, ハーバード大学国際関係学修士課程修了 博士号（国際関係学, ハーバード大学）　㊟1970～74年コロンビア大統領を務めたミサエル・パストラナの二男。87年まで雑誌やニュース番組のキャスターとして活躍, ポーランドのワレサ連帯議長を造船所に侵入してインタビューするなど突撃取材で名をはせる。一方, 82年サンタフェデボゴダ市議に当選し, 政界入り。88～90年ボゴタ市長。91～93年上院議員。94年大統領選に出馬するが, 小差で敗れる。98年変革を掲げ, 野党・保守党から大統領選に出馬し, 当選, 同年8月就任。2002年8月退任。05～06年駐米大使。99年5月来日。　㊕父＝ミサエル・パストラナ（元コロンビア大統領）

ハズバンズ, クリフォード
Husbands, Clifford
1926.8.5～2017.10.11
バルバドス総督　㊥Husbands, Clifford Straughn　㊊ハリソン・カレッジ　㊟大学卒業後, ロンドンで法律を学ぶ。1952年弁護士資格を取得。その後, バルバドスやグレナダ, アンティグアなどで修業。76年バルバドス最高裁判事, 91年控訴院判事を歴任。96年カリブ諸国では初の女性総督だったニタ・バローの死去に伴い, 総督に就任。2011年に引退するまで務めた。　㊟聖マイケル・聖ジョージ勲章（1995年）

ハスブラートフ, ルスラン
Khasbulatov, Ruslan
1942.11.22～
ロシア最高会議議長　経済学者　㊐ソ連ロシア共和国チェチェン・イングーシ自治共和国グロズヌィ（ロシア・チェチェン共和国）　㊥Khasbulatov, Ruslan Imranovich　㊊カザフスタン大学卒, モスクワ大学卒 経済学博士（1990年）　㊟チェチェン人。1944年スターリンによる弾圧の過程で一家でカザフ

スタン北部に追放され, 同地で育つ。カザフスタン大学で経済学を, その後モスクワ大学で法律学と経済学を学ぶ。この間, 66年ソ連共産党員となり, モスクワ大学時代にコムソモール活動に参加。ソ連科学アカデミー勤務を経て, 79～90年モスクワ国民経済大学で講座主任を務めた。ペレストロイカの時期から活発に政治活動を始め, 90年3月ロシア人民代議員に当選。6月ロシア共和国ナンバー2の最高会議第1副議長となり, エリツィン議長の補佐役を務める。91年8月エリツィンらとクーデタ派を打倒し, 10月ロシア最高会議議長となる。ロシア連邦移行後, 次第にエリツィン大統領との対立が深まり, 93年エリツィンが旧議会の解散を主張した時, ハスブラートフら最高会議派は議会ビル（白亜館）に立てこもって抵抗するが逮捕され, 大規模騒乱罪で起訴される。94年2月恩赦で釈放。同年4月モスクワ国民経済大学の講座主任に復帰。8月ロシアからの分離を宣言したチェチェン共和国で, 反ドゥダエフ大統領勢力が国家評議会を創設し, その議長に選ばれる。95年9月チェチェン紛争の調停役としてチェチェン入りした。知日家, 毒舌家として知られる。

ハスラー, アドリアン
Hasler, Adrian
1964.2.11～
リヒテンシュタイン首相・財務相　㊐ファドゥーツ　㊊ザンクトガレン大学（スイス）卒　㊟金融機関に勤務後, 2001～04年リヒテンシュタイン進歩市民党選出の国会議員として金融委員会で活動。13年2月の国会選挙で進歩市民党を率いて第1党となるが, 過半数に達せず, 祖国連合と連立政権を樹立。同年3月首相兼財務相に就任。

ハスラー, オットマル
Hasler, Otmar
1953.9.28～
リヒテンシュタイン首相　㊐ベンデルン　㊟教師を経て, 1989年リヒテンシュタイン国会議員に当選。93～95年進歩市民党（FBP）党首。2001年2月の総選挙で勝利し, 同年4月首相に就任。05年4月再選。09年3月退任。

バセスク, トライアン

Băsescu, Traian

1951.11.4〜

ルーマニア大統領　[出]コンスタンツァ　[学]ミルチャ老公商船大学卒　[歴]1976年国営NAVROM海運会社に入り、ルーマニア最大の石油タンカーの船長、87〜89年ベルギー・アントワープ支店長などを務める。89年ルーマニア運輸省民間航行査察局長。共産主義体制崩壊後、救国戦線政府に参加。91〜92年、96年〜2000年運輸相を務め、船舶部門の民営化に辣腕を発揮した。その後、民主党結党に参加。00年6月ブカレスト市長に当選し、社会問題だった野良犬対策などで評価を高める。01年5月〜04年12月民主党党首。04年11月野党連合候補として出馬した大統領選で与党候補のナスタセ首相を決選投票で破り、12月大統領に就任。07年ルーマニアの欧州連合(EU)加盟を実現させた。09年12月2期目就任。14年12月退任。

パタキ, ジョージ

Pataki, George

1945.6.24〜

ニューヨーク州知事　[出]ニューヨーク州ピークスキル　[名]Pataki, George Elmer　[学]エール大学(1967年)卒, コロンビア大学大学院(法律専攻)(1970年)修了　[歴]弁護士を経て、1981〜84年ピークスキル市長。85〜92年ニューヨーク州下院議員。93〜94年同州上院議員。94年民主党現職のマリオ・クオモを破りニューヨーク州知事に初当選。98年再選。2002年3選。06年退任。米同時多発テロ事件が起きた01年9月11日、ニューヨーク州知事としてリーダーシップを発揮し全米の注目を浴びた。16年大統領選に向けた共和党予備選への出馬を表明したが、15年12月撤退。

バタジャ, ウゴ

Btalla, Hugo

〜1998.10.3

ウルグアイ副大統領　[歴]1968年コロラド党所属のウルグアイ下院議員となり、71年左翼連合、拡大戦線の創設に加わった。73〜84年軍政時代は左翼政治犯の人権擁護に弁護士として活躍、国際的に知られた。84年民政復活後、上院議員となり、94年コロラド党に復帰、同年副大統領に就任。

パタセ, アンジュ・フェリクス

Patassé, Ange-Félix

1937.1.25〜2011.4.5

中央アフリカ大統領　[出]フランス領赤道アフリカ・パウア(中央アフリカ)　[歴]少数部族サラ族の家庭に生まれる。農業検査官を経て、1965年政界入り。皇帝を名のったボカサ政権下の76〜78年中央アフリカ首相を務めた。その後、野党・中央アフリカ人民解放運動(MLPC)を創設、政府の怒りを買い、79年以降ダッコ、コリンバ政権下で投獄、海外逃亡を繰り返した。92年帰国し、93年10月複数政党制下で行われた大統領決選投票で勝利。99年9月再選。2003年クーデターで失脚した。以後、トーゴに居住。11年1月の大統領選でクーデターを主導した現職のボジゼに挑んだが、敗北した。

パタソン, パーシバル

Patterson, Percival

1935.4.10〜

ジャマイカ首相, ジャマイカ人民国家党党首　[出]セントアンドルー　[名]Patterson, Percival James　[学]西インド大学卒, ロンドン大学卒　[歴]英国に留学、弁護士資格取得。1967年ジャマイカ上院議員、70〜80年、89年より下院議員。78年よりマンリー首相の右腕として副首相を務めるが、92年1月シェル石油の税金逃れスキャンダルに加担したとして更迭される。同年3月マンリーの後任としてジャマイカ人民国家党(PNP)党首に選出され、首相に就任。2002年10月4選。06年退任。

ハタミ, モハマド

Khatami, Mohammad

1943.9.27〜

イラン大統領　イスラム教聖職者　[出]ヤズド州アルダカーン　[名]通称＝ハタミ師　[学]テヘラン大学大学院教育学修士課程修了　[歴]イスラム教聖職者の家系に生まれ、イスラム教シーア派の総本山・コムで神学を学ぶ。1978年からパーレビ王制打倒闘争の拠点だった旧西ドイツのイスラムセンター所長を務め、欧州での見聞を広めた。79年のイラン革命後に帰国し、80年イラン国会議員となる。急進派グループ"闘う聖職者たち"に所属。82〜92年文化・イスラム指導相時代は、マスコミへの規制を緩和するなど柔軟政策を実施するが、保守派の反発を買い辞任。ラフサン

ジャニ大統領の信任が厚く、その後国立図書館長に就任し、文化面の大統領顧問となる。97年5月法の支配や市民社会の建設などを掲げて大統領選に当選、8月就任。99年3月革命以来大統領として初めて西欧を訪問する。またバチカンでローマ法王ヨハネ・パウロ2世と歴史的宗教間対話を行う。国連での“文明間の対話”演説は、イスラム脅威論に対し別の視点を示したことで世界的に注目された。2001年6月再選。05年8月退任。イランでの政治的自由を拡大するためにNGOバーラーン財団を設立。09年2月、6月の大統領選に出馬宣言。シーア派聖職者としての地位は上位3番目のホジャトレスラム。“サイード”の称号を持つ。ドイツ語、英語に堪能。00年10月イラン国家元首級としてはパーレビ国王以来42年ぶりに来日。　[家]弟＝モハマドレザ・ハタミ（イラン・イスラム参加戦線代表）

ハダム, アブドル・ハリム

Khaddam, Abdul Halim

1932.9.15〜

シリア副大統領　[出]バニアス　[学]ダマスカス大学法学部卒　[歴]シリア西部バニアスのスンナ派に生まれる。アラブ民族主義者として10代でバース党に入党。学生時代よりアサドと盟友になる。弁護士を経て、ダマスカス県知事、1969〜70年シリア経済外国貿易相、70〜84年副首相兼外相。71〜84年バース党シリア地区司令部メンバー。83年レバノン民族和解会議にシリア代表として出席。アサド大統領の外交面の右腕で、84年3月政治外交担当の副大統領に就任。2000年アサド没後、二男のバッシャールが後継すると、外交政策をめぐる対立から、05年辞任。のちフランスへ亡命し、反政府活動を行う。

バタライ, クリシュナ・プラサド

Bhattarai, Krishna Prasad

1924.12.24〜2011.3.4

ネパール首相, ネパール会議派（NCP）総裁　[出]インド・ウッタルプラデシュ州バラナシ　[学]バラナシ・ヒンズー大学（政治学）卒　[歴]インドで育ち、同国の反英独立運動に強い影響を受け、学生時代から政治活動に参加した。1947年カルカッタでガネシュ・マン・シンらと絶対王政に反対するネパール会議派（NCP）を創設。55年NCP書記長。50年代には同派系の雑誌を発行し、55年から2年間ネパール・ジャーナリスト組合議長を務めた。59年総選挙に立候補して当選、NCPのコイララ民主政権下で初代下院議長となるが、60年12月マヘンドラ国王の民主化弾圧で逮捕され、以後9年間政治犯として獄中生活を強いられた。釈放後も再三逮捕されたが、地下で民主化運動を指導、77年NCP総裁代行。国王親政を行っていたビレンドラ国王に複数政党制を受け入れさせた90年4月の民主化運動で主導的役割を果たし、NCPの最高指導者ガネシュ・マン・シンの推薦を受け、暫定政権首相に就任。91年5月まで務めた。92年2月党大会でNCP総裁に選出。99年5月総選挙で勝利し、再び首相に就任、2000年3月まで務めた。その非暴力の信条と独身を通す禁欲的な態度から“ネパールのガンジー”と言われた。

バタライ, バブラム

Bhattarai, Baburam

1954.6.18〜

ネパール首相　[出]ゴルカ　[歴]ネパール中部ゴルカ地区の中流家庭に生まれる。高校卒業資格試験で全国トップの成績を収めた後、インドへ留学。1986年にジャワハルラル・ネール大学で博士号を取得。帰国後の90年頃、左派政党の統一人民戦線を組織し議長として活動した後、反政府ゲリラ勢力であったネパール共産党毛沢東主義派（毛派）のイデオローグとなった。王制廃止後の2008年毛派政権が誕生すると財務相に起用され、固定資産税の脱税防止策強化や公務員による収賄や目こぼしの断絶を徹底させ、歳入を前年より38％も増やした。11年8月制憲議会で首相に選出され、同月首相に就任。14年2月退任。他党との協調を唱える穏健派。　[家]妻＝ヒシラ・ヤミ（政治家）

バーチ, ビル

Birch, Bill

1934〜

ニュージーランド財務相・財政歳入相　[出]ヘイスティングズ　[歴]1978〜84年ニュージーランドのエネルギー相、90〜93年労働・移住相、91〜93年雇用相、93〜94年保健相を経て、94年財政・歳入相に。98年財務相を兼任。99年6月内閣改造で退任。

パチェコ, アベル
Pacheco, Abel
1933.12.22〜
コスタリカ大統領　医師, 詩人, 作家　Ⓗサンホセ　ⒻPacheco de la Espriella, Abel　Ⓔメキシコ国立自治大学卒, ルイジアナ州立大学（医学）卒　Ⓚバナナ生産農家に生まれ、若いころはバナナ農園の労働者として働くが、1948年内戦で兵士となる。のちメキシコで薬学、米国で精神医学を学び、医師として密林の無医村に赴任。保健所長や精神病院院長などを歴任後、首都サンホセでズボン専門店を経営。傍ら、2001年まで長寿の秘訣などを語るテレビ番組「パチェコ博士のコメント」のホストを22年間に渡って務め、大衆から絶大な人気を集める。一方、1994年キリスト教社会連合党（PUSC）から副大統領に立候補（落選）、96年同党総裁を経て、98年国会議員に初当選。2002年4月大統領選決選投票で当選、5月就任。06年5月退任。詩人や作家としても活動し、詩や小説の著作も多数発表。

バチェレ, ミチェル
Bachelet, Michelle
1951.9.29〜
チリ大統領, 国連事務次長（ウィメン担当）医師　Ⓗサンティアゴ　ⒻBachelet Jeria, Verónica Michelle　Ⓔチリ大学医学部（1983年）卒　Ⓚ1970年チリ大学医学部に入学。同年チリ社会党に入党。父アルベルト・バチェレ将軍が74年にピノチェト軍政による拷問で亡くなり、75年自身も母とともに2ヶ月半拘束され、拷問を受けた。釈放後、兄を頼ってオーストラリアに亡命。メキシコ、米国、旧ソ連を経て、旧東ドイツへ渡る。79年帰国し、チリ大学に復学。83年卒業後、研修医に。86年小児科医として働きながら、軍事政権下で親を失った子どもたちの支援に取り組む。88年ピノチェト大統領の任期継続の是非を問う国民投票で "反対票を" と呼びかけた。95年チリ社会党中央委員となり政界入り、米国の防衛学校に留学。94〜97年チリ保健次官顧問、98〜99年国防相顧問を経て、2000年ラゴス政権発足とともに保健相に就任。02〜04年女性初の国防相。06年1月大統領選の決選投票で中道右派の野党同盟が推すセバスティアン・ピニェラを破り初当選、3月同国初の女性大統領となる。07年10月来日。10年3月任期満了で退任。同年9月〜13年3月国連UNウィメン事務局長（国連事務次長）。13年12月の大統領選決選投票で当選、14年3月就任。18年2月退任。通算2期。3人の子どもを持つシングルマザー。Ⓚ父＝アルベルト・バチェレ（軍人）

パチャウリ, ラジェンドラ
Pachauri, Rajendra
1940.8.20〜
気候変動に関する政府間パネル（IPCC）議長　Ⓗ英領インド連合州ナイニタル（インド・ウッタラーカンド州）　ⒻPachauri, Rajendra Kumar　Ⓔノースカロライナ州立大学卒 博士号（工業技術・経済学, ノースカロライナ州立大学）　Ⓚ中部バラナシでディーゼル機関車技術者として働いた後、米国の大学に留学し、工業技術、経済学の博士号を取得。帰国後、大学の教壇に立った後、1982年よりニューデリーのエネルギー資源研究所（TERI）に勤務、2001〜15年所長。02年4月国連の気候変動に関する政府間パネル（IPCC）の3代目議長に就任、07年IPCCがノーベル平和賞を受賞。15年辞任。日本の地球環境戦略研究機関理事、トヨタ自動車アドバイザーなども務める。親日家。　Ⓜ旭日重光章（日本）（2009年）

パツァツィア, オタール
Patsatsia, Otar
1929.5.15〜
グルジア首相　ⒽZugdidi　Ⓔレニングラード工科大学卒　Ⓚ1993年9月〜95年グルジア首相、95年からグルジア議会議員。

ハッカビー, マイク
Huckabee, Mike
1955.8.24〜
アーカンソー州知事　牧師　Ⓗアーカンソー州ホープ　ⒻHuckabee, Michael Dale　Ⓔウオシタ・バプティスト大学卒　Ⓚプロテスタント主流の南部バプテスト教会系神学校に進学。1974年牧師に任命され、以後多数のバプテスト教会で牧師を務める。92年政界に進出し、米国連邦上院選に出馬したが敗退。93年アーカンソー州副知事に当選。96年現職の辞任に伴い知事に昇格。98年、2002年と連続当選。08年大統領選に出馬し、アイオワ州党員集会ではトップを獲得したもの

の、共和党候補指名でマケイン上院議員に敗北。16年の大統領選に向けた共和党予備選に立候補したが、2月撤退。妊娠中絶、同性婚に反対の共和党最保守派。趣味のベース演奏や約50キロの減量による糖尿病克服で話題になった。近年は人気テレビ番組の司会を務める。

バックマン, ミシェル

Bachmann, Michele
1956.4.6〜
米国下院議員（共和党）　[出]アイオワ州ウォータールー　[名]Bachmann, Michele Marie　[歴]北欧系。アイオワ州で生まれ、ミネソタ州で育つ。キリスト教福音派の熱心な信者で、布教活動を行う中でミネソタ州議に推され当選。2006年の中間選挙で共和党が大敗を喫する中、下院議員に当選した。保守派の草の根運動“茶会党”のブームにいち早く注目し、全米の活動家と連携する茶会党議員同盟を結成して代表に就任。12年の大統領選では共和党唯一の女性大統領候補として名のりを上げ、一時事前の模擬投票でトップとなった。14年の下院選には出馬せず引退。保守派の論客だが失言も多く、08年に共和党副大統領候補として立候補して失言を連発した女性政治家サラ・ペイリンになぞらえて“ミニ・ペイリン”と揶揄された。

ハッサナリ, ノア

Hassanali, Noor
1918.8.13〜2006.8.25
トリニダード・トバゴ大統領　法律家　[名]Hassanali, Noor Mohammed　[学]トロント大学卒　[歴]1978〜84年トリニダード・トバゴ控訴院判事。87年1月まで政府の法律・司法委員。同年2月上下両院議員による大統領選で選出され、3月就任。97年退任。

ハッサン, アブディカシム・サラド

Hassan, Abdiqassim Salad
1942〜
ソマリア暫定大統領　[歴]ハウィエ人。1960年代に旧ソ連のモスクワ大学で生化学を学ぶ。73年からバーレ政権下でソマリア商工相、情報相、教育相、内相を歴任。2000年8月〜04年10月暫定大統領。

ハッサン2世

Hassan II
1929.7.9〜1999.7.23
モロッコ国王　[名]Hassan II　[学]ボルドー大学（フランス）卒　[歴]ボルドー大学留学後、モハメド5世国王とともに独立運動を指導。1953年流刑。55年帰国。56年独立と同時に王国軍総司令官。60〜61年副首相兼国防相。61年2月26日モハメド5世死去により即位。61〜63年、65〜67年首相。72〜73年国防相。72年以来軍最高司令官。91年湾岸戦争ではアラブ合同軍に参加。国内では、60年代に反体制派を激しく弾圧、71年、72年と2度にわたって暗殺未遂事件に見舞われた。77年初の総選挙を実施、92年には内閣任命権を首相に委譲するなどの民主化を進めた。国外では、75年スペイン領サハラへの35万人大行進を主導、モーリタニアとの分割領有後は西サハラ独立運動を弾圧し、国際社会から批判があがったが、中東和平問題ではアラブ穏健派のリーダーとして、78年エジプト・イスラエル和平合意（キャンプデービッド合意）の仲介、95年アラファトPLO議長とペレス・イスラエル議長との会談の仲介を行うなど大きな役割を果たした。　[家]父＝モハメド5世（モロッコ国王），長男＝モハメド6世（モロッコ国王），妹＝ララ・アイシャ（外交官）

ハッサン・ビン・タラール

Hassan bin Talal
1947.3.20〜
ヨルダン王子　[出]トランスヨルダン・アンマン（ヨルダン）　[学]オックスフォード大学クライストチャーチ・カレッジ東洋学専攻（1966年）卒　[歴]フセイン国王の末弟。1960年英国の私立ハロウ高校に留学、続いてオックスフォード大学クライストチャーチ・カレッジに進学、中近東学の修士号を取得。65年フセイン国王より皇太子に指名される。68年サルワト王女と結婚。国家開発計画委員会委員長、王立イスラム文明研究アカデミー議長などを務める。70年に王立科学院評議会を創立。他にアラブ思想フォーラムや王立諸宗教研究所などを創設。有能で活動的との評判が高く、政権内では国王と役割を分担しながら、主に経済、外交、教育、文化、科学技術の分野を担当。99年1月フセイン国王の長男、アブドラ王子が皇太子に指名されたため副国王に退く。同年2月フセイ

ン国王死去によりアブドラ国王が即位した後も国王の側近として国政を支え、中東全体に影響力を持つ。アラブ各国に太い人脈があり、パレスチナ問題にも関心が深く、著書「パレスチナ問題」がある。視野の広い文化人でもあり、世界中の大学から学位を贈られている。99年〜2007年地球規模の環境・資源・軍拡問題を研究するローマ・クラブ会長。自分で軽飛行機、ヘリコプターを操縦する。英語、フランス語に堪能。　[賞]地球チャンピオン賞（国連環境計画）（2007年），庭野平和賞（第25回）（2008年）　[家]父＝タラール・ビン・アブドラ（ヨルダン第2代国王），兄＝フセイン・イブン・タラール（ヨルダン第3代国王），甥＝アブドラ・ビン・フセイン（ヨルダン第4代国王），ハムザ・ビン・フセイン（元ヨルダン皇太子）

ハッダードアデル, ゴラムアリ

Haddad-Adel, Gholam-Ali

1945〜

イラン国会議長　[出]テヘラン　[歴]テヘラン大学教授を経て、イラン教育省次官。2000年国会議員に初当選。04年イスラム法学者以外では初めて国会議長に選出。08年退任。13年の大統領選に立候補したが、終盤で撤退。16年国会議員選挙で落選。最高指導者ハメネイ師の側近として知られる。

ハッタ・ラジャサ

Hatta Rajasa

1953.12.18〜

インドネシア経済調整相，国民信託党（PAN）党首　[出]南スマトラ　[学]バンドン工科大学石油学科（1977年）卒　[歴]石油会社勤務を経て、1982年〜2000年鉱業会社アルシンド社社長。スハルト政権崩壊後、98年国民信託党（PAN）結成時に入党して政界に転じる。99年国会議員に当選。PANと正義党（現・福祉正義党＝PKS）から成る改革会派の長を務め、00〜05年PAN幹事長として頭角を現した。00〜04年メガワティ政権で研究・技術相として初入閣、04〜07年第1期ユドヨノ政権で運輸相を務め、運輸事故続発の責任を問われながらも、07〜09年重職の国家官房長官に起用される。09年大統領選ではユドヨノ選挙対策チーム長を務めてその再選に貢献、同年から第2期ユドヨノ政権で経済調整相に昇格した。10年PAN党首に選出された。

バッティ, シャフバズ

Bhatti, Shahbaz

1968.9.9〜2011.3.2

パキスタン少数者問題担当相　[出]パンジャブ州ラホール　[歴]パキスタン国内では少数派のキリスト教徒。2008年11月少数者問題担当相に就任し、キリスト教徒として初めてパキスタン政府閣僚となる。聖典コーランや預言者ムハンマドを侮辱した者に対して最高で死刑が科せられるという同国の冒瀆罪を批判。10年同罪でキリスト教徒女性が死刑判決を受けた際には“誤った起訴”と発言し、イスラム勢力から脅迫を受けていた。11年3月イスラマバードの母親宅から出勤しようとした際、何者かに銃撃されて死亡した。

パッテン, クリストファー

Patten, Christopher

1944.5.12〜

香港総督，欧州連合（EU）欧州委員会委員　[出]ロンドン　[名]別名＝Patten of Barnes 別称＝Patten, Chris 中国名＝彭 定康　[学]オックスフォード大学ベリオール・カレッジ（1966年）卒　[歴]16歳で学力の優秀な者に与えられるオックフォード大学ベリオール・カレッジの奨学生に。卒業後、1966年保守党調査局に入り、74年党史上最も若い同局長となる。79年バース地区から英国下院選挙に立候補して初当選。この選挙で保守党綱領を書き、サッチャー党首の演説も書くなど幹部の信頼が厚かったが80年代初めサッチャー首相の経済政策を批判し遠ざけられる。その後、能力を高く評価され85年教育・科学担当国務相、86年海外開発・外務担当国務相、89年7月環境相へとスピード出世。当時、メージャー財務相、ウォルドグレイブ外相担当国務相と並ぶ若手のホープで未来の首相候補といわれたが、人頭税問題で、ライバルのメージャーに水をあけられた。90年11月よりランカスター公領相、保守党幹事長。92年4月の総選挙では幹事長として保守党を勝利に導いたが自身は落選した。7月香港総督に就任、英領香港の最後の総督となる。大胆な民主化提案を発表するなど内外から注目を集める。97年7月1日香港が中国に返還され英国に帰国。98年中国を痛烈

に批判する著書「東と西」を刊行。同年5月英国北アイルランド警察改革委員長。99年9月～2004年欧州連合(EU)欧州委員会の対外関係担当委員。03年よりオックスフォード大学名誉総長。05年男爵(一代貴族)に叙され、同年から上院議員。

ハットン, ジョン
Hutton, John
1955.5.6～
英国国防相　[出]イングランド　[学]オックスフォード大学マグダレンカレッジ卒　[歴]英国下院法務委員会委員などを歴任。1998～99年保健省閣外相(国務相)、99年～2005年保健相、05～07年雇用・年金相、07～08年民間企業・規制改革担当相、08年10月～09年6月国防相を歴任。10年男爵(一代貴族)に叙され、貴族院(上院)議員に転じる。11年原子力産業協会会長。労働党新進派。

ハーデ, ゲイル
Haarde, Geir
1951.4.8～
アイスランド首相　[出]レイキャビク　[学]ジョンズ・ホプキンズ大学大学院(1975年)修了, ミネソタ大学大学院(1977年)修了　[歴]アイスランド中央銀行に勤務後、1983年財務省政治顧問、87年国会議員。98年～2005年財務相。05年10月独立党党首、05年9月外相を経て、06年6月首相に就任。09年2月がんの治療に専念するため辞任。

ハディ, アブドラボ・マンスール
Hadi, Abd-Rabbo Mansur
1945.9.1～
イエメン暫定大統領　軍人　[出]南イエメン・アブヤン州ドケイン(イエメン)　[学]アデン陸軍学校卒, サンドハースト陸軍士官学校(英国)　[歴]エジプト、英国、ソ連の軍事アカデミーに留学。南イエメン軍副参謀総長。1986年北イエメンに亡命。94年5月南北イエメン統一後の新国家・イエメン共和国の国防相。内戦終結で、同年10月副大統領に就任。97年陸軍中将。2011年6月反体制デモが激化するなか、暗殺未遂事件で重傷を負ったサレハ大統領がサウジアラビアへ出国したため、大統領職を代行、軍最高司令官も兼務。9月サレハ大統領が復帰。同年11月サレハ大統領退任表明で大統領代行に。12年2月2年間の暫定政権を率いる大統領に就任。15年1月退任。

バディア, ムハンマド
Badia, Muhammad
1943.8.7～
ムスリム同胞団団長　イスラム原理主義指導者　[出]マハッラ・クブラー　[学]カイロ大学獣医学部(1965年)卒 獣医学博士(ザカージーク大学)(1979年)　[歴]1965～87年ザカージーク大学で教鞭を執り、87年からカイロ大学バニー・スワイフ分校教授。この間、82～86年イエメンの獣医学高等研究所の設立に貢献。高校時代からムスリム同胞団に加わり、65～74年ナセル時代、99年～2003年ムバラク時代に投獄される。獣医師組合などで活発に活動し、09年第7代団長アーキフの辞任後、団長に選出される。宗教・社会活動を重視する保守派だが、11年ムバラク独裁打倒に加わり、政治的変動期の同胞団を率いる。11年2月のムバラク政権崩壊後合法化し、4月政党・自由公正党を結成。13年7月のクーデター後に暫定政権の弾圧が強まり、幹部多数とともに逮捕され、有罪判決を受ける。14年8月自由公正党は解散を命じられた。

ハティーブ, ガッサン・アル
Khatib, Ghassan al
1954～
パレスチナ自治政府労相　社会学者　[出]ヨルダン川西岸地区　[学]ビールゼイド大学卒, マンチェスター大学卒　[歴]占領地パレスチナ人の指導者。1974～77年政治活動のため投獄される。82年ビールゼイド大学講師に就任。イスラエル占領地域における支配・抑圧の現状を世界に伝えるエルサレム・メディア通信センター(JMCC)代表を兼務し、「パレスチナリポート」編集長も務める。2002年6月パレスチナ自治政府労相に就任。人民党に所属。

パティル, プラティバ
Patil, Pratibha
1934.12.19～
インド大統領　[出]英領インド・ボンベイ州(インド・マハラシュトラ州ジャルガオン)　[名]Patil, Pratibha Devisingh　[学]国立法科大学ムンバイ校卒　[歴]軍人カースト(クシャト

リア）出身。弁護士を経て、1962年インド国民会議派からマハラシュトラ州議会議員に当選、保健相や住宅相などの州政府閣僚を歴任。85年上院議員、91年下院議員を各1期務めた後、2004年11月西部のラジャスタン州知事に就任。傍ら働く女性の寄宿舎や貧しい子どもの職業訓練施設などを設立した。07年7月の大統領選で、国民会議派などの与党連合候補に選ばれ、シェカワット副大統領を大差で破って当選、インド史上初の女性大統領に就任。12年7月任期満了で退任。国民会議派の中心、ネール・ガンジー一家を強く信奉しているといわれる。元州議の夫との間に1男1女がある。

ハード, ダグラス
Hurd, Douglas
1930.3.8〜
英国外相　㋮マールバロ　㋐Hurd, Douglas Richard 別名＝Hurd of Westwell　㋒ケンブリッジ大学イートン校卒　㋺国連代表部など14年間の外交官生活を経て、1974年より英国下院議員。79年サッチャー内閣の外務担当閣外相となり、83年6月内務担当閣外相、84年9月北アイルランド担当相、85年9月の改造で内相、89年10月外相に就任。90年11月第1次メージャー内閣、92年4月第2次メージャー内閣でも留任したが、95年7月辞任。同年9月大手英銀ナショナル・ウエストミンスター取締役及び投資銀行部門のナットウエスト・マーケッツ副会長に就任。97年男爵（一代貴族）に叙された。保守党の代表的な論客として知られる。推理作家でもあり、小説のほか、外交関係書など著書多数。中国語に堪能。

バード, レスター
Bird, Lester
1938.2.21〜
アンティグア・バーブーダ首相　㋬英領西インド諸島アンティグア島（アンティグア・バーブーダ）　㋐Bird, Lester Bryant　㋒ミシガン大学, Gray's Inn（ロンドン）卒　㋺英米両国で高等教育を受け、弁護士に。1971〜76年アンティグア・バーブーダ上院議員。'76より下院議員。76〜91年副首相、財政・観光・エネルギー相などを歴任した後、91〜94年外相。93年9月アンティグア労働党（ALP）党首に選ばれ、94年3月首相に就任。99年3月再任。2004年3月退任。

バード, ロバート・カーライル
Byrd, Robert Carlyle
1917.11.20〜2010.6.28
米国民主党上院院内総務　㋬ノースカロライナ州北ウィルクスボロ　㋐ジョージ・ワシントン大学ロースクール卒 法学博士（アメリカン大学）（1963年）　㋺母親の死後、ウェストバージニア州で貧しい炭鉱労働者の親戚に育てられた。1946〜50年ウェストバージニア州下院議員。50〜52年同州上院議員。53〜58年同州選出下院議員。59年同上院議員にくら替えし、以後9期当選。議員在任中の63年アメリカン大学で法学博士号を取る。71〜77年民主党上院院内副総務。77〜88年民主党上院院内総務。89〜95年、2001〜03年上院議長代行、01〜03年上院歳出委員長も務めた。戦前に白人至上主義団体クー・クラックス・クラン（KKK）に所属。公民権法に反対し、人種差別主義者と批判されたが、後にこれらを過ちと認めた。イラク戦争に反対し、08年の大統領選ではオバマ大統領を強く支持した。10年6月に92歳で亡くなるまで、上下両院を合わせた連邦議員として史上最長の57年以上にわたり在職した。　㋰ホレーショ・アルジャ賞（1983年）

パドア・スキオッパ, トマゾ
Padoa-Schioppa, Tommaso
1940.7.23〜2010.12.18
イタリア経済財務相　㋬ベルノ　㋒ルイジ・ボッコーニ商科大学, マサチューセッツ工科大学　㋺ミラノの大学などを卒業後、イタリア銀行（中央銀行）に入行。イタリア国家証券委員会（Consob）委員長、1998年〜2005年欧州中央銀行（ECB）理事を歴任。欧州連合（EU）創設や単一通貨ユーロの導入を決めた92年の欧州連合条約（マーストリヒト条約）調印に尽力し、ユーロの生みの親の一人と言われた。06〜08年イタリアの中道左派プローディ政権で経済財務相、07〜08年国際通貨基金（IMF）の諮問機関である国際通貨金融委員会（IMFC）議長などを務めた。

パドアン, ピエール・カルロ
Padoan, Pier Carlo
イタリア経済財務相, 経済協力開発機構（OECD）事務次長　エコノミスト　㋒ロー

マ大学 [歴]国際通貨基金 (IMF) 勤務、ローマ・サピエンザ大学教授などを経て、2007年経済協力開発機構 (OECD) 事務次長。09年から同機構チーフエコノミストを兼務。14年2月レンツィ政権の発足によりイタリア経済財務相に就任。20ケ国・地域生活支援事業 (G20) 首脳の個人代表の助言役も務めるなど、エコノミストとして活躍する。

バトトルガ, ハルトマー

Battulga, Khaltmaa

1963.3.3～

モンゴル大統領 [出]ウランバートル [学]ウランバートル造形芸術専門学校絵画専攻 (1982年) 卒 [歴]美術学校を出てモンゴル芸術家連盟に所属する画家として活動する一方、1979～90年ロシア式レスリング・サンボのナショナルチーム選手として活躍、世界チャンピオンにもなった。90年のモンゴルの民主化以降実業家に転身、ジェンコオーナーとなり、観光業などで成功を収める。また、ウランバートル郊外にチンギス・ハン像を建設し、観光名所としたことでも知られる。2004年6月第4期国民大会議 (国会) 選挙で初当選し、国会議員に。08～12年道路・輸送・建設・都市計画相、12～14年工業・農牧業相。16年民主党モンゴル民主同盟総裁に就任。17年7月大統領選の決選投票で勝利し、就任。06年モンゴル柔道連盟会長に就き、08年の北京五輪でモンゴル初の金メダル獲得を後押しした。11年7月訪日。

バトボルド, スフバートリン

Batbold, Sükhbaataryn

1963.6.24～

モンゴル首相, モンゴル人民党 (MPP) 党首 [出]ウランバートル [学]モスクワ国際関係大学 (1986年) 卒, ロンドンビジネス大学 (英国) 大学院経済学専攻 (1991年) 修士課程修了 経済学博士 (ロシア外交アカデミー) (2003年) [歴]モンゴル対外経済・供給省職員、輸出入公団職員、貿易会社社長を経て、2000年エンフバヤル内閣の外務副大臣。04年モンゴル国民大会議 (国会) 議員に当選し、エルベグドルジ内閣で商工相。08年の総選挙で再選され、外務省と産業・通商省を合併して設置された外交・貿易省の初代大臣に就任。バヤル首相の辞任を受け、09年11月首相に就任。12年8月退任。10～12年モンゴル人民党 (MPP) 党首を務めた。

ハドミン, ヤヒヤ・ウルド

Hademine, Yahya Ould

1953.12.31～

モーリタニア首相 [出]ティンベドラ [学]モントリオール理工科大学 (カナダ) 金属工学 [歴]国営の鉱山会社に勤務。関連会社の社長を経て、2010年よりモーリタニア設備・運輸相。14年8月アブドルアジズ大統領により首相に任命される。

バドラン, ムダル

Badran, Mudar

1934～

ヨルダン首相 [出]北部ジェラシュ [学]ダマスカス大学法学部 (1957年) 卒 [歴]1962年軍事法廷検事、65年警察長官、68年軍情報次長、71年国王顧問、72年宮内相、73年教育相、74年王宮官房長官を経て、76年首相兼国防相兼外相。79年シャラフ氏に政権を譲ったが、シャラフ氏病死のため80年首相復帰。84年9月退任。89年12月シャケル首相の辞任に伴い3度目の首相となる。国防相兼任。フセイン国王の信任も厚く、パレスチナ解放機構やイスラム同胞団など原理主義団体とも太いパイプを持つ異色の人物として知られた。91年6月辞任。

パトルシェフ, ニコライ

Patrushev, Nikolai

1951.7.11～

ロシア安全保障会議書記 [出]ソ連ロシア共和国レニングラード (ロシア・サンクトペテルブルク) [名]Patrushev, Nikolai Platonovich [学]レニングラード造船大学卒 [歴]ソ連国家保安委員会 (KGB) などに勤務。1998年ロシア大統領府副長官。KGBの後身であるロシア連邦保安局 (FSB) 第1副長官を経て、99年8月～2008年5月FSB長官。08年5月ロシア安全保障会議書記に任命される。

バナジー, ママタ

Banerjee, Mamata

1955.1.5～

インド鉄道相, 西ベンガル州首相, 全インド草の根会議派 (AITC) 党首 [出]西ベンガル州カルカッタ (コルカタ) [歴]社会派の女性弁護士として活躍し、与党のインド国民会

議派に所属するが、党の汚職体質を批判し、1997年全インド草の根会議派（AITC）を旗揚げ。99年インド人民党（BJP）政権下で鉄道相に就任。2008年にはインド大手のタタ自動車の工場建設反対運動を主導し、計画を白紙撤回に追い込んだことで注目を浴びる。09～11年国民会議派政権でも鉄道相を務める。11年5月西ベンガル州議会選挙において草の根会議派が躍進し、34年にわたる左派共産党政権を覆し、西ベンガル州首相に就任。

バーナンキ, ベン

Bernanke, Ben

1953.12.13～

米国連邦準備制度理事会（FRB）議長, 米国大統領経済諮問委員会（CEA）委員長　経済学者　[出]ジョージア州オーガスタ　[名]Bernanke, Benjamin Shalom　[学]ハーバード大学経済学部（1975年）卒, マサチューセッツ工科大学博士課程修了 Ph.D.（経済学, マサチューセッツ工科大学）（1979年）　[歴]薬剤師の家庭に生まれる。単語の綴りを言い当てる競技スペリング・ビーでならし、独学で微積分を習得。1979年スタンフォード大学、85年プリンストン大学経済学部教授、96年経済学部長に就任、デフレ研究の第一人者となる。フィラデルフィア、ボストン、ニューヨークの各連邦準備銀行の客員研究員を経て、2002年8月米国連邦準備制度理事会（FRB）理事。歴史的な超低金利政策の実施と解除に手腕を発揮する。05年6月2期目のブッシュJr.政権で大統領経済諮問委員会（CEA）委員長に就任。06年2月FRB議長に就任。14年1月退任。インフレ抑制論者。15年米運用大手のピムコにシニアアドバイザーとして迎えられる。

バニ, ジョン

Bani, John

1941.7.1～

バヌアツ大統領　[名]Bani, John Bennett　[歴]1999年3月バヌアツ大統領に就任。2004年3月任期満了で退任。

パニアグア, バレンティン

Paniagua, Valentín

1936.9.23～2006.10.16

ペルー大統領　法学者　[出]クスコ　[名]Paniagua Corazao, Valentín　[学]サンアトニオ・アバド大学法学部卒, サンマルコ大学法学部卒, インディアナ大学大学院政治学修士課程修了　[歴]スペイン系で白人と先住民の混血。リマのカトリック大学講師を経て、1980～96年リマ大学教授、96年特任教授。一方、63年中道右派のペルー・キリスト教民主党から下院議員に当選。65年同国史上最年少の大臣として29歳で法相に就任。80～85年下院議員。この間、82年下院議長、84年教育相などを歴任。その後下野し、15年間の政治キャリアの空白を経て、98年中道右派の人民行動党書記長。2000年7月国会議員選挙で政界に復帰。同年12月国会議長に就任、日本に滞在中のフジモリ大統領から同月送付された辞表を受理せず罷免を議決、01年1月憲法の規定により自身が大統領に就任。01年7月退任した。

ハニヤ, イスマイル

Haniya, Ismail

1962.5.23～

パレスチナ自治政府首相, ハマス最高指導者　[出]ガザ　[名]Haniya, Ismail Abd as-Salam Ahmad　[学]イスラム大学アラビア語専攻（ガザ）卒　[歴]1948年イスラエル建国に伴う第1次中東戦争でガザ地区へ避難した両親のもと難民キャンプで生まれる。イスラム原理主義組織ハマスの精神的指導者アハメド・ヤシン師の秘蔵っ子だった。イスラム大学で原理主義運動に身を投じ、87年からの第1次インティファーダ（反イスラエル抵抗闘争）に参加。投獄歴は4回にのぼる。92年ランティシらと厳寒の南レバノン国境へ追放され、400人余の仲間とともに越冬。ガザ市帰還後、同大学長に就任。97年にイスラエルがヤシン師を釈放してからは同師の側近となる。2003年9月にはヤシン師と一緒にいたガザの建物にイスラエル軍のミサイルが撃ち込まれ、九死に一生を得た。06年1月パレスチナ自治評議会（国会）選挙では“組織の顔”として比例区名簿1位に。同年3月首相に就任。“イスラエルの殲滅”を綱領に掲げるハマスの中で、比較的穏健な現実主義者と評され、ライバル関係にあるパレスチナ解放機構（PLO）主流派ファタハとの間で連絡調整役を果たす。07年3月ファタハとの連立に合意して挙国一致内閣が発足、首相を続投。6月ハマスとファタハの軍事対立により、ファタハを率いるアッバス議長より首相を罷免

され、連立内閣が崩壊。パレスチナ自治政府のアッバス議長による内閣解散の命令を拒否してガザ地区で引き続き内閣を組織し、首相。14年西岸政府との分裂状態が解消し、6月統一暫定政権が発足し、退任。17年5月ハマス最高指導者兼政治局長に就任。長男はガザで人気のスポーツコメンテーター。

パーニー・ヤトトゥ

Pany Yathotou

1951.2.18～

ラオス国会議長　㊥フランス領インドシナ・シェンクアン(ラオス)　㊧モン族。ラオス人民民主共和国建国後、国家銀行に勤務。1986年人民革命党中央委員候補、91年中央委員。96～97年国会銀行総裁を務めた後、2002年国会副議長に選出。06年女性初の党政治局員となる。10年国会議長に就任。

パネッタ, レオン

Panetta, Leon

1938.6.28～

米国国防長官, 米国中央情報局(CIA)長官　法律家　㊥カリフォルニア州モントレー　㊔Panetta, Leon Edward　㊫サンタクララ大学(1960年)卒, サンタクララ大学法科大学院修了　法学博士(サンタクララ大学)(1963年)　㊧弁護士資格を取得。当初は共和党員で、共和党上院議員の補佐官やニクソン政権下で1969～70年連邦政府公民権局長として働く。弁護士などを経て、76年民主党からカリフォルニア州選出の下院議員に初当選以後、連続8回当選。77～93年連邦下院議員。89年から下院予算委員長。93年1月クリントン政権の行政管理予算局(OMB)局長、94年7月大統領首席補佐官に就任。97年1月カリフォルニア州知事選出馬を目指して辞任するが、出馬を断念した。2009年2月オバマ政権の中央情報局(CIA)長官に就任。11年7月国防長官に転任。13年2月退任。1998年より妻とともに"公共秩序のためのレオン&シルビア・パネッタ協会"を運営。

パノフ, アレクサンドル

Panov, Aleksandr

1944.7.6～

駐日ロシア大使　外交官　㊥ソ連ロシア共和国モスクワ(ロシア)　㊔Panov, Aleksandr Nikolaevich　㊫モスクワ国際関係大学(1968年)卒　歴史学博士, 政治学博士　㊧ソ連外務省に入り、1968～71年在日大使館勤務の後、77年までモスクワ国際関係大学で日本史教授を務める。77～81年国連代表部2等書記官。本省に戻った後、83～88年再び在日大使館外交担当参事官。88～90年太平洋・東南アジア局次長、90～92年同局長。ソ連邦解体後の92～93年駐韓国ロシア大使、94年1月外務次官(アジア太平洋地域担当)。96年10月～2004年3月駐日ロシア大使。06年より外務省外交アカデミー校長。ソロヴィヨフ、チジョフ歴代駐日大使らと並ぶロシア外務省きっての日本通。古事記から、夏目漱石、芥川龍之介にいたるまで日本文学に造詣が深い。

ハーパー, スティーブン

Harper, Stephen

1959.4.20～

カナダ首相, カナダ保守党党首　経済学者　㊥オンタリオ州トロント　㊫カルガリー大学大学院経済学修士課程修了　㊧会計士の家庭に生まれ、両親はカナダ自由党支持者だったが、自らは高校卒業後、西部アルバータ州に移住してから保守党支持に転じる。カルガリー大学で当時の進歩保守党青年部に所属し、卒業後、進歩保守党の議員スタッフとなる。母校に経済学の講師として戻ったが、1987年右派政党・改革党の設立に参加。政治評論家として活躍する一方、93年の総選挙で下院議員初当選。全国市民連合代表を経て、2002年改革党を前身とするカナダ同盟党首に就任。03年低迷した保守勢力を再建するため進歩保守党と合併しカナダ保守党を結成、04年3月初代党首に就任。06年1月総選挙で保守党が第1党となり、2月首相に就任。保守政権が12年ぶりに復活した。08年10月、14年5月総選挙で勝利、首相に再任。15年10月の総選挙では自由党に大敗し、政権交代を許した。11月首相退任。　㊎妻＝ローリーン・ハーパー(グラフィックデザイナー)

パパコンスタンティヌ, ミカリス

Papaconstantinou, Michalis

1919～2010.1.17

ギリシャ外相　㊫テサロニ大学卒　㊧英国マンチェスター大学とケンブリッジ大学に留学(国際法)。弁護士活動の後、1961年ギリ

シャ国会議員（中央同盟党）、64～65年国防次官。67～74年の軍政時代に逮捕・流刑されたが、81年以降国会議員（新民主主義党）。89年農業・エネルギ・技術相、90～91年農相、91年8月法相を経て、92年8月～93年外相。

ババジャン, アリ

Babacan, Ali

1967.4.4～

トルコ副首相　[出]アンカラ　[学]中東工科大学（1989年）卒, ノースウエスタン大学（米国）大学院 M.B.A.（ノースウエスタン大学）（1992年）　[歴]1992年米国のノースウエスタン大学大学院で経営学修士号（M.B.A.）を取得。シカゴで金融コンサルタント会社に勤務した後、94年トルコに帰国し、実家の繊維会社会長に就任。2001年公正発展党（AKP）結成に関わり、02年トルコ国会議員に初当選。35歳で経済担当国務相となり、05年欧州連合（EU）加盟交渉担当兼務。07年外相を経て、09年副首相。政権の経済政策全般を取り仕切る。連続当選を3期までとするAKPの内規に従い、15年6月の総選挙には出馬しなかった。

ハバシュ, ジョルジュ

Habash, George

1925～2008.1.26

パレスチナ解放人民戦線（PFLP）創設者　ゲリラ指導者　[出]リッダ　[学]ベイルート・アメリカン大学卒 医学博士　[歴]英国統治下パレスチナのリッダでギリシャ正教徒の家に生まれ、ベイルート・アメリカン大学で医学を学び、医師に。1948年のイスラエル建国で難民となる。50年代初めからパレスチナ解放運動に参加、57年ナセル主義者の反フセイン国王クーデター計画に加わった容疑で死刑判決を受け、ダマスカスへ脱出。67年パレスチナ解放機構（PLO）反主流派の最大組織となるパレスチナ解放人民戦線（PFLP）を創設。以来議長を務め、コマンド約3000人、講成員7000人を擁する急進派の旗頭として多数のテロを組織。70年代にはイスラエル機などを標的としたハイジャック事件や爆弾テロを指揮した。イスラエルのロッド空港（現・ベングリオン空港）で乱射事件（72年）を起こした岡本公三らが所属した日本赤軍とは当時、共闘関係にあり、“世界同時革命”のスローガンを掲げていた。74年には強硬路線を主張し、PLOから脱退。82年8月レバノン戦争でベイルートを退去。87年以来シリアに滞在していたが、92年1月健康状態が悪化してパリ市内の病院に入院。武装闘争によるパレスチナ解放を目指し、93年9月のパレスチナ暫定自治宣言（オスロ合意）に踏み切ったPLOのアラファト議長と対立した。2000年4月PFLP議長を辞任。

パパディモス, ルーカス

Papademos, Lucas

1947.10.11～

ギリシャ首相　銀行家, 経済学者　[出]アテネ　[名]Papademos, Lucas Demetrios　[学]マサチューセッツ工科大学（米国）経済学博士（1977年）　[歴]米国マサチューセッツ工科大学で物理学の学位を取った後、経済学に転じる。1975～84年コロンビア大学教授を経て、88年よりアテネ大学教授。傍ら、85年ギリシャ銀行（中央銀行）入りし、93年副総裁、94年総裁に就任。ユーロ圏への参加に向けて旧通貨ドラクマからの移行作業を指揮した。2002～10年欧州中央銀行（ECB）副総裁。母国ギリシャの経済危機を受け、10年よりヨルギオス・パパンドレウ首相の政策顧問を務める。11年11月同首相の退陣を受け、大連立政権の首相に就任。12年5月の総選挙で連立与党が過半数割れし、同月首相辞任。ハーバード大学客員教授を務める国際経済の専門家。

パパドプロス, タソス

Papadopoulos, Tassos

1934.1.7～2008.12.12

キプロス大統領　[出]英領キプロス・ニコシア（キプロス）　[歴]ロンドンの法学院で法学士号取得。1950年代から弁護士の傍ら反英闘争、憲法起草に参加。60年キプロス独立後、最初の内閣で内相として初入閣。以後、保健相、農業・資源相、財務相などを歴任。70年クレリデスと統一党を結成し、国会初当選。74年右翼政権下で逮捕、投獄される。民政復活後、政界復帰。76年キプロス再統一問題でトルコ側との交渉に参加。81年中央統一党結成、その後民主党と合併、2000年民主党（DIKO）党首。第3党の中道右派・民主党を率い、03年2月キプロス大統領選に当選、3月就任。北キプロス・トルコ共和国に対する強硬姿勢で知られ、再統合案をめ

ぐる04年の国民投票では反対を呼びかけて否決に持ち込んだ。08年2月の大統領選で再選を目指したが、北キプロスとの対話派候補に小差で敗れた。

ババンギダ, イブラヒム

Babangida, Ibrahim
1941.8〜
ナイジェリア大統領・国軍統治評議会議長　軍人　[名]Babangida, Ibrahim Gbadamasi　[学]カドナ軍士官学校卒, モンス士官学校(英国)卒　[歴]ハウサ族出身。ナイジェリア軍首都機甲部隊司令官などを経て、1976〜79年オバサンジョ政権の最高軍事評議会メンバー。83年2月のクーデターで陸軍参謀長に就任。85年8月再クーデターでブハリ最高軍事評議会議長を退ける。91年6月アフリカ統一機構(OAU)議長。陸軍大将。93年8月大統領・国軍統治評議会議長を辞任。

パパンドレウ, アンドレアス

Papandreou, Andreas
1919.2.5〜1996.6.23
ギリシャ首相　[出]キオス島　[名]Papandreou, Andreas George　[学]アテネ大学法学部卒, ハーバード大学(経済学)卒 Ph.D.　[歴]1940年代後半から米国ミネソタ大学、カリフォルニア大学などで経済学を講じた。ギリシャに帰国し、61〜64年アテネ経済研究センター所長。64年国会議員に初当選し、父ヨルギオス・パパンドレウ元首相が結成した中道連合左派の党首に就任。67年の軍事クーデターで逮捕され、翌年スウェーデンに亡命。74年キプロス危機による軍政崩壊で帰国し、左派"全ギリシャ社会主義運動(PASOK)"を設立して党首。81年10月の総選挙でPASOKが第1党となり首相に就任。81〜86年国防相兼任。89年6月総選挙では政界汚職が国民の批判を浴びて敗北、退任したが、93年10月首相に返り咲いた。96年1月健康悪化を理由に辞任。　[家]父＝ヨルギオス・パパンドレウ(ギリシャ首相)

パパンドレウ, ヴァッソー

Papandreou, Vasso
1944.12.9〜
ギリシャ環境・都市計画・公共事業相　[出]ユギオン　[学]アテネ経済商業高等学院卒, ロンドン大学大学院経済学専攻博士課程修了 経済学博士(英国レディング大学)　[歴]1970年代から80年代にかけてオックスフォード大学で教鞭を執る。85年ギリシャの国会議員に選出。ギリシャ中小企業振興会理事長、ギリシャ商業銀行運営理事会理事、産業・エネルギー・技術担当閣外相、商業副大臣などを経て、89年1月〜93年1月欧州共同体(EC)委員会委員を務めた。EC委員女性第1号。84年から汎ギリシャ社会主義運動党(PASOK)中央委員会委員。96年より開発相、99年内相、のち環境・都市計画・公共事業相。92年来日。

パパンドレウ, ヨルギオス

Papandreou, Georgios
1952.6.16〜
ギリシャ首相　[出]米国ミネソタ州セントポール　[学]アマースト大学, ストックホルム大学, ロンドン・スクール・オブ・エコノミクス　[歴]祖父、父ともに首相を務めた名門の出身。1981年ギリシャ国会議員に当選。85〜87年ギリシャ文化省次官、88〜89年教育・宗教相、94〜96年教育相、96〜99年副外相、99年2月〜2004年外相を歴任。00年1月ギリシャ外相として38年ぶりにトルコを訪問。全ギリシャ社会主義運動(PASOK)に所属し、04年2月シミティス首相の引退に伴い党首に就任して総選挙に臨むが、3月野党・新民主主義党(ND)に敗れる。07年も敗退。09年10月3度目の挑戦で総選挙に勝利し、首相に就任。"緑の成長戦略"による経済回復が持論。11年11月辞任。　[家]祖父＝ヨルギオス・パパンドレウ(ギリシャ首相), 父＝アンドレアス・パパンドレウ(ギリシャ首相)

バビシュ, アンドレイ

Babiš, Andrej
1954.9.2〜
チェコ首相, ANO党首　実業家　[出]チェコスロバキア・ブラチスラバ(スロバキア)　[学]ブラチスラバ経済大学卒　[歴]大学卒業後、1993年肥料会社アグロフェルトを起業し、農業や食品製造業、メディアも傘下に収めるチェコ有数の複合企業グループを築き上げ、同国第2位の富豪といわれる。2011年11月反腐敗などを掲げ、チェコ語で"YES"を意味する中道右派政党ANO2011(現・ANO)を創設。13年10月の下院選で第2党に躍進。連立政権に入り、14年2月ソボトカ連立政権の第

1副首相兼財務相。財務相として税金逃れを厳しく取り締まり、高速道路建設などインフラ整備を進めた。17年10月の下院選挙で第1党となり、12月ゼマン大統領より首相に任命されたが、18年1月16日下院の信任が得られず暫定内閣に。反エリート主義を掲げ、企業経営の手法の国政への導入や難民受け入れ反対を唱える。"チェコのトランプ（米国大統領）"の異名をもち、ポピュリスト（大衆迎合主義者）とも呼ばれる。

バビッチ, ミラン
Babić, Milan
1956.2.26～2006.3.5
クライナ・セルビア人共和国大統領　㉭クロアチア内戦時のセルビア人勢力指導者として、1991年ユーゴスラビアからのクロアチア独立に対抗し、セルビア人勢力が一方的に宣言したクライナ・セルビア人共和国の初代大統領に就任。2005年7月人道に対する罪などで国連の旧ユーゴ国際刑事法廷で禁錮13年の有罪判決を受けたが、06年3月拘置施設内で自殺した。

バビット, ブルース
Babbitt, Bruce
1938.6.27～
米国内務省官, アリゾナ州知事　法律家　㉭アリゾナ州フラッグスタッフ　㉭ノートルダム大学卒、ハーバード大学ロースクール（1965年）修了　㉭富裕な実業家の子として生まれる。ノートルダム大学卒業後、英国のニューカッスル大学に留学、さらにハーバード大学ロースクールで学ぶ。ワシントンでジョンソン政権当時の経済機会局に入ったが2年余りでアリゾナに引き揚げ弁護士に。弁護士としてナバホ・インディアンの人権擁護に尽力したこともある。74年アリゾナ州司法長官に当選。78年州知事の死去により同州知事に昇格、82年には自力で再選を果たす。知事としては州内の地下水保護など環境問題、医療保険改革で実績を上げた。85年にはクリントン・アーカンソー州知事らと民主党指導者会議（DLC）を設立。88年任期切れ後は上院選に出馬せず、同年の大統領予備選に民主党候補として出馬。93年1月クリントン政権の内務長官に就任。97年1月第2期クリントン政権でも留任。2001年1月退任。

バヒート, マルーフ
Bakhit, Marouf
1947～
ヨルダン首相・国防相　㉭ヨルダン大学, 南カリフォルニア大学, ロンドン大学大学院博士課程修了, ヨルダン王立軍事大学（1966年）卒 Ph.D.　㉭1964年ヨルダン軍に入隊、66年王立軍事大学を卒業。99年少将で退役。駐トルコ大使を経て、2005年2月駐イスラエル大使。11月国家安全保障担当国王補佐官、同月ヨルダン首相に就任。国防相兼任。07年11月退任。11年2月国王が首相に再び任命。国防相兼任。11年10月辞任。

ハビビ, ハッサン
Habibi, Hassan
1937～2013.1.31
イラン第1副大統領　㉭テヘラン　㉭Habibi, Hassan Ibrahim　㉭モザデク首相の国民戦線時代、学生組織の一員として新聞編集にあたり、その後フランスで法律を学ぶ傍ら、イスラム学生協会の有力メンバーとして反パーレビ闘争を戦う。1979年イラン革命直後のバザルガン暫定政権下で文化・高等教育相を務め、ホメイニ師の指示で最初のイラン・イスラム共和国憲法の起草に参加。80年第1回イラン大統領選に出馬。革命評議会スポークスマン、第1期イラン国会議員を経て、84～89年司法相、87年より国連教育科学文化機関（UNESCO）代表兼務。89年8月自らが中心的に参画した修正憲法のもとで新設されたイラン第1副大統領に就任。2001年まで務め、04年からペルシャ語・文学アカデミー学長。

ハビビ, バハルディン・ユスフ
Habibie, Bacharuddin Jusuf
1936.6.25～
インドネシア大統領, ハビビ・センター設立者　実業家, 航空技術者　㉭オランダ領東インド南スラウェシ州パレパレ（インドネシア）　㉭バンドン工科大学中退, アーヘン工科大学（西ドイツ）航空工学専攻（1960年）卒 航空工学博士（アーヘン工科大学）（1965年）　㉭父はブギス人、母はジャワ人。1960年アーヘン大学助手を経て、航空機製造会社のメッサーシュミットに入社、74～78年副社長。在職中の74年、スハルト大統領に請われ帰国、プルタミナ社航空部長、76年

新設の国営航空機製造会社ヌルタニオ社社長兼大統領顧問（技術・航空担当）。78年よりスハルト政権下で4期20年間にわたって科学技術担当国務相を務めるなどインドネシアの国家技術開発の中心人物として、航空機・造船・兵器産業・バタム島開発など野心的なプロジェクトを推進した。バタム島開発公社総裁、国防会議議長、戦略産業庁長官、国営航空機会社会長なども兼務。90年インドネシア・イスラム知識人協会（ICMI）総裁。98年3月副大統領を経て、同年5月スハルト大統領辞任により、第3代大統領に就任。改革（レファルマシ）を掲げて民主化に取り組み、政治犯の釈放、基本的人権の尊重、政治的自由、地方自治の導入などを矢継ぎ早に実施した。99年4月東ティモール問題について、同年8月に独立を問う直接投票を実施することを発表。同年10月国民協議会（MPR）で施政総括報告演説が否決されたため大統領選立候補の断念を表明し、退任。2000年5月民主主義と人権の確立を目指す非政府組織（NGO）・ハビビ・センターを設立。科学技術とイスラム信仰の調和を訴える。

ハプスブルク・ロートリンゲン, オットー・フォン

Habsburg-Lothringen, Otto von
1912.11.20～2011.7.4
欧州議会議員, 汎ヨーロッパ同盟名誉会長汎欧州主義運動指導者　㋪オーストリア・ライヒェナウ　㋯ルーベン・カトリック大学（ベルギー）卒 博士号（1935年）　㋭第一次大戦まで中欧に広大な領土を有したオーストリア・ハンガリー帝国最後の皇帝カール1世の長男。1916年父の皇帝即位に伴い、4歳で皇太子となる。18年父が退位し、翌年ハプスブルク家はスイスに亡命。以来、各国を転々とし、54年から西ドイツ・ペッキングに居住。"汎欧州主義運動"を唱え、57年汎ヨーロッパ同盟（本部スイス・ローザンヌ）の副会長となり、73年から会長、のち名誉会長。79年西ドイツのキリスト教社会同盟（CSU）から立候補し、欧州議会議員に当選、99年6月まで務めた。89年オーストリア・ハンガリー国境で東ドイツ市民が西側へ越境を求めて集まると、"汎欧州ピクニック"を積極的に支援し、冷戦終結に一役買った。親日家としても知られた。㋜パリ市ゴールドメダル（1977年）, コンラッド・アデナウアー賞（1977年）　㋔父＝カール1世（オーストリア・ハンガリー帝国皇帝）, 母＝ツィタ・フォン・ハプスブルク, 息子＝カール・ハプスブルク・ロートリンゲン（欧州議会議員）, 弟＝フェリクス・ハプスブルク・ロートリンゲン（元皇子）

パプリアス, カロロス

Papoulias, Karolos
1929.6.4～
ギリシャ大統領　㋪イオアーニナ　㋯アテネ大学法学部卒, ミュンヘン大学, マドリード大学, ケルン大学 博士号（ケルン大学）　㋭1962～74年西ドイツに居住。弁護士。67年の軍事クーデター時は西ドイツで反軍事政権の活動に従事。77年総選挙で全ギリシャ社会主義運動（PASOK）からギリシャ国会議員初当選。81年外務次官。85年7月～89年外相。93年10月～96年1月再び外相。2005年2月大統領に当選、3月就任。10年3月再任、15年3月退任。

バブーリン, セルゲイ

Baburin, Sergei
1959.1.31～
ロシア国家会議（下院）副議長　㋪ソ連カザフ共和国セミパラチンスク（カザフスタン）　㋭Baburin, Sergei Nikolaevich　㋯オムスク大学法学部卒, レニングラード大学法学部大学院修了　㋭1990年3月オムスクの選挙区からロシア人民代議員に当選。院内会派「ロシア」共同議長、91年12月「ロシア国民同盟」議長。92年10月旧ソ連の段階的復活を目指す保守派の連合組織「救国戦線」を結成。93年10月の"モスクワ騒乱"では最高会議ビルに籠城、12月ロシア国家会議（下院）選に当選。96年下院議員再選、2004～07年3期目。下院副議長を務めた。ロシア保守派のニューリーダーで、次期大統領の有力候補の一人と目されたこともある。18年大統領選に立候補。

パホル, ボルト

Pahor, Borut
1963.11.2～
スロベニア大統領　㋪ユーゴスラビア・スロベニア共和国ポストイナ（スロベニア）　㋯リュブリャナ大学（政治学）　㋭1990年旧ユーゴのスロベニア共和国議会議員となる。スロベニア独立後の92年、国民議会（下院）

議員に。93年共産党の後継政党・社会民主統一リスト(現・社会民主党)副党首に選出され、97年～2012年党首。00～04年下院議長。08年9月の下院選でスロベニア社会民主党が第1党になり、11月首相に就任。11年12月の下院選で敗退。12年12月の大統領選決選投票で勝利し、同月就任。

パーマー, ジェフリー

Palmer, Geoffrey

1942.4.21～

ニュージーランド首相　[出]ネルソン　[学]ビクトリア大学卒, シカゴ大学(1967年)卒 法学博士(シカゴ大学)(1967年)　[歴]弁護士活動の傍ら、1969～73年米国アイオワ大学・バージニア大学教授、母校のビクトリア大学教授を務める。79年37歳でニュージーランド国会議員に当選。83年ロンギの跡を継いでニュージーランド労働党の副総裁。84年ロンギ政権下で副首相兼法相。89年8月首相に就任。学究的な実務派で、中道路線を表明。労働党党首。90年9月首相辞任。

ハマディ, サアドン

Hammadi, Sa'adoun

1930.6.22～2007.3.14

イラク首相・国民議会議長　経済学者　[出]カルバラ　[学]アメリカン大学(ベイルート)卒 農学博士(ウィスコンシン大学)　[歴]1949年バース党入党。57年27歳でバグダッド大学経済学部教授となり、バース党の機関誌「アル・ジュムフリヤ」の編集者も経験。同党弾圧時代には一時シリアに亡命、64～68年シリア政府の大統領評議会経済顧問。68年の革命後帰国し、同年国有石油会社(INOC)総裁、69～74年石油鉱物相を歴任、72年の石油国有化宣言で活躍。74～81年外相を務め、75年イランと歴史的な和解に成功、クルド問題解決の采配を振った。80年副首相。86年8月革命評議会メンバー。88年外務担当国務相。89年5月第1副首相。91年1月～2月の湾岸戦争中はイランとのシャトル外交を通じてソ連を動かし、ソ連・イラン主導による和平案作りに力を発揮した。同年3月戦後の混乱の中で首相に就任。革命評議会メンバーの中で唯一のシーア派イスラム教徒で、フセイン大統領側近の一人。同年9月首相解任、革命評議会メンバー除名。同年11月～2003年大統領顧問。96年4月～03年国民議会議長。

ハマド・ビン・イサ・アル・ハリファ

Hamad bin Isa al-Khalifa

1950.1.28～

バーレーン国王・国防軍最高司令官　[出]英領バーレーン諸島マナーマ郊外リファ(バーレーン)　[学]アルデルショット士官学校(英国)卒, 米陸軍司令参謀大学(1973年)卒　[歴]イサ・バーレーン首長の長男。1964年6月皇太子に就任。英国の陸軍士官学校で教育を受け、68年8月国防軍を創設、71年バーレーンの英国からの独立を機に最高司令官に。71～88年国防相を兼務。また、アラブ連盟その他の国際会議で代表を務める。99年3月イサ首長の死去によりバーレーン首長に即位。2002年2月首長制から王制への体制変更により国王となる。　[家]父＝イサ・ビン・スルマン・アル・ハリファ(バーレーン首長), 長男＝シェイク・サルマン(バーレーン皇太子)

ハマド・ビン・ジャシム・アル・サーニ

Hamad bin Jassim al-Thani

1959.8.30～

カタール首相　[出]ドーハ　[学]カイロ大学(1980年)卒　[歴]1989年7月カタール自治・農業相。92年9月外相、2003年9月第1副首相を兼務。07年4月首相。13年6月ハマド首長の退位に伴って首相・外相を退任。ハマドの遠縁にあたる。

ハマド・ビン・ハリファ・アル・サーニ

Hamad bin Khalifa al-Thani

1952.1.1～

カタール首長・国防相　[出]ドーハ　[学]サンドハースト陸軍士官学校(英国)(1971年)卒　[歴]1972年陸軍少将としてカタール国軍司令官となる。77年皇太子に指名され、同時に国防相に就任。軍の近代化、士官の養成の指導に努める。92年から組閣を一任され事実上実権掌握。対イラク関係改善、イスラエルとの関係強化などの外交を展開。95年6月宮廷無血クーデターを起こし、父の外遊中に全権を掌握、新首長に就任。国防相兼任。95～96年首相兼任。2013年6月カタール首長、国防相退任。00年よりカタール・オリンピック委員会会長。　[家]父＝ハリファ・ビン・ハマド・アル・サーニ(元カタール首長), 四男＝タミム・ビン・ハマド・ビン・ハリファ・アル・サーニ(カタール首長)

ハミス, イマド・ムハンマド・ディーブ
Khamis, Imad Muhammad Deeb
1961〜
シリア首相　[出]ダマスカス近郊　[学]ダマスカス大学電気工学科(1981年)卒　[歴]1977年から与党バース党員。ダマスカスの電力会社や電力省勤務を経て、2011年電力相。16年6月アサド大統領から首相に指名され、7月新内閣を発足させる。

ハミド, アブドル
Hamid, Abdul
1944.1.1〜
バングラデシュ大統領　[出]インド東ベンガル地方キショレガンジ(バングラデシュ)　[学]ダッカ中央法科大学卒　[歴]1961年学生運動に加わり、複数回投獄される。69年アワミ連盟(AL)に入り、71年東パキスタンの独立戦争に参加。73年バングラデシュ国会議員に当選。96年〜2001年国会副議長。01年と09〜13年の2期にわたり国会議長。01〜06年AL副党首。ラーマン大統領の死去に伴い、13年4月大統領に就任。

ハムダニ, スマイル
Hamdani, Smail
1930.3.11〜2017.2.6
アルジェリア首相　[出]フランス領アルジェリア・ボルジブアリレジ(アルジェリア)　[歴]アルジェリアの社会主義政党・民族解放戦線(FLN)に入党。1970年代にブーメジエン政権下で大統領顧問を務めた後、内務次官や外務次官のほか、フランス、スペイン、スウェーデン各国の大使を歴任。98年12月〜99年12月首相を務めた。

ハムルーシュ, ムールード
Hamrouche, Mouloud
1943.1.3〜
アルジェリア首相　軍人　[出]フランス領アルジェリア・コンスタンティーヌ(アルジェリア)　[歴]15歳でアルジェリア民族解放戦線(FLN)の武装闘争に参加。1968年軍から大統領府に出向し、儀典長、内閣官房長、大統領府官房長官を歴任。84年FNL中央委員。89〜91年首相を務める。99年大統領選に立候補するが、軍・警察などを対象に行われた事前投票で不正が行われたとしてブーテフリカ元外相を除く5人とともに出馬を取りやめる。

ハメネイ, アリ・ホセイン
Khamenei, Ali Hossein
1939.7.17〜
イラン大統領　イスラム法学者　[出]マシャド　[学]ナジャフ神学校(イラク)修了, コム神学校(イラン)修了　[歴]少年時代から神学を学び、19歳からコムで、イスラム教シーア派指導者ホメイニ師に師事。同師側近としてイスラム復古主義を唱え、マシャドの神学校で教鞭を執る傍ら、パーレビ王制打倒運動に参加し、1964〜78年にかけて6回投獄。79年2月のイラン革命直前にイスラム共和党(IRP)創設に参画、革命後は革命評議会メンバーとして国防次官、革命防衛隊司令官を経て、イラン国会議員、最高国防会議のホメイニ師代理を務めた。80年春テヘランの金曜礼拝導師。81年6月時限爆弾による暗殺未遂事件に遭い、以来右手が不自由となる。同年8月IRP党首に就任。さらに同年10月の選挙で第3代大統領に選出された。85年8月再選。89年6月ホメイニ師死去にともないイラン最高指導者となる。大統領退任。また同月、宗教上の称号が“ホジャトレスラム”(神学博士)から“アヤトラ”に、94年には“大アヤトラ”に昇格。政治上の立場は、自由経済、対外協力を主張する穏健・現実派。

ハメル, ズブルン
Hammer, Zevulum
1936〜1998.1.20
イスラエル副首相・教育相, イスラエル国家宗教党党首　[出]ハイファ　[学]バリラン大学卒　[歴]1967年の第3次中東戦争後、ガザ、ヨルダン、川西岸のユダヤ人入植地拡大運動を進める。69年イスラエル国会議員に当選し、75〜84年ラビン、ベギン、シャミル内閣で社会福祉相、教育相、86〜92年シャミル内閣で宗教相を歴任し、96年からネタニヤフ内閣で副首相兼教育相。87年から国家宗教党党首を務めた。

ハメンク・ブオノ10世
Hamengku Buwono X
1946.4.2〜
ジョクジャカルタ特別州知事　[学]ガジャマダ大学法学部卒　[歴]ジョクジャカルタの王家で

ハメンク・ブオノ9世の長男として生まれる。1989年父の死去に伴い王家の当主の地位とスルタン称号を継承。実業界を経て、スハルト政権期にインドネシア国民協議会（MPR）議員（ゴルカル）。98年10月からジョクジャカルタ特別州知事を3期務める。"清潔な政治家"としてジャワ島で人気がある。　⊛父＝ハメンク・ブオノ9世（元インドネシア副大統領）

ハモンド, フィリップ
Hammond, Philip
1955.12.4～
英国外相・財務相　⊕エセックス州エッピング　⊚オックスフォード大学卒　⊛1997年英国下院議員に初当選。2010～11年運輸相、11～14年国防相、14～16年外相を歴任。16年財務相。民間企業勤務の経験も持つ。

パヤ, オズワルド
Payá, Oswaldo
1952.2.29～2012.7.22
キリスト教自由運動代表　反体制活動家　⊕ハバナ　⊛Payá Sardiñas, Oswaldo José　⊛技師として働きながら、キューバの反体制派組織"キリスト教自由運動"を創設。2002年には表現の自由拡大などの改革の是非を問う国民投票実施を求める法案をまとめ、1万1000人余りの署名とともに国会に提出するなど、キューバ政府に平和的手法で民主化を要求し続けた。同年人権問題での貢献が評価され、欧州連合（EU）欧州議会のサハロフ賞を受賞。ノーベル平和賞の候補者としても度々名前が挙がった。　⊛サハロフ賞（2002年）

バヤル, サンジャーギーン
Bayar, Sanjaagiin
1956～
モンゴル首相、モンゴル人民革命党（MPRP）党首　⊕ウランバートル　⊚モスクワ国立大学（1978年）卒　⊛1978～79年ウランバートル市友好区職員、79～83年モンゴル人民軍参謀本部将校、83～88年ツァメ通信社記者・編集長、モンゴルプレス編集長、88～90年国家ラジオ・テレビ委員会副総裁、90～92年国家小会議議員、国家組織常任委員会委員長、92～97年国防省附属戦略研究所所長、97年～2001年バガバン

ディ政権で大統領府長官、01～05年駐ロシア大使、05年モンゴル人民革命党（MPRP, 現・モンゴル人民党＝MPP）書記長、07年10月臨時党大会でエンフボルド首相を破り、党首に就任。同年11月エンフバヤル政権で首相に就任。08年9月再任。09年10月健康上の理由により首相を辞職。

ハラウィ, エリアス
Hrawi, Elias
1925.9.4～2006.7.7
レバノン大統領　⊕ザハレ　⊚ジェズイート大学（ベイルート）中退　⊛農業技師としてベカー高原で農場経営。1972年ザハレ地区からレバノン国会議員に当選。80～82年公共事業・輸送相。89年11月暗殺されたムアワド大統領の後任として第10代大統領に就任。親シリアのキリスト教マロン派に属し、ムアワド大統領の国民和解路線を継承。90年10月シリア軍の空撃に対し反政府キリスト教系政権のアウン将軍が無条件降伏に応じたため、1年半にわたった二重政権状態に終止符が打たれた。95年10月内閣と議会が大統領任期1期6年の憲法を修正して任期が3年間延長された。98年11月の任期満了に伴い引退。実業家のラフィク・ハリリを首相に起用するなど、内戦で荒れ果てた国土の復興に尽くした。

ハラキー, ワイル・ナディル
Halqi, Wael Nadir al-
1964～
シリア首相　医師　⊕ダルアー　⊚ダマスカス大学医学部（1987年）卒　⊛イスラム教スンニ派。医師。2000～04年与党バース党ダルアー支部書記長。11年4月サファル内閣でシリア保健相に就任。サファルの後継のヒジャブ首相が政権を離反したことを受け、12年8月アサド大統領から首相に指名され、就任。16年6月退任。

バラク, エフード
Barak, Ehud
1942.2.12～
イスラエル首相, イスラエル労働党党首　軍人　⊕パレスチナ・ミシュマル・ハシャロン　⊚ヘブライ大学（物理学・数学）（1968年）卒, スタンフォード大学大学院（経済工学）（1978年）修士課程修了 M.B.A.（スタン

フォード大学）（1978年）　[歴]独立前のパレスチナ中部のキブツ（集団農場）に生まれる。1959年イスラエル国防軍に入隊。67年第3次中東戦争、73年第4次中東戦争、82年レバノン戦争に参加。83年軍情報局長、86年中央軍管区司令官、87～91年参謀次長、91～94年参謀総長を歴任。95年7月ラビン政権下で内相、95年11月～96年ペレス内閣で外相。97年6月労働党党首に就任。99年5月首相公選でネタニヤフを破り当選、同年7月首相兼国防相に就任。2000年8月相次ぐ連立与党の離反により外相、内相他多数の閣僚ポストを兼任。同年10月中東和平緊急首脳会談で、パレスチナ自治政府のアラファト議長と会談し、暴力行為の停止や、衝突の真相究明のための調査委員会の設置などで合意する。01年2月首相公選で右派リクードのシャロン党首に大敗し、3月退任。07年6月労働党党首に復帰。09年3月ネタニヤフ政権で副首相兼国防相に就任。11年労働党は連立政権から離脱。労働党を割って新党を結成し、自身は内閣に留まった。13年3月政界を引退。哲学書を愛読し、ピアノの名手としても知られる。1973年にベイルートでパレスチナ過激派を射殺した時は金髪のかつらで女装したというエピソードもある。

バラゲール, ホアキン

Balaguer, Joaquin

1907.9.1～2002.7.14

ドミニカ共和国大統領，キリスト教社会改革党（PRSC）指導者　[出]サンティアゴ　[名]Balaguer Ricardo, Joaquin　[学]サントドミンゴ自治大学法学部卒，ソルボンヌ大学卒 法学博士（ソルボンヌ大学）　[歴]外交官となり、1936年ドミニカ共和国外務次官、40～47年駐コロンビア公使、駐メキシコ公使など歴任。トルヒーヨ政権下で、54～55年外相、55～57年教育相、57～60年副大統領を務めた。60年トルヒーヨから大統領職を禅譲されたが、61年トルヒーヨが暗殺され、62年米国に亡命。64年キリスト教社会改革党（PRSC）を創設。65年帰国。軍事クーデター、内戦を経て行われた66年の大統領選に米国の後ろ盾で当選。78年まで“ドミニカの奇跡”と呼ばれる経済成長を達成する一方、反共政策を貫いて左派を弾圧した。86～96年にも大統領を務め、通算7期、22年間に渡って強権統治し、“ラテンアメリカ最後の首領（ドン）”と呼ばれた。2000年5月の大統領選にも出馬した。また歴史家、詩人としても知られた。

ハラジ, カマル

Kharrazi, Kamal

1944.12.1～

イラン外相，イラン外交戦略会議議長　外交官　[出]テヘラン　[学]テヘラン大学大学院（1969年）修士課程修了，ヒューストン大学大学院博士課程修了 博士号（ヒューストン大学）（1976年）　[歴]パーレビ王制打倒運動に参加。1979年イラン外務次官を経て、80～89年国営イラン通信総裁。89年より国連大使を務め、97年8月～2005年8月外相。06年より外交戦略会議議長。

パラシオ, アルフレド

Palacio, Alfredo

1939.1.22～

エクアドル大統領　心臓病学者　[出]グアヤキル　[名]Palacio Gonzalez, Alfredo　[学]グアヤキル大学医学部（1967年）卒 医学博士　[歴]1969～74年米国で母子医療及び心臓病学のインターン研修を行う。80年国立心臓病学研究所所長、89年～2003年グアヤキル大学医学部教授、01～03年同大保健学教授。この間、1994～96年エクアドル保健相。03年1月副大統領を経て、05年4月大統領に就任。07年1月退任。

バラッカー, レオ

Varadkar, Leo

1979.1.18～

アイルランド首相，統一アイルランド党党首　[出]ダブリン　[学]トリニティ大学（医学）　[歴]インド人医師の父とアイルランド人看護師の母の間に生まれ、自身も医師資格を持つ。2007年アイルランド下院議員に初当選。11～14年運輸・観光・スポーツ相、14～16年保健相、16～17年社会保護相を歴任。17年与党・統一アイルランド党党首に選出され、同国史上最年少38歳で首相に就任。一方、15年の同性婚を認める憲法改正の是非を問う国民投票を前に、自身が同性愛者であることを公表した。

ハラディナイ, ラムシュ

Haradinaj, Ramush

1968.7.3～

コソボ首相, コソボ未来連盟党首 [出]ユーゴスラビア・セルビア共和国コソボ自治州ペヤ近郊(コソボ) [学]プリシュティナ大学法学部卒 [歴]1998～99年アルバニア系住民の武装組織・コソボ解放軍の司令官を務める。2000年からコソボ未来連盟党首。04年セルビア・モンテネグロのコソボ自治州首相に就任。05年旧ユーゴスラビア国際戦犯法廷(オランダのハーグ)に戦争犯罪で起訴され辞任。08年無罪判決を言い渡される。17年6月コソボ議会解散に伴う総選挙が行われ、コソボ民主党連合(コソボ民主党, コソボ未来同盟, コソボ・イニシアティブによる連立)が勝利したが、この選挙ではいずれの連合・政党も過半数の議席を獲得することができず、コソボ民主党連合を中心に連立交渉が行われたものの過半数を獲得できない状況が続く。同年9月新コソボ同盟及びセルビア人のリストが連立政権の結成に合意したことにより同月首相となり、新政権を発足させる。

バラデュール, エドゥアール

Balladur, Edouard

1929.5.2～

フランス首相 [出]トルコ・イズミール [学]パリ政治学院卒, 国立行政学院(ENA)卒 [歴]1957～63年フランス参事官。64～68年ポンピドー首相官房秘書官、参事官。67～68年フランス国営放送経営評議会委員、68～73年林野庁評議会委員。69年大統領府(エリゼ宮)官房副長官、73～74年官房長官(事務総長)。一時財界に移るが、80年シラク共和国連合(RPR)総裁の参謀となり、86年国会議員に当選。同年3月から88年5月経済・財政・民営化相(財務相)を務めた。93年3月首相に就任。95年4月大統領選へ出馬するがシラク候補に敗れる。5月首相辞任。2007年政界を引退。 [勲]レジオン・ド・ヌール勲章シュバリエ章

バラヨギ, G.M.C.

Balayogi, G.M.C.

1951.10.1～2002.3.3

インド下院議長 [出]アンドラプラデシュ州イェドゥルランカ [名]Balayogi, Ganti Mohana Chandra [学]アンドラ大学卒 [歴]1998年46歳で当時史上最年少のインド下院議長に選出され、99年再選。2002年3月アンドラプラデシュ州東部のエルルから州都ハイデラバードに向かう途中、ヘリコプターが墜落し死亡した。

パリゾー, ジャック

Parizeau, Jacques

1930.8.9～2015.6.1

ケベック州首相, ケベック党党首 エコノミスト [出]ケベック州モントリオール [学]HECモントリオール, パリ政治学院, ロンドン・スクール・オブ・エコノミクス卒 [歴]ロンドン・スクール・オブ・エコノミクス教授、カナダ連邦政府経済顧問、ケベック党行政審議会会長を歴任。1976年ラソンプシオン選挙区よりケベック州議会議員に選出され、同年～84年ケベック州財務相。その後一旦政界を離れるが、88年ケベック党党首として復帰。89年ラソンプシオン選挙区から再選出され、94年11月ケベック州首相に就任。95年11月連邦からの分離・独立を問う住民投票に敗れた責任を取って州首相と党首を辞任した。 [勲]ケベック州勲章グラン・オフィシエ章(2008年)

ハリファ・ビン・ザイド・ナハヤン

Khalifa bin Zayed al-Nahyan

1948.1.25～

アラブ首長国連邦(UAE)大統領, アブダビ首長 [出]アブダビ・アル・アイン(アラブ首長国連邦) [学]サンドハースト陸軍士官学校(英国) [歴]ザイド・アラブ首長国連邦(UAE)大統領・アブダビ首長の長男。1969年アブダビ皇太子。71～74年アブダビ首相兼国防相兼財務相。73年UAE副首相。76年連邦軍副司令官。石油政策などの実務を担った。87年脳卒中で手術。2004年11月父の死去に伴いUAE大統領に選出され、アブダビ首長も継承。09年11月最高評議会が大統領に再任を決定。 [家]父＝ザイド・ビン・スルタン・アル・ナハヤン(アラブ首長国連邦大統領)

ハリファ・ビン・ハマド・アル・サーニ

Khalifa bin Hamad al-Thani

1932.9.17～2016.10.23

カタール首長 [出]ライヤーン [学]サンドハースト陸軍士官学校(英国)卒, ノース・インディアナ大学(米国)卒 [歴]1960年皇太子。60～70年カタール教育相。70～72年首相兼

財政相。72年2月イラン訪問中だったいとこのアハマド首長を無血クーデターで追放、首長に就任。一時、首相、財政・石油相も兼任。在任中は天然ガスを発掘してカタールの近代化を推進し、石油富国に育て上げた。95年6月スイスに外遊中、息子ハマドによる無血クーデターが起こり失脚した。　[家]息子＝ハマド・ビン・ハリファ・アル・サーニ（カタール首長），孫＝タミム・ビン・ハマド・ビン・ハリファ・アル・サーニ（カタール首長）

ハリマ・ヤコブ

Halimah Yacob

1954.8.23〜

シンガポール大統領　[出]シンガポール　[学]シンガポール大学（1978年）卒，シンガポール大学大学院法学専攻（2001年）修了　[歴]1978年全国労働組合会議（NTUC）に入り、法務官、法務サービス局長、女性開発局長、産業別労働組合（電気・電子産業）事務総長、副次官を歴任。99年国際労働機関（ILO）に転じ、労働グループ報道官、副議長などを務める。2001年国会議員に初当選。11年5月地域開発・青年・スポーツ担当国務相、12年11月社会・家庭振興担当国務相、13年1月〜17年8月国会議長。17年9月無投票でシンガポール初の女性大統領に就任。大統領就任に際して16年の憲法改正で、主要民族グループの中華系、マレー系、インド系・その他のうち、5期連続（30年間）大統領が出ていないグループがある場合、そのグループの候補者だけが次の選挙に立候補できることになり、今回はマレー系のみに限定され5人が立候補したが、他の候補者は立候補の要件を満たしていないと判断され無投票当選に。選考過程が民主的でなかったと反発の声も上がった。　[賞]シンガポール大学法学名誉博士号（2016年）

ハリリ，サード

Hariri, Saad

1970.4.18〜

レバノン首相，未来運動党首　実業家　[出]サウジアラビア・リヤド　[名]Hariri, Saad ed-Din　[学]ジョージタウン大学（米国）（1992年）卒　[歴]2005年に暗殺されたレバノン元首相ラフィク・ハリリの二男。米国ジョージタウン大学で経済学を勉強したのち、生まれ育ったサウジアラビアに戻り、父が設立した中東有数の建設会社の経営に参加、05年父の死後に従業員約3万人のハリリ財閥のトップに就任。同年2月父が率いた親欧米で反シリア勢力の中核政党・未来運動の党首を引き継ぎ、政治連合を率いて総選挙で勝利したが、政治家としての経験不足を理由に父の盟友フアド・シニオラに首相の座を譲った。09年6月の総選挙でも同勢力を勝利に導いた。9月スレイマン大統領から首相指名を受け、12月親シリア派も含む挙国一致内閣を発足させた。ラフィク暗殺事件をめぐりヒズボラと対立し、11年1月ヒズボラ系閣僚辞任で政権崩壊し暫定首相となり、6月まで務めた。16年12月親シリア派のアウン大統領の指名を受け首相に復帰、再びヒズボラも加わった挙国一致内閣を発足させた。17年11月首相辞任を表明したが、12月撤回。資産額14億ドル（約1250億円）の大富豪。イスラム教スンニ派。　[家]父＝ラフィク・ハリリ（レバノン首相）

ハリリ，ラフィク

Hariri, Rafik

1944.11.1〜2005.2.14

レバノン首相　実業家　[出]サイダー　[名]Hariri, Rafik Bahaa Edinburghe　[学]アラブ大学（ベイルート）（1966年）中退　[歴]スンニ派の農家の長男に生まれ、果樹園で働きながらベイルートのアラブ大学で学ぶ。1965年21歳で教師としてサウジアラビアに渡り、69年同国で建設会社を興し、同国の大型事業や、レバノン内戦（75〜90年）後の復興事業で財を成した。個人資産は38億ドルともいわれる。レバノン、サウジアラビアの両国籍を持ち、ファハド・サウジ国王と個人的に親しかった他、シリアの新大統領官邸の建設も手がけた。79年には文化・高等教育の為の“ハリリ基金”を設立。89年レバノン内戦終結のため“タイフ合意”実現に尽力。92年10月首相兼財務相に就任。内戦で疲弊した同国経済の立て直しを推進し、復興の立役者となったが、98年12月辞任。この間、97年に日本赤軍の幹部がレバノンで拘束された際には日本側の捜査に協力した。2000年9月総選挙で反シリア系のイスラム教ドルーズ派勢力と連携、野党勢力を圧勝に導き、10月首相に返り咲く。しかし、レバノン国内のシリア軍駐留に反対し、ラフード大統領と対立、04年10月辞任した。05年2月自動車爆弾によるテロで死亡した。　[家]

二男＝サード・ハリリ（レバノン首相）

ハリルザド, ザルメイ

Khalilzad, Zalmay

1951.3.22〜

国連大使　外交官　[出]アフガニスタン・マザリシャリフ　[学]ベイルート・アメリカン大学卒, シカゴ大学 博士号（シカゴ大学）　[歴]パシュトゥン人。アフガニスタン生まれで、イスラム教スンニ派を信仰。ベイルートや米国の大学で教育を受けた。1980年代のレーガン政権ではイラン・イラク戦争などの政策助言を行い、ブッシュSr.政権では91〜92年国防次官補代理（政策担当）を務めた。2003年駐アフガニスタン大使、05年6月駐イラク大使を務め、ブッシュJr.政権の"対テロ戦争"に外交・復興面で深く関与。07年4月〜09年1月国連大使を務めた。新保守主義（ネオコン）人脈に近い。

バール, レイモン

Barre, Raymond

1924.4.12〜2007.8.25

フランス首相　経済学者　[出]レユーニオン島サンドニ　[学]パリ大学卒, パリ政治学院卒　[歴]インド洋に浮かぶフランス領レユーニオン島に生まれる。1954〜63年カーン大学教授を務め、著書「政治経済学」（56年）はフランス国内の高等教育で教科書として広く使用された。59〜62年ドゴール政権下のドブレ内閣でジャヌネ商工相の官房長。67〜72年欧州共同体（EC）副委員長、73年フランス中央銀行理事。76年1月シラク内閣貿易相。同年8月〜81年5月ジスカール・デスタン大統領の下で首相を務めた。経済政策「バール・プログラム」でインフレ鎮静化を実現。82年パリ政治学院教授。88年には大統領選に保守中道派を代表して立候補した。95年〜2001年リヨン市長。02年政界引退。1992年地球環境賢人会議出席のため来日。日仏対話フォーラムのフランス側座長を務めるなど、知日派としても知られた。　[勲]勲一等旭日大綬章（日本）（1998年）

ハルヴォルセン, クリスティン

Halvorsen, Kristin

1960.9.2〜

ノルウェー財務相・教育相, ノルウェー社会党（SV）党首　[出]オスロ　[歴]10代から南アフリカ人種隔離（アパルトヘイト）廃止運動などの政治活動に関わる。弁護士事務所秘書、左派のノルウェー社会党（SV）職員を経て、育児休業中の1989年、ノルウェー国会議員に初当選。シングルマザーなど低所得者の声を背に、株主や企業に有利な税制の改革にも関わった。97年からノルウェー社会党（SV）党首。99年シンポジウム参加で来日。2005〜09年財務相、09〜13年教育相。

バルギンバエフ, ヌルラン

Balgimbayev, Nurlan

1947.11.20〜2015.10.14

カザフスタン首相　[出]ソ連カザフ共和国グリエフ（カザフスタン・アティラウ）　[名]Balgimbayev, Nurlan Utebovich　[学]カザフ工科大学, マサチューセッツ大学　[歴]1994〜97年カザフスタン石油ガス産業相、国営石油会社カザフオイル（のちのカズムナイガス）社長を経て、97〜99年カザフスタン首相。99年〜2002年カザフオイル社長、02〜07年カザフスタン石油投資会社社長、07〜09年大統領顧問を務めた。

バルケネンデ, ヤン・ペーター

Balkenende, Jan Peter

1956.5.7〜

オランダ首相, キリスト教民主勢力（CDA）党首　政治学者　[出]カペル　[学]アムステルダム自由大学（歴史・オランダ法）卒 法学博士　[歴]1993年〜2002年アムステルダム自由大学教授を務める。この間、1998年中道右派のキリスト教民主勢力（CDA）よりオランダ下院議員に初当選。党経済問題報道官として頭角を現す。2001年10月CDAの内紛により党首に抜擢され、02年5月の総選挙でCDAが第1党に躍進、7月フォルタイン党、自由民主党との3党連立政権の首相に就任。同年10月閣内対立深刻化で内閣は総辞職したが、03年1月の総選挙でCDAは第1党を確保、5月首相2期目就任。06年7月第3次内閣、07年2月第4次内閣発足。10年6月の総選挙で野党・自由民主国民党に敗北し、10月首相を退任。CDA党首も退く。同年よりエラスムス大学教授。キリスト教的価値観を重んじる保守主義者として知られる。

バルザニ, マスード

Barzani, Masoud

1946.8.16～

クルド自治政府議長　クルド民族運動指導者　[出]マハーバード共和国マハーバード（イラン）　[学]テヘラン大学卒　[歴]フセイン政権時代の1979年に少数民族クルド人による独立闘争の英雄だった父ムスタファ・バルザニを父に持つ。16歳でクルド人民兵組織に入隊して以降、クルド人の自治権拡大に身を捧げる。79年父の死去に伴い、父が創設したクルド民主党（KDP）党首に就任。2005年イラク北部のクルド自治政府議長に選出。13年議会が2年間の任期延長を決定。15年の任期満了後も、過激派組織イスラム国（IS）対策を名目に実質的に議長を務める。17年9月に行われたイラクからの独立の是非を問う住民投票を主導、9割を超す賛成票を得て独立交渉開始を求めたが、中央政府の反発を受け、11月退任に追い込まれた。　[家]父＝ムスタファ・バルザニ（クルド民族運動指導者）

バルツェロヴィッチ, レシェク

Balcerowicz, Leszek

1947.1.19～

ポーランド副首相・財務相　経済学者　[学]ワルシャワ統計計画大学外国貿易学科卒 経済学博士　[歴]ニューヨークのセント・ジョーンズ大学に留学後、経済発展研究所へ。1980年“若い経済学者による経済改革”グループ代表となり、政府の経済改革を批判、「ポーランド産業の構造改革と市場化促進」という急進的な改革プログラムを提出し、当局から睨まれた。81年統一労働者党（共産党）を離党し、自主管理労組・連帯の顧問など歴任。戒厳令以降大学に戻り研究を続行。民主改革後、89年9月マゾビエツキ首相のもと経済担当副首相兼財務相に就任。90年から“バルツェロヴィッチ・プラン”と呼ばれる急進的な経済改革を作成・実施した。同年12月ワレサ新大統領のもとでも副首相兼財務相に留任するが、91年の総選挙後辞任。94年旧連帯の知識人らが中心となって結成した中道政党・自由同盟（UW）党首に就任。2000年退任。01～07年1月ポーランド国立銀行総裁を務めた。ワルシャワ経済大学教授を務め、ノーベル賞候補に何度も名前が挙がっている。

バルッチ, ピエロ

Barucci, Piero

1933.6.29～

イタリア国庫相（財務相）　経済学者, 銀行家　[出]フィレンツェ　[学]フィレンツェ大学卒　[歴]シエナ大学、フィレンツェ大学の各経済学部教授を経て、1981年フィレンツェ大学経済学部長。83～90年シエナの銀行総裁、87～90年イタリア銀行家協会会長、90年クレディト・イタリアーノ銀行頭取を歴任。92年6月～94年5月イタリア国庫相（財務相に相当）兼行政管理相。経済、歴史に関する論文・著書多数。

バルトシェフスキ, ウワディスワフ

Bartoszewski, Władysław

1922～2015.4.24

ポーランド外相　外交官　[出]ワルシャワ　[学]ワルシャワ大学卒　[歴]第二次大戦中、ナチス・ドイツに抵抗し、1940年9月～41年4月アウシュヴィッツ収容所に一時収容された。ユダヤ人救済に身を投じ、44年のワルシャワ蜂起に参加。戦後は社会主義体制下で約7年間投獄されたが、後に名誉回復。ユダヤ人の救済、支援に尽力した。独立労組“連帯”の運動にも積極的に関与し、ポーランドの民主化に貢献。90～95年駐オーストリア大使、95年3月～12月、2000年7月～01年の2度外相を務め、ドイツとの関係修復に尽力した。

バルニエ, ミシェル

Barnier, Michel

1951.1.9～

フランス外相・農業・漁業相　[出]イゼール県　[歴]1973年最年少の22歳でサボワ県議となり、78年最年少の27歳で共和国連合（RPR）からフランス国民議会（下院）議員に当選。92年アルベールビル五輪で組織委員会共同委員長を務める。93年環境相、95年欧州問題担当相、99年～2004年欧州連合（EU）の政策執行機関である欧州委員会委員を経て、04～05年フランス外相、07～10年農業・漁業相。欧州債務危機の際は欧州委員会の金融規制責任者として銀行改革を主導。14年の欧州委員会委員長選では最大会派で中道右派の欧州人民党（EPP）内でルクセンブルクのジャンクロード・ユンケルと候補の座を争った。16年10月英国のEU離脱を巡り、交渉責任者

であるEU首席交渉官に就任。タフ・ネゴシエーター（手強い交渉相手）として知られ、リーマン・ショック後の10年に厳しい金融規制導入を推進した際は、妥協に応じない姿勢から英紙に“欧州で最も危険な男”と評された。

パルバノフ, ゲオルギ

Parvanov, Georgi
1957.6.28〜
ブルガリア大統領, ブルガリア社会党議長　歴史学者　[出]ペルニク州　[名]Parvanov, Georgi Sedefchov　[学]聖クリメント・オフリドスキ大学（ソフィア）歴史学部（1981年）卒 Ph.D.　[歴]1981〜89年ブルガリア共産党歴史研究所研究員。同研究所所長を経て、94年国会議員に当選。同年旧共産党を母体とする社会党の最高評議会副議長となり、96年〜2001年議長。国会議員3期目途中の01年11月大統領選に出馬、決選投票で現職のペータル・ストヤノフ大統領を破り当選。02年1月就任。06年10月再選、07年1月2期目就任。12年1月退任。

バルファキス, ヤニス

Varoufakis, Yanis
1961.3.24〜
ギリシャ財務相　経済学者　[出]アテネ　[名]Varoufakis, Yanis Georgiou　[学]エセックス大学卒, バーミンガム大学大学院, エセックス大学大学院修了 Ph.D.　[歴]2008年のサブプライムローン危機を予見したことで知られる左派系の経済学者。00年よりアテネ大学経済学教授。15年1月総選挙でギリシャ国会議員に当選。同月深刻な財政危機にあるギリシャにおいて政権交代したチプラス政権の財務相に就任。しかし、ギリシャ支援を巡り緊縮策の受け入れを迫るユーロ圏との関係が悪化したことで、7月辞任。奇抜な言動やファッションから“ギリシャのブルース・ウィリス”などと呼ばれた。

ハルモコ

Harmoko
1939.2.7〜
インドネシア国会議長, ゴルカル総裁　[出]オランダ領東インド・ケルトソノ（中部ジャワ）（インドネシア）　[歴]農家の生まれ。高校卒業後、新聞記者として活動。1970年ジャカルタ周辺を拠点とする大衆紙「ポス・コタ」を創刊。インドネシア国会議員、79〜84年新聞発行人協会会長などを経て、83〜97年3期続けて情報相。スハルト大統領側近として情報統制を担う。93年10月〜98年与党勢力ゴルカル（職能グループ）初の文民総裁となり、97年国会（DRR）・国民協議会（MPR）議長（99年まで）に選出される。スハルト退陣後、98年11月国民協議会特別会議を議長として取り仕切った。

ハレビ, エフライム

Halevy, Efraim
1934〜
モサド長官　[出]英国　[学]ヘブライ大学（法学）卒　[歴]1961年イスラエルの対外情報機関・モサドに入り、約30年間にわたり主に情報分析を担当。95〜98年駐欧州連合（EU）大使を務めた。98年4月〜2003年モサド長官。のち、国家安全保障会議議長および国家安全保障問題担当首相顧問を経て、ヘブライ大学戦略政策研究センター所長。

バレラ, フアン・カルロス

Varela, Juan Carlos
1963.12.12〜
パナマ大統領　[出]パナマシティ　[名]Varela Rodríguez, Juan Carlos　[学]ジョージア工科大学（米国）卒　[歴]10代から政治に関わり、ラム酒製造会社を経営する傍ら、アルヌルフィスタ党（現・パナメニスタ党）で活動し、2006年党首。09〜11年パナマ副大統領兼外相。11〜14年副大統領。14年5月の大統領選で当選し、7月就任。

バレンティッチ, ニキツァ

Valentič, Nikica
1950.11.24〜
クロアチア首相　[学]ザグレブ大学卒　[歴]1969〜71年ラジオ・ザグレブ、72〜74年雑誌社でジャーナリストとして活動。83年法律事務所を開業。90〜93年石油会社社長を経て、93年4月クロアチア首相に就任。95年11月退任。

バロウ, アダマ

Barrow, Adama
1965.2〜
ガンビア大統領　[出]マンカマクンダ　[歴]母は

フラ民族、父はマンディカ民族。不動産業。2016年12月の大統領選に野党統一候補として出馬し勝利。ジャメ大統領は当初、敗北した結果を受け入れると表明したが、一転して選挙のやり直しを求め政権移行を拒否したため、西アフリカ諸国経済共同体（ECOWAS）加盟国を中心に首脳レベルの調停が行われる。ジャメ大統領の任期が切れた17年1月滞在中のセネガルのガンビア大使館で大統領就任式を行う。同月ジャメ大統領は調停を受け入れてガンビアを出国したため、帰国。

バロウ, ディーン・オリバー

Barrow, Dean Oliver

1951.3.2〜

ベリーズ首相・財務相　[出]英領ホンジュラス・ベリーズシティ（ベリーズ）　[学]ノーマン・マンリー・ロースクール（ジャマイカ），マイアミ大学（米国）　[歴]ジャマイカのノーマン・マンリー・ロースクールや米国のマイアミ大学で法律や国際関係を学ぶ。1984年ベリーズ下院議員当選、84〜89年の統一民主党（UDP）政権下で外相や経済開発相などを務め、93〜98年副首相や国家安全保障相などを歴任。98年下院選でのUDP敗北を受け同党党首。2008年の下院選で政権を奪還し、ベリーズ首相に就任。財務相兼任。

バロウ, ニタ

Barrow, Nita

1916.11.15〜1995.12.19

バルバドス総督　[名]Barrow, Ruth Nita　[学]コロンビア大学卒, ニューヨーク大学卒　[歴]看護師を務める傍ら、女性と黒人の地位向上を求めて社会運動に力を注ぎ、南アフリカのアパルトヘイト（人種隔離）政策反対運動でも活躍した。1975〜83年国際YWCA会長などを歴任、86年に国連大使、90年にカリブ諸国では初の女性総督に就任。デームの称号を持つ。　[家]弟＝エロル・バロー（元バルバドス首相）

パロウベク, イジー

Paroubek, Jiri

1952.8.21〜

チェコ首相　[出]オロモウツ　[学]プラハ経済大学（1976年）卒　[歴]1976〜90年企業の経理担当幹部、90〜98年企業向け経済アドバイザー（主として中小企業を対象）を務める。90年チェコ社会民主党（CSSD）に入党、プラハ市議に選出。98年プラハ副市長（財務担当）に就任。この間、93年にCSSD党首選、2000年に上院選に立候補するがいずれも落選。中央政界では知られていなかったが、04年グロス内閣で地域開発相に抜擢され、05年3月CSSD副党首、4月チェコ首相に就任。06年8月退任。英語、ドイツ語を話す。

バローゾ, ジョゼ・マヌエル・ドゥラン

Barroso, José Manuel Durão

1956.3.23〜

ポルトガル首相・外相, 欧州連合（EU）欧州委員会委員長　[出]リスボン　[学]リスボン大学法学部卒, ジュネーブ大学大学院（政治学）修士課程修了　[歴]軍部左派による1974年の無血クーデター（カーネーション革命）の後、学生時代にも毛沢東主義のグループに参加。77年父の死をきっかけに毛主義と決別し転向、80年中道右派の社会民主党（PSD）に入党。リスボン大学助手、ジョージタウン大学客員教授を務め、85年ポルトガル国会議員に当選。同年内務副大臣、のち外務協力担当副大臣を経て、92年11月〜95年10月カバコシルバ内閣の外相として東ティモールの自治権を擁護。99年5月PSD党首に就任。2002年3月総選挙でPSDが勝利し、4月首相に就任。04年6月欧州連合（EU）欧州委員会委員長に選出されたことに伴い、7月首相を辞任。11月委員長就任。09年9月再任、14年10月退任。

ハロネン, タルヤ

Halonen, Tarja

1943.12.24〜

フィンランド大統領・外相　[出]ヘルシンキ　[名]Halonen, Tarja Kaarina　[学]ヘルシンキ大学大学院法学専攻修士課程, ケント大学（英国）　[歴]学生時代は全国組織の幹部を務めた熱心な左派運動家。労組の顧問弁護士を務めたのち、1977年ヘルシンキ市議に当選。79年フィンランド社会民主党から国会議員に当選。87年第2社会保健相、89年北欧協力相、90〜91年法相を歴任。95年4月フィンランド初の女性外相に就任。2000年1月同国初の女性大統領に選ばれ、3月就任。06年1月再選、3月再任。12年3月退任。未婚の母として知られたが、00年8月長年のパートナーと結婚。"赤いタルヤ"の名で知られる。　[家]

夫＝ペンッティ・アラヤルヴィ（元フィンラ
ンド国会議員）

バロワン, フランソワ

Baroin, François

1965.6.21～

フランス経済・財務・産業相, トロワ市長
㉝パリ12区 ㉟1995年6月30歳という若さで
トロワ市長に就任。同年5月～11月ジュペ内
閣の政府報道官（副大臣も）。2005年6月ド・
ヴィルパン内閣の海外領土相, 07年3月内相
（サルコジ辞任による）となり, 07年5月退
任。10年3月～11年6月第3次フィヨン内閣の
予算相, 11年6月～12年5月第3次フィヨン内
閣の経済・財務・産業相。

ハワード, ジョン

Howard, John

1939.7.26～

オーストラリア首相, オーストラリア自由
党党首 ㉝ニューサウスウェールズ州シド
ニー郊外 ㉜Howard, John Winston ㉞シ
ドニー大学法学部卒 ㉟自動車工場経営を
経営する中流家庭の出身。政治に興味を持
ち, 17歳でオーストラリア自由党に入党。弁
護士開業ののち, 1974年オーストラリア下
院議員に初当選。フレーザー政権で, 75～
77年企業消費者相, 77～83年財務相。83～
85年自由党副党首兼 "影の内閣" 財務相。85
年9月自由党党首となるが, 89年5月総選挙
で敗北して退任。93年党首選に立候補, 95
年1月党首に復帰。96年総選挙で与党の労働
党に圧勝, 3月首相に就任。同年4月タスマ
ニアで起きた銃乱射事件をきっかけに野放
し状態だった銃規制を厳格にし, 軍用銃や
自動銃の売買, 所持を禁止した。98年10月,
2001年11月, 04年10月首相に再任, 4期。07
年11月総選挙では労働党に大敗を喫し, 現
職首相ながら落選して政界を引退。保守的
な自由党の中の右派に属し, 英国女王を元
首とする立憲君主制の強固な支持者として
知られる。1999年共和制導入の是非を決め
る国民投票を実施するが否決に追い込んだ。
新自由主義的な経済政策を進め, 米同時多発
テロ以後は米国に追随してアフガニスタン
やイラクに出兵。また, 不法移民・滞在者や
他文化主義に不寛容な政策を進めた。 ㉟
旭日大綬章（日本）（2013年）

ハワード, マイケル

Howard, Michael

1941.7.7～

英国内相, 英国保守党党首 ㉝ウェールズ
㉞ケンブリッジ大学（1962年）卒 ㉟父は
ルーマニア生まれのユダヤ人。15歳で英国
保守党青年部に加入。弁護士を経て, 1983
年より下院議員。サッチャー政権で, 87～
88年地方自治体相, 88～89年水道計画担当
相, 90～92年雇用相。メージャー政権で, 92
～93年環境相を経て, 93年5月～97年5月内
相。同年保守党党首選で落選するが, ダンカ
ン・スミス党首の下で "陰の財務相" として
復帰。2003～05年党首を務めた。政策の論
客として知られる。10年男爵（一代貴族）に
叙せられる。 ㉟旭日重光章（日本）（2016
年）

ハワトメ, ナエフ

Hawatmeh, Nayef

1938～

パレスチナ解放民主戦線（DFLP）議長 ゲ
リラ指導者 ㉝エルサレム近郊 ㉟遊牧民の
出身。ギリシャ・カトリック教徒。ヨルダ
ンで育ち, カイロで法律を学んだ。1967年
ジョルジュ・ハバシュらとともにパレスチナ
解放人民戦線（PFLP）を創設したが, 69年
2月イデオロギー上の対立から分裂, パレス
チナ解放民主戦線（DFLP）を組織した。パ
レスチナの実力解放を主張するマルクス・
レーニン主義者だが, パレスチナ解放機構
（PLO）内部ではファタハと協調, "ミニ・パ
レスチナ国家" を初めて提唱した。第4次中
東戦争後の74年3月, イスラエルのシオニス
ト左派に対話を呼びかけた。93年オスロ合
意（パレスチナ暫定自治宣言）には当初反対
したが, 99年PLOのアラファト議長と和解
し, イスラエルのNGOとの対話を続ける。

パワル, シャラド

Pawar, Sharad

1940.12.12～

インド国防相・農相 ㉝英領インド・ボンベ
イ州（インド・マハラシュトラ州プネー県）
㉜Pawar, Sharadchandra Govindrao ㉟イ
ンド国民会議派に入党し, 1967年マハラシュ
トラ州議会議員。同州政府内相などを歴任
し, 78～80年同州首相。81年野に下って86
年まで国民会議派の州議会議長。88～91年

再び同州首相。91年6月インド国防相。93年3月〜95年3月3度、マハラシュトラ州首相を務める。99年5月イタリア生まれのソニア・ガンジー総裁が首相になる資格がないと批判したことから党を除名され、新党を結成。2004〜14年インド農相。04〜11年消費者問題・食料・公共流通担当相兼務。

パン・ギムン（潘 基文）

Ban Ki-moon

1944.6.13〜

国連事務総長, 外交通商相（外相）　外交官　[出]朝鮮・忠清北道陰城（韓国）　[学]ソウル大学外交学科（1970年）卒, ハーバード大学ケネディ行政大学院（1985年）修了　[歴]1970年韓国外務省（のち外交通商省, 現・外交部）に入省。国連代表部1等書記官、在米国大使館総領事などを経て、90年米州局長、92年長官特別補佐兼南北核統制共同委員会副委員長などを歴任。同年駐米公使となり、93〜94年の北朝鮮核危機の際には米国との対北朝鮮政策調整に奔走、94年の米朝枠組み合意の調印に尽力。95年外交政策室長。96年からは金泳三政権で大統領秘書室儀典首席秘書官、同外交安保首席秘書官を務め、98年駐オーストリア大使。2000年金大中政権で外交通商次官、01年国連大使。03年2月から盧武鉉政権で新設の大統領外交補佐官を務め、イラク派兵決定などで主要的役割を果たす。04年1月〜06年11月外交通商相（外相）。06年10月第8代国連事務総長に正式に指名され、07年1月就任。アフリカ・中東の平和と安全、大量破壊兵器不拡散、ミレニアム目標達成（MDGs）、地球温暖化防止、人権保護、国連改革などの課題の解決に取り組む。10年8月広島の原爆死没者慰霊式並びに平和祈念式に初参列。12年1月2期目。16年12月退任。　[勲]緑条勤政勲章（1975年）, 紅条勤政勲章（1986年）, オーストリア大勲章（2001年）, ブラジル・リオブランコ大十字勲章（2002年）

ハン・グァンオク（韓 光玉）

Han Kwang-ok

1942.1.29〜

韓国大統領府秘書室長, 新千年民主党代表（最高委員）　[出]朝鮮・全羅北道全州　[学]ソウル大学（1963年）卒　[歴]1981年韓国国会議員。85年民主化推進協議会スポークスマン、88年金大中・平民党総裁秘書室長、92年韓国民主党事務総長、93年同最高委員。95年新政治国民会議（国民会議）に参加、96年事務総長、97年副総裁。98年1月経済危機克服のため設置された労働界、財界、政府の協議機関“労・使・政委員会”委員長に就任。99年11月大統領秘書室長。2001年9月与党の新千年民主党代表（最高委員）。03年5月金融機関・ナラ総合金融を舞台にした現金授受疑惑に絡み、斡旋収賄の疑いで逮捕された。12年の大統領選では朴槿恵陣営で活動、16年11月大統領秘書室長に起用された。

万 鋼　ばん・こう

Wan Gang

1952.8〜

中国科学技術相　実業家　[出]上海　[学]同済大学, クラウスタール工科大学 工学博士　[歴]1985年よりドイツに留学。91年同国の自動車会社アウディに入社して10年働く。2001年帰国後は母校・同済大学で教鞭を執り、新エネルギー自動車工程センター所長。非中国共産党員ながら、07年中国科学技術相に抜擢される。08年より人民政治協商会議（政協）副主席。

ハン・スンジュ（韓 昇洲）

Han Sung-joo

1940.9.13〜

韓国外相, 駐米韓国大使　国際政治学者　[出]朝鮮・京城（韓国ソウル）　[学]ソウル大学文理学部外交学科（1962年）卒 政治学博士（カリフォルニア大学バークレー校）（1970年）[歴]ソウル大学卒業後、渡米。1978年までカリフォルニア州立大学とニューヨーク市立大学で教鞭を執る。同年から93年まで高麗大学政治外交学科教授、82〜86年同大アジア問題研究所長、86〜87年米国コロンビア大学客員教授、88年世界政治学会（IPSA）執行委員、91年世界政治学会副会長などを歴任。「ニューズウィーク」の韓国関係コラムニスト、日韓21世紀委員会メンバーとしても活躍。93年2月〜94年12月金泳三政権で外相。96年5月〜97年4月国連事務総長代表となりキプロス紛争を担当。2003年4月〜05年2月駐米大使。09年、22年サッカーW杯単独開催を目指す招致委員会の委員長に就任するが、10年韓国は落選した。　[勲]旭日大綬章（日本）（2016年）

ハン・スンス（韓 昇洙）
Han Seung-soo
1936.12.28～
韓国首相, 韓国外相　経済学者　[出]朝鮮・江原道春川（韓国）　[学]延世大学政治外交学科（1960年）卒, ソウル大学行政大学院（1963年）修了, ヨーク大学経済学大学院修了 経済学博士（ヨーク大学）（1968年）　[歴]ヨーク大学で韓国人として初めて英国の大学での博士号を取得した後、ケンブリッジ大学に迎えられ教鞭を執る。その後、世界銀行財務諮問官、ベネズエラ政府及びヨルダン政府の財政顧問を経て、1975～88年ソウル大学経済学部教授。財政学の専門家として知られ、韓国の消費税導入に力を注ぎ、これを定着させ韓国の財政を改善させた。この間、83年国際経済学会会長、85年にハーバード大学経済学部で教えた後、86～87年には東京大学教養学部で韓国経済についての講座を担当。88年4月与党民正党（民自党）より韓国国会議員に初当選。同年12月～90年商工相。ソウル五輪後の景気後退期にも経済政策の舵取りをする。93年駐米大使、94年12月大統領秘書室長。96年4月ハンナラ党国会議員。同年8月～97年3月副首相兼財政経済院長官。2000年3月民国党会計責任者。01年3月～02年2月外交通商相（外相）。この間、01年国連総会議長。07年気候変動問題に関する国連特使。08年2月～09年李明博政権で首相。知米派。　[勲]保国勲章天授章, 青条勤政勲章　[賞]ヨーロッパ共同体学術賞

范 長龍　はん・ちょうりゅう
Fan Chang-long
1947.5～
中国共産党政治局員・中央軍事委員会副主席, 中国国家中央軍事委員会副主席　軍人　[出]遼寧省丹東　[歴]1969年中国人民解放軍に入隊、同年中国共産党に入党。82年陸軍第16砲兵団団長。93年第16集団軍参謀長、95年同軍長。2000年瀋陽軍区参謀長、03年軍総参謀長補佐、04～12年済南軍区司令官。08年上将。12年11月党政治局員、中央軍事委副主席。13年3月国家中央軍事委副主席。17年10月引退。

バーン, デービッド
Byrne, David
1947.4.26～
アイルランド法務長官　[学]ダブリン大学卒　[歴]1997～99年アイルランド法務長官を務め、独立機関として欧州初となるアイルランドの食品安全庁の創設に尽力。99年～2004年食品安全行政のプロとして欧州連合（EU）欧州委員会に参加、保健と消費者保護を担当。06～11年ダブリン・シティ大学学長。

ハン・ドクス（韓 悳洙）
Han Duck-soo
1949～
韓国首相　外交官　[学]ソウル大学（1971年）卒 経済学博士（ハーバード大学）（1984年）　[歴]韓国経済協力開発機構（OECD）大使、大統領経済首席秘書官、1998年外交通商省通商交渉本部長などを経て、2004年国務調整室長、05～06年副首相兼財政経済相（盧武鉉政権）。07～08年首相。07年ソウルで北朝鮮の金英逸首相と南北首相会談に臨む。09～12年駐米大使。12年から韓国貿易協会会長。

ハン・ファガプ（韓 和甲）
Han Hwa-kap
1939.2.1～
韓国新千年民主党代表　[出]朝鮮・全羅南道新安（韓国）　[学]ソウル大学（1963年）卒　[歴]1972年韓国内外問題研究会専門委員、75年金大中の公報秘書などを務め、87年平和民主党の創党発起人となる。92年国会議員当選。96年新政治国民会議全羅南道支部長、98年同党院内総務、99年事務総長などを歴任。2000年新千年民主党最高委員を経て、02年4月代表最高委員、03年常任顧問、04年代表。同年2月政治資金法違反の疑いでソウル地裁により逮捕状が出される。10年金大中の精神継承を掲げる新政党“平和民主党（平民党）”を旗揚げし、代表に就任。

ハン・ミョンスク（韓 明淑）
Han Myeong-sook
1944.3.24～
韓国首相, 韓国民主統合党代表　女性学者, 社会運動家　[出]朝鮮・平壌（北朝鮮）　[学]梨花女子大学（フランス文学）（1967年）卒, 梨花女子大学大学院（女性学）（1985年）修了　[歴]朝鮮戦争で韓国側へ。大学時代に出会った朴聖焌と軍事独裁時代の1967年に結婚。その半年後から夫はスパイ容疑で13年間投獄。

自身も60年代末から女性運動に参加し、79年から1年半投獄された。この間、74年韓国クリスチャンアカデミー講師、77年から韓国神学大学、梨花女子大学、聖心女子大学などで講師として女性学を講じる。また"強制連行された日本軍慰安婦問題の解決のための市民連帯"諮問委員として活動。89～94年韓国女性民友会会長、96年韓国女性団体連合共同代表を歴任。韓国民主党党務委員も務め、2000年5月新千年民主党から16代韓国国会議員に地域区で初当選。01年1月金大中政権で新設の女性省の初代大臣（女性相）となり、03年2月盧武鉉政権発足時には環境相。04年よりウリ党国会議員、同党常任中央委員。同年7月韓日議員連盟副会長。06年4月盧大統領の指名により韓国初の女性首相に就任。07年3月首相辞任。12年1～4月最大野党の民主統合党代表。この間、09年収賄容疑で逮捕される。一審は無罪、13年9月控訴審は一審判決を破棄して有罪、15年8月最高裁はソウル高裁の判決を支持、懲役2年の実刑と追徴金約8億8000万ウォン（約9200万円）の判決が確定し、収監される。　⊛夫＝朴 聖焌（神学者）

ハン・ミング （韓 民求）

Han Min-koo

1951.8.30～

韓国国防相　⊞忠清北道清原郡　㊅韓国陸軍士官学校（1975年）卒、ソウル大学（1979年）卒　⊛2004年韓国国防相国際協力官、05年政策企画官。06年の南北将官級会談で韓国側首席代表を務める。陸軍参謀次長、陸軍参謀総長などを経て、10～11年軍合同参謀本部議長。14年6月～17年7月国防相。

パンガロス, テオドロス

Pangalos, Theodoros

1938.8.7～

ギリシャ外相　㊅アテネ大学卒、ソルボンヌ大学卒 Ph.D.　⊛1986～87年、93～94年ギリシャ外相代理を務める。87～88年欧州問題相、94～96年運輸・通信相。96年1月外相に就任。99年2月トルコのオジャラン党首亡命工作に関わったとして引責辞任した。

バンゲマン, マルティン

Bangemann, Martin

1934.11.15～

欧州連合（EU）欧州委員会委員　⊞ワンツレーベン　㊅テュービンゲン大学，ミュンヘン大学 法学博士　⊛テュービンゲン大学、ミュンヘン大学で法律専攻。1963年旧西ドイツ自由民主党（FDP）入党。64年から弁護士活動。69年党執行委員。72～80年と87年から連邦議会議員。75～79年自民党院内副総務。84年6月～88年旧西ドイツ経済相。85年2月～88年10月FDP党首。89年1月～93年12月欧州共同体（EC, 現・欧州連合＝EU）委員会副委員長、93年12月欧州委員会委員。95年1月産業・情報技術・電気通信担当に就任。99年3月予算をめぐる不祥事の責任を取り総辞職。のちスペインの大手通信社テレフォニカ取締役に就任。

バーンズ, ウィリアム

Burns, William

1956.4.11～

米国国務副長官　外交官　⊞ノースカロライナ州フォートブラグ　㊅Burns, William Joseph　㊅ラサール大学，オックスフォード大学　⊛英国オックスフォード大学で国際関係論を修める。1998年～2001年駐ヨルダン米国大使、01～05年近東担当国務次官補を経て、05～08年駐ロシア大使。08年オバマ政権で国務省ナンバー3の国務次官となり、11年7月国務副長官に就任。14年よりカーネギー国際平和財団理事長。

バンス, サイラス

Vance, Cyrus

1917.3.27～2002.1.12

米国国務長官　⊞ウェストバージニア州クラークスバーグ　㊅Vance, Cyrus Roberts　㊅エール大学（1939年）卒、エール大学大学院（1942年）修了　⊛1962～63年米国陸軍長官、64～67年ジョンソン政権の国防次官、68～69年ベトナム和平パリ会議の米国次席代表、69年パン・アメリカン航空取締役会長を歴任。77年1月のカーター政権発足とともに国務長官に就任。米中関係改善やエジプトとイスラエルの和平達成に尽力。79年イランで米国大使館人質事件が発生、80年4月武力による人質救出作戦（失敗）に反対して辞任。ニューヨークの弁護士業に戻る。85～93年ニューヨークのジャパン・ソサエティ（日本協会）会長を務め、日米関係の発展に

も貢献した。91年ユーゴスラビア内戦で国連事務総長特使、92年には南アフリカ共和国問題担当の同特使、同年9月からはユーゴスラビア和平国際会議共同議長を務めるなど、リベラル派外交専門家の大物として知られた。93年5月オリンピア・アンド・ヨーク（O&Y）事業再編調停役。　[勲]自由勲章（米国大統領）（1969年），勲一等旭日大綬章（日本）（1990年）

ハンス・アダム2世

Hans Adam II

1945.2.14〜

リヒテンシュタイン大公（元首）　[出]スイス・チューリヒ　[名]Johannes Hans Adam Ferdinand Alois Josef Maria Maro d'Aviano　[学]ザンクト・ガレン大学経済学専攻　[歴]スイスなどで社会科学を学ぶ。1970年からリヒテンシュタイン王室の財政担当となり、84年8月父フランツ・ヨーゼフ2世から全権を受け継ぎ、実質的元首に。89年11月13日ヨーゼフ2世の死去に伴い13代目の君主（リヒテンシュタイン大公）に即位。93年以来論議されている憲法改正について、99年元首による内閣解散権などの政治的権限を盛り込んだ改正案を提出、同案が国民投票で否決された場合はオーストリアに移住することを表明。2003年君主権限強化の憲法改正を実現。04年8月15日アロイス皇太子を君主代行に指名、政務の全権を移譲した。リヒテンシュタイン家が所有する企業“宮廷ワイナリー”の経営者も務める。　[家]父＝フランツ・ヨーゼフ2世（リヒテンシュタイン大公），母＝ジーナ公妃，長男＝アロイス皇太子（リヒテンシュタイン君主代行）

バンセル，ウゴ

Bánzer, Hugo

1926.5.10〜2002.5.5

ボリビア大統領　軍人　[出]サンタクルス　[名]Bánzer Suárez, Hugo　[学]ボリビア陸軍士官学校卒　[歴]軍隊に入り、1955年パナマで、60年米国テキサス州で米陸軍の軍事教育を受ける。64年のクーデターで親友バリエントス将軍が政権につき、教育相。69年陸軍士官学校校長。その後政権をとった左翼のトレスに国外追放される。71年8月大佐として軍部右派のクーデターを指揮、トレスを倒し大統領に就任。反共民族主義を掲げ、75年での民政移管をうたって左翼追放、ゲリラを掃討したが、74年7月全員軍人で内閣を固め、民政移管は無期延期された。78年7月の部下のクーデターで失脚。80〜93年民族民主行動党（ADN）党首。93年までに5回の大統領選に出馬したが、いずれも敗れた。97年8月、19年ぶりに大統領に返り咲き、麻薬対策などを進めた。2001年7月肺癌で入院、8月病状悪化のため任期途中で退任し、翌02年5月死去。人権団体などからは軍政下の人道犯罪を問われた。

ハンソン，ポーリン

Hanson, Pauline

オーストラリア下院議員，ワンネーション党党首　[歴]アイルランド系3世。中学卒業後、ウェイトレス、ホテル受付などをした後、持ち帰り食品店を経営。1996年無所属でオーストラリア下院議員に当選。初の国会演説で、移民政策を変えないとオーストラリアはアジア系移民にのみ込まれるなどと発言、人種論争の渦中に。97年3月極右政党・ワンネーション党を創設、党首となる。99年3月党首に再選。のち下院議員を落選。2001年7月不正に政党助成金を受け取ったとして詐欺罪で起訴された。

バンダ，ジョイス・ヒルダ

Banda, Joyce Hilda

1950.4.12〜

マラウイ大統領　[出]英領ニアサランド・ゾンバ（マラウイ）　[学]ILOセンター（イタリア）NGO運営コース修了，コロンバス大学（米国）　[歴]米国やイタリアで社会学や経営学を学んだ。女性や孤児の支援活動などを経て、2004年マラウイ統一民主戦線（UDF）から議員に初当選。04年男女平等・児童育成・地域開発相、06年外相を経て、09年副大統領。UDFの後に所属した民主進歩党（DPP）から除名されたことを受け、11年人民党（PP）を結成。ムタリカ大統領の死去に伴い、12年4月大統領に就任。マラウイ初の女性大統領となった。14年5月退任。

バンダ，ヘイスティングズ・カムズ

Banda, Hastings Kamuzu

1906.5.14〜1997.11.25

マラウイ初代大統領　[出]カスング　[学]エディンバラ大学卒 医学博士　[歴]英国と米国各地で医学を学ぶ。1954〜58年ガーナに滞

在。58年に帰国し、ニアサランド独立を目指す民族主義運動に加わり、同年マラウイ会議党(MCP)を結成し党首。59年3月～60年4月英当局に投獄された。63年ニアサランド自治政府首相、64年マラウイ首相を経て、66年マウライ共和国誕生とともに初代大統領に就任。71年6月終身大統領を宣言するが、93年12月憲法改正により終身大統領制は廃止。94年5月初の複数政党制に基づく大統領と国会議員の選挙で敗北、大統領を退任した。のち、独裁時代の弾圧で起訴されたが最高裁で無罪。96年1月“国民に苦痛を与えた。心から謝罪する”という異例の声明文を発表した。

バンダ, ルピヤ

Banda, Rupiah

1937.2.13～

ザンビア大統領　外交官　[出]南ローデシア・グワンダ(ジンバブエ)　[名]Banda, Rupiah Bwezani　[学]エチオピア大学, ルンド大学(スウェーデン), ケンブリッジ大学　[歴]南ローデシア(現・ジンバブエ)のグワンダで生まれ、スウェーデンのルンド大学などで学ぶ。駐エジプト大使、駐米大使、国連大使などを歴任。1975年ザンビア外相、2006年副大統領。08年8月のムワナワサ大統領死去を受けて大統領代行となり、10月大統領選で初当選し、11月ザンビア大統領に就任。11年9月退任。

バンダラナイケ, アヌラ

Bandaranaike, Anura

1949.2.15～2008.3.16

スリランカ外相　[出]セイロン・コロンボ(スリランカ)　[学]コロンボ大学卒　[歴]スリランカを治めたキャンディ王朝の流れをくむ家系に属し、スリランカ首相を務めたソロモン・バンダラナイケ、シリマボ・バンダラナイケを両親に持つ。姉のチャンドリカ・クマラトゥンガは元大統領。1977年スリランカ国会議員となり、高等教育相などを経て、2005年8月カディルガマル外相が暗殺された際、後任として産業・観光・投資振興相兼任で外相に就任。同年11月の内閣改造で観光相専任となった。　[家]父＝ソロモン・バンダラナイケ(スリランカ首相), 母＝シリマボ・バンダラナイケ(スリランカ首相), 姉＝チャンドリカ・バンダラナイケ・クマラトゥンガ(スリランカ大統領)

バンダラナイケ, シリマボ

Bandaranaike, Sirimavo

1916.4.17～2000.10.10

スリランカ首相　[出]英領セイロン・バランゴダ(セイロン島南部)(スリランカ)　[名]Bandaranaike, Sirimavo Ratwatte Dias　[学]セント・ブリジット女学校(コロンボ)卒　[歴]旧キャンディ王朝の名門貴族であり広大な農園を持つラトワッテ家の出身で、シンハリ人の最高カースト、ゴイガマに属する。1940年ソロモン・バンダラナイケ自治相と結婚。59年9月首相を務めていた夫の暗殺後、60年セイロン自由党(SLFP)党首となる。同年7月総選挙に勝ち、世界初の女性首相に就任。65年3月の総選挙で敗れたが、70年7月の総選挙で左翼連合を率いて大勝、再び首相に。76年8月第5回非同盟会議を主催。77年7月総選挙で大敗して首相の地位を追われた。80年10月首相時代の権力乱用を問われ、国会議員議席と公民権を剝奪。86年1月公民権回復。88年12月大統領選に出馬するが落選。94年11月二女のチャンドリカ・クマラトゥンガの大統領就任とともに3度目の首相に就任、2000年8月辞任。　[家]夫＝ソロモン・バンダラナイケ(スリランカ首相), 二女＝チャンドリカ・クマラトゥンガ(スリランカ大統領)

バンダリ, ビドヤ・デビ

Bhandari, Bidhya Devi

1961.6.19～

ネパール大統領　[出]ボジプール郡　[学]トリブバン大学人文科学卒　[歴]1978年ネパール共産党に入党。93年ネパール共産党の統一マルクス・レーニン主義派(CPN-UML)幹部だった夫を交通事故で亡くし政界入り。94年カトマンズ2区から国会議員に初当選。97年デウバ内閣の人口・環境相。99年国会議員再選、2009年マダブ・ネパール内閣の防衛相。同年CPN-UML副議長、13～15年制憲議会議員、14年CPN-UML副議長に再選。15年立法議会議員。同年10月新憲法制定を受けた議会での大統領選で初の女性大統領に選出され、同月大統領に就任。　[家]夫＝マダン・バンダリ(CPN-UML幹部)

ハンダル, シャフィク

Handal, Schafik

〜2006.1.24

ファラブンド・マルティ民族解放戦線
（FMLN）司令官　軍人　㋐Handal, Schafik
Jorge　㊦エルサルバドル内戦で政府軍と12
年間にわたって戦った旧左翼ゲリラ政党ファ
ラブンド・マルティ民族解放戦線（FMLN）
の司令官を務めた。1990年代前半の和平協
議ではFMLNの交渉団を率いた。2004年大
統領選に出馬したが落選した。

パンチェン・ラマ11世

Panchen Lama XI

チベット仏教（ラマ教）指導者, 中国人民政
治協商会議（政協）委員　宗教指導者　㋭チ
ベット　㊦旧姓（名）＝ギェンツェン・ノル
ブ　㊦1989年チベット仏教（ラマ教）でダラ
イ・ラマに次ぐ高位指導者とみなされるパ
ンチェン・ラマ10世が亡くなると、95年中
国政府により11世として認定され、即位し
た。2010年20歳の若さで中国仏教教会副会
長、人民政治協商会議（政協）委員などに抜
擢される。一方、1995年にダライ・ラマ14
世によりゲンドゥン・チューキ・ニマ少年
（当時6歳）がパンチェン・ラマの転生者とし
て認定されたが、間もなく中国政府により
連れ去られ、行方不明となった。このため、
中国政府公認と、ダライ・ラマ14世が認定
した2人のパンチェン・ラマ11世がいること
になっている。中国政府はニマ少年は一般
市民として生活していると発表している。

ハンツマン, ジョン

Huntsman, Jon

1960.3.26〜

駐中国米国大使, ユタ州知事　外交官　㋭カ
リフォルニア州パロアルト　㋐Huntsman,
Jon Meade（Jr.）中国名＝洪 博培　㋑ユタ
大学、ペンシルベニア大学　㊦米国共和党
の穏健派で、駐シンガポール米国、商務副
次官補などを歴任。2005〜09年ユタ州知事
を経て、09〜11年民主党のオバマ政権下で
超党派人事の象徴として駐中国大使を務め
る。中国名を持ち、"叩頭派"と呼ばれる親
中派で、オバマ政権きってのチャイナ・ハ
ンド（中国専門家）として知られた。12年の
大統領選で共和党の有力候補だったが、1月
撤退。モルモン教徒。

バンデイ, バスデオ

Banday, Basdeo

トリニダード・トバゴ首相　㊦トリニダード・
トバゴ統一民族会議党（NAR）党首。1995
年総選挙を経て、国家再建同盟（NAR）と連
立内閣を結成、同年首相に就任。2002年10
月退任。

バン・ドネン, フェルナンド

Van-Dunem, Fernando

1952〜

アンゴラ首相　㋐Van-Dunem, Fernando
Joséde França　㊦マルクス・レーニン主義
のアンゴラ解放人民運動（MPLA）に所属。
1990年アンゴラ外相、91年企画相。同年7月
に77年以降廃止されていた首相ポストが復
活、ドスサントス大統領により首相に任命
された。92年8月国名をアンゴラ人民共和国
からアンゴラ共和国に変更、同年9月の総選
挙後に辞職。96〜99年再び首相を務めた。

パンドルフィ・アルブル, アルベルト

Pandorfi Arbulu, Alberto

1940.8.22〜

ペルー首相　㋑ペルー国立工科大学卒
㊦1978年リマ・セメント公社取締役、82年
ペルー冶金取締役。96年4月ペルー首相・鉱
山エネルギー相。98年6月退任するが、同年
8月首相に復帰。99年1月退任。

ハンナ, ティモシー

Hannah, Timothy

アジア太平洋経済協力会議（APEC）事務局
長　㋑ケンブリッジ大学大学院修士課程修
了　㊦1962年ニュージーランド外務省に入
省。駐パプアニューギニア大使、駐シンガ
ポール大使などを歴任。98年1月アジア太平
洋経済協力会議（APEC）事務局次長を経て、
99年1月事務局長に就任。

ハンニバルソン, ヨン・バルドビン

Hannibalsson, Jón Baldvin

1939.2.21〜

アイスランド外相, アイスランド社会民主党
（SDP）党首　㋑エディンバラ大学（経済学）
（1963年）修士課程修了　㊦1963年エディン
バラ大学で経済学修士号取得後、63〜64年
ストックホルムの国立経済研究所、76〜77
年ハーバード大学ヨーロッパ研究センター、

85年アイスランド大学で学ぶ。64～70年高校教師、70～79年高校校長。この間64～68年レイキャビクの新聞記者を務め、79～82年新聞編集長。82年以降国会議員となり、84～96年社会民主党(SDP)党首。87～88年財務相、88年9月～95年外務及び外国貿易相。89年、92年、94年欧州自由貿易連合(EFTA)閣僚会議議長。98年～2002年駐米・メキシコ大使、02～05年駐フィンランド・エストニア・ラトビア・リトアニア大使、04～06年駐ウクライナ大使。

パンネッラ, マルコ

Pannella, Marco

1930.5.2～2016.5.19

イタリア急進党創設者, イタリア下院議員　[出]テラモ　[名]Pannella, Giacinto　[歴]1955年に結成されたイタリア急進党の創設者の一人。76年下院議員に初当選。妊娠中絶禁止法や離婚禁止法に反対し、旧弊なイタリア社会に変革をもたらした。87年には現役のポルノ女優だったチチョリーナを急進党に引き入れて国会議員に当選させ、話題を呼んだ。79年～2009年には4度に渡って欧州議会議員も務めた。断食など平和的な抗議で知られ、11年には3ケ月間のハンガーストライキを行った。

バン・パオ

Vang Pao

1931～2011.1.6

ラオス王国軍将軍　軍人, 反政府勢力指導者　[出]フランス領インドシナ・シェンクアン(ラオス)　[歴]少数民族のモン族出身。第二次大戦中、インドシナ半島を支配した日本軍と戦い、戦後、ラオス軍で将軍に。ベトナム戦争中は、米国中央情報局(CIA)の支援を受けたモン族の秘密部隊を率いてラオスにいた北ベトナム軍や共産勢力と戦った。1975年にラオスが社会主義化すると、数千人のモン族と共にタイへ逃れた。のち渡米し、在米モン族のリーダー的存在として反ラオス闘争を続けた。2007年ラオスの社会主義政権を武力で転覆することを企てた容疑でカリフォルニア州連邦地検に逮捕されたが、09年起訴が取り下げられた。

バンハネン, マッティ

Vanhanen, Matti

1955.11.4～

フィンランド首相　[出]ユバスキュラ　[名]Vanhanen, Matti Taneli　[歴]1980年中道右派のフィンランド中央党に入り、81～84年エスボー市議。85～91年地方新聞社に勤務。91年フィンランド国会議員に初当選。94年から中央党国会議員団副団長、2000年から同副党首を歴任。03年4月ヤーテンマキ内閣で国防相。同年6月ヤーテンマキの辞任を受け、首相に就任。以来、中央党を中心とした連立与党を率いるが、09年12月党首再選を目指さないことを表明。10年6月辞任。

バンハーン・シンラパアーチャ

Banharn Silpaarcha

1932.8.19～2016.4.23

タイ首相, タイ国民党党首　[出]スパンブリー県　[学]ラムカムヘン大学法学部(1985年)卒　[歴]父は馬姓の中国人1世。中学卒業後、銀行員となる。1950年代に建設会社を設立して実業界に乗り出し、水道工事で実績を上げる。74年タイ国民党の結成に参加。75年上院議員、76年スパンブリ県から下院議員に当選。79年より党幹事長を務め、通信相、内相、農相、運輸通信相、財務相などを歴任。94年5月国民党党首に就任。95年の総選挙で第1党に躍進し、95年7月連立政権の首相に就任。通貨不安やインフレなど経済不振のほか、汚職疑惑、利益誘導型の政治などで批判が高まり、96年に議会を解散したが総選挙で敗北。97年のアジア通貨危機につながるタイの経済不振を招いたとして批判を浴びた。金権政治体質を指摘され続けたが、少数政党の党首としてキャスティングボートを握ることで、タクシン元首相派、反タクシン派が対立する政界を渡り歩いた。

【ヒ】

ビエイラ, ジョアン・ベルナルド

Vieira, João-Bernardo

1939.4.27～2009.3.2

ギニアビサウ大統領　軍人　[出]ポルトガル領ギニアビサウ(ギニアビサウ)　[歴]電気技

師を経て、1960年ギニア・カーボヴェルデ独立アフリカ党（PAIGC）に入党。64年党政治局員。64～65年PAIGC南方軍司令官、70～71年解放軍作戦部長などとして独立闘争を指導。73～78年人民議会議長兼党書記長兼最高司令官。74年ギニアビサウ独立後、ルイス・カブラル政府で働き、78年から首相兼国軍参謀総長。80年11月クーデターでカブラルを失脚させ、革命評議会議長（国家元首）となる。84年5月新憲法を制定して国家の長と行政の長が一つになり、行政上の大統領に就任。89年6月再任。94年8月初の複数政党制に基づく大統領選で当選。99年5月反乱軍が官邸を襲撃、政権を掌握され失脚、ポルトガルに亡命。2005年7月大統領決選投票で当選、10月就任。09年3月、ビサウの大統領公邸で国軍兵士らに射殺された。

ビエイラ, バスコ・ロッシャ

Vieira, Vasco Rocha

1939.8.16～

マカオ総督　軍人, 外交官　[出]アルガルベ　[名]Vieira, Vasco Joaquim Rocha 中国名＝韋 奇立　[学]ポルトガル陸軍学校卒　[歴]1965年アンゴラに赴任。73年マカオ国防軍司令部参謀長、78年国軍最高司令部駐NATO代表、86年アゾレス諸島自治区部長、87年少将を経て、91年最後のマカオ総督に就任。任期内に9回訪中。マカオのポルトガル文化保護に取り組み、マカオ国際空港など大型社会資本を建設。しかし中国返還直前のマカオ経済は後退し、治安が悪化した。99年マカオは中国に返還された。

ビエレツキ, ヤン・クシストフ

Bielecki, Jan Krzysztof

1951.5.3～

ポーランド首相　[出]ビドゴシチ　[学]グダニスク大学（海運経済）卒　[歴]1973～77年グダニスク大学経営大学院で教壇に立ったが、80年自主管理労組・連帯の誕生とともに運動に加わり、経済顧問として活躍。81年戒厳令布告で教職から追放されると、自営でトラック運送業を始め、85年には当時としては珍しい経営コンサルティング会社を設立、成功を収める。89年米・ポーランド企業基金常任理事。同年6月民主化第1回の総選挙で連帯会派から下院議員に当選。国会では対外貿易委員会などに所属、市場経済移行に当たって民営化の促進を訴えた。90年6月若手実業家団体・自由民主会議に参加。91年1月～12月首相。92～93年スホツカ内閣で欧州共同体（EC）担当相。ワレサ大統領の側近の一人だった。

ピカリング, トマス

Pickering, Thomas

1931.11.5～

国連大使, 米国国務次官（政治問題担当）　外交官　[出]ニュージャージー州オレンジ　[名]Pickering, Thomas Reeve　[学]ボウディン大学（1953年）卒, タフツ大学フレッチャー・スクール外交大学院（1954年）修士課程修了　[歴]1959年米国国務省に入り、情報調査、軍縮問題担当の後、74～78年駐ヨルダン大使、78～81年国務次官補（海洋・国際環境・科学担当）。81～83年駐ナイジェリア大使、83～85年駐エルサルバドル大使、85～88年駐イスラエル大使を経て、89年3月ブッシュSr.政権下で国連大使に就任。湾岸危機の際には反イラク包囲網形成に活躍し、抜群の交渉能力・調整力で注目を浴びた。90年11月国連安全保障理事会議長。92年4月駐インド大使、93年1月クリントン政権下で駐ロシア大使、97年2月第2期クリントン政権下で国務次官（政治問題担当）を歴任。2001年ボーイングに入社し、上席副社長に就任。

ヒギンズ, マイケル

Higgins, Michael

1941.4.18～

アイルランド大統領　詩人, 人権活動家　[出]リマリック　[学]ゴールウェイ大学卒, インディアナ大学（米国）卒, マンチェスター大学　[歴]詩人として創作する傍ら、ゴールウェイ大学で社会学を教えた。2回落選を経て、1981～82年、87年～2011年アイルランド労働党下院議員。上院議員や西部ゴールウェイの市長を務めたこともある。カトリック教徒が大多数のアイルランドで、1970年代にはカトリックが禁じる離婚や避妊の合法化を訴えた。イラク戦争やパレスチナ自治区ガザに対するイスラエルの封鎖を強く非難するなど、国際的問題にも直截なメッセージを発する。93～97年芸術文化相。2003～11年労働党党首。11年10月大統領選で勝利し、11月就任。

ビケフレイベルガ, ワイラ

Vike-Freiberga, Vaira

1937.12.1〜

ラトビア大統領 心理学者 [出]ソ連ラトビア共和国リガ [学]トロント大学卒, マッギル大学卒 Ph.D.（マッギル大学） [歴]1945年家族とともに国外へ移住、ドイツ、モロッコを経てカナダへ渡り、英語と心理学の学士号を取得。トロントで通訳、精神科医として勤務したのち、65〜98年モントリオール大学教授（心理学）を務める。カナダの市民権を持っていた。98年ラトビアに帰国、新設のラトビア大学学長に就任。99年6月ほとんど無名の存在だったが、国民党など3党の支持を得て、独立後2代目大統領に選ばれ、7月就任。2003年6月再選。07年7月退任。

ビジムング, パストゥール

Bizimungu, Pasteur

1950〜

ルワンダ大統領 [出]ブシソ [歴]フツ族出身。ルワンダで教育を受けた後、フランスに留学し修士号を取得。帰国後、銀行など民間で働き、電気・ガス会社の社長も務めた。1990年ツチ族系反政府ゲリラ、ルワンダ愛国戦線（RPF）に加入、同年から4年間ベルギーへ亡命。フツ族系政権との内戦でRPFが勝利した後の94年7月ツチ族主導の暫定政府大統領に就任。2000年3月カガメ副大統領がツチ族が実権を握る政権への不満から辞任。01年民主刷新党（PDR）を創立。02年4月国家に対し有害な政治宣伝を行い国民の分断を図ったとして、同国警察に逮捕され、04年6月15年の禁錮刑を宣告される。07年恩赦により釈放。

ヒジャ, ゲオルギー

Khizha, Georgii

1938.5〜

ロシア副首相 [出]アシハバード（トルクメニスタン） [学]レニングラード工科大学卒 工学博士 [歴]レニングラードの代表的軍需企業スベトラナの企業長を経て、1989年同市の工業連盟会長。元レニングラード州共産党委員会メンバー。90年同州ソビエト（議会）選挙に当選。91年9月サンクトペテルブルク市経済発展委員会議長、同市副市長を経て、92年5月ロシア副首相（工業担当）、同年12月チェルノムイルジン内閣でも副首相に留任するが、93年5月解任。

ビショップ, ブラウンウィン

Bishop, Bronwyn

1942.10.19〜

オーストラリア下院議長 [出]シドニー [名]Bishop, Bronwyn Kathleen, 旧姓（名）=Setright, Bronwyn Kathleen [学]シドニー大学 [歴]父親はエンジニア、母親はオペラ歌手のキャスリーン・コングリーブ。シドニー郊外の高級住宅地ノースショアで育つ。弁護士となり、自由党のニューサウスウェールズ州地区代表を7年間務め、1987年同州選出のオーストラリア上院議員に当選。筋金入りの保守派でオーストラリア版"鉄の女"の異名をとる。2013年下院議長となるが、15年2月辞任。

ビスキー, ローター

Bisky, Lothar

1941〜

ドイツ民主社会党（PDS）党首 [出]ツォルブリュック [学]カール・マルクス大学（文化社会学）卒 [歴]1963年旧東ドイツ政権党の社会主義統一党（共産党）に入党。86〜90年ポツダムの映画学校の学長を務めた。ソ連の改革派雑誌の発禁処分に抗議する書簡を党政治局に送るなどしたため、党からは反抗分子と見なされた。ホーネッカー政権崩壊後の89年12月に民主社会党（PDS, 社会主義統一党の改称）幹部会員に昇格。90年10月ブランデンブルク州議会議員に当選、PDS議員団長として野党活動を推進。91年ブランデンブルク州党支部長、93年1月PDS党首。98年9月同党はドイツ総選挙で議席獲得に必要な得票率5%を達成した。

ビーズリー, キム

Beazley, Kim

1948.12.14〜

オーストラリア副首相, オーストラリア労働党党首 [出]西オーストラリア州パース [名]Beazley, Kim Christian [学]西オーストラリア大学卒, オックスフォード大学 [歴]1980年オーストラリア労働党の下院議員に当選。84〜90年国防相、90〜91年運輸通信相、91年財務相、91〜93年雇用教育訓練相、93〜96年財務相を経て、95〜96年副首相。96年3月〜2001年3月、05年1月〜06年12月労働党党

首。07年の下院選には立候補せず、政界を引退した。10〜16年駐米大使を務め、16年よりオーストラリア国際問題研究所（AIIA）所長。

ビスワス, アブドル・ラーマン

Biswas, Abdul Rahman

1926.9.1〜2017.11.3

バングラデシュ大統領　㊞インド・バリサル（バングラデシュ）　㊫ダッカ大学（法律）卒　㊯1959年弁護士となり、バングラデシュ法律家協会副会長に就任。高校や大学の創設に貢献するなど社会活動にも力を入れる。62年東パキスタン州議会議員に初当選。国連総会にパキスタン代表の一人として出席した際の活躍で外交官にならないかと誘われたこともあったという。79年ジアウル・ラーマン大統領が設立した中道右派のバングラデシュ民族主義党（BNP）に入党、国会議員に当選し、ジュート相などを歴任。81年のラーマン大統領暗殺後はカレダ・ジア夫人に忠誠を尽くす。91年3月BNPの政権獲得後、国会議長。同年10月議院内閣制復帰後初の大統領に就任、96年まで務めた。2006年政界を引退。

ピタカカ, モーゼス

Pitakaka, Moses

1945.1.24〜2011.12.25

ソロモン諸島総督　㊞ソロモン諸島　㊔Pitakaka, Moses Puibangara　㊫バーミンガム大学, オックスフォード大学, 南太平洋大学（フィジー）　㊯1964〜66年教員などを経て、94年7月〜99年7月ソロモン諸島総督を務めた。ナイト爵位を叙せられる。

ピーターズ, ウィンストン

Peters, Winston

1945.4.11〜

ニュージーランド副首相・外相　㊞ファンガレイ　㊫オークランド大学卒　㊯1993年からポピュリスト政党・ニュージーランド・ファースト党の党首を務める。96年ジェームズ・ボルジャー国民党改造内閣の副首相兼財務相に就任するが、98年解任される。2005〜08年第3次ヘレン・クラーク労働党内閣の外相。17年10月の総選挙で国民党、労働党に次ぐ第3党になると、08年から長期政権を担ってきた国民党ではなく、第2党の労働党と連立を組むことを発表、9年ぶりの政権交代が実現。労働党党首ジェシンダ・アーダン首相の下、副首相兼外相に就任。

ピチャイ・ラッタクン

Bhichai Rattakul

1926.9.16〜

タイ副首相, タイ民主党党首　㊞バンコク　㊫セント・ステファンズ大学（香港）卒　㊯タイ薬品工業会会長、タイ商工会議所理事を務めるなど実業界で活躍。1958年タイ民主党に入党。69〜71年、75年以来下院議員。75年2〜3月、76年4〜10月外相。82年民主党党首。86〜90年、97年11月〜2001年2月副首相。

ヒッチンズ, ティム

Hitchens, Tim

1962〜

駐日英国大使　外交官　㊔Hitchens, Timothy Mark　㊫ケンブリッジ大学クライスト・カレッジ英文学専攻（1983年）卒　㊯1977年海軍武官の父の赴任に伴い14歳で初来日。83年英国外務省に入省。85年在日英国大使館経済部2等書記官兼通訳官、89年財務省欧州部に出向し、91年欧州担当国務相付秘書官、95年在パキスタン英国高等弁務官事務所政治部長としてパキスタンの核ミサイル計画やカシミール紛争を担当。97年英国外務省東南アジア副部長、98年バッキンガム宮殿女王陛下付副秘書官、2002年危機対応チーム長、03年外務省アフリカ部長、05年駐フランス公使、08年外務省欧州政治担当局長、10年同省アフリカ担当局長を経て、12年12月駐日大使に就任。16年12月退任。フランス語、日本語にも堪能。

ビッリー, ナビーフ

→ベリ, ナビハを見よ

ビデガライ, ルイス

Videgaray, Luis

1968.8.10〜

メキシコ外相　エコノミスト　㊞メキシコシティ　㊔Videgaray Caso, Luis　㊫メキシコ自治工科大学卒 経済学博士（マサチューセッツ工科大学）（1998年）　㊯1987年制度的革命党（PRI）に入党。92〜94年メキシコ財務公債相顧問、96年エネルギー相顧問、98

年〜2005年プロテゴ財政顧問事務所投資銀行課次長を経て、05〜09年エンリケ・ペニャニエトが知事を務めるメキシコ州で財政長官を経験。09〜11年連邦下院議員。12年の大統領選でペニャニエトの選対本部企業連携調整官を務め、12月の政権発足とともに財務公債相に就任。16年8月米大統領候補だったドナルド・トランプとペニャニエトの会談を主導したが、国内から批判が出て引責辞任。17年1月外相として政権に復帰。ペニャニエト大統領が最も厚い信頼を寄せる側近と言われる。

ビデノフ, ジャン

Videnov, Zhan

1959.3.22〜

ブルガリア首相, ブルガリア社会党議長　[出]プロフディフ　[学]モスクワ国際関係大学経済学部卒　[歴]地元の青年組織・青年共産主義者同盟に入り、のちに、青年同盟中央委員、共産党入党と、エリートコースを歩む。ソ連時代のロシアに留学後は、民間の生化学関係の企業で働く。1990年第1回自由選挙で国会議員に当選。91年社会党議長（党首）に選出。95年1月35歳の若さで首相に就任。96年12月首相、党首を辞任。党内の経済専門家で、ロシア語、英語、アラビア語に堪能。

ピトハルト, ペトル

Pithart, Petr

1941.1.2〜

チェコ上院議長　[出]チェコスロバキア・クラドノ（チェコ）　[学]カレル大学法学部卒, カレル大学大学院（1970年）修了　[歴]1968〜69年オックスフォード奨学研究生。70年以降編集者、農園労働者、会社の法律家などを経て、77年文化人・聖職者・労働者らが基本的人権の擁護を訴えて発表した「憲章77」署名メンバーの一人となる。その後労働者、プラハ中央倉庫の書記などを経て、89年反体制組織、市民フォーラムのスポークスマンを務め、90年2月〜92年チェコ共和国首相。94年カレル大学助教授。96〜98年上院議長、98年〜2000年副議長。00〜04年上院議長。12年議員を引退。　[勲]レジオン・ド・ヌール勲章オフィシエ章（2004年）

ビドマーシュルンプフ, エベリン

Widmer-schlumpf, Eveline

1956.3.16〜

スイス大統領　[出]グラウビュンデン州フェルスベルク　[歴]チューリヒ大学で法律を学び博士号を取得。弁護士、グラウビュンデン州議会議員、州財務相を歴任後、2008年スイス連邦政府の司法警察相として入閣。10年財務相を経て、12年1月〜13年1月任期1年の大統領職を兼務。右派国民党のメンバーだったが入閣の際の連邦議会による投票で、中道政党の支援を受けて当選。国民党から除名され少数与党の市民民主党に転じた。

ビナイ, ジェジョマル

Binay, Jejomar

1942.11.11〜

フィリピン副大統領, マカティ市長　法律家　[出]マカティ　[学]フィリピン大学法学部・政治学部卒, サントマス大学大学院, フィリピン大学大学院行政学専攻修士課程単位取得　[歴]貧しい家庭に生まれ、苦学して大学を卒業。1968年司法試験に合格。マルコス政権下で人権派弁護士として民主化運動に加わり、87年マニラ首都圏委員会知事、88〜98年マカティ市長。98年マニラ首都圏開発長官、2001〜10年再びマカティ市長を務めた。10〜16年ベニグノ・アキノ大統領の下で副大統領。16年大統領選に立候補した。

ピニェイロ, ジョアン・デ・デウス

Pinheiro, João de Deus

1945〜

ポルトガル外相, 欧州連合（EU）欧州委員会委員　[名]Pinheiro, João de Deus Rogado Salvador　[学]技術高等研究所工業化学科卒　博士号（バーミンガム大学）　[歴]1975年ミーニョ大学教員、のち同大学長。81年ポルトガル教育・学校管理副大臣、82年教育相を経て、87年8月〜92年11月外相。同月より欧州共同体（EC）委員会欧州議会・域内関係担当委員（93年11月欧州連合＝EUへ移行）。95年EU欧州委員会委員（アフリカ・カリブ・太平洋関係担当）に就任。99年3月予算をめぐる不祥事の責任を取り総辞職した。

ピニェラ, セバスティアン

Piñera, Sebastián

1949.12.1〜

チリ大統領　経済学者　[出]サンティアゴ　[名]Piñera Echenique, Miguel Juan Sebastián　[学]チリ・カトリック大学卒 経済学博士(ハーバード大学)(1976年)　[歴]父は外交官で、キリスト教民主党の創設者の一人。幼い頃はベルギーや米国で過ごす。米国ハーバード大学で経済学の博士号を取得し、チリ・カトリック大学教授、タルカ銀行頭取、チリ証券業者協会長などを歴任。また米州開発銀行の相談役や国連の貧困対策プロジェクトに関わった。1990〜98年チリ上院議員。2001〜04年右派・国民改進党党首。06年の大統領選では決選投票で中道左派のミチェル・バチェレに敗れたが、10年1月左派の与党候補エドゥアルド・フレイを破り、大統領に当選。これにより、1990年の民政移管以来続いてきた中道左派の連合政権に終止符が打たれ、初の中道右派政権が誕生。3月大統領に就任。2014年3月大統領退任。17年12月連立与党の推すアレハンドロ・ギジェルを破り4年ぶりに大統領に返り咲く。18年3月就任。通算2期目。チリ有数の富豪。

ピノチェト, アウグスト

Pinochet, Augusto

1915.11.25〜2006.12.10

チリ大統領　軍人　[出]バルパライソ　[名]Pinochet Ugarte, Augusto José Ramón　[学]チリ陸軍士官学校(1933年)卒　[歴]18歳でチリ陸軍に入隊。駐米チリ大使館付武官、陸軍士官学校副校長、陸軍第6師団長を経て、1969年陸軍参謀長、73年8月陸軍総司令官。同年9月海・空両総司令官、警察軍長官とともに軍事評議会を結成、世界で初めて民主的選挙により成立したサルバドール・アジェンデ大統領の社会主義政権を軍事クーデターによって打倒し、軍事評議会議長兼陸軍総司令官となる。74年12月大統領に就任。以後、独裁制を敷き、大統領任期を6年から8年に延長。81年3月軍事評議会議長を退任。88年10月次期大統領としての信任を問う国民投票を実施したが大差で敗北し、90年3月任期満了で退任。この間、中南米でいち早く新自由主義経済を導入して民営化や外資導入を図り、経済を安定軌道に乗せてチリ経済の基礎を固めた。その一方で左派勢力を徹底的に弾圧。2004年に出されたチリ政府の公式報告書によると、誘拐や拷問などによる軍政下の死者・行方不明者は3197人にのぼり、2万8000人以上が拷問を受け、30万人が祖国を追われたとされ、ラテンアメリカを代表する軍事独裁者として知られた。1998年3月陸軍司令官を退役、同月選挙を経ない名誉職の終身上院議員となる。ロンドンの病院に入院中の同年10月、独裁時代に左翼狩りと称してスペイン国籍の市民を殺害したとして、スペイン予審判事の逮捕要請を受けた英国司法当局に拘束され、軟禁下に置かれたが、2000年3月健康悪化を理由に英国内相が放免を決定、釈放されチリに帰国。8月チリ最高裁が終身上院議員としての刑事免責特権の剝奪を決定。12月サンティアゴ高裁により殺人罪、誘拐罪などで起訴され、01年1月再起訴された。3月サンティアゴ高裁が自宅軟禁解除、保釈を決定。7月精神上の問題を理由に裁判の中止が決定される。02年7月終身上院議員を辞任。06年91歳で病没した。

ビビアン, ミティタイアギメネ・ヤング

Vivian, Mititaiagimene Young

1935〜

ニウエ首相・外相　[歴]1992年12月ロバート・レックス首相の死去により首相代行となり、93年3月まで務めた。2002年4月総選挙でニウエ人民党が勝利し、首相に選出される。外相などを兼任。08年退任。

ビヤ, ポール

Biya, Paul

1933.2.13〜

カメルーン大統領, カメルーン人民民主同盟(RDPC)党首　[出]フランス領カメルーン・ムボメカー(カメルーン)　[学]パリ政治学院　[歴]パリ政治学院などで学び、1962年帰国。65〜67年カメルーン教育青年文化省次官、67〜68年大統領行政官房長、68〜75年大統領付国務相兼大統領府事務局長。75〜82年首相を務め、82年11月アヒジョ大統領の辞任に伴い、第2代大統領に就任。83年9月カメルーン民族同盟(UNC)党首。85年よりカメルーン人民民主連合(RDPC)党首。92年初の複数政党制による大統領選でも勝利し、2011年7期目。1990年11月、2003年9月来日。

ビャヒ, ティート

Vähi, Tiit

1947.1.10〜

エストニア首相　[学]タリン工芸大学卒　[歴]1974〜89年エストニア共産党員。76〜89年ポルガ自動車取締役。89年エストニア国家運輸委員会会長、90年運輸相、91年運輸・通信相、92年1〜9月エストニア首相。93年タリン市議会議長を経て、95年10月再び首相に就任するが、97年不動産取引を巡る不正を追及され、3月辞任した。

ビャムバスレン, ダシン

Byambasüren, Dashiyn

1942.6.20〜

モンゴル首相　[出]ヘンティ州　[学]モスクワ市経済統計大学(1964年)卒　[歴]1964年モンゴル人民革命党(MPRP, 現・モンゴル人民党=MPP)に入党。国家価格局副局長、自動制御システム設計研究センター所長などを経て、89年12月副首相、90年3月第1副首相、同年9月初の民主選挙後首相に就任。92年7月辞任。同年12月議員を辞職。市場経済システム導入の実質的責任者と言われる経済専門家。94年5月、91年にモンゴル銀行が外国為替に手を出し8000万ドルの差損を出した事件の監督責任を問われ起訴された。

ヒューソン, ジョン

Hewson, John

1946.10.28〜

オーストラリア自由党党首　[出]ニューサウスウェールズ州カールトン　[学]シドニー大学卒, サスカチワン大学(カナダ)卒, ジョンズ・ホプキンズ大学 博士号(ジョンズ・ホプキンズ大学)　[歴]米国に留学。1972〜73年米国トーソン大学講師などを経て、78〜87年ニューサウスウェールズ州立大学経済学教授。国際通貨基金(IMF)やオーストラリア準備銀行のエコノミストとしても活動。87年自由党から下院議員に初当選。88年影の内閣財務相、90年4月〜94年5月自由党党首。

ヒューム, ジョン

Hume, John

1937.1.18〜

英国社会民主労働党(SDLP)党首　[出]北アイルランド・ロンドンデリー　[学]セント・コロンブス大学, セント・パトリック大学, アイルランド大学卒, ハーバード大学　[歴]1960年代後半から北アイルランドでカトリック系住民の公民権運動に身を投じ、70年穏健派政党の社会民主労働党(SDLP)を設立、79年〜2001年党首。1979年〜2004年欧州議会議員。1983年から英国下院議員を務める。非暴力とカトリック・プロテスタント両派の共存を訴える穏健姿勢でプロテスタント側の信頼を得る一方、カトリック強硬派との橋渡し役を果たす。98年4月北アイルランド和平合意が成立、同年10月北アイルランド和平に貢献したとして、デービッド・トリンブルとともにノーベル平和賞を受賞。2004年政界からの引退を表明。　[賞]ノーベル平和賞(1998年), マーティン・ルーサー・キング賞(1999年), ガンジー平和賞(2002年)

ピュリャグ, ラジュケスウール

Purryag, Rajkeswur

1947.12.12〜

モーリシャス大統領　[出]英領モーリシャス・Camp Fouquereaux(モーリシャス)　[名]Purryag, Rajkeswur Kailash　[歴]モーリシャスで教育を受ける。1976年総選挙でモーリシャス国会議員に当選。80〜82年社会保障相、84〜86年保健相などを歴任。97年〜2000年副首相兼外務・貿易相。12年7月名誉職である大統領に就任。15年退任。

苗 圩　びょう・う

Miao Wei

1955.5〜

中国工業情報相　実業家　[出]北京　[歴]中国の国有自動車会社の販売や生産、技術部門を歩き、東風汽車社長に就任。2003年日産自動車と設立した合弁会社の初代会長。05年武漢市の中国共産党トップなどを経て、08年工業情報省次官、10年工業情報相を務める。

ヒョン・インテク（玄 仁沢）

Hyun In-taek

1954.9.27〜

韓国統一相　国際政治学者　[出]済州島　[学]高麗大学卒 政治学博士(カリフォルニア大学ロサンゼルス校)　[歴]1992〜95年世宗研究所研究委員、2002年高麗大学政治外交学科教授を経て、07年大統領引継委員会委員。09年2月李明博政権の統一相に就任。核問題進展を経済協力拡大の前提に置く李大統領の対北朝鮮政策“非核・開放・3000”の作成に中心的な役割を果たし、対北朝鮮強硬論を主導してきた。11年9月統一相退任、新設

の大統領統一政策特別補佐官に任ぜられる。のち退任。

ヒョン・ヨンチョル（玄 永哲）
Hyon Yong-chol
1949.1.11〜2015.4.30
北朝鮮人民武力相（国防相），朝鮮人民軍総参謀長　軍人　[出]咸鏡北道漁郎郡　[歴]朝鮮人民軍において、中朝国境地帯を担当する8軍団長を務めていたとみられる。2010年9月軍大将に昇格。12年7月李英鎬総参謀長が党役職を解任された翌日、次帥に昇格。その数日後には総参謀長就任が判明した。大抜擢と話題になるが、12月大将への降格が判明。13年3月党政治局員候補、5月総参謀長解任。14年6月張正男の後任として人民武力相（国防相）に就任したが、15年4月反逆罪で粛清された。

ヒリー，フランシス
Hilly, Francis
1947〜
ソロモン諸島首相　[名]Hilly, Francis Billy　[学]サウスパシフィック大学卒　[歴]1976〜84年及び93年よりソロモン諸島国会議員。同年6首相に就任。94年10月辞任。

ビリヤール，マヌエル
Villar, Manuel
1949.12.13〜
フィリピン上院議長　実業家　[出]マニラ　[学]フィリピン大学卒　[歴]マニラの貧困地区から身を立て、不動産業で巨万の富を築いた。1992年フィリピン下院議員に当選し、98年〜2000年下院議長。01年上院議員に当選し、06〜08年上院議長を務めた。10年大統領選に立候補するが、ベニグノ・アキノ3世に敗れる。

ピリンスキ，ゲオルギ
Pirinski, Georgi
1948.9.10〜
ブルガリア国民議会議長・外相　[出]米国ニューヨーク　[名]Pirinski, Georgi Georgiev　[学]ソフィア経済大学卒　[歴]1980〜89年ブルガリア貿易省次官。90年ブルガリア国民議会議員（社会党）になり、95年外相に就任。96年11月辞任。2005〜09年国民議会議長。

ヒル，クリストファー
Hill, Christopher
1952〜
米国国務次官補（東アジア・太平洋担当），駐イラク米国大使　外交官　[出]ロードアイランド州　[学]ボウディン大学経済学専攻，米国海軍戦争大学　[歴]米国国務省に入り、旧ユーゴスラビア紛争などを担当。駐マケドニア大使、駐ポーランド大使、駐韓大使などを経て、2005年3月2期目のブッシュJr.政権で国務次官補（東アジア・太平洋担当）に就任。同年8月北朝鮮の核問題をめぐる6ケ国協議で米国首席代表を務める。07年2月には同協議を再開し、朝鮮半島の非核化に向けた合意文書を採択。6月米政府高官としては、02年10月のケリー国務次官補以来約5年ぶりとなる訪朝を実施。09年4月駐イラク大使を務めた。10年よりデンバー大学国際研究大学院院長。　[勲]韓国修交勲章光化章

ビルカフス，バルディス
Birkavs, Valdis
1942.7.28〜
ラトビア外相　[出]リガ　[学]ラトビア大学卒　法学博士　[歴]1967〜87年ラトビアの法医学・犯罪学研究所長、87〜89年ラトビア大学講師、90〜93年ラトビア人民戦線副議長、91〜93年ラトビア共和国最高会議副議長、93年7月〜94年9月首相、94年9月外相兼副首相を経て、95年12月外相に就任。98年11月退任。

ビルサック，トム
Vilsack, Tom
1950.12.13〜
米国農務長官，アイオワ州知事　[出]ペンシルベニア州ピッツバーグ　[名]Vilsack, Thomas　[学]ハミルトン・カレッジ，オルバニー・ロースクール（1975年）修了　[歴]1987年アイオワ州マウント・プレザント市長、93年州上院議員を経て、99年より知事を2期務めた。2008年の民主党大統領選指名争いにいち早く出馬を表明したが、07年2月に撤退を表明。09年1月オバマ政権で農務長官に就任。13年1月2期目留任。17年1月退任。

ヒルズ，カーラ
Hills, Carla
1934.1.3〜
米国通商代表部（USTR）代表　法律家　[出]カ

リフォルニア州ロサンゼルス　㉓Hills, Carla Anderson　㉔スタンフォード大学（1955年）卒，エール大学法律大学院（1958年）修了　法学博士（エール大学）　㉕1958～61年ロサンゼルス連邦検事の下で働いた後、62年弁護士としてロスで法律事務所を共同で設立。71年に創刊された「アンチ・トラスト・アドバイザー」誌の編集者も務める。74年米国司法省に入り、ニクソン政権下で独禁法担当次官補となる。75～77年史上3人目の女性閣僚としてフォード政権下で住宅都市開発長官。78年以降ワシントンで弁護士として活躍、IBMやシェブロンの役員、女性弁護士協会会長などを歴任。傍ら大統領の諮問機関のメンバーも務めた。89年1月～93年1月ブッシュSr.政権下で通商代表部（USTR）を務め、日米経済摩擦問題をはじめ、世界各国との貿易交渉に活躍。対日交渉の先頭に立った頃は"タフ・ネゴシエーター"とも呼ばれた。93年3月ワシントンに国際ビジネス・コンサルタント会社ヒルズ・アンド・カンパニーを設立。また、ベクテル、タイム・ワーナー、UAL、シェブロン、AT&Tなど大企業から相次いで社外役員に指名される。働く女性・母親、夫婦で高学歴・高度な職業に就く"パワーカップル"の草分け的存在としても知られた。　㉖ウーマン・オブ・ザ・イヤー（1976年）　㉗夫＝ロデリック・ヒルズ（弁護士・元証券取引委員会委員長）

ビルト, カール

Bildt, Carl

1949.7.15～

スウェーデン首相・外相　外交官　㉔ハルムスタード　㉕ストックホルム大学政治学部卒　㉕政治家、軍人を輩出した名門に生まれ、大学在学中から政治に熱中、卒業と同時に穏健党（保守党）の事務局に入る。1974～77年ストックホルム州議員。74～76年欧州民主学生連盟議長、76～78年経済問題省政治顧問などを経て、79年30歳で穏健党からスウェーデン国会議員に初当選。議会では防衛政策委員として時のパルメ首相に防衛・外交問題で論争を挑み、鋭い分析力で頭角を現す。その手腕を買われ86年8月党首に就任（99年まで）。91年9月総選挙で半世紀ぶりに社会民主労働党（SAP）を破り、10月42歳でスウェーデン史上最も若い首相に就任。政権は中央、自由、キリスト教民主との4党連立で、高福祉政策の見直しと欧州への復帰を掲げた。94年9月総選挙で穏健党が敗北したため辞任。その後、95年6月～12月旧ユーゴスラビア和平国際会議の欧州連合（EU）代表の共同議長、同年12月～97年6月ボスニア・ヘルツェゴビナ和平履行会議上級代表、99年5月～2001年7月コソボ紛争の解決策を探る国連バルカン半島問題特使を務め、旧ユーゴの和平実現に貢献した。06年9月の総選挙で保守連立が政権を奪回、10月ラインフェルト政権の外相に就任。14年退任。英語、ドイツ語に堪能。

ヒルロブレス, ホセ

Gil Robles, Jose

1935.6.17～

欧州議会議長　㉕法律家でマドリード大学で教鞭を執る。1962年キリスト教社会民主党入党。84年欧州研究センター設立。85年スペイン人道・民主主義基金総裁。89年より欧州議会議員。97年1月議長に就任。のち退任。

ピレイ, J.Y.

Pillay, J.Y.

シンガポール大統領代行　㉕1961年シンガポール財務省に入省。次官、金融通貨庁マネージング・ディレクターなどを歴任し、95年退官。また、71年マレーシア・シンガポール航空会長に就任、72年シンガポール航空とマレーシア航空に分離し、シンガポール航空の初代会長に就く。96年2月退任、駐英国高等弁務官（大使に相当）に転身。のち大統領顧問委員会委員長となり、2017年9月大統領代行を務めた。

ピレイ, ナバネセム

Pillay, Navanethem

1941.9.23～

国連人権高等弁務官　法律家　㉔ダーバン　㉓別名＝Pillay, Navi　㉔ナタール大学卒, ハーバード大学卒　㉕1967年ナタール（現・クワズールー・ナタール）州で女性として初めて弁護士事務所を開設し、反人種差別活動家の弁護活動に取り組む。95年黒人女性初の高裁判事、国連のルワンダ国際刑事法廷判事。2003年国際刑事裁判所（ICC）判事を経て、08年9月国連人権高等弁務官に就任。12年9月再任。14年8月退任。

ピレス, ペドロ・ベロナ・ロドリゲス
Pires, Pedoro Verona Rodrigues
1934.4.29～
カーボヴェルデ大統領・首相　[出]ポルトガル領フォゴ島(カーボヴェルデ)　[学]リスボン大学(ポルトガル)　[歴]1961年ギニア・カーボヴェルデ独立アフリカ党(PAIGC)に加入、65年党中央委員、73～74年ギニアビサウ共和国の州弁務官補。75年6月カーボヴェルデ人民議会代議員に当選、同年7月カーボヴェルデ独立後の初代首相となり、80年代議員に再選、86年1月の内閣改造で首相兼財務相兼企画・協力相、90年7月首相兼国防相。91年1月の総選挙で敗北し、4月退任。2001年2月大統領に選出、3月就任。06年2月再選。この間、1981年以来PAIGCが名称変更したカーボヴェルデ独立アフリカ党(PAICV)の副書記長、90～93年書記長を兼ねる。2011年9月大統領退任。

ヒロノ, メイジー・ケイコ
Hirono, Mazie Keiko
1947.11.3～
ハワイ州副知事, 米国上院議員(民主党)　[出]日本・福島県睦合村(桑折町)　[名]日本語名＝広野 慶子　[学]ハワイ大学(心理学)卒, ジョージタウン大学ロースクール卒　[歴]祖父がハワイに移民した日系3世。母が一時日本に帰国した時に日本人の父との間に生まれ、1955年8歳の時母と兄と共にハワイに移住し、59年12歳で米国に帰化。ハワイ大学卒業後就職をしたが、一念発起してジョージタウン大学ロースクールに学ぶ。ハワイ州副検事を務めた後、80～94年民主党のハワイ州議会下院議員として消費者問題に取り組む。94年ハワイ州副知事に初当選、2期務める。2002年ハワイ州知事選に立候補。1995年の阪神・淡路大震災では州をあげての救援組織、ミッション・アロハを結成、自ら実行委員長になり、計15回、72トンの救援物資を送った。同年来日。2006年連邦議会下院議員に当選。ハワイの教育問題に取り組む。08年の大統領選キャンペーンの際はオバマ大統領を積極的にサポートした。12年11月ハワイ州選出上院議員に初当選。日本生まれで初、アジア系女性としても第1号の上院議員となる。

ピンドリング, リンドン・オスカー
Pindling, Lynden Oscar
1930.3.22～2000.8.26
バハマ首相　[学]ロンドン大学(1952年)卒　[歴]1952～67年弁護士。53年バハマ進歩自由党(PLP)に入党、56年党首、下院議員。67年自治政府の初代黒人首相。69年首相に選出され、73年に英連邦内での完全独立を勝ち取る。87年4選、92年まで務める。92～97年野党リーダー。ナイト爵位を叙せられる。

ビンラディン, オサマ
Bin Laden, Osama
1957～2011.5.2
アルカイダ指導者　イスラム原理主義過激派活動家　[出]サウジアラビア・ジッダ　[学]アブドル・アジズ国王大学(サウジアラビア)土木工学・経営学専攻卒　[歴]サウジアラビアの最大手ゼネコン、ビンラディン・グループを築いた建設事業家、ムハマッド・ビンラディンの息子。大学で経営学、経済学を学ぶ。この頃、反イスラエル闘争に身を投じたパレスチナ人教員らに感化され、"対米ジハード(聖戦)"という過激な思想に傾倒していったとされる。1979年ソ連のアフガニスタン侵攻で反共戦線の義勇兵として参加。84年アフガニスタン国境での軍事訓練キャンプ設立支援のため、パキスタンへ移動。88年軍事組織"アルカイダ(基地)"を設立、英雄的存在となる。ソ連軍撤退後、サウジアラビアに戻ったが、90年の湾岸危機、91年の湾岸戦争を機に反米闘争に急傾斜し、サウジ政府の米軍駐留認可に反発、スーダンへ亡命。94年一族から追放を宣言され、サウジ政府から国籍を剝奪される。96年スーダンからも追放され、アフガニスタンに拠点を移し、イスラム原理主義勢力・タリバンの保護下に入る。そこに豊富な資金を使って国際テロ戦士の活動拠点として訓練所などの施設を創設。同年8月対米テロを明確に宣言。98年2月国際的テロネットワーク"ユダヤ人と十字軍に対する聖戦のための国際イスラム戦線"を創設。93年の世界貿易センター爆破事件、96年のサウジアラビア・ダーランの米軍施設爆破事件、98年にケニアとタンザニアで起きた米大使館同時爆破事件、2000年にイエメンで起きた米駆逐艦爆破事件など多くのテロへの関与が疑われ、国際指名手配される。01年9月11日ニューヨーク

の世界貿易センタービルなどで起きた同時多発テロ事件直後、米国はタリバン政権に身柄引き渡しを要求するが拒否され、10月にアフガニスタン空爆を開始。タリバン政権は同年12月に崩壊したが、消息は依然として不明だった。米大統領選直前の04年10月、米国民に向けて同時多発テロへの関与を認めるビデオ声明を発表。11年5月パキスタンの首都イスラマバード郊外の住居に潜伏しているところを米特殊部隊に射殺された。 [家]父＝ムハマッド・ビンラディン（実業家）

【フ】

傅 全有　ふ・ぜんゆう

Fu Quan-you

1930.11〜

中国人民解放軍総参謀長・上将, 中国共産党中央軍事委員　軍人　[出]山西省原平県　[学]中国人民解放軍高等軍事学院（1960年）卒　[歴]1946年中国人民解放軍に入隊、47年中国共産党に入党。48年西北野戦軍副中隊長、50年中隊長、大隊参謀長、53年朝鮮戦争に従軍、人民志願軍大隊長、61年連隊参謀長、68年1軍1師団参謀長、78年1師団長、81年1軍参謀長、85年成都軍区司令官、90年蘭州軍区司令官などを歴任。92年10月党中央軍事委員。同年11月人民解放軍総後勤部長。93年3月全人代軍代表、国家中央軍事委員。同年9月上将に昇格。95年10月〜2002年人民解放軍総参謀長。1987年〜2002年（第13〜15期）党中央委員。

武 大偉　ぶ・だいい

Wu Da-wei

1946.12.24〜

中国朝鮮半島問題特別代表, 中国外務次官　外交官　[出]黒龍江省　[歴]中国外務省に入省。在日大使館1等書記官、外務省アジア局日本課長、同アジア局参事官、同副局長、在日大使館公使参事官などを歴任。1994年3月〜98年2月駐日公使、98年2月駐日臨時代理大使、同年9月駐韓大使、2001年7月〜04年8月駐日大使。04年8月外務次官（アジア地域担当）に就任。北朝鮮の核問題をめぐる6ケ国協議の中国主席代表を務める。10年1月退任し、2月朝鮮半島問題特別代表。17年8月同職を退任。日本語が堪能な知日派。

ファイマン, ウェルナー

Faymann, Werner

1960.5.4〜

オーストリア首相, オーストリア社民党党首　[出]ウィーン　[学]ウィーン大学法学部中退　[歴]共働きの両親を持ち、10代からオーストリア社会党（現・社会民主党）青年部で活動。大学では法律を学ぶ。1994年〜2007年ウィーン市議。07年1月社民党が7年ぶりに政権に復帰し、運輸・技術革新相として入閣。08年8月社民党党首。9月の国民議会（下院）選挙で同党が第1党となり、12月第2党の国民党との大連立政権が発足し、首相に就任。13年9月の下院選挙でも第1党を維持し、12月首相再任。16年5月大統領選第1回投票で極右の自由党が第1党になったことなどを受け、首相と社民党党首を辞任した。雄弁なポピュリスト（大衆迎合主義者）と称される。

ファイヤド, サラム

Fayyad, Salam

1952.4.12〜

パレスチナ自治政府首相　[出]ヨルダン川西岸トゥルカルム　[名]Fayyad, Salam Khaled Abdullah　[学]ベイルート・アメリカン大学Ph.D.　[歴]1975〜79年アンマンの民間会社勤務を経て、83〜86年テキサス大学、ヤルムーク大学（ヨルダン）で研究・教育活動。86年セントルイス連邦銀行、87〜91年国際通貨基金（IMF）長官補佐官、92〜95年IMF長官顧問。2001〜02年アラブ銀行西岸・ガザ地区代表。02〜05年パレスチナ自治政府財務相。07年6月イスラム原理主義組織ハマスと穏健派のファタハの間で内部対立が起き、連立内閣が崩壊したのを受け、アッバス議長から首相に指名される。財務相・外相兼任。13年4月辞任。

ブアソン・ブパワン

Bouasone Bouphavanh

1954.6.3〜

ラオス首相　[出]サラワン県　[学]ソ連社会科学アカデミー　[歴]旧ソ連で教育を受ける。1974年から革命運動に参加。75年チャンパサック県職員。80年ラオス人民革命党（LPRP）に入党。党事務局勤務を経て、86〜90年ソ

連社会科学アカデミーに留学。カムタイに認められ94年首相府副大臣としてカムタイ首相を補佐。96年党中央委員、党中央委員会事務局長。2001年党政治局員。03年副首相、06年6月国民議会で首相に選出される。06～10年の第6次5ケ年計画に基づき、年8%近い経済成長を達成した。10年12月首相辞任。

ファドララ, ムハンマド
Fadlallah, Mohammed
1935～2010.7.4
イスラム教シーア派組織ヒズボラ最高指導者
イスラム教シーア派指導者　㋐イラク・ナジャフ　㋑Fadlallah, Mohammed Hussein　㋖イスラム教シーア派（12イマーム派）の聖地であるナジャフに生まれる。1966年両親の出身地であるレバノンに移住し、レバノン人口の4割近くを占めながら貧困層に甘んじるシーア派の地位向上を呼びかけた。79年のイラン革命に共鳴し、イスラエルによるレバノン占領に抵抗するため、82年にイランの支援をうけてヒズボラ（神の党）を組織する際、指導的役割を果たした。シーア派最高位法学者"大アヤトラ"として多数の信徒の尊敬を集め、マリキ首相らイラクのシーア派に強い影響力を持つといわれ、反米・反イスラエル強硬派として知られた。2007年には家庭内暴力に対抗するため、女性も夫を殴り返すことが許されるというファトワ（宗教見解）を出して話題となる。ヒズボラは武装闘争を続け、イスラエル軍は00年に撤退。米国などにテロ組織に指定される一方、国内では合法政党として活動している。

ファハド・ビン・アブドルアジズ
Fahd bin Abdul-Aziz
1923～2005.8.1
第5代サウジアラビア国王・首相　㋐リヤド　㋖急進的なイスラム思想ワッハーブ主義を保護する豪族で、父でサウジアラビア初代国王のアブドルアジズ（イブン・サウード）以来、絶対君主的な王政を敷くサウード家の出身。初代国王とスデイリ家出身のハッサ妃の間に生まれ、サウード家の中でも最大の勢力を持つ"スデイリ7人兄弟"の長兄に生まれる。サラド科学研究所で学び、米国へ留学。1953年30歳で文相に就任。62～75年内相、67～75年第2副首相。この間、石油・投資諮問会議、高等教育諮問会議議長を務め、異母兄ファイサル国王の右腕となっ

てサウジアラビアの近代化に寄与。75年3月ファイサル国王が暗殺され、異母兄ハーリドが国王に即位すると同時に皇太子となり、第1副首相に就任。病弱なハーリド国王を補佐して、内政・外交両面で非凡な政治手腕を発揮。81年「中東和平8項目提案」を発表。82年6月12日ハーリド国王の死去に伴い、第5代国王に即位、首相を兼任。以後、潤沢な石油収入をもとにサウジアラビアの近代化を推進。自らを"二大聖地（メッカとメディナ）の守護者"と称し、アラブ、イスラム世界で大きな発言力を持った。外交面では親米・穏健外交路線をとり、91年の湾岸戦争ではイラクを攻撃する米軍主体の多国籍軍の駐留を容認、米国への軍事的依存を強めた。これにより国内のイスラム保守派の反発に遭い、国際テロ組織アルカイダ系などによるテロの頻発を招いたとされる。92年7月中国と、9月にはソ連と国交を回復。また93年のパレスチナ暫定自治合意をはじめ、イスラエルとの共存を目指した米国主導の中東和平交渉を支援した。強権によって批判を封じる一方、国王に助言する諮問評議会の新設（93年）などの改革に着手。95年脳卒中で倒れた後は健康不安が続き、政治の実権の多くを異母弟のアブドラ皇太子（後の第6代国王）に委譲した。親日家で、日本との貿易拡大に尽力した。　㋝妻＝アヌード王妃（第一夫人）、長男＝ファイサル王子（サウジアラビア青年福祉庁長官）、父＝アブドルアジズ・イブン・サウード（サウジアラビア初代国王）、実弟＝スルタン・ビン・アブドルアジズ（サウジアラビア皇太子）、ナエフ・ビン・アブドルアジズ（サウジアラビア皇太子）、サルマン・ビン・アブドルアジズ（第7代国王）、異母兄＝サウード・ビン・アブドルアジズ（第2代国王）、ファイサル・ビン・アブドルアジズ（第3代国王）、ハーリド・ビン・アブドルアジズ（第4代国王）、異母弟＝アブドラ・ビン・アブドルアジズ（第6代国王）、マジド・ビン・アブドルアジズ王子（メッカ州知事）

ファハド・ビン・マハムード・アル・サイド
Fahad bin Mahmoud Al-Said
1940.10.5～
オマーン副首相　㋖1971年オマーン国務相、72年情報文化相。79年法務担当副首相を経て、94年1月閣僚評議会担当副首相。

ファビウス, ローラン

Fabius, Laurent

1946.8.20～

フランス首相, フランス国民議会議長　[出]パリ　[学]エコール・ノルマル・シュペリウール卒, パリ政治学院卒, 国立行政学院（ENA）（1973年）卒　[歴]1973年フランス国務院監査官。74年フランス社会党に入党、75年ミッテラン社会党第1書記秘書。77～81年グラン・ゲビリ市助役。78年3月国民議会（下院）議員に初当選。79～81年社会党全国書記。ミッテラン政権で81年5月財務相付予算担当相、83年3月産業・科学技術相を経て、84年7月～86年3月首相。88年6月～92年国民議会議長。89～92年欧州議会議員。92年1月～93年4月社会党第1書記。97年6月～2000年再び国民議会議長。ミッテラン大統領の懐刀として知られたが、首相在任当時の1985年、血友病患者に対する危険な血液製剤の投与により多くのHIV感染者を出した責任を問われ、98年7月過失致死傷の罪で起訴される。99年3月無罪判決を受ける。2000年3月～02年ジョスパン首相の下で財務・経済・産業相。06年に07年の大統領選の社会党候補予備選挙で落選。12年5月～16年2月外務・国際開発相（外相）を務めた。　[勲]メリット勲章最高十字勲章（1995年）

ファヒム, ムハマド・カシム

Fahim, Mohammad Qassim

1957～2014.3.9

アフガニスタン第1副大統領, 北部同盟最高指導者　軍人　[出]パンジール渓谷　[名]Fahim Khan, Mohammad Qassim　[学]カブール工科大学　[歴]タジク人。1980年代にソ連のアフガニスタン侵攻でムジャヒディン（イスラム戦士）、マスード司令官の副司令官として活躍。情報機関にも携わった。ソ連崩壊後はロシア軍の将軍たちと強力なパイプを持つ。2001年9月9日、反タリバン勢力・北部同盟の最高指導者だったマスード司令官が米国で起きた同時多発テロの2日前に自爆テロに遭い、翌日死亡。直後からその後任として北部同盟の最高指導者となり、首都カブール制圧やタリバン政権の北部の拠点・クンドゥズの攻略戦で活躍する。同年12月タリバン政権崩壊後に樹立されたアフガニスタン暫定行政機構（内閣）の国防相に就任。09年第1副大統領となる。政界のフィクサーとして君臨した。

ファラ, アブディシャクール・シェイク・ハッサン

Farah, Abdishakur Sheikh Hassan

～2011.6.10

ソマリア暫定政府内相　[歴]1991年から無政府状態のソマリアで、民主的に選ばれた政府を作るため活動するアフメド大統領率いる暫定政府で内相を務める。2011年6月モガディシオの自宅で10代の姪とみられる女による自爆テロで死亡した。事件後、暫定政府による掃討作戦で劣勢を強いられていたイスラム過激派組織シャバブが犯行への関与を認めた。

ファラカン, ルイス

Farrakhan, Louis

1933.5.11～

ネーション・オブ・イスラム（NOI）議長　イスラム教指導者　[出]ニューヨーク市　[名]ウォルコット, ルイス・ユージン〈Wolcott, Louis Eugene〉　[歴]マサチューセッツ州ロクスベリーで育ち、大学中退後にカリプソ歌手。1955年ブラック・ムスリム団体の幹部、マルコムXに誘われてネーション・オブ・イスラム（黒人回教国, NOI）に加盟。75年分裂後、78年“黒人のイスラム運動を再生する”と主張、シカゴを本拠地にネーション・オブ・イスラムを再建、強硬派をまとめて指導者となった。95年10月ワシントンで“黒人100万人大行進”（ワシントン大行進）を指揮。96年米誌「タイム」で“米国の最も影響力のある25人”の一人に選ばれた。同年カダフィ大佐が主宰するカダフィ人権賞が贈られた。雄弁な演説家で、黒人の自立を唱える一方、米国は人種別に“離婚”すべきだと語る、黒人分離主義者でもある。　[賞]カダフィ人権賞（1996年）

ファラージ, ナイジェル

Farage, Nigel

1964.4.3～

英国独立党（UKIP）党首, 欧州議会議員　[出]ケント州　[名]Farage, Nigel Paul　[学]ダルウィッチ・カレッジ　[歴]投資銀行に勤務していた1993年に英国独立党（UKIP）の結党に参加。99年欧州議会議員となり、2006～09年UKIP党首。10年再びUKIP党首。同党

は欧州連合(EU)脱退を掲げ、12年頃から一大勢力に成長した。14年5月の欧州議会選でも勝利を収め、英国の73議席のうち24議席を獲得。しかし、持病の腰痛が悪化してメディア露出が激減するとともに人気も低迷。16年6月英国のEU離脱の是非を問う国民投票で離脱派が勝利すると、7月政治的目標が達成されたとしてUKIP党首を辞任。

ファルカム, レオ

Falcam, Leo

1935.11.20〜

ミクロネシア大統領　[学]プリンストン大学大学院修了　[歴]1979年初代ポンペイ州知事に就任。87年ミクロネシア連邦議会議員、97年5月副大統領を経て、99年5月大統領。2003年5月退任。

ファン・インソン (黄 寅性)

Hwang In-sung

1926.1.9〜2010.10.11

韓国首相　[出]全羅北道茂朱　[学]韓国陸軍士官学校(第4期)(1947年)卒, 国防大学院修了, ソウル行政大学院, ピッツバーグ大学修了　[歴]韓国陸軍の経理畑を歩み、1959年経理学校長、63年国防省財政局長などを経て、最高峰の経理監まで昇格。68年少将で退役。73年金鍾泌元首相の総理秘書室長をした後、73年朴正熙政権下で全羅北道知事、78年交通相。81年全斗煥政権下で国会議員に当選し、85年、86〜87年農林水産相。88年全羅道財閥の錦湖グループに迎えられ、韓国第2の定期航空会社、アシアナ航空会長兼社長を務めた。同社は90年1月から念願の国際路線第1弾として日本に就航。92年3月国会議員に当選、5月民自党政策委議長。93年2月に発足した金泳三政権の初代首相を務めた。12月退任。　[勲]金星・無星花郎武功勲章, 青条勤政勲章

ファン・ギョアン (黄 教安)

Hwang Kyo-ahn

1957.4.15〜

韓国首相　[出]ソウル　[学]成均館大学(1981年)卒　[歴]1981年司法試験に合格。韓国最高検公安担当課長、ソウル地検公安2部長を経て、2009年大邱高検検事長、11年釜山高検検事長。弁護士を務めた後、13年の朴槿恵政権発足時から法相を務める。15年6月裏金疑惑で辞任した李完九の後任として首相に就任。16年12月朴槿恵大統領の弾劾追訴案可決により大統領の職務を代行。17年5月退任。公安検事出身の保守強硬派で、北朝鮮と連携した反国家活動を規制する国家保安法の解説書を執筆したこともある。

ファン・ジャンヨプ (黄 長燁)

Hwang Jang-yop

1923.2.17〜2010.10.10

朝鮮労働党書記, 北朝鮮最高人民会議議長　[出]朝鮮・平安南道江東郡　[学]金日成総合大学, モスクワ大学大学院(哲学)(1953年)修了 哲学博士　[歴]戦前、東京の学校で夜間学んだ。のち旧ソ連に留学。1946年朝鮮労働党に入党。62年より北朝鮮最高人民会議代議員。54年金日成総合大学哲学講座長、65年同大総長。70年より党中央委員。72〜83年最高人民会議議長、同常設会議議長。79年主体(チュチェ)思想研究所長。80年より党書記局書記(国際担当)。84年祖国平和統一委副委員長。87年社会科学者協会委員長、中央委委員長として北朝鮮の国家イデオロギー“チュチェ思想”の発展に努める。93年12月最高人民会議外交委員長。94年7月金日成主席の死去に伴い発表された国会葬儀委員の名簿では序列26位だった。金日成主席の親類で金正日書記の後見人ともいわれていたが、97年2月3度目の来日の後、中国・北京に立ち寄り、韓国大使館に亡命を申請。同年3月フィリピンに一時滞在し、4月韓国入り、10月韓国籍を取得。それまでに北朝鮮を脱北して韓国に渡った2万人近い脱北者の中で最高位の人物とされた。97年11月〜2003年11月統一政策研究所理事長。99年脱北者同志会名誉会長。03年10月〜11月亡命後初めて韓国を出国し、米国を訪問、保守系団体“ディフェンス・フォーラム”主催の会議で演説した。07年4月脱北者や支援団体などでつくる“北韓(北朝鮮)民主化委員会”の委員長を務め、金正日総書記らに対する厳しい批判を展開。北朝鮮の民主化と南北統一を訴えた。日本語とロシア語が堪能だった。

ファン・ナクジュ (黄 珞周)

Hwang Nak-joo

〜2002.12.12

韓国国会議長　[出]慶尚南道　[学]ソウル大学卒, 早稲田大学大学院修了　[歴]1972年野党・

新民党から立候補して韓国国会議員に初当選。以後7期に渡り与野党で国会議員を務めた。94〜96年国会議長を務め、95年には選挙法改正案をめぐって野党議員によって自宅を包囲された。

ファン・ビョンソ（黄 炳瑞）

Hwang Pyong-so

1949〜

北朝鮮国務副委員長, 朝鮮労働党政治局常務委員, 朝鮮人民軍総政治局長　[歴]2005年朝鮮労働党組織指導部副部長への就任が判明。14年3月組織指導部第1副部長への就任が公式に確認された。同年4月次帥に昇格、5月崔竜海の後任として軍総政治局長就任が判明。9月国防副委員長に就任。10月仁川アジア大会閉会式に合わせ訪韓。15年4月党政治局常務委員就任が判明。8月板門店での南北高官会談首席代表。16年6月国務副委員長。

ファンデアベレン, アレクサンダー

Van der Bellen, Alexander

1944.1.18〜

オーストリア大統領　経済学者　[出]ウィーン　[学]インスブルック大学卒 経済学博士（インスブルック大学）　[歴]父はロシア人、母はエストニア人で、スターリン時代のソ連から亡命してきた両親のもとウィーンで生まれる。ソ連赤軍がオーストリアに侵攻すると、一家でアルプスのチロル州へ逃れた。州都インスブルックの大学で経済学者となり、1980年ウィーン大学の教授に招かれ、社会経済学部長を務める。その後政界へも進出、社会民主党を経て、リベラル政党・緑の党へ移り、94年国民議会（下院）議員に当選。97年〜2008年党首を務め、同党を主要政党の一つに育てた。16年5月大統領選の決選投票で、難民危機で勢いに乗る右翼ポピュリスト政党の自由党公認候補を僅差で破り当選したが、憲法裁判所は開票手続きに不正があったと判断しオーストリア全土で決選投票をやり直しとする判決を下す。12月大統領やり直し決選選挙で勝利し、17年1月就任。

ファン・デン・ブルック, ハンス

Van Den Broek, Hans

1936.12.11〜

欧州連合（EU）欧州委員会委員, オランダ外相　[出]パリ（フランス）　[学]ユトレヒト大学卒　[歴]1965〜68年ロッテルダムで弁護士開業。70〜74年レーデン市議会議員。76年下院議員となり、81〜82年ファン・アフト政権下で外務担当国務相、82年11月ルベルス政権下で外相に就任。93年1月外相を辞任し、欧州共同体（EC）委員に就任。同年11月欧州連合（EU）移行に伴い、欧州委員会委員となり対外政治関係・共通外交安全保障政策、加盟国拡大交渉担当。95年東欧・旧ソ連、共通外交安保政策担当。99年3月予算をめぐる不祥事の責任を取り総辞職した。訪日5回。

ファン・バン・カイ

Phan Van Khai

1933.12.25〜2018.3.17

ベトナム首相, ホーチミン市長　[出]フランス領インドシナ・サイゴン郊外クチ（ベトナム・ホーチミン市）　[学]モスクワ経済大学（1965年）卒　[歴]旧ソ連で教育を受けたエコノミスト。1947年より革命運動に従事。54年南北分断後、北ベトナムへ移住。59年ベトナム労働党（ベトナム共産党）入党。60〜65年モスクワに留学。65〜72年国家計画委員会に勤務。80年ホーチミン市共産党委員会副委員長、82年ベトナム共産党中央委員候補、84年党中央委員、同年ホーチミン市党委委員長代理。85年7月〜89年ホーチミン市人民委員会委員長（市長）。89年3月〜91年国家計画委委員長。91年6月第7回党大会で政治局員。同年8月ベトナム政府第1副首相、経済担当。92年7月国会議員に当選。97年9月〜2006年6月首相。在任中は対外開放などを通じて経済発展を目指すドイモイ（刷新）政策を推進した。この間、1999年3月来日。2003年小泉純一郎首相との会談で日越投資保護協定について基本合意。05年ベトナム戦争終結後、首相として初めて米国を訪問。ブッシュJr.米大統領からベトナムの世界貿易機関（WTO）加盟支持をとりつけるなど、ベトナムの経済成長を軌道に乗せる上で大きな役割を果たした。　[勲]旭日大綬章（日本）（2006年）

ファン・ミエルト, カレル

Van Miert, Karel

1942.1.17〜2009.6.22

欧州連合（EU）欧州委員会委員, ベルギー下院議員　[出]ベルギー・アウト・トゥルンハウト　[学]ゲント大学外交学専攻卒　[歴]国立

科学技術研究基金研究員を経て、1976年ベルギー社会党副書記長、77年社会党共同党首、フラマン社会党党首、78〜80年3月EC社会主義党同盟副会長、79年6月〜85年10月欧州議会議員を歴任し、85〜88年ベルギー下院議員。89年1月欧州共同体（EC）委員会委員に就任。93年11月欧州連合（EU）移行に伴い欧州委員会委員。99年3月予算をめぐる不祥事の責任を取り総辞職した。2000年よりネイエンロード大学学長。

ファン・ミルロー, ハンス

Van Mierlo, Hans

1931.8.18〜2010.3.11

オランダ副首相・外相　㉗ブレダ　㉓Van Mierlo, Henricus Antonius Franciscus Maria Oliva　㉕ネイメーヘン大学　㉙1960〜67年ジャーナリストとして活動。66年オランダ民主党（D66）初代党首となり、67〜74年、86〜94年D66党首。67〜77年、86〜94年下院議員。83〜86年上院議員。81〜82年国防相を経て、94年副首相兼外相、98年名誉国務相。

ファン・ロンパイ, ヘルマン

Van Rompuy, Herman

1947.10.31〜

ベルギー首相, 欧州連合（EU）大統領　㉗フランドル地方エッテルベーク　㉕ルーベン・カトリック大学卒　㉙オランダ語圏のフランドル地方出身で、父は大学で教鞭を執る経済学者だった。少年時代、父の赴任先・コンゴ（旧ザイール）で過ごす。大学で哲学と経済学を専攻。1973〜75年北部オランダ語圏の右派キリスト教民主フランドル党（CD&V）の前身フラマン系キリスト教民主党（CVP）の青年組織副代表。88〜93年CVP党首。88〜95年ベルギー上院議員。93〜99年副首相兼予算相を務め、歳出に大なたを振るって恒常的な財政赤字からの脱却に成功した。95年より下院議員。2007年下院議長を経て、08年12月〜09年11月首相。09年11月新設の欧州連合（EU）欧州理事会常任議長（大統領）に選出され、12月就任。12年3月EU大統領に再選、6月2期目就任。14年11月退任。長きに渡る政界人生で一貫して経済畑を歩んできた経済政策のスペシャリストとして知られる。一方、俳句を趣味とし、個人ブログでオランダ語の"ハイク"を披露する。10

年には初の句集を出版した。　㉝旭日大綬章（日本）（2015年）　㉒アジアコスモポリタン賞文化賞（第3回, 日本）（2017年）

フィーヴェ, カーシ・クルマン

Five, Kaci Kullmann

1951.4.13〜2017.2.19

ノルウェー貿易・海運相, ノーベル委員会委員長　㉗オスロ　㉓Five, Karin Cecilie Kullmann　㉕オスロ大学卒　㉙1981年ノルウェー保守党から国会議員に当選。89〜90年貿易・海運相を務めたほか、91〜94年保守党初の女性党首を務めた。2003年ノーベル平和賞を選定するノーベル委員会委員に任命され、09年副委員長、15年委員長に就任。同年チュニジアの"国民対話カルテット"、16年コロンビアのサントス大統領への平和賞授与を決めた。

フィゲレス, ホセ・マリア

Figueres, José Maria

1951.12.24〜

コスタリカ大統領　実業家　㉗サンホセ　㉓Figueres Olsen, José Maria　㉕米国陸軍士官学校（1979年）卒, ハーバード大学ケネディ行政学院修士課程修了　㉙コスタリカ民主化の父と称されたホセ・フィゲレス・フェレル元大統領の息子で、妹のクリスティアナ・フィゲレスは国連気候変動枠組み条約（UNFCCC）事務局長を務めた。鉄道公社副総裁、アリアス政権で1986〜90年コスタリカ貿易相、農相を歴任。94年2月大統領に当選、5月就任、98年まで務めた。国民解放党（PLN党）。2004年よりスペイン・マドリードのコンコーディア21（Concordia21）のCEO（最高経営責任者）。　㉟父＝ホセ・フィゲレス・フェレル（コスタリカ大統領）,妹＝クリスティアナ・フィゲレス（外交官）

フィシェル, ヤン

Fischer, Jan

1951.1.2〜

チェコ首相　経済学者　㉗チェコスロバキア・プラハ（チェコ）　㉕プラハ経済大学卒　㉙チェコスロバキアの社会経済情報研究所、国立統計局に勤務し、1990〜93年国立統計局副長官。スロバキアの分離独立後、93年〜2000年チェコ統計局副長官。国政・地方選挙の調査分析チームを率いた。01年には

国際通貨基金(IMF)の東ティモール・ミッションに参加。03年統計局長官を経て、09年4月チェコ首相に就任。10年7月退任。

フィツォ, ロベルト
Fico, Robert
1964.9.15〜
スロバキア首相　[出]チェコスロバキア・トポルチャニ(スロバキア)　[学]コメニウス大学法学部(1986年)卒　[歴]1986〜92年チェコスロバキア法務省法律研究所研究員(刑法担当)。この間、88年司法試験に合格。92年スロバキア共和国議会議員に当選。94年〜2000年欧州人権裁判所などでスロバキア代表。1996年旧チェコスロバキア共産党の流れを汲む民主左翼党副議長。99年中道左派政党スメル(道標)を設立、党首に就任。2006年6月国民議会選挙でスメルが第1党に躍進､7月〜10年7月首相。12年4月再び首相。14年3月の大統領選決選投票で敗北、首相留任。18年3月汚職を追及していたジャーナリストが殺害され政権批判が高まった責任を取り辞任。

フィッシャー, ティモシー
Fischer, Timothy
1946.5.3〜
オーストラリア副首相　[出]ニューサウスウェールズ州ロックハート　[名]Fischer, Timothy Andrew, 通称＝Fischer, Tim　[歴]1984年オーストラリア下院議員に当選。93年“影の内閣”の貿易担当を経て、96年3月ハワード内閣の副首相兼貿易相に就任。98年10月再任、99年6月辞任。同年7月オーストラリア国民党党首も辞任。2002年下院議員を退いた。09〜12年駐ローマ教皇庁大使。

フィッシャー, ハインツ
Fischer, Heinz
1938.10.9〜
オーストリア大統領　政治学者　[出]グラーツ　[学]ウィーン大学(法律学)卒 法学博士号(ウィーン大学)(1961年)　[歴]政治家の父を持ち、大学で法律学を専攻する傍ら、在学中から政治活動を始める。オーストリア社会党(現・社会民主党)議員団のスタッフなどを経て、1979年〜2004年副党首。1971年オーストリア国民議会(下院)議員に社会党から当選。75年社民党院内副総務を経て、79年社民党副党首。83〜87年科学技術相、90年〜2002年国民議会議長を務め、02年の総選挙敗北後、副議長となる。04年4月大統領選に勝利し、7月18年ぶりに社民党から大統領に就任。10年7月再選。16年7月退任。一方、1978〜94年インスブルック大学政治学准教授、94年より教授を務める。

フィッシャー, ヨシュカ
Fischer, Joschka
1948.4.12〜
ドイツ外相・副首相, 緑の党指導者　[出]ゲーラブロン　[歴]ギムナジウムを中退後、写真家見習いを経て、1968年学生運動に参加。街頭行動を指揮して警官隊と衝突するなど、毛沢東主義を信奉する過激派として活動した。70年代に環境保護運動へ活動の場を移し、タクシー運転手、本屋などを経て、82年緑の党に入党。83年連邦議会議員に初当選。85〜87年ヘッセン州環境エネルギー相。87〜91年緑の党州議会議員団長。91〜94年同州副首相兼環境エネルギー相。94年10月連邦議会議員。94〜98年緑の党連邦議会議員団長。98年9月社会民主党(SPD)のドイツ総選挙圧勝により緑の党は連立政権を担い、10月シュレーダー政権下で副首相兼外相に就任。その現実主義的な路線の下、緑の党は“反対のための反対”を唱える小党を脱皮し、政権担当能力を獲得した。また連立与党として産業界の声を取り入れながらも党是である脱原発政策を実現。99年の北大西洋条約機構(NATO)によるユーゴスラビア空爆では、ドイツ連邦軍のNATO域外派兵を支持した。2005年11月保革2大政党による大連立のメルケル政権が誕生すると執筆活動に専念。06年6月政界を引退。

フィッシャー, レニ
Fischer, Leni
1935.7.18〜
欧州議会議長　[学]ミュンスター大学卒　[歴]1959年教員の資格を取得。中学教師を務める。68年キリスト教民主同盟(CDU)に参加。76年からドイツ連邦議会議員。85年より欧州議会のメンバーに。96年欧州議会議長に就任。99年退任。

フィーニ, ジャンフランコ

Fini, Gianfranco

1952.1.3〜

イタリア副首相・外相, イタリア国民同盟（AN）党首　㊐ボローニャ　㊤ジャーナリストを経て、1983年からイタリア下院議員。87年12月旧ファシスト系のイタリア社会運動（MSI-DN）書記長、95年1月発展解消して国民同盟（AN）党首となり、脱ファシストを推進。2008年退任。この間、01年6月〜04年ベルルスコーニ内閣で副首相。02年2月欧州連合（EU）将来像協議会イタリア代表。04年11月〜06年5月外相。08年4月〜13年3月下院議長。

フィノ, バシュキム

Fino, Bashkim

1962.10.12〜

アルバニア首相　経済学者　㊤ティラナ大学卒　㊧1992〜96年ジロカストロ市長。97年3月〜7月アルバニア首相、同年7月〜98年10月副首相、99年〜2001年地方政府相、01〜02年、03〜05年公共事業・観光相。

フィヨン, フランソワ

Fillon, François

1954.3.4〜

フランス首相　㊐ルマン近郊　㊥Fillon, François-Charles Amand　㊤メーヌ大学, ルネ・デカルト大学　㊧父は弁護士、母は歴史家。ルマンとパリの大学で公共法を学ぶ。地元議員、市長などを経て、1981年27歳の最年少でフランス国民議会（下院）議員に初当選。93〜95年高等教育研究相。98年より共和国連合（RPR）スポークスマン。2002年からシラク大統領の下で社会事業・労働相（02〜04年）、国民教育相（04〜05年）などを歴任、左派から攻撃されながら年金制度や教育制度の改革に取り組んだ。04〜07年サルト県上院議員。07年の大統領選では国民運動連合（UMP）のサルコジ候補の右腕として活躍。同年5月サルコジ大統領に指名され、首相に就任。総選挙後の6月18日総辞職、首相再任命を受け19日第2次内閣発足。12年5月首相退任。同年6月の下院選で再選。11月のUMP党首選でコペ幹事長に敗れた。16年11月中道右派の大統領候補を決める予備選決選投票でジュペ元首相に勝利。大統領選の大本命と見られていたが、妻らへの不正給与疑惑が持ち上がり、支持率が降下。17年4月の第1回投票で決選投票に残れず、敗北宣言した。　㊞レジオン・ド・ヌール勲章グラン・オフィシエ章, メリット勲章大十字章, 旭日大綬章（日本）（2013年）

フィラトフ, セルゲイ

Filatov, Sergei

1936.6.10〜

ロシア大統領府長官, ロシア知識人会議執行委員長　㊐ソ連ロシア共和国モスクワ　㊥Filatov, Sergey Alexandrovich　㊤モスクワ動力工学大学（1964年）卒　㊧1969〜86年全ソ冶金・機械建設開発設計研究所勤務。90年ロシア人民代議員、同最高会議議員、91年1月最高会議幹部会書記となり、8月のクーデター未遂事件では議員による防衛軍を指導。93年1月〜96年1月大統領府長官。97年ロシア知識人会議執行委員長に就任。

フィラリ, アブデルラティフ

Filali, Abdellatif

1928.1.26〜2009.3.20

モロッコ首相・外相　外交官　㊐フェズ　㊤パリ大学法学部卒　法学博士　㊧1954〜56年パリの国立科学研究センターでモロッコ史の歴史的、外交的研究に従事。57年モロッコ外務省に入省。58〜59年国連次席代表。62〜63年駐ベネルックス大使、65〜67年駐中国大使、67〜68年駐アルジェリア大使、68〜70年高等教育相、70〜71年、72〜78年駐スペイン大使、78〜80年国連代表、80〜81年駐英大使などを歴任。83年情報相を経て、85〜98年外相、94〜98年首相を務めた。

フィリガー, カスパー

Villiger, Kaspar

1941.2.5〜

スイス大統領　㊐ルツェルン州プフェフィコン　㊤スイス工科大学　㊧1972〜82年ルツェルン州議会議員、82年スイス国民議会（下院）議員、89年より連邦議会議員。89〜95年国防相。94年副大統領、95年1月〜12月大統領（任期1年の輪番制）兼務。96年より財政相。2001年副大統領、02年大統領兼任。

フィリップ, エドゥアール

Philippe, Édouard

1970.11.28〜

フランス首相　[出]ルーアン　[学]パリ政治学院（1992年）卒, 国立行政学院（ENA）（1997年）卒　[歴]両親はフランス語教師。学生時代はフランス社会党（中道左派）に所属。エリート養成の国立行政学院（ENA）を卒業後、1997年より国務院に勤務。2001年ルアーブル市副市長、02年アラン・ジュペ元首相が党首となった保守中道の国民運動連合（UMP）事務総局長に就任。07年エコロジー・持続的開発相を務めたジュペの官房に勤務し、07〜10年原子力大手のアレバ幹部を務めた。10年ルアーブル市長に当選。12年共和党（中道右派）から国民会議（下院）議員に当選。17年フランス史上最年少の39歳で大統領となったエマニュエル・マクロンのもと、首相に就任。共和党内では穏健な右派で、ジュペ元首相の側近として知られる。親欧州派。

フィンボガドチル, ビグジス

Finnbogadóttir, Vigdís

1930.4.15〜

アイスランド大統領　[出]レイキャビク　[学]アイスランド大学卒, グルノーブル大学卒, ソルボンヌ大学卒　[歴]フランスと北欧で演劇を学ぶ。短大のフランス語教員などを経て、1972年レイキャビク市劇場支配人。シングルマザーだった80年8月公選で大統領に就任。選挙による女性元首の誕生は世界初だった。86年冷戦下の米ソ首脳、レーガン、ゴルバチョフ会談をレイキャビクで実現させ世界の注目を集めた。88年6月3選。96年6月退任。女性解放運動指導者で左派の論客。国連教育科学文化機関（UNESCO）親善大使も務める。96年5度目の来日。　[賞]学習院大学名誉文学博士号（1991年）

ブエズ, ファレス

Bouez, Fares

レバノン外相　[歴]弁護士。1990年12月発足した挙国一致内閣で、義父のヘラウィ大統領の指名で外相に就任。91年10月マドリードでの中東和平会議に出席。98年11月退任。[家]義父＝エリアス・ヘラウィ（レバノン大統領）

フェネティアン, ルナルド・ロナルド

Venetiaan, Runaldo Ronald

1936.6.18〜

スリナム大統領　[出]パラマリボ　[学]ライデン大学（オランダ）卒 数学・物理学博士（ライデン大学）　[歴]スリナム大学講師を経て、1973〜80年教育・地域開発相。88年からクレオール（黒人と白人との混血）を代表するスリナム国民党（NPS）の顧問会議議長。88〜91年再び教育・地域開発相。89〜91年国連教育科学文化機関（UNESCO）執行委員会委員。91年スリナム国民党党首となり、91〜96年大統領。96〜2000年国会議員。連立与党の“民主主義・発展・新国民戦線（NF）”の指導者。00年8月大統領に返り咲く。05年5月総選挙を実施、8月大統領再任。10年退任。

フェブレス・コルデロ, レオン

Febres Cordero, León

1931.3.9〜2008.12.15

エクアドル大統領, グアヤキル市長　[出]グアヤキル　[名]Febres Cordero Rivadeneira, León　[歴]会社社長を務めたあとグアヤキル工業会議所副会頭。1968〜70年エクアドル上院議員。79年から1院制議会のキリスト教社会党（PSC）議員。84年大統領選に当選、同年8月〜88年8月大統領。92年〜2000年グアヤキル市長。

フェルナンデス, アルベルト

Fernández, Alberto

1959.4.2〜

アルゼンチン首相　[出]ブエノスアイレス　[名]Fernández, Alberto Angel　[歴]2003年5月の大統領選でキルチネル大統領の選挙参謀として活躍。同年首相に指名され、07年12月まで務めた。

フェルナンデス, ジョージ

Fernandes, George

1930.6.3〜

インド国防相　[出]英領インド（インド・カルナタカ州バンガロール）　[歴]1977年インド通信相、77〜79年工業相、89〜90年鉄道相、98〜2001年、01〜04年国防相を歴任。

フェルナンデス, レオネル

Fernández, Leonel

1953.12.26〜

ドミニカ共和国大統領　[出]サントドミンゴ　[名]Fernández Reyna, Leonel Antonio　[学]サントドミンゴ自治大学卒 法学博士（1978年）

㊙少年時代をニューヨークで過ごす。大学在学中の1973年ドミニカ解放党（PLD）の創設に参加。その後、サントドミンゴ自治大学講師、弁護士として活躍。96年6月PLD候補として大統領選に出馬し当選、8月就任。2000年8月退任。04年5月の選挙で大統領に返り咲き、8月再任。08年5月の大統領選で当選、8月3期目の就任。12年8月退任。フランス語、英語が堪能。

フェルナンデス・デ・キルチネル, クリスティナ

Fernández de Kirchner, Cristina

1953.2.19〜

アルゼンチン大統領　㊍ブエノスアイレス州ラプラタ　㊆Fernández de Kirchner, Cristina Elisabet　㊊ラプラタ大学法学部（1979年）卒　㊙中流家庭の出身。若くして正義党（ペロン党）の下部組織に入る。1975年大学の学生運動でネストル・キルチネルと出会い、学生結婚。のち夫はサンタクルス州知事となり、自身は弁護士を務める。民政復帰後の89年サンタクルス州議会議員、95年同州選出アルゼンチン上院議員、97年下院議員、2001年再び上院議員となる。03年夫がアルゼンチン大統領に就任し、中道左派政権が誕生、ファーストレディーとなる。05年ブエノスアイレス州選出の上院議員。07年10月夫が不出馬を表明したアルゼンチン大統領選に夫の後継として出馬し当選、12月就任。11年10月南米の女性大統領として初の再選を果たし、12月2期目就任。15年11月任期満了に伴う大統領選では自身が押す中道左派政権の継承を掲げたブエノスアイレス州知事ダニエル・シオリが、中道右派の野党候補でブエノスアイレス市長のマウリシオ・マクリに僅差で敗れた。政権交代は14年ぶり。"ラテン版ヒラリー""エビータの再来"とも呼ばれた。17年新たな左派政党・市民連合を設立。　㊲夫＝ネストル・キルチネル（アルゼンチン大統領）

フェルバー, ルネ

Felber, René

1933.3.14〜

スイス大統領　㊍ベルン州ビール　㊙ヌーシャテル州教員資格を取得し、1953〜64年教員。64〜80年ル・ロクル市長、67〜81年連邦下院議員、81〜87年ヌーシャテル州財務相（83〜87年同州副知事兼任）などを経て、88年外相、91年副大統領、92年1月大統領（1年ごとの輪番制）。

フェルホフスタット, ヒー

Verhofstadt, Guy

1953.4.11〜

ベルギー首相, 欧州議会議員　㊍デンデルモンデ　㊆Verhofstadt, Guy Maurice Marie Louise　㊊ヘント大学法学部卒　㊙弁護士。1976年ヘント市議。82年28歳でフラマン系の自由民主党（VLD）の前身政党（PVV）の党首となる。85〜88年ベルギー副首相兼予算相。92〜95年、97〜99年VLD党首。95〜99年国務相、上院議員。99年7月総選挙でVLDが第1党となり、6党連立内閣で首相に就任。38年以来初のリベラル派の首相となる。2003年7月再任。07年6月総選挙で敗北、12月暫定内閣首相。08年3月退任。09年7月より欧州議会議員、欧州自由民主同盟（ALDE）代表。14年欧州自由民主連盟グループより欧州連合（EU）欧州委員会委員長候補に挙げられる。1988年日本政府のオピニオンリーダー招請で来日。

フォーキン, ヴィトリド

Fokin, Vitold

1932.10.25〜

ウクライナ首相　㊍ザポロジエ州ノヴォニコラエフカ区ノヴォニコラエフカ村　㊆Fokin, Vitold Pavlovich　㊊ドニエプロペトロフスク鉱業大学（1954年）卒　㊙ロシア人。ウクライナ共和国で鉱山技師として働いた後、1972年同共和国国家計画委員会副議長、79〜87年同委第1副議長、87年同委議長、同共和国大臣会議副議長、89年ソ連人民代議員大会憲法委員、90年7月ソ連共産党中央委員、同年11月同共和国大臣会議議長を歴任。91年4月同共和国首相に就任するが、92年10月経済危機の責任を取り辞任。

フォス, ペール・クリスティアン

Foss, Per-Kristian

1950.7.19〜

ノルウェー財務相　㊍オスロ　㊊オスロ大学卒　㊙1977年ノルウェー国会議員に当選。2001年10月財務相に就任。05年退任。

フォスター, アーリーン
Foster, Arlene
1970～

北アイルランド自治政府首相, 民主統一党（DUP）党首　⊕北アイルランド・ロスリー　⊗旧姓（名）=Kelly, Arlene　⊕クイーンズ大学ベルファスト卒　⊕英国との連合維持派と独立派が激しく対立する北アイルランドに生まれ, 8歳の時, 自宅で父親がアイルランド共和軍（IRA）に狙撃される。16歳の時にはスクール・バスの爆破騒動に巻き込まれるなど, 北アイルランドの紛争期に多感な時期を過ごした。弁護士を経て, 2004年プロテスタント強硬派の民主統一党（DUP）に入党。15年党首に就任。翌16年1月には45歳で北アイルランド自治政府の史上最年少にして初の女性首相に就いた。

フォックス, アンソニー
Foxx, Anthony
1971～

米国運輸長官, シャーロット市長　⊕ノースカロライナ州シャーロット　⊕ニューヨーク大学（法律）, デービッドソン大学（歴史学）卒　⊕デービッドソン大学で黒人として初めて学生会長を務めた。大学卒業後, 弁護士を開業。米国司法省公民権部門弁護士, 連邦議会下院法務委員会法務顧問も務めた。一方, 2005年より全州選出シャーロット市議を2期, 09～13年シャーロット市長を務めた。13年7月2期目のオバマ政権で第17代運輸長官に就任。17年1月退任。

フォックス, ビセンテ
Fox, Vicente
1942.7.2～

メキシコ大統領　実業家　⊕メキシコシティ　⊗Fox Quesada, Vicente　⊕イベロ・アメリカ大学経営学部（1964年）卒, ハーバード大学経営コース　⊕父はアイルランド系メキシコ人, 母はスペイン人。メキシコ中部グアナファト州の農場で7人兄弟の二男として育つ。1964年コカ・コーラ・メキシコに入社。営業部長などを経て, 74年社長に就任, 販売拡大に手腕を発揮。79年退社し, 故郷で兄弟が営む農業ベースの多角事業に取り組む。一方, コカ・コーラ社時代からの交友が縁で, 88年中道右派の野党・メキシコ国民行動党（PAN）に入党。88～91年連邦下院

議員。95年5月～99年8月グアナファト州知事を務め, 外資誘致などの振興策を相次いで打ち出し, 全国的に知名度を高める。99年党予備選で圧倒的支持を得て大統領候補となり, 2000年7月制度的革命党（PRI）の大統領候補を破り, 大統領に当選, またPANは議会選でも上下両院で第1党となり, 71年ぶりの政権交代となる。同年12月就任。06年11月退任。英語が堪能で, 米政財界に幅広い人脈を持つ。

フォーリー, トーマス
Foley, Thomas
1929.3.6～2013.10.18

駐日米国大使, 米国下院議長（民主党）　法律家　⊕ワシントン州スポケーン　⊗Foley, Thomas Stephen　⊕ワシントン大学ロースクール卒　⊕大学で弁護士の資格を取り, スポケーン郡検事補, ワシントン州司法次官補を務めるが, 1961年地元選出のヘンリー・ジャクソン上院議員の要請で議会スタッフとなる。64年ワシントン州選出の下院議員に初当選, 65年1月就任。以来連続10期務めたが, 94年11月の中間選挙で落選。この間, 下院のドンといわれたオニール元議長の信頼を得, 75～81年農業委員長, 81～87年民主党下院院内幹事（副総務）, 87～89年同院内総務など下院内の要職を歴任。89年6月不正献金疑惑で辞任に追い込まれたジム・ライト議長の後任として第49代下院議長に就任。95年1月まで務めた。190センチ, 100キロを超す巨体だが, スポーツはあまりやらず, 温厚な人柄, 政治的調整力, 私生活のクリーンさには定評があった。穏健リベラル派に属し, 軍事費削減, 銃砲規制, 妊娠中絶合法化論者で, 航空自衛隊の次期支援戦闘機（FSX）共同開発を支持する知日派の代表格でもあった。95年下院議員退任後はワシントンの法律事務所で国際問題を担当する弁護士として活躍。同年食品会社H.J.ハインツ取締役。97年11月～2001年2月クリントン政権で駐日大使を務める。この間, 米軍普天間基地移設へ向けた日米の調整に手腕を発揮した。09年1月オバマ政権の対日政策顧問グループ名誉会長。日本の戦後復興に感激したことが親日家となるきっかけだったといい, 1980年代末から90年代初めに米議会で"日本叩き"の動きが強まった時期にも日本を擁護し続けた。98年11月には大相撲の横綱曙夫妻の結婚式の媒酌人を務めた。　⊛勲一等旭

日桐花大綬章(日本)(1996年) [賞]同志社大学名誉文化博士号(1998年)

フォール, ダニー

Faure, Danny

1962.5.8〜

セーシェル大統領　[出]ウガンダ・キレンベ [名]Faure, Danny Rollen Antoine [歴]セーシェルの小・中学校を卒業後、キューバの学校で政治学の学位を取得。1985年帰国し、セーシェル教育省に勤務。98年教育相、2001年教育・青年相、06年財務相。09年人民党(SPPF, 旧セーシェル人民進歩戦線)書記長に就任。10年副大統領(青年相, 行政・情報通信技術相兼務)。ミシェル大統領の辞任に伴い、16年10月大統領に就任。外相、国防相、公共政策相、法相を兼務。

フォルタイン, ピム

Fortuyn, Pim

1948.2.19〜2002.5.6

フォルタイン党党首　社会学者　[出]ベルゼン [学]アムステルダム大学卒 [歴]グロニンゲン大学やエラスムス大学などで教鞭を執る傍ら、雑誌「エルセフィール」の人気コラムニストとしても活躍。その後政治家に転身し、2002年3月 "暮らしやすいオランダ党"の党首に就任。直後に政治問題で対立し、脱退して自らの名を冠した極右の新政党 "フォルタイン党"を結成。移民排斥、特にイスラム系移民の規制強化を主張し、多くの移民系住民を抱えるオランダで急速に支持を獲得した。一方、同性愛を公言し、スキンヘッドに派手なネクタイなどの個性的な風貌でも耳目を集めた。同年5月フランスの極右政党・国民戦線のルペン党首が大統領選決選投票に進出するなど、ヨーロッパで極右政党が台頭する中、総選挙のキャンペーン先で左翼と見られる人物に銃で撃たれて死亡した。その後、ウィルヘルミナ女王の死去以来40年ぶりの国民行事として、遺体に別れを告げる儀式が行われた。

フォルネ・モルネ, マルク

Forné Molné, Marc

1946〜

アンドラ首相　法律家　[学]バルセロナ大学 [歴]1994年アンドラ首相に就任。2001年4月第4次フォルネ内閣発足。05年1月来日し、小泉純一郎首相と会談。同年5月退任。

フォンセカ, ジョルジ・カルロス

Fonseca, Jorge Carlos

1950.10.20〜

カーボヴェルデ大統領　[出]ポルトガル領カーボヴェルデ諸島ミンデロ(カーボヴェルデ) [名]Fonseca, Jorge Carlos de Almeida [学]リスボン大学(ポルトガル)大学院法学修士課程修了 [歴]1975〜77年カーボヴェルデ移民局長、77〜79年外務省官房長、91〜93年外相。2001年の大統領選で落選。11年8月の大統領選で "民主主義のための運動(MPD)" 候補として出馬し当選、9月就任。

フォンデアライエン, ウルズラ

Von der Leyen, Ursula

1958.10.8〜

ドイツ国防相　産婦人科医　[出]ベルギー・ブリュッセル [学]ハノーファー医学大学(MHH)卒, ロンドン経済学院, スタンフォード大学経済大学院修了 [歴]父はニーダーザクセン州首相を務めた政治家。医学を修め、ハノーファー大学病院の産婦人科に医師として勤務。同僚と結婚し、4年間米国スタンフォード大学経済大学院で学んだ後、1998年〜2002年再びハノーファー大学で社会衛生学を研究。一方、1990年キリスト教民主同盟(CDU)に入党。2003年よりニーダーザクセン州連邦議会議員。メルケル政権で、05年青少年・家族相、09年労働・社会相を経て、13年12月女性初の国防相に就任。7人の子を持つ母親でもある。

フォンテーヌ, ニコル

Fontaine, Nicole

1942.1.16〜

フランス産業担当相, 欧州議会議長　法律家 [出]ノルマンディー [学]パリ政治学院卒 [歴]1964年弁護士となる。84年フランス民主連合(UDF)に入党。同年より欧州議会議員(欧州人民党)を務め、89〜94年副議長、94〜99年第1副議長を経て、99年7月〜2002年1月議長。02年6月第2次ラファラン内閣の産業担当相に就任。04年退任。UDF副党首。

ブカラム, アブダラ

Bucaram, Abdalá

1952.2.20〜

エクアドル大統領　㋐グアヤキル　㋖グアヤキル大学卒　㋘レバノン系。1983年左翼民族主義を掲げてロルドス党を結成。84年グアヤキル市長に初当選。85年軍を侮辱した罪で起訴されパナマに亡命。88年エクアドル大統領選に初出馬し落選、直後、市長時代の横領罪が明るみに出て、再びパナマに亡命。96年3回目の挑戦で大統領選に当選。97年2月野党側が罷免を求める動議を提出、過半数の賛成で可決された。のちパナマに逃亡。同年4月最高裁は大統領府特別基金の不正流用容疑で逮捕命令を出した。往年の陸上短距離選手で名サッカー選手。

ブキャナン, パット
Buchanan, Pat
1938.11.2～
米国大統領補佐官　政治評論家, 政治コラムニスト　㋐ワシントンD.C.　㋔Buchanan, Patrick Joseph　㋖ジョージタウン大学卒, コロンビア大学大学院ジャーナリズム学科修士課程修了　㋘1962年23歳で地方紙「セントルイス・グローブ・デモクラット」の論説記者となり、66年ニクソンの選挙運動に関わったのをきっかけに政治の世界へ。69～73年ニクソン政権で特別補佐官、73～74年ニクソン及びフォード大統領の顧問、85～87年レーガン政権で広報担当補佐官を務めるなど、3人の共和党大統領のスピーチライターとして活躍した。ブッシュSr.政権誕生でホワイトハウスを離れた後は、88年よりCNNテレビの人気討論番組「クロスファイア」にレギュラー出演する一方、保守派コラムニストとして内政重視の"アメリカ・ファースト"を唱え、孤立主義の立場から湾岸戦争に反対する論陣を張った。92年大統領選の共和党予備選に出馬。96年大統領選に共和党候補として出馬。2000年離党し、第3党の改革党へ。

ブー・コアン
Vu Khoan
ベトナム副首相　外交官　㋐フランス領インドシナ・ハソンビン省（ベトナム）　㋘中国に留学経験があり、旧ソ連勤務を中心に外交官生活が長く、ベトナム経済調整局長も歴任。1991年ベトナム共産党中央委員会委員、外務次官を経て、2000年1月貿易相、02年7月副首相に就任。　㋘旭日大綬章（日本）（2007年）

フサイン, チョードリー・シュジャート
Hussain, Chaudhry Shujaat
1946.1.27～
パキスタン暫定首相　㋐パンジャブ地方の有力な政治一家に生まれる。1981年政界入り。86年パキスタン情報相、87年工業・生産相、90～93年、97～99年内相を歴任。最大政党パキスタン・イスラム教徒連盟（PML）に所属、2003年より総裁を務める。04年6月首相に選出され、同年8月まで暫定首相を務めた。

ブザンスノ, オリヴィエ
Besancenot, Oliver
1974～
反資本主義新党（NPA）スポークスマン　㋘14歳の頃、教師の影響で人種差別などの社会問題に関心を持つようになり、1991年極左小党の革命的共産主義者同盟（LCR）に入党。大学で歴史を専攻、大学院に進むが、97年パリ郊外ヌイイシュルセーヌの郵便局に入り、郵便配達員の傍ら政治活動を行う。2002年27歳で同党から最年少でフランス大統領選に立候補、説得力のある演説で121万票、得票率4.25パーセントを獲得。さらに、07年の大統領選でも149万票、投票率4.08パーセントを獲得し、候補者12人中5位となる。09年反資本主義新党（NPA）を設立、設立大会で発言し、同党の顔として人気を集める。

フジモリ, アルベルト
Fujimori, Alberto
1938.7.28～
ペルー大統領　㋐リマ郊外ミラフローレンス　㋔Fujimori, Alberto Kenya　日本名＝藤森 謙也, 片岡 謙也　㋖ラモリナ国立農科大学（1960年）卒　㋘両親が熊本県河内村（現・熊本市河内町）出身の日系2世。ラモリナ国立農科大学を首席で卒業。1971年海外留学から帰国後、母校の数学科教授となり、84～89年学長。88年に政治組織"カンビオ（変化）90"を無党派の学者とともに創設、総裁に。90年の大統領選に彗星の如く登場し、6月作家バルガス・リョサを破って当選。7月日系人初の大統領に就任。92年3月国賓として来日。同年4月議会与党がないため軍部と組んで自己クーデターにより議会を解散、大統領大権を行使して経済再建と左翼ゲリラ鎮圧に全力をあげる。同月制憲会議議員選

挙を実施し、過半数の支持を獲得。95年4月大統領選再選。96年12月トゥパク・アマル革命運動(MRTA)によるペルー日本大使公邸人質事件が発生、97年4月22日特殊部隊による強行突入(チャビン・デ・ワンタル作戦)を決行、ゲリラは全員射殺され人質は無事救出された。2000年4月の大統領選では先住民出身のアレハンドロ・トレド候補と争い、5月トレド候補が選挙の不正を訴えボイコットした決選投票で当選、6月選挙裁判所が正式に認定し3選が確定、7月就任。その後、フジモリ政権の陰の実力者といわれたモンテシノス国家情報局(SIN)元顧問による国会での野党議員買収工作が発覚し、9月早期退陣を表明。11月急遽来日し、東京からファクスで辞表を送付したが、受理されず国会から罷免される。01年2月職務放棄と業務不履行の罪で起訴されるが、法廷への出頭を拒否したため、8月ペルー最高裁により逮捕状が出される。05年10月次期大統領選への立候補を表明し、11月日本からチリの首都サンティアゴに入るが、チリの警察に身柄を拘束される。06年1月自身が党首を務めるシ・クンプレを通じてペルー大統領選の立候補届を提出するが、選管により却下される。07年7月日本の参院選比例区に国民新党から立候補するが落選。同年9月ペルー側に身柄を引渡され、12月ペルー最高裁により職権乱用罪などの罪で禁錮6年、公職停止2年、罰金40万ソルの判決を受ける。08年4月二審で有罪が確定。09年4月ペルー最高裁により1990年代初頭の人権侵害事件で、禁錮25年の判決を受け服役。18年1月恩赦で12年ぶりに自由の身となった。　[賞]河内町名誉町民(熊本県)(1990年),上智大学名誉博士号(1992年),熊本県栄誉彰(1992年),熊本市民栄誉章(1992年),慶応義塾大学名誉博士号(1994年),東京農業大学名誉博士号(1996年)　[家]妻=片岡 都美(実業家),長女=ケイコ・フジモリ(ペルー国会議員),二男=ケンジ・フジモリ(ペルー国会議員),元妻=スサーナ・フジモリ,母=藤森 ムツエ

ブスタマンテ, アルフォンソ

Bustamante, Alfonso

1941.11.12～

ペルー首相　[出]アレキッパ　[名]Bustamantey Bustamante, Alfonso　[学]ペルー国立農科大学卒　[歴]米国ミシガン大学大学院に留学。ペルー南部の育畜協会副会長、開発協会会長などののち、1993年1月商工観光統合相を経て、同年8月首相(商工観光統合相兼任)。94年2月首相退任。

ブスタマンテ, アルベルト

Bustamante, Alberto

ペルー首相　法律家　[歴]ペルー政府の法律顧問を経て、1999年10月～2000年7月ペルー首相。　[家]祖父=ホセ・ルイス・ブスタマンテ(元ペルー大統領)

プストボイチェンコ, ワレリー

Pustovoitenko, Valerii

1947.2.23～

ウクライナ首相　[学]ドニエプロペトロフスク工科大学卒　[歴]1993年ウクライナ官房長官を経て、97年8月～99年12月首相を務める。

ブースロイド, ベティ

Boothroyd, Betty

1929.10.8～

英国下院議長　[出]ヨークシャー州デューズベリー　[学]デューズベリー・カレッジ　[歴]16歳で英国労働党に入党。若い頃はミュージカルやバラエティーショーで有名なロンドンの劇場パラディアムのダンシングチームの一員だった。労働党大臣の私設・政党秘書などを経て、1973年バーミンガムから5度目の挑戦で下院議員に当選(以後連続当選)。87～92年下院副議長。92年4月英国議会史上初の女性議長に選出される。97年5月留任。ユーモアを駆使して議事進行の難しい局面を乗り切る手腕が高く評価され、"マダム・スピーカー"と呼ばれた。独身を通し、党内では右派に属す。2000年政界を引退。

フセイニ, ファイサル

Husseini, Faisal

1940～2001.5.31

パレスチナ解放機構(PLO)執行委員,パレスチナ自治政府無任所相　パレスチナ人指導者　[出]イラク・バグダッド　[学]アメリカン大学(レバノン)　[歴]第1次中東戦争当時のパレスチナ国民軍の英雄だったアブデルカデル・フセイニの長男で、8歳で父を失った。のちエジプトで育ち、シリアで兵役を経験、レバノンで学ぶ。1959年のちにパレスチナ解放機構(PLO)内最大組織となるファタハを創設し、イスラエルへの抵抗闘争を

開始。67年の第3次中東戦争後、アラファトPLO議長の指示でイスラエル占領下のヨルダン川西岸に定住。80年東エルサレムにパレスチナ独立のためのシンクタンク、アラブ研究所を設立。以後、政治、報道、学術分野で反イスラエル活動を展開。イスラエル側による投獄や自宅軟禁を度々受けながらもエルサレムにとどまり、和平の道を模索した。87年イスラエル占領地で始まった第1次インティファーダ（反イスラエル抵抗闘争）の指導者として注目される。90年1月イスラエル警察により逮捕され、5月同僚ら50人と13日間のハンストを行う。10月エルサレム流血事件で逮捕、拘留。PLO内では左派から穏健派まで幅広い支持があり、91年10月の中東和平会議（マドリード）実現の立役者でパレスチナ代表団の顧問団議長として参加。93年オスロ合意（パレスチナ暫定自治合意）では秘密交渉ルート作りに大きな役割を果たした。94年5月パレスチナ暫定自治政府メンバー。同年7月～96年6月パレスチナ自治政府無任所相を務めた。のちPLO執行委員としてエルサレム問題を担当した。2001年5月訪問先のクウェートで急死。アラファト議長やその側近らとは一線を画し、イスラエルの占領地に踏みとどまって政治闘争を続けた“パレスチナの良心”とも言える存在だった。　[家]父＝アブデルカデル・フセイニ（軍人）

フセイン, ウダイ

Hussein, Uday

1964～2003.7.22

イラク国会議員　実業家　[学]バグダッド大学卒　[歴]イラク大統領、サダム・フセインの長男。1980年代フセイン大統領の後継者として台頭。日常茶飯事の常軌を逸した残虐ぶりで知られ、88年外国からの招待客の目前で大統領側近を撲殺。96年ヨルダンへ亡命した義兄弟がイラクに戻ってきた途端暗殺された事件では主犯と目された。同年12月車で走行中に襲撃される暗殺未遂事件が起き、歩行障害に陥ったことを契機にフセイン大統領の後継の芽が消えた。イラク・オリンピック委員会会長を務めた他、91年新聞「バービル」を創刊。テレビ局“シャバーブ（青年）テレビ”も有し、党や政府の外から政府の決定に影響力を行使し、“影の首相”と呼ばれた。95年には若者を中心としたゲリラ部隊“サダム殉教者軍団”を創設。90年半ば以降、軍や治安機関のポストを次々と任され、後継者と目された弟クサイに対抗するように、自分の権力基盤とした。2000年3月与党バース党から総選挙に出馬しイラク国会議員に当選。03年3月父、弟とともにブッシュJr.大統領から亡命を求められるが拒否し、イラク戦争が勃発。その後、逃亡・潜伏を続けるが、7月米軍との銃撃戦の末、弟とともに射殺された。　[家]父＝サダム・フセイン（元イラク大統領），弟＝クサイ・フセイン（バース党副司令官）

フセイン, サダム

Hussein, Saddam

1937.4.28～2006.12.30

イラク大統領・軍最高司令官・首相　軍人　[出]ティクリート　[学]カイロ大学卒，ムスタンシーリーヤ大学（バグダッド）卒　[歴]汎アラブ主義と社会主義を掲げるバース党の活動家バクル将軍（のち大統領）と出会い、1957年同党に入党、反英国運動に参加。59年カセム将軍暗殺計画に加わり失敗、エジプトに亡命し死刑宣告を受ける。63年のバース党将校団によるクーデター後帰国してバース党幹部。64年アレフ政権転覆に失敗して再び逮捕投獄されたが、66年奇跡的に脱獄して国外へ再逃亡。68年の無血クーデターでバクルの片腕として重要な役割を果たし、69年11月革命評議会（RCC）副議長。バクル引退を受け、79年7月イラク大統領・軍最高司令官に就任。革命評議会議長、首相兼任。直後にアドナン・フセイン副大統領らを処刑するなど政敵を次々に排除、近親者や親族を要職に配し、警察を背景に事実上の独裁体制を敷く。また自身と同じイスラム教スンニ派を重用して人口の6割を占めるシーア派の反発を買い、反体制派のシーア派やクルド人に対して厳しい弾圧を行う。虐殺も行ったとされる。米欧や湾岸産油諸国の支援のもと、80年9月“ペルシャ湾の憲兵”を称して革命後のイランに侵攻（イラン・イラク戦争）、88年8月停戦。89年2月アラブ協力会議（ACC）議長。90年8月クウェートに武力侵攻して全土を占領し併合。これにより91年1月米国を中心とする多国籍軍との湾岸戦争に突入したが、2月イラク軍全面敗北の状態で終結。95年10月大統領の信任を問う初の国民投票で100％に近い支持を得る。97年国連大量破壊兵器特別委員会（UNSCOM，国連監視検証査察委員会＝UNMOVICの前

身）の査察を拒否、98年2月武力制裁の緊張が高まったが、アナン国連事務総長による調停を受け、大量破壊兵器廃棄に合意。同年12月に再びUNSCOMの査察を拒否。これに対し米英の軍事攻撃を受けたが、UNSCOMの査察をあくまでも拒否した。2002年11月UNMOVICの査察を受け入れたが、03年1月イラクの協力が不十分であると報告。これを受け、2月米英スペインはイラクへの武力行使を容認する決議案を国連安保理に提出、修正決議案にも応じなかったため、3月イラク戦争が勃発。4月米英軍はバクダッドを制圧し政権は崩壊。同年12月潜伏先で米軍に拘束された。04年6月イラク暫定政府によりクウェート侵攻やクルド人大量虐殺などの容疑でイラク特別法廷に訴追される。06年11月死刑判決を受け、12月刑が執行された。[賞]イラク国民栄誉賞（1992年）　[家]長男＝ウダイ・フセイン（イラク国会議員），二男＝クサイ・フセイン（バース党副司令官）

フセイン, マムヌーン

Hussain, Mamnoon

1940.12.23〜

パキスタン大統領　[出]英領インド・ウッタルプラデシュ州アグラ（インド）　[学]カラチ経営管理大学（1963年）卒　[歴]英領インドのアグラに生まれ、パキスタン独立後の1949年、パキスタン南部カラチに移住。大学在学中にパキスタン・イスラム教徒連盟（PML）に入党。70〜80年代は家業の輸出用の靴製造業、繊維業の傍ら、地元の財界活動に取り組む。97年ジャトイ・シンド州主席大臣アドバイザー。99年6〜10月シンド州知事。2002年国会議員選挙に挑むも落選。05年よりパキスタン・イスラム教徒連盟シャリフ派（PML-N）上級副党首。13年7月中央政界では無名の存在ながらパキスタン大統領に立候補し当選、9月就任。敬虔なイスラム教徒として知られる。

フセイン・イブン・タラール

Hussein ibn Talal

1935.11.14〜1999.2.7

第3代ヨルダン国王　[出]トランスヨルダン・アンマン（ヨルダン）　[学]ビクトリア・カレッジ（アレキサンドリア）卒　[歴]エジプトで中等教育を受け、1951年皇太子。英国サンドハースト陸軍士官学校に留学。52年議会から国王に指名され、53年5月2日17歳で即位。一貫して親西欧政策をとった。67年6月の6日戦争でヨルダン川西岸・東エルサレムをイスラエルに占領される。70年9月難民としてヨルダンに流入したパレスチナ解放機構（PLO）議長派と対立し内戦に突入、PLOをレバノンに追放する。72年3月ヨルダン川西岸にパレスチナ連合王国樹立構想を発表、アラブ諸国の反発を買う。パレスチナ国家建設問題でPLOのアラファト議長と対立したが、88年7月ヨルダン川西岸の主権を放棄。湾岸戦争ではイラクを支持。パレスチナとイスラエルが和平合意を結んだ翌94年、イスラエルと平和条約を締結し、エジプトに次いで親米路線に転換。98年7月から療養のため米国に滞在していたが、同年10月病をおしてパレスチナ、イスラエル和平首脳会談を仲介し包括合意文書（ワイ合意）調印に導いた。99年1月弟のハッサン皇太子に代わり、長男のアブドラ王子を新皇太子に指名。激動の中東を鋭敏なバランス感覚で生き抜き、アラブ指導者として最長の46年間在位した。その間、十数回の暗殺未遂事件に遭ったといわれる。76年3月（国賓）、82年12月、83年9月、89年2月に訪日。　[家]長男＝アブドラ・ビン・フセイン（ヨルダン国王），四男＝ハムザ・ビン・フセイン（元ヨルダン皇太子），父＝タラール・ビン・アブドラ（ヨルダン第2代国王），弟＝ハッサン・ビン・タラール（ヨルダン王子）

ブゼック, イエジ

Buzek, Jerzy

1940.7.3〜

ポーランド首相　化学者　[出]シレジア地方　[学]シレジア工科大学卒　[歴]1980年自主管理労組・連帯が発足した時からの参加メンバー。81年12月の戒厳令施行後は南部のシレジア地方で地下グループを組織、地下組織の地方執行委員会の中心人物として民主活動を行う。96年に結成された選挙連合組織・連帯選挙運動（AWS）の経済顧問を経て、97年10月ポーランド首相に就任。2001年10月退任。また化学専攻の研究者として、ポーランド科学アカデミーの化学工学研究所教授などを務める。

フダイビー, マアムーン

Hodaibi, Mamoun El-

1921.5.28〜2004.1.9

ムスリム同胞団最高位導師, エジプト人民議会議員　イスラム原理主義指導者, 法律家　[出]ソハグ　[学]カイロ大学法学部 (1941年) 卒　[歴]司法界に入り、エジプト各地で裁判官を務める。ナセル時代の1965〜71年エジプトでは非合法の穏健派イスラム原理主義組織・ムスリム同胞団の運動で投獄される。復職し、82年カイロ地裁所長で退官。その後、同胞団機関紙「ダワー」編集長を務めるが、85年以来発禁処分となる。87年人民議会議員に当選。長くスポークスマンを務めたのち、2002年11月最高位導師ムスタファ・マシュフールの死去に伴い、6人目の最高位導師に就任した。

プチデモン, カルルス

Puigdemont, Carles

1962.12.29〜

カタルーニャ自治州首相, ジローナ市長　ジャーナリスト　[出]カタルーニャ自治州アメール村　[名]Puigdemont I Casamajó, Carles　[学]ジローナ大学　[歴]スペイン内戦で敗れたカタルーニャでは、独自の言語があるにも関わらず使用を禁止されていたため、少年時代からカタルーニャの尊厳を取り戻すことが必要と考えるようになる。1975年弾圧を行っていたフランコ総統の死後、カタルーニャ語の新聞が相次いで創刊され、81年そのうちの一社に入社。地方議会などの取材を続けるうちに独立運動に傾倒。99年カタルーニャ語で情報発信するACN通信社を設立。2011年ジローナ市長を経て、16年1月カタルーニャ自治州首相に就任。同年10月自治州の独立の是非を問う住民投票を強行、約9割が賛成だったとして非公式な "独立宣言" と "宣言の効力凍結" を同時に表明し、中央政府に対話を求める。しかし、中央政府は投票を無効とする方針を表明、国際社会からの賛同も得られなかった。その後、中央政府はカタルーニャ自治州の自治権を停止し、州政府幹部らとともに首相を解任される。また、反乱罪、扇動、公金乱用、信義則違反にあたるとして逮捕状が出されたため、ベルギーへ脱出。同年12月州議会選挙で独立派が過半数の議席を維持したが、18年1月憲法裁判所は、プチデモンの再任へ向けた州議会手続き差し止めを命じた。

プーチン, ウラジーミル

Putin, Vladimir

1952.10.7〜

ロシア大統領・首相, 統一ロシア党首　[出]ソ連ロシア共和国レニングラード (ロシア・サンクトペテルブルク)　[名]Putin, Vladimir Vladimirovich　[学]レニングラード大学法学部 (1975年) 卒 Ph.D.　[歴]1975年からソ連国家保安委員会 (KGB) に勤務し、84〜90年主に対外諜報担当者として東ドイツで活躍。ソ連崩壊後、94年サンクトペテルブルク第1副市長を務め、95年 "我が家ロシア" のサンクトペテルブルク地区代表。96年6月ロシア大統領府に入り、8月総務局副局長、97年3月副長官兼監督総局長、98年5月地方問題担当の第1副長官を歴任。同年7月ロシア連邦保安局 (FSB) 長官に就任、99年3月から国家安全保障会議書記を兼任。同年8月エリツィン大統領により首相代行、同月首相に任命、大統領後継に指名される。9月チェチェン共和国への軍事攻撃を指揮、強硬姿勢が支持率の上昇につながり、12月ロシア下院選での与党・統一の躍進をもたらす。同月エリツィン大統領の辞任に伴い大統領代行兼任。2000年1月独立国家共同体 (CIS) 首脳会議議長に選出。同年3月大統領選に初当選、5月新生ロシア第2代大統領に就任。7月九州・沖縄サミットで来日し、9月日本を公式訪問。04年3月再選、5月2期目就任。05年11月来日。07年12月ロシア下院選挙で与党・統一ロシアの比例代表名簿第1位に記載され、同党を圧勝に導く。1990年代に混乱した経済を立て直した。ロシアでは大統領の連続3選は認められていないため、側近のメドヴェージェフ第1副首相を後継に指名、08年3月メドヴェージェフが大統領選で当選。5月任期満了で大統領を退任し、統一ロシアの党首 (党議長)、首相に就任。12年3月の大統領選で3度目の当選、5月就任、メドヴェージェフは首相に。14年3月住民投票でロシア編入の賛成票が9割を超えたウクライナ南部クリミアをロシアに編入、国際社会からは武力を背景に他国の領土を奪う行為とみなされ反発を受ける。16年12月訪日し、安倍首相の故郷・山口県で会談。18年3月大統領選に圧勝し4度目の当選を果たす。任期は24年まで (12年から大統領の任期は4年から6年に延長)。柔道家としても知られ、12年国際柔道連盟により8段の段位を授与された。

ブッシュ, ジェブ

Bush, Jeb

1953.2.11〜

フロリダ州知事　実業家　[出]テキサス州ミッドランド　[名]Bush, John Ellis　[学]テキサス大学卒　[歴]第41代米国大統領ジョージ・ブッシュSr.の二男で、第43代米国大統領ジョージ・ブッシュJr.の弟。本名はジョン・エリス・ブッシュで、本名の頭文字である“J・E・B”をとってジェブと呼ばれるようになった。テキサス商業銀行ベネズエラ支店を退職し、1979年から父の秘書兼選挙対策副委員長。その後フロリダ州に移り住み、不動産開発会社を経営する傍ら、政治活動を始める。87年フロリダ州商務長官に就任。翌88年には大統領選で勝利した父の選挙戦に加わった。94年フロリダ州知事選に出馬したが、現職知事に惜敗。98年同知事に当選。2002年再選。07年退任。16年大統領選の共和党予備選に出馬したが、2月撤退。大学時代の専攻はラテンアメリカ研究。妻はメキシコ系で自身もスペイン語が堪能なため、ヒスパニック系からの支持も厚い。　[家]父＝ジョージ・ブッシュ（第41代米国大統領）, 母＝バーバラ・ブッシュ, 兄＝ジョージ・ブッシュ（Jr.）（第43代米国大統領）

ブッシュ, ジョージ

Bush, George

1924.6.12〜

第41代米国大統領　[出]マサチューセッツ州ミルトン　[名]Bush, George Herbert Walker　[学]エール大学（1948年）卒　[歴]富裕な家庭に生まれる。18歳で海軍に志願、最年少のパイロットとなる。戦後、1953年テキサス州でサパタ石油会社創立、54〜66年社長。66年テキサス州選出下院議員に初当選。2期務めたあと、70年上院に鞍替えしたが落選。71〜73年ニクソン政権下の国連大使。73年共和党全国委員長、74年9月在北京連絡事務所長を経て、76年1月〜77年2月中央情報局（CIA）長官。80年共和党大統領候補指名争いに出馬、レーガンに敗れるが、副大統領に当選し、81年1月〜89年1月の2期、レーガン大統領の女房役を務めた。88年大統領選にデュカキスを破り当選、89年1月第41代大統領に就任。90年6月米ソ通商協定調印。同年8月イラクのクウェート侵攻に対し、サウジアラビアへ大軍を派兵。91年1月湾岸戦争（作戦名・砂漠の嵐）に突入したが、2月27日多国籍軍大勝利のうちに終結した。92年1月国賓として来日。11月の大統領選で民主党のクリントン候補に敗れ、93年1月政界を引退。97年地元テキサス州カレッジステーションにジョージ・ブッシュ大統領図書・博物館が開館。99年CIA本部がジョージ・ブッシュ情報センターと改名される。自叙伝に「石油に賭ける男ジョージ・ブッシュのパックス・アメリカーナ」がある。　[勲]英国バス勲位一等勲爵士（GCB）（1993年）, チェコ国家勲章（1999年）　[賞]トーマス・ホワイト賞（1995年）　[家]妻＝バーバラ・ブッシュ, 長男＝ジョージ・ブッシュ（Jr.）（第43代米国大統領）, 二男＝ジェブ・ブッシュ（元フロリダ州知事）

ブッシュ, ジョージ（Jr.）

Bush, George（Jr.）

1946.7.6〜

第43代米国大統領　[出]コネティカット州ニューヘブン　[名]Bush, George Walker（Jr.）　[学]エール大学（1968年）卒 M.B.A.（ハーバード大学経営学大学院）（1975年）　[歴]ブッシュ第41代米国大統領の長男。テキサス州で石油事業に携わり、大リーグのテキサス・レンジャーズの共同オーナーも務めた。1978年米国下院選に立候補、94年11月テキサス州知事に当選。98年11月再選。2000年3月大統領選の共和党候補者選びの決め手となる“スーパーチューズデー”でマケイン上院議員に圧勝。8月共和党大会で同党大統領候補に指名される。民主党のゴア副大統領との対決となった11月の大統領選では、僅差のため決着がつかず、フロリダ州では再集計が行われるなど1ケ月以上に渡って混乱が続いたが、12月ゴア候補の敗北宣言を受け当選を果たす。01年1月第43代大統領に就任。同年9月11日ニューヨークの世界貿易センタービルやワシントン近郊の国防総省などに航空機が激突し、5500人以上の死者行方不明者を出した史上最悪の同時多発テロ事件が発生。10月7日事件の首謀者とされるイスラム過激派指導者のオサマ・ビンラディンが潜伏するアフガニスタンへの空爆を行う。02年2月小泉純一郎首相との日米首脳会談で初来日。11月の中間選挙では上下院で過半数を押さえ、中間選挙の与党としては異例の躍進を果たす。03年3月イラクが国連監視検証査察委員会（UNMOVIC）に非協力

的であるとして、"イラクの武装解除""イラク国民の解放"を掲げ、英国軍とともにイラク攻撃を開始、イラク戦争が勃発。約6週間に及ぶ軍事作戦の末フセイン政権は崩壊し、5月戦闘終結宣言を行う。6月イスラエルのシャロン首相、パレスチナ自治政府のアッバス首相との3者会談で"二国家の平和的共存"を実現させる決意を宣言した。04年6月イラクの主権を暫定政府に委譲。11月の大統領選では接戦の末、民主党のケリー候補を破り、05年1月再任。イラク政策が争点となった06年11月の中間選挙では、停滞するイラク情勢への対応が問題となり、12年ぶりに民主党に下院・上院の過半数を奪われる敗北を喫した。09年1月退任。10年回顧録「ディシジョン・ポイント（仮訳・決断の瞬間）」を出版。11年4月には日本経済新聞の連載「私の履歴書」を執筆。　[家]父＝ジョージ・ブッシュ（第41代米国大統領），母＝バーバラ・ブッシュ，弟＝ジェブ・ブッシュ（元フロリダ州知事），妻＝ローラ・ブッシュ

ブット，ベナジル

Bhutto, Benazir

1953.6.21〜2007.12.27

パキスタン首相，パキスタン人民党（PPP）総裁　[出]シンド州カラチ　[学]ラドクリフ大学卒，オックスフォード大学卒，ハーバード大学卒　[歴]モハマド・ジアウル・ハク将軍の軍事クーデターで失脚、1979年に処刑されたズルフィカール・アリ・ブット大統領の長女。69〜77年米国ラドクリフ大学と英国オックスフォード大学で学ぶ。オックスフォード大学では弁論クラブの会長を務めた。77年の軍事クーデター以降自宅に軟禁状態となり、84年1月英国へ亡命。86年4月ハク大統領が戒厳令を解除すると直ちに帰国、5月野党・パキスタン人民党（PPP）共同総裁となり真っ向から同大統領に挑戦、民主化を求める国民大衆の熱気をあおり立てた。87年実業家アシフ・アリ・ザルダリと結婚。ハク大統領死後の88年11月のパキスタン総選挙でPPPは圧勝、第1党総裁となり、12月35歳でイスラム世界初の女性首相に就任。90年1月第2子出産、在任中に出産した初めての首相として話題になる。同年8月首相を解任されるが、93年10月総選挙を経て再び首相に就任。96年11月汚職などを理由に再び解任。99年4月ラホール高裁は首相在任中の汚職罪などで禁錮5年、罰金860万ドルの有罪判決を言い渡す。服役を拒否し出国後、2001年パキスタン最高裁は審理差し戻しを命じたが、02年7月汚職撲滅特別法定で禁錮3年の判決を受ける。また1998年8月にはスイス司法当局にマネーロンダリング（資金の洗浄）の罪で起訴され、2003年8月禁錮6月の執行猶予付き有罪判決を受けた。1996年の首相解任後、ロンドンやドバイなどで事実上の亡命生活を続けていたが，2007年10月帰国。同年12月、08年1月の総選挙に向けたPPPの集会で演説した直後、何者かに銃撃され、自爆テロに巻き込まれて死亡した。没後の総選挙は夫が率いたPPPが政権を奪取、民主的な文民政権として初めて5年の任期を全うした。1996年1月来日。　[賞]ノエル賞政治指導者賞（国連女性開発基金・第1回）（1990年）　[家]父＝ズルフィカール・アリ・ブット（パキスタン大統領），夫＝アシフ・アリ・ザルダリ（パキスタン大統領），長男＝ビラワル・ブット（パキスタン人民党総裁）

ブット・ザルダリ，ビラワル

Bhutto Zardari, Bilawal

1988.9.21〜

パキスタン人民党（PPP）総裁　[出]シンド州カラチ　[学]オックスフォード大学　[歴]2度に渡ってパキスタン首相に選出されたベナジル・ブットの長男。祖父ズルフィカール・アリ・ブットはパキスタン人民党（PPP）を創設し、大統領や初代首相を務め、"民主化の父"といわれた。オックスフォード大学に留学中の2007年12月、パキスタン軍の拠点ラワルピンディで選挙集会を終えた母が何者かに襲撃を受け死亡。直後に母が総裁を務めていたPPPの総裁に選ばれ、父ザルダリが補佐役の共同総裁に選出された。母の死から5年経った12年、政界進出を表明し、母の遺志を継いで民主主義のために戦うことを宣言した。　[家]母＝ベナジル・ブット（パキスタン首相），父＝アシフ・アリ・ザルダリ（パキスタン人民党共同総裁），祖父＝ズルフィカール・アリ・ブット（パキスタン首相）

ブディオノ

Boediono

1943.2.25〜

インドネシア副大統領　経済学者　[出]東ジャワ　[学]ガジャマダ大学，西オーストラリア大

学, 豪モナシュ大学, 米ペンシルベニア大学ウォートンスクール 経済学博士(1979年) [歴]ガジャマダ大学入学後、コロンボ・プラン奨学金を得て留学。1967年西オーストラリア大学学士、72年オーストラリアのモナシュ大学修士、79年米国ペンシルベニア大学ウォートン・スクール経済学博士。帰国後、母校ガジャマダ大学で教鞭を執る。96〜98年スハルト政権でインドネシア銀行(中央銀行)理事に登用される。98〜99年ハビビ政権で国家開発企画国務相・国家開発企画庁長官として入閣。2001〜04年メガワティ政権で財務相に就き、ワヒド政権期に悪化した国際通貨基金(IMF)との関係を修復、深刻化した政府重債務と財政危機を克服した。マクロ経済安定化の手腕を国内外から評価される一方、IMF寄りとの批判も上がる。05〜08年第1期ユドヨノ政権の経済調整相。次いで08〜09年中央銀行総裁となり、世界金融不況下の金融不安を乗り切った。09年大統領総選挙で政党色のない経済専門家として盟友ユドヨノから副大統領候補の指名を受けて勝利し、09〜14年第11代副大統領を務めた。

ブーテフリカ, アブデルアジズ

Bouteflika, Abdelaziz

1937.3.2〜

アルジェリア大統領　[出]モロッコ・ウージダ　[歴]モロッコのウージダに生まれ、1956年アルジェリアのトレムセンの中学校を卒業。54年以来、アルジェリアの対フランス独立戦争に参加、トレムセンを中心とする民族解放戦線(FLN)第5軍司令官ブーメジエン大佐の下で戦った。62年3月エビアン協定で戦争終結、同年7月独立時には解放軍大尉。独立と同時に62〜63年青年・スポーツ・観光相、モハメド・ヘスミティ外相が暗殺されて63年外相となった。65年6月のクーデターでブーメジエン政権樹立後も外相を務め、ヨーロッパ指向のアルジェリア主義を強調、非同盟外交の旗手として活躍。国連総会、特別総会、非同盟諸国会議、アフリカ統一機構(OAU)理事会、石油輸出国機構(OPEC)理事会、アラブ連盟理事会などの舞台で第三世界を代表。74年の"第三世界総会"といわれた第29回国連総会では議長に選ばれた。79年まで外相を、81年までFLN政治局員を務めた。のち公金横領の容疑で失脚、国外に移住。カタールなどで首長の外交顧問を務め、89年帰国、FLNに復帰。92年軍主導の政変後、暫定大統領に指名されるが辞退。99年4月大統領選に当選、同月34年ぶりの文民大統領に就任、国防相兼任。2000年6月国家元首としては17年ぶりに訪仏。同年7月沖縄サミットG8・非G8首脳会議で来日。04年4月大統領再選。09年4月3期目、14年4月4期目就任。

ブテレジ, マンゴスツ

Buthelezi, Mangosuthu

1928.8.27〜

南アフリカ内相, インカタ自由党(IFP)党首　[出]クワズールー・ナタール州　[名]Buthelezi, Mangosuthu Gatsha　[学]フォートヘア大学卒, ナタール大学卒　[歴]ズールー王国の王家の血筋を引く。1953年ブテレジ族の首長。76年ズールー族居住地域のクワズールー首長に任命された(94年まで)。78年穏健派の黒人居住地域代表らと南アフリカ黒人同盟(SABA)結成、議長に就任。またズールー族主体の穏健派政党、民族文化解放運動(INKATA・インカタ)を創設し議長となる。81年ナタール州(現・クワズールー・ナタール州)でズールー族多数支配実現のため"連合州制"を提案。85年白人政財界リベラル派と国民協議会同盟を結成。90年7月インカタ自由党(IFP)党首。94年5月制憲議会選挙で第3党となり、マンデラ政権下で内相に就任。99年6月ムベキ政権下で留任。2000年IFPが連立政権離脱後は全国政治で影響力を失う。04年退任。14年引退。

プナ, ヘンリー

Puna, Henry

1949.7.29〜

クック諸島首相　[出]ニュージーランド領クック諸島アイツタキ島　[学]オークランド大学(ニュージーランド), タスマニア大学(オーストラリア)　[歴]ニュージーランドのオークランド大学やオーストラリアのタスマニア大学で学ぶ。弁護士、真珠養殖業を経て、政治家に転身。2005年クック諸島国会議員に初当選、10年再選。10年12月首相に就任。

フネス, マウリシオ

Funes, Mauricio

1959.10.18〜

エルサルバドル大統領　[出]サンサルバドル

Ⓐ Funes Cartagena, Carlos Mauricio　Ⓟ
ホセ・シメオン・カニャス中米大学文学部
卒　Ⓑ大学では文学を専攻。高校教師を経
て、26歳でテレビ局記者となり、内戦中から
左翼ゲリラの指導者を取材、左派に傾倒す
る。内戦後はキャスターとして政治討論番
組やインタビュー番組で富裕層寄りの政策
を厳しく批判し、国民の支持を得る。1991
年～2007年米国CNNスペイン語放送契約の
ニュースリポーターも務めた。09年3月の大
統領選で、元左翼ゲリラを母体とする左派
野党ファラブンド・マルティ民族解放戦線
（FMLN）に推されて立候補し当選、6月就
任。14年6月退任。

ブハリ, ムハンマドゥ

Buhari, Muhammadu

1942.12.17～

ナイジェリア大統領　軍人　Ⓑカツィナ州
ダウラ村　Ⓑハウサ族。敬虔なイスラム教
徒。1961年軍の訓練学校に入り、62～63年
英国の士官候補生学校に派遣。主計畑を歩
み、コンゴ動乱で63～64年国連平和維持軍
ナイジェリア部隊に参加。67～70年のビア
フラ戦争では分離独立派と戦う。73年イン
ドの軍事大学派遣。76年以降オバサンジョ
軍事政権下でボルノ州知事、石油相、石油
公社総裁を歴任。83年北部国境地帯で起き
たチャド軍との戦闘で、同軍の侵攻を防ぐ
作戦を指揮して名声を高めた。同年12月少
将として軍事クーデターを主導しシャガリ
政権を打倒、83年12月31日～85年8月27日最
高軍事評議会議長（元首）。軍事政権時代は
体制に批判的なメディアを弾圧し、反体制
派のメンバーを拘束したことから、欧米の
人権監視団体からは"独裁者"と批判を受け
た。85年ババンギダ陸軍参謀長の無血クー
デターで失脚、88年まで拘束される。94年
アバチャ政権下で石油信託基金総裁。99年
民政に移行すると、2003年、07年、11年と
大統領選に立候補し続け、15年3月4度目の
挑戦で当選し、5月就任。

ブフィ, イリ

Bufi, Ylli

1948.5.25～

アルバニア首相　Ⓑティラナ　Ⓑ化学技術者
でアルバニア社会党員。食品工業省に入っ
て次官を務めた後、1990年7月食品工業相、
91年2月軽工業相、同年5月食糧相を経て、6

月首相。12月退任。

プフルークバイル, セバスチャン

Pflugbeil, Sebastian

1947～

東ドイツ暫定政府無任所相　物理学者, 反
核運動家　Ⓑ核兵器反対運動などに取り組
み、長年東ドイツ秘密警察の監視下にあっ
た。1989年東独民主化運動で最初に設立さ
れた市民団体「新フォーラム」創設に参加。
ベルリンの壁崩壊後、90年3月の東独自由選
挙までの間、暫定政府の無任所相の一人とし
て入閣。91～95年ベルリン市議会議員。90
年ベルリンで市民団体"チェルノブイリの
こどもたち"を立ち上げるとともに、ドイツ・
チェルノブイリ支援協会（ミュンヘン）の理
事を務め、事故周辺地域のこどもたちの社
会復帰活動を行った。ドイツ放射線防護協
会会長、欧州放射線リスク委員会（ECRR）
理事を歴任。

フーヘルフォルスト, ハンス

Hoogervorst, Hans

1956～

オランダ財務相　Ⓑオランダ　Ⓟアムステ
ルダム大学大学院現代史学（1981年）修士課
程修了、ジョンズ・ホプキンズ大学大学院
国際関係学（1983年）修士課程修了　Ⓑ1983
～86年ワシントン銀行に勤務。オランダ政
府及び議会において、金融等の分野でシニ
アポリシーアドバイザーを務める。2002年オ
ランダ財務相、03年健康・福祉・スポーツ
相を歴任。11年国際会計基準（IFRS）を作
成する国際会計基準審議会（IASB）議長に
就任。証券監督者国際機構（IOSCO）の技
術委員会議長も務めた。

プミポン・アドゥンヤデート

Bhumibol Adulyadej

1927.12.5～2016.10.13

タイ国王　Ⓑ米国マサチューセッツ州ケン
ブリッジ　Ⓐ別称＝ラーマ9世〈Rama IX〉
Ⓟローザンヌ大学理学部　Ⓑマヒドン親王の
第3子として、父が留学中の米国で生まれる。
1934年からスイス留学。46年6月兄王アーナ
ンタマヒドン（ラーマ8世）急死により18歳
で王位継承、チャクリ王朝ラーマ9世となる。
50年シリキット王女と結婚し、1男3女をも
うけた。51年欧州生活を終え帰国。56年10

月出家。73年タノム軍事政権追放を決断、74年10月立憲君主体制を明記した新民主憲法を公布。81年4月軍事クーデターでプレム支持。82年“大王”の称号付与。92年5月スチンダ首相に対する民主化運動で起きた騒乱を調停。2006年4月総選挙をめぐる政局混乱の収拾に助言し、裁判所が選挙を無効にした。同年5月国の発展に対する功績に対し国連開発計画（UNDP）より表彰された。07年脳血管障害で入院。09年に体調を崩して以降は公の場に出る機会が減った。14年10月発熱などで入院、胆のう摘出手術を受けた。16年6月現役君主としては世界最長の即位70年を迎えた。“王室プロジェクト”と呼ばれる社会活動で地方農民の生活改善運動などに取り組み、タイを東南アジアでも有数の近代国家へと導いた。また立憲君主制のタイにおいて、政治対立の調停役として絶大な影響力を有し、国民から敬愛された。多趣味でも知られ、写真や絵画の他、自ら曲を作り、サックスを演奏。ヨットの愛好家でもあった。日本の皇室と関係が深く、1963年国賓として来日した。　[賞]科学技術賞（タイ科学振興財団）（第1回）（1995年）, UNDP賞（2006年）　[家]父＝マヒドン親王, 母＝シ・サンワーン王母, 兄＝アーナンタマヒドン（ラーマ8世）, 妻＝シリキット王妃, 長男＝ワチラロンコン（ラーマ10世）, 二女＝シリントン王女, 三女＝チュラポーン王女

ブヤノヴィッチ, フィリプ

Vujanović, Filip

1954.9.1〜

モンテネグロ大統領　[出]ユーゴスラビア・セルビア共和国ベオグラード（セルビア）　[学]ベオグラード大学法学部（1978年）卒　[歴]1980年旧ユーゴスラビア・モンテネグロ共和国に移住。同年〜81年ポドゴリツァの裁判所に勤務。82年同国で最年少の弁護士となる。93年モンテネグロ共和国法相、内相を経て、98年首相に就任。2001年7月所属する民主社会党、社会民主党、アルバニア人民主同盟による3党連立内閣を発足。02年4月ユーゴ連邦を解消し新国家連合を形成する合意が連立政権を支える独立急進派の自由同盟に受け入れられなかったため、内閣総辞職に追い込まれる。03年2月連合国家のセルビア・モンテネグロが発足、5月の大統領選で当選、6月就任。06年6月モンテネグロが独立し、モンテネグロ大統領となる。08年5月再任。13年5月3期目就任。

フュール, ラヨシュ

Für, Lajos

1938.12.21〜

ハンガリー国防相　歴史学者　[出]エジハーザシュラードツ　[学]コッシュト・ラヨシュ芸術科学大学（デブレツェン）卒　[歴]1958年革命委員会活動を理由に逮捕され、フランスに亡命。その後ハンガリーに戻り、工員、小学校教師などを経て、64年から学究活動を再開。農業博物館で農耕史の研究に従事したのち、87年以降ブダペストのエートベシュ・ロラーンド大学哲学・言語学部中世・現代ハンガリー史学科助教授。89年ハンガリー民主フォーラムの結成に参加し、10月まで議長を務め、のち下院議員。90〜94年ヨージェフ・アンタル内閣の国防相。

フョードロフ, ボリス

Fedorov, Boris

1958.2.13〜2008.11.20

ロシア副首相・財務相, 前進ロシア党首　エコノミスト　[出]ソ連ロシア共和国モスクワ（ロシア）　[名]Fedorov, Boris Grigorievich　[学]モスクワ財政大学（1980年）卒 経済学博士　[歴]ソ連国立銀行（ゴスバンク）外貨部に勤務。1987年ソ連科学アカデミー世界経済国際関係研究所（IMEMO）主任研究員。89年ソ連共産党中央委社会経済部で連邦財政コンサルタント。90年7月エリツィン・ロシア共和国最高会議議長により同共和国財務相に32歳の若さで抜擢され、急進改革派として市場経済への移行を進めた。しかし、策定に参加した“500日計画”は採用されず、同年12月辞任。91年欧州復興開発銀行（EBRD）局長、92年10月〜12月国際復興開発銀行（IBRD）のロシア代表理事。同年12月ロシア副首相に就任、経済改革政策を担当。93年3月財務相兼任。同年12月急進改革派“ロシアの選択”からロシア国家会議（下院）議員に当選。94年1月副首相・財務相辞任。同年2月チュワシ共和国大統領顧問。95年下院議員に再選。98年5月国税庁長官に就任。8月債務担当副首相を兼任。国際通貨基金（IMF）の方針に沿って徴税強化による財政の健全化策を進めた。同年9月解任後は“前進ロシア”を率いた。99年3月ユーゴスラビア連邦セルビアのコソボ紛争に際し、私的な立場で仲介に

あたった。その後、ロシア経済学協会会長。

ブヨヤ, ピエール
Buyoya, Pierre
1949.11.24〜
ブルンジ大統領　軍人　㋷ベルギー領ルアンダ・ウルンディ・ルトブ（ブルンジ）　㋕ベルギー軍士官学校, ベルギー王立軍学校　㋱少数支配部族・ツチ族出身。ベルギー軍士官学校, 王立軍学校を経て、フランス、西ドイツに軍人留学。少佐時代の1987年9月無血軍事クーデターでバガザ大統領を追放、国民救済軍事委を設置して大統領に。92年3月複数政党制を含む新憲法を導入。93年6月初の民主大統領選で敗北、軍を退役。96年7月軍事クーデターを成功させ、暫定大統領に就任。98年6月正式就任。2000年8月ツチの10政党、フツの7政党などが和平に合意。01年11月暫定政府が成立し前期大統領に就任。03年5月退任。　㋮おじ＝ミコンベロ（ブルンジ初代大統領）

フライ, グラハム
Fry, Graham
1949.12.20〜
駐日英国大使　外交官　㋷シュルーズベリ㋱1972年英国外務省入り。75〜78年2等書記官、89〜93年政務参事官として在日大使館に勤務。93年極東・太平洋部長、95年北アジア・太平洋局長、98年駐マレーシア大使を経て、2001年経済担当の外務審議官。04〜08年駐日大使を務めた。妻は日本人で、日本語に堪能な日本通として知られる。趣味のバードウォッチングを生かし、日本の野鳥関係の本を英訳したこともある。

プライス, ジョージ
Price, George
1919.1.15〜2011.9.19
ベリーズ首相　㋷英領ホンジュラス（ベリーズ）　㋕Price, George Cadle　㋕セントジョンズ・カレッジ（ベリーズ）卒　㋱ベリーズ市と米国で教育を受ける。1947年ベリーズ市議会議員。50年人民統一党（PUP）に入党し、56年党首。独立前の立法院議員、ベリーズ市長、自治領首相を歴任。81年9月の独立後、引き続き下院議員となり、84年12月まで首相。89年9月の総選挙でPUPが勝ち、12月再び首相に返り咲き、財務・国防・内務

相を兼任。93年まで務めた。

ブラウン, ガストン
Browne, Gaston
1967.2.9〜
アンティグア・バーブーダ首相　㋷英領西インド諸島アンティグア島ポッターズ（アンティグア・バーブーダ）　㋕Browne, Gaston Alphonso　㋕アンティグアステート・カレッジ卒, マンチェスター大学（英国）M.B.A.　㋱銀行員などを経て、アンティグア労働党（ALP）党首。2014年6月総選挙でALPが勝利し、史上最年少の47歳でアンティグア・バーブーダ首相に就任。

ブラウン, ゴードン
Brown, Gordon
1951.2.20〜
英国首相, 英国労働党党首　㋷スコットランド・グラスゴー　㋕Brown, James Gordon　㋕エディンバラ大学卒 Ph.D.（エディンバラ大学）　㋱牧師の息子。14歳で地元の公立高校に入学し、ラグビーの練習中に左目を失明した。16歳で名門・エディンバラ大学に進学。学生時代から労働党の活動家として頭角を現す。法律家、グラスゴー工科大学講師、地元テレビ局のジャーナリストを経て、1983年下院議員（労働党）に初当選。87年から影の内閣の閣僚を歴任。トニー・ブレアとともに党改革の先頭に立ち、97年5月〜2007年ブレア政権の財務相を務める。この間、1999年9月国際通貨基金（IMF）暫定委員会議長。2007年6月党首となり、首相に就任。09年6月議員の経費乱用問題で閣僚3人が辞任、内閣改造に着手。10年5月の総選挙は議席を100近く減らして過半数を大きく割り込み、選挙後に第3党の自民党などと連立を模索したが、政権維持に失敗。首相及び労働党党首を辞任した。12年国連グローバル教育事務局長特別大使。　㋮妻＝サラ・ブラウン

ブラウン, ジェリー
Brown, Jerry
1938.4.7〜
カリフォルニア州知事　㋷カリフォルニア州サンフランシスコ　㋕Brown, Edmund Gerald（Jr.）　㋕サンタクララ大学, カリフォルニア大学バークレー校卒, エール大学法律

大学院（1964年）修了　㋪1966～69年ロサンゼルスで弁護士として活動。71～74年カリフォルニア州州務長官。74年同州知事に当選し、75～83年2期務める。76年、80年、92年民主党より大統領選に出馬。1人100ドル以上の選挙資金は求めないという草の根運動による金権政治打破を主張。"アメリカを取り戻そう"がスローガン。99年～2006年オークランド市長、06～11年カリフォルニア州司法長官。10年11月同州知事選で当選。民主党が約7年ぶりに知事の座を取り戻す。11年1月就任。座禅にも精通。　㋕父＝パット・ブラウン（カリフォルニア州知事）

ブラウン, ロナルド
Brown, Ronald
1941.8.1～1996.4.3
米国商務長官　法律家　㋪ニューヨーク市　㋑Brown, Ronald Harmon　㋖ミドルベリー大学卒, セントジョンズ大学法律大学院（1968年）卒 法学博士（セントジョンズ大学）　㋫ニューヨークのハーレムの裕福なホテル経営者の家に生まれる。陸軍大尉で除隊後弁護士に。1966年反人種差別組織・全米都市同盟（NUL）に参加し、公民権運動を展開、73年同スポークスマン。80年エドワード・ケネディ上院議員の秘書や黒人運動指導者ジェシー・ジャクソン師の顧問として活動。81年よりロビイストとして法律事務所パットン・ボッグズ・アンド・ブローに勤務。傍ら民主党全国副委員長となり、88年の大統領選ではジャクソン候補選対事務局長として活動。89年2月民主党全国委員長（党首に相当）に選出され、黒人としては初めて米国の主要政党指導者に就任。以来、共和党からの政権奪回を第一に掲げ、92年の大統領選では黒人などマイノリティーのクリントン支持に貢献した。93年1月クリントン政権の商務長官に就任。米国企業の輸出拡大に力を注ぎ、たびたび大企業のトップと共に中国、クウェートなどを訪問、巨額の契約を獲得。96年4月復興事業に取り組むボスニア・ヘルツェゴビナ訪問の際、搭乗した米国空軍機が墜落し、死亡。

ブラザウスカス, アルギルダス
Brazauskas, Algirdas
1932.9.22～2010.6.26
リトアニア大統領・首相　㋪ロキシュケス㋑Brazauskas, Algirdas Mykolas　㋖カウナス総合工科大学（1956年）卒　㋫1956年より旧ソ連のカウナス水力発電所建設工事に従事し、指導力が認められ、65年33歳でリトアニア共和国建設資材相に就任。77年リトアニア共産党中央委書記を経て、88年10月から同党第1書記。民族運動が公然化するなかで、89年12月同党のソ連共産党からの分離独立を遂行。90年1月～3月共和国最高会議幹部会議長（元首）兼任。共和国独立の運命を担う大黒柱として地元では絶大な人気を博したが、同年3月の大統領選で"サユジス"のランズベルギスに敗れる。同月第1副首相。12月リトアニア共産党（独立派）の民主労働党への名称変更に伴い、党議長（党首）に就任。91年9月リトアニア共和国が独立。92年11月総選挙で同党が過半数を制し、最高会議議長兼大統領代行となる。93年2月初代大統領に就任。同月党首を辞任。97年12月大統領職を退任。2000年10月の総選挙で民主労働党など4党で結成した社会民主連合（党首）が第1党となり、01年7月～06年6月首相を務めた。リトアニアの欧州連合（EU）加盟や北大西洋条約機構（NATO）への加盟を実現する一方、ロシアとも関係改善を図るなど現実路線を取った。186センチ、112キロの巨漢で砲丸投げの元リトアニア・チャンピオンだった。

プラソン・スンシリ
Prasong Soonsiri
1927.8～
タイ外相　㋖タイ国防大学卒　㋫教職から空軍に移り、飛行隊長。米国空軍情報学校に留学し少佐に進級後、1966年から国家安全保障会議（NSC）スタッフとなり、ベトナム戦争期、反共外交のブレーンとして頭角を現す。80～86年はNSC事務局長としてカンボジア難民問題の処理で活躍。プレム元首相の秘書長や上院議員なども務めたが、その後引退し、新聞の政治コラムで健筆を振るう。92年5月の流血事件を機にタイ道義党（パランタム党）に入党、9月の総選挙で下院議員に初当選。9月～94年チュアン政権の外相を務める。欧米志向の強い対ベトナム強硬論者として知られる。

プラダン, シャハナ
Pradhan, Sahana
1932.7.15〜2014.9.22
ネパール外相　法律家, 婦人問題活動家　Ⓗ
ビルマ（ミャンマー）　ⒻPradhan, Sahana
Devi　Ⓖパトナ大学, デリー大学　Ⓚ第二
次大戦後ネパールに帰国。1948年17歳のと
き反政府運動に参加して逮捕され, 3年後ネ
パール共産党に入党, そこで党の創立メン
バーの一人だったプスパラル・プラダンと
結ばれる。その後, インドで経済学の修士
号を取得, 56年に党活動を離れ, 以後19年
余, カトマンズの国立トリブバン大学の講
師, 女子学生寮寮監などを務めた。75年夫
の病気により党活動に復帰, 78年夫が死去
してからは義兄であるアディアリ書記長に
次ぐ党内ナンバー2として中道派共産党を支
えた。民主化運動の高まった90年2月新たに
結成された統一左翼戦線（ULF）の議長に就
任, 同年4月通産相。2007〜08年外相を務め
た。　Ⓕ夫＝プスパラル・プラダン

プラチャンダ
→ダハル, プスパ・カマルを見よ

プラチュアップ・チャイヤサン
Prachuab Chaiyasan
1944.8.20〜
タイ外相　Ⓖタマサート大学卒　Ⓚ1983年
タイ下院議員。88年科学技術・環境相, 94年
農業協同組合相, 96年12月〜97年10月外相,
98年10月〜2001年2月国立大学相を歴任。

プラツェク, マティアス
Platzeck, Matthias
1953.12.29〜
ドイツ社会民主党（SPD）党首, ブランデン
ブルク州首相　Ⓗ東ドイツ・ブランデンブル
ク州ポツダム（ドイツ）　Ⓚ父は医者で, 幼少
から人体構造に興味を抱き, 学生時代は人工
頭脳学や衛生学を学ぶ。ベルリンの壁崩壊
後, 小政党に加わり, 1990年ブランデンブル
ク州政府の環境相に抜擢される。95年ドイ
ツ社会民主党（SPD）入りし, 2002年ブラン
デンブルク州首相に就任。党勢が全国的に
落ち込んだ04年の州議会選で勝利し, 一躍注
目を集める。05年SPD党首に就任。甘いマ
スクと論理的でユーモアに富んだ言動で人
気が高く, "フェンガー（心を捕らえる人）"

と呼ばれる。06年4月健康上の理由でSPD党
首を退任。13年ブランデンブルク州首相を
退任。

ブラッドリー, ビル
Bradley, Bill
1943.7.28〜
米国上院議員（民主党）　東京五輪バスケッ
トボール金メダリスト　Ⓗミズーリ州クル
スタルシティ　Ⓖプリンストン大学（米国
史）卒, オックスフォード大学大学院文学修
士課程修了　Ⓚプリンストン大学時代, バ
スケットボール米国代表の主将で東京五輪
で金メダル。オックスフォード大学ローズ
奨学生。1967〜77年NBAのニューヨーク・
ニッカボッカーズでプレー, 2度のNBA制覇
に貢献し, 殿堂入り。79年よりニュージャー
ジー州選出の連邦上院議員。財政, 経済問題
に強く, フラットタックス（一律税率）案の
推進者で86年の税制改革法の生みの親とさ
れる。自由貿易擁護派としても有名。民主
党の新リベラル派で知日派。97年1月まで務
めた。99年9月大統領選に出馬することを正
式に表明, 2000年3月大統領選の党候補者指
名の決め手となる"スーパーチューズデー"
で対抗するゴア副大統領に敗れ, 撤退を表
明した。自伝に「ライフ・オン・ザ・ラン」
がある。

フラティニ, フランコ
Frattini, Franco
1957.3.14〜
イタリア外相, 欧州連合（EU）欧州委員会副
委員長　法律家　Ⓗローマ　Ⓖローマ大学
法学部卒　Ⓚ1981年弁護士となり, 検事, 行
政裁判所判事, イタリア首相府事務総長な
どを経て, 95年ディーニ内閣で公務員・州
担当の無任所相。96年保守のフォルツァ・
イタリアから下院選に当選。2001年6月発
足の第2次ベルルスコーニ内閣で総務相を経
て, 02年11月〜04年11月外相。04年11月（〜
08年5月）欧州連合（EU）欧州委員会副委員
長（司法・自由・安全保障担当）。08年5月〜
11年イタリア外相。

プラティープ・ウンソンタム
Prateep Ungsongtham
1952〜
タイ上院議員　社会教育者, 社会福祉家　Ⓗ

バンコク・クロントイ地区 [名]Prateep Ungsongtham Hata [歴]8人兄妹の三女で、父は中国移民でバンコク南郊の漁師。タイのスラム街クロントイに生まれ育ち、1959年小学校に入学すると同時にお菓子売りの仕事を始める。63年11歳で線香工場に就職。その後、夜間中学、夜間師範学校に入学。68年家の近くで学校に通学することが出来ない子を集めた私塾"1バーツ学校"を始め、その後、数百人が通う小学校に発展させた。"スラムの天使"と呼ばれ、78年アジアのノーベル賞といわれるマグサイサイ賞を受賞。その賞金をもとに79年ドゥアン・プラティープ財団を設立、公式の学校として認可された。また、クロントイの人々が政府から居住権を認められるように運動し、88年1月認可にこぎつけた。92年5月の民主化運動では、二男の妊娠中にも関わらず集会の最前線に立ち、タイ当局から逮捕状が出され、日本大使館に一時保護された。のち性的虐待や売春、麻薬などの問題を抱える少女のための"生き直しの学校"の開設に取り組む。2000年3月～06年3月タイ上院議員を務め、貧困対策などに取り組んだ。04年世界57ケ国、130万人の子どもの投票で選ばれる子供の権利のための世界子供賞(地球の友賞)を受賞。1987年日本人ボランティア・秦辰也と結婚。2010年バンコク騒乱の際、集会を開き逮捕状が出たため、5月大阪へ逃れた。11年1月帰国。[賞]マグサイサイ賞(1978年), 子供の権利のための世界子供賞(2部門)(2004年), 外務大臣表彰(日本)(2014年) [家]夫＝秦 辰也(シャンティ国際ボランティア会常務理事)

ブラトヴィッチ, パブレ

Bulatović, Pavle

～2000.2.7

ユーゴスラビア国防相 [出]モンテネグロ共和国 [歴]親セルビア派に属し、ミロシェヴィッチ・ユーゴスラビア大統領の側近。モンテネグロ社会人民党の幹部を務める。モンテネグロ内相を経て、1993年ユーゴスラビア国防相に就任。2000年2月ベオグラード市内のレストランで銃撃され死亡。

ブラトヴィッチ, モミル

Bulatović, Momir

1956.9.21～

ユーゴスラビア連邦首相, モンテネグロ共和国大統領 [出]ユーゴスラビア・セルビア共和国ベオグラード(セルビア) [学]チトーグラード大学卒 [歴]旧モンテネグロ共産主義者同盟党員。1990～98年モンテネグロ社会民主党(DPS)党首。90年12月モンテネグロ共和国大統領に就任。92年4月モンテネグロ共和国はセルビア共和国とともに新ユーゴスラビア連邦として再出発。93年1月直接選挙でモンテネグロ共和国大統領に再選。97年の大統領選で敗退し、98年1月退任。同年1月ジュカノヴィッチ大統領の就任式直前にデモを組織するなど、"大衆を扇動、社会秩序を乱し、国民の命を危険にさらした"として同年2月国家転覆罪で起訴されるが、同年5月コンティッチ内閣総辞職後、ミロシェヴィッチ・ユーゴ大統領に指名され、ユーゴスラビア連邦首相に就任。2001年7月退任。1998年～2001年モンテネグロ社会人民党党首。

ブラトゥシェク, アレンカ

Bratušek, Alenka

1970.3.31～

スロベニア首相 [出]ユーゴスラビア・スロベニア共和国ツェリエ(スロベニア) [学]リュブリャナ大学卒 [歴]繊維会社に勤務後、1995年スロベニア経済省に入省し、99年財務省に転出、2004年予算局長。11年国民議会(下院)議員に当選。13年2月汚職疑惑でヤンシャ首相の不信任案を可決した下院が後任に選出。3月4党連立内閣が発足し、スロベニア初の女性首相となった。14年9月退任。

フラトコフ, ミハイル

Fradkov, Mikhail

1950.9.1～

ロシア首相・対外情報局(SVR)長官 [出]ソ連ロシア共和国クイブイシェフ州(ロシア・サマラ州) [名]Fradkov, Mikhail Yefimovich [学]モスクワ工作機械学院(1972年)卒, ソ連対外貿易学院(1981年)卒 [歴]ソ連対外経済関係省の幹部として貿易交渉、政策立案に従事。1991年ソ連崩壊後、行政改革により職を追われ、一時民間保険会社の経営に携わる。その後、エリツィン大統領に呼び戻され、ロシア対外経済関係省第1次官などを経て、97～98年対外経済関係相、99～2000年貿易相。プーチン政権では00年安全保障会議第1副書記、01年連邦税務警察局長官など、旧ソ連国家保安委員会(KGB)と関わり

の深い職務を歴任。03年5月欧州連合（EU）代表部大使を経て、04年3月更迭されたカシヤノフ首相の後任として首相に指名される。07年9月プーチン大統領に解任される。10月対外情報局（SVR）長官に就任。16年退任。英語とスペイン語に堪能。

フラニツキ, フランツ

Vranitzky, Franz

1937.10.4〜

オーストリア首相, オーストリア社会民主党党首 ㋞ウィーン ㋰ウィーン経済大学（1960年）卒。 ㋲1961年シーメンス・シュッケルトに入社。その後、オーストリア中央銀行を経て、70年財務省入り。財務相の経済・財政顧問を務め、76年国営クレディット・アンシュタルト銀行副頭取、81年レンダー銀行頭取を歴任。84年9月財務相、86年6月首相に就任。88年5月社会党党首、91年6月党名を“社会民主党”に改名するとともに党首に再選。95年12月首相5選。97年1月首相を辞任。

プラバカラン, ベルピライ

Prabhakaran, Velupillai

1954.11.26〜2009.5.18

タミル・イーラム解放のトラ（LTTE）議長ゲリラ活動家 ㋞セイロン・ベルベティッライ（スリランカ） ㋲1975年4月スリランカの少数民族タミル人のテロ・グループによるジャフナ市長・アルフレッド・ドゥライアパー殺害の襲撃団に加わる。76年アントン・バラシンガムが創設した独立派ゲリラ組織“タミル・イーラム解放のトラ（LTTE）”に参加。卓越した戦闘力で頭角を現し、80年代に組織の軍事部門の司令官に就任。実権を握るとともに組織を攻撃的な性格に変化させ、83年7月政府軍を攻撃、スリランカ内戦を引き起こす。自爆テロを導入し、少年少女による自爆テロ組織“ブラックタイガー”を編成していたと言われる。2009年5月18日ムライティブ周辺で、LTTEのメンバーが強奪した政府軍の救急車でジャングルへ逃走を図ろうとしたが、政府軍が乗っていた全員を射殺。車内からプラバカランの遺体が見つかった。これにより四半世紀にわたってスリランカを揺るがせていたLTTEが壊滅、スリランカ内戦は終結した。

ブラヒミ, ラクダール

Brahimi, Lakhdar

1934.1.1〜

アルジェリア外相, 国連事務次長, アラブ連盟事務次長 外交官 ㋞フランス領アルジェリア・アルジェ南郊アジシア（アルジェリア） ㋰アルジェリアとフランスで教育を受ける。アルジェリア独立闘争を経て、外交官となり、1963〜70年アラブ連盟代表、71〜79年駐英大使、84〜91年アラブ連盟事務次長、91〜93年アルジェリア外相。89〜91年アラブ連盟特使としてレバノン内戦終結に尽力。国連南アフリカ選挙監視団長やハイチの国連事務総長特別代表などを経て、97年国連事務次長に就任。97〜99年国連事務総長のアフガニスタン特使。2000年国連ミレニアムサミットで国連平和維持活動（PKO）の機能強化などを勧告した“ブラヒミ報告”を提出。米同時多発テロを受け、01〜04年アフガニスタン担当のアナン事務総長特別代表。04〜05年イラクの暫定政府作りを担当する国連事務総長特別顧問を務めた。12年9月、国連とアラブ連盟のシリア担当合同特使に任命される。14年退任。

プラブシッチ, ビリアナ

Plavsic, Biljana

1930.7.7〜

セルビア人共和国大統領 ㋰ザグレブ大学卒 ㋲大学卒業後、米国に留学し生物学博士号を取得。サラエボ大学教授を経て、1990年ボスニア・ヘルツェゴビナ共和国幹部会員。92年4月セルビア人共和国副大統領、96年7月同共和国大統領代行を経て、同年9月大統領に就任。この間、92〜95年のボスニア紛争でセルビア人の民族主義強硬派指導者の一人として活動。バルカン版“鉄の女”と呼ばれた。97年8月セルビア人民同盟を結成。98年9月大統領選に敗れる。2001年1月旧ユーゴスラビア国際戦犯法廷より、民族虐殺などの容疑で戦犯起訴される。03年2月同法廷は禁錮11年を言い渡す。

プラボウォ・スビアント

Prabowo Subianto

1951.10.17〜

インドネシア陸軍戦略予備軍司令官, グリンドラ党最高顧問会議議長 軍人 ㋞ジャカルタ ㋰インドネシア国軍士官学校（1974年）

卒　㊗スハルト政権を支えた経済学者スミトロ・ジョヨハディクスモの長男。ロンドンの高校を卒業。インドネシア国軍士官学校にのち大統領となるユドヨノと同時に入学し、1974年卒業。スハルト大統領の二女と結婚（のち離婚）して国軍でキャリアを重ねる。同軍准将、陸軍特殊部隊副司令官を経て、95年同司令官。96年少将に昇進、スピード出世として注目を集める。98年陸軍戦略予備軍司令官に就任。同年5月スハルト政権崩壊後は解任され、国軍指揮幕僚学校長となる。同年8月、同年春に頻発した民主化運動活動家らの誘拐事件に関して、国軍内の将官名誉評議会において査問され、軍籍を剥奪される。その後、ヨルダンに亡命していたが、帰国後にスサンタラ・エナジー・グループを率いる企業家として再出発する。一方で政治活動を活発化。2009年大統領選では、大統領に立候補したインドネシア闘争民主党（PDI-P）のメガワティ党首の副大統領候補として、2位につけた。14年別れたスハルトの二女を伴い、ハッタ・ラジャサ副大統領候補とともに大統領選を戦った。グリンドラ党最高顧問会議議長を務める。　㊗　父＝スミトロ・ジョヨハディクスモ（経済学者・政治家）

プラユット・チャンオーチャー

Prayuth Chan-ocha

1954.3.21〜

タイ首相・陸軍司令官　軍人　㊐ナコーン・ラッチャシマ　㊎タイ陸軍士官学校（1976年）卒　㊗2008年タイ陸軍参謀長、09年陸軍副司令官、10〜14年陸軍司令官。14年5月にクーデターを起こし、全権を掌握した国家平和秩序評議会（NCPO）の議長に就任。8月国民立法議会（暫定議会）が暫定首相に指名し、同月首相に正式就任。

ブラン, クリスチャン

Blanc, Christian

1942.5.17〜

フランス首都圏開発担当相　実業家　㊐ジロンド県タレンス　㊎ボルドー政治学院卒　㊗1985年フランス領ニューカレドニアの独立問題でフランス政府特使として出向し、独立派と残留派の仲介に立った。その後パリ市交通公団総裁として労務問題を解決。93年エールフランス社長となり、経営再建

の陣頭指揮に立つ。2002年中道派の民主連合（UDF）から国民議会（下院）議員に当選。以来、与党と中道派の橋渡し役を務める。08年3月〜10年7月サルコジ政権で首都圏開発担当相を務めた。　㊗レジオン・ド・ヌール勲章シュバリエ章

フランク, バーニー

Frank, Barney

1940.3.31〜

米国下院議員（民主党），米国下院金融委員長　㊐ニュージャージー州　㊎ハーバード大学卒，ハーバード大学法律大学院修了　㊗1980年マサチューセッツ州ボストンの小選挙区から連邦下院議員に初当選し、連続16回当選。銀行、司法、政府活動の各委員会に所属。民主党屈指のリベラル派議員として、レーガン政権当時の住宅都市開発庁（HUD）の汚職を追求。また下院金融委員長として、世界金融危機後の2008年秋に公的資金投入への協力を決断、10年にはクリストファー・ドッド上院銀行住宅都市委員長と金融規制改革法（ドッド・フランク法）の制定を主導した。13年政界を引退。この間、1987年同性愛者であることを告白し、同性婚している。

ブランケット, デービッド

Blunkett, David

1947.6.6〜

英国内相　コラムニスト　㊎シェフィールド大学　㊗生まれつきの全盲で、4歳で盲学校の寄宿舎に入る。11歳の時に父親が職務中に事故死するが、貧困の中働きながら猛勉強を続け、シェフィールド大学に入学。16歳で英国労働党に入党、22歳でシェフィールド市議会議員。1987年盲人として初めて下院議員に当選。93〜94年党幹事長、影の内閣で環境、保健、教育の各閣僚を歴任。97年5月ブレア政権誕生と同時に教育・雇用相。2001年6月内相に就任。"盲目の閣僚"として知られ、盲導犬を連れて閣議に出席。労働党では将来の党首候補の一人といわれ、首相側近としてブレア政権を支えるが、04年12月父権争い、政治的疑惑とスキャンダルが相次ぎ、辞任。05年5月の総選挙後に雇用・年金相として閣僚に返り咲いたが、11月DNA型鑑定の専門会社との癒着疑惑の責任を取り辞任した。15年の総選挙には立候補せず政界を引退。英新聞「サン」などでコラム

ニストとしても活躍。

フランコ, イタマル

Franco, Itamar

1930.6.28～2011.7.2

ブラジル大統領　[出]バイア州サルバドール　[名]Franco, Itamar Augusto Cautiero　[学]ジュイス・デ・フォーラ大学土木工学部卒　[歴]エンジニアとして故郷のミナスジェライス州ジュイス・デ・フォーラ市役所に勤務。1967年同市長に当選し、2期7年務める。74年ブラジル民主運動党（PMDB）の前身団体から上院議員に当選（89年まで）。地元の州知事選に敗北後、北部の小州の知事だったコロル大統領と選挙地盤を補い合う形で組み、89年副大統領に当選。92年10月コロル大統領の汚職疑惑による職務停止（180日間）を受け大統領代行となり、12月大統領に昇格、94年まで務めた。この間、カルドゾ財務相（後の大統領）を中心に、新通貨レアルの導入や米ドルとの連動を柱とする"レアル計画"を実行、ハイパーインフレの収束に道筋をつけた。95年5月～12月大統領経験者として初めて駐ポルトガル大使を務める。99年にはミナスジェライス州知事として、連邦政府に対してモラトリアム（債務返済の猶予）を宣言。ブラジル通貨危機が広がるきっかけとなった。

フランコ・ゴメス, ルイス・フェデリコ

Franco Gómez, Luis Federico

1962.7.23～

パラグアイ大統領　[出]アスンシオン　[学]国立アスンシオン大学医学部卒　[歴]外科医を経て、政治家に転身。1996年～2001年フェルナンドデラモラ市長。03～08年セントラル県知事。08年8月に発足したルゴ政権でパラグアイ副大統領。12年6月上院においてルゴ大統領が弾劾されたのに伴い、大統領に昇格。13年8月退任。

フランシスコ1世

Francis I

1936.12.17～

第266代ローマ法王　[出]ブエノスアイレス　[名]ベルゴリオ, ホルヘ〈Bergoglio, Jorge Mario〉　[歴]アルゼンチンのブエノスアイレスでイタリア系移民の家庭に生まれる。イエズス会出身。チリやブエノスアイレスで哲学を学び、アルゼンチンの大学で文学などを教えた後、1969年司祭叙階。73年終生誓願の後、若くしてイエズス会のアルゼンチン管区長に任命される。80～86年同会サン・ミゲル神学院教授、同院長。98年ブエノスアイレス大司教。2001年枢機卿。05～11年アルゼンチン司教協議会議長。13年3月法王選挙（コンクラーベ）で中南米から初の法王に選出され、同月就任。国際政治に強い関心を持ち、弱者の視点を反映させるため、活発な首脳外交を行う。信条は"清貧"で、物言いは気さくといわれる。

ブランスタッド, テリー

Branstad, Terry

1946.11.17～

駐中国米国大使, アイオワ州知事　[出]アイオワ州リーランド　[名]Branstad, Terry Edward　[学]アイオワ大学卒, ドレイク大学法科大学院修了　[歴]弁護士、1973～78年アイオワ州下院議員、79～82年同州副知事を経て、82年全米知事として最年少（34歳）の同州知事に当選、99年まで4期務める。共和党。89年全米知事会会長、党知事会会長などを歴任。デモイン大学学長を務めた後、2011年アイオワ州知事に復帰。17年まで務め、州知事在任期間の最長記録を持つ。習近平中国国家主席とは1980年代から交流がある親中派で、2017年トランプ政権で駐中国大使に起用される。

ブリクス, ハンス

Blix, Hans

1928.6.28～

国際原子力機関（IAEA）事務局長　法律家　[出]ウプサラ　[名]Blix, Hans Martin　[学]ウプサラ大学卒, ケンブリッジ大学, コロンビア大学, ストックホルム大学 法学博士　[歴]1960～63年ストックホルム大学法学部助教授。63年スウェーデン外務省に入省。76年まで国際法の法律コンサルタントを務め、76～78年、79～81年外務次官、78～79年外相。81～97年国際原子力機関（IAEA）事務局長を4期務め、イラクや北朝鮮の核兵器開発問題に取り組む。2000年3月イラクに対する査察機関・国連監視検証査察委員会（UNMOVIC）委員長に就任。02年11月イラクの大量破壊兵器に対する査察を指揮。03年6月退任。[勲]勲一等瑞宝章（日本）（1997年）

フリステンコ, ヴィクトル
Khristenko, Viktor
1957.8.28〜
ロシア第1副首相, ユーラシア経済委員会委員長　[出]ソ連ロシア共和国チェリャビンスク(ロシア)　[名]Khristenko, Viktor Borisovich　[学]チェリャビンスク工科大学卒　[歴]1994〜96年チェリャビンスク州第1副知事。97年7月ロシア財務次官を経て、98年4月〜9月副首相、同年10月〜99年9月第1財務次官。同年5月金融・財政担当の第1副首相に就任。2000年1月プーチン政権下のカシヤノフ内閣で第1副首相再任。04年3月産業エネルギー相に就任。07年9月再任。04年3月〜12年1月産業貿易相。この間、11年ユーラシア経済委員会委員長に就任。

フリストフィアス, ディミトリス
Christofias, Demetris
1946.8.29〜
キプロス大統領, キプロス労働人民進歩党(AKEL)党首　[出]英領キプロス島キレニア(キプロス)　[学]ソ連社会科学アカデミー社会科学研究所 歴史学博士　[歴]旧ソ連時代のモスクワで歴史学を学ぶ。1964年キプロス共産党を前身とするキプロス労働人民進歩党(AKEL)に加入、88年より書記長(党首)。91年国会議員に初当選。2001〜08年国会議長。08年2月大統領に初当選、同月就任。キプロス史上初、ユーロ圏で唯一の共産主義元首となる。13年2月の大統領選には不出馬。

ブリタン, レオン
Brittan, Leon
1939.9.25〜2015.1.21
欧州連合(EU)欧州委員会副委員長, 英国下院議員(保守党)　銀行家　[出]ロンドン　[名]別名＝Brittan of Spennithorne　[学]ケンブリッジ大学トリニティ・カレッジ卒, エール大学卒　[歴]1962年弁護士資格取得。74〜89年英国保守党下院議員。76〜79年影の自治権付与問題担当相、78〜79年影の雇用問題担当相。79〜81年サッチャー政権内務担当国務相、81〜83年第2財務相、83年6月〜85年9月内相、85年9月〜86年1月貿易産業相を歴任。89年1月欧州共同体(EC)副委員長(競争政策担当)に就任(下院議員辞任)。93年1月EC対外経済・通商政策担当委員、同年7月再び副委員長。同年11月欧州連合(EU)移行に伴い欧州委員会委員となり、95年1月先進国・中国・韓国・通商政策担当委員、2月副委員長。主に通商政策を担当。99年8月予算をめぐる不祥事の責任を取り辞職。サッチャー元首相の懐刀といわれた。2000年よりUBSインベストメント・バンク副会長。10年9月〜11年2月キャメロン首相の政策顧問を務めた。00年男爵(1代貴族)を授けられる。89年10月来日。

プリツカー, ペニー
Pritzker, Penny
1959.5.2〜
米国商務長官　法律家, 実業家　[出]イリノイ州シカゴ　[学]ハーバード大学卒, スタンフォード大学卒 M.B.A.　[歴]ハイアット・ホテルズの創業者一族。1987年ハイアットの高齢者ホームブランド"クラシック・レジデンス・バイ・ハイアット"会長、90年プリツカー不動産グループ社長、2005年トランス・ユニオンLLC会長。同年経済誌「フォーブス」の"最も影響力のある女性100人"に選ばれる。13〜17年第2期オバマ政権の商務長官を務めた。

フリック, マリオ
Frick, Mario
1965.5.8〜
リヒテンシュタイン首相　[出]スイス・クル　[学]ザンクトガレン大学卒 Ph.D.(ザンクトガレン大学)　[歴]1991年リヒテンシュタイン政府入り、93年副首相を経て、同年〜2001年首相。

プリディヤトン・テワクン
Pridiyathorn Devakula
1947.7.15〜
タイ副首相, タイ中央銀行総裁　銀行家　[出]バンコク　[学]聖ガブリエル大学(バンコク)(1964年)卒　[歴]1971年タイ農民銀行に入り、のち副総裁、91年副商務相、93年タイ輸出入銀行総裁を経て、2001年2月タイ中央銀行総裁に就任。06年9月の軍事クーデター後、スラユット暫定政権の副首相兼財務相に就任。07年3月辞任。14年5月のクーデター後のプラユット暫定政権に副首相(経済統括)として入閣するが、15年8月更迭される。

プリーバス, ラインス

Priebus, Reince

1972.3.18～

米国大統領首席補佐官　法律家　[出]ニュージャージー州　[学]マイアミ大学法科大学院(1998年)修了　[歴]弁護士として活動後、2004年ウィスコンシン州上院議員選に出馬するも落選。07～11年共和党のウィスコンシン州委員長。11年1月政治資金調達や選挙戦略の調整を担う共和党全国委員長に選出。17年1月トランプ政権の首席補佐官に起用されたが、同年7月更迭された。

プリマコフ, エフゲニー

Primakov, Evgenii

1929.10.29～2015.6.26

ロシア首相・外相　経済学者　[出]ソ連ウクライナ共和国キエフ(ウクライナ)　[名]Primakov, Evgenii Maksimovich　[学]モスクワ東洋学大学(1953年)卒, モスクワ大学大学院経済学専攻(1956年)修了　経済学博士(1969年)　[歴]グルジア(現・ジョージア)のトビリシで少年時代を過ごす。1956～62年ソ連閣僚会議附属テレビ・ラジオ国家委員会に勤務。その間59年ソ連共産党入党。62年「プラウダ」記者となり、66年同紙中東特派員、のち評議員、編集次長などを歴任。70年ソ連科学アカデミー(現・ロシア科学アカデミー)世界経済国際関係研究所(IMEMO)副所長、77年同アカデミー東洋学研究所所長を経て、85年11月IMEMO所長に就任。86年党中央委員。89年6月～90年3月ソ連最高会議連邦会議議長。89年9月～90年7月党政治局員候補。90年3～12月大統領会議メンバー。91年1月ゴルバチョフ大統領の外交ブレーンとして大統領補佐官に。同年2月には湾岸戦争和平のため大統領特使としてイラクに飛び“撤退”表明を引き出した。3月新設の国家安全保障会議メンバーに選出。9月国家保安委員会(KGB)第1副議長兼第1管理本部長、11月連邦中央情報機関議長。KGBの解体、再編に取り組んだ。12月ソ連邦崩壊に伴い、ロシア対外情報局長となる。エリツィン政権下で96年1月～98年8月ロシア外相を務め、欧米から距離を置いたユーラシア外交を推進。98年8月首相代行、98年9月～99年5月首相を務め、経済危機に対処した。99年8月～2001年9月中道勢力の選挙連合、祖国・全ロシアの調整評議会議長。この間、1999年12月～2003年12月下院議員。01年12月ロシア商工会議所会頭。日本にも度々訪れ、ロシア政界でも有数の知日派として知られた。英語とアラビア語に堪能だった。　[賞]ナセル賞(1975年)

ブルガク, ウラジーミル

Bulgak, Vladimir

1941.5.9～

ロシア副首相　[名]Bulgak, Vladimir Borisovich　[学]モスクワ電気技術大学卒, ソ連国家科学技術委員会国民経済大学卒　[歴]1963～68年モスクワのコムソモール組織、通信企業で働く。83年ソ連通信省の部長、90年ロシア通信・情報科学・空間相、91年通信相、97年副首相を経て、98年科学技術相に就任。同年3月解任、9月産業・通信分野担当副首相に就任。99年5月内閣改造で退任。

ブルカルテル, ディディエ

Burkhalter, Didier

1960.4.17～

スイス大統領　[出]ヌシャテル　[名]Burkhalter, Didier Eric　[学]ヌシャテル大学卒　[歴]1985年スイス急進民主党(現・自由民主党)に入党。2003～07年国民議会(下院)議員、07～09年全州議会(上院)議員、09年9月～11年12月内相、12年1月より外相。13年12月国会(上下両院)の投票で大統領に選出され、14年1月～12月大統領。

ブルジャナゼ, ニノ

Burjanadze, Nino

1964.7.16～

ジョージア大統領, 民主運動統一ジョージア党首　国際法学者　[出]ソ連グルジア共和国クタイシ(ジョージア)　[学]トビリシ国立大学 Ph.D.　[歴]知識階級の富裕な家庭に生まれる。トビリシ国立大学助教授を経て、1995年グルジア(現・ジョージア)国会議員に当選。2001年女性として初めて国会議長に選出。野党ブルジャナゼ民主主義者の党首を経て、03年11月シェワルナゼ大統領の辞任に伴い、暫定大統領に就任。前政権が公布した非常事態を解除し、国家の活動の正常化への道を開き、04年1月の大統領選を実施、サーカシヴィリ大統領の正式就任とともに退任。同年5月～08年1月再びグルジア国会議長を務めた。08年11月民主運動統一グル

ジアを旗揚げ。

ブルートン, ジョン

Bruton, John

1947.5.18〜

アイルランド首相, 統一アイルランド党(フィニ・ゲイル)党首 [出]ダブリン [名]Bruton, John Gerard [学]ユニバーシティ・カレッジ・ダブリン卒 [歴]富裕なカトリックの農家に生まれる。統一アイルランド党(フィニ・ゲイル)に入党後、1969年アイルランド下院議員に史上最年少の22歳で当選。73〜77年教育相、75〜77年産業相、81〜82年及び86〜87年財務相、82〜86年観光・貿易相などを歴任。90年統一アイルランド党党首。94年12月労働党などと連立政権を樹立し、当時史上最年少の首相となる。国民投票で離婚を合法化させた他、チャールズ王太子による独立後初のイギリス王族のアイルランド訪問を実現させた。97年の総選挙で統一アイルランド党は議席を増やしたものの連立相手の労働党の惨敗で退陣。2001年2月党首、04年下院議員からも退く。04〜09年欧州連合(EU)駐米大使を務めた。中道右派。

ブルナビッチ, アナ

Brnabić, Ana

1975.9.28〜

セルビア首相 [出]ユーゴスラビア・セルビア共和国ベオグラード(セルビア) [学]ハル大学(英国) [歴]英国ハル大学でマーケティングの修士号を取得した実務派。国際機関、外資系投資機関勤務、米国国際開発局(USAID)が支援するセルビア国内事業に関わったのち、2016年行政・地方自治相に抜擢される。17年6月ヴチッチ大統領により同国初の女性首相に指名され、就任。政党には所属せず、同性愛者を公言しているため、保守的な家族観が根強いセルビアでは大きな注目を集めている。

ブルブリス, ゲンナジー

Burbulis, Gennadii

1945.8.4〜

ロシア国務長官 [出]ソ連ロシア共和国スベルドロフスク州ペルボウラリスク(ロシア・エカテリンブルク州) [名]Burbulis, Gennadii Eduardovich [学]ウラル工業大学(哲学) 哲学博士 [歴]1971年ソ連共産党に入党。ウラル工業大学助教授となりマルクス・レーニン主義を教えるなどした後、86年同大科学・教授法担当副学長に就任。その後、スベルドロフスク市でペレストロイカの初期の段階に改革派政治討論グループを率いて注目された。89年3月ソ連人民代議員に当選。90年ソ連共産党を離党。同年3月ロシア人民代議員に当選。91年6月のロシア共和国大統領選ではエリツィンの選挙マネージャーを務めた。同年7月エリツィン政権でロシア共和国国務長官に就任。同年11月〜92年4月第1副首相兼任。価格自由化政策を推進した。92年11月国務長官解任後、エリツィン大統領の首席顧問となるが、12月辞任。91年12月のソ連解体合意ではシナリオを描いた“黒幕”といわれる。93年2月よりロシア国際戦略政治学センター所長。同年12月急進改革派の“ロシアの選択”より国家(下院)会議議員に当選。94年4月“ロシアの選択”から離脱。99年12月下院選で落選。99年〜2001年ノブゴロド州副知事。02〜05年上院(連邦会議)議員。

ブルームバーグ, マイケル

Bloomberg, Michael

1942.2.14〜

ニューヨーク市長　金融家 [出]マサチューセッツ州ボストン郊外 [名]Bloomberg, Michael Rubens [学]ジョンズ・ホプキンズ大学(1964年)卒, ハーバード大学ビジネススクール(1966年)卒 M.B.A.(ハーバード大学) [歴]1966年大手証券・ソロモン・ブラザーズに入社、債券・株式のトレーダーからデータ・プロセッシング部門担当のゼネラルマネジャーとなる。81年ニューヨークでブルームバーグ・フィナンシャルマーケッツを設立、会長兼CEO(最高経営責任者)。82年ブルームバーグL.P.を設立し、社長。この間、7年半の間に有力数社の寡占状態だった米国の金融情報サービス業界の中で困難とみられていた新規参入を果した。90年ニュース業界に参入、双方向のマルチメディア分野にも事業内容を拡大。約100ケ国に展開する世界有数の金融・経済情報会社に育てた。2001年11月ニューヨーク市長選に共和党から出馬し当選、米同時多発テロ事件からの復興を指揮したジュリアーノ市長の後任として、02年1月就任。05年11月再選。09年11月3選。13年12月任期満了で退任。14年経営の前線に復帰し、ブルームバーグL.P.CEO。また温暖化対策で実績を上げ、同年国連「都

市と気候変動」特使に任命される。大富豪として知られる。 Ⓢラスカー賞（公益事業部門）（2009年）

フルレツ, ボリス
Frlec, Boris
1936.2.10〜
スロベニア外相 化学者 Ⓢリュブリャナ大学卒 化学博士 Ⓡ1976年ヨジェフ・シュテファン研究所所長を経て、84年旧ユーゴスラビア時代のスロベニア副首相、89年駐ドイツ大使。スロベニア独立後、97〜99年外相。75年化学者として来日。

ブルンスキネ, カジミラ
Prunskiene, Kazimiera
1943.2.26〜
リトアニア共和国首相 ⒶPrunskiene, Kazimiera Danute Ⓢビリニュス大学経済学部卒 経済学博士 Ⓡ幼い頃、森番の父親が戦死、賄い婦の母親に育てられた。昼間は事務の仕事をしながら夜学に通い、検定試験で中学校卒業資格を取得。その後経済学者を志し、ビリニュス大学経済学部に学んだ。リトアニア独立を求める人民運動 "サユジス" の指導者の一人で、1990年3月リトアニア共和国首相に就任。ソ連からの独立要求や、ソ連中央政府による石油などの供給ストップ問題を受けて、各国首脳と精力的に援助交渉に当たり、一躍有名政治家に躍り出た。地元の特産品にたとえて "琥珀の女" ともいわれる。同年9月獣医学者のタルビダスと再婚するが、政治家としてはブルンスキネ姓を続ける。91年1月8日共和国議会との見解の相違などを理由に首相を辞任。2004年リトアニア大統領選に立候補した。同年〜08年農相。

ブルントラント, グロ・ハルレム
Brundtland, Gro Harlem
1939.4.20〜
ノルウェー首相, 世界保健機関（WHO）事務局長 医師 Ⓗオスロ Ⓢオスロ大学医学部卒, ハーバード大学大学院公衆衛生学（1965年）修士課程修了 博士号（オスロ大学）（1963年）, M.A.（公衆衛生学・ハーバード大学） Ⓡ父はノルウェー労働党創成期の大政治家。大学卒業後、小児科医として病院に勤務。子供の環境保護や女性の中絶公認運動などに力を入れ、社会派の医師として労働党幹部に認められた。1974〜79年ノルウェー環境相、75年労働副党首に抜擢される。77年以降国会議員（97年まで）、78年国会外交委員長。81年4月〜92年11月労働党党首。81年2月41歳で首相となり（同年10月まで）、サッチャー首相に次ぎ欧州2人目の女性首相と騒がれた。86年5月〜89年10月再び首相。90年11月〜96年10月3度目の首相を務める。この間、84年から2年半、国連環境計画（UNEP）の "環境と開発に関する世界委員会"（ブルントラント委員会）委員長を務め、同委員会の報告書「我ら共有の未来」の中で "持続可能な開発" という概念を初めて打ち出した。89年3月欧州自由貿易連合（EFTA）首脳会議議長。97年国連副事務総長、98年7月〜2003年7月世界保健機関（WHO）事務局長。07年5月〜09年国連気候変動に関する事務総長特使。 Ⓠノエル賞政治指導者賞（国連女性開発基金・第1回）（1990年）, ブループラネット賞（第13回）（2004年）, 北九州市環境賞大賞（2006年）, KYOTO地球環境の殿堂（第1回）（2009年） Ⓦ夫＝アルネ・オラフ（国際問題研究所長）

ブレア, デニス
Blair, Dennis
1947.2.4〜
米国国家情報長官, 米国海軍太平洋軍司令官 軍人 Ⓗメーン州キットリー ⒶBlair, Dennis Cutler Ⓢ米国海軍士官学校卒, オックスフォード大学 Ⓡ米国海軍の駆逐艦コクラン艦長、空母キティホーク戦闘群司令官などを経て、1999年太平洋軍司令官、2002年海軍大将で退役。09年1月〜10年5月国家情報長官を務めた。

ブレア, トニー
Blair, Tony
1953.5.6〜
英国首相, 英国労働党党首 Ⓗロージアン州エディンバラ ⒶBlair, Anthony Charles Lynton Ⓢオックスフォード大学（1976年）卒 Ⓡ1975年英国労働党入党。法廷弁護士を経て、83年下院議員に初当選。影の内閣で84〜87年財務相、87〜88年貿易産業相、88年エネルギー相、89〜92年雇用相、92〜94年内相を歴任。94年7月ジョン・スミス党首の死去に伴い労働党党首となる。97年総選

挙で400議席を超す大勝利をあげ、5月メージャー首相の47歳を抜き20世紀最年少の43歳で首相に就任。98年4月北アイルランド紛争をめぐる英国・アイルランド間の和平合意文書に署名。同年12月17～19日イラクのフセイン政権が国連大量破壊兵器廃棄特別委員会（UNSCOM）の査察を拒否したことへの制裁措置として、米国と共にイラクに対して軍事攻撃を行う。99年スコットランド及びウェールズへの分権化も実現。2000年10月北朝鮮との国交樹立方針を表明。01年6月総選挙で労働党が圧勝し再任。同年9月米国で同時多発テロが発生すると、その直後から国際テロと戦う姿勢を鮮明にし、10月に行われた米国のアフガニスタン空爆にも参加。03年3月開戦のイラク戦争では米国の武力行使を支持し参戦。05年5月の総選挙では議席数を大きく減らしながらも労働党史上初の3期連続勝利を達成、首相3選を決める。同年7月7日スコットランドで主要国首脳会議（G8サミット）を開催中、ロンドン中心部で地下鉄などが爆破される同時多発テロが発生、討議を中座して対応にあたった。06年5月地方議会選挙で労働党が大敗し、内閣改造。07年6月首相辞任。下院議員も辞職。以後、中東和平のための4者協議の特使を務める。同年12月カトリックに改宗。08年1月米銀大手のJPモルガン・チェースの非常勤顧問となる。夫人も弁護士。1998年来日。　[家]妻＝シェリー・ブース（弁護士）

フレアティ, ジェームズ

Flaherty, James

1949.12.30～2014.4.10

カナダ財務相　[出]オンタリオ州　[名]Flaherty, James Michael 通称＝Flaherty, Jim　[学]プリンストン大学（米国）卒　[歴]1995年～2005年オンタリオ州議会議員。06年1月カナダ下院議員に初当選、2月ハーパー政権の財務相に就任。14年3月まで約8年間財務相を務め、カナダ経済が世界金融危機を切り抜けるのに尽力した。

フレイ, エドゥアルド

Frei, Eduardo

1942.6.24～

チリ大統領　[出]サンティアゴ　[名]Frei Ruiz-Tagle, Eduardo　[学]チリ大学工学部（水力工学）（1967年）卒　[歴]同名の父親は1964～70年のチリ大統領。イタリアの建設会社を経て、87年までチリの建設会社で、ダム建設の落札などに腕を振るう企業家として過ごす。58年キリスト教民主党（PDC）入党。82年の父の死後政治家を志し、89年民政移管選挙で上院議員に当選して政界入り。91年12月～93年6月PDC総裁。93年12月大統領選に当選、94年3月～2000年3月大統領。同月終身上院議員となる。06～08年上院議長。10年1月バチェレ大統領の任期満了に伴う大統領選に立候補するが、決選投票で中道右派野党連合のピニェラ元上院議員に敗れる。14年上院議員を引退。　[賞]東京都特別名誉都民（1997年）　[家]父＝フレイ, エドゥアルド（チリ大統領）

プレヴネリエフ, ロセン

Plevneliev, Rosen

1964.5.14～

ブルガリア大統領　[出]ゴーツェデルチェフ　[名]Plevneliev, Rosen Asenov　[学]ソフィア工科大学（1989年）卒　[歴]ソフィア工科大学でコンピューター技術を学ぶ。卒業後は建設業界に入り、複数の企業を経営。2009年ボリソフ政権の地域開発・公共事業相に就任、高速道路網の整備に取り組んだ。11年10月パルバノフ大統領の任期満了に伴う大統領選の決選投票で当選。12年1月ブルガリア大統領に就任。17年1月退任。ドイツ語と英語が堪能。

ブレーク, ホセ・フランシスコ

Blake, Jose Francisco

1966.5.22～2011.11.11

メキシコ内相　[歴]2010年7月フェリペ・カルデロン大統領の下でメキシコ内相に就任。激化する麻薬組織間の抗争対策に取り組んだ。11年11月司法関係者らとの会合のためモレロス州クエルナバカにヘリコプターで向かう途中、山間部に墜落し、同乗者も含め8人が死亡した。

フレシェット, ルイーズ

Fréchette, Louise

1946.7.16～

国連副事務総長　外交官　[出]モントリオール　[学]モントリオール大学歴史学専攻卒 法学博士（セントメアリー大学）　[歴]ベルギーに留学して経済学を修める。カナダ外務省

に入省、1972～82年外交官として米国、ギリシャ、スイスで勤務。85～88年駐アルゼンチン大使、駐ウルグアイ大使、90～92年南米・カリブ担当次官補、経済政策担当次官補、92年1月～94年11月国連大使、94～95年カナダ財務次官補、95年6月～98年国防次官を歴任。98年2月国連の初代副事務総長に就任。2006年4月退任。英語、フランス語、スペイン語に堪能。

ブレジンスキー, ズビグニュー

Brzezinski, Zbigniew

1928.3.28～2017.5.26

米国大統領補佐官　政治学者　[出]ポーランド・ワルシャワ　[名]Brzezinski, Zbigniew Kazimierz　[学]マッギル大学(1949年)卒, ハーバード大学大学院(1953年)修了 政治学博士(ハーバード大学)(1953年)　[歴]1938年カナダへ移住。58年米国籍取得。ハーバード大学ソ連問題研究所員を経て、53年スタンフォード大学ロシア研究センター講師、62年コロンビア大学教授兼共産主義問題研究所長、傍ら国務省顧問。73年日米欧三極委員会事務局長を経て、77～81年民主党のカーター政権下の国家安全保障担当大統領特別補佐官を務めた。民主党の中では珍しいタカ派として知られ、対ソ強硬政策を主張。79年のソ連によるアフガニスタン侵攻やイランの米大使館占拠人質事件の対応にあたった。81～89年再びコロンビア大学教授。88年の大統領選では共和党のブッシュSr.候補を支持、89年1月ブッシュ政権誕生とともに、外交政策に関するブレーンの中心的役割を担った。また、81年よりワシントンD.C.に本拠を置くシンクタンク戦略国際問題研究所(CSIS)の顧問を務め、89年よりジョンズ・ホプキンズ大学アメリカ外交政策大学院教授。2003年のイラク戦争の際は強く反対。08年オバマ大統領が初当選した際には、陣営の外交政策顧問を務めた。14年のロシアによるウクライナ軍事介入を受け、ウクライナの北大西洋条約機構(NATO)加盟にも反対した。1971年日本に半年間滞在。日本の閉鎖性や変革能力の乏しさなどを“ひよわな花”と表現した。

ブレースウェイト, ニコラス

Brathwaite, Nicolas

1925.7.8～2016.10.28

グレナダ首相　[出]英領グレナディーン諸島カリアク島(グレナダ)　[名]Brathwaite, Nicolas Alexander　[学]トリニダード・トバゴ教員養成大学卒, ウェスト・インディーズ大学(ジャマイカ)卒　[歴]小学校長、教員養成大学学長を経て、1983年グレナダ臨時政府首相代行、85年首相特別顧問、90～95年首相。89～94年国民民主会議(NDC)党首。95年英国のエリザベス女王よりナイトの爵位を授与された。　[勲]OBE勲章(英国)(1975年)

プレスコット, ジョン

Prescott, John

1938.5.31～

英国副首相　[出]クルイド州プレスタティン(ウェールズ)　[名]Prescott, John Leslie　[学]オックスフォード大学ラスキン・カレッジ卒, ハル大学卒　[歴]1955～63年商船の乗組員を経て、大学で学ぶ。68年英国全国海員組合の役員となり、70年労働党下院議員。94年労働党副党首を経て、97年5月からブレア政権の副首相兼環境・地域・運輸問題担当相を務める。2001年6月、05年5月、06年5月副首相再任。07年6月ブラウン政権では副首相職を廃止。00年4月来日。

ブレナン, シェーマス

Brennan, Séamus

1948.2.16～2008.7.9

アイルランド運輸相　[出]ゴルウェー州　[学]ゴルウェー大学, ダブリン大学　[歴]国際経営コンサルタント会社役員。アイルランド共和党書記を経て、1977～81年上院議員。81年より下院議員。通商相、教育相などを歴任後、89年～92年、2002年～04年運輸相、04～07年社会問題相、07～08年芸術・スポーツ・観光相。

プレバル, ルネ・ガルシア

Préval, René Garcia

1943.1.17～2017.3.3

ハイチ大統領　農業学者　[出]ポルトープランス　[学]ジェンブル大学(ベルギー)農学専攻卒　[歴]父は政治家。1963年デュバリエ軍事政権の圧政を逃れて家族とともにベルギーへ亡命。のち米国に5年間滞在し、75年帰国。一時ハイチ国立鉱物資源研究所に勤務した後、実業家に転じ、80年代初めパン製造業を始める。86年デュバリエ政権が倒れると、

民主化に向けて民衆組織などを通して積極的に活動。91年2月アリスティド政権発足とともに内相、国防相兼務の首相に就任。同年9月クーデターにより亡命するが、94年10月アリスティド大統領とともに帰国。96年2月～2001年2月大統領。アリスティドが再び大統領に就任するが、04年2月反政府武装勢力の隆起をきっかけに政権は崩壊。06年5月～11年5月再び大統領。クーデターなどで政治混乱が続く中、国営企業民営化などの改革を推進。1988年の民政復帰以降初めて、2度の任期を全うした大統領となった。2010年のハイチ大地震では30万人以上が死亡したとされたが、国際社会の協力を得て、復興支援に尽くした。

ブレマー, ポール
Bremer, Paul
1941.9.30～
イラク暫定占領当局（CPA）代表　外交官　㊍コネティカット州ハートフォード　㊎Bremer, L.Paul III　㊛エール大学（1963年）卒 M.B.A.（ハーバード大学）（1966年）㊟外交官としてアフガニスタンなどに勤務し、1983～86年駐オランダ大使、86～89年テロ対策大使を歴任。ニクソン政権時代のキッシンジャー国務長官をはじめ、23年間で6人の国務長官の補佐官を務める。89年退官後、キッシンジャーのコンサルティング会社の部長や、別のコンサルティング会社のCEO（最高経営責任者）を務めるなどビジネス経験を積み、99年議会の国家テロ対策委員長に就任。2003年5月イラク戦争後のイラクの復興人道支援室（ORHA）の上に立つ文民行政官に任命される。7月暫定占領当局（CPA）代表となる。04年6月イラク暫定政府への主権委譲にともない、CPAは解散。フランス語、オランダ語、ノルウェー語に堪能。都市部の若者に高校への奨学金を支給する非営利団体も運営。　㊟自由勲章（米国大統領）（2004年）

フレルスフ, ウフナー
Khurelsukh, Uhnaa
1968.6.14～
モンゴル首相　㊍ウランバートル　㊛モンゴル防衛大学（1989年）卒, モンゴル国家行政管理アカデミー（1994年）修了, モンゴル国立大学大学院（2000年）修了　㊟1989～90

年モンゴル国軍第152部隊政治指導員、91～94年人民革命党中央委員会政治職員、96年人民革命党附属青年開発センター総裁、97年民主社会主義青年同盟総裁。2000年7月年国家大会議（国会）選挙で初当選して議員となり、04～06年エルベグドルジ内閣の非常事態担当相、06～08年エンフボルド内閣の行政監察担当相、08～12年人民党幹事長、14～15年サイハンビレグ内閣の副首相、16～17年エルデネバト内閣の副首相。17年10月国会の任命により首相に就任。

プレンコヴィッチ, アンドレイ
Plenković, Andrej
1970.4.8～
クロアチア首相　㊍ユーゴスラビア・クロアチア共和国ザグレブ（クロアチア）　㊛ザグレブ大学卒　㊟大学で国際法の修士を取得。2016年9月のクロアチア議会選挙で、党首を務める与党中道右派・クロアチア民主同盟（HDZ）が61議席を獲得し勝利。10月議会で自身を首相とする連立内閣が承認され、新政権を発足させる。

フロイスマン, ウォロディミル
Hroisman, Volodymyr
1978.1.20～
ウクライナ首相　㊍ソ連ウクライナ共和国ビニツァ（ウクライナ）　㊎Hroisman, Volodymyr Borysovych　㊛ビニツァ地域経済・マネジメント大学卒　㊟2002年ビニツァ市議、06年同市長、10年市長再選。14年2月ウクライナ副首相兼地域発展・建設・住宅・公共サービス相、11月最高会議（国会）議長。16年4月首相に就任。ポロシェンコ大統領の側近。

プロコップ, リーゼ
Prokop, Liese
1941.3.27～2006.12.31
オーストリア内相　五種競技選手　㊍ウィーン　㊟1968年メキシコ五輪女子近代五種で銀メダルを獲得。69年より政治家として活動し、2004年シュッセル内閣で初の女性内相に就任、外国人や難民申請者への厳しい政策を推進した。

プローディ, ロマーノ

Prodi, Romano

1939.8.9～

イタリア首相, イタリア民主党議長　経済学者　[出]スカンディアノ　[学]ミラノ・カトリック大学卒, ロンドン・スクール・オブ・エコノミクス　[歴]ロンドンに留学後、24歳でボローニャ大学経済政策学科助教授、1971年同大教授（99年まで）。74年ハーバード大学客員教授に招請。75年ボローニャ大学経済・産業センター所長。傍ら民間のマセラッティ社の経営にも加わり、78～79年アンドレオッチ内閣の産業相を経て、82～89年、93～94年の2度イタリア最大の企業グループIRI（産業復興公社）総裁を務める。キリスト教民主党の流れをくむ人民党に属し、96年4月下院議員。中道左派連合“オリーブの木”により96年5月～98年10月首相を務める。99年2月中道左派グループを集めた新党・民主主義者を結成。99年9月～2004年11月欧州連合（EU）欧州委員会委員長を務め、ユーロ通貨流通を成功させた。06年4月の総選挙で自身の率いる野党中道左派連合ユニオンが勝利、5年ぶりの政権交代を決め、5月首相に就任。07年3月、与党内の不一致で政権危機に陥ったプローディ内閣に対して上院で信任投票が行われ、過半数を2票上回る162票で信任された。同年10月、連合政権9党のうち最大勢力の左翼民主党と中道政党・マルゲリタが合併し、新党・民主党が発足、名誉職的な議長に就任。08年1月上院での内閣信任投票で敗れ5月首相を辞任。同年政界からの引退を表明。12～14年国連サヘル担当事務局長特別大使。　[勲]旭日大綬章（日本）（2012年）　[家]妻＝フラヴィア・プローディ（ボローニャ大学教授）

プロホロフ, ミハイル

Prokhorov, Mikhail

1965.5.3～

市民プラットフォーム党首　実業家　[出]ソ連ロシア共和国モスクワ（ロシア）　[名]Prokhorov, Mikhail Dmitriyevich　[学]モスクワ金融大学（1989年）卒　[歴]レアメタル分野の会社経営で頭角を現し、ロシア最大の金の生産量を誇る企業と投資ファンドを率いる新興財閥（オリガルヒ）の一人。1993年オネクシム銀行頭取などを経て、2001～07年非鉄金属大手ノリリスク・ニッケル社長。07年投資ファンド、オネクシム・グループを創設。11年6月～9月中道右派政党である“正義”党首。12年3月の大統領選で3位。6月市民プラットフォーム結成を表明し、10月党政治委員会委員長（党首）に選出された。13年12月ローテーション制により党首辞任。米国NBAのネッツのオーナーでもある。身長は2メートルを超える。

フロマン, マイケル

Froman, Michael

1962～

米国通商代表部（USTR）代表　[出]カリフォルニア州　[学]プリンストン大学（行政・国際関係学）卒, オックスフォード大学（国際関係）博士課程修了, ハーバード大学法科大学院卒　[歴]ハーバード大学法科大学院でオバマ大統領とは同期の間柄で、「ハーバード・ロー・レビュー」誌の編集長を務めた。米国財務省首席補佐官、クリントン政権で国家安全保障会議（NSC）国際経済部長など歴任。その後、シティーグループで多くの役職に就いた後、ホワイトハウス入りし、第1期オバマ政権で国家安全保障担当大統領副補佐官となり、FTA交渉、気候変動、エネルギーなど経済外交で中核的な役割を果たした。2013年6月～17年1月第2期オバマ政権で第11代米国通商代表部（USTR）代表を務める。“並外れたタフ・ネゴシエーター”と呼ばれ、環太平洋経済協定（TPP）の交渉でも米側の交渉代表を務めた。

フローレス, カルロス

Flores, Carlos

1950.3.1～

ホンジュラス大統領　[出]テグシガルパ　[学]ルイジアナ州立大学大学院卒　[歴]父は反軍政を貫いたジャーナリストで日刊紙「ラ・トリブナ」の創設者のオスカル・フローレス。父の後を継いでマスコミ界に入り、同紙の共同経営者（社主）となる。一方、ホンジュラスの大学教授などを経て、1981年国会議員となり、82～86年スアソ政権大統領府相。89年大統領選に挑戦したが敗れる。90～93年自由党党首。94年から国会議長として議会運営に力を発揮。97年12月大統領選に当選、98年1月就任。2001年11月退任。　[家]父＝オスカル・フローレス（ジャーナリスト）

フロレス, フランシスコ
Flores, Francisco
1959.10.17～2016.1.30
エルサルバドル大統領　[出]サンタアナ　[名]Flores Pérez, Francisco　[学]オックスフォード大学, ハーバード大学　[歴]英国、米国の大学で政治学や哲学を専攻したのち、インドで3年間東洋思想の研究に没頭。1989年帰国、エルサルバドルの大学で教壇に立った経験を持つ。大統領府次官など政権の重要ポストを歴任。94～97年エルサルバドル国会議員、97～98年国会議長を経て、99年3月大統領選に当選、6月就任。2004年退任。在任中の01年に同国で起きた大地震の際、台湾から送られた義援金1500万ドル（約18億1000万円）を着服したとして、14年5月に逮捕状が出て、9月司法当局に出頭。自宅軟禁となった。保守右派政党の民族主義共和同盟（ARENA）所属。

プロンク, ヤン
Pronk, Jan
1940.3.16～
オランダ環境相　[出]ハーグ　[名]Pronk, Johannes Pieter　[歴]1971年労働党からオランダ下院議員に当選。73年開発協力相、80年国連貿易開発会議（UNCTAD）事務次長に転身。94年からのコック労働党政権では一貫して環境（住宅・国土開発）相を務める。環境・開発問題に通じ、地球温暖化対策のための京都議定書を巡る協議では、2000年にハーグで開催された気候変動枠組み条約第6回締約国会議（COP6）の議長として調整役を務めた。02年南アフリカのヨハネスブルクで開かれた環境開発サミットでアナン国連事務総長の特使を務める。04～06年国連事務局長特別代表としてスーダン問題を担当。気さくな人柄で世界的に顔が広い。

フン・セン
Hun Sen
1951.4.4～
カンボジア首相, カンボジア人民党中央委員会議長（党首）　[出]コンポンチャム州　[名]旧姓（名）＝Hun Bunal　[学]プノンペン大学, 国立政治アカデミー Ph.D.（グエン・アイ・コック・ベトナム共産党学校）（1991年）　[歴]中農の家の生まれ。高校生時代の1970年ポル・ポト派（クメール・ルージュ）に下級部隊指揮官として参加したが、戦闘で左眼を負傷し失明。若くして東部管区第21地区副連隊長に就任したが、77年大虐殺に抗して自らが粛清の対象となったためベトナムへ逃亡、反ポル・ポト軍を結成。78年12月親ベトナムのカンボジア救国民族統一戦線中央委員。79年1月ベトナム軍侵攻によるプノンペン陥落、ヘン・サムリン政権（カンプチア人民共和国）発足で、人民革命評議会委員兼外相。81年コンポンチャム州選出の国会議員に当選。同年5月人民革命党政治局員。同年6月ヘン・サムリン政権で副首相兼外相。85年1月首相兼外相に就任、世界最年少の首相と騒がれた。86年12月外相兼務を解かれるが、87年12月～90年9月再度外相兼務。90年6月カンボジア和平東京会議に出席。91年10月第5回党大会で人民革命党から人民党に党名変更するとともに、新設の中央委員会副議長（副党首）となる。93年5月総選挙で第2党となり、6月ラナリット殿下とともに暫定国民政府共同首相（内相・国防相兼任）に就任、9月新生カンボジア王国の第2首相となる。97年7月ラナリット第1首相との権力争いが激化、大規模戦闘の末、国内を制圧し、第1首相を武力追放した。98年7月総選挙でカンボジア人民党が勝利を収め、11月単独の首相に就任。2004年7月総選挙で勝利し、首相再任。08年9月3期目。13年9月4期目就任。15年6月党中央委員会議長（党首）に就任。1998年には自らが作詞を手がけた「草原への道」がカンボジアで大ヒット。来日多数。

ブンニャン・ウォラチット
Bounnyang Vorachit
1937.8.15～
ラオス国家主席（大統領）, ラオス人民革命党書記長　軍人　[出]サバナケット　[歴]ベトナムで中学卒業後、対フランス独立闘争に参加。1954～75年ラオス愛国戦線の戦闘部隊（パテト・ラオ）中部方面軍司令官。75年共産主義政権成立後、80年まで政府軍の同方面軍司令官。共産主義政権を樹立したカイソン大統領の右腕といわれる。84年サバナケット県知事、93年首都ビエンチャン市長を経て、96年ラオス人民革命党の政治局員。99年財務相兼副首相。経済再建への貢献を評価され、2001年3月カムタイ大統領により首相に任命される。06年6月国家副主席（副大統領）。11年政治局員、国家副主席に

再任。16年1月の党大会で党書記長に選出され、4月国家主席（大統領）に就任。

【へ】

べ

→ヴェをも見よ

ヘイグ, ウィリアム

Hague, William
1961.3.26〜
英国外相、英国保守党党首　㋪サウスヨークシャー州ロザラム　㋐Hague, William Jefferson　㋒オックスフォード大学卒 M.B.A.　㋑13歳で英国保守党青年組織に加入。オックスフォード大学卒業後、フランスのビジネス・スクールで学び、1981年オックスフォード大学保守党協会会長に就任。マッキンゼー時代には経営コンサルタントを務める傍ら、当時のJ.ハウ財務相、L.ブリタン財務省幹部のアドバイザーを務め、89年ヨークシャーの選挙区から下院議員に初当選。93年社会保障省政務次官、94年同省国務相を歴任。95年7月〜97年5月メージャー政権下でウェールズ担当相。同年7月保守党党首に就任。2001年6月総選挙での惨敗を受け辞任。05年12月"影の内閣"外相。10年5月保守・自民党連立政権の発足に伴い、キャメロン内閣の外相兼連邦相に就任。14年7月内閣改造により下院内総務に転じる。1995年投資誘致促進のため来日。　㋑旭日大綬章（日本）（2017年）

ペイズリー, イアン・リチャード・カイル

Paisley, Ian Richard Kyle
1926.4.6〜2014.9.12
北アイルランド自治政府首相、民主統一党（DUP）党首　牧師　㋪北アイルランド・アーマー　㋒サウスウェールズ・バイブル・カレッジ 神学博士　㋑1946年牧師に任命され、51年自身の会派・アルスター自由長老派教会を創設、60年代より北アイルランドの政治に深く関わる。66年プロテスタント統一党を創設、70〜74年英国下院議員。74年ノース・アントリム州選出の民主統一党（DUP）下院議員に当選。30年以上にわたってDUP党首を務めた。79年欧州議会議員に当選。2007年、約5年ぶりに復活した北アイルランド自治政府の首相に就任。08年自治政府首相とDUP党首を退任。北アイルランド和平をめぐっては、少数派のカトリック系住民との妥協を徹底して拒否。和平の基礎となった1998年の包括和平にも反対し、その強硬姿勢から"ドクター・ノー"の異名を取った。2010年男爵（一代貴族）となる。

ヘイドン, ウィリアム

Hayden, Wiliam
1933.1.23〜
オーストラリア総督, オーストラリア労働党党首　㋪クイーンズランド州ブリスベン　㋐Hayden, William George, 通称＝Hayden, Bill　㋒クイーンズランド大学（通信制）卒　㋑警察官として働きながら、クイーンズランド大学を通信教育で6年がかりで卒業。1961年オーストラリア労働党から下院議員に当選。72〜75年ホイットラム政権で社会保障相、75年6月〜11月財務相。77年12月〜83年2月労働党首。ロバート・ホークにその座を譲り、83年3月〜88年8月ホーク首相の下で外相を務める。89年2月オーストラリア総督に就任。96年2月退任。

ヘイドン, トム

Hayden, Tom
1939.12.11〜2016.10.23
カリフォルニア州上院議員（民主党）　反戦活動家　㋪ミシガン州デトロイト　㋐Hayden, Thomas Emmet　㋒ミシガン大学（1961年）卒　㋑ミシガン大学在学中の1960年に"民主社会をめざす学生"組織SDSを結成、新左翼学生運動の理論的イデオローグとして活動。65年、66年には国禁を犯して北ベトナムを訪問、米軍の実態の告発は、その後の反戦運動の盛り上がりに拍車をかけた。68年には民主党全国大会に異議申し立てを行おうとして逮捕され、"シカゴ7被告（シカゴ・セブン）"の一人となる。その後も"インドシナ平和キャンペーン"の全国世話人（72〜73年）となるなど、反戦・反体制運動の第一線に立ったが、75年以降は従来の体制外激突路線から体制内改革路線に方向転換し、草の根次元での市民運動を指導した。82〜92年民主党のカリフォルニア州下院議員、92年〜2000年同州上院議員。環境問題、受刑者の人権、最低賃金、政治資金規制など

でリベラルな姿勢に徹した。また第二次大戦中の日本による強制労働の補償問題に取り組んだ。1973年女優のジェーン・フォンダと知り合い、結婚。ともに反戦運動に取り組み、1男をもうけたが、89年離婚した。[家]元妻＝ジェーン・フォンダ（女優・反戦運動家）

ベイナー, ジョン

Boehner, John

1949.11.17～

米国下院議長（共和党）　[出]オハイオ州シンシナティ　[名]Boehner, John Andrew　[学]ザビエル大学卒　[歴]小売販売業経営者。1984～90年オハイオ州下院議員を経て、91年米国連邦下院議員（共和党）。2006年2月～11年1月党下院院内総務。ブッシュJr.大統領時代は、超党派の精神を発揮して民主党との仲介役を精力的に努め、教育改革法案の妥協案をまとめるなど活躍。11年1月下院議長に就任。15年10月辞任し、議員も辞職。財政規律を重視し、"増税なき財政均衡""小さな政府"を掲げる。　[勲]旭日大綬章（日本）（2016年）

ヘイリー, ニッキー

Haley, Nikki

1972.1.20～

国連大使, サウスカロライナ州知事　[出]サウスカロライナ州バンバーグ　[名]Haley, Nimrata Randhawa　[学]クレムソン大学卒　[歴]インド系移民の2世。サウスカロライナ州下院議員を経て、2010年同州知事選で当選、同州初の女性でマイノリティーからの知事となる。15年同州で起きた白人男性による黒人系教会銃撃事件で、事件後に結束を呼びかける姿が注目を集める。16年オバマ大統領の一般教書演説に対する共和党の反対演説を行い、同党の有力人物となった。同年大統領選の共和党候補者指名争いでは、当初ドナルド・トランプのライバル、マルコ・ルビオ上院議員を支援したが、その後トランプ支持に。17年トランプ大統領により国連大使に起用される。

ペイリン, サラ

Palin, Sarah

1964.2.11～

アラスカ州知事　[出]アイダホ州サンドポイント　[名]Palin, Sarah Louise Heath　[学]アイダホ大学（1987年）卒　[歴]アイダホに生まれ、生後3ケ月でアラスカに移り住む。小学校の理科の教員だった父と、学校の事務職員だった母のもとで育つ。大学でジャーナリズムと政治学を学び、卒業後、アラスカで高校時代の恋人と結婚。地元テレビのスポーツキャスターを経て、1992～96年アラスカ州ワシラ市会議員2期。96年32歳の若さで同市長になり、2002年まで2期務めた。06年アラスカ州で最少年かつ初の女性知事に当選。08年8月共和党の大統領候補に確定したジョン・マケイン上院議員の副大統領候補に選ばれる。女性が同党副大統領候補になるのは初めて。11月の大統領選ではマケインが民主党候補のバラク・オバマ上院議員に敗れた。09年7月州知事を辞任。熱心なキリスト教徒として知られ、人工妊娠中絶や同性婚に強く反対する保守派。狩猟と釣りが趣味で、保守派の牙城である全米ライフル協会（NRA）の終身会員でもある。大学時代にミス・アラスカコンテストで2位になり、ワシラ市の美人コンテストで優勝したこともある。2男3女の母。

ベーカー, ジェームズ3世

Baker, James III

1930.4.28～

米国大統領首席補佐官, 米国国務長官　法律家　[出]テキサス州ヒューストン　[名]Baker, James Addison III　[学]プリンストン大学（1952年）卒, テキサス大学ロースクール卒　[歴]ヒューストンの弁護士事務所に勤務。1970年ブッシュSr.の米国上院議員選挙戦、72年ニクソン大統領の選挙戦に参加、テキサス州共和党財政委員長。75～81年商務次官。76年フォード大統領再選全国委員長。80年大統領選予備選でブッシュ陣営委員長を務めた後、その政治的手腕を買われて81年1月～85年1月レーガン大統領首席補佐官、85年1月～88年8月財務長官。88年の大統領選ではブッシュ選対本部長を務め、89年1月ブッシュ政権下の国務長官に就任。92年8月～93年1月大統領首席補佐官。ブッシュ大統領とは30年以上親交を結び、組織統率、交渉能力は抜群といわれ、この間35ケ国以上を訪問し、アンゴラとカンボジアの和平仲介役を果たしたほか、中東会議開催も実現させた。93年よりベーカー・ボッツ・シニアパートナー。97年～2004年国連西サハラ住民投票

監視団(MINURSO)の国連事務総長特使、03年12月イラク債務問題担当の大統領特使を務める。06年3月イラク研究グループ共同代表。同年12月米国のイラク政策見直しに関する報告書をブッシュJr.大統領と議会に提出。また、情報処理サービス会社エレクトロニック・データ・システムズ(EDS)取締役会企業統治委員会委員長なども務める。[勲]自由勲章(米国大統領)(1991年),旭日大綬章(日本)(2015年)　[賞]マン・オブ・ザ・イヤー(フィナンシャル・タイムズ)(1991年)

ベーカー, ハワード(Jr.)

Baker, Howard (Jr.)

1925.11.15〜2014.6.26

駐日米国大使, 米国大統領首席補佐官　外交官, 法律家　[出]テネシー州ハンツビル　[名]Baker, Howard Henry (Jr.)　[学]サウス大学, チュレーン大学(ニューオーリンズ州)卒, テネシー大学大学院法学修士課程修了　[歴]第二次大戦中、米国海軍に入隊。弁護士を経て、1967〜85年共和党上院議員(テネシー州選出)。73年ウォーターゲート事件上院調査特別委副委員長。77年1月〜85年1月共和党上院院内総務。この間80年の大統領選に出馬。84年の上院選は不出馬。87年2月〜88年6月レーガン政権の大統領首席補佐官を務め、イラン・コントラ事件の処理などにあたった。中道寄りの穏健保守派で、妥協と協調の名手といわれた。85〜87年法律事務所ベーカー・ウォーシントン・クロスレー・スタンスベリー・アンド・ウォルフのパートナー、95年よりベーカー・ドーネルソン・ベアマン・アンド・コールドウェルのパートナー。92年日米リーダー懇談会・東京会議に出席。99年4月国際オリンピック委員会(IOC)倫理委員会委員に選ばれる。2001年6月〜05年2月ブッシュJr.政権時代の駐日大使を務めた。米政界に影響力を行使できる大物大使として、インド洋やイラクへの自衛隊派遣など中枢同時テロ後の日米間の調整に奔走、同盟関係の強化に功績を残した。　[勲]自由勲章(米国大統領)(1984年),桐花大綬章(日本)(2008年)　[家]妻＝ナンシー・カッセバーム(元米国上院議員)

ベギン, ベニー

Begin, Benny

1943〜

イスラエル科学相, イスラエル国家統一党党首　[出]エレツ　[学]コロラド大学卒 地質学博士　[歴]父はイスラエル首相を務めたメナヘム・ベギンで厳しい地下活動の中で住まいを転々としていた時に生まれた。1965〜75年イスラエル国土地理院に勤務後、リクード関係の仕事に従事。国家安全保障問題小委員会委員長を経て、96年6月ネタニヤフ政権下で科学相に就任。99年イスラエル国家統一党を設立したが、同年国会議員を辞職して引退。2009年国会議員に復帰。その後、また政界を去ったが、15年政界復帰。　[家]父＝メナヘム・ベギン(イスラエル首相)

ペク・ナムスン (白 南淳)

Paek Nam-sun

1929.3.13〜2007.1.2

北朝鮮外相　外交官　[出]朝鮮・両江道(北朝鮮)　[名]別名＝白 南俊　[学]金日成総合大学卒　[歴]1972年8月対外文化連絡協会副委員長、74年4月駐ポーランド大使。88年10月科学百科事典総合出版社社長兼責任主筆。89年朝鮮労働党統一戦線部副部長。90年4月より最高人民会議代議員。同年9月南北首相会談出席のため訪韓、以後3回訪韓する。91年1月祖国平和統一委員会書記局長、96年1月祖国統一民主主義戦線書記局長。98年9月外相に就任。99年6月訪中、9月訪米、北朝鮮外相として7年ぶりに国連で演説した。2000年3月中国、ラオス、ベトナムを歴訪。7月バンコクでのASEAN地域フォーラム(ARF)閣僚会議に出席。8月オルブライト米国国務長官と会談。02年5月訪ロしイワノフ外相と会談。7月ブルネイのARFに出席し、米・中・日とそれぞれの外相と会談。04年ジャカルタのARFで日本の川口順子外相と会談、日本に帰国した北朝鮮による拉致被害者の曽我ひとみさんと、北朝鮮で暮らす夫のジェンキンスさんら家族をジャカルタで再会させることに合意した。

ペク・ハクリム (白 鶴林)

Paek Hak-rim

1918〜2006.10.5

北朝鮮人民保安相, 北朝鮮国防委員会委員, 朝鮮労働党中央委軍事委員　軍人　[出]朝鮮・平安南道平原(北朝鮮)　[学]マルクス・レー

ニン主義学院卒　㊴幼少時に父母とともに
旧満州の間島へ移民。金日成率いる抗日パ
ルチザン部隊に参加し、16歳の時から銃を
背負い金日成の後に従った。1945年平壌に
戻る。54年朝鮮人民軍師団長、58年軍団長
となり、60年軍事休戦委員会の共産側代表も
務めた。67年より最高人民会議代議員。70
年社会安全部副部長、78年人民武力部副部
長を経て、85年10月社会安全部長。この間、
同年4月大将に昇進。朝鮮労働党員としては
70年中央委員、80年政治局員、中央軍事委
員。90年最高人民会議法制委副委員長。92
年4月次帥に昇格。98年9月社会安全相に再
任、国防委員会委員。のち社会安全省が人
民保安省に改称され留任。60年代から金正
日書記の後見的役割も担い、"革命第1世代"
と呼ばれる軍長老として重きをなした。

ヘクマティアル, グルブディン
Hekmatyar, Gulbuddin
1947.6.26〜
アフガニスタン首相, イスラム党代表　㊋
クンドゥズ州　㊎カブール大学工学部中退
㊴多数派パシュトゥン出身。貧農の家庭に
育ち、苦学した。イスラム学生運動に参加、
1972年投獄される。73年釈放後地下に潜り、
75年反政府ゲリラ最強硬派・イスラム党代
表。76年イスラム法解釈を巡る対立で辞任
したが、78年代表再任。アフガン戦争（79
〜89年）ではソ連軍を撤退に追い込み、アフ
ガニスタンの英雄となる。89年2月反政府組
織による暫定政府の外相に就任。92年4月マ
スード・イスラム協会司令官らとカブール
周辺に軍事攻勢をかけてナジブラ政権を崩
壊させ、ゲリラ各派と暫定評議会を設立。同
年8月最高指導評議会から追放されるが、10
月同評議会復帰が認められる。93年6月〜12
月首相。96年7月再び首相となり、イスラム
協会との二党連立内閣を発足させる。9月反
政府勢力・タリバンが首都を制圧、自身も
行方不明となる。のちイランに亡命。2002
年2月イランを追放され帰国。少数民族を認
めない国粋主義者。

ベケット, マーガレット
Beckett, Margaret
1943.1.15〜
英国外相　㊋ランカシャー州アシュトンアン
ダーライン　㊛旧姓（名）＝Jackson, 別名＝

Beckett, Mary　㊎マンチェスター科学技術
カレッジ　㊴労働者の家庭に生まれる。冶金
学の専門家として大学や企業で働く。職場
で労働組合運動に目覚め、産業政策の研究者
として労働党活動をスタート。1974年リン
コーン区から英国下院議員に初当選。79〜
83年グラナダテレビ首席研究員。83年ダー
ビー・サウス区から下院議員。党内でも屈
指の左派として知られたが、80〜90年代の
党改革に賛同し、中道寄りに政治姿勢を変え
て頭角を現す。84〜89年影の内閣の社会保
障相。92年7月党史上初の女性副党首に選ば
れ、94年5〜7月ジョン・スミス党首の急死に
より同党首代行。97年5月より1年間、ブレ
ア政権下で貿易産業相を務めた後、98年7月
下院院内総務として下院改革に尽力。2001
年6月からは環境・食糧・農村相として気候
変動対策を推進し、産業界に温室効果ガス
削減目標を設定する先進的な政策をまとめ
る。06年5月内閣改造で英国史上初の女性外
相に起用される。07年6月退任。08〜09年ブ
ラウン内閣で住宅・開発計画担当相。13年
デームの称号を授与される。

ヘーゲル, チャック
Hagel, Chuck
1946.10.4〜
米国国防長官, 米国上院議員（共和党）　㊋
ネブラスカ州ノースプラット　㊂Hagel,
Charles T.　㊎ネブラスカ大学卒　㊴ベト
ナム戦争に従軍。投資会社社長などを経て、
1997年〜2009年ネブラスカ州選出の連邦上
院議員（共和党）。ブッシュJr.政権によるイ
ラク開戦を支持したが、のちに駐留米軍の
早期撤退を訴え、政権側と対立。09年より
ネブラスカ大学教授、米シンクタンク・大
西洋評議会代表も務める。13年2月〜15年2
月2期目のオバマ政権で国防長官を務めた。

ペシッチ, ドラギシャ
Pešić, Dragiša
1954.8.8〜2016.9.8
セルビア・モンテネグロ首相, モンテネグロ
社会人民党副党首　㊋ユーゴスラビア・モン
テネグロ共和国ダニロブグラード（モンテネ
グロ）　㊎サラエボ大学経済学部（1977年）
卒　㊴モンテネグロ人。大学卒業後、モン
テネグロの国営輸入会社の財務専門家とな
る。ポドゴリツァ市長を経て、1989年ユー

457

ゴスラビア連邦議会議員に当選。連邦議会予算委員長、98年財務相を経て、2001年7月首相に就任。03年2月ユーゴスラビア連邦が消滅し、連合国家のセルビア・モンテネグロが発足。06年6月モンテネグロが独立した。

ペーション, ヨーラン

Persson, Göran

1949.1.20〜

スウェーデン首相, スウェーデン社会民主労働党(SAP)党首　[出]ビンゴカル　[学]エーレブルー大学卒　[歴]17歳の頃からスウェーデン社会民主青年同盟の地方組織活動に身を投じ、1971年同事務局長。79年国会議員に初当選。89〜91年学校・成人教育担当相、94〜96年財務相を歴任。96年3月社会民主労働党(SAP)党首に選出、同月首相に就任。2002年10月3期目。06年9月総選挙で敗北し、退任。

ヘーゼルタイン, マイケル

Heseltine, Michael

1933.3.21〜

英国副首相　[出]スウォンジー(南ウェールズ)　[名]Heseltine, Michael Ray Diddin　[学]オックスフォード大学卒　[歴]オックスフォード大学で政治学、哲学、経済学を修めた後、出版社役員などを経て、1966年33歳で保守党から下院議員に初当選。70〜72年環境省次官などを経て、79年サッチャー政権発足とともに環境相、83年1月国防相となる。しかし、86年1月サッチャー首相と対立、辞任。90年11月サッチャー首相退任に伴い、メージャー新政権の環境相に就任。92年4月第2次メージャー内閣で貿易産業相。95年7月〜97年5月副首相。思想的には保守リベラル派とされ、"汎ヨーロッパ"的傾向が強い。"ターザン"の愛称で国民に人気がある。

ペーターセン, ニールス・ヘルベイ

Petersen, Niels Helveg

1939.1.17〜

デンマーク外相　[出]オーデンセ(フューン島)　[学]コペンハーゲン大学卒, スタンフォード大学卒　[歴]1966〜74年と77年からデンマーク国会議員。74〜77年欧州共同体(EC)本部でデンマーク出身のEC委員補佐、77〜78年急進的自由党対外問題スポークスマンを歴任。82〜84年議会政治経済委委員、88〜90年経済相。93年〜2000年外相。

ペーターセン, ヤン

Petersen, Jan

1946.6.11〜

ノルウェー外相　[出]オスロ　[歴]1981年ノルウェー国会議員に当選、94年保守党党首となる。2001年10月外相に就任。

ベタンクール, イングリッド

Betancourt, Ingrid

1961〜

コロンビア元大統領候補　[学]フランス国立政治学院卒　[歴]パリとコロンビアで子ども時代を過ごす。フランスで結婚し、1990年コロンビアに帰国。94年下院議員に当選。サンペル・ピサノ大統領の収賄容疑を厳しく追及し、命を狙われる。98年上院議員にトップ当選。2002年次期大統領選に立候補するが、5月の選挙を目前にした2月末武装ゲリラに誘拐される。6月行方不明のまま選挙が行われ、5位の得票を集める。7月コロンビア革命軍(FARC)から、テレビ局宛てに本人の姿を写したビデオが届くが、安否は確認されていない。自伝「それでも私は腐敗と闘う」は、元大統領から刊行を妨害されながらもフランスでベストセラーとなる。08年に入り、FARCの幹部が相次いで死亡。政府はFARCが拘束する人質と服役中のFARC幹部の交換交渉を開始。ベネズエラが解放交渉を仲介し、同年7月2日救出された。

ベック, クルト

Beck, Kurt

1949.2.5〜

ドイツ社会民主党(SPD)党首　[出]西ドイツ・ラインラント・プファルツ州バッドバルグツァーバン(ドイツ)　[名]Beck, Kurt George　[歴]電気工として働き、地方労働委員会で活動。1972年西ドイツ社会民主党(SPD)に入党。89年ラインラントプファルツ州シュタインフェルド市長を経て、94年より同州首相。2000年11月〜01年10月各州首相輪番制の連邦参議院議長を務める。05年11月SPD首席副党首、06年5月〜08年10月党首。13年政界を引退。

ベッテル, グザヴィエ

Bettel, Xavier

1973.3.3〜

ルクセンブルク首相　[出]ルクセンブルク市　[学]ナンシー大学大学院（政治学・公法）博士号準備課程修了　[歴]フランスのナンシー大学で政治学と公法の博士号準備課程を修了。1980年代末からルクセンブルク民主党員となり、99年の議会選で初当選。2005〜11年ルクセンブルク市助役、11〜13年同市長。13年10月に行われた総選挙後、第1党となったユンケル首相のキリスト教社会党（CSV）を排除し、民主党、社会労働党（LSAP）、緑の党による3党連立合意を取りまとめ、12月首相に就任。15年5月ベルギー人の男性建築家と結婚、同性婚をした欧州連合（EU）初の現職首脳となった。

ベディエ, アンリ・コナン

Bedie, Henri Konan

1934.5.5〜

コートジボワール大統領　[歴]1961〜64年駐米大使、66〜77年経済・財政相、80年12月国民議会議長。93年12月大統領に就任。95年10月再選。99年12月軍部のクーデターにより失脚。トーゴに国外脱出し、2000年1月パリに亡命。

ヘデゴー, コニー

Hedegaard, Connie

1960.9.15〜

デンマーク気候変動・エネルギー相, 欧州連合（EU）欧州委員会委員（気候変動担当）　[出]コペンハーゲン　[学]コペンハーゲン大学卒　[歴]1984年デンマーク史上最年少の23歳で、保守党の国会議員になる。90年ジャーナリストになるため政界を引退。新聞記者を経て、94年よりラジオ、テレビのキャスターを務め、人気を集める。2004年請われてラスムセン内閣に入閣し、環境相に就任。07年地球温暖化専門の気候変動・エネルギー相を務め、再生可能エネルギー戦略を推進。09年COP15（第15回国連気候変動枠組み条約締約会議）議長。10〜14年欧州連合（EU）欧州委員会委員（気候変動担当）。08年“地球環境シンポジウム”で初来日。

ベドリヌ, ユベール

Védrine, Hubert

1947.7.31〜

フランス外相　[出]サン・シルヴァン・ベルガルド　[学]パリ政治学院卒, 国立行政学院（ENA）卒　[歴]フランス文化省、外務省を経て、1981年に大統領府入り。ミッテラン大統領の下、88年まで外交顧問、88〜91年報道官、91〜95年大統領府事務総長を務めた。“ミッテラン外交”を設計した、外交、安全保障問題の専門家。97年6月〜2002年シラク政権下の保革連立内閣ジョスパン内閣で外相を務めた。社会党に所属。のちフランソワ・ミッテラン協会会長を務める一方、03年よりコンサルタント会社を運営、国際問題について著書や新聞で積極的に発言する。外交政策で右派とのパイプも太く、07年に就任したサルコジ大統領からグローバル化問題の専門報告者に指名された。

ペニャ, ハビエ・ロペス

Peña, Javier López

〜2013.3.30

バスク祖国と自由（ETA）最高指導者　反政府勢力指導者　[歴]スペイン・バスク地方の分離独立を求める非合法組織“バスク祖国と自由”（ETA）の最高指導者として活動するが、2008年フランスのボルドーで逮捕された。13年3月心臓疾患のため刑務所からパリの病院に移されるが、同月病院にて死亡した。

ペニャ, フェデリコ

Peña, Federico

1947.3.15〜

米国エネルギー長官　[出]テキサス州ラレド　[学]テキサス大学オースティン校法律大学院（1971年）修了　[歴]弁護士、コロラド州議会議員を経て、1983年ヒスパニック（中南米系）として初の同州デンバー市長となる。91年まで務め、デンバー国際空港の建設などを実現させる。92年クリントン大統領当選後、政権移行委員会の運輸省担当。93年1月〜97年2月第1期クリントン政権の運輸長官、97年3月〜98年6月第2期クリントン政権のエネルギー長官を務めた。

ペーニャ, マルコス

Peña, Marcos

1977.3.15〜

アルゼンチン首相 ㊐ブエノスアイレス ㊗トルクァト・ディ・テラ大学卒 ㊥2003年ブエノスアイレス市議会議員として政界入り。05年マウリシオ・マクリとともに左派路線に対抗する中道右派政党・共和国の提案(PRO)を創設。15年12月マクリの大統領就任に伴い、首相に就任。

ペニャニエト, エンリケ

Peña Nieto, Enrique

1966.7.20〜

メキシコ大統領 ㊐メキシコ州アトラコムルコ ㊗パナメリカナ大学(パンアメリカン大学)法学部卒, モンテレイ工科大学大学院経営学専攻修士課程修了 M.B.A. ㊥父は電気技師、母は教師。親族から複数のメキシコ州知事を出した政治家一家の出身。1984年18歳でメキシコ制度的革命党(PRI)に入党。メキシコ州政府高官、同州議員を経て、2005〜11年同州知事を務める。12年7月メキシコ大統領選で当選、12月就任。端正な顔立ちから"メキシコで最もハンサムな政治家"と呼ばれる。妻はテレビの人気女優アンヘリカ・ヒベラ。㊕妻=アンヘリカ・ヒベラ(女優)

ベネディクト16世

Benedict XVI

1927.4.16〜

第265代ローマ法王 カトリック枢機卿, 神学者 ㊐バイエルン州マルクトル ㊗ラツィンガー, ヨゼフ〈Ratzinger, Joseph Alois〉 ㊗ミュンヘン大学(哲学・神学)卒 神学博士(ミュンヘン大学)(1953年) ㊥ドイツの貧しい家庭に生まれる。12歳で神学校に入学。一時期、ナチスの青少年組織"ヒトラー・ユーゲント"に義務的に入っていた。第二次大戦中は国軍で対空戦担当、終戦時は米軍の戦争捕虜だった。1951年司祭に叙階、神学者の道を歩む。58年フライジング、59年ボン、63年ミュンスター、66年テュービンゲン、同年〜77年レーゲンスブルク各大学の教授を歴任。62〜65年第2回バチカン公会議で神学の顧問として名を挙げ、77年ミュンヘン・フライジング大司教、同年枢機卿に任じられる。81年カトリック教義をつかさどる

ローマ法王庁の教理省長官に就任。2002年首席枢機卿。保守派を代表する教会指導者で、教会の宗教的純粋性を重んじたヨハネ・パウロ2世を支えた。長年にわたる積極的な平和活動でも知られた。05年4月ヨハネ・パウロ2世の逝去に伴い、第265代ローマ法王に選出される。ポーランド人だった前法王に続いて2人目の非イタリア人の法王となった。法王名のベネディクトは、6世紀にベネディクト会を創始した聖人に由来する。08年4月法王の座に就いて以来初めて訪米し、ブッシュJr.大統領と会談。09年1月ナチス・ドイツによるユダヤ人虐殺を疑問視する発言をした司教の破門を解除したことで非難が続出。10年英国を公式訪問し、エリザベス2世と会談、カトリックと英国国教会の470年ぶりの和解となる歴史的な出来事となった。13年退位後は名誉法王と呼ばれる。ピアノが趣味で、モーツァルトとベートーヴェンを愛する。07年「ナザレのイエス」を出版。

ベネディクトソン, ビャルニ

Benediktsson, Bjarni

1970.1.26〜

アイスランド首相, アイスランド独立党党首 法律家 ㊐レイキャビク ㊗アイスランド大学卒 ㊥アイスランド大学で法律を専攻、ドイツや米国の大学でも学ぶ。運輸会社の法律顧問や弁護士として活動後、2003年アイスランド議会議員に初当選し、外務委員会や法務委員会などに所属。09年から中道右派の独立党党首。13年から財務・経済相。16年10月の議会選挙で独立党が勝利し、17年1月首相に就任。独立党、改革党、中道左派の明るい未来党で連立内閣を樹立させるが、同年9月明るい未来党が突如連立政権を離脱したことにより、同年10月再び総選挙となり、11月左派緑運動のヤコブスドッティル党首を首相として、独立党、進歩党の左右3党による大連立内閣が成立した。

ベネマン, アン

Veneman, Ann

1949.6.29〜

米国農務長官, ユニセフ事務局長 法律家 ㊐カリフォルニア州モデスト ㊗Veneman, Ann Margaret ㊗カリフォルニア大学デービス校政治学専攻卒, カリフォルニア大学バークレー校公共政策学専攻修士課程修了,

カリフォルニア大学ヘースティング校法学専攻博士課程修了 [歴]弁護士、1991〜93年米国農務副長官、95〜99年カリフォルニア州食糧農業局長などを経て、2001年1月〜05年1月ブッシュJr.政権の農務長官。05年5月〜10年4月ユニセフ（国連児童基金）事務局長。

ベブラウィ, ハゼム

Beblawi, Hazem

1936.10.17〜

エジプト暫定首相　経済学者　[出]カイロ [名]Beblawi, Hazem Abdel Aziz al-　[学]カイロ大学法学部（1957年）卒, グルノーブル大学 Ph.D.（経済学, パリ大学）（1964年） [歴]1965〜80年アレクサンドリア大学経済学助教授、准教授、教授を務め、のち名誉教授。一方、74〜79年アラブ経済社会開発基金上級エコノミストなどを経て、83〜95年エジプト輸出開発銀行CEO（最高経営責任者）。エジプト革命後の2011年7月、シャラフ改造内閣で財務相兼副首相となる。クーデター後の13年7月、マンスール暫定政権で暫定首相に任命され内閣発足。14年首相退任。リベラル派のエコノミスト。　[勲]レジオン・ド・ヌール勲章シュバリエ章（1992年）

ベユリュネン, パーヴォ

Väyrynen, Paavo

1946.9.2〜

フィンランド副首相・外相, 欧州議会議員 [出]ケミンマー　[名]Väyrynen, Paavo Matti [歴]1970年よりフィンランド国会議員。75〜76年教育相、76〜77年労相、77〜82年外相、83〜87年副首相兼外相。91年4月〜93年外相、2007〜11年貿易開発相。一方、1972〜80年フィンランド中央党副党首、80〜90年党首を務める。95年〜2007年欧州議会議員。14年欧州議会議員に復帰。

ベラミー, キャロル

Bellamy, Carol

1942〜

ユニセフ事務局長　法律家　[出]ニュージャージー州プレインフィールド　[学]ゲティスバーグ・カレッジ, ニューヨーク大学　[歴]大学卒業後、グアテマラのジャングル地帯で乳幼児を救うための保健知識の普及にあたる。帰国後、弁護士資格を取得。35歳でニューヨーク市議会議長。マイノリティの子どもらの小児まひの予防接種に力を入れる。1993年にはクリントン大統領に任命され、米国の若者が国際的な人道援助活動に当たる"平和部隊"の隊長に。95年〜2005年ユニセフ（国連児童基金）事務局長を務めた。09〜13年教育のためのグローバル・パートナーシップ理事長。00年内藤寿七郎国際育児賞・葛西健蔵賞を受賞。02年アフガニスタン復興支援会議に出席のため来日。　[勲]旭日大綬章（日本）（2006年）　[賞]内藤寿七郎国際育児賞・葛西健蔵賞（2000年）

ベラヤチ, アリ・アクバル

Velayati, Ali Akbar

1945〜

イラン外相　[出]テヘラン　[学]テヘラン大学医学部卒 博士号（米国）　[歴]1963年テヘラン大学医学部のイスラム協会創設メンバー。74〜77年米国へ留学。帰国後テヘラン大学医学部助教授を務める。一方、留学中から反王制運動に参加。79年のイラン革命後は保健省次官、イスラム共和党医師会メンバー、80年国会議員。81年12月から外相。ホメイニ師死後のラフサンジャニ新体制下でも留任し、93年8月〜97年8月外相。のち最高指導者ハメネイ師の外交問題顧問に就任。2013年の大統領選に出馬したが落選。

ベラルディ, ファビオ

Berardi, Fabio

1959.5.26〜

サンマリノ政務・外務・司法・経済企画長官　[出]ボルゴ・マッジョーレ　[歴]2003年キリスト教民主党、社会党及び民主主義者党の3党連立政権が発足し、サンマリノ政務・外務・司法・経済企画長官（首相に相当）に就任。06年退任。

ペリー, ウィリアム

Perry, William

1927.10.11〜

米国国防長官　数学者　[出]ペンシルベニア州バンダーグリフト　[名]Perry, William James [学]スタンフォード大学数学科（1949年）卒 数学博士（ペンシルベニア州立大学）（1957年） [歴]国防エレクトロニクス関連企業に勤めた後、1977〜81年カーター政権で研究・技術担当国防次官。88〜93年スタンフォード大学教授兼同大国際安全保障軍備管理センター共

同所長。93年3月クリントン政権で国防副長官となり、94年1月〜97年1月国防長官。97年よりスタンフォード大学上級研究員。98年11月対北朝鮮政策調整官に就任、99年5月大統領特使として北朝鮮を訪問、「ペリー報告書」をまとめた。2000年9月辞任。06年には北朝鮮への先制攻撃論を展開し論議を呼んだ。またブッシュJr.政権にイラク政策見直しを提言した"イラク研究グループ"のメンバーでもある。ステルス戦闘機技術の生みの親といわれる軍事技術問題の専門家。07年に共同論文「核兵器のない世界」を発表した"四賢人"の一人。共著に「予防防衛—米国の新たな安全保障戦略」などがある。1999年3月来日。黒船来航のペリー提督は5世代前の伯父にあたる。2010年12月日本経済新聞に「私の履歴書」を執筆。　㉓自由勲章（米国大統領）（1997年）

ベリ, ナビハ
Berri, Nabih
1938.1.28〜
レバノン国民議会議長, アマル（シーア派イスラム教徒の民兵組織）指導者　㉜シエラレオネ・フリータウン　㋩レバノン大学（ベイルート）卒, ソルボンヌ大学（フランス）　㊧西アフリカのシエラレオネに移住したレバノン南部出身のシーア派商人の家に生まれる。西ベイルートで弁護士を開業。70年代にシーア派指導者ムサ・サドル師の側近となり、70年代前半にシーア派解放運動に参加。78年ムサ・サドル師がリビアで行方不明となったため、84年よりシーア派イスラム教徒の民兵組織アマル（希望）の指導者に。西ベイルートがイスラム左派民兵に制圧された後、84年4月〜88年レバノン司法相。85年6月のTWA航空機乗っ取り事件で米国との仲介役となり、米人乗客解放に尽力した。89年11月統一政府水資源・電力相。92年5月〜10月国務相。92年10月、20年ぶりの総選挙で選ばれたレバノン国民議会の議長に就任。フランス語、英語に堪能。

ペリー, リック
Perry, Rick
1950.3.4〜
米国エネルギー長官　㉜テキサス州ペイント・クリーク　㉑Perry, James Richard　㋩テキサスA&M大学（1972年）卒　㊧貧しい農家の出身。テキサスA&M大学卒業後、空軍入り。1985〜91年民主党からテキサス州下院議員。89年共和党に鞍替えし、99年テキサス州副知事を経て、2001〜15年1月、14年間知事を務めた。10年余りで100万人以上の雇用を創出、全米でもトップクラスの雇用を生み出した。12年、16年大統領選に立候補したが撤退。17年3月トランプ政権のエネルギー長官に就任。

ペリー, ルース
Perry, Ruth
1939.7.16〜2017.1.8
リベリア暫定国家評議会議長　㉜グランド・ケープ・マウント　㉑Perry, Ruth Sando Fahnbulleh　㋩リベリア大学　㊧小学校の教師を経て、リベリアのチェース・マンハッタン銀行に勤務。1985年下院議員だった夫マクドナルド・ペリーの後を継ぎ、上院議員に立候補して当選、90年まで務めた。この間、女性開発協会を設立、特に武器撤廃に積極的に取り組む。内戦中、約200人の国内避難民を自宅の敷地に引き取り世話する内に、"お母さん"と呼ばれるようになった。96年8月13回目の和平協定が崩壊した際、リベリアの各武装勢力の指導者から懇願され、9月暫定国家評議会議長（元首）に就任。97年7月大統領と議員の選挙が行われ、チャールズ・テイラー新大統領就任に伴い退任した。　㊛夫＝マクドナルド・ペリー（リベリア下院議員）

ベリシャ, サリ
Berisha, Sali
1944.10.15〜
アルバニア大統領・首相　外科医　㉜トラポーヤ　㋩ティラナ大学医学部（1967年）卒 Ph.D.　㊧貧農の生まれ。ティラナ第一病院などで心臓外科医を務める。ティラナ大学教授となり、1980年パリに留学。この間、72年にアルバニア労働党（現・社会党）に入党したが、90年12月ティラナ大学の学生運動をきっかけに反共産主義の民主党を結成、党幹部会議長（党首）に就任。92年3月の総選挙で民主党が大勝し、4月大統領に就任。97年再選。その後、国内はネズミ講の流行・破綻などで大混乱に陥り、同年6月の総選挙で社会党に敗退し、7月辞任。2005年7月の総選挙で中道右派野党連合が過半数を獲得

し、9月首相に就任。09年9月〜13年9月首相再任。英語、仏語、伊語、露語に堪能。

ベルイード, ショクリ

Belaïd, Chokri

〜2013.2.6

チュニジア民主愛国主義運動（PPDU）党首 [歴]"アラブの春"の先駆けとして民主化を進めてきたチュニジアで、野党指導者として活動していたが、2013年2月チュニスの自宅前で何者かに銃撃を受け死亡した。生前より厳格なイスラム原理主義を唱える"サラフィスト"の背後に与党"アンナハダ"がいると指摘し、自身や支持者に対して悪質な攻撃が繰り返されていると訴えていた。この暗殺事件は、11年の民衆蜂起によるベン・アリ大統領追放以来、初の政治的暗殺で、各地で大規模な抗議デモが発生した。

ベルカ, マレク

Belka, Marek

1952.1.9〜

ポーランド首相，国連欧州経済委員会（UNECE）議長　経済学者　[出]ウッジ [名]Belka, Marek Marian　[学]ウッジ大学卒，コロンビア大学, シカゴ大学　[歴]1973〜96年ウッジ大学で経済学の教授を務める。この間、世界銀行顧問などを経て、96〜97年クワシニエフスキ大統領顧問、97年ポーランド財務相。2001年10月民主左翼連合（SLD）のミレル政権で副首相兼財務相。イラクの米英暫定占領当局（CPA）経済政策局長を経て、04年6月首相に就任。05年国連欧州経済委員会（UNECE）議長、08年国際通貨基金（IMF）ヨーロッパ局長、10年ポーランド国立銀行総裁。屈指の親米家として知られる。

ベルキッチ, ベリズ

Belkić, Beriz

1946.9.8〜

ボスニア・ヘルツェゴビナ幹部会員（イスラム教徒代表）　[出]旧ユーゴスラビア・サラエボ　[学]サラエボ大学経済学部卒　[歴]1992年の内戦発生までサラエボ市で要職を歴任。96〜98年サラエボ州政府雇用・社会政策相。98年〜2001年サラエボ州知事を務め、00年11月ボスニア・ヘルツェゴビナ下院議員に当選。01年3月ボスニア・ヘルツェゴビナ幹部会員（イスラム教徒代表）、同月議長に就任。幹部会議長は、セルビア系、クロアチア系、ボシュニャク系（イスラム教徒）の主要3民族をそれぞれ代表する幹部会員が8ケ月ごとの輪番制で務める。02年10月退任。

ベルサーニ, ピエルルイジ

Bersani, Pier Luigi

1951.9.29〜

イタリア下院議員, イタリア民主党書記長 [出]エミリア・ロマーニャ州ベットラ村　[学]ボローニャ大学　[歴]父は小さなガソリンスタンドを営む自動車工。大学時代から共産主義に傾倒し、左派政治家として地方政界に進出。2001年イタリア下院議員に当選し、中央政界に進出。産業相、運輸相を務めた。2006〜08年プローディ中道左派政権の経済開発相としてタクシー・医薬業界などの自由化に取り組む。09年民主党書記長に就任。13年の総選挙で下院を制し、ナポリターノ大統領から連立政権樹立に向けた枠組み作りを要請されたが、対立勢力からの協力を取り付けられず、失敗。混乱の責任を取って辞任した。しかめっ面で口にくわえるトスカーナ産シガーがトレードマーク。

ベルシェ, オスカル

Berger, Oscar

1946.8.11〜

グアテマラ大統領　[出]グアテマラシティ [名]Berger Perdomo, Oscar José Rafael　[学]ラファエル・ランディバル大学卒　[歴]ベルギーからの移民の子孫。弁護士を経て、1986〜90年首都のグアテマラ市助役、91〜99年幼友達のアルス大統領の下で市長を務める。99年国民進歩党（PAN）から大統領選に出馬したが落選。2003年4月PANを離党し、野党3党の連合体である国民大連合（GANA）を結成。11月同党から大統領選に出馬、12月決選投票で当選し、04年1月就任（任期4年）。08年1月辞任。05年8月来日。

ベルジンシ, アンドリス

Bērzinš, Andris

1944.12.10〜

ラトビア大統領　銀行家　[出]ソ連ラトビア共和国ニータウレ（ラトビア）　[学]ラトビア国立大学卒　[歴]1990〜93年ラトビア共和国最高会議議員。93年〜2004年ラトビヤス・ユニバンカ銀行会長。06〜10年ラトビア商工

会議所会長。10年ラトビア国会議員に当選。11年6月現職のバルディス・ザトレルスを破り、大統領に当選、7月就任。15年7月退任。“緑と農民”所属。

ベルジンシ, アンドリス

Bērzinš, Andris

1951.8.4～

ラトビア首相　[出]ソ連ラトビア共和国リガ（ラトビア）　[学]ラトビア大学卒　[歴]1975～82年学校で教鞭を執った後、90～92年ラトビア経済省厚生局副局長、92～93年厚生省次官兼労働局長、93年労相、94～95年厚相、95～97年労相、97年リガ市長を歴任。2000年10月首相に就任。02年退任。

ベルジンシ, インドリス

Bērzinš, Indulis

ラトビア外相　[学]ラトビア大学歴史哲学部卒　[歴]ラトビア大学講師などを経て、1990年ラトビア最高会議議員に就任。のち国会議員となり、99年7月外相。中道政党、ラトビアの道に所属。

ベルセ, アラン

Berset, Alain

1972.4.9～

スイス大統領・内相　[出]フリブール　[学]ヌシャテル大学卒 博士号　[歴]ドイツの経済研究所などで研究生活を送り、ヌシャテル州政府のコンサルタントに。2003～11年スイス全州議会（上院）議員。08～09年上院議長、12年内相、17年1月副大統領。18年1月大統領に就任。スイスは内閣全体が集団的な国家元首で、大統領は7人の閣僚の輪番制。

ヘルツォーク, ローマン

Herzog, Roman

1934.4.5～2017.1.10

ドイツ大統領　法律家　[出]バイエルン州ランツフート　[学]ミュンヘン大学卒, ベルリン自由大学, シュパイヤー行政大学院 法学博士（ミュンヘン大学）（1958年）　[歴]1964年法学教授の資格を取得。65年ベルリン自由大学、69年シュパイアー行政大学院などで教える。当時ラインラント・プファルツ州首相だったヘルムート・コール首相と知り合い、70年キリスト教民主同盟（CDU）に入党。73～78年同州ボン駐在代表、78～80年バーデン・ビュルテンベルク州文化相、80～83年同州内相、同州議会議員。83年副長官として連邦憲法裁判所に入り、87～94年長官。“右寄り”との評価を覆し、時折リベラルな憲法解釈を示した。94年7月～99年6月第7代大統領。90年の東西ドイツ統一による財政負担や失業問題が深刻化した困難な時期に、精神的支柱として国民を率いた。退任後、2000年欧州連合（EU）基本権憲章の諮問会議議長、03年政治改革を推進する“ドイツのための会議”議長を務めた。　[賞]ベルリン名誉市民（1999年）, ボン名誉市民（1999年）

ベルドイムハメドフ, グルバングリ

Berdimuhamedov, Gurbanguly

1957.6.29～

トルクメニスタン大統領　歯科医　[出]ソ連トルクメン共和国アハル州ババラプ村（トルクメニスタン）　[学]トルクメン共和国立医科大学（1979年）卒 Ph.D.　[歴]1979年ソ連・トルクメン共和国の国立医科大学を卒業して歯科医となる。87～90年モスクワの大学院で口腔治療学を研究。帰国後、トルクメン国立医科大学歯学部長、95～97年保健・医療産業省口腔医学センター長。97年トルクメニスタン保健・医療産業相に抜擢され、独裁者で次々に有能な閣僚たちを粛清・排除するニヤゾフ大統領の下で、10年間もその座を占め続けた。2001年から副首相兼務。06年末ニヤゾフ大統領が急逝すると大統領代行を務め、07年2月第2代大統領に就任。12年2月再任、17年2月3選。保健・医療産業相時代は“病院は首都だけで、地方の病院は閉鎖する”というニヤゾフ大統領の政策を推進した。

ベルトローニ, ワルテル

Veltroni, Walter

1955.7.3～

イタリア副首相・文化相, ローマ市長　[出]ローマ　[学]映画専門学校（ローマ）卒　[歴]1987年旧共産党（現・左翼民主党）よりイタリア下院議員。92年党機関誌「ウニタ」編集長。中道左派連合“オリーブの木”の立ち上げに奔走し、96年5月～98年10月プローディ内閣の副首相兼文化相。98年左翼民主党（DS）書記長。2001年ローマ市長に初当選し、06年再選。07年民主党（PD）を結成し、党書記長に就任。08年ローマ市長を退任、下院議員に

当選。09年DP書記長を退任。筋金入りの映画好きで映画評論家だった時期もある。

ベルニエ, マキシム
Bernier, Maxime
1963.1.18〜
カナダ国務相 [出]ケベック州ボース [学]ケベック大学卒 [歴]ハーパー保守党党首の誘いでビジネスマンから政治家に転身。2006年1月カナダ下院議員に当選。06年2月〜07年8月ハーパー政権の産業相、07年8月〜08年5月外相を経て、11年5月国務相（小規模ビジネス・観光・農業担当）に就任。

ベルハデム, アブデルアジズ
Belkhadem, Abdelaziz
1945.11.8〜
アルジェリア首相 [出]フランス領アルジェリア・アフルー（アルジェリア） [歴]1964〜67年アルジェリア金融検査官。2000年外相、05年ブーテフリカ大統領個人代表を経て、06年ウーヤヒア首相解任に伴い首相に就任。08年6月退任。

ヘルムズ, ジェシー
Helms, Jesse
1921.10.18〜2008.7.4
米国上院議員（共和党）・外交委員長 [出]ノースカロライナ州モンロー [学]ウィンゲート大学中退, ウェークフォレスト大学（1941年）卒 [歴]1953〜60年ノースカロライナ銀行協会事務局長。この間、57年ローリ市会議員を務める。60年地元放送局（WRAL-TV及びTobacco Radio Network）のジャーナリスト、ニュースキャスターとなり、60〜72年Capitol Broadcasting Co.副社長。72年ノースカロライナ州選出の上院議員（共和党）に当選。以来、2003年に引退するまで5期30年務め、歯に衣着せぬ言動で保守、反共主義思想を鮮明に打ち出し、冷戦の時代を背景にタカ派政治家の代表格にのし上がった。この間、1978年の選挙では770万ドルの選挙資金を集めて話題となる。81〜87年上院農林委員長。95年1月〜2001年6月上院外交委員長を務める。黒人などの差別是正を目指した少数派優遇措置に反対した他、妊娠中絶支援団体への国際援助の阻止を進めるなど、保守強硬派のご意見番として大きな影響力を持った。外交では、対キューバ制裁の強化（1996年）、包括的核実験禁止条約（CTBT）の批准否決（99年）などの“議会外交”を展開。2000年には“二つの中国”を米政府に認めるよう求める論文を発表した。対日批判論者としても知られた。

ペルラン, フルール
Pellerin, Fleur
1973.8.29〜
フランス文化・通信相 [出]韓国ソウル [名]韓国名＝キム・ジョンスク〈Kim Jong-suk〉 [学]国立行政学院（ENA） [歴]韓国のソウルに生まれ、1974年フランス人夫妻との養子縁組により渡仏。国立行政学院（ENA）に学び、会計検査院に勤務。2012年5月エロー内閣でデジタル経済などを所管する担当相に就任。14年からのヴァルス内閣では貿易・観光振興・在外フランス人担当相、文化・通信相を務めた。16年退任。

ベルルスコーニ, シルヴィオ
Berlusconi, Silvio
1936.9.29〜
イタリア首相, フォルツァ・イタリア（FI）党首 実業家 [出]ミラノ [学]ミラノ大学法学部卒 [歴]ミラノの銀行員の子に生まれる。国立大学・法学部の卒論で最優秀賞を獲得。1961年25歳で最初の会社（建設業）を興し、ミラノ郊外の新興住宅地開発で名を上げる。74年有線テレビ会社、75年持ち株会社フィニンベストを設立。76年新聞「イルジョルナレ」の株主となった後、発行人。78年“カナーレ5”の放送を開始、初の民放全国ネットに育て上げる。86年にはプロサッカークラブ・ACミランを買収、会長に就任、クラブをヨーロッパ最強に育てる。80年代後半には民間三大ネットワークを傘下に収め、96年メディアセットに統合、“メディアの帝王”と呼ばれた。90年出版社・モンダドリの最大株主となり会長。建設・不動産、テレビ放送、広告、映画・娯楽、出版、金融・保険、流通、グループサービスと多方面に事業を展開、約300社を傘下に収める一大企業集団フィニンヴェスト・グループを築く。93〜94年1月同グループ会長。93年政界進出を目指し、反左翼と自由経済推進を掲げて右派新党フォルツァ・イタリア（FI）を結成。94年3月イタリア下院議員に初当選。右派連合代表も務め、5月首相に就任するが、実業家時

代の汚職疑惑などで、12月内閣総辞職に追い込まれる。98年7月不正政治献金と贈賄で有罪判決を受けたが、いずれも2001年11月までに最高裁で無罪確定。01年5月中道右派の野党連合“自由の家”を率いて総選挙に勝利し、6月7年ぶりに首相に返り咲く。12月外相兼任。05年4月地方選挙で連立与党勢力が惨敗したのを受け辞任するが、再度指名を受け、第3次ベルルスコーニ内閣を発足。06年4月の総選挙ではプローディ元首相率いる中道左派連合に敗れ、5月首相辞任。08年FIは、ファシズム路線と決別して穏健化した右派政党・国民同盟と合併して新党・自由国民となる。4月の総選挙では同党を中心とする中道右派連合が中道左派連合に勝ち、5月2年ぶり3回目の首相に就任。債務危機の深刻化を背景に与党内での造反議員が続出し、11年11月首相辞任。13年8月脱税事件で実刑確定、11月上院により上院議員資格を剝奪され失職。同月党名をフォルツァ・イタリアに戻す。　[家]元妻＝ベロニカ・ラリオ（元女優）

ペレイラ, アジオ

Pereira, Agio

1956～

東ティモール閣議議長担当相　[出]ポルトガル領ティモール・ディリ（東ティモール）　[歴]1973年無線技術の習得のため、ポルトガルに留学。76年東ティモールはインドネシアに武力支配され、入国も禁止される。解放運動に加わった母、兄弟3人が殺された。帰れない祖国解放への願いを約50曲の歌に託し、欧米やアジアを演奏して回る。92年東ティモール救援団体（ETRA）を設立。95年運動が評価され、多田謡子反権力人権賞を受賞し、来日。96年再来日。東ティモール独立後は東ティモール再建国民会議（CNRT）に所属。2015年2月アラウジョ内閣の閣議議長担当相。　[賞]多田謡子反権力人権賞（1995年）

ペレス, シモン

Peres, Shimon

1923.8.2～2016.9.28

イスラエル大統領・首相, イスラエル労働党党首　[出]ポーランド・ヴォウォズィン（ベラルーシ）　[名]Perski, Shimon　[学]ニューヨーク大学卒, ハーバード大学卒　[歴]1934年当時の英国委任統治領パレスチナへ移住、テルアビブで育つ。47年ハガナ（イスラエル軍の前身）に徴用され、独立闘争に参加。48年のイスラエル建国に伴う第1次中東戦争では海軍司令官を務めた。53年29歳で国防次官に抜擢され、イスラエルの核開発で重要な役割を担った。59年国会議員に当選、69年初入閣。77年4月ラビン首相辞任を受け首相代行・労働党党首。同年5月の総選挙はリクード（右翼連合）に惨敗。84年9月リクードとの挙国一致内閣で首相に就任。86年10月首相代行兼外相。88年12月～90年4月首相代行兼財務相。92年2月党首辞任。同年7月天敵といわれたラビン首相の下で外相に就任。93年パレスチナ国家の樹立を目指すオスロ合意（パレスチナ暫定自治合意）の成立に主導的な役割を果たし、イスラエルとパレスチナ解放機構（PLO）の歴史的な和解を実現させた。94年ラビン首相、PLOのアラファト議長とともにノーベル平和賞を受賞。95年11月ラビン首相の暗殺で首相となる。国防相を兼任。96年5月中東和平の路線の是非を問うイスラエル初の首相公選で、占領地返還に反対するネタニヤフ候補に大接戦の末敗北した。97年イスラエルとパレスチナの経済・文化の交流を通じて和平促進を目指す“ペレス平和センター”を開設。98年ユダヤ人補償基金評議会会長に就任。99年7月～2001年バラク政権で新設された地域開発相。00年7月大統領選に出馬するが、野党右派リクードのモシェ・カツァブ候補に敗れる。01年3月～02年11月シャロン政権の外相。03年6月労働党党首。左右両派連立で05年1月特別副首相。同年11月労働党党首選で敗北し、離党とシャロン首相支持を表明。06年3月総選挙でシャロンの新党カディマから当選、5月オルメルト内閣で政権ナンバー3の特別副首相。07年7月大統領に選出され、第9代大統領に就任。14年7月まで務めた。この間、07年イスラエルの大統領として初めて、イスラム国家トルコの議会で演説。11年にはパレスチナとの和平交渉を呼びかける一方、国連に対しては和平交渉から離れてパレスチナを独立国家として承認することに反対を表明した。[勲]自由勲章（米国大統領）（2012年）　[賞]ノーベル平和賞（1994年）, フェリクス・ウフエボワニ賞（ユネスコ）（1994年）

ペレス, フェリペ
Perez, Felipe
1965.3.28〜
キューバ外相, キューバ国家評議会委員　[出]ハバナ　[名]Perez Roque, Felipe Ramón　[学]ホセ・アントニオ・エチェベリア理工科大学（電子工学）卒　[歴]キューバ共産主義青年同盟（UJC）全国評議会委員を経て、1986年人民権力全国会議（国会）議員。87年共産党に入党、91年中央委員。93年カストロ国家評議会議長の秘書室長。98年国家評議会委員。99年5月外相に就任。2008年2月ラウル・カストロ体制でも外相留任。09年3月内閣改造で外相解任。同月国家評議会委員と共産党の全ポストを辞任。01年3月、03年3月来日。

ペレス・モリーナ, オットー
Pérez Molina, Otto
1950.12.1〜
グアテマラ大統領　軍人　[出]グアテマラシティ　[名]Pérez Molina, Otto Fernando　[学]グアテマラ軍士官学校（1973年）卒, マロキン大学大学院修士課程修了　[歴]米国の米州防衛学校や中米経営大学院などで学び、マロキン大学で国際関係修士号を取得。1993〜95年グアテマラ大統領府参謀総長。96年グアテマラ国軍監察官。2000年退役。01年右派の愛国党を創設。03年国会議員初当選。07年のグアテマラ大統領選で落選。11年9月の大統領選では首位に立ったが過半数に届かなかったため決選投票となり、11月大統領に当選。12年1月就任。15年9月収賄などの疑いで逮捕状が出されたのを受け、辞職届を提出。

ペレツ, アミール
Peretz, Amir
1952.3.9〜
イスラエル副首相・国防相, イスラエル労働党党首　[出]モロッコ　[歴]3歳の時、両親とともにモロッコから移住。10代でパレスチナとの和平を求める平和運動に取り組み、1988年イスラエル労働党から国会議員に初当選。ラビン首相の側近として働き、95年労働総同盟会長に就任。賃上げを求めてストライキを繰り返すなど、労働者階級の救世主として人気を集め、党内左派の主導権を握る。2005年11月労働党の党首選でペレス党首を破り、党首に就任。福祉政策を重視する党の伝統路線への回帰を主張するほか、パレスチナとの和平プロセス再生に取り組む。07年退任。この間、06〜07年副首相兼国防相。

ベレンガー, ポール
Bérenger, Paul
1945.3.26〜
モーリシャス首相　[出]カトルボーン　[名]B′erenger, Paul Raymond　[学]ウェールズ大学, ソルボンヌ大学　[歴]1982〜83年モーリシャス財務相、95年副首相兼外相などを歴任。2000年9月総選挙で自身が率いるモーリシャス闘争運動（MMM）がモーリシャス社会主義運動（MSM）とともに勝利し、両党が首相任期を分け合う合意のもと、副首相兼財務相に就任。03年10月ジュグノート首相の大統領就任に伴い、首相に就任。

ベロ, カルロス・フィリペ・シメネス
Belo, Carlos Felipe Ximenes
1948.2.3〜
カトリック司教　[出]ポルトガル領ティモール・バウカウ（東ティモール）　[学]リスボン神学大学（1981年）卒　[歴]東ティモール・ディリの高等神学校卒業後サレジオ会に入り、1969〜81年ポルトガル、次いでローマに留学。82年東ティモール（76年インドネシアに併合）に戻り神父に。83年ディリ教区臨時管理者、88年同区の司教となり、非暴力抵抗運動によりインドネシアからの独立を訴える。89年国連事務総長に対し、東ティモールの帰属を問う住民投票への支援を求める。96年東ティモール紛争の正当で平和的な解決への尽力により、ラモス・ホルタとともにノーベル平和賞を受賞。2002年5月東ティモールがインドネシアからの独立を果たす。同年11月健康不安を理由に司教を辞任。モザンビークでサレジオ会の宣教師となる。　[賞]ノーベル平和賞（1996年）

ペロー, ロス
Perot, Ross
1930.6.27〜
米国改革党代表　実業家　[出]テキサス州テキサカーナ　[名]Perot, Henry Ross　[学]米国海軍兵学校（1953年）卒　[歴]海軍勤務の後1957年IBMに入社。62年独立してエレクトロニック・データ・システムズ（EDS）を創業、82〜86年会長兼CEO（最高経営責任者）。政府

機関などのデータプロセシングで成功する。84年同社をゼネラル・モーターズ（GM）に24億ドルで売却、一躍全米五指に入る大富豪になった。ゼネラル・モーターズ取締役となるが86年同社批判で経営陣と対立、取締役を辞任。同年よりペローグループ（ダラス）代表。88年6月ワシントンD.C.にペロー・システムズを創業、会長に就任。2009年退任。一方、1983年にテキサス州知事に請われて公教育改革特別委員長に就任、全米に名高い"ノーパス・ノープレー"原則を答申、州法として成立させた。また、79年イラン革命で人質になったEDS社員を救出するためボーイングのジェット機とコマンド隊を雇って自らテヘランに乗り込んで無事救出したり、米国銀行史上最大の倒産となったテキサス州最大の銀行ファースト・リパブリック銀行の救済劇などで話題となる。ペロー財団を通じた慈善団体、公共機関などへの寄付は1億ドルを超える。世界で3人目、民間人として初の英チャーチル賞、米国防最高賞など多くの賞を受賞。92年大統領選に無所属で出馬し、一時は"ペロー旋風"を巻き起こしたが敗退。95年改革党を創設、95〜99年代表。96年8月改革党党大会で大統領候補に指名されるが、11月の大統領選で敗退。　　賞米国防最高栄誉賞、チャーチル賞

ペロシ, ナンシー
Pelosi, Nancy
1940.3.26〜
米国下院議長・民主党下院院内総務　国メリーランド州ボルティモア　名Pelosi, Nancy Patricia D'Alesandro　学トリニティ・カレッジ（ワシントンD.C.）（1962年）卒族イタリア系。父親と兄がともにメリーランド州ボルティモア市長を務める政治家一家に生まれる。実業家の夫と結婚、出産後カリフォルニア州サンフランシスコに移住。1970年代半ばからカリフォルニア州政界に進出し、87年同州選出の連邦下院議員（民主党）に初当選。富裕な支持者を持ち、集金力には定評がある。89年の天安門事件直後には、中国人留学生に米国滞在延長を許可する法案を推進するなど、議会では中国の人権問題を批判する急先鋒として知られる。2002年1月民主党下院院内幹事、03年1月同院内総務に女性として初めて就任。06年11月中間選挙における民主党勝利を受けて、07年1月初の女性下院議長に就任。11年1月まで

務め、再び院内総務に。16年12月院内総務に再任される。この間、08年に第7回G8下院議長会議が広島市で開催され来日、原爆死没者慰霊碑に献花、原爆投下後、広島を訪れた最高位の米国人政治家となった。5人の子どもを育て上げた。　紋旭日大綬章（日本）（2015年）

ベロフ, リューベン
Berov, Lyuben
1925.10.6〜2006.12.7
ブルガリア首相　経済学者　国ソフィア　学ソフィア大学卒　族経済史が専門で、ソフィア大学教授を務めた。1989年の民主勢力同盟結成以来、経済顧問を務め、90年ジェレフ大統領の経済担当補佐官となる。92年12月無党派内閣の首相に就任。94年9月内閣総辞職。英語、ドイツ語、フランス語、ロシア語に堪能で200を超える著作がある。

ベン・アリ, ジン・エル・アビディン
Ben Ali, Zine el-Abidine
1936.9.3〜
チュニジア大統領　軍人　国スース　族フランス、米国で軍事訓練を受けた後、電気技師の専門家として軍隊に入り、1958〜74年チュニジア軍治安司令官。74年から在モロッコ大使館付武官。77年内務省治安局長、陸軍大将。80年駐ポーランド大使。86年7月内相、87年副首相兼内相の後、10月首相に昇格。同年11月ブルギバ終身大統領の病弱を理由に事実上の無血クーデターに成功し大統領に就任。94年3月再選、99年10月3選、2004年10月4選、09年10月5選。23年の長きにわたって政権を担ったが、10年末より国民の不満が爆発し、11年1月サウジアラビアに亡命した（ジャスミン革命）。12年6月軍事裁判所は、反政府デモ隊殺害に関与したとして終身刑を言い渡した。

ベンエリエゼル, ベンヤミン
Ben-Eliezer, Benjamin
1936.2.12〜2016.8.28
イスラエル副首相・国防相, イスラエル労働党党首　軍人　国イラク・バスラ　名Ben-Eliezer, Benjamin Fuad　学イスラエル国立防衛大学卒　族イラク南部のバスラで生まれ、1949年13歳の時、単身イラン経由で独立直後のイスラエルに入る。18歳でイスラ

エル軍に入り、レバノン南部司令官、ヨルダン川西海岸地区司令官、軍政調整官などを歴任。28年間の軍生活を経て、84年国会議員に初当選。92年ラビン首相の下で選挙参謀を務め、労働党の政権奪回に貢献、住宅相に就任。93年のパレスチナ解放戦線とのオスロ合意調印直前、イスラエル閣僚としては初めてチュニスを訪問。2001年2月までバラク政権下で副首相を務め、首相の右腕として活躍した。同年3月右派主体のシャロン政権で国防相に就任。12月労働党の党首選で和平派を破り、中東系ユダヤ人として初の党首に選出。02年11月国防相を退任。同月党首選ではアムラム・ミツナに敗北。政治的立場は治安を優先するシャロンに近く、パレスチナに対する様々な軍事強硬策を実践したタカ派として知られた。

ヘン・サムリン

Heng Samrin

1934.5.25〜

カンボジア国家評議会議長（元首）　[出]ベトナム・コンポンチャム州ポンヘアクレク　[歴]共産軍の大隊長、連隊長を歴任。1976〜78年ポル・ポト派（クメール・ルージュ）の東部軍管区第4地方師団長兼軍政治委員、共産党東部方面区常任委員。78年ポル・ポト派の大虐殺に抗してベトナムの支援を受け武装決起。同年12月カンボジア救国民族統一戦線を組織し、議長に就任。79年1月プノンペンにカンプチア人民共和国を樹立し人民革命評議会議長となる。81年6月新憲法により国家評議会議長（元首）。同年12月カンボジア人民革命党書記長に就任。91年10月第5回党大会で人民革命党から人民党に党名変更するとともに、書記長から名誉議長（名誉党首）に退いた。93年より国会議員4期連続当選。98年11月国民議会（下院）第1副議長、2006年3月同議長。

ヘンシュ, クラウス

Hänsch, Klaus

1938.12.15〜

欧州議会議長　[歴]1965年ベルリン自由大学講師。69〜79年ノルトライン・ウェストファーレン州官僚、79年欧州議会議員を経て、94〜97年同議長。ドイツ社会民主党（SPD）に所属。

ペンス, マイク

Pence, Mike

1959.6.7〜

米国副大統領, インディアナ州知事　法律家　[出]インディアナ州コロンバス　[名]Pence, Michael Richard　[学]インディアナ大学法科大学院修了　[歴]祖父はアイルランドからの移民で、ガソリンスタンドを経営する家庭で育つ。民主党員だったが、大学時代に保守的な福音派キリスト教徒となり、共和党支持に転じる。弁護士出身で、地元インディアナ州のラジオ番組で司会者を務めたこともある。2001〜13年米国下院議員6期。12年の大統領選で保守派運動“ティーパーティー”（茶会）支持者から出馬を要請されたが見送り。13年インディアナ州知事に就任すると、雇用対策を最優先し、減税や道路整備を進め、日系企業誘致にも力を入れた。16年の大統領選では当初、トランプのライバル、テッド・クルーズ上院議員を支持。同年7月トランプ大統領候補の副大統領候補として共和党の指名を受けると、トランプと党内主流派との亀裂修復に努める。17年1月副大統領に就任。

ペン・ソバン

Pen Sovan

1936.4.15〜2016.10.29

カンボジア首相　[出]タケオ州トラムコック郡　[歴]貧農の家に生まれる。14歳の時、フランス植民地支配に反対する闘争に参加。1954年ジュネーブ会議後、インドシナ休戦協定が結ばれると北ベトナムに亡命、政治的訓練を受ける。70年代前半カンボジア人民革命党（共産党）内で急速に勢力を伸ばしていったポル・ポト派（クメール・ルージュ）に強く反発、ハノイに脱出してカンボジア内の反ポル・ポト運動を指導。79年ベトナム軍がカンボジア全土を制圧した新政権で国防相に。81年5月人民革命党書記長、同年6月首相に就任したが、ハノイ官僚との路線対立の理由により同年12月解任された。10年間ハノイで幽閉生活を強いられたが、92年1月突然帰国の許可が下り健在が確認された。97年4月新党を結成して政界復帰を図るが、7月に一旦消息を断つ。9月になって姿を見せ、そのままマレーシアに出国した。2007年クム・ソカー率いる人権党に合流し、副党首に就任。14年国民議会選で当選し、政界に復帰した。

ベンツェン, ロイド(Jr.)

Bentsen, Lloyd (Jr.)

1921.2.11〜2006.5.23

米国財務長官, 米国上院議員(民主党)　法律家　[出]テキサス州ミッション　[名]Bentsen, Lloyd Millard (Jr.)　[学]テキサス大学ロースクール(1942年)卒　[歴]デンマーク移民の富豪の家に生まれる。弁護士を経て、1949〜55年民主党下院議員を務めた後、一旦政界を引退、70年までリンカーン・コンソリデーティッド社長。70年テキサス州から上院選に出馬し初当選、71年1月より上院議員。81年共和党ダンフォース上院議員と日本車の対米輸出台数規制法案を共同提案。87年1月から上院財政委員長。88年7月大統領選で民主党のデュカキスと組んで副大統領選に出馬するが落選。93年1月クリントン大統領の強い要請を受け財務長官に就任。ベテラン政治家として経済政策以外にも他国との対話や議会対策でも活躍。対日政策では、対日貿易赤字是正のため円高誘導発言で急激な円高・ドル安を招いたこともあったが、その後は日米のマクロ政策の協調を重視する政策に転換。日米包括経済協議が決裂して対立が深まった時も関係修復を促す役目を果たした。94年12月退任。95年損害保険大手のAIG社外取締役に就任。弁護士としても活動した。

ベンフリス, アリ

Benflis, Ali

1944.9.8〜

アルジェリア首相　[出]フランス領アルジェリア・バトナ(アルジェリア)　[歴]法曹界出身。1987年アルジェリア政府公認の人権団体設立に関わり、その後法相となる。94年イスラム原理主義政党のイスラム救国戦線によるデモ激化で非常事態宣言が発せられる中、政府の方針に異議を唱え辞任。99年ブーテフリカ大統領の秘書官を経て、2000年8月首相に就任。03年5月退任。

ベンヤヒヤ, ハビブ

Ben Yahia, Habib

1938.7.30〜

チュニジア国防相　[出]チュニス　[学]チュニス大学(1962年)卒, コロンビア大学　[歴]1963年チュニジア外務省に入省。77〜81年駐日大使、81〜88年駐米大使、92〜97年外相を経て、97年国防相。

ヘンリー, ジェフリー

Henry, Geoffrey

1940.11.16〜2012.5.9

クック諸島首相, クック諸島党(CIP)党首　[出]ニュージーランド領クック諸島アイツタキ(クック諸島)　[名]Henry, Geoffrey Arama　[学]ビクトリア大学(ニュージーランド・ウェリントン)　[歴]1965〜67年教師を経て、政界に進出。クック諸島初代首相で従兄のアルバート・ヘンリーの後継として、79年クック諸島党(CIP)党首に就任。83年4月〜11月首相。89年2月〜99年7月にも首相を務めた。2002〜05年副首相兼財務相。06年CIP党首を退任し、政界を引退。　[勲]KBE勲章(1992年)　[賞]シルバー・ジュビリー・メダル(1977年), ニュージーランド記念メダル(1990年)　[家]従兄＝アルバート・ヘンリー(クック諸島初代首相)

【ホ】

ボ

→ヴォをも見よ

ポー, グレース

Poe, Grace

1968〜

フィリピン上院議員　[学]ボストン大学卒　[歴]教会に放置された孤児だったが、フィリピンの“映画王”として知られ、2004年の大統領選にも立候補した人気俳優フェルナンド・ポーJr.の養女となる。渡米してボストン大学に学び、同地で暮らしていたが、養父の死によりフィリピンへ戻る。13年上院議員に当選、無所属。16年の大統領選に立候補したが、ロドリゴ・ドゥテルテに敗れた。夫は米国との二重国籍を持つITコンサルタントで、3児の母。　[家]養父＝フェルナンド・ポー(Jr.)(俳優・映画監督)

ホー, ブライアン

Haw, Brian

1949.1.7〜2011.6.18

反戦活動家　[出]エセックス州　[名]Haw, Brian

William　㊩船員や大工として生活する傍ら、20～40歳代に世界各地の紛争地帯を訪問。米同時多発テロが発生する約3ケ月前の2001年6月には、イラクへの国連制裁による医薬品不足が市民を苦しめているとし、ロンドンの国会議事堂前で抗議のテント生活を開始した。9月のテロ後は英国と米国を中心とする多国籍軍のイラク、アフガン戦争を厳しく批判。地元当局からテントの撤去を求めて何度も訴えられ、警察からは強制排除されそうになる中、約10年間テント生活を続けた。07年英国民放の“政治的に最も人々を鼓舞する人物”に選ばれる。09年には早川由美子監督によるドキュメンタリー映画「ブライアンと仲間たち―パーラメント・スクエアSW1」が製作された。

ホイットマン, クリスティーン

Whitman, Christine

1946.9.26～

米国環境保護局（EPA）長官, ニュージャージー州知事　㊥ニューヨーク州　㊔Whitman, Christine Todd　㊫フィートン大学ノートン校（1968年）卒　㊩ラジオ・トーク・ショーのホストや、新聞のコラムニストなどを務める。共和党全国委員会を経て、1988年ニュージャージー州公益事業委員会委員長。90年米国上院選に出馬し落選するも一気に頭角を現す。94年ニュージャージー州初の女性知事に就任。97年落選。2001～03年ブッシュJr.政権の環境保護局（EPA）長官。妊娠中絶問題では容認論をとるなど、共和党内では穏健・中道派。06年よりホイットマン・ストラテジー・グループ社長。

ホイワイ, ビクトル

Joy Way, Victor

ペルー首相　㊩1996年ペルー日本大使公邸人質事件当時、ペルー国会議長を務めていたが、その後退職。98年7月再び国会議長に就任、99年1月首相兼経済財政相に任命される。同年10月、2000年4月の国会議員選挙に立候補するため辞任。与党、新多数・カンビオ90のリーダーの一人で、フジモリ大統領の側近だった。

彭 珮雲　ほう・はいうん

Peng Pei-yun

1929.12～

中国全国人民代表大会（全人代）常務副委員長, 中国共産党中央委員　㊥湖南省瀏陽　㊫西南連合大学中退, 南京金陵大学, 清華大学（1949年）卒　㊩1945年民主青年同盟に参加。46年中国共産党に入党。以来、清華大学などで秘密工作に従事。建国後、清華大学総支部書記、中共北京市高等学校工委弁公室主任、北京大学党委員会副書記、北京化工学院革命委員会副主任などを歴任。66年文革で失脚（当時北京大学党委書記）。75年復活。教育部政策研究室主任、副部長、国家教育委員会副主任、中国科技大学委員会書記などを歴任。87年党中央規律検査委員。88年1月～98年3月国家計画出産委主任を務め、“一人っ子政策”を推進。92年～2002年党中央委員。1993年3月～98年3月国務委員。98年～2003年全人代常務副委員長、中華全国婦女連合会主席。1990年家族計画国際協力財団の招きで来日。　㊎夫＝王 漢斌（全人代常務委副委員長）

彭 明敏　ほう・めいびん

Peng Ming-min

1923.8.15～

台湾総統府資政（最高顧問）　台湾独立運動指導者, 国際法学者　㊥高雄　㊫東京帝国大学法学部（1945年）中退, 台湾大学政治系（1948年）卒 法学博士（パリ大学）（1954年）　㊩日本の三高から東京帝国大学に進み、戦後は台湾大学を卒業してカナダのマッギル大学で修士号、フランスのパリ大学で博士号を取得。航空法の世界的権威。1954年台湾大学教授。64年謝聡敏、魏延朝と台湾の主体性確立や総統直選を主張する「台湾人民自救運動宣言」を発表して逮捕され、台湾独立派のシンボル的存在となる。懲役8年の判決を受けたが、65年国際的圧力により特赦で釈放される。自宅軟禁中の70年、スウェーデンを経由して米国に亡命。同年ミシガン大学教授、72年台湾独立連盟世界総本部主席、82年台湾人公共事務会会長を務める。91年逮捕令が解除され、92年11月22年ぶりに帰島。同年12月の立法院選では民主進歩党（民進党）を支援、95年2月民進党入り。96年3月台湾初の総統直接選挙に民進党から立候補し、次点となる。のち台湾独立

を掲げる台湾建国会を設立。2000年5月総統府資政（最高顧問）に就任。

ボウイー, リーマ

Gbowee, Leymah

1972.2.1～

ボウイー平和財団アフリカ創設者　平和活動家　[出]モンロビア　[名]Gbowee, Leymah Roberta　[歴]独裁政権下で内戦が続いていた西アフリカのリベリアにおいて、ソーシャルワーカーとして元子ども兵の支援に携わる。2001年頃から非暴力デモを組織、仲間と白いTシャツを着て独裁政権に立ち向かい、03年の長期紛争終結に大きな役割を果たした。また、女性の参政権を訴えて宗派や民族を乗り越え、女性を組織化。11年同国のエレン・サーリーフ大統領、イエメンの人権活動家タワックル・カルマンとともにノーベル平和賞を受賞。リベリアに拠点を置くボウイー平和財団アフリカの創設者、代表。また、ニューヨークのバーナード・カレッジで講師、特別研究員を務める。　[賞]ノーベル平和賞（2011年）

ボヴェ, ジョゼ

Bové, José

1953.6.11～

欧州議会議員　反グローバル運動指導者　[出]ボルドー近郊タランス　[学]ボルドー大学　[歴]1973年南西部のラルザックに入植。軍基地建設反対闘争を続け、87年新しい農業を提唱するフランス農民同盟を設立、全国代表。反グローバルを唱え、サミットなど世界各国の主要な会議に対して抗議活動を展開。99年8月南フランスで米国の強引な輸出入政策に反対した農民が建設中のマクドナルドを襲った“マクドナルド襲撃事件”の中心人物として一躍世界に名を馳せる。その後、器物損壊などの罪に問われ、控訴審で禁錮3ケ月の有罪判決を受ける。のち上告するが、2002年最高裁にあたる破棄院は上告を棄却し実刑が確定、6～8月服役。一方、遺伝子組み換え作物にも反対し、02年11月遺伝子組み換え作物農場で作物を抜き捨てたとして、禁錮10月の有罪判決を受け、03年6月収監されたが8月恩赦で仮釈放された。07年大統領選に立候補、12人の候補者中で10位となった。09年欧州議会議員に当選。

ボーカス, マックス

Baucus, Max

1941.12.11～

駐中国米国大使, 米国上院議員（民主党）　法律家　[出]モンタナ州ヘレナ　[名]Baucus, Max Sieben　[学]スタンフォード大学卒, スタンフォード大学ロースクール卒　[歴]裕福な牧場経営者の家に生まれる。1970～71年ワシントンの米国証券取引委員会（SEC）弁護士を経て、72年モンタナ州議会議員に当選。79年より同州選出の連邦上院議員。93年環境公共事業委員長、2007年より財政委員長を務めた民主党の重鎮。米国の畜産業界を代表し、牛肉・オレンジ交渉以来、対日強硬派として知られ、米国産牛肉問題などで日本に輸入再開を要求する先頭に立った。14年3月～17年1月オバマ政権の駐中国大使を務めた。

ホーク, ロバート

Hawke, Robert

1929.12.9～

オーストラリア首相, オーストラリア労働党党首　[出]南オーストラリア州ボーダータウン　[名]Hawke, Robert James Lee 通称＝Hawke, Bob　[学]西オーストラリア大学卒, オックスフォード大学大学院修了　[歴]牧師の家に生まれる。1955年ローズ奨学金を受け英国へ留学。56年オーストラリア国立大学研究員、58～70年全豪労働組合評議会（ACTU）の賃金問題担当専属研究員、70～80年同議長。80年オーストラリア下院議員に初当選し、オーストラリア労働党に所属。83年2月党首となり、3月首相に就任。ポール・キーティング財務相と二人三脚で豪ドルの変動相場制への移行や金融自由化、民営化、規制緩和、経営合理化、税制改革などを実施。連邦政府改革などにも取り組み、労働党内閣としては史上最長の任期を務め、90年4月4選、91年12月退任。92年2月議員を辞任した後は国際インタビュアーや政治評論家に転身。75年、78年来日。オックスフォード大学在学中にビールの早飲み競争でギネスブックに載った逸話の持ち主。愛称はボブ。[勲]旭日大綬章（日本）（2011年）

ボコヴァ, イリナ

Bokova, Irina

1952.7.12～

ブルガリア外相, 国連教育科学文化機関(UNESCO)事務局長　外交官　[出]ソフィア　[名]Bokova, Irina Georgieva　[学]モスクワ国際関係大学修士課程修了, メリーランド大学, ハーバード大学ケネディ行政学院 M.B.A.　[歴]父はブルガリア共産党機関紙「ラボトニチェスコ・デロ」編集長。モスクワに留学して国際関係大学で修士号を取得。1977年ブルガリア外務省入省。米国の専門家としての道を歩み、ニューヨークの国連ブルガリア代表部に勤務した他、メリーランド大学にも留学。90～91年国会議員として新憲法の起草に携わった。その後、再び外務省に戻り91年欧州安全保障問題担当、95～97年欧州統合担当長官。96年大統領選で社会党(旧共産党)側の副大統領候補に指名されたが敗れる。96～97年外相、2001～05年国会議員を再び務める。自ら設立したNGO・欧州政治フォーラムを足がかりにブルガリアの欧州連合(EU)加盟を推進。05年から駐仏兼国連教育科学文化機関(UNESCO)代表部大使兼任。09年11月女性と旧東欧出身者としては初めてUNESCO事務局長に就任。13年11月再任。17年11月任期満了で退任。

ポコルニ, ゾルターン

Pokorni, Zoltán

1962.1.10～

ハンガリー教育相, フィデス・ハンガリー市民連盟副党首　高校教師　[出]ブダペスト　[学]ロラーンド・エトヴェシュ大学　[歴]1987～94年高校で国語教師を務める。教育改革に取り組むため、94年政界入り。98年7月ハンガリー教育相に就任。硬直的だった社会主義時代の高等教育制度を改め、多様な学び方の提供を指揮する。2000年に公表された"1999年国際数学・理科教育調査"では、ハンガリーが数学、理科ともに飛躍的に順位を上げ注目を浴びる。2001年退任。この間、1994年よりフィデス・ハンガリー市民連盟副党首、2001～02年党首。03年より再び副党首を務める。

ボジゼ, フランソワ

Bozizé, François

1946.10.14～

中央アフリカ大統領・国防相　軍人　[出]フランス領ガボン(ガボン)　[名]Bozizé Yangovounda, François　[学]現役士官養成特別学校卒　[歴]中央アフリカ陸軍参謀長。1979年中央アフリカ国防相、81年情報相、83年クーデター失敗でトーゴへ亡命。81～93年野党代表。96～97年軍の一部が起こしたクーデター鎮圧でパタセ大統領を支持。2001年クーデターに関与したとして陸軍司令官を解任され、チャドへ亡命。03年3月クーデターを起こし自ら大統領を宣言、憲法を停止して暫定政権を発足させる。同年9月"国民対話"を実施し、04年12月新憲法を国民投票で採択。05年3月及び5月に国民議会選、大統領選を実施し、6月正式に大統領に就任。05～08年国防相兼任。11年3月2期目就任。13年3月クーデターにより退任。

ポジャン, ラウラ

Pollán, Laura

1948.2.13～2011.10.14

白い服の女性たち女性共同代表　人権活動家　[出]マンサニジョ　[歴]高校教師だった2003年3月、夫で反体制活動家のエクトル・マセダが活動家74人とともにキューバ当局に逮捕されたため、釈放を求める活動を開始。活動家の妻たちとともに白い服を着て花を手に持ち、静かに抗議の行進をする"白い服の女性たち"を創設し、女性共同代表として活動。欧州連合(EU)などから支援を受け、カトリック教会が仲介する形で、11年3月までに75人全員が釈放された。

ボシュコフ, アレクサンドル

Boshikov, Alexander

1951.8.9～

ブルガリア副首相・産業相　[学]ソフィア大学卒　[歴]1991年ブルガリア地域開発・建設省建設産業局長。94年国会議員、民主勢力同盟副議長を経て、97年2月副首相兼産業相。

ホス, サリム

Hoss, Salim al-

1929.12.20～

レバノン首相　[学]アメリカン大学(ベイルート)卒 博士号(インディアナ大学, 経営・経済学)　[歴]ベイルートのアメリカン大学経済学教授、中央銀行勤務などを経て、1976年12月～80年7月レバノン首相を務めた。84年4月カラミ挙国一致内閣で教育・労働相、87年6月カラミ首相暗殺により首相代行、外相を兼務。89年11月ハラウィ大統領の下でア

ウン派を除いた挙国一致内閣の首相兼外相に就任。90年12月辞任。98年12月ハリリ首相の後継として、首相に指名される。2000年9月総選挙で落選。

ポース, ジャック
Poos, Jacques
1935.6.3〜
ルクセンブルク副首相・外相　㋐ローザンヌ大学卒、ルクセンブルク国際大学卒　㋾1959〜62年ルクセンブルク経済省勤務。64〜76年「ターゲブラット」紙編集、69〜76年エッシュ・アルゼット市議会議員、70〜76年会社社長、74〜76年国会議員、80〜84年銀行理事、82年ルクセンブルク社会労働党（LSAP）副総裁。84年7月より副首相の他、外相、通商協力相、国防相を兼任。99年6月の総選挙でLSAPが敗北し、退任。

ボズワース, スティーブン
Bosworth, Stephen
1939.12.4〜2016.1.4
朝鮮半島エネルギー開発機構（KEDO）初代事務局長　外交官　㋑コネティカット州　㋐ダートマス大学, ジョージ・ワシントン大学　㋾1962年米国国務省に入省。76年国務次官補、79年駐チュニジア大使、81年政策立案部議長、84年駐フィリピン大使などを歴任。88年米日財団理事長。95年北朝鮮への軽水炉提供の窓口となる朝鮮半島エネルギー開発機構（KEDO）の初代事務局長に就任。97年〜2001年駐韓国大使。09年2月〜11年10月オバマ政権の北朝鮮政策を統括する北朝鮮担当特別代表を務め、北朝鮮の核・ミサイル問題の打開を目指して対話外交に取り組んだ。退任後も専門家の立場で北朝鮮高官らと接触し、意見交換を続けた。タフツ大学フレッチャー法律外交大学院院長、ジョンズ・ホプキンズ大学高等国際問題研究所（SAIS）の米韓研究所所長も務めた。日本との関係も深く、05年旭日重光章を受章した。　㋞旭日重光章（日本）（2005年）

ボーターセ, デシ
Bouterse, Desi
1945.10.13〜
スリナム大統領, スリナム国民民主党（NDP）党首　軍人　㋑オランダ領ギニア・パラマリボ（スリナム）　㋒Bouterse, Désiré

Delano　㋾オランダの軍事・スポーツ職業訓練校で学ぶ。1975年スリナム独立後の80年2月クーデターで実権を握る。同年8月左派粛清を断行しフェリエール初代大統領を解任、ヘンク・チナセン首相を大統領に据えたが、82年2月両大統領も追放。同年12月"革命政府"の樹立を宣言。87年翼賛政党・国民民主党（NDP）を創設。同年11月の総選挙で民政に移管したが、以後も88年まで実質的な権力を握り続けていた。90年12月再びクーデターで政権掌握。91年5月の総選挙ではNDPが大幅に議席を増やした。92年11月陸軍総司令官を辞任。92〜99年NDP党首。97年から国際手配を受け、99年7月オランダの裁判所からコカイン密輸で有罪判決を受ける。2005年より国会議員、06年よりNDP党首。08年政党連合メガ・コンビネーション（MC）代表。10年8月大統領に就任。スリナムの最高実力者。

ボー・チー
Bo Kyi
1965〜
ビルマ政治犯支援協会（AAPP）事務局長　民主活動家　㋑ビルマ・ヤンゴン（ミャンマー）　㋐ラングーン文理大学　㋾ラングーン文理大学在学中に民主化運動に参加。1990〜93年、94〜98年政治犯として計7年間刑務所に服役。99年タイ国境に逃れ、2000年元政治犯9人でビルマ政治犯支援協会（AAPP）をつくり、ミャンマーの政治犯の支援、釈放運動を行う。09年国際人権NGO "ヒューマン・ライツ・ウォッチ"の東京事務所開設式典に招かれて来日。　㋞人権擁護賞（ヒューマン・ライツ・ウォッチ）（2008年）

ボック, エミル
Boc, Emil
1966.9.6〜
ルーマニア首相　㋑クルージ地方　㋐クルージ大学　政治学博士号（クルージ大学）（2000年）　㋾クルージ大学で法律や歴史を学び、英国や米国の大学に留学。1996年弁護士登録。2000〜04年ルーマニア下院議員。04年クルージ市長に当選。同年12月民主党党首となり、07年12月民主党が他党と合併して民主自由党となった後も引き続き党首を務める。08年11月の上下両院選で民主自由党が第1党となり、12月首相に就任。09年12月

首相再任。12年1月緊縮政策などに反対した市民デモが各地で続発、その責任を取って首相辞任。同年クルージュ・ナポカ市長に就任。

ボッシ, ウンベルト

Bossi, Umberto

1941.9.19〜

イタリア制度改革相, レガ・ノルド（北部同盟）党首　㋪バレーゼ県カッサーノ・ディ・マニャーノ　㋲パビア大学医学部中退　㋰16歳から工場労働者として働く。夜間高校を経て、パビア大学医学部に入学するが中退。ロンバルディア方言をはじめとする地域文化をひとりで学ぶ。1979年右翼政党レガ・ノルド（北部同盟）の前身、レガ・ロンバルダを結成。82年党機関紙「ロンバルディア・アウトノミスタ」創刊、北イタリアの独立をスローガンに掲げる。84年同党書記長（党首）。87年同党からイタリア上院議員に初当選。89年レガ・ノルド議長（党首）。92年からはじまった一連の大規模汚職事件の摘発でイタリア政界が揺れ動くなかで支持を集め、同年の総選挙で第4党に躍進。反南部主義の過激な発言でマスコミの注目を集め、"ムッソリーニ以来の天才アジテーター"といわれる。94年4月右派連合政権に参画。95年10月化学企業をめぐる大規模汚職事件に関して、政治資金規制法違反で禁錮8月の実刑判決を受ける。96年4月の総選挙で躍進し、"パダーニャ共和国"としての北部独立を提唱するが、同年12月国家元首侮辱罪で起訴された。97年5月住民に独立の是非を問う住民投票を実施したが、独立実現にはいたらなかった。2001年6月〜04年ベルルスコーニ政権の制度改革相。08年5月〜11年11月ベルルスコーニ政権で再び制度改革相。12年4月レガ・ノルド党首を退任。

ホッブズ, ジェレミー

Hobbs, Jeremy

1958〜

オックスファム・インターナショナル事務局長　人権保護活動家　㋪パース　㋲大学卒業後、オーストラリアの先住民・アボリジニの子どもの権利を守るNGO（非政府組織）で活動。先住民の地位向上のために働く中で、地域開発に興味を持つ。1990年代インドで貧困対策に携わった後、世界最大の

NGOオックスファム・インターナショナルに参加。同オーストラリア代表を経て、2001年オックスファム・インターナショナル事務局長に就任。"より公正な社会"を目指し、世界各国で貧困や緊急援助に取り組む。02年途上国の子どもの基礎教育への支援拡大を呼びかけるため来日。11年国際シンポジウム「MDGs（ミレニアム開発目標）達成のために今、何をするべきか？」のため来日。

ポーティロ, マイケル

Portillo, Michael

1953.5.26〜

英国国防相, 英国下院議員（保守党）　㋪ロンドン　㋐Portillo, Michael Denzil Xavier　㋲ケンブリッジ大学　㋰両親はスペイン内戦を逃れて英国に渡った移民。1979年英国エネルギー相顧問、83〜84年財務相、88〜90年運輸相、94〜95年雇用相、95年国防相を歴任。97年総選挙では現職国防相のまま落選。99年11月下院補選で政界復帰し、2000年2月野党版内閣"影の内閣"の財務相に抜擢される。05年政界を引退後は「サンデー・タイムズ」紙コラムニストや、ブロードキャスターとして活動する。

ポドブニク, ヤネス

Podobnik, Janez

1959〜

スロベニア国民議会議長　㋪ユーゴスラビア・スロベニア共和国ツェルクノ（スロベニア）　㋰1996年から下院にあたるスロベニア国民議会で議長を務める。97年大統領選に立候補。2000年初来日。

ボドマン, サミュエル

Bodman, Samuel

1938.11.26〜

米国エネルギー長官　㋪イリノイ州シカゴ　㋐Bodman, Samuel Wright III　㋲コーネル大学（1961年）卒, マサチューセッツ工科大学　㋰マサチューセッツ工科大学準教授、化学製品製造会社のCEO（最高経営責任者）などを経て、2001年ブッシュJr.政権で商務副長官に起用される。04年2月財務副長官。05年1月2期目のブッシュ政権でエネルギー長官に就任。09年1月退任。

ポートマン, ロブ

Portman, Rob

1955.12.9～

米国行政管理予算局(OMB)局長, 米国上院議員(共和党)　[出]オハイオ州シンシナティ　[名]Portman, Robert Jones　[学]ダートマス大学卒, ミシガン大学ロースクール卒　[歴]国際貿易専門の弁護士を経て、1993年オハイオ州選出の下院議員(共和党)に当選。2005年3月2期目のブッシュJr.政権で米国通商代表部(USTR)代表に就任。06年4月行政管理予算局(OMB)局長。07年6月退任。11年よりオハイオ州選出の連邦上院議員(共和党)。自由貿易論者として知られる。

ホー・ナム・ホン

Hor Nam Hong

1935.11.15～

カンボジア副首相・外相　[出]プノンペン　[歴]1967～73年在フランス・カンボジア大使館に勤務。73年駐キューバ大使。75～79年ポル・ポト派(クメール・ルージュ)政権下で強制労働に従事。80年ヘン・サムリン政権(カンプチア人民共和国)の外務副大臣、82～89年駐ソ連大使を務め、89年外交担当国務相を経て、90年9月最高民族評議会(SNC)のメンバーとなり、同月外相に就任。93年駐フランス大使に転じたが、98年9月国民議会議員に当選し、同年12月フン・セン内閣の外相に復帰。2004年より副首相を兼務。16年副首相兼外相を退任。　[家]息子＝ホー・ナムボラー(外交官), ホー・ソトゥン(外交官)

ボー・バン・キエト

Vo Van Kiet

1922.11.23～2008.6.11

ベトナム首相　[出]フランス領インドシナ・クーロン省(ベトナム・ビンロン省)　[歴]貧農の家に生まれ、16歳で反仏闘争に参加。1930年インドシナ共産党に入党。40年代から党活動に専従。ベトナム戦争中は首都サイゴン・ジアディン地区(現・ホーチミン市)の党幹部として指導にあたり、60年ベトナム労働党(ベトナム共産党)中央委員候補、72年中央委員。75年南部解放後、ホーチミン市人民革命委員長(市長)兼同市党委書記。76年党政治局員候補、79年ホーチミン市党委員長。82年党政治局員となり、同年4月副首相兼国家計画委員会議長などを歴任したあと、87年から第1副首相。88年3月～6月首相代行となり、グエン・バン・リン書記長のもとで南部の経済改革に着手。91年8月閣僚評議会議長(首相格)に就任。92年9月新憲法の下で首相に選出。ド・ムオイ書記長やレ・ドク・アイン大統領(国家主席)と“トロイカ体制”を組み、市場経済化を図る“ドイモイ(刷新)”路線を主導した。対外開放、価格の自由化などを通じ、高い経済成長を導くなど同国の経済発展に貢献した。97年9月の党中央委員会特別総会で引退。2008年6月死去、ホーチミン市で国葬が営まれた。

ポハンバ, ヒフィケプニェ

Pohamba, Hifikepunye

1935.8.18～

ナミビア大統領, ナミビア大学学長　[出]南西アフリカ・オカングディ(ナミビア)　[名]Pohamba, Hifikepunye Lucas　[歴]ミッションスクールで学び、ソ連に留学。1960年ナミビアの急進派ゲリラ組織・南西アフリカ人民機構(SWAPO)結成に参加。ナミビアの独立運動中に南アフリカ当局による拘束や国外逃亡を経験した。SWAPO中央委員会委員、事務次長を経て、97年SWAPO本部事務総長、2002年副党首。この間、1990年国民議会議員に当選、内相に就任。95年漁業相、2001年土地再定住相。04年11月大統領に選出され、05年3月就任。09年11月の大統領選に勝利し、10年3月再任。15年3月退任。11年よりナミビア大学学長。

ポプラシェン, ニコラ

Poplasen, Nikola

1952～

セルビア人共和国大統領　[学]サラエボ大学　[歴]セルビア人民主党(SDS)に入党。その後、過激な民族主義政党セルビア急進党(SRS)に移り、93年同党党首。98年9月ボスニア・ヘルツェゴビナのセルビア人共和国大統領に就任。

ボー・ミャ

Bo Mya

1927.1.20～2006.12.24

カレン民族同盟(KNU)議長　[出]英領インド・パッポン(ミャンマー)　[歴]中学卒業後警察官をしていたが、第二次大戦では英国

第136軍に加わり日本軍と戦う。ビルマが英国から独立した翌年の1949年、ビルマからの分離独立を目指して結成されたカレン民族同盟（KNU）に参加、77年議長に就任。88年学生や少数民族20組織で結成したビルマ民主同盟（DAB）議長にも選ばれ、反政府運動の先頭に立った。2000年KNU議長を辞任した後も、一定の影響力を保持した。

ボラニョス, エンリケ

Bolaños, Enrique

1928.5.13〜

ニカラグア大統領　実業家　[出]マサヤ県　[名]Bolaños Geyer, Enrique　[学]セントルイス大学（産業工学）卒, 中米経営学大学院（マナグア）卒　[歴]農産物、綿花、繊維などの企業グループ、ボラニョス・サイムサ・グループを率い、1979〜83年農牧生産者組合会長、81〜86年工業会議所会頭、83〜88年経営者協会会長など財界要職を歴任。一方、80年代に政界入り。97年1月からアレマン政権で副大統領を務め、2000年10月辞任。01年11月右派・立憲自由党（PLC）から大統領選に出馬し当選、02年1月就任。07年1月退任。

ボリシャコフ, アレクセイ

Bolshakov, Aleksei

1939.12.17〜

ロシア第1副首相　[出]プスコフ州　[学]レニングラード電気工学大学（1962年）卒　[歴]レニングラード・ソビエト執行委員会計画委員長を経て、1991年株式会社VSM社長、94年11月ロシア副首相に就任。96年4月ロシア・ベラルーシ共同体会議副議長。同年8月〜97年3月第2期エリツィン政権下で第1副首相（産業相当）を務めた。

ボリソフ, ボイコ

Borisov, Boyko

1959.6.13〜

ブルガリア首相, 欧州発展のためのブルガリア市民（GERB）代表　[出]バンキャ　[名]Borisov, Boyko Metodiev　[歴]ブルガリア内務省の幹部養成学校で学んだ後、消防士や警察大学講師を経て、1991年警備会社のIPON-1を設立。2001年首相に就任したシメオン・サクスコブルク元国王（シメオン2世）の警護を任されたのが縁で政界に転身、内務省官房長に抜擢される。05年11月首都のソフィア市長に当選。06年には中道右派政党、欧州発展のためのブルガリア市民（GERB）を設立、代表。初の国政選挙となった09年7月の総選挙で116議席を獲得して首相に就任。13年2月退任するが、14年11月再び首相就任。17年3月の総選挙でGERBが再び第1党となり、5月の第3次ボリソフ内閣を発足させる。空手の有段者であり、自らの経営する警備会社の名前は空手の“一本”からとった知日家。ブルガリア代表チームのコーチの経験も持つ。舌鋒の鋭さで人気を集め、正義のヒーロー“バットマン”の異名を持つ。

ポール, ランド

Paul, Rand

1963.1.7〜

米国上院議員（共和党）　[出]ペンシルベニア州ピッツバーグ　[名]Paul, Randal Howard　[学]ベイラー大学, デューク大学医学部　[歴]父は元米国下院議員で、大統領選指名候補争いに度々出馬した共和党のロン・ポール。ペンシルベニア州ピッツバーグで生まれ、テキサス州レイクジャクソンで育つ。ベイラー大学、デューク大学に学んで眼科医となり、開業。2011年よりケンタッキー州選出の上院議員。16年大統領選の共和党候補指名争いに出馬するが、2月撤退。　[家]父＝ロン・ポール（元米国下院議員）

ポール, ロン

Paul, Ron

1935〜

米国下院議員（共和党）　[出]ペンシルベニア州ピッツバーグ　[名]Paul, Ronald Ernest　[歴]テキサス州選出で、1976年共和党から米国下院議員に当選。2008年共和党の大統領候補に名のりを上げたが、党予備選で敗退。12年の大統領選予備選にも出馬した。13年引退。リバタリアン（自由至上主義者）として知られる。　[家]二男＝ランド・ポール（米国上院議員）

ボルカー, ポール

Volcker, Paul

1927.9.5〜

米国連邦準備制度理事会（FRB）議長　銀行家, エコノミスト　[出]ニュージャージー州ケープメー　[名]Volcker, Paul Adolph　[学]プリンストン大学卒, ハーバード大学卒　[歴]ロ

ンドン大学に留学。米国財務省勤務を経て、1953年ニューヨーク連邦準備銀行入り、57年チェース・マンハッタン銀行に移り、財政エコノミスト。62年財務省に戻り、63〜65年金融担当次官補を経て、69〜74年財務次官となり、ニクソン・ショックとスミソニアン体制を構築、第1次石油危機への対応などに奔走した。75〜79年ニューヨーク連銀総裁、79年8月〜87年8月連邦準備制度理事会（FRB）議長を務め、インフレ対策、中南米諸国の累積債務問題などに携わった。88〜96年投資銀行ジェームズ・D・ウォルフェンソン会長、95〜96年CEO（最高経営責任者）この間、91年富士銀行欧州アドバイザリーボードメンバー。94年ユナイテッド航空の持ち株会社UALの役員。のち新生銀行シニアアドバイザー。第二次大戦中ユダヤ人がスイスの銀行に預け入れた預金口座を調査する調査委員会の委員長も務める。2009年1月オバマ政権で新設の経済回復顧問委員会議長に就任。以来、金融機関の高リスク投資を制限するなどの"ボルカー・ルール"を盛り込んだ金融規制強化法（10年10月成立）を推進してきたが、11年1月辞任。

ボルキア, ハサナル

Bolkiah, Hassanal

1946.7.15〜

ブルネイ国王（第29代スルタン）　㊗英領ボルネオ・バンダルスリブガワン（ブルネイ）　㊗Bolkiah Mu'izuddin Waddaulah, Haji Hassanal　㊊オマル・アリ・サイフディン・カレッジ（1965年）卒, 英国陸軍士官学校　㊙1961年ブルネイ皇太子。66年英陸軍士官学校に留学。67年10月5日にスルタン（首長）即位。68年8月即位式。84年1月1日独立で国王。同日首相兼務。84〜86年財務相・内相、86年10月より国防相、97年2月より財務相、2015年より外相も兼務。1991年王権をイスラムの守護者とするマレー・イスラム王制（MIB）の概念を導入。2004年国会を再開した。14年シャリア（イスラム法）に基づいて"石打ち"や"手足切断"などの厳罰を盛り込んだ刑法の施行を表明して議論を呼ぶ。17年即位50周年を迎えた。1987年から米国「フォーチュン」誌の発表で世界金持ち番付6年連続第1位となる（370億ドル）。宗教心が厚く、善政や気前よい援助で国内外で評判が良いといわれる。　㊙父＝オマル・アリ・サイフディン3世（ブルネイ首長）,

弟＝モハメッド・ボルキア（ブルネイ外相）

ボルキア, モハメッド

Bolkiah, Mohamed

1947.8.27〜

ブルネイ外相　㊊英国陸軍士官学校　㊙英国留学後の1970年第1皇室相。80年外交担当として ブルネイ外務省設立を指揮、84年外相就任。2015年退任。　㊙旭日大綬章（日本）（2009年）　㊙兄＝ハサナル・ボルキア（ブルネイ国王）

ホルケリ, ハリ

Holkeri, Harri

1937.1.6〜2011.8.7

フィンランド首相　㊗オリバー　㊙Holkeri, Harri Hermanni　㊊ヘルシンキ大学（1963年）卒　㊙1959〜62年フィンランド国民連合党青年同盟幹事、62〜71年同党情報・調査・党務担当書記を歴任。70〜78年国会議員。71〜79年国民連合党党首。78〜97年フィンランド銀行（中央銀行）理事。81〜87年ヘルシンキ市協議会議長。87年4月〜91年4月首相。2000年9月から1年間、国連総会議長も務めた。北アイルランド紛争の和平プロセス推進に貢献。03〜04年旧ユーゴスラビア・コソボ自治州の民族紛争でも国連コソボ暫定統治機構（UNMIK）の代表として解決に尽力した。

ボルジャー, ジェームズ

Bolger, James

1935.5.31〜

ニュージーランド首相, ニュージーランド国民党（NP）党首　外交官　㊗北島タラナキ地方　㊙Bolger, James Brendan　通称＝Bolger, Jim　㊙アイルランド移民の長男に生まれる。高校中退後、実家の農場で働き、農業組合の支部会長、地区会長などを務めた。1972年農業団体の票を足場に国会議員に初当選。国民党マルドーン内閣時代に77年漁業相、78年労相兼移民相を歴任。83年国際労働機構（ILO）議長。84年国民党副党首に指名され、86年3月から党首。90年10月の総選挙で大勝し、11月首相に就任。92年12月非核政策堅持を表明。96年10月の総選挙後、12月にファースト党との連立政権を発足。97年12月首相と党首を辞任。98年4月〜2002年1月駐米大使。01年ニュージーラン

ドの国営銀行キウィー銀行会長、02年同国の郵政事業を手がけるニュージーランド・ポスト会長に就任。07年ワイカト大学総長。1977年、86年、88年来日。

ボルジュジャ, ニコライ

Bordyuzha, Nikolai

1949.10.20〜

ロシア大統領府長官, 集団安全保障条約機構(CSTO)事務局長 [出]オリョール [学]ペルミ高等士官学校卒 [歴]ソ連軍、国家保安委員会(KGB)に勤務。ロシア大統領府附属の連邦政府通信情報局を経て、1992年ロシア国境警備軍副司令官。95年国境警備局副長官、98年1月長官。同年9月〜99年3月安全保障会議書記、同年12月大統領府長官を兼任。2003年4月ロシアと旧ソ連諸国による軍事同盟、集団安全保障条約機構(CSTO)事務局長に就任。

ボールズ, エド

Balls, Ed

1967.2.25〜

英国児童・学校・家庭相 [出]ノーフォーク州ノリッチ [名]Balls, Edward Michael [学]オックスフォード大学卒 [歴]新聞記者を経て、英国労働党下院議員ゴードン・ブラウンのアドバイザーとなる。2005年下院議員に初当選。07年6月、ブラウン政権の児童・学校・家庭相に就任。妻は「インディペンデント」紙の経済記者だったイベット・クーパー住宅担当相で、二人は英政界の“ゴールデン・カップル”と呼ばれる。10年5月の総選挙で労働党が敗北し、9月の党首選に立候補するが、エド・ミリバンドに敗れる。10月に発表された影の内閣では内相に就任。11年1月より影の財務相。15年5月の総選挙で落選。 [家]妻＝イベット・クーパー(政治家)

ポールソン, ヘンリー(Jr.)

Paulson, Henry (Jr.)

1946.3.28〜

米国財務長官 金融家 [出]フロリダ州パームビーチ [名]Paulson, Henry Merritt (Jr.) 通称＝Paulson, Hank [学]ダートマス大学卒, ハーバード大学ビジネススクール経営学専攻(1970年)修了 経済学博士, M.B.A. [歴]ダートマス大学時代はフットボール選手として米東部地区の代表に選ばれる。米国国防総省財務担当副長官補佐官を経て、1974年ウォール街に転じ、投資銀行ゴールドマン・サックスに入社。77〜82年副社長。企業の買収・合併の仲介など、中枢の投資銀行部門のトップを経験。90〜99年副会長兼COO、99年〜2006年会長兼CEO(最高経営責任者)を務め、1999年の株式公開を指揮。果敢な成長策で同社はウォール街最強と呼ばれた。2006年7月ブッシュJr.政権の財務長官に就任。08年9月リーマン・ショックによる金融危機に直面する。09年1月退任。09年よりジョンズ・ホプキンズ大学名誉客員学者。環境保護活動に熱心なことで知られ、自然保護の有力NGO会長として中国などでの活動を支援する。信仰療法が特色といわれるキリスト教科学の信者。

ホルダー, エリック

Holder, Eric

1951.1.21〜

米国司法長官 法律家 [出]ニューヨーク市ブロンクス [名]Holder, Eric Himpton (Jr.) [学]コロンビア大学(1973年)卒, コロンビア大学法科大学院(1976年)卒 [歴]1976〜88年米国司法省公職保安局に勤務。88年レーガン大統領にコロンビア特別区(ワシントンD.C.)最高裁判所陪審判事に任命される。93年クリントン政権でコロンビア特別区連邦検事に任命され、97年司法副長官に就任。2001年以降、ワシントンD.C.の国際法律事務所コビントン・アンド・バーリングに弁護士として所属。07年大統領候補だったバラク・オバマの上級法律顧問となる。09年1月オバマ政権で米国史上初のアフリカ系司法長官に就任。13年1月2期目も留任。15年4月辞任。

ホルタ, ジョゼ・ラモス

→ラモス・ホルタ, ジョゼを見よ

ポルティジョ, アルフォンソ

Portillo, Alfonso

1951.9.25〜

グアテマラ大統領 [出]サカパ州 [名]Portillo Cabrera, Alfonso Antonio [学]メキシコ国立自治大学(法律)卒 経済学博士 [歴]メキシコに留学し、経済学博士、政治学修士号を取得。のちメキシコ、グアテマラなどで大学教授を務める。1982年メキシコ・ゲレロ州に滞在中、政治的な争いに巻き込まれ2人を射殺、グ

アテマラに逃亡し、95年時効が成立。一方、マルクス主義者を経て、政界に入り、92年グアテマラ・キリスト教民主党（PDCG）副党首。94～96年国会議員。95年右派のグアテマラ共和戦線（FRG）に移り、95年大統領選に出馬するが惜敗。96年FRG副幹事長。99年12月大統領選に当選し、2000年1月就任。04年退任。

ホルト, アンネ

Holt, Anne

1958～

ノルウェー法相　作家　[学]ベルゲン大学法学部　[歴]ベルゲン大学法学部在学中の1984～88年、ノルウェーの国営テレビ放送局に勤務。オスロ市警に検察官として勤めた後、90年テレビの仕事に戻り、91年までニュース番組でキャスターを担当。その後は弁護士の仕事をしていたが、93年〈ハンネ・ヴィルヘルムセン〉シリーズの1作目にあたる「女神の沈黙」で作家デビュー。96年10月トールビョルン政権の法相に就任したが、97年2月健康上の理由から辞任、作家活動に戻る。[賞]ノルウェー・ミステリー大賞

ボルドリニ, ラウラ

Boldrini, Laura

1961.4.28～

イタリア下院議長　[出]マチェラタ　[学]ローマ大学（法学）卒　[歴]1989年より国連食糧農業機関（FAO）、世界食糧計画（WFP）、国連難民高等弁務官事務所（UNHCR）などに勤務。2013年2月イタリア下院議員に当選し、3月下院議長に選出。左派環境自由党に所属。

ボルトン, ジョン

Bolton, John

1948.11.20～

米国大統領補佐官（国家安全保障問題担当）, 米国国務次官, 国連大使　法律家　[出]メリーランド州ボルティモア　[名]Bolton, John Robert　[学]エール大学卒　[歴]弁護士を経て、1989～93年ブッシュSr.政権下で国務次官補（国際機構担当）を務め、湾岸戦争時には米国の外交政策立案や国連との調整にあたる。2001年1期目のブッシュJr.政権で国務次官（安全保障担当）。05年3月2期目のブッシュ政権で国連大使に指名されるが、国連に対する辛辣な姿勢が米国の信頼を傷つける恐れがあるなどと上院民主党から批判が挙がり、承認が難航。8月ブッシュ大統領は大統領権限を行使し、議会の承認を得ぬまま任命に踏み切った。06年12月退任。この間、1995～96年共和党全米政策フォーラム会長を務めた。イラク戦争を主導したネオコン（新保守主義者）の一人。07年よりワシントンD.C.のアメリカン・エンタープライズ研究所（AEI）上級研究員。18年4月トランプ政権の大統領補佐官（国家安全保障問題担当）に起用される。

ホルネス, アンドルー

Holness, Andrew

1972.7.22～

ジャマイカ首相　[出]スパニッシュタウン　[名]Holness, Andrew Michael　[学]西インド諸島大学卒　[歴]大学で開発学の修士号を取得。1997年ジャマイカ国会議員。教育相だった2011年10月辞意を表明したゴールディング首相の後任として、ジャマイカ史上最年少の39歳で首相に就任し、ジャマイカ労働党（JLP）の党首に。しかし12月の総選挙で人民国家党（PNP）に大敗して2ケ月余りで首相を退任。16年2月の総選挙で辛勝し、3月約4年ぶりに首相に返り咲く。

ボルハ, ロドリゴ

Borja, Rodrigo

1935.6.19～

エクアドル大統領　政治学者　[出]キト　[名]Borja Cevallos, Rodrigo　[学]エクアドル中央大学（1960年）卒 法学博士　[歴]大学卒業後弁護士になる。1962～82年エクアドル中央大学政治学教授。一方、62年からエクアドル国会議員に3期当選。70年中道左派のエクアドル民主左翼党（ID）を創設、党首に。79年初めて大統領選に出馬したが落選。84年再出馬したが決選投票で敗れ、88年5月3度目の出馬で大統領に当選、8月就任。92年8月退任。　[家]父＝ルイス・フェリペ・ボルハ（弁護士）

ホルブルック, リチャード

Holbrooke, Richard

1941.4.24～2010.12.13

国連大使, 米国国務次官補　外交官, 実業家　[出]ニューヨーク市　[名]Holbrooke, Richard Charles　[学]ブラウン大学卒, プリンスト

ン大学ウッドロー・ウィルソン大学院修了　㊧1962年米国国務省に入省。63〜66年在サイゴン大使館に勤務。ホワイトハウスのスタッフを経て、68〜69年第1次パリ和平交渉次席代表。70〜72年米国平和部隊モロッコ駐在団長。72年国務省を辞め、72〜77年外交雑誌「フォーリン・ポリシー」編集長、73〜76年カーネギー国際平和財団研究所員などを歴任。カーター政権時代の77〜81年、東アジア・太平洋担当国務次官補を務めた。その後、アメリカン・エキスプレスの投資銀行業務部門を担当するシェアソン・リーマン・ブラザーズ取締役を務め、新聞や雑誌にアジア外交に関する論文を発表。93年6月クリントン政権の駐ドイツ大使。94年6月欧州・カナダ担当国務次官補となり、95年ボスニア・ヘルツェゴビナ和平交渉で米国調停団団長として和平協定を成立させた。96年辞任し、CSファースト・ボストン副会長に就任。同年9月ボスニア・ヘルツェゴビナで行われる各種選挙の監視を目的に、民間人で構成される“大統領の私的代表団”を率いて現地入りした。また97〜98年兼務でキプロス問題、コソボ問題の大統領特使を務めた。99年8月〜2001年1月国連大使。のちファンド・マネジメント会社のパーシウス副会長。09年1月オバマ政権のアフガニスタン・パキスタン担当特別代表に任命され、ヒラリー・クリントン国務長官の“懐刀”としてアフガン、パキスタン両国の安定化を進めていたが、10年12月急死した。直言型で強引な政治・外交手腕を発揮したことから“ブルドーザー”の異名があり、米軍やホワイトハウス高官との衝突も指摘された。日本に厳しい言動や政策で知られたが、晩年は日本のアフガン貢献を讃えていた。

ホルン, ジュラ

Horn, Gyula

1932.7.5〜2013.6.19

ハンガリー首相, ハンガリー社会党党首　㊥ブダペスト　㊫ロストフ大学経済学部（旧ソ連）（1954年）卒　㊧10代でハンガリー共産党に入党。1950〜54年旧ソ連ロストフ大学で金融経済専攻。54〜59年財務省勤務を経て外務省に転じ60年代に駐ユーゴスラビア大使など歴任。69年社会主義労働者党（現・社会党）に入党。85年4月外務次官を経て、89年5月ネーメト政権下で外相に就任。同年夏に大量の旧東ドイツ市民をハンガリー経由でオーストリアに脱出させることを容認し、東西冷戦下の鉄のカーテンを開け、ドイツ統一に貢献した。同年10月社会党発足に伴い全国幹部会員となる。90年5月外相退任、同月社会党議長（党首）に選出。94年7月首相に就任。98年7月退任。急進改革派の指導者。

ポロシェンコ, ペトロ

Poroshenko, Petro

1965.9.26〜

ウクライナ大統領　実業家　㊥ソ連ウクライナ共和国オデッサ州（ウクライナ）　㊔Poroshenko, Petro Oleksiyovych　㊫キエフ大学国際関係・国際法学部卒　㊧学生時代からカカオ豆の取引などビジネスの世界に入り、製菓会社・ロシェンを創業。テレビ局、造船会社などを擁する新興財閥のオーナーに一代で上り詰めた。“チョコレート王”とも呼ばれる大富豪。1998年ウクライナ最高会議（国会）議員に当選して中央政界入り。2004年のオレンジ革命で大統領に就任したユーシェンコを側近として支えた。05年国家安全保障防衛会議書記。09〜10年外相として欧州連合（EU）との関係強化を進めた。一方、12年には親ロシア派のヤヌコヴィッチ政権下で経済発展・貿易相を務めた。同年無所属で最高会議（国会）議員に当選。14年の親欧米派による政変を支持し、5月の大統領選に勝利、6月就任。

ボロッシュ, ペーテル

Boross, Peter

1928.8.28〜

ハンガリー首相　㊥ナジバヨム　㊫ブダペスト大学法学部（1951年）卒　㊧ブタペスト市議会に勤務するが、1956年ハンガリー動乱に参加して逮捕され、免職。その後は日雇い労働者、バーテンダー、レストラン経営などを転々とした。90年5月40年来の友人アンタルが首相に就くと首相府の秘書官に迎えられ、7月国家安全庁と情報局の担当相を経て、12月内相に就任。92年民主フォーラムに参加、93年1月同副党首。同年12月アンタル首相の死去にともない首相に就任。94年内閣国家安全委員会委員長、98年首相諮問人。

ホン・ジュンピョ（洪 準杓）

Hong Jun-pyo

1954.12.5～

自由韓国党代表, 韓国ハンナラ党代表　[出]慶尚南道昌寧　[学]高麗大学法大行政学科卒　[歴]ソウル地検検事を経て、ハンナラ党（現・自由韓国党）より韓国国会議員に当選。2011年党代表に選ばれる。12年慶尚南道知事に当選。17年4月大統領選に立候補、文在寅に次ぐ2位となった。7月自由韓国党代表に選出される。

ホン・スンヨン（洪 淳瑛）

Hong Soon-young

1937.1.30～

韓国統一相・外交通商相（外相）　外交官　[出]忠清北道堤川　[学]ソウル大学行政科（1961年）卒　[歴]1962年韓国外務省（のち外交通商省, 現・外交部）に入省。71年在米大使館1等書記官、74年北米一課長、77年国連代表部参事官、81年アフリカ局長、83年大統領政務次官、84年駐パキスタン大使、89年駐マレーシア大使、92年駐ロシア大使、93年外務次官、95年駐ドイツ大使を経て、98年8月～2000年1月外交通商相（外相）。のち駐中国大使を務め、01年9月～02年1月統一相。

ホン・ソンナム（洪 成南）

Hong Song-nam

1929.10～2009.3.31

北朝鮮首相　[出]朝鮮・咸鏡北道（北朝鮮）　[学]金日成総合大学, プラハ工業大学　[歴]1954年朝鮮労働党重工業課長、64年同副部長、70年中央委員候補、71年党重工業部長、80年10月より党中央委員。73年9月副首相兼国家計画委委員長。82年2月より最高人民会議第7期～10期代議員。82年11月平安南道党責任書記。86年12月党政治局員、第1副首相。87年10月第1副首相解任、88年2月国家計画委委員長を解任されるが、6月再び同委員長就任。89年3月政治局員から同候補に降格。90年5月副首相に再任、国家計画委委員長は解任。97年2月首相代理。98年9月金正日総書記が国家最高位になるに伴い首相に就任。計画経済の専門家として経済改革を進めたが、急激なインフレを招いて2003年9月更迭された。その後は咸鏡南道党責任書記を務め、09年3月には最高人民会議代議員選挙に再選される。この間、1999年6月訪中。2002年8月日朝首脳会談を控え日本側代表と会談。序列4位。没後、国葬が執り行われた。

ホン・ヨンピョ（洪 容杓）

Hong Yong-pyo

1964.4.15～

韓国統一相　[出]ソウル　[学]延世大学（1987年）卒, オックスフォード大学（英国）卒 国際関係学博士（オックスフォード大学）　[歴]韓国統一研究院研究委員、漢陽大学教授などを経て、2013年大統領府統一秘書官。15年3月朴槿恵政権の内閣改造で統一相に就任。17年7月退任。

ボンゴ・オンディンバ, アリ

Bongo Ondimba, Ali

1959.2.9～

ガボン大統領　[出]フランス領コンゴ・ブラザビル（コンゴ共和国）　[歴]オマル・ボンゴ・オンディンバ大統領の長男。パリで法学を学び、1981年ガボン民主党（PDG）に参加。89～91年外相、99年～2009年国防相などを歴任。09年6月父が死去し、8月に行われた大統領選で当選、10月就任。　[家]父＝オマル・ボンゴ・オンディンバ（ガボン大統領）

ボンゴ・オンディンバ, オマル

Bongo Ondimba, Omar

1935.12.30～2009.6.8

ガボン大統領　[出]フランス領赤道アフリカ・フランスビル（ガボン・マスク）　[名]旧姓（名）=Bongo, Albert-Bernard　[学]ブラザビル工業学校（コンゴ）卒　[歴]少数民族テケ人の家庭に生まれる。1958年フランス空軍に勤務後、60年ガボン外務省入り。初代大統領ムバの信頼を得て、62年大統領府局長、65年大統領府担当国務相、67年3月副大統領。同年11月ムバの死去に伴い大統領に就任。68年3月ガボン民主党（PDG）を結成、党首となり、一党政治を確立。73年イスラム教への改宗を宣言して、名もオマルと改名。90年4月一党独裁の放棄、複数政党制をとると発表。2003年11月よりオンディンバ姓を付加。05年11月大統領7選。09年6月在任中に死去。在任41年に及んだ。周辺国の紛争調停に尽力する一方、欧米や中国との関係を重視し、経済成長に道筋をつけた。03年9月来日。　[家]息子＝アリ・ボンゴ・オンディンバ（ガボン大統領）

ホンダ, マイク
Honda, Mike
1941〜
米国下院議員(民主党)　[出]カリフォルニア州ウォルナットグローブ　[名]Honda, Michael　[歴]祖父母が熊本県から移住した日系米国人3世。幼少時に家族と日系人強制収容所で過ごす。大学卒業後、教員などを経て、カリフォルニア州議会議員に当選。2000年より連邦下院議員に8選。人権派の多い民主党の中でも指折りのリベラル派で、旧日本軍の慰安婦問題をめぐる対日要求、米国内イスラム教徒の人権擁護、中国政府の人権侵害などを追及してきた。07年1月慰安婦問題に関して日本政府に“謝罪”を求める決議案を米下院に提出、7月下院本会議で決議は採択された。16年9期目を目指した下院選で落選。

ボンデヴィック, ヒェル・マグネ
Bondevik, Kjell Magne
1947.9.3〜
ノルウェー首相　外交官　[出]モルデ　[学]オスロ大学神学部卒　[歴]プロテスタント系ルター派の牧師から政治家に転身。1970〜73年キリスト教民主党青年支部長を務めた後、73年ノルウェー国会議員に初当選。83〜85年キリスト教民主党党首。この間、83〜86年教育・宗教相、85〜86年副首相、89〜90年外相を経て、97年10月首相に就任。98年8月過労によるうつ病のため2週間の療養をとり、話題になる。2000年3月辞任。01年10月〜05年10月首相再任。06年平和と人権のためのオスロセンターを設立、会長。

ポンペオ, マイク
Pompeo, Mike
1963.12.30〜
米国国務長官, 米国下院議員(共和党)　[出]カリフォルニア州オレンジ郡　[名]Pompeo, Michael Richard　[学]米国陸軍士官学校卒, ハーバード大学法科大学院(1994年)修了　[歴]米国陸軍士官として湾岸戦争に従軍。大尉で退官後、ハーバード大学法科大学院を卒業し、弁護士資格を取得。航空関連企業を設立して成功を収める。2010年中間選挙で共和党を躍進させた保守派の草の根運動“ティーパーティー(茶会)”系議員として、11年カンザス州選出の下院議員に当選。14年頃に中央情報局(CIA)よる“強化尋問”、いわゆる“拷問”の必要性を擁護して注目を集めた。対イラン強硬派として知られ、オバマ政権下で15年、欧米など主要6ケ国がイランと結んだ核合意にも強硬に反対。17年1月トランプ大統領の下、CIA長官に就任。18年3月トランプ大統領に更迭されたティラーソン国務長官の後任に就任。

ポンポン・アディレクサーン
Pongpol Adireksarn
1942.3.23〜
タイ副首相　[出]バンコク　[歴]1983年中部サラブリ県からタイ下院議員に初当選。3年後落選し、トラック輸送を担当する国営企業の総裁に就任、5年間で赤字から黒字経営に転じさせる実績を上げる。92年3月下院議員、6年ぶりに政界カムバックを果たす。同年4〜6月外相、95年首相府相。97年11月農業相兼協同組合相。2001年2月タクシン政権下の副首相に就任。05年退任。タイ国民党に属し、同党の重鎮プラマーン・アディレクサーン元副首相の長男という2世議員のリーダー格。　[家]父＝プラマーン・アディレクサーン(タイ副首相), 祖父＝ピン・チュンハワン(タイ副首相), 叔父＝チャチャイ・チュンハワン(タイ首相)

【マ】

マイケル, アラン
Michael, Alun
1943.8.22〜
英国産業・地域担当相, ウェールズ主席相　[出]ウェールズ・アングルシー島Bryngwran　[名]Michael, Alun Edward　[学]キール大学卒　[歴]1973〜89年カーディフ市議を務める。87年労働党より庶民院に当選、97〜98年ブレア内閣で内務担当相、98〜99年ウェールズ担当相。99年5月ブレア政権の地方分権の一環として600年ぶりにウェールズに行政府が誕生すると、同年〜2000年ウェールズ労働党党首、00年ウェールズ主席相となるが不信任案が決議され、議員とともに辞職し、ロドリー・モーガンに党首と主席相の座を譲る。ウェストミンスター議員の座は保持し、01〜05年ブレア政権の農村事情・地方環境

担当相を務め、04年キツネ狩りなどを禁じた狩猟法調停の主な推進者となる。05〜06年産業・地域担当相。

マイコ, パンデリ
Majko, Pandeli
1967.11.15〜
アルバニア首相・国防相　[名]Majko, Pandeli Sotir　[学]ティラナ大学工学部卒　[歴]大学在学中の1990年末、旧アルバニア労働党(共産党)独裁体制打倒の原動力となった学生運動に身を投じる。91年アルバニア社会党に入党、若手改革派の代表格となり、92年総選挙で当選。97年ナノ政権発足以来、書記長と議員団長を務める。98年9月ナノ首相辞任を受け10月、欧州最年少(30歳)の首相に就任。99年コソボ紛争では米欧に国内基地使用を認める。同年10月辞任。2002年2月再び首相に選出されるが、7月辞任。同年〜05年国防相。

マウラー, ウエリ
Maurer, Ueli
1950.12.1〜
スイス大統領　[出]チューリヒ　[歴]1983年チューリヒ農業・酪農家協会事務局長。91年スイス下院議員となり、96年〜2008年右派の国民党党首。09年より国防・市民防衛・スポーツ相。12年1月副大統領を経て、12月国会(上下両院)の投票で大統領に選出され、13年1月就任。14年1月大統領退任。

マウラー, ペーター
Maurer, Peter
1956.11.20〜
赤十字国際委員会(ICRC)委員長　外交官　[出]ベルン州トゥーン　[学]ベルン大学, ペルージャ大学(イタリア) Ph.D.　[歴]ベルン大学で国際法などを学ぶ。1987年スイス外務省に入り、2004年国連大使。10年外務次官を経て、ケレンバーガーICRC委員長の後任として、12年7月就任。

マウン・エイ
Maung Aye
1937.12.25〜
ミャンマー国家平和発展評議会(SPDC)副議長, ミャンマー国軍最高副司令官　軍人　[出]英領ビルマ・ザガイン管区(ミャンマー)　[学]ビルマ国軍士官学校(1959年)卒　[歴]1959年ビルマ(現・ミャンマー)陸軍に入り、一貫して最前線で過ごし、実践経験も豊富な生粋の軍人。68年北東軍管区司令官などを経て、87年大佐となり、ラシオ軍区司令官、タウンジー軍管区司令官に任命され、ビルマ共産党、カレン民族同盟(KNU)など反政府勢力との戦闘指揮を執った。90年少将。93年陸軍司令官、国軍最高副司令官に就任。94年大将に昇格した後、軍事政権ナンバー2の国家法秩序回復評議会(SLORC)副議長。97年11月SLORCは国家平和発展評議会(SPDC)に改称。2002年9月上級大将補に昇格。06年9月国軍最高副司令官を退く。11年SPDC副議長退任。

マウンテン, ロス
Mountain, Ross
1944.11.13〜
DARA事務局長, 国連レバノン担当人道調整官　[出]クライストチャーチ　[名]Mountain, Ross Stewart　[歴]1973年から国連に加わり、レバノン、リベリア、イラクなどで人道支援、開発などに携わる。98年国連人道調整官事務所ジュネーブ所長。2003年イラク戦争後の復興支援途上で爆弾テロで死亡したイラク担当国連事務総長特別代表セルジオ・デメロの後を受け、特別代表代行となり、04年国連イラク支援団(UNAMI)臨時代表に就任。04〜09年国連事務総長副特別代表としてコンゴ民主共和国を担当。10〜12年DARA事務局長。14年国連レバノン担当人道調整官。徹底した現場主義と決断力の持ち主として知られる。

マオアテ, テレパイ
Maoate, Terepai
1934.9.1〜2012.7.9
クック諸島首相　[出]ニュージーランド領クック諸島ラロトンガ島(クック諸島)　[学]オークランド大学, アムステルダム大学 Ph.D.　[歴]1983年クック諸島国会議員(民主党)に当選。同年〜89年健康・農業相、85〜89年副首相を経て、99年〜2002年首相。03年、05年、06〜09年副首相。07年ナイトの爵位(Sir)を授与された。　[勲]KBE勲章

マガリエフ, ムハンマド・ユスフ
Magariaf, Mohammad Yusuf al-
1940〜
リビア制憲議会議長　[出]ベンガジ　[歴]1978〜80年駐インド大使を務め、カダフィ政権から離反。81年10月反政府組織“リビア救国国民戦線”の創設メンバーで、リビア国外で活動を続けた。党首を務める国民戦線党が、2012年7月の制憲議会選の政党枠で第3党となり、8月議長に選出。13年6月退任。

マカリース, メアリー
McAleese, Mary
1951.6.27〜
アイルランド大統領　法学者　[出]英国・北アイルランド・ベルファスト　[名]McAleese, Mary Patricia 旧姓(名)＝Leneghan　[学]クイーンズ大学法学部(ベルファスト)卒, ダブリン大学　[歴]英領北アイルランドから紛争を逃れて、アイルランドに移住。弁護士などを経て、1975年よりダブリンのトリニティー・カレッジ刑法学教授。10年間ダブリンに住んだ後、故郷のベルファストに戻る。国営テレビ記者を経て、94年クイーンズ大学で女性として初の副学長代理となる。97年10月アイルランド大統領選に勝利し、11月就任。初の北アイルランド出身の大統領となる。2004年11月無投票で再任。11年11月退任。南北両アイルランドの和解に努めた。

マキャリオン, ヘーゼル
McCallion, Hazel
1921.2.13〜
ミササガ市長　[出]ケベック市ポートダニエル　[歴]高校卒業後、化学メーカーなどに技術者として勤務。地域の活動に積極的に参加していたことがきっかけで、1967年政界に転じ、78年トロント郊外のミササガ市長に就任。以後、圧倒的な支持を誇り、12期36年間に渡って市長を勤め上げ、2014年93歳で引退。市の運営にビジネスの視点を持ち込んだ先駆的存在。08年来日。　[勲]旭日小綬章(日本)(2014年)

マクギネス, マーティン
McGuinness, Martin
1950.5.23〜2017.3.21
北アイルランド自治政府副首相　[出]北アイルランド・ロンドンデリー　[名]McGuinness, James Martin Pacelli　[歴]1972年からカトリック過激組織のアイルランド共和軍(IRA)に参加、政治組織シンフェイン党の指導者となる。82〜86年北アイルランド議会議員。交渉役として98年のプロテスタント系勢力との包括和平合意に貢献。99年11月プロテスタント、カトリック系両政党が参加して自治をともに担う北アイルランド自治政府の教育相に就任。2007年には約5年ぶりに復活した北アイルランド自治政府の副首相に就任し、和平の定着に尽力。11年10月アイルランド大統領選に立候補するが、与党労働党のマイケル・ヒギンズ元芸術文化相に敗れる。12年6月北アイルランドを訪れたエリザベス英女王と初会談を行った。17年1月自治政府で連立を組むプロテスタント系の民主統一党(DUP)が主導する再生可能エネルギー計画に反発し、副首相を辞任した。

マクドゥーガル, バーバラ・ジーン
McDougall, Barbara Jean
1937.11.12〜
カナダ外相　経済アナリスト　[出]トロント　[学]トロント大学卒　[歴]カナダ全国誌の経済コラムニスト、テレビの経済ジャーナリストを経て、経済アナリストとなり、A.E.アメス社のドミニオン・セキュリティーズ・アメス副社長、バンクーバーのオドラム・ブラウン社投資アナリスト、カナダ経済アナリスト協会理事などを歴任。バンクーバー・アート・ギャラリー会長、地域作業療法協会会長なども務めた。79年および80年デービッド・クロンビー厚相の選挙運動マネジャーも務めたのち政界入り。進歩保守党員。81〜82年ローズデール進歩保守党協会会長、82〜83年政府の政治・財政顧問などを経て、84年財政担当国務相、86年女性問題担当相、法相、88年雇用・移民相、91年〜93年6月外相。

マクトム・ビン・ラシド・アル・マクトム
Maktoum bin Rashid al-Maktoum
1943〜2006.1.4
アラブ首長国連邦(UAE)副大統領・首相, ドバイ首長　[出]ドバイ　[歴]1958年ドバイ副首長、71〜79年アラブ首長国連邦(UAE)首相、79〜90年副首相。90年10月父ラシド・ドバイ首長の死去により、第5代ドバイ首長、11月UAE副大統領兼首相に就任。91年10月副大統領再選。実弟のムハマド国防相らとともに、ペルシャ湾岸地域の貿易や観光の

振興に尽力した。 [家]父＝ラシド・ビン・サイド・アル・マクトム（アラブ首長国連邦副大統領兼首相・ドバイ首長), 弟＝ムハマド・ビン・ラシド・アル・マクトム（アラブ首長国連邦国防相・ドバイ首長）

マグフリ, ジョン・ポンベ・ジョセフ
Magufuli, John Pombe Joseph
1959.10.29〜
タンザニア大統領　[出]英領タンガニーカ・カゲラ州チャト（タンザニア）　[学]ダルエスサラーム大学卒　[歴]1982〜83年中等学校教師（数学・化学）、89〜95年ニャンザ協力団体会社の工業化学者。95年タンザニア国民議会議員に当選。同年建設副大臣、2000〜05年ムカパ大統領の下で建設相。キクウェテ大統領の下で、06年土地・住宅・定住相、08年家畜・漁業開発相、10年建設相。15年10月大統領選で与党タンザニア革命党（CCM）候補として出馬し当選、11月就任。この間、02年世界道路協会国際冬期道路会議（札幌）出席のため来日。

マクラクリン, オードリー
Mclaughlin, Audrey
1936.11.7〜
カナダ新民主党党首　[学]ウエスタン・オンタリオ大学卒, トロント大学卒　[歴]1987年下院議員、88年再選、新民主党下院議員総会委員長、89〜93年党首。カナダ初の女性主要政党党首。

マクリ, マウリシオ
Macri, Mauricio
1959.2.8〜
アルゼンチン大統領　実業家　[出]ブエノスアイレス州タンディル　[学]コロンビア大学ビジネススクール, ペンシルベニア大学ウォートン校　[歴]イタリアからの移民2世で、自動車販売や建設業を展開するアルゼンチン有力企業グループ・ソクマを築いた実業家の長男。大学卒業後、父親の会社で役員を務める。32歳の時に身代金目的で誘拐され、約2週間後に600万ドルと引き換えに解放された。この経験から人生観が変わったという。1995年サッカークラブの名門ボカ・ジュニアーズを抱えるスポーツクラブの会長に就任。ファンサービスの強化、報酬基準の見直しやメンバーの入れ替えによりチームは国際大会で優勝を重ね、経営手腕が評価される。44歳の時に左派路線に対抗する中道右派政党・共和国提案（PRO）を設立、2005年アルゼンチン下院議員に当選。07年ブエノスアイレス市長に転じ、11年再選。15年11月中道左派の現職フェルナンデス大統領の任期満了に伴う大統領選に中道右派の野党連合“変えよう”から立候補し、決選投票でフェルナンデス大統領が推すブエノスアイレス州知事ダニエル・シオリを僅差で破り初当選を果たす。同国の政権交代は14年ぶり。12月就任。3回の結婚で4人の子供がいる。　[家]妻＝フリアナ・アワダ（デザイナー）

マクリーシュ, ヘンリー
McLeish, Henry
1948.6.15〜
スコットランド自治政府首相, スコットランド労働党党首　[出]スコットランド・ファイフ・マーシル　[名]McLeish, Henry Baird　[歴]1964〜69年はスコットランド・リーグのサッカー選手として活躍し、大学講師を経て政界入り。ファイフの地方議会議員の後、87年〜2001年労働党より庶民院に選出、1997〜99年ブレア内閣でスコットランド担当相として、分権化の実現に功績を挙げる。99年〜2003年スコットランド議会議員を務め、1999年〜2000年スコットランド自治政府の起業・生涯教育相。ドナルド・デューアの死後、00〜01年スコットランド労働党党首と自治政府首相となるが、スキャンダルで辞任し政界からも引退した。

マクロン, エマニュエル
Macron, Emmanuel
1977.12.21〜
フランス大統領　[出]ソンム県アミアン　[学]パリ政治学院卒, 国立行政学院（ENA）卒　[歴]2004〜08年財務検査官。08年大手投資銀行ロスチャイルド銀行幹部となり、“金融のモーツァルト”と称されるほどの手腕を発揮。12年オランド政権の大統領府副事務総長に転じ、14年36歳で経済・産業・デジタル相に就任。“マクロン法”と呼ばれる百貨店の日曜営業拡大など規制緩和を進める法律を制定し、評価される。16年4月中道路線の市民運動組織“前進！”（現・共和国前進）を創設し、同年8月経済相辞任。同年11月大統

領候補に名のりを上げたが、当初は政治経験の少なさから有力候補と見なされていなかった。17年4月大統領選第1回投票で首位となる。同年5月の決選投票では、欧州連合(EU)との協調、左右の党派対立を超えた政治を提唱して支持を集め、EU離脱を訴えた極右・国民戦線のマリーヌ・ルペン候補を大差で破り当選。39歳と史上最年少で、社会党、共和党の2大既存政党に属さない初めての大統領となった。ブリジット夫人は25歳年上の高校時代の恩師。

マケイン, ジョン3世

McCain, John III

1936.8.29〜

米国上院議員(共和党)　軍人　[出]パナマ　[名]McCain, John Sidney III　[学]米国海軍兵学校卒, 米国海軍大学校卒　[歴]祖父・父とともに3代続く海軍ファミリー。1958年米国海軍少尉。ベトナム戦争に空母艦載機のパイロットとして従軍、67年10月作戦飛行中に北ベトナム軍のミサイルに撃墜され、73年3月まで捕虜生活を送る。77年大佐に昇進、77〜81年海軍上院連絡機構所長。退役後の82年政治活動に身を投じ、アリゾナ州選出の連邦下院議員を2期務め、86年同州から上院議員(共和党)に初当選。上院では軍事、通信、通商、科学、運輸委員会の各委員、95年商業科学運輸委員長を務める。捕虜生活5年を送りながらも、85年から6回にわたり訪越、対越経済制裁解除を推進し、95年の米越国交正常化に尽力。2000年大統領選の共和党予備選に出馬し、ジョージ・ブッシュJr.と一部で互角に争った。08年3月大統領選の共和党予備選で勝利し、9月の全国党大会で正式に候補指名を受ける。副大統領候補にはアラスカ州の女性知事サラ・ペイリンを指名。11月の大統領選では民主党のバラク・オバマ上院議員に敗れた。15年上院軍事委員長。共和党内では穏健派とされるが、イラク政策では米軍増派を主張した。妻のシンディは、米大手卸売販売会社ヘンズレー・アンド・カンパニーの創業者の一人娘。　[家]妻＝シンディ・マケイン(ヘンズレー・アンド・カンパニー会長)

マコーネル, ジャック

McConnell, Jack

1960.6.30〜

スコットランド自治政府首相, スコットランド労働党党首　[出]スコットランド・アーバイン　[名]McConnell, Jack Wilson　[学]スターリング大学(1983年)卒　[歴]数学教師として働く一方で地区評議会議員となる。1992年スコットランド労働党書記長となり、97年の総選挙では全国的な労働党の躍進の波に乗りスコットランドから保守党の議席を一掃。98年スコットランド国制会議に加わり、99年住民投票での分権化実現を導く。同年復活したスコットランド議会に当選。同年〜2000年スコットランド自治政府財務相を経て、00〜01年教育・対外関係相として教育環境を改善。ヘンリー・マクリーシュの辞任を受けて、01年スコットランド労働党党首・自治政府首相に就任。03年の総選挙で自由民主党と連立内閣を組む。07年の総選挙でスコットランド国民党に敗れ、党首・首相を辞任。10年男爵(一代貴族)に叙せられる。

マコネル, マイク

McConnell, Mike

1943.7.26〜

米国国家情報長官　[出]サウスカロライナ州グリーンビル　[名]McConnell, John Michael　[学]ファーマン大学(1966年)卒, ジョージ・ワシントン大学(1986年)修士課程修了　[歴]米国海軍では情報畑を歩み、ベトナムや日本にも赴任。統合参謀本部情報部長を経て、1992〜96年国家安全保障局(NSA)局長。2007〜09年国家情報長官を務めた。

マコネル, ミッチ

McConnell, Mitch

1942.2.20〜

米国共和党上院院内総務　法律家　[出]アラバマ州タスカンビア　[名]McConnell, Addison Mitchel (Jr.)　[学]ルイビル大学(1964年)卒, ケンタッキー大学ロースクール(1967年)修了　[歴]弁護士、議員スタッフなどを経て、1985年よりケンタッキー州選出の連邦上院議員(共和党)。2002年党上院院内幹事、07年1月党上院院内総務。　[家]妻＝イレーン・チャオ(元米国労働長官)

マジッド, ヌルホリス

Madjid, Nurcholish

1939.3.17〜2005.8.29

イスラム学者, イスラム教指導者 ㋭オラン
ダ領東インド東ジャワ州ジョンバン（インド
ネシア） ㋷保守イスラムの空気が濃厚な東
ジャワ出身。1950年代末からイスラム学生
運動に関わり、インドネシア学生行動連合
（KAMI）議長を務め、スカルノ体制打倒の
ため軍と協力。米国のシカゴ大学に6年間留
学し、84年イブン・タイミーヤの研究で同
大より博士号を受ける。イスラム教と欧米
的市民社会の価値観の調和を目指し、厳格
な政教分離を主張。86年には都市住民のイ
スラム化を目指す団体パラマディナを設立。
98年5月、当時の絶対権力者スハルト大統領
へ退任勧告をし、大統領の辞任決断の引き
金となった。インドネシアの民主化に大き
な影響力を発揮し、2004年の大統領選で出
馬を模索した時期もあった。異教徒間の結
婚を支援する活動を続け、自由主義イスラ
ム学者の代表格として保守派から攻撃され
た。01年国際交流会議"アジアの未来"のた
め来日。

マシャイ, エスファンディヤル・ラヒム
Mashaei, Esfandiar Rahim
　イラン第1副大統領 ㋷精鋭部隊"革命防衛
隊"の出身で、アフマディネジャド大統領と
は縁戚関係。観光・文化遺産担当副大統領を
経て、2009年アフマディネジャド政権の最
初の人事として第1副大統領に就任するが、
保守派の"世代間抗争"によって、1週間で辞
任した。09～11年大統領府長官。

マジャリ, アブドル・サラム
Majali, Abdul Salam
1925～
　ヨルダン首相 ㋭カラク ㋚ダマスカス大
学卒 ㋷南部ヨルダンの名家出身で医師。
1969～71年厚生相、76～79年総理府担当国
務相兼教育相を歴任。一方、71～76年、80～
90年ヨルダン大学学長、88年フセイン国王
の政治顧問、国連大学理事を務める。91年
10月マドリードで開かれた中東和平会議に
出席、イスラエルとの二国間交渉でのヨル
ダン代表団の責任者。93年5月首相に就任。
国防相・外相兼任。95年1月首相辞任。97年
3月ガバリティ首相の辞任を受け、再び首相
に就任。のち退任。

マシャル, ハーレド
Mashaal, Khaled
1956.5.28～
　ハマス最高指導者・政治局長 ㋭ヨルダン
川西岸ラマラ近郊 ㋚クウェート大学（物理
学）卒 ㋷ヨルダン川西岸に生まれ、第3次
中東戦争時に家族とともにクウェートへ脱
出。学生時代からイスラム原理主義組織
・ムスリム同胞団と接触、1987年にガザ地区
でアハメド・ヤシン師とともにハマス創設
に参加。90年ヨルダンへ移り、96年政治局
長。97年イスラエルの工作員により耳に毒
を注入され暗殺されそうになったが、当時
のヨルダン国王が激怒してイスラエル政府
に解毒剤を提供させ、一命を取り留めた事
件でも知られる。2004年ヤシン師と後継者
ランティシが相次いで暗殺された後、ハマ
ス最高指導者に。00年からシリアのダマス
カスに在住。06年選挙を経てパレスチナ自
治政府内閣を設立。12年2月頃、シリア内戦
の激化でカタールに拠点を移す。13年4月指
導者、政治局長に再選。17年退任。

マシュフール, ムスタファ
Mashhur, Mustafa
～2002.11.14
　ムスリム同胞団団長 イスラム原理主義指
導者 ㋷気象予報官を経て、1996年エジプ
ト最大のイスラム政治組織・ムスリム同胞
団の団長に就任。同組織は、非合法ながら
選挙参加を求める穏健派として職能組合な
どに浸透し、2000年の国会選挙では同胞団
系候補17人が無所属で当選した。

マシーレ, クェット・ケトゥミレ・ジョニ
Masire, Quett Ketumile Joni
1925.7.23～2017.6.22
　ボツワナ大統領, ボツワナ民主党（BDP）党
首 ㋭英領ベチュアナランド・カニエ（ボツ
ワナ） ㋚タイガークルーフ高（南アフリカ）
卒 ㋷教師、記者を経て政治活動に入り、1962
年英領ベチュアナランド（現・ボツワナ）で
セレツェ・カーマとともに民主党（BDP）を
結成し、書記長となる。65年自治政府副首
相。66年の独立後、カーマ初代大統領のも
と副大統領兼財務相に就任。67年開発計画
相兼任。80年7月カーマ大統領死去に伴い大
統領及びBDP党首に就任。同年から南部ア
フリカ開発調整会議（SADCC）議長。81～

87年にかけてアフリカを襲った最悪の干魃時に、食糧供給体制の強化などの独自のプログラムを実施し、国内から餓死者を一人も出さなかった。94年10月4選。98年4月政界を引退。90年11月、92年3月来日。 [賞]アフリカ賞（1989年）

マスード, アハマド・シャー

Masood, Ahmad Shah

1953～2001.9.10

北部同盟最高指導者, アフガニスタン国防相 イスラム原理主義活動家 [出]パルワン州パンジシール渓谷バザラク村 [学]カブール工科大学卒 [歴]少数民族タジクの出身で、父親は王政時代の政府軍将校。フランス系の学校で工学を学び、在学中からイスラム教復興運動に傾倒。1975年宗教弾圧に反発して武装蜂起。79年末のソ連軍侵攻後、重装備の駐留ソ連軍を出身地パンジシール谷の戦いで何度も撃退、ゲリラ戦の英雄となり、“パンジシールの獅子”の異名をとった。イスラム原理主義政党のなかでは穏健派とされるイスラム協会（マスード派）の司令官として、反政府ゲリラ勢力を結集。92年4月首都・カブールに無血入城を果たし、反政府ゲリラ各派と暫定評議会を設立、5月新政権の国防相に就任。93年5月辞任。93年1月タジク人が中心となっているイスラム協会の最高指導者ラバニが大統領に就任するが、94年には反大統領派がラバニ派への攻撃を開始。タリバン勢力が支配を拡大し、96年カブールを制圧するに及び野に下った。以後、イスラム協会司令官としてタリバンとの戦闘を陣頭指揮する。97年6月イスラム統一党などとともに反タリバン勢力の北部同盟を結成、最高指導者となる。2001年9月9日、米同時多発テロの2日前、ジャーナリストを名のる二人組のアラブ人と会見中、ビデオカメラに仕掛けられた爆弾が爆発し、翌日死亡した。

マスハドフ, アスラン

Maskhadov, Aslan

1951.9.21～2005.3.8

チェチェン共和国大統領 軍人 [出]ソ連カザフ共和国 [学]ソ連軍事大砲学校（1972年）卒, ソ連軍事アカデミー（レニングラード）（1981年）卒 [歴]ハンガリー駐留ソ連軍の連隊長などを務め、1991年ロケット部隊部隊長として独立宣言したリトアニアの鎮圧に参加。ソ連陸軍大佐。ソ連崩壊後の92年チェチェンに帰還、93年12月チェチェン独立派参謀総長となりロシアとの交渉にあたる。95～96年チェチェン共和国国防相兼任。96年10月親ロシア派内閣が総辞職、独立派主導の“連合政府”が実権を掌握し、大統領選までの暫定の首相を務める。同年ロシアとの停戦合意をとりまとめ、97年1月チェチェン共和国大統領に当選。しかし、連邦政府のプーチン政権がその正統性を否定。98年7月暗殺未遂事件が起こる。99年プーチン大統領が開始した第2次チェチェン戦争で政権の座を追われたがその後も大統領を名のる。戦争開始以後、地下に潜伏し、武装勢力を指揮していたとされるが、2005年3月ロシア軍との戦闘で死亡した。

マスーム, フアド

Masoum, Fuad

1938～

イラク大統領 [出]コヤ [学]アズハル大学 博士号（イスラム哲学）（1975年） [歴]1958年エジプトのカイロに移り、イスラム教スンニ派の最高学府アズハル大学に入学。73～75年クルド人反政府組織のカイロ代表。ジャラル・タラバニ議長とともにクルド愛国同盟（PUK）を創設。クルド人自治区での政治活動を経て、2003年のフセイン政権崩壊後の暫定政府の監督機関である諮問評議会の議長に04年9月就任。05年イラク連邦議会選で当選。10年までクルド人勢力の統一会派“クルド同盟”の代表。10年連邦議会選で再選。14年7月大統領に就任。

マスリ, タヘル・ナシャト

Masri, Taher Nashat al

1942.3.5～

ヨルダン首相 外交官 [出]ヨルダン川西岸ナブルス町 [学]ノーステキサス州立大学（米国）卒 [歴]パレスチナ人。1965～73年ヨルダン中央銀行勤務。73年国会議員となり、73～74年占領地問題担当国務相。75年から外交官として駐スペイン、ベルギー、フランス、英国各大使を歴任。この間、78～83年国連教育科学文化機関（UNESCO）常駐代表、78～80年欧州経済共同体（EEC）への代表も兼任。84年2月外相となり、87年12月訪日。89年4月～8月副首相兼経済問題担当相兼任。

91年1月〜6月外相。同年6月バダラン首相の辞任を受けて首相兼国防相に就任するが、同年11月辞任。

マスリュコフ, ユーリー
Maslyukov, Yurii
1937.9.30〜2010.4.1
ロシア下院議員, ロシア第1副首相　㋪ソ連タジク共和国レニナバード（タジキスタン）㋛Maslyukov, Yurii Dmitrievich　㋕レニングラード工科大学（1962年）卒　㋮1962年ソ連国防産業省工業研究所技師。66年ソ連共産党入党。70年機械製作工場主任技師。74年から国防産業省に勤務し, 工業局長, 次官を歴任。82〜85年ソ連国家計画委員会（ゴスプラン）第1副議長。85〜91年ソ連副首相, ゴスプラン議長兼務。86年ソ連共産党中央委員, 89年9月〜90年7月党政治局員。90〜91年ソ連最高会議議員。91年ソ連大統領評議会メンバー。ソ連崩壊後, 93年よりロシア下院議員。95〜98年下院経済政策委員会委員長。98年7月産業貿易相, 9月経済政策担当第1副首相に就任, 日露政府間貿易経済委員会委員長を兼任。99年5月内閣改造で退任。

マセ, クリスチャン
Masset, Christian
1957.1.23〜
駐日フランス大使　外交官　㋪セート　㋕パリ政治学院（IEP）卒, エセック経済商科大学院大学（ESSEC）卒, 国立行政学院（ENA）卒　㋮フランス外務省に入省し, 政務局（1984〜87年）に配属。その後, 在英フランス大使館1等書記官（87〜89年）, 外務省経済局（89〜91年）, 在南アフリカ・フランス大使館1等参事官（91〜94年）, 欧州連合（EU）フランス政府常駐代表部参事官（94〜97年）, ユベール・ヴェドリーヌ外相官房技術顧問（97〜99年）を歴任。在イタリア・フランス大使館公使（97年〜2002年）, EUフランス政府常駐副代表（02〜07年）を務める。07年外務省経済・財務局長（DAEF）, 09年にDAEFと国際協力・開発総局が合併されたグローバル化・開発・パートナーシップ総局長に就任。フランス在外教育機構（AEFE）理事長, フランス国際協力（FCI）理事長を兼務。アンスティチュ・フランセの戦略方針協議会委員も務める。12〜14年駐日大使。　㋕レジオン・ド・ヌール勲章シュバリエ章, フ

ランス国家功労勲章シュバリエ章

マゾヴィエツキ, タデウシ
Mazowiecki, Tadeusz
1927.4.18〜2013.10.28
ポーランド首相　㋪プウォツク州　㋕ワルシャワ大学法学部卒　㋮弁護士, 法律家としての訓練を積んだあと, 時事評論家に転じる。1956年ワルシャワ・カトリック知識人クラブ創設に参加。58年から23年間にわたり, カトリック系月刊誌「ビエンシュ（つながり）」の編集長を務め, この間61〜72年カトリック系小党派「ZNAK」から立候補して国会議員。"連帯"運動がポーランドに広がった80年8月グダニスクに飛び, レーニン造船所のスト委員会内部に労働者に助言を与えるための専門家委員会を作り, 委員長に就任。81年連帯機関誌「週刊ソリダルノスチ（連帯）」を創刊, 鋭く明確な論文で知られたが, 同年末の戒厳令で逮捕, 約1年間拘禁された。釈放後"連帯"顧問となり, ワレサ議長の片腕として"連帯"再合法化などに尽力。89年2〜4月の政労円卓会議では労組問題部会の共同議長を務め, 同月復刊された「週刊ソリダルノスチ」編集長に復帰。89年9月ポーランド民主化後初めての首相に就任し, 社会主義国で初の非共産党首班の連立政権を組閣した。90年11月大統領選に惨敗し, 12月首相辞任。同月新党・民主同盟を結成。94年4月中道リベラルの自由民主会議と合併して自由同盟を結成, 議長（党首）に就任。2002年11月退任。この間, 1992年8月に旧ユーゴスラビア紛争の国連人権特使に任命されたが, 国際調停が進まない中95年6月辞任。妻とは早くに死別, ワルシャワのアパートで3人の息子を育てた。　㋮レジオン・ド・ヌール勲章オフィシエ章（1998年）㋴ヨーロッパ人権賞（1996年）

マソル, ヴィタリー
Masol, Vitalii
1928.11.14〜
ウクライナ首相　㋪チェルニゴフ　㋛Masol, Vitalii Andreevich　㋕キエフ工科大学（1951年）卒　㋮1951年ノボクラマトルスク機械製作工場に勤務。職長助手, 職長, 作業所長, 技師長代理などを経て, 63〜71年工場長。71年クラマトルスク工場生産合同総支配人。72〜78年ウクライナ共和国国家計

画委員会第1副議長、79～87年同共和国閣僚会議副議長兼国家計画委員会議長、87～90年同閣僚会議議長を歴任。一方、56年ソ連共産党入党。81年党中央監査委員、86年ウクライナ共産党中央委政治局員候補、86年ソ連共産党中央委員候補、87年ウクライナ党中央委政治局員、89年ソ連共産党中央委員を歴任。89～91年ソ連人民代議員。94年6月ウクライナ首相に就任。95年3月退任。

マータイ, ワンガリ

Maathai, Wangari

1940.4.1～2011.9.25

グリーンベルト運動(GBM)の創設者　環境活動家, 生物学者　[出]ニェリ　[名]Maathai, Wangari Muta　[学]ピッツバーグ大学大学院(1966年)修士課程修了 Ph.D.(ナイロビ大学)(1971年)　[歴]米国の大学で生物学を学び、1971年ナイロビ大学で東アフリカ女性初の博士号を取得。その後ナイロビ大学で教授を務める一方、77年環境保護と住民の生活向上を目的に非政府組織(NGO)“グリーンベルト運動(GBM)”を創設。土壌の浸食を防ぐための植林を、貧困に苦しむ女性を動員して行うという斬新な手法で、砂漠化防止などに取り組んだ。運動はアフリカ各国に普及、3000万本を植林するまでに広がった。グリーンベルト運動は、教育や家族計画なども含め草の根の活動を展開。モイ政権下で何度も投獄されながらも汚職追放や権利拡大の闘争を続けた。81～87年ケニア全国女性評議会(NCWK)議長。98年には最貧国の債務帳消しを求めた国際運動“ジュビリー2000”に参加。2002年12月国会議員に初当選。03年キバキ政権で環境副大臣に就任。05年11月国民投票での改憲否決に伴い全閣僚が解任されるが、12月再任。05～07年アフリカ連合経済社会文化会議(ECOSOCC)初代議長。07年12月国会議員選に落選。09年12月国連平和大使に就任。この間、04年にグリーンベルト運動を通じてアフリカ女性の地位向上に尽力した功績により、アフリカ女性初のノーベル平和賞を受賞。05年京都議定書関連行事のため来日した際、日本語の“もったいない”という言葉に感銘を受け、“MOTTAINAI”をキーワードに環境保護運動を広げた。MOTTAINAIキャンペーン名誉会長。09年日本の旭日大綬章を受章。[勲]旭日大綬章(日本)(2009年)　[賞]ノーベル平和賞(2004年), ゴールドマン環境賞(1991年), 早稲田大学名誉博士号(2006年), 創価大学名誉博士号(2006年), ネルソン・マンデラ賞(2007年), KYOTO地球環境の殿堂(2009年)　[家]娘＝ワンジラ・マータイ(グリーンベルト運動事務局長)

マタスケレケレ, カルコット

Mataskelekele, Kalkot

1949～

バヌアツ大統領　[歴]バニ大統領の任期満了に伴い、2004年4月アルフレッド・マセング・ナロが大統領に選出されたが、有罪判決を受けていることが判明し、5月最高裁の判断により大統領職を解任された。8月に改めて行われた大統領選の結果、大統領に選出される。09年退任。

マダニ, アッバシ

Madani, Abbasi

イスラム救国戦線(FIS)議長　宗教家　[出]フランス領アルジェリア・シディ・オクバ(アルジェリア)　[歴]英国で哲学博士号を取得した宗教家。1954年からの独立戦争でアルジェリア民族解放戦争(FLN)の一員として破壊工作に従事、失敗して投獄され、62年独立とともに自由の身に。しかし、独立直前、FLNが社会主義路線を採用したため脱党、以後FLNの一党独裁との戦いに入る。ブーメジエン大統領の死去(78年)やイラン革命(79年)などを契機に反体制運動家として急浮上、82年には東部コンスタンチーヌで急進派の宗教家団体を組織したが、再び投獄され、2年間の獄中生活の間に独自の宗教・政治理論に磨きをかけた。89年2月複数政党制が導入され、イスラム救国戦線(FIS)を結成。91年末の総選挙の第1次投票ではFISは圧勝したが、その後、軍主導の国家評議会が設立されFISは非合法化。国家転覆を謀った容疑で逮捕され、92年7月軍事法廷より懲役12年の判決が言い渡された。94年9月釈放、自宅軟禁に。97年7月釈放されるが、9月再び自宅軟禁に。

マッキ, アハマド・ビン・アブドルナビ・アル

Makki, Ahamad bin Abd al-Nabi al

オマーン国家経済相　[学]カイロ大学(経済)卒　[歴]駐米大使などを経て、1981年商工次官、90年オマーン中央銀行副総裁を兼任。95年

国家経済相に就任。99年北部ソハール港建設の港湾プロジェクト推進のため来日。 [勲]旭日大綬章（日本）（2008年）

マッキノン, ドン
McKinnon, Don
1939〜
ニュージーランド外相 [名]MaKinnon, Donald [歴]不動産・農業コンサルタントを経て、1978年以来ニュージーランド国会議員。84〜87年院内上級幹事、90年11月副首相兼外相、96年12月外相。99年2月退任。

マッケイ, ピーター
Mackay, Peter
1965.9.27〜
カナダ法相 法律家 [出]ノバスコシア州ニューグラスゴー [名]Mackay, Peter Gordon [学]アカディア大学, ダルハウジー大学 [歴]父はカナダ公共事業相を務めたエルマー・マッケイ。弁護士を経て、1997年6月カナダ下院選で進歩保守党（PC）から立候補して初当選。その後、PC党首に就任したが、2003年12月カナディアン・アライアンス党とPCが合流して保守党が誕生。04年3月保守党副党首。06年2月ハーパー政権の外相、07年8月国防相を経て、13年7月法相。15年10月に行われた総選挙には出馬せず引退。 [家]父＝エルマー・マッケイ（元カナダ公共事業相）

マッタレッラ, セルジョ
Mattarella, Sergio
1941.7.23〜
イタリア大統領 [出]シチリア島パレルモ [学]パレルモ大学 [歴]1983年キリスト教民主党（DC）からイタリア下院選に出馬し初当選。87年国会担当相、89年教育相、98年副首相、99年国防相を歴任。2008年に政界引退、11年10月憲法裁判所裁判官。15年1月大統領に選出され、2月就任。パレルモ大学法学教授。

マティス, ジェームズ
Mattis, James
1950.9.8〜
米国国防長官 軍人 [出]ワシントン州プルマン [学]セントラル・ワシントン大学 [歴]セントラル・ワシントン大学を経て、米国海兵隊勤務。2001年の米同時多発テロに対する報復軍事行動「不朽の自由作戦」やイラク戦争で、第1海兵師団長として現地で部隊を指揮。オバマ政権下の10年に中東を管轄する中央軍司令官となるが、オバマ大統領とはイラン政策で対立。13年海兵隊大将で退役後、スタンフォード大学フーバー研究所で特別客員研究員。16年12月トランプ政権の国防長官に指名される。退役軍人が国防長官になるには退役から7年経過しなければならない規則があるが、17年1月連邦議会に承認され就任。海兵隊出身の国防長官は初めて。あだ名は“戦う修道士”で、激しい物言いから“狂犬”の異名を持つ。タカ派。

マーティン, ポール
Martin, Paul
1938.8.28〜
カナダ首相, カナダ自由党党首 [出]オンタリオ州ウィンザー [学]オタワ大学卒, トロント大学ロースクール（1962年）修了 [歴]1966年弁護士資格を取得、弁護士として活動。海運業界などで実業界として活躍後、政治家に転じ、88年カナダ下院議員に初当選。93年11月〜2002年6月クレティエン政権下で財務相（財務相）として財政赤字の削減に取り組む。03年11月クレティエン首相を破って自由党党首に選任され、同年12月首相に就任。06年1月下院選で保守党に敗れ、首相と党首を辞任。

マテシャ, ズラトコ
Mateša, Zlatko
1949.6.7〜
クロアチア首相 [出]ザグレブ [学]ザグレブ大学卒 [歴]1978年よりザグレブ市裁判官。クロアチア民主同盟（HDZ）党員。73〜95年無任所相、95年9月経済相を経て、同年11月首相に就任。2000年1月退任。

マテューテス, アベル
Matutes, Abel
1941.10.31〜
スペイン外相 [出]イビザ [名]Matutes Juan, Abel [学]バルセロナ大学法学部, バルセロナ大学経済学部（1961年）卒 [歴]バルセロナ大学助教授を経て、1970〜71年イビザ市長、77年スペイン上院議員（国民同盟党）となり、79年同党副党首。82年から下院議員。86年〜95年欧州共同体（EC）委員会委員（93年11月欧州連合＝EUへ移行）。96年総選挙で国

民党が第一党になり、5月外相に就任。

マトヴィエンコ, ワレンチナ

Matvienko, Valentina

1949.4.7～

ロシア副首相, サンクトペテルブルク市長, ロシア上院議長　㊗ソ連ウクライナ共和国シェペトフカ（ウクライナ）　㊗旧姓（名）＝Tyutina, Valentina　㊌レニングラード化学薬科大学（1972年）卒　㊱1985年ソ連共産党社会科学アカデミー、91年ソ連外務省外交アカデミーで学ぶ。この間、70年代はコムソールで働き、85年レニングラード市の地区書記。89年ソ連人民代議員。89～91年ソ連最高会議で女性問題などの委員長を務めた。91～94年駐マルタ・ロシア大使、97～98年駐ギリシャ大使を経て、98年9月～2003年3月ロシア連邦副首相として社会問題を担当。03年10月～11年8月サンクトペテルブルク市長。11年9月ロシア上院議長。プーチン大統領の腹心として知られる。

マドゥロ, ニコラス

Maduro, Nicolás

1962.11.23～

ベネズエラ大統領　㊗カラカス　㊱高校中退後バス運転手になり、労働組合代表に。後のベネズエラ大統領、ウゴ・チャベスが陸軍中佐時代の1992年に起こしたクーデター未遂で服役中、チャベスへの支持を表明。94年チャベスが立ち上げた政党の幹部に登用。98年11月チャベスが大統領選で初勝利した際の下院選で初当選。2000年国会議員、05年1月国会議長、06年8月外相を経て、12年10月副大統領。チャベス死去を受け、13年3月暫定大統領となり、4月の大統領選で当選、同月就任。　㊗妻＝シリア・フローレス（元ベネズエラ国会議長）

マドゥロ, リカルド

Maduro, Ricardo

1946.4.20～

ホンジュラス大統領　実業家　㊗パナマ㊗Maduro Joest, Ricardo　㊌スタンフォード大学（経済学）卒　㊱実業家のパナマ人の父とグアテマラ系ホンジュラス人の母との間に生まれる。中学時代に渡米し、スタンフォード大学を卒業。帰国後ゼロックス・ホンジュラス支社取締役などを経て、ホテルや

スーパー経営で成功。軍政が終焉した1982年国民党の党内改革運動に参加。統率力と人望を買われ、わずか7年で党中央委員長となり、89年には大統領選のカジェハス候補の選挙運動部長として政権奪回に貢献。90～93年カジェハス政権下でホンジュラス中央銀行総裁。93年国会議員。2001年11月大統領選に当選、02年1月就任。06年1月退任。

マドラン, アラン

Madelin, Alain

1946.3.26～

フランス経済財政相（財務相）, ルドン市長　㊗パリ　㊱1978年フランス国民議会（下院）議員に当選。86～88年シラク首相の産業・郵政・観光相（通産相）。88～89年共和党（RP）書記長。90年ジスカールデスタン元大統領の率いる民主連合（UDF）副党首。93年バラデュール内閣で企業・経済開発・商業・職業相、95年5月ジュペ内閣で経済・財政相（財務相）に就任するが、8月辞任。95年～2001年ルドン市長。05年経済協力開発機構（OECD）事務局長選に立候補。

マードル, フェレンツ

Mádl, Ferenc

1931.1.29～2011.5.29

ハンガリー大統領　法学者　㊗ベスプレーム　㊌ペーチ大学卒, ブダペスト大学法学部卒 Ph.D.（1974年）　㊱1985年ブダペスト大学法学教授となり、同大民法研究所所長を務めるなど、民法や商法、国際経済関係法の専門家として知られる。ハンガリー民主化後の90～92年無任所相、92～94年教育文化相を歴任。95年大統領選にゲンツ大統領の対立候補として出馬するが敗れる。2000年6月国会で大統領に選出され、05年8月まで務めた。

マニング, パトリック

Manning, Patrick

1946.8.17～2016.7.2

トリニダード・トバゴ首相　㊗トリニダード島サンフェルナンド　㊗Manning, Patrick Augustus Mervyn　㊌西インド大学（ジャマイカ, 地質学）卒　㊱1965～66年トリニダード島のテキサコ石油会社の製油所オペレーター、のち議員秘書などを経て、71～78年トリニダード・トバゴ下院議員。財政、経済関

493

係の各省次官、閣外相を歴任。81〜86年動力天然資源相。86年下野し、87年アフリカ系の中道左派・人民国家運動(PNM)党首となる。91年12月の総選挙でPNMが勝利し、首相に就任。95年11月退任。2001年12月〜10年5月再び首相を務めた。

マハジャン, プラモド

Mahajan, Pramodo

〜2006.5.3

インド情報技術相・議会担当相 [出]アンドラプラデシュ州 [歴]物理学を学ぶ。新聞編集者ののち政界に入る。インド人民党(BJP)政権でバジパイ首相補佐官、国防相などを経て、1999年に設立された情報技術省の初代大臣に就任。議会担当相を兼任する。2003年退任。06年親族に射殺された。

マハダビキャニ, モハマドレザ

Mahadavi Kani, Mohammadreza

1931.8.5〜2014.10.21

イラン専門家会議議長, 闘う聖職者協会創設者 イスラム教シーア派指導者 [出]テヘラン近郊カン [歴]イスラム教シーア派最高位聖職者“大アヤトラ”の一人で、保守派勢力を代表する政治組織・闘う聖職者協会の創設者。1980〜81年内相。2011年3月からイラン最高指導者の選出、罷免の権限がある専門家会議の議長を務めた。

マハティール・モハマド

Mahathir Mohamad

1925.12.20〜

マレーシア首相, マレーシア統一プリブミ党(PPBM)議長 [出]マラヤ連邦アロールスター(マレーシア) [名]Mahathir bin Mohamad [学]エドワード7世医科大学(現・シンガポール大学医学部)(1953年)卒 医学博士(1953年) [歴]在学中の1946年統一マレー国民組織(UMNO)の結成に参加。53年大学卒業後は医務官となるが、政治活動をするため開業医に。63年連邦国家マレーシアが独立。64年下院議員に初当選。65年UMNO最高評議会委員に当選。69年5月の中国系とマレー系の衝突事件の解決策としてマレー系優遇を主張、ラーマン首相と対立しUMNOを追放されるが、72年復党。74年下院議員に返り咲き、同年教育相、77年貿易産業相、81年国防相、76〜81年副首相兼任。78年UMNO副総裁を経て、81年6月より同総裁。同年7月マレーシア第4代首相に就任、マレーシア初の平民宰相となる。86年より内相、87年より法相兼務。就任直後から日本や韓国に見習って経済開発を進めようとする“ルック・イースト・ポリシー(東方政策)”を提唱し、急速な経済発展をもたらした。90年10月の総選挙では自らが率いる与党連合NFが三たび圧勝。95年4月の総選挙でも国民戦線(UMNOを中核とする連合政権)が圧勝。94年東アジア経済協議体(EAEC)構想を提唱、“アジアの意志”の代弁者と呼ばれる。また、東南アジア諸国連合の牽引役を務め、97年には欧米の強い反対に遭いながらもミャンマーの加盟を実現させた。98年経済政策の対立によりアンワル副首相を解任し、全権を掌握。99年11月総選挙で国民戦線が勝利。2001年6月財務相兼任。03年10月首相、UMNO総裁を退任。独自のアジア的価値感を持つ強力な指導者として欧米とも渡り合ったが、国内ではマレー人優遇や野党の弾圧などで摩擦も生んだ。06年UMNOの地元代議員選挙に立候補したが、落選した。08年5月UMNOを離党したが、09年4月復党。16年2月ナジブ首相との対立で再び離党、8月マレーシア統一プリブミ党(PPBM)議長。04年より石油工学大学総長、14〜16年マレーシアの自動車大手プロトン・ホールディングス会長。 [賞]理化学研究所名誉フェロー(日本)(2007年)

マハマ, ジョン・ドラマニ

Mahama, John Dramani

1958.11.29〜

ガーナ大統領 [出]ダモンゴ [学]ガーナ大学(1981年)卒 [歴]1988年モスクワに留学。91〜96年在ガーナ日本大使館に勤務後、非政府組織(NGO)に参加。96年国会議員に初当選。2009年1月副大統領に就任。12年7月ミルズ大統領の急死に伴い、大統領に昇格。12月の大統領選で当選し、13年1月再任。16年12月の大統領選で敗れ、退任した。

マハムーディ, バグダディ・アリ

Mahmudi, Baghdadi Ali

1950〜

リビア全人民委員会書記(首相) 医師 [出]ズワラ [歴]医師。リビア全人民委員会保健書記(保健相)、生産担当副書記を経て、2004年

より副書記(副首相)。06年3月書記(首相)に就任。11年8月反体制派が首都トリポリを掌握した際、隣国チュニジアに避難するが、12年6月リビアに送還される。リビア暫定政権発足後、裁判のために元政府高官の身柄が引き渡されるのは初となった。15年7月リビア裁判所は、11年の民衆蜂起の際に起きた殺人や強姦の扇動共謀などの罪で死刑判決を言い渡した。

マハラブ, イブラヒム

Mahlab, Ibrahim

1949〜

エジプト首相　[出]エジプト　[学]カイロ大学工学部(1972年)卒　[歴]1972年エジプト国営建設会社に入り、橋やトンネル、発電所建設などの大型プロジェクトに従事。2001年国営建設会社社長。10年ムバラク大統領に指名され、諮問評議会議員。与党国民民主党(NDP)の政策委員会委員。13年7月のクーデターでモルシ政権崩壊後、暫定内閣で住宅相。14年3月暫定内閣首相。シシ大統領就任後に組閣を命じられ、同月首相に就任。15年9月内閣総辞職。

マーヘル, アハマド

Maher, Ahmad

1935.9.14〜2010.9.27

エジプト外相　外交官　[出]カイロ　[名]Maher Es-Sayed, Ahmad　[学]カイロ大学卒　[歴]大学卒業後、エジプト外務省に入省。駐ポルトガル、駐ベルギー、駐ソ連の各大使を歴任。1971〜74年大統領顧問(安全保障担当)を務め、78年米国キャンプデービッドの対イスラエル和平交渉などに参加。国連エジプト代表も務め、92〜99年駐米大使、2001〜04年外相を務めた。

マーマウ, タネス

Maamau, Taneti

1960.9.16〜

キリバス大統領・外相・移民担当相　[出]オノトア島　[学]南太平洋大学卒, クイーンズランド大学(オーストラリア)卒　[歴]クイーンズランド大学で経済学の修士号取得。キリバス財務次官や商業・産業・協同組合次官などを経て、2016年3月の大統領選で初当選、同月就任。外相、移民担当相を兼務。

ママロニ, ソロモン

Mamaloni, Solomon

〜2000.1.11

ソロモン諸島首相　[出]サン・クリストバル島　[学]テ・アウテカレッジ(ニュージーランド)卒　[歴]1966年公務員となる。70年地方評議会議員。74年英国領ソロモン諸島首席大臣。76年国会議員。78年7月ソロモン諸島が英連邦の一員として独立。80〜88年野党の人民同盟党党首。81〜84年、89年3月〜93年6月首相。94年11月3度目の首相に就任。97年武器輸入に絡む疑惑が発覚し辞任。国家統一和解党党首を務めた。

マヤワティ

Mayawati

1956.1.15〜

ウッタルプラデシュ州首相, インド大衆社会党(BSP)党首　[出]ウッタルプラデシュ州ゴータマ・ブッダ・ナガル県　[名]Mayawati, Kumari　[学]Delhi大学, Meerut大学　[歴]カースト社会最底辺のダリット(被差別民)で、ニューデリー郊外のスラム街で育つ。小学校教師だった1977年、差別問題の集会で閣僚が被差別民を指す差別用語“ハリジャン”を連発したのに対して激しく批判し、注目される。ダリット開放運動の指導者カンシ・ラムに師事してインド大衆社会党(BSP)を設立、89年の総選挙でインド下院議員に当選。95年底辺層の支持を得てウッタルプラデシュ州首相となり、断続的に3期務め、2007年の州議会選挙ではBSPが過半数を獲得し、4期目の首相を務める。12年首相退任。

マヨール, フェデリコ

Mayor, Federico

1934.1.27〜

国連教育科学文化機関(UNESCO)事務局長　生物学者, 識字運動家　[出]バルセロナ　[名]Mayor Zaragoza, Federico　[学]マドリード大学卒 薬学博士(マドリード大学)(1958年)　[歴]オックスフォード大学留学を経て、1963年グラナダ大学生化学教授、68年同大学長、73年よりマドリード大学教授。77年スペイン国会議員当選。78年国連教育科学文化機関(UNESCO)事務局次長となるが、ムボウ事務局長体制を批判して81年辞任。81〜82年教育・科学相。83〜84年UNESCO特別顧問。87年11月ムボウと争ってUNESCO

事務局長に当選。国際識字年の90年識字運動の先頭に立つ。93年11月再選。

マラ, カミセセ

Mara, Kamisese

1920.5.13〜2004.4.18

フィジー大統領・首相　[名]Mara, Kamisese Kapaiwai Tuimacilai　[学]オックスフォード大学卒, ロンドン・スクール・オブ・エコノミクス卒　[歴]ラウ地方の大酋長。オックスフォード大学でフィジー人初の修士号を取得した後官界入り。1960年同盟党創立。67年英国植民地下での内閣制度発足で初代首席大臣。70年10月独立後、首相に就任。77年から外相兼任。87年4月総選挙で敗れるが、12月クーデターの収拾で首相に再任。87〜92年外相兼任。92年4月大統領代行。94年1月ガニラウ大統領の死去(93年12月)に伴い大統領に就任。2000年5月先住民系武装グループによりインド系のチョードリ首相らが人質となる国会占拠事件が発生、同月辞任に追い込まれた。数々の地域国際機関の設立にリーダーシップを発揮、“太平洋の巨人”と呼ばれ、ナイトの爵位があった。回顧録に「パシフィック・ウェイ」がある。

マリエトア・タヌマフィリ2世

Malietoa Tanumafili II

1913.1.4〜2007.5.12

サモア大首長(元首)　[出]ドイツ領西サモア・アピア(サモア)　[学]ウェズリー・カレッジ(ニュージーランド)卒　[歴]1939年父の死によりサモアの4大首長の称号の1つ“マリエトア”を継承。62年1月西サモアの独立に伴い、2人の終身共同元首のうちの1人となるが、63年4月もう1人の元首が亡くなったため、単独の元首となった。97年サモアに国名を変更した。

マリキ, ヌーリ

Maliki, Nouri al-

1950.7.1〜

イラク首相, アッダワ党代表　[出]ヒッラー近郊アブガラク　[名]Maliki, Nouri Kamel al-　通称＝Maliki, Jawad al-　[学]北部サラハディン大学アラブ文学専攻修士課程修了　[歴]在学中の1960年代末に、イラクの旧フセイン政権下で穏健なイスラム国家建設を目指すシーア派政党“アッダワ党”に入党。80年同党の党員であることを理由に死刑判決を受けイランに亡命、以後はシリアで反体制運動を指揮した。2003年フセイン政権崩壊に伴いイラクに帰国。脱バース党委員会事務局長を務め、支配政党バース党員の公職追放で中心的役割を果たす。05年1月国民議会選挙で当選。シーア派最大会派“統一イラク同盟”の利益擁護のために強硬姿勢を示し続け、憲法起草や反テロ法制定にも辣腕をふるった。12月の連邦議会選挙で当選。ジャファリ暫定政府首相退陣後の首相候補擁立のため各派の調整役として奔走し、06年5月本格政府の首相に就任。07年4月アッダワ党代表。迫害を避けるため長く“ジャワド・マリキ”の名で活動していたが、首相就任を機に本名の“ヌーリ・マリキ”に戻す。10年11月タラバニ大統領が首相に再指名、12月首相再任。14年4月連邦議会選後、過激派「イスラム国」台頭の責任を問われ退陣。9月就任のアバディ首相に政権を譲った。

マリン, グラディス

Marin, Gladys

〜2005.3.6

チリ共産党党首　[歴]16歳でチリ共産党に入党し、下院議員となったが、ピノチェト大統領が率いた軍事独裁政権下でオランダに亡命した。チリに残った党員の夫は弾圧で死亡したとされる。1990年の民政移管後は党首として軍政下の人権侵害事件を巡るピノチェト大統領の責任追及を続け、98年大統領を初めて刑事告発した。

マリン・ゴンザレス, マヌエル

Marín González, Manuel

1949.10.21〜2017.12.4

欧州連合(EU)欧州委員会委員長代行　[出]シウダ・レアル　[学]コレージュ・ド・ヨーロップ(ベルギー)卒 法学博士(マドリード大学), 共同体法学博士(ナンシー大学, フランス)　[歴]1974年スペイン社会労働党(PSOE)に入党。77年下院議員に当選。78年欧州評議会評議員、欧州議会社会主義政党グループ事務局長補佐、82〜85年欧州共同体(EC)関係担当相などを歴任。86年スペインがECに加入、自身はスペイン出身として初の欧州委員会委員に任命され、ジャック・ドロール委員長の下で副委員長に就任。89年1月副委員長再任、93年1月開発協力担当委員、11月欧

州連合（EU）へ移行、95年1月地中海諸国・中東・南米・ASEAN担当、2月ジャック・サンテール委員長の下で副委員長に就任。99年3月予算をめぐる不祥事の責任を取り総辞職。9月の新委員会任命まで委員長代行を務めた。2004〜08年下院議長を務め、その後は大学に戻って教壇に立った。ヨーロッパの学生が国境の隔たりなく自由に学べる交流の場とした“エラスムス計画”を実現させるために奔走し、その功績が称えられ、EUでは“エラスムスの父”と呼ばれた。

マルガリャン, アンドラニク

Margarian, Andranik

1951.6.12〜2007.3.25

アルメニア首相　[出]ソ連アルメニア共和国エレバン（アルメニア）　[名]Margarian, Andranik Naapetovich　[歴]旧ソ連時代はガスや電力などの研究所で技師を務め、反体制運動に関わった。1974年から2年間収容所生活。ソ連崩壊後、92年アルメニア共和党員となり、99年党首。2000年コチャリャン大統領に指名され首相に就任。05年来日して小泉純一郎首相と会談、日本の国連安全保障理事会常任理事国入りを支持した。07年2期目途中で心臓発作により急死した。

マルグベラシビリ, ギオルギ

Margbelashvili, Giorgi

1969.9.4〜

ジョージア大統領　[出]ソ連グルジア共和国トビリシ（ジョージア）　[学]トビリシ大学（1992年）卒, トビリシ大学大学院（哲学）（1998年）博士課程修了　[歴]チェコの大学への留学などを経て、1998年トビリシ大学で哲学の博士号を取得。2000〜06年、10〜12年グルジア（現・ジョージア）の社会科学系研究機関の学長を務めた。12年10月の議会選挙でイワニシビリが率いた野党連合“グルジアの夢”が勝利し、同月教育科学相に就任。13年2月第1副首相を兼任。10月の大統領選で当選し、11月就任。ロシア融和派。

マルコヴィッチ, ドゥシュコ

Marković, Duško

1958.7.6〜

モンテネグロ首相　[出]ユーゴスラビア・モンテネグロ共和国モイコバツ（モンテネグロ）　[学]クラグエバツ大学法学部（セルビア）卒　[歴]2010〜16年モンテネグロ副首相・外相、11〜16年法相などを経て、16年11月首相に就任。

マルコヴィッチ, ミリアナ

Marković, Mirjana

ユーゴスラビア左翼連合党首　[学]ベオグラード大学　[歴]母は共産主義者でナチス・ドイツに殺害された。ミロシェヴィッチ大統領とは幼なじみで、ともにベオグラード大学に進学、のち結婚。大統領の率いるセルビア社会党と連立するユーゴスラビア左翼連合党首を務めるほか、ベオグラード大学教授の肩書きを持つ。　[家]夫＝スロボダン・ミロシェヴィッチ（ユーゴスラビア大統領）

マルコス, イメルダ

Marcos, Imelda

1929.7.2〜

フィリピン下院議員　[出]マニラ　[名]Marcos, Imelda Romualdez　[学]セントポール短期大学教育学部, フィリピン女子大学声楽科　[歴]レイテ島のスペイン系財閥のロムアルデス家出身。1954年ミス・マニラとなり、同年5月フィリピン下院議員だったマルコスと結婚。65年11月夫の大統領就任とともに政界に進出し、以後各国を歴訪、“イメルダ外交”を展開。75〜86年マニラ首都圏知事、78〜79年、84〜86年居住環境相。82年大統領が職務を遂行できない場合代行する最高評議会委員に任命され、マルコス大統領の後継者と目されていたが、アキノ暗殺事件後の83年11月22日同委員を辞任。86年2月22日ピープル・パワー革命発生、25日マルコス大統領が辞任、夫とともにフィリピンを脱出、ハワイへ亡命。のち、米連邦陪審（ニューヨーク）から不正蓄財、詐欺罪で起訴されたが90年7月無罪判決。この間、89年9月28日夫はハワイで客死。91年7月フィリピン政府が一家の帰国を許可したため、同年11月5年8ケ月ぶりに帰国した。92年5月の大統領選に出馬するが落選。98年の大統領選にも出馬したが、直前で取り下げた。95年〜2001年下院議員。1998年1月、84年マニラ首都圏知事当時の汚職疑惑で最高裁から禁錮9〜12年の有罪判決が下されたが、10月再審では証拠不十分による逆転無罪が下された。政府より不正蓄財などで民事、刑事あわせて約900件の訴訟を起こされているが証拠不十分で勝

ち続けている。99年マルコス独裁政権下で拷問などの人権侵害を受けた被害者や遺族らに総額180億円の損害賠償を支払うことに合意。2006年アクセサリーやバッグのブランド"イメルダ・コレクション"を立ち上げる。10年5月夫の出身地ルソン島北イロコス州選挙区から出馬し、80%の得票率で12年ぶりに下院議員に返り咲く。長女アイミーは同州知事に、長男フェルディナンド・ジュニアも上院議員に当選し、一家で初めて全国区を制した。13年下院議員再選。16年3選。Ⓟ夫=フェルディナンド・マルコス（フィリピン大統領）

マルズーキ, モンセフ
Marzouki, Moncef
1945.7.7～
チュニジア暫定大統領　人権活動家　Ⓕフランス保護領チュニジア・グロムバリア（チュニジア）　Ⓔストラスブール大学（フランス）医学部（1973年）卒 Ph.D.　Ⓚ1981年～2000年スース大学教授（地域医療）。1980年からチュニジア人権連盟で活動し、89～94年同会長。94年大統領選立候補を表明するが、必要な数の署名を集められず断念。その後、投獄され国外への渡航禁止措置を受けた。97年～2000年アラブ人権委員会委員長。01年7月世俗派の中道左派政党・共和国評議会（CPR）を結成し、党首となるが、弾圧されてフランスに亡命。11年1月のジャスミン革命によるベン・アリ政権崩壊後に帰国。10月の議会選挙で2位となり、首位のイスラム政党ナハダなどと連立することで合意。12月暫定政権の大統領に選出される。14年12月退任。

マルチュク, エフヘン
Marchuk, Yevhen
1941.1.28～
ウクライナ首相　Ⓗソ連ウクライナ共和国キーロボグラード（ウクライナ）Ⓔ Marchuk, Yevhen Kirilovich　Ⓔキーロボグラード教育大学卒　Ⓚ1991年ウクライナ国防保安担当国務相、94年上級大将、副首相、第1副首相、95年3月首相代行を経て、同年7月首相に就任。96年5月解任。2003～04年国防相。

マルティネリ, リカルド
Martinelli, Ricardo
1952.3.11～
パナマ大統領, パナマ民主改革党（CD）党首　実業家　Ⓗパナマシティ　Ⓔ Martinelli Berrocal, Ricardo Alberto　Ⓔアーカンソー大学（米国）卒, INCAEビジネススクール（コスタリカ）経営学専攻修士課程修了 M.B. A.　Ⓚイタリア人とスペイン人の血を引く。国内最大のスーパーマーケット・チェーンのオーナーを務める実業家。1994～96年パナマ社会保険庁長官。98年民主改革党（CD）を創設。99年～2003年パナマ運河担当相。04年大統領選に出馬し落選。09年5月の大統領選で当選、7月就任。14年7月退任。

マルティ・プティ, アントニ
Martí Petit, Antoni
1963.11.10～
アンドラ首相　Ⓗエスカルデス・エンゴルダニー　Ⓚ2004～11年アンドラ・ラ・ベリャ市長を経て、11年5月アンドラ首相に就任。文化相も兼任。

マルテリー, ミシェル
Martelly, Michel
1961.2.12～
ハイチ大統領　歌手　Ⓗポルトープランス Ⓔ Martelly, Michel Joseph 愛称=スイート・ミッキー〈Sweet Micky〉　Ⓚ米国マイアミで建設労働者などとして働いた後、1980年代後半より母国で歌手活動を行う。ハイチ特有の"コンパ"と呼ばれる大衆音楽のジャンルで名を成し、"スイート・ミッキー"の愛称で活躍。2008年社会活動を行う財団を設立。11年3月に行われた大統領選決選投票でミランド・マニガ元大統領夫人を破り初当選、5月就任。12年12月ハイチの現職大統領として初めて来日。15年後任を決める大統領選が行われるも不正投票疑惑からやり直しとなり、16年後任不在のまま任期切れで退任した。

マルバル, ロベール
Malval, Robert
1943～
ハイチ首相　Ⓔマイアミ大学政治学部卒　Ⓚ父は不動産業者で母はレバノン系。米国マイアミ大学政治学部を卒業後、パリ大学に3

年間留学。1968年帰国して印刷・出版業を始め、日刊紙に国際問題の論説コラムを20年間書いた。アリスティド大統領派の政治団体に所属。91年9月軍部のクーデターで地位を追われ米国亡命中のアリスティド大統領の指名で、93年8～12月首相。

マルライ, ジム
Marurai, Jim
1947～
クック諸島首相　㉕2004～10年クック諸島首相に選任され、情報・技術、教育・人材、警察相などを兼任。デモ・ツム党党首。

マルルーニー, マーティン・ブライアン
Mulroney, Martin Brian
1939.3.20～
カナダ首相　㉔ケベック州ベルコモ　㉕聖フランシスコ・ザビエル大学卒、ラバル大学卒 法学博士　㉕弁護士となり、1965年から10年間モントリオールの法律事務所に勤務。77～83年米国系鉄鉱石会社アイアン・オア社長、会長。ケベック・ノースショア・アンド・ラブラドル鉄道など子会社社長も兼任。この間、76年保守党党首に立候補して政界に足を踏み入れ、83年6月の進歩保守党大会で、フランス語圏から初の党首となる。同年8月補選で下院議員初当選、84年9月総選挙で史上初の大勝をし首相に就任。88年11月再選。93年6月退任した。　㉕旭日大綬章（日本）（2011年）

マレク, レドハ
Malek, Redha
1931.12.21～2017.7.29
アルジェリア首相　外交官　㉔フランス領アルジェリア・バトナ（アルジェリア）　㉕1955年アルジェリア・イスラム教徒学生総連合会（UGEMA）の創設メンバーで、57年運営委員。57～62年アルジェリア民族解放戦線（FLN）の週刊紙「El Moudjahid」編集長。アルジェリアの旧宗主国フランスからの独立を実現させた62年の和平合意の交渉団メンバーの一人として活躍。62～64年ユーゴスラビア、65～70年フランス、70～77年ソ連、79～82年米国、82～84年英国各大使、78～79年情報・文化相、92～93年外相を経て、93～94年首相。95年国民共和同盟（ANR）党首。アルジェリア外交の基礎を築いたと評される。

マロヴィッチ, スヴェトザル
Marović, Svetozor
1955.3.21～
セルビア・モンテネグロ大統領　法律家　㉔ユーゴスラビア・モンテネグロ共和国コトール（モンテネグロ）　㉕モンテネグロ大学卒　㉕法律家を経て、政治家に転身。モンテネグロ共和国の与党・民主社会党に所属。2003年2月ユーゴスラビア連邦を改編して発足したセルビア・モンテネグロの初代大統領に選出され、3月就任。06年6月のモンテネグロ独立まで務めた。

マロック・ブラウン, マーク
Malloch Brown, Mark
1953.9.16～
国連副事務総長, 国連開発計画（UNDP）総裁　㉔ロンドン　㉕ケンブリッジ大学卒, ミシガン大学大学院修士課程修了　㉕1977年「エコノミスト」記者となり、79年国連難民高等弁務官事務所（UNHCR）入り。83年経済誌を創刊後、民間通信会社に勤務する傍らフィリピンや中南米で大統領候補のアドバイザーを務める。94年世界銀行に転じ、96～99年副総裁。99年9月国連開発計画（UNDP）総裁に就任。米国人以外の総裁はUNDPの創立以来初めて。2006年4月国連副事務総長に就任。07年よりヘッジファンドのクァンタム・ファンド・マネジメントグループ副会長。同年6月ブラウン政権で新設のアフリカ・アジア・国連担当相（閣外相）に就任。09年退任。ナイト爵位を叙せられ、07年には男爵（一代貴族）を叙せれる。来日多数。

マロフェーエフ, アナトリー
Malofeev, Anatolii
1933.5.14～
ベラルーシ下院議長　㉖Malofeev, Anatolii Aleksandrovich　㉕白ロシア国民経済大学卒、ソ連共産党中央委附属通信制高級党学校卒　㉕白ロシア人。共産党に入党後、1962年から党活動に従事し、82年ゴメリ州党第1書記、85年ミンスク州党第1書記を経て、90年11月白ロシア共和国党第1書記。この間86年からソ連共産党中央委員となり、90年12月党政治局員に選出された。91年独立後、新生ベラルーシにおいて共産党中央委員会第1書記、最高会議議員を務める。96年11月新

憲法が発効し、議会が二院制に変更されたのに伴い下院議長に就任した。

マローン, デービッド

Malone, David

1954～

国連事務次長　外交官　[出]カナダ　[学]モントリオール商科大学（経営学）卒, カイロ・アメリカン大学（アラビア語）修了, ハーバード大学ケネディ行政大学院修士課程修了, オックスフォード大学大学院博士課程修了 博士号（国際関係学, オックスフォード大学）[歴]1990～94年国連経済社会理事会カナダ代表、国連カナダ大使及び代表部次席代表、94～98年カナダ外務・国際貿易省局長、98年～2004年国際平和アカデミー（現・国際平和研究所）所長、04～06年カナダ外務・国際貿易省次官補、06～08年駐インド高等弁務官などを歴任。08～13年カナダ国際開発研究センター（IDRC）総裁。13年3月第6代国連大学学長に就任。国連事務次長を兼任。

マワ, ジャミル

Mahuad, Jamil

1949.7.29～

エクアドル大統領　[出]ロハ　[名]Mahuad Witt, Jamil　[学]カトリック大学（キト）卒, ハーバード大学ケネディスクール（行政学）修士課程修了　[歴]1983～84年エクアドル労相。88年大統領選に立候補。92年キト市長となり、96年再選、バス交通網の整備などに実績を残す。98年6月大統領選で人民民主党候補として立候補、ロルドス党のアルバロ・ノボア候補を抑え当選、8月大統領に就任。2000年1月軍事クーデターにより失脚した。

マンスール, アドリー

Mansour, Adly

1945.12.23～

エジプト暫定大統領, エジプト最高憲法裁判所副長官　法律家　[出]カイロ　[学]カイロ大学法学部（1967年）卒, フランス国立行政学院（経営学・行政学）（1977年）卒　[歴]カイロ大学で法学、一般法、経営学の学位を取得。その後、パリのフランス国立行政学院で経営学と行政学を学ぶ。1992年エジプト最高憲法裁判所判事となり、いくつかの象徴的な判決で重要な役割を果たす。2013年5月同裁判所副長官に就任。同年6月マーヘル・エル・バヘリ長官が退任したのに伴い、7月長官に就任するが、その2日後エジプト軍により暫定大統領に任命される。14年6月退任。

マンスール, アフタル・ムハンマド

Mansour, Akhtar Mohammad

～2016.5.21

タリバン最高指導者　[出]アフガニスタン・カンダハル州マイワンド郡バンディティムール村　[歴]1965年頃に生まれる。アフガニスタンのイシャクザイ族出身。79年ソ連のアフガニスタン侵略が始まり、10代半ばで聖戦に参加。96年イスラム教スンニ派過激組織タリバン政権下で航空観光相に就任。2001年12月タリバン政権崩壊後はパキスタンに逃れ、タリバンは新しく樹立したアフガニスタン政府に抵抗する武装集団に変貌。10年副指導者となり、指導者評議会を主導した。13年4月タリバン最高指導者であるムハマド・オマルが死亡するが、タリバンはその事実を隠蔽。15年7月オマルの死亡を認め、正式に最高指導者に就任した。アフガニスタン政府との和平協議を推進する一方、タリバン内部では主要人事を縁故主義で決めるなど批判も多かった。16年5月パキスタン南西部バロチスタン州ダルバンディで米軍の無人機攻撃により死亡した。

マンデラ, ネルソン

Mandela, Nelson

1918.7.18～2013.12.5

南アフリカ大統領, アフリカ民族会議（ANC）議長　黒人解放運動指導者　[出]トランスカイ地区ウムタータ（東ケープ州）[名]Mandela, Nelson Rolihlahla　[学]フォートヘア大学法学コース卒　[歴]南アフリカ・トランスカイ地区の大族長の家に生まれる。黒人大学のフォートヘア大学在学中に政治運動に入り、当局に協力的な学生代表者会議のボイコット運動を指導して無期停学処分となる。1944年アフリカ民族会議（ANC）に参加、盟友オリバー・タンボと共にその青年同盟を組織、52年副議長となり、不服従抵抗運動を組織。同年非白人として初めて弁護士開業。56年国家反逆罪容疑で逮捕（61年無罪判決）。60年黒人69人が虐殺されたシャープビル事件でANCが非合法化されると、61年地下に潜ってANCの武闘部門“民族の槍”を組織。62年8月5日変装してドライ

ブ中治安警察に逮捕され、64年6月ANC幹部7人と共に国家反逆罪などで終身刑の判決を受けた。以来獄中生活は四半世紀を超え、獄中から「ANCの合法化」「全政治犯釈放」などを政府に対して要求し続け、黒人解放運動の象徴的な指導者となる。世界の反アパルトヘイト機運の中で“マンデラ釈放”がその中心的スローガンとなり、90年2月改革へ動くデクラーク政権によってANCが合法化され28年振りに釈放された。3月、新設のANC副議長に就任。6月ウィニー・マンデラ夫人(のち離婚)とともに米国ニューヨークを訪れ、熱狂的な歓迎を受ける。10月“人権”のメッセージを携えて来日。91年7月ANC議長。93年国連総会が対南ア制裁を解除する決議を採択。12月デクラーク大統領とノーベル平和賞を共同受賞。94年4月制憲議会選挙でANCが第1党となり、5月大統領に就任。95年7月国賓として来日。96年民主化の総仕上げとなる新憲法に署名した(97年2月施行)。97年12月ANC議長職を引退。98年マシェル・モザンビーク大統領夫人のグラサ・マシェルと再婚。99年6月大統領職を退任。政界引退後もブルンジ内戦調停などで活躍。2004年公的活動からの引退を表明。10年南アフリカ・サッカーW杯閉会式に出席。民族対立を超えた国民の融和や機会の平等に基づく平和を掲げた不世出の闘士は、南ア以外の国々の人々からも“タタ”と慕われ、世界の指導者から尊敬を集めた。　[勲]英国メリット勲章(1995年), 米国議会名誉黄金勲章(1998年)　[賞]ノーベル平和賞(1993年), ネルー賞(インド)(1979年), 国連人権賞(1981年), 第三世界賞(1985年), サハロフ賞(1988年), ユネスコ平和賞(第1回)(1991年), フィラデルフィア自由賞(1993年), オックスフォード大学名誉博士号(1994年), アフリカ賞(1994年), ジェシー・オーエンス・グローバル賞(第2回)(1995年), 早稲田大学名誉博士学位(1995年), 国際サンククロース賞(1995年), ケンブリッジ大学名誉博士号(1996年), 日本翻訳文化賞(第33回)(1996年)「自由への長い道─ネルソン・マンデラ自伝」, FIFA功労章(1998年), オーストラリア名誉コンパニオン章(1999年), 国際自由賞(2000年)　[家]妻＝グラサ・マシェル(元モザンビーク教育文化相), 元妻＝ウィニー・マディキゼラ・マンデラ(黒人解放運動指導者), エブリン・マンデラ

マンデルソン, ピーター・ベンジャミン

Mandelson, Peter Benjamin

1953.10.21～

英国筆頭国務相, 英国枢密院議長, 欧州連合(EU)欧州委員会委員　[出]ロンドン　[学]オックスフォード大学卒　[歴]ユダヤ系。祖父は労働党の有力政治家のハーバート・モリソン。大学在学中タンザニアのキリスト教関係の学校で働き、復学して大学の労働党クラブの中心として政治活動に熱中する。1977年英国労働組合会議の経済部門に就職。82～85年テレビ局のプロデューサーとして頭角を表したのち、労働党に復帰。対外宣伝の責任者として、97年労働党政権奪回の功労者となり、同年無任所相に就任、ブレア政権の演出家と言われ、プリンス・オブ・ダークネスとマスコミに呼ばれる。98年7月内閣改造により貿易産業相に就任。同年12月、96年自宅購入の際、ロビンソン下院議員(のち無任所相)から巨額の不正融資を受けた疑惑により退任。99年10月内閣改造で北アイルランド相に就任。2001年1月インド人実業家の英国籍取得に便宜を図った疑惑で辞任。04～08年欧州連合(EU)欧州委員会委員として通商問題を担当。08年英国ビジネス・企業・規制改革相、09～10年筆頭国務相兼枢密院議長。　[家]祖父＝ハーバート・モリソン(政治家)

マンリー, ジョン

Manley, John

1950.1.5～

カナダ副首相・財務相　[出]オタワ　[学]オタワ大学ロースクール修了　[歴]オタワの法律事務所のパートナーやオタワ大学で教鞭を執り、1988年連邦下院にオタワ・サウス地区から初めて選出。93年11月産業・科学相。95年3月産業相。2000年10月外相。02～03年副首相兼財務相兼社会資本公社担当相。1996年半導体設備投資促進で来日。

【ミ】

ミカティ, ナジブ

Mikati, Najib

1955.11.24～

レバノン首相　実業家　[出]トリポリ　[名]Mikati, Najib Azmi　[学]ベイルート・アメリカン大学(1980年)卒, ハーバード大学経営大学院修士課程修了 M.B.A.　[歴]シリアと深い関係を持つ裕福な実業家として知られる。中東で携帯電話事業などを行う企業グループを設立。イスラム教スンニ派教徒で、1998年～2004年ホス、ハリリ内閣で公共事業・運輸相を務めた。00年から国民議会議員。05年4月レバノン首相に就任するが、国民議会選の結果を受け3ケ月で辞任。11年1月スレイマン大統領から首相指名を受け、7月正式就任。13年4月辞任。

ミギロ, アシャ・ローズ

Migiro, Asha-rose

1956.7.7～

国連副事務総長　[出]英領タンガニーカ・ソンゲーア(タンザニア)　[名]Migiro, Asha-rose Mtengeti　[学]ダルエスサラーム教育大学, コンスタンツ大学(ドイツ)　[歴]弁護士や大学講師を経て、2000年タンザニア地域開発・女性児童問題相に抜擢される。06年1月女性として初めて同国外務・国際協力相となった。07年1月～12年第3代国連副事務総長。14年1月～15年11月タンザニア法務憲法問題相。

ミクセル, スヴェン

Mikser, Sven

1973.11.8～

エストニア外相　[出]ソ連エストニア共和国タルトゥ(エストニア)　[学]タルトゥ大学英語英文学部卒　[歴]エストニア農業大学で2年間図書館司書を務めた後、政界入り。1998年中道政党書記となり、99年エストニア国会議員に当選。2002年1月28歳で国防相に就任。03年退任。14～15年再び国防相。16年11月から外相を務める。英語、ドイツ語、ロシア語に堪能。

ミクロシュ, イワン

Mikloš, Ivan

1960.6.2～

スロバキア副首相・財務相　[出]チェコスロバキア・スヴィドニク(スロバキア)　[学]ブラチスラバ経済大学, Econs大学, ロンドン・スクール・オブ・エコノミクス　[歴]1989年チェコスロバキアが民主化する転機となる“ビロード革命”直後から、経済の市場経済化に奔走。独立後も繰り返し入閣。スロベニアと並び、中・東欧圏でユーロ圏に参加する道筋をいち早く作った。2010年の政権交代で4年ぶりに財務相に就任。副首相も兼務する。12年3月退任。

ミシェル, ジェームス・アリックス

Michel, James Alix

1944.8.16～

セーシェル大統領　[出]英領セーシェル諸島マヘ島　[学]教員養成大学卒　[歴]1960年代に教師をしていたが、その後通信会社の社員を経て、政界入り。セーシェル国防相、教育相、情報相、文化・スポーツ相、財務相などを歴任し、96年副大統領。ルネ大統領の引退に伴い後継大統領に指名され、2004年4月就任。06年7月大統領選で当選。11年5月大統領選で再選、15年12月3選。16年10月退任。

ミシェル, シャルル

Michel, Charles

1975.12.21～

ベルギー首相, 改革運動(MR)党首　[出]ナミュール　[学]ブリュッセル自由大学(法律), アムステルダム大学(オランダ)　[歴]南部フランス語圏ワロン地域のナミュールに生まれる。父はベルギー外相や欧州委員を歴任したリベラル派の有名政治家ルイ・ミシェル。1998年弁護士資格を取得。99年6月ベルギー連邦下院議員に初当選。2000～04年ワロン地域政府の内相。07～11年連邦政府の開発協力相。11年2月改革運動(MR)党首。14年5月の下院総選挙から約4ケ月かけて連立交渉が成立、10月38歳の若さで首相に就任。ベルギーで1918年に政府トップの呼称に“首相”が用いられるようになって以来、最年少首相となる。2015年5月来日。　[家]父＝ルイ・ミシェル(元ベルギー外相)

ミシェル, スマーク

Michel, Smark

1937.3.29～2012.9.1

ハイチ首相　実業家　[出]サンマルク　[歴]食品流通、不動産、ガソリンスタンド経営などを手がける実業家。資金面でジャン・ベルトラン・アリスティドを支援し、アリスティドが当選した1990年のハイチ大統領選の陰の功労者として知られる。91年アリス

ティド政権発足時、商工相に就任するが、大統領との意見対立によりすぐに政権を去る。94年10月亡命先の米国から帰国したアリスティド大統領により首相に指名され、11月就任。95年10月まで務めた。

ミスアリ, ヌルハディ

Misuari, Nurhadi

1941.3.3〜

モロ民族解放戦線（MNLF）議長　㋬ミンダナオ島　㋔フィリピン大学卒　㊍モロ族出身。フィリピン大学在学中から左翼学生運動に参加、1967年フィリピン・イスラム民族主義者同盟を結成。卒業後、同大政治学講師。共産党のホセ・マリア・シソン議長と急進的な青年組織・民族青年同盟の結成に参加。68年郷里のミンダナオに帰り、反政府イスラエル教徒ゲリラ組織・モロ民族解放戦線（MNLF）を結成、差別撤廃と自治獲得闘争開始。72年戒厳令公布で地下に潜行するとリビアを拠点に活動。86年9月アキノ大統領との交渉のため帰国。93年から政府と和平交渉を始め、96年6月には南フィリピン和平開発評議会の設立に合意。9月ラモス政権下で政府と和平合意文書に正式調印した。また同月ミンダナオ・イスラム自治区（ARMM）知事選に当選。知事の他、10月よりミンダナオの開発を管理する南部フィリピン和平開発評議会会長も兼務。97年9月解放戦線は武装を放棄。同年南部14州の暫定行政機構議長に就任。2001年5月MNLF議長を解任され、名誉議長となる。同年11月反乱罪で起訴されマレーシアに逃亡したが逮捕。02年1月マニラに送還され収監されるが、09年証拠不十分で釈放。10年スールー州知事選に出馬したが落選。

ミチェレッティ, ロベルト

Micheletti, Roberto

1948.8.13〜

ホンジュラス暫定大統領　㋔Micheletti Bain, Roberto　㊍ホンジュラス国会議長を務めていた2009年6月、セラヤ大統領が軍により拘束され、解任・国外追放となったために、暫定大統領に任命された。10年1月退任。

ミチャイ・ヴィラヴァイディア

Mechai Viravaidya

1941.1.17〜

タイ上院議員、タイ首相府相　社会運動家　㋬バンコク　㋔メルボルン大学商学部（1964年）卒　㊍父はタイ人、母は英国人で、両親とも博士号を持つ。オーストラリアのメルボルン大学商学部を卒業、タイ政府の経済社会発展局、アジア太平洋経済協力センターなどの分析官を経て、1982年タイ地方水道公社総裁、85年工業副大臣、86年首相府報道官、87〜91年任命制の上院議員。2000年同院公選制導入で上院議員に当選。06年退任。この間、1974年地方の貧困農村を支援するためにNGO・人口と地域開発協会（PDA）を創設、国内外の企業からの技術導入で農村インフラの整備や農民の起業、就業訓練を支援し、貧困からの脱却を図るプロジェクトや農村部での家族計画普及など、多数の社会活動を手がける。公職を離れてからはPDA会長に専念。タイにエイズの第1号患者が出た84年以来、エイズ撲滅に取り組み、"ミスター・コンドーム""コンドーム王"と称され、タイではコンドームのことを"ミチャイ"と呼ぶまでになった。91〜92年エイズ問題担当の首相府相を務め、94年エイズ対策などの功績でマグサイサイ賞を受賞。99年国連エイズ計画（UNAIDS）のエイズ撲滅大使に任命される。ローマクラブや世界自然保護基金（WWF）などの会員として国際舞台でも顔が広い。　㊞マグサイサイ賞（1994年）、国連人口賞（1997年）、中華人口賞（1998年）、日経アジア賞（経済発展部門、第12回）（2007年）

ミツォタキス, コンスタンティノス

Mitsotakis, Konstantinos

1918.10.18〜2017.5.29

ギリシャ首相、新民主主義党（ND）名誉議長　㋬クレタ島ハニャ　㋔アテネ大学（政治・経済）卒　㊍政治家一家に育つ。第二次大戦中、対独ギリシャ・レジスタンス運動のリーダーとしてナチスに2度捕らえられ、死刑を宣告されたが、その都度逃亡した。1946年28歳の最年少議員として国会に登場。63年運輸・公共事業相、64年財務相、65年経済調整相を歴任。67年軍事クーデターで逮捕され、のちフランスに亡命。74年民政復帰で帰国。78年保守政党の新民主主義党（ND）

を結成。82年NDスポークスマンとなり、84年4月ND党首。この間、78〜81年経済調整相、外相を務める。89年6月、7年半続いた全ギリシャ社会主義運動政権を倒してNDを第1党に躍進させ、90年4月の総選挙で過半数を獲得、首相に就任、9年ぶりに保守政権を発足させた。93年10月総辞職。この間、財政再建や国有企業民営化などの経済改革と欧米との関係改善に努めた。94年不法な電話盗聴を命じたとして特別法廷にかけられることが決定、国会議員の免責特権を剥奪された。2004年政界を引退。女婿をテロで失い、自らも暗殺未遂に遭った経験も持つ。英国首相をもじり、"バルカン・サッチャー"との異名をとった。カリスマ性はないが、180センチを超える長身で、党内では右派と一線を画する穏健改革派として知られた。　㊊
長女＝ドーラ・バコヤンニ（政治家），長男＝キリアコス・ミツォタキス（政治家），叔父＝エレフテリオス・ベニゼロス（政治家）

ミッチェル, キース
Mitchell, Keith
1946.11.12〜
グレナダ首相　㊐英領グレナダ島セントジョージズ（グレナダ）　㊧Mitchell, Keith Claudius　㊍ハワード大学大学院（米国）修士課程修了、アメリカン大学（米国）統計学博士（アメリカン大学）　㊕米国に留学。1971〜74年クリケットのグレナダ代表チーム主将を務める。74年独立、79年クーデターで革命政権が誕生。83年米軍のグレナダ侵攻後、米国から帰国。84年総選挙で下院議員に当選、新国民党（NNP）のブレーズ政権の下で、公共事業・通信相に就任。89年NNP党首。95年6月総選挙でNNPが勝利し、首相に就任。99年1月再選。治安・情報相兼任。2003年11月3選。05年1月中国と国交回復、台湾と断交。07年より財務相兼任。08年7月の総選挙でNDCに敗れ、退任。13年2月の下院選でNNPが勝利し、同月首相就任。

ミッチェル, ジェームズ
Mitchell, James
1931.5.15〜
セントビンセント・グレナディーン首相・財務相　㊧Mitchell, James Fitzallen　㊍熱帯農業専門学校，ブリティッシュ・コロンビア大学（カナダ）卒　㊐1966年セントビンセント労働党（SVLP）入党。立法院議員、自治政府の閣僚を歴任。72年党除名。75年中道の新民主党（NDP）を創設し党首。79年独立。84年7月の総選挙で勝利し、首相に就任。2000年退任。

ミッチェル, ジョージ
Mitchell, George
1933.8.20〜
米国民主党上院院内総務　法律家　㊐メーン州ウォータービル　㊧Mitchell, George John　㊍ボードウィン大学（1954年）卒，ジョージタウン大学法律大学院修了　㊕父はアイルランド系、母はレバノン移民の日雇い労働者の家庭に生まれる。アルバイトで学資を稼ぎながら大学院まで進んだ苦労人で、弁護士の資格を持つ。1960〜62年米国司法省勤務、62〜65年メーン州民主党のマスキー上院議員の補佐官、法律事務所共同経営者を経て、77〜80年メーン州で連邦検事、連邦地裁判事を歴任。80年5月マスキーの後任として知事指名で上院議員となり、89年1月〜95年民主党上院院内総務を務めた。95年上院議員退任。この間、87年にはイラン・コントラ事件特別調査委員会で活躍。95年北アイルランド問題特使となり、96年6月北アイルランド紛争和平会議議長に就任。98年4月英国、アイルランド両政府間の最終和平合意をとりつけた。99年よりベルファストのクイーンズ大学名誉総長。2001年5月中東和平国際委員長として衝突の即時停止を訴えた報告（「ミッチェル報告」）を発表。03年よりワシントンD.C.にある法律事務所・DLA Piperのパートナー。09年1月オバマ政権の中東和平担当特使に任命される。11年5月特使を辞任。一方、野球をこよなく愛し、02年からレッドソックスの取締役を兼任。06年3月MLBコミッショナーより野球界の薬物汚染調査を依頼され、07年409ページにも及ぶリポートを発表した。　㊎KBE勲章（1999年），自由勲章（米国大統領）（1999年）

ミツナ, アムラム
Mitzna, Amram
1945.2.2〜
イスラエル労働党党首，ハイファ市長　軍人　㊐パレスチナ　㊍ハイファ大学，ハーバード大学，イスラエル軍寄宿学校卒　㊕両親は1930年代にナチスの迫害を逃れて英

国委任統治下のパレスチナに移住。同地北部のキブツ（農業共同体）で生まれる。60年代にイスラエル軍に入り、67年の第3次中東戦争、73年の第4次中東戦争などに従軍。軍士官学校校長を務めていた82年、アリエル・シャロン国防相のレバノン侵攻を激しく非難し、国防相辞任に追い込んだ。87年第1次インティファーダが始まると、ヨルダン川西岸地区管轄の中央軍管区司令官を務める。退役後の93年、ユダヤ人とアラブ人が共存するイスラエル第3の都市、ハイファの市長に当選。2002年11月労働党の党首選で現職のベンエリエゼル元国防相に圧勝し、党首に就任。軍人出身ながら和平推進派として高い支持を集めた。03年辞任。05〜10年イエルハム市長。

ミード, ホセ・アントニオ

Meade, José Antonio

1969.2.27〜

メキシコ外相　[出]メキシコシティ　[名]Meade Kuribreña, José Antonio　[学]メキシコ国立自治大学卒 Ph.D.（経済学, エール大学）　[歴]銀行や政府機関に勤務後、メキシコ国民行動党（PAN）のカルデロン大統領時代、2011年1月〜9月エネルギー相、11年1月〜12年11月財務公債相を務めた。ペニャニエト政権で12年12月〜15年8月外相、15年8月〜16年9月社会発展相、16年9月より財務公債相。17年11月、18年7月に予定される大統領選に与党・制度的革命党（PRI）から出馬するため辞任。

ミニス, ヒューバート

Minnis, Hubert

1954.4.17〜

バハマ首相, 自由国民運動党（FNM）党首　医師　[出]英領バハマ・ベインタウン（バハマ）　[歴]医師で、バハマ医師会会長を務めた。2007年バハマ下院議員に初当選、保健相。12年から自由国民運動党（FNM）党首。17年5月の総選挙で勝利して5年ぶりに自由国民党（FNM）から政権を奪還、首相に就任。

ミネタ, ノーマン

Mineta, Norman

1931.11.12〜

米国運輸長官・商務長官　[出]カリフォルニア州サンノゼ　[名]Mineta, Norman Yoshio　[学]カリフォルニア大学バークレー校卒　[歴]日系2世。第二次大戦中はワイオミング州の日系人収容所に入れられた経験もある。1953〜56年米国陸軍勤務を経て、57〜67年保険代理業で成功し、政界に転じる。67〜71年サンノゼ市議会議員、71〜74年サンノゼ市長。74年民主党からカリフォルニア州選出の下院議員に当選、米本土初の日系人連邦下院議員となる。第二次大戦中に強制収容された日系米人への公式謝罪と補償を明記した88年公民権法（HR442号）の実現に尽力。94年アジア・太平洋系議員連盟を設立、初代会長。95年下院議員を引退。2000年7月クリントン政権で商務長官に就任、アジア系として初の米国閣僚となる。01年1月ブッシュJr.政権の運輸長官に就任。05年1月2期目のブッシュ政権でも留任。06年7月退任。米国議会の運輸委員長や航空大手のロッキード・マーチン社副社長なども務め、米国政界を代表する“運輸族”の顔を持つ。のちヒル・アンド・ノウルトン副会長。出身地のサンノゼ国際空港は01年にノーマン・Y・ミネタ・サンノゼ国際空港に改名された。　[勲]自由勲章（米国大統領）（2006年）, 旭日大綬章（日本）（2007年）

ミハイロヴァ, ナデジュダ

Mihailova, Nadezhda

1962.8.9〜

ブルガリア外相　[学]ソフィア大学卒　[歴]1986〜88年フリージャーナリスト。94年ブルガリア国会議員。95年民主勢力同盟副党首を経て、97年5月外相。

ミフスッド・ボンニチ, カルメロ

Mifsud-Bonnici, Carmelo

1933.7.17〜

マルタ首相　[学]マルタ大学（法律）　[歴]産業関係法の専門家として知られる。1982〜83年マルタ雇用相兼社会事業相、84年12月〜87年5月首相。2012年1月〜5月法務・内務相。

ミュケーシー, マイケル

Mukasey, Michael

1941.7.28〜

米国司法長官　法律家　[出]ニューヨーク　[名]Mukasey, Michael Bernard　[学]コロンビア大学（1963年）卒, エール大学大学院（法学）（1967年）修了　[歴]ユダヤ系ロシア人の

移民の子としてニューヨークに生まれる。大学院修了後20年間、ニューヨーク市で法律実務に携わる。うち4年間は、ジュリアーニ元ニューヨーク市長と共に働いた。1976年米国連邦地裁を退官し、法律事務所に勤務、87年レーガン大統領によりマンハッタンのニューヨーク南部地域連邦判事に指名された。88年から18年間、連邦判事を務め、2000〜06年主任判事。06年判事を退任し、法律事務所勤務。ジュリアーニ大統領候補の法律顧問に就任。07年ブッシュJr.大統領により米司法長官に指名された。

ミュラー, ウェルナー

Müller, Werner

1946.6.1〜

ドイツ経済相　[出]エッセン　[学]マンハイム大学（1970年）卒　[歴]1991〜98年シュレーダー・ニーダーザクセン州首相（のちドイツ首相）の顧問を務める。98年〜2002年ドイツ経済相。02年東京での第9回ドイツ産業アジア・太平洋会議などに出席のため来日。

ミュンテフェリング, フランツ

Müntefering, Franz

1940.1.16〜

ドイツ副首相・労働社会相, ドイツ社会民主党（SPD）党首　[出]ノルトライン・ウェストファーレン州ネーハイムヒュステン　[歴]1966年西ドイツ社会民主党（SPD）に参加。75〜92年、98年連邦議会議員、92〜95年ノルトライン・ウェストファーレン州労働・保健・社会相、95〜98年SPD連邦事務局長、98〜99年連邦交通・建設・住宅相、99年〜2002年SPD幹事長、02〜05年SPD連邦議会議員団長（院内総務）、04年3月SPD党首。05年11月メルケル大連立政権で副首相兼労働・社会相に就任。07年11月同職を辞任。09年の連邦議会選挙でSPDが大敗したことを受け、11月の党首選には出馬せず辞任。13年の連邦議会選挙には出馬せず、政界を引退。

ミヨン, シャルル

Millon, Charles

1945.11.12〜

フランス国防相, 右翼党首　[出]アン県ベレー　[学]エコール・サント・マリー高卒　[歴]1977年ベレー市長。81〜86年フランス国民議会（下院）議員。85〜88年アン県県議、86〜88年下院副議長。89年民主連合（UDF）党首。95年5月〜97年6月国防相。98年地域議会で極右政党・国民戦線の指示を得て議長に当選。これによりUDFを除名された。同年4月新政党、右翼を結成。

ミラー, ブルース

Miller, Bruce

1961〜

駐日オーストラリア大使　外交官　[出]ニューサウスウェールズ州シドニー　[学]シドニー大学卒　[歴]祖父の妹から日本を旅した話を聞いたことがきっかけで、子どもの頃から日本に興味を持ち、日本語を学ぶ。大学時代には夏目漱石や森鷗外を研究し、関西学院大学に1年間の留学経験を持つ。1986年オーストラリア外務貿易省に入省。在テヘラン大使館3等書記官、法務部エグゼクティブ・オフィサー、海洋法政策課課長代理、在日大使館1等書記官・参事官、首相内閣省防衛情報部シニアアドバイザー、アジア太平洋安全保障課課長、戦略政策部部長、北東アジア部部長、在日大使館政務担当公使、内閣調査庁副長官を経て、2011年8月3度目の日本赴任で駐日大使に就任。17年4月離任。日本語に堪能で、日本各地で講演を行った。

ミラノヴィッチ, ゾラン

Milanović, Zoran

1966.10.30〜

クロアチア首相　[出]ユーゴスラビア・クロアチア共和国ザグレブ（クロアチア）　[学]ザグレブ大学法学部, ブリュッセル大学大学院（EU法）（1998年）修士課程修了　[歴]ユーゴスラビア共産政権下でエリート高校に学び、ザグレブ大学法学部に進学。1993年クロアチア外務省に入省。99年社会民主党（SDP）に入党、2007年党首。11年12月の議会選でSDPなど野党連合が勝利し、首相に就任。16年1月退任。英語、フランス語、ロシア語を話す。

ミリバンド, エド

Miliband, Ed

1969.12.24〜

英国労働党党首, 英国エネルギー気候変動相　[出]ロンドン　[名]Miliband, Edward Samuel　[学]オックスフォード大学卒, ロンドン・スクール・オブ・エコノミクス修士課程修了

[歴]両親はナチス・ドイツの迫害を逃れて英国に渡ったポーランド系ユダヤ人で、父は英国で著名なマルクス主義政治学者のラルフ・ミリバンド。オックスフォード大学卒業後、英国労働党の調査員に。1997年からのブレア政権でブラウン財務相の政策アドバイザー。2005年5月下院議員に初当選。07～08年ランカスター公領総裁兼内閣府担当相。08年ブラウン政権下でエネルギー気候変動相に就き、外相を務める兄のデービッド・ミリバンドとともに"兄弟入閣"と話題を呼ぶ。10年9月労働党の党首選で兄を小差で制し、40歳の若さで新党首に選出される。15年5月総選挙で大敗を喫し、辞任。　[家]父＝ラルフ・ミリバンド（政治学者），兄＝デービッド・ミリバンド（政治家）

ミリバンド, デービッド

Miliband, David

1965.7.15～

英国外相　[出]ロンドン　[名]Miliband, David Wright　[学]オックスフォード大学コーパス・クリスティ・カレッジ卒, マサチューセッツ工科大学政治学修士課程修了　[歴]両親はナチス・ドイツの迫害を逃れて英国に渡ったポーランド系ユダヤ人で、父は英国で著名なマルクス主義政治学者のラルフ・ミリバンド。少年時代から路上で労働党のパンフレットを配っていた。オックスフォード大学で政治・経済・哲学を学び、卒業後左派系の政策研究機関に勤務。1994年ブレア労働党党首に招かれ、影の内閣の政策立案担当補佐官となる。97年～2001年ブレア政権の政策チームを率いた。01年6月下院議員に初当選。05年地域・地方政府担当相、06年5月環境・食糧・農村相など歴任。07年6月41歳でブラウン政権の外相に就任。10年5月辞任。同年8～9月の労働党党首選で弟のエド・ミリバンドと争ったが敗退。理路整然とした口調から"頭脳"と呼ばれる。13年よりニューヨークの国際救助委員会CEO（最高経営責任者）を務める。夫人はバイオリニスト。　[家]弟＝エド・ミリバンド（元英労働党党首）

ミルジヨエフ, シャフカト

Mirziyoyev, Shavkat

1957.7.24～

ウズベキスタン大統領　[出]ソ連ウズベク共和国ジザク州（ウズベキスタン）　[学]タシケント灌漑・農業機械化大学（1981年）卒 工学博士号　[歴]1981～92年タシケント灌漑・農業機械化大学研究員、共産青年同盟第1副学長を歴任。この間、90年ウズベク共和国最高会議代議員。92～96年タシケント市ミルゾ・ウルグベク地区長、96年～2001年ジザク州知事、1999年上院議員選出、2001～03年サマルカンド州知事、03年ウズベキスタン共和国首相。05年1月議会選挙後の組閣で首相に再任。15年1月議会選挙後の組閣でカリモフ大統領の提案により首相に再任。13年間首相としてカリモフ大統領を支え、16年9月カリモフ大統領の突然の死去に伴い、上下院により大統領代行に任命される。同年12月大統領選で当選し、就任。1991年に旧ソ連から独立後、初の大統領交代となった。政党には所属していない。　[勲]メフナット・シュフラチ（勤労名誉）国家勲章（1998年）

ミルズ, ジョン・アッタ

Mills, John Atta

1944.7.21～2012.7.24

ガーナ大統領　[出]英領黄金海岸（ガーナ）　[名]Mills, John Evans Atta　[学]ガーナ大学卒, ロンドン大学 Ph.D.　[歴]母校ガーナ大学法学部講師を務める。1996年ガーナ内国歳入庁（IRS）長官。97年～2001年副大統領。00年と04年の大統領選に国民民主会議（NDC）候補として出馬したが敗北。08年12月の大統領選で初当選し、09年1月ガーナ大統領に就任。12年12月の大統領選に再選を目指して出馬する予定だったが、7月死去した。10年秋訪日。

ミルティノヴィッチ, ミラン

Milutinović, Milan

1942.12.19～

セルビア共和国大統領　法律家　[出]ユーゴスラビア・セルビア共和国ベオグラード（セルビア）　[学]ベオグラード大学法学部（1965年）卒　[歴]政権党・共産主義者同盟の中で頭角を現し、26歳の若さで旧ユーゴ連邦議会議員に選ばれる。1977～82年セルビア共和国教育科学相、83～87年セルビア国立図書館館長、89～95年ユーゴの駐ギリシャ大使などを経て、95年8月ユーゴスラビア連邦外相に就任、米国でのボスニア和平交渉に加わった。97年12月セルビア共和国大統領に

当選。99年コソボ自治州内でユーゴ軍やセルビア治安部隊によりアルバニア系住民への弾圧が行われたことから、同年3月北大西洋条約機構（NATO）による空爆が始まり、戦争状態となる。同年5月コソボ紛争に絡む戦争犯罪を捜査する旧ユーゴスラビア国際戦犯法廷から残虐行為と戦争法違反の罪でミロシェヴィッチ大統領らとともに起訴される。2003年2月ユーゴスラビア連邦が消滅し、連合国家のセルビア・モンテネグロが発足。06年6月3日分離独立に伴い、セルビア国籍となる。09年無罪。

ミレル, レシェク

Miller, Leszek

1946.7.3〜

ポーランド首相、ポーランド民主左翼連合（SLD）代表　㊐ジラルドフ　㊥ワルシャワ大学卒、ポーランド統一労働者党中央委員会社会科学アカデミー卒 政治学博士　㊗繊維工場の労働者出身。1969年ポーランド統一労働者党（PUWP）入党。党の社会科学アカデミーで学ぶ。7年間ジラルドフのリンネル工場で働き、社会青年同盟の副議長、議長を務めたのち、ワルシャワの党中央委に勤務。80年代半ば党中央委青年体育文化部長、86年スキエルニビチェ県党第1書記を経て、88年12月党中央委書記、89年7月政治局員兼任。党青年・社会組織委員長として若い世代への接触に努めた。90年1月同党の社会民主党移行に伴い、新設の中央執行委書記長に就任。91年下院議員初当選。93〜96年労相、97年内相を歴任。この間、93年社会民主党副党首を経て、97年12月党首。99年12月民主左翼連合（SLD）代表となる。2001年9月議会選挙でSLDが第一会派となり、10月首相に就任。04年3月SLD代表を辞任。同年5月首相を辞任。ラコフスキ旧党第1書記の片腕と言われた。

ミロ, モハマド・ムスタファ

Miro, Mohamad Mustafa

1941〜

シリア首相　㊐ダマスカス近郊タル　㊥ダマスカス大学（アラビア文学）卒　㊗1980年から南部ダルアー、86年北東部のハサカ市長を経て、93年シリア第2の都市アレッポ市長に就任。2000年3月閣僚経験がないままシリア首相に抜擢された。03年9月退任。

ミロシェヴィッチ, スロボダン

Milošević, Slobodan

1941.8.20〜2006.3.11

ユーゴスラビア連邦大統領　㊐ユーゴスラビア・セルビア共和国ポジャレバツ　㊥ベオグラード大学法学部卒　㊗モンテネグロ人の父（神父）とセルビア人の母の間に生まれる。1959年17歳でユーゴスラビア共産主義者同盟（共産党）に入党。ベオグラード銀行頭取などを経て、84〜86年共産主義者同盟ベオグラード市委員会議長、86〜88年セルビア共和国共産主義者同盟幹部会議長（党首）を務め、89年同共和国幹部会議長（大統領）に就任。90年7月共産主義者同盟の後身の社会党（SPS）党首。12月複数政党制選挙で同共和国初の大統領選に当選、92年12月大統領に再選。一貫してセルビア民主主義を唱え、独立の動きを見せる連邦の各共和国の動きに介入。95年ボスニア・ヘルツェゴビナ紛争の和平協定に応じて国連制裁の解除にこぎつけ、96年新ユーゴスラビア（セルビアとモンテネグロで構成）連邦議会下院選挙において圧勝。97年7月新ユーゴスラビア連邦大統領に就任。99年コソボ自治州の共和国昇格を求めるアルバニア系住民に対し迫害を加えたことから北大西洋条約機構（NATO）が和平協定に乗り出すが、交渉を拒否。3月NATO軍より空爆を受け、戦争状態となる。6月ロシアのチェルノムイルジン特使らが提示したコソボ紛争和平案を受諾、新ユーゴスラビア軍はコソボから撤退。2000年9月大統領選で野党統一候補のコシュトニツァと一騎打ちとなり与野党とも勝利宣言を行うが、大統領の退陣を求める抗議デモにより政権が崩壊、10月辞任。しかしその後も大統領公邸に居住。01年4月公邸に籠城しているところを職権乱用や不正蓄財などの容疑でセルビア警察当局に逮捕され、戦争犯罪を捜査する国連の旧ユーゴ国際刑事法廷に引き渡された。90年代の旧ユーゴ紛争の中で“民族浄化”の名で集団殺害（ジェノサイド）や非人道行為の実行を命令したとされ、特に95年ボスニア東部スレブレニツァで起きたセルビア人部隊による約7000人のイスラム教徒らの虐殺は第二次大戦後最大の悲劇として世界に衝撃を与えた。国家元首だった人物が国際戦犯法廷で裁かれるのは初めてで、公判では弁護士を立てずに自ら法廷に立ち、無罪を主張。2003年12月のセルビア共和国議会選挙ではSPSの比例代表名簿1位と

して当選したが、04年1月党が議院名簿に含めない方針を決定、復権は実現しなかった。国際法廷で係争中の06年3月、拘置所内で亡くなっているのが発見された。 [家]兄＝ボリスラブ・ミロシェヴィッチ（外交官）

ミロノフ, セルゲイ

Mironov, Sergei
1953.2.14～
ロシア上院議長, 公正ロシア党首 [出]ソ連ロシア共和国プーシキン（ロシア） [名]Mironov, Sergei Mikhailovich [学]レニングラード鉱山大学（1979年）卒, サンクトペテルブルク工科大学（1992年）卒, サンクトペテルブルク大学法学部（1998年）卒 [歴]地質学者として建設会社などで働く。1994年と98年サンクトペテルブルク市議に選出、2000年6月副議長。プーチン大統領の大統領選を支えた側近として知られる。01年6月ロシア連邦会議（上院）議員となり、12月～11年5月議長。02年6月生活党を結成し党首。06年10月同党など3党が統合した新党“公正ロシア”の党首となる。11年6月ロシア国家会議（下院）議員に転身し、公正ロシア下院会派代表に就任。同年12月の下院選で当選。12年3月の大統領選では5位。

ミンコーナイン

MinKo Naing
1962.10.18～
全ビルマ学生連盟（ABFSU）議長, 88世代平和オープンソサイエティ第1総書記　民主化運動指導者 [出]ビルマ・ラングーン（ミャンマー・ヤンゴン） [名]別名＝Paw Oo Tun [歴]ミンコーナインは“（国民を苦しめる）王に勝つ”という意味の通用名。1988年のビルマ全土で起こった民主化運動においてヤンゴン大学の学生組織の指導者として台頭、全ビルマ学生連盟（ABFSU）議長を務める。89年軍事政権に逮捕され、アムネスティ・インターナショナルの“良心の囚人”に認定される。刑務所をたびたび移動させられ拷問や虐待に耐え抜き、15年間服役して2004年解放。民主化運動を続けたため06年再逮捕、翌年解放されるが、07年8月燃料費値上げ反対運動を指導して3度目の逮捕、懲役65年の判決を受ける。11年軍事政権による民政移管後、12年他の政治犯とともに釈放される。投獄された期間は通算約20年にも及んだ。その後、1988年当時からの活動家らとともに“88世代平和オープンソサイエティ”を設立し、憲法改正や国民和解などさまざまな問題解決に取り組む。同第1総書記として、17年12月初来日。芸術家としても活動。 [賞]ジョン・ハンフリー自由賞（カナダ）（1999年）, ホモ・ホミニ賞（チェコ）, ノルウェー学生平和賞, 米国市民的勇気賞, 光州人権賞（韓国）

ミンニハノフ, ルスタム

Minnikhanov, Rustam
1957.3.1～
タタールスタン共和国大統領 [出]ソ連タタール自治共和国ルィブノ・スロボダ郡（ロシア・タタールスタン共和国） [名]Minnikhanov, Rustam Nurgaliyevich [学]カザン農業大学卒 [歴]大学卒業後エンジニアを経て、26歳でサブィ郡の副行政長官となる。以後地方行政府の重要なポストを歴任。1996年タタールスタン共和国財務相、98年首相。99年半官石油会社タト・ネフチ取締役会長を兼任。首相在任中、タタールスタンは堅実な経済発展を遂げ、2009年タタールスタン共和国主権運動の父シャイミエフに推薦され、10年第2代大統領に就任。自身がスポーツマン、スポーツ愛好家であることも影響して、首都カザンではスポーツの国際大会が多く開かれるようになり、カザンがロシアにおけるスポーツの中心として注目を集めることに尽力、経済効果ももたらした。14年ロシアによるクリミア併合時には、クリミア・タタール人をはじめとするクリミア住民への支援を表明、経済面の手腕だけでなく、指導者としても注目を集める。12年地方首長公選制が復活し、15年初めて行われた共和国大統領選で再選される。

【ム】

ムーア, マイケル

Moore, Michael
1949.1.28～
ニュージーランド首相 [出]ワカタネ [名]Moore, Michael Kenneth 通称＝Moore, Mike [学]レイ・オブ・アイランド高校卒 [歴]5歳の時に父親と死別、15歳で学校を卒業後、

レンガ工、印刷工などをして働き始める。1966年ニュージーランド労働党入党。67年印刷工組合の代表としてオークランド労働評議会に参加。72年最年少の23歳でニュージーランド国会議員に初当選。75年落選、夜間警備員などをする。78年国会議員に返り咲き、以後各種委員会ポストや観光相、レクリエーション・スポーツ相、外国貿易市場開発相などを歴任。88年9月対外関係・貿易相、90年1月外相を経て、同年9月41歳で首相に就任。同年10月総選挙で野党・国民党に大敗し首相退任。93年12月党首辞任。99年9月〜2002年8月世界貿易機関（WTO）事務局長を務めた。独学と多読で知られ、議会、経済、労働などについての著書がある。1999年10月来日。

ムアレム, ワリード

Muallem, Walid

1941〜

シリア副首相・外務・移民相　㊉ダマスカス　㊥カイロ大学経済学部（1963年）卒　㊦1964年シリア外務省に入省、在タンザニア、在サウジアラビア、在スペイン、在英国の各大使館に勤務。75〜80年駐ルーマニア大使、80〜84年外務省資料・翻訳局長、90〜99年駐米大使、99年〜2005年外務次官、05〜06年外務副大臣を経て、06年2月外務・移民相に就任。この間、1990〜99年対イスラエル和平交渉に参加。シリア外務省きっての知米派として知られる。

ムウィニ, アリ・ハッサン

Mwinyi, Ali Hassan

1925.5.8〜

タンザニア大統領　㊉英領タンガニーカ・キサルウェ県モヴレ（タンザニア）　㊥ザンジバル高等師範学校（1943年）卒、ダーハム教育大学（英国）　㊦本土タンガニーカ生まれだが、両親とも島嶼部のザンジバル人。高等師範学校卒業後、英国に留学。1945〜61年教職を経て、63年タンザニア教育省入り。64年教育省次官代理、東アフリカ通貨理事会議長、ザンジバル映画検閲委員会議長。70年に大統領府国務相として中央政界入りし、厚相、内相を歴任。77年駐エジプト大使に転出したが、82年天然資源・観光相として戻され、84年1月ザンジバル自治政府大統領兼タンザニア副大統領。85年8月タンザニア革

命党（CCM）全国会議で第2代大統領に指名され、同年11月大統領に就任。86年6月経済復興3年計画に着手。87年10月CCM副議長、90年8月同議長。同年11月大統領に再選、95年まで務める。89年12月初来日。

ムカジー, プラナブ

Mukherjee, Pranab

1935.12.11〜

インド大統領　㊉英領インド西ベンガル州ビールブール（インド）　㊞Mukherjee, Pranab Kumar　㊥カルカッタ大学（現・コルカタ大学）卒　㊦父親は独立運動に加わったインド国民会議派のメンバーで、地方幹部だった。カルカッタ大学で歴史学・政治学修士号を取得。教師やジャーナリストを経て、1969年インド上院議員。74〜75年財務担当国務相、75〜77年歳入・銀行相、80〜82年商業・鉄鋼・鉱山相、82〜85年財務相、93〜95年商業相、95年2月〜96年5月外相を歴任。2004年下院議員。04〜06年国防相、06〜09年外相、09〜12年6月財務相。12年7月パティル大統領の任期満了に伴う大統領選で当選、同月就任。17年7月任期満了で退任。

ムカパ, ベンジャミン・ウィリアム

Mkapa, Benjamin William

1938.11.12〜

タンザニア大統領　㊉英領タンガニーカ・マサシ（タンザニア）　㊥メケレレ大学　㊦建国の父、ニエレレ初代タンザニア大統領の高校教師時代の教え子で、ジャーナリストを経て、同大統領政権下で外相や情報相などを歴任。1995年10月与党タンザニア革命党（CCM）の候補者として同国初の複数政党による大統領選で当選、11月就任。96年CCM党首。2000年10月大統領再選。05年12月退任。

ムガベ, ロバート

Mugabe, Robert

1924.2.21〜

ジンバブエ大統領、ジンバブエ・アフリカ民族同盟愛国戦線（ZANU-PF）議長　㊉英領ローデシア・クタマ（ジンバブエ）　㊞Mugabe, Robert Gabriel　㊥フォートヘア大学（南アフリカ）（1951年）卒、ロンドン大学　㊦多数派部族ショナ族出身。大学卒業後、小・中学校教師を経て、1961年ジンバ

ブエ・アフリカ人民同盟（ZAPU）副書記長。62年9～12月、63年3～4月投獄、同年4月タンザニアに亡命し、7月にZAPUから分派したジンバブエ・アフリカ民族同盟（ZANU）結成に参加、8月書記長となる。64年南ローデシア（現・ジンバブエ）に戻ったが、白人政府に逮捕され74年まで拘禁。76年からZANU議長となり、モザンビークを本拠にゲリラ戦を展開。またヌコモZAPU議長と愛国戦線を結成し共同議長。80年4月の独立でジンバブエ首相兼国防相。87年12月新設の大統領に就任。88年ZANUはZAPUを吸収合併し、ジンバブエ・アフリカ民族同盟愛国戦線（ZANU-PF）と改称、議長となる。2001年9月1年半続いた黒人による白人農場占拠を停止し、合法的な土地改革を進めると表明。02年3月大統領4選。08年6月大統領選の決選投票で5期目の当選。しかし、アフリカ連合の選挙監視団は、決選投票の正当性を否定し、選挙の再実施を要求した。09年ムガベ大統領、ツァンギライ首相による連立政権が成立した。13年8月大統領6期目。その後、浪費癖で国民に嫌われているグレース夫人（1996年結婚）への権力委譲を図り、93歳の2017年11月、長年の側近であるムナンガグワ第1副大統領を解任。これに与党や軍が反発し、事実上のクーデターでZANU-PF議長を解任され、大統領を辞任。37年間の長期政権は終幕した。"建国の父"であることから、辞任直後に誕生日の2月21日が国民の祝日に制定された。南アのアパルトヘイトを最も声高に非難した南部アフリカの指導者。1989年10月来日。

ムクリン・ビン・アブドルアジズ

Muqrin bin Abdulaziz

1945.9.15～

サウジアラビア皇太子・副首相　㊐リヤド　㊎クランウェル空軍学校（英国）　㊍初代アブドルアジズ（イブン・サウード）国王の子息として生まれる。英国で教育を受け、サウジアラビア空軍勤務。1980～99年ハイル州知事、99年～2005年メディナ州知事などを歴任し、05～12年総合情報庁長官。13年2月第2副首相に就任。母はイエメン系女性で有力家系には属さないが、異母兄アブドラ国王の信認が厚いとされ、14年3月王位継承者の第2位（副皇太子）に指名される。15年1月23日アブドラ国王の死去を受け、異母兄サルマンが第7代国王となり、皇太子に昇

格、副首相に指名されたが、4月サルマン国王の勅命により、アブドラ国王が任命した皇太子兼副首相、国王顧問、国王特使を解任された。　㊍父＝アブドルアジズ・イブン・サウード（サウジアラビア初代国王）、異母兄＝サウード・ビン・アブドルアジズ（第2代国王）、ファイサル・ビン・アブドルアジズ（第3代国王）、ハーリド・ビン・アブドルアジズ（第4代国王）、ファハド・ビン・アブドルアジズ（第5代国王）、アブドラ・ビン・アブドルアジズ（第6代国王）、スルタン・ビン・アブドルアジズ（サウジアラビア皇太子）、ナエフ・ビン・アブドルアジズ（サウジアラビア皇太子）、サルマン・ビン・アブドルアジズ（第7代国王）

ムーサ，アムル・マハムード

Moussa, Amr Mahmoud

1936.10.3～

エジプト外相、アラブ連盟事務局長　外交官　㊐カイロ　㊎カイロ大学法学部（1957年）卒　㊍1958年ナセル時代にエジプト外務省に入省。72年エジプト国連代表部。73年中東和平ジュネーブ会議にエジプト代表団の一員として参加。その後、83年12月駐インド大使、90年1月～91年5月国連大使を経て、91年5月～2001年5月外相。01年6月～11年5月アラブ連盟事務局長。11年のエジプト大統領選に立候補したが、落選。

ムサ，サイド

Musa, Said

1944.3.19～

ベリーズ首相　㊐サンイグナシオ　㊎マンチェスター大学法学卒　㊍弁護士などを経て、1974年ベリーズ人民統一党（PUP）に入党。74～79年上院議員。79～84年、93～98年下院議員。教育・スポーツ・文相、外相、経済開発相などを歴任。96年よりPUP党首。98年8月総選挙でPUPが勝利し、首相に就任。2008年2月の総選挙後、退陣。

ムザディ，ハシム

Muzadi, Hasyim

1944～

インドネシア国会議員，ナフダトゥル・ウラマ（NU）議長　㊐オランダ領東インド東ジャワ州トゥバン（インドネシア）　㊍1972～87年インドネシア国会議員を務める。99年11

月ワヒド大統領就任に伴い、その後任としてインドネシア最大のイスラム教組織、ナフダトゥル・ウラマ(NU)議長に就任。2004年の正副大統領選にメガワティ大統領と組み出馬。10年3月NU議長を退任。政財界にも強い影響力を持つ。

ムサビ, ミルホセイン

Mousavi, Mirhossein

1941.9.29〜

イラン首相, イラン改革派指導者　[出]タブリーズ近郊　[学]メリ大学(テヘラン)建築学修士課程修了　[歴]大学在学中、反政府イスラム学生協会創設。1979年のイラン革命で旧革命評議会評議員に選出。与党イスラム共和党(IRP)中央評議会評議員、党機関紙イスラム共和国発行人兼編集長、党副書記長を歴任。イラン・イラク戦争中の81年7月ラジャイ内閣の外相。同年11月首相、85年10月再任。89年8月憲法修正で首相職が廃止され、9月ラフサンジャニ新大統領顧問となる。97年〜2005年ハタミ大統領の上級顧問。09年6月イラン大統領選に改革派候補として出馬するが、現職のアフマディネジャドに敗れる。しかし、選挙に不正があったとして、開票結果を無効とするよう護憲評議会に異議申し立てをし、大規模な抗議デモを主導した。

ムジャディディ, シブガトラ

Mojaddidi, Sibghatulla

1925〜

アフガニスタン暫定評議会議長, アフガニスタン民族解放戦線代表　[出]カブール　[学]アル・アズハル大学(カイロ)卒　[歴]パシュトゥン人。アフガニスタンの宗教界の名門の家系。大学卒業後帰国し、カブール大学神学教授としてイスラム法を講義。また、反政府運動に参加するようになり、1959年にはダウド首相の親ソ政策を批判したため投獄。4年後釈放され、74年国外追放となる。その後コペンハーゲンにスカンジナビア・イスラム研究センターを設立し、各地を回って教鞭を執る。ムジャディディ一族の男性のほとんどが70年代の政権によって殺害されており、生き残りの一人として一族の支配下にあった人々をまとめ、78年アフガニスタン民族解放戦線を結成、本部をパキスタンのペシャワルにおいた。79年末の旧ソ連軍侵攻後、反政府運動のリーダーとして頭角を現す。89年2月スンニ派ゲリラ7組織からなる反政府暫定政権の大統領(91年12月解散)に就任。92年4月カブールのナジブラ政権を倒し、ゲリラ各派と暫定評議会を設立、議長(元首)に選ばれる。同年6月任期切れで辞任。ブルハヌディン・ラバニに権力移譲後、国外に脱出するが、2001年帰国。03年ロヤ・ジルガ(国民大会議)議長。05年上院議長に就任。反政府武装勢力タリバンのメンバーに恩赦を与える委員会の委員長として幹部の説得にあたる。06年自動車爆弾による自爆攻撃に遭うが、一命をとりとめた。ゲリラ穏健派。白いあごひげがトレードマーク。

ムシャラフ, ペルベズ

Musharraf, Pervez

1943.8.11〜

パキスタン大統領, パキスタン国軍総参謀長　軍人　[出]インド・デリー　[学]パキスタン陸軍士官学校卒, 英国王立国防大学(1991年)卒　[歴]英領インドのデリーで生まれ、パキスタンの分離・独立後の1947年、両親とカラチに移住。49〜56年トルコに在住。パキスタン陸軍士官学校卒業後、64年陸軍に入隊。65年第2次印パ戦争に参加して功績を挙げ、“戦闘のプロ”と称される。71年第3次印パ戦争では特別部隊の司令官として従軍。歩兵旅団長、陸軍作戦本部長などを経て、95年パンジャブ州マングラの地区司令官。この間、91年中将昇進。シャリフ首相に評価され、98年10月軍内序列を飛び越えて陸軍参謀長に抜擢される。のち大将に昇進し、99年4月三軍の総参謀長も兼任。同年5月のカシミール紛争で親パキスタン武装勢力の電撃的なインド側支配地域侵入作戦を立案した中心人物だが、シャリフ首相が同年7月武装勢力の撤退を決めたことで亀裂が決定的となり、10月シャリフ首相により陸軍参謀長を解任された直後にクーデターを指揮し、最高行政官(首相に相当)に就任。2001年6月タラル大統領を解任し、暫定憲法命令に基づき自ら大統領となる。軍事クーデター以降休止していた下院と州議会を正式に解散した。10月国軍総参謀長退任。02年4月の国民投票で5年続投承認。10月民政復帰へ向け最高行政官の地位放棄を表明。11月国会を招集して、改めて大統領就任を宣誓。07年10月大統領選に立候補するが、陸軍参謀長との兼務が公職兼任者の大統領立候補を

禁じた憲法に違反するとして対立候補が最高裁に提訴。同月圧倒的な支持を得て当選を果たしたが、11月政権に批判的な立場を取る最高裁が当選無効の判断を下す前に非常事態を宣言して憲法を停止し、最高裁長官を解任、同月当選を確定させた。同月陸軍参謀長を辞任して文民大統領となり、非常事態宣言も解除。08年2月の総選挙で与党が大敗。3月に発足した反大統領派の連立内閣を支える人民党など4党による弾劾圧力が強まり、8月大統領を辞任。13年3月国外亡命から帰国し、4月反逆罪で逮捕される。14年3月起訴。英語の他、トルコ語に堪能。

ムジャワル, アリ・ムハンマド

Mujawar, Ali Muhammad

1953〜

イエメン首相　[出]シャブワ　[学]アルジェ大学（アルジェリア）卒 経営学博士号（グルノーブル大学, フランス）（1991年）　[歴]アデン大学で教えた後、2003年バジャンマル内閣漁業相、06年電力相を経て、07年イエメン首相に就任。11年6月首都サヌアの大統領宮殿敷地内にあるモスク（イスラム教礼拝所）に礼拝で訪れていた際、反体制派による砲撃で負傷し、12月首相を退任。

ムスタファ, アブ・アリ

Mustafa, Abu Ali

〜2001.8.27

パレスチナ解放人民戦線（PFLP）議長　[名]ムスタファ, ジブリ　[歴]第3次中東戦争後の1967年12月急進派のジョルジュ・ハバシュがパレスチナ解放機構（PLO）のアラファト議長と袂を分かち創設したパレスチナ解放人民戦線（PFLP）に参加。PFLPはPLO内では反主流派最大の組織で、93年アラファト議長がイスラエルと調印したパレスチナ暫定自治合意を拒否し、ダマスカスを本拠に武装闘争を継続。組織の重鎮として反イスラエル抵抗闘争（インティファーダ）を担う強硬派指導者として活動。2000年7月ハバシュ議長の後任としてPFLP議長に選出される。01年8月イスラエル軍によるPFLP事務所へのミサイル攻撃で暗殺された。

ムスタファ, イサ

Mustafa, Isa

1951.5.15〜

コソボ首相　[出]ユーゴスラビア・セルビア共和国コソボ自治州プリシュティナ（コソボ）　[学]プリシュティナ大学（経済学）Ph. D.　[歴]1990年代の旧ユーゴスラビア紛争当時、セルビア当局に訴追され、ドイツやスイス、アルバニアなどで亡命生活を送った。ドイツに拠点を置く亡命政府"コソボ共和国"の経済財政相を務める。99年コソボに帰還。2007〜13年プリシュティナ市長。10年コソボ民主同盟党首。14年12月首相に就任。17年5月議会で内閣不信任案が可決され、サチ大統領が議会を解散。

ムスワティ3世

Mswati III

1968.4.19〜

スワジランド国王　[出]マンジニ　[名]Makhosetive Mswati III　[学]シェボーン校（英国）　[歴]父は60年以上在位したソブーザ2世。1982年8月父の死去に伴い、王妃の摂政のもと83年9月スワジランド皇太子となる。英国シェボーン校留学。86年4月25日18歳で即位。98年10月、2003年9月来日。[家]父＝ソブーザ2世（スワジランド国王）

ムセベニ, ヨウェリ・カグタ

Museveni, Yoweri Kaguta

1944.8.15〜

ウガンダ大統領　[出]ヌトゥンガモ　[学]ダルエスサラーム大学（タンザニア）（1970年）卒　[歴]少数部族バニヤコレ出身で、豪農の家に生まれる。20代から政治に関わり、第1次オボテ政権で大統領府に勤め、アミン政権成立で1971年タンザニアに亡命。73年救国戦線（FRONASA）を結成。79年アミン政権崩壊後、オボテ政権下で国防相、地域協力相、軍事評議会副議長を歴任。80年12月総選挙で敗北したあと、オボテ政権打倒を目指す国民抵抗軍（NRA）を率いてゲリラ闘争を指導。85年12月オケロ政権と和平協定を締結したが、86年1月オケロ政権を打倒し、大統領に就任。96年5月初の直接選挙で大統領に当選、2001年3月再選、06年2月3選、11年2月4選。沈滞するアフリカ経済の中でウガンダの経済安定を支え、エイズ対策、教育充実に取り組む。この間、1990〜91年アフリカ統一機構（OAU）議長を務めた。

ムタリカ, アーサー・ピーター

Mutharika, Arthur Peter

1940.7.18〜

マラウイ大統領・国防相 [出]チョロ [学]ロンドン大学 法学博士(エール大学, 米国) [歴]国際法学者としてワシントン大学(米国)などで教授を務めた。2009年マラウイ国会議員に当選。法相、教育・科学・技術相、外相を歴任。12年、実兄のビング・ムタリカ大統領の死去を受け、民主進歩党(DRP)党首に就任。14年5月大統領に就任、国防相兼任。 [家]兄＝ビング・ムタリカ(マラウイ大統領)

ムタリカ, ビング

Mutharika, Bingu

1934.2.24〜2012.4.5

マラウイ大統領, マラウイ民主進歩党党首 [出]英領ニアサランド・ソヨロ(マラウイ) [名]Mutharika, Bingu Wa [学]デリー大学(インド)卒, デリー大学大学院経済学専攻修士課程修了, ジョージ・ワシントン大学(米国), ナイロビ大学(ケニア) 博士号(開発経済学, パシフィック・ウエスタン大学) [歴]1963年マラウイ政府入り。国連勤務を経て、91年東部南部アフリカ共同市場(COMESA)初代事務局長。97年マラウイ連合党を創設。99年の大統領選は落選。2001年中央銀行副総裁。与党・統一民主戦線(UDF)入りし、02年経済計画・開発相。04年5月大統領選に当選、同月就任。05年2月野党統一民主戦線(UDF)からの脱退を表明。これに対しUDFは連立政権からの離脱を表明。5月新党・民主進歩党(DPP)を正式に発足させる。09年5月大統領再選。

ムタリボフ, アヤズ

Mutalibov, Ayaz

1938.5.12〜

アゼルバイジャン大統領 [出]ソ連アゼルバイジャン共和国バクー(アゼルバイジャン) [学]アゼルバイジャン石油化学大学卒 [歴]アゼルバイジャン人。1963年ソ連共産党入党。79年アゼルバイジャン共和国地場産業相、82年同共和国副首相兼国家計画委員会(ゴスプラン)議長を経て、89年より同共和国閣僚会議議長(首相)。90年1月同共産党第1書記兼任、11月初代大統領に就任。同年7月党中央委員、政治局員。91年8月保守派によるクーデター失敗後ソ連共産党政治局員、共和国共産党第1書記を辞任。9月共和国初の大統領直接選挙で再選。12月ソ連邦解体により独立国家共同体に加盟。92年3月ナゴルノ・カラバフ自治州でのアルメニア人対策で批判を受け大統領を辞任。5月14日大統領に復帰するが、非常事態宣言布告直後、人民戦線が蜂起、15日実権を掌握され失脚。

ムティラン, マヒド・ミラアト

Mutilan, Mahid Mir'at

1943.8.12〜2007.12.6

ムスリム・ミンダナオ自治地域(ARMM)副長官 ウラマー [出]南ラナオ州 [歴]リビアでイスラム宣教を学んだ後、1974年リビアより日本に派遣され、神戸モスクで宣教に携わる。86年コラソン・アキノ政権が成立した機会をとらえ帰国、イスラム改革主義政党オンピア党創設に参加し、同党総裁に就任。フィリピンの議会民主政治に積極的に参加し、選挙を通じて88〜92年マラウィ市長、92年〜2001年南ラナオ州知事、01〜04年ムスリム・ミンダナオ自治地域(ARMM)副長官を歴任した。ARMM時代には、教育局長を兼任しイスラム教育とフィリピン公教育の統合カリキュラム策定などを手がけた。フィリピン・ウラマー連盟会長として、政府のミンダナオ和平プロセスに協力、“司教・ウラマー・フォーラム”のリーダーの一人として宗教間対話にも取り組んだ。

ムナンガグワ, エマーソン

Mnangagwa, Emmerson

1942.9.15〜

ジンバブエ大統領, ジンバブエ・アフリカ民族同盟愛国戦線(ZANU-PF)議長 [出]英領ローデシア・ミッドランド州ズビシャバネ(ジンバブエ) [学]ロンドン大学法学専攻, ザンビア大学大学院法学専攻 [歴]ジンバブエで多数派を占めるショナ族出身。父は植民地の黒人差別法の撤廃を求めて政治活動を行った人物。1963年ジンバブエ・アフリカ人民同盟(ZANU)に参加、白人少数政権からの独立闘争に係わり、65年逮捕される。73年釈放後、ザンビア大学大学院で学ぶ。ZANU議長ムガベ(後の大統領)の部下となり、76年ZANUザンビア支所書記官、77年ムガベの特別補佐などを経て、80年の独立後、国家安全保障相、88年司法・法相。同年

ZANUはZAPUを吸収合併し、ジンバブエ・アフリカ民族同盟愛国戦線（ZANU-PF）と改称。2000年国民議会（下院）議長、05〜13年国防相。08年ムガベ大統領の選挙対策責任者。14年12月第1副大統領。ムガベの後継者として有力視されていたが、17年11月ムガベ大統領により突如解任される。これに軍が反発、事実上のクーデターによりムガベは辞任に追い込まれ、大統領に就任。冷酷さや政治生命の長さなどから“クロコダイル（ワニ）”とも呼ばれる。

ムニューシン, スティーブン

Mnuchin, Steven

1962.12.21〜

米国財務長官　銀行家　[出]ニューヨーク　[名]Mnuchin, Steven Terner　[学]エール大学卒　[歴]米国金融大手ゴールドマン・サックスで幹部として活躍。その後、映画製作会社を設立して有名映画に投資したほか、銀行業にも携わる。2016年米国大統領選で共和党のトランプ陣営に入って資金調達を担当したほか、政権移行チームの中枢として財政や金融関連の調査、助言を担う。17年2月財務長官に就任。

ムバッザア, フアード

Mbazaa, Fouad

チュニジア暫定大統領　[歴]チュニジア代議院議長を務め、2011年1月ベン・アリ政権の崩壊に伴い暫定大統領に就任。3月1959年憲法を停止し、10月制憲国民議会選挙を実施。同年12月大統領退任。

ムバラク, ムハンマド・ホスニ

Mubarak, Muhammad Hosni

1928.5.4〜

エジプト大統領　軍人　[出]ミヌフィア県　[学]エジプト陸軍士官学校（1949年）卒, エジプト空軍士官学校（1950年）卒　[歴]1950年空軍に入り、ソ連軍事教育機関留学を経て、67年空軍士官学校校長、69年空軍参謀長、72年空軍司令官。73年の第4次中東戦争では、イスラエル軍防衛陣地への電撃作戦で戦局を有利に導く。74年空軍元帥。75年4月47歳でサダト政権の副大統領に就任。81年10月10日、暗殺されたサダト大統領の後継者に推薦され、同月13日の国民投票で新大統領として信任された。82年エジプト国民民主党（NDP）総裁（党首）。対イスラエル和平路線推進を基礎とするサダト路線を原則的に踏襲する一方、89年アラブ連盟に復帰。89〜90年、93〜94年アフリカ統一機構（OAU）議長。91年1月の湾岸戦争では反イラクの先鋒となり多国籍軍に参加。2005年9月エジプト初の大統領直接選挙で5選を果たす。07年憲法改正を行い、大統領の権限をさらに強化した。11年2月エジプト騒乱（大規模デモ）を受けて11日大統領を辞任し、軍の最高評議会に権限を渡す。5期30年にわたり強権支配を続けた。同年4月汚職や公金横領などの罪で拘束。12年6月終身刑判決を受けるが、その後、破棄院（最高裁）が審理やり直しを命じる。14年11月のやり直し裁判で公訴棄却となり事実上無罪となる。15年6月破棄院が検察の上訴を受け入れて2度目の審理やり直しを決定。17年3月破棄院が無罪判決を下し、判決が確定した。

ムハンマド, アブドルザフラ

Muhammad, Abd al-Zahra

〜2004.5.17

イラク統治評議会議長　[出]バスラ　[名]Muhammad, Abd al-Zahra Uthman 別名=Izz al-Din Salim　[歴]新聞、雑誌の編集者として活躍し、宗教・政治に関する著書も多数執筆。フセイン政権下、政権を支えたバース党支配体制への抵抗運動に参加して1974〜78年投獄され、その後イランに亡命した。2003年イラク戦争でフセイン政権が崩壊後、イラク統治評議会議長に就任。04年5月バクダッドで自爆テロによって殺害された。

ムハンマド6世

→モハメド6世を見よ

ムハンマド・ビン・サルマン

Muhammad bin Salman

1985.8.31〜

サウジアラビア皇太子・副首相・国防相　[出]リヤド　[学]サウド国王大学卒　[歴]サルマン国王の実子（七男）。リヤド州知事特別顧問などを経て、2013年から皇太子だった父の特別顧問、皇太子府長官。15年1月父の第7代国王即位直後に国防相兼王宮府長官、経済開発評議会議長に指名され、3月隣国イエメンへの軍事介入を実施。同年4月第2副首相、副皇太子に抜擢されると内外の政策全般を

指揮し、16年1月のイランとの国交断絶、石油に頼らない経済への移行を目指す成長戦略「ビジョン2030」の作成などを主導。17年6月サルマン国王の甥ムハンマド・ビン・ナエフ皇太子が解任され、皇太子に昇格。同年11月反腐敗最高委員会を率い、王族や現職閣僚を含む350人の逮捕を主導。この間、16年9月来日。親日家。欧米の研究者などからはMBS（ムハンマド・ビン・サルマン＝サルマンの息子ムハンマドの頭文字）とも呼ばれる。　㊟父＝サルマン・ビン・アブドルアジズ（サウジアラビア第7代国王）、従兄＝ムハンマド・ビン・ナエフ（元サウジアラビア皇太子）

ムハンマド・ビン・ナエフ

Mohammad bin Naif
1959.8.30～
サウジアラビア皇太子・副首相・内相　㊟ジッダ　㊟急進的なイスラム思想ワッハーブ主義を保護する豪族で、サウジアラビア初代国王の祖父アブドルアジズ（イブン・サウード）以来、絶対君主的な王政を敷くサウード家の出身。父ナエフはサウード家の中でも最大の勢力を持つ"スデイリ7人兄弟"の一人。米国で学士号を取得。サウジアラビア内外でテロ対策に関わり、内相を務めた父ナエフ皇太子の下でテロ対策を指揮。2009年には暗殺を狙った国際テロ組織アルカイダ系のテロが発生した。12年11月内相。15年1月23日父の実弟サルマンが第7代国王に即位すると、初代国王の孫にあたる"第3世代"として初の副皇太子、第2副首相に任命される。同年4月には皇太子、第1副首相に昇格し王位継承順位が1位となるが、17年6月サルマン国王の勅令により皇太子、副首相、内相の全てを解任される。欧米の研究者などからはMBN（ムハンマド・ビン・ナエフ＝ナエフの息子ムハンマドの頭文字）とも呼ばれる。　㊟父＝ナエフ・ビン・アブドルアジズ（サウジアラビア皇太子）、祖父＝アブドルアジズ・イブン・サウード（サウジアラビア初代国王）、伯父＝サルマン・ビン・アブドルアジズ（サウジアラビア第7代国王）、従弟＝ムハンマド・ビン・サルマン（サウジアラビア皇太子）

ムハンマド・ビン・ラシド・アル・マクトム

Muhammad bin Rashid al-Maktoum
1948～
アラブ首長国連邦（UAE）副大統領・首相・国防相、ドバイ首長　㊟ドバイ　㊟サンドハースト陸軍士官学校、ケンブリッジ大学卒　㊟ドバイ首長家（マクトム朝）の三男。英国に留学後、英軍で訓練。ドバイ軍を創設。1971年ドバイ警察長官、72年アラブ首長国連邦（UAE）国防相を務める。90年ドバイ皇太子。2006年1月4日兄マクトム3世の死去に伴い、ドバイ首長を継承。5日UAE副大統領・首相・国防相に就任。一方、1976年競馬界に参入。90年代競馬組織のゴドルフィン・レーシングを設立、世界的な厩舎に育て上げる。　㊟父＝ラシド・ビン・サイド・アル・マクトム（＝ラシド2世、ドバイ首長・アラブ首長国連邦副大統領）、兄＝マクトム・ビン・ラシド・アル・マクトム（＝マクトム3世、アラブ首長国連邦副大統領兼首相・ドバイ首長）

ムヒカ, ホセ

Mujica, José
1935.5.20～
ウルグアイ大統領　㊟モンテビデオ　㊟Mujica Cordano, José Alberto, 別名＝ムヒカ, ペペ〈Mujica, Pepe〉　㊟小学3年で農場主の父を亡くし、母と花や野菜の栽培で生計を立てた。高校に通うが、自転車競技などに熱中して中退。1960～70年代、キューバ革命の影響を受けた非合法組織の極左都市ゲリラ"民族解放運動（トゥパマロス）"の一員として活動、資金を稼ぐために強盗や誘拐などに手を染め、72年逮捕される。73年収監されて拷問も受け、軍事政権が終わる85年まで服役した。この間、刑務所からトンネルを掘って脱獄した経験もある。89年左派の拡大戦線（FA）に入り、94年ウルグアイ下院議員に当選。99年上院議員となり、2004年トップで再選される。同国初の左派政権であるタバレ・バスケス大統領の下で05～08年農牧水産相。09年11月ゲリラ出身としては初めてウルグアイ大統領に当選、10年3月就任。15年2月退任。給料の大半は貧しい人の家の建設費に、自身の農場で栽培した花や野菜の収益の一部は小企業支援の基金に寄付するなど、気さくな人柄から"ペペ"の

愛称で国民から親しまれた。その質素な暮らしぶりから“世界で一番貧しい大統領”として注目を集め、12年の国連会議での演説は日本では絵本「世界でいちばん貧しい大統領のスピーチ」として刊行された。16年4月初来日。妻はゲリラ時代の同士ルシア・トポランスキ上院議員で、05年正式に結婚した。 [賞]KYOTO地球環境の殿堂（2016年） [家]妻＝ルシア・トポランスキ（ウルグアイ上院議員）

ムベキ, ターボ

Mbeki, Thabo

1942.6.18～

南アフリカ大統領, アフリカ民族会議（ANC）議長 [出]トランスカイ地区イドゥティワ（東ケープ州） [名]Mbeki, Thabo Mvuyelwa [学]ロンドン大学, サセックス大学（経済学）卒 [歴]父もアフリカ民族会議（ANC）の活動家。14歳からANC青年同盟に参加する一方、英才教育を受け、19歳の時、英国サセックス大学に留学、経済学修士を取得。62年ANCの非合法化で地下に潜伏、亡命生活に入り、旧ソ連で軍事訓練を受けたほか、ナイジェリアなど各国に駐在。ANCの海外活動の責任者となり、とりわけ80年代は“対南アフリカ経済制裁”キャンペーンで、タンボANC議長の片腕として活躍。89年同外交局長。反アパルトヘイト団体の合法化を受け90年帰国。91年12月からは民主南ア会議（CODESA）でANCの交渉代表として本格的な制憲交渉の先鞭をつけた。93年ANC全国委員長。94年5月マンデラ政権の第1副大統領に就任。同年12月ANC副議長、97年12月議長。99年6月大統領に就任。2004年4月再任。07年12月ANC議長選挙でジェイコブ・ズマに敗れる。08年9月ズマ率いるANC全国執行委員会から辞職勧告を受け、大統領辞任。01年10月、03年9月来日した。 [家]父＝ガバン・ムベキ（ANC活動家）

ムラディッチ, ラトコ

Mladić, Ratko

1942.3.12～

セルビア人勢力軍最高司令官　軍人 [出]ユーゴスラビア・ボスニア・ヘルツェゴビナ共和国カリノビク（ボスニア・ヘルツェゴビナ） [学]ユーゴスラビア連邦陸軍士官学校卒 [歴]セルビア人。2歳の時に父はクロアチアのファシスト軍団、ウスタシャに殺された。1991年旧ユーゴスラビア連邦軍の軍司令官として独立を宣言したクロアチアと交戦。92年陸軍中将に昇進、ボスニアのセルビア人勢力が樹立宣言した“ボスニア・セルビア人共和国”の軍最高司令官に就任。セルビア人指導者カラジッチのパートナー。95年7月東部スレブレニツァでイスラム教徒の男性ら約8000人が殺害された事件（スレブレニツァの虐殺）などを指揮したといわれる。同年7月と11月に国連・旧ユーゴ国際戦争犯罪法廷（ICTY, オランダ・ハーグ）が大量虐殺や人道に対する罪で起訴。96年11月戦犯被告の公職就任を禁じたボスニア和平協定に沿って司令官を解任される。2001年以降、所在不明であったが、11年5月セルビア治安当局に逮捕され、ICTYに移送され、公判中。

ムラド, エブラヒム

Murad, Ebrahim

1950～

モロ・イスラム解放戦線（MILF）中央委員会議長　ムスリム政治指導者 [出]マギンダナオ州 [名]別名=Murad, Ebrahim Al-Hajj [学]ノートル・ダム大学（コタバト市）中退 [歴]1972年頃モロ民族解放戦線（MNLF）に参加。77年MNLF指導部分裂の際、ハシム・サラマットを支持し、サラマット派（後のモロ・イスラム解放戦線, MILF）に参加。現地の指揮官として頭角を現し、MILFの軍事部門であるバンサモロ・イスラム軍参謀長、MILF中央委員会軍事担当副議長に就任。2003年サラマット死去後、後継者としてMILF中央委員会議長に就任。14年フィリピン政府と包括和平合意に調印。15年1月テロ容疑者を追ってMILF支配地域に迷い込んだ国家警察特殊部隊と銃撃戦になり警察官44人が死亡、世論の反発が広がり、合意内容を実行に移すことは実現できていない。

ムラトゥ・テショメ

Mulatu Teshome

1957.1.29～

エチオピア大統領　外交官 [出]オロミア州 [学]北京大学 [歴]エチオピア最大部族のオロモ族出身。1992～94年駐日大使、94年駐中国大使、2001～03年農相、02～05年連邦議会（上院）議長、06～13年駐トルコ大使を歴任。13年10月議会で大統領に選出、同月就任。

ムラトビッチ, ハサン

Muratovic, Hasan

1940～

ボスニア・ヘルツェゴビナ暫定中央政府首相　[学]リュブリャナ大学（機械工学）, サラエボ大学（経営学）, ベオグラード大学（経営学）博士号　[歴]ザンビア政府の経済顧問を経て、サラエボ大学教授に。1992年6月ボスニア・ヘルツェゴビナ無任所国務相に就任以来、国連防護軍や北大西洋条約機構（NATO）との実務的な交渉の中心的存在として活躍。96～97年暫定中央政府首相を務めた。

ムランボヌクカ, プムジレ

Mlambo-Ngcuka, Phumzile

1955.11.3～

南アフリカ副大統領　[出]クワズールー・ナタール州　[学]レソト大学卒　[歴]大学卒業後、高校教師、国際教育NGOなどを経て、1994年政界入り。97年アフリカ民族会議（ANC）全国執行委員。96年マンデラ政権で南アフリカ通産副大臣、99年鉱業・エネルギー相。2005年6月～08年9月ムベキ大統領を補佐する副大統領を務める。13年7月女性の地位向上を目指す国連組織“UNウィメン”の2代目事務局長に就任。

ムルキ, ハニ

Mulki, Hani

1951.10.15～

ヨルダン首相・国防相　[出]アンマン　[学]カイロ大学（エジプト）生産技術（1974年）卒, レンセラー工科大学（米国）大学院製造・マネジメント（1977年）修士課程修了, レンセラー工科大学大学院製造・システム技術（1979年）博士課程修了 博士号（レンセラー工科大学）　[歴]1974年ヨルダン公共事業省技術者、75年ヨルダン王立科学協会研究者、80年ヤルムーク大学工学部長補佐、83年王立科学協会太陽エネルギー部長、87年イスラム科学アカデミー事務局長、89年王立科学協会会長、97年産業・貿易相、98年水・灌漑相兼エネルギー・鉱物資源相、2002年駐アラブ連盟大使、04年外相、05年国王顧問（科学技術顧問）、06年上院議員、08年駐エジプト大使、11年産業・貿易相、13年上院議員、14年アカバ経済特区代表。16年5月アブドラ国王から首相に任命され、6月ムルキ内閣が発足。国防相兼務。父フーズィー・ムルキも首相・国防相を務めた。　[家]父＝フーズィー・ムルキ（元首相・国防相）

ムルジ, バキリ

Muluzi, Bakili

1943.3.17～

マラウイ大統領, マラウイ統一民主戦線（UDF）党首　[出]マシンガ　[学]ハダスフィールド大学（英国）　[歴]デンマークと英国の大学で学ぶ。1973年ナサワ技術大学学長。バンダ政権独裁与党のマラウイ会議党に入り、75年国会議員。77～82年バンダ政権で閣僚を務め、マラウイ会議党書記長の要職にあった。ビジネス界を経て、92年10月マウライ統一民主戦線（UDF）を創設、党首。94年5月アフリカ最長の30年間に及んだバンダ独裁政権を初の民主選挙で破り、大統領に就任。99年6月再選。2004年5月退任。

ムルシ, ムハンマド

→モルシ, ムハンマドを見よ

ムルディヨノ

Moerdiono

1934.8.19～2011.10.7

インドネシア国家官房長官　[出]オランダ領東インド・バニュワンギ（インドネシア）　[学]国立行政学院（1967年）卒　[歴]インドネシア国軍を経て、スハルト大統領の“新秩序”体制発足後から大統領府に移る。政治の中枢で閣議書類や大統領演説の草稿を作成する黒子として実績を重ね、スハルトやスダルモノ国家官房長官の信任を勝ち取り、1981年の内閣改造で内閣官房副大臣に就任。93～98年国家官房長官を務めた。

ムワナワサ, レビ

Mwanawasa, Levy

1948.9.3～2008.8.19

ザンビア大統領　法律家　[出]ムフリラ　[名]Mwanawasa, Levy Patrick　[学]ザンビア大学（1973年）卒　[歴]法曹界に入り、1989年当時のウガンダ独裁政権を転覆しようとした事件の被告人側弁護士を務めるなど、引き受け手のない事件を取り上げる弁護士として知られた。90年複数政党制民主主義運動（MMD）法務委員長。91年チルバ政権下でザンビア副大統領に就任するが、94年MMDの腐敗体質を批判して辞職。2002年1月独立

後3代目の大統領に就任。国防相を兼任。同年MMD党首。06年9月大統領再選。ザンビアを代表する弁護士の一人で、高潔な人格と評価されていたが、大統領2期目在任中の08年8月死去した。05年1月愛知万博の視察のため、08年5月アフリカ開発会議(TICAD)出席のため来日した。

ムン・グクヒョン（文 国現）

Moon kook-hyun

1949.1.12〜

創造韓国党代表　実業家，環境保護活動家　[出]ソウル　[学]韓国外国語大学英語科(1972年)卒　[歴]1974年柳韓キムバリーに入社。88年常務、のち事業本部長、副社長などを経て、95年から社長。環境保護活動の分野では、84年山林自然調整基金運営委員会委員、95年環境運動連合市民環境研究所理事、96年国連環境計画(UNEP)韓国委員会理事、98年生命の森を育てる国民運動共同運営委員長などを歴任。2007年10月に政治活動を本格化させ、11月、12月の大統領選の創造韓国党候補に選ばれる。09年公職選挙法違反の有罪が確定して議員職を喪失、党代表も辞任した。　[勲]銀塔産業勲章(1998年)　[賞]アジア・マーケティング賞(1987年)，グローバル500賞(1997年)，企業倫理経営者大賞(1998年)，日韓国際環境賞(第4回)(1998年)

ムン・ジェイン（文 在寅）

Moon Jae-in

1953.1.24〜

第19代韓国大統領　法律家　[出]慶尚南道巨済　[学]慶熙大学法学部(1980年)卒　[歴]両親は朝鮮戦争で北から南に逃れた避難民で、休戦半年前に巨済の避難民キャンプで生まれる。高校まで釜山で生活し、1972年ソウルの慶熙大学へ進む。当時の朴正熙独裁政権に反発して学生運動で逮捕された経験を持ち、釈放直後に入った軍では特殊部隊員に抜擢されて最前線に投入された。復学後は再び逮捕された後、80年司法試験に合格、82年弁護士を開業。先輩弁護士であった盧武鉉と意気投合して共同で弁護士事務所を開き、人権派弁護士として活動。軍事政権下での公安事件の被告支援を続けた。88年「ハンギョレ新聞」に創刊委員として参加。87年の民主化を機に政界入りした盧が大統領選に立候補すると、これを支援。2003年2月盧武鉉政権の大統領府秘書室民政主席秘書官、04年市民社会主席、07年秘書室長を歴任。同年に実現した金正日朝鮮労働党総書記との南北首脳会談にも携わった。政界入りを拒み続けていたが、09年盟友の盧元大統領が自殺し、その葬儀を取り仕切ったのを機に待望論が高まり、12年4月第19代国会議員に当選。同年12月の大統領選に最大野党の民主統合党より立候補したが、セヌリ党の朴槿恵に僅少で敗れた。15年2月新政治民主連合代表に選出される。同年12月共に民主党に党名を変更したが、直後の16年1月代表を辞任。17年3月朴正熙の長女である朴槿恵大統領が韓国史上初めて国会・憲法裁判所により弾劾・罷免されると大統領選に立候補、5月当選を果たす。南北対話を米朝対話へとつなげる意欲を繰り返し表明しており、18年4月南北軍事境界線にある板門で第3回南北首脳会談を開催することを北朝鮮側と合意。

ムン・ソンヒョン（文 成賢）

Moon Sung-hyun

1952.2.8〜

韓国民主労働党代表　[学]ソウル大学卒　[歴]1983年労組事務局長。89年全国労働運動団体協議会共同議長、2000年韓国民主労働党中央委員を経て、06年2月党代表。

ムン・ヒサン（文 喜相）

Moon Hee-sang

1945.3.3〜

韓国国会副議長，ウリ党議長　[出]朝鮮・京畿道議政府(韓国)　[学]ソウル大学法学部(1968年)卒，ソウル大学行政大学院(1970年)修了　[歴]1970年行政高等試験に合格。73年出版社代表。87年平民党創党に発起人として参加、90年新民党支部副委員長。92年第14代国会議員。93年民主党代表秘書室長、95年新政治国民会議企画調整室長など歴任。金大中大統領の側近で、96年には国民会議総裁特補団長も務めた。98年2月金大中政権で政務首席秘書官、国家安全企画部企画調整室長。2002年新千年民主党最高委員。03年2月盧武鉉政権の大統領秘書室長。盧大統領の側近中の側近として知られ、同年親大統領派によって結成された“開かれたウリ党”に転じる。04年4月ウリ党より国会議員に当選。04年7月〜08年9月韓日議員連盟会長。05年4月〜10月ウリ党議長(党首)。07年6月ウリ党離党、

大統合民主新党へ入党。同年10月第2回南北首脳会談特別随行員。08年7月〜10年5月国会副議長。民主党を経て、民主統合党入りし、13年1月〜5月同党非常対策委員長。14年9月〜15年2月新政治民主連合非常対策委員長。16年共に民主党より国会議員に当選。17年5月文在寅大統領の特使として来日。

ムンタサル, オマル・ムスタファ・アル
Muntasar, Omar Mustafa al
〜2001.1.23
リビア首相　㊙リビアの最高指導者・カダフィ大佐と親密な関係にあり、重工業書記（重工業相）などを経て、1987年2月〜90年10月全人民委員会書記長（首相）。92年11月〜2000年3月対外連絡・国際協力書記（外相）を務めた。1988年に起きた米国パンナム航空機爆破事件のリビア人容疑者引き渡し交渉で重要な役割を果たした。

【メ】

メイ, テリーザ
May, Theresa
1956.10.1〜
英国首相, 保守党党首　㊐イーストサセックス州イーストボーン　㊇May, Theresa Mary　㊊オックスフォード大学セント・ヒューズ・カレッジ（地理学）修士課程修了　㊙英国国教会の牧師の一人娘。1977〜83年イングランド銀行、85〜97年銀行共同支払決済機構（APACS）勤務。86〜94年ロンドン・マートン区議員を経て、保守党から英国下院選に立候補、97年3度目の挑戦で初当選（メイデンヘッド選挙区）。保守党の野党時代は党の要職や影の閣僚を歴任。2010年のキャメロン政権発足時に内相となり、テロ対策や警察改革などで成果を上げる。12年まで女性・機会均等担当相も兼務。堅実な指導力と交渉手腕で、将来の首相候補の一人と目される。16年6月の国民投票では欧州連合（EU）残留を支持したが、英国のEU離脱決定を受けて辞任するキャメロン首相の後継を選ぶ保守党首選に立候補して当選。同年7月サッチャー首相に次いで英国2人目の女性首相となる。17年8月来日。夫は銀行家。

メイダニ, レジェプ
Meidani, Rexhep
1944.8.17〜
アルバニア大統領　物理学者　㊐ティラナ　㊇Meidani, Rexhep Qemal　㊊ティラナ大学理学部卒 博士号（パリ大学）　㊙ティラナ大学教授を務め、1988〜92年同大理学部長。96年8月アルバニア社会党書記長に選出され、97年春まで投獄されていたナノ議長に代わって社会党を率いた。97年7月大統領に就任。2002年7月任期満了で退任。

メガワティ・スカルノプトリ
Megawati Sukarnoputri
1947.1.23〜
インドネシア大統領, インドネシア闘争民主党（PDI-P）党首　㊐オランダ領東インド・ジョクジャカルタ（インドネシア）　㊇Megawati Setiawati Sukarnoputri 愛称＝エガ, メガ　㊊パジャジャラン大学（農業）中退, インドネシア大学（心理学）中退　㊙スカルノ初代インドネシア大統領の長女で、母は"国母"として民衆の敬愛を集めたファトマワティ第一夫人。1965〜67年バンドンのパジャジャラン大学で農業を専攻、結婚と出産で一時学業を中断した後、70〜72年国立インドネシア大学で心理学を学ぶ。83年旧インドネシア国民党の流れを継いだインドネシア民主党（PDI）ジャカルタ支部副部長に就任。87年ソーシャルワーカーからインドネシア国会議員に当選。93年12月PDI総裁（党首）に就任、民主党支持層の拡大に努めるが、96年6月党大会においてスハルト政権の介入により解任され、民主党は分裂。7月ヨギ・メメト内相、フェイサル・タンジュン国軍司令官らを相手取り、決議無効と損害賠償を求める訴えをジャカルタ地裁に起こした。97年総選挙への参加が阻止され国会の議席を失う。98年のスハルト政権崩壊後、99年2月メガワティ派はインドネシア闘争民主党（PDI-P）と党名を改称、同党党首に就任。同年6月総選挙で第一党に躍進、10月ワヒド政権の副大統領に就任。2001年7月ワヒド大統領の罷免を受け、大統領に昇格。04年4月総選挙でゴルカルに敗れ、第2党に後退。同年5月ナフダトゥル・ウラマ（NU）のハシム・ムザディ議長と組んで正副大統領選に立候補するが、9月ユドヨノ元調整相との決選投票に敗れ、10月退任。　㊇父＝

スカルノ（インドネシア初代大統領），母＝ファトマワティ（スカルノ大統領第一夫人），弟＝グル・スカルノ・プトラ（作曲家），夫＝タウフィック・キマス（インドネシア国会議員），異母妹＝カリナ・スカルノ

メクシ，アレクサンデル

Meksi, Aleksander

1939～

アルバニア首相　考古学者，建築学者　[学]ティラナ大学建築工学部卒　[歴]1988年ティラナ大学建築学科教授。90年の民主化運動でサリ・ベリシャ大統領とともにアルバニア民主党を結成。91年人民議会議員となる。92年3月総選挙で民主党が勝利し、4月首相に就任。96年7月第2次メクシ内閣が発足。97年ねずみ講式投資機関の破綻をきっかけに反政府運動が騒乱に発展した責任を取り辞任。

メサ，カルロス

Mesa, Carlos

1953.8.12～

ボリビア大統領　歴史学者　[出]ラパス　[名]Mesa Gisbert, Carlos Diego　[学]サンアンドレス大学文学部（1978年）卒　[歴]サンアンドレス大学文学部在学中から映画製作に携わり、1976年映画会社を設立。卒業後、新聞社に勤め、83年からはテレビのインタビュー番組に出演。86～87年テレビ局第6チャンネル主宰。2002年8月旧知のサンチェス大統領に任命され、ボリビア副大統領に就任。03年10月事実上の国外追放となったサンチェスに代わり、大統領に就任。以後、政党色を排除した政権を発足させ、天然ガス輸出政策に関する国民投票の実施、緊縮財政政策の実施など各種改革に努める。しかし、貧しい先住民層を中心とする西部地域住民と、豊富な資源を有し地方自治の強化を求める東部白人系住民との対立が深まり、国内道路封鎖などの抗議行動が過激化、05年6月辞任に追い込まれた。　[賞]国際ジャーナリズム賞 "Rey de Espana"（1994年）

メサーディア，モハメド・シェリフ

Messaadia, Mohamed Cherif

～2002.6.1

アルジェリア国民評議会議長　[歴]一党独裁時代のアルジェリア民族解放戦線（FLN）で、1988年までの9年間に渡り、書記局長を務めた。ブーテフリカ大統領の側近で、2001年4月から国民評議会（上院）議長だった。

メシッチ，スティエパン

Mesić, Stjepan

1934.12.24～

クロアチア大統領　[出]ユーゴスラビア・クロアチア共和国オラホビツァ（クロアチア）　[名]別名＝Mesić, Stipe　[学]ザグレブ大学法学部（1961年）卒　[歴]第二次大戦中、父がパルチザン側に加わったため難民生活を送った。故郷で判事を務めた後、1966年旧ユーゴスラビア連邦クロアチア共和国議員に初当選。68年からは地方の市長も務めたが、71年民主化運動"クロアチアの春"に参加したため投獄され、共産主義者同盟（共産党）からも追放された。この時の2年間の服役中にツジマン・クロアチア大統領と知り合う。釈放後、3年間定職に就けず辛酸をなめた。その後ザグレブで建築設計会社の経営に加わり、89年ツジマンの民族主義政党・クロアチア民主同盟（HDZ）の設立に参加。90年5月自由選挙で圧勝し、クロアチア共和国首相に就任。以後、ツジマン大統領とともに連邦からの独立を推進。同年8月旧ユーゴスラビア連邦幹部会に転出し、副議長。91年7月～12月旧ユーゴ最後の連邦幹部会議長（国家元首）を務める。クロアチア独立後の92～94年下院議長。94年対ボスニア政策の対立から民主同盟を離党、クロアチア独立民主党（HND）を結成。ツジマン大統領のボスニア紛争介入を批判し、旧ユーゴ国際戦犯法廷で政権に不利な証言を行う。99年HNDがクロアチア人民党（HNS）と合併し、HNS副党首。同年12月ツジマン大統領が死去、2000年2月大統領選で当選。同月HNS離党。05年1月再選。10年2月退任。

メージャー，ジョン

Major, John

1943.3.29～

英国首相，英国保守党党首　[出]ロンドン南部マートン　[学]ラトリッシュ・グラマースクール卒　[歴]サーカスのブランコ乗りの子に生まれ、大学には進まず16歳で働き始めた。1965年22歳の時、スタンダード・チャータード銀行の入行試験に合格、バーバー頭取の秘書に抜擢され、重役まで昇進する。その間、68年にロンドン・ランベス区議にも当選し

政治家としてスタート。サッチャー政権が成立した79年に保守党下院議員に初当選した。86年社会保障担当閣外相、87年財務担当閣内相として初入閣。出費削減に優れた手腕を発揮、それでいて敵を作らない人柄がサッチャー首相に高く評価された。89年7月閣僚21人中、"末席"の財務担当内相から一気に外相に抜擢された。同年10月ローソン財務相の突然の辞任に伴い、財務相となる。90年11月サッチャー首相の後任として保守党党首に選出され、20世紀最年少の47歳で首相に就任。92年4月の総選挙で単独過半数を確保し第2次内閣を組閣。95年7月保守党臨時党首選に再選。93年公賓として来日。97年5月総選挙で大敗北を喫し、退陣。6月には保守党党首も退任。2001年政界から引退。ナイト爵位を叙せられる。　[勲]旭日大綬章（2012年）　[家]妻＝ノーマ・メージャー

メタ, イリル

Meta, Ilir

1969.3.24〜

アルバニア首相, アルバニア大統領　[出]スクラパル　[名]Meta, Ilir Rexhep　[学]ティラナ大学経済学部（1992年）卒　[歴]学生運動を経て、アルバニア社会党（旧労働党）に入党。1992年人民議会当選。議会外交委員会副委員長、社会党対外関係委員会副委員長、欧州統合担当相などを経て、98年10月副首相兼政府調整相、99年10月欧州最年少の30歳で首相に就任。2001年8月再任。02年1月社会党指導部内の権力闘争による混乱を理由に辞任。02〜03年副首相兼外相。04年"統合のための社会主義運動"を設立。09〜10年再び副首相兼外相。10〜11年副首相兼経済・貿易・エネルギー相、13年9月〜17年7月国会議長。17年4月人民議会により大統領に選出され、7月就任。

メチアル, ウラジミル

Mečiar, Vladimir

1942.7.26〜

スロバキア首相, 民主スロバキア運動（HZDS）党首　[出]ズボレン　[学]ブラスチラバ大学法学部通信教育課程卒　[歴]1959〜60年ボクシング選手。また、60年代共産主義青年同盟で活動し、モスクワの幹部養成コースにまで派遣されるが、68年の"プラハの春"に加わり、70年共産党から追放。一労働者として働いた後、法律を学び弁護士に。89年秋の革命で政界復帰の道が開け、90年1月スロバキア共和国内相、90年6月〜91年4月同共和国首相。91年6月民主スロバキア運動（HZDS）が結成され議長（党首）に就任。92年6月スロバキア共和国議会選挙で勝利し、首相に再任。同年7月、同共和国議会はチェコスロバキアからの分離を示す立権宣言を採択、93年1月正式に独立した。94年3月首相不信任案が成立し内閣総辞職したが、同年12月首相に復帰。98年9月の総選挙に敗れ、退任。演説上手で知られ、庶民的な性格が売りものの民族派指導者。

メッジェシ, ペーテル

Medgyessy, Péter

1942.10.19〜

ハンガリー首相　[出]ブダペスト　[学]カール・マルクス経済大学（1966年）卒 経済学博士　[歴]祖先は現ルーマニア領トランシルバニア出身。1966年ハンガリー財務省に入り、旧共産体制下で82年財務次官、87〜88年財務相、88〜89年副首相。民主化後は94〜96年ハンガリー投資開発銀行頭取。96〜98年非党員のまま財務相として社会党政権に参加。98年政権交代後はインターヨーロッパ銀行頭取を務める。2002年4月社会党の首相候補となり、総選挙の結果、5月首相に就任。04年9月退任。

メディナ, ダニロ

Medina, Danilo

1951.11.10〜

ドミニカ共和国大統領　[出]アロジョカノ　[名]Medina Sánchez, Danilo　[学]サントドミンゴ工科大学経済学部卒　[歴]1973年ドミニカ解放党（PLD）の結党に参加し、86年よりドミニカ共和国下院議員を3期。96年〜2000年、04〜06年大統領府相。00年PLDより大統領選に出馬したが敗退。04年、08年はPLDのフェルナンデス大統領の当選に貢献。12年5月の大統領選で当選、8月就任。

メドヴェージェフ, ドミトリー

Medvedev, Dmitrii

1965.9.14〜

ロシア大統領・首相　実業家　[出]ソ連ロシア共和国レニングラード（ロシア・サンクトペテルブルク）　[名]Medvedev, Dmitrii Anatolyevich [学]レニングラード大学(現・サンクトペテルブルク大学)法学部(1987年)卒 Ph.D. [歴]父母ともに大学教員。レニングラード大学法学部卒で、プーチン(のちのロシア大統領)の後輩。1990〜99年サンクトペテルブルク大学で教鞭を執る。91〜96年サンクトペテルブルク市長のプーチンの下で市対外関係委員会法律顧問。99年9月プーチン内閣で官房副長官、同年12月大統領府副長官を歴任。プーチンが初めて当選した2000年の大統領選で選対本部長を務め、6月大統領府第1副長官、03年10月同長官。05年11月第1副首相に就任し、主に教育や福祉など社会政策を担当。02年より天然ガス独占企業体ガスプロムの会長を兼務し、ロシアのエネルギー外交を担う。07年12月プーチン大統領に後継指名され、08年3月の大統領選で約7割という圧倒的な得票率で当選。5月大統領に就任し、プーチンは首相に就任。プーチンとの政権は“双頭支配(タンデム)”ともいわれた。10年11月日本との係争地である北方領土の国後島を訪問。旧ソ連時代を含めロシアの最高指導者が北方領土に入ったのは初めて。12年5月プーチンと交代して首相に就任。リベラル派として知られ、語り口や物腰も柔らか。 [家]妻＝スヴェトラーナ・メドヴェージェワ

メナサーラ, イブラハム・バレ

Mainassara, Ibrahim Barre

1949〜1999.4.9

ニジェール大統領 [出]マラディ [歴]ハウサ族出身。マダガスカルやフランスで軍事訓練を受ける。1974年クーデターで首謀者のクンチェ陸軍参謀長の副官を務め、76年大統領警護隊司令官。在フランス大使館武官、駐アルジェリア大使などを経て、93年陸軍司令官に。96年1月クーデターで政権を掌権、同年7月大統領に就任。99年4月首都ニアメーの空港で待ち伏せしていた複数の兵士に銃撃され死亡。

メネム, カルロス・サウル

Menem, Carlos Saúl

1930.7.2〜

アルゼンチン大統領, アルゼンチン正義党(ペロン党)総裁 [出]ラリオハ州アニジャコ [学]コルドバ州立大学法学部(1955年)卒 [歴]シリアのイスラム教徒移民の息子。のちカトリックに改宗。貧しい生活の中、コルドバ州立大学で弁護士の資格を取る。在学中の1950年アルゼンチン正義党(ペロン党)に入党。55年ラリオハ州議会議員。63年同党ラリオハ州委員長。73年より同州知事を3期(73〜76年, 83〜89年)務めたあと、中央政界入り。この間、76〜81年軍部クーデターで投獄される。88年7月野党第1党の正義党の党内選挙で大統領候補に決まり、89年5月当選を果たし、同7月大統領に就任。国営企業民営化、市場開放、財政支出削減策などを次々に断行、インフレを鎮圧して安定した経済成長をもたらした。95年5月再選。99年4月正義党総裁。中南米のネオリベラリズム(新自由主義)の旗手的存在とされたが、99年大統領選への立候補は与党内の支持を得られず、海外からも批判を浴びたため断念。同年12月大統領退任。2001年6月大統領在職中の武器不正輸出に絡み、連邦裁判所に逮捕される。02年党総裁辞任。03年4月大統領選に出馬したが決選投票を辞退。05年上院議員、11年10月再選。1990年、93年、98年来日。

メヒア, ラファエル・イポリト

Mejía, Rafael Hipólito

1941.2.22〜

ドミニカ共和国大統領 [出]サンティアゴ県グラボ [名]Mejía Domínguez, Rafael Hipólito [学]ロヨラ工科大学卒, ノースカロライナ大学卒 [歴]農業関連会社を経営。1978年グスマン政権下で農相を務める。96年ドミニカ革命党(PRD)副党首。2000年5月大統領選で当選、同年8月就任。04年5月大統領選に敗れ、退任。

メリ, レナルト

Meri, Lennart

1929.3.29〜2006.3.14

エストニア大統領 [出]ソ連エストニア共和国タリン [学]タルトゥ大学歴史文学部(1953年)卒 [歴]高名な文学者兼外交官の家に生まれる。エストニアがソ連に併合された後、1941〜46年シベリアで流刑生活を送る。大学卒業後、エストニア・ラジオ勤務、シナリオライター、映画監督などを経て、85年エストニア作家同盟書記。80年代にエストニア独立運動に参加した。90年4月〜92年3月エストニア外相、92年4〜9月駐フィンランド

大使を務めた後、92年10月国会の大統領選挙決選投票でリュイテリ元最高会議（国会）議長を破り、独立後の初代大統領に当選。96年9月再選。2001年10月退任。民族主義政党、祖国党の指導者。

メリノ, ベアトリス

Merino, Beatriz

1949～

ペルー首相　[歴]ペルー国会議員、国税庁長官を経て、2003年7月内閣改造でペルー初の女性首相に就任。12月辞任。

メール, フランシス

Mer, Francis

1939.5.25～

フランス財務相　実業家　[出]バースピレネー県ポー（現ピレネーザトランティク県）[名]Mer, Francis Paul　[学]エコール・ナショナル・シュペリウール・デ・ミネ卒, エコール・ポリテクニク卒　[歴]1971年ガラス大手のサンゴバン社長を経て、86年鉄鋼大手ユジノール・サシロール社長、2001年ユジノール・グループ会長を務める。02年アーベッド、アセラリアと経営統合し、欧州鉄鋼最大手のアルセロールを誕生させ、共同会長に就任。欧州の鉄鋼再編を推進した世界的ビジネスマンとして知られる。同年5月ラファラン内閣の財務相に就任し、アルセロール会長を退任。04年財務相を退任。　[勲]レジオン・ド・ヌール勲章オフィシエ章

メルケル, アンゲラ

Merkel, Angela

1954.7.17～

ドイツ首相, ドイツ・キリスト教民主同盟（CDU）党首　[出]西ドイツ・ハンブルク（ドイツ）　[名]Merkel, Angela Dorothea　[学]ライプツィヒ大学物理学専攻（1978年）卒 物理学博士（1986年）　[歴]西ドイツのハンブルクで生まれるが、父親が東ドイツの村の牧師となったため、生後2ケ月で東ドイツのブランデンブルク州テンプリンに移住。ライプツィヒ大学卒業後、1978～90年科学アカデミー附属物理化学中央研究所研究員として東ベルリンで研究に従事。ベルリンの壁崩壊を機に政治活動を始め、90年東ドイツ最後のデ・メジエール政権で副報道官を務める。旧西ドイツのコール首相に有能ぶりを買われ政治家に転身、同年8月キリスト教民主同盟（CDU）に入党。同年12月より統一後のドイツ連邦議会（下院）議員。91年女性青年相、94年環境相となり、95年気候変動枠組条約第1回締約国会議の議長を務める。98年10月環境相退任。同年11月CDU幹事長を経て、2000年4月同党初の女性党首に就任。05年9月連邦議会選挙で統一会派、キリスト教民主・社会同盟（CDU・CSU）が僅差ながら第1党に返り咲く。同年11月CDU・CSUとシュレーダー元首相率いる中道左派の社会民主党（SPD）による大連立政権が発足し、ドイツ史上初の女性首相に就任。09年9月連邦議会選挙ではCDU・CSUと自由民主党（FDP）の中道右派政党が勝利し、10月首相に再任。13年12月3選。15年中東などからの難民や移民の受け入れを決断したが、テロや事件が相次ぎ、17年9月の連邦議会選挙ではCDU・CSUは辛勝、大幅に議席を減らした。経済誌「フォーブス」の“世界で最もパワフルな女性”ランキングで、06～09年、11～15年第1位に選ばれる。夫は化学の大学教授。メルケルは前夫の苗字。　[勲]自由勲章（米国大統領）（2011年）

メルツ, ハンス・ルドルフ

Merz, Hans-Rudolf

1942.11.10～

スイス大統領　[出]ヘリザウ　[学]ザンクトガレン大学卒　[歴]ビジネスコンサルタントなどを経て、1997年スイス急進民主党の上院議員に当選。2004年連邦参事会参事となり、財務相を兼務し、10年11月まで務める。08年副大統領、09年度の大統領を務めた。

メレス・ゼナウィ

Meles Zenawi

1955.5.8～2012.8.20

エチオピア首相　[出]ティグレ州アドゥア　[名]Meles Zenawi, Asres　[学]ハイレ・セラシェ大学（現・アディスアベバ大学）医学部（1974年）中退　[歴]小作農の家に生まれ、奨学金を得て首都アディスアベバの高校に進学。大学在学中の1974年、内戦が激化したため故郷に戻り、75年エチオピア北部に住むティグレ族を結集し、マルクス・レーニン主義を掲げた反政府ゲリラ組織、ティグレ人民解放戦線（TPLF）を結成、議長。89年5月他のゲリラとの共闘組織、エチオピア人民革命民主戦線（EPRDF）を結成し、議長に就任。

91年2月から首都進攻作戦を開始、5月メンギスツ大統領を辞任・出国に追い込み、暫定政権(TGE)を樹立。7月暫定大統領。95年8月新憲法で事実上の最高指導者と定められた首相に就任。98年からのエチオピア・エリトリア国境紛争ではエリトリアに甘いと批判された。2000年10月再選。米国から東アフリカの安全保障のパートナーと位置づけられ多額の支援を受ける一方、国内では少数民族の抑圧や報道規制などを強め、強権政治を敷いた。05年10月4次発足。03年9月来日。

メレマン, ユルゲン

Möllemann, Jürgen

1945.7.15～2003.6.5

ドイツ経済相・副首相　[出]アウグスブルク　[学]ミュンスター教育大学卒　[歴]1962年キリスト教民主同盟(CDU)に参加した後、70年自由民主党(FDP)に入党。72年西ドイツ連邦議会議員。83年ノルトライン・ウェストファーレン州FDP議長。87年教育科学相として入閣。91年1月～93年1月ドイツ経済相。この間、92年4月ゲンシャー外相退任後は、副首相を兼務。94年10月キンケルFDP党首の党運営を批判し、ノルトライン・ウェストファーレン州支部長を辞任。のち副党首。教育畑の出身で教員の免許も持っていた。2003年6月スカイダイビング中に墜落死したが、脱税容疑で捜査を受けていた最中だったため、自殺ではないかとの報道が過熱した。

メンギスツ・ハイレ・マリアム

Mengistu Haile Mariam

1937.5.26～

エチオピア大統領　軍人　[出]アディスアベバ　[学]ホレタ陸士卒　[歴]エチオピア最大部族のオモロ族出身。エチオピア軍に入り、大佐まで昇進。1974年9月のハイレ・セラシェ1世の帝政打倒を主導、臨時軍事行政評議会(PMAC)第1副議長。75年3月PMACは帝政を廃止し、共和国を宣言。77年2月テフェリ議長を粛清してPMAC議長(元首)となる。危機に瀕したエチオピア経済や旱魃にも関わらず、ソ連や西側の援助で権力の保持に努めた。84年9月労働者党創設で書記長も兼任。87年2月軍政を廃止、共和制へ移行、9月初代大統領に就任。91年2月から反政府ゲリラの激しい攻勢に合い、5月大統領を辞任しジンバブエに脱出。大量殺戮など人道に反する犯罪を行ったとして起訴され、95年3月アディスアベバで欠席裁判が行われた。

メンチュ, リゴベルタ

Menchú, Rigoberta

1959.1.9～

国連教育科学文化機関(UNESCO)国際親善大使　人権擁護活動家　[出]サンミゲル・ウスパンタン町チメル区　[名]Menchú Tum, Rigoberta　[歴]マヤ民族キチェ族インディオの農家に生まれ、8歳から大農園の低賃金労働者として働く。1980年農民運動家の父親がスペイン大使館占拠事件に加わって殺害され、その後、母と兄弟も軍部によって虐殺された。81年迫害を逃れメキシコに亡命、82年反政府勢力、グアテマラ統一野党(RVOG)幹部会入り。83年自伝「私の名はリゴベルタ・メンチュ」を出版、各国に翻訳され大きな話題を呼ぶ。以後、メキシコでラテンアメリカ先住民の人権擁護運動指導者として活躍。90年ユネスコ平和教育賞、92年ノーベル平和賞受賞。93年国連先住民年親善大使として各国を訪問、9月来日。96年より国連教育科学文化機関(UNESCO)国際親善大使。のち米国の文化人類学者デービッド・ストールにより自伝の核心部分の多くが誇張か創作であると指摘され、98年12月現地で検証した「ニューヨーク・タイムズ」も同様の結論を発表。2004年2月グアテマラ政府の和平協定親善大使。07年と11年大統領選で落選。　[賞]ノーベル平和賞(1992年), ユネスコ平和教育賞(1990年), フランス自由人権擁護委員会表彰(1991年)

【モ】

モイ, ダニエル・アラップ

Moi, Daniel Arap

1924.2.2～

ケニア大統領　[出]エルドレット(ケニア北西部)　[学]アフリカン・インランド・ミッション・スクール(1945年)卒　[歴]少数部族カレンジン系ツーゲン族出身。1949年から小学校教師を経て、57年英国保護領立法委員会議アフリカ人代議員。60年少数部族のケニ

ア・アフリカ民主同盟（KADU）を結成、議長。61年下院議員となり、英国ケニア保護領教育相など歴任。64年ケニアが英連邦枠内で共和国になると民主同盟を解散し、大部族キクユ中心のケニア・アフリカ民族同盟（KANU）に入党。同年～67年英国担当相、66～67年リフト・バレー州KANU議長、67年ケニヤッタ大統領の下で副大統領を経て、78年10月ケニヤッタの死去に伴い第2代大統領に就任。軍最高司令長官、国防相も兼任。ニヤヨ（自由への歩み）をモットーに掲げ、軍隊を粛清し、開発計画に着手し、82年にはKANUを唯一合法的な党にした。92年12月ケニア初の複数政党制による大統領選挙で再選。97年5選を果たしたが、2002年12月引退。　[賞]創価大学名誉博士号（1990年）

モイシウ, アルフレド

Moisiu, Alfred

1929.12.1～

アルバニア大統領　[出]シュコデル　[学]モスクワ工兵アカデミー, ティラナ国防アカデミー参謀本部上級課程修了 博士号　[歴]10代でアルバニア人民解放闘争に参加。共産党独裁下で高級軍人を務め、共産体制崩壊後、1991～92年国防相、92～97年国防顧問を務める。2002年7月大統領に就任。07年7月退任。軍事、安全保障問題に関する著書多数。

モイーズ, ジョブネル

Moïse, Jovenel

1968.6.26～

ハイチ大統領　実業家　[出]ハイチ北東県　[学]キスケヤ大学卒　[歴]首都ポルトープランスのキスケヤ大学で教育学を学び、起業の道へ。バナナ栽培会社を創設した。マルテリー大統領から後継指名を受け与党PHTKから大統領選に出馬、27候補が争った2016年11月の大統領選で当選。17年2月就任。

毛 治国　もう・ちこく

Mao Chi-kuo

1948.10.4～

台湾行政院院長（首相）　[出]中国・浙江省奉化　[学]交通大学卒, 亜州理工学院（タイ）システム工学修士課程修了 博士号（マサチューセッツ工科大学）　[歴]台湾交通部（MOTC）で観光局長や常務次長など歴任。2003年交通大学准教授、06年同教授。馬英九総統の下、08年交通部長（交通相）、13年行政院副院長（副首相）、14年12月行政院院長に就任。16年1月退任。

モーガン, ロドリー

Morgan, Rhodri

1939.9.29～2017.5.17

ウェールズ主席相, 英国下院議員（労働党）　[出]カーディフ（ウェールズ）　[名]Morgan, Hywel Rhodri　[学]オックスフォード大学卒, ハーバード大学卒　[歴]ウェールズ地域の官僚を経て、1987年労働党から英国下院議員に当選。99年5月ブレア政権の地方分権の一環として600年ぶりにウェールズに行政府が誕生、ウェールズ議会の発足に伴い、同議会議員となる。2000年2月～09年12月ウェールズ主席相を務めた。

モゲリーニ, フェデリカ

Mogherini, Federica

1973.6.16～

イタリア外相, 欧州連合（EU）外交安全保障上級代表（外相）　[出]ローマ　[学]ローマ大学卒　[歴]ローマ大学で政治学を学んだ後、イタリア左派政党の青年組織の活動に参加。2007年に発足した中道左派のイタリア民主党で指導部に入り、08年下院選で初当選。13年再選。下院外交委員会や国防委員会の委員などを務め、13～14年北大西洋条約機構（NATO）議会会議のイタリア代表。14年2月外交関係での実績によりレンツィ首相から外相に抜擢される。同年7月欧州連合（EU）外交安全保障上級代表（外相）候補として名前が上がるが、経験不足や“ロシア寄り”と東欧のEU加盟諸国から反対され指名を逃す。8月加盟28ケ国の合意を取り付けEU臨時首脳会議で外交安保上級代表（外相）に指名され、11月就任。EU欧州委員会副委員長も兼務。

モシシリ, パカリタ

Mosisili, Pakalitha

1945.3.14～

レソト首相　[出]英領バストランド・カチャズネック（レソト）　[名]Mosisili, Bethuel Pakalitha　[学]ボツワナ大学, ウィスコンシン大学（米国）, 南アフリカ大学　[歴]学生時代の1967年バソト会議党（BCP）に入党。レソト大学、ズールーランド大学講師などを経て、93年レソト下院議員。教育相、副首相など歴

任。98年よりBCPから分離したレソト民主主義会議（LCD）党首。同年5月首相に就任。国防相・公共サービス相兼任。2012年6月退任。同年LCDを離党して民主会議（DC）を結成。15年3月首相に再選。17年6月首相不信任決議及び議会解散で総選挙が行われ、DCは敗北、首相退任。

モジャーン, カマル

Morjane, Kamel

1948.5.9〜

チュニジア外相・国防相　外交官　[出]ハマムスース　[学]ジュネーブ国際高等大学院大学博士課程修了　[歴]ジュネーブ国際高等大学院大学助教授を経て、1973年国連難民高等弁務官事務所（UNHCR）にスタッフとして参加。赴任先のレバノンで難民救済の仕事に魅せられ、アフリカ局長などを歴任。2001年ナンバー3にあたる高等弁務官補に就任。03年来日。05〜10年チュニジア国防相、10〜11年外相を務めた。

モショエショエ2世

Moshoeshoe II

1938.5.2〜1996.1.15

レソト国王　[歴]1966年英国から独立し国王に就任。同年12月ジョナサン首相と対立して敗れ、70年オランダに亡命、同年帰国、政治不関与を宣誓。86年1月軍のクーデターで国王に復帰するが、90年3月レハンヤ軍事評議会議長と対立して英国へ亡命し、同年11月王位をふくむ全権を剥奪され、息子に王位を譲る。95年1月国王に復帰するが、96年1月交通事故で死亡。　[家]息子＝レツィエ3世（レソト国王）

モスコソ, ミレヤ・エリサ

Moscoso, Mireya Elisa

1946.7.1〜

パナマ大統領　[出]パナマ　[名]Moscoso de Gruber, Mireya Elisa　[学]マイアミ・デード・カレッジ（1974年）卒　[歴]1963年17歳の時パナマ社会保険庁に就職、そこで政治に関心を持ち、大統領選にボランティア参加し、46歳年上のアルヌルフォ・アリアスと知り合う。68年アリアスが大統領に当選し、私設秘書になるが、同年クーデターにより米国に亡命。69年アリアスと結婚、大学でインテリア・デザインを学んだ後、78年帰国したが、ノリエガ将軍に投獄され、再び亡命、亡命生活は計10年に及んだ。91年アルヌルフィスタ党（PA）党首となり、94年大統領選に出馬するが敗北。99年5月大統領選に当選、同年9月パナマ初の女性大統領に就任。2004年5月任期満了に伴い退任。　[家]夫＝アルヌルフォ・アリアス（元パナマ大統領）

モスバカー, ロバート

Mosbacher, Robert

1927.3.11〜2010.1.24

米国商務長官　実業家　[出]ニューヨーク州マウントバーノン　[名]Mosbacher, Robert Adam　[学]ワシントン・アンド・リー大学卒　[歴]生命保険会社役員などを経て、1948年テキサス州ヒューストンで石油業を起こして成功。独立系石油・ガス会社モスバカー・エナジーを設立し、86年会長に就任。フォード元米国大統領の選挙対策本部では財政委員会の共同議長。88年の大統領選ではテキサス仲間のジョージ・ブッシュSr.選対本部の財政委員長を務めた。89年1月〜91年12月ブッシュSr.政権の商務長官。92年1月ブッシュ大統領再選委員会委員長となるが、8月共和党全国委員会統括委員長（資金担当）に転出。米国、カナダ、メキシコによる北米自由貿易協定（NAFTA）実現に向けて尽力。80年代後半から深まった日米通商摩擦では官民合同の輸出拡大策を進め、対日強硬派として知られた。ヒューストンとニューヨークのヨット協会の会員、またテキサス州心臓研究所の代表も務めた。　[家]妻＝ジョージェット・モスバカー（ニューヨークの化粧品会社ラ・プレリー会長），父＝エミル・モスバカー（経済人）

モック, アロイス

Mock, Alois

1934.6.10〜2017.6.1

オーストリア外相，オーストリア国民党名誉党首　[出]オイラーツフェルド　[学]ウィーン大学卒，ボローニャ大学大学院（1958年）修了，ブリュッセル大学大学院（1961年）修了 法学博士（ウィーン大学）（1957年）　[歴]1958年オーストリア教育省に入り、61年連邦首相府、62〜66年パリの経済協力開発機構（OECD）オーストリア代表部勤務、66年クラウス首相秘書官を経て、69年35歳の若さで教育相として入閣。70年以来下院議員に選

出。79〜87年国民党党首、79年欧州民主同盟（EDU）議長、83〜87年国際民主同盟（IDU）議長、87〜89年副首相兼外相、89年4月〜95年4月外相。この間、オーストリアの欧州連合（EU）加盟交渉の最前線で活躍し、95年1月に加盟を実現。国民から敬意を込めて“ミスター・ヨーロッパ”と呼ばれた。99年政界を引退。　[勲]勲一等旭日大綬章（1996年）

モッタキ, マヌチェフル

Mottaki, Manouchehr

1953.5.12〜

イラン外相, 駐日大使　外交官　[出]ゴレスタン州バンダルギャズ　[学]バンガロール大学（インド）, テヘラン大学大学院修了　[歴]1980年からイスラム議会（国会）議員。84年イラン外務省に入省。駐トルコ大使、西欧局長、外務次官（国際担当）などを経て、95年3月〜99年駐日大使。2004年国会議員。05年8月〜10年外相。　[勲]旭日大綬章（日本）（2017年）

モディ, ナレンドラ

Modi, Narendra

1950.9.17〜

インド首相　[出]グジャラート州バドナガル　[名]Modi, Narendra Damodardas　[学]グジャラート大学（政治学）　[歴]熱心なヒンズー教徒で菜食主義者。実家はお茶を扱う商店。10代でヒンズー至上主義団体に加入。1970年代初め、インド人民党（BJP）の支持母体・民族義勇団に運動員として参加。グジャラート大学で政治学を専攻し、87年BJPに入党。地方組織の幹部を経て、95年から党全国組織の幹部を歴任。2001年グジャラート州首相に就任。11年訪中、12年訪日。国内外の企業誘致を進め、01年の大地震で破壊されたインフラ整備や電力供給の拡大に注力した。13年9月BJPの首相候補に選出される。14年4〜5月の国会下院選挙ではBJPの首相候補として10年ぶりの政権奪還の立役者となり、5月首相就任。

モトランテ, ハレマ

Motlanthe, Kgalema

1949.7.19〜

南アフリカ副大統領, アフリカ民族会議（ANC）副議長　[出]ヨハネスブルク　[歴]ヨハネスブルクの旧黒人居住区アレクサンドラに生まれる。黒人指導者スティーブ・ビコに共鳴し、1970年代、アフリカ民族会議（ANC）の武装組織“民族の槍”に加入し、反アパルトヘイト闘争に参加。76年11ケ月間拘置され、77年から国家反逆罪でケープタウン沖のロベン島に10年間抑留される。釈放後、全国鉱山労働組合に加入し、92年同労組の書記長、97年ANC書記長となる。2007年12月ズマANC新議長誕生に合わせて、副議長に抜擢される。08年5月国会議員となり、7月には大統領府相（無任所相）としてムベキ政権の一員となる。同年9月辞任したムベキ大統領の後任として、09年5月の総選挙までを任期とする暫定的な大統領に就任。同年5月ズマ大統領就任に伴い副大統領に。12年ANC副議長退任。14年5月副大統領退任。

モドロウ, ハンス

Modrow, Hans

1928.1.27〜

欧州議会議員, ドイツ民主社会党（PDS）名誉党首　[出]ヤゼニッツ（現ポーランド北西部）　[学]東ドイツ社会主義統一大学（1957年）卒, フンボルト大学 経済学博士（フンボルト大学）（1966年）　[歴]労働者の家庭に生まれ、小学校卒業後機械工の見習いに。第二次大戦に従軍。ソ連軍の捕虜となり、強制労働収容所、反ファシズム再教育学校を体験。1949年21歳でドイツ社会主義統一党（SED＝東ドイツ共産党）に入党。52年モスクワに留学。53年自由ドイツ青年同盟（FDJ）ベルリン市委第1書記。54〜57年党大学に入学、社会学士取得。58年党中央委員候補。61〜67年ベルリン・ケーペニック市区党委第1書記。67年中央委員に昇格。67〜71年党中央委教育宣伝部長、東ベルリン地区党委教育宣伝担当書記。73年10月ドレスデン地区党委第1書記。以後、ホーネッカー書記長と肌が合わず16年間同ポストにとどまるが、ベルリンの壁崩壊後の89年11月党政治局員に抜擢され、首相に就任。同年12月副党首。90年2月党名を民主社会党（PDS）と改称。同年4月首相退任まで東西ドイツの統一を進めた。同年12月ドイツ統一直後の選挙で連邦議会議員に選出され、94年10月退任。99年6月欧州議会議員に当選。2004年退任。PDS名誉党首。1972年から東独・日本友好議員連盟会長、76年から日独友好協会副会長としてたびたび来日している親日家。93年ドレスデン地区党委第1書記時代の選挙不正の罪で起訴され、95年8月ドレスデン地裁により執行

猶予付きの禁錮9ケ月の判決を受ける。 [勲]勲一等瑞宝章(1987年)

モノリ, ルネ

Monory, René

1923.6.6～2009.4.11

フランス上院議長 [出]ルーダン [名]Monory, René Claude Aristide [歴]実業家として活躍後、1959～99年ルーダン市長、61年～2004年ルーダン県議、68年～04年フランス上院議員。1992～98年同議長を務めた。中道派の大物政治家として知られ、経済相、国民教育相などを歴任した。

モハエ, フェスタス

Mogae, Festus

1939.8.21～

ボツワナ大統領 [出]セローウェ [名]Mogae, Festus Gontebanye [学]オックスフォード大学, サセックス大学 [歴]1968年開発計画省に入省。企画官、デビアス社関連のダイヤモンド会社幹部などを経て、89～98年財務相、92年より副大統領を兼務。98年4月マシーレ大統領の引退に伴い大統領に就任。2004年11月再選。08年大統領退任。同年エイズウイルスの感染が拡大するボツワナに継続的な安定と繁栄をもたらした功績によりモー・イブラヒム賞を受賞。 [賞]モー・イブラヒム賞(第2回)(2008年)

モハジェラニ, アタオラ

Mohajerani, Ataollah

1954～

イラン・イスラム指導相 [学]イスファハン大学卒 [歴]高校教師を経て、1980年イラン国会議員。89年政治問題担当・副大統領を経て、97年8月ハタミ大統領のもとイスラム指導相に就任。文化政策の推進役として言論・出版の規制緩和を進めるなど、改革派の中心となる。これに対し、司法など保守系が反発、改革派系新聞を相次いで発禁処分にするなど対立を深める。2000年4月保守派の姿勢に抗議し、大統領に辞表を提出するが、大統領は受け取りを拒否。同年12月再度辞表を提出し辞任。のちイラン文明間の対話国際センター所長。妻・キャディバルは国会議員。00年9月初来日。

モハムド, ハッサン・シェイク

Mohamud, Hassan Sheikh

1955.11.29～

ソマリア大統領 [出]ジャララクシ [学]ソマリア国立大学(1981年)卒, ボパール大学(インド)大学院修士課程 [歴]1981年ソマリア国立大学を卒業し、中学教師となる。86年インドのボパール大学修士課程に学ぶ。88年ソマリアに戻り、93年ユニセフ(国連児童基金)スタッフとして中南部で活動。99年私立大学の創設メンバーとなり教壇に立つ。2009～10年ソマリア暫定政府のコンサルタント。11年に政党を結成、12年9月議会の大統領選出投票で選出され、大統領に就任。ソマリアで国際的に認められた大統領が誕生したのは、21年ぶりとなった。17年2月の大統領選で敗れ、退任。

モハメド, アリ・マハディ

Mohamed, Ali Mahdi

ソマリア暫定大統領 [歴]ハウィエ人。1970年中頃に投獄され、のち釈放。ローマに亡命し、90年帰国。91年1月統一ソマリア会議(USC)により暫定大統領に指名された。

モハメド6世

Mohammed VI

1963.8.21～

モロッコ国王 [出]ラバト [名]シディ・モハメド〈Sidi Mohammed〉 [学]モハメド5世大学(法律)(1985年)卒, ニース大学大学院博士課程修了 法学博士(ニース・ソフィア・アンティアポリス大学)(1993年) [歴]ハッサン2世国王の長男。1980年後継指名を受け、皇太子に。ラバトのモハメド5世大学で法律を学び、85年卒業後、国軍参謀調整官に就任。国軍を統帥する父ハッサン2世国王の補佐役を務め、帝王学を学ぶ。94年陸軍司令官(陸軍大将)に就任。99年7月23日ハッサン2世の死去に伴い、国王に即位。2002年3月民間企業のコンピュータ技師サルス・ベナニと結婚。03年5月ムーレイ・ハッサン皇太子誕生。フランス語、英語、スペイン語に堪能。87年、89年来日。 [家]父＝ハッサン2世(モロッコ国王), 妻＝サルマ王妃

モファズ, シャウル

Mofaz, Shaul

1948.11.4～

イスラエル副首相・国防相，カディマ党首　軍人　[出]イラン・テヘラン　[学]バー・イラン大学卒　[歴]1957年イスラエルに移住。イスラエル国防軍（IDF）に入り、降下兵として従軍。のち中将。98年〜2002年7月軍参謀総長を経て、同年11月〜06年国防相。00年秋に勃発したパレスチナ住民による“インティファーダ（反イスラエル抵抗闘争）”鎮圧を指揮したタカ派として知られる。06年5月〜09年副首相兼運輸相。カディマに所属し、12年より党首を務める。

モブツ・セセ・セコ

Mobutu Sese Seko
1930.10.14〜1997.9.7
ザイール大統領，ザイール陸軍元帥　軍人　[出]ベルギー領コンゴ・リサラ　[名]Mobutu Sese Seko Kuku Ngbendu Wa Za Banga，旧姓（名）＝Mobutu, Joseph Désiré　[歴]バーエングバンジ族。中等教育修了後、1949年ベルギー領コンゴ保安軍に入隊。56年退役しベルギーへ留学。58年ルムンバ率いるコンゴ国民運動に参加。59〜60年ブリュッセルでのコンゴ独立会議に出席。60年コンゴ共和国独立とともにルムンバ内閣の国防相、コンゴ軍参謀長に就任。コンゴ動乱中の同年9月軍最高司令官として実権を掌握。65年11月再度のクーデターで大統領に就任。71年国名をザイール共和国と改称。74年憲法改正により単一政党・コンゴ革命人民運動（MPR）党首。82年陸軍元帥。84年7月大統領3選。90年4月複数政党制移行を打ち出したが国内混乱に陥り、91年12月3期目の任期満了後も在任。のち病気療養のためスイスのローザンヌへ移り、96年8月前立腺がんの手術を受け、12月帰国。97年5月反政府勢力・コンゴ・ザイール解放民主勢力連合（ADFL）が首都キンシャサに迫る中、首都を脱出。これにより独裁政権が崩壊した。その後モロッコに亡命したが、9月に急死した。同年、国名はコンゴ民主共和国に改称された。

モヘレ，ヌツ

Mokhehle, Ntsu
1918.12.26〜1999.1.6
レソト首相　[出]テヤテヤネン　[学]セントマシュー大学，フォートヘア大学（南アフリカ）法学博士（レソト国立大学）（1990年）　[歴]教師、校長を経て、1943〜63年ホトラバフォのメンバー、52年バソト会議党（BCP）を設立、政党機関紙を発行。アフリカ民族会議（ANC）やBCPのような自由解放運動を促進させ、66年の独立後最初の総選挙で与党の党首となる。その後クーデターに遭い、70〜72年投獄、72〜88年国外追放。93年4月軍事政権の民政移管により、首相、国防相、公益事業相に就任。のちBCPを離党し、レソト民主主義会議（LCD）を結成。98年5月引退。

モラウィエツキ，マテウシュ

Morawiecki, Mateusz
1968.6.20〜
ポーランド首相・開発相　[出]ウロツワフ　[名]Morawiecki, Mateusz Jakub　[学]ウロツワフ大学大学院修士課程修了　[歴]共産政権時代の反体制活動家だった父親の影響で、若くして民主化運動に身を投じる。大学で経営学修士号を取得。ドイツや米国の大学でも学んだ。1998年ポーランドの欧州連合（EU）加盟に向けた実務当局者に就任。大手銀行に転身し、2007年CEO（最高経営責任者）となる。15年11月副首相兼開発相、16年9月副首相兼開発相兼財務相。17年12月“法と正義（PiS）”のベアタ・シドゥウォ首相が辞任を表明し、同月首相に就任。

モラウタ，メケレ

Morauta, Mekere
1946.6.12〜
パプアニューギニア首相・財務相，パプアニューギニア党党首　[出]マララウア地区クキパ村　[学]パプアニューギニア大学経済学部（1970年）卒　[歴]鉱山会社、投資会社などに勤務し、人材育成研究員を経て、1971年パプアニューギニア労働省入省。73〜82年エコノミストとして財務省などに勤務、経済政策立案などを担当。世界銀行やアジア開発銀行の政府代表を歴任し、93〜94年パプアニューギニア中央銀行総裁などを務めたのち政界に転身。97年国会議員に初当選、同年計画相、98年漁業相を歴任。99年6月パプアニューギニア人民民主運動党（PDM）党首に就任。同月経済政策の破綻を批判され退任したスケート首相の後任として7月首相に就任。2000年から財務相兼任。02年退任。07年パプアニューギニア党を結成して党首を務める。妻はオーストラリア人。

モラフチク, ヨゼフ
Moravčík, Jozef
1945.5.19～
スロバキア首相　[学]コメンスキー大学卒　[歴]プラハとブラチスラバで法律と経済を学び、1985年コメンスキー大学（ブラチスラバ）法学部准教授、90年学部長、同学長を経て、民主化直後の91年“暴力に反対する公衆”運動から政界に進出し、スロバキア国民評議会副議長。92年のチェコスロバキア連邦最後の総選挙で連邦議員となり、連邦最後の外相を務める。93年スロバキア独立国家移行と同時に首相府立法顧問に就任。その後同年3月外相を経て、94年3月～12月首相。

モーラム, マージャリ
Mowlam, Marjorie
1949.9.18～2005.8.19
北アイルランド相　[出]ハートフォードシャー州ワットフォード　[名]通称＝Mowlam, Mo　[学]ダーハム大学, アイオワ大学（米国）大学院　[歴]1987年英国下院議員に当選。97年5月に発足したブレア労働党政権の北アイルランド相に就任。和平交渉が暗礁に乗り上げた際、影響力を持つ過激派が収容されていたベルファスト郊外のメイズ刑務所を訪れる思い切った手段で交渉を前進させ、98年の北アイルランド包括平和合意に貢献した。99年官房長官に転出、2001年政界を引退した。おおらかな人柄と歯に衣着せない発言で知られ、英王室はバッキンガム宮殿を明け渡すべきだと発言し物議を醸したこともあった。イラク戦争にも批判的だった。

モラレス, エボ
Morales, Evo
1959.10.26～
ボリビア大統領　[出]オルーロ県オリノコ　[名]Morales Ayma, Juan Evo　[歴]先住民アイマラ族の出身。清潔な飲み水も電気もない村で育ち、少年時代はリャマの世話やれんが工、トランペットの演奏などで家計を助けた。兵役時代、先住民にとって伝統的作物であるコカを栽培する農家の反乱鎮圧を命じられ、貧者に対する抑圧を目の当たりにする。20代で中部低地チャパレ地方に移住。サッカー選手として人気を博す。コチャバンバ県の農協事務局長などを経て、1996年チャパレ・コカ栽培者連盟総書記に就任。生活改善を求める運動を先導。95年左翼政党のボリビア社会主義運動党を設立し、97年下院議員に初当選するが、農民暴動を先導したとして2002年1月に除名される。同年6月下院議員に再選。同月大統領選に立候補、コカ合法化を公約に掲げて2位に躍り出た。05年12月大統領選で親米派候補を大差で破り当選、06年1月就任。キューバ・カストロ議長やベネズエラ・チャベス大統領と会談し、反米闘争での協調を確認。09年12月の大統領選で再選、10年1月2期目就任。15年1月3期目就任。07年3月来日。

モラレス, ジミー
Morales, Jimmy
1969.3.18～
グアテマラ大統領, 国民集中戦線（FCN）党首　コメディアン　[出]グアテマラシティ　[名]Morales Cabrera, James Ernesto　[学]サンカルロス大学大学院博士課程修了　[歴]コメディアンで、俳優や映画監督としても活動。また、サンカルロス大学で戦略的安全保障の博士号を取得、同大で経済学などの講師を務める。2011年グアテマラ・シティ郊外のミスコ市長選に立候補。13年中道右派政党の国民集中戦線（FCN）党首に就任。15年9月汚職事件によりオットー・ペレス・モリーナ大統領が辞職、同月の第1回大統領選で政治へのしがらみのなさを期待する国民の支持を集め首位となり、10月の決選投票でも次点候補を大きくリードして当選を果たした。16年1月就任。

モリ, エマニュエル
Mori, Emmanuel
1948.12.25～
ミクロネシア連邦大統領　銀行家　[出]チューク州　[学]グアム大学卒　[歴]日系4世。曽祖父は漫画「冒険ダン吉」のモデルとも言われた森小弁。経営学を学び、社会保険庁や国税局に勤めた後、1983～97年ミクロネシア開発銀行総裁、97～99年ミクロネシア連邦銀行副総裁。99年国会議員に当選。2007年5月ミクロネシア連邦第7代大統領に就任。11年5月再選。15年5月任期満了で退任。14年11月来日。　[賞]上智大学名誉博士号（2014年）　[家]曽祖父＝森 小弁（貿易商）

モリス, ジェームズ
Morris, James
1943.4.18〜
国連世界食糧計画(WFP)事務局長　実業家　[出]インディアナ州テレホート　[学]インディアナ大学卒, バトラー大学卒 M.B.A.　[歴]インディアナポリス市長のスタッフ、リリー・エンダウメント社長などを経て、1989年よりIWCリソースの会長兼CEO(最高経営責任者)。2002〜07年国連世界食糧計画(WFP)事務局長。インディアナ大学理事長も務めた。　[勲]旭日大綬章(日本)(2007年)

モルシ, ムハンマド
Morsi, Muhammad
1951.8.8〜
エジプト大統領　[出]シャルキヤ県アドワ　[学]カイロ大学工学部(1975年)卒, カイロ大学大学院(1978年)修士課程修了 博士号(南カリフォルニア大学)(1982年)　[歴]カリフォルニア州立大学で教え、米国航空宇宙局(NASA)でスペースシャトルのエンジンの研究にも参加。1985年帰国し、ザガジグ大学教授。2000〜05年イスラム穏健派ムスリム同胞団系の無所属としてエジプト人民議会(国会)議員。08年からは同胞団上層部の指導総局メンバーを務めた。ムバラク政権崩壊後の11年4月、同胞団が結成した自由公正党の初代党首に就任。12年6月初の自由な大統領選で勝利し、初のイスラム系大統領となる。知米派。13年7月軍のクーデターで解任され拘束下に置かれた。15年4月大統領在任中に反政権デモ隊への暴力に関与した罪で禁錮20年の有罪判決を受ける(16年10月確定)。15年6月には"アラブの春"で支持者の大量脱獄に関与した罪などで死刑判決を受ける。16年11月破棄院(最高裁)で再審が決定。また、在任中にカタールに国家機密を漏洩したとして起訴され、同年6月一審で禁錮計40年の判決を受けたが、11月破棄院は一審判決を無効とした。17年9月破棄院は終身刑を言い渡し、判決が確定。

モルデハイ, イツハク
Mordechai, Yitzhak
1944〜
イスラエル副首相・運輸相　[出]イラク　[学]テルアビブ大学, ハイファ大学　[歴]1949年イスラエルへ。62〜95年イスラエル国防軍に従軍、96年国防相に就任。99年与党リクードを離党、国防相を罷免。のち中道党を旗上げ。同年7月バラク政権下で副首相兼運輸相に就任。2000年5月辞任。

モレノ, レニン
Moreno, Lenín
1953.3.19〜
エクアドル大統領　[出]ヌエボ・ロカフエルテ　[名]Moreno Garcés, Lenín Voltaire　[学]エクアドル中央大学卒　[歴]教師を務める両親のもとに生まれる。大学卒業後、観光関連の会社を設立。首都キトの観光協会役員を務めていた1998年、強盗に銃撃され、下半身の自由を失う。長期のリハビリを経て、"もう一度生き直そう。病むのではなく笑おう"と、絶望を克服した体験をもとに講演活動や本の執筆を始める。2001〜04年全国障害者委員会委員長。06年ラファエル・コレアが初当選したエクアドル大統領選に副大統領候補として出馬し当選。以後、障害者や社会のマイノリティ(少数派)への支援を強化する活動を展開。12年には障害者の社会参画に貢献したとしてノーベル平和賞候補にノミネートされた。13〜16年障害者支援を担当する国連事務総長特使を務める。17年4月大統領決選投票で勝利し、5月就任。

モーロワ, ピエール
Mauroy, Pierre
1928.7.5〜2013.6.7
フランス首相, フランス社会党第1書記　[出]ノール県カルティニ　[学]国立高等技術師範学校卒　[歴]高校理数科教師となる。1944年旧フランス社会党に入党。50〜58年社会主義青年同盟全国書記、63年社会党政治局員、66年党副書記長、71年党北部連合第1書記。同年リール市議会議員となり、73年からリール市長。73〜81年国民議会(下院)議員、79〜81年欧州議会議員。81年5月〜84年7月ミッテラン社会党政権で首相。週39時間労働制や死刑廃止などの政策を推進。88年5月〜92年1月社会党第1書記を務めた。同年9月社会主義インターナショナル議長。同年上院議員。2001年まで28年間リール市長も務めた。首相時代は核抑止力を認める立場だったが、東西冷戦集結を境に核廃絶論者になったことで知られる。1995年パリで広島市長と会談し、フランスの核実験に反対した。　[勲]

レジオン・ド・ヌール勲章シュバリエ章

モンティ, マリオ
Monti, Mario
1943.3.19～
イタリア首相, 欧州連合 (EU) 欧州委員会委員　経済学者　Ⓗバレーゼ　Ⓖボッコーニ大学 (経済学・経営学) 卒, ミラノ大学, エール大学 (米国) 大学院修了　Ⓜ米国のエール大学大学院でノーベル経済学賞を受けたトービン教授に師事。経済学者として、1970～79年トリノ大学教授、71～94年ボッコーニ大学教授を務め、89～94年ボッコーニ大学学長、2005年より総長。イタリア財務省財政金融改革特別委員長も務めた。1995年欧州連合 (EU) の閣僚に当たる欧州委員に就任し、域内市場・金融サービス・税制を担当。99年3月予算をめぐる不祥事の責任を取り総辞職するが、留任し、7月から競争政策を担当。2004年まで務めた。11年11月終身上院議員に任命。同月、ベルルスコーニ首相の辞任を受け、首相に指名される。経済・財政相兼任。12年12月辞任。猛烈な働きぶりから "スーパーマリオ" の異名を取る。　Ⓜ旭日大綬章 (日本) (2015年)

モンテイロ, アントニオ
Monteiro, António
1944.2.16～2016.9.16
カーボヴェルデ大統領　法律家　Ⓗポルトガル領サンティアゴ島リベイラ・デ・バルカ (カーボヴェルデ)　ⒼMonteiro, António Manuel Mascarenhas Gomes　Ⓖルーベン・カトリック大学 (法学, ベルギー)　Ⓜ1967年ベルギーのルーベン・カトリック大学で法学を研究。69～71年ギニアビサウ・カーボヴェルデ・アフリカ独立党 (TAIGC) の運動に参加。77年国民議会書記長、80～90年最高裁判事。91年4月複数政党制導入後初の大統領に就任。96年2月再選。2001年3月まで務めた。

モンデール, ウォルター
Mondale, Walter
1928.1.5～
米国副大統領, 駐日米国大使　法律家　Ⓗミネソタ州セイロン　ⒼMondale, Walter Frederick　Ⓖミネソタ州立大学 (1951年) 卒, ミネソタ州立大学法科大学院 (1956年)

修了　Ⓜ1956年ミネソタ州弁護士となる。60～64年ミネソタ州検事総長。64年副大統領になったハンフリー民主党上院議員の後任に指名されて上院議員となり、66年と72年に再選。77年1月～81年1月カーター政権の副大統領。84年民主党大会で大統領候補指名を獲得したが、11月の選挙で敗北し政界を引退。地元ミネアポリスで弁護士開業。87～93年ドーシー＆ホイットニー法律事務所パートナー、のち上級顧問。89年よりノースウエスト航空社外取締役、92年12月米国穀物大手のカーギル社の社外重役。93年8月～96年12月クリントン政権で駐日大使を務める。帰国後、故郷ミネソタ州の弁護士活動に戻る。97年ノースウエスト社外取締役に復帰。98年米国金融機関ゴールドマン・サックスのシニアアドバイザーとなる。2002年11月上院選に出馬するが落選。09年1月オバマ政権の対日政策顧問グループ名誉会長。　Ⓜ桐花大綬章 (日本) (2008年)　Ⓢ妻＝ジョーン・アダムス・モンデール, 長女＝エレノア・モンデール

モンフェラン, ベルナール・ド
Montferrand, Bernard de
1945.8.6～
駐日フランス大使　外交官　Ⓗジロンド県コーデラン　Ⓖパリ大学法学部卒, パリ政治学院卒, フランス国立行政学院 (ENA) 卒　Ⓜ公爵家の出身。1974年フランス外務省に入省。75年パリ政治学院助教授、のち指導教授、82年外務省人事・総務局次長兼副部長、85年駐サンフランシスコ総領事、89年駐シンガポール大使、95年駐オランダ大使、2000年駐インド大使を経て、02年駐日大使。06年退任。　Ⓜレジオン・ド・ヌール勲章シュバリエ章, フランス国家功労勲章シュバリエ章

【ヤ】

ヤアロン, モシェ
Ya'alon, Moshe
1950.6.24～
イスラエル国防相, イスラエル軍参謀総長　軍人　Ⓗキリヤットハイム　Ⓜ軍人出身で、2002年にはイスラエル軍参謀総長として第

2次インティファーダに対応した。09年リクードに入党して政界入り。入閣して首相代理兼戦略担当相に就任。閣僚の中でも首相、外相、国防相ら8人だけで構成され、重要政策決定時に召集される"8人のフォーラム"のメンバーの一人となる。13年国防相に就任。16年5月ネタニヤフ首相に対する信頼を失ったとして国防相と国会議員を辞職した。

ヤイ, ボニ
Yayi, Boni
1952～
ベナン大統領　㋪フランス領ダホメ・チャオウル（ベナン）　㋴ベナン大学, パリ大学経済学博士　㋕ベナン大学、パリ大学で学び経済学博士号を取得。西アフリカ開発銀行で副総裁を務めるなどした後、1992年からソグロ大統領の下で金融、財政を担当。94年西アフリカ開発銀行総裁。2006年3月に行われた大統領選では決選投票の末に当選を果たし、4月ベナン大統領に就任。11年3月再選。12～13年国防相兼任。12～13年アフリカ連合（AU）委員長。13年2月来日。16年大統領を退任した。　㋕フランス・メリット勲章シュバリエ章

ヤーグラン, トールビョルン
Jagland, Thorbjørn
1950.11.5～
ノルウェー首相、ノーベル賞委員会委員長　㋪ドラメン　㋴オスロ大学経済学部卒　㋕青年時代は左派活動家として知られ、北大西洋条約機構（NATO）脱退を求めていた。ノルウェー労働党青年組織からの生え抜きで、1973年フスケルー県労働党青年同盟書記、75年フスケルー県議会議員、77年青年同盟（AUF）議長、87年労働党書記長を経て、92年42歳の若さで党首に就任。93年からノルウェー国会議員。96年10月ブルントラント首相の辞任で首相となる。97年10月労働党の総選挙での不振を理由に内閣を総辞職した。2000～01年外相、01年下院外交委員会委員長、05～09年国会議長。09～15年ノーベル賞委員会委員長。09年より欧州評議会事務総長も務める。

ヤコヴレフ, アレクサンドル
Yakovlev, Aleksandr
1923.12.2～2005.10.18

ロシア社会民主党党首　㋪ソ連ロシア共和国ヤロスラブリ州コロレボ村　㋴Yakovlev, Aleksandr Nikolaevich　㋴ヤロスラブリ教育大学（1946年）卒、ソ連共産党中央委附属社会科学アカデミー（1960年）卒 歴史学博士　㋕1944年ソ連共産党に入党。米国コロンビア大学に留学。53年党中央委入り。65～73年党中央委宣伝部第1次長。73～83年駐カナダ大使。83～85年ソ連科学アカデミー世界経済国際関係研究所所長。ゴルバチョフ政権が発足した85年7月、党中央委宣伝部長に就任。グラスノスチ（情報公開）と呼ばれる民主化政策を推進し、公開禁止扱いされていた小説や映画を公表、新聞や雑誌に言論の自由を与え多数政党制への流れを作った。またゴルバチョフ書記長の最大のブレーンとして、ペレストロイカ（改革）の設計者と呼ばれた。86年3月党中央委員兼書記、87年2月政治局員候補、同年6月政治局員となり、当時のシェワルナゼ外相（のちのグルジア大統領）らとともに対話と協調による"新思考外交"を展開。冷戦終結に大きな役割を果たした。また独ソ間で39年に結ばれたモロトフ・リッベントロップ秘密協定の存在を89年に初めて認め、バルト諸国のソ連からの独立のきっかけを作った。88～90年国際問題委員会議長、90年3月～12月大統領会議委員を歴任。同年7月党中央委より引退。91年3月ソ連大統領首席顧問。その後ゴルバチョフ政権の反動化に抗議し、8月の保守派クーデター直前に離党、大統領首席顧問辞任。9月新設の政治諮問評議会メンバー。ソ連崩壊後の92年12月、ロシア大統領附属政治弾圧犠牲者名誉回復委員会議長に任命され、スターリンによる粛清の告発に取り組んだ。93年連邦下院選挙に民主改革派から出馬したが落選。95年2月ロシア社会民主党を創設し、穏健野党を率いた。またゴルバチョフ基金副総裁、93年ロシア民主主義基金総裁、同年12月～95年3月ロシア連邦放送庁長官兼国営オスタンキノ・テレビ社長、95年3月～96年ロシア公共テレビ会長などを歴任。日本との交流も深く、91年4月「現代日本研究」に関する日ソ共同声明に基づいて創設されたモスクワ現代日本研究センターの初代所長。創価大学名誉博士にも就任した。リベラルな思考で知られた。　㋕創価大学名誉博士（日本）

ヤコヴレフ, ウラジーミル
Yakovlev, Vladimir
1944.11.25～
ロシア副首相, サンクトペテルブルク市長 [出]ヤクート共和国 [歴]1993年サンクトペテルブルク副市長を経て、96年6月同市長に就任。99年8月地方指導者らの政治組織・全ロシアの代表に選出される。2003年6月ロシア副首相、04年3月南連邦管区大統領代表、9月地域発展相。07年9月退任。

ヤコブスドッティル, カトリン
Jakobsdóttir, Katrín
1976.2.1～
アイスランド首相, 左派緑運動党党首 [出]レイキャビク [学]アイスランド大学卒 [歴]文学修士号を取得、国営放送局での勤務経験を持つ。2007年よりアイスランド国会議員。09～13年アイスランド初の女性首相となったヨハンナ・シグルザルドッティルの下、教育・科学・文化相を務める。13年から左派緑運動党（グリーンレフト）の党首。16年10月の議会選挙で独立党が勝利し、17年1月ベネディクトソン党首が首相に就任。独立党、改革党、中道左派の明るい未来党で連立内閣を樹立させるが、同年9月明るい未来党が突如連立政権を離脱したことにより、10月再び総選挙となり、11月左派緑運動党、独立党、進歩党の左右3党による大連立内閣が成立、11月同国史上2人目の女性首相に就任。

ヤシン, アハメド
Yassin, Ahmed
1938～2004.3.22
ハマス創設者　イスラム教導師 [出]パレスチナ・アルジュラ村 [歴]1948年のイスラエル建国で難民となりヨルダン川西岸のガザへ。15歳の時事故に遭い以後車イス生活となる。福祉活動の傍ら、55年ガザでイスラム運動を進める“ムスリム同胞団”に参加、カリスマ的な宗教指導者として知られた。65年ナセル政権下で逮捕、以来何度も獄につながれた。73年イスラム総合センターを設立。78年ガザで独立した組織“ムジャマ”を創設。87年ガザで始まったパレスチナ人の住民蜂起“インティファーダ”を契機に、武装闘争を行うパレスチナのイスラム原理主義組織“ハマス”を創設。以後、モスクを拠点にした活動、教育や医療などの社会福祉運動を通じて住民に支持を広げる。またイスラエルとの共存を一切拒否し、和平プロセスの崩壊を狙って対イスラエル自爆テロを実行、米国務省により“テロ組織”と認定された。89年イスラエル軍兵士2人の誘拐・殺人を指示したとして軍事法廷で終身刑の判決を受け服役。97年10月ヨルダン当局に逮捕されたイスラエルのモサド工作員2人の身柄解放と交換に釈放され、ガザに帰還。98年10月ガザ地区でおきたイスラエル軍への自爆テロを受け、以後、度々パレスチナ自治政府により自宅軟禁状態におかれた。ハマスの精神的指導者として絶大な求心力を誇り、過激派以外のイスラム教徒からも支持されるカリスマとして知られた。このため度々イスラエルから命を狙われ、2004年3月ガザにある自宅付近で、イスラエル軍の武装ヘリからミサイル攻撃を受け死亡した。

ヤーシン, エフゲニー
Yashin, Evgenii
1934～
ロシア経済相　経済学者 [出]ソ連ウクライナ共和国オデッサ [学]モスクワ大学経済学部（1963年）卒 経済学博士 [歴]1973～89年ソ連科学アカデミー経済数学中央研究所勤務。旧ソ連時代の87年からさまざまな経済改革案の作成に参加、ヤヴリンスキーらと共同作業をした。91年より全ロシア産業家企業家同盟附属研究所長、93～94年11月大統領府経済分析センター長。この間、92年7月自民党の招待で来日、北海道根室市では北方四島の旧住民と会談した。94年11月経済相に就任。96年1月内閣改造で留任。同年8月第2期エリツィン政権下でも留任。97年無任所相を務めた。98年ロシア上級経済大学学長。リベラル派の論客として知られる。

ヤゾフ, ドミトリー
Yazov, Dmitrii
1923.11.8～
ロシア国防省軍事顧問, ソ連国防相　軍人 [名]Yazov, Dmitrii Timofeevich [学]フルンゼ陸軍大学（モスクワ）（1956年）卒, ソ連軍参謀本部軍事大学（1967年）卒 [歴]ロシア人。1941年陸軍に入り、第二次大戦時にレニングラード攻防戦などで前線指揮官を務めた。80～84年中央アジア軍管区司令官のあと、84年に上級大将に昇格、極東軍管区司令官に。

86年7月極東を視察したゴルバチョフ書記長の目にとまり、国防次官（人事担当）を経て87年5月国防相とスピード昇進。一方44年に共産党に入党、87年6月党中央委員、政治局員候補。88年2月米ソの中短距離核廃棄条約（INF全廃条約）を「歴史的」と評価し、戦略核兵器の50%削減にも積極的支持を表明。また東西間の軍事力均衡を保つ立場を明確にしながら同時に軍事力は防衛に十分な範囲にとどめるという新軍事ドクトリンを説いた。軍の民主化にも熱意を見せる。90年3月～12月大統領評議会メンバー、4月現役で唯一の元帥となる。同年7月党中央委員、政治局員候補退任。91年3月安全保障会議メンバー。同年8月19日軍部・保守派の一人としてクーデターを起こし、国家非常事態委員会のリーダー格となるが3日で失敗に終り、逮捕される。その後プーチン政権下で復活し、98年よりロシア国防省軍事顧問を務める。

ヤダブ, ラム・バラン

Yadav, Ram Baran

1948.2.4～

ネパール初代大統領　医師　[出]ダヌシャ郡　[学]カルカッタ医科大学　[歴]インド国境に近い南部ダヌシャ郡の農家に生まれる。インドのカルカッタ医科大学などで学び、苦学の末に医師となる。1960年代から民主化活動にも参加。ギリジャ・プラサド・コイララ首相の兄ビシュエシュワル・プラサド・コイララ元首相の主治医を経て、87年ネパール会議派（NCP）に入党。91年、94年国会議員に当選。91～94年コイララ内閣で保健相を2度務め、中道のネパール会議派内で地位を築いた。90年の民主化運動に関与して、3ケ月間収監され、2005年にはギャネンドラ元国王の圧制下、再び6ケ月を獄中で過ごすが、国王失脚後も王政廃止には慎重な態度を示す。08年まで会議派書記長を務める。同年7月君主制から共和制に移行したネパールの初代大統領に就任。15年10月退任。

ヤツェニュク, アルセニー

Yatsenyuk, Arseniy

1974.5.22～

ウクライナ首相　[出]ソ連ウクライナ共和国チェルノフツィ（ウクライナ）　[名]Yatsenyuk, Arseniy Petrovych　[学]チェルノフツィ国立大学法学部卒 Ph.D.　[歴]2003～05年ウクライナ中央銀行第1副総裁、05～06年経済相を経て、07年外相。同年より最高会議（議会）議員。14年2月の親欧米派による政変の中心人物の一人で、ヤヌコヴィッチ大統領が行方不明になったことを受けて首相、9月“国民戦線”党首に就任。16年4月与党会派内の対立が深刻化して政治危機に陥ったことから首相を辞任した。

ヤーテーンマキ, アネリ

Jäätteenmäki, Anneli

1955.2.11～

フィンランド首相　法律家　[出]ラプア　[名]Jäätteenmäki, Anneli Tuulikki　[歴]弁護士をしながら政治活動を続け、1987年フィンランド国会議員に当選、94～95年法相を務める。2002年中央党党首に就任。03年3月の総選挙で第1党となり、同年4月同国初の女性首相に選出される。ハロネン大統領とともに、欧州連合（EU）内では初めて国家元首と行政府トップがともに女性となるが、同年6月2ケ月で辞任。

ヤヌコヴィッチ, ヴィクトル

Yanukovych, Viktor

1950.7.9～

ウクライナ大統領・首相　[出]ソ連ウクライナ共和国ドネーツク州（ウクライナ）　[名]Yanukovych, Viktor Fedorovych　[学]ドネーツク工科大学（1980年）卒　[歴]機械技術が専門で、ドネーツク州で交通産業に携わる。1989～94年ドンバストランスレモント公社社長、94～96年ドネーツク州自動車輸送会社社長。96年ドネーツク州副知事を経て、97～2002年同知事。02年11月クチマ政権下でウクライナ首相に就任。04年10月与党候補として大統領選に出馬するが、過半数に達した候補がなく、11月野党候補のユーシェンコ元首相との決選投票が行われ、当選。しかし中央選管などの大規模な不正が発覚し、最高裁は再選挙の実施を決定、12月の再決選投票では敗北し、05年1月首相を辞任。のち親ロシア派の最大野党・地域党党首。06年8月ユーシェンコ大統領与党と野党3党による大連立政権の下で首相に再任。07年12月首相退任。10年2月大統領選の決選投票で当選、同月就任。14年2月反政権派と治安部隊が衝突する騒乱が起こり首都キエフを脱出、政権崩壊により大統領を解任され

た。197センチ、110キロという巨漢。

ヤヒヤガ, アティフェテ

Jahjaga, Atifete

1975.4.20～

コソボ大統領　[出]ユーゴスラビア・セルビア共和国コソボ自治区ラシュコチ（コソボ）　[学]プリシュティナ大学法学部卒, レスター大学（英国）　[歴]プリシュティナ大学法学部卒業後、英国や米国の大学で刑法などを学び、米連邦捜査局（FBI）でも訓練を受ける。2000年からコソボ警察に勤務し、09年2月からナンバー2の副長官を務めた。30代の11年4月、政治経験を持たないながら議会から大統領に選出され、同国初の女性大統領となる。16年退任。

ヤミーン, アブドラ

Yameen, Abdulla

1959.5.21～

モルディブ大統領　[出]マレ　[名]Yameen Abdul Gayoom, Abdulla　[学]クレアモント大学（米国）大学院修了　[歴]モルディブで長期独裁政権を敷いたガユーム元大統領の異母弟。政府の輸入貿易公社などに勤務し、1993年貿易・工業相、モルディブ国会議員。2005～07年高等教育・雇用・社会保障相。13年11月の大統領選決選投票で勝利し、同月大統領に就任。　[家]異母兄＝マウムーン・アブドル・ガユーム（元モルディブ大統領）

ヤラ, クンバ

Yalá, Kumba

1953.3.15～2014.4.4

ギニアビサウ大統領, ギニアビサウ国軍最高司令官　軍人　[名]Yalá Embaló, Mohamed　[学]リスボン大学（1981年）卒　[歴]ギニアビサウ最大民族のバランテ人出身。1985年からギニア・カーボヴェルデ独立アフリカ党（PAIGC）で活動した後、92年社会革命党（PRS）を創設。89年天然資源省官房長。94年大統領選でビエイラに敗れる。2000年1月の大統領選に野党党首として挑み当選、2月就任。国軍最高司令官兼任。03年9月クーデターで失脚し、海外へ亡命。06年帰国し大統領選に出馬するが、再び亡命し、08年帰国した。

ヤーライ, ジグモンド

Járai, Zsigmond

1951.12.29～

ハンガリー財務相　銀行家　[出]ハンガリー　[学]ブダペスト経済大学　[歴]1988～89年ブダペスト銀行副頭取ののち、89～90年ハンガリー財務次官、95～98年ABN AMRO銀行会長兼CEO（最高経営責任者）、96～98年ブダペスト証券取引所所長を経て、98年～2000年財務相。01～07年ハンガリー国立銀行総裁。

ヤラドゥア, ウマル

Yar'Adua, Umaru

1951.8.16～2010.5.5

ナイジェリア大統領　[出]カツィナ州　[名]Yar'Adua, Umaru Musa　[学]アフマド・ベロ大学（1975年）卒　[歴]父は独立後初のナイジェリア政府で閣僚を経験。兄は1970年代、オルセグン・オバサンジョが率いる軍事政権のナンバー2を務めた有名な退役将軍・政治家。分析化学の修士号を持ち、カツィナ工科大学の講師を務め、83年からカツィナ州の民間企業や銀行などで働く。99年カツィナ州知事に就任。率先して資産を公開し、財政改革や社会基盤整備に取り組み、2003年庶民の支持を受け再選。07年5月兄の縁で前大統領の信頼を得、ナイジェリアで初の大学卒、非軍人の大統領に就任。以後、汚職撲滅や経済改革に尽力。南部の油田地帯、ニジェール川河口デルタ地帯の武装勢力との和平交渉にも乗り出していたが、09年11月心臓疾患の治療でサウジアラビアの病院に入院。10年2月に帰国したが、5月死去した。

ヤロフ, ユーリー

Yarov, Yurii

1942～

ロシア大統領府第1副長官, 独立国家共同体執行書記　[出]レニングラード　[名]Yarov, Yurii Fedorovich　[学]レニングラード工科大学卒　[歴]1990～91年レニングラード州ソビエト議長。90年ロシア連邦人民代議員。91年ロシア最高会議副議長を経て、92年12月副首相。94年1月内閣改造でも留任。96年7月大統領府第1副長官に就任。98年12月解任。99年4月独立国家共同体執行書記。

ヤワル, ガジ

Yawar, Ghazi

1958〜

イラク暫定政府大統領　㉔モスル　㉓Yawar, Ghazi Mashal Ajil al-　㉒リヤド大学卒, ジョージワシントン大学大学院修士課程修了　㉕イラク最大部族, シャンマル族族長の家系出身。サウジアラビアの大学で学んだのち, 米国に留学して土木工学の修士号を取得。1970年代半ばフセイン政権により親族が殺害されたのをきっかけにサウジアラビアに亡命, 通信会社で副社長を務める。2003年イラク戦争による政権崩壊後に帰国し, スンニ派の代表として統治評議会入り。04年4月殺害された議長の後任として輪番制の議長となる。同年6月暫定政府の大統領に就任。05〜06年移行政府の副大統領を務めた。

ヤン・ヒョンソプ（楊 亨燮）

Yang Hyong-sop

1925.10.1〜

北朝鮮最高人民会議常任委員会副委員長, 朝鮮労働党政治局員　㉔朝鮮・咸鏡南道永興（北朝鮮）　㉒金日成総合大学卒, モスクワ大学卒　㉕金日成の従妹の夫。1954年人民経済大学教学部長, 61年労働中央党学校校長。62年以来最高人民会議代議員。67年高等教育相, 70年党中央委員, 同秘書局秘書, 政治委員会候補, 72年中央人民委員, 74年党政治委員, 77年中央人民委法制委員長などを歴任。80年党中央委員, 社会科学院院長, 83年最高人民会議常設会議議長, 84年1月祖国統一民主主義戦線中央委員長, 同年2月祖国平和統一委員会副委員長, 87年共和国議会グループ委員長, 90年最高人民会議議長。93年12月党政治局員候補。98年9月最高人民会議常任委員会副委員長。2010年党政治局員。　㉕妻＝金 信淑

ヤンシャ, ヤネス

Janša, Janez

1958.9.17〜

スロベニア首相, スロベニア民主党（SDS）党首　㉔ユーゴスラビア・スロベニア共和国リュブリャナ（スロベニア）　㉓旧姓（名）＝Janša, Ivan　㉒リュブリャナ大学卒　㉕旧ユーゴスラビア時代の1988年, ジャーナリストとして週刊誌に独立を求めるコラムを執筆し約1年間投獄された。89〜90年週刊誌「民主主義」編集長。89年スロベニア民主野党連合の創設に参加。非共産政権成立後, 90年国会議員となり, 同年〜94年国防相。93年スロベニア社会民主党党首。2000年6月〜10月バユク内閣で再び国防相。03年社会民主党の党名変更に伴いスロベニア民主党（SDS）党首。04年11月〜08年11月首相。11年12月の総選挙でSDSが第2党になり, 12年1月首相に選出。13年2月汚職疑惑で不信任案が可決, 首相退任。

ヤンダルビエフ, ゼリムカン

Yandarbiev, Zelimkhan

1952.9.12〜2004.2.13

チェチェン共和国大統領代行　作家　㉔ソ連カザフ共和国　㉒チェチェン・イングーシ国立大学　㉕1989年旧ソ連作家同盟会員, チェチェン共和国作家同盟顧問。同共和国の独立派武装勢力の指導者で, 93年4月同共和国副大統領となり, 96年4月同大統領代行に就任。同年6月エリツィン大統領とのトップ会談に臨み, "チェチェン紛争"の停戦合意に調印した。その後, 武装勢力内の対立の末, カタールに亡命。2004年2月首都ドーハでイスラム教の金曜礼拝から帰る途中, 乗っていた車が爆発し死亡した。

【ユ】

兪 国華　ゆ・こくか

Yu Kuo-hua

1914.1.10〜2000.10.4

台湾行政院院長（首相）　㉔中国・浙江省奉化　㉒清華大学（1934年）卒, ハーバード大学（1946年）卒, ロンドン経済学院（1947年）修了, 国防研究院（1966年）修了　㉕蔣介石秘書を経て, 1947年世界銀行執行理事代理, 51年国際通貨基金（IMF）執行理事代理, 55年中央信託局長, 61年中国銀行董事長, 64年IMF副理事, 67年財政部長兼IMF理事。69〜84年中央銀行総裁。この間, 台湾の十大建設プロジェクトに関与した。69〜80年IMF理事。77年行政院経済建設委主任委員兼任。79年国民党中央常務委員。84年5月〜89年5月行政院院長（首相）。97年8月〜2000年6月国民党副主席。国際的に名の知られた財政金融の専門家で, 同郷の蔣介石・蔣経国両総

統時代に一貫して財政経済を担当したことから“蔣家の金庫番”と呼ばれた。

ユ・ジョンハ（柳 宗夏）
Yoo Chong-ha
1936.7.28〜
韓国外相　外交官　[出]慶尚北道安東　[学]ソウル大学文理学部政治学科（1959年）卒　[歴]韓国外務省に入り、駐米参事官や米州局長、駐英公使、駐スーダン大使、駐欧州共同体（EC）大使などを経て、1989年外務部次官、92年国連大使。94年12月大統領外交安保首席秘書官。96年11月〜98年3月外相を務めた。

兪 正声　ゆ・せいせい
Yu Zheng-sheng
1945.4〜
中国人民政治協商会議（政協）主席，中国共産党政治局常務委員，中国建設相　[出]浙江省紹興　[学]ハルビン軍事工程学院ミサイル工程系（1968年）卒　[歴]1964年中国共産党入党。68年河北省のラジオ工場に配属。75年旧第四機械工業省傘下の研究所でエンジニアとして勤務。82年電子工業省計画局副局長、87年山東省煙台市長、92年青島市長・同市党委書記を経て、97年9月建設省次官、98年3月建設相に就任。一方、97年党中央委員。2001年11月から湖北省党委書記。02年11月党政治局員昇格。07年10月習近平の後任として上海市党委書記になり、10年の万博に携わった。12年11月党政治局常務委員。13年3月人民政治協商会議（政協）主席に選ばれる。17年10月党政治局常務委員、18年3月政協主席を退任。党高級幹部を父に持つ太子党。　[家]兄＝兪 強生（中国国家安全省外事局長・’86年米国に亡命），岳父＝張 愛萍（中国副首相）

ユ・フンス（柳 興洙）
Yoo Heung-soo
1937.12.3〜
駐日韓国大使，韓国国会議員（ハンナラ党）外交官　[出]朝鮮・慶尚南道陜川（韓国）　[学]ソウル大学法学部（1962年）卒　[歴]警察大学教授、釜山市・ソウル市警局長、治安本部長（警察庁長官）、交通部次官、民正党政策委員会副議長などを歴任。1982〜84年忠清南道知事。85年国会議員（ハンナラ党）に初当選し、2004年まで通算4期務めた。00年7月〜08年11月韓日議員連盟幹事長。14年8月〜16年6月駐日大使を務めた。幼少期を京都で過した知日派。　[勲]青条勤政勲章，紅条勤政勲章，旭日中綬章（日本）（2010年），旭日大綬章（日本）（2016年）

ユ・ミョンファン（柳 明桓）
Yu Myung-hwan
1946.4.8〜
韓国外交通商相（外相），駐日韓国大使　外交官　[出]ソウル　[学]ソウル大学行政学科（1970年）卒　[歴]学生時代に交流事業で日本滞在の経験を持つ。1973年韓国外務省（のち外交通商省，現・外交部）に入省。76〜79年駐日韓国大使館3等書記官として日本で過ごす。96年北米局長、98年駐米公使、2001年8月長官特別補佐官、12月対テロ及びアフガン問題担当大使、02年駐イスラエル大使、04年駐フィリピン大使、05年7月外交通商第2次官、9月第1次官。06年竹島問題で韓日関係が悪化した際は日本側の谷内正太郎外務次官と折衝し、妥結点を導き出した。07年3月駐日大使。08年2月李明博政権で外交通商相（外相）に就任。10年退任。韓国内の知米派。　[勲]旭日大綬章（日本）（2015年）

ユー, ロベール
Hue, Robert
1946.10.19〜
フランス共産党全国書記　[出]コルメイユ・ザン・パリジ　[歴]病院の看護士時代の1963年16歳で共産党に入党。31歳の77年以来パリに近いバルドワーズ県モンティニー・レ・コルメイユ市長を務める。87年党中央委員、90年政治局員を経て、94年1月マルシェ書記長の後任として全国書記（書記長の改名）に就任。2002年辞任。

游 錫堃　ゆう・しゃくこん
Yu Shyi-kun
1948.4.25〜
台湾行政院院長（首相），台湾民主進歩党主席　[出]宜蘭県　[学]致理商専国際貿易系卒，中興大学公共行政系卒，台湾東海大学政治学部（1985年）卒　[歴]貧しい農家の家に生まれ、夜間の商業学校で学ぶ。のち政治の世界に入り、1981年11月台湾省議員に当選。86年9月台湾民主進歩党（民進党）設立に参画、11月から党中央常務委員を務める。87年2月党

代表団員として日米訪問。89年12月宜蘭県長（知事）に当選、8年間の在任で行政能力の高さを示し、雑誌のベスト県長に選ばれる。99年民進党秘書長となり、2000年の総統選挙では党選挙本部主席兼スポークスマンとして活動、陳水扁政権誕生に貢献。陳総統が最も信頼する人物と言われ、陳政権下では同年5月行政院副院長（副首相）に就任。同年7月水害救助失敗で引責辞任し、10月総統府秘書長（官房長官）。張俊雄行政院院長（首相）の内閣総辞職に伴い、02年2月行政院院長。05年1月退任、2月総統府秘書長。06年1月～07年9月民進党主席。14年11月新北市長選に立候補するが、国民党所属で現職の朱立倫候補に敗れる。

ユーシェンコ, ヴィクトル

Yushchenko, Viktor

1954.2.23～

ウクライナ大統領・首相　エコノミスト　[出]ソ連ウクライナ共和国スムイ州ホルジフカ村（ウクライナ）　[名]Yushchenko, Viktor Andriyovich　[学]テルノポリ財政経済大学卒　[歴]貧しい農家に生まれる。ソ連国営銀行ウクライナ支部勤務などを経て、独立後の1991年より商業銀行・ウクライナ副頭取。93年1月ウクライナ初代大統領のクラフチュクに抜擢され、国民銀行（中央銀行）総裁に就任。96年独自の通貨・フリブナの導入を成し遂げた。99年12月クチマ大統領に指名され、首相に就任。欧州との関係拡大による市場経済と汚職追放にも力を入れた。2001年4月不信任決議を可決され、辞任。02年“われらのウクライナ”議長。04年10月大統領選に出馬し、与党候補のヤヌコヴィッチ首相との決選投票が行われるが、大規模な不正や捏造があったとして最高裁は再選挙の実施を決定、12月のやり直し決選投票で勝利。この一連の流れは“オレンジ革命”と呼ばれる。この間、選挙運動中のダイオキシンによる毒殺未遂事件で端整な顔立ちが一変した。05年1月大統領に就任。同年9月オレンジ革命を二人三脚で率いたチモシェンコ首相を含む全閣僚を解任。10年1月の大統領選第1回投票で敗北。

ユスタス, アーンヒム

Eustace, Arnhim

1946.10.5～

セントビンセント・グレナディーン首相　[名]Eustace, Arnhim Ulric　[学]マッギル大学卒　[歴]1972年セントビンセント・グレナディーン貿易省次官補、76年貿易・農業省次官、77～93年カリブ開発銀行に勤務、96年国民保険庁長官。98年6月総選挙で当選、財政・公共事業相を経て、2000年10月首相に就任。01年3月退任。

ユスフ, アブドラヒ

Yusuf, Abdullahi

1934.12.15～2012.3.23

ソマリア暫定大統領　軍人　[出]プントランド・ガルカヨ　[名]Yusuf Ahmed, Abdullahi　[歴]イタリアやソ連で学び、ソマリア陸軍に入隊。1970年代後半、バーレ政権打倒のクーデターに失敗しケニアへ出国。ゲリラ闘争を続けエチオピアの支援を獲得。90年代に出身地の北東部プントランドに帰国、98年7月自治を宣言した“プントランド”自治政府初代大統領に就任。2004年10月ソマリア暫定政府大統領に選出される。1991年の政権崩壊後、無政府状態になったソマリアで本格的な中央政府の樹立に取り組んだが、治安は改善せず、暫定政府内の内部闘争も続き、2008年12月辞任した。

ユースーフィ, アブデルラハマン

Youssoufi, Abderrahmane

1925～

モロッコ首相　[出]タンジール　[学]パリ大学卒　[歴]1959年反逆罪で投獄。63年政治裁判で2年服役。64年釈放後、フランスに亡命。80年代前半にモロッコに戻り、92年よりモロッコ人民勢力社会主義同盟（USFP）党首になるが、93年退任し、国外へ亡命。95年再びモロッコに戻り、98年2月～2002年11月首相。

ユスフザイ, マララ

Yousafzai, Malala

1997.7.12～

人権活動家　[出]カイバル・パクトゥンクワ州　[歴]祖父の代からの教員一家に生まれ、幼い頃スワート渓谷ミンゴラに移住。11歳の時、英国BBC放送のウルドゥー語ブログに“グル・マカイ（トウモロコシの粉）”というペンネームを用いて日記を投稿し、注目を集める。女性の教育の権利を認めないイス

ラム武装勢力“パキスタンのタリバン運動(TTP)”の圧力に屈せず、“女の子にも教育を、学校に通う権利を”と訴え続ける姿勢が多くの人々の共感を呼んだ。2012年10月15歳の時、スクールバスで下校途中にTTPに襲われる。頭部を撃たれ、生死の境をさまよったものの、英国に搬送され奇跡的に命をとりとめた。英国の女子高校で学び、その後も教育のための活動を続け、女子教育を支援する“マララ基金”が設置される。13年7月16歳の誕生日に国連本部で演説し、教育の重要性を訴えた。同年人権や表現の自由を守る活動を称えるサハロフ賞を受賞。14年7月ボコ・ハラムによる少女拉致事件に関連し、ナイジェリアの大統領に面会、対処するよう直訴。12月には史上最年少でノーベル平和賞を受賞した。15年7月シリア難民の少女を対象にレバノン東部に学校を開設。12月ドキュメンタリー映画「わたしはマララ」が日本で公開された。　[賞]ノーベル平和賞(2014年), パキスタン国民平和賞(第1回)(2011年), シモーヌ・ド・ボーボワール賞(2013年), 国際子ども平和賞(2013年), サハロフ賞(2013年), クリントン・グローバル市民賞(2013年)

ユソフ, ペンギラン

Yusof, Pengiran

1923.5.2〜2016.4.11

ブルネイ首相, 駐日ブルネイ大使　[出]英領ボルネオ・ツトン(ブルネイ)　[名]Pengiran Setia Negara Pengiran Haji Mohd Yusof bin Pengiran Haji Abdul Rahim 別名＝ハリム, ユラ〈Halim, Yura〉　[学]広島文理科大学(現・広島大学)　[歴]日本が戦時中、東南アジアの占領地から国費で招いた南方特別留学生として、1944年来日。45年広島大学の前身である広島文理科大学に進学。広島に原爆が投下された8月6日、爆心地から約1.5キロにある同大の教室で授業中に被爆。直後には大学の校庭で野宿をしながら日本人の救護に当たった。帰国後、バリサ・パムダ党の結党に参加し、同党幹事長を務める。一方、ユラ・ハリムのペンネームで国王賛歌を書き、正式に国歌として採用された。66年英国統治下のブルネイで首相に就任。2001〜02年には日本とのつながりを買われて駐日大使を務めた。また自らの被爆体験や広島での経験を母国で伝え、平和活動の推進に尽力。13年日本とブルネイの友好や平和活動の功績をたたえ、広島大学より名誉博士号を授与された。原爆投下時に広島で学んでいた9人の南方特別留学生で最後の生存者だった。　[勲]勲一等旭日大綬章(日本)(1985年)　[賞]広島大学名誉博士号(2013年)

ユドヨノ, スシロ・バンバン

Yudhoyono, Susilo Bambang

1949.9.9〜

インドネシア大統領, 国連ボスニア・ヘルツェゴビナ停戦監視団長　軍人　[出]オランダ領東インド東ジャワ州パチタン(インドネシア)　[学]インドネシア国軍士官学校(1973年)卒, ウェブスター大学大学院経営学修士課程修了, ボゴール農科大学大学院博士課程農業経済学博士(ボゴール農科大学)(2004年)　[歴]1973年インドネシア国軍士官学校を首席で卒業、74年国軍に入隊。89〜91年米国に留学。95〜96年国連ボスニア・ヘルツェゴビナ停戦監視団長、96年陸軍第2軍管区(南スマトラ)司令官、98年3月国軍社会・政治担当参謀長、領域担当参謀長などを歴任。国軍では改革派の実力者として知られ、98年のスハルト政権崩壊後は国軍改革の理論作りを主導した。99年10月ワヒド政権発足時には重要ポストの鉱業・エネルギー相として初入閣。2000年8月内閣改造で筆頭閣僚の調整相(政治・社会・治安担当)に就任。軍及び各界の太い人脈を生かし、政権の要としての役割を果たすが、01年6月大統領により解任される。同年8月メガワティ政権でも再び調整相(政治・治安・社会担当)に就任するが、04年3月辞任し、5月大統領選へ出馬。同年9月メガワティ大統領との決選投票に勝利し、10月就任。09年4月の総選挙では自身が率いるインドネシア民主党(PDI)が第一党に躍進し、7月の大統領選でも勝利し、10月2期目就任。14年10月退任。英語に堪能。退役陸軍中将。　[家]岳父＝サルウォ・エディ・ウィボウォ(軍人)

ユマシェフ, ワレンチン

Yumashev, Valentin

1952.12.15〜

ロシア大統領府長官　[出]ソ連ロシア共和国ペルミ(ロシア)　[名]Yumashev, Valentin Borisovich　[学]モスクワ大学ジャーナリスト科卒　[歴]モスクワ大学在学中からコムソ

モリスカヤ・プラウダで働き、1987年週刊誌「オゴニョーク」に移る。89年エリツィンの選挙戦ドキュメンタリー映画を撮影し、エリツィンの信頼を得る。95年オゴニョーク社長。96年マスコミ担当の大統領顧問を経て、97年大統領府長官に就任。98年12月解任後も、大統領顧問として影響力を持った。

ユルドゥルム, ビナリ

Yildirim, Binali

1955.12.20～

トルコ首相, トルコ公正発展党党首　[出]エルジンジャン　[学]イスタンブール工科大学卒, イスタンブール工科大学大学院造船工学・海洋工学修了　[歴]イスタンブール工科大学大学院で造船工学と海洋工学の修士号、1991年世界海事大学で修士号を取得。94年～2000年イスタンブールのフェリー運営会社社長。01年エルドアン元イスタンブール市長らとトルコ公正発展党（AKP）を創設。02～13年運輸相と運輸海事通信相、14年エルドアン大統領特別顧問、15年運輸海事通信相。16年5月与党AKP党首に選出され、同月首相に就任。エルドアン大統領の側近中の側近として知られる。

ユルマズ, メスート

Yilmaz, Mesut

1947.11.6～

トルコ首相, トルコ祖国党党首　[出]イスタンブール　[学]アンカラ大学政治学科卒　[歴]ロンドン大学に留学。1983年祖国党の創設に参加、同年国会議員に当選。オザル内閣で政府スポークスマン、86年観光相、87年国務相を務めた後、87年12月外相に就任するが、外交方針をめぐってアクブルト首相と対立し90年2月辞任。91年6月祖国党党首に選出され、同月首相に就任。10月総選挙で祖国党が敗北し11月退陣。96年3月同党と正道党との連立政権発足に伴ない首相に返り咲くが3ケ月で内閣は崩壊、辞任した。97年6月辞任したエルバカン首相に代わって、3たび首相に指名され、7月民主左派党などとの連立政権を発足させる。98年11月マフィアと閣僚癒着疑惑により内閣不信任案が可決され、退陣。その後、2002年まで副首相、国務相を務める。

ユン・キボク（尹 基福）

Yun Gi-bok

1926.8～2003.5.8

北朝鮮祖国統一民主主義戦線議長, 朝鮮労働党中央委員会書記（教育文化担当）　[出]朝鮮・咸鏡北道（北朝鮮）　[学]満州医学校卒　[歴]モスクワ大学に留学。1956年人民経済大学教授。62年北朝鮮普通教育相、最高人民会議代議員、67年財政相、69年国家計画委委員長、71年朝鮮労働党中央委員、72年最高人民会議常設会議法案審議委委員長、78年中央人民経済委副委員長を歴任。80年党政治局委員候補兼書記に選出。81年祖国平和統一委副委員長兼任。83年6月平壌市人民委委員長に転任、他の一切の役職を解任。86年12月中央人民委員として党中央に復活、最高人民会議予算審議委委員長に選出され、90年1月党中央委書記に返り咲く。同年10月祖国平和統一委委員長。92年12月対南（韓国）問題責任者から教育文化担当書記に。93年11月中央人民委経済政策委委員長（党書記は解任）。99年より統一問題の窓口である祖国統一民主主義戦線の議長を務めた。

ユン・ビョンセ（尹 炳世）

Yun Byung-se

1953.8.3～

韓国外相　外交官　[出]ソウル　[学]ソウル大学（1976年）卒, ジョンズ・ホプキンズ大学（米国）大学院（1983年）修士課程修了　[歴]1977年韓国外務省に入省。99年北米局審議官、2000年駐ジュネーブ公使、04年駐米公使、06年外務省次官補、同年盧武鉉政権の大統領府統一外交安保首席秘書官。12年与党セヌリ党国民幸福推進委員会外交統一推進団長、同年大統領選で朴槿恵陣営の外交政策担当を経て、13年3月～17年6月朴政権の外相を務めた。

ユンケル, ジャンクロード

Juncker, Jean-Claude

1954.12.9～

ルクセンブルク首相, 欧州連合（EU）欧州委員会委員長　[出]レダンジュ　[学]ストラスブール大学（フランス）（1979年）卒　[歴]学生時代にキリスト教社会党（CSV）に加わり、1979～82年政務担当官を務める。80年弁護士資格取得。82年28歳でウェルナー内閣の労働次官、84～89年サンテール内閣で労相、89～

94年財務相兼労相。90〜95年CSV党首。91年前半ルクセンブルクが欧州共同体(EC)議長を務めた際にはサンテール首相とともに通貨統合(ユーロ)を謳ったマーストリヒト条約起草に手腕を発揮。95年1月サンテールの欧州連合(EU)の政策執行機関である欧州委員会委員長に就任に伴い歴代最年少でルクセンブルク首相に就任。99年8月新連立内閣発足で財務相を兼任。2004年7月ルクセンブルク社会労働党(LSAP)との連立で第3次内閣、09年7月第4次内閣発足。この間、05年1月ユーロ圏財務相会合の初代常任議長となり、3期務め、13年12月退任。同年12月首相退任。14年11月EU欧州委員会委員長に就任。　[賞]上智大学名誉博士号(2010年)

【ヨ】

ヨー, ジョージ

Yeo, George

1954.9.13〜

シンガポール外相　[出]シンガポール　[名]中国名＝楊 栄文　[学]ケンブリッジ大学(1976年)卒, ハーバード大学ビジネススクール(1985年)修了　[歴]ケンブリッジ大学を最優等で卒業し、1976年シンガポール空軍に入る。85年空軍司令官となり、88年准将で退役。同年シンガポール国会議員に当選して、財務相、外務担当国務相。91年7月から情報芸術相兼第2外相。93年12月情報芸術相兼保健相。99年6月担務替えによる内閣改造で通産相に就任。2004〜11年外相を務めた。

ヨアディムナジ, パスカル

Yoadimnadji, Pascal

1950〜2007.2.23

チャド首相　法律家　[歴]チャドの法律家で、デビ大統領の側近として2005年2月から首相を務めた。

葉 菊蘭　よう・きくらん

Ye Ju-lan

1949.2.13〜

台湾行政院副院長(副首相)　[出]苗栗県銅鑼鎮　[学]輔仁大学法学部(1970年)卒　[歴]客家人。高校教師を経て、台湾最大の広告会社・連広に入社、同社で女性として初めて部長となり、台湾版キャリアガールのはしりとなる。1989年4月台湾独立運動を続けていた夫・鄭南榕が当局に抗議して焼身自殺。同年12月の立法委員(国会議員)の選挙に亡夫の遺志を継いで野党・民主進歩党(民進党)から立候補し、初当選。90年2月立法院で“台湾独立”を主張、台湾でタブーだった独立問題を初めて立法院に持ち込んだ。2000年5月台湾初の民進党政権(陳水扁政権)で交通部長(運輸相)に就任。02年行政院客家委員会主任委員、行政院副院長(副首相)、05年高雄市長を経て、07年8月〜08年3月総統府秘書長(官房長官)。　[家]夫＝鄭 南榕(ジャーナリスト)

楊 潔篪　よう・けつち

Yang Jie-chi

1950.5.1〜

中国外相, 駐米中国大使, 中国共産党政治局員　外交官　[出]上海　[学]ロンドン・スクール・オブ・エコノミクス　[歴]名門の上海外国語学院附属中学では国連大使を務めた王光亜と同級生で、寄宿舎の二段ベッドでは上下に寝た仲。1968年から文化大革命の4年間は上海の機械工場で働く。71年中国共産党に入党。73年から2年間英国に留学。75年外務省入省。通訳担当を経て、82年以後は一貫して米国畑を歩み、在米大使館書記官、参事官、公使、90年1月北米・大洋州局参事官などを歴任。93年6月駐米公使。98年2月米国担当の外務次官に昇格、2000年12月〜05年駐米大使を務め、05年5月再び外務次官となり、中南米、香港、マカオ、台湾などを担当する。ジョージ・ブッシュSr.米国元大統領が失職していた1977年、中国政府がチベットなどに案内した際に通訳を務めたことがきっかけとなり、ブッシュ一家と親交を持つ。2007年4月外相に就任。10月党中央委員に選出。08年3月外相留任。12年11月党中央委員再選。13年3月外相を退任し、国務委員(外交担当, 副首相級)に昇格。17年10月党政治局員。

葉劉 淑儀　ようりゅう・しゅくぎ

Lau Suk-yee

1950.8.24〜

香港立法会議員, 新民党主席　[名]英語名＝イップ, レジーナ〈Ip, Regina〉　[学]香港大学, グラスゴー大学, スタンフォード大学

[歴]1975年より香港政府に勤務。98年～2003年警察、入管など治安部門を統括する保安局長などを務めた。07年12月香港立法会(議会)の香港島選挙区の補欠選挙に親中派政党からの支持を受け出馬。民主派の支援を受けた女性候補で元政府政務官・陳方安生との事実上の一騎打ちとなるが、次点に終わる。08年香港立法会議員に当選、11年田北辰らと新民党を旗揚げ、主席に就任。12年行政長官選挙への立候補を表明したが、出馬を断念した。

ヨシポヴィッチ, イヴォ

Josipović, Ivo
1957.8.28～
クロアチア大統領　法律家, 作曲家　[出]ユーゴスラビア・クロアチア共和国ザグレブ(クロアチア)　[学]ザグレブ大学法学部(1980年)卒, ザグレブ音楽大学卒 Ph.D.　[歴]1980年ザグレブ大学を卒業すると共産党に入党。中道左派・社会民主党の設立メンバーで、94年政界を離れたが、2003年国会議員に当選して復帰。10年1月大統領に当選、2月就任。15年2月退任。刑法の専門家としてザグレブ大学法学部教授を務めた他、作曲家としても活躍。ピアノを得意とし、室内楽団向けなど50曲を作曲。ザグレブ現代音楽祭の実行委員長も務めた。

ヨシヤマ, ハイメ

Yoshiyama, Jaime
1944.7～
ペルー大統領府長官, 新多数運動カンビオ90党首　[出]フニン県ワンカヨ　[名]Yoshiyama Tanaka, Jaime 日本名＝吉山 達成　[学]ペルー国立工科大学卒, ペルー国立工科大学大学院経営学専攻修了　[歴]福岡県久留米市出身の吉山利夫・すずこの三男に生まれた日系2世。高校の時から首都リマに移る。大学院修了後1968年から米国ミシガン州立大学、75年からハーバード大学にそれぞれ1年間留学。ペルー中部国立大学講師(組織学)などを経て実業界入りした経済テクノクラートで、早くからペルーの次代を担う人物の一人として注目されてきた。90年7月フジモリ大統領就任と同時にリマ電力公社総裁に起用され、91年入閣し運輸通信相、91～92年鉱業動力相を歴任。また大統領府の民営化委員長も兼任し、公営企業の売却、経済建て直しに貢献。フジモリ大統領の右腕的存在でアリトミ駐日ペルー大使らとともに大統領の腹心とされる。92年大統領の特命を受けて“新大衆運動”の結成に奔走、フジモリ政権与党連合「新多数運動カンビオ(変革)90」の代表として11月の制憲議会選での同連合の躍進に道を開き、自らも比例名簿1位で当選。93年1月制憲議会議長に就任、ナンバー2となった。95年リマ市長選に落選するが、直ちに大統領府長官に就任。96年退任。

ヨハニス, クラウス

Iohannis, Klaus
1959.6.13～
ルーマニア大統領　[出]シビウ　[名]Iohannis, Klaus Werner　[学]バベシュ・ボヤイ大学物理学部(1983年)卒　[歴]シビウ市内の中学・高校で物理学の教師をしながらドイツ系ルーマニア人の組織で活動。1997年シビウ県教育委員会副委員長、99年同委員長、2000年12月シビウ市長(4期)。13年ルーマニア国民自由党第1副議長を経て、14年同党党首。同年11月の大統領選でポンタ首相との決選投票に勝利し、12月就任。

ヨハネソン, グズニ

Jóhannesson, Gudni
1968.6.26～
アイスランド大統領　歴史学者　[出]レイキャビク　[名]Jóhannesson, Gudni Thorlacius　[学]ウォーリック大学(英国)卒, アイスランド大学大学院修士課程修了 歴史学博士(ロンドン大学クイーン・メアリー・カレッジ)　[歴]英国のウォーリック大学で歴史学と政治学を専攻、ドイツの大学でも学ぶ。1997年アイスランド大学で歴史学修士号を取得、2003年ロンドン大学クイーン・メアリー・カレッジで歴史学博士号取得。専門はアイスランド近現代史。アイスランド大学教授、政治コメンテーターなどを務める。16年6月政治経験が全くないにも関わらず大統領選に出馬、約39%の票を獲得して48歳の史上最年少で初当選。8月就任。

ヨハネ・パウロ2世

Johannes Paulus II
1920.5.18～2005.4.2
第264代ローマ法王　[出]ポーランド・クラクフ近郊バドビツェ　[名]ボイチワ, カロル・

ユゼフ〈Wojtyla, Karol Jozef〉 [学]クラクフ大学卒 神学博士(アンジェリクム大学) [歴]ポーランド近郊の労働者の家庭に生まれる。8歳で母、12歳で兄を亡くす。ナチス占領下で石切場や化学工場で働きながらレジスタンス運動に参加。地下神学校で哲学と神学を学び、1946年司祭に叙階。ルブリン・カトリック大学教授を経て、63年クラクフ大司教。67年枢機卿となり、78年10月16日58歳の若さで第264代ローマ法王に選出された。イタリア人以外の法王の誕生は455年ぶりで、スラブ民族としては初だった。就任直後から、祖国ポーランドの民主化運動を精神的に支え、東欧諸国の共産主義政権が次々と崩壊する後押しをした。81年5月サンピエトロ広場で狙撃され重傷を負う。89年12月ゴルバチョフ・ソ連最高会議議長と会見、ロシア革命以後70年にわたる対立関係に終止符が打たれた。98年1月キューバを初訪問し、カストロ議長と対談。99年3月イランのハタミ大統領と対談。米国によるイラク攻撃に反対するなど、国際政治舞台で発言を続けた。宗教間対話に努め、2000年聖地巡礼で法王として初めてエルサレムでユダヤ教、イスラム教の両聖地に足を踏み入れ宗教対話を行った。またキリスト生誕00年の“大聖年”を主宰し、ガリレオ裁判や十字軍遠征、ユダヤ人差別などで信者が過ちを犯したことを認め、ユダヤ教やイスラム教との対話と和解を訴えた。01年には東西協会の分裂(1054年)以来、法王としては初めて東方教会の拠点であるギリシャを訪れ、キリスト教会再統一を目指す強い意欲を示した。またシリア、マルタを訪問し、シリアでは法王として初めてモスクを訪ねた。歴代法王最多の約130ケ国104回の外遊をこなし、“空飛ぶ聖座”と呼ばれた。教義や社会問題では保守を貫き、同性間の結婚、人工妊娠中絶や、神父の結婚には反対し続けた。1999年キリスト生誕2000年祭と法王在位20年を祝い、法王の祈り、説法と歌声が収録されたCD「アバ・パーテル」が発売される。96年自伝「賜物と神秘」がベストセラーに。03年初の詩集を出版。1981年2月来日、長崎・広島を訪問して、核兵器廃絶・世界平和を訴えた。2005年4月死去、在位は26年に及んだ。11年近代では最速となる“福者”に認定され、14年ヨハネ23世とともに“聖人”に列せられた。 [賞]ローマ市名誉市民(2002年)

ヨン・ヒョンムク(延 亨黙)
Yon Hyong-muk
1931.11.3～2005.10.22
北朝鮮首相, 北朝鮮国防委員会副委員長, 朝鮮労働党政治局員候補 [出]朝鮮・咸鏡北道(北朝鮮) [学]金日成総合大学理工学部卒, プラハ工科大学 [歴]1940年代にチェコのプラハ工大(一説にソ連・ウラル工大)に留学。67年11月より北朝鮮最高人民会議第4～5、7～10期代議員。70年11月朝鮮労働党中央委員・書記、71年12月党政治委員、80年党政治局員・書記。85年10月第1副首相、11月金属・機械工業委委員長兼任。86年12月党重工業担当書記。88年12月党書記解任、第1副首相兼金属・機械工業委委員長も解任。同月首相に就任。90年9月分断以来初めての南北朝鮮首相会談でソウルを訪問、92年9月まで北朝鮮側首席代表。91年10月国連総会で演説、同年12月南北基本合意書と朝鮮半島非核化共同宣言に署名した。92年12月首相を解任され、党政治局員候補・慈江道党委責任書記に降格。98年1月地域的特性に合致する各種中・小型発電所を短期間で建設したことにより国の緊張した電力問題を解決する上で功績があったとして労働英雄称号、金メダル、国旗勲章第1級を授与された。同年9月国防委員会委員、のち副委員長。“革命第2世代”の代表的テクノクラートで、金正日総書記の側近の一人だった。ロシア語のほか、日本語、フランス語に堪能だった。 [勲]北朝鮮国旗勲章第1級(1998年)

【ラ】

ラ・ウンベ(羅 雄培)
Ra Woong-bae
1934.7.24～
韓国副首相 [出]ソウル [学]ソウル大学商学部(1957年)卒, スタンフォード大学経営大学院(1966年)修了 経営学博士(カリフォルニア大学)(1968年) [歴]1965年ソウル大学商学部助教授、副教授を経て、経済界に転身。77年ヘッテ製菓社長、79年韓国中央大学教授、80年韓国タイヤ社長を歴任し、政界に進出。81年から国会議員(民正党)。82年財務相、86年商工相、88年2月副首相兼経済企画院長官、95年2月副首相兼統一院長官、

同年12月副首相兼財政経済院長官。96年8月退任。この間、91年2月～92年3月民主自由党（民自党）政策委員会議長、93年韓日議員連盟幹事長。

羅 幹　ら・かん

Luo Gan

1935.7.14～

中国共産党政治局常務委員，中国国務委員　[出]山東省済南　[学]北京鋼鉄学院圧力加工系（1953年）卒，ライプツィヒ・カール・マルクス大学，フライブルク鉱冶学院鋳造学部（1962年）卒　[歴]1950年代に旧東ドイツに留学。60年中国共産党に入党。62年帰国後、国務院第1機械工業部機械研究院に入り、高級技師の資格取得。70年鄭州機械科学研究所副所長。78年中国鋳造科学代表団団長としてハンガリー訪問。80年河南省に移り、同省科学委主任、81年12月同省副省長、83年3月同省党委書記。同年10月中華全国総工会副主席兼同書記処書記。84年12月中国職工対外交流中心会長。87年11月より党中央委員。88年4月国務院労働部長（労相）、88年12月李鵬首相の下で国務院秘書長。93年3月国務委員（副首相級）兼国務院秘書長。97年9月党政治局員、中央書記局書記。98年3月国務委員再任、国務院秘書長退任。同年4月党中央政法委書記。2002年11月党政治局常務委員に昇格、書記局書記退任。03年3月国務委員退任。07年10月党政治局常務委員退任。ドイツ語、英語、フランス語に通暁していると言われる。

ラ・ジョンイル（羅 鍾一）

Ra Jong-yil

1940.12.5～

駐日韓国大使　政治学者　[出]朝鮮・京城（韓国ソウル）　[学]ソウル大学（政治学）（1963年）卒，ソウル大学大学院（政治学）（1967年）修士課程修了 政治学博士（ケンブリッジ大学）（1972年）　[歴]1963年ソウル大学助手となり、72年から慶熙大学助教授、副教授を経て、78～98年政治外交学科教授。この間、韓国政治学会常任理事、国際平和戦略研究院院長、韓国戦争研究会会長、韓国未来政治研究会会長、韓国欧州学会会長などを務めた。97年金大中大統領政権引継委員会行政室長となり、98年国家安全企画部（現・国家情報院）海外・北韓担当第1次長。2000年新千年民主党結党とともに入党し、総裁外交安保特別補佐官、国家情報院長外交担当特別補佐役。01～03年駐英大使、03年2月～04年1月大統領秘書室国家安保補佐官（盧武鉉政権）。04年3月～07年3月駐日大使を務めた。07～11年又石大学総長。

羅 福全　ら・ふくぜん

Lo Fu-cheng

1935.5.8～

台北駐日経済文化代表処代表（駐日台湾大使）　外交官　[出]嘉義　[学]台湾大学経済学部（1958年）卒，早稲田大学政治経済研究所経済学修士課程修了，ペンシルベニア大学大学院（開発経済学）修士課程修了 博士号（ペンシルベニア大学）　[歴]1941年東京に移住、田園調布の小学校に通い、学童疎開も経験。埼玉県で敗戦を迎える。46年台湾に帰国。台湾大学を卒業後、早稲田大学政治経済研究所で経済学修士を取得、さらに米国ペンシルベニア大学で開発経済学を学び修士号、博士号を取得。国連に入り、名古屋の国連地域開発センター（UNCRD）、アジア・太平洋開発センター（APDC）などに勤務。ハワイ大学教授、ペンシルベニア大学教授などを経て、90年から東京・渋谷の国連大学学術審議官、高等研究所副所長などを歴任し、2000年4月退任。経済発展政策、都市問題、地球環境問題を研究、国連で中国の持続可能な経済発展計画の作成に携わった他、日本の外務省、環境庁とも協力し、各国の経済発展政策、都市環境対策に協力。00年5月～04年5月台湾初の民進党政権で台北駐日経済文化代表処代表（駐日大使に相当）。04年7月～07年10月対日窓口機関の亜東関係協会会長。一方、学生時代に蔣介石独裁体制に反対し台湾独立運動に参加、海外で台湾の民主化運動を進めたことで知られ、台湾独立建国連盟中央委員を務めた。地域開発、都市問題などの著書がある。　[勲]旭日重光章（日本）（2016年）

頼 英照　らい・えいしょう

Lai Ying-chao

1946.8.24～

台湾行政院副院長（副首相）　[出]宜蘭県　[学]中興大学法律系（1973年）卒，台湾大学大学院法学（1976年）修士課程修了，ハーバード大学大学院（法学）（1977年）修士課程修了 法学博士（ハーバード大学）（1981年）　[歴]1982

年中興大学法律研究所長を経て、84年台湾財政部（財務省）入り。88年財政部関政司長、89年同部常務次長、同年8月同部政務次長。92年台湾省財政庁長、93年同省政府委員兼任、96年同省副省長、99年司法院大法官を経て、2000年10月張俊雄内閣の行政院副院長（副首相）に就任。02年2月退任。台湾国民党の党籍を取得することが行政機関での昇進条件となっている同国で、無党籍を通した。

頼 幸媛 らい・こうえん
Lai Shin-yuan
1956.11.9～
台湾行政院大陸委員会主任委員　㋐台中　㋕世新三専（現・世新大学）卒　㋔世新三専（現・世新大学）を卒業後、英国サセックス大学に留学して発展経済博士号、ロンドン大学政治経済学部で国際関係修士号を取得。1978年台湾紙「中国時報」記者となり、97年世新大学社会発展研究所兼任副教授、淡江大学国際企業経営系兼任副教授。同年中華台北アジア太平洋経済協力研究センターを創設。99年台北市国際事務委員会委員、2000年国家安全会議諮問委員となり、04年から台湾団結連盟の立法委員（国会議員）として活動したが、08年1月落選。5月台湾行政院で対中政策を担う大陸委員会主任委員に起用される。12年世界貿易機関（WTO）代表団大使。

頼 清徳 らい・せいとく
Lai Ching-te
1959.10.6～
台湾行政院院長（首相）　内科医　㋐新北　㋕台湾大学リハビリテーション学部卒, 成功大学医学部卒, ハーバード大学（米国）大学院公衆衛生学修士課程修了　㋔内科医として成功大学医院、新楼医院に勤務。1996年第3期国民大会代表（国会議員）、98年～2010年第4期・5期・6期・7期立法委員（国会議員）。この間、立法院衛生環境と社会福祉委員会召集委員、立法院超党派厚生会会長、立法院民主進歩党会派幹事長、04年米国国務省「インターナショナル・ビジター・リーダーシップ・プログラム」客員研究員。10年12月台南市長に当選。市長2期目途中の17年9月蔡英文政権の行政院院長（首相）に就任。台湾独立志向を公言する与党民進党のホープ

で、将来の総統候補と目されている。党内最大派閥・新潮流派派所属。親日家。

ライアン, ポール
Ryan, Paul
1970.1.29～
米国下院議長（共和党）　㋐ウィスコンシン州ジェーンズビル　㋔Ryan, Paul Davis　㋔マイアミ大学卒　㋕ウィスコンシン州ジェーンズビルで5代続く名門に生まれ、曽祖父が19世紀に始めた土木会社は全米有数の規模とされる。4人きょうだいの末っ子で、16歳で父を亡くした。地元の高校を卒業後、マイアミ大学で経済学、政治学の学位を取得。1998年28歳の若さでウィスコンシン州選出の米国下院議員に初当選。財政問題に詳しく、2011年には40歳で下院予算委員長に就任。12年の大統領選で共和党選出のミット・ロムニー候補の副大統領候補に選ばれたが、11月ロムニー候補は敗退した。15年10月20世紀以降では最年少の45歳で下院議長に選出される。徹底した財政削減を進める"財政保守"の代表格として知られる。

ライシュ, ロバート
Reich, Robert
1946.6.24～
米国労働長官　経済学者　㋐ペンシルベニア州スクラントン　㋔Reich, Robert Bernard　㋔ダートマス大学（1968年）卒, オックスフォード大学大学院経済学修士課程修了, エール大学ロースクール卒　博士号（エール大学）　㋕1968年ダートマス大学卒業後、ローズ奨学生としてオックスフォード大学に留学。71年エール大学ロースクールに進学。74年フォード政権で司法次官補佐官、76～81年カーター政権下で米国連邦取引委員会（FTC）政策計画局長を務めた後、81年よりハーバード大学ケネディ行政大学院教授。民主党リベラル派の有力アドバイザーで、実体経済に即した政策提言で知られる。93年1月クリントン政権の労働長官に就任。クリントンとはオックスフォード大及びエール大での同窓生。97年1月退任。9月ブランダイス大学教授、2006年よりカリフォルニア大学バークレー校教授。08年「タイム」誌の"最も業績を収めた20世紀の閣僚10人"の一人に選ばれた他、「ウォールストリート・ジャーナル」紙で"最も影響力のある経営思想家20人"に

も選出された。雑誌「アメリカン・プロスペクト」の共同創立編集人で、市民団体コモン・コーズ会長も務める。　㉑バーツラフ・ハヴェル財団賞（2003年）

ライス, アミン
Rais, Amien
1944.4.26～
インドネシア国民協議会（MPR）議長, ムハマディア総裁, インドネシア国民信託党（PAN）党首　インドネシア・イスラム教指導者　㉕オランダ領東インド中部ジャワ州ソロ（インドネシア）　㉔ガジャマダ大学 博士号（国際関係, シカゴ大学）（1981年）　㉖1969年よりジョクジャカルタのガジャマダ大学で教鞭を執り, 同大教授を務める。傍ら, イスラム教組織のムハマディア指導部に加わり, 95～98年8月総裁を務める。当時タブーであったスハルト大統領の後継問題について発言, 政権交代の必要性を説くなど民主化運動を進め, 98年5月のスハルト大統領退陣に貢献した。同年8月政教分離の立場からムハマディア総裁を辞任, インドネシア国民信託党（PAN）を旗揚げし党首に就任。99年6月総選挙で敗北。同年10月国民協議会（MPR）議長に選出される。2004年5月大統領選に立候補。英語に堪能。

ライス, コンドリーザ
Rice, Condoleezza
1954.11.14～
米国国務長官, 米国大統領補佐官（国家安全保障担当）　国際政治学者　㉕アラバマ州バーミンガム　㉔デンバー大学（1974年）卒, ノートルダム大学大学院（1975年）修士課程修了 Ph.D.（デンバー大学）（1981年）　㉖アフリカ系。人種差別が激しかったアラバマ州に生まれるが, 父は牧師, 母は音楽教師という恵まれた家庭に育つ。ピアニストを目指したが, 15歳でデンバー大学に飛び級入学し音楽を専攻する。そこでチェコの亡命外交官だったオルブライト元米国国務長官の父, ジョセフ・コルベル教授に出会い, 外交専門家の道に進む。1981年スタンフォード大学助教として採用され, 87年准教授。レーガン政権下の86年, 米国国防総省統合参謀本部に勤務。89～91年ブッシュSr.政権の国家安全保障会議（NSC）ソ連・東欧担当上級部長。91年スタンフォード大学

に戻り最年少, 女性初, 白人以外初の同大事務局長に。93年教授。98年ブッシュJr.テキサス州知事の外交顧問を務める。2001年1月ブッシュJr.大統領就任に伴い, アフリカ系女性として初めて国家安全保障担当の大統領補佐官に就任。ブッシュ政権の外交政策の最高責任者として米同時多発テロ事件後のアフガニスタン戦争やイラク戦争などを強硬に推進した。04年11月パウエル国務長官の辞任を受けアフリカ系女性として初めて国務長官に指名され, 05年1月就任。09年1月退任, 同年よりスタンフォード大学フーバー研究所公共政策上級研究員兼政治科学教授。自他ともに認める欧州・ロシア通として知られる。ピアノの名手でもある。　㉑旭日大綬章（日本）（2017年）

ライス, スーザン
Rice, Susan
1964.11.17～
米国大統領補佐官, 国連大使　外交官　㉕ワシントンD.C.　㉓Rice, Susan Elizabeth　㉔スタンフォード大学卒, オックスフォード大学ニューカレッジ 博士号（オックスフォード大学）　㉖父は経済学者, 母は教育学者という家庭に育つ。女子高時代はバスケットボールのスター選手だった。クリントン政権のマデレーン・オルブライト国務長官に見い出され, 1997年～2001年同政権でアフリカ担当国務次官補の他, 国家安全保障会議（NSC）アフリカ上級部長を務めるなど重用される。02～09年ブルッキングズ研究所上級研究員。この間, 04年上院議員選挙運動中のバラク・オバマと出会い, オバマが出馬した大統領選の選挙運動に早くから参加し, 陣営の外交・安全保障政策取りまとめの中心的な存在となる。09年1月オバマ大統領が国際協調路線の象徴として閣僚級ポストに格上げした国連大使に, 黒人女性として初めて就任。13年7月退任。同月～17年1月大統領補佐官（国家安全保障問題担当）を務めた。

ライチャーク, ミロスラフ
Lajčák, Miroslav
1963.3.20～
スロバキア外相　外交官　㉕チェコスロバキア・スロバキア共和国ポプラド（スロバキア）　㉔コメンスキー大学法学部（1982年）

卒, モスクワ国際関係外交研究所(1987年)卒 法学博士号(コメンスキー大学)(1989年) [歴]1988年チェコスロバキア外務省に入省。91〜93年在ロシア大使館職員、93年スロバキア外相官房長、94年首相府官房長、94〜98年駐日特命全権大使、98年〜01年外相官房長、01年国連バルカン特別委員及び外相補佐官、01〜05年駐ユーゴスラビア特命全権大使、05年ブラチスラバ米ロ首脳会談準備委員会委員長、05〜07年外務省政務局長、07〜09年ボスニア・ヘルツェゴビナ和平履行評議会上級代表、09〜10年外相、10〜12年欧州連合(EU)対外活動庁西バルカン・ロシア・東方近隣国担当局長、12年4月副首相兼外務・欧州問題相、16年3月外務・欧州問題相。同年5月国連事務総長に立候補するが、ポルトガルのアントニオ・グテレスに敗れる。17年9月〜18年9月開催の第72回国連総会議長を務める。英語、ドイツ語、セルボクロアチア語、ロシア語、ブルガリア語に堪能。知日派。

ライト, デービッド

Wright, David

1944.6.16〜

駐日英国大使, 英国投資庁長官　外交官 [名]Wright, David John [学]ケンブリッジ大学ピーターハウス校卒 [歴]1966年英国外務省に入省。66〜72年駐日英国大使館の書記官として来日。76年駐仏英国大使館1等書記官などを経て、82〜85年駐日大使館で経済参事官を務める。88〜90年チャールズ皇太子の副秘書官、90〜94年駐韓国大使、本国の外務審議官、96年2月駐日大使。99年5月新設の投資庁長官に就任。2002年9月退任。同年よりバークレイズ・キャピタル副会長。韓国語、日本語に堪能。

ライトハイザー, ロバート

Lighthizer, Robert

1947.10.11〜

米国通商代表部(USTR)代表　法律家 [出]オハイオ州アシュタビューラ [名]Lighthizer, Robert Emmet [学]ジョージタウン大学(1969年)卒 法学博士号(ジョージタウン大学)(1973年) [歴]米国共和党のボブ・ドール上院議員のスタッフとして働く。1980年代のレーガン政権時代、通商代表部(USTR)次席代表を務め、日米鉄鋼協議など20以上の貿易協定を手がける。退任後、米鉄鋼大手USスチールなどの顧問弁護士を務め、中国企業による鉄鋼製品のダンピング(不正廉売)輸出といった不公正貿易を米政府に訴えるなど、米中鉄鋼紛争に関わる。2017年1月に発足したトランプ政権でUSTR代表に就任。保護主義色の濃い対日強硬派で、“タフ・ネゴシエーター(手ごわい交渉相手)”として知られる。

ライリー, リチャード

Riley, Richard

1933.1.2〜

米国教育長官, サウスカロライナ州知事 [出]サウスカロライナ州グリーンビル [名]Riley, Richard Wilson [学]ファーマン大学(政治)卒, サウスカロライナ大学大学院(法律) [歴]弁護士を経て、1962〜66年サウスカロライナ州下院議員、66〜76年同州上院議員。76年の大統領選では議員を辞め、友人のカーター候補の選挙運動に加わった。78年同州知事に初当選、以後、87年まで2期8年務め、公立学校の人種統合や核廃棄物処理問題などに取り組む。クリントン・アーカンソー州知事とは南部の知事同士として州内の教育改革などで協力しあった。93年1月クリントン政権の教育長官に就任。97年1月第2期クリントン政権でも留任。2001年1月退任。

ラインフェルト, フレデリック

Reinfeldt, Fredrik

1965.8.4〜

スウェーデン首相 [出]ストックホルム郊外 [名]Reinfeldt, John Fredrik [学]ストックホルム大学経済学部(1990年)卒 [歴]18歳で穏健党員となり、1991年26歳でスウェーデン国会議員に初当選、党青年部長など歴任。2002年の総選挙で惨敗した党の立て直しに当たり、03年10月38歳で党首となる。急進的な自由主義経済政策を転換し、左派政党の政策を取り入れるなど柔軟な政治姿勢を示し、英国で労働党の政策を保守党寄りに転換したトニー・ブレア英国首相になぞらえて“スウェーデンのブレア”とも呼ばれる。06年9月の総選挙で右派野党連合を率い左派与党連合を破り12年ぶりの政権交代に成功、10月41歳で同国最年少の首相に就任。10年10月再任。規制緩和や開放政策で経済を成長路線に乗せ、福祉と両立する“北欧モデル”を実

現させた。14年9月総選挙で社会民主労働党(SAP)を中核とした野党3党に敗れ、辞任。

ラウ, エミリー

Lau, Emily

1952〜

香港民主党主席　ジャーナリスト　[出]香港　[名]中国名＝劉 慧卿　[学]南カリフォルニア大学(1976年)卒, ロンドン大学大学院修士課程修了　[歴]英米の大学でジャーナリズム、国際関係論を専攻。「ファーイースタン・エコノミック・レビュー」「サウスチャイナ・モーニング・ポスト」をはじめ香港の代表的メディアで活躍、香港ジャーナリスト協会会長も務めた。1991年から民選の香港立法評議会(立法会)議員を務める。香港の自由、人権擁護を主張し、中国の香港政策を批判する急進民主派の代表格として知られ、96年野党・前線を旗揚げし、代表を務める。2008年香港民主党と合併、党副主席を経て、12〜16年主席。

ラウ・ティアキアン

Low Thia-khiang

シンガポール労働者党(WP)書記長　[学]南洋大学卒　[歴]シンガポールの南洋大学を卒業後、教師となる。1982年シンガポール労働者党(WP)に入党。91年総選挙で初当選し、2001年党書記長。11年の総選挙では、それまでの小選挙区から集団選挙区に鞍替え。ジョージ・ヨー前外相率いる与党・人民行動党(PAP)チームを破り、シンガポールの野党で初めて集団選挙区での当選を果たす。

ラウ, ヨハネス

Rau, Johannes

1931.1.16〜2006.1.27

ドイツ大統領　[出]ブッパータール　[歴]高校卒業後、新聞記者を経て、1958年旧西ドイツのノルトライン・ウェストファーレン州議会議員、69〜70年ブッパータール市長、78〜98年ノルトライン・ウェストファーレン州首相。この間、82年から西ドイツ社会民主党(SPD)副党首を務めた。82〜83年連邦参議院議長。87年1月の連邦議会選挙でSPD首相候補となったが、コール首相に敗れた。ドイツ統一後、94年大統領選ではヘルツォークに敗れる。94〜95年連邦参議院議長。99年5月大統領に当選、7月第8代大統領に就任。幅広い国際交流に努め、2000年イスラエル訪問の際、ドイツ大統領では初めてクネセト(国会)で演説し、ナチスのホロコースト(ユダヤ人虐殺)を謝罪。国内外で"対立でなく融和を"と訴えた。04年6月任期満了で退任。牧師の家に生まれ、"兄弟ヨハネス"と異名をとり、調整を重んじる温厚な人柄で知られた。日本との交流にも尽力し、1993年に天皇皇后両陛下のドイツ訪問を案内。99年〜2000年の"ドイツにおける日本年"で名誉総裁を務めた。

ラヴロフ, セルゲイ

Lavrov, Sergei

1950.3.21〜

ロシア外相, 国連大使　外交官　[出]ソ連ロシア共和国モスクワ(ロシア)　[名]Lavrov, Sergei Viktorovich　[学]モスクワ国際関係大学(1972年)卒　[歴]1972年ソ連外務省入省、在スリランカ・ソ連大使館で研修。76年外務省国際経済機関課、81〜88年ソ連国連代表部1等書記官、参事官、主任参事官。88年外務省国際経済関係局次長、第1局次長、90年国際機関局長、92年ロシア外務省国際組織・地球問題局長、同年4月〜94年外務次官を経て、94年7月〜2004年国連大使。04年3月プーチン政権で外相に任命される。07年9月外相再任。08年5月メドヴェージェフ政権下でも外相留任。12年プーチンの大統領復帰後も続投。

ラオ, ナラシマ

Rao, Narasimha

1921.6.28〜2004.12.23

インド首相, インド国民会議派総裁　詩人　[出]英領インド(インド・アンドラプラデシュ州カリムナガル)　[学]オスマニア大学卒, ボンベイ大学卒, ナグプール大学卒　[歴]旧ハイデラバード藩主王国のブラーマン(最上層カースト)の出身。オスマニア、ボンベイ、ナグプールの3大学で自然科学、法律を学ぶ。在学中、独立運動(バンデマトラム運動)に参加。1957年アンドラプラデシュ州議会議員、71〜73年同州政府首相。インディラ・ガンジー女史に手腕を認められ中央政界へ。74〜77年インド国民会議派幹事長。77年下院議員に初当選。80年1月外相、84年7月内相、同年12月国防相、85年9月土地開発相、86年3〜5月内相兼任、同年6月保健・家族福祉相兼

任。88年6月〜89年12月再び外相。91年5月ラジブ・ガンジー国民会議派総裁（元首相）の暗殺により、後継総裁に選出。6月総選挙で国民会議派が第一党となり、首相に就任。それまでの統制的な経済政策を大幅に見直し、自由化へと転換。危機的状況だった財政を立て直した。また工業・原子力・科学技術相を兼任。96年総選挙で国民会議派が敗れるまで務め、ネール、ガンジー家以外で初めて下院の任期である5年間、首職を全うした。同年9月国民会議派総裁を辞任。その後、政権を担当していた93年に国会で政府を支持するよう中立政党の議員に賄賂を渡したとする汚職の罪などで起訴されたが、全て無罪となった。政界随一の言語の達人で母国語テルグ語をはじめ、ヒンディー語、サンスクリット、ウルドゥ語、英語、仏語、スペイン語、アラビア語など10ケ国語に通じ、テルグ語の哲学書のヒンディー語訳では文学賞を受賞した。詩人としても多くの著作がある。92年6月来日。

ラカジェ, ルイス

Lacalle, Luis

1941.7.13〜

ウルグアイ大統領　[出]モンテビデオ　[名]Lacalle, Luis Alberto　[学]国立モンテビデオ大学法学部卒　[歴]元ブランコ党（国民党）リーダーの祖父を持つ。1962年ブランコ党入党。弁護士活動を経て、ウルグアイ下院議員となるが、73年の軍事クーデターで一時入獄。84年上院議員。開放的で決断力の早さが国民人気を集め、89年11月大統領に当選、90年3月就任。94年11月退任。大の動物好きで知られる。

ラガルド, クリスティーヌ

Lagarde, Christine

1956.1.1〜

フランス財務相, 国際通貨基金（IMF）専務理事　法律家　[出]パリ　[名]Lagarde, Christine Madeleine Odette, 旧姓（名）=Lallouette　[学]エクサン・プロバンス政治学院（1981年）卒, パリ政治学院卒, パリ大学ロースクール卒　[歴]1973年米国のワシントン郊外の女子高に留学。パリ第10大学（ナンテール大学）で講義を始め、81年より米国大手法律事務所のベイカー・アンド・マッケンジーパリ事務所に弁護士として勤務、99年会長。2005年にシラク政権でフランス貿易担当相として入閣。07年5月からサルコジ政権でド・ヴィルパン内閣の農業・漁業相を経て、同年フィヨン内閣の経済・財政・産業相に就任、G8初の女性財務相となる。サブプライム問題、欧州金融機関の信用不安、南欧の債務危機などで大混乱に陥るユーロ圏経済のかじ取りで主要な役割を果たす。11年5月国際通貨基金（IMF）専務理事ストロスカーンの辞任を受け、6月次期専務理事に選出され、7月就任（任期は5年）。IMF設立以来初の女性トップとなった。16年7月再任。反トラスト法、労働法専門の弁護士としても有名。元シンクロナイズドスイミングの選手で、1971年15歳の時フランス選手権で銅メダルを獲得した。息子が二人いる。

ラギエ, アルレット

Laguiller, Arlette

1940.3.18〜

労働者の戦い党首　[歴]労働者の家庭に生まれ、16歳で学業を終えてクレディ・リヨネ銀行に入行。アルジェリア戦争で政治闘争に目覚め、1960年統一社会党に入党。63年離党し、労働者階級の解放のためトロツキストに合流。68年結成された急進的な新左翼グループ“労働者の戦い”（労働者闘争）でリーダー格となる。74年クレディ・リヨネ銀行で2ケ月続いたストライキの指導者の一人として活躍し、女性として初めて大統領選に立候補。以後、2007年まで大統領選には毎回出馬。時代が変わっても一貫したその主張から大衆的人気があり、1995年と2002年には5%を超える票を獲得した。

ラグダフ, ムライ・ウルド・モハメド

Laghdhaf, Moulaye Ould Mohamed

1957〜

モーリタニア首相　[出]ネマ　[学]リエージュ大学（ベルギー）, ルーベン大学（ベルギー）　[歴]2000年ベルギー企業支援の開発計画コーディネーター。06年駐ベルギー大使。08年8月6日のクーデターで政権を転覆させた軍幹部らでつくる国家評議会が、同月14日に暫定内閣首相に任命し、就任した。09年8月民主的選挙で就任したアブドルアジズ大統領により首相に任命。14年8月退任。

ラゲブ, アリ・アブ・アル

Ragheb, Ali Abu al

1946〜

ヨルダン首相　㊙アンマン　㊥テネシー大学（1967年）卒　㊙パレスチナ人。1987年エネルギー・鉱物資源相。92年国会議員。95年産業貿易相。国王の経済諮問委員などを経て、2000年6月首相に就任。国防相兼任。

ラゴス, リカルド

Lagos, Ricardo

1938.3.2〜

チリ大統領　経済学者　㊙サンティアゴ　㊗Lagos Escobar, Ricardo　㊥チリ大学法学部（1960年）卒、デューク大学大学院経済学博士課程修了　経済学博士（デューク大学）　㊙チリ大学や米国の大学で教鞭を執り、経済学者として国連教育科学文化機関（UNESCO）などの国連機関にも勤務。一方、学生時代にチリ急進党に入党し、学部の自治会長を務める。1973年アジェンデ政権が倒れたクーデター後、74年米国に亡命。78年帰国し、チリ社会党に入党、反軍政運動の指導者として頭角を現す。83年民主化要求勢力を糾合したチリ民主同盟（AD）を結成し、党首。87年自由選挙のための左翼委員会委員長。同年ピノチェト将軍暗殺未遂事件の捜査で逮捕。88年民主主義党（PPD）を創設。同年テレビ番組でカメラを指さしピノチェト批判を行い人気となる。90年民政移管後、90〜93年文相、94〜98年公共事業相を歴任。2000年1月中道左派与党連合から大統領に当選し、3月就任。06年3月退任。

ラザリ・イスマイル

Razali Ismail

1939〜

国連大使, 国連総会議長　外交官　㊙マラヤ・ケダ州（マレーシア）　㊥マラヤ大学卒　㊙1962年マレーシア外務省に入省、78〜82年駐ポーランド大使などを経て、88年国連大使となり、2回にわたり安全保障理事会議長を務めた経験を持つ。96年第51回国連総会議長に就任。2000年国連のミャンマー特使に任命され、軍事政権と民主化勢力の交渉の仲介役を担った。04年3月を最後に入国を拒否され、05年末任期切れで辞任した。

ラザレンコ, パーベル

Lazarenko, Pavlo

1953.1.23〜

ウクライナ首相　㊙ソ連ウクライナ共和国ドニエプロペトロフスク（ウクライナ）　㊥ドニエプロペトロフスク農業大学卒　㊙コルホーズ（集団農場）議長、1992年3月〜94年6月ドニエプロペトロフスク州大統領代表を務めた後、94年ウクライナ最高会議（国会）議員に当選。95年から第1副首相としてエネルギー産業部門を担当。農業問題の専門家でもある。96年5月〜97年6月首相を務めた。98年12月ウクライナ政府の要請により、スイス・バーゼル州において資金洗浄（マネー・ロンダリング）禁止法違反容疑で逮捕された。99年1月米国に入国しようとしたが、移民帰化局に不法入国容疑で逮捕され、身柄を拘束された。

ラシザデ, アルトゥル

Rasizade, Artur

1935.2.26〜

アゼルバイジャン首相　㊙ソ連アゼルバイジャン共和国ガンジャ（アゼルバイジャン）　㊗Rasizade, Artur Tair Oglu　㊥アゼルバイジャン工業大学卒　㊙1957〜73年アゼルバイジャン石油機械研究所の技師、部長、副社長を歴任。73〜77年イティファグ石油機械会社第1副社長、主任技師、77〜78年アゼルバイジャン石油機械研究所所長。78〜81年アゼルバイジャン国家計画委員会副委員長、81〜86年中央委員会機械局長。86〜92年第1副首相、92〜96年経済再建基金顧問、96年2月大統領補佐官、96年5月第1副首相、同年11月首相、2003年8月第1副首相、同年11月より首相を務める。

ラジハ, ダウド

Rajiha, Dawoud

1947〜2012.7.18

シリア国防相　軍人　㊙ダマスカス　㊙シリア陸軍の要職を歴任し、2009年陸軍参謀総長、11年国防相に就任。12年7月首都ダマスカスの国家安全保障本部で軍・治安当局幹部らと会議中、反体制派武装勢力とみられるテロリストの爆撃攻撃を受け死亡した。他にもアサド大統領の義兄アーセフ・シャウカト副国防相や、政府の反体制蜂起対策部門の責任者ハッサン・トルクマニ元国防

相ら治安維持最高幹部らが爆発に巻き込まれた。

ラジャオナリマンピアニナ, ヘリー

Rajaonarimampianina, Hery
1958.11.6～
マダガスカル大統領 [出]アンタナナリボ [歴]カナダで教育を受け、公認会計士として活動。2009年に発足したマダガスカル暫定政府で財政・予算相を務めた。13年12月に行われた大統領選決選投票で勝利し、14年1月大統領に就任。

ラジャパクサ, マヒンダ

Rajapaksa, Mahinda
1945.11.18～
スリランカ大統領・首相 [出]英領セイロン・ウィラケティヤ(スリランカ) [学]トゥルスタン・カレッジ卒 [歴]シンハラ人の多い南部農村部の出身で、熱心な仏教徒。スリランカ自由党(SLFP)の創立者の一人である父を持つ。人権問題の弁護士として活動するが、父の地盤を引き継ぐ形で、1970年当時史上最年少の24歳で国会議員に当選。政治活動の傍ら、弁護士として人権問題を手がけ有名になる。94年～2001年クマラトゥンガ大統領派の統一人民自由連合(UPFA)の政権で労相、漁業相などを歴任。02年3月SLFP議員団長。大規模な賃上げデモを鎮静化させた手腕は高く評価され、04年4月総選挙後、同大統領の任命により首相に就任。05年11月大統領選で当選、同月就任。国防相・財務相兼任。10年1月大統領再選、11月2期目就任。15年1月退任。タミル人反政府武装組織に対する強硬派。

ラジョエリナ, アンドリー

Rajoelina, Andry
1974.5.30～
マダガスカル暫定大統領 [出]アンタナナリボ [名]Rajoelina, Andry Nirina [歴]1990年代はディスク・ジョッキーとして活動。2006年ラジオ・テレビ局のオーナーとなる。07年アンタナナリボ市長に当選。08年12月自身が経営するテレビ局がラベロマナナ大統領の政敵だった元大統領のインタビューを放映後に当局によって閉鎖されたことから、同大統領を独裁だと批判する抗議活動を展開。09年2月市長免職処分を受ける。3月自ら率いる反大統領派による政変でラベロマナナ大統領が辞任し、憲法裁判所より暫定大統領に認定された。14年1月退任。

ラスムセン, アナス・フォー

Rasmussen, Anders Fogh
1953.1.26～
デンマーク首相, デンマーク自由党(ベンスタ)党首 [出]ジネラップ [学]アーフス経済大学(1978年)卒 [歴]学生時代、中道右派・デンマーク自由党(ベンスタ)の青年部を率いて政治活動に参加。1978年国会議員初当選。84年ベンスタ教育委員会委員長。87～92年税務相。90年経済相兼任。92～98年ベンスタスポークスマン、98年～2009年党首。01年11月総選挙で70年間に渡って政権を握っていた中道左派・社会民主党を破り、首相に就任。09年4月まで3期務める。この間、02年後半には欧州連合(EU)議長国としてEU拡大交渉を成功させた。09年8月北大西洋条約機構(NATO)事務総長に転じる。14年10月退任。06年11月来日。

ラスムセン, ポール・ニュルップ

Rasmussen, Poul Nyrup
1943.6.15～
デンマーク首相, 欧州社会党(PES)党首 [出]エスビャー [学]コペンハーゲン大学政治学科卒 [歴]労働者の家庭に生まれ、新聞や牛乳配達をしながら中学と高校を卒業。大学時代にアルバイトしたデンマーク全国労働組合連合(LO)事務局で指導力と人柄を認められ、1971年組合活動に入る。80年から7年間首席経済諮問委員。87年社会民主党の強い誘いを受け、いきなり同党副党首に就き、翌88年国会議員に初当選、政治家の道を歩む。経済政策を主に担当し、90年に同党が発表した政策綱領「21世紀への道」のまとめ役を務める。92年4月党首。93年1月中道左派4党連立政権の首相に就任。妥協の政治家といわれ調整力に定評がある。93年の再国民投票でマーストリヒト条約の逆転批准にこぎつけた。2001年12月退任。04～12年欧州社会党(PES)党首。 [家]妻＝ローネ・デュブケ(元デンマーク環境相)

ラスムセン, ラース・ロッケ

Rasmussen, Lars Løkke
1964.5.15～

デンマーク首相, デンマーク自由党(ベンスタ)党首　[出]ヴァイレ　[学]コペンハーゲン大学(1992年)卒　[歴]1994年デンマーク国会議員に当選。2001年アナス・フォー・ラスムセン内閣で内務相・保健相、07年第3次ラスムセン内閣で財務相を歴任。ラスムセン首相が北大西洋条約機構(NATO)事務総長に選出され、辞任したことを受け、09年4月首相に就任。デンマーク自由党(ベンスタ)党首。11年9月の総選挙でトーニングシュミット率いる中道左派に敗れ退陣。15年6月の総選挙ではベンスタは議席を減らしたが、自身が率いる中道右派の野党陣営が過半数に達し、約4年ぶりに首相に返り咲く。

ラースロー, テケシュ

László, Tőkés

欧州議会議員・副議長　牧師, 人権活動家　[出]トランシルバニア地方オラディア　[歴]ハンガリー系。ルーマニア西部ティミショアラの改革派教会の牧師でチャウシェスク政権の農村改造計画、少数民族迫害などを批判。1989年12月教会立ち退きを拒否したため警官隊に強制連行、これに抗議する市民のデモがティミショアラの大虐殺、チャウシェスク政権崩壊へとつながった。新政権誕生後、救国戦線評議会メンバー。2007年欧州議会議員となり、10～12年同議会副議長を務める。12年5月来日、東京都中野区の哲学堂公園を訪問。

ラタシ, カムタ

Latasi, Kamuta

1936.9.4～

ツバル首相・外相・経済企画相　[出]西サモア(サモア)　[歴]初代駐フィジー高等弁務官、フナフティ市議会議員、ツバル国会議員などを経て、1993年12月首相に就任し、外相、経済企画相を兼任。97年退任。95年2月来日。

ラチャン, イビツァ

Račan, Ivica

1944.2.24～2007.4.29

クロアチア首相　[出]ドイツ・エーバーバッハ　[学]ザグレブ大学法学部　[歴]両親がナチス・ドイツの強制収容所に入れられた時に生まれ、父はそこで処刑された。16歳でクロアチア共産党に入党、学生時代演劇を志すが挫折し、法学部に進学。のち政界入り。1986～89年ユーゴスラビア共産主義者同盟中央委幹部会員。89～90年クロアチア共産主義者同盟中央委議長を務めたが、90年初の自由選挙で共産党は壊滅。同年社会民主党として組織を立て直し、党首に就任するとともに、クロアチア議会議員。選挙ごとに得票率を上げ、2000年1月総選挙で民主同盟を圧倒し、首相に就任。03年退任。欧州連合(EU)加盟を目指して急速な民主化と経済改革を進めた。

ラチラウナナ, ノルベール

Ratsirahonana, Norbert

1938.11.18～

マダガスカル首相・大統領代行　[学]マダガスカル国立行政学院卒, 国立行政学院(ENA)卒　[歴]1973～92年最高法院行政法法廷首席検事、90～91年法務省官房技術顧問、91～96年憲法最高裁判所長官を歴任。96年5～8月首相を経て、同年9月首相兼大統領代行。97年退任。

ラチラカ, ディディエ

Ratsiraka, Didier

1936.11.4～

マダガスカル大統領　[出]タナナリブ近郊　[学]アンリ4世校(フランス), フランス海軍士官学校卒　[歴]海岸部族出身。1963年マダガスカル海軍入り。海軍少佐。70年駐仏大使館付武官を経て、72～75年外相。75年6月最高革命評議会議長(国家元首)、76年1月新憲法によりマダガスカル民主共和国大統領に就任。同マダガスカル革命前衛党を結成、書記長。89年3月大統領に3選。93年2月の大統領選で落選したが、97年2月返り咲く。2001年12月の大統領選では首都アンタナナリボ市長・ラバロマナナの得票数が上回るが、当選に必要な過半数の得票に満たないとして、最高裁は決選投票実施を宣言。02年2月ラバロマナナが大統領就任を宣言し、国を二分する対立で混乱が続いたが、7月家族とともにインド洋の島国・セーシェルに亡命。

ラッジ, ビルジニア

Raggi, Virginia

1978.7.18～

ローマ市長　[出]ローマ　[名]Raggi, Virginia Elena　[学]ローマ第3大学卒　[歴]大学で法律を学び、弁護士となる。結婚・出産を機に

政治に目覚め、2011年市政を改革したいと、既存の政党や権力を全面的に否定する市民政党“五つ星運動”に参加。13年ローマ市議に当選。16年政治経験3年ながら若い世代の支持を得て、ローマ市長に当選。ローマ初の女性市長として注目される。英語、フランス語、スペイン語に堪能。

ラッセル, ダニエル

Russel, Daniel

1953〜

米国国務次官補, 米国国家安全保障会議(NSC)アジア上級部長　外交官　[学]サラ・ローレンス大学卒　[歴]ニューヨークとロンドンの大学を卒業後、6年間の民間会社勤務を経て、1985年32歳で米国務省に入省。同年〜87年在日米国大使館でマンスフィールド大使の補佐官を務めた。87〜89年大阪・神戸総領事館副領事、89〜92年ニューヨークの国連本部米国代表部、99年〜2002年駐キプロス首席公使、02〜05年駐オランダ首席公使を経て、05年駐大阪・神戸総領事。08年9月東アジア・太平洋局日本部長。09年1月オバマ政権の国家安全保障会議(NSC)日本・朝鮮部長に就任。11年4月同アジア上級部長に昇格。13年7月〜17年3月東アジア・太平洋担当の国務次官補。合気道の斉藤守弘師範に憧れ、大学卒業後サンフランシスコから茨城県に飛び、内弟子として3年間修行した。日本語が堪能な知日派で、妻は日本人。

ラッド, ケビン

Rudd, Kevin

1957.9.21〜

オーストラリア首相・外相, オーストラリア労働党党首　[出]クイーンズランド州ナンボー　[学]オーストラリア国立大学(中国語)卒　[歴]11歳で父親が亡くなり、看護師の母親らと苦労して育つ。大学卒業後、1981年オーストラリア外務貿易省に入省。在スウェーデン、在中国大使館に勤務し、88年退官。同年6月クイーンズランド州の労働党党首・ゴスの主席顧問となり、同州首相に当選したゴスの右腕として行政改革を行う。98年オーストラリア下院議員となり、2001〜07年オーストラリア労働党の影の外相。06年12月労働党党首。07年11月の総選挙では現職首相のジョン・ハワードを落選させるなど与党に圧勝し、12月首相に就任。08年2月差別政策を受けた先住民・アボリジニに対し、「深い悲しみや苦しみ、喪失感を与えた」として初めて公式に謝罪した。10年6月党首選には立候補せず、党首・首相を退任。同年9月外相に就任。12年2月外相辞任。13年6月労働党党首選挙で首相を務めるギラード党首を破り、3年ぶりに首相の座に返り咲いたが、9月の総選挙で保守連合に敗れ、首相を退任、労働党党首も辞任、11月政界引退を表明した。08年6月初来日。中国の専門家。　[家]妻＝テリーズ・レイン(実業家)

ラディシッチ, ジフコ

Radišić, Zivko

1937〜

ボスニア・ヘルツェゴビナ幹部会員(セルビア人代表), セルビア人共和国社会党党首　[出]ユーゴスラビア・ボスニア・ヘルツェゴビナ共和国(ボスニア・ヘルツェゴビナ)　[学]サラエボ大学卒　[歴]セルビア人。第二次大戦中に強制収容所生活を経験。ユーゴスラビア時代の1980年代、ボスニア社会主義共和国国防相を務めた。94年からセルビア人共和国社会党党首を務め、98年9月ボスニア・ヘルツェゴビナ幹部会員(セルビア人代表)。同年10月〜99年6月同会議長(国家元首)。幹部会議長は、セルビア系、クロアチア系、ボシュニャク系(イスラム教徒)の主要3民族をそれぞれ代表する幹部会員が8ケ月ごとの輪番制で務める。99年3月ブルチコ問題に対する裁定を不服とし、職務停止を表明。2002年10月幹部会員退任。

ラディツォヴァー, イヴェタ

Radičová, Iveta

1956.12.7〜

スロバキア首相　社会学者　[出]チェコスロバキア・ブラチスラバ(スロバキア)　[学]コメニウス大学哲学部(1979年)卒　[歴]社会学者として研究生活を送り、2005年コメニウス大学教授、スロバキア科学アカデミー社会学研究所所長に就任。同年10月労働・社会問題・家庭相。06年6月国民議会議員に当選し、11月スロバキア民主キリスト連合の副党首。09年大統領選に立候補したが決選投票でイヴァン・ガシュパロヴィッチに敗退。10年6月の国民議会選で再選され、7月スロバキア初の女性首相に就任。12年4月辞任。

ラデフ, ルメン
Radev, Rumen
1963.6.18〜
ブルガリア大統領　軍人　[出]ディミトロフグラート　[名]Radev, Rumen Georgiev　[学]マックスウェル空軍大学（米国）大学院（2003年）修士課程修了　[歴]ブルガリア空軍の戦闘機パイロットを務め、2000年ブルガリア国軍第3航空旅団（グラフ・イグナティエヴォ）幕僚長、05年同旅団長、14〜16年空軍司令官。16年退官し、同年11月大統領選に出馬。第1回投票で首位となり、決選投票でツァチェバ国会議長を破って当選。17年1月大統領に就任。

ラト, ロドリゴ
Rato, Rodrigo
1949.3.18〜
スペイン第1副首相・経済相　銀行家　[出]マドリード　[名]Rato y Figaredo, Rodrigo　[学]コンプルテンセ大学（1971年）卒, カリフォルニア大学バークレー校大学院経営学（1974年）修士課程修了 Ph.D.（コンプルテンセ大学）（2003年）　[歴]1982年スペイン下院議員に当選。96年〜2000年アスナール政権の第2副首相兼財務相を経て、00年第2次内閣で第1副首相兼経済相を務め、財政健全化に手腕を発揮。04年6月国際通貨基金（IMF）専務理事に就任。07年11月退任。10年よりマドリード銀行頭取。同年大手銀行バンキア会長に就任。12年不動産バブル崩壊後の不良債権増大で経営難に陥り会長を退任。同年7月詐欺や横領の容疑で刑事訴追を受ける。

ラドマノヴィッチ, ネボイシャ
Radmanović, Nebojša
1949.10.1〜
ボスニア・ヘルツェゴビナ幹部会員（セルビア人代表）　[出]ユーゴスラビア・ボスニア・ヘルツェゴビナ共和国グラチュニツァ（ボスニア・ヘルツェゴビナ）　[学]ベオグラード大学卒　[歴]セルビア人共和国の公文書館長や国立劇場館長、同共和国議会議員、自治相を務めた。2006年11月ボスニア・ヘルツェゴビナ幹部会員（セルビア人代表）、同議長（国家元首）に就任。幹部会議長は、セルビア系、クロアチア系、ボシュニャク系（イスラム教徒）の主要3民族をそれぞれ代表する幹部会員が8ケ月ごとの輪番制で務める。14年11月幹部会員退任。

ラトルチュ, ジェラール
Latortue, Gérard
1934〜
ハイチ首相　[出]ゴナイブ　[歴]パリで政治学、経済学などを学んだのち、1960年帰国し、弁護士、ロースクール教授に。63年軍事独裁体制から逃れるため出国し、以後海外で活動、のち国連に加わる。88年マニガ政権成立で帰国して外相に就任するが、数ケ月後にクーデターで政権が崩壊、まもなく国連に戻る。94年から米国フロリダ州で国際ビジネスのコンサルタントとして活動。2004年2月アリスティド政権が崩壊、3月首相に指名され、帰国後就任。06年まで務めた。

ラナリット, ノロドム
Ranariddh, Norodom
1944.1.2〜
カンボジア第1首相, フンシンペック党（FUNCINPEC）党首　[出]プノンペン　[学]エクサン・プロバンス大学 法学博士　[歴]ノロドム・シアヌーク殿下の二男に生まれる。フランス留学後、1976〜83年フランスのエクサンプロバンス大学政治学教授。83年6月カンボジア・アジア地区のシアヌーク殿下個人代表、86年1月シアヌーク派軍最高司令官兼参謀総長に就任。91年7月シアヌーク殿下のカンボジア最高国民評議会（SNC）議長就任に伴いシアヌーク派議長に。92年2月政党としての民族統一戦線（フンシンペック党）設立、議長となる。93年5月より国会議員。同月の総選挙で第1党となり、7月カンボジア人民党の副党首フン・センとともに暫定国民政府共同首相（内相・国防相兼任）に就任、9月新生カンボジア王国の第1首相となる。ラナリット派（旧シアヌーク派）議長。97年国民連合戦線（FUN）代表。同年7月フン・セン第2首相との権力争いが激化、フランス滞在中にプノンペンで武力衝突が起こり国内を制圧され、事実上国外追放される。同年8月ウン・フォト外相が第1首相となり、国会は国会議員として認められている免訴特権の剝奪を決議、軍事裁判所から逮捕状が交付される。98年3月カンボジア軍事裁判所から、武器密輸の罪で禁錮5年の有罪判決、ポル・ポト派との違法交渉罪で禁錮30年の有罪判決が言い渡されるが、シアヌーク殿

下が恩赦を出し、約9ケ月ぶりに帰国した。同年5月、それまで務めていた国民連合戦線（NUF）代表を辞任。同年7月の総選挙でフンシンペック党は第2党となり、11月下院議長に就任。2006年3月下院議長辞任、10月フンシンペック党党首を事実上解任。11月新党ノロドム・ラナリット党を設立し党首。不動産違法売却で実刑判決を受けマレーシアに1年半滞在。恩赦を受け08年9月帰国、10月党首辞任。12月カンボジア国王顧問。党名改称を経て、一旦党首を退いたが、党名が元のノロドム・ラナリット党に戻った10年12月再び党首に。12年8月政界引退を発表。14年3月新党・王党派国民政党のコミュニティー党首となり政界復帰。15年1月再びフンシンペック党（民族統一戦線）の党首に選出される。　㊗父＝ノロドム・シアヌーク（カンボジア国王）、異母弟＝ノロドム・チャクラポン（元プノンペン政権副首相）

ラーパイ・センロー
Lahpai Seng Raw
メッタ（慈愛）開発財団創設者　人権活動家　㊐ビルマ・カチン州（ミャンマー）　㊐ヤンゴン大学卒　㊗仏教徒のビルマ族が過半数を占めるミャンマーにおいて、キリスト教徒のカチン族女性として生まれる。紛争の中、長兄はゲリラに身を投じ、戦死。兄との連絡役を疑われ、軍に拘束された経験を持つ。1990年から7年間タイ・バンコクに滞在し、カチン独立機構人道支援部門のプログラム・オフィサーとして、国境地帯の少数民族の所得創出のため職業訓練学校や、幼稚園の設置・運営に尽力。97年帰国し、軍事政権下のヤンゴンにおいてNGO組織"メッタ（慈愛）開発財団"を設立し、国軍と少数民族武装組織の戦闘を逃れた国内避難民、国境の難民らの支援を行う。学校運営、衛生環境改善、天災被害の救援などに携わり、60万人がその恩恵を受けたといわれる。2011年9月所長職を辞任。13年アジアのノーベル賞といわれるマグサイサイ賞を受賞。14年国際交流基金の招きで初来日。　㊗マグサイサイ賞（2013年）

ラバスティダ, フランシスコ
Labastida, Francisco
メキシコ内相　㊐シナロア州　㊐メキシコ国立自治大学卒　㊗メキシコ財務省税務局長

などを務めた経済官僚出身。1982年エネルギー・鉱山相として入閣。郷里のシナロア州知事を経て、セディジョ政権で農相、内相を務める。2000年7月制度的革命党（PRI）の大統領候として大統領選に出馬するが落選。

ラバニ, ブルハヌディン
Rabbani, Burhanuddin
1940～2011.9.20
アフガニスタン大統領, イスラム協会（JI）最高指導者　神学者　㊐バダフシャン州ファイザバード　㊐カブール大学神学部（1962年）卒, アル・アズハル大学（カイロ）（1968年）修士課程修了　㊗少数民族タジクの出身。カブール大学のイスラム法講師となり、エジプト留学後、神学部教授に就任。学生時代にイスラム原理主義運動に参加し、1971年イスラム協会（JI）第2代党首となる。74年反政府活動の容疑で逮捕状が出たためパキスタンに逃れた。79年に始まったソ連軍侵攻以来、ペシャワルから反政府ゲリラ活動を指導。ソ連軍撤退後は、スンニ派ゲリラ7組織からなる反政府暫定政権の外相代行となり、91年11月には代表団を率いてモスクワに乗り込み、ナジブラ政権への軍事援助停止などを引き出す。92年4月ナジブラ政権崩壊後、同年カブールに凱旋、6月ムジャヒディン暫定評議会議長の任期切れを待って全権を掌握し、指導評議会議長に就任。12月大統領（国家元首）に選出され、93年1月就任。その後、イスラム党との対立が続き、内戦状態となる。96年9月イスラム過激派のタリバンが首都を制圧、政権は崩壊。のち国外脱出し、97年6月反タリバン政権（北部同盟）の大統領就任を宣言。2001年12月タリバン政権崩壊、暫定行政機構発足に伴いカルザイ議長（首相）に権限を移譲した。その後、下院議員となり、カルザイ大統領と接近。09年の大統領選では全国政党・国民戦線の代表としてアブドラ元外相を擁立したが敗北した。10年9月タリバンとの和解を目指して設立された高等和平評議会の議長に就任。和解に向けて積極的に活動していたが、11年9月自爆テロで暗殺された。

ラバニ, ムハマド
Rabbani, Muhammad
～2001.4.16
アフガニスタン暫定統治評議会議長　イス

ラム原理主義活動家　[歴]イスラム原理主義武装勢力・タリバンの初期からのメンバーで、1996年タリバンがカブールを陥落した際にソ連を後ろ盾とするナジブラ元大統領の処刑を命じた人物ともいわれる。同年9月アフガニスタン暫定統治評議会議長（首相に相当）に就任、タリバン政権のナンバー2となる。同政権内では穏健改革派として知られ、一時は最高指導者ムハマド・オマル師との確執も指摘された。

ラビン, イツハク

Rabin, Yitzhak

1922.3.1～1995.11.4

イスラエル首相・国防相, イスラエル労働党党首　軍人　[出]エルサレム　[歴]ロシア系ユダヤ人移民の子。農業学校卒業後、英国に留学。18歳で反英独立闘争に参加し、1941年ユダヤ人地下組織ハガナに入隊。ガザで半年間抑留生活を送る。48年のイスラエル建国とともに軍役に就き、60年国防軍参謀次長、64～68年参謀総長。この間、67年の第3次中東戦争では、ダヤン国防相の右腕として活躍、たった6日間でアラブ軍を破り、国民の人気を集めた。68～73年駐米大使に転身。帰国後、労働党から国会議員に初当選。74～77年イスラエル首相、労働党党首を務めた。この間、74～75年通信相兼任。84年9月～90年3月リクードとの挙国一致内閣で国防相。87年末に始まったインティファーダ（反イスラエル占領闘争）では“パレスチナ人の骨を折れ”と指令を飛ばしてタカ派ぶりを発揮した。92年2月労働党党首に返り咲く。同年6月総選挙に大勝し、7月第11代首相に就任。国防・宗教・労働相兼任。93年9月ワシントンで“パレスチナ暫定自治宣言”に調印、PLOとの歴史的和解を実現。94年ノーベル平和賞を受賞。同年ヨルダンと和平条約を結ぶ。中東和平を推進していたが、95年11月4日テルアビブで開かれた和平集会での演説直後に暗殺された。　[賞]ノーベル平和賞（1994年）, フェリクス・ウフエボワニ賞（ユネスコ）（1994年）, ルイス・マンフォード平和賞（没後受賞）　[家]妻＝レア・ラビン

ラファラン, ジャン・ピエール

Raffarin, Jean-Pierre

1948.8.3～

フランス首相　[出]ヴィエンヌ県ポワチエ　[学]パリ大学法学部卒, パリ高等商業学院卒　[歴]コーヒー会社でマーケティングなどを担当。その後政界入りし、1974～77年ジスカール・デスタン大統領派青年組織事務局長、86年ポワトゥシャラント地域圏議会議員当選、88年同議会議長。88～89年フランス共和党政治局員。89～95年フランス民主連合（UDF）事務次長・スポークスマン。一方、89～95年欧州議会議員。95年UDFから上院議員に当選。95年～2002年UDF事務局長。この間、1995～97年中小企業担当相を務め、96年大型店の出店を厳しく規制するフランス独自の法律“ラファラン法”の制定に尽力。97年自由民主党（DL）の副党首に就任。2002年5月シラク大統領の再選に伴い、政治的な立場が近いことから異党派ながら首相に任命される。年金・医療改革を断行したが、雇用悪化を招き、05年5月辞任。この間、02年11月シラクの支持母体で中道右派政党の国民運動連合（UMP）を創立。07年UMP全国評議会副会長を務めた。11～14年上院副議長。

ラフェル, セウソ

Lafer, Celso

1941.8.7～

ブラジル外相・開発相　法哲学者　[出]サンパウロ　[学]サンパウロ大学法学部卒, コーネル大学大学院（政治学）博士課程修了　[歴]1988年よりサンパウロ大学教授。92年ブラジル外相に就任。95年世界貿易機関（WTO）担当大使、99年ブラジル開発相を務め、2001～02年再び外相。06年ブラジル文学アカデミー会員。

ラフォンテーヌ, オスカー

Lafontaine, Oskar

1943.9.16～

ドイツ財務相, ドイツ社会民主党（SPD）党首　[出]ザールラント州　[学]ボン大学卒, ザールブリュッケン大学　[歴]大学では原子物理学を専攻。23歳でドイツ社会民主党（SPD）に入党、青年組織でたちまち頭角を現し、1976年国内最年少の32歳でザールブリュッケン市長。77年SPDザールラント州党首、85年3月41歳で同州首相、87年6月SPD副党首。“ブラント（元首相）の孫たち”と呼ばれるSPD左派に属していたが、その後労組などに距離を置き、環境保護重視の経済改革、NATO脱退を主張して若い世代に人気を得た。90年1

月の州選挙ではSPDが大勝。両独SPD統一党大会で全ドイツ統一選挙のSPD首相候補に選出されたが同年12月敗れた。92年6月市長年金の不正受領が発覚。95年11月SPD党首。97年12月再選。98年10月シュレーダー政権で財務相に就任。99年3月財務相と党首を辞任し、政界を一時引退。2005年SPDを離党し、新党を結成。民主社会党と選挙協定を結び、連邦議会で第4党となる。07〜10年合同して生まれた左派党の共同党首、05〜09年同院内総務を務めた。

ラフサンジャニ, アリ・アクバル・ハシェミ

Rafsanjani, Ali Akbar Hashemi

1934.8.25〜2017.1.8

イラン大統領 イスラム神学者 ㊟ケルマン州ラフサンジャン近郊バフラマン村 ㊟14歳の時からシーア派の聖地コムの神学校で学び、ホメイニ師の弟子になる。ホメイニ師が追放された後、彼を支援し、1970年代に不動産投機を行って富を築いた。イスラム革命運動（パーレビ王制打倒運動）に加わり何度も投獄される。イラン革命後の79年イスラム政権誕生で革命評議会メンバーとなり、同年11月〜80年5月内相を務めた。イスラム共和党創設に参加し、80年5月国会議員当選、7月初代国会議長となり、以来、10期議長職を務め、政界の最高実力者と目された。88年6月ホメイニ師より軍最高司令官代理に任命される。89年ホメイニ師が死去し、後継の最高指導者にハメネイ師が就き、自身は第4代大統領に就任。90年9月にはイラクと国交回復するなど、イラン・イラク戦争（80〜88年）で混乱した経済の立て直しや悪化したアラブ諸国との関係改善に尽力した。91年の湾岸戦争では中立を強調。97年8月大統領退任。この間、89年より国会と護憲評議会の調停機関・最高評議会議長も務め、97年8月、2002年、07年、12年再任。00年2月の総選挙で辛うじて当選したが、開票時の疑惑を指摘されて5月に当選を辞退。05年6月の大統領選に立候補したが保守強硬派のアハマディネジャドに敗北。07〜11年最高指導者の任免権を持つ専門家会議議長を務めた。ハメネイ師に次ぐナンバー2の地位にあったが、09年反政府デモを支持してハメネイ師と対立を深める。13年の大統領選では立候補を許されなかったが、ロウハニ大統領の誕生に力を発揮。16年2月の専門家会議選ではトッ

プ当選した。教条主義に向かいがちな指導部内で保守穏健派の重鎮として、バランスを取る役目を果たし続けた。Hojatoleslamの称号を持つ。1985年7月来日。 ㊟二女＝ファエゼ・ハシェミ・ラフサンジャニ

ラフード, エミール

Lahoud, Emile

1936.1.12〜

レバノン大統領、レバノン国軍最高司令官 軍人 ㊟ベイルート郊外 ㊟父親はレバノン独立運動の指導者。1956年レバノン軍大学に入学、のち英国海軍士官学校に留学。59年帰国後、上陸用艦艇の司令官などを経て、89年11月レバノン国軍最高司令官に就任。以来軍司令官を9年間務め、15年続いた内戦で弱体化した軍を再建した。98年11月第11代大統領に就任。任期は6年だったが、2004年9月国民議会が任期を07年まで3年間延長する憲法改正案を可決した。同年11月任期満了で退任。

ラフモン, エモマリ

Rahmon, Emomali

1952.10.5〜

タジキスタン大統領 ㊟ソ連タジク共和国クリャブ州ダンガラ（タジキスタン・ハトロン州） ㊟旧姓＝（名）＝Rakhmonov, Emomali ㊟タジク大学経済学部（1982年）卒 ㊟経済学者。1969年クルガン・チュベ製油工場電気技師、71〜74年ソ連太平洋艦隊勤務、76〜88年クリャブ州ダンガラ地区レーニン記念コルホーズ（集団農場）労働組合議長、その後タジク共産党諸組織勤務。88〜92年クリャブ州ダンガラ地区の国営農場（ソフホーズ）支配人。90年ソ連タジク共和国最高会議代議員。タジキスタンと国名変更後の92年の内戦時にクリャブ州執行委員会議長（知事）に当選、同年11月タジキスタン最高会議議長（元首）。94年11月大統領選に当選。99年9月憲法改正の国民投票を実施、11月大統領に再選される。2000年議会選挙が行われ、和平プロセスが完了。06年11月3期目、13年11月4期目就任。15年3月下院議会選挙で党首を務める与党人民民主党が圧勝。07年4月ラフモノフからラフモンに改名した。

ラプリ, ジョン
Lapli, John
1955.6～
ソロモン諸島総督　司祭　[名]Lapli, John Ini　[学]セイント・ジョンズ工科大学卒　[歴]教員などを経て、1986年英国国教会の司祭となる。99年～2004年ソロモン諸島総督を務めた。ナイト爵位を叙せられる。

ラヘ, カルロス
Lage, Carlos
1951.10.15～
キューバ国家評議会副議長　[出]ハバナ　[名]Lage Dávila, Carlos　[学]ハバナ大学　[歴]父は医師、母は著名な小説家。大学で医学、社会科学を修めた後、1976年キューバ共産党に入党。共産主義青年同盟第1書記、カストロ議長の秘書室長などを歴任し、93年から国家評議会副議長。最高執行・行政機関である閣僚評議会の書記や共産党政治局員も兼任し、外資導入策など一連の経済改革を指導。のち閣僚評議会副議長。2008年2月ラウル・カストロ体制で国家評議会副議長、閣僚評議会執行委員会書記。09年3月内閣改造で閣僚職を解任。同月国家評議会副議長と共産党の全ポストを辞任。00年10月来日。

ラベロマナナ, マルク
Ravalomanana, Marc
1949.12.12～
マダガスカル大統領　実業家　[出]アンタナナリボ郊外イメリンカシニナ　[歴]首都アンタナナリボ郊外の村に生まれ、宣教師から教育を受けたのち、スウェーデンのプロテスタント・スクールで学ぶ。20代前半からビジネスの道に入り、アンタナナリボでホームメイドのヨーグルト売りに従事。まもなくプロテスタント教会の援助を受けて、世界銀行の融資を取り付けるなどして事業を拡大。マダガスカルで唯一の非外資系企業となる食品会社TIKO（1982年会長）を育て上げる。その後政界に進出し、99年アンタナナリボ市長に当選。市街の整備などに手腕を発揮し、高い支持を得る。2001年12月ラチラカ大統領の対抗馬として大統領選に出馬。当初2人とも当選に必要な得票数に達しなかったと発表されたが、ラチラカ大統領が開票の不正に関与したと訴え、ゼネストを呼びかける。アンタナナリボの経済活動が停止する中、02年2月大統領への就任を宣言。一方ラチラカ大統領側は首都を経済封鎖して東岸の港湾都市トゥアマシナへの遷都を宣言し、国内に2人の大統領、2つの政府が存在するという分裂状態に陥る。5月再集計の結果、憲法裁判所によりラベロマナナの勝利が発表され、正式に大統領に就任。7月ラチラカ大統領がセーシェルへ脱出し、事実上対立が終結。米国に次いで旧宗主国のフランスなども次々と政権を承認。06年12月再選、07年1月再任。09年3月野党指導者のラジョエリナの圧力に屈し退陣した。03年、05年来日。

ラホイ・ブレイ, マリアノ
Rajoy Brey, Mariano
1955.3.27～
スペイン首相, スペイン国民党党首　[出]ガリシア州サンティアゴ・デ・コンポステラ　[学]サンティアゴ・デ・コンポステラ大学法学部卒　[歴]父は判事。若くして不動産登記官の試験に合格。1981年ガリシア自治州議会議員に当選して政界入り。86年スペイン下院議員。86～87年ガリシア州政府副知事。96年の総選挙でスペイン国民党の参謀を務めた頃から注目を集めるようになり、アスナール首相に重用されて公共行政相、教育文化相、第1副首相兼内相などを歴任。2004年より国民党党首を務め、11年11月の総選挙で単独過半数を制し、政権交代を実現。12月首相に就任。サンティアゴ・デ・コンポステラ大学法学教授も務めた。

ラマ, エディ
Rama, Edi
1964.7.4～
アルバニア首相　[出]ティラナ　[名]Rama, Edi Kristag　[学]アルバニア美術アカデミー　[歴]バスケットボールの元アルバニア代表選手。その後、アルバニア美術アカデミー教授を務め、1994年フランスに移住、アーティストとして活動。98年アルバニアに戻る。90年代の民主化運動に参加。98年～2000年文化・青年・スポーツ相。00～11年ティラナ市長。05年社会党党首となり、13年6月の議会選で自身が率いる野党連合が勝利し、9月アルバニア首相に就任。

ラマエマ, エライアス

Ramaema, Elias

1933.11.10〜2015.12.11

レソト軍事評議会議長　軍人　[出]マポテング　[名]Ramaema, Elias Phisoana　[学]ローマ大学卒　[歴]1957〜58年南アフリカの鉱山で働く。59年レソト警察隊に参加。68年警察機動隊に転出し、大佐に昇進。78年、84年海外で特別研修。86年ジャスティン・レハンヤ政権で軍事評議会委員(公共, 運輸, 通信, 雇用, 社会福祉, 外務, 情報, 放送各省担当)。しかし、レハンヤが独裁傾向を強めたため、91年4月無血クーデターでレハンヤを失脚させ、5月同議長(首相)に就任。86年以来の政党活動禁止を解除した。93年3月、23年ぶりとなる複数政党制による総選挙を国連監視下で実施。バソト会議党のヌツ・モヘレが勝利したため、政権を譲った。90年来日。

ラーマ9世

→プミポン・アドゥンヤデートを見よ

ラマート, ノルベルト

Lammert, Norbert

1948.11.16〜

ドイツ連邦議会議長　[出]ボーフム　[学]ボーフム大学卒, オックスフォード大学卒　[歴]1966年キリスト教民主同盟(CDU)に入党。ボーフム市議会議員などを経て、80年ドイツ連邦議会議員。2002年副議長、05年10月議長に選出される。09年10月再選、13年10月3選。17年10月退任。

ラマポーザ, シリル

Ramaphosa, Cyril

1952.11.17〜

南アフリカ大統領, アフリカ民族会議(ANC)議長　実業家　[出]ヨハネスブルク　[名]Ramaphosa, Matamela Cyril　[学]タートループ大学卒　[歴]大学在学中、映画「遠い夜明け」に描かれた黒人意識運動指導者スティーブ・ビコと知り合い、強い影響を受ける。学生運動、キリスト教社会運動の指導者として1974年、76年と2度収監。81年黒人労組団体、南ア組合評議会(CUSA)の法律顧問、82年傘下の全国鉱山労働組合(NUM)初代書記長に就任。アフリカ民族会議(ANC)の非合法時代は、アパルトヘイト反対団体の連合体・統一民主戦線(UDF)や労組などの共同戦線・大衆民主運動(MDM)指導者として活躍した。91年7月ANC書記長となり、ネルソン・マンデラ議長を支えて民主化運動を主導。96年書記長を退任して実業界に転身。2001年投資会社シャンドゥカ・グループを設立。12年12月ANC副議長に選出されて政界に復帰、14年5月副大統領に就任。17年12月ANC議長に選出される。18年2月ズマ大統領の辞任を受け、大統領に就任。

ラーマン, ジルル

Rahman, Zillur

1929.3.9〜2013.3.20

バングラデシュ大統領　[出]インド東ベンガル地方キショレガンジ(バングラデシュ)　[学]ダッカ大学大学院(1954年)修士課程修了　[歴]1956年アワミ連盟(AL)地方組織代表を経て、60年代に反軍事政権の大衆運動に参加。70年東パキスタン国会議員。71年独立運動に参加し、投獄され議員職を解任。73年バングラデシュ国会議員、92年党総務書記、96年地方政府・地方開発協同組合相、97年党総務書記。2007年7月非常事態宣言下でハシナ党首が逮捕され党首代行。08年12月総選挙で再選され議員団党副代表を経て、09年2月大統領に就任。在任中の13年3月、病気療養先のシンガポールで死去した。

ラミー, パスカル

Lamy, Pascal

1947.4.8〜

世界貿易機関(WTO)事務局長, 欧州連合(EU)欧州委員会委員(通商担当)　[出]セーヌ県ルバロワ・ペレ　[名]Lamy, Pascal Lucien Fernand　[学]パリ政治学院卒, 国立行政学院(ENA)(1975年)卒 M.B.A.　[歴]両親共薬剤師の中流ブルジョワ階層に生まれる。1975年検査官としてフランス財務省に入省。82年社会党のドロール財務・経済相の官房副長官、83年首相官房副長官を経て、85〜94年欧州共同体(EC)。次いでドロール欧州連合(EU)欧州委員会委員長官房長となり、ドロール委員長の懐刀ならぬ“エグゾセ・ミサイル”と恐れられた。93年東京サミットのシェルパ会合に参加。94年再建途上の銀行、クレディ・リヨネに移り、99年頭取に就任。同年9月〜2004年10月EU欧州委員会の通商担当委員。04年よりパリ政治学院准

教授。05年9月世界貿易機関（WTO）事務局長に就任。09年9月再任。13年8月任期終了に伴い退任。　[勲]レジオン・ド・ヌール勲章オフィシエ章（1990年）

ラム, キャリー

→林鄭 月娥（りんてい・げつが）を見よ

ラムグーラム, ナビンチャンドラ

Ramgoolam, Navinchandra

1947.7.14～

モーリシャス首相･国防相･内相, モーリシャス労働党（MLP）党首　医師　[出]英領モーリシャス（モーリシャス）　[学]サージャン王立学校医学部（アイルランド）卒, ロンドン・スクール・オブ・エコノミクス修了　[歴]父はモーリシャスの初代首相のシウサガル・ラムグーラム。アイルランド、英国の大学で学び、弁護士に。1991年よりモーリシャス労働党（MLP）党首。95年の総選挙で大勝し、同年12月連立政権の首相に就任。2000年の総選挙で下野。05年7月の総選挙でMLP主導の野党連合が過半数を獲得し、首相に返り咲く。国防相・内相兼任。10年5月の総選挙でMLP主導の与党連合が勝利し首相再任。14年12月の総選挙で大敗し退任。　[家]父＝シウサガル・ラムグーラム（モーリシャス初代首相）

ラムスドルフ, オットー・グラーフ

Lambsdorff, Otto Graf

1926.12.20～2009.12.5

ドイツ自由民主党（FDP）党首, 西ドイツ経済相　[出]アーヘン　[名]Lambsdorff, Otto Graf Friedrich Wilhelm von der Wenge　[学]ボン大学卒, ケルン大学卒 法学博士　[歴]1951年旧西ドイツ自由民主党（FDP）に入党。60年弁護士。72年以来連邦議会議員。77年シュミット内閣で経済相。82年10月第1次コール内閣、83年3月第2次同内閣でも留任。84年6月政治献金に絡む脱税疑惑で経済相辞任。この間、市場経済政策を推進し、欧州最大の経済大国としての地位を堅固にした。87年2月ボン地裁で収賄は無罪、脱税で罰金の判決。88年10月FDP党首。90年8月東西両ドイツの姉妹党が合併した中道“ドイツ自由民主党（FDP）リベラル派”の党首となる。91年11月再選。93年6月退任。その後は、ドイツ政府代表として、ナチス政権下での強制労働被害者に対する補償問題の交渉に当たった。95年よりフリードリヒ・ナウマン財団会長。自由市場経済を標榜する知日家。　[勲]勲一等瑞宝章（日本）（1993年）

ラムズフェルド, ドナルド

Rumsfeld, Donald

1932.7.9～

米国国防長官　実業家　[出]イリノイ州シカゴ　[名]Rumsfeld, Donald Henry　[学]プリンストン大学（1954年）卒　[歴]米国海軍パイロットとして3年間兵役に従事し、海軍のレスリング大会で優勝した経験を持つ。1962年11月イリノイ州選出下院議員（共和党）に初当選。63～69年3期務める。69年ニクソン大統領補佐官となり、71年生計費閣僚委員会事務局長兼任。73年北大西洋条約機構（NATO）大使、74年9月フォード大統領首席補佐官、75年11月史上最年少の43歳で国防長官に就任。77年1月退任後、医薬品メーカーのG・D・サール社長など民間企業役員や政府顧問などを務める。83年11月～84年5月中東特使を歴任。98年議会の委嘱を受けた“米国に対する弾道ミサイル脅威評価委員会”の委員長として、北朝鮮やイラン、イラクの弾道ミサイルの脅威増大を警告する報告書を発表し、共和党の米国本土ミサイル防衛（NMD）構想を後押しする。また日米諮問委員会のメンバーも務めた。2001年1月ブッシュJr.政権で再び国防長官に就任。同年9月、米同時多発テロ事件発生の際は国防総省の救難活動を陣頭指揮した。その後の対アフガニスタン戦、イラク戦を指揮し、ブッシュ大統領を支えた。04年11月ブッシュ大統領が再選され、2期目も留任。06年11月中間選挙での共和党敗北を受け、12月イラク戦争後の情勢停滞の責任を取って辞任した。新保守主義（ネオコン）派。07年ラムズフェルド財団を設立。　[勲]自由勲章（米国大統領）（1977年）, 旭日大綬章（日本）（2015年）　[賞]ウッドロー・ウィルソン賞（1985年）, アイゼンハワー・メダル（1993年）

ラムラニ, モハメド・カリム

Lamrani, Mohammed Karim

1919.5.1～

モロッコ首相　経済学者　[出]フェズ　[歴]ハッサン2世国王の経済顧問、モロッコ銀行会長などを経て、1971年4～10月財務相。71～72

年、83〜84年、84〜86年首相。以後、再び
モロッコ銀行会長などを歴任し、92年8月〜
94年5月4度目の首相。

ラムリ, リザル
Ramli, Rizal
1953.5.10〜
インドネシア調整相・財務相　経済学者　㋩
西スマトラ州パダン　㋑バンドン工科大学
物理学科卒　博士号（マクロ経済, ボストン大
学）（1990年）　㋕1978年スハルト大統領3選
反対運動に参加して逮捕される。上智大学
に1年間留学した経験を持ち、エコノミスト
として民間経済研究所のエコニット理事長
のほか、民間企業の顧問を多く務める。2000
年4月ワヒド政権でスハルト時代の不透明会
計の象徴とされたインドネシア食糧調達庁
（Bulog）の長官に起用され、財務改革に従
事。同年8月経済担当の調整相、01年6月財務
相。07年ユドヨノ政権をネオリベラリズム
と批判する立場からインドネシア覚醒委員会
（KBI）を設立した。15年8月ジョコ政権に
海洋担当の調整相として入閣。16年退任。

ラモス, フィデル
Ramos, Fidel
1928.3.18〜
フィリピン大統領　軍人　㋩パンガシナン
州リンガエン（ルソン島）　㋐Ramos, Fidel
Valdez　㋑セント・エスコラー大学卒、米国
陸軍士官学校（1950年）卒, イリノイ大学大
学院土木学科（1951年）修士課程修了、アテ
ネオ・デ・マニラ大学大学院経営学（1980年）
修士課程修了　㋕父は外相を務めたナルシ
ソ・ラモス。1950年フィリピン国軍に入り、
朝鮮戦争、ベトナム戦争に従軍。68年マル
コス大統領の軍事顧問を務めたあと、69年
軍参謀次長、72年国家警察軍司令官などを歴
任。81年国軍参謀次長。86年2月エンリレ国
防相、ホナサン中佐ら国軍改革運動（RAM）
のメンバーとともにマルコス政権に反旗を
翻し、革命の口火を切る（ピープル・パワー
革命）。同月アキノ政権誕生後、参謀総長、
88年1月国防相となり、反アキノ派に転じた
RAMの統制に努める。91年5月与党・フィ
リピン民主の戦い（LDP）に入党。同年7月
国防相辞任、12月LDPを離党。92年1月新党
ラカスタオ（人民の力）を結成、アキノ大統
領の後継指名を受けて大統領選候補となり、

同年6月第10代大統領に就任。98年6月引退。
親米派。葉巻がトレードマークで“タバコ”
のニックネームがある。　㋘父＝ナルシソ・
ラモス（フィリピン外相）, 妹＝レティシア・
ラモス・シャハニ（フィリピン上院議員）

ラモス・ホルタ, ジョゼ
Ramos-Horta, José
1949.12.26〜
東ティモール大統領・首相　人権活動家　㋩
ポルトガル領ティモール・ディリ（東ティ
モール）　㋑コロンビア大学　㋕父はポルト
ガル出身、母はティモール人で、ポルトガ
ル国籍を持つ。1969〜74年ジャーナリスト
及び放送キャスターを経て、74年インドネ
シアからの独立を目指す東ティモール独立
革命戦線（フレティリン）設立に参加。76年
のインドネシアの武力併合直前に国を離れ、
フレティリンの国連代表など、国際社会に
おける東ティモール問題のスポークスマン
として活動を続けた。88年末、東ティモー
ル民族抵抗評議会（CNRT）の設立と同時に
フレティリンを離脱。96年東ティモール紛
争の非暴力と対話による平和的な解決への
尽力により、ベロ司教とともにノーベル平
和賞を受賞。98年CNRT副議長。99年12月
東ティモールに帰国。2000年5月東ティモー
ル五輪委員会を設立し会長に就任。同年10
月暫定政府外相に就任。01年6月CNRT解散
に伴い副議長解職。02年5月東ティモール独
立とともに外相となり、06年7月首相兼国防
相、07年5月大統領決選投票で当選、同月第
2代大統領に就任。08年2月11日武装した反
政府勢力に襲撃され重傷を負う。12年3月大
統領選第1回投票で敗れた。公用語のテトゥ
ン語、ポルトガル語の他、英、仏、スペイン
語を話す。　㋘ノーベル平和賞（1996年）

ラモター, ドナルド
Ramotar, Donald
1950.10.22〜
ガイアナ大統領　㋩英領ギイアナ・カリアカ
リア（ガイアナ）　㋑ガイアナ大学卒　㋕旧ソ
連にも留学した。独立後の1967年ガイアナ
人民進歩党（PPP）に入党。92年ガイアナ国
会議員に当選。97年3月PPP幹事長。2011
年12月大統領に就任。15年退任。

ララキ, アズディン

Laraki, Azeddine

1929～2010.2.1

モロッコ首相 [出]モロッコ・ファス [学]パリ大学医学部(1957年)卒 Ph.D. [歴]1960年よりAvicenne病院長を務め、67年より医学部教授。一方、77～86年教育相、86年副首相兼教育相を経て、86年9月～92年8月首相を務めた。96年12月～2000年イスラム諸国会議機構(OIC)事務局長。

ラリジャニ, アリ

Larijani, Ali

1958～

イラン国会議長 [出]イラク・ナジャフ [名]Larijani, Ali Ardashir [歴]イラン革命防衛隊の副司令官などを経て、1992年文化・イスラム指導相、94年国営イラン放送総裁。2005年6月の大統領選に立候補して落選。8月アフマディネジャド政権発足と同時にイラン最高安全保障委員会事務局長に就任、核問題の対外交渉責任者となる。核開発を巡る欧州連合(EU)などとの交渉を担当したが、大統領との対立で、07年10月辞任。08年3月イラン国会議員に当選、6月国会議長に選出される。12年、16年再選。

ラール, マルト

Laar, Mart

1960.4.22～

エストニア首相, エストニア中央銀行理事長 [出]ソ連エストニア共和国ヴィリャンディ(エストニア) [学]タルトゥ大学歴史学部卒 歴史学博士 [歴]教師、研究者、ジャーナリストを経て、1987～90年エストニア文化省歴史遺産局長、89～92年最高会議(国会)キリスト教民主党代議員。92年9月中道右派の新政党・祖国同盟を結成、10月32歳でエストニア史上最年少の首相となる。94年9月不信任投票に敗れる。99年3月再び首相に就任。2002年1月辞任。07年5月～12年1月祖国共和連合(IRL)党首。11年4月～12年5月国防相。13年6月中央銀行理事長(監督役員会会長)に就任。

ラワブデ, アブドル・ラウーフ

Rawabdeh, Abdul Rauf

1939～

ヨルダン首相・国防相 [出]イルビド県 [学]ベイルート・アメリカン大学薬学部(1962年)卒 [歴]1976～79年ヨルダン運輸相、保健相を歴任。83年～86年アンマン市長。89年ヨルダン下院議員に当選。同年～91年公共事業住宅相、95～96年副首相兼教育相を経て、99年3月～2000年6月首相兼国防相。

ラング, ジャック

Lang, Jack

1939.9.2～

フランス文化相 [出]ミルクール [名]Lang, Jack Mathieu Émile [学]パリ大学法学部卒, パリ政治学院卒 [歴]1963年にナンシー学生演劇世界フェスティバルを創設。同年～72年ナンシー大劇場理事長、72～74年国立シャイヨ宮劇場理事長、76年ナンシー大学法学部教授を経て、77～88年パリ市会議員。この間、78年ミッテラン社会党第1書記顧問となり、79年より社会党文化担当。81～83年、84～86年文化・コミュニケーション相。88年5月～6月、91～92年4月文化・コミュニケーション相、88～89年大規模事業相、92年4月～93年3月ベレゴヴォワ内閣で国民教育・文化相、2000年3月～02年国民教育相を歴任。1989年～2001年ブロワ市長。この間、1986～88年、97年～2000年、02年から国民議会(下院)議員。13年よりアラブ世界研究所所長。パリ大学法学部教授も務めた。

ランシエール, フーベルト

Lanssiers, Hubert

1929～2006.3.23

ペルー政府赦免特別委員会委員長 カトリック神父, 人権活動家 [出]ベルギー・ブリュッセル [歴]10歳の時にベルギーからフランスに移り住み、フランスでカトリック宣教師となる。1954年来日、10年間山形県で布教活動を行う。64年からペルーの首都リマに在住。日本語を生かし、日系人に布教する一方、スペイン語を学ぶ。大学で哲学を教える傍ら、刑務所付きの司祭を務め、85年頃から軍事法廷での不当な裁判を経て収監された極左活動家の獄中での待遇改善や不当逮捕者の救援運動に従事。96～99年極左ゲリラらの受刑者処遇を見直すペルー政府赦免特別委員会の委員長を務めた。フジモリ大統領とは来日に随行するなど厚い信任を得ながら、受刑者の人権擁護のため政権との対立をじさなかったため、ペルー国内で

唯一、政府と極左ゲリラの双方に太いパイプを持ち、96年末からのペルー日本大使公邸人質事件でも犯人側との仲介役を務めた。

ランズベルギス, ヴィタウタス
Landsbergis, Vytautas
1932.10.18〜
リトアニア国会議長　ピアニスト, 音楽学者　[出]ソ連リトアニア共和国カウナス（リトアニア）　[名]旧姓（名）=Zemkalnis, Jonas　[学]ビリニュス音楽院（1955年）卒　[歴]ピアニスト。1975〜90年リトアニアのビリニュス音楽院の音楽史教授を務め、20世紀初頭の作曲家チュルリョーニスの研究と作曲に携わる。一方、88年6月急進的民主運動組織・サユディスを結成。同年10月サユディス創立大会を開催、同議長としてリトアニアの独立運動を率いる。89年3月ソ連人民代議員に当選。8月バルト3国の首都間620キロを150万人で結ぶ“人間の鎖”をつくった。90年1月ゴルバチョフ・ソ連議長のリトアニア訪問の際、30万人の独立要求集会を組織。同年2月選挙で圧勝し、3月ソ連史上初めて非共産党系の共和国最高会議議長に就任、独立を宣言した。91年9月ソ連政変後の国家評議会会議でリトアニアの独立が承認された。同月国連へも加盟。92年より国会議員。同年11月の総選挙でサユディスは敗北、最高会議議長を退任し、サユディス議長も退く。93年5月民族派の野党・祖国同盟を結成、代表に就任。96年11月議会選挙で祖国同盟が圧勝、政治的復権を果たし、国会議長に就任。97年12月大統領選に落選。2000年10月の選挙で敗れ、国会議長を退く。04〜14年欧州議会議員。09年東京でピアノ演奏会を開く。　[賞]ノルウェー市民によるもうひとつの平和賞（1991年）

ランティシ, アブドルアジズ
Rantissi, Abdel Aziz al-
1947〜2004.4.17
ハマス最高指導者　[出]ヤブナ村　[歴]1948年イスラエル建国の際に難民となってガザ地区に移る。エジプト・カイロの大学で医学を学び、この間、イスラム原理主義組織のムスリム同胞団の活動に関心を抱く。卒業後、ガザに帰還し、ヤシン師とともにイスラム過激派組織・ハマス創設に参加。政治部門最高幹部を務め、組織の中でも一切の妥協を許さない最強硬派として知られた。2003年にはイスラエル軍の暗殺作戦の標的となり負傷。04年3月イスラエル軍によるヤシン師殺害を受け、最高指導者に就任したが、同年4月イスラエル軍の殺害作戦で死亡した。

ランブカ, シティベニ
Rabuka, Sitiveni
1948.9.13〜
フィジー首相　軍人　[出]ナボコ　[名]Rabuka, Sitiveni Ligamamada　[学]マドラス大学士官学校卒, インド軍参謀大学卒, オーストラリア合同参謀大学卒　[歴]軍人の家系に生まれる。1968年フィジー軍に入り、80年代初めにレバノンとシナイ半島で国連平和維持軍に参加。81年軍参謀長、83年部隊司令官となり、87年の2度にわたるクーデターで当時のインド人系政権およびインド系、フィジー系連立政権を相次いで打倒、同年10月フィジー人による暫定政権を発足させ“国民的英雄”として大衆的人気を得る。87年10月〜90年1月内相、91年副首相兼内相を経て、92年6月首相に就任。94年2月再任。99年5月総選挙で敗北し、辞任。94年10月公式実務訪問賓客として来日。ラグビーのナショナルチームでFWとして活躍した経験を持つ。

【リ】

リ・ウルソル（李 乙雪）
Ri Ul-sol
1921〜2015.11.7
朝鮮労働党中央委員, 北朝鮮国防委員会委員　軍人　[出]朝鮮・咸鏡北道茂山（北朝鮮）　[学]ソ連軍事アカデミー　[歴]1937年金日成主席率いる朝鮮人民革命軍に入り、伝令兵として抗日武装闘争に参加。45年平壌に戻る。50年人民軍連隊長、53年師団長、62年軍団長、67年第1軍司令官、70年党中央委員、76年第1副総参謀長、80年党中央軍事委員、85年大将、首道防衛司令官、90年国防委員、第9期代議員、のち護衛総局長、95年元帥、96年護衛司令官。98年第10期代議員。革命第1世代を象徴する人物で、2012年には金正日総書記の生誕70年に際し“金正日勲章”を受章した。　[勲]金正日勲章（2012年）

リー, エドウィン

Lee, Edwin

1952.5.5～2017.12.12

サンフランシスコ市長　[出]ワシントン州シアトル近郊　[名]Lee, Edwin Mah, 通称＝Lee, Ed　[学]ボウディン大学（1974年）卒, カリフォルニア大学バークレー校ボールト・ホール・スクール・オブ・ロー（1978年）卒　[歴]中国系移民の家庭に生まれる。人権派の弁護士を経て、2011年アジア系で初めてサンフランシスコ市長に当選。15年再選。在任中は市内のホームレス問題などに尽力。17年11月中国や韓国系の民間団体が市内に設置した慰安婦像の寄贈の受け入れを承認。これに反発した大阪市が姉妹都市の解消を表明した。　[賞]ソウル市名誉市民（2016年）

李 嘉進　り・かしん

Lee Chia-chin

1959.3～

台湾立法委員, 亜東関係協会会長　[出]台南　[学]台北大学財政学科卒, 筑波大学大学院経済学修士課程修了　[歴]両親は日本統治時代に大阪で出会い結婚。1987年から筑波大学大学院で3年間学ぶ。台湾経済部（省）職員を経て、99年立法委員（国会議員）に初当選。連続4期委員を務め、2003～04年には国民党立法院団書記長として公民（国民）投票法など重要法案の推進に尽力した。09年から総統府の国家安全会議諮問委員を務め、対日政策を助言、日台投資協定や日台漁業協定の締結に貢献した。13年5月台湾の対日本窓口機関、亜東関係協会会長に就任。17年退任。

李 希　り・き

Li Xi

1956.10～

中国共産党政治局員, 広東省党委書記　[出]甘粛省　[学]西北師範学院中文学部卒　[歴]1975年甘粛省両当県の農村に下放。82年中国共産党入党、甘粛省党委宣伝部秘書所幹事、95年甘粛省蘭州市西固区党委書記、99年蘭州市党組織部長。2002年甘粛省張掖市党委書記。06年陝西省延安市党委書記。11年上海市党組織部長、14年遼寧省省長、15年遼寧省党委書記。17年10月第19回党大会で党政治局員に昇格、広東省党委書記を務める。

李 毅中　り・きちゅう

Li Yi-zhong

1945.3～

中国工業情報相　実業家　[出]山西省　[学]北京石油学院卒　[歴]撫順、山東勝利などの油田勤務ののち、1987年中国石油化工総公司副総経理（副社長）を経て、88年中国石油化工集団公司総経理（社長）に就任。2000年中国石油化工股份有限公司董事長（理事長）を兼任。一方、1992年第14期中国共産党中央候補委員、同年中国石油化工総公司党組副書記となる。2008年3月～10年12月工業情報相。

李 強　り・きょう

Li Qiang

1959.7～

中国共産党中央政治局員, 上海市党委書記　[出]浙江省瑞安　[学]浙江農業大学寧波分校卒　[歴]1976年17歳で浙江省の工場労働者となる。その後、農業大学で学び、83年中国共産党に入党。84年浙江省瑞安県共産主義青年団委員会書記、88年同省民政庁農村救済所所長、96年同省永康市党委書記、2000年同省工商行政管理局長・党委書記、02年同省温州市党委書記、03年同市人民代表大会常務委員主任を経て、習近平が浙江省書記だった04年秘書長に抜擢される。05年同省党委党務委員・秘書長、11年同省政法委書記、12年中央候補委員に選出され、13年1月浙江省省長、16年江蘇省党委書記。17年10月第19回党大会で党政治局員となり、上海市トップとなる市党委書記に選出される。

リー・クアンユー

Lee Kuan Yew

1923.9.16～2015.3.23

シンガポール首相　[出]英領シンガポール　[名]中国名＝李 光耀　[学]ラッフルズ・カレッジ（現・シンガポール大学）卒, ロンドン大学, ケンブリッジ大学フィッツウィリアム・カレッジ（1949年）卒　[歴]英領マラヤのシンガポールで中国系移民の家に生まれる。第二次大戦中、日本軍報道部に勤務。ケンブリッジ大学卒業後、1950年ロンドンで法廷弁護士の資格を取得、51年帰国後法律事務所に勤務。54年中国人や労働者を中心とした反共産主義の人民行動党（PAP）を創設し、書記長。55年シンガポール立法議会議員、対英独立交渉に参加。英連邦内独立後の59年

立法議会選挙で圧勝し、6月シンガポール自治国初代首相。63年9月マレーシア連邦発足でシンガポール州政府首相。65年8月マレーシアから分離独立後シンガポール共和国首相。以来31年間政権を握り続け、90年11月首相辞任、総理府上級相。92年PAP書記長辞任。2004年8月顧問相（序列3位、実質的な最高指導者）。11年5月顧問相を辞任。シンガポールの初代首相として、資源小国の同国を東南アジア随一の経済先進国に発展させた。1970年代末から「日本に学べ」運動を展開し企業経営方法などの吸収にも努めた。外交では中国と一定の関係を保ちつつ、米国の東南アジア戦略にも協力。67年には東南アジア諸国連合（ASEAN）を創設した。また、多民族国家をまとめるため、各民族の母語を公用語として認める一方、共通語として学校教育をすべて英語で行う言語政策を進めた。"建国の父"と呼ばれ、戦後のアジアを代表する政治家の一人だった。　働香港中文大学名誉博士号（2000年）　働長男＝リー・シェンロン（シンガポール首相），二男＝リー・シェンヤン（シンガポールテレコム社長・CEO）

李 慶華　り・けいか
Lee Ching-hua
台湾立法委員（国会議員），台湾新党党首　働台湾政治大学歴史系卒　歴史学博士（ニューヨーク大学）　働父は台湾行政院長（首相）を務めた李煥。1993年趙少康ら7人で新政党"新党"を結成、99年2月党首に就任。93年〜2016年台湾立法委員（国会議員）を務めた。働父＝李 煥（台湾行政院長）

李 継耐　り・けいたい
Li Ji-nai
1942.7〜
中国国家中央軍事委員，中国共産党中央軍事委員　軍人　働山東省　働ハルビン工業大学工学力学部（1966年）卒　働1965年中国共産党に入党。67年工兵連隊の兵士となり、69年第2砲兵部隊（戦略ミサイル部隊）所属。85年軍総政治部に転じ、90年副主任。92年国防科学技術工業委員会に移り、95年同委政治委員。92年10月党中央委員候補、97年党中央委員。98年人民解放軍総装備部政治委員。上将。2002年11月党中央軍事委員、軍総装備部長。03年3月国家中央軍事委員。同年10月の中国初の有人宇宙飛行プロジェク

ト総責任者。04年9月軍総政治部主任。12年退任。

李 傑　り・けつ
Lee Jye
1940.6.6〜
台湾国防部長（国防相）　軍人　働中国・天津　働台湾海軍軍官学校卒、海軍指揮参謀学院卒　艦艇長、戦艦戦隊長などを経て、1994年海軍総部参謀長。その後、海軍艦隊部司令、海軍総部副総司令を歴任。97年国防部副参謀総長、99年海軍総司令官。2002年から国防部参謀総長を務めた後、04年5月〜07年国防部長（国防相）。

李 元簇　り・げんそう
Li Yuan-tsu
1923.9.24〜2017.3.8
台湾副総統　法律家　働中国・湖南省平江県　働字＝肇東　働台湾中央政治学校大学部卒、台湾政治大学高等科卒　法学博士（ボン大学）（1963年）　働1947年高等試験司法官首席合格。高等法院判事、台湾省保安司令部軍法処長、中央日報主筆、台湾政治大学教授、法律研究所主任、72年行政院法規委主任、73〜77年台湾政治大学校長などを歴任。77年行政院に入り、教育部長、78年6月司法行政部長を経て、88年10月総統府秘書長（官房長官）、90〜96年国民党の李登輝総統の下で副総統を務めた。93年8月国民党副主席。97年8月再任。

李 源潮　り・げんちょう
Li Yuan-chao
1950.11〜
中国国家副主席，中国共産党政治局員　働上海　働上海師範大学数学科、復旦大学数学系（1982年）卒、北京大学経済管理科学センター理学（1991年）修士課程修了　法学博士（中央党校大学院）（1995年）　働父は元上海市副市長。1974年より上海市で教師を務める。78年中国共産党入党。復旦大学党委副書記、共産主義青年団（共青団）上海市委員会書記を経て、83年共青団中央委書記局書記、93年国務院新聞弁公室副主任、党中央対外宣伝弁公室副主任。96年文化省次官。2000年江蘇省党委副書記、01年南京市党委書記、02年江蘇省党委書記。07年10月党政治局員に昇格、同月党中央書記局書記、党中央組織部長。12年11月党中央組織部長退任。

13年3月国家副主席に就任。17年10月党政治局員、18年3月国家副主席退任。

李 鴻忠 り・こうちゅう

Li Hong-zhong

1956.8〜

中国共産党政治局員, 天津市党委書記　[出]山東省　[学]吉林大学歴史学部卒　[歴]1975年遼寧省瀋陽市蘇家屯区の農村に下放。76年中国共産党入党。82年遼寧省瀋陽市政府弁公庁秘書所幹部、85年遼寧省党委弁公庁秘書、88年広東省恵州市副市長、2000年恵州市党委書記、04年広東省深圳市長、05年同市党委書記。08年湖北省省長、10年湖北省党委書記。失脚した黄興国の後任として、16年9月天津市党委書記となる。17年10月第19回党大会で党政治局員に昇格。

李 克強 り・こくきょう

Li Ke-qiang

1955.7.1〜

中国首相, 中国共産党政治局常務委員　[出]安徽省定遠県　[学]北京大学法律系（1982年）卒, 北京大学経済学院修士課程修了 経済学博士（北京大学経済学院）　[歴]農村出身。1974年安徽省鳳陽県に下放。76年中国共産党入党。82年共産主義青年団（共青団）北京大学委員会書記、共青団中央常務委員、85年同中央書記局書記を経て、93年同中央書記局第1書記、中国青年政治学院長。共青団では胡錦涛に仕えて活躍した。97年最年少で党中央委員に選出され注目を集める。98年河南省副省長・党委副書記、99年2月河南省長、2002年12月同省党委書記。04年12月遼寧省党委書記となり、貧困対策に取り組む。07年10月党政治局常務委員に昇格。08年3月国務院常務副総理（筆頭副首相）。12年11月党政治局常務委員として序列7位から2位に昇格。13年3月国務院総理（首相）に就任。17年10月党政治局常務委員、18年3月国務院総理再任。

リー・シェンロン

Lee Hsien Loong

1952.2.10〜

シンガポール首相　[名]中国名＝李 顕龍　[学]ケンブリッジ大学トリニティ・カレッジ（コンピューター科学）（1974年）卒, ハーバード大学行政大学院（1980年）修士課程修了　[歴]リー・クアンユー初代首相の長男。1971年シンガポール軍に入り29歳で大佐。軍からハーバード大学に留学。帰国後、最年少で陸軍参謀総長。84年に准将で退役。同年末の総選挙でシンガポール国会議員に当選。85〜86年通産・国防担当国務相（閣外相）。86年シンガポールの与党・人民行動党（PAP）の中央委員に選出。86年1月〜92年12月通産相。90年11月〜2004年副首相。1993〜95年財政相・国防相兼任。98年1月通貨庁（MAS）会長を兼任し、保守的だった金融行政の大転換に成功。2001年11月財務相を兼任。04年8月首相に就任、財務相兼任。06年5月総選挙で大勝。英語、中国語、マレー語に堪能。　[家]父＝リー・クアンユー（シンガポール首相）, 弟＝リー・シェンヤン（シンガポールテレコム社長・CEO）, 妻＝ホー・チン（実業家）

李 錫銘 り・しゃくめい

Li Xi-ming

1926〜2008.11.10

中国全国人民代表大会（全人代）常務委副委員長, 中国共産党北京市委書記　[出]河北省東鹿県　[学]清華大学土木建築学科卒　[歴]1948年中国共産党入党。解放後、北京の石景山発電所に所属し、70年同発電所党委書記などを歴任。75年水利電力省次官、79年電力工業省次官。81〜82年趙紫陽主宰の国民経済調整弁公室スタッフ。82年5月都市農村建設・環境保護相。同年9月党中央委員、84年7月より北京市党委書記。87年11月党中央政治局員に昇格。92年10月党政治局員解任、12月北京市党委書記解任。93〜98年全人代常務委副委員長を務めた。89年に中国当局が学生らの民主化運動を武力弾圧した天安門事件で徹底した取り締まりを訴えるなど、保守派として知られた。

李 瑞環 り・ずいかん

Li Rui-huan

1934.9〜

中国人民政治協商会議（政協）主席, 中国共産党政治局常務委員　[出]河北省宝坻（現・天津）　[学]北京建築工程業余学院（1963年）卒　[歴]農家に生まれ、1951年から長く北京で大工として働く。その間北京建築工程業余学院で学び、伝統的な建築手法を革新する“木工簡易計算法”を編み出す。58年北京市第3建築工程公司青年突撃隊長となり、人民大会堂の建設に参加、その技術を称賛されて60年全

国労働模範に選ばれた。59年中国共産党入党。64年共産主義青年団中央委員。65年北京建築材料供給公司党委副書記。66～71年文革で迫害を受ける。73年北京市総工会（労働組合）副主任。77年毛沢東記念堂工事現場指揮部党委書記として建設工事を指揮。その後78年3月全人代常務委員（北京市代表）、10月中華全国総工会常務委員、79年共産主義青年団中央書記、81年天津市副市長。82年9月より党中央委員。同年12月天津市長に昇格、83年3月天津市党委書記。87年11月党政治局員。89年天津市長及び同市党委書記解任。89年6月党政治局常務委員。93年3月人民政治協商会議（政協）主席に就任。98年3月再選。2002年11月党政治局常務委員を退任。03年3月引退。改革派。しばしば来日している。

リ・スヨン（李 洙墉）
Ri Su-yong
1940～
朝鮮労働党副委員長・政治局員, 北朝鮮最高人民会議外交委員長　外交官　㊐朝鮮・咸鏡南道（北朝鮮）　㊋別名＝リ・チョル（李 哲）㊗金日成総合大学卒, 国際関係大学（フランス語）　㊵北朝鮮外務省に入り、1980年ジュネーブ代表部公使、87年駐スイス大使、91年駐ジュネーブ国際機関代表部大使を経て、98年より再びスイス大使。リヒテンシュタイン大使などを兼任し、2010年スイス大使解任。11～12年北朝鮮が外資誘致のため新設した"朝鮮合営投資委員会"の委員長を務めた。スイスでは金正日総書記の金庫番として活動し、少年時代の金正恩委員長のスイス留学も世話したとされる。14年4月外相に就任。16年5月党副委員長となり、6月中国・北京で習近平国家主席と会談。17年4月、19年ぶりに復活した最高人民会議外交委員会の委員長に就任。リ・チョル（李哲）の名前でも活動。

李 盛霖　り・せいりん
Li Sheng-lin
1946.11～
中国交通運輸相, 天津市長　㊐江蘇省南通㊵1973年中国共産党入党。91年天津市副市長、93年より天津市党委副書記、93～98年天津市長。97年～2012年党中央委員。03年3月交通運輸相に就任、08年3月留任。12年8月退任。

李 柱銘　り・ちゅうめい
Lee Chu-ming
1938.6.8～
香港民主党主席　法律家　㊐香港　㊋英語名＝リー、マーティン〈Lee, Martin〉　㊗香港大学（1960年）卒, リンカーン大学（ロンドン・法律）　㊵香港で弁護士活動を続け、香港弁護士会会長を務めた。1985年香港立法評議会議員に当選。同年香港特別行政区基本法起草委員となるが、89年天安門事件に抗議して中国を激しく非難する市民運動を展開したことから同委員を除名される。90年香港初の政党・香港民主同盟を同志とともに結成、主席（党首）を務め、民主化運動のシンボル的存在となる。91年9月香港初の立法評議会議員直接選挙にトップ当選。94年匯点（ウェイディム）と合併して民主党を結成し、主席。95年9月の立法評議会選挙でも民主党は議席を増やす。97年7月の香港返還後の暫定議会には参加しなかったが、98年5月の立法議会選挙で当選し、民主党も第一党となった。2002年民主党主席を退任。08年政界から引退後も香港民主派の重鎮として発言、"香港の民主の父"と呼ばれる。

李 長春　り・ちょうしゅん
Li Chang-chun
1944.2～
中国共産党政治局常務委員　㊐吉林省吉林㊗ハルビン工業大学電機工程学科（1966年）卒　㊵1965年在学中、中国共産党に入党。80年瀋陽市電機制御設備工業公司経理、82年同市副市長兼経済委員会主任、83年同市長兼同市党委書記、85年党中央委員候補、87年遼寧省省長、90年中央委員、91年河南省省長、92年同省党委書記を歴任。農業や農産品加工業振興で成果を上げ、97年9月党政治局員。98年3月広東省党委書記。2002年11月党政治局常務委員に昇格。政治宣伝担当。07年10月再選。12年11月党政治局常務委員退任。

李 肇星　り・ちょうせい
Li Zhao-xing
1940.10～
中国外相, 中国共産党中央委員　外交官　㊐山東省　㊗北京大学（1964年）卒, 北京外国語学院（1967年）修了　㊵1965年中国共産党入

党。外交部（外務省）入部後、ケニア、レソトなどの大使館に勤務。83年在レソト大使館臨時代理大使、85年4月外交部スポークスマン、10月外交部新聞司副司長、88年同司長（報道局長）、90年外交部長助理（外務次官補）、93年3月国連大使、95年5月外務次官を経て、98年4月〜2001年2月駐米大使。台湾問題で原則を貫き、クリントン大統領から“台湾の独立を認めない”などの“3つのノー”発言を引き出した。01年2月再び外務次官を務める。02年11月〜07年10月党中央委員。03年3月〜07年4月外相。07年北京大学教授。08〜13年全国人民代表大会（全人代）外事委員会主任議員。12年12月非営利団体・中国公共外交協会初代会長に就任。英語とフランス語が堪能。03年10月来日。

李 鎮源　り・ちんげん

Li Chen-yuan

1915.12.4〜2001.11.1

台湾建国党主席（党首）　薬理学者　[出]高雄　[学]台北帝国大学医学部（1940年）卒 医学博士（台北帝国大学）（1945年）　[歴]原籍は台南。毒素学の国際的権威で、台湾大学薬理学科・研究所主任、医学院院長を歴任。1970年台湾中央研究院院士。74年国際薬理学連合会台湾委主任委員、77年米国薬理学会名誉会員、81年中華薬理学会理事長、85年国際毒素学会会長。一方、刑法100条（言論活動のみで内乱罪に処するすることができる“予備内乱罪”条項を含む）廃止を求めて、91年国慶節に台湾大学医学部玄関前で徹夜の座り込み運動を指揮。93年聯合報誹謗罪で50日の禁錮刑となる。当時台湾医界同盟会長を務めていた。94年一台一中行動連盟召集人。96年10月急進独立派の建国党の結党に際し、初代主席（党首）を務めた。

李 鉄映　り・てつえい

Li Tie-ying

1936.9〜

中国全国人民代表大会（全人代）常務副委員長，中国共産党政治局員　[出]陝西省延安　[学]北京ロシア語専門学校，カレル大学物理学科（1961年）卒　[歴]父は政治家の李維漢。1955年中国共産党入党。同年チェコスロバキアのカレル大学に留学し固体物理学を学ぶ。61年帰国し国防部十院研究室副主任。78年瀋陽市党委常務書記。82年党中央委員候補。83年遼寧省党委書記。85年6月電子工業相、9月党中央委員。87年4月国家経済体制改革委主任、11月党政治局員。88年4月国務委員・国家教育委主任、国家経済体制改革委主任離任。92年6月国家教育委党組書記兼任。93年3月国家経済体制改革委主任に復帰。98年2月〜2003年1月社会科学院院長。1998年3月国務委員、経済体制改革委主任離任。2002年11月党政治局員退任。03年3月全人代常務副委員長就任、国務委員退任。08年3月全人代常務副委員長退任。中国で初めてLSI開発に成功するなど電子工業部門で活躍した。趙紫陽総書記のブレーンの一人といわれたが、趙氏失脚後も地位を維持。生母は鄧小平の先妻。　[家]父＝李 維漢（政治家）

李 天羽　り・てんう

Lee Tien-yu

1946.5.23〜

台湾国防部長（国防相）　軍人　[出]中国・山東省　[学]台湾空軍官学校卒，台湾空軍指揮参謀学院卒　[歴]台湾空軍第427連隊長や空軍作戦司令部司令などを経て、2002年空軍総部総司令となる。04年から国防部参謀総長を務め、07年2月総統府戦略顧問を経て、5月国防部長（国防相）に就任。08年辞任。

李 登輝　り・とうき

Lee Teng-hui

1923.1.15〜

台湾総統，台湾国民党主席　[出]台北県　[学]京都帝国大学農学部農林経済学科（1946年）中退，台湾大学農業経済学系（1948年）卒，アイオワ州立大学大学院（農業経済学）（1953年）修士課程修了，コーネル大学大学院農業経済学（1968年）博士課程修了 農業経済学博士（コーネル大学）（1968年）　[歴]1943年京都帝国大学に入学。46年台湾に戻り、台湾大学を卒業。48〜52年台湾大学講師。52〜56年台湾省農林庁技正兼経済分析係長。55〜57年台湾大学教授兼合作金庫研究員。58〜78年台湾大学非常勤教授。一方、71年国民党に入党。72年行政院政務委員（無任所相）として初入閣し、政界入り。78〜81年台北市長、79年国民党中央常務委員、81年台湾省首席などを歴任。敵の少ない温厚な性格、日本語、英語にも堪能な経済通のテクノクラートといわれ、蔣経国総統の信頼が厚く、84年3月副総統に指名される。88年1月蔣経国の死

去に伴い総統に昇格、本省人として初めて総統になった。同年7月国民党主席。90年3月総統再選。91年4月“反乱平定時期”(中国共産党を反乱勢力と規定した時期)の終了を宣言。93年8月党主席再選。95年6月母校コーネル大学の同窓会に出席するため訪米。96年3月台湾初の総統直接選挙に当選し、5月就任。99年7月、中台を特殊な国と国の関係とした“二国論”を提起した。2000年3月総統選で国民党が大敗した責任を取り、党主席を辞任。同年5月総統を退任。この間、台湾の民主化、自由化、経済発展をリードした。01年8月新党・台湾団結連盟(台連)を発足させるが、このために9月には国民党籍を剝奪される。10年11月の5直轄市長選で民進党を支持。親日家で、来日多数。00年11月心臓の冠状動脈の拡張手術、11年11月大腸がんの切除手術、13年7月椎骨動脈閉塞で入院し、血管拡張手術を受ける。　[勲]モラサン金大十字勲章(1989年), ニカラグア最高栄誉国会勲章チャモロ十字勲章(1994年)　[賞]コーネル大学国際傑出校友栄誉賞(1990年), 山本七平賞(第8回)(1999年)「台湾の主張」, 拓殖大学名誉博士号(2000年), 後藤新平賞(第1回)(2007年)

リー, バーバラ

Lee, Barbara

1946.7.16〜

米国下院議員(民主党)　[出]テキサス州エル・パソ　[学]ミルス大学(1973年)卒, カリフォルニア大学バークレー校大学院(社会福祉)(1975年)修了　[歴]アフリカ系。1990年から6年間、カリフォルニア州議会下院、2年間同上院議員。98年4月カリフォルニア州選出の民主党連邦下院議員に当選。平和、環境、社会福祉などの問題で活躍。2001年9月ニューヨークなどで起きた米同時多発テロ事件直後、アフガニスタンに潜伏するテロリストに対する武力行使を、ブッシュJr.大統領に認めるか否かの決議に際し、上院は全会一致だったが、下院でただ一人反対票を投じ(420対1)、注目を集めた。02年初来日し広島などを訪れた。

李 鵬　り・ほう

Li Peng

1928.10.20〜

中国首相, 中国共産党政治局常務委員　[出]上海　[学]延安自然学院, 張家口工業専門学校, モスクワ動力学院水力発電科(1954年)卒　[歴]革命烈士・李碩勲の子。1939年以来、周恩来夫妻に育てられる。代表的なエリート技術者出身。45年中国共産党入党。張家口工業専門学校などで学び、46年以後ハルビン油脂公司副支配人、党支部書記など務める。48年モスクワ動力学院に留学、中国在ソ留学生総会会長。55年豊満水力発電所副所長、66年北京電力管理局長を経て、79年国務院電力工業省次官、81年3月電力工業相、82年水利省との合併で水利電力第1次官。同年9月党中央委員。83年6月副首相。84年来日。85年6月〜87年国家教育委員会主任兼任。85年9月党政治局員・中央書記局書記、87年11月政治局常務委員、首相代行。88年4月首相に就任。国家経済体制改革委主任兼任(90年まで)。89年4月来日。同年春の民主化運動の際は楊尚昆国家主席とともに強硬派路線を主張。5月19日座り込み学生排除のため軍隊を動員、20日戒厳令を発令、6月の天安門事件では武力で弾圧した。92年10月党政治局常務委員再選。93年3月首相再任。97年11月来日。98年3月第9期全人代で首相退任、常務委員長に選出される。また中国の対外政策の方向づけを行う党中央外事指導小組組長も務めた。2002年4月来日。同年11月党政治局常務委員を退任。03年3月第10期全人代を最後に引退。　[家]養父＝周 恩来, 養母＝鄧 穎超(元中国共産党政治局員)

リ・ミョンス (李 明秀)

Ri Myong-su

1934.2.20〜

朝鮮人民軍総参謀長・次帥, 朝鮮労働党政治局員　軍人　[出]朝鮮・咸鏡北道(北朝鮮)　[歴]朝鮮人民軍副総参謀長、国防委員会行政局長などを経て、2011年4月〜13年2月人民保安部長。12年4月朝鮮労働党政治局員。16年2月朝鮮人民軍総参謀長就任が判明。

リ・ヨンチョル (李 容哲)

〜2010.4.26

朝鮮労働党中央軍事委員・第1副部長, 北朝鮮最高人民会議代議員　[歴]1980年代に人民武力部から朝鮮労働党に移り、86年党調査部長、93年6月党中央委員会副部長、同年12月党中央委員、94年党組織指導部第1副部長、96年12月党中央軍事委員、98年7月北朝鮮最高人民会議第10期代議員。金正日総書記の

側近として党と軍の指揮系統調整に当たった。2001年8月には金総書記のロシア訪問に参加した。

リ・ヨンホ（李 英鎬）
Ri Yong-ho
1942.10.5～
朝鮮労働党政治局常務委員・中央軍事委員会副委員長、朝鮮人民軍総参謀長・次帥 軍人 ㉭朝鮮・江原道通川（北朝鮮・江原北道通川） ㊙金日成軍事総合大学卒 ㊙父親は金日成政権成立後、軍の党校閲委員長などを務めた大幹部。朝鮮人民軍総参謀部作戦局副局長、副総参謀長、訓練所所長、平壌防衛司令官などを経て、2009年2月人民軍総参謀長に就任。10年9月次帥（元帥に次ぐ階級）に昇進。同月、朝鮮労働党会議で党最高機関・政治局常務委員、党中央軍事委員長に選ばれた。10月～11月キューバ訪問。"軍事の家庭教師"の異名をとり、韓国砲撃事件を主導したとされる。新指導者・金正恩の叔父で後見人の張成沢国防委員会副委員長の右腕として異例の昇進を果たした。砲術の専門家。12年7月党の全役職と人民軍総参謀長を解任された。

リ・ヨンホ（李 容浩）
Ri Yong-ho
1956.7.10～
北朝鮮外相, 朝鮮労働党政治局員 外交官 ㉭平壌 ㊗平壌外国語大学卒 ㊙父は金正日総書記の秘書室長も務めた李ミョンジェ。北朝鮮外務省に入り、在ジンバブエ大使館、在スウェーデン大使館に勤めた後、1995年外務省参事、2003年8月駐英大使。10年9月外務次官。11年7月核問題をめぐる6ケ国協議の北朝鮮首席代表となる。16年5月朝鮮労働党政治局員候補となり外相に就任。17年10月党政治局員。北朝鮮内の対米専門家。

李 嵐清 り・らんせい
Li Lan-qing
1932.5～
中国副首相, 中国共産党政治局常務委員 ㉭江蘇省鎮江 ㊗復旦大学企業管理系（1952年）卒 ㊙1952年中国共産党入党。56～57年ソ連派遣。長春第一自動車製造工場計画科科長、発動機工場党委第1書記などを経て対外経済貿易部入り。82年同部外資管理局長、83年天津市副市長、86年対外経済貿易次官、90年12月対外経済貿易相。92年8月国務院経済貿易弁公室副主任兼任。93年3月～2003年3月副首相。一方、1987年11月党中央委員候補、92年党中央委員、10月党政治局員、97年9月～2002年11月党政治局常務委員。

リヴニ, ツィピ
Livni, Tzipi
1958.7.5～
イスラエル副首相・外相, カディマ党首 法律家 ㉭テルアビブ ㊗バル・イラン大学法学部卒 ㊙両親はイスラエル建国前、ユダヤ人国家建設を掲げ、反英武装闘争を繰り広げた活動家。1980～84年イスラエル総理府諜報特務局（モサド）、96～99年国営企業管理局長。99年右派リクードから国会議員に当選、リクード内ではタカ派と穏健派の調停役として活躍。2001年3月域内協力相、同年8月無人所相（情報担当）、02年農業・村落開発相、03年移民相、04年住宅建設相兼任、05年司法相兼任。同年リクードを離脱し、カディマ結成に参加して法相。06年1月女性として2人目の外相となり、同年5月筆頭副首相兼外相に就任。オルメルト首相の右腕として閣内第2のポストに就いた。09年退任。08年9月カディマ党首に選出される。12年退任。06～08年米経済誌「フォーブス」の"最も影響力のある女性100人"に選ばれた。㊙グッド・ガバメント・アワード最優秀賞（2004年）

リシャール, アラン
Richard, Alain
1945.8.29～
フランス国防相 ㉭パリ ㊗パリ政治学院卒, 国立行政学院（ENA）卒 ㊙1975年フランス社会党に入党。78～93年高等法院正判事。87～88年国民議会（下院）副議長。91年フランス国際関係研究所理事を経て、97年～2002年国防相。

リースター, ワルター
Riester, Walter
1943.9.27～
ドイツ労働・社会相 労働運動家 ㉭バイエルン州カウフボイレン ㊙タイル職人となり、フランクフルトの労働者アカデミーに通う。労働総同盟（DGB）のバーデン・ヴュ

ルテンベルク地区書記を務め、1980年金属労組書記に転じ、88年同地区議長。93年同労組副議長となり、多くの大企業の監査役を兼ねた。98年〜2002年シュレーダー政権の労働・社会相を務め、伝統的に賦課方式をとるドイツの公的年金制度の一部に確定拠出型の民間保険の要素を導入した。社会民主党（SPD）所属。

リスバ, パスカル

Lissouba, Pascal

1931.11.15〜

コンゴ共和国大統領　遺伝学者　[出]ブラザビル　[学]高等農林専門学校（チュニス）卒 博士号（自然科学, 遺伝学）　[歴]フランスのニースで中等教育を受けたのち、チュニスの高等農林専門学校を卒業、フランスで自然科学、遺伝学の博士号を取得。農業専門家として働いたのち、1963〜66年コンゴ共和国の首相兼貿易・工業・農業相。66〜71年ブラザビルで遺伝学の教授となり、71年ブラザビル高等科学専門学校長。傍ら68年経済計画担当国務相、69年農業・水路・森林相を歴任。その後ヌグアビ軍司令官の社会主義一党独裁先見を批判して野に下り、国連教育科学文化機関（UNESCO）、世界保健機関（WHO）、食糧農業機構（FAO）など国連のコンゴ共和国出先機関などに勤務しながら反政府活動を続け、77年ヌグアビ大統領暗殺に関与したとして投獄。81年UNESCOのアフリカ科学・技術局長。91年コンゴ共和国の民主化要求の高まりを受け“社会民主主義のためのパンアフリカ同盟”（UPADS）を結成して代表となり、92年8月サスヌゲソ大統領を破って当選。97年10月サスヌゲソ前大統領派の武装勢力に大統領官邸を制圧され、英国に亡命。2001年12月ブラザビルの裁判所は反逆罪で30年の重労働刑を言い渡す。

リースパッサー, スザンネ

Riess-Passer, Susanne

1961.1.3〜

オーストリア副首相, オーストリア自由党党首　[出]オーストラリア・ブラウナウ　[学]インスブルック大学（法律, 経営学）卒 法学博士　[歴]1986年極右政党のオーストリア自由党に入党。87〜93年広報担当者、91年副党首、94年党幹事長。91〜98年連邦議会（上院）議員。99年国民議会（下院）議員。2000年2月自由党とオーストリア国民党との連立内閣が発足し、副首相兼女性問題担当相に就任。5月自由党党首。02年9月副首相、党首ともに辞任。またオーストリア・スキーチーム報道官を務めた経験を持つ。政治的タフさから“キングコブラ”のニックネームで呼ばれる。

リチャーズ, ジョージ・マクスウェル

Richards, George Maxwell

1931.12.1〜

トリニダード・トバゴ大統領　化学工学者　[出]英領トリニダード島サンフェルナンド（トリニダード・トバゴ）　[学]マンチェスター大学（英国）大学院理学専攻修士課程修了, ケンブリッジ大学 Ph.D.（ケンブリッジ大学）（1963年）　[歴]1957〜65年外資系石油関連会社勤務の後、65年ジャマイカのウエスト・インディーズ大学セント・オーガスティン校講師を経て、70年化学工学部教授、85〜86年同大学長、のち名誉教授。一方、77年トリニダード・トバゴ政府人事委員会委員長を経て、2003年3月大統領に就任。08年3月2期目就任。13年3月退任。

リチャードソン, ビル

Richardson, Bill

1947.11.15〜

米国エネルギー長官, 国連大使, ニューメキシコ州知事　外交官　[出]カリフォルニア州パサディナ　[名]Richardson, William Blaine　[学]タフト大学卒, フレッチャー法律外交学院卒　[歴]父は米国人、母はメキシコ人。少年時代をメキシコで過ごし、マサチューセッツ州の名門タフト大学で外交を専攻。スペイン語、フランス語にも堪能。米国国務省スタッフを経て、1982年ニューメキシコ州から連邦下院議員（民主党）に初当選し、連続8回当選。この間、湾岸戦争後、クウェートからイラク領に入り、イラク当局に拘束された米国人2人の釈放にも尽力。94年2月には自宅軟禁中のアウン・サン・スー・チー女史との会談に成功、軍事政権との対話に道を開くなど、世界の紛争地に飛び、独裁・軍事政権とわたりあい、人質を勝ち取る、また国交樹立にこぎつけるといった活躍ぶりから、“米外交に奇跡を呼ぶ男”、“クリントン政権の非公式のトラブル・シューター（紛争調停人）”と呼ば

れる。97年1月第2期クリントン政権の国連大使、98年7月エネルギー長官に就任。2001年1月退任。02年11月ニューメキシコ州知事に当選、03年1月就任。08年の大統領選の民主党指名争いで支持を広げる。09年1月オバマ政権の商務長官に指命されるが辞退。11年ニューメキシコ州知事を退任。

栗 戦書 りつ・せんしょ

Li Zhan-shu

1950.8〜

中国共産党中央弁公庁主任, 全国人民代表大会(全人代)常務委員長, 中国共産党政治局常務委員 [出]河北省平山県 [学]河北師範大夜間大学(1983年)卒 [歴]1972年河北省石家荘地区商業局弁公室副主任。75年中国共産党入党。地元党委員会の資料室に勤めていた時、社会主義の素晴らしさを書いた胡耀邦総書記宛の書簡が評価され出世ルートに乗る。83年河北師範大夜間大学を卒業し、河北省無極県党委書記。この時、近隣の正定県で書記を務めていた習近平と親交を深める。のち河北省承徳地区党委副書記。2002年陝西省西安市党委書記、08年黒竜江省省長、10年貴州省党委書記。12年11月習近平の総書記就任時に党政治局員、党中央弁公庁主任、中央書記局書記に抜擢される。17年10月の党大会で党政治局常務委員に昇格。党中央弁公庁主任は日本でいう官房長と党幹事長を合わせたような要職。18年3月全国人民代表大会(全人代)常務委員長(国会議長)に選出される。習主席の秘書役として常に付き添い、政権のキーパーソンとして知られる。名前は「戦地から家族に送る手紙」を意味する中国語「戦地家書」に由来する。

リッジ, トム

Ridge, Tom

1945.8.26〜

米国国土安全保障長官, ペンシルベニア州知事 [出]ペンシルベニア州マンホール [名]Ridge, Thomas Joseph [学]ハーバード大学卒, ディッキンソン法科大学卒 [歴]苦学し、奨学金を受けてハーバード大学を卒業。陸軍に徴兵されベトナム戦争に従軍。1972年弁護士となり、79〜82年ペンシルベニア州エリー郡の地方検事補を務める。83〜95年連邦下院議員(共和党)。95年1月〜2001年ペンシルベニア州知事。01年10月、米同時多発テロ事件や炭疽菌事件を受けて創設されたテロ対策などを統括する国土安全保障局の初代局長に就任。03年1月新たに創設された国土安全保障省の初代長官に就任。05年1月退任。穏健派。06年コンサルタント会社・リッジ・グローバルを設立。1997年来日。

リッポネン, パーボ

Lipponen, Paavo

1941.4.23〜

フィンランド首相 [名]Lipponen, Paavo Tapio [学]ヘルシンキ大学卒, ヘルシンキ大学大学院政治学専攻修士課程修了 [歴]学生時代からフィンランド社会民主党の活動に参加。ジャーナリストとして活動後、フィンランド国際問題研究所長、社会民主党首相特別顧問を経て、1983年国会議員に初当選。同国初の左派系大統領コイビストの補佐役などを務める。2期目で落選するが、91年再選。93年フィンランド社会民主党党首。95年〜2003年首相。この間、1999年欧州理事会首脳会議議長に就任。

リード, ハリー

Reid, Harry

1939.12.2〜

米国民主党上院院内総務 [出]ネバダ州サーチライト [名]Reid, Harry Mason [学]ユタ州立大学卒, ジョージ・ワシントン大学大学院修了 法学博士(ジョージ・ワシントン大学) [歴]1964〜66年ネバダ州ヘンダーソンで弁護士として活動。70〜74年同州副知事、83〜87年連邦下院議員を経て、87年からネバダ州選出の連邦上院議員(民主党)。党上院院内幹事を経て、2005〜07年、07〜17年院内総務。

リニ, ウォルター

Lini, Walter

1942〜1999.2.21

バヌアツ首相 [名]Lini, Walter Hadye [学]聖ヨハネ神学校(ニュージーランド)卒 [歴]1970年英国国教会派牧師。71年ニューヘブリデス文化協会(のち国民党、バヌア・アク党に発展)結成、74年バヌア・アク党(VP)党首となる。79年自治政府首席大臣兼法相。英仏共同統治からの独立に尽力、80年7月首相に就任、法相・教育相・人事相兼任。87年12月再選。91年9月退任したが、その後も副首相などを務めた。"バヌアツの父"と国

民から称された。

リニ, スナイダー
Rini, Snyder
1948.7.27〜
ソロモン諸島首相　[歴]1997年よりソロモン諸島国会議員を務め、2000年財務相、01年副首相、02年財務相兼務、03年副首相兼教育相を歴任。06年4月首相に就任したが、首相選挙に対する不満から暴動が発生し、1週間で辞任した。

リノ, ジャネット
Reno, Janet
1938.7.21〜2016.11.7
米国司法長官　法律家　[出]フロリダ州マイアミ　[学]コーネル大学（化学）卒, ハーバード大学ロースクール（1963年）修了　[歴]デンマーク移民の子。弁護士活動などをした後、1978年からフロリダ州デード郡（現・マイアミ・デード郡）で首席検事を15年間務め、警官の不正摘発などのほか、公民権運動への理解の深さでも知られた。93年3月クリントン政権で、女性としては米国史上初の司法長官に就任。97年第2期クリントン政権でも留任。厳格な法適用で知られ、クリントン大統領夫妻の"ホワイトウォーター疑惑"などで独立検察官の任命を次々と要請。95年に起きたオクラホマシティ連邦ビル爆破事件などで捜査指揮を執った。同年パーキンソン病であることを告白。クリントン大統領の不倫もみ消し疑惑が持ち上がった際には、捜査を妨害せず協力姿勢を示した。2001年1月退任。02年には民主党からフロリダ州知事選に立候補したが、予備選段階で敗れた。[賞]ウーマン・オブ・ザ・イヤー（グラマー誌）（1993年）

リバプール, ニコラス
Liverpool, Nicholas
1934.9.9〜2015.6.1
ドミニカ国大統領　[出]英領ドミニカ・グランドベイ（ドミニカ）　[名]Liverpool, Nicholas Joseph Orville　[学]シェフィールド大学（英国）卒　博士号（シェフィールド大学）[歴]1965〜67年ガーナ大学法学部で教鞭を執り、70〜71年バハマで法律の個人教授。2003年10月〜12年9月ドミニカ国大統領を務めた。

リーバーマン, ジョゼフ
Lieberman, Joseph
1942.2.24〜
米国上院議員（民主党）　[出]コネティカット州スタンフォード　[学]エール大学（1964年）卒, エール大学ロースクール（1967年）修了　法学博士　[歴]1967年弁護士資格を取得。71〜81年コネティカット州上院議員、83〜88年同州法務長官を経て、89年より同州選出の連邦上院議員。95年より民主党内の中道勢力・民主党指導者評議会の中心メンバーとして活動。軍事委員会、環境公共事業委員会などにも所属する。2000年8月民主党大会でゴア大統領候補の副大統領候補に指名される。ユダヤ系として副大統領候補に指名されるのは米国史上初めてとなったが、12月敗北が決まる。01〜02年上院政府活動委員長。04年大統領選党予備選に出馬するが、途中で撤退。06年11月の上院選ではコネティカット州の民主党予備選でイラク戦争に反対の姿勢を取る新顔ネッド・ラモントに敗れたものの無所属で出馬、当選。07年1月上院国土安全保障・政府活動委員長。同年民主党に入党。13年1月引退。

リビー, ルイス
Libby, Lewis
1950.8.22〜
米国副大統領首席補佐官　法律家　[出]コネティカット州ニューヘブン　[学]エール大学　[歴]エール大学在学中、ウォルフォウィッツ元国防副長官から教えを受けて以来、一緒に仕事をすることが多く、同氏の部下としても働く。1981年レーガン政権下の国務省に政治任命で起用され、政策企画局勤務から東アジア太平洋問題局の特別計画部長となり、三沢基地へのF16戦闘機配備計画などに関与。83年レーガン大統領訪日では同大統領の国会での演説の草稿作りに加わった。ブッシュSr.政権では国防総省副次官として戦略問題を担当し、対日防衛政策にも関わる。94年から弁護士として活動。チェイニー国防長官の下で国防次官補となり、2000年の大統領選では副大統領候補となった同氏の顧問に就任。01年ブッシュJr.政権が発足すると、チェイニー副大統領の下で副大統領首席補佐官に就任。以後、チェイニーの側近中の側近として、副大統領の国家安全保障問題顧問、大統領補佐官を兼務。ネオコ

ン（新保守主義）の論客として知られ、大統領直属の国家安全保障会議に出席し、副大統領とともに安保政策の立案に深く関わる。同年の米同時多発テロ後は、イラクに大量破壊兵器があるという“情報”を根拠にしてウォルフォウィッツとともに対イラク戦争を強硬に主張した。03年7月保守系コラムニストがジョゼフ・ウィルソン元駐ガボン大使の妻を中央情報局（CIA）工作員と暴露したのが発端で、ホワイトハウス高官による情報漏洩問題が発覚。04年情報源の一人として2回に渡り連邦大陪審で証言した際、妻が工作員であることをチェイニー副大統領や他の政府高官から直接聞いたにも関わらず、「記者から聞いた」などと偽証し、捜査を妨害したとして、05年10月連邦大陪審に偽証、司法妨害などの罪で起訴され、補佐官を辞任。07年6月ワシントン連邦地裁で禁錮2年6ケ月、罰金25万ドル、保護観察処分2年の判決を受け、7月連邦高裁の決定で収監が確定したが、同月大統領権限による減刑措置で実刑が免除される。愛称は“スクーター”。1969年エール大学在学中に来日以来、数多く来日、日本の文学作品を広範に読んだ。96年日本の雪国を舞台にしたミステリーロマン風の小説「アプレンティス（年季奉公人）」を発表、大手雑誌の書評などで称賛された。

リビングストン, ケン

Livingstone, Ken

1945.6.17～

ロンドン市長　[出]ロンドン　[名]Livingstone, Kenneth Robert　[学]フィリッパ・フォーセット教育大学卒　[歴]労働者階級出身。1969年英国労働党に入党。のち労働党左派のリーダーとなる。73～86年ロンドン市会議員。この間、81～86年議長を務める。サッチャー首相による市制廃止に伴い、87年下院議員となる。のちブレア政権でロンドン市議会復活と公選市長の設置が決定、党の反対を押し切り英国史上初のロンドン市長選に出馬を表明し、党を除名される。2000年5月ロンドン市長（任期4年）に当選、2期務め、08年退任。

リファイ, サミル

Rifai, Samir

1966.7.1～

ヨルダン首相・国防相　[名]Rifai, Samir Zaid ar-　[学]ハーバード大学（米国）中東研究専攻卒, ケンブリッジ大学（英国）大学院国際関係専攻修士課程修了　[歴]父、祖父ともにヨルダン首相経験者。米国ハーバード大学、英国ケンブリッジ大学で学び、2003～05年王宮の事務局長、05年アブドラ国王顧問などを歴任。エネルギーや金融関係の会社役員などを務めた後、09年12月首相指名、就任。11年2月更迭される。　[家]父＝ザイド・リファイ（元ヨルダン首相）

リフキンド, マルコム

Rifkind, Malcolm

1946.6.21～

英国外相・国防相　[出]スコットランド・ロージアン州エディンバラ　[名]Rifkind, Malcolm Leslie　[学]エディンバラ大学卒　[歴]1967～68年南アフリカ・ローデシア大学講師を経て、70年弁護士となりスコットランド弁護士会に所属。74年英国保守党から下院議員当選。75～76年保守党スコットランド問題スポークスマン、77年保守党対外・英連邦問題委員会書記、79～82年スコットランド省次官、82～83年外務次官、83～86年対外連邦問題担当国務相。この間85年勅選弁護士、86年枢密顧問官に叙せられる。86～90年スコットランド相、90年11月運輸相を経て、92年4月メージャー第2次内閣で国防相。95年7月～97年5月メージャー政権下で外相。2005～15年下院議員。ナイト爵位を叙せられる。

リフシツ, アレクサンドル

Livshits, Aleksandr

1946.9.6～2013.4.25

ロシア副首相　経済学者　[出]ドイツ・ベルリン　[名]Livshits, Aleksandr Yakovlevich　[学]モスクワ国民経済大学卒　経済学博士　[歴]モスクワ国民経済大学教授、学部長を歴任。1992年ロシア大統領府分析局副局長、94年11月大統領補佐官（経済担当）、96年8月副首相兼財務相、97年3月大統領府副長官。98年8月金融危機の責任を取り辞任。99年6月無任所相に任命されるとともに主要8ケ国（G8）問題に関する大統領特使に指名された。2000年5月無任所相を退任。01～07年ロシアの世界的なアルミニウム製造メーカー・ルサール副会長。

リブリン, アリス

Rivlin, Alice

1931.3.4〜

米国連邦準備制度理事会(FRB)副議長, 米国行政管理予算局(OMB)局長 エコノミスト ㊀ペンシルベニア州フィラデルフィア ㋵Rivlin, Alice Mitchell ㋱ブリンマー大学(1952年)卒, ラドクリフ大学 経済学博士(ラドクリフ大学)(1958年) ㋹1975〜83年米国議会予算局(CBO)初代局長を経て, 83年ブルッキングズ研究所経済研究部長, 87年同研究所上級研究員。ユニシス, ユニオン・カーバイドの役員を兼務。93年1月クリントン政権の行政管理予算局(OMB)副局長, 94年10月初の女性局長に就任。96年〜99年7月米国連邦準備制度理事会(FRB)副議長を務めた。

リブレン, レウベン

Rivlin, Reuven

1939.9.9〜

イスラエル大統領 ㊀エルサレム ㋱ヘブライ大学卒 ㋹1988年イスラエル国会議員。2001〜03年通信相, 03〜06年、09〜13年国会議長。14年6月の大統領選で当選し、7月就任。

リーベルマン, アヴィグドール

Lieberman, Avigdor

1958.6.5〜

イスラエル副首相・外相, イスラエル我が家党首 ㊀ソ連モルダビア共和国キシニョフ(モルドバ) ㋱ヘブライ大学卒 ㋵旧ソ連で生まれるが、1978年イスラエルに移住。右派政党リクード党首・ネタニヤフ首相の側近として副首相を務めていたが、和平交渉を進める連立政治に反対し離脱。99年アラブ人排斥を唱える極右政党・イスラエル我が家を結党、党首に就任。同年の総選挙で国会議員に初当選。2003〜04年運輸相、06〜08年副首相兼戦略担当相。09年2度目のネタニヤフ政権発足に伴い、副首相兼外相に任命される。12年12月、自身に対する収賄容疑に絡む信託義務違反罪で起訴され辞任。13年11月外相復帰。15年退任。16年イスラエル我が家が連立政権入りし、自身は国防相に就任。

リム, アルフレド

Lim, Alfredo

1929.12.21〜

フィリピン自治相, マニラ市長 ㊀マニラ ㋵警察官出身で、マニラ市から売春を一掃したことで知られる。1998年フィリピン大統領選に出馬するが落選。のちエストラダ大統領のもと、2001年1月まで自治相を務める。04〜07年上院議員、07〜13年マニラ市長。フィリピン国民改革党を経て、自由党に所属。中国系社会に基盤を持つ。

リム・キットシアン

Lim Kit-siang

1941.2.20〜

マレーシア民主行動党(DAP)議長 ㋷中国名=林 吉祥 ㋵福建系華人。1969〜99年、ペナン州やペラ州を主要支持基盤とし、シンガポールの人民行動党の流れを組む中国系政党で、社会民主主義を掲げる民主行動党(DAP)の書記長、99年〜2004年議長を務める。マレー人の政権やイスラム国家に反対、厳しい政府批判で知られる。1969年国会議員に初当選。以後イスラム政党との選挙協力が華人有権者の反発を買って落選した一時期(99年〜2004年)を除き、国会議員を務める。この間、ムラカ州、後にペナン州の州議会議員も兼任。国内治安法(ISA)で逮捕され、1969〜70年勾留される。政府に批判的な政治家、ジャーナリスト、NGO活動家がISAで大量に逮捕されたララン作戦の際にも逮捕され、87〜89年勾留された。「マレーシアの時限爆弾」(78年)をはじめ、マレーシアの政治経済に関する多くの著作がある。 ㋬息子=リム・グアンエン(ペナン州首相)

リュ・ウイク (柳 佑益)

Yu Woo-ik

1950.1.6〜

韓国統一相, 駐中国韓国大使 地理学者, 外交官 ㊀慶尚北道尚州 ㋱ソウル大学卒, ソウル大学大学院修士課程修了 哲学博士(ケルン大学, ドイツ)(1980年) ㋵韓国陸軍士官学校教授などを経て、ソウル大学地理学科教授となり、1999年パリ・ソルボンヌ大学客員教授。2007年国際地理学連合事務総長。李明博大統領が設立した国際戦略研究院の院長を10年にわたって務め、08年李明

博政権で初代大統領室長（閣僚級）に。09年11月～11年5月駐中国大使。11年9月統一相に就任。13年3月退任。

リュ・ギルジェ（柳 吉在）

Ryoo Kihl-jae

1959.1.15～

韓国統一相　北朝鮮研究家　[出]ソウル　[学]高麗大学（1984年）卒 政治学博士（高麗大学）（1995年）　[歴]1987年慶南大学極東問題研究所の研究員として北朝鮮研究を始め、慶南大学助教授などを経て、2010年北韓大学院大学教授。09年統一省政策諮問委員となり、13年朴槿恵政権の韓国統一相に就任。15年3月退任。

リュイテリ, アルノルド

Rüütel, Arnold

1928.5.10～

エストニア大統領, エストニア最高会議議長　農学者　[出]サーレマー　[学]エストニア農業アカデミー（1964年）卒 農学博士　[歴]海軍の兵役終了後、1949～57年タルトウ市の農業機械化技術学校に勤務、研究部動物学技術主任を経て、57～63年エストニア畜産獣医研究所研究部長、69～77年エストニア農業アカデミー院長などを務めた。この間、64年ソ連共産党入党。71年以来党中央委員となり、77～79年同党中央委書記。79年エストニア閣僚会議副議長（副首相）を経て、83年ソ連エストニア共和国最高会議幹部会議長。84年ソ連最高会議幹部会副議長、86年ソ連共産党中央委統制委員。90年3月共和国最高会議議長に選出され、直後にソ連からの独立を宣言。91年9月ソ連政変後の国家評議会会議でエストニアの独立が承認され、エストニア最高会議（国会）議長となる。91～92年憲法制定会議メンバー。92年大統領選に出馬するが敗れる。95年独立後初の国会議員に当選。94年～2001年エストニア国民同盟（旧農民党）党首。01年10月大統領に就任。06年9月大統領選でトーマス・ヘンドリック・イルベスに敗れた。

劉 雲山　りゅう・うんざん

Liu Yun-shan

1947.7～

中国共産党政治局常務委員, 中国共産党中央宣伝部長　[出]山西省　[学]集寧師範学校（内モンゴル自治区）（1968年）卒, 中央党校通信学院　[歴]1968年から内モンゴル自治区で教師などとして働き、71年中国共産党に入党。75年新華社内モンゴル自治区支局記者、82年共産主義青年団（共青団）モンゴル自治区委副書記。84年同自治区の党委員会に入り、宣伝部長などを務める。92年党委員会副書記、93年～2002年党中央宣伝部副部長、1997年4月～2002年精神文明建設指導委員会弁公室主任兼任。1997年9月党中央委員となり、2002年10月党中央宣伝部長、11月政治局員、中央書記局書記に就任。07年10月党政治局員、中央書記局書記再選。イデオロギーや宣伝工作を束ね、利用者が5億人を超えたインターメディアへの対応を進めた。12年11月党政治局常務委員に昇格、党中央宣伝部長退任。13年中央党校校長。胡錦濤人脈の一人とされる。

劉 延東　りゅう・えんとう

Liu Yan-dong

1945.11.22～

中国副首相, 中国共産党政治局員　[出]江蘇省南通　[学]清華大学工程化学系（1970年）卒, 中国人民大学社会学系（1994年）修士課程修了 博士号（吉林大学行政学院）（1998年）　[歴]元化学技術者。1964年中国共産党に参加。81年北京化学工業実験工場政治部主任、同工場党委副書記、北京市朝陽区党委副書記、82年共産主義青年団（共青団）中央書記局書記、83年中華全国青年連合会副主席、85年同連合会主席を歴任。91年党中央統一戦線工作部副部長、2002～07年12月同工作部長。03～07年中国人民政治協商会議（政協）副主席。この間、1997年党中央委員候補、2002年党中央委員、07年10月党政治局員。08年3月国務委員、教育・科学技術・文化・体育、および香港・マカオ政策担当。12年11月政治局員再任。13年3月国務院副総理（副首相）に就任。17年10月党政治局員退任。父親は長征に参加した革命幹部の劉瑞龍元農業次官で太子党の一人。胡錦濤に近いとされる。[家]父＝劉 瑞龍（中国農業次官）

劉 鶴　りゅう・かく

Liu He

1952.1～

中国副首相, 中国共産党政治局員・党中央財経指導グループ弁公室主任　[出]河北省　[学]中国人民大学工業経済学部卒　[歴]1969年吉林省

洮南県の農村に下放。70年中国人民解放軍兵士。73年北京ラジオ工場勤務。76年中国共産党入党。86年国務院発展研究センター幹部。93年国家計画委員会政策研究室副主任。2003年党中央財経指導グループ弁公室副主任。13年党中央財経指導グループ弁公室主任、国家発展改革委員会副主任。17年10月第19回党大会で党政治局員に昇格。習近平国家主席の経済ブレーンで、同年11月の習主席のベトナム、ラオス外遊に同行。18年3月の全人代で副首相に就任。

劉 華清 りゅう・かせい
Liu Hua-qing
1916.10.15～2011.1.14
中国共産党中央軍事委員会第1副主席・政治局常務委員, 中国国家中央軍事委員会副主席　軍人　[出]浙江省　[学]ウォロシーロフ海軍学院（ソ連）（1958年）卒　[歴]1929年中国共産主義青年団（共青団）に参加、31年中国工農紅軍に加わり、34年紅25軍政治部科長として長征に参加。35年共産党入党。抗日戦争当時、鄧小平の部下として活躍。解放後、54～58年ソ連の海軍学校に留学。55年海軍少将。58年旅大海軍基地副司令官、65年海軍副政治委員、67年軍文革小組組員、72年5月海軍副参謀長、75年科学院副秘書長、78年国防科学技術委副主任、79年人民解放軍総参謀長補佐、80年軍副総参謀長など歴任。82年9月党中央委員に選出され、同年10月海軍トップの海軍司令員に就任。沖縄から台湾、フィリピンにつながる“第一列島線”という中国海軍の作戦海域概念を打ち出した。87年には空母と原子力潜水艦を2本柱とする海軍装備の近代化案を提案し、中国海軍の装備近代化の方向を定めた。85年9月党中央委辞任、中央顧問委委員。87年党軍事委副秘書長。88年海軍司令員を退任し、上将に昇格。89年の天安門事件後には、軍指導者と位置づけられる党中央軍事委副主席に就任、同主席になった江沢民を支えた。90年国家中央軍事委副主席。92年10月には党政治局常務委員、党中央軍事委第1副主席に選ばれた。93年3月国家中央軍事委副主席再任。中国海軍創設の功労者で、鄧小平の軍事改革の推進者でもあった。　[勲]2級八・一勲章, 2級独立自由勲章, 1級解放勲章（1955年）, 北鮮1級国旗勲章（1989年）, ロシア友誼勲章（1999年）

劉 淇 りゅう・き
Liu Qi
1942.11.1～
北京市長, 中国共産党政治局員, 北京市党委員会書記　[出]江蘇省武進県　[学]北京鋼鉄学院冶金系大学院（1968年）修了　[歴]1970年武漢鋼鉄公司に入り、煉鉄廠2号高炉技術員、工程師、78年同廠3号高炉生産副炉長、3号高炉長。85年武漢鋼鉄公司副経理、86年第1副経理、87年煉鉄高級工程師。90年武漢鋼鉄公司経理、92年10月同公司総経理（社長）。93年3月冶金工業部長（冶金工業相）。96年瀋陽の東北大学校董会（理事会）主席。98年4月北京市副市長を経て、99年2月～2003年1月市長。01年7月、08年の五輪招致に成功し、12月北京五輪組織委員長に就任。この間、1975年中国共産党入党、97年党中央委員。2002年10月北京市党委書記、11月党政治局員。12年11月退任。英語が堪能。

劉 奇葆 りゅう・きほう
Liu Qi-bao
1953.1～
中国共産党中央宣伝部長・党政治局員　[出]安徽省宿松県　[学]安徽師範大学歴史系（1974年）卒　[歴]1971年中国共産党入党。83年共産主義青年団（共青団）安徽省委員会書記、84年宿州市市長などを経て、85年共青団中央委書記。2006年広西チワン族自治区党委書記、07年12月四川省党委書、12年11月第18回党大会で党政治局員、党中央宣伝部長。17年10月退任。

劉 暁波 りゅう・ぎょうは
Liu Xiao-bo
1955.12.28～2017.7.13
民主活動家, 作家　[出]吉林省長春　[学]吉林大学中文系（1982年）卒, 北京師範大学大学院中文系修了 文学博士（北京師範大学）（1988年）　[歴]10代の頃は文革の影響を受け、家族とともに辺境の農村で過ごした。大学院生だった1986年に文壇に突如デビュー、沈滞しきっていた当時の中国評論界に衝撃を与え、“黒馬（ダークホース）”と呼ばれた。大学院修了後、北京師範大学中国文学系の講師となり、80年代の“反逆する中国知識人”を代表するイデオローグとして全面西欧化を唱え、伝統への回帰を厳しく批判して学生たちの間に絶大な思想的影響力を持つ。米

国コロンビア大学にビジターとして滞在中の89年4月、民主化運動を知り帰国。5月から広場に出て、知識人として運動の中心に参画。天安門広場でのハンストに加わり、6月4日天安門事件で逮捕、反革命宣伝扇動罪で起訴、秦城監獄に投獄され、公職から除籍された。91年1月刑事罰免除の判決を受け釈放。釈放後、北京で地下に潜り天安門事件の“英雄”から“裏切者”と指弾される中、事件の詳細な回想録「末日に生き残りし者の独白」をひそかに執筆し発表。95年5月～96年1月容疑が明らかにされないまま身柄を拘束される。同年政府批判の公開書簡を発表し、3年間の労働強制処分を受けた。同年獄中で詩人の劉霞と結婚。2008年12月中国共産党による一党独裁の見直しや言論・宗教の自由などを求めた「08憲章」を、中国の学者ら303人の署名を添えてインターネット上に発表。09年12月国家政権転覆扇動罪で起訴され、10年2月懲役11年、政治的権利剥奪2年の判決が確定し、遼寧省錦州市の刑務所に服役。同年12月ノーベル平和賞を受賞。中国反体制派の受賞はチベット仏教最高指導者ダライ・ラマ14世(1989年)以来で、中国国内在住の中国人がノーベル賞を受賞したのは初めて。服役中のため本人不在のまま授賞式が行われた。2017年5月服役していた刑務所で腹部に異常が見つかり、精密検査の結果、肝臓がんと判明。自身は国外での治療を望んでいたが、中国当局が認めず、7月瀋陽の病院で死去した。　[賞]ノーベル平和賞(2010年)　[家]妻＝劉 霞(詩人)

劉 兆玄　りゅう・ちょうげん

Liu Chao-shiuan

1943.5.10～

台湾行政院院長(首相)　化学者　[出]中国・四川省成都　[学]台湾大学化学系卒 化学博士(トロント大学)　[歴]四川省成都に生まれ、5歳で台湾に渡る。カナダの大学で化学博士号取得後、1971年台湾清華大学副教授を経て、75年教授、82年理学院長、87年8月～93年学長。84年台湾行政院国家科学委副主任委員、89年台湾電力董事兼任。93年2月～96年1月李登輝政権で交通部長(交通相)。国家科学委員会主任委員を経て、97年～2000年行政院副院長(副首相)。04年東呉大学学長を経て、08年5月馬英九政権の行政院院長(首相)に就任。09年9月、700人を超える死者・行方不明者を出した台風8号の水害対応で引責辞任した。　[家]兄＝劉 兆漢(台湾中央大学学長)

リューエ, フォルカー

Rühe, Volker

1942.9.25～

ドイツ国防相　[出]ハンブルク　[学]ハンブルク大学卒　[歴]1963年旧西ドイツのキリスト教民主同盟(CDU)入党。ハンブルク特別市市会議員を経て、76年以来連邦議会議員。82年キリスト教民主・社会同盟(CDU・CSU)院内副総務。89年9月～92年4月CDU幹事長。92年4月ドイツ国防相に就任。93年1月、94年11月国防相留任。98年10月退任。CDUきっての外国・軍事の専門家でコール首相の腹心として活躍。

リョ・ウォング(呂 鴛九)

Yeo Won-gu

～2009.7.30

北朝鮮祖国統一民主主義戦線議長　[歴]朝鮮の独立運動家、呂運亨の娘。1989年1月僑胞事業総局副局長、同月金策工業総合大学教員、91年教育委員会副委員長、98年2月祖国統一汎民族連合北側本部副議長、4月祖国統一民主主義戦線議長。7月最高人民会議代議員となり、2009年まで3期連続で選出された。1998年9月には最高人民会議副議長を務めた。2002年8月民間レベルの統一運動行事のためソウルを訪問した。　[家]父＝呂 運亨(独立運動家)

呂 秀蓮　りょ・しゅうれん

Lu Hsiu-lien

1944.6.7～

台湾副総統　女性運動家　[出]桃園県　[名]英語名＝Lu, Annette　[学]台湾大学法学部(1967年)卒, イリノイ大学大学院法学(1971年)修士課程修了, ハーバード大学大学院法学(1977年)修士課程修了　[歴]台湾行政院の課長職を経て、1970年代初めに“新女性主義”を提唱し女権運動を展開。79年反体制誌「美麗島」副社長に就任、国民党独裁時代に民主化を求める論陣を張る。同年“美麗島事件”に連座し、軍事法廷で懲役12年の判決を受けるが、甲状腺がんの治療のため、85年仮釈放。90年民主人同盟理事長。90年代は台湾の国連加盟運動を展開。93年立法委員(国会議員)に当選、立法院外交委員会共同

委員長などを務める。96年李総統を補佐する国策顧問として総統府入り。97年3月民進党から桃園県県長選（知事選）に立候補し当選。2000年3月総統選で陳水扁と組み当選、5月台湾初の女性副総統に就任。02年8月外交関係のないインドネシアを私的に訪問し首都ジャカルタ入りを果たす。04年3月総統選では遊説中に陳総統とともに銃撃を受け負傷するが、小差で再選。08年5月退任。 [賞]世界平和賞（2000年）

梁 錦松 りょう・きんしょう
Liang Jin-song
1952.1.29～
香港特別行政区財政長官 [出]香港 [名]英語名＝リョン, アントニー〈Leung, Anthony〉 [歴]米国シティーバンク香港区行長の傍ら、1994年4月香港事務顧問となる。2001年5月香港政府入りし、02年2月ナンバー3の財政長官に就任。03年7月辞任。02年7月中国の“飛び込みの女王”伏明霞と結婚し話題を呼ぶ。 [家]妻＝伏 明霞（元飛び込み選手）

梁 光烈 りょう・こうれつ
Liang Guang-lie
1940.12～
中国国務委員・国防相, 中国人民解放軍総参謀長 軍人 [出]四川省三台県 [学]信陽歩兵学校, 軍事学院速成班 [歴]1958年中国人民解放軍に参加。59年中国共産党に入党。陸軍第1軍を経て、70～79年武漢軍区司令部。79年から陸軍第20軍副師団長、同第20集団軍軍長、93年北京軍区参謀長、95年同軍区副司令官などを歴任。97年共産党中央委員、瀋陽軍区司令官、2000年南京軍区司令官を経て、02年11月総参謀長、党中央軍事委員に就任。02年上将。03年3月国家中央軍事委員。08年3月国務委員兼国防相に就任。12年11月党中央軍事委員退任。13年3月国務委員・国防相退任。

廖 錫龍 りょう・しゃくりゅう
Liao Xi-long
1940.6～
中国共産党中央軍事委員, 中国国家中央軍事委員, 中国人民解放軍総後勤部長・上将 軍人 [出]貴州省思南県 [学]中国人民解放軍軍事学院基本系（1981年）卒 [歴]1959年中国人民解放軍に入隊、貴州軍区で連隊長などを歴任。71年陸軍第11軍に移り、師団長などを経て、84年第11軍長。85年成都軍区副司令官、95年同司令官。2002年11月人民解放軍総後勤部長。一方、1963年中国共産党入党。2002年11月党中央軍事委員。03年3月国家中央軍事委員。

梁 肅戎 りょう・しゅくじゅう
Liang Su-jung
1920.8.8～2004.8.27
台湾立法院院長, 台湾国民党中央評議委員会主席団主席 [出]中国・遼寧省 [学]長春法政大学卒, 明治大学大学院（日本）修了 法学博士（明治大学）（1966年） [歴]判事、検察官などを経て、1947年大陸の東北地区で立法委員に選出される。49年国民党政権が台湾に移ってからは党内で要職を歴任。72年亜東関係協会設立発起人。77年国民党候補中央委員、中日合作策進会委員、党中央委政策委副秘書長。81年党中央委員（第12期）。89年立法院副院長、90年同院長。のち党中央評議委員会主席団主席。台湾有数の統一派代表として知られ、98年海峡両岸平和統一促進会を設立、会長を務めた。91年大同学院同学会参加のため来日。

梁 振英 りょう・しんえい
Leung Chun-ying
1954.8.12～
香港特別行政区行政長官 実業家 [出]香港 [名]別称＝リョン, C.Y.〈Leung, C.Y.〉 [学]ブリストル・ポリテクニック（英国）（1977年）卒, ロンドン大学キングスカレッジ [歴]中国山東省出身の警察官の子として生まれ、奨学金を得て名門中学・高校に進む。大学で測量を学び、英国に留学。帰国後、測量士として活躍。1988年香港基本法諮問委員会秘書長となり、香港側委員として基本法の作成に参画。97年香港政府の諮問機関・行政会議メンバー、99年行政会議招集人として政治の舞台に立つ。2003年中国の国政助言機関・人民政治協商会議（政協）常務委員。12年3月香港トップの行政長官選挙で当選、7月就任。17年6月退任。親中派。

リリー, ピーター
Lilley, Peter
1943.8.23～
英国社会保障相 [出]ケント州 [名]Lilley, Pe-

ter Bruce [学]ケンブリッジ大学ダルウィック・カレッジ, 同大クレア・カレッジ卒 [歴]ロンドンのシティー(金融街)の証券会社W.グリーンウェル社で証券ブローカーとして活躍後、1983年から下院議員。サッチャー元首相を擁護する「ノーターニング・バック(NTB)グループ」の創設に参加。89年財務政務次官などを経て、90年7月貿易産業相に就任。92年4月～97年5月社会保障相。保守党内で急進的な自由市場推進派の一人。

リリッチ, ゾラン

Lilić, Zoran

1953.8.27～

ユーゴスラビア連邦大統領 [出]ユーゴスラビア・セルビア共和国ブルザ・パランカ村(セルビア) [学]ベオグラード大学卒 [歴]タイヤ・ゴム工場で技師として12年働き工場長に昇格。1990年セルビア共和国代議員に選出され、92年12月同議会議長。93年6月～97年6月ユーゴスラビア連邦(セルビアとモンテネグロ両共和国で構成)大統領。同年セルビア共和国大統領選に出馬するが、落選。セルビア社会党(SPS)執行評議会委員。

林 郁方 りん・いくほう

Lin Yu-fang

1951～

台湾立法委員 [出]高雄県 [学]淡江大学卒 Ph.D.(バージニア大学, 国際政治学) [歴]中国の台湾侵攻を描いた「1995閏8月」に反論した「危険な予言」が有名。1995年台湾立法委員(国会議員)選挙で保守系野党・新党の新人候補として出馬し当選。その後、馬英九政権の与党・国民党に所属。馬政権では立法院外交国防委員会委員を務めるなど、国防政策に詳しい。

林 義雄 りん・ぎゆう

Lin Yi-siung

1941.8.24～

台湾民主進歩党主席 [出]宜蘭県 [学]台湾大学法律系(1964年)卒 [歴]1966年司法試験にトップ合格して弁護士となる。73年台北平民法律服務中心設立、74年中国比較法学会秘書長。77年台湾省議会議員。民主派月刊誌「美麗島」発行部管理者当時の79年12月、台湾当局による民主化運動弾圧の“美麗島事件”で逮捕され、懲役12年の実刑判決を受ける。この間、80年母と双子の娘を何者かに惨殺されるという悲劇を体験。84年仮釈放後、米国や日本に留学、ハーバード大学で修士号を取得。89年11月4年半ぶりに帰国し、新聞に“台湾共和国基本法草案”を発表。90年特赦。91年慈林教育基金会を設立。民主進歩党(民進党)の筆頭顧問を務める。98年6月民進党主席に就任。2000年の台湾総統選では陳水扁を当選に導いて初の政権交代を実現させ、国民党による長期単独政権に終止符を打った。間もなく党主席を退き、党首席顧問。01年2月陳水扁政権が第4原発建設再開を受け入れたことに抗議し党顧問を辞任。06年離党。

林 金莖 りん・きんけい

Lin Chin-ching

1923.7.18～2003.12.10

台北駐日経済文化代表処代表(駐日台湾大使) 外交官 [出]台南 [名]字＝剛本 [学]復旦大学, 台湾大学法学部(1950年)卒, 早稲田大学大学院法学専攻修士課程修了 法学博士(亜細亜大学)(1988年) [歴]1950年高文行政官、52年高文外交官試験に合格。以来、台湾外交部(外務省)で対日関係を担当。59年在日大使館書記官、67年外交部日韓科長を経て、71年在日大使館政務参事官。72年9月の日台断交時には断交前後の実務処理にあたった。73～89年10月亜東関係協会駐日副代表。89年帰国、行政院経済建設委員会委員を務める傍ら、大学で教鞭を執る。93年4月台北駐日経済文化代表処代表(駐日大使に相当)。96～2001年台北の亜東関係協会会長を務め、日台の実務関係発展に尽くした。台湾きっての知日派として知られ、日本語に堪能。国際法学者としても知られる。

林 信義 りん・しんぎ

Lin Hsin-i

1946.12.2～

台湾行政院副院長(副首相) 実業家 [出]台湾省台南 [学]成功大学機械系卒, オクラホマ大学企業研究所卒 [歴]1972年中華汽車工業に入社。エンジニア、工場長などを経て、91年社長。97年副会長に就任。2000年5月民主進歩党(民進党)の陳水扁政権で民間から初めて経済部長(経産相)に登用される。02年2月行政院副院長(副首相)に就任。04年退任。 [賞]孫爵奨(当代傑出企業人物)(1993年)

林 全　りん・ぜん
Lin Chuan
1951.12.13〜
台湾行政院院長(首相)　エコノミスト　[出]高雄　[学]輔仁大学(1974年)卒, 台湾政治大学大学院財政学(1978年)修士課程修了, イリノイ大学(米国)アーバナ・シャンペーン校大学院経済学(1984年)博士課程修了　経済学博士(イリノイ大学)　[歴]戦後国民党と一緒に台湾に渡った"外省人"の家庭出身。財政の専門家で、1984〜89年中華経済研究院副研究員、89〜90年台湾政治大学財政学科副教授、90〜95年教授を歴任。台湾民進党で初の総統となった陳水扁が台北市長時代の95年同市財政局長に登用される。陳政権時代の2000〜02年行政院主計局長、02〜06年財政部長(財務相)。14〜16年台湾民主進歩党のシンクタンク・新境界文教基金会執行長なども務める。16年5月蔡英文政権発足とともに行政院院長(首相)に就任。無所属。労働基準法改正や年金改革などを推進したが、産業界や労働団体などから強い反発を受け、17年9月辞職。

林 洋港　りん・ようこう
Lin Yang-kang
1927.6.10〜2013.4.13
台湾国民党副主席, 台湾司法院院長　[出]中国・台湾省南投県(台湾)　[名]通称=Chih-hung　[学]台湾大学政治系(1951年)卒　[歴]1967年南投県知事、72年台湾省政府委員兼建設庁長、76年台北市長、78年台湾省主席。79年より国民党中央常務委員。81年行政院内政部長(内相)、84年行政院副院長(副首相)を経て、87年4月司法院長。93年8月党副主席。94年6月司法院長辞任し、総統府資政(最高顧問)。95年立法院選挙(国会議員選挙に相当)で、党規に反し野党・新党の応援をしたことから、12月党籍取り消し処分となる。李登輝総統のライバルと言われ、96年3月台湾初の総統直接選挙に無所属で立候補したが、李に大差で敗れ、政治活動から遠ざかった。

リンク, セルゲイ
Ling, Sergei
1937.5.7〜
ベラルーシ首相　[名]Ling, Sergei Stepanovich　[学]ベラルーシ農業アカデミー卒　[歴]1990年白ロシア共産党書記、91年ベラルーシ副首相兼経済相、94年副首相、96年首相代行を経て、97年2月首相に就任。2000年2月年金受給年齢に達したことから辞任。

リングル, リンダ
Lingle, Linda
1953.6.4〜
ハワイ州知事　[出]ミズーリ州セントルイス　[学]カリフォルニア州立大学卒　[歴]大学でジャーナリズムを専攻し、父の仕事の関係でハワイに移住。モロカイ島で地域新聞を発行する。1980〜90年マウイ郡議員、90〜98年郡長を務める。2002年11月の知事選で民主党候補のメイジー・ケイコ・ヒロノを破り、ハワイ州初の女性知事に就任。共和党に所属。10年退任。12年11月連邦議会上院議員選に立候補するが、メイジー・ヒロノに敗れる。

リンチ, ロレッタ
Lynch, Loretta
1959.5.21〜
米国司法長官　法律家　[出]ノースカロライナ州ダーラム　[名]Lynch, Loretta Elizabeth　[歴]ニューヨークの連邦検事としてテロ対策や公民権の擁護、サイバー犯罪の摘発などに取り組む。2015年4月第2期オバマ政権でアフリカ系女性初の司法長官に就任。17年1月退任。

林鄭 月娥　りんてい・げつが
Lam Cheng Yuet-ngor
1957.5.13〜
香港特別行政区行政長官　[出]香港　[名]通称=ラム, キャリー〈Lam, Carrie〉　[学]香港大学(1980年)卒, ケンブリッジ大学　[歴]1980年香港政庁に入庁。81〜82年英国に滞在し、ケンブリッジ大学で学ぶ。2000年社会福利署長、03年住宅計画地政局常任秘書長、04年駐英香港経済貿易代表部代表。06年家庭問題局常任秘書長、07年7月初代発展局長。発展局長として違法建築を厳しく取り締まり、土地収用を巡る激しい抗議運動に屈せず、注目を集める。12年7月香港ナンバー2の政務官に就任。学生が民主化を訴えた14年の"雨傘運動"では政府代表として学生側と相対し、要求を退けた。17年3月香港トップの行政長官選挙で当選、7月就任。"鉄の女"の異名を持つ。親中派。旧姓は"鄭"で、結婚後に夫

の姓の“林”をつけ“林鄭”を名のる。

リンド, アンナ

Lindh, Anna

1957.6.19〜2003.9.11

スウェーデン外相　[出]ストックホルム　[名]Lindh, Ylva Anna Maria　[学]ウプサラ大学卒　[歴]1982〜85年スウェーデン国会議員。91年ストックホルム副市長を経て、94年環境相、98年国会議員、同年外相に就任。与党・社会民主労働党(SAP)の若きリーダーの一人として将来の首相候補といわれ、気さくな人柄で国民に人気があった。人権擁護派としても知られ、2003年のイラク戦争をめぐってブッシュJr.大統領を批判した。欧州通貨ユーロ導入支持派のリーダー的存在でもあったが、ユーロ導入の是非を問う国民投票直前の同年9月、デパートで買い物中に男にナイフで刺され死亡した。2児の母親で、副市長時代には10ケ月の育児休暇をとった。

【ル】

ルー, ジェイコブ

Lew, Jacob

1955.8.29〜

米国財務長官, 米国大統領首席補佐官　[出]ニューヨーク市　[名]通称＝Lew, Jack　[学]ハーバード大学(1978年)卒, ジョージタウン大学(1983年)卒 博士号(ジョージタウン大学)　[歴]1979〜87年米国民主党のオニール下院議長政策顧問。98年〜2001年クリントン政権で行政管理予算局(OMB)長官。01〜06年ニューヨーク大学教授。09年1月ジェームズ・スタインバーグとともにオバマ政権の国務副長官に就任。副長官が2人体制となるのは、このポストが置かれた1972年以降初めて。2010年11月〜12年1月OMB長官,12年1月〜13年1月大統領首席補佐官。13年2月2期目のオバマ政権で財務長官に就任。17年2月退任。

ルアク, タウル・マタン

Ruak, Taur Matan

1956.10.10〜

東ティモール大統領, 東ティモール国軍司令官　軍人　[出]ポルトガル領ティモール・バウカウ県(東ティモール)　[名]バスコンセロス, ジョゼ・マリア〈Vasconcelos, José Maria〉　[歴]タウル・マタン・ルアクは通称で、公用語のテトゥン語で“二つの鋭い目”の意味がある。19歳で反インドネシアのゲリラ闘争に一兵卒から参加。1979年3月インドネシア軍の捕虜となるが、23日後に脱走して成功した。92年東ティモール独立革命戦線(フレティリン)の軍事部門、東ティモール民族解放軍(ファリンティル)参謀長、98年副司令官、2000年総司令官を歴任。02年5月の東ティモール独立後、国軍司令官に就任。12年4月の大統領選決選投票で勝利し、5月第3代大統領に就任。17年5月退任。

ルイシコフ, ウラジーミル

Ryzhkov, Vladimir

1966.9.3〜

ロシア副首相, ロシア下院第1副議長　[出]ソ連ロシア共和国バウナウル(ロシア)　[名]Ryzhkov, Vladimir Aleksandrovich　[学]アルタイ国立大学卒　[歴]1993年ロシアの選択から下院議員、95年我らの家ロシアから下院議員に再選される。97年下院第1副議長を経て、98年9月社会政策担当副首相に就任するが、同月辞任。2003年下院選では独立系リベラル派候補として小選挙区から当選。05年共和党党首。07年の選挙で小選挙区制が廃止され、議席を失う。

ルイス, ジョン

Lewis, John

1940.2.21〜

米国下院議員(民主党)　[出]アラバマ州　[学]フィスク大学, バプテスト神学校　[歴]米国公民権運動の黒人指導者キング牧師の演説をラジオで聞き、公民権運動に身を投じる。1961年“フリーダム・ライド”運動に参加。学生非暴力調整委員会(SNCC)議長を務めていた63年8月、差別撤廃を求め25万人が参加したとされる集会(ワシントン大行進)において、リンカーン記念堂でキング牧師と同じ演壇に登り演説した10人の一人。60年代後半黒人参政権運動指導者となり、“公民権運動が生んだ最も勇敢な人間の一人”と言われる。81年アトランタ市議を経て、86年以来ジョージア州選出の民主党下院議員を

務める。2008年民主党の大統領候補選びで、当初はヒラリー・クリントンを支持していたが、バラク・オバマ支持に転じ、黒人の支持がオバマに雪崩を打つきっかけのひとつとなった。　[勲]自由勲章（米国大統領）

ルイス, ボーン

Lewis, Vaughan

1940〜

セントルシア首相　[学]マンチェスター大学卒　[歴]マンチェスター大学、西インド大学で教鞭を執った後、1982年セントルシアで東カリブ海諸国機構（OECS）に入り、のち事務局長。96年1月統一労働党（UWP）党首。同年2月下院補選で当選し、4月首相に就任。97年5月の総選挙でUWPは1議席しかとれず、自身も議席を失い退任。

ルイプキン, イワン

Rybkin, Ivan

1946.10.20〜

ロシア副首相　[出]スターリングラード（ボルゴグラード）　[名]Rybkin, Ivan Petrovich　[学]ボルゴグラード農業大学（1968年）卒　[歴]ソ連共産党に入り、1983年ボルゴグラード農業大学党委書記、87年ボルゴグラード市ソビエト第1書記。90年ソ連人民代議員を経て、91年からロシア最高会議議員。同年のクーデター直後に共産党の後継として社会主義労働者党創立に参加。最高会議では“ロシア共産主義者”会派の指導者の一人としてエリツィン大統領と対立し、93年10月の“モスクワ騒乱”でも最後まで最高会議ビルに立てこもった。同年12月新議会選挙で農業党から国家会議（下院）議員に当選、94年1月下院議長に就任。95年12月ルイプキン連合を率いて、議員に再選。96年10月解任されたレベジ安全保障会議書記に代わり、安全保障会議書記兼チェチェン共和国担当大統領全権代表となる。98年3月解任されたセロフ副首相に代わり、副首相に就任。同年8月解任。穏健中道派。ボルゴグラードの農業研究所に勤務したことがある専門家。

ル・オロ

Lú-Olo

1954.9.7〜

東ティモール大統領, 東ティモール独立革命戦線（フレティリン）党首　独立運動家　[出]ポルトガル領ティモール・オッス（東ティモール）　[名]グテレス, フランシスコ〈Guterres, Francisco〉　[歴]ディリの私学校で学ぶ。1974年ポルトガル統治からの解放を目指す東ティモール独立革命戦線（フレティリン）に入党、党首を務める。75年からはインドネシアに対する武装闘争を展開。97年フレティリン指導委員会事務局長。2001年9月インドネシアからの独立を前に、国家形態、国旗、国家などを規定する憲法を議論するために設置された東ティモール制憲議会の議長に就任。02年5月東ティモールがインドネシアから独立を果たし、国会議長に就任。07年東ティモール大統領選に立候補、第1回投票では1位となったが、決選投票でジョゼ・ラモス・ホルタに敗れた。12年4月に行われた大統領選の決選投票では、元国軍司令官タウル・マタン・ルアクに敗れた。17年3月の大統領選で当選、5月第4代大統領に就任。

ルーガー, リチャード

Lugar, Richard

1932.4.4〜

米国上院議員（共和党）・上院外交委員長　[出]インディアナ州インディアナポリス　[名]Lugar, Richard Green 通称＝Lugar, Dick　[学]デニソン大学卒, オックスフォード大学ペンブローク校修士課程修了　[歴]1968〜75年インディアナポリス市長を経て、77年よりインディアナ州選出の連邦上院議員（共和党）。レーガン政権時代の85〜87年に上院外交委員長を務め、米国の外交政策に大きな影響を及ぼしてきた。95〜2001年上院農林委員長。03年1月〜06年12月再び上院外交委員長。厳しい対日姿勢で知られる。12年5月の上院議員選の共和党予備選で敗北。13年上院議員退任。

ルカウフ, カルロス

Ruckauf, Carlos

1944.7.10〜

アルゼンチン副大統領・外相　法律家　[出]ブエノスアイレス州　[名]Ruckauf, Carlos Federico　[学]ブエノスアイレス大学（1967年）卒　[歴]1973〜75年労務判事、75〜76年アルゼンチン労相、89〜91年イタリア、マルタ、国連食糧農業機構などの特命全権大使、93〜95年内相、95年副大統領などを歴任。99年ドゥアルデ・ブエノスアイレス州知事の大

統領選出馬に際し、後継知事として指名される。2002年1月ドゥアルデ大統領の新内閣発足に伴い、外相に就任。03年5月退任。

ルカシェンコ, アレクサンドル

Lukashenko, Aleksandr

1954.8.30〜

ベラルーシ大統領　[出]ソ連・白ロシア共和国ヴィテプスク州（ベラルーシ）　[学]モギリョフ教育大学歴史学部（1975年）卒，ベラルーシ農業アカデミー（1985年）卒　[歴]1979年ソ連共産党入党。共産党青年組織コムソモールの地区書記、87年国営農場（ソフホーズ）議長などを務めたあと、90年4月白ロシア共和国（現・ベラルーシ）最高会議代議員。91年ソ連崩壊に伴うベラルーシ独立の際、議員として唯一独立反対・ソ連支持を表明する。93年議会のマフィア対策委員長に就任、自ら政府高官の汚職を調査し、シュシケヴィッチ議長解任のきっかけを作った。94年7月ベラルーシ初代大統領に当選。96年11月実施の国民投票で任期が2001年まで延長される。00年1月ロシア・ベラルーシ連邦が発足、最高国家評議会初代議長に就任。01年9月大統領再選、06年3月3選、10年12月4選、15年10月5選。

ルキン, ウラジーミル

Lukin, Vladimir

1937.7.13〜

ロシア下院議員・副議長　[出]ソ連ロシア共和国オムスク（ロシア）　[名]Lukin, Vladimir Petrovic　[学]モスクワ教員養成大学（1959年）卒　[歴]1965〜68年「ワールド・マルキシスト・レビュー」チェコ特派員。68年"プラハの春"に抗議して免職。その後、ソ連科学アカデミー附属の世界経済国際関係研究所（IMEMO）、米国カナダ研究所などを経て、87年外務省に転じ、90年3月ロシア共和国最高会議議員、7月同会議国際問題・対外経済委員会委員長、91年9月ソ連外務省顧問会議メンバー。92年2月〜94年2月駐米大使。93年12月ロシア新議会選挙で下院議員に当選。94年2月外交委員長に選出。95年、96年の下院選も連続当選。2000〜02年下院副議長。穏健改革派"ヤブロコ"に所属。04年よりロシア人権委員会代表。

ルクシッチ, イゴル

Lukšić, Igor

1976.6.14〜

モンテネグロ首相　[出]ユーゴスラビア・バル（モンテネグロ）　[学]ポドゴリツァ大学経済学部卒 博士号（ポドゴリツァ大学）　[歴]外務省勤務、モンテネグロ議会議員などを経て、2004年2月財務相、08年12月ジュカノビッチ政権で副首相。10年12月34歳の若さで首相に就任。12年12月退任。経済の専門家。

ルクマナ, シティ・ハルディヤンティ

Rukmana, Siti Hardiyanti

1949.1〜

インドネシア社会相，ゴルカル副総裁　実業家　[名]通称＝トゥトゥット　[歴]インドネシアのスハルト元大統領の長女で、インドネシア有数の財閥であるチトラ・グループの総帥。1993年から与党ゴルカル副総裁を務め、97年の総選挙へ向けた選挙活動の陣頭指揮を執る。98年インドネシア社会相に就任したが、同年5月父の辞任により解任される。同年7月ゴルカルより国民協議会（MPR）議員を解任される。愛称で"ムンバック（姉さん）・トゥトゥット"と呼ばれることが多い。[家]父＝スハルト（インドネシア大統領），弟＝フトモ・マンダラ・プトラ（フンプスグループ代表）

ルクマン, リルワヌ

Lukman, Rilwanu

1938.2〜

ナイジェリア外相，　石油輸出国機構（OPEC）事務局長　[学]ロンドン大学インペリアル・カレッジ（1952年）卒　[歴]鉱業学士。1984年ナイジェリア鉱業電力鉄鋼相。86年石油資源相を経て、89年12月外相。この間、86年6月〜89年12月石油輸出国機構（OPEC）議長。95年1月〜99年9月OPEC事務局長を務めたのち、後任の人選の難行のため相談役に就任。

ルクレール, パトリック

Leclercq, Patrick

1938.8.2〜

モナコ国務相　外交官　[出]リール　[学]パリ政治学院，国立行政学院（ENA）　[歴]1966年フランス外務省に入り、85〜89年駐ヨルダン大使、91〜96年駐エジプト大使、96〜99

年12月駐スペイン大使を経て、2000〜05年モナコ国務相(首相に相当)。

ルゴ, フェルナンド

Lugo, Fernando
1951.5.30〜
パラグアイ大統領　カトリック司教　[出]イタプア県　[名]Lugo Mendez, Fernando Armindo　[学]カトリック大学神学部卒, ローマ・グレゴリオ教皇立大学社会学部卒　[歴]農家に生まれる。小学校教員免許を取得後、カトリック系修道会の聖職者見習いになる。1977年司祭となり、エクアドルで布教活動に従事。87年アスンシオン高等神学院教授。94年〜2005年パラグアイで最も貧しいサンペドロ県教区で司教を務め、土地無し農民の支援に力を入れる。06年ドゥアルテ大統領が憲法に反してコロラド党の党首を兼任していたことに反発し、バチカンの許可を得ぬまま司教職辞任を表明。3月約3万人規模の反政府デモを主導し、反コロラド党勢力の急先鋒として注目を集める。12月司教職を辞任。08年4月大統領選で最大野党をはじめ、諸派から支持を取り付け当選。約60年に及ぶコロラド党政権に終止符を打つ。8月就任。12年6月退任。

ルゴバ, イブラヒム

Rugova, Ibrahim
1944.12.2〜2006.1.21
コソボ自治州大統領, コソボ民主同盟党首　アルバニア系住民指導者　[出]旧ユーゴスラビア・セルビア・コソボ　[学]プリシュティナ大学卒 Ph.D.　[歴]エンジニア、ジャーナリスト、歴史雑誌編集長などを経て、パリに留学。帰国後、コソボ作家連盟会長を務める。1988年ミロシェヴィッチ・セルビア大統領が自治権剝奪を打ち出したことから、アルバニア系住民が独立を目指すコソボ民主同盟を組織、89年党首。92年住民側による選挙で“コソボ共和国大統領”に選出されるが、ユーゴ側は結果を無効とする。以後、コソボ自治州アルバニア系住民の穏健派指導者として活動。99年ミロシェヴィッチ・ユーゴスラビア連邦大統領がアルバニア系住民に迫害を加えたことからNATO軍による空爆が開始、同年5月イタリア政府の要請に応じて大統領が出国を認め、家族とともにローマに出国した。コソボ紛争終結を受け、2001年11月のコソボ自治州議会選挙でコソボ民主同盟が圧勝。02年3月同議会により初代大統領に選出された。04年12月再選。コソボ紛争では、非暴力路線を貫き“コソボのガンジー”とも呼ばれた。

ルジェロ, レナート

Ruggiero, Renato
1930.4.9〜2013.8.4
イタリア外相, 世界貿易機関(WTO)初代事務局長　外交官　[出]ナポリ　[学]ナポリ大学法学部(1953年)卒　[歴]1955年イタリア外務省に入省。サンパウロ、モスクワ、ワシントン、ベオグラード勤務などを経て、70年より欧州委員会に出向。官房長などを務め、英国の欧州共同体(EC)加盟交渉などに当たる。78年イタリアに戻り、79年まで外相。80〜84年EC代表部大使。その後、外務省経済総局長、同官房長などを経て、87〜91年外国貿易相。また民間経済人の交流の場である“日伊ビジネス・グループ”の創設に貢献、91年からはフィアット社の役員も務めた。95年3月世界貿易機関(WTO)初代事務局長に就任。英国のEC加盟交渉の功績などにより、エリザベス女王からナイト爵位を叙せられる。97年4月WTO事務局長として初めて中国を訪問。99年4月任期切れで退任。同年6月〜9月イタリア政府傘下のENI(炭化水素公社)会長。2001年6月ベルルスコーニ政権の外相に就任。02年1月閣内のユーロ懐疑論に反発し辞任した。　[勲]勲一等瑞宝章(日本)(1991年)

ルシコフ, ユーリー

Luzhkov, Yurii
1936.9.21〜
モスクワ市長, ロシア上院議員　[出]ソ連ロシア共和国モスクワ(ロシア)　[名]Luzhkov, Yurii Mikhailovich　[学]グプキン記念石油化学ガス工業大学(モスクワ)(1958年)卒　[歴]1958〜64年合成樹脂研究所研究員、グループ長、研究室次長。64〜74年ソ連化学工業省部長、74〜86年同省試験設計局長、86〜87年同省科学技術局長、参与。一方、モスクワ市ソビエト代議員、ロシア共和国最高会議代議員を経て、87〜90年モスクワ市執行委員会第1副議長、90〜91年同議長、91年6月モスクワ市副市長兼同市政府長官。91年8月〜12月ソ連国民経済対策委員会副議長兼任。

この間、68〜91年ソ連共産党に在籍。ソ連崩壊後の92年6月モスクワ市長に任命。96年6月市長選に当選。以後、99年12月、2003年12月、07年6月再選、同年7月5期目就任。10年9月メドヴェージェフ大統領により解任される。この間、1996年1月〜2001年ロシア上院議員。1998年11月中道連合 "祖国・全ロシア" を結成。2001年12月与党 "統一" と統合した新与党 "統一と祖国連合"（統一ロシア）共同代表に就任。日本とロシア両首脳の諮問機関 "日ロ賢人会議" のロシア側代表も務める。　圏レーニン賞，ソ連国家賞

ルシャイロ, ウラジーミル

Rushailo, Vladimir

1953.7.28〜

ロシア内相，ロシア安全保障会議書記　田ソ連ロシア共和国タンボフ（ロシア）　图Rushailo, Vladimir Borisovich　图オムスク高等警察学校卒　園1972年旧ソ連内務省に入省。モスクワでの組織犯罪対策局長などを務める。96〜98年ロシア上院議長法律顧問。同年5月内務次官を経て、99年5月内相。2000年5月プーチン政権下のカシヤノフ内閣で内相再任。01年3月内閣改造で安全保障会議書記。04〜07年独立国家共同体（CIS）事務局長。

ルース, ジョン

Roos, John

1955.2.14〜

駐日米国大使　法律家　田カリフォルニア州サンフランシスコ　图Roos, John Victor　囹スタンフォード大学（1977年）卒、スタンフォード大学法科大学院（1980年）修了　法務博士（1980年）　園1985年カリフォルニア州パロ・アルトの弁護士事務所、ウィルソン・ソンシニ・グドリッチ＆ロサティ（WSGR）に入所、88年よりパートナー。ハイテク企業を相手とした企業金融を専門とする弁護士として活躍し、2005年より同事務所CEO（最高経営責任者）。熱心な民主党員として08年の大統領選ではバラク・オバマを支え、カリフォルニア州北部の資金調達責任者を務めた。09年8月〜13年8月駐日米国大使。

ルスリ・ノール

Rusli Noor

1927〜

東南アジア諸国連合（ASEAN）事務局長　外交官　田インドネシアの駐デンマーク大使、駐ノルウェー大使、駐欧州連合大使、外務省対外経済総局長などを経て、89年7月〜92年東南アジア諸国連合（ASEAN）事務局長を務めた。94年1月アジア太平洋経済協力会議（APEC）事務局長に就任。

ルセフ, ジルマ・バナ

Rousseff, Dilma Vana

1947.12.14〜

ブラジル大統領　経済学者　田ミナスジェライス州ベロオリゾンテ　囹リオグランデ・ド・スル連邦大学（経済学）卒　社会学博士　園ブルガリア人の父とブラジル人の母の間に生まれる。父は1930年代にブラジルに渡り、不動産業で財を成した人物。大学院で学び、社会学の博士号を取得。軍事政権時代（64〜85年）には非合法の左翼ゲリラのメンバーとして活動し、国家反逆罪で3年近く投獄された経験もある。82年民主労働党（PDT）メンバーとなり、リオグランデドスル州支部結成に尽力。91〜94年、99年〜2002年同州エネルギー・通信相。01年ブラジル労働党（PT）に入党。同年ルラの大統領選に向けた政策綱づくりに参加して見いだされ、03〜05年鉱業・エネルギー相、05〜10年官房長官を務める。10年10月ルラ大統領の後継として大統領選に出馬し、ジョゼ・セラ元サンパウロ州知事を決選投票で下して当選。11年1月ブラジル史上初の女性大統領に就任。14年10月大統領選決選投票で再選、15年1月2期目就任。16年8月国家会計粉飾などを巡る弾劾裁判により大統領を罷免され、同国で初めて罷免された大統領となった。

ルチンスキー, ピョートル

Luchinskii, Petr

1940.1.27〜

モルドバ大統領　田ソ連モルダビア共和国プロレシティ区スタルイエ・ラドウリヤヌィ（モルドバ）　图Luchinskii, Petr Kirillovich　囹キシニョフ大学（1962年）卒、ソ連共産党中央委附属高級党学校（1974年）卒　園モルドバ人。1964年ソ連共産党入党。71年モルドバ共和国党書記、76年キシニョフ市党委第1書記、78年ソ連党宣伝部次長を経て、タジク共和国党委第2書記。89年11月〜91年モルドバ共和国党委第1書記。この間、90年7

月ソ連共産党政治局員、党中央委員長、91年2月党書記兼務。ソ連崩壊後、駐ロシア大使を経て、93年2月モルドバ最高会議議長に就任。94年3月再任。ロシアとの関係強化を唱える。96年12月大統領に当選、97年1月就任。2001年4月落選。

ルッケ, ベルント
Lucke, Bernd
1962.8.19～
ドイツのための選択肢（AfD）創設者　経済学者　㉘ベルリンの壁崩壊後、経済専門家としてドイツ政府の評議会に参加。その後、世界銀行アドバイザー、ブリティッシュ・コロンビア大学客員教授、ハンブルク大学教授を歴任。2013年欧州の共通通貨ユーロに反対する新党"ドイツのための選択肢（AfD）"を創設。ユーロ圏から脱退し、ドイツマルクを再導入すべきと主張する。

ルツコイ, アレクサンドル
Rutskoi, Aleksandr
1947.9.16～
ロシア副大統領, クルスク州知事　軍人　㉘クルスク州フメリニツキー　㉒Rutskoi, Aleksandr Vladimirovich　㉓バルナウル操縦士航空高等士官学校（1971年）卒、ソ連空軍大学（1980年）卒、ソ連参謀本部大学卒　㉘1970年ソ連共産党入党。リトアニア共和国の首都ビリニュスで教育を受け、高等軍技術・操縦士官学校を経て、高等空軍大学、参謀本部大学を卒業。空軍に入隊。85～88年空軍大佐として参戦したアフガニスタン紛争では2度乗っていた軍用機が撃墜されたが生還。帰国後、ソ連邦英雄の称号を受ける。90年ロシア共和国人民代議員、同最高会議幹部会員最高会議軍事委員長。91年3月ロシア共産党主流派に反発して党内改革派"民主主義を支援する共産主義者"グループを創設し議長に就任。同年6月同共和国大統領選でエリツィン大統領候補から副大統領候補に指名され当選。8月"ロシア共産主義者民主党"（のちロシア自由国民党）を結成、共産党から除名された。8月のクーデター事件では共和国政府庁舎の防衛に活躍。12月のソ連解体後もロシア連邦の副大統領を務めるが、92年6月エリツィン大統領の急進改革路線に反対する中間派連合"市民同盟"を結成するなど、次第に大統領との亀裂が深ま

り、93年10月"モスクワ騒乱"で逮捕。94年2月恩赦、同年5月"ロシア社会民主人民党"党主。95年12月の下院選では民族主義政党・大国を率いて出馬したが落選。96年10月クルスク州知事に当選。知事は自動的に上院議員になるため、中央政界に復帰。2000年11月退任。　㉘ソ連邦英雄（1988年）

ルッテ, マルク
Rutte, Mark
1967.2.14～
オランダ首相, オランダ自由民主党（VVD）党首　㉘ハーグ　㉒ライデン大学オランダ史専攻（1992年）卒　㉘学生時代からオランダ自由民主党（VVD）の青年組織で活動。食品・日用品大手のユニリーバに勤務後、2002年中央政界入り。03年1月オランダ下院議員に初当選。02年7月～04年第1次バルケネンデ政権で社会問題・雇用担当相、04～06年第2次バルケネンデ政権で教育・文化・科学担当相を歴任。06年5月VVD党首に就任。10年6月総選挙でVVDが勝利、10月キリスト教民主勢力（CDA）との中道右派2党で少数与党連立政権を組み、43歳の若さで首相に就任。12年4月首相を辞任するが、6月の総選挙（第1党）を経て、9月連立政権を樹立し、11月第2次内閣を発足。17年3月の総選挙で第1党を確保、10月連立政権を樹立し第3次内閣を発足。

ルテリ, フランチェスコ
Rutelli, Francesco
1954.6.14～
イタリア副首相・文化相, ローマ市長, イタリア下院議員　㉘ローマ　㉒ローマ大学中退　㉘1979年市民権の擁護を掲げるイタリア急進党に入党、逮捕歴もある。83～90年下院議員。89年緑の党結成に参加。92年下院議員。93年5月文化・環境相に就任するが1日で辞任。93年12月初の直接選挙でローマ市長に当選、97年再選。99年2月プローディ元首相らと新党・民主主義者を結成。2006年5月～08年5月副首相・文化相。

ルテルム, イヴ
Leterme, Yves
1960.10.6～
ベルギー首相, 経済協力開発機構（OECD）事務次長　㉘ウェルフィク　㉒Leterme,

Yves Camille Désiré　[学]ルーベン・カトリック大学, ヘント大学卒　[歴]父はフランス語圏(南部)、母はオランダ語圏(北部)の出身。会計検査院や欧州連合(EU)での勤務を経て、30代で北部オランダ語圏の右派キリスト教民主フランドル党(CD&V)から政界に進出。1997年〜2004年ベルギー連邦下院議員。03〜04年CD&V党首。07年6月上院議員。副首相を経て、08年3月首相に就任したが、大手金融機関の分割問題に絡み、12月に辞職。09年7月〜11月外相。EU大統領就任のため辞職したファン・ロンパイ首相に代わり、11月再び首相に就任。10年6月の総選挙後、連立交渉の不調で正式な政権が発足できないまま暫定首相を務める。11年12月退任後、14年まで経済協力開発機構(OECD)事務次長。14年から民主主義・選挙支援国際研究所(IDEA)事務総長。

ルトノ・マルスディ

Retno Marsudi

1962.11.27〜

インドネシア外相　外交官　[出]ジャワ州スマラン　[名]Retno Lestari Priansari Marsudi　[学]ガジャマダ大学政治社会学部(1985年)卒　[歴]1985年インドネシア外務省に入省。90〜94年在オーストラリア大使館職員、94〜97年外務省環境問題副ディレクター、97年〜2001年在オランダ大使館経済部門長、01年欧米ディレクター、05〜08年ノルウェー大使兼アイスランド大使、08年欧米総局長、12年オランダ大使を歴任。海外勤務中にデ・ハーグセ高等専門大学でEU法修士を取得し、オスロ大学では基本的人権について学んだ。14年10月女性として初めてインドネシア外相に就任。

ルドリアン, ジャン・イブ

Le Drian, Jean-Yves

1947.6.30〜

フランス外相　[出]ロリアン　[学]レンヌ大学卒　[歴]レンヌ大学で学び、近現代史の上級教員免許を取得。1974年フランス社会党入党。ロリアン市議を経て、78年国民議会(下院)議員に初当選。81〜98年ロリアン市長。98年からブルターニュ地域圏議会議員、2004年からは議長を務めた。オランド政権下の12〜17年国防相。17年5月エマニュエル・マクロン大統領から外相に任命される。

ルネ, フランス・アルベール

René, France Albert

1935.11.16〜

セーシェル大統領, セーシェル人民進歩戦線(SPPF)党首　[出]マヘ島　[学]ロンドン大学キングスカレッジ(英国)卒　[歴]スイス、英国に留学。1957年帰国して弁護士開業。64年セーシェル人民統一党を結成し、党首。65年議会議員。75年自治政府労働・土地開発相。76年6月独立で首相。77年6月のクーデターで大統領に就任。同年所属党名をセーシェル人民進歩戦線(SPPF)に改称、78年9月党首となる。2001年9月5選を果たし、06年まで任期を残すが、04年4月退任。

ルビオ, マルコ

Rubio, Marco

1971.5.28〜

米国上院議員(共和党)　法律家　[出]フロリダ州マイアミ　[名]Rubio, Marco Antonio　[学]フロリダ大学卒 法学博士(マイアミ大学)　[歴]キューバ系移民の息子として生まれ、マイアミとラスベガスで育つ。マイアミ大学で法学博士号を取得後、弁護士を開業。一方、ウエストマイアミ市の市長として政治家スタート、2000年に28歳でフロリダ州下院議員に当選。06年キューバ系米国人として初めてフロリダ州議会議長となる。10年連邦上院議員選の共和党予備選に立候補して全国的な注目を集め、11年フロリダ州選出の上院議員に当選。上院外交委員会に所属。16年大統領選の共和党有力候補だったが、地元フロリダ州での党予備選においてドナルド・トランプに敗北し、撤退を表明。

ルービン, ロバート

Rubin, Robert

1938.8.29〜

米国財務長官　実業家　[出]ニューヨーク市　[名]Rubin, Robert Edward　[学]ハーバード大学(1960年)卒, ロンドン・スクール・オブ・エコノミクス, エール大学ロースクール(1964年)修了 法学博士(エール大学)　[歴]ロンドン留学で経済学を学ぶ。1965年弁護士資格取得。66年大手証券会社ゴールドマン・サックスに入社、71年パートナー。トレーディング、アビトラージ部門、J・アロン担当を経て、85〜88年債券部門共同責任者、87年共同副会長、90年から共同会長。この間、20数

年で同社をウォール街最強の証券会社に育て上げた。民主党支持者で93年1月クリントン政権で新設された国家経済会議（NEC）の担当補佐官に就任。95年1月より財務長官。96年英誌「ユーロマネー」で最優秀財務相に選出される。97年1月第2期クリントン政権でも留任、99年7月辞任。同年10月シティグループ経営委員会委員長に就任。同年11月～2006年8月フォード・モーター社外取締役を兼務。07年11月シティグループ会長に就任。モンデール元副大統領の長年の友人で、1984年の大統領選では同候補のニューヨーク州選対本部長を務めた。　 米国大統領市民勲章（2001年）

ルプ, マリアン
Lupu, Marian
1966.6.20～
モルドバ国会議長　 バルツィ　 Lupu, Marian Ilie　 モルドバ国立大学　 2003～05年モルドバ経済相、05～09年国会議長。09年モルドバ共産党（PCRM）を離党してモルドバ民主党（PDM）に転じる。10年再び国会議長となり、大統領代行も兼ねる。13年退任。

ルペシンゲ, クマール
Rupesinghe, Kumar
1943～
インターナショナル・アラート事務局長　 英領セイロン・コロンボ（スリランカ）　 ロンドン大学卒, シティー大学大学院開発社会学専攻博士課程修了 博士号　 スリランカで教鞭を執った後、1973～77年スリランカ政府計画省青年評議会議長を務める。ノルウェー・オスロ国際平和研究所副所長を経て、85年地域紛争解決に取り組む国際的非政府連合体（NGO）インターナショナル・アラート（事務局ロンドン）に参加、92～98年事務局長。開発社会学の博士号を持ち、紛争解決への研究で多数の著作を出す一方、国連大学の顧問も務める。93年国連大学でのセミナー参加のため来日。

ルベルス, ルドルフス・フランス・マリー
Lubbers, Rudolphus Frans Marie
1939.5.7～2018.2.14
オランダ首相, 国連難民高等弁務官　 ロッテルダム　 エラスムス大学卒　 家業の建設会社勤務後、1965年キリスト教経営者連盟理事。73～77年オランダ経済相。77～82年キリスト教民主勢力（CDA）下院院内総務。82年10月にファン・アフト首相のCDA党首辞任に伴って党首となり、11月首相に就任。86年再任。89年5月環境計画をめぐっての連立与党内の対立で内閣総辞職。同年9月の総選挙でCDAは第1党を維持し、同年11月～94年8月首相再任。第二次大戦後のオランダで最長となる12年間にわたって首相の座にあり、経済再建に努めた。91年には欧州共同体（EC）議長国として、21世紀に向けたEC統合の方向を示すマーストリヒト条約（93年発効）をまとめあげた。退任後は大学で教鞭を執る。2001年1月緒方貞子の後任として国連難民高等弁務官に就任。以来、報酬を返上し、1億円以上を国連難民高等弁務官事務所（UNHCR）に寄付。05年2月セクハラ疑惑で辞任。環境保護の推進者として知られる。

ルペン, ジャン・マリ
Le Pen, Jean-Marie
1928.6.20～
フランス国民戦線（FN）名誉党首　 ラ・トリニテ・シュールメール　 パリ大学法学部卒　 1945～51年パリ法学部学生組合議長。54年在インドネシア仏軍パラシュート部隊将校を経て、56年国民議会（下院）議員。58年再選されたが、62年の総選挙で落選。72年極右の国民戦線（FN）を結成し党首。74年大統領選に初めて立候補。83年3月～89年パリ市議。84年6月欧州議会議員。同議会右翼グループの総裁。86～88年5月下院議員。88年6月、95年4月大統領選へ出馬。97年ホロコーストは歴史の細部にすぎないと発言し、人種差別禁止法に違反するとして有罪判決を受ける。98年10月反ユダヤ的な発言を巡り欧州議会はドイツ捜査当局の要請により、逮捕などを免れる特権の停止を圧倒的多数で可決。また、同年4月、97年の総選挙において娘の対立候補に暴力をふるったとしてベルサイユ裁判所より有罪判決を受け、98年11月ベルサイユ控訴院より公民権停止1年などの有罪判決を受ける。なお上告するが、99年11月破棄院（最高裁）が上告を棄却、刑が確定。2000年4月暴行行為が原因で欧州議会議員の資格を喪失したが、01年1月同議員に復帰。02年5月極右勢力としては1958年の第五共和政発足後初めて大統領

591

選決選投票に進出するが、現職のシラク大統領に敗れる。2007年の大統領選にも出馬。11年1月国民戦線（FN）党首を退き、三女のマリーヌ・ルペンが新党首に当選。　[家]三女＝マリーヌ・ルペン（FN党首）

ルペン, マリーヌ

Le Pen, Marine

1968.8.5～

フランス国民戦線（FN）党首　[出]ヌイイー・シュル・セーヌ　[学]パリ大学法律専攻卒　[歴]フランスの右翼政党、国民戦線（FN）の創始者ジャン・マリ・ルペンの三女。パリ大学で学び、弁護士資格を取得。1986年FNに入党し、党法務部門などを担当。98年ノールパドカレー地域圏議会議員。2003年FN副党首。04年欧州議会議員。07年の大統領選で父の選挙対策責任者を務める。11年1月党大会で党首に選出。12年4月の大統領選第1回投票で得票率17.90%、FN候補として過去最高を記録した。14年5月のフランスの欧州議会選では得票率24.86%でFNをトップに導いた。17年5月の大統領選は第1回投票で得票率21.30%の2位につけるが、決選投票で39歳のエマニュエル・マクロンに敗れる。2度の離婚歴があるシングルマザー。　[家]父＝ジャン・マリ・ルペン（FN創始者）

ルラ・ダ・シルバ, ルイス・イナシオ

Lula da Silva, Luiz Inácio

1945.10.27～

ブラジル大統領, ブラジル労働党（PT）名誉党首　[出]ガラニュンス（カエテス）　[名]ダ・シルバ, ルイス・イナシオ　[歴]貧農家庭に生まれ、7歳の時に一家でサンパウロに移るが、貧しくて小学校にも通えず、12歳の時に靴みがきと染物屋の手伝いを始める。19歳になる前に冶金工場で誤って左手の小指を機械に押しつぶされ、以後労働組合運動に身を投じる。1970年代から“ルラ”（烏賊の意）を名のる。72～75年サンパウロ郊外サンベルナルドの金属労組で第1書記、75～80年同委員長。78年には軍事政権下でストライキを指揮し、逮捕された。80年中道左派のブラジル労働党（PT）を結成、党首。95年から名誉党首。この間、87年下院議員を1期務める。89年の大統領選ではコロル候補との決選投票にもつれ込んだが惜敗。94年10月、98年10月大統領選にも再出馬するが落選。2002年10月の大統領選で当選を果たし、03年1月就任。公選で左派政権が生まれるのは同国史上初。貧困政策を進め、外交政策でも発展途上国のリーダーとしての存在感を発揮し、南米統合を推進した。05年5月来日。06年10月再選、07年1月再任。09年10月、16年のリオデジャネイロ五輪招致に成功。11年1月大統領退任。2期。退任後、国営石油会社ペトロブラスを巡る汚職事件への関与が浮上、家宅捜索と事情聴取を受けた直後の16年3月にルセフ大統領から官房長官に任命され、閣僚の捜査や起訴には最高裁の承認が必要となることから捜査逃れの入閣として批判を浴びる。その後、06～12年にブラジル建設大手OASからペトロブラスとの契約を世話する見返りに計220万レアル（約7600万円）を受け取ったとして収賄とマネーロンダリング（資金洗浄）の罪で起訴される。17年7月パラナ州の連邦裁判所は禁錮9年6ケ月の判決を下す。同年10月次期大統領選への立候補を表明。18年1月連邦控訴裁判所は一審判決を変更して禁錮12年1ケ月の判決を下した。

ルリデック, ジルダ

Le Lidec, Gildas

1947.4.14～

駐日フランス大使　外交官　[出]ギニア　[学]パリ政治学院卒, フランス国立東洋言語文化大学（日本語・ハングル）卒　[歴]父の赴任先のアフリカ・ギニアに生まれる。日本で働きたい一心で外交官を目指し、フランス国立東洋言語文化大学で日本語を学ぶ。外務省入りし、1973～77年在日フランス大使館に勤務。77～80年在シンガポール大使館1等書記官、80～83年在ベトナム大使館2等参事官、83～85年本省文化・科学・技術局。85～88年文化参事官として2度目の来日。その後、カンボジア、コンゴ、コートジボワール、タイなどの大使を歴任。2006年1月駐日大使として3度目の来日。08年1月退任。親日家として知られ、銭湯とそば屋通いが趣味。妻のクリスチアヌさんはNHKのフランス語会話に出演したことがあり、日本で生まれた一人娘にはキクと名付けた。また黒沢明、溝口健二の映画を好む。　[勲]レジオン・ド・ヌール勲章シュバリエ章, フランス国家功労勲章オフィシエ章

事典・世界の指導者たち　　レイン

ルロワ, アラン
Le Roy, Alain
1953.2.5〜
国連事務次長, 欧州対外行動局 (EEAS) 事務局長　外交官　㊙ソルボンヌ大学　㊙フランスの外交官を経て、2008〜11年国連事務次長 (国連PKO局長)。11〜14年駐イタリア大使。15年欧州対外行動局 (EEAS) 事務局長。

ルング, エドガー
Lungu, Edgar
1956.11.11〜
ザンビア大統領　㊙ヌドラ　㊙Lungu, Edgar Chagwa　㊙ザンビア大学 (1981年) 卒　㊙弁護士として法律事務所や企業に勤務。ザンビア国家開発統一党 (UPND) に入党したが、愛国戦線 (PF) に移った。2012年内相、13年国防相、14年8月国防相兼法相。サタ大統領の病死に伴う15年1月の選挙に後継候補として出馬し、大統領に当選、同月就任。

【レ】

令 計画 れい・けいかく
Ling Ji-hua
1956.10〜
中国共産党統一戦線部長　㊙山西省平陸県　㊙湖南大学工商管理専攻　㊙1976年中国共産党に入党。地元の印刷工場労働者を経て、79年共産主義青年団 (共青団) の中央宣伝部幹部に抜擢され、94年中央宣伝部長。その働きぶりが同じ共青団出身の胡錦濤の目にとまり、95年から党中央弁公庁に転じて胡の最側近として99年同庁副主任、2007年主任に就任。12年党統一戦線部長に異動となり、13年から人民政治協商会議 (政協) 副主席も兼務。14年12月 "重大な規律違反" で失脚、15年7月党籍剥奪と公職追放の処分を受け、最高人民検察院に収賄容疑で逮捕された。16年7月天津市第1中級人民法院 (地裁相当) は無期懲役の実刑判決を下した。

レイエ, ジャン・マリー
Leye, Jean-Marie
1933.5.5〜2014.12.9
バヌアツ大統領　㊙Leye Lenelgau Man-

atawai, Jean-Marie　㊙1983〜87年バヌアツ国会議員。94年3月大統領に就任。99年3月退任。

レイナ, カルロス・ロベルト
Reina, Carlos Roberto
1926.3.26〜2003.8.19
ホンジュラス大統領　㊙テグシガルパ近郊　㊙Reina Idiaquez, Carlos Roberto　㊙ホンジュラス国立自治大学法学部卒, ロンドン大学 (国際法), ソルボンヌ大学 (国際関係)　㊙裕福な家庭に生まれる。18歳の時カリアス・アンディノ将軍の独裁に反対して投獄された。2年間エルサルバドルに政治亡命。帰国後、1950年代末ホンジュラス外務次官、60〜63年駐フランス大使などを務め、70年代末まで外交官として活躍。79〜85年米州機構人権裁判所の判事、長官を歴任。自由党総裁を経て、93年大統領に当選、94年1月就任。98年まで務めた。在任中は汚職追放の他、徴兵制廃止など軍部の権限縮小と軍への文民統制を進めた。

レイノルズ, アルバート
Reynolds, Albert
1932.11.3〜2014.8.21
アイルランド首相, アイルランド共和党党首　㊙ロスコモン州　㊙サマーヒル大学卒　㊙地元の学校を卒業後、鉄道の切符売りやカナダへの出稼ぎを経験。帰国後、兄弟でダンスホールを経営し、これを資金にペットフード会社を起こして成功。1977年アイルランド下院議員に初当選後は共和党の主流を歩き、ホーヒー政権下で79〜81年郵政・運輸相、82年エネルギー相、87〜88年工業・商業相、88〜89年、89年7月〜91年11月財務相を歴任。92年2月共和党党首となり、同月首相に就任。93年1月総選挙では敗北したが、労働党との連立で首相再選。94年11月内閣総辞職。この間、アイルランド共和軍 (IRA) による94年の停戦宣言の実現など、北アイルランド和平プロセスの推進に重要な役割を果たした。共和党きっての財政通として知られた。

レインデルス, ディディエ
Reynders, Didier
1958.8.6〜
ベルギー副首相・外相　㊙リエージュ　㊙

593

リエージュ大学卒　㉘1999年から10年超にわたってベルギー財務相を務め、2011年より外相。また、04年から副首相を兼務する。欧州連合（EU）の閣僚理事会などの経験も豊富。フランス語圏のリベラル政党であるワロン系改革運動（MR）に所属。

レオタール, フランソワ
Léotard, François
1942.3.26〜
フランス国防相, フランス民主連合（UDF）議長　㉒カンヌ　㉓Léotard, François Gérard Marie　㉗パリ政治学院卒, 国立行政学院（ENA）卒　㉘1968〜71年フランス外務省に勤務。77年フレジュス市長。78〜86年国民議会（下院）議員。82年共和党幹事長（党首）、83〜84年民主連合（UDF）副総裁。86〜88年文化通信相。88年下院議員に復帰。89年フレジュス市長再任。93年3月〜95年5月バラデュール内閣で国防相。96〜98年UDF議長。2001年政界を引退。

レ・カ・フュー
Le Kha Phieu
1931.12.27〜
ベトナム共産党書記長, ベトナム人民軍政治総局長　軍人　㉒フランス領インドシナ・タインホア省（ベトナム）　㉘1948年革命運動に参加。49年ベトナム共産党に入党。50年人民軍に入隊、一貫して政治・思想工作を担当。67年第304師団第66連隊長、78年第9軍区政治委記兼党副主任、83年719部隊政治主任。88年8月人民軍政治総局副局長。91年6月党中央委員に昇格、9月軍政治総局長になり、軍のナンバー2の地位を確保。92年上将。同年党書記局入り、94年1月政治局員、96年政治局常務委員。97年12月軍出身初の党書記長に就任。汚職追放運動などに力を入れる。2001年4月退任。

レガリ, ファルーク
Leghari, Farooq
1940.5.29〜2010.10.19
パキスタン大統領　㉒インド西パンジャブ（パキスタン・パンジャブ州）　㉓Leghari, Farooq Ahmed Khan　㉗パンジャブ大学, オックスフォード大学大学院（1963年）修士課程修了　㉘大地主の家に生まれる。東パキスタンの公務員を経て、1973年ズルフィ

カール・アリ・ブット首相のパキスタン人民党（PPP）に入党、75年パキスタン上院議員として政界入り。77年下院議員。同年クーデターで逮捕され、4年間の投獄生活を経験。ブット首相処刑後は娘のベナジル・ブット女史の右腕として軍政下の民主化闘争を展開。78〜83年PPP事務局長。88〜90年ブット女史の第1次政権で水資源電力相、93年第2次政権で10月外相、次いで11月大統領に就任（任期5年）。96年11月ブット首相を政権の汚職問題などを理由に解任。97年12月改憲で廃止した大統領議会解散権の復活問題などを巡ってシャリフ首相と対立し、辞任した。

レーク, アンソニー
Lake, Anthony
1939.4.2〜
米国大統領補佐官, ユニセフ事務局長　㉒ニューヨーク市　㉓Lake, William Anthony Kirsopp　㉗ハーバード大学（1961年）卒 博士号（プリンストン大学）　㉘ケンブリッジ大学留学後、1962年米国務省に入省。ベトナム勤務、キッシンジャー大統領補佐官の下で国家安全保障会議スタッフなどを務めるが、70年米国のカンボジア進攻に抗議して辞任。77〜81年カーター政権下で国務省政策企画局長として人権外交の骨子を作る。84〜92年マサチューセッツ州のマウント・ホールヨーク大学教授（国際関係論）。93年1月クリントン大統領補佐官（国家安全保障担当）。96年12月中央情報局（CIA）長官に指名されるが、アジア系企業などからの民主党への献金疑惑に絡んで、議会での指名承認が難航し、指名を辞退した。97年秋ジョージタウン大学国際関係学部教授に就任。2010年よりユニセフ（国連児童基金）事務局長を務める。

レクスロート, ギュンター
Rexrodt, Günter
1941.9.12〜2004.8.19
ドイツ経済相　㉒ベルリン　㉗ベルリン自由大学経営学専攻卒 Ph.D.（政治学博士, ベルリン自由大学）　㉘大学卒業後、約20年銀行や商工会議所などで実務経験を積み、1980年ドイツ自由民主党（FDP）に入党し政界に転身。西ベルリン市の経済次官、85〜89年ベルリン州政府財務相などを歴任。再び実

業界に戻り、シティバンク・ドイツ社長などを経て、91年9月からドイツ信託公社理事（繊維・農林業・食品・貿易などを担当）。東西ドイツの経済統合に貢献し、コール政権後半の93年1月～98年10月連邦政府の経済相を務めた。2001年FDPの会計担当責任者となり、04年4月から同党ベルリン支部長を兼任した。英語とロシア語に堪能。

レコタ, モシワ

Lekota, Mosiuoa

1948.8.13～

南アフリカ国防相　[名]Lekota, Mosiuoa Patrick　[歴]南アフリカで長年政権を担ってきた与党アフリカ民族会議（ANC）に所属。1999年～2008年国防相。08年9月ムベキ大統領がANC執行部を握るズマ議長と対立し大統領辞任に追い込まれると、これに抗議して党員資格を停止された。12月新党・国民会議（COPE）を結成して党首に就任。

レザイ, モフセン

Rezaee, Mohsen

イラン公益評議会書記　[学]テヘラン大学大学院修了　[歴]イラン・イラク戦争後、テヘラン大学で経済学修士号を取得。1981～97年革命防衛隊司令官を務めた後、イラン公益評議会書記。最高指導者ハメネイ師の側近。2009年、13年イラン大統領選に立候補した。

レザ・ハタミ, モハマド

Reza Khatami, Mohammad

1959～

イラン国会議員・副議長, イスラム・イラン参加党（IIPF）代表　[出]ヤズド州アルダカーン　[学]テヘラン大学医学部卒　[歴]高位の聖職者の家に生まれる。兄はモハマド・ハタミ元イラン大統領。テヘラン大学医学部卒業後、英国の大学でも医学を学ぶ。1979年イラン米国大使館占拠事件に反王政の学生運動メンバーとして参加。のちテヘラン大学で教鞭を執るが、97年兄が大統領に当選すると保健省副大臣に就任。98年辞任し保守派に対抗する改革派政党“イスラム・イラン参加党（IIPF）”を創設。2000年2月総選挙でIIPFを率い、テヘラン選挙区から国会議員にトップ当選。同年6月～04年2月国会副議長。護憲評議会が04年2月の総選挙への立候補を不承認。妻はイラン革命を指導したホメイニ師の孫。　[家]兄＝モハマド・ハタミ（イラン大統領）

レスラー, フィリップ

Rösler, Philipp

1973.2.24～

ドイツ副首相・経済技術相, ドイツ自由民主党（FDP）党首　医師　[出]南ベトナム・カンフン（ベトナム）　[学]ハノーファー医科大学卒 医学博士　[歴]ベトナムで生まれるが、生後9ケ月でドイツ人夫妻の養子となる。ドイツ連邦軍の医師を務めた。2003～09年ニーダーザクセン州議会議員。06年3月ドイツ自由民主党（FDP）の代表に選ばれ、09年2月ニーダーザクセン州政府の副首相・経済相に就任。同年10月メルケル政権で連邦政府の保健相として初入閣。11年5月38歳でFDPの最年少党首に就任すると同時に、連邦副首相兼経済技術相に就任。13年党首及び副首相退任。その後、スイスを本拠地とする世界経済フォーラムの運営に参画。17年12月海外買収で巨額の負債を抱えた中国民営複合企業、海航集団（HNAグループ）の最大株主であるファンドのトップに就任。

レツィエ3世

Letsie III

1963.7.17～

レソト国王　[出]モリジャ　[名]David Mohato Bereng Seeiso　[学]レソト大学, ブリストル大学（英国）卒　[歴]前名はモハト皇太子。英国に留学。父の前国王モショエショ2世が1990年3月レソト軍事評議会議長のレハンヤ将軍により追放された後、同年11月レツィエ3世としてレソト国王に即位。94年8月閣僚全員を解任するが、周辺国が介入したため閣僚の再任命に同意。モヘレ首相との対立から95年1月父親へ王位を返還。96年2月7日父の交通事故死で復位。　[家]父＝モショエショエ2世（レソト国王）

レッタ, エンリコ

Letta, Enrico

1966.8.20～

イタリア首相　[出]ピサ　[学]ピサ大学大学院博士号（ピサ大学）　[歴]ピサ出身でフランスで育った。25歳で欧州の保守・中道政党グループの青年部門のトップとなる。1998年

32歳で欧州関係担当相となり、その後、商工相や官房長官を歴任。2009年より中道左派の民主党副書記長。13年4月イタリア首相に就任。14年2月、党の幹部会で経済政策への取り組みが不充分として退陣を迫られ辞任。

レ・ドク・アイン

Le Duc Anh
1920.12.1〜
ベトナム国家主席（大統領）・国防相, ベトナム共産党政治局員　軍人　[出]フランス領インドシナ・ビンチチェン省（ベトナム・トゥアティエン・フエ省）　[名]暗号名＝Sam Nam　[歴]1938年インドシナ共産党に入党。第二次大戦後の45年ベトナム人民軍に入る。64年南部派遣軍参謀長となり、ベトナム戦争末期（74〜75年）には南部解放作戦（ホーチミン作戦）で副司令官を務めた。統一後、76年人民軍中将、第9軍区司令官、ベトナム共産党中央委員。78年第7軍区司令官、79年カンボジア派遣軍司令官。81年上将。82年党政治局員、国防次官兼副参謀総長。84年大将。86年12月国防次官兼参謀総長を経て、87年2月〜91年8月国防相。92年9月新憲法の下で国家主席（大統領）に選出。国家安全保障評議会議長を兼ねる。93年国家主席として初の訪中、95年初の訪米を果たす。97年9月の党中央委員会特別総会で引退。

レーニエ3世

Rainier III
1923.5.31〜2005.4.6
モナコ公国大公（元首）　[名]Rainier Louis Henri Maxence Bertrand de Grimaldi　[学]モンペリエ大学卒　[歴]13世紀末からモナコを支配するグリマルディ家に生まれ、英国やスイス、フランスで学んだ。第二次大戦中は自由フランス軍に大佐として従軍。1949年5月9日祖父ルイ2世の死去を受け、本来の王位継承者だった母の意志により26歳で大公に即位。フランスのカンヌ国際映画祭でハリウッドの人気女優グレース・ケリーと出会い、56年4月結婚、“世紀のロマンス”と呼ばれた。華麗なイメージとカジノやF1グランプリなどをてこに観光開発を進め、バチカンに次ぎ2番目に小さな国を欧州を代表する保養地に育て上げた。82年9月グレース王妃が自動車事故で死去したが、再婚はしなかった。2005年4月に死去するまで在位は約56年に及び、欧州で在位の最も長い国家元首だった。　[家]妻＝グレース王妃（＝グレース・ケリー, 女優）, 長男＝アルベール王子

レニング, インゲ

Lønning, Inge
1938.2.20〜2013.3.24
ノルウェー議会副議長　ルター派神学者　[出]ベルゲン近郊ファナ　[名]Lønning, Inge Johan　[歴]オスロで神学を学び、ドイツ・ベルリン大学留学、ノルウェー海軍付き牧師職を経て、1965〜70年オスロ大学神学准教授。71年同大より新約聖書正典についての研究で神学博士号を取得し、同年より教授、85〜92年学長を務める。一方、ノルウェー保守党の政治家として政界でも活躍し、72〜76年オスロ市議会議員、97年〜2009年ノルウェー国会議員、01〜05年同議会副議長。03年国際政治において北欧諸国の一致団結を目指す北欧理事会議長、他にドイツ・ノルウェー協会会長を務め、07年から国際マルティン・ルター協会の事務局運営に携わった。

レハンヤ, ジャスティン

Lekhanya, Justin
1946〜
レソト軍事評議会議長　[歴]英国で軍事教育を受けた職業軍人。1970年ジョナサン首相の憲法停止による政権居座りを支持。75年準軍隊司令官（少将）。86年1月20日クーデターでジョナサン政権を倒し軍事評議会議長に就任。90年国王と対立し、同年11月王位剝奪を宣言。91年4月軍部による無血クーデターにより議長を辞任。

レビ, ジョアキン

Levy, Joaquim
1961〜
ブラジル財務相　エコノミスト　[出]リオデジャネイロ　[名]Levy, Joaquim Vieira Ferreira　[学]リオデジャネイロ連邦大学工学経済学部（船舶工学）卒, シカゴ大学大学院修了 Ph.D.（経済学, シカゴ大学）　[歴]経済大学教授、1992年国際通貨基金（IMF）、米州開発銀行、2000年ブラジル財務省勤務などを経て、07年リオ州財務長官。10年資産運用会社のブラデスコ・アセットマネジメントに転じ、12年CEO（最高経営責任者）に就任。14年の大統領選で野党候補の陣営につくが、15年敵対していたルセフ大統領から

指名され財務相に就任。"ブルドーザー"と呼ばれるほどの猛烈な仕事ぶりで知られ、また無駄な予算を削ることに熱心なことから"ミスター・はさみ"とも呼ばれる。

レビ, ダビド

Levy, David

1937.12.21～

イスラエル外相, ゲシェル党首　[出]モロッコ・ラバト　[歴]エドト・ミズラ（イスラム諸国出身のユダヤ人）出身。1957年イスラエルに移民した後、ガソラヤ地方の建設労働者として働く中から頭角を現し、労働組合幹部、地方政治家を経て、69年イスラエル国会議員に当選。77～78年移民相、78～90年年建設相、90～92年外相を歴任。この間、81～84年、88～92年副首相兼任。91年10月中東和平会議へのイスラエル参加に尽力し、会議後、中国や独立国家協同体（CIS）との外交関係を樹立した。最穏健派でリクード指導者の一人だったが、95年6月リクードを離党し、新政党ゲシェルを創設。96年6月ネタニヤフ政権の副首相兼外相に就任するが、98年1月辞任。99年5月イスラエル労働党、宗教政党メイマドと選挙連合を結成、同年7月連立与党のバラク政権で再び外相に就任。2000年8月辞任。現代ユダヤ立志伝中の一人といわれる。

レビット, マイク

Leavitt, Mike

1951.2.11～

米国厚生長官, 米国環境保護局（EPA）長官, ユタ州知事　[出]ユタ州セダーシティ　[名]Leavitt, Michael Okerlund　[学]南ユタ大学　[歴]1976年から保険会社に勤務、82～84年最高業務責任者を経て、94年から社長兼CEO（最高経営責任者）。93年ユタ州知事。2003年10月ブッシュJr.政権の米国環境保護局（EPA）長官に就任。05年2期目のブッシュ政権で厚生長官に就任。09年退任。共和党。

レビン, カール

Levin, Carl

1934.6.28～

米国上院議員（民主党）　[出]ミシガン州デトロイト　[学]スワスモア・カレッジ（1956年）卒, ハーバード大学ロースクール（1959年）修了　[歴]1964～67年ミシガン州司法長官補佐、同州民権委員会顧問弁護士を経て、68～69年デトロイト市首席控訴弁護人。69年デトロイト市議、73年同市議会議長。79年よりミシガン州選出の連邦上院議員（民主党）。2001年6月上院軍事委員長。15年1月引退。民主党リベラル派で対日防衛負担増を強く要求する議員の一人だった。

レプセ, エイナルス

Repše, Einars

1961.12.9～

ラトビア首相　[出]エルガバ　[学]ラトビア大学卒　[歴]1986年ラトビア科学アカデミーのエンジニアを経て、90年国会議員に当選。91年ラトビア中央銀行総裁。改革派政党・新時代の党首を務める。2002年11月他の中道右派3党との連立政権で首相に就任。03年退任、04～05年国防相、09～10年財務相。

レベジ, アレクサンドル

Lebed', Aleksander

1950.4.20～2002.4.28

クラスノヤルスク地方知事, ロシア国民共和党党首, ロシア安全保障会議書記　軍人　[出]ソ連ロシア共和国ロストフ州ノボチェルカスク　[名]Lebed', Aleksander Ivanovich　[学]リャザン空挺部隊士官学校（1973年）卒, ソ連陸軍大学（1985年）卒　[歴]1981～82年空挺連隊長としてアフガン戦争に参戦し、赤旗勲章を受章。帰任後の89年首都防衛にあたるトゥーラの空挺師団司令官、副司令官を務め、91年8月のクーデター未遂事件では自ら部隊を率いて最高会議ビルを防衛、エリツィンの危機を救った。92年6月モルドバ駐留第14軍司令官に就任、分離独立を宣言したロシア系住民と和平にこぎつける。その後政界に進出、スココフ元安保会議書記らと新政党"ロシア共同体会議"を創設、副議長。95年6月第14軍司令官解任。95年12月"ロシア同胞会議"からロシア国家会議（下院）議員に当選。ロシア軍のチェチェン進攻を一貫して糾弾したことから、人気が急上昇し、96年6月"ロシア同胞会議"を離れ、大統領選に出馬。第1回投票で3位となり、エリツィン支持を表明、ロシア安全保障会議書記に抜擢されるが、間もなく政権内部の対立で解任。同年8月チェチェン共和国の大統領全権代表に任命され、チェチェン紛争の平和

解決に尽力。9月 “真実と秩序”同盟を結成。97年3月 “ロシア国民共和党”を旗揚げ。98年5月クラスノヤルスク地方知事に当選し、地方行政に身を投じた。2002年4月移動中のヘリコプターの墜落事故で死亡。自叙伝に「憂国」がある。1998年来日。 [勲]赤旗勲章

レベロデソウザ, マルセロ

Rebelo de Sousa, Marcelo

1948.12.12～

ポルトガル大統領　ジャーナリスト　[出]リスボン　[名]Rebelo de Sousa, Marcelo Nuno Duarte　[学]リスボン大学卒, リスボン大学大学院修了 博士(法律)　[歴]ポルトガル国会議員の家庭に育ち、リスボン大学で法律を学び博士号取得。1970年代結党間もないポルトガル社会民主党に入党し、政治の道へ。82～83年議会担当相、96～99年社民党党首。ジャーナリストや政治アナリストとして活動し、政治コメンテーターとして多くのテレビ番組に出演。リスボン大学やポルトガル大学などの教授も務めた。2016年3月大統領に就任。

レメス, ホルヘ

Remes, Jorge

アルゼンチン経済財政相, 欧州連合(EU)大使　経済学者　[名]Remes Lenicov, Jorge　[歴]ブエノスアイレス州経済局長を経て、アルゼンチン下院議員に当選。2002年1月ドゥアルデ政権の経済財政相に就任するが、4月辞任。同月より11年12月まで欧州連合(EU)大使。正義党に所属する経済学者。

レメンゲサウ, トミー

Remengesau, Tommy

1956.2.28～

パラオ大統領　[出]コロール　[名]Remengesau, Tommy Esang (Jr.)　[学]ミシガン州立大学卒　[歴]1984～92年パラオ上院議員。93年からパラオ副大統領として日系のナカムラ大統領を8年間支えた後、2000年11月大統領選で当選、01年1月就任。04年11月再選、05年1月2期目就任。09年1月退任し、上院議員に。12年11月の大統領選で当選、13年1月就任。[家]父＝トーマス・レメンゲサウ(元パラオ大統領)

レ・ルオン・ミン

Le Luong Minh

1952.9.1～

ベトナム外務次官, 東南アジア諸国連合(ASEAN)事務局長　外交官　[出]タインホア省　[歴]ハノイやニューデリーの大学で学び、1975年ベトナム外務省に入省。2004～11年国連代表部大使を務め、安全保障理事会の議長国として議事運営にも携わった。11年6月外務次官を経て、13年1月東南アジア諸国連合(ASEAN)事務局長に就任。

レーン, エリザベス

Rehn, Elizabeth

1935.4.6～

フィンランド国防相, 国連事務次長　[出]ヘルシンキ　[学]ヘルシンキ経済大学(経済学・数学)　[歴]父親は医師。20歳で結婚。会社勤めの後、1978年夫と貿易会社を設立。市議会議員を経て、79年以来国会議員(スウェーデン人民党)、87年同党国会議員団会長。フィンランドの連立政権の一翼を担う同党の幹部として、90年6月初の女性国防相に就任。94年大統領選に立候補した。95～99年国連事務次長を務め、98～99年旧ユーゴスラビア問題特別報告官。

連 戦　れん・せん

Lien Chan

1936.8.27～

台湾副総統, 台湾行政院院長(首相)　政治学者　[出]中国・陝西省西安　[名]字＝永平　[学]台湾大学法学部政治系(1957年)卒, シカゴ大学大学院国際公法・外交学(1961年)博士課程修了 政治学博士(シカゴ大学)(1965年)　[歴]小学校まで大陸で過ごす。1957年台湾大学卒業後、シカゴ大学に留学。65年博士号取得。ウィスコンシン大学助教授、コネティカット大学助教授を経て、68年帰台し、台湾大学助教授、69～75年同大教授。78～82年政治学会会長。この間、69年国連代表団顧問、同年国民党中央委員候補、75年駐エルサルバドル大使、76年党中央委青年工作会主任、78年党中央委副秘書長を歴任。81年交通部長(交通相)、84年党中央常務委員、87年行政院副院長(副首相)を経て、88年7月より外交部長(外相)。90年5月台湾省主席兼省政府委員。93年2月本省人として初めて行政院院長(首相)に就任。同年8月党副主席。

96年3月台湾初の総統直接選挙で李登輝と組み副総統に当選。行政院院長を兼任。97年8月行政院を総辞職。2000年3月総統選挙に国民党から出馬するが、民進党の陳水扁に敗れ、5月副総統を退任。同年6月国民党主席に選出。01年3月党史上初の全党員による直接選挙で再選。04年3月総統選に野党統一候補として出馬するが、小差で陳総統に敗れる。05年4月訪中し、胡錦濤国家主席と会談。8月国民党名誉主席。06年以降毎年訪中。 [賞]ウクライナ大学名誉学位（1996年） [家]父＝連 震東（台湾内政部長），祖父＝連 横（歴史学者）

レンツィ，マッテオ

Renzi, Matteo

1975.1.11〜

イタリア首相，イタリア民主党書記長 [出]フィレンツェ [学]フィレンツェ大学法学部卒 [歴]2004年フィレンツェ県知事に同県史上最年少で当選。07年イタリア民主党（中道左派）に参加。09年よりフィレンツェ市長。12年12月、13年総選挙に向けた党の首相候補を決める党内予備選で敗北。13年12月党の書記長（党首）選で勝利。14年2月党の幹部会で経済政策への取り組みが不十分としてレッタ首相に退陣を迫った。レッタの辞表提出を受け、ナポリターノ大統領が同月次期首相に指名し、イタリア史上最年少の首相に就任。労働市場の改革や銀行の不良債権処理を進めるが、イタリアでは下院と上院が平等の権限を持つため議会審議が長引くことから、16年12月上院の議員定数や権限を大幅に縮小する憲法改正案の是非を問う国民投票を実施。その結果、反対が賛成を大きく上回り敗北、首相を辞任した。17年2月党書記長を辞任するが、4月の書記長（党首）選で返り咲く。地元サッカークラブ、フィオレンティナの熱烈なファン。

【ロ】

ロイエンベルガー，モリッツ

Leuenberger, Moritz

1946.9.21〜

スイス大統領 [出]ビール [学]チューリヒ大学 [歴]1995年スイス全州議会議員に選出。95年スイス運輸・エネルギー相、98年より環境・運輸・エネルギー・通信相。2000年副大統領を兼任。01年、06年大統領（輪番制）。10年政界を引退。スイス社会民主党に所属。

ロイトハルト，ドリス

Leuthard, Doris

1963.4.10〜

スイス大統領 [出]メレンシュワント [学]チューリヒ大学卒 [歴]弁護士を経て、1999年〜2006年スイス下院議員。04〜06年キリスト教民主党党首。06年8月経済相、09年副大統領、10年1月大統領に就任、経済相を兼務。同年11月環境・交通・エネルギー・通信相。17年1月大統領に再任して環境・交通・エネルギー・通信相を兼務。スイスは内閣全体が集団的な国家元首で、大統領は7人の閣僚の輪番制。

ロヴィーン，イサベラ

Lövin, Isabella

1963〜

スウェーデン国際開発担当相　ジャーナリスト [出]スウェーデン [学]ストックホルム大学，ボローニャ大学 [歴]1985年から記者、編集長、プロデューサーとして、雑誌、ラジオなどで環境問題や料理・食品などのテーマに取り組む。2007年「沈黙の海 最後の食用魚を求めて」を出版、スウェーデン・ジャーナリスト大賞など14賞を受賞。09年欧州議会議員。漁業や発展途上国問題などを取り扱う委員会に所属。14年スウェーデン国際開発担当相に就任。10年来日。 [賞]スウェーデン・ジャーナリスト大賞（2007年）「沈黙の海」，環境ジャーナリスト賞（2007年）「沈黙の海」

ロウハニ，ハッサン

Rouhani, Hassan

1948.11.12〜

イラン大統領　宗教学者 [出]セムナーン州ソルへ [名]Feridon, Hassan [学]テヘラン大学卒 法学博士号（グラスゴー・カレドニアン大学） [歴]イスラム教シーア派の聖地コムで聖職者としての教育を受ける。英国のグラスゴー・カレドニアン大学に留学し、イスラム法の論文で法学博士号を取得。1977年出国するが、79年イラン革命で帰国。80年イラン国会議員に当選。イラン・イラク戦争

では空軍司令官などを務めた。89年～2005年最高安全保障委員会事務局長。03～05年にはハタミ政権で欧州各国との核協議の責任者を務めた。1992年より2期国会副議長。92年～2013年戦略研究センター所長。また、1991年より最高評議会、99年より専門家会議のメンバーも務める。2013年6月大統領に当選、8月就任。保守穏健派の元大統領ラフサンジャニ師の側近で、核兵器開発疑惑の外交解決に尽力。15年7月欧米などとの核合意を実現させ、経済制裁が解除された。ペルシャ語の他、アラビア語、英語に堪能。

ロウレンソ, ジョアン

Lourenço, João

1954.3.5～

アンゴラ大統領　㊓ポルトガル領アンゴラ・ベンゲラ州ロビト(アンゴラ)　㊔Lourenço, João Manuel Gonçalves　㊕レーニン大学大学院(1982年)修士課程修了　㊖国内各地でアンゴラ解放人民運動(MPLA)の軍事作戦に参加。1978年からソ連で軍事訓練を受け、82年レーニン大学で歴史学の修士課程修了。帰国後、ベンゲラ州知事やMPLA幹事長を経て、2003年第1国会副議長、14年国防相、16年MPLA副議長。17年8月総選挙でMPLAが勝利し、9月大統領に就任。

ロガチョフ, イーゴリ

Rogachev, Igor

1932.3.1～2012.4.7

駐中国ロシア大使, ソ連外務次官　外交官　㊓ソ連ロシア共和国モスクワ(ロシア)　㊔Rogachev, Igor Alekseevich　㊕モスクワ国際関係大学(1955年)卒 Ph.D.　㊖1956年ソ連外務省に入り、在中国大使館、在米大使館勤務を経て、71年中ソ国境交渉代表団員、72年外務省第1極東部次長、78年東南アジア部長、83年第1極東部長(中国担当)。86年6月アジア社会主義諸国局長、8月外務次官(アジア担当)。91年ロシア外務省特命大使を経て、92年5月～2005年駐中国大使。

ロカール, ミシェル

Rocard, Michel

1930.8.23～2016.7.2

フランス首相, フランス社会党第1書記　㊓オードセーヌ県クールブボア(パリ郊外)　㊔Rocard, Michel Louis Léon　㊕パリ大学卒, 国立行政学院(ENA)卒　㊖学生時代から政治運動に参加。1958年フランス財務省入り。60年統一社会党(PSU)の結党に参加、67～73年全国書記(党首)。68年の反政府運動“5月革命”で指導的な役割を担う。69年大統領選に出馬するが、落選。同年国民議会(下院)議員。74年PSUを離れ社会党入り。81年大統領選では党内でミッテランと大統領候補指名を争って敗退。81年5月～83年3月計画・国土整備相、83年3月～85年4月農相。88年5月～91年5月首相を務め、低所得者への社会保障制度改革や、ニューカレドニア問題の解決に尽力。93年3月総選挙で落選、4月党暫定執行部議長、10月党第1書記。非暴力の現実主義に根差した“第2の社会主義”を提唱し、社会党を国民的政党に脱皮させた。右派支持者からも人気が高く、ポスト・ミッテランの最有力候補だったが、94年6月党の信任投票に敗れて辞任。94年～2009年の15年間、欧州議会議員を務めた。1990年来日。　㊗レジオン・ド・ヌール勲章グランクロワ章(2015年)　㊘父＝イヴ・ロカール(原子物理学者), 祖父＝ルイ・ロカール(空軍将校)

ロゴンベ, ローズ・フランシーヌ

Rogombé, Rose Francine

1942.9.20～2015.4.10

ガボン暫定大統領, ガボン上院議長　㊓フランス領赤道アフリカ・ランバレネ(ガボン)　㊖2009年2月ガボン上院議長に指名され、7月オマール・ボンゴ大統領の死後、暫定大統領に就任。同国史上初の女性国家元首となった。10月ボンゴ大統領の長男アリが大統領に就任した。

ロザ, エンリケ

Rosa, Henrique

1946.1.18～2013.5.15

ギニアビサウ暫定大統領　㊓バファタ州　㊔Rosa, Henrique Pereira　㊖2003年9月クーデターでヤラ大統領が辞任し、ギニアビサウ暫定大統領に就任。10月暫定政権が発足。04年3月国民議会選挙を実施。05年10月退任。12年の大統領選にも出馬したが、クーデターで中断され、政界を引退した。

ロサティ, ダリウシュ
Rosati, Dariusz
1946.8.8～
ポーランド外相 [出]ラドム [名]Rosati, Dariusz Kajetan [学]ワルシャワ計画統計学校（貿易）卒 [歴]英国、米国に留学の後、1979年ワルシャワ経済学校教授となり、88～91年ワルシャワ対外貿易研究所長。91年国連欧州経済委員会移行経済部長を経て、95～97年ポーランド外相。統一労働者党を経て、無所属。2004～09年欧州議会議員。

ロジオノフ, イーゴリ・ニコラエヴィチ
Rodionov, Igor Nikolayevich
1936.12.1～2014.12.19
ロシア国防相 軍人 [出]ソ連ロシア共和国ペンザ州セルドフスク区クラキノ村（ロシア）[学]ソ連軍参謀本部軍事アカデミー（1980年）卒 [歴]1980～83年ソ連中央軍集団軍団長。83～85年極東軍管区一般兵科軍軍司令官、中将。85～86年アフガニスタン駐留第40軍司令官。86～88年モスクワ軍管区第1副司令官。88年ザカフカス軍管区司令官。89年2月大将。同年8月管区内のトビリシ事件の責任を負って解任。同年11月参謀本部軍事アカデミー校長。96年7月ロシア国防相に任命される。同年12月上級大将を退役し、ロシア連邦初の文民国防相となるが、97年5月解任。99年～2003年ロシア下院議員。

ロシュコフ, アレクサンドル
Losyukov, Aleksandr
1943.11.15～
ロシア外務次官, 駐日ロシア大使 外交官 [出]モスクワ州 [名]Losyukov, Aleksandr Prokhorovich [学]モスクワ国際関係大学（1968年）卒 [歴]イラン・アフガニスタン問題専攻。1968年旧ソ連外務省に入り、主としてアジア問題を担当。ソ連崩壊後、駐ニュージーランド大使、駐オーストラリア大使などを経て、97～99年ロシア外務省アジア第2局長、99年3月総務局長、2000年3月～04年外務次官（アジア太平洋地域担当）。日ロ平和条約締結問題合同委員会次官分科会のロシア側代表を務める。04年3月～07年1月駐日大使。07年1月再びロシア外務次官。北朝鮮核問題を巡る6ケ国協議のロシア首席代表を務める。08年3月外務次官を退任。

ロス, ウィルバー（Jr.）
Ross, Wilbur（Jr.）
1937.11.28～
米国商務長官 投資家 [出]ニュージャージー州ウィーホーケン [名]Ross, Wilbur Louis [学]エール大学卒, ハーバード大学ビジネススクール（1961年）修了 M.B.A. [歴]1963年ウッド・ストラウザーズ・ウィンスロップに入社。64年フォールクナー・ドーキンス・サリバン証券社長。76年米投資会社ロスチャイドに入社、役員を務める。2000年投資ファンド会社WLロス＆カンパニーを設立。各国で破綻企業の再建を手がけて“再建王”と呼ばれ、米国内では鉄鋼業界の再編に注力。日本では幸福銀行（現・関西アーバン銀行）を買収。ジュリアーニ・ニューヨーク市長に請われ、公共機関の民営化顧問も務めた。16年の大統領選でトランプ陣営の経済顧問を務め、17年2月トランプ政権の商務長官に就任。05年ジャパン・ソサエティー理事、10年同会長を務めるなど、知日派として知られる。 [勲]旭日重光章（日本）（2014年）

ロス, デニス
Ross, Dennis
1948.11.26～
米国中東和平担当大統領特使 [出]カリフォルニア州サンフランシスコ [学]カリフォルニア大学ロサンゼルス校卒 [歴]1980年米国国務省に入省。ブッシュSr.政権下のベーカー国務長官の腹心で、国務省政策企画局長を務めた。クリントン政権発足後、クリストファー国務長官の要請で特別顧問（中東和平担当）に就任。93年6月新設の中東和平交渉担当特使となり、“米中東政策の顔”として中東和平追求に尽力。2001年1月退任。同年3月シンクタンク・ワシントン近東政策研究所研究員となり、中東研究の専門家として講演や執筆活動を行う。09年米国大統領特別補佐官となり、中東政策を統括した。

ロック, ゲーリー
Locke, Gary
1950.1.21～
米国商務長官, 駐中国米国大使, ワシントン州知事 法律家 [出]ワシントン州シアトル [学]エール大学, ボストン大学 [歴]中国系3世。ワシントン州次席検察官や州議会議員を歴任後、1996年民主党より同州知事選に当選。

米国本土初のアジア系知事となる。2005年退任。同年シアトルで国際法律事務所の共同経営者となり、米企業の中国などアジア市場への輸出拡大を支援。09年3月オバマ政権の商務長官に就任。11年3月駐中国大使に指名される。14年2月退任。

ロックフェラー, ジョン4世

Rockefeller, John IV

1937.6.18～

ウェスト・バージニア州知事, 米国上院議員(民主党)　[出]ニューヨーク市　[名]Rockefeller, John Davison IV 別名＝Rockefeller, Jay　[学]国際基督教大学(米国)(1957～60年), ハーバード大学(1961年)卒, エール大学卒　[歴]大資産家ロックフェラー家の4代目。1961年平和部隊に入る。64年青少年犯罪対策大統領委員会事務局員。66～68年ウェストバージニア州議会議員、68～72年同州総務長官。72年同州知事選に立候補して敗北。73～75年同州のウェズリアン大学学長。77～85年同州知事。85年1月より同州選出の連邦上院議員(民主党)。2007年1月上院情報特別委員長、09年同商業科学運輸委員長。知日派。　[勲]旭日大綬章(日本)(2013年)　[家]父＝ジョン・ロックフェラー3世

ロット, トレント

Lott, Trent

1941.10.9～

米国共和党上院院内総務　[出]ミシシッピ州グレナダ　[名]Lott, Chester Trent　[学]ミシシッピ大学卒 法学博士(ミシシッピ大学)(1967年)　[歴]1967年ミシシッピ州で弁護士資格を取得。73年から16年間共和党下院議員(ミシシッピ州第5地区選出)、第97～98議会では下院共和党副院内総務を務め、89年～2007年ミシシッピ州選出の連邦上院議員。この間、1994年党上院副院内総務。96年6月ドール議員辞職で上院院内総務に就任。12月再任。2003年1月人種差別発言で辞任。調整力の高さに定評がある。

ロドリゲス, アリ

Rodríguez, Alí

1937.9.9～

ベネズエラ外相・財務相, 石油輸出国機構(OPEC)事務局長　[出]エヒード　[歴]青年時代はベネズエラ共産党員としてゲリラ闘争に身を投じる。その後、商法や労働法を専門とする弁護士に。のちベネズエラ・エネルギー・鉱業相に就任。2000年9月首都カラカスで開催された石油輸出国機構(OPEC)首脳会議議長を務め、加盟国間の路線対立で崩壊の危機に直面したOPECの“復活宣言”を演出、同年10月に初めて発動した価格バンド制による自動増産を発案する。01年1月事務局長に就任(任期3年)。02年7月任期途中で退任し、国営石油会社・PDVSA総裁に就任。04年退任。04～06年外相、08～10年財務相、10～12年電力相を歴任。12～14年南米諸国連合(UNASUR)事務局長。

ロドリゲス, アンドレス

Rodrígues, Andrés

1923.6.19～1997.4.21

パラグアイ大統領　軍人　[出]グアイラ県ボルハ町　[学]パラグアイ陸軍士官学校(1946年)卒　[歴]貧農出身。陸士卒業後騎兵隊少尉に任官。1947年の内戦にコロラド党政権支持の立場で参加。54年ストロエスネル将軍のクーデターに騎兵隊大尉として加わり、61年騎兵師団司令官、67年少将、70年中将を経て、81年将軍、陸軍第1軍団司令官に就任、ナンバー2となる。89年2月騎兵隊機甲部隊を率いてクーデターを起こしストロエスネル政権を倒して暫定大統領に就任。同年5月の大統領選でコロラド党候補として当選、パラグアイ大統領に就任。同年12月陸軍大将に昇格。93年退任。同年5月にワスモシ文民政権が誕生するまで、新憲法制定などで民主化を進めた。

ロドリゲス, エドゥアルド

Rodríguez, Eduardo

1956.5.2～

ボリビア大統領, ボリビア最高裁判所長官法律家　[出]コチャバンバ　[名]Rodríguez Veltze, Eduardo　[学]サンシモン大学法学専攻卒, ハーバード大学公共行政学専攻修士課程修了　[歴]1961年弁護士資格を取得し、ハーバード大学に留学した後、複数の大学で教鞭を執る。99年ボリビア最高裁判所判事に選出。2004年3月同長官代行、05年1月同長官を経て、05年6月大統領に就任。就任当初より自らは暫定大統領であるとし、12月に総選挙を実施。06年1月退任。会計検査院法

務担当検査官、外務省アドバイザーとして外務省法（1993年公布）策定及び国際条約関連業務に関与、行政機構法（2003年公布）策定のためのコンサルタントなどの経歴を持つ。

ロドリゲス, ミゲル・アンヘル

Rodríguez, Miguel Angel
1940.1.9～
コスタリカ大統領　経済学者　[出]サンホセ　[名]Rodríguez Echevería, Miguel Angel　[学]コスタリカ大学経済学部卒, カリフォルニア大学バークレー校（1966年）博士課程修了　経済学博士（カリフォルニア大学）　[歴]1967年コスタリカ中央銀行に入行。68年28歳の時トレホス政権の経済企画相に抜擢される。コスタリカ大学教授を経て、90～94年国会議員、議長も務める。94年大統領選に出馬するが敗退。98年5月～2002年5月大統領。

ロドリゲス・サア, アドルフォ

Rodríguez Saá, Adolfo
1947.7～
アルゼンチン暫定大統領, サンルイス州知事　[出]サンルイス州　[学]ブエノスアイレス大学法学部卒　[歴]先住民の血を引く。祖父がサンルイス州知事を務めたこともあり、15歳から政治活動に入る。1969年正義党（ペロン党）に入党、激しい派閥党争に明け暮れる同党内で独立的な立場を貫く。弁護士、サンルイス州議会議員などを経て、83年サンルイス州知事に当選。以来アルゼンチン史上最長の5期18年にわたり知事を務め、17年間連続で州財政の黒字を達成。“最も成功した知事”と言われ、圧倒的な人気を誇る。2001年12月フェルナンド・デラルア大統領の辞任を受けて、暫定大統領に選出されるが、経済対策案に対して与党内の協力が得られないとしてわずか1週間あまりで辞任。

ロドリゲス・サパテロ, ホセ・ルイス

Rodríguez Zapatero, José Luis
1960.8.4～
スペイン首相, スペイン社会労働党（PSOE）書記長　[出]バリャドリード　[学]レオン大学法学部卒　[歴]父方の祖父はスペイン内戦で共和国側に立ち、フランコ政権により銃殺される。政治への情熱から1978年18歳でスペイン社会労働党（PSOE）に入党。大学卒業後、一時は憲法学者を志すが、86年下院議員に最年少で当選。97年PSOE執行部入り、2000年7月党書記長に就任。04年3月アスナール政権（国民党）のイラク戦争支持がマドリードで起きた列車同時爆破テロを招いたとの批判が広がり、テロ直後の総選挙でPSOEが第一党となる。スペインに左派政権が発足するのはゴンザレス政権以来8年ぶりで、4月首相に就任するとすぐにイラク戦争に派遣していた軍の撤退を指示。08年4月首相に再任。同性婚の法制化やカタルーニャ地方の自治権拡大などを実現させた。11年9月上下両院を解散。11月の総選挙では党の重鎮ルバルカバ元内相を首相候補に据えたが、野党・国民党に敗れた。12年PSOE書記長を退任。あだ名は“バンビ”。

ロバイナ・ゴンサレス, ロベルト

Robaina González, Roberto
1956.3.3～
キューバ外相　[出]ピナール・デル・リオ州　[学]ハバナ大学卒　[歴]1979年キューバ全国大学生連合議長。大学卒業後数学教師に。86年から共産党青少年組織、共産主義青年同盟（UJC）第1書記として政治の舞台に登場。91年から共産党政治局員、国家評議会議員。93年4月外相に任命され、カストロ首相の後継者の一人と注目されていたが、99年5月退任。市民から“ロベルティコ”の愛称で呼ばれる。97年4月、99年来日。

ロハス, マヌエル

Roxas, Manuel II
1957.5.13～
フィリピン内務・自治相　[歴]祖父は太平洋戦争直後にフィリピン大統領を務めたマヌエル・ロハス。ニューヨークで投資銀行に勤めた経験を持つ。フィリピン自由党に所属し、2004～10年フィリピン上院議員。10年の副大統領選でジェジョマル・ビナイに敗れる。12～15年内務・自治相。15年ベニグノ・アキノ3世より次期大統領候補に指名されるが、16年の大統領選ではロドリゴ・ドゥテルテに敗れる。妻は民放のアナウンサー。[家]祖父＝マヌエル・ロハス（フィリピン大統領）

ロバートソン, ジョージ

Robertson, George
1946.4.12～

英国国防相, 北大西洋条約機構 (NATO) 事務総長　[出]スコットランド・アイレー島　[名]Robertson, George Islay MacNeill　[学]ダンディー大学卒　[歴]1977年29歳でスコットランド労働党委員長に選出、78年から英国下院議員 (労働党)。94～97年影のスコットランド相を経て、97年5月～99年10月国防相。99年～2004年北大西洋条約機構 (NATO) の第10代事務総長。99年貴族の称号 (男爵) が授与される。

ロハニ, ハサン

→ロウハニ, ハッサンを見よ

ロビンソン, ピーター

Robinson, Peter

1948.12.29～

北アイルランド自治政府首相, 民主統一党 (DUP) 党首　[出]北アイルランド・ベルファスト　[名]Robinson, Peter David　[学]カスルレイ・カレッジ (現・ベルファスト首都大学) 卒　[歴]民主統一党 (DUP) 党首を務めたイアン・リチャード・カイル・ペイズリーに引き立てられ、1975～79年同党幹事長、80年～2008年副党首を経て、08年党首。この間、1982年から英領北アイルランド自治政府議員を務めたが、86年極右集団を率いてアイルランドの無人の警察署を襲撃して逮捕される。98年ベルファスト合意により再設置された北アイルランド自治政府議員に当選。99年～2000年、01～02年地域開発相、07～08年財務・人員相を経て、08年首相。15年引退。　[家]妻＝アイリス・ロビンソン (元北アイルランド自治政府議員)

ロビンソン, メアリー

Robinson, Mary

1944.5.21～

アイルランド大統領, 国連人権高等弁務官　[出]バリナ　[名]旧姓 (名)＝Bourke　[学]ダブリン大学トリニティ校卒, ハーバード大学大学院 (1968年) 法律修士課程修了　[歴]1968年ハーバード大学で法律修士号取得。帰国後、69年25歳でダブリン大学トリニティ校法学部の史上最年少教授となり、75年まで務める。一方、69年最年少でアイルランド上院議員 (労働党) に初当選。以後、政治家の道を歩む傍ら、弁護士としてホーヒー政権による盗聴事件を扱うなど法廷でも活躍。男女同権運動のリーダー役も務める。90年11月労働党から大統領に当選、12月就任。アイルランドでは初の女性大統領。97年6月第2代国連人権高等弁務官に指名され、9月大統領を辞任。2002年9月国連人権高等弁務官を退任。13年3月アフリカ中部コンゴ民主共和国 (旧ザイール) の紛争解決を目指す国連特使に任命される。14年気候変動国連特使。この間、1998年よりダブリン大学名誉総長。2004年よりコロンビア大学教授。1998年来日。　[賞]エラスムス賞 (1999年), インディラ・ガンジー平和賞 (2000年), ウフエボワニ平和賞 (ユネスコ) (2002年), 自由勲章 (米国大統領) (2009年)

ロビンソン, レイモンド

Robinson, Raymond

1926.12.16～2014.4.9

トリニダード・トバゴ大統領・首相　[出]英領西インド諸島トバゴ島カルダーホール (トリニダード・トバゴ)　[名]Robinson, Arthur Napoleon Raymond　[学]ロンドン大学, オックスフォード大学セント・ジョーンズカレッジ卒, 西インド大学 (1961年) 修了　[歴]弁護士を経て、1958年西インド諸島連邦議会議員。61～67年トリニダードトバコ財務相、67～68年外相。67～70年アフリカ系の中道左派・人民国家運動 (PNM) 副党首、71～86年民主行動会議党首。76～80年下院議員、80～86年トバゴ議会議長。86～91年国家再建同盟 (NAR) 総裁。86年12月～91年首相、97年3月～2003年大統領を務めた。

ロペス・オブラドル, アンドレス・マヌエル

López Obrador, Andrés Manuel

1953.11.13～

メキシコ市長, メキシコ民主革命党 (PRD) 総裁　[出]タバスコ州　[学]メキシコ国立自治大学卒　[歴]1976年制度的革命党 (PRI) に入党、タバスコ州支部長となるが、88年脱党して、89年結党の中道左派政党・民主革命党 (PRD) に加入。94年州知事選挙に落選。96～99年PRD総裁。2000年連邦区 (メキシコシティ) 首長選挙に当選、05年まで務める。06年大統領選に立候補、国民行動党 (PAN) のカルデロンと接戦となり、開票結果を不服として首都で大規模な街頭行動を行ったが、連邦選挙管理裁判所の裁定で敗れた。12年

の大統領選にも立候補したが、PRIのペニャ
ニエトに敗れた。

ロベーン, ステファン
Löfven, Stefan
1957.7.21〜
スウェーデン首相，スウェーデン社会民
主労働党（SAP）党首　㋷ストックホルム
㋾Löfven, Kjell Stefan　㋱ウーメオ大学社会
福祉課程中退　㋕ストックホルムに生まれ、
間もなく里子に出された。ウーメオ大学の社
会福祉課程を1年半で中退し、1979〜95年溶
接工として軍用車両メーカーに勤務。2006
〜12年スウェーデン金属労働組合連合会委
員長を務める。12年社会民主労働党（SAP）
党首。14年9月総選挙でSAPを中核とした野
党3党が、穏健党など中道右派の連立4党に
勝利し、10月首相に就任。

ロボ, ポルフィリオ
Lobo, Porfirio
1947.12.22〜
ホンジュラス大統領　㋷トルヒジョ　㋾Lobo
Sosa, Porfirio 通称＝Lobo, Pepe　㋱マイ
アミ大学（米国）（1970年）卒, ルムンバ大学
（ソ連）（1973年）　㋕ホンジュラス東部オラ
ンチョ県で牧畜業を営む大地主で、1970年米
国のマイアミ大学で経営学を学んだ後、72〜
73年ソ連のルムンバ大学で農学を専攻。90
〜98年ホンジュラス国会議員となり、2002
〜06年国会議長。05年大統領選で自由党の
ホセ・マヌエル・セラヤに敗れる。09年クー
デターによりセラヤ大統領が追放され、野
党の暫定政権が誕生したが、国際社会から
非難を浴び、外交関係、経済援助を断たれ
て孤立。11月の大統領選で自由党のエルビ
ン・サントスを破り当選、10年1月就任。14
年1月退任。

ロボフ, オレグ
Lobov, Oleg
1937.9.7〜
ロシア副首相　㋷キエフ　㋾Lobov, Oleg
Ivanovich　㋱ロストフ鉄道運輸技師大学卒
㋕建設技師を経て、1978〜85年当時スベル
ドロフスク州共産党第1書記だったボリス・
エリツィンのもとで同第2書記を務め、85〜
87年スベルドロフスク地方執行委員会委員
長、87〜89年および90〜91年ロシア共和国

閣僚会議副議長。この間89年アルメニア共
産党第2書記、同年旧ソ連人民代議員に選出。
エリツィン大統領就任後、91年4月〜11月ロ
シア共和国第1副首相、92年大統領直属諮問
機関の専門家会議議長。93年4月ロシア第1
副首相に任命され、経済相を兼任。同年9月
解任、安全保障会議書記。のち原子力安全サ
ミット組織委員会議長を務めた。95年チェ
チェン共和国大統領代理。96年6月第1副首
相、8月第2期エリツィン政権下で副首相と
なる。98年3月解任。

ロマン, ペトレ
Roman, Petre
1946.7.22〜
ルーマニア首相，ルーマニア民主党党首　㋷
ハンガリー・ブダペスト　㋾ブカレスト科学
技術学院水力技術学部卒　科学博士　㋕1970
年フランスのトゥールーズ高等工芸学校（ポ
リテクニック）に留学。76年帰国後、共産党
に入党。ブカレスト科学技術学院教師とな
り、助教授、教授、学部長を歴任。89年12月
22日の革命当日は学生たちと一緒に共産党
中央委員会を占拠した。同月26日、救国戦
線評議会の新指導部が選出され、暫定政権
の首相に就任。公職の経験がなく、政治的
手腕は未知数と言われたが、90年6月自由選
挙後、首相に再任された。91年3月救国戦線
議長に選出。9月内閣総辞職。93年5月党名
変更でルーマニア民主党党首。99年〜2000
年外相。

ロムニー, ミット
Romney, Mitt
1947.3.12〜
マサチューセッツ州知事　実業家　㋷ミ
シガン州デトロイト　㋾Romney, Willard
Mitt　㋱ブリガムヤング大学卒, ハーバード
大学法科大学院・ビジネス大学院卒 M.B.A.
㋕1980〜90年代マサチューセッツ州ボスト
ンで投資家として活動。99年〜2002年五輪
招致をめぐる買収疑惑で空席となったソル
トレークシティ五輪組織委員会（SLOC）会
長を務め、クリーンなイメージで疑惑による
深い傷跡の修復に努めた。03年1月〜07年1
月マサチューセッツ州知事。財政改善や健
康保険制度改革に取り組んだ。08年共和党
大統領候補指名争いでマケイン上院議員に
敗れる。12年8月共和党大統領候補に指名さ

れるが、11月の大統領選では接戦の末、現職のオバマ大統領に敗れた。16年大統領選へは出馬しなかったが、大統領候補だった共和党のドナルド・トランプを"いんちきな詐欺師"と批判するなど、党内で反トランプの急先鋒だった。　[家]父＝ジョージ・ロムニー（ミシガン州知事）

ロムロ, ロベルト

Romulo, Roberto

1938.12.9〜

フィリピン外相　実業家　[出]マニラ　[学]ジョージタウン大学（米国）（1960年）卒, アテネオ・デ・マニラ大学（1964年）卒　[歴]1965年IBM（米国）に入社、67年IBMフィリピンに移り、83〜89年IBMフィリピン社長、89年同顧問。89年5月駐ベルギー大使を経て、92年6月フィリピン外相に就任。95年4月更迭。96年6月アジア太平洋経済協力会議（APEC）ビジネス委員会（ABAC）の会長に選出される。フィリピン長距離電話の会長を経て、99年11月ASEAN各国首脳により設置されたe-ASEAN（電子ASEAN）特別委員会委員長に就任。

ロヤック, クリストファー

Loeak, Christopher

1952.11.11〜

マーシャル諸島大統領　[出]アイリングラップ環礁　[名]Loeak, Christopher Jorebon　[学]ハワイ・パシフィック大学（米国）, ゴンザガ大学ロースクール（米国）　[歴]1985年マーシャル諸島国会議員に当選。88〜92年法相、92〜96年社会相、96〜98年教育相、98〜99年ラリック列島相、99年、2008〜11年大統領補佐相などを歴任。12年1月ゼドケア大統領を破り、大統領に就任。我が祖国党（AKA）所属。16年1月退任。

ローリングス, ジェリー

Rawlings, Jerry

1947.6.22〜

ガーナ大統領　軍人　[出]アクラ　[名]Rawlings, Jerry John　[学]アチモタ高校卒, ガーナ士官学校（1969年）卒　[歴]1978年空軍大尉。79年6月クーデターによりアクフォ軍事政権を打倒、軍事革命評議会議長に就任。同年9月リマン大統領の文民政府に政権を移譲したが、民政腐敗を理由に81年12月再びクーデターを起こし政権を奪取、暫定国防評議会議長に就任。92年5月民政移管を決め、同年11月クーデター後初の選挙に勝ち、93年1月大統領に就任。97年1月再任し、2001年1月退任。[賞]アフリカ賞（1993年）　[家]妻＝ナナ・ローリングス（婦人運動家）

ロワイヤル, セゴレーヌ

Royal, Ségolène

1953.9.22〜

フランスエコロジー・持続可能開発・エネルギー相　[出]セネガル・ダカール　[名]Royal, Marie Ségolène　[学]ナンシー第2大学（1974年）卒, パリ政治学院, 国立行政学院（ENA）（1980年）卒　[歴]軍人だった父の任地セネガル・ダカールに生まれ、1964年父の退官に伴い仏ロレーヌ地方シャーマーニュに転居。ナンシー第2大学、パリ政治学院、国立行政学院（ENA）で学ぶ。ENAで同級だったフランソワ・オランド（のちの社会党第1書記）とは、70年代から婚姻届けを出さない事実婚を続け、4児をもうけた（2007年6月離婚）。1980年ENA修了後、マリー・セゴレーヌからセゴレーヌに改名。81年ミッテラン政権の大統領府非公式スタッフとなり、82年保健・環境問題担当の公式スタッフに抜擢される。83年スタッフのままトルービル・シュル・メール市議に当選。88〜92年ポワトゥーシャラント選出のフランス国民議会（下院）議員。92〜93年ベレゴホワ内閣の環境相。93年よりドゥセーブル選出の国民議会議員。97年〜2000年ジョスパン内閣の学校教育相、00〜01年家庭・児童担当相、01〜02年家庭・児童・身障者担当相。04年4月ポワトゥーシャラント地域圏議会議長に選出。07年4月の大統領選に立候補するが、サルコジ内相に敗れる。同年6月の総選挙には出馬せず、国会議員を引退。08年11月党第1書記選に立候補するが、リール市長のオブリに敗れる。11年10月大統領候補選出のための社会党内の1次選挙で4位にとどまり、予備選挙段階で脱落。12年大統領選では元夫のオランド候補を応援し、オランドは17年ぶりに社会党の大統領として当選した。14年4月ヴァルス内閣のエコロジー・持続可能開発・エネルギー相。美貌を持つ政治家として、社会党の看板議員でもあり、マスコミへの登場回数も多い。

ロンズデール, ボールドウィン
Lonsdale, Baldwin
1948.8.5～2017.6.17
バヌアツ大統領　[出]英仏共同統治領ニューヘブリディーズ・モタラバ島（バヌアツ）　[名]Lonsdale, Baldwin Jacobson　[学]ビショップ・パターソン・カレッジ（ソロモン諸島），セント・ジョンズ・カレッジ（オークランド）　[歴]キリスト教の聖職者を経て、2014年9月バヌアツ大統領に就任。15年3月国連防災世界会議に出席するため宮城県仙台市を訪問中、大型サイクロン“パム”がバヌアツを直撃。仙台市から被災した同国への緊急支援を世界に向けて呼びかけた。また15年の外遊中、大統領代行を務めた国会議員が自身を含む議員14人の贈収賄罪を無断で恩赦。これを“不当行為”として恩赦を撤回し、11月議会解散に踏み切った。17年6月大統領在任中に心臓発作で死去した。

【ワ】

ワイゲル, テオドール
Waigel, Theodor
1939.4.22～
ドイツ財務相，キリスト教社会同盟（CSU）党首　[出]バイエルン州オーバーローア　[名]通称＝Waigel, Theo　[学]ミュンヘン大学卒，ビュルツブルク大学卒 法学博士　[歴]レンガ積み職人の子として生まれる。学生時代の1960年キリスト教社会同盟（CSU）に入党。バイエルン州政府の官僚になり、州財務省、経済省、運輸省の次官などを歴任後、72年から連邦議会議員として中央政界に登場。73年以来党綱領委員長を務め、82年党院内総務、87年シュワーベン地区CSU党首を経て、88年10月シュトラウス党首の急死を受けてCSU党首に就任。89年4月コール首相（キリスト教民主同盟＝CDU）の連立内閣に財務相として初入閣。91年1月統一ドイツ後のコール新内閣でも財務相に。93年、94年留任。98年10月退任。98年のドイツ総選挙敗北の責任を取り、99年党首辞任。ユーロ誕生に尽力、通貨価値安定を支える安定協定を実現させた。　[家]妻＝イレーネ・エップレ（元アルペンスキー選手・レークプラシッド五輪銀メダリスト）

ワイツゼッカー, リヒャルト・フォン
Weizsäcker, Richard von
1920.4.15～2015.1.31
ドイツ大統領　[出]シュトゥットガルト　[学]ベルリン大学卒，オックスフォード大学卒，グルノーブル大学卒，ゲッティンゲン大学（法学・歴史学） 法学博士（ゲッティンゲン大学）（1954年）　[歴]祖父はビュルテンブルク王国最後の宰相、父は外務次官を務めた男爵家の名門。1938～45年第二次大戦中は国防軍に従軍。54年キリスト教民主同盟（CDU）に入党。法律家を経て、64年旧西ドイツプロテスタント教会会議議長（～70年，77～83年）に選ばれて政界入り。69～84年旧西ドイツ連邦議会議員、72～79年CDU副議長、79～81年連邦議会副議長。81年6月～84年6月ベルリン州首相兼旧西ベルリン市長を務め、西ベルリン市長として名をあげた。83年現職市長として初めて旧東ドイツを訪問し、ホーネッカー書記長と会見。84年7月旧西ドイツ大統領に就任。ドイツの敗戦40周年にあたる85年5月8日連邦議会の演説で「過去に目を閉ざす者は、現在も見えなくなる」と歴史を直視する重要性を説き、世界各地で大きな反響を呼んだ。89年5月再選。東欧諸国との和解や東西ドイツ統一に貢献し、90年10月初代統一ドイツ大統領に就任。94年1月、首都ベルリンへの政府・議会移転決議に基き、私邸をボンからベルリンに移した（有力政治家では初めて）。同年6月退任。98年11月ユダヤ人補償基金評議会評議員を務める。大統領退任後も、“核兵器のない世界”に賛同する論文を執筆するなど精力的に活動した。　[賞]ハインリッヒ・ハイネ賞（1991年）　[家]兄＝カール・フリードリヒ・フォン・ワイツゼッカー（物理学者・哲学者），甥＝エルンスト・ウルリッヒ・フォン・ワイツゼッカー（物理学者・政治家）

ワイツマン, エゼル
Weizman, Ezer
1924.6.15～2005.4.24
イスラエル大統領　軍人　[出]テルアビブ　[学]英国空軍参謀大学卒　[歴]英国統治下のテルアビブに生まれる。18歳で英国空軍に志願し、第二次大戦中はパイロットとして従軍。1948年にはイスラエル建国直後の第1次中東戦争に従軍。イスラエル空軍の生みの親と呼ばれ、58～66年初代空軍司令官を務めた。

67年の第3次中東戦争では、対エジプト先制空爆を計画。69年政界入りし、運輸相。右派政党リクードの創設に携わり、77年ベギン政権で国防相。エジプトのサダト大統領と緊密な接触を保ち、78年のエジプトとイスラエルの和平合意に尽力した。のちハト派に転じ、中道左派・労働党に鞍替えした。80年国防相を辞任し、新党のヤハドを創設。84～88年通信相、88～92年科学相を歴任。89年には現役閣僚ながら、当時非承認のパレスチナ解放機構（PLO）と秘密裏に接触した。93年5月労働党の支持を受け第7代大統領（元首）に就任。形式にこだわらない人柄で、PLOのアラファト議長を自宅へ招くなど和平路線を推進。タカ派のネタニヤフ政権時代には、歯に衣着せぬ物言いで和平推進を首相に要求し、国民の高い人気を誇った。98年3月再選。議員在職時代の収賄疑惑が発覚し、不起訴となったが、2000年7月任期途中で辞任した。　[家]おじ＝ハイム・ワイツマン（イスラエル初代大統領）

ワイノ, アントン

Vaino, Anton

1972.2.17～

ロシア大統領府長官　[出]ソ連エストニア共和国タリン（エストニア）　[学]モスクワ国際関係大学（1996年）卒　[歴]在日ロシア大使館、ロシア外務省アジア第2局を経て、2002年大統領府儀典局。04～07年大統領府儀典副局長。11年12月内閣官房長官、12年5月大統領府副長官を経て、16年8月大統領府長官に任命される。

ワグノリュス, ゲディミナス

Vagnorius, Gediminas

1957.6.10～

リトアニア首相　経済学者　[学]ビリニュス建築大学卒 社会科学博士　[歴]ソ連からの独立を主導した民族組織サユジスの共同創設者。1991年の独立後、ランズベルギス最高会議議長の元で初代首相を務め、価格自由化、民営化などの市場経済移行を推進したが、92年物価高騰や生産減の責任を取り辞任。後、祖国同盟の執行委議長を務め、96年11月再び首相に就任。99年5月辞任。

ワース, ティモシー

Wirth, Timothy

1939.9.22～

米国国務次官, 米国上院議員（民主党）　[出]ニューメキシコ州サンタフェ　[名]Wirth, Timothy Endicott　[学]ハーバード大学卒 Ph.D.（スタンフォード大学）　[歴]1987～92年米国上院議員を務め、ゴア元副大統領らとともに環境問題に取り組む。94年国務次官に就任。97年地球温暖化防止京都会議の米国の準備作業を指揮したが、同年国務次官を辞職。98年CNNテレビ創設者、テッド・ターナーの寄付で創設された国連財団理事長に就任。2013年退任。

ワスモシ, フアン・カルロス

Wasmosy, Juan Carlos

1938.12.15～

パラグアイ大統領　実業家　[出]アスンシオン　[学]アスンシオン大学工学部卒　[歴]ハンガリー移民の家系に生まれる。建設業や牧畜業、銀行の企業経営に加わり実業家として成功。ブラジルと2国共同で進めた世界最大のイタイプ・ダム建設プロジェクトに参加した建設業者団体コネンバの中心メンバーで、強力な企業集団は“ワスモシ・グループ”とも呼ばれる。一方、1973年コロラド党に入党。90年12月ロドリゲス政権の初代地域統合相として入閣、92年6月まで務めた。93年5月の民政移管の大統領選で同大統領の信任を得て同党候補になり当選、同年8月～98年大統領。

ワタラ, アラサン

Ouattara, Alassane

1942.1.1～

コートジボワール大統領・首相　[出]フランス領コートジボワール・ディンボクロ（コートジボワール）　[名]Ouattara, Alassane Dramane　[学]ペンシルベニア大学経済学修士課程修了　[歴]ペンシルベニア大学で学んだのち、国際通貨基金（IMF）エコノミストや西アフリカ諸国中央銀行勤務を経て、1980年代後半に帰国。ウフェボワニ初代大統領の下で90～93年コートジボワール首相兼経済財政相。94～99年IMF副専務理事。99年野党の共和連合（RDR）党首に就任。父親がブルキナファソ人のため、憲法規定を根拠に2000年の大統領選立候補を拒否されるが、02

年コートジボワール国籍を取得。10年11月の大統領決選投票でバグボ大統領と争い、選挙管理委員会はワタラが勝利したとの暫定結果を発表したが、憲法評議会がこれを覆してバグボ再選と発表。12月バグボが就任宣誓したのに対抗して、独自に就任を宣誓する。11年4月バグボが拘束され、5月大統領就任を宣誓。12年より国防相兼任。

ワチラロンコン, マハ

Vajiralongkorn, Maha

1952.7.28～

タイ国王　[出]バンコク　[名]別称＝ラーマ10世〈Rama X〉　[学]オーストラリア陸軍士官学校(1975年)卒, ニューサウスウェールズ大学, タマサート大学　[歴]プミポン国王(ラーマ9世)の第2子の長男。1966年から英国で中等教育を受け、75年オーストラリアの陸軍士官学校を卒業。同年タイ国軍に入隊、タイ陸海空3軍の大将の階級を持つ。72年12月28日皇太子に指名される。2016年10月父が死去、12月王位を継承してチャクリ朝ラーマ10世となる。1987年9月訪日。　[家]父＝プミポン・アドゥンヤデート(タイ国王), 母＝シリキット王妃

ワッド, アブドゥラエ

Wade, Abdoulaye

1926.5.29～

セネガル大統領　法律学者, 経済学者　[出]フランス領セネガル・サンルイ(セネガル)　[学]ブザンソン大学(フランス)卒, ディジョン大学卒, ダカール大学 法学博士(グルノーブル大学), 経済学博士(グルノーブル大学)　[歴]高校までパリに在住。ダカール師範学校で学び、1950～59年フランスに留学。60年セネガル独立。西アフリカ経済共同体構想の起案者で法律学者、経済学者でもあり、ダカール大学法経学部長などを務めた。74年セネガル民主党(PDS)を設立、同年国会議員。78年大統領選に初立候補。民衆の抗議行動を扇動したとして、88年、94年に逮捕されたが、いずれも恩赦で釈放。90年代にはディウフ政権で2度入閣。5度目の立候補となった2000年3月の大統領選で現職のディウフ候補を破り、4月大統領に就任。60年代からの一党体制を選挙という民主的方法で崩した。07年2月大統領再選。12年4月退任。02年9月、03年5月、同年9月来日。　[勲]レジオン・ド・ヌール勲章グラン・オフィシエ章

ワヒド, アブドゥルラフマン

Wahid, Abdurrahman

1940.8.4～2009.12.30

インドネシア大統領, ナフダトゥル・ウラマ(NU)総裁　イスラム教指導者　[出]オランダ領東インド東ジャワ州ジョンバン(インドネシア)　[名]通称＝グス・ドゥル　[学]アズハル大学, バクダッド大学　[歴]父方の祖父はインドネシア最大のイスラム教組織、ナフダトゥル・ウラマ(NU)初代総裁のハシム・アシャリ、父はインドネシア初代宗務相を務めたアブドゥル・ワヒド・ハシム。母方の祖父はNU総裁のビスリ・シャンスリ。プサントレンで学んだ後、1963年エジプトのアズハル大学、66年イラクのバクダッド大学に留学し、イスラム法を学ぶ。74年帰国。ジャカルタのプサントレン・チガジュールを主宰。週刊誌「テンポ」のコラムニスト、イスラム学者、評論家として活躍。84年NU総裁。90年初頭からスハルト政権を批判し、政府主導でインドネシア・イスラム知識人協会(ICMI)が設立されると、対抗して知識人らと“民主化のためのフォーラム”を設立。97年脳卒中で倒れ、ほぼ失明。98年5月のスハルト退陣後、7月インドネシア国民覚醒党(PKB)を創設。99年6月総選挙で第4党となり、10月投票による大統領選で第4代大統領に就任。穏健派イスラム教指導者で、他宗教の信者や世俗主義者からも支持を受ける。挙国一致体制でスタートしたものの、独断専行的な政権運営手法が反発を招き、議会・政党との関係が急速に悪化。2件の資金疑惑も浮上し、2001年7月特別国民協議会により罷免される。1994年11月国際シンポジウム“日本からのメッセージ”出席のため来日、99年11月大統領として来日。[家]父＝アブドゥル・ワヒド・ハシム(イスラム教指導者), 祖父＝ハシム・アシャリ(ナフダトゥル・ウラマ創設者), ビスリ・シャンスリ(ナフダトゥル・ウラマ総裁)

ワヒード・ハッサン, モハメド

Waheed Hassan, Mohamed

1953.1.3～

モルディブ大統領　[名]Waheed Hassan Manik, Mohamed　[学]ベイルート・アメリカン大学, スタンフォード大学大学院 Ph.D.

（政治学・教育学, スタンフォード大学）　㊞米国のスタンフォード大学で政治、教育学を学び、博士号を取得。1991年～2006年ユニセフ（国連児童基金）に勤務。1998年モルディブ国会議員に当選。2008年11月副大統領。12年2月の政変で失脚したナシード大統領の後任として、大統領に就任。13年9月の大統領選で再選を目指したが、11月の再選挙から撤退した。

ワレサ, レフ
Walesa, Lech
1943.9.29～
ポーランド大統領, 連帯議長　労働組合運動家　㊐グダニスク県ポポヴォ　㊞大工の息子に生まれ、職業訓練学校を経て、1967年グダニスクのレーニン造船所電気工となる。70年12月の食肉値上げ反対運動でスト委員会に加わり、76年の暴動で解雇。78年5月結成のバルト海沿岸自由労組（非公認）参加。80年夏の"グダニスク争議"で主導的な役割を果たし、スト権や自主管理労組を認めた「グダニスク政労合意」を勝ち取り、同年9月全国的な自主管理労組 "連帯" の議長に就任。81年10月の全国大会で議長再選。同年5月訪日。同年12月13日の戒厳令のあと拘留されたが、82年11月釈放。83年ノーベル平和賞受賞。88年10月 "連帯" の復権要求を掲げ政府との円卓会議に臨んだ。89年6月の新選挙法による上下両院選挙では在野勢力の選挙対策本部・市民委員会委員長を務め、8月連帯主導の政権を誕生させた。80年代の東欧民主化運動の牽引者となる。90年12月自由選挙により大統領に就任、同時に連帯議長辞任。以来、経済の自由化、民営化政策を進めた。95年11月の大統領選では旧共産党系のクワシニエフスキ社会民主党党首に敗れた。同年よりワレサ研究所主宰。97年新党、第三共和国キリスト教民主党（ChDTRP）を結成、98年9月党首に就任。2000年より名誉議長。同年10月の大統領選でも落選。06年8月連帯脱退を公表。自伝に「希望の道」（1987年）がある。　㊞自由勲章（米国大統領）（1989年），チェコ国家勲章（1999年）　㊞ノーベル平和賞（1983年），明治大学名誉博士号（1997年）

ワン・アジザ・ワン・イスマイル
Wan Azizah Wan Ismail
1952～
マレーシア国民正義党（PKR）総裁　改革運動指導者　㊐シンガポール　㊞中国系。アイルランドの大学の眼科で学び、マラヤ大学医学部の研修医時代にアンワル・イブラヒムと知り合い、1979年結婚。98年副首相兼財務相の夫が異常性行為と汚職の罪で起訴された後、マハティール首相に名誉ある退陣を迫り、反政府運動の象徴的指導者となる。同年12月NGO・社会正義運動を創設。99年4月マレーシア国民正義党（PKR）を旗揚げし総裁（党首）。同年11月総選挙に出馬し当選。2015年マレーシア野党連合（PR）のリーダーに選出される。　㊛夫＝アンワル・イブラヒム（元マレーシア副首相）

ワンケ, ダオダ・マラム
Wanke, Daouda Mallam
～2004.9.15
ニジェール国家和解評議会議長　軍人　㊞ニジェールの大統領警護隊長（少佐）を経て、1999年4月軍のクーデターによるメナサーラ大統領暗殺後、ニジェール国家和解評議会議長に就任した。

ワンチュク, ジグメ・ケサル・ナムゲル
Wangchuck, Jigme Khesar Namgyel
1980.2.21～
第5代ブータン国王　㊐ティンプー　㊐オックスフォード大学大学院政治学修士　㊞第4代国王・ジグメ・シンゲ・ワンチュクの長男に生まれる。米国の高校、大学を出て、英国オックスフォード大学大学院で学ぶ。帰国後は国内を行脚し、国民と対話を重ねてきた。2001年皇太子として初めてインドに外遊。06年12月14日父王からの譲位により第5代王位を継承。08年11月6日戴冠。08年父王の意を受けて発布された新憲法で、人民主権を基盤とした立憲君主制への移行が宣言された。11年10月一般人女性のジェツン・ペマと結婚。同年11月夫婦で国賓として来日し、皇居での歓迎行事や宮中晩餐会に出席したほか、東日本大震災で被災した福島県などを訪れた。"ハンサムな国王"として国民の人気も高い。　㊛父＝ジグメ・シンゲ・ワンチュク（ブータン第4代国王），妻＝ジェッツン・ペマ王妃

ワンチュク, ジグメ・シンゲ
Wangchuck, Jigme Singye
1955.11.11～

第4代ブータン国王　[出]ティンプー　[歴]シッキム王国（現・インド領）に1年、英国サセックス、アスコットに4年間留学。1972年国家計画委員会議長。同年3月皇太子の認証を受け、7月24日父ジグメ・ドルジ・ワンチュク王の死により世界最年少の16歳で第4代国王として即位。74年6月戴冠。88年11月結婚。98年即位25周年を機に政治改革に乗り出し、これまでの君主制を改め、国家元首の地位にとどまるものの行政の長を退き、閣僚の任命権を国会に委ね、国会の議決による国王の解任権も認めた。2005年3月ブータンで初めてとなる成文憲法制定に向けた草案を発表。民主的な立憲君主制を政体として明記し、65歳の国王定年制の導入をうたう。同年12月、08年に総選挙を実施して民主化を進め、それを受けて退位する方針を表明。06年12月14日突然ジグメ・ケサル・ナムゲル・ワンチュク皇太子に王位を譲り、国政の舞台から去る。同年米タイム誌の“世界を変える100人”に選ばれた。“国民総幸福量（GNH）”の概念を提唱したことでも知られる。1989年昭和天皇の大喪の礼に出席のため初来日。　[賞]KYOTO地球環境の殿堂（第2回）（2011年）　[家]父＝ジグメ・ドルジ・ワンチュク（ブータン第3代国王），長男＝ジグメ・ケサル・ナムゲル・ワンチュク（ブータン第5代国王）

国別・地域別索引

アジア

《インド》

アドバニ, ラル・キシャンチャンド（内相）……………………………………… 14

カラム, アブドル（大統領）……………… 106

ガンジー, ソニア（国民会議派総裁）…… 115

ガンジー, マネカ・サンジャイ（女性・児童育成相）………………………… 116

ガンジー, ラジモハン（上院議員）……… 116

ガンジー, ラフル（国民会議派総裁）…… 116

カント, クリシャン（副大統領）………… 117

グジュラル, インデル・クマール（首相）………………………………… 145

ケジリワル, アービンド（デリー州政府首相）………………………………… 163

ケスリ, シタラム（国民会議派総裁）…… 163

ゴウダ, H.D.デーベ（首相）…………… 177

コビンド, ラム・ナート（大統領）……… 181

シェティ, サリル（アムネスティ・インターナショナル事務局長）…………… 210

シバル, カピル（法相）…………………… 216

シャー, プラカシュ（国連大使）………… 218

ジャイトリー, アルン（財務相）………… 218

ジャヤラリタ, ジャヤラム（タミール・ナドゥ州首相）…………………… 223

シャルマ, シャンカル・ダヤル（大統領）………………………………… 224

シン, ジャスワント（外相）……………… 242

シン, ディネシュ（外相）………………… 242

シン, ナトワル（外相）…………………… 243

シン, マンモハン（首相）………………… 243

シンハ, ヤシュワント（外相）…………… 244

ソランキ, マダブシン（外相）…………… 271

チダムバラム, パラニアパン（財務相）‥288

ナラヤナン, コチェリル・ラーマン（大統領）………………………………… 345

ニレカニ, ナンダン（固有識別番号庁総裁）………………………………… 348

バクト, シカンダール（外相）…………… 369

バジパイ, アタル・ビハリ（首相）……… 371

パチャウリ, ラジェンドラ（IPCC議長）………………………………… 377

パティル, プラティバ（大統領）………… 380

バナジー, ママタ（鉄道相）……………… 382

バラヨギ, G.M.C.（下院議長）………… 393

パワル, シャラド（国防相）……………… 399

フェルナンデス, ジョージ（国防相）…… 424

マハジャン, プラモド（情報技術相・議会担当相）……………………… 494

マヤワティ（ウッタルプラデシュ州首相）………………………………… 495

ムカジー, プラナブ（大統領）…………… 510

モディ, ナレンドラ（首相）……………… 528

ラオ, ナラシマ（首相）…………………… 550

《インドネシア》

アグン・ラクソノ（国会議長）……………… 7

アラタス, アリ（外相）…………………… 26

ウィラント（調整相）……………………… 54

エルアイ, テイス・フヨ（西パプア国民評議会議長）…………………… 66

カラ, ユスフ（副大統領）………………… 103

ギナンジャール・カルタサスミタ（調整相）………………………………… 121

クウィック・キアン・ギー（調整相）…… 141

ゴーベル, ラフマット（貿易相）………… 181

シハブ, アルウィ（外相）………………… 216

ジョコ・ウィドド（大統領）……………… 237

スシ・プジアストゥティ（海洋・水産相）………………………………… 246

スダルソノ, ユウォノ（国防相）………… 247

スダルモノ（副大統領）…………………… 247

スドラジャット, エディ（国軍総司令官）………………………………… 249

ストリスノ, トリ（副大統領）…………… 249

スハルト（大統領）………………………… 252

スプロト（OPEC事務局長）……………… 254

スリ・ビンタン・パムンカス（民主連合党首）…………………………… 255

スリ・ムルヤニ・インドラワティ（財務相）………………………………… 256

タウフィック・キマス（国民協議会議長）………………………………… 275

タンジュン, アクバル（国会議長）……… 283

アジア　　　　　　　　　　　国別・地域別索引

タンジュン, フェイサル（調整相）……… 284
ティロ, ハッサン（独立運動指導者）…… 314
ドロジャトゥン・クンチョロヤクティ
　（調整相）……………………………… 339
バアシル, アブ・バカール（イスラム教
　指導者）………………………………… 357
バクリ, アブリザル（ゴルカル党党首）… 369
ハズ, ハムザ（副大統領）……………… 373
ハッタ・ラジャサ（経済調整相）……… 379
ハビビ, バハルディン・ユスフ（大統
　領）……………………………………… 387
ハメンク・ブオノ10世（ジョクジャカ
　ルタ特別州知事）……………………… 390
ハルモコ（国会議長）…………………… 397
ブディオノ（副大統領）………………… 434
プラボウォ・スビアント（陸軍戦略予
　備軍司令官）…………………………… 442
マジッド, ヌルホリス（イスラム教指導
　者）……………………………………… 487
ムザディ, ハシム（国会議員）………… 511
ムルディヨノ（国家官房長官）………… 518
メガワティ・スカルノプトリ（大統領）
　……………………………………………… 520
ユドヨノ, スシロ・バンバン（大統領）… 541
ライス, アミン（国民協議会議長）…… 548
ラムリ, リザル（調整相・財務相）…… 563
ルクマナ, シティ・ハルディヤンティ
　（社会相）……………………………… 586
ルスリ・ノール（ASEAN事務局長）…… 588
ルトノ・マルスディ（外相）…………… 590
ワヒド, アブドゥルラフマン（大統領）… 609

《韓国》

アン・サンス（国会議員）……………… 34
アン・チョルス（国会議員）…………… 34
イ・インジェ（労相）…………………… 36
イ・キテク（ハンナラ党副総裁）……… 37
イ・キョンシク（副首相）……………… 37
イ・サンドク（国会副議長）…………… 37
イ・サンヒ（国防相）…………………… 38
イ・ジェジョン（統一相）……………… 38
イ・ジュン（国防相）…………………… 38
イ・ジュンギュ（駐日大使）…………… 38
イ・ジョンウク（WHO事務局長）……… 38

イ・ジョンソク（統一相）……………… 38
イ・ジョンビン（外交通商相）………… 39
イ・スソン（首相）……………………… 39
イ・スフン（駐日大使）………………… 39
イ・ナギョン（首相）…………………… 39
イ・ハンドン（首相）…………………… 40
イ・ヒボム（産業資源相）……………… 40
イ・ビョンギ（大統領秘書室長）……… 40
イ・フェチャン（首相）………………… 40
イ・ヘチャン（首相）…………………… 41
イ・ホング（首相）……………………… 41
イ・ホンジェ（副首相）………………… 41
イ・マンソプ（国会議長）……………… 41
イ・ミョンバク（大統領）……………… 42
イ・ヨンドク（首相）…………………… 42
イ・ワング（首相）……………………… 42
イム・テヒ（大統領室長）……………… 47
イム・ドンウォン（統一相）…………… 47
オ・セフン（ソウル市長）……………… 70
カン・ウンテ（内相）…………………… 113
カン・ギョンファ（外相）……………… 113
カン・グムシル（法相）………………… 113
カン・ジェソプ（ハンナラ党代表）…… 114
カン・ボンギュン（財政経済相）……… 115
キム・ウォンギ（国会議長）…………… 123
キム・キジェ（行政自治相）…………… 123
キム・ギチュン（大統領府秘書室長）… 123
キム・グァンジン（国防相）…………… 123
キム・クンテ（保健福祉相）…………… 124
キム・ジョンピル（首相）……………… 126
キム・ジンピョ（副首相）……………… 126
キム・スハン（国会議長）……………… 126
キム・ソクギュ（駐日大使）…………… 126
キム・ソクス（首相）…………………… 127
キム・ソンファン（外交通商相）……… 127
キム・チャンス（国防相）……………… 127
キム・テジ（駐日大使）………………… 127
キム・デジュン（大統領）……………… 127
キム・テホ（慶尚南道知事）…………… 128
キム・テヨン（国防相）………………… 128
キム・ドゥグァン（慶尚南道知事）…… 128
キム・ドク（副首相）…………………… 129

国別・地域別索引　アジア

キム・ドンシン（国防相）………………129
キム・ハジュン（統一相）………………129
キム・ハンギル（文化観光相）…………129
キム・ファジュン（保健福祉相）………129
キム・ファンシク（首相）………………130
キム・マンボク（国家情報院院長）……130
キム・ユンファン（ハンナラ党副総裁）
　……………………………………………130
キム・ヨンサム（大統領）………………131
キム・ヨンファン（人権活動家）………133
クォン・オギ（副首相）…………………143
クォン・オギュ（副首相）………………143
クォン・チョルヒョン（駐日大使）……143
コ・ゴン（首相）…………………………170
コン・ノミョン（外相）…………………185
ジュン・ユンチョル（副首相）…………234
ジョ・ヨンギル（国防相）………………235
ジョン・セヒョン（統一相）……………239
シン・ガクス（駐日大使）………………242
ジン・ニョム（財政経済相）……………243
ソ・チョンウォン（ハンナラ党代表）…264
ソ・ヒョンソプ（外交通商部大使）……264
ソ・ヨンフン（大韓赤十字社総裁）……264
ソン・ハッキュ（民主党代表）…………272
ソン・ミンスン（外交通商相）…………273
ソン・ヨンム（国防相）…………………273
チェ・インギ（行政自治相）……………285
チェ・ソンホン（外交通商相）…………285
チェ・ビョンヨル（労相）………………286
チュ・ミエ（共に民主党代表）…………294
チョ・スン（ソウル市長）………………296
チョ・セヒョン（駐日大使）……………296
チョ・ソンテ（国防相）…………………296
チョ・ミョンギュン（統一相）…………296
チョン・ウォンシク（首相）……………300
チョン・ウンチャン（首相）……………300
チョン・セギュン（国会議長）…………300
チョン・ドンヨン（統一相）……………301
チョン・ホンウォン（首相）……………301
チョン・モンジュン（ハンナラ党代表）
　……………………………………………302
チョン・ヨンテク（国家情報院院長）…302
ノ・ジェボン（首相）……………………354

ノ・テウ（大統領）………………………354
ノ・ムヒョン（大統領）…………………354
パク・ウォンスン（ソウル市長）………364
パク・クァンヨン（新韓国党事務総長）
　……………………………………………365
パク・クネ（大統領）……………………365
パク・サンチョン（法相）………………365
パク・ジウォン（文化観光相）…………365
パク・ジェギュ（統一相）………………366
パク・ジュンギュ（国会議長）…………366
パク・ジョンス（外交通商相）…………366
パク・セジク（ソウル市長）……………366
パク・チョルオン（自民連副総裁）……367
パク・テジュン（首相）…………………367
パク・ヒテ（ハンナラ党代表）…………367
パン・ギムン（国連事務総長）…………400
ハン・グァンオク（大統領府秘書室長）
　……………………………………………400
ハン・スンジュ（外相）…………………400
ハン・スンス（首相）……………………401
ハン・ドクス（首相）……………………401
ハン・ファガプ（新千年民主党代表）…401
ハン・ミョンスク（首相）………………401
ハン・ミング（国防相）…………………402
ヒョン・インテク（統一相）……………412
ファン・インソン（首相）………………419
ファン・ギョアン（首相）………………419
ファン・ジャンヨプ（朝鮮労働党書記）
　……………………………………………419
ファン・ナクジュ（国会議長）…………419
ホン・ジュンピョ（自由韓国党代表）…482
ホン・スンヨン（統一相）………………482
ホン・ヨンピョ（統一相）………………482
ムン・グクヒョン（創造韓国党代表）…519
ムン・ジェイン（大統領）………………519
ムン・ソンヒョン（民主労働党代表）…519
ムン・ヒサン（国会副議長）……………519
ユ・ジョンハ（外相）……………………539
ユ・フンス（駐日大使）…………………539
ユ・ミョンファン（外交通商相）………539
ユン・ビョンセ（外相）…………………542
ラ・ウンベ（副首相）……………………545
ラ・ジョンイル（駐日大使）……………546

617

アジア　　　　　　　　　　　　国別・地域別索引

リュ・ウイク（統一相）………………577
リュ・ギルジェ（統一相）………………578

《カンボジア》
イエン・サリ（民主カンボジア副首相）‥43
ウン・フォト（第1首相）……………61
キュー・サムファン（民主カンボジア
　代表）……………………………135
クム・ソカー（人権党首）……………149
サイ・チュム（上院議長）……………189
サム・レンシー（財政経済相）………198
サル・ケン（副首相）…………………201
シアヌーク，ノロドム（国王）………208
シハモニ，ノロドム（国王）…………216
シリブット，ノロドム（副首相）……241
ソー・ケーン　→サル・ケンを見よ
ソック・アン（副首相）………………268
ソン・サン（首相）……………………273
ソン・セン（民主カンボジア軍最高司
　令官）……………………………273
チア・シム（上院議長）………………285
チャクラポン，ノロドム（副首相）………289
ティア・バン（副首相）………………310
トゥン・サライ（人権活動家）………330
フン・セン（首相）……………………453
ヘン・サムリン（国家評議会議長）…469
ペン・ソバン（首相）…………………469
ホー・ナム・ホン（副首相）…………476
ラナリット，ノロドム（第1首相）………556

《北朝鮮》
カン・ソクチュ（副首相）……………114
カン・ソンサン（首相）………………115
キム・イルチョル（人民武力相）………122
キム・ギョクシク（人民武力相）………123
キム・ギョンヒ（朝鮮労働党政治局員）
　………………………………………123
キム・グクテ（朝鮮労働党政治局員）…124
キム・ゲグァン（最高人民会議外交委
　員）………………………………124
キム・ジョンイル（朝鮮労働党総書記）
　………………………………………124
キム・ジョンウン（国務委員長）………125
キム・ジョンガク（人民武力相）………125

キム・ビョンシク（国家副主席）………129
キム・ヤンゴン（朝鮮労働党中央委員
　会統一戦線部長）………………130
キム・ヨジョン（朝鮮労働党宣伝扇動
　部副部長）………………………131
キム・ヨンイル（首相）………………131
キム・ヨンジュ（国家副主席）………132
キム・ヨンジン（副首相）……………132
キム・ヨンスン（朝鮮労働党中央委書
　記）………………………………132
キム・ヨンチュン（人民武力相）………132
キム・ヨンチョル（朝鮮労働党副委員
　長）………………………………133
キム・ヨンナム（最高人民会議常任委
　員会委員長）……………………133
ソン・イルホ（朝日国交正常化交渉担
　当大使）…………………………272
ソン・ホギョン（朝鮮労働党中央委員
　会副部長）………………………273
チェ・テボク（最高人民会議議長）………285
チェ・ブイル（国務委員）……………286
チェ・ヨンリム（首相）………………286
チェ・リョンヘ（国務副委員長）………286
チャン・ジョンナム（人民武力相）………292
チャン・ソンテク（国防委員会副委員
　長）………………………………292
チャン・チョル（副首相）……………293
チョ・ミョンロク（朝鮮労働党政治局
　常務委員）………………………296
チョン・テファ（外務省副部長）………301
チョン・ハチョル（朝鮮労働党宣伝扇
　動部長）…………………………301
チョン・ビョンホ（朝鮮労働党政治局
　員）………………………………301
パク・ウィチュン（外相）……………364
パク・ボンジュ（首相）………………368
パク・ヨンシク（人民武力相）………368
ヒョン・ヨンチョル（人民武力相）………413
ファン・ビョンソ（国務副委員長）………420
ペク・ナムスン（外相）………………456
ペク・ハクリム（人民保安相）………456
ホン・ソンナム（首相）………………482
ヤン・ヒョンソプ（最高人民会議常任
　委副委員長）……………………538

618

国別・地域別索引　　アジア

ユン・キボク（祖国統一民主主義戦線
　議長）‥‥‥‥‥‥‥‥‥‥‥‥542
ヨン・ヒョンムク（首相）‥‥‥‥545
リ・ウルソル（朝鮮労働党中央委員）‥565
リ・スヨン（朝鮮労働党副委員長）‥‥569
リ・ミョンス（朝鮮労働党政治委員）‥571
リ・ヨンチョル（朝鮮労働党中央軍事
　委員）‥‥‥‥‥‥‥‥‥‥‥‥571
リ・ヨンホ（朝鮮労働党政治局常務委
　員）‥‥‥‥‥‥‥‥‥‥‥‥‥572
リ・ヨンホ（外相）‥‥‥‥‥‥‥572
リョ・ウォング（祖国統一民主主義戦
　線議長）‥‥‥‥‥‥‥‥‥‥‥580

《シンガポール》
オン・ケンヨン（ASEAN事務局長）‥‥83
オン・テンチョン（大統領）‥‥‥‥83
ゴー・チョクトン（首相）‥‥‥‥171
コー，トミー（アジア欧州基金総裁）‥171
ジャヤラトナム，J.B.（労働者党書記
　長）‥‥‥‥‥‥‥‥‥‥‥‥‥223
タン，トニー（大統領）‥‥‥‥‥282
ナーザン，S.R.（大統領）‥‥‥‥342
ハリマ・ヤコブ（大統領）‥‥‥‥394
ピレイ，J.Y.（大統領代行）‥‥‥414
ヨー，ジョージ（外相）‥‥‥‥‥543
ラウ・ティアキアン（労働者党書記長）
　‥‥‥‥‥‥‥‥‥‥‥‥‥‥550
リー・クアンユー（首相）‥‥‥‥566
リー・シェンロン（首相）‥‥‥‥568

《スリランカ》
ウィクラマシンハ，ラニル（首相）‥‥‥53
ウィクラマナヤケ，ラトナシリ（首相）‥‥53
ウィジェトンガ，ディンギリ・バンダ
　（大統領）‥‥‥‥‥‥‥‥‥‥‥53
カディルガマル，ラクシュマン（外相）‥‥96
クマラトゥンガ，チャンドリカ・バン
　ダラナイケ（大統領）‥‥‥‥‥149
シリセナ，マイトリパラ（大統領）‥‥241
バンダラナイケ，アヌラ（外相）‥‥‥404
バンダラナイケ，シリマボ（首相）‥‥404
プラバカラン，ベルピライ（LTTE議
　長）‥‥‥‥‥‥‥‥‥‥‥‥442
ラジャパクサ，マヒンダ（大統領）‥‥553

ルペシンゲ，クマール（インターナショ
　ナル・アラート事務局長）‥‥‥591

《タイ》
アーサ・サラシン（外相）‥‥‥‥‥‥8
アチット・ウライラット（外相）‥‥‥13
アチット・カムランエク（副首相）‥‥‥13
アナン・パンヤラチュン（暫定首相）‥‥15
アヌポン・パオチンダ（内相）‥‥‥‥16
アピシット・ウェチャチワ（首相）‥‥‥18
アムヌアイ・ウィラワン（副首相）‥‥25
インラック・シナワット（首相）‥‥‥51
カセムサモソーン・カセムシー（副首
　相）‥‥‥‥‥‥‥‥‥‥‥‥‥92
キティラット・ナ・ラノン（副首相）‥‥120
クラセー・チャナウォン（外相）‥‥151
コーン・チャーティカワニット（財務
　相）‥‥‥‥‥‥‥‥‥‥‥‥187
サマック・スンタラウェート（首相）‥‥197
サンヤ・タマサク（首相）‥‥‥‥207
スチンダ・クラプラユーン（首相）‥‥247
スパチャイ・パニチャパク（副首相）‥‥252
スビン・ピンカヤン（外相）‥‥‥‥253
スラキアット・サティヤンタイ（副首
　相）‥‥‥‥‥‥‥‥‥‥‥‥255
スラユット・チュラノン（暫定首相）‥‥255
スリン・ピッスワン（ASEAN事務局
　長）‥‥‥‥‥‥‥‥‥‥‥‥256
ソムキット・チャトゥシピタク（副首
　相）‥‥‥‥‥‥‥‥‥‥‥‥270
ソムチャイ・ウォンサワット（首相）‥‥270
ソンティ・ブンヤラガリン（副首相）‥‥274
タクシン・シナワット（首相）‥‥‥276
タノン・ビダヤ（財務相）‥‥‥‥278
タリン・ニマンヘミン（財務相）‥‥281
チャチャイ・チュンハワン（首相）‥‥289
チャムロン・スリムアン（副首相）‥‥‥290
チャワリット・ヨンチャイユート（首
　相）‥‥‥‥‥‥‥‥‥‥‥‥292
チュアン・リークパイ（首相）‥‥‥294
ティダ・タウォンセート（反独裁民主
　同盟議長）‥‥‥‥‥‥‥‥‥310
バンハーン・シンラパアーチャ（首相）
　‥‥‥‥‥‥‥‥‥‥‥‥‥406
ピチャイ・ラッタクン（副首相）‥‥‥409

619

アジア　　　　　　　　　　国別・地域別索引

プミポン・アドゥンヤデート（国王）‥‥436
プラソン・スンシリ（外相）‥‥‥‥‥439
プラチュアップ・チャイヤサン（外相）
　‥‥‥‥‥‥‥‥‥‥‥‥‥‥‥‥‥‥440
プラティープ・ウンソンタム（上院議
　員）‥‥‥‥‥‥‥‥‥‥‥‥‥‥‥‥440
プラユット・チャンオーチャー（首相）
　‥‥‥‥‥‥‥‥‥‥‥‥‥‥‥‥‥‥443
プリディヤトン・テワクン（副首相）‥‥445
ポンポン・アディレクサーン（副首相）
　‥‥‥‥‥‥‥‥‥‥‥‥‥‥‥‥‥‥483
ミチャイ・ヴィラヴァイディア（首相
　府相）‥‥‥‥‥‥‥‥‥‥‥‥‥‥503
ラーマ9世
　→プミポン・アドゥンヤデートを見よ
ワチラロンコン，マハ（国王）‥‥‥‥609

《台湾》

王 金平（立法院院長）‥‥‥‥‥‥‥‥71
王 建煊（財政部長）‥‥‥‥‥‥‥‥‥71
柯 文哲（台北市長）‥‥‥‥‥‥‥‥‥85
郝 柏村（行政院院長）‥‥‥‥‥‥‥‥88
郝 龍斌（台北市長）‥‥‥‥‥‥‥‥‥89
簡 又新（外交部長）‥‥‥‥‥‥‥‥115
邱 義仁（行政院副院長）‥‥‥‥‥‥135
許 嘉棟（財政部長）‥‥‥‥‥‥‥‥136
許 信良（民主進歩党主席）‥‥‥‥‥137
許 水徳（考試院院長）‥‥‥‥‥‥‥137
許 世楷（台北駐日経済文化代表処代
　表）‥‥‥‥‥‥‥‥‥‥‥‥‥‥‥137
胡 志強（外交部長）‥‥‥‥‥‥‥‥170
伍 世文（国防部長）‥‥‥‥‥‥‥‥171
呉 敦義（副総統）‥‥‥‥‥‥‥‥‥172
呉 伯雄（総統府秘書長）‥‥‥‥‥‥172
江 宜樺（行政院院長）‥‥‥‥‥‥‥174
黄 国昌（時代力量主席）‥‥‥‥‥‥174
黄 昆輝（内政部長）‥‥‥‥‥‥‥‥174
黄 志芳（外交部長）‥‥‥‥‥‥‥‥174
洪 秀柱（国民党主席）‥‥‥‥‥‥‥175
黄 主文（内政部長）‥‥‥‥‥‥‥‥175
黄 昭堂（独立建国連盟主席）‥‥‥‥175
黄 信介（民主進歩党主席）‥‥‥‥‥175
江 丙坤（立法院副院長）‥‥‥‥‥‥176
蔡 英文（総統）‥‥‥‥‥‥‥‥‥‥188

施 明徳（民主進歩党主席）‥‥‥‥‥207
謝 長廷（行政院院長）‥‥‥‥‥‥‥218
朱 立倫（行政院副院長）‥‥‥‥‥‥227
章 孝厳（行政院副院長）‥‥‥‥‥‥235
蒋 仲苓（国防部長）‥‥‥‥‥‥‥‥236
蕭 万長（副総統）‥‥‥‥‥‥‥‥‥236
銭 復（外交部長）‥‥‥‥‥‥‥‥‥263
蘇 嘉全（立法院院長）‥‥‥‥‥‥‥264
蘇 貞昌（行政院院長）‥‥‥‥‥‥‥264
宋 楚瑜（親民党主席）‥‥‥‥‥‥‥266
荘 銘耀（台北駐日経済文化代表処代
　表）‥‥‥‥‥‥‥‥‥‥‥‥‥‥‥267
タン，オードリー
　→唐 鳳（とう・ほう）を見よ
張 俊雄（行政院院長）‥‥‥‥‥‥‥298
張 善政（行政院院長）‥‥‥‥‥‥‥298
陳 菊（高雄市長）‥‥‥‥‥‥‥‥‥303
陳 水扁（総統）‥‥‥‥‥‥‥‥‥‥304
陳 冲（行政院院長）‥‥‥‥‥‥‥‥304
陳 肇敏（国防部長）‥‥‥‥‥‥‥‥305
陳 定南（法務部長）‥‥‥‥‥‥‥‥305
陳 唐山（外交部長）‥‥‥‥‥‥‥‥305
陳 履安（監察院院長）‥‥‥‥‥‥‥306
程 建人（外交部長）‥‥‥‥‥‥‥‥309
田 弘茂（外交部長）‥‥‥‥‥‥‥‥323
唐 飛（行政院院長）‥‥‥‥‥‥‥‥325
唐 鳳（政務委員）‥‥‥‥‥‥‥‥‥325
湯 曜明（国防部長）‥‥‥‥‥‥‥‥326
馬 英九（総統）‥‥‥‥‥‥‥‥‥‥356
彭 明敏（総統府資政）‥‥‥‥‥‥‥471
毛 治国（行政院院長）‥‥‥‥‥‥‥526
兪 国華（行政院院長）‥‥‥‥‥‥‥538
游 錫堃（行政院院長）‥‥‥‥‥‥‥539
葉 菊蘭（行政院副院長）‥‥‥‥‥‥543
羅 福全（台北駐日経済文化代表処代
　表）‥‥‥‥‥‥‥‥‥‥‥‥‥‥‥546
頼 英照（行政院副院長）‥‥‥‥‥‥546
頼 幸媛（行政院大陸委員会主任委員）‥‥547
頼 清徳（行政院院長）‥‥‥‥‥‥‥547
李 嘉進（立法委員）‥‥‥‥‥‥‥‥566
李 慶華（立法委員）‥‥‥‥‥‥‥‥567
李 傑（国防部長）‥‥‥‥‥‥‥‥‥567
李 元簇（副総統）‥‥‥‥‥‥‥‥‥567

国別・地域別索引　　アジア

李 鎮源（建国党主席）‥‥‥‥‥‥‥‥‥570
李 天羽（国防部長）‥‥‥‥‥‥‥‥‥‥570
李 登輝（総統）‥‥‥‥‥‥‥‥‥‥‥‥570
劉 兆玄（行政院長）‥‥‥‥‥‥‥‥‥‥580
呂 秀蓮（副総統）‥‥‥‥‥‥‥‥‥‥‥580
梁 粛戎（立法院長）‥‥‥‥‥‥‥‥‥‥581
林 郁方（立法委員）‥‥‥‥‥‥‥‥‥‥582
林 義雄（民主進歩党主席）‥‥‥‥‥‥‥582
林 金莖（台北駐日経済文化代表処代
　　表）‥‥‥‥‥‥‥‥‥‥‥‥‥‥‥‥582
林 信義（行政院副院長）‥‥‥‥‥‥‥‥582
林 全（行政院長）‥‥‥‥‥‥‥‥‥‥‥583
林 洋港（国民党副主席）‥‥‥‥‥‥‥‥583
連 戦（副総統）‥‥‥‥‥‥‥‥‥‥‥‥598

《中国》

尉 健行（共産党政治局常務委員）‥‥‥‥ 37
ウーアルカイシ（民主中国陣線副主席）‥ 52
王 安順（北京市長）‥‥‥‥‥‥‥‥‥‥ 70
王 毅（国務委員）‥‥‥‥‥‥‥‥‥‥‥ 70
王 岐山（国家副主席）‥‥‥‥‥‥‥‥‥ 71
王 剛（共産党政治局員）‥‥‥‥‥‥‥‥ 71
王 光亜（共産党中央委員）‥‥‥‥‥‥‥ 72
王 滬寧（共産党政治局常務委員）‥‥‥‥ 72
王 晨（全人代常務委員長）‥‥‥‥‥‥‥ 72
王 丹（民主化運動指導者）‥‥‥‥‥‥‥ 72
王 忠禹（共産党中央委員）‥‥‥‥‥‥‥ 73
王 兆国（全人代常務副委員長）‥‥‥‥‥ 73
汪 道涵（上海市長）‥‥‥‥‥‥‥‥‥‥ 73
汪 洋（副首相）‥‥‥‥‥‥‥‥‥‥‥‥ 73
王 楽泉（共産党政治局員）‥‥‥‥‥‥‥ 73
温 家宝（首相）‥‥‥‥‥‥‥‥‥‥‥‥ 83
賈 慶林（共産党政治局常務委員）‥‥‥‥ 83
華 建敏（全人代常務副委員長）‥‥‥‥‥ 84
何 厚鏵（マカオ特別行政区行政長官）‥‥ 84
賀 国強（共産党政治局常務委員）‥‥‥‥ 84
華 国鋒（首相）‥‥‥‥‥‥‥‥‥‥‥‥ 84
賈 春旺（最高人民検察院検察長）‥‥‥‥ 85
回 良玉（副首相）‥‥‥‥‥‥‥‥‥‥‥ 85
郭 金龍（共産党政治局員）‥‥‥‥‥‥‥ 88
郭 声琨（共産党政治局員）‥‥‥‥‥‥‥ 88
郭 伯雄（共産党政治局員）‥‥‥‥‥‥‥ 88
郭 鳳蓮（全人代常務委員）‥‥‥‥‥‥‥ 89

韓 正（副首相）‥‥‥‥‥‥‥‥‥‥‥‥114
魏 京生（人権活動家）‥‥‥‥‥‥‥‥‥118
許 其亮（共産党政治局員）‥‥‥‥‥‥‥136
許 志永（人権活動家）‥‥‥‥‥‥‥‥‥136
姜 春雲（副首相）‥‥‥‥‥‥‥‥‥‥‥137
喬 石（全人代常務委員長）‥‥‥‥‥‥‥138
倪 志福（全人代常務副委員長）‥‥‥‥‥162
胡 佳（人権活動家）‥‥‥‥‥‥‥‥‥‥169
呉 官正（共産党政治局常務委員）‥‥‥‥169
呉 儀（副首相）‥‥‥‥‥‥‥‥‥‥‥‥169
胡 錦濤（国家主席）‥‥‥‥‥‥‥‥‥‥170
呉 建民（外交専門家）‥‥‥‥‥‥‥‥‥170
顧 秀蓮（全人代常務副委員長）‥‥‥‥‥171
胡 春華（副首相）‥‥‥‥‥‥‥‥‥‥‥171
呉 邦国（全人代常務委員長）‥‥‥‥‥‥172
黄 菊（副首相）‥‥‥‥‥‥‥‥‥‥‥‥174
黄 坤明（共産党政治局員）‥‥‥‥‥‥‥174
江 沢民（国家主席）‥‥‥‥‥‥‥‥‥‥175
蔡 奇（共産党政治局員）‥‥‥‥‥‥‥‥188
崔 世安（マカオ特別行政区行政長官）‥‥188
崔 天凱（駐日大使）‥‥‥‥‥‥‥‥‥‥189
蔡 武（文化相）‥‥‥‥‥‥‥‥‥‥‥‥189
柴 玲（人権活動家）‥‥‥‥‥‥‥‥‥‥189
朱 鎔基（首相）‥‥‥‥‥‥‥‥‥‥‥‥226
周 永康（国務委員）‥‥‥‥‥‥‥‥‥‥227
周 強（最高人民法院院長）‥‥‥‥‥‥‥227
習 近平（国家主席）‥‥‥‥‥‥‥‥‥‥227
徐 才厚（共産党政治局員）‥‥‥‥‥‥‥234
常 万全（国務委員）‥‥‥‥‥‥‥‥‥‥236
蕭 揚（最高人民法院院長）‥‥‥‥‥‥‥236
鄒 家華（副首相）‥‥‥‥‥‥‥‥‥‥‥245
銭 其琛（副首相）‥‥‥‥‥‥‥‥‥‥‥263
曽 慶紅（国家副主席）‥‥‥‥‥‥‥‥‥265
宋 健（共産党中央委員）‥‥‥‥‥‥‥‥266
曹 剛川（国防相）‥‥‥‥‥‥‥‥‥‥‥266
曽 培炎（副首相）‥‥‥‥‥‥‥‥‥‥‥267
孫 家正（文化相）‥‥‥‥‥‥‥‥‥‥‥272
孫 春蘭（副首相）‥‥‥‥‥‥‥‥‥‥‥272
孫 政才（共産党政治局員）‥‥‥‥‥‥‥272
戴 相龍（天津市長）‥‥‥‥‥‥‥‥‥‥274
戴 秉国（国務委員）‥‥‥‥‥‥‥‥‥‥274
遅 浩田（国防相）‥‥‥‥‥‥‥‥‥‥‥285

アジア　　　　　　　　　　　国別・地域別索引

チャン，マーガレット（WHO事務局
　　長）……………………………………293
張 維慶（共産党中央委員）………………297
張 業遂（筆頭外務次官）…………………297
趙 啓正（共産党中央委外事委主任）……297
趙 洪祝（共産党中央委員）………………297
張 高麗（副首相）…………………………297
張 志軍（国務院台湾事務弁公室主任）…297
張 徳江（副首相）…………………………298
張 万年（人民解放軍総参謀長）…………298
張 陽（共産党中央軍事委員）……………298
張 又俠（共産党政治局員）………………299
趙 楽際（共産党政治局常務委員）………299
陳 雲林（共産党中央委員）………………303
陳 希（共産党政治局員）…………………303
陳 錦華（国家計画委主任）………………303
陳 健（国連事務次長）……………………303
陳 光誠（人権活動家）……………………304
陳 至立（全人代常務副委員長）…………304
陳 徳銘（商務相）…………………………305
陳 敏爾（共産党政治局員）………………305
陳 慕華（副首相）…………………………305
丁 関根（共産党政治局員）………………309
丁 薛祥（共産党政治局員）………………310
田 紀雲（副首相）…………………………323
田 成平（労働社会保障相）………………323
田 聡明（共産党中央委員）………………323
杜 青林（共産党中央委員）………………324
唐 家璇（国務委員）………………………325
董 建華（香港特別行政区行政長官）……325
鄧 樸方（共産党中央委員）………………326
馬 凱（副首相）……………………………356
薄 煕来（共産党政治局員）………………364
白 克明（共産党中央委員）………………365
万 鋼（科学技術相）………………………400
范 長龍（共産党政治局員）………………401
苗 圩（工業情報相）………………………412
傅 全有（人民解放軍総参謀長）…………416
武 大偉（朝鮮半島問題特別代表）………416
彭 珮雲（全人代常務副委員長）…………471
兪 正声（建設相）…………………………539
楊 潔篪（外相）……………………………543

羅 幹（共産党政治局常務委員）…………546
李 希（共産党政治局員）…………………566
李 毅中（工業情報相）……………………566
李 強（共産党政治局員）…………………566
李 継耐（国家中央軍事委員）……………567
李 源潮（国家副主席）……………………567
李 鴻忠（共産党政治局員）………………568
李 克強（首相）……………………………568
李 錫銘（全人代常務副委員長）…………568
李 瑞環（共産党政治局常務委員）………568
李 盛霖（交通運輸相）……………………569
李 長春（共産党政治局常務委員）………569
李 肇星（外相）……………………………569
李 鉄映（共産党政治局員）………………570
李 鵬（首相）………………………………571
李 嵐清（副首相）…………………………572
栗 戦書（共産党政治局常務委員）………574
劉 雲山（共産党政治局常務委員）………578
劉 延東（副首相）…………………………578
劉 鶴（副首相）……………………………578
劉 華清（共産党政治局常務委員）………579
劉 淇（共産党政治局員）…………………579
劉 奇葆（共産党中央宣伝部長）…………579
劉 暁波（民主活動家）……………………579
梁 光烈（国務委員）………………………581
廖 錫龍（共産党中央軍事委員）…………581
令 計画（共産党統一戦線部長）…………593

《ネパール》

アディカリ，マン・モハン（首相）……14
オリ，K.P.シャルマ（首相）……………80
カナル，ジャラ・ナート（首相）………98
ギャネンドラ・ビル・ビクラム・
　　シャー・デブ（国王）………………133
コイララ，ギリジャ・プラサド（首相）‥173
コイララ，スシル（首相）………………173
タパ，スーリヤ・バハドール（首相）……278
ダハル，プスパ・カマル（首相）………279
チャンド，ロケンドラ・バハドル（首
　　相）……………………………………293
デウバ，シェール・バハドル（首相）……316
ネパール，マダブ（首相）………………353

622

国別・地域別索引　　アジア

バタライ, クリシュナ・プラサド（首相）……………………………376

バタライ, ババラム（首相）……………376

バンダリ, ビドヤ・デビ（大統領）………404

プラダン, シャハナ（外相）……………440

プラチャンダ
　→ダハル, ブスパ・カマルを見よ

ヤダブ, ラム・バラン（大統領）…………536

《パキスタン》
アジズ, サルタジ（外相）………………9

アジズ, シャウカット（首相）……………9

アシュラフ, ラジャ・ペルベズ（首相）…11

アバシ, シャヒド・カカーン（首相）……16

アフマド, カジ・フセイン（宗教指導
　者）………………………………23

カル, ヒナ・ラバニ（外相）……………108

カーン, イムラン（正義行動党代表）……113

カーン, グーラム・イスハク（大統領）…113

ギラニ, サイヤド・ユサフ・ラザ（首
　相）………………………………138

サジャド, ワシム（大統領代行）…………192

サディック, ナフィス（UNFPA事務局
　長）………………………………193

ザルダリ, アシフ・アリ（大統領）………202

ジャマリ, ザファルラ・カーン（首相）…222

シャムザイ, ニザムディン（イスラム教
　指導者）…………………………222

シャリフ, ナワズ（首相）………………224

タラル, ムハマド・ラフィク（大統領）…281

バッティ, シャフバズ（少数者問題担当
　相）………………………………379

フサイン, チョードリー・シュジャー
　ト（暫定首相）…………………428

フセイン, マムヌーン（大統領）…………431

ブット, ベナジル（首相）………………434

ブット・ザルダリ, ビラワル（パキスタ
　ン人民党総裁）…………………434

ムシャラフ, ペルベズ（大統領）…………512

ユスフザイ, マララ（人権活動家）………540

レガリ, ファルーク（大統領）…………594

《バングラデシュ》
アハメド, イアジュディン（大統領）……17

アハメド, シャハブデン（大統領）………17

エルシャド, フセイン・モハマド（大統
　領）………………………………66

カーン, アイリーン（アムネスティ・イ
　ンターナショナル事務総長）……113

キブリア, シャー・A.M.S.（財務相）……122

ジア, カレダ（首相）……………………208

チョードリ, アンワルル（国連事務次
　長）………………………………299

チョードリ, バドルドーザ（大統領）……300

ハシナ, シェイク（首相）………………371

ハミド, アブドル（大統領）……………390

ビスワス, アブドル・ラーマン（大統
　領）………………………………409

ラーマン, ジルル（大統領）……………561

《東ティモール》
アマラル, フランシスコ・シャビエル・
　ド（独立運動指導者）……………24

アルカティリ, マリ（首相）………………29

カラスカラオ, マヌエル（CNRT総裁）…104

カラスカラオ, マリオ（副首相）…………105

グスマン, シャナナ（大統領）……………145

グテレス, フランシスコ
　→ル・オロを見よ

グテレス・ロペス, アニセト（人権活動
　家）………………………………148

デアラウジョ, ルイ・マリア（首相）……309

ペレイラ, アジオ（閣議議長担当相）……466

ベロ, カルロス・フィリペ・シメネス
　（カトリック司教）………………467

ラモス・ホルタ, ジョゼ（大統領）………563

ルアク, タウル・マタン（大統領）………584

ル・オロ（大統領）………………………585

《フィリピン》
アキノ, アガピト（上院議員）……………5

アキノ, コラソン（大統領）………………5

アキノ, ベニグノ3世（大統領）…………6

アルモンテ, ホセ（国務相）………………31

アロヨ, グロリア・マカパガル（大統
　領）………………………………33

アンガラ, エドガルド（上院議長）………34

エストラダ, ジョセフ（大統領）…………63

アジア　　　　　　　　　　国別・地域別索引

エンリレ, フアン・ポンセ（上院議長）… 70
オプレ, ブラス（外相）………………… 78
ギンゴナ, テオフィスト（副大統領）…141
サラマット, ハシム（MILF議長）………199
シアゾン, ドミンゴ（外相）……………208
シン, ハイメ（カトリック枢機卿）……243
セベリノ, ロドルフォ（ASEAN事務局
　　長）……………………………………260
デオカンポ, ロベルト（財務相）………316
デビリヤ, レナト（国防相）……………318
デベネシア, ホセ（下院議長）…………319
ドゥテルテ, ロドリゴ（大統領）………328
ビナイ, ジェジョマル（副大統領）……410
ビリヤール, マヌエル（上院議長）……413
ポー, グレース（上院議員）……………470
マルコス, イメルダ（下院議員）………497
ミスアリ, ヌルハディ（MNLF議長）…503
ムティラン, マヒド・ミラアト
　　（ARMM副長官）……………………514
ムラド, エブラヒム（ムスリム政治指導
　　者）……………………………………517
ラモス, フィデル（大統領）……………563
リム, アルフレド（自治相）……………577
ロハス, マヌエル（内務・自治相）……603
ロムロ, ロベルト（外相）………………606

《ブータン》
ティンレイ, ジグメ（首相）……………316
トブゲイ, ツェリン（首相）……………332
ワンチュク, ジグメ・ケサル・ナムゲ
　　ル（国王）……………………………610
ワンチュク, ジグメ・シンゲ（国王）…610

《ブルネイ》
ボルキア, ハサナル（国王）……………478
ボルキア, モハメッド（外相）…………478
ユソフ, ペンギラン（首相）……………541

《ベトナム》
クアン, チャン・ダイ
　　→チャン・ダイ・クアンを見よ
グエン・スアン・フック（首相）………142
グエン・タン・ズン（首相）……………142

グエン・チ・ビン（国家副主席）………142
グエン・フー・チョン（共産党書記長）
　　……………………………………………142
グエン・マイン・カム（副首相）………143
グエン・ミン・チェット（国家主席）…143
チャン・ダイ・クアン（国家主席）……293
チャン・ドク・ルオン（国家主席）……293
チュオン・タン・サン（国家主席）……295
ド・ムオイ（首相）………………………333
ノン・ドク・マイン（共産党書記長）…356
ファン・バン・カイ（首相）……………420
ブー・コアン（副首相）…………………428
ボー・バン・キエト（首相）……………476
レ・カ・フュー（共産党書記長）………594
レ・ドク・アイン（国家主席）…………596
レ・ルオン・ミン（外務次官）…………598

《香港》
司徒　華（民主化運動指導者）…………215
曽　蔭権（行政長官）……………………265
陳方　安生（政務官）……………………306
ツァン, ドナルド
　　→曽　蔭権（そう・いんけん）を見よ
唐　英年（政務官）………………………324
馬　力（民主建港協進連盟主席）………356
葉劉　淑儀（新民党主席）………………543
ラウ, エミリー（民主党主席）…………550
李　柱銘（民主党主席）…………………569
梁　錦松（財政長官）……………………581
梁　振英（行政長官）……………………581
林鄭　月娥（行政長官）…………………583

《マレーシア》
アジズ, ラフィダ（通産相）…………… 10
アニファ・アマン（外相）……………… 15
アブドラ・バダウィ（首相）…………… 21
アンワル・イブラヒム（副首相）……… 36
オン・カティン（住宅・地方自治相）… 82
キティンガン, パイリン（サバ自治州首
　　相）……………………………………120
サミー・ベル（公共事業相）……………198
シン, アジット（ASEAN事務総長）……242
シン, カーパル（民主行動党党首）……242
ダイム・ザイヌディン（財務相）………275

国別・地域別索引　　アジア

ダトー・ヌーア・アドラン（APEC事
　務局長）･･････････････････････････278
ナジブ・ラザク, モハマド（首相）･･･････343
ヌール, ファジル（全マレーシア・イス
　ラム党総裁）････････････････････････351
ヌール, モハマド（APEC事務局長）･････351
マハティール・モハマド（首相）･･･････494
ラザリ・イスマイル（国連大使）･･････552
リム・キットシアン（民主行動党議長）
　･･････････････････････････････････････577
ワン・アジザ・ワン・イスマイル（国
　民正義党総裁）････････････････････････610

《ミャンマー》

アウン・サン・スー・チー（国家最高
　顧問）･･････････････････････････････････4
アウン・シュエ（NLD議長）･･･････････4
ウィラトゥ師（反イスラム運動指導者）･･54
ウィン・アウン（外相）･･････････････54
ウィン・ティン（NLD創設メンバー）････55
ウ・ルウィン（NLD書記）･･････････････60
オン・ジョー（外相）････････････････83
キン・オーンマー（民主化運動家）･･････140
キン・ニュン（首相）･･････････････････141
シュエ・マン（下院議長）･･･････････････228
セイン・ウィン（ビルマ国民連合政府
　首相）････････････････････････････････258
ソー・ウィン（首相）･･････････････････267
ソー・バ・ティン（カレン民族同盟議
　長）･･････････････････････････････････269
タン・シュエ（首相）･･････････････････283
チー・マウン（NLD副議長）･･･････････288
ティン・ウ（NLD議長）･･･････････････315
テイン・セイン（大統領）･･･････････････315
ティン・チョー（大統領）･･･････････････315
ニャン・ウィン（外相）･･･････････････348
ボー・チー（民主活動家）･･･････････････474
ボー・ミャ（カレン民族同盟議長）･･････476
マウン・エイ（SPDC副議長）･････････484
ミンコーナイン（民主化運動指導者）････509
ラーパイ・センロー（人権活動家）･･････557

《モルディブ》

ガユーム, マウムーン・アブドル（大統
　領）････････････････････････････････････103

ジャミール, ファトラ（外相）･･････････222
ナシード, モハメド（大統領）･････････343
ヤミーン, アブドラ（大統領）･････････537
ワヒード・ハッサン, モハメド（大統
　領）････････････････････････････････････609

《モンゴル》

アマルジャルガル, リンチンニャム（首
　相）･･･････････････････････････････････24
アルタンホヤグ, ノロブ（首相）･･････････30
エネビシ, ラムスレンギン（国民大会議
　議長）･･･････････････････････････････････63
エルデネバト, ジャルガルトラギン（首
　相）･･･････････････････････････････････67
エルベグドルジ, ツァヒアギン（大統
　領）･･･････････････････････････････････68
エンフサイハン, メンドサイハニィ（首
　相）･･･････････････････････････････････69
エンフバヤル, ナンバリン（大統領）････69
エンフボルド, ミエゴムビーン（首相）･･･69
オチルバト, ボンサルマーギン（大統
　領）･･･････････････････････････････････75
グンガードルジ, シャラビン（首相）･････162
ゴンチグドルジ, ラドナースンベレ
　リーン（国民大会議議長）･･･････････186
サイハンビレグ, チメド（首相）･･･････190
ジャスライ, プンツァグイン（首相）･････220
ソドノム, ドマーギン（首相）･････････268
ダシヨンドン, ブドラグチャーギン（人
　民革命党中央幹部会議長）･････････277
ツォグトバータル, ダムディン（外相）･･307
トモルオチル, サンジベグジーン（国民
　大会議議長）･･････････････････････333
ナランツァツラルト, ジャンラブ（首
　相）････････････････････････････････････345
バガバンディ, ナツァギーン（大統領）･･362
バトトルガ, ハルトマー（大統領）･･･････382
バトボルド, スフバートリン（首相）･････382
バヤル, サンジャーギーン（首相）･･････391
ビャムバスレン, ダシン（首相）･･･････412
フレルスフ, ウフナー（首相）･･･････････451

《ラオス》

ウドム・カッテイニャ（副主席）･･････････59
カムタイ・シパンドン（国家主席）･･････103

625

オセアニア　　　　　国別・地域別索引

カムプイ・ケオプラパ（副首相）·········103
サマン・ウイニャケート（国会議長）····198
シサワット・ケオプンパン（副主席）····213
ソムサワット・レンサワット（副首相）
　　　　　　　　　　　　　　　·········270
チュンマリ・サイニャソーン（国家主
　席）·······································296
ドゥアンチャイ・ピチット（副首相）····327
トンシン・タマウォン（首相）·········340
トンルン・シスリット（首相）·········341
ヌハク・プームサワン（国家主席）····351
パーニー・ヤトゥトゥ（国会議長）····384
バン・パオ（王国軍将軍）·············406
プアソン・ブパワン（首相）···········416
ブンニャン・ウォラチット（国家主席）
　　　　　　　　　　　　　　　·········453

オセアニア

《オーストラリア》

アボット，トニー（首相）··············· 24
エバンス，ギャレス・ジョン（外相）······ 64
キーティング，ポール（首相）·············120
ギャレット，ピーター（環境相）·········134
ギラード，ジュリア（首相）···········138
コスグローブ，ピーター（総督）·········178
コート，リチャード（駐日大使）·········180
スミス，スティーブン（外相）···········255
ダウナー，アレクサンダー（外相）·······275
ターンブル，マルコム（首相）·········284
ディーン，ウィリアム・パトリック（総
　督）·······································314
ハウ，ブライアン（副首相）···········359
パーキンス，チャールズ（先住民族指導
　者）·······································363
ハワード，ジョン（首相）·············399
ハンソン，ポーリン（下院議員）·········403
ビショップ，ブラウンウィン（下院議
　長）·······································408
ビーズリー，キム（副首相）···········408
ヒューソン，ジョン（自由党党首）·······412
フィッシャー，ティモシー（副首相）·····422

ヘイドン，ウィリアム（総督）·········454
ホーク，ロバート（首相）·············472
ホッブズ，ジェレミー（人権保護活動
　家）·······································475
ミラー，ブルース（駐日大使）·········506
ラッド，ケビン（首相）···············555

《キリバス》

シト，テブロロ（大統領）·············215
タバイ，イエレミア（大統領）·········278
テアンナキ，テアタオ（大統領）·········309
トン，アノテ（大統領）···············340
マーマウ，タネス（大統領）···········495

《クック諸島》

プナ，ヘンリー（首相）···············435
ヘンリー，ジェフリー（首相）·········470
マオアテ，テレパイ（首相）···········484
マルライ，ジム（首相）···············499

《サモア》

ツイアツア・ツプア・タマセセ・エ
　フィ（元首）···························307
トゥイマレアリイファノ，バアレトア・
　スアラウビ2世（元首）···············327
トゥイラエパ・サイレレ・マリエレガ
　オイ（首相）···························327
トフィラウ・エティ・アレサナ（首相）
　　　　　　　　　　　　　　　·········332
マリエトア・タヌマフィリ2世（大首
　長）·······································496

《ソロモン諸島》

ケマケザ，アラン（首相）·············166
ソガバレ，マナセ（首相）·············267
ピタカカ，モーゼス（総督）···········409
ヒリー，フランシス（首相）···········413
ママロニ，ソロモン（首相）···········495
ラプリ，ジョン（総督）···············560
リニ，スナイダー（首相）·············575

《ツバル》

イエレミア，アピサイ（首相）··········· 43
ソポアンガ，サウファツ（首相）·········269
テラビ，ウィリー（首相）·············321

国別・地域別索引　　オセアニア

トアファ, マアティア（首相）············324
パエニウ, ビケニベウ（首相）············361
ラタシ, カマタ（首相）············554

《トンガ》
ツポウ4世（国王）············308
ツポウ5世（国王）············308
ツポウ6世（国王）············309

《ナウル》
クロドゥマール, キンザ（大統領）········161
スコッティ, ルドウィグ（大統領）········246
スティーブン, マーカス（大統領）········248
ドゥイヨゴ, バーナード（大統領）········327

《ニウエ》
タランギ, トケ・トゥフキア（首相）·····281
ビビアン, ミティタイアギメネ・ヤン
グ（首相）············411

《ニュージーランド》
アーダン, ジャシンダ（首相）·············13
イングリッシュ, ビル（首相）············50
キー, ジョン（首相）············118
クラーク, ヘレン（首相）············150
シップリー, ジェニー（首相）············214
バーチ, ビル（財務相）············376
パーマー, ジェフリー（首相）············389
ハンナ, ティモシー（APEC事務局長）··405
ピーターズ, ウィンストン（副首相）····409
ボルジャー, ジェームズ（首相）············478
マウンテン, ロス（国連人道調整官）······484
マッキノン, ドン（外相）············492
ムーア, マイケル（首相）············509

《バヌアツ》
アビル, イオル（大統領）·····················18
カルロ, マキシム（首相）············112
サルワイ, シャルロット（首相）············203
ティマカタ, フレッド（大統領）········312
ナタペイ, エドワード（首相）············344
バニ, ジョン（大統領）············383
マタスケレケレ, カルコット（大統領）··491

リニ, ウォルター（首相）············574
レイエ, ジャン・マリー（大統領）········593
ロンズデール, ボールドウィン（大統
領）············607

《パプアニューギニア》
ウィンティ, パイアス（首相）·············54
オニール, ピーター（首相）············77
スケート, ウィリアム（首相）············246
ソマレ, マイケル（首相）············270
チャン, ジュリアス（首相）············292
ナマリュー, ラビー（首相）············345
モラウタ, メケレ（首相）············530

《パラオ》
トリビオン, ジョンソン（大統領）········336
ナカムラ, クニオ（大統領）············342
レメンゲサウ, トミー（大統領）············598

《フィジー》
イロイロ, ジョセファ（大統領）············48
ガニラウ, ペナイア（大統領）·············98
ガラセ, ライセニア（首相）············105
コンロテ, ジオジ（大統領）············188
チョードリ, マヘンドラ（首相）············300
ナイラティカウ, ラツ・エペリ（大統
領）············341
バイニマラマ, ボレンゲ（首相）············358
マラ, カミセセ（大統領）············496
ランブカ, シティベニ（首相）············565

《マーシャル諸島》
カブア, アマタ（大統領）············101
カブア, イマタ（大統領）············101
ゼドケア, チューレラン（大統領）········260
デブルム, トニー（外相）············318
トメイン, リトクワ（大統領）············333
ノート, ケサイ（大統領）············355
ハイネ, ヒルダ（大統領）············358
ロヤック, クリストファー（大統領）·····606

《ミクロネシア》
ウルセマル, ジョセフ（大統領）············60
オルター, ベイリー（大統領）············80

627

ファルカム, レオ (大統領) ……………419
モリ, エマニュエル (大統領) …………531

北 米

《カナダ》

アクスワージー, ロイド (外相) …………6
アルブール, ルイーズ (国連人権高等弁
　務官) ……………………………………30
イグナティエフ, マイケル (自由党党
　首) ………………………………………44
ウィルソン, マイケル (財務相) …………54
ウェレット, アンドレ (外相) ……………56
オコナー, ゴードン (国防相) ……………74
キャンベル, キム (首相) ………………134
クライン, ラルフ (アルバータ州首相) ‥149
グラハム, ウィリアム (外相) …………152
クレティエン, ジャン (首相) …………159
コップス, シーラ (民族遺産相) ………180
ジャン, ミカエル (総督) ………………226
ジョンストン, ドナルド (OECD事務総
　長) ……………………………………239
ストロング, モーリス・フレデリック
　(UNEP事務局長) ……………………251
トルドー, ジャスティン (首相) ………338
ナティシン, レーモン・ジョン (総督) ‥344
ハーパー, スティーブン (首相) ………384
パリゾー, ジャック (ケベック州首相) …393
フレアティ, ジェームズ (財務相) ……449
フレシェット, ルイーズ (国連副事務総
　長) ……………………………………449
ベルニエ, マキシム (国務相) …………465
マキャリオン, ヘーゼル (ミササガ市
　長) ……………………………………485
マクドゥーガル, バーバラ・ジーン (外
　相) ……………………………………485
マクラクリン, オードリー (新民主党党
　首) ……………………………………486
マッケイ, ピーター (法相) ……………492
マーティン, ポール (首相) ……………492
マルルーニー, マーティン・ブライア
　ン (首相) ……………………………499

マローン, デービッド (国連事務次長) ‥500
マンリー, ジョン (副首相) ……………501

《米国》

アシュクロフト, ジョン (司法長官) ……10
アスピン, レス (国防長官) ………………11
アーミテージ, リチャード・リー (国務
　副長官) …………………………………24
アレクサンダー, ラマー (教育長官) ……32
アンダーソン, ロッキー (ソルトレーク
　シティ市長) ……………………………35
イエレン, ジャネット (FRB議長) ………43
イーグルバーガー, ローレンス (国務長
　官) ………………………………………44
イゲ, デービッド (ハワイ州知事) ………45
イノウエ, ダニエル (上院議員) …………46
ウー, ハリー (人権活動家) ………………51
ウェッブ, ジム (海軍長官) ………………56
ウォーカー, スコット (ウィスコンシン
　州知事) …………………………………56
ウォルフォウィッツ, ポール (世界銀行
　総裁) ……………………………………57
ウォーレン, エリザベス (上院議員) ……57
エイブラハム, スペンサー (エネルギー
　長官) ……………………………………61
エドワーズ, ジョン (上院議員) …………63
エバンズ, ドン (商務長官) ………………64
エマニュエル, ラーム (大統領首席補佐
　官) ………………………………………65
オニール, ポール (財務長官) ……………77
オバマ, バラク (大統領) …………………77
オルブライト, マデレーン (国務長官) …81
ガイトナー, ティモシー (財務長官) ……86
カストロ, フリアン (住宅都市開発長
　官) ………………………………………91
カズン, アーサリン (WFP事務局長) ……92
カーター, アシュトン (国防長官) ………93
カーター, ジミー (大統領) ………………93
カード, アンドルー (大統領首席補佐
　官) ………………………………………97
カートマン, チャールズ (KEDO事務局
　長) ………………………………………97
カンター, ミッキー (商務長官) ………117
キム, ソン (駐韓国大使) ………………127

国別・地域別索引 北 米

ギルモア, ジム（バージニア州知事）……140
ギングリッチ, ニュート（下院議長）……140
クエール, ダン（副大統領）……………142
クシニッチ, デニス（下院議員）………144
グティエレス, カルロス（商務長官）……147
クラーク, ウィリアム（国務次官補）……150
グラム, リンゼー（上院議員）…………152
クリスティ, クリス（ニュージャージー
　州知事）………………………………153
クリストファー, ウォーレン（国務長
　官）……………………………………154
グリックマン, ダン（農務長官）………154
グリーン, マイケル（NSC上級アジア部
　長）……………………………………155
クリントン, ヒラリー（国務長官）……156
クリントン, ビル（大統領）……………156
クルーズ, テッド（上院議員）…………157
ケーシック, ジョン（オハイオ州知事）…163
ゲーツ, ロバート（国防長官）…………163
ゲッパート, リチャード（民主党下院院
　内総務）………………………………164
ケネディ, キャロライン（駐日大使）……165
ケリー, ジョン（国務長官）……………166
ケリー, ジョン（大統領首席補佐官）…166
ケンプ, ジャック（住宅都市開発長官）…168
ケンプソーン, ダーク（内務長官）………169
ゴア, アルバート（Jr.）（副大統領）……172
コーエン, ウィリアム（国防長官）………177
ゴス, ポーター（CIA長官）……………178
ゴンザレス, アルベルト（司法長官）……186
サマーズ, ローレンス（国家経済会議委
　員長）…………………………………196
サーモンド, ストロム（上院議員）………199
サンダース, バーニー（下院議員）………205
サントラム, リック（上院議員）…………206
シェーファー, エド（農務長官）………211
シスネロス, ヘンリー（住宅都市開発長
　官）……………………………………214
シーファー, トーマス（駐日大使）………217
ジャクソン, ジェシー（黒人運動指導
　者）……………………………………219
シャレーラ, ドナ（厚生長官）…………224

シューマー, チャールズ（民主党上院院
　内総務）………………………………231
ジュリアーニ, ルドルフ（ニューヨーク
　市長）…………………………………232
シュワブ, スーザン（USTR代表）………234
ジョハンズ, マイク（農務長官）………238
ジョンソン, ゲーリー（ニューメキシコ
　州知事）………………………………239
シンセキ, エリック（陸軍参謀総長）……244
ジンダル, ボビー（ルイジアナ州知事）…244
スコウクロフト, ブレント（大統領補佐
　官）……………………………………246
スティール, マイケル（共和党全国委員
　長）……………………………………248
スノー, ジョン（財務長官）……………251
スピッツァー, エリオット（ニューヨー
　ク州知事）……………………………253
スペリングス, マーガレット（教育長
　官）……………………………………254
セッションズ, ジェフ（司法長官）………259
ゼーリック, ロバート（国務副長官）……262
ダシュル, トーマス（民主党上院院内総
　務）……………………………………277
ダニエルズ, ミッチェル（インディアナ
　州知事）………………………………278
タルボット, ストローブ（国務副長官）…282
ダンフォース, ジョン・クラゲット（国
　連大使）………………………………284
ダンフォード, ジョセフ（統合参謀本部
　議長）…………………………………284
チェイニー, ディック（副大統領）………287
チェイフィー, リンカーン（ロードアイ
　ランド州知事）………………………287
チャオ, イレーン（運輸長官）…………289
チュー, スティーブン（エネルギー長
　官）……………………………………294
ティラーソン, レックス（国務長官）……313
ディレイ, トム（共和党下院院内総務）…314
ディーン, ハワード（民主党全国委員
　長）……………………………………314
デブラシオ, ビル（ニューヨーク市長）…318
デーリー, ウィリアム（大統領首席補佐
　官）……………………………………321
ドッド, クリストファー（上院議員）……331
トランプ, イバンカ（大統領補佐官）……335

629

北米　　　国別・地域別索引

トランプ, ドナルド（大統領）............336
ドール, エリザベス（労働長官）..........337
ドール, ボブ（共和党上院院内総務）.....337
トンプソン, トミー（厚生長官）..........340
ナイ, ジョゼフ（Jr.）（国防次官補）.....341
ニコルソン, ジム（退役軍人長官）........347
ネグロポンテ, ジョン（国務副長官）.....352
ネーダー, ラルフ（消費者運動家）........352
ノーキスト, グローバー（反税金運動
　家）..................................355
バイデン, ジョセフ（Jr.）（副大統領）...358
ハイド, ヘンリー（下院外交委員長）.....358
パウエル, コリン（国務長官）............360
パーカー, アニース（ヒューストン市
　長）..................................361
バーガー, サンディ（大統領補佐官）.....361
ハガティ, ウィリアム（駐日大使）.......361
バシェフスキー, シャーリン（USTR代
　表）..................................371
ハスタート, デニス（下院議長）..........373
パタキ, ジョージ（ニューヨーク州知
　事）..................................375
ハッカビー, マイク（アーカンソー州知
　事）..................................377
バックマン, ミシェル（下院議員）........378
バード, ロバート・カーライル（民主党
　上院院内総務）.......................381
バーナンキ, ベン（FRB議長）...........383
パネッタ, レオン（国防長官）............384
バビット, ブルース（内務長官）..........387
ハリルザド, ザルメイ（国連大使）........395
バーンズ, ウィリアム（国務副長官）.....402
バンス, サイラス（国務長官）............402
ハンツマン, ジョン（駐中国大使）........405
ピカリング, トマス（国連大使）..........407
ヒル, クリストファー（国務次官補）.....413
ビルサック, トム（農務長官）............413
ヒルズ, カーラ（USTR代表）............413
ヒロノ, メイジー・ケイコ（ハワイ州副
　知事）................................415
ファラカン, ルイス（イスラム教指導
　者）..................................418
フォックス, アンソニー（運輸長官）.....426

フォーリー, トーマス（駐日大使）........426
ブキャナン, パット（大統領補佐官）.....428
ブッシュ, ジェブ（フロリダ州知事）.....433
ブッシュ, ジョージ（大統領）............433
ブッシュ, ジョージ（Jr.）（大統領）.....433
ブラウン, ジェリー（カリフォルニア州
　知事）................................438
ブラウン, ロナルド（商務長官）..........439
ブラッドリー, ビル（上院議員）..........440
フランク, バーニー（下院議員）..........443
ブランスタッド, テリー（駐中国大使）...444
プリツカー, ペニー（商務長官）..........445
プリーバス, ラインス（大統領首席補佐
　官）..................................446
ブルームバーグ, マイケル（ニューヨー
　ク市長）..............................447
ブレア, デニス（国家情報長官）..........448
ブレジンスキー, ズビグニュー（大統領
　補佐官）..............................450
ブレマー, ポール（イラク暫定占領当局
　代表）................................451
フロマン, マイケル（USTR代表）.......452
ヘイドン, トム（反戦活動家）............454
ベイナー, ジョン（下院議長）............455
ヘイリー, ニッキー（国連大使）..........455
ペイリン, サラ（アラスカ州知事）........455
ベーカー, ジェームズ3世（大統領首席
　補佐官）..............................455
ベーカー, ハワード（Jr.）（駐日大使）...456
ヘーゲル, チャック（国防長官）..........457
ペニャ, フェデリコ（エネルギー長官）..459
ベネマン, アン（農務長官）..............460
ベラミー, キャロル（ユニセフ事務局
　長）..................................461
ペリー, ウィリアム（国防長官）..........461
ペリー, リック（エネルギー長官）........462
ヘルムズ, ジェシー（上院外交委員長）..465
ペロー, ロス（改革党代表）..............467
ペロシ, ナンシー（下院議長）............468
ペンス, マイク（副大統領）..............469
ベンツェン, ロイド（Jr.）（財務長官）...470
ホイットマン, クリスティーン（EPA長
　官）..................................471

630

国別・地域別索引　　　　　　中南米

ボーカス, マックス（駐中国大使）……472
ボズワース, スティーブン（KEDO初代事務局長）………………………474
ボドマン, サミュエル（エネルギー長官）………………………………475
ポートマン, ロブ（OMB局長）…………476
ポール, ランド（上院議員）……………477
ポール, ロン（下院議員）………………477
ボルカー, ポール（FRB議長）…………477
ポールソン, ヘンリー（Jr.）（財務長官）…………………………………479
ホルダー, エリック（司法長官）………479
ボルトン, ジョン（大統領補佐官）……480
ホルブルック, リチャード（国連大使）‥480
ホンダ, マイク（下院議員）……………483
ポンペオ, マイク（国務長官）…………483
マケイン, ジョン3世（上院議員）……487
マコネル, マイク（国家情報長官）……487
マコネル, ミッチ（共和党上院院内総務）………………………………487
マティス, ジェームズ（国防長官）……492
ミッチェル, ジョージ（民主党上院院内総務）………………………………504
ミネタ, ノーマン（運輸長官）…………505
ミュケーシー, マイケル（司法長官）……505
ムニューシン, スティーブン（財務長官）………………………………515
モスバカー, ロバート（商務長官）……527
モリス, ジェームズ（WFP事務局長）‥532
モンデール, ウォルター（副大統領）……533
ライアン, ポール（下院議長）…………547
ライシュ, ロバート（労働長官）………547
ライス, コンドリーザ（国務長官）……548
ライス, スーザン（大統領補佐官）……548
ライトハイザー, ロバート（USTR代表）………………………………549
ライリー, リチャード（教育長官）……549
ラッセル, ダニエル（国務次官補）……555
ラムズフェルド, ドナルド（国防長官）‥562
リー, エドウィン（サンフランシスコ市長）………………………………566
リー, バーバラ（下院議員）……………571

リチャードソン, ビル（エネルギー長官）………………………………573
リッジ, トム（国土安全保障長官）……574
リード, ハリー（民主党上院院内総務）‥574
リノ, ジャネット（司法長官）…………575
リーバーマン, ジョゼフ（上院議員）……575
リビー, ルイス（副大統領首席補佐官）‥575
リプリン, アリス（FRB副議長）………577
リングル, リンダ（ハワイ州知事）……583
リンチ, ロレッタ（司法長官）…………583
ルー, ジェイコブ（財務長官）…………584
ルイス, ジョン（下院議員）……………584
ルーガー, リチャード（上院外交委員長）………………………………585
ルース, ジョン（駐日大使）……………588
ルビオ, マルコ（上院議員）……………590
ルービン, ロバート（財務長官）………590
レーク, アンソニー（大統領補佐官）……594
レビット, マイク（厚生長官）…………597
レビン, カール（上院議員）……………597
ロス, ウィルバー（Jr.）（商務長官）……601
ロス, デニス（中東和平担当大統領特使）………………………………601
ロック, ゲーリー（商務長官）…………601
ロックフェラー, ジョン4世（ウェスト・バージニア州知事）……………602
ロット, トレント（共和党上院院内総務）………………………………602
ロムニー, ミット（マサチューセッツ州知事）………………………………605
ワース, ティモシー（国務次官）………608

中南米

《アルゼンチン》
カバロ, ドミンゴ・フェリペ（経済財政相）…………………………………99
カピタニチ, ホルヘ（首相）……………100
キルチネル, ネストル（大統領）………139
ディテラ, ギド（外相）…………………311
ティメルマン, エクトル（外相）………312
デラルア, フェルナンド（大統領）……321

ドゥアルデ, エドゥアルド (大統領) ……326

フェルナンデス, アルベルト (首相) ……424

フェルナンデス・デ・キルチネル, ク
リスティナ (大統領) ……………425

フランシスコ1世 (ローマ法王) ………444

ペーニャ, マルコス (首相) …………460

マクリ, マウリシオ (大統領) ………486

メネム, カルロス・サウル (大統領) …523

ルカウフ, カルロス (副大統領) ………585

レメス, ホルヘ (経済財政相) ………598

ロドリゲス・サア, アドルフォ (暫定大
統領) …………………………603

《アンティグア・バーブーダ》

スペンサー, ボールドウィン (首相) ……254

バード, レスター (首相) ……………381

ブラウン, ガストン (首相) …………438

《ウルグアイ》

アルマグロ, ルイス (外相) ………… 31

ヴァスケス, タバレ (大統領) ……… 52

オペルティ, ディディエル (外相) ……… 79

サンギネッティ, フリオ・マリア (大統
領) …………………………204

バジェ, ホルヘ (大統領) ……………370

バタジャ, ウゴ (副大統領) …………375

ムヒカ, ホセ (大統領) ……………516

ラカジェ, ルイス (大統領) …………551

《エクアドル》

アラルコン・リベラ, ファビアン (大統
領) ………………………… 27

グティエレス, ルシオ (大統領) ……147

コレア, ラファエル (大統領) ………184

ドゥラン・バジェン, シクスト (大統
領) …………………………329

ノボア, グスタボ (大統領) …………355

パラシオ, アルフレド (大統領) ………392

フェブレス・コルデロ, レオン (大統
領) …………………………424

ブカラム, アブダラ (大統領) ………427

ボルハ, ロドリゴ (大統領) …………480

マワ, ジャミル (大統領) ……………500

モレノ, レニン (大統領) ……………532

《エルサルバドル》

カルデロン, アルマンド (大統領) ………110

クリスティアニ, アルフレド (大統領) ‥154

サカ, アントニオ (大統領) …………191

サンチェス・セレン, サルバドル (大統
領) …………………………205

ハンダル, シャフィク (FMLN司令官)
………………………………405

フネス, マウリシオ (大統領) ………435

フロレス, フランシスコ (大統領) ………453

《ガイアナ》

インサナリ, サミュエル・ルドルフ (外
相) ………………………… 50

グレンジャー, デービッド (大統領) ……160

ジェーガン, ジャネット (大統領) ……209

ジェーガン, チェディ (大統領) …………210

ジャグデオ, バラト (大統領) …………219

ハインズ, サミュエル (大統領) ………359

ラモター, ドナルド (大統領) …………563

《キューバ》

アラルコン, リカルド (国会議長) ……… 27

アルメイダ, フアン (革命家) ……… 31

カサス, フリオ (国家評議会副議長) … 89

カストロ, フィデル (国家評議会議長) … 91

カストロ, ラウル (国家評議会議長) … 91

ディアス・カネル・ベルムデス, ミゲ
ル (国家評議会第1副議長) ………310

パヤ, オズワルド (キリスト教自由運動
代表) …………………………391

ペレス, フェリペ (外相) ……………467

ポジャン, ラウラ (人権活動家) ………473

ラヘ, カルロス (国家評議会副議長) ……560

ロバイナ・ゴンサレス, ロベルト (外
相) …………………………603

《グアテマラ》

アルス, アルバロ (大統領) …………… 30

コロン, アルバロ (大統領) …………185

セラノ, ホルヘ (大統領) ……………261

セレソ, ビニシオ (大統領) …………263

デレオン・カルピオ, ラミロ (大統領) ‥322

ベルシェ, オスカル (大統領) ……………463

国別・地域別索引　　　中南米

ペレス・モリーナ, オットー（大統領）‥467
ポルティジョ, アルフォンソ（大統領）‥479
メンチュ, リゴベルタ（人権擁護活動
家）‥‥‥‥‥‥‥‥‥‥‥‥‥‥525
モラレス, ジミー（大統領）‥‥‥‥‥531

《グレナダ》
トーマス, ティルマン（首相）‥‥‥‥333
ブレースウェイト, ニコラス（首相）‥‥450
ミッチェル, キース（首相）‥‥‥‥‥504

《コスタリカ》
アリアス・サンチェス, オスカル（大統
領）‥‥‥‥‥‥‥‥‥‥‥‥‥‥27
カルデロン, ラファエル・アンヘル（大
統領）‥‥‥‥‥‥‥‥‥‥‥‥‥110
ソリス, ルイス（大統領）‥‥‥‥‥‥271
チンチジャ, ラウラ（大統領）‥‥‥‥306
ニーハウス・ケサダ, ベルン（外相）‥‥347
パチェコ, アベル（大統領）‥‥‥‥‥377
フィゲレス, ホセ・マリア（大統領）‥‥421
ロドリゲス, ミゲル・アンヘル（大統
領）‥‥‥‥‥‥‥‥‥‥‥‥‥‥603

《コロンビア》
ウリベ・ベレス, アルバロ（大統領）‥60
オカンポ, ホセ・アントニオ（国連事務
次長）‥‥‥‥‥‥‥‥‥‥‥‥‥74
カノ, アルフォンソ（ゲリラ指導者）‥‥99
ガビリア, シモン（自由党党首）‥‥‥100
ガビリア, セサル（大統領）‥‥‥‥‥101
サニン・ポサダ, ノエミ（外相）‥‥‥194
サントス, フアン・マヌエル（大統領）‥206
サンペル・ピサノ, エルネスト（大統
領）‥‥‥‥‥‥‥‥‥‥‥‥‥‥207
パストラナ, アンドレス（大統領）‥‥‥374
ベタンクール, イングリッド（上院議
員）‥‥‥‥‥‥‥‥‥‥‥‥‥‥458

《ジャマイカ》
ゴールディング, ブルース（首相）‥‥‥183
シンプソン・ミラー, ポーシャ（首相）‥244
パタソン, パーシバル（首相）‥‥‥‥375
ホルネス, アンドルー（首相）‥‥‥‥480

《スリナム》
ウェイデンボス, シュール（大統領）‥‥55
クラーフ, ヨハン（暫定大統領）‥‥‥152
シャンカール, ラムセワク（大統領）‥‥226
フェネティアン, ルナルド・ロナルド
（大統領）‥‥‥‥‥‥‥‥‥‥‥424
ボーターセ, デシ（大統領）‥‥‥‥‥474

《セントクリストファー・ネーヴィス》
シモンズ, ケネディ（首相）‥‥‥‥‥218
ダグラス, デンジル（首相）‥‥‥‥‥276

《セントビンセント・グレナディーン》
ゴンザルベス, ラルフ（首相）‥‥‥‥185
ミッチェル, ジェームズ（首相）‥‥‥504
ユスタス, アーンヒム（首相）‥‥‥‥540

《セントルシア》
アンソニー, ケニー（首相）‥‥‥‥‥35
キング, スティーブンソン（首相）‥‥‥140
コンプトン, ジョン（首相）‥‥‥‥‥187
ルイス, ボーン（首相）‥‥‥‥‥‥585

《チリ》
インスルサ, ホセ・ミゲル（OAS事務総
長）‥‥‥‥‥‥‥‥‥‥‥‥‥‥51
エイルウィン, パトリシオ（大統領）‥‥62
オミナミ, カルロス3世（経済相）‥‥‥79
ソマビア, フアン（ILO事務局長）‥‥‥269
バチェレ, ミチェル（大統領）‥‥‥‥377
ピニェラ, セバスティアン（大統領）‥‥410
ピノチェト, アウグスト（大統領）‥‥‥411
フレイ, エドゥアルド（大統領）‥‥‥449
マリン, グラディス（共産党党首）‥‥‥496
ラゴス, リカルド（大統領）‥‥‥‥‥552

《ドミニカ共和国》
バラゲール, ホアキン（大統領）‥‥‥392
フェルナンデス, レオネル（大統領）‥‥424
メディナ, ダニロ（大統領）‥‥‥‥‥522
メヒア, ラファエル・イポリト（大統
領）‥‥‥‥‥‥‥‥‥‥‥‥‥‥523

中南米　　　　　国別・地域別索引

《ドミニカ国》
ジェームズ, エディソン（首相）………211
ショー, バーノン（大統領）…………235
スケリット, ルーズベルト（首相）…246
セニョレ, クラレンス（大統領）…260
ソーハインド, クリスピン（大統領）…268
チャールズ, ピエール（首相）…291
チャールズ, メアリー・ユージニア（首相）…291
リバプール, ニコラス（大統領）………575

《トリニダード・トバゴ》
カルモナ, アンソニー（大統領）………112
ハッサナリ, ノア（大統領）…………378
バンデイ, バスデオ（首相）………405
マニング, パトリック（首相）………493
リチャーズ, ジョージ・マクスウェル（大統領）………573
ロビンソン, レイモンド（大統領）………604

《ニカラグア》
アレマン・ラカヨ, アルノルド（大統領）………33
オルテガ, ダニエル（大統領）………81
チャモロ, ビオレタ・バリオス・デ（大統領）………291
デスコト, ミゲル（外相）…………317
ボラニョス, エンリケ（大統領）………477

《ハイチ》
アブリル, プロスペル（大統領）…………23
アリスティド, ジャン・ベルトラン（大統領）………28
アレクシス, ジャック・エドゥアール（首相）…………32
オノラ, ジャン・ジャック（首相）………77
シェレスタル, ジャンマリー（首相）……211
ネプチュヌ, イボン（首相）………353
バザン, マルク（大統領代行）………370
プレバル, ルネ・ガルシア（大統領）………450
マルテリー, ミシェル（大統領）………498
マルバル, ロベール（首相）………498
ミシェル, スマーク（首相）………502
モイーズ, ジョブネル（大統領）………526

《パナマ》
エンダラ, ギジェルモ（大統領）………69
トリホス, マルティン（大統領）………336
バジャダレス, エルネスト・ペレス（大統領）………372
バレラ, フアン・カルロス（大統領）……397
マルティネリ, リカルド（大統領）……498
モスコソ, ミレヤ・エリサ（大統領）……527

《バハマ》
イングラハム, ヒューバート・アレクサンダー（首相）……………50
クリスティ, ペリー・グラッドストン（首相）………153
ピンドリング, リンドン・オスカー（首相）………415
ミニス, ヒューバート（首相）…………505

《パラグアイ》
カルテス・ハラ, オラシオ・マヌエル（大統領）………109
クバス, ラウル・グラウ（大統領）……148
ゴンサレス, ルイス・アンヘル（大統領）………186
ドゥアルテ, ニカノル（大統領）………326
フランコ・ゴメス, ルイス・フェデリコ（大統領）………444
ルゴ, フェルナンド（大統領）………587
ロドリゲス, アンドレス（大統領）………602
ワスモシ, フアン・カルロス（大統領）…608

《バルバドス》
アーサー, オーエン（首相）………………7
サンディフォード, ロイド・アースキン（首相）………205
スチュアート, フローンデル（首相）……247
トンプソン, デービッド（首相）………340
ハズバンズ, クリフォード（総督）………374
バロウ, ニタ（総督）………………398

《ブラジル》
アゼベド, ロベルト（WTO事務局長）……12
アモリン, セルソ（外相）………………25

634

アレンカール, ジョゼ(副大統領) ········· 33

カルドゾ, フェルナンド・エンリケ(大
統領) ······································110

カンポス, エドゥアルド(社会党党首) ··118

グラジアノ・ダ・シルバ, ジョゼ(FAO
事務局長) ································150

コロル・デ・メロ, フェルナンド(大統
領) ··185

サルネイ, ジョゼ(大統領) ···············202

テメル, ミシェル(大統領) ···············320

デメロ, セルジオ・ビエイラ(国連人権
高等弁務官) ······························320

ヌネス, アロイジオ(外相) ···············350

バエナ・ソアレス, ホアン(OAS事務総
長) ··361

フランコ, イタマル(大統領) ············444

ラフェル, セウソ(外相) ···············558

ルセフ, ジルマ・バナ(大統領) ·········588

ルラ・ダ・シルバ, ルイス・イナシオ
(大統領) ································592

レビ, ジョアキン(財務相) ···············596

《ベネズエラ》

カルデラ, ラファエル(大統領) ··········110

シルバ, アルバロ(OPEC事務局長) ···242

チャベス, ウゴ(大統領) ·················290

マドゥロ, ニコラス(大統領) ·············493

ロドリゲス, アリ(外相) ·················602

《ベリーズ》

エスキベル, マヌエル(首相) ··········· 63

バロウ, ディーン・オリバー(首相) ·····398

プライス, ジョージ(首相) ···············438

ムサ, サイド(首相) ·····················511

《ペルー》

ウマラ, オジャンタ(大統領) ··········· 59

ガルシア・ペレス, アラン・ガブリエ
ル(大統領) ······························109

クチンスキ, ペドロ・パブロ(大統領) ··146

ゴールデンベルグ, シュライベル(首
相) ··183

デクエヤル, ハビエル・ペレス(首相) ··316

デ・ラ・プエンテ, オスカル・フランシ
スコ(首相) ······························321

デルカスティージョ, ホルヘ(首相) ····321

トゥデラ・バン・ブロイゲル・ダグラ
ス, フランシスコ(第1副大統領) ······328

トレス, カルロス(首相) ·················338

トレド, アレハンドロ(大統領) ·········338

バジェ・リエストラ, ハビエル(首相) ··371

パニアグア, バレンティン(大統領) ·····383

パンドルフィ・アルブル, アルベルト
(首相) ····································405

フジモリ, アルベルト(大統領) ·········428

ブスタマンテ, アルフォンソ(首相) ····429

ブスタマンテ, アルベルト(首相) ·······429

ホイワイ, ビクトル(首相) ···············471

メリノ, ベアトリス(首相) ···············524

ヨシヤマ, ハイメ(大統領府長官) ·······544

ランシエール, フーベルト(人権活動
家) ··564

《ボリビア》

キロガ, ホルヘ・フェルナンド(大統
領) ··140

サンチェス, ゴンサロ(大統領) ·········205

パス・サモラ, ハイメ(大統領) ·········373

バンセル, ウゴ(大統領) ·················403

メサ, カルロス(大統領) ·················521

モラレス, エボ(大統領) ·················531

ロドリゲス, エドゥアルド(大統領) ····602

《ホンジュラス》

エルナンデス・アルバラド, フアン・
オルランド(大統領) ·················· 67

カジェハス, ラファエル・レオナルド
(大統領) ································ 90

セラヤ, ホセ・マヌエル(大統領) ·······261

フローレス, カルロス(大統領) ·········452

マドゥロ, リカルド(大統領) ·············493

ミチェレッティ, ロベルト(暫定大統
領) ··503

レイナ, カルロス・ロベルト(大統領) ··593

ロボ, ポルフィリオ(大統領) ············605

《メキシコ》

オルティス, ギジェルモ(財務相) ········ 80

カスタニェーダ, ホルヘ(外相) ··········· 90

欧州　　　　　　　　　　　　　国別・地域別索引

ガルシア, サムエル・ルイス（人権擁護
　活動家）……………………………108
カルデナス, クアウテモック（メキシコ
　市長）………………………………109
カルデロン, フェリペ（大統領）…………110
グリア, ホセ・アンヘル（外相）…………152
グリーン, ロサリオ（外相）………………156
サリナス, カルロス（大統領）……………199
セディジョ, エルネスト（大統領）………260
ビデガライ, ルイス（外相）………………409
フォックス, ビセンテ（大統領）…………426
ブレーク, ホセ・フランシスコ（内相）‥449
ペニャニエト, エンリケ（大統領）………460
ミード, ホセ・アントニオ（外相）………505
ラバスティダ, フランシスコ（内相）……557
ロペス・オブラドル, アンドレス・マ
　ヌエル（メキシコ市長）………………604

欧　州

《アイスランド》
アウスグリムソン, ハルドール（首相）……3
オッドソン, ダヴィッド（首相）…………76
グリムソン, オラフル・ラグナル（大統
　領）…………………………………155
グンロイグソン, シグムンドゥル（首
　相）…………………………………162
シグルザルドッティル, ヨハンナ（首
　相）…………………………………213
ハーデ, ゲイル（首相）…………………380
ハンニバルソン, ヨン・バルドビン（外
　相）…………………………………405
フィンボガドチル, ビグジス（大統領）‥424
ベネディクトソン, ビャルニ（首相）……460
ヤコブスドッティル, カトリン（首相）‥535
ヨハネソン, グズニ（大統領）……………544

《アイルランド》
アハーン, バーティ（首相）………………17
アンドルーズ, デービッド（外相）………36
カウエン, ブライアン（首相）……………86
ケニー, エンダ（首相）…………………164

コックス, パトリック（欧州議会議長）‥180
サザーランド, ピーター（WTO事務局
　長）…………………………………192
スプリング, ディック（副首相）…………254
バーク, レイ（外相）……………………368
バラッカー, レオ（首相）………………392
バーン, デービッド（法務長官）…………401
ヒギンズ, マイケル（大統領）……………407
ブルートン, ジョン（首相）………………447
ブレナン, シェーマス（運輸相）…………450
マカリース, メアリー（大統領）…………485
レイノルズ, アルバート（首相）…………593
ロビンソン, メアリー（大統領）…………604

《アゼルバイジャン》
アリエフ, イルハム（大統領）……………28
アリエフ, ヘイダル（大統領）……………28
エリチベイ, アブルファズ（大統領）……65
グセイノフ, スレト（首相）………………145
ムタリボフ, アヤズ（大統領）……………514
ラシザデ, アルトゥル（首相）……………552

《アルバニア》
アフメティ, ビルソン（首相）……………23
アリア, ラミズ（大統領）…………………27
トピ, バミル（大統領）…………………332
ナノ, ファトス（首相）…………………344
ニシャニ, ブヤール（大統領）……………347
フィノ, バシュキム（首相）………………423
ブフィ, イリ（首相）……………………436
ベリシャ, サリ（大統領）………………462
マイコ, パンデリ（首相）………………484
メイダニ, レジェプ（大統領）……………520
メクシ, アレクサンデル（首相）…………521
メタ, イリル（首相）……………………522
モイシウ, アルフレド（大統領）…………526
ラマ, エディ（首相）……………………560

《アルメニア》
カラペチャン, カレン（首相）……………105
コチャリャン, ロベルト（大統領）………179
サルキシャン, アラム（首相）……………200

国別・地域別索引　　　　欧州

サルキシャン，セルジ（大統領）‥‥‥‥201
サルキシャン，ワズゲン（首相）‥‥‥201
ダルビニャン，アルメン（首相）‥‥‥282
テルペトロシャン，レボン（大統領）‥‥‥322
バグラチャン，グラント（首相）‥‥‥‥369
マルガリャン，アンドラニク（首相）‥‥‥497

《アンドラ》

フォルネ・モルネ，マルク（首相）‥‥‥427
マルティ・プティ，アントニ（首相）‥‥‥498

《イタリア》

アニェリ，スサンナ（外相）‥‥‥‥‥‥ 15
アマート，ジュリアーノ（首相）‥‥‥‥ 24
アレマンノ，ジャンニ（ローマ市長）‥‥‥ 32
アンドレアッタ，ベニャミーノ（外相）‥‥ 36
イングラオ，ピエトロ（下院議長）‥‥‥‥ 50
カザレッジョ，ジャンロベルト（五つ星
　運動共同創設者）‥‥‥‥‥‥‥‥‥‥ 89
グリッロ，ベペ（五つ星運動共同創設
　者）‥‥‥‥‥‥‥‥‥‥‥‥‥‥‥‥154
コシガ，フランチェスコ（大統領）‥‥‥177
ジェンティローニ，パオロ（首相）‥‥‥212
スカルファロ，オスカル・ルイジ（大統
　領）‥‥‥‥‥‥‥‥‥‥‥‥‥‥‥‥245
スパドリニ，ジョヴァンニ（首相）‥‥‥252
タヤーニ，アントニオ（欧州議会議長）‥280
ダレーマ，マッシモ（首相）‥‥‥‥‥‥282
チャンピ，カルロ・アゼリョ（大統領）‥294
ディーニ，ランベルト（首相）‥‥‥‥‥311
ディ・ピエトロ，アントニオ（公共事業
　相）‥‥‥‥‥‥‥‥‥‥‥‥‥‥‥‥311
トレモンティ，ジュリオ（経済財務相）‥339
ナポリターノ，ジョルジョ（大統領）‥‥345
パドア・スキオッパ，トマゾ（経済財務
　相）‥‥‥‥‥‥‥‥‥‥‥‥‥‥‥‥381
パドアン，ピエール・カルロ（経済財務
　相）‥‥‥‥‥‥‥‥‥‥‥‥‥‥‥‥381
バルッチ，ピエロ（国庫相）‥‥‥‥‥‥396
パンネッラ，マルコ（急進党創設者）‥‥406
フィーニ，ジャンフランコ（副首相）‥‥423
フラティニ，フランコ（外相）‥‥‥‥‥440
プローディ，ロマーノ（首相）‥‥‥‥‥452

ベルサーニ，ピエルルイジ（民主党書記
　長）‥‥‥‥‥‥‥‥‥‥‥‥‥‥‥‥463
ベルトローニ，ワルテル（副首相）‥‥‥464
ベルルスコーニ，シルヴィオ（首相）‥‥465
ボッシ，ウンベルト（制度改革相）‥‥‥475
ボルドリニ，ラウラ（下院議長）‥‥‥‥480
マッタレッラ，セルジョ（大統領）‥‥‥492
モゲリーニ，フェデリカ（外相）‥‥‥‥526
モンティ，マリオ（首相）‥‥‥‥‥‥‥533
ラッジ，ビルジニア（ローマ市長）‥‥‥554
ルジェロ，レナート（外相）‥‥‥‥‥‥587
ルテリ，フランチェスコ（副首相）‥‥‥589
レッタ，エンリコ（首相）‥‥‥‥‥‥‥595
レンツィ，マッテオ（首相）‥‥‥‥‥‥599

《ウクライナ》

アザロフ，ミコラ（首相）‥‥‥‥‥‥‥‥ 9
ウドヴェンコ，ヘナジー（外相）‥‥‥‥ 59
エハヌロフ，ユーリー（首相）‥‥‥‥‥ 64
キナフ，アナトーリー（首相）‥‥‥‥‥121
クズムク，オレクサンドル（副首相）‥‥145
クチマ，レオニード（大統領）‥‥‥‥‥146
クラフチュク，レオニード（大統領）‥‥152
グロイスマン，ウォロディミル
　→フロイスマン，ウォロディミルを見よ
ジェミレフ，ムスタファ（最高会議代議
　員）‥‥‥‥‥‥‥‥‥‥‥‥‥‥‥‥211
シチェルバク，ユーリー（環境相）‥‥‥214
シモネンコ，ワレンチン（第1副首相）‥218
ズレンコ，アナトリー（外相）‥‥‥‥‥257
ティモシェンコ，ユリヤ（首相）‥‥‥‥312
トゥルチノフ，アレクサンドル（大統領
　代行）‥‥‥‥‥‥‥‥‥‥‥‥‥‥‥329
フォーキン，ヴィトリド（首相）‥‥‥‥425
プストボイチェンコ，ワレリー（首相）‥429
フロイスマン，ウォロディミル（首相）‥451
ポロシェンコ，ペトロ（大統領）‥‥‥‥481
マソル，ヴィタリー（首相）‥‥‥‥‥‥490
マルチュク，エフヘン（首相）‥‥‥‥‥498
ヤツェニュク，アルセニー（首相）‥‥‥536
ヤヌコヴィッチ，ヴィクトル（大統領）‥536
ユーシェンコ，ヴィクトル（大統領）‥‥540

637

欧州　　　　　　　　　　　　国別・地域別索引

ラザレンコ, パーベル（首相）……………552

《ウズベキスタン》

カミロフ, アブドゥラジズ（外相）………102
カリモフ, イスラム（大統領）……………107
ミルジヨエフ, シャフカト（大統領）……507

《英国》

アシュダウン, パディ（自由民主党党
　首）………………………………………… 10
アシュトン, キャサリン（EU外交・安
　全保障上級代表）……………………… 10
アダムズ, ジェリー（シン・フェイン党
　党首）…………………………………… 12
アレグザンダー, ダグラス（国際開発
　相）……………………………………… 31
ウォーレン, デービッド（駐日大使）…… 57
エムビー, レッジ（北アイルランド自治
　政府首相）……………………………… 65
オーエン, デービッド（外相）…………… 74
オズボーン, ジョージ（財務相）………… 75
オッペンハイム, フィリップ（財務相）… 76
カー, ジョン（外務次官）………………… 85
ガマー, ジョン（環境相）………………102
カーン, サディク（ロンドン市長）………114
キノック, ニール（労働党党首）………121
キャメロン, デービッド（首相）………134
キャリントン, ピーター（NATO事務総
　長）………………………………………134
クック, ロビン（外相）…………………146
クラーク, ケネス・ハリー（財務相）……150
グリーン, ステファン（貿易投資相）……155
クレッグ, ニック（副首相）……………158
クレブス, ジョン・リチャード（食品基
　準庁長官）………………………………160
ケネディ, チャールズ（自民党党首）……165
コービン, ジェレミー（労働党党首）……181
ゴマソール, スティーブン・ジョン（駐
　日大使）…………………………………182
サモンド, アレックス（スコットランド
　自治政府首相）…………………………198
シェパード, ジリアン（教育雇用相）……210
ショート, クレア（国際開発相）………237

ジョーンズ, カーウィン（ウェールズ首
　相）………………………………………239
ジョンソン, ボリス（外相）……………240
スカーギル, アーサー（労働運動指導
　者）………………………………………245
スタージョン, ニコラ（スコットランド
　自治政府首相）…………………………247
ストロー, ジャック（外相）……………250
ダーカン, マーク（社会民主労働党党
　首）………………………………………275
ダンカン・スミス, イアン（保守党党
　首）………………………………………283
デューア, ドナルド（スコットランド自
　治政府首相）……………………………320
トリンブル, デービッド（北アイルラン
　ド自治政府首相）………………………337
パッテン, クリストファー（香港総督）‥379
ハットン, ジョン（国防相）……………380
ハード, ダグラス（外相）………………381
ハモンド, フィリップ（外相）…………391
ハワード, マイケル（内相）……………399
ヒッチンズ, ティム（駐日大使）………409
ヒューム, ジョン（社会民主労働党党
　首）………………………………………412
ファラージ, ナイジェル（独立党党首）‥418
フォスター, アーリーン（北アイルラン
　ド自治政府首相）………………………426
ブースロイド, ベティ（下院議長）……429
フライ, グラハム（駐日大使）…………438
ブラウン, ゴードン（首相）……………438
ブランケット, デービッド（内相）……443
ブリタン, レオン（下院議員）…………445
ブレア, トニー（首相）…………………448
プレスコット, ジョン（副首相）………450
ヘイグ, ウィリアム（外相）……………454
ペイズリー, イアン・リチャード・カイ
　ル（北アイルランド自治政府首相）……454
ベケット, マーガレット（外相）………457
ヘーゼルタイン, マイケル（副首相）……458
ホー, ブライアン（反戦活動家）………470
ポーティロ, マイケル（国防相）………475
ボールズ, エド（児童・学校・家庭相）‥479
マイケル, アラン（産業・地域担当相）‥483

638

国別・地域別索引　　　　　欧州

マクギネス, マーティン（北アイルラン
　ド自治政府副首相）……………………485
マクリーシュ, ヘンリー（スコットラン
　ド自治政府首相）………………………486
マコーネル, ジャック（スコットランド
　自治政府首相）…………………………487
マロック・ブラウン, マーク（国連副事
　務総長）…………………………………499
マンデルソン, ピーター・ベンジャミ
　ン（筆頭国務相）………………………501
ミリバンド, エド（労働党党首）………506
ミリバンド, デービッド（外相）………507
メイ, テリーザ（首相）…………………520
メージャー, ジョン（首相）……………521
モーガン, ロドリー（ウェールズ主席
　相）………………………………………526
モーラム, マージャリ（北アイルランド
　相）………………………………………531
ライト, デービッド（駐日大使）………549
リビングストン, ケン（ロンドン市長）…576
リフキンド, マルコム（外相）…………576
リリー, ピーター（社会保障相）………581
ロバートソン, ジョージ（国防相）……603
ロビンソン, ピーター（北アイルランド
　自治政府首相）…………………………604

《エストニア》
アンシプ, アンドルス（首相）…………… 35
イルベス, トーマス・ヘンドリック（大
　統領）…………………………………… 48
カラス, シーム（首相）…………………104
カリユライド, ケルスティ（大統領）……107
サヴィサール, エドガー（首相）………190
シーマン, マルト（首相）………………217
タランド, アンドレス（首相）…………281
ビャヒ, ティート（首相）………………411
ミクセル, スヴェン（外相）……………502
メリ, レナルト（大統領）………………523
ラール, マルト（首相）…………………564
リュイテリ, アルノルド（大統領）………578

《オーストリア》
グーゼンバウアー, アルフレート（首
　相）………………………………………146

クリマ, ヴィクトール（首相）…………155
クルツ, セバスティアン（首相）………157
クレスティル, トーマス（大統領）……158
ケルン, クリスティアン（首相）………167
シュッセル, ウォルフガング（首相）……230
ハイダー, イェルク（自由党党首）………357
ハウプト, ヘルベルト（社会相）………360
ファイマン, ウェルナー（首相）………416
ファンデアベレン, アレクサンダー（大
　統領）……………………………………420
フィッシャー, ハインツ（大統領）………422
フラニツキ, フランツ（首相）…………442
プロコップ, リーゼ（内相）……………451
モック, アロイス（外相）………………527
リースパッサー, スザンネ（副首相）……573

《オランダ》
クロエス, ニーリー（EU欧州委員）……160
コック, ウィム（首相）…………………179
ザルム, ヘリット（副首相）……………203
ダイセルブルーム, イェルーン（財務
　相）………………………………………274
ディトリッヒ, ボリス（下院議員）………311
デホープスヘッフェル, ヤープ（NATO
　事務総長）………………………………319
バルケネンデ, ヤン・ペーター（首相）…395
ファン・デン・ブルック, ハンス（外
　相）………………………………………420
ファン・ミルロー, ハンス（副首相）……421
フォルタイン, ピム（フォルタイン党党
　首）………………………………………427
フーヘルフォルスト, ハンス（財務相）…436
ブロンク, ヤン（環境相）………………453
ルッテ, マルク（首相）…………………589
ルベルス, ルドルフス・フランス・マ
　リー（首相）……………………………591

《カザフスタン》
カジェゲリジン, アケジャン（首相）…… 90
テレシチェンコ, セルゲイ（首相）………322
トカエフ, カシムジョマルト（首相）……330
ナザルバエフ, ヌルスルタン（大統領）…342
バルギンバエフ, ヌルラン（首相）………395

639

欧州　　　　国別・地域別索引

《キプロス》

アナスタシアディス, ニコス (大統領) … 14
クレリデス, グラフコス (大統領) ………160
シメオニデス, ニコス (国防相) ………218
バシリウ, ゲオルギオス (大統領) ………372
パパドプロス, タソス (大統領) ………385
フリストフィアス, ディミトリス (大統領) ………445

《ギリシャ》

アルセニス, ゲラシモス (国防相) ……… 30
カラマンリス, コンスタンティノス (大統領) ………105
カラマンリス, コンスタンティノス (首相) ………106
サマラス, アントニス (首相) ………197
サルゼタキス, クリストス (大統領) ……202
シミティス, コンスタンティノス (首相) ………217
ステファノプロス, コンスタンティノス (大統領) ………248
チプラス, アレクシス (首相) ………288
ディマス, スタブロス (外相) ………312
パヴロプロス, プロコピス (大統領) ………361
バコヤンニ, ドーラ (外相) ………370
パパコンスタンティヌ, ミカリス (外相) ………384
パパディモス, ルーカス (首相) ………385
パパンドレウ, アンドレアス (首相) ………386
パパンドレウ, ヴァッソー (環境・都市計画・公共事業相) ………386
パパンドレウ, ヨルギオス (首相) ………386
パプリアス, カロロス (大統領) ………388
バルファキス, ヤニス (財務相) ………397
パンガロス, テオドロス (外相) ………402
ミツォタキス, コンスタンティノス (首相) ………503

《キルギス》

アカエフ, アスカル (大統領) ………5
アクノフ, トゥルスンベク (人権活動家) ‥7
アタムバエフ, アルマズベク (大統領) … 12
アブドラザコフ, イシェンバイ (国務長官) ………21

イブライモフ, ジュマベク (首相) ………47
オトゥンバエワ, ローザ (大統領) ………76
クロフ, フェリクス (首相) ………161
ジェエンベコフ, ソオロンバイ (大統領) ………209
タナエフ, ニコライ (首相) ………278
バキエフ, クルマンベク (大統領) ………363

《クロアチア》

オレシュコヴィッチ, ティホミル (首相) ……… 82
グラニッチ, マテ (外相) ………152
グラバルキタロヴィッチ, コリンダ (大統領) ………152
コソル, ヤドランカ (首相) ………179
サナデル, イボ (首相) ………194
シュクラバロ, ズデンコ (外相) ………229
ツジマン, フラニオ (大統領) ………307
バレンティッチ, ニキツァ (首相) ………397
プレンコヴィッチ, アンドレイ (首相) ‥451
マテシャ, ズラトコ (首相) ………492
ミラノヴィッチ, ゾラン (首相) ………506
メシッチ, スティエパン (大統領) ………521
ヨシポヴィッチ, イヴォ (大統領) ………544
ラチャン, イビツァ (首相) ………554

《コソボ》

サチ, ハシム (大統領) ………193
セイディウ, ファトミル (大統領) ………258
ハラディナイ, ラムシュ (首相) ………392
ムスタファ, イサ (首相) ………513
ヤヒヤガ, アティフェテ (大統領) ………537
ルゴバ, イブラヒム (コソボ自治州大統領) ………587

《ジョージア (グルジア)》

アルジンバ, ウラジスラフ (アブハジア自治共和国大統領) ……… 29
アンクワブ, アレクサンドル (アブハジア自治共和国大統領) ……… 35
イワニシヴィリ, ビジナ (首相) ……… 49
ガムサフルディア, ズビアド (大統領) ‥103
ガリバシビリ, イラクリー (首相) ………107
シェワルナゼ, エドアルド (大統領) ……212

国別・地域別索引　　　　　　　　　　欧州

ジワニア, ズラブ（首相）・・・・・・・・・・242
ズラビシュヴィリ, サロメ（外相）・・・・・255
バガプシュ, セルゲイ（アブハジア自治
　共和国大統領）・・・・・・・・・・・・・・・・・362
パツァツィア, オタール（首相）・・・・・・377
ブルジャナゼ, ニノ（大統領）・・・・・・・・446
マルグベラシビリ, ギオルギ（大統領）・・497

《スイス》
オギ, アドルフ（大統領）・・・・・・・・・・・ 74
カルミレイ, ミシュリン（大統領）・・・・・・112
クシュパン, パスカル（大統領）・・・・・・・145
ケレンバーガー, ヤコブ（赤十字国際委
　員会委員長）・・・・・・・・・・・・・・・・・168
コッティ, フラヴィオ（外相）・・・・・・・・180
コラー, アーノルド（司法警察相）・・・・・・182
シュティッヒ, オットー（大統領）・・・・・230
シュナイダーアマン, ヨハン（大統領）・・230
ソマルガ, シモネッタ（大統領）・・・・・・・269
ダイス, ヨゼフ（大統領）・・・・・・・・・・・274
デルポンテ, カルラ（検事総長）・・・・・・・322
ドライフス, ルート（大統領）・・・・・・・・334
ドラミュラ, ジャン・パスカル（大統
　領）・・・・・・・・・・・・・・・・・・・・・・・335
ビドマーシュルンプフ, エベリン（大統
　領）・・・・・・・・・・・・・・・・・・・・・・・410
フィリガー, カスパー（大統領）・・・・・・・423
フェルバー, ルネ（大統領）・・・・・・・・・・425
ブルカルテル, ディディエ（大統領）・・・・446
ベルセ, アラン（大統領）・・・・・・・・・・・464
マウラー, ウエリ（大統領）・・・・・・・・・・484
マウラー, ペーター（赤十字国際委員会
　委員長）・・・・・・・・・・・・・・・・・・・484
メルツ, ハンス・ルドルフ（大統領）・・・・・524
ロイエンベルガー, モリツ（大統領）・・・・・599
ロイトハルト, ドリス（大統領）・・・・・・・599

《スウェーデン》
イエルムバレン, レナ（副首相）・・・・・・ 43
ウグラス, マルガレータ・アフ（外相）・・ 58
カールソン, イングバル（首相）・・・・・・・109
グラディン, アニタ（貿易相）・・・・・・・・151

トルエドソン, インゲセード（国会議
　長）・・・・・・・・・・・・・・・・・・・・・・・338
ヌーデル, ペール（財務相）・・・・・・・・・・350
ビルト, カール（首相）・・・・・・・・・・・・414
ブリクス, ハンス（IAEA事務局長）・・・・・444
ペーション, ヨーラン（首相）・・・・・・・・458
ラインフェルト, フレデリック（首相）・・549
リンド, アンナ（外相）・・・・・・・・・・・・584
ロヴィーン, イサベラ（国際開発担当
　相）・・・・・・・・・・・・・・・・・・・・・・・599
ロベーン, ステファン（首相）・・・・・・・・605

《スペイン》
アスナール・ロペス, ホセ・マリア（首
　相）・・・・・・・・・・・・・・・・・・・・・・・ 11
ガライコエチェア, カルロス（バスク連
　帯創立者）・・・・・・・・・・・・・・・・・・104
ゴンサレス, フェリペ（首相）・・・・・・・・186
スアレス, グスタボ（国防相）・・・・・・・・245
ソラナ, ハビエル（NATO事務総長）・・・・・271
ヒルロブレス, ホセ（欧州議会議長）・・・・414
プチデモン, カルレス（カタルーニャ自
　治州首相）・・・・・・・・・・・・・・・・・・432
ペニャ, ハビエ・ロペス（反政府勢力指
　導者）・・・・・・・・・・・・・・・・・・・・・459
マテューテス, アベル（外相）・・・・・・・・492
マヨール, フェデリコ（UNESCO事務
　局長）・・・・・・・・・・・・・・・・・・・・・495
マリン・ゴンサレス, マヌエル（EU欧
　州委員会委員長代行）・・・・・・・・・・・・496
ラト, ロドリゴ（第1副首相）・・・・・・・・556
ラホイ・ブレイ, マリアノ（首相）・・・・・・560
ロドリゲス・サパテロ, ホセ・ルイス
　（首相）・・・・・・・・・・・・・・・・・・・・603

《スロバキア》
ガシュパロヴィッチ, イヴァン（大統
　領）・・・・・・・・・・・・・・・・・・・・・・・ 90
キスカ, アンドレイ（大統領）・・・・・・・・120
クカン, エドアルド（外相）・・・・・・・・・・144
コヴァチ, ミハル（大統領）・・・・・・・・・・176
シュステル, ルドルフ（大統領）・・・・・・・229
ズリンダ, ミクラーシュ（首相）・・・・・・・256
チャルノグルスキー, ヤン（スロバキア
　共和国副首相）・・・・・・・・・・・・・・・・292

641

欧州　国別・地域別索引

フィツォ，ロベルト（首相）‥‥‥‥‥422
ミクロシュ，イワン（副首相）‥‥‥‥502
メチアル，ウラジミル（首相）‥‥‥‥522
モラフチク，ヨゼフ（首相）‥‥‥‥‥531
ライチャーク，ミロスラフ（外相）‥‥548
ラディツォヴァー，イヴェタ（首相）‥555

《スロベニア》

クーチャン，ミラン（大統領）‥‥‥‥146
ツェラル，ミロ（首相）‥‥‥‥‥‥‥307
トゥルク，ダニロ（大統領）‥‥‥‥‥329
ドルノウシェク，ヤネズ（大統領）‥‥338
パホル，ボルト（大統領）‥‥‥‥‥‥388
プラトゥシェク，アレンカ（首相）‥‥441
フルレツ，ボリス（外相）‥‥‥‥‥‥448
ポドブニク，ヤネス（国民議会議長）‥475
ヤンシャ，ヤネス（首相）‥‥‥‥‥‥538

《セルビア》

ヴチッチ，アレクサンダル（大統領）‥‥59
カラジッチ，ラドヴァン（セルビア民主
　党党首）‥‥‥‥‥‥‥‥‥‥‥‥‥104
コシュトニツァ，ヴォイスラフ（首相）‥178
シェシェリ，ヴォイスラフ（ユーゴスラ
　ビア連邦副大統領）‥‥‥‥‥‥‥‥210
ジブコヴィッチ，ゾラン（首相）‥‥‥217
ジンジッチ，ゾラン（セルビア共和国首
　相）‥‥‥‥‥‥‥‥‥‥‥‥‥‥‥244
ダチッチ，イヴィツァ（首相）‥‥‥‥277
タディッチ，ボリス（大統領）‥‥‥‥277
ツベトコヴィッチ，ミルコ（首相）‥‥308
ドラシュコヴィッチ，ブック（ユーゴス
　ラビア連邦副首相）‥‥‥‥‥‥‥‥334
ニコリッチ，トミスラヴ（大統領）‥‥347
ブルナビッチ，アナ（首相）‥‥‥‥‥447
マルコヴィッチ，ミリアナ（ユーゴスラ
　ビア左翼連合党首）‥‥‥‥‥‥‥‥497
ミルティノヴィッチ，ミラン（セルビア
　共和国大統領）‥‥‥‥‥‥‥‥‥‥507
ミロシェヴィッチ，スロボダン（ユーゴ
　スラビア連邦大統領）‥‥‥‥‥‥‥508
リリッチ，ゾラン（ユーゴスラビア連邦
　大統領）‥‥‥‥‥‥‥‥‥‥‥‥‥582

《タジキスタン》

サマドフ，アブドゥジャリル（首相）‥‥197
ジョエフ，ミルゾ（非常事態相）‥‥‥236
ヌリ，サイド・アブドゥロ（イスラム復
　興党党首）‥‥‥‥‥‥‥‥‥‥‥‥351
ラフモン，エモマリ（大統領）‥‥‥‥559

《チェコ》

ウーデ，ミラン（民族評議会議長）‥‥‥59
オカムラ，トミオ（上院議員）‥‥‥‥‥74
クラウス，ヴァツラフ（大統領）‥‥‥150
グロス，スタニスラフ（首相）‥‥‥‥161
ジェレニエツ，ヨゼフ（副首相）‥‥‥212
シュピドラ，ウラジミール（首相）‥‥231
シュワルツェンベルク，カレル（第1副
　首相）‥‥‥‥‥‥‥‥‥‥‥‥‥‥234
ゼマン，ミロシュ（大統領）‥‥‥‥‥261
ソボトカ，ボフスラフ（首相）‥‥‥‥269
トショフスキー，ヨゼフ（首相）‥‥‥330
トポラーネク，ミレク（首相）‥‥‥‥332
ドロウヒ，ウラジミール（経済相）‥‥339
ネチャス，ペトル（首相）‥‥‥‥‥‥353
ハヴェル，ヴァーツラフ（大統領）‥‥359
バビシュ，アンドレイ（首相）‥‥‥‥386
パロウベク，イジー（首相）‥‥‥‥‥398
ピトハルト，ペトル（上院議長）‥‥‥410
フィシェル，ヤン（首相）‥‥‥‥‥‥421

《デンマーク》

シュルター，ポウル（首相）‥‥‥‥‥233
トーニングシュミット，ヘレ（首相）‥‥332
ペーターセン，ニールス・ヘルベイ（外
　相）‥‥‥‥‥‥‥‥‥‥‥‥‥‥‥458
ヘデゴー，コニー（気候変動・エネル
　ギー相）‥‥‥‥‥‥‥‥‥‥‥‥‥459
ラスムセン，アナス・フォー（首相）‥‥553
ラスムセン，ポール・ニュルップ（首
　相）‥‥‥‥‥‥‥‥‥‥‥‥‥‥‥553
ラスムセン，ラース・ロッケ（首相）‥‥553

《ドイツ》

アイヘル，ハンス（財務相）‥‥‥‥‥‥3
イッシンガー，ヴォルフガンク（外務次
　官）‥‥‥‥‥‥‥‥‥‥‥‥‥‥‥‥46

国別・地域別索引　　　　　　　　欧州

ウェスターウェレ, ギド（外相）··········· 55
ウォーウェライト, クラウス（ベルリン
　特別市市長）························· 56
ウルフ, クリスティアン（大統領）········· 61
ガイスラー, ハイナー（キリスト教民主
　同盟幹事長）······················· 85
ガウク, ヨアヒム（大統領）················· 87
カウフマン, ジルビア・イボン（欧州議
　会議員）··························· 87
ガウラント, アレクサンダー（AfD共同
　代表）····························· 87
カンター, マンフレート（内相）··········· 117
ギジ, グレゴール（民主社会党党首）····· 119
キュナスト, レナーテ（消費者保護食糧
　農業相）··························· 135
キンケル, クラウス（副首相）··········· 141
グッテンベルク, カール・テオドール・
　ツー（国防相）····················· 147
クレメント, ウォルフガング（経済相）·· 160
ゲアハルト, ウォルフガング（自由民主
　党党首）··························· 162
ケーラー, ホルスト（大統領）··········· 166
コール, ヘルムート（首相）············· 182
ジモーニス, ハイデ（シュレスウィヒ・
　ホルシュタイン州首相）············· 218
シャーピング, ルドルフ（国防相）········ 221
ジュスムート, リタ（連邦議会議長）····· 229
シュタインブリュック, ペール（財務
　相）······························· 229
シュタインマイヤー, フランクワル
　ター（大統領）····················· 230
シュトルテンベルク, ゲアハルト（国防
　相）······························· 230
シュミーゲロー, ヘンリク（駐日大使）·· 232
シュルツ, マルティン（欧州議会議長）·· 233
シュレーダー, ゲアハルト（首相）········ 233
ショイブレ, ウォルフガング（連邦議会
　議長）····························· 235
シリー, オットー（内相）················· 241
ゼーホーファー, ホルスト（大統領代
　行）······························· 261
ツィマー, ガブリエレ（民主社会党党
　首）······························· 307
ティールゼ, ウォルフガング（連邦議会
　議長）····························· 313

テプファー, クラウス（建設相）········· 318
ドイブラー・グメリン, ヘルタ（法相）·· 324
トリッティン, ユルゲン（環境相）········ 336
ナーレス, アンドレア（労働・社会相）·· 346
ハプスブルク・ロートリンゲン, オッ
　トー・フォン（欧州議会議員）········ 388
バンゲマン, マルティン（EU欧州委員
　会委員）··························· 402
ビスキー, ローター（民主社会党党首）·· 408
フィッシャー, ヨシュカ（副首相）········ 422
フィッシャー, レニ（欧州議会議長）····· 422
フォンデアライエン, ウルズラ（国防
　相）······························· 427
プフルークバイル, セバスチャン（反核
　運動家）··························· 436
プラツェク, マティアス（社会民主党党
　首）······························· 440
ベック, クルト（社会民主党党首）········ 458
ベネディクト16世（ローマ法王）········· 460
ヘルツォーク, ローマン（大統領）········ 464
ヘンシュ, クラウス（欧州議会議長）····· 469
ミュラー, ウェルナー（経済相）········· 506
ミュンテフェリング, フランツ（副首
　相）······························· 506
メルケル, アンゲラ（首相）············· 524
メレマン, ユルゲン（副首相）··········· 525
モドロウ, ハンス（民主社会党名誉党
　首）······························· 528
ラウ, ヨハネス（大統領）················· 550
ラフォンテーヌ, オスカー（財務相）····· 558
ラマート, ノルベルト（連邦議会議長）·· 561
ラムスドルフ, オットー・グラーフ（自
　由民主党党首）····················· 562
リースター, ワルター（労働・社会相）·· 572
リューエ, フォルカー（国防相）········· 580
ルッケ, ベルント（ドイツのための選択
　肢創設者）························· 589
レクスロート, ギュンター（経済相）····· 594
レスラー, フィリップ（副首相）········· 595
ワイゲル, テオドール（財務相）········· 607
ワイツゼッカー, リヒャルト・フォン
　（大統領）························· 607

643

欧州　　　　　　国別・地域別索引

《トルクメニスタン》

ニヤゾフ, サパルムラト（大統領）･･･････348

ベルドイムハメドフ, グルバングリ（大
統領）･･････････････････････････････464

《ノルウェー》

ヴォッレベク, クヌート（外相）･･･････ 57

グーダル, ビヨルン・トーレ（外相）･･･146

グロンダール, ヒシュティ・コッレ（国
会議長）････････････････････････････161

ストエレ, ヨーナス・ガール（外相）･･･249

ストルテンベルグ, イエンス（首相）･････250

ストルテンベルグ, トールバル（外相）･･250

ソルベルグ, エルナ（首相）････････････271

ハルヴォルセン, クリスティン（財務
相）････････････････････････････････395

フィーヴェ, カーシ・クルマン（貿易・
海運相）････････････････････････････421

フォス, ペール・クリスティアン（財務
相）････････････････････････････････425

ブルントラント, グロ・ハルレム（首
相）････････････････････････････････448

ペーターセン, ヤン（外相）････････････458

ホルト, アンネ（法相）････････････････480

ボンデヴィック, ヒェル・マグネ（首
相）････････････････････････････････483

ヤーグラン, トールビョルン（首相）･･･534

レニング, インゲ（国会副議長）･･･････596

《ハンガリー》

アーデル, ヤーノシュ（大統領）････････ 14

アンタル, ヨゼフ（首相）･･････････････ 35

イエセンスキー, ゲーザ（外相）････････ 43

オルバン, ヴィクトル（首相）･････････ 81

ゲンツ, アルパード（大統領）･･････････168

シュミット, パール（大統領）･･････････232

ジュルチャーニ, フェレンツ（首相）･･･233

ショーヨム, ラースロー（大統領）･･････239

スールシュ, マーチャシュ（大統領）･･･257

ネーメト, ミクローシュ（首相）････････354

バイナイ, ゴルドン（首相）････････････358

フュール, ラヨシュ（国防相）･･････････437

ポコルニ, ゾルターン（教育相）････････473

ホルン, ジュラ（首相）････････････････481

ボロッシュ, ペーテル（首相）･･････････481

マードル, フェレンツ（大統領）････････493

メッジェシ, ペーテル（首相）･･････････522

ヤーライ, ジグモンド（財務相）････････537

《フィンランド》

アハティサーリ, マルティ（大統領）･･････ 17

アホ, エスコ（首相）･･････････････････ 23

カタイネン, ユルキ（首相）････････････ 93

キヴィニエミ, マリ（首相）････････････119

コイビスト, マウノ（大統領）･･････････173

シピラ, ユハ（首相）･･････････････････216

ストゥブ, アレクサンデル（首相）･･････249

ニーニスト, サウリ（大統領）･･････････347

ハロネン, タルヤ（大統領）････････････398

バンハネン, マッティ（首相）･･････････406

ベユリュネン, パーヴォ（副首相）･･････461

ホルケリ, ハリ（首相）････････････････478

ヤーテーンマキ, アネリ（首相）････････536

リッポネン, パーボ（首相）････････････574

レーン, エリザベス（国防相）･･････････598

《フランス》

アズレ, オードレ（文化・通信相）･･････ 11

アリヨマリ, ミシェル（外相）･･････････ 29

アルチュイス, ジャン（財務相）････････ 30

アレーグル, クロード（国民教育研究技
術相）････････････････････････････････ 32

イダルゴ, アンヌ（パリ市長）･･････････ 46

ヴァルス, マニュエル（首相）･･････････ 53

ヴァロー・ベルカセム, ナジャット（国
民教育・高等教育・研究相）･･････････ 53

ヴォワネ, ドミニク（環境国土整備相）･･･ 58

エロー, ジャンマルク（首相）･･････････ 68

オブリ, マルティーヌ（雇用連帯相）･････ 78

オランド, フランソワ（大統領）････････ 79

オルトフー, ブリス（内相）････････････ 81

カズヌーヴ, ベルナール（首相）････････ 92

ギグー, エリザベート（法相）･･････････119

キレス, ポール（内相）････････････････140

クシュネル, ベルナール（外相）････････144

国別・地域別索引　　　**欧　州**

クリヴィーヌ, アラン（欧州議会議員）‥153
グールドモンターニュ, モーリス（駐日
　大使）‥‥‥‥‥‥‥‥‥‥‥‥‥‥‥158
クレッソン, エディット（首相）‥‥‥‥159
ゲーノ, ジャン・マリー（国連事務次
　長）‥‥‥‥‥‥‥‥‥‥‥‥‥‥‥‥165
サパン, ミシェル（財務・公会計相）‥‥195
サルコジ, ニコラ（大統領）‥‥‥‥‥‥201
ジスカール・デスタン, ヴァレリー（大
　統領）‥‥‥‥‥‥‥‥‥‥‥‥‥‥‥213
ジュペ, アラン（首相）‥‥‥‥‥‥‥‥231
シュベーヌマン, ジャン・ピエール（内
　相）‥‥‥‥‥‥‥‥‥‥‥‥‥‥‥‥231
ジョスパン, リオネル（首相）‥‥‥‥‥237
シラク, ジャック（大統領）‥‥‥‥‥‥240
ストロスカーン, ドミニク（財務相）‥‥251
セガン, フィリップ（会計検査院院長）‥258
ソテール, クリスチャン（財務相）‥‥‥268
ダティ, ラシダ（法相）‥‥‥‥‥‥‥‥277
デジール, アルレム（社会党第1書記）‥317
デュフロ, セシル（地域間平等・住宅
　相）‥‥‥‥‥‥‥‥‥‥‥‥‥‥‥‥320
ド・ヴィルパン, ドミニク（首相）‥‥‥327
トゥボン, ジャック（司法相）‥‥‥‥‥329
ドシャレット, エルベ（外相）‥‥‥‥‥330
ドストブラジ, フィリップ（外相）‥‥‥331
ドビルパン, ドミニク
　→ド・ヴィルパン, ドミニクを見よ
ドラノエ, ベルトラン（パリ市長）‥‥‥335
トロットマン, カトリーヌ（文化・通信
　相）‥‥‥‥‥‥‥‥‥‥‥‥‥‥‥‥339
ドロール, ジャック（EU欧州委員会委
　員長）‥‥‥‥‥‥‥‥‥‥‥‥‥‥‥340
バイルー, フランソワ（法相）‥‥‥‥‥359
パスクア, シャルル（内相）‥‥‥‥‥‥373
バラデュール, エドゥアール（首相）‥‥393
バール, レイモン（首相）‥‥‥‥‥‥‥395
バルニエ, ミシェル（外相）‥‥‥‥‥‥396
バロワン, フランソワ（経済・財務・産
　業相）‥‥‥‥‥‥‥‥‥‥‥‥‥‥‥399
ファビウス, ローラン（首相）‥‥‥‥‥418
フィヨン, フランソワ（首相）‥‥‥‥‥423
フィリップ, エドゥアール（首相）‥‥‥423

フォンテーヌ, ニコル（産業担当相）‥‥427
ブザンスノ, オリヴィエ（反資本主義新
　党スポークスマン）‥‥‥‥‥‥‥‥‥428
ブラン, クリスチャン（首都圏開発担当
　相）‥‥‥‥‥‥‥‥‥‥‥‥‥‥‥‥443
ベドリヌ, ユベール（外相）‥‥‥‥‥‥459
ペルラン, フルール（文化・通信相）‥‥465
ボヴェ, ジョゼ（欧州議会議員）‥‥‥‥472
マクロン, エマニュエル（大統領）‥‥‥486
マセ, クリスチャン（駐日大使）‥‥‥‥490
マドラン, アラン（経済財政相）‥‥‥‥493
ミヨン, シャルル（国防相）‥‥‥‥‥‥506
メール, フランシス（財務相）‥‥‥‥‥524
モノリ, ルネ（上院議長）‥‥‥‥‥‥‥529
モーロワ, ピエール（首相）‥‥‥‥‥‥532
モンフェラン, ベルナール・ド（駐日大
　使）‥‥‥‥‥‥‥‥‥‥‥‥‥‥‥‥533
ユー, ロベール（共産党全国書記）‥‥‥539
ラガルド, クリスティーヌ（財務相）‥‥551
ラギエ, アルレット（労働者の戦い党
　首）‥‥‥‥‥‥‥‥‥‥‥‥‥‥‥‥551
ラファラン, ジャン・ピエール（首相）‥558
ラミー, パスカル（WTO事務局長）‥‥561
ラング, ジャック（文化相）‥‥‥‥‥‥564
リシャール, アラン（国防相）‥‥‥‥‥572
ルクレール, パトリック（国務相）‥‥‥586
ルドリアン, ジャン・イブ（外相）‥‥‥590
ルペン, ジャン・マリ（国民戦線党首）‥591
ルペン, マリーヌ（国民戦線党首）‥‥‥592
ルリデック, ジルダ（駐日大使）‥‥‥‥592
ルロワ, アラン（国連事務次長）‥‥‥‥593
レオタール, フランソワ（国防相）‥‥‥594
ロカール, ミシェル（首相）‥‥‥‥‥‥600
ロワイヤル, セゴレーヌ（エコロジー・
　持続可能開発・エネルギー相）‥‥‥‥606

《ブルガリア》

オレシャルスキ, プラメン（首相）‥‥ 82
ガネフ, ストヤン（副首相）‥‥‥‥‥ 98
コストフ, イワン（首相）‥‥‥‥‥‥179
サクスコブルク, シメオン（首相）‥‥192
ジェレフ, ジェリュ（大統領）‥‥‥‥212

645

欧州　国別・地域別索引

スタニシェフ, セルゲイ（首相）‥‥‥‥247

ストヤノフ, ペータル（大統領）‥‥‥‥249

センドフ, ブラゴヴェスト（国民議会議
　長）‥‥‥‥‥‥‥‥‥‥‥‥‥‥‥‥264

ソフィヤンスキー, ステファン（首相）‥269

ダスカロフ, スタニスラフ（外相）‥‥‥277

ディミトロフ, フィリップ（首相）‥‥‥312

ドガン, アハメド（権利と自由のための
　運動議長）‥‥‥‥‥‥‥‥‥‥‥‥330

パルバノフ, ゲオルギ（大統領）‥‥‥‥397

ビデノフ, ジャン（首相）‥‥‥‥‥‥‥410

ピリンスキ, ゲオルギ（国民議会議長）‥413

プレヴネリエフ, ロセン（大統領）‥‥‥449

ベロフ, リューベン（首相）‥‥‥‥‥‥468

ボコヴァ, イリナ（外相）‥‥‥‥‥‥‥472

ボシュコフ, アレクサンドル（副首相）‥473

ボリソフ, ボイコ（首相）‥‥‥‥‥‥‥477

ミハイロヴァ, ナデジュダ（外相）‥‥‥505

ラデフ, ルメン（大統領）‥‥‥‥‥‥‥556

《ベラルーシ》

エルモシン, ウラジーミル（首相）‥‥‥‥68

シドルスキー, セルゲイ（首相）‥‥‥‥215

チギリ, ミハイル（首相）‥‥‥‥‥‥‥288

ノビツキー, ゲンナジー（首相）‥‥‥‥355

マロフェーエフ, アナトリー（下院議
　長）‥‥‥‥‥‥‥‥‥‥‥‥‥‥‥499

リンク, セルゲイ（首相）‥‥‥‥‥‥‥583

ルカシェンコ, アレクサンドル（大統
　領）‥‥‥‥‥‥‥‥‥‥‥‥‥‥‥586

《ベルギー》

アンセンヌ, ミッシェル（ILO事務局
　長）‥‥‥‥‥‥‥‥‥‥‥‥‥‥‥‥35

クラース, ウィリー（副首相）‥‥‥‥‥151

ディ・ルポ, エリオ（首相）‥‥‥‥‥‥314

ティンデマンス, レオ（首相）‥‥‥‥‥316

デハーネ, ジャン・リュック（首相）‥‥317

デレイケ, エリック（外相）‥‥‥‥‥‥322

ファン・ミエルト, カレル（EU欧州委
　員会委員）‥‥‥‥‥‥‥‥‥‥‥‥420

ファン・ロンパイ, ヘルマン（首相）‥‥421

フェルホフスタット, ヒー（首相）‥‥‥425

ミシェル, シャルル（首相）‥‥‥‥‥‥502

ルテルム, イヴ（首相）‥‥‥‥‥‥‥‥589

レインデルス, ディディエ（副首相）‥‥593

《ボスニア・ヘルツェゴビナ》

アルカライ, スヴェン（外相）‥‥‥‥‥‥29

イヴァニッチ, ムラデン（幹部会員）‥‥‥42

イェラビッチ, アンテ（幹部会員）‥‥‥‥43

イゼトベゴヴィッチ, アリヤ（幹部会初
　代議長）‥‥‥‥‥‥‥‥‥‥‥‥‥‥46

イゼトベゴヴィッチ, バキル（幹部会
　員）‥‥‥‥‥‥‥‥‥‥‥‥‥‥‥‥46

クリジャノビッチ, ヨゾ（幹部会員）‥‥153

コムシッチ, ジェリコ（幹部会員）‥‥‥182

シャロビッチ, ミルコ（幹部会員）‥‥‥225

シライジッチ, ハリス（幹部会員）‥‥‥240

ズバク, クレシミール（幹部会員）‥‥‥252

チョヴィッチ, ドラガン（幹部会員）‥‥299

ティヒッチ, スレイマン（幹部会員）‥‥311

テルジッチ, アドナン（閣僚評議会議
　長）‥‥‥‥‥‥‥‥‥‥‥‥‥‥‥321

ドディック, ミロラド（セルビア人共和
　国首相）‥‥‥‥‥‥‥‥‥‥‥‥‥331

プラブシッチ, ビリアナ（セルビア人共
　和国大統領）‥‥‥‥‥‥‥‥‥‥‥442

ベルキッチ, ベリズ（幹部会員）‥‥‥‥463

ポプラシェン, ニコラ（セルビア人共和
　国大統領）‥‥‥‥‥‥‥‥‥‥‥‥476

ムラディッチ, ラトコ（セルビア人勢力
　軍最高司令官）‥‥‥‥‥‥‥‥‥‥517

ムラトビッチ, ハサン（暫定中央政府首
　相）‥‥‥‥‥‥‥‥‥‥‥‥‥‥‥518

ラディシッチ, ジフコ（幹部会員）‥‥‥555

ラドマノヴィッチ, ネボイシャ（幹部会
　員）‥‥‥‥‥‥‥‥‥‥‥‥‥‥‥556

《ポーランド》

オルシェフスキ, ヤン（首相）‥‥‥‥‥‥80

オレクシ, ユゼフ（首相）‥‥‥‥‥‥‥‥82

オレホフスキ, アンジェイ（外相）‥‥‥‥82

カチンスキ, ヤロスワフ（首相）‥‥‥‥‥95

カチンスキ, レフ（大統領）‥‥‥‥‥‥‥95

クシャクレフスキ, マリアン（連帯議
　長）‥‥‥‥‥‥‥‥‥‥‥‥‥‥‥144

国別・地域別索引　　　　　　欧州

クワシニエフスキ, アレクサンデル (大
　統領) ……………………………… 161
ゲレメク, ブロニスワフ (外相) ………… 167
コパチ, エバ (首相) ………………… 180
コモロフスキ, ブロニスワフ (大統領) ‥ 182
シドゥウォ, ベアタ (首相) ………… 215
スクビシェフスキ, クシシトフ (外相) ‥ 245
スホツカ, ハンナ (首相) ………… 254
チモシェビッチ, ウオジミエシュ (首
　相) ……………………………… 289
トゥスク, ドナルド (首相) ………… 328
ドゥダ, アンジェイ (大統領) ……… 328
パヴラク, ワルデマル (首相) ……… 360
バルツェロヴィッチ, レシェク (副首
　相) ……………………………… 396
バルトシェフスキ, ウワディスワフ (外
　相) ……………………………… 396
ビエレツキ, ヤン・クシストフ (首相) ‥ 407
ブゼック, イエジ (首相) ………… 431
ベルカ, マレク (首相) ………… 463
マゾヴィエツキ, タデウシ (首相) …… 490
ミレル, レシェク (首相) ………… 508
モラウィエツキ, マテウシュ (首相) … 530
ヨハネ・パウロ2世 (ローマ法王) … 544
ロサティ, ダリウシュ (外相) ……… 601
ワレサ, レフ (大統領) ………… 610

《ポルトガル》
カバコ・シルバ, アニバル (大統領) …… 99
グテレス, アントニオ (首相) ……… 147
コエリョ, ペドロ・パソス (首相) …… 177
コスタ, アントニオ (首相) ………… 179
サンタナ・ロペス, ペドロ (首相) … 205
サンパイオ, ジョルジェ (大統領) …… 206
ソアレス, マリオ (大統領) ……… 265
ソクラテス, ジョゼ (首相) ……… 267
ドアマラル, ディオゴ・フレイタス (副
　首相) ……………………………… 324
バローゾ, ジョゼ・マヌエル・ドゥラ
　ン (首相) ……………………… 398
ビエイラ, バスコ・ロッシャ (マカオ総
　督) ……………………………… 407

ピニェイロ, ジョアン・デ・デウス (外
　相) ……………………………… 410
レベロデソウザ, マルセロ (大統領) … 598

《マケドニア》
アフメティ, アリ (民主統合連合代表) … 23
イワノフ, ゲオルギ (大統領) …………… 49
グリゴロフ, キロ (大統領) ………… 153
グルエフスキ, ニコラ (首相) ……… 157
ゲオルギエフスキ, リュプチョ (首相) ‥ 163
ケリム, スルジャン (外相) ……… 167
ザエフ, ゾラン (首相) ………… 191
ツルベンコフスキ, ブランコ (大統領) ‥ 309
ディミトリエフ, エミル (首相) ……… 312
トライコフスキ, ボリス (大統領) …… 333

《マルタ》
アダミ, エドワード・フェネク (大統
　領) …………………………………… 12
アベーラ, ジョージ (大統領) ……… 23
タボネ, ビンセント (大統領) ……… 279
デマルコ, グイド (大統領) ……… 319
ミフスッド・ボンニチ, カルメロ (首
　相) ……………………………… 505

《モナコ》
アルベール2世 (大公) ………………… 30
レーニエ3世 (大公) ………………… 596

《モルドバ》
ウォロニン, ウラジーミル (大統領) …… 58
サンゲリ, アンドレイ (首相) ……… 204
スネグル, ミルチャ (大統領) ……… 251
ティモフティ, ニコラエ (大統領) …… 313
ドドン, イーゴル (大統領) ……… 332
ルチンスキー, ピョートル (大統領) … 588
ルプ, マリアン (国会議長) ……… 591

《モンテネグロ》
コンティッチ, ラドイエ (ユーゴスラビ
　ア連邦首相) …………………… 187
ジジッチ, ゾラン (ユーゴスラビア連邦
　首相) ……………………………… 213
ジュカノヴィッチ, ミロ (首相) …… 228
シュトラノヴィッチ, ジェリコ (首相) ‥ 230

647

欧州　　　　　　　　　　　国別・地域別索引

ブヤノヴィッチ, フィリプ（大統領）……437
ブラトヴィッチ, モミル（ユーゴスラビ
　ア連邦首相）………………………………441
ペシッチ, ドラギシャ（首相）…………457
マルコヴィッチ, ドゥシュコ（首相）……497
マロヴィッチ, スヴェトザル（大統領）‥499
ルクシッチ, イゴル（首相）……………586

《ラトビア》
ヴェーヨニス, ライモンツ（大統領）……56
ウルマニス, グンティス（大統領）………61
カルヴィーティス, アイガルス（首相）‥108
カルニエテ, サンドラ（外相）…………111
クラスツ, グンタルス（首相）…………151
ゴドマニス, イワルス（首相）…………180
ゴルブノフ, アナトリー（議会議長）……184
ザトレルス, バルディス（大統領）……194
シケレ, アンドリス（首相）……………213
ドムブロフスキス, ヴァルディス（首
　相）………………………………………333
ビケフレイベルガ, ワイラ（大統領）……408
ビルカフス, バルディス（外相）………413
ベルジンシ, アンドリス（大統領）……463
ベルジンシ, アンドリス（首相）………464
ベルジンシ, インドリス（外相）………464
レプセ, エイナルス（首相）……………597

《リトアニア》
アダムクス, ワルダス（大統領）…………12
キルキラス, ゲディミナス（首相）……139
グリバウスカイテ, ダリア（大統領）……155
サウダルガス, アルギルダス（外相）……190
シレジェヴィチウス, アドルファス（首
　相）………………………………………242
パクサス, ロランダス（大統領）………368
ブラザウスカス, アルギルダス（大統
　領）………………………………………439
ブルンスキネ, カジミラ（首相）………448
ランズベルギス, ヴィタウタス（国会議
　長）………………………………………565
ワグノリュス, ゲディミナス（首相）……608

《リヒテンシュタイン》
アロイス（皇太子）………………………33
チュチャー, クラウス（首相）…………295
ハスラー, アドリアン（首相）…………374
ハスラー, オットマル（首相）…………374
ハンス・アダム2世（大公）……………403
フリック, マリオ（首相）………………445

《ルクセンブルク》
アンリ大公（大公）………………………36
ゲッベルス, ロベール（経済相）………164
サンテール, ジャック（首相）…………205
ジャン公（大公）…………………………226
ベッテル, グザヴィエ（首相）…………459
ポース, ジャック（副首相）……………474
ユンケル, ジャンクロード（首相）……542

《ルーマニア》
イサレスク, ムグル（首相）………………45
イスティチョアイア・ブドゥラ, ヴィ
　オレル（駐日EU大使）…………………45
イリエスク, イオン（大統領）……………47
ヴァシレ, ラドゥ（首相）…………………52
ヴァディム・トゥドール, コルネリウ
　（欧州議会議員）…………………………52
ウングレアーヌ, ミハイ・ラズヴァン
　（首相）……………………………………61
グリンデアーヌ, ソリン（首相）………156
ゲルマン, オリビウ（上院議長）………167
コンスタンチネスク, エミル（大統領）‥186
ジョアナ, ミルチャ（外相）……………235
ストロジャン, テオドル（首相）………250
スピロイウ, コンスタンティン・ニク
　ラエ（国防相）…………………………253
セベリン, アドリアン（外相）…………260
タリチェアヌ, カリン・ポペスク（首
　相）………………………………………281
ダンチラ, ヴィオリカ（首相）…………284
チョルベア, ビクトル（首相）…………300
ナスタセ, アドリアン（首相）…………343
バカロイウ, ニコラエ（首相）…………363
バセスク, トライアン（大統領）………375
ボック, エミル（首相）…………………474

国別・地域別索引　　欧州

ヨハニス, クラウス（大統領）‥‥‥‥544
ラースロー, テケシュ（欧州議会副議長）‥‥‥‥554
ロマン, ペトレ（首相）‥‥‥‥‥‥605

《ロシア》

アウシェフ, ルスラン（イングーシ共和国大統領）‥‥‥‥‥‥‥‥‥3
アクショネンコ, ニコライ（鉄道相）‥‥6
アクショーノフ, セルゲイ（クリミア自治共和国首相）‥‥‥‥‥‥6
アファナシエフ, エフゲニー（駐日大使）‥‥‥‥‥‥‥‥‥18
アブドゥラチポフ, ラマザン（無所任相）‥‥‥‥‥‥‥‥‥20
アルハノフ, アル（チェチェン共和国大統領）‥‥‥‥‥‥‥‥30
アレクセイ2世（ロシア正教会総主教）‥‥32
イグナチェンコ, ヴィタリー（副首相）‥‥44
イリューシン, ヴィクトル（第1副首相）‥48
イリュムジノフ, キルサン（カルムイク大統領）‥‥‥‥‥‥‥‥48
イワノフ, イーゴリ（外相）‥‥‥‥‥49
イワノフ, ヴィクトル（麻薬流通監督庁長官）‥‥‥‥‥‥‥‥‥49
イワノフ, セルゲイ（副首相）‥‥‥‥49
ヴァイノ, アントン
　→ワイノ, アントンを見よ
ウォリスキー, アルカジー（産業企業家同盟名誉会長）‥‥‥‥‥‥57
ヴォロシン, アレクサンドル（大統領府長官）‥‥‥‥‥‥‥‥58
ヴォロジン, ヴャチェスラフ（下院議長）‥‥‥‥‥‥‥‥‥58
ウォロンツォフ, ユーリー（駐米大使）‥58
ウリンソン, ヤコフ（経済相）‥‥‥‥60
エゴロフ, ニコライ（大統領府長官）‥‥62
エリツィン, ボリス（大統領）‥‥‥‥66
ガイダル, エゴール（第1副首相）‥‥‥85
カザコフ, アレクサンドル（第1副首相）‥89
ガジズリン, ファリト（国家資産相）‥‥90
カシヤノフ, ミハイル（首相）‥‥‥‥90
カスパロフ, ゲーリー（反体制指導者）‥92
カダンニコフ, ウラジーミル（第1副首相）‥‥‥‥‥‥‥‥‥94

カディロフ, アフマト（チェチェン共和国大統領）‥‥‥‥‥‥‥96
カディロフ, ラムザン（チェチェン共和国大統領）‥‥‥‥‥‥‥97
カラシン, グリゴリー（外務次官）‥‥104
ガルージン, ミハイル（駐日大使）‥‥109
キネリョフ, ウラジーミル（副首相）‥121
キリエンコ, セルゲイ（首相）‥‥‥138
クドリン, アレクセイ（副首相）‥‥148
クナーゼ, ゲオルギー（外務次官）‥‥148
グラジエフ, セルゲイ（対外経済関係相）‥‥‥‥‥‥‥‥151
グラチョフ, パーヴェル（国防相）‥‥151
クリコフ, アナトリー（副首相）‥‥153
グリズロフ, ボリス（内相）‥‥‥‥154
クレバノフ, イリヤ（副首相）‥‥‥159
グレフ, ヘルマン（経済発展貿易相）‥‥160
グロモフ, アレクセイ（大統領府第1副長官）‥‥‥‥‥‥‥‥161
コズイレフ, アンドレイ（外相）‥‥178
ゴルデーエフ, アレクセイ（農相）‥‥183
ゴルバチョフ, ミハイル（社会民主主義者同盟議長）‥‥‥‥‥‥183
ザヴェリューハ, アレクサンドル（副首相）‥‥‥‥‥‥‥‥190
ザドルノフ, ミハイル（財務相）‥‥194
シチェルバク, ウラジーミル（副首相）‥214
シャイミエフ, ミンチミル（タタールスタン共和国初代大統領）‥‥‥‥219
シャフライ, セルゲイ（大統領府副長官）‥‥‥‥‥‥‥‥‥221
シャポワリヤンツ, アンドレイ（副首相）‥‥‥‥‥‥‥‥222
ジュガーノフ, ゲンナジー（共産党委員長）‥‥‥‥‥‥‥‥228
ジューコフ, アレクサンドル（副首相）‥229
シュメイコ, ウラジーミル（連邦会議議長）‥‥‥‥‥‥‥‥232
シュワロフ, イーゴリ（第1副首相）‥‥234
ショイグ, セルゲイ（国防相）‥‥‥235
ショーヒン, アレクサンドル（副首相）‥238
シラーエフ, イワン（ロシア共和国首相）‥‥‥‥‥‥‥‥240

ジリノフスキー，ウラジーミル（自由民主党党首）……241
ステパーシン，セルゲイ（首相）………248
ステパノフ，ヴィクトル（カレリア自治共和国最高会議議長）………248
ストロエフ，エゴール（連邦会議議長）‥250
ズプコフ，ヴィクトル（首相）………253
スルコフ，ウラジスラフ（副首相）……256
セチン，イーゴリ（副首相）………259
セルゲーエフ，イーゴリ（国防相）……262
セルジュコフ，アナトリー（国防相）……262
セレズニョフ，ゲンナジー（国家会議議長）………263
ソスコヴェツ，オレグ（第1副首相）……268
ソビャニン，セルゲイ（副首相）………269
ダヴィドフ，オレグ（副首相）………275
チェルノムイルジン，ヴィクトル（首相）………287
チェレプコフ，ヴィクトル（ウラジオストク市長）………288
チュバイス，アナトリー（第1副首相）‥295
チュルキン，ヴィタリー（国連大使）……295
ドヴォルコヴィッチ，アルカジー（副首相）………327
ドゥダーエフ，ジョハル（チェチェン共和国大統領）………328
ドゥビニン，ユーリー（駐米大使）………329
トラフキン，ニコライ（無任所相）……335
ナルイシキン，セルゲイ（対外情報庁長官）………345
ナワリヌイ，アレクセイ（進歩党党首）‥346
ニコノフ，ビャチェスラフ（下院議員）‥346
ニコラエフ，ミハイル（サハ共和国初代大統領）………346
ヌルガリエフ，ラシド（内相）………351
ネムツォフ，ボリス（第1副首相）………353
ハカマダ，イリーナ（下院副議長）……362
バサエフ，シャミル（チェチェン共和国第1副首相）………370
バストゥホフ，ボリス（独立国家共同体担当相）………373
ハスブラートフ，ルスラン（最高会議議長）………374

パトルシェフ，ニコライ（安全保障会議書記）………382
パノフ，アレクサンドル（駐日大使）……384
バブーリン，セルゲイ（国家会議副議長）………388
ヒジャ，ゲオルギー（副首相）………408
フィラトフ，セルゲイ（大統領府長官）‥423
プーチン，ウラジーミル（大統領）……432
フョードロフ，ボリス（副首相）………437
フラトコフ，ミハイル（首相）………441
フリステンコ，ヴィクトル（第1副首相）………445
プリマコフ，エフゲニー（首相）………446
ブルガク，ウラジーミル（副首相）……446
ブルブリス，ゲンナジー（国務長官）……447
プロホロフ，ミハイル（市民プラットフォーム党首）………452
ボリシャコフ，アレクセイ（第1副首相）………477
ボルジュジャ，ニコライ（大統領府長官）………479
マスハドフ，アスラン（チェチェン共和国大統領）………489
マスリュコフ，ユーリー（下院議員）……490
マトヴィエンコ，ワレンチナ（副首相）‥493
ミロノフ，セルゲイ（上院議長）………509
ミンニハノフ，ルスタム（タタールスタン共和国大統領）………509
メドヴェージェフ，ドミトリー（大統領）………522
ヤコヴレフ，アレクサンドル（社会民主党党首）………534
ヤコヴレフ，ウラジーミル（副首相）……535
ヤーシン，エフゲニー（経済相）………535
ヤゾフ，ドミトリー（国防省軍事顧問）‥535
ヤロフ，ユーリー（大統領府第1副長官）………537
ヤンダルビエフ，ゼリムカン（チェチェン共和国大統領代行）………538
ユマシェフ，ワレンチン（大統領府長官）………541
ラヴロフ，セルゲイ（外相）………550
リフシツ，アレクサンドル（副首相）……576
ルイシコフ，ウラジーミル（副首相）……584

国別・地域別索引　　　　　　　　　中 東

ルイブキン，イワン（副首相）・・・・・・・・・・・585

ルキン，ウラジーミル（下院副議長）・・・586

ルシコフ，ユーリー（モスクワ市長）・・・587

ルシャイロ，ウラジーミル（内相）・・・・・・・588

ルツコイ，アレクサンドル（副大統領）・・589

レベジ，アレクサンドル（国民共和党党
　首）・・・・・・・・・・・・・・・・・・・・・・・・・・・・・・・・・・・・・・597

ロガチョフ，イーゴリ（駐中国大使）・・・・・600

ロジオノフ，イーゴリ・ニコラエヴィ
　チ（国防相）・・・・・・・・・・・・・・・・・・・・・・・・・・・・・601

ロシュコフ，アレクサンドル（外務次
　官）・・・・・・・・・・・・・・・・・・・・・・・・・・・・・・・・・・・・・601

ロボフ，オレグ（副首相）・・・・・・・・・・・・・・・605

ワイノ，アントン（大統領府長官）・・・・・・608

中 東

《アフガニスタン》

アブドラ，アブドラ（行政長官）・・・・・・・・・・・ 20

アミン，ハルン（駐日大使）・・・・・・・・・・・・・・・ 25

オマル，ムハマド（タリバン最高指揮
　者）・・・・・・・・・・・・・・・・・・・・・・・・・・・・・・・・・・・・・・ 79

カディル，アブドル（副大統領）・・・・・・・・・・・ 96

ガニ，アシュラフ（大統領）・・・・・・・・・・・・・・・ 98

カルザイ，ハミド（大統領）・・・・・・・・・・・・・・・108

サマル，シマ（人権活動家）・・・・・・・・・・・・・・・197

サラビ，ハビバ（女性問題相）・・・・・・・・・・・・・199

ジョヤ，マララィ（人権活動家）・・・・・・・・・238

スパンタ，ランジン・ダドファル（外
　相）・・・・・・・・・・・・・・・・・・・・・・・・・・・・・・・・・・・・・・253

セディキ，ソヘイラ（暫定行政機構保健
　相）・・・・・・・・・・・・・・・・・・・・・・・・・・・・・・・・・・・・・・259

ドスタム，アブドルラシド（第1副大統
　領）・・・・・・・・・・・・・・・・・・・・・・・・・・・・・・・・・・・・・・331

ハクサル，ムラ（タリバン情報機関長
　官）・・・・・・・・・・・・・・・・・・・・・・・・・・・・・・・・・・・・・・368

ファヒム，ムハマド・カシム（第1副大
　統領）・・・・・・・・・・・・・・・・・・・・・・・・・・・・・・・・・・・・418

ヘクマティアル，グルブディン（首相）・・457

マスード，アハマド・シャー（国防相）・・489

マンスール，アフタル・ムハンマド（タ
　リバン最高指導者）・・・・・・・・・・・・・・・・・・・・・・・500

ムジャディディ，シブガトラ（暫定評議
　会議長）・・・・・・・・・・・・・・・・・・・・・・・・・・・・・・・・・512

ラバニ，ブルハヌディン（大統領）・・・・・・・・557

ラバニ，ムハマド（暫定統治評議会議
　長）・・・・・・・・・・・・・・・・・・・・・・・・・・・・・・・・・・・・・・557

《アラブ首長国連邦》

ザイド・ビン・スルタン・アル・ナハ
　ヤン（大統領）・・・・・・・・・・・・・・・・・・・・・・・・・・190

ハリファ・ビン・ザイド・ナハヤン
　（大統領）・・・・・・・・・・・・・・・・・・・・・・・・・・・・・・・393

マクトム・ビン・ラシド・アル・マク
　トム（副大統領）・・・・・・・・・・・・・・・・・・・・・・・485

ムハンマド・ビン・ラシド・アル・マ
　クトム（副大統領）・・・・・・・・・・・・・・・・・・・・516

《イエメン》

アッタス，ハイダル・アブ・バクル・ア
　ル（首相）・・・・・・・・・・・・・・・・・・・・・・・・・・・・・・ 13

アブドラ・アフマル・イブン・フセイ
　ン（部族連合長）・・・・・・・・・・・・・・・・・・・・・・ 20

アブドルガニ，アブドルアジズ（首相）・・・ 22

イリヤニ，アブドルカリム（首相）・・・・・・・・ 48

ガネム，ファラジ・ビン（首相）・・・・・・・・・・ 99

カルマン，タワックル（人権活動家）・・・・・112

サレハ，アリ・アブドラ（大統領）・・・・・・・203

バジャンマル，アブドルカディル・ア
　ル（首相）・・・・・・・・・・・・・・・・・・・・・・・・・・・・・・372

ハディ，アブドラボ・マンスール（暫定
　大統領）・・・・・・・・・・・・・・・・・・・・・・・・・・・・・・・・380

ムジャワル，アリ・ムハンマド（首相）・・513

《イスラエル》

アレンス，モシェ（国防相）・・・・・・・・・・・・・・・ 33

アロニ，シュラマイト（通信科学技術
　相）・・・・・・・・・・・・・・・・・・・・・・・・・・・・・・・・・・・・・・ 33

オルメルト，エフド（首相）・・・・・・・・・・・・・・・ 81

カツァブ，モシェ（大統領）・・・・・・・・・・・・・・・ 95

コーヘン，エリ（経済相）・・・・・・・・・・・・・・・・・181

シャランスキー，ナタン（副首相）・・・・・・・223

シャローム，シルヴァン（副首相）・・・・・・・225

シャロン，アリエル（首相）・・・・・・・・・・・・・・・225

ゼエビ，レハバム（観光相）・・・・・・・・・・・・・・・258

ニーマン，ヤコブ（法相）・・・・・・・・・・・・・・・・・347

ネタニヤフ，ベンヤミン（首相）・・・・・・・・・・・352

651

中東　　　　　　　　　　　　　　　国別・地域別索引

ハメル, ズブルン（副首相）・・・・・・・・・・・390
バラク, エフード（首相）・・・・・・・・・・・・・391
ハレビ, エフライム（モサド長官）・・・・397
ベギン, ベニー（科学相）・・・・・・・・・・・・・456
ペレス, シモン（大統領）・・・・・・・・・・・・・466
ペレツ, アミール（副首相）・・・・・・・・・・・467
ベンエリエゼル, ベンヤミン（副首相）・・468
ミツナ, アムラム（労働党党首）・・・・・・・504
モファズ, シャウル（副首相）・・・・・・・・・529
モルデハイ, イツハク（副首相）・・・・・・・532
ヤアロン, モシェ（国防相）・・・・・・・・・・・533
ラビン, イツハク（首相）・・・・・・・・・・・・・558
リヴニ, ツィピ（副首相）・・・・・・・・・・・・・572
リブレン, レウベン（大統領）・・・・・・・・・577
リーベルマン, アヴィグドール（副首
　相）・・・・・・・・・・・・・・・・・・・・・・・・・・・・・・・・・577
レビ, ダビド（外相）・・・・・・・・・・・・・・・・・・597
ワイツマン, エゼル（大統領）・・・・・・・・・607

《イラク》

アジズ, タリク・ミハイル（副首相）・・・・・9
アッバス, サアディ・トゥマ（国防相）・・・13
アバディ, ハイダル（首相）・・・・・・・・・・・・16
アラウィ, アヤド（副大統領）・・・・・・・・・・25
アル・アザウイ, ヒクマト・ミズバン・
　イブラヒム（副首相）・・・・・・・・・・・・・・・・・29
アル・マジド, アリ・ハッサン（国防
　相）・・・・・・・・・・・・・・・・・・・・・・・・・・・・・・・・・・・31
サドル, ムクタダ（イスラム教シーア派
　指導者）・・・・・・・・・・・・・・・・・・・・・・・・・・・・・194
サハフ, ムハンマド・サイード・アル
　（外相）・・・・・・・・・・・・・・・・・・・・・・・・・・・・・・195
サブリ, ナジ（外相）・・・・・・・・・・・・・・・・・・196
シスターニ, アリ（イスラム教シーア派
　指導者）・・・・・・・・・・・・・・・・・・・・・・・・・・・・・214
ジャファリ, イブラヒム（首相）・・・・・・・221
ズバイディ, ムハマド・ハムザ（首相）・・252
タラバニ, ジャラル（大統領）・・・・・・・・・281
チャラビ, アフマド（副首相）・・・・・・・・・291
ハキム, アブドル・アジズ（イスラム教
　シーア派指導者）・・・・・・・・・・・・・・・・・・・・363
ハキム, ムハマド・バキル（イスラム教
　シーア派指導者）・・・・・・・・・・・・・・・・・・・・363

バグダディ, アブバクル（イスラム国指
　導者）・・・・・・・・・・・・・・・・・・・・・・・・・・・・・・・368
ハマディ, サアドン（首相）・・・・・・・・・・・389
バルザニ, マスード（クルド自治政府議
　長）・・・・・・・・・・・・・・・・・・・・・・・・・・・・・・・・・396
フセイン, ウダイ（国会議員）・・・・・・・・・430
フセイン, サダム（大統領）・・・・・・・・・・・430
マスーム, フアド（大統領）・・・・・・・・・・・489
マリキ, ヌーリ（首相）・・・・・・・・・・・・・・・496
ムハンマド, アブドルザフラ（統治評議
　会議長）・・・・・・・・・・・・・・・・・・・・・・・・・・・・・515
ヤワル, ガジ（暫定政府大統領）・・・・・・・538

《イラン》

アガザデ, ゴラムレザ（副大統領）・・・・・・・5
アフマディネジャド, マフムード（大統
　領）・・・・・・・・・・・・・・・・・・・・・・・・・・・・・・・・・・22
アレフ, モハマド・レザ（第1副大統領）・・32
エバディ, シリン・・・・・・・・・・・・・・・・・・・・・・63
エブテカール, マスーメ（副大統領）・・・・・64
カルバスチ, ゴラムホセイン（テヘラン
　市長）・・・・・・・・・・・・・・・・・・・・・・・・・・・・・・・111
カルビ, マハディ（国会議長）・・・・・・・・・111
サレヒ, アリ・アクバル（副大統領）・・・・・203
ナテクヌーリ, アリ・アクバル（国会議
　長）・・・・・・・・・・・・・・・・・・・・・・・・・・・・・・・・・344
ヌーリ, アブドラ（内相）・・・・・・・・・・・・・351
ハタミ, モハマド（大統領）・・・・・・・・・・・375
ハッダードアデル, ゴラムアリ（国会議
　長）・・・・・・・・・・・・・・・・・・・・・・・・・・・・・・・・・379
ハビビ, ハッサン（第1副大統領）・・・・・・387
ハメネイ, アリ・ホセイン（大統領）・・・・・390
ハラジ, カマル（外相）・・・・・・・・・・・・・・・392
ベラヤチ, アリ・アクバル（外相）・・・・・・・461
マシャイ, エスファンディヤル・ラヒ
　ム（第1副大統領）・・・・・・・・・・・・・・・・・・488
マハダビキャニ, モハマドレザ（専門家
　会議議長）・・・・・・・・・・・・・・・・・・・・・・・・・・494
ムサビ, ミルホセイン（首相）・・・・・・・・・512
モッタキ, マヌチェフル（外相）・・・・・・・528
モハジェラニ, アタオラ（イスラム指導
　相）・・・・・・・・・・・・・・・・・・・・・・・・・・・・・・・・・529
ラフサンジャニ, アリ・アクバル・ハ
　シェミ（大統領）・・・・・・・・・・・・・・・・・・・・559

国別・地域別索引　　　　　　　　　　　　中東

ラリジャニ, アリ (国会議長) ……………564

レザイ, モフセン (公益評議会書記) …595

レザ・ハタミ, モハマド (国会副議長) ‥595

ロウハニ, ハッサン (大統領) …………599

《オマーン》

カブース・ビン・サイド (国王) ………101

ファハド・ビン・マハムード・アル・
サイド (副首相) ………………417

マッキ, アハマド・ビン・アブドルナ
ビ・アル (国家経済相) ……………491

《カタール》

タミム・ビン・ハマド・ビン・ハリ
ファ・アル・サーニ (首長) …………279

ハマド・ビン・ジャシム・アル・サー
ニ (首相) ……………………389

ハマド・ビン・ハリファ・アル・サー
ニ (首長) ……………………389

ハリファ・ビン・ハマド・アル・サー
ニ (首長) ……………………393

《クウェート》

サアド・アル・アブドラ・アル・サレ
ム・アル・サバハ (首長) ………188

サバハ・アル・アハマド・アル・ジャ
ビル・アル・サバハ (首長) ………194

ジャビル・アハマド・サバハ (首長) ‥‥221

ジャビル・ムバラク・ハマド・サバハ
(首相) ………………………221

ナセル・ムハンマド・アハマド・サバ
ハ (首相) ……………………344

ナワフ・アル・アハマド・アル・ジャ
ビル・アル・サバハ (皇太子) ………346

《サウジアラビア》

アブドラ・ビン・アブドルアジズ (国
王) …………………………21

オベイド, トラヤ・アフマド (UNFPA
事務局長) ……………………79

サウド・アル・ファイサル (外相) ……191

サルマン・ビン・アブドルアジズ (国
王) …………………………202

スルタン・ビン・アブドルアジズ (皇
太子) ………………………257

ナエフ・ビン・アブドルアジズ (皇太
子) …………………………341

ナーゼル, ヒシャム (石油相) …………344

ヌアイミ, アリ・イブラヒム (石油鉱物
資源相) ………………………348

ファハド・ビン・アブドルアジズ (国
王) …………………………417

ムクリン・ビン・アブドルアジズ (皇
太子) ………………………511

ムハンマド・ビン・サルマン (皇太子)
……………………………515

ムハンマド・ビン・ナエフ (皇太子) …516

《シリア》

アサド, バッシャール・アル (大統領) …‥8

アサド, ハフェズ・アル (大統領) ………8

アサド, リファート・アル (副大統領) …‥8

オタリ, ムハンマド・ナジ (首相) ………75

カナーン, ガジ (内相) …………………98

サファル, アーデル (首相) ……………196

サブラ, ジョージ (国民評議会議長) ……196

シャラ, ファルーク (副大統領) ………223

ゾービ, マハムド・アル (首相) ………269

ハダム, アブドル・ハリム (副大統領) ‥376

ハミス, イマド・ムハンマド・ディー
ブ (首相) ……………………390

ハラキー, ワイル・ナディル (首相) …391

ミロ, モハマド・ムスタファ (首相) …508

ムアレム, ワリード (副首相) …………510

ラジハ, ダウド (国防相) ………………552

《トルコ》

アクブルト, イルディルム (首相) ………7

イノニュ, エルダル (外相) ……………47

エジェビット, ビュレント (首相) ………62

エルドアン, レジェプ・タイップ (大統
領) …………………………67

エルバカン, ネジメティン (首相) ………67

オザル, トルグト (大統領) ……………75

オジャラン, アブドラ (クルド労働者党
創設者) ………………………75

カラヤルチュン, ムラト (副首相) ……106

ギュル, アブドラ (大統領) ……………136

ギュレン, フェトフッラー (ギュレン運
動指導者) ……………………136

クルトゥルムシュ, ヌーマン (副首相) ‥158

653

中 東　　　　　　　　　　　国別・地域別索引

ジェム, イスマイル（外相）…………211
セゼル, アフメット（大統領）…………259
ダウトオール, アフメト（首相）………275
チェテイン, ヒクメト（首相）…………287
チルレル, タンス（首相）………………302
デミレル, スレイマン（大統領）………319
デルビシュ, ケマル（財務相）…………321
バイカル, デニズ（副首相）……………357
ババジャン, アリ（副首相）……………385
ユルドゥルム, ビナリ（首相）…………542
ユルマズ, メスート（首相）……………542

《パレスチナ》

アシュラウィ, ハナン（人権活動家）……10
アッバス, マフムード（自治政府議長）…13
アブデルシャフィ, ハイダル（革命家）…19
アラファト, ヤセル（自治政府議長）……26
カドウミ, ファルーク（PLO政治局長）‥97
クレイ, アフマド（自治政府首相）………158
シャース, ナビル（国際協力相）…………220
ハティーブ, ガッサン・アル（労相）…380
ハニヤ, イスマイル（首相）……………383
ハバシュ, ジョルジュ（ゲリラ指導者）‥385
ハワトメ, ナエフ（パレスチナ解放民主
　戦線議長）………………………………399
ファイヤド, サラム（首相）……………416
フセイニ, ファイサル（PLO執行委員）
　…………………………………………429
マシャル, ハーレド（ハマス最高指導
　者）……………………………………488
ムスタファ, アブ・アリ（PFLP議長）…513
ヤシン, アハメド（ハマス創設者）………535
ランティシ, アブドルアジズ（ハマス最
　高指導者）……………………………565

《バーレーン》

イサ・ビン・スルマン・アル・ハリ
　ファ（首長）…………………………45
シェイク・サルマン・ビン・ハマド・
　アル・ハリファ（皇太子）…………209
ハマド・ビン・イサ・アル・ハリファ
　（国王）………………………………389

《ヨルダン》

アブドラ・イブン・フセイン（国王）……20
アル・ムルキー, ハーニ
　→ムルキ, ハニを見よ
カバリティ, アブドル・カリム・アル
　（首相）…………………………………99
サファディ, アイマン（外相）…………196
ザイド・イブン・シャケル（首相）……220
ジャベル, カメル・アブ（外相）………222
ダハビ, ナデル（首相）…………………279
タラウネ, ファエズ（首相）……………280
ヌスール, アブドラ（首相）……………350
ハサウネ, アウン・シャウカト（首相）‥370
ハッサン・ビン・タラール（王子）……378
バドラン, ムダル（首相）………………382
バヒート, マルーフ（首相）……………387
フセイン・イブン・タラール（国王）……431
マジャリ, アブドル・サラム（首相）……488
マスリ, タヘル・ナシャト（首相）………489
ムルキ, ハニ（首相）……………………518
ラゲブ, アリ・アブ・アル（首相）……552
ラワブデ, アブドル・ラウーフ（首相）‥564
リファイ, サミル（首相）………………576

《レバノン》

アウン, ミシェル（大統領）………………4
カラミ, オマル（首相）…………………106
サラーム, タマム（首相）………………199
シニオラ, フアド（首相）………………215
スレイマン, ミシェル（大統領）………257
ナスララ, ハッサン（ヒズボラ指導者）‥343
ハラウィ, エリアス（大統領）…………391
ハリリ, サード（首相）…………………394
ハリリ, ラフィク（首相）………………394
ビッリー, ナビーフ　→ベリ, ナビハを見よ
ファドララ, ムハンマド（イスラム教
　シーア派指導者）……………………417
ブエズ, ファレス（外相）………………424
ベリ, ナビハ（国民議会議長）…………462
ホス, サリム（首相）……………………473
ミカティ, ナジブ（首相）………………501
ラフード, エミール（大統領）…………559

アフリカ

《アルジェリア》

アタフ, アハメド（外相） ················ 12

アブデッサラム, ベレイド（首相） ······ 19

ウーヤヒア, アハメド（首相） ············ 60

カフィ, アリ（国家評議会議長） ········· 101

ゴザリ, シド・アハメド（首相） ··········177

セラル, アブデルマレク（首相） ·········261

ゼルーアル, ラミン（大統領） ·············262

ハムダニ, スマイル（首相） ···············390

ハムルーシュ, ムールード（首相） ·······390

ブーテフリカ, アブデルアジズ（大統
領） ···435

ブラヒミ, ラクダール（外相） ·············442

ベルハデム, アブデルアジズ（首相） ····465

ベンフリス, アリ（首相） ····················470

マダニ, アッバシ（イスラム救国戦線議
長） ···491

マレク, レドハ（首相） ······················499

メサーディア, モハメド・シェリフ（国
民評議会議長） ···521

《アンゴラ》

サビンビ, ジョナス・マリェイロ（副大
統領） ··195

ドス・サントス, ジョゼ・エドゥアル
ド（大統領） ···331

バン・ドネン, フェルナンド（首相） ·····405

ロウレンソ, ジョアン（大統領） ···········600

《ウガンダ》

ムセベニ, ヨウェリ・カグタ（大統領） ··513

《エジプト》

アーキフ, ムハンマド・マフディー（イ
スラム原理主義指導者） ······················ 6

アブデル・メギド, アハメド・エスマ
ト（外相） ·· 19

アブルゲイト, アハメド・アリ（外相） ·· 23

アラビ, ナビル（外相） ······················ 26

イスマイル, シェリフ（首相） ············· 45

エベイド, アテフ
→オベイド, アテフを見よ

エルバラダイ, ムハンマド・モスタ
ファ（IAEA事務局長） ······················ 68

オベイド, アテフ（首相） ··················· 79

カタトニ, サード（人民議会議長） ········· 93

ガリ, ブトロス・ブトロス（国連事務総
長） ···107

ガンズーリ, カマル（首相） ···············116

カンディール, ヒシャム・ムハンマド
（首相） ···117

ザワヒリ, アイマン（ジハード団指導
者） ···204

シシ, アブデルファタフ・サイード（大
統領） ··213

シャラフ, イサーム（首相） ···············223

シュクリ, サーメハ（外相） ···············229

スレイマン, オマル（副大統領） ···········257

セドキ, アテフ（首相） ······················260

タンタウィ, ムハンマド・サイード（ア
ズハル機関総長） ·······································284

タンタウィ, ムハンマド・フセイン（軍
最高評議会議長） ·······································284

ナジフ, アハマド・ムハンマド（首相） ··343

バディア, ムハンマド（ムスリム同胞団
団長） ··380

フダイビー, マアムーン（イスラム原理
主義指導者） ···431

ベブラウィ, ハゼム（暫定首相） ···········461

マシュフール, ムスタファ（ムスリム同
胞団団長） ···488

マハラブ, イブラヒム（首相） ·············495

マーヘル, アハマド（外相） ···············495

マンスール, アドリー（暫定大統領） ·····500

ムーサ, アムル・マハムード（外相） ·····511

ムバラク, ムハンマド・ホスニ（大統
領） ···515

モルシ, ムハンマド（大統領） ·············532

《エチオピア》

ギルマ・ウォルドギオルギス（大統領）
···139

セイヨム・メスフィン（外相） ···········258

ゼナウィ, メレス
→メレス・ゼナウィを見よ

アフリカ　　　　　　　　　国別・地域別索引

ネガソ・ギダダ（大統領）⋯⋯⋯⋯⋯352
ハイレマリアム・デサレン（首相）⋯⋯⋯359
ムラトゥ・テショメ（大統領）⋯⋯⋯⋯517
メレス・ゼナウィ（首相）⋯⋯⋯⋯⋯524
メンギスツ・ハイレ・マリアム（大統
領）⋯⋯⋯⋯⋯⋯⋯⋯⋯⋯⋯⋯⋯525

《エリトリア》
アフェウェルキ, イサイアス（大統領）⋯18

《ガーナ》
アクフォアド, ナナ・アド・ダンクワ
（大統領）⋯⋯⋯⋯⋯⋯⋯⋯⋯⋯⋯7
アナン, コフィ・アッタ（国連事務総
長）⋯⋯⋯⋯⋯⋯⋯⋯⋯⋯⋯⋯⋯15
クフォー, ジョン・アジェクム（大統
領）⋯⋯⋯⋯⋯⋯⋯⋯⋯⋯⋯⋯148
マハマ, ジョン・ドラマニ（大統領）⋯⋯494
ミルズ, ジョン・アッタ（大統領）⋯⋯⋯507
ローリングス, ジェリー（大統領）⋯⋯⋯606

《カーボヴェルデ》
ピレス, ペドロ・ベロナ・ロドリゲス
（大統領）⋯⋯⋯⋯⋯⋯⋯⋯⋯415
フォンセカ, ジョルジ・カルロス（大統
領）⋯⋯⋯⋯⋯⋯⋯⋯⋯⋯⋯⋯427
モンテイロ, アントニオ（大統領）⋯⋯⋯533

《ガボン》
オイ・ムバ, カシミル（首相）⋯⋯⋯⋯70
ボンゴ・オンディンバ, アリ（大統領）⋯482
ボンゴ・オンディンバ, オマル（大統
領）⋯⋯⋯⋯⋯⋯⋯⋯⋯⋯⋯⋯482
ロゴンベ, ローズ・フランシーヌ（暫定
大統領）⋯⋯⋯⋯⋯⋯⋯⋯⋯⋯600

《カメルーン》
ビヤ, ポール（大統領）⋯⋯⋯⋯⋯411

《ガンビア》
ジャメ, ヤヤ（大統領）⋯⋯⋯⋯⋯⋯222
ジャワラ, ダウダ（大統領）⋯⋯⋯⋯226
バロウ, アダマ（大統領）⋯⋯⋯⋯⋯397

《ギニア》
カマラ, ムサ・ダディ（大統領）⋯⋯⋯102
コンデ, アルファ（大統領）⋯⋯⋯⋯187

コンテ, ランサナ（大統領）⋯⋯⋯⋯187
ドレ, ジャン・マリー（首相）⋯⋯⋯⋯338

《ギニアビサウ》
サンハ, マラン・バカイ（大統領）⋯⋯⋯206
ヌハマジョ, マヌエル・セリフォ（暫定
大統領）⋯⋯⋯⋯⋯⋯⋯⋯⋯⋯351
バズ, ジョゼ・マリオ（大統領）⋯⋯⋯372
ビエイラ, ジョアン・ベルナルド（大統
領）⋯⋯⋯⋯⋯⋯⋯⋯⋯⋯⋯⋯406
ヤラ, クンバ（大統領）⋯⋯⋯⋯⋯537
ロザ, エンリケ（暫定大統領）⋯⋯⋯⋯600

《ケニア》
オディンガ, ライラ（首相）⋯⋯⋯⋯76
キバキ, ムワイ（大統領）⋯⋯⋯⋯122
ケニヤッタ, ウフル（大統領）⋯⋯⋯164
サイトティ, ジョージ（副大統領）⋯⋯⋯190
マータイ, ワンガリ（環境活動家）⋯⋯⋯491
モイ, ダニエル・アラップ（大統領）⋯⋯525

《コートジボワール》
エシー, アマラ（外相）⋯⋯⋯⋯⋯62
ゲイ, ロベール（大統領）⋯⋯⋯⋯162
バグボ, ローラン（大統領）⋯⋯⋯⋯369
ベディエ, アンリ・コナン（大統領）⋯⋯459
ワタラ, アラサン（大統領）⋯⋯⋯⋯608

《コモロ》
アザリ, アスマニ（大統領）⋯⋯⋯⋯8
サンビ, アフメド・アブダラ・モハメ
ド（大統領）⋯⋯⋯⋯⋯⋯⋯⋯207
ジョハル, サイド・モハメド（大統領）⋯238
タキ, モハメド（大統領）⋯⋯⋯⋯276
ドイニン, イキリル（大統領）⋯⋯⋯324

《コンゴ共和国》
サス・ヌゲソ, ドニ（大統領）⋯⋯⋯193
リスバ, パスカル（大統領）⋯⋯⋯⋯573

《コンゴ民主共和国》
カビラ, ジョセフ（大統領）⋯⋯⋯⋯100
カビラ, ローラン（大統領）⋯⋯⋯⋯100
ケンゴ・ワ・ドンド（上院議長）⋯⋯⋯168

国別・地域別索引　　アフリカ

チセケディ, エティエン (ザイール首相) ･･････････････････････288
モブツ・セセ・セコ (ザイール大統領) ･･････････････････････530

《サントメ・プリンシペ》

カルバリョ, エバリスト (大統領) ･･････111
ダコスタ, マヌエル・ピント (大統領) ･･276
デメネゼス, フラディケ (大統領) ･･････319
トロボアダ, ミゲル (大統領) ･･････････339

《ザンビア》

カウンダ, ケネス・デービッド (大統領) ･･････････････････････････87
サタ, マイケル・チルフヤ (大統領) ･････193
チルバ, フレデリック (大統領) ･･････････302
バンダ, ルピヤ (大統領) ･･････････････404
ムワナワサ, レビ (大統領) ･･････････････518
ルング, エドガー (大統領) ･･････････････593

《シエラレオネ》

カバー, アフマド・テジャン (大統領) ･･･99
コロマ, アーネスト・バイ (大統領) ･････185
サンコー, フォダイ (革命統一戦線議長) ･･････････････････････････204
ストラッサー, バレンタイン (国家最高評議会議長) ･･････････････249

《ジブチ》

グレド・アプティドン, ハッサン (大統領) ･･････････････････････159
ゲレ, イスマイル・オマル (大統領) ･････167

《ジンバブエ》

ツァンギライ, モーガン (首相) ･･････････306
ヌコモ, ジョシュア (副大統領) ･･････････349
ムガベ, ロバート (大統領) ･･････････････510
ムナンガグワ, エマーソン (大統領) ･････514

《スーダン》

ガラン, ジョン (第1副大統領) ･･････････106
バシル, オマール・ハッサン・アハメド・アル (大統領) ･･････････････372

《スワジランド》

ドラミニ, シブシソ (首相) ･･････････････335

ドラミニ, セムバ (首相) ･･････････････335
ムスワティ3世 (国王) ･･････････････････513

《赤道ギニア》

ヌゲマ, テオドロ・オビアン (大統領) ･･349

《セーシェル》

フォール, ダニー (大統領) ･･････････････427
ミシェル, ジェームス・アリックス (大統領) ･････････････････････502
ルネ, フランス・アルベール (大統領) ･･590

《セネガル》

サネ, ピエール (アムネスティ・インターナショナル事務総長) ･････194
サル, マッキ (大統領) ･･････････････････200
ティアム, ハビブ (首相) ･･････････････310
ディウフ, アブド (大統領) ･･････････････310
ディウフ, ジャック (FAO事務局長) ･･････310
ワッド, アブドゥラエ (大統領) ･･････････609

《ソマリア》

アイディド, フセイン (副首相) ･･････････3
アイディド, モハメド・ファラ (ソマリ国民連合議長) ･･････････････3
アハメド, シェイク・シャリフ (暫定大統領) ･････････････････････17
アブドラヒ・モハメド, モハメド (大統領) ･････････････････････21
エガル, モハメド (ソマリランド大統領) ･････････････････････62
ハッサン, アブディカシム・サラド (暫定大統領) ･････････････････378
ファラ, アブディシャクール・シェイク・ハッサン (暫定政府内相) ･････418
モハムド, ハッサン・シェイク (大統領) ･････････････････････529
モハメド, アリ・マハディ (暫定大統領) ･････････････････････529
ユスフ, アブドラヒ (暫定大統領) ･･････540

《タンザニア》

キクウェテ, ジャカヤ・ムリショ (大統領) ･････････････････････119
サリム, サリム・アハメド (首相) ･･････200
マグフリ, ジョン・ポンベ・ジョセフ (大統領) ･････････････････486

657

ミギロ, アシャ・ローズ（国連副事務総
　長）……………………………502
ムウィニ, アリ・ハッサン（大統領）……510
ムカパ, ベンジャミン・ウィリアム（大
　統領）……………………………510

《チャド》
デビ, イドリス（大統領）………318
ヨアディムナジ, パスカル（首相）………543

《中央アフリカ》
コリンバ, アンドレ（大統領）…………182
サンババンザ, カトリーヌ（暫定大統
　領）……………………………207
ジョトディア, ミシェル（大統領）………237
トゥアデラ, フォスタン・アルシャン
　ジュ（大統領）……………………326
パタセ, アンジュ・フェリクス（大統
　領）……………………………375
ボジゼ, フランソワ（大統領）…………473

《チュニジア》
カイドセブシ, ベジ（大統領）……………86
カルイ, ハミド（首相）………………108
ガンヌーシ, モハメド（首相）…………117
ジェバリ, ハマディ（暫定首相）………211
シド, ハビブ（首相）………………215
シャヘド, ユスフ（首相）……………221
ジョマア, メヘディ（首相）…………238
ベルイード, ショクリ（民主愛国主義運
　動党首）……………………………463
ベン・アリ, ジン・エル・アビディン
　（大統領）…………………………468
ベンヤヒヤ, ハビブ（国防相）…………470
マルズーキ, モンセフ（暫定大統領）……498
ムバッザア, フアード（暫定大統領）……515
モジャーン, カマル（外相）……………527

《トーゴ》
エヤデマ, ニャシンベ（大統領）……65
コジョ, エデム（首相）………………178
コフィゴ, ジョゼフ・コクー（首相）…181
ニャシンベ, フォール（大統領）………348

《ナイジェリア》
アバチャ, サニ（暫定統治評議会議長）…16
アブバカル, アブドルサラム（暫定統治
　評議会議長）………………………22
オショティメイン, ババトゥンデ
　（UNFPA事務局長）………………75
オバサンジョ, オルセグン（大統領）……77
ガンバリ, イブラヒム・アッボーラ（外
　相）……………………………117
ジョナサン, グッドラック・エベレ（大
　統領）……………………………237
ショネカン, アーネスト（暫定国民政府
　首班）……………………………238
ババンギダ, イブラヒム（大統領）………386
ブハリ, ムハンマドゥ（大統領）………436
ヤラドゥア, ウマル（大統領）…………537
ルクマン, リルワヌ（外相）…………586

《ナミビア》
ガインゴブ, ヘイジ（大統領）…………86
ヌジョマ, サム・ダニエル（大統領）……349
ポハンバ, ヒフィケプニェ（大統領）……476

《ニジェール》
アジ, ブカリ（暫定内閣首相）……………9
イスフ, マハマドゥ（大統領）…………45
ウスマヌ, マハマヌ（大統領）…………59
シェフ, アマドゥ（首相）……………211
ジボ, サル（CSRD議長）……………217
タンジャ, ママドゥ（大統領）…………283
メナサーラ, イブラハム・バレ（大統
　領）……………………………523
ワンケ, ダオダ・マラム（国家和解評議
　会議長）……………………………610

《ブルキナファソ》
ウエドラオゴ, ユスフ（首相）………56
カファンド, ミシェル（暫定大統領）……101
カボレ, ロシュ（大統領）……………102
キゼルボ, ジョセフ（民主進歩党党首）…120
コンパオレ, ブレーズ（大統領）………187

《ブルンジ》
ヌクルンジザ, ピエール（大統領）………349

国別・地域別索引　　アフリカ

ヌシミリマナ，アドルフ（国家情報局長官）……349

ヌティバンツンガニャ，シルベストゥル（大統領）……350

ヌディミラ，パスカル・フィルマン（首相）……350

ブヨヤ，ピエール（大統領）……438

《ベナン》

ケレク，マチュー（大統領）……167

ソグロ，ニセフォール（大統領）……267

タロン，パトリス（大統領）……282

ヤイ，ボニ（大統領）……534

《ボツワナ》

カーマ，セレツェ・カーマ・イアン（大統領）……102

マシーレ，クェット・ケトゥミレ・ジョニ（大統領）……488

モハエ，フェスタス（大統領）……529

《マダガスカル》

ザフィ，アルベール（大統領）……196

ラジャオナリマンピアニナ，ヘリー（大統領）……553

ラジョエリナ，アンドリー（暫定大統領）……553

ラチラウナナ，ノルベール（首相）……554

ラチラカ，ディディエ（大統領）……554

ラベロマナナ，マルク（大統領）……560

《マラウイ》

バンダ，ジョイス・ヒルダ（大統領）……403

バンダ，ヘイスティングズ・カムズ（大統領）……403

ムタリカ，アーサー・ピーター（大統領）……514

ムタリカ，ビング（大統領）……514

ムルジ，バキリ（大統領）……518

《マリ》

ケイタ，イブラヒム（大統領）……163

コナレ，アルファ・ウマル（大統領）……180

トゥーレ，アマドゥ・トゥマニ（大統領）……330

トラオレ，ディオンクンダ（暫定大統領）……334

トラオレ，ムサ（大統領）……334

《南アフリカ》

カトラダ，アハメド（反アパルトヘイト運動家）……97

ズマ，ジェイコブ（大統領）……254

ツウェテ，スティーブ（治安・保安相）……307

ツツ，デズモンド・ムピロ（黒人解放運動家）……308

デクラーク，フレデリク（大統領）……317

ドラミニ・ズマ，ヌコサザナ（外相）……335

ヌゾ，アルフレッド（外相）……350

ピレイ，ナバネセム（国連人権高等弁務官）……414

ブテレジ，マンゴスツ（内相）……435

マンデラ，ネルソン（大統領）……500

ムベキ，ターボ（大統領）……517

ムランボヌクカ，プムジレ（副大統領）……518

モトランテ，ハレマ（副大統領）……528

ラマポーザ，シリル（大統領）……561

レコタ，モシワ（国防相）……595

《南スーダン》

キール，サルバ（大統領）……139

《モザンビーク》

ゲブザ，アルマンド・エミリオ（大統領）……165

シサノ，ジョアキム・アルベルト（大統領）……213

ニュシ，フィリペ・ジャシント（大統領）……348

《モーリシャス》

ウティーム，カッサム（大統領）……59

オフマン，カール（大統領）……78

ギュリブ・ファキム，アミーナ（大統領）……135

ジャグナット，アヌルード（大統領）……219

ジャグナット，プラビン（首相）……220

ピュリャグ，ラジュケスウール（大統領）……412

ベレンガー，ポール（首相）……467

アフリカ　　　　　　　　　国別・地域別索引

ラムグーラム, ナビンチャンドラ (首相) ···562

《モーリタニア》

アブデルアジズ, モハメド・ウルド (大統領) ···19

アブドライ, シディ・モハメド・ウルド・シェイフ (大統領) ·····················20

ヴァル, エリー・ウルド・モハメド (軍事評議会議長) ···52

クーナ, シェイフ・エル・アフィア・ウルド・モハメド (首相) ··············148

タヤ, マーウイヤ・ウルド・シディ・アハメド (大統領) ·····················279

ハドミン, ヤヒヤ・ウルド (首相) ········382

ラグダフ, ムライ・ウルド・モハメド (首相) ···551

《モロッコ》

ジェトゥー, ドリス (首相) ·················210

ハッサン2世 (国王) ·····················378

フィラリ, アブデルラティフ (首相) ····423

モハメド6世 (国王) ·····················529

ユースーフィ, アブデルラハマン (首相) ···540

ラムラニ, モハメド・カリム (首相) ·····562

ララキ, アズディン (首相) ·················564

《リビア》

アブサハミーン, ヌーリ (制憲議会議長) ···19

アブドルジャリル, ムスタファ (国民評議会議長) ···22

イーサ, アギーラ・サレハ (暫定議会議長) ···45

カダフィ, セイフ・イスラム (カダフィ財団総裁) ···94

カダフィ, ムアマル・アル (最高指導者) ···94

ガネム, シュクリ (全人民委員会書記) ···98

キーブ, アブドルラヒム (暫定政府首相) ···122

グウェル, ハリファ (制憲議会首相) ····141

クーサ, ムーサ (外相) ·····················144

グワイル, ハリファ
→グウェル, ハリファを見よ

ジブリル, マハムード (暫定政府首相) ··217

シンニ, アブドラ (暫定政府首相) ········244

ゼイダン, アリ (首相) ·····················258

マガリエフ, ムハンマド・ユスフ (制憲議会議長) ···485

マハムーディ, バグダディ・アリ (全人民委員会書記) ···494

ムンタサル, オマル・ムスタファ・アル (首相) ···520

《リベリア》

ウエア, ジョージ (大統領) ·················55

サーリーフ, エレン (大統領) ··············200

ソーヤー, エーモス (暫定大統領) ········271

テイラー, チャールズ (大統領) ··········313

ペリー, ルース (暫定国家評議会議長) ··462

ボウイー, リーマ (平和活動家) ··········472

《ルワンダ》

カガメ, ポール (大統領) ·····················88

トワギラムング, フォスタン (首相) ·····340

ビジムング, パストゥール (大統領) ·····408

《レソト》

タバネ, モツォアハエ・トーマス (首相) ···279

モシシリ, パカリタ (首相) ·················526

モショエショエ2世 (国王) ··············527

モヘレ, ヌツ (首相) ·····················530

ラマエマ, エライアス (軍事評議会議長) ···561

レツィエ3世 (国王) ·····················595

レハンヤ, ジャスティン (軍事評議会議長) ···596

660

人名索引（欧文）

人名索引（欧文）　　　　　　　　　　　ALM

【 A 】

Abacha, Sani ··· 16
Abadi, Haider al- ··· 16
Abbas, Mahmoud ··· 13
Abbas, Saadi Toamma ··· 13
Abbasi, Shahid Khaqan ··· 16
Abbott, Tony ··· 24
Abdallahi, Sidi Mohamed Ould Cheikh ··· 20
Abd al-Salam, Belaid ··· 19
Abdelaziz, Mohamed ··· 19
Abdelaziz, Mohamed Ould ··· 19
Abdel-Meguid, Ahmed Esmat ··· 19
Abdel Shafi, Haidar ··· 19
Abdrazakov, Ishenbai ··· 21
Abdulatipov, Ramazan ··· 20
Abdulghani, Abdul-Aziz ··· 22
Abdul Jalil, Mustafa ··· 22
Abdullah, Abdullah ··· 20
Abdullah al-Ahmar ibn Husayn ··· 20
Abdullah Badawi ··· 21
Abdullah bin Abdul Aziz ··· 21
Abdullah ibn al-Hussein ··· 20
Abdullahi Mohamed, Mohamed ··· 21
Abela, George ··· 23
Abhisit Vejjajiva ··· 18
Abil, Iolu ··· 18
Abraham, Spencer ··· 61
Abubakar, Abdulsalami ··· 22
Abul-Gheit, Ahmed Ali ··· 23
Abu Sahmain, Nori ··· 19
Adami, Edward Fenech ··· 12
Adamkus, Valdas ··· 12
Adams, Gerry ··· 12
Áder, János ··· 14
Adhikari, Man Mohan ··· 14
Adij, Boukari ··· 9
Advani, Lal Kishanchand ··· 14
Afanasiev, Evgenii ··· 18
Afewerki, Issaias ··· 18
Agnelli, Susanna ··· 15
Agung Laksono ··· 7
Ahern, Bertie ··· 17

Ahmad, Qazi Hussain ··· 23
Ahmadinejad, Mahmoud ··· 22
Ahmed, Iajuddin ··· 17
Ahmed, Shahabuddin ··· 17
Ahmed, Sheikh Sharif ··· 17
Ahmeti, Ali ··· 23
Ahmeti, Vilson ··· 23
Ahn Cheol-soo ··· 34
Ahn Sang-soo ··· 34
Aho, Esko ··· 23
Ahtisaari, Martti ··· 17
Aidid, Hussein ··· 3
Aidid, Mohammed Farrah ··· 3
Akayev, Askar ··· 5
Akbulut, Yildrim ··· 7
Akef, Muhammad Mahdi ··· 6
Akinci, Mustafa ··· 7
Aksenenko, Nikolai ··· 6
Aksyonov, Sergei ··· 6
Akufo-Addo, Nana Addo Dankwa ··· 7
Akunov, Tursunbek ··· 7
Alarcón, Ricardo ··· 27
Alarcon Rivera, Fabian ··· 27
Alatas, Ali ··· 26
Al-Azzawi, Hikmat Mizban Ibrahim ··· 29
Albert II ··· 30
Albright, Madeleine ··· 81
Aleksei II ··· 32
Aleman Lacayo, Arnoldo ··· 33
Alemanno, Gianni ··· 32
Alencar, José ··· 33
Alexander, Douglas ··· 31
Alexander, Lamer ··· 32
Alexis, Jacques-Edouard ··· 32
Alia, Ramiz ··· 27
Aliyev, Heydar ··· 28
Aliyev, Ilham ··· 28
Alkalaj, Sven ··· 29
Alkatiri, Mari ··· 29
Alkhanov, Alu ··· 30
Allawi, Ayad ··· 25
Allègre, Claude ··· 32
Alliot-Marie, Michèle ··· 29
Almagro, Luis ··· 31
Almeida, Juan ··· 31

663

Almonte, Jose	31	
Alois	33	
Aloni, Shulamit	33	
Altankhuyag, Norov	30	
Amaral, Francisco Xavier do	24	
Amarjargal, Rinchinnyamiyn	24	
Amato, Giuliano	24	
Amin, Haron	25	
Amnuay Virawan	25	
Amorim, Celso	25	
Anand Panyarachun	15	
Anastasiades, Nicos	14	
Anderson, Rocky	35	
Andreatta, Beniamino	36	
Andrews, David	36	
Angara, Edgardo	34	
Anifah Aman	15	
Ankvab, Aleksandr	35	
Annan, Kofi Atta	15	
Ansip, Andrus	35	
Antall, Jozef	35	
Anthony, Kenny	35	
Anupong Paochinda	16	
Anwar Ibrahim	36	
Aoun, Michel	4	
Aqazadeh, Gholamreza	5	
Aquino, Agapito	5	
Aquino, Benigno III	6	
Aquino, Corazón	5	
Araby, Nabil el-	26	
Arafat, Yasser	26	
Arbour, Louise	30	
Ardern, Jacinda	13	
Ardzinba, Vladislav	29	
Aref, Mohammad Reza	32	
Arens, Moshe	33	
Arias-Sánchez, Oscar	27	
Aristide, Jean-Bertrand	28	
Armitage, Richard Lee	24	
Arroyo, Gloria Macapagal	33	
Arsa Sarasin	8	
Arsenis, Gerasimos	30	
Arthit Kamlangek	13	
Arthit Ourairat	13	
Arthuis, Jean	30	

Arthur, Owen	7	
Arzu, Alvaro	30	
Ásgrímsson, Halldór	3	
Ashcroft, John	10	
Ashdown, Paddy	10	
Ashraf, Raja Pervez	11	
Ashrawi, Hanan	10	
Ashton, Catherine	10	
Aspin, Les	11	
Assad, Bashar al	8	
Assad, Hafez al	8	
Assad, Rifaat al	8	
Atambayev, Almazbek	12	
Attaff, Ahmed	12	
Attas, Haidal Abu Bakr al	13	
Aubry, Martine	78	
Aung San Suu Kyi	4	
Aung Shwe	4	
Aushev, Ruslan	3	
Avril, Prosper	23	
Axworthy, Lloyd	6	
Aylwin, Patricio	62	
Ayrault, Jean-Marc	68	
Azali, Assoumani	8	
Azarov, Mykola	9	
Azevêdo, Roberto	12	
Aziz, Rafidah	10	
Aziz, Sartaj	9	
Aziz, Shaukat	9	
Aziz, Tariq Mikhail	9	
Aznar López, José María	11	
Azoulay, Audrey	11	

【 B 】

Ba'asyir, Abu Bakar	357	
Babacan, Ali	385	
Babangida, Ibrahim	386	
Babbitt, Bruce	387	
Babić, Milan	387	
Babiš, Andrej	386	
Baburin, Sergei	388	
Bachelet, Michelle	377	
Bachmann, Michele	378	

人名索引（欧文）　　　　　　**BER**

Badia, Muhammad ·····380
Badran, Mudar·····382
Baena Soares, João ·····361
Bagabandi, Natsagiin ·····362
Bagapsh, Sergei·····362
Baghdadi, Abu Bakr al-·····368
Bagratyan, Hrand ·····369
Bai Ke-ming ·····365
Bainimarama, Voreqe ·····358
Bajammal, Abdul-Qadir al-·····372
Bajnai, Gordon ·····358
Baker, Howard (Jr.) ·····456
Baker, James III·····455
Bakhit, Marouf·····387
Bakht, Sikander·····369
Bakiyev, Kurmanbek ·····363
Bakoyannis, Dora·····370
Bakrie, Aburizal ·····369
Balaguer, Joaquin ·····392
Balayogi, G.M.C. ·····393
Balcerowicz, Leszek·····396
Balgimbayev, Nurlan ·····395
Balkenende, Jan Peter ·····395
Balladares, Ernesto Pérez·····372
Balladur, Edouard ·····393
Balls, Ed ·····479
Ban Ki-moon ·····400
Banda, Hastings Kamuzu·····403
Banda, Joyce Hilda ·····403
Banda, Rupiah ·····404
Bandaranaike, Anura·····404
Bandaranaike, Sirimavo ·····404
Banday, Basdeo ·····405
Banerjee, Mamata·····382
Bangemann, Martin ·····402
Banharn Silpaarcha·····406
Bani, John·····383
Bánzer, Hugo ·····403
Barak, Ehud ·····391
Barnier, Michel ·····396
Baroin, François ·····399
Barre, Raymond ·····395
Barroso, José Manuel Durão·····398
Barrow, Adama ·····397
Barrow, Dean Oliver ·····398

Barrow, Nita·····398
Barshefsky, Charlene ·····371
Bartoszewski, Władysław ·····396
Barucci, Piero ·····396
Barzani, Masoud ·····396
Basayev, Shamil ·····370
Băsescu, Traian ·····375
Bashir, Omar Hassan Ahmed al- ·····372
Batbold, Sükhbaataryn·····382
Batlle, Jorge ·····370
Battulga, Khaltmaa ·····382
Baucus, Max·····472
Bayar, Sanjaagiin·····391
Baykal, Dniz ·····357
Bayrou, François·····359
Bazin, Marc·····370
Beazley, Kim·····408
Beblawi, Hazem·····461
Beck, Kurt·····458
Beckett, Margaret ·····457
Bedie, Henri Konan·····459
Begin, Benny ·····456
Belaïd, Chokri·····463
Belka, Marek·····463
Belkhadem, Abdelaziz ·····465
Belkić, Beriz ·····463
Bellamy, Carol ·····461
Belo, Carlos Felipe Ximenes ·····467
Ben Ali, Zine el-Abidine ·····468
Benedict XVI·····460
Benediktsson, Bjarni ·····460
Ben-Eliezer, Benjamin ·····468
Benflis, Ali ·····470
Bentsen, Lloyd (Jr.) ·····470
Ben Yahia, Habib ·····470
Berardi, Fabio ·····461
Berdimuhamedov, Gurbanguly·····464
Bérenger, Paul ·····467
Berger, Oscar ·····463
Berger, Sandy ·····361
Berisha, Sali ·····462
Berlusconi, Silvio ·····465
Bernanke, Ben·····383
Bernier, Maxime·····465
Berov, Lyuben ·····468

665

Berri, Nabih	462	Boldrini, Laura	480
Bersani, Pier Luigi	463	Bolger, James	478
Berset, Alain	464	Bolkiah, Hassanal	478
Bērziņš, Andris	463	Bolkiah, Mohamed	478
Bērziņš, Andris	464	Bolshakov, Aleksei	477
Bērziņš, Indulis	464	Bolton, John	480
Besancenot, Oliver	428	Bo Mya	476
Betancourt, Ingrid	458	Bondevik, Kjell Magne	483
Bettel, Xavier	459	Bongo Ondimba, Ali	482
Bhandari, Bidhya Devi	404	Bongo Ondimba, Omar	482
Bhattarai, Baburam	376	Boothroyd, Betty	429
Bhattarai, Krishna Prasad	376	Bordyuzha, Nikolai	479
Bhatti, Shahbaz	379	Borisov, Boyko	477
Bhichai Rattakul	409	Borja, Rodrigo	480
Bhumibol Adulyadej	436	Boross, Peter	481
Bhutto, Benazir	434	Boshikov, Alexander	473
Bhutto Zardari, Bilawal	434	Bossi, Umberto	475
Biden, Joseph (Jr.)	358	Bosworth, Stephen	474
Bielecki, Jan Krzysztof	407	Bouasone Bouphavanh	416
Bildt, Carl	414	Bouez, Fares	424
Binay, Jejomar	410	Bounnyang Vorachit	453
Bin Laden, Osama	415	Bouteflika, Abdelaziz	435
Birch, Bill	376	Bouterse, Desi	474
Bird, Lester	381	Bové, José	472
Birkavs, Valdis	413	Bozizé, François	473
Bishop, Bronwyn	408	Bradley, Bill	440
Bisky, Lothar	408	Brahimi, Lakhdar	442
Biswas, Abdul Rahman	409	Branstad, Terry	444
Biya, Paul	411	Brathwaite, Nicolas	450
Bizimungu, Pasteur	408	Bratušek, Alenka	441
Blair, Dennis	448	Brazauskas, Algirdas	439
Blair, Tony	448	Bremer, Paul	451
Blake, Jose Francisco	449	Brennan, Séamus	450
Blanc, Christian	443	Brittan, Leon	445
Blix, Hans	444	Brnabić, Ana	447
Bloomberg, Michael	447	Brown, Gordon	438
Blunkett, David	443	Brown, Jerry	438
Bo Xi-lai	364	Brown, Ronald	439
Boc, Emil	474	Browne, Gaston	438
Bodman, Samuel	475	Brundtland, Gro Harlem	448
Boediono	434	Bruton, John	447
Boehner, John	455	Brzezinski, Zbigniew	450
Bokova, Irina	472	Btalla, Hugo	375
Bo Kyi	474	Bucaram, Abdalá	427
Bolaños, Enrique	477	Buchanan, Pat	428

人名索引（欧文）　　　　　　　　　CHA

Bufi, Ylli ·············· 436
Buhari, Muhammadu ·············· 436
Bulatović, Momir ·············· 441
Bulatović, Pavle ·············· 441
Bulgak, Vladimir ·············· 446
Burbulis, Gennadii ·············· 447
Burjanadze, Nino ·············· 446
Burke, Ray ·············· 368
Burkhalter, Didier ·············· 446
Burns, William ·············· 402
Bush, George ·············· 433
Bush, George (Jr.) ·············· 433
Bush, Jeb ·············· 433
Bustamante, Alberto ·············· 429
Bustamante, Alfonso ·············· 429
Buthelezi, Mangosuthu ·············· 435
Buyoya, Pierre ·············· 438
Buzek, Jerzy ·············· 431
Byambasüren, Dashiyn ·············· 412
Byrd, Robert Carlyle ·············· 381
Byrne, David ·············· 401

【 C 】

Cai Qi ·············· 188
Cai Wu ·············· 189
Caid Essebsi, Béji ·············· 86
Caldera, Rafael ·············· 110
Calderón, Armando ·············· 110
Calderón, Felipe ·············· 110
Calderón, Rafael Ángel ·············· 110
Callejas, Rafael Leonardo ·············· 90
Calmy-Rey, Micheline ·············· 112
Camara, Moussa Dadis ·············· 102
Cameron, David ·············· 134
Campbell, Kim ·············· 134
Campos, Eduardo ·············· 118
Cano, Alfonso ·············· 99
Cao Gang-chuan ·············· 266
Capitanich, Jorge ·············· 100
Card, Andrew ·············· 97
Cárdenas Solorzano, Cuauhtémoc ·············· 109
Cardoso, Fernando Henrique ·············· 110
Carlot, Maxime ·············· 112

Carlsson, Ingvar ·············· 109
Carmona, Anthony ·············· 112
Carnogurský, Ján ·············· 292
Carrascalão, Manuel ·············· 104
Carrascalão, Mario ·············· 105
Carrington, Peter ·············· 134
Carter, Ashton ·············· 93
Carter, Jimmy ·············· 93
Cartes Jara, Horacio Manuel ·············· 109
Cartman, Charles ·············· 97
Carvalho, Evaristo ·············· 111
Casaleggio, Gianroberto ·············· 89
Casas, Julio ·············· 89
Castañeda, Jorge ·············· 90
Castro, Fidel ·············· 91
Castro, Julián ·············· 91
Castro, Raúl ·············· 91
Cavaco-Silva, Anibal ·············· 99
Cavallo, Domingo Felipe ·············· 99
Cazeneuve, Bernard ·············· 92
Cem, Ismail ·············· 211
Cerar, Miro ·············· 307
Cerezo, Vinincio ·············· 263
Cetin, Hikmet ·············· 287
Chafee, Lincoln ·············· 287
Chahed, Youssef ·············· 221
Chai Ling ·············· 189
Chakrapong, Norodom ·············· 289
Chalabi, Ahmad ·············· 291
Chamlong Srimuang ·············· 290
Chamorro, Violeta Barrios de ·············· 291
Chan, Julius ·············· 292
Chan, Margaret ·············· 293
Chand, Lokendra Bahadur ·············· 293
Chan Fong On-sang ·············· 306
Chang Chol ·············· 293
Chang Chun-hsiung ·············· 298
Chang Hsiao-yen ·············· 235
Chang San-cheng ·············· 298
Chang Song-taek ·············· 292
Chang Wan-quan ·············· 236
Chao, Elaine ·············· 289
Charles, Mary Eugenia ·············· 291
Charles, Pierre ·············· 291
Chatichai Choonhavan ·············· 289

667

CHA 人名索引（欧文）

Chaudhry, Mahendra·················300
Chavalit, Yongchaiyudh··············292
Chávez, Hugo·······················290
Chea Sim·························285
Cheiffou, Amadou·················211
Chen Chao-min·····················305
Chen Chu·························303
Chen Chun·························304
Chen De-ming·····················305
Chen Ding-nan·····················305
Chen Guang-cheng·················304
Chen Jian·························303
Chen Jin-hua·····················303
Chen Li-an·························306
Chen Min-er·······················305
Chen Mu-hua·······················305
Chen Shui-bian···················304
Chen Tan-sun·····················305
Chen Xi·························303
Chen Yun-lin·····················303
Chen Zhi-li·······················304
Cheney, Dick·····················287
Cheng Chien-jen···················309
Cherepkov, Viktor·················288
Cherestal, Jean-Marie··············211
Chernomyrdin, Viktor··············287
Chevénement, Jean-Pierre···········231
Chi Hao-tian·····················285
Chiang Chung-ling·················236
Chiang Ping-kun···················176
Chidambaram, Palaniappan··········288
Chien Fu·························263
Chien Yu-hsin·····················115
Chigyri, Mikhail···················288
Chiluba, Frederick·················302
Chinchilla, Laura·················306
Chiou I-jen·······················135
Chirac, Jacques···················240
Chissano, Joaquim Alberto···········213
Cho Myoung-gyon···················296
Cho Se-hyung·····················296
Cho Song-dae·····················296
Cho Sun·························296
Choe Byung-yul···················286
Choe Pu-il·······················286
Choe Ryong-hae···················286
Choe Thae-bok···················285

Choe Yong-rim·····················286
Choi In-kee·······················285
Choi Sung-hong···················285
Chon Yong-teack···················302
Chong Ha-chol·····················301
Choudhury, Badruddoza··············300
Choummaly Sayasone················296
Chowdhury, Anwarul Karim···········299
Chrétien, Jean·····················159
Christie, Chris···················153
Christie, Perry Gladstone···········153
Christofias, Demetris··············445
Christopher, Warren················154
Chu Li-luan·······················227
Chu Mi-e·························294
Chu, Steven·······················294
Chuang Ming-yao···················267
Chuan Leekpai·····················294
Chubais, Anatolii·················295
Chui Sai-on·······················188
Chung Dong-young··················301
Chung Hong-won···················301
Chung Mong-joon···················302
Chung Sye-kyun···················300
Chung Un-chan·····················300
Chung Won-shik···················300
Churkin, Vitaly···················295
Ciampi, Carlo Azeglio··············294
Ciller, Tansu·····················302
Cimoszewicz, Włodzimierz···········289
Ciorbea, Victor···················300
Cisneros, Henry···················214
Claes, Willy·······················151
Clark, Helen·······················150
Clark, William (Jr.)··············150
Clarke, Kenneth Harry··············150
Clegg, Nick·······················158
Clement, Wolfgang·················160
Clerides, Glafcos·················160
Clinton, Bill·····················156
Clinton, Hillary···················156
Clodumar, Kinza···················161
Coelho, Pedro Passos··············177
Cohen, Eli·························181
Cohen, William···················177

668

人名索引（欧文）　　　　**DEV**

Collor de Mello, Fernando	185	Daniels, Mitchell	278
Colom, Álvaro	185	Darbinyan, Armen	282
Compaoré, Blaise	187	Daschle, Thomas	277
Compton, John	187	Dashyondon, Büdragchaagiin	277
Condé, Alpha	187	Daskalov, Stanislav	277
Constantinescu, Emil	186	Dati, Rachida	277
Conté, Lansana	187	Dato 'Noor Adlan	278
Cook, Robin	146	Däubler-Gmelin, Herta	324
Copps, Sheila	180	Davutoğlu, Ahmet	275
Corbyn, Jeremy	181	Davydov, Oleg	275
Correa, Rafael	184	Dean, Howard	314
Cosgrove, Peter	178	Deane, William Patrick	314
Cossiga, Francesco	177	De Araújo, Rui Maria	309
Costa, António	179	Deblasio, Bill	318
Cotti, Flavio	180	De Brum, Tony	318
Couchepin, Pascal	145	Déby, Idriss	318
Court, Richard	180	De Charette, Herve	330
Cousin, Ertharin	92	De Cuéllar, Javier Pérez	316
Čović, Dragan	299	Dehaene, Jean-Luc	317
Cowen, Brian	86	De Hoop Scheffer, Jaap	319
Cox, Patrick	180	Deiss, Joseph	274
Craag, Johan	152	De Klerk, Frederik	317
Cresson, Edith	159	Delamuraz, Jean-Pascal	335
Cristiani, Alfredo	154	Delanoe, Bertrand	335
Cruz, Ted	157	De La Puente, Oscar Francisco	321
Crvenkovski, Branko	309	De La Rúa, Fernando	321
Cubas, Raúl Grau	148	DeLay, Tom	314
Cui Tian-kai	189	Del Castillo, Jorge	321
Cvetković, Mirko	308	De Leon Carpio, Ramiro	322
		Delors, Jacques	340
【D】		Delponte, Carla	322
		De Marco, Guido	319
Dačić, Ivica	277	De Mello, Sergio Vieira	320
Da Costa, Manuel Pinto	276	De Menezes, Fradique	319
Dahabi, Nader al	279	Demirel, Süleyman	319
Dahal, Pushpa Kamal	279	Deng Pu-fang	326
Dai Bing-guo	274	Denktas, Rauf	323
Dai Xiang-long	274	De Ocampo, Roberto	316
Daim Zainuddin	275	Derviş, Kemal	321
Dalai Lama XIV	280	Derycke, Eric	322
D'Alema, Massimo	282	D'Escoto, Miguel	317
Daley, William	321	Désir, Harlem	317
Dăncilă, Viorica	284	Deuba, Sher Bahadur	316
Danforth, John Claggett	284	De Venecia, Jose	319
		De Villa, Renato	318

669

DEV 人名索引（欧文）

De Villepin, Dominique 327
Dewar, Donald 320
Dhoinine, Ikililou 324
Díaz-Canel Bermudez, Miguel 310
Dijsselbloem, Jeroen 274
Dimas, Stavros 312
Dimitriev, Emil 312
Dimitrov, Filip 312
Ding Guan-gen 309
Ding Xue-xiang 310
Dini, Lamberto 311
Diouf, Abdou 310
Diouf, Jacques 310
Di Pietro, Antonio 311
Di Rupo, Elio 314
Di Tella, Guido 311
Dittrich, Boris 311
Djibo, Salou 217
Djindjić, Zoran 244
Djohar, Said Mohamed 238
Djotodia, Michel 237
Dlamini, Sibusiso 335
Dlamini, Themba 335
Dlamini-Zuma, Nkosazana 335
Dlouhý, Vladimír 339
Do Amaral, Diogo Freitas 324
Dodd, Christopher 331
Dodik, Milorad 331
Dodon, Igor 332
Dogan, Akhmed 330
Dole, Bob 337
Dole, Elizabeth 337
Dombrovskis, Valdis 333
Do Muoi 333
Doré, Jean-Marie 338
Dorodjatun Kuntjoro-Jakti 339
Dos Santos, José Eduardo 331
Dostum, Abdul Rashid 331
Douangchay Phichit 327
Douglas, Denzil 276
Douste-Blazy, Philippe 331
Dowiyogo, Bernard 327
Downer, Alexander 275
Drašković, Vuk 334
Dreifuss, Ruth 334

Drnovšek, Janez 338
Du Qing-lin 324
Duarte, Nicanor 326
Dubinin, Yurii 329
Duda, Andrzej 328
Dudaev, Dzakhar 328
Duflot, Cécile 320
Duhalde, Eduardo 326
Dukanović, Milo 228
Duncan Smith, Iain 283
Dunford, Joseph 284
Durán Ballén, Sixto 329
Durkan, Mark 275
Duterte, Rodrigo 328
Dvorkovich, Arkady 327
Dzhemilev, Mustafa 211
Dzurinda, Mikuláš 256

【 E 】

Eagleburger, Lawrence 44
Ebadi, Shirin 63
Ebtekar, Masoumeh 64
Ecevit, Bülent 62
Edwards, John 63
Egal, Mohamed 62
Egorov, Nikolai 62
Eichel, Hans 3
Elbaradei, Muhammad Mostafa 68
Elbegdorj, Tsakhiagiin 68
Elchibey, Abulfaz 65
Eluay, Theys Huyo 66
Emanuel, Rahm 65
Empey, Reg 65
Endara, Guillermo 69
Enebish, Lhamsurengiin 63
English, Bill 50
Enkhbayar, Nambaryn 69
Enkhbold, Miegombyn 69
Enkhsaikhan, Mendsaikhani 69
Enrile, Juan Ponce 70
Ensour, Abdullah 350
Erbakan, Necmettin 67
Erdenebat, Jargaltulgyin 67

人名索引（欧文）　　　**GAN**

Erdogan, Recep Tayyip 67
Eroğlu, Derviş 69
Ershad, Hossain Mohammad 66
Esquivel, Manuel 63
Essid, Habib 215
Essy, Amara 62
Estrada, Joseph 63
Eustace, Arnhim 540
Evans, Don 64
Evans, Gareth John 64
Eyadéma, Gnassingbe 65

【 F 】

Fabius, Laurent 418
Fadlallah, Mohammed 417
Fahad bin Mahmoud Al-Said 417
Fahd bin Abdul-Aziz 417
Fahim, Mohammad Qassim 418
Falcam, Leo 419
Fan Chang-long 401
Farage, Nigel 418
Farah, Abdishakur Sheikh Hassan 418
Farrakhan, Louis 418
Faure, Danny 427
Faymann, Werner 416
Fayyad, Salam 416
Febres Cordero, León 424
Fedorov, Boris 437
Felber, René 425
Fernandes, George 424
Fernández, Alberto 424
Fernández, Leonel 424
Fernández de Kirchner, Cristina 425
Fico, Robert 422
Figueres, José Maria 421
Filali, Abdellatif 423
Filatov, Sergei 423
Fillon, François 423
Fini, Gianfranco 423
Finnbogadóttir, Vigdís 424
Fino, Bashkim 423
Fischer, Heinz 422
Fischer, Jan 421

Fischer, Joschka 422
Fischer, Leni 422
Fischer, Timothy 422
Five, Kaci Kullmann 421
Flaherty, James 449
Flores, Carlos 452
Flores, Francisco 453
Fokin, Vitold 425
Foley, Thomas 426
Fonseca, Jorge Carlos 427
Fontaine, Nicole 427
Forné Molné, Marc 427
Fortuyn, Pim 427
Foss, Per-Kristian 425
Foster, Arlene 426
Fox, Vicente 426
Foxx, Anthony 426
Fradkov, Mikhail 441
Francis I 444
Franco, Itamar 444
Franco Gómez, Luis Federico 444
Frank, Barney 443
Frattini, Franco 440
Fréchette, Louise 449
Frei, Eduardo 449
Frick, Mario 445
Frlec, Boris 448
Froman, Michael 452
Fry, Graham 438
Fu Quan-you 416
Fujimori, Alberto 428
Funes, Mauricio 435
Für, Lajos 437

【 G 】

Gaidar, Egor 85
Galuzin, Mikhail 109
Gambari, Ibrahim Agboola 117
Gamsakhurdia, Zviad 103
Gandhi, Manek Sanjay 116
Gandhi, Rahul 116
Gandhi, Rajimohan 116
Gandhi, Sonia 115

GAN 人名索引（欧文）

Ganev, Stoyan	98
Ganilau, Penaia	98
Ganzuri, Kamal	116
Garaikoetxea, Carlos	104
Garang, John	106
Garcia, Samuel Ruiz	108
García Pérez, Alan Gabriel	109
Garibashvili, Irakli	107
Garrett, Peter	134
Gašparovič, Ivan	90
Gates, Robert	163
Gauck, Joachim	87
Gauland, Alexander	87
Gaviria, César	101
Gaviria, Simon	100
Gayoom, Maumoon Abdul	103
Gazizullin, Farit	90
Gbagbo, Laurent	369
Gbowee, Leymah	472
Geingob, Hage	86
Geissler, Heiner	85
Geithner, Timothy	86
Gentiloni, Paolo	212
Geoana, Mircea	235
Georgievski, Ljubčo	163
Gephardt, Richard	164
Geremek, Bronisław	167
Gerhardt, Wolfgang	162
Ghali, Boutros Boutros	107
Ghanem, Shukri	98
Ghani, Ashraf	98
Ghanim, Faraj Said bin	99
Ghannouchi, Mohamed	117
Gherman, Oliviu	167
Ghozali, Sid Ahmed	177
Ghukassian, Arkadii	143
Ghwell, Khalifa	141
Gilani, Syed Yousuf Raza	138
Gillard, Julia	138
Gilmore, Jim	140
Gil Robles, Jose	414
Ginandjar Kartasasmita	121
Gingrich, Newt	140
Girma Woldegiorgis	139
Giscard d'Estaing, Valéry	213

Giuliani, Rudolph	232
Glaziev, Sergei	151
Glickman, Dan	154
Gligorov, Kiro	153
Gnassingbé, Faure	348
Gobel, Rachmat	181
Godal, Bjoern Tore	146
Godmanis, Ivars	180
Goebbels, Robert	164
Goh Chok Tong	171
Goldenberg, Schreiber	183
Golding, Bruce	183
Gomersall, Stephen John	182
Gonchigdorj, Radnaasumbereliin	186
Göncz, Árpád	168
Gong Ro-myung	185
Gonsalves, Ralph	185
Gonzales, Alberto	186
Gonzáles, Felipe	186
González, Luis Ángel	186
Gorbachev, Mikhail	183
Gorbunovs, Anatoliis	184
Gordeyev, Aleksei	183
Gore, Albert (Jr.)	172
Goss, Porter	178
Gouled Aptidon, Hassan	159
Gourdault-Montagne, Maurice	158
Gowda, H.D.Deve	177
Grabar-Kitarović, Kolinda	152
Grachev, Pavel	151
Gradin, Anita	151
Graham, Lindsay	152
Graham, William	152
Granger, David	160
Granič, Mate	152
Graziano da Silva, José	150
Green, Michael	155
Green, Rosario	156
Green, Stephen	155
Gref, Herman	160
Grillo, Beppe	154
Grimsson, Olafur Ragnar	155
Grindeanu, Sorin	156
Gromov, Aleksei	161

人名索引（欧文）　　　**HAR**

Grøndahl, Kirsti Kolle ·······················161	Hademine, Yahya Ould ·······················382
Gross, Stanislav·······························161	Hadi, Abd-Rabbo Mansur ·······················380
Gruevski, Nikola·······························157	Hagel, Chuck ·······························457
Grybauskaité, Dalia ·······················155	Hagerty, William ·······························361
Gryzlov, Bolis ·······························154	Hague, William ·······························454
Gu Xiu-lian ·······························171	Haider, Jörg·······························357
Guebuza, Armando Emílio ·······················165	Hailemariam Desalegn ·······················359
Guéhenno, Jean-Marie·······················165	Hakamada, Irina·······························362
Guei, Robert·······························162	Hakim, Abdel Aziz al- ·······················363
Guelleh, Ismaïl Omar ·······················167	Hakim, Mohammad Baqil al-·······················363
Guigou, Élisabeth ·······························119	Halevy, Efraim ·······························397
Guingona, Teofisto·······························141	Haley, Nikki·······························455
Gujral, Inder Kumar ·······················145	Halimah Yacob·······························394
Gül, Abdullah·······························136	Halonen, Tarja ·······························398
Gülen, Fethullah·······························136	Halqi, Wael Nadir al- ·······················391
Gummer, John ·······························102	Halvorsen, Kristin·······························395
Gungaadorj, Sharavyn ·······················162	Hamad bin Isa al-Khalifa ·······················389
Gunnlaugsson, Sigmundur·······················162	Hamad bin Jassim al-Thani·······················389
Guo Bo-xiong·······························88	Hamad bin Khalifa al-Thani·······················389
Guo Feng-lian ·······························89	Hamdani, Smail·······························390
Guo Jin-long·······························88	Hamengku Buwono X·······················390
Guo Sheng-kun·······························88	Hamid, Abdul ·······························390
Gurib-Fakim, Ameenah·······················135	Hammadi, Sa'adoun ·······················389
Gurria, José Angel ·······················152	Hammer, Zevulum ·······························390
Guseinov, Suret·······························145	Hammond, Philip ·······························391
Gusenbauer, Alfred ·······················146	Hamrouche, Mouloud ·······················390
Gusmão, Xanana ·······························145	Han Duck-soo ·······························401
Guterres, António ·······························147	Han Hwa-kap ·······························401
Guterres Lopes, Aniceto ·······················148	Han Kwang-ok ·······························400
Gutierrez, Carlos ·······························147	Han Min-koo·······························402
Gutiérrez, Lucio ·······························147	Han Myeong-sook ·······························401
Guttenberg, Karl-Theodor zu ·······················147	Han Seung-soo ·······························401
Gyanendra Bir Bikram Shah Dev ·······················133	Han Sung-joo ·······························400
Gysi, Gregor ·······························119	Han Zheng·······························114
Gyurcsány, Ferenc·······························233	Handal, Schafik ·······························405
	Haniya, Ismail·······························383
	Hannah, Timothy ·······························405
【 H 】	Hannibalsson, Jón Baldvin ·······················405
	Hans Adam II ·······························403
	Hänsch, Klaus·······························469
Haarde, Geir ·······························380	Hansenne, Michel·······························35
Habash, George ·······························385	Hanson, Pauline ·······························403
Habibi, Hassan ·······························387	Hao Po-tsun·······························88
Habibie, Bacharuddin Jusuf·······················387	Haradinaj, Ramush ·······························392
Habsburg-Lothringen, Otto von ·······················388	Hariri, Rafik ·······························394
Haddad-Adel, Gholam-Ali·······················379	Hariri, Saad ·······························394

673

HAR　　　　　　人名索引（欧文）

Harmoko 397
Harper, Stephen 384
Hasina, Sheikh 371
Hasler, Adrian 374
Hasler, Otmar 374
Hassan, Abdiqassim Salad 378
Hassanali, Noor 378
Hassan bin Talal 378
Hassan II 378
Hastert, Dennis 373
Hatta Rajasa 379
Hau Lung-bin 89
Haupt, Herbert 360
Havel, Václav 359
Haw, Brian 470
Hawatmeh, Nayef 399
Hawke, Robert 472
Hayden, Tom 454
Hayden, Wiliam 454
Haz, Hamzah 373
He Guo-qiang 84
Hedegaard, Connie 459
Heine, Hilda 358
Hekmatyar, Gulbuddin 457
Helms, Jesse 465
Heng Samrin 469
Henri, Grand Duc 36
Henry, Geoffrey 470
Hernández Alvarado, Juan Orlando 67
Herzog, Roman 464
Heseltine, Michael 458
Hewson, John 412
Hidalgo, Anne 46
Higgins, Michael 407
Hill, Christopher 413
Hills, Carla 413
Hilly, Francis 413
Hinds, Samuel 359
Hirono, Mazie Keiko 415
Hitchens, Tim 409
Hjelm-Wallén, Lena 43
Hnatyshyn, Ramon John 344
Ho Hau-wah 84
Hobbs, Jeremy 475
Hodaibi, Mamoun El- 431

Holbrooke, Richard 480
Holder, Eric 479
Holkeri, Harri 478
Hollande, François 79
Holness, Andrew 480
Holt, Anne 480
Honda, Mike 483
Hong Jun-pyo 482
Hong Song-nam 482
Hong Soon-young 482
Hong Yong-pyo 482
Honourat, Jean-Jacques 77
Hoogervorst, Hans 436
Horn, Gyula 481
Hor Nam Hong 476
Hortefeux, Brice 81
Hoss, Salim al- 473
Howard, John 399
Howard, Michael 399
Howe, Brian 359
Hrawi, Elias 391
Hroisman, Volodymyr 451
Hsiao Wan-chang 236
Hsieh Chang-ting 218
Hsu Shih-kai 137
Hsu Shui-teh 137
Hsu Sin-liang 137
Htin Kyaw 315
Hu Chih-chiang 170
Hu Chun-hua 171
Hu Jia 169
Hu Jin-tao 170
Hua Guo-feng 84
Hua Jian-min 84
Huang Chao-tang 175
Huang Chih-fang 174
Huang Chu-wen 175
Huang Hsin-chieh 175
Huang Ju 174
Huang Kun-hui 174
Huang Kun-ming 174
Huang Kuo-chang 174
Huckabee, Mike 377
Hue, Robert 539
Hui Liang-yu 85
Humala, Ollanta 59

674

人名索引（欧文） **JEE**

Hume, John 412
Hung Hsiu-chu 175
Hun Sen 453
Huntsman, Jon 405
Hurd, Douglas 381
Husbands, Clifford 374
Hussain, Chaudhry Shujaat 428
Hussain, Mamnoon 431
Hussein, Saddam 430
Hussein, Uday 430
Husseini, Faisal 429
Hussein ibn Talal 431
Hutton, John 380
Hwang In-sung 419
Hwang Jang-yop 419
Hwang Kyo-ahn 419
Hwang Nak-joo 419
Hwang Pyong-so 420
Hyde, Henry 358
Hyon Yong-chol 413
Hyun In-taek 412

【 I 】

Ibraimov, Zhumabek 47
Ielemia, Apisai 43
Ieng Sary 43
Ige, David 45
Ignatenko, Vitalii 44
Ignatieff, Michael 44
Iliescu, Ion 47
Iloilo, Josefa 48
Ilves, Toomas Hendrik 48
Ilyoushin, Viktor 48
Ilyumzhinov, Kirsan 48
Ingraham, Hubert Alexander 50
Ingrao, Pietro 50
Inönü, Erdal 47
Inouye, Daniel 46
Insanally, Samuel Rudolph 50
Insulza, José Miguel 51
Iohannis, Klaus 544
Iryani, Abd al-Karim al- 48
Isa bin Sulman al-Khalifa 45

Isărescu, Mugur 45
Ischinger, Wolfgang 46
Ismail, Sherif 45
Issa, Ageela Saleh 45
Issoufou, Mahamadou 45
Isticioaia-Budura, Viorel 45
Ivanić, Mladen 42
Ivanishvili, Bidzina 49
Ivanov, Gjorge 49
Ivanov, Igor Sergeevich 49
Ivanov, Sergei 49
Ivanov, Viktor 49
Izetbegović, Alija 46
Izetbegović, Bakir 46

【 J 】

Jaafari, Ibrahim al- 221
Jäätteenmäki, Anneli 536
Jaber, Kamel Abu 222
Jabir al-Ahmad al-Sabah 221
Jabir Mubarak al-Hamad al-Sabah 221
Jackson, Jesse 219
Jagan, Cheddi 210
Jagan, Janet 209
Jagdeo, Bharrat 219
Jagland, Thorbjørn 534
Jahjaga, Atifete 537
Jaitley, Arun 218
Jakobsdóttir, Katrín 535
Jamali, Zafarullah Khan 222
Jameel, Fathulla 222
James, Edison 211
Jammeh, Yahya 222
Jang Jong-nam 292
Janša, Janez 538
Járai, Zsigmond 537
Jasrai, Puntsagiin 220
Jawara, Dawda 226
Jayalalitha, Jayaram 223
Jean, Duke of Nassau 226
Jean, Michaëlle 226
Jebali, Hamadi 211
Jeenbekov, Sooronbay 209

675

Jelavić, Ante	43	Kabua, Amata	101
Jeon Yun-churl	234	Kabua, Imata	101
Jeong Se-hyun	239	Kaczyński, Jarosław	95
Jeszenszky, Géza	43	Kaczyński, Lech	95
Jettou, Driss	210	Kadannikov, Vladimir	94
Jeyaretnam, J.B.	223	Kaddoumi, Farouk	97
Jia Chun-wang	85	Kadeer, Rabiya	96
Jia Qing-lin	83	Kadirgamar, Lakshman	96
Jiang Chun-yun	137	Kadyrov, Akhmed	96
Jiang Yi-huah	174	Kadyrov, Ramzan	97
Jiang Ze-min	175	Kafando, Michel	101
Jibril, Mahmoud	217	Kafi, Ali	101
Jin Nyum	243	Kagame, Paul	88
Jindal, Bobby	244	Kalam, Abdul	106
Jo Myong-rok	296	Kaljulaid, Kersti	107
Jo Young-gil	235	Kalla, Yusuf	103
Johannes Paulus II	544	Kallas, Siim	104
Jóhannesson, Gudni	544	Kalniete, Sandra	111
Johanns, Mike	238	Kalvitis, Aigars	108
Johnson, Boris	240	Kamilov, Abdulaziz	102
Johnson, Gary	239	Kanaan, Ghazi	98
Johnston, Donald	239	Kang Bong-kyun	115
Joko Widodo	237	Kang Jae-sup	114
Jomaa, Mehdi	238	Kang Kum-sil	113
Jon Pyong-ho	301	Kang Kyung-wha	113
Jonathan, Goodluck Ebele	237	Kang Sok-ju	114
Jones, Carwyn	239	Kang Song-san	115
Jong Thae-hwa	301	Kang Un-tae	113
Josipović, Ivo	544	Kant, Krishan	117
Jospin, Lionel	237	Kanther, Manfred	117
Joya, Malalai	238	Kantor, Mickey	117
Joy Way, Victor	471	Karadžić, Radovan	104
Jugnauth, Anerood	219	Karamanlis, Konstantinos	105
Jugnauth, Pravind	220	Karamanlis, Konstantinos	106
Juncker, Jean-Claude	542	Karami, Omar	106
Juppé, Alain	231	Karapetyan, Karen	105
		Karasin, Grigory	104
		Karayalcin, Murat	106

【 K 】

		Karbaschi, Gholamhossein	111
Kabariti, Abdul Kalim Al	99	Karimov, Islam	107
Kabbah, Ahmad Tejan	99	Karma Chophel	112
Kabila, Joseph	100	Karman, Tawakel	112
Kabila, Laurent	100	Karmapa XVII	112
Kaboré, Roch	102	Karoui, Hamid	108
		Karrubi, Mahdi	111

人名索引（欧文）　　　**KIM**

Karzai, Hamid ································ 108
Kasem-Samosorn Kasemsri ·············· 92
Kasich, John ·································· 163
Kasparov, Garri ······························ 92
Kasyanov, Mikhail ·························· 90
Katainen, Jyrki ······························ 93
Katatni, Saad al- ···························· 93
Kathrada, Ahmed ···························· 97
Katsav, Moshe ······························ 95
Kaufmann, Sylvia-Yvonne ·············· 87
Kaunda, Kenneth David ················ 87
Kazakov, Aleksandr ························ 89
Kazhegeldin, Akezhan ···················· 90
Keating, Paul ······························ 120
Keib, Abdurrahim al- ···················· 122
Keita, Ibrahim ······························ 163
Kejriwal, Arvind ···························· 163
Kellenberger, Jakob ························ 168
Kelly, John ·································· 166
Kemakeza, Allan ···························· 166
Kemp, Jack ·································· 168
Kempthorne, Dirk ·························· 169
Kem Sokha ·································· 149
Kengo wa Dondo ···························· 168
Kennedy, Caroline ························ 165
Kennedy, Charles ·························· 165
Kenny, Enda ································ 164
Kenyatta, Uhuru ···························· 164
Kérékou, Mathieu ·························· 167
Kerim, Srgjan ································ 167
Kern, Christian ······························ 167
Kerr, John ···································· 85
Kerry, John ·································· 166
Kesri, Sitaram ······························ 163
Key, John ·································· 118
Khaddam, Abdul Halim ·················· 376
Khaksar, Mullah ···························· 368
Khalifa bin Hamad al-Thani ············ 393
Khalifa bin Zayed al-Nahyan ·········· 393
Khalilzad, Zalmay ·························· 395
Khama, Seretse Khama Ian ············ 102
Khamenei, Ali Hossein ···················· 390
Khamis, Imad Muhammad Deep ········ 390
Khamphoui Keoboualapha ·············· 103
Khamtay Siphandone ···················· 103

Khan, Ghulam Ishaq ······················ 113
Khan, Imran ································ 113
Khan, Irene ·································· 113
Khan, Sadiq ·································· 114
Khanal, Jhala Nath ························ 98
Khar, Hina Rabbani ························ 108
Kharrazi, Kamal ···························· 392
Khasawneh, Awn Shawkat al- ·········· 370
Khasbulatov, Ruslan ······················ 374
Khatami, Mohammad ······················ 375
Khatib, Ghassan al ························ 380
Khieu Samphan ···························· 135
Khin Nyunt ································ 141
Khin Ohmar ································ 140
Khizha, Georgii ···························· 408
Khouna, Cheikh El Afia Ould Mohamed
 ·· 148
Khristenko, Viktor ························ 445
Khurelsukh, Uhnaa ························ 451
Kibaki, Mwai ································ 122
Kibria, Shah A.M.S. ························ 122
Kiir, Salva ·································· 139
Kikwete, Jakaya Mrisho ·················· 119
Kim Byong-sik ······························ 129
Kim Dae-jung ································ 127
Kim Deok ·································· 129
Kim Dong-shin ······························ 129
Kim Doo-gwan ······························ 128
Kim Geun-tae ································ 124
Kim Guk-tae ································ 124
Kim Ha-joon ································ 129
Kim Han-gil ································ 129
Kim Hwa-joong ······························ 129
Kim Hwang-sik ······························ 130
Kim Il-chol ·································· 122
Kim Jang-soo ································ 127
Kim Jin-pyo ································ 126
Kim Jong-gak ································ 125
Kim Jong-il ·································· 124
Kim Jong-pil ································ 126
Kim Jong-un ································ 125
Kim Ki-choon ································ 123
Kim Ki-jae ·································· 123
Kim Kwan-jin ································ 123
Kim Kye-gwan ······························ 124
Kim Kyok-sik ································ 123

677

KIM 人名索引（欧文）

Kim Kyong-hui·····123
Kim Man-bok·····130
Kim Soo-han·····126
Kim Suk-kyu·····126
Kim Suk-soo·····127
Kim, Sung·····127
Kim Sung-hwan·····127
Kim Tae-ho·····128
Kim Tae-ji·····127
Kim Tae-young·····128
Kim Won-ki·····123
Kim Yang-gon·····130
Kim Yo-jong·····131
Kim Yong-chol·····133
Kim Yong-chun·····132
Kim Yong-il·····131
Kim Yong-jin·····132
Kim Yong-ju·····132
Kim Yong-nam·····133
Kim Yong-sun·····132
Kim Yoon-whan·····130
Kim Young-hwan·····133
Kim Young-sam·····131
Kinakh, Anatolii·····121
Kinelev, Vladimir·····121
King, Stephenson·····140
Kinkel, Klaus·····141
Kinnock, Neil·····121
Kirchner, Néstor·····139
Kirienko, Sergei·····138
Kirkilas, Gediminas·····139
Kiska, Andrej·····120
Kitingan, Pairin·····120
Kittirat Na Ranong·····120
Kiviniemi, Mari·····119
Ki-Zerbo, Joseph·····120
Klaus, Václav·····150
Klebanov, Ilya·····159
Klein, Ralph·····149
Klestil, Thomas·····158
Klima, Viktor·····155
Ko Gon·····170
Ko Wen-je·····85
Kocharian, Robert·····179
Kodjo, Edem·····178
Koffigoh, Joseph Kokou·····181

Koh, Tommy·····171
Kohl, Helmut·····182
Köhler, Horst·····166
Koirala, Girija Prasad·····173
Koirala, Sushil·····173
Koivisto, Mauno·····173
Kok, Wim·····179
Kolingba, André·····182
Koller, Arnold·····182
Komorowski, Bronisław·····182
Komšić, Željko·····182
Konaré, Alpha Oumar·····180
Konrote, Jioji·····188
Kontić, Radoje·····187
Kopacz, Ewa·····180
Korn Chatikavanij·····187
Koroma, Ernest Bai·····185
Kosor, Jadranka·····179
Kostov, Ivan·····179
Koštunica, Vojislav·····178
Kouchner, Bernard·····144
Koussa, Moussa·····144
Kováč, Michal·····176
Kovind, Ram Nath·····181
Kozyrev, Andrei·····178
Krasae Chanawongse·····151
Krasts, Guntars·····151
Kravchuk, Leonid·····152
Krebs, John Richard·····160
Krivine, Alain·····153
Križanović, Jozo·····153
Kroes, Neelie·····160
Krzaklewski, Marian·····144
Kućan, Milan·····146
Kuchma, Leonid·····146
Kucinich, Dennis·····144
Kuczynski, Pedro-Pablo·····146
Kudrin, Aleksei·····148
Kufuor, John Agyekum·····148
Kukan, Eduard·····144
Kulikov, Anatolii·····153
Kulov, Feliks·····161
Kumaratunga, Chandrika Bandaranaike
·····149
Kunadze, Georgii·····148

678

人名索引（欧文）　　**LEK**

Künast, Renate	135
Kurtulmus, Numan	158
Kurz, Sebastian	157
Kuzmuk, Oleksandr	145
Kwaśniewski, Aleksander	161
Kwik Kian Gie	141
Kwon Chol-hyun	143
Kwon O-gi	143
Kwon O-kyu	143
Kyi Maung	288

【 L 】

Laar, Mart	564
Labastida, Francisco	557
Lacalle, Luis	551
Lafer, Celso	558
Lafontaine, Oskar	558
Lagarde, Christine	551
Lage, Carlos	560
Laghdhaf, Moulaye Ould Mohamed	551
Lagos, Ricardo	552
Laguiller, Arlette	551
Lahoud, Emile	559
Lahpai Seng Raw	557
Lai Ching-te	547
Lai Shin-yuan	547
Lai Ying-chao	546
Lajčák, Miroslav	548
Lake, Anthony	594
Lambsdorff, Otto Graf	562
Lam Cheng Yuet-ngor	583
Lammert, Norbert	561
Lamrani, Mohammed Karim	562
Lamy, Pascal	561
Landsbergis, Vytautas	565
Lang, Jack	564
Lanssiers, Hubert	564
Lapli, John	560
Laraki, Azeddine	564
Larijani, Ali	564
László, Tőkés	554
Latasi, Kamuta	554
Latortue, Gérard	556

Lau, Emily	550
Lau Suk-yee	543
Lavrov, Sergei	550
Lazarenko, Pavlo	552
Leavitt, Mike	597
Lebed', Aleksander	597
Leclercq, Patrick	586
Le Drian, Jean-Yves	590
Le Duc Anh	596
Lee, Barbara	571
Lee Byung-kee	40
Lee Chia-chin	566
Lee Ching-hua	567
Lee Chu-ming	569
Lee, Edwin	566
Lee Hae-chan	41
Lee Han-dong	40
Lee Hee-beom	40
Lee Hoi-chang	40
Lee Hong-koo	41
Lee Hsien Loong	568
Lee Hun-jai	41
Lee In-je	36
Lee Jae-joung	38
Lee Jong-seok	38
Lee Jong-wook	38
Lee Joon-gyu	38
Lee Joung-binn	39
Lee Jun	38
Lee Jye	567
Lee Ki-taek	37
Lee Kuan Yew	566
Lee Kyung-shick	37
Lee Man-sup	41
Lee Myung-bak	42
Lee Nak-yon	39
Lee Sang-deuk	37
Lee Sang-hee	38
Lee Soo-sung	39
Lee Su-hoon	39
Lee Teng-hui	570
Lee Tien-yu	570
Lee Wan-koo	42
Lee Yung-duk	42
Leghari, Farooq	594
Lekhanya, Justin	596

679

LEK 人名索引（欧文）

Le Kha Phieu ································594
Lekota, Mosiuoa ···························595
Le Lidec, Gildas ··························592
Le Luong Minh ····························598
Léotard, François··························594
Le Pen, Jean-Marie ·······················591
Le Pen, Marine·····························592
Le Roy, Alain ······························593
Leterme, Yves ····························589
Letsie III ································595
Letta, Enrico ····························595
Leuenberger, Moritz ······················599
Leung Chun-ying ···························581
Leuthard, Doris ··························599
Levin, Carl ······························597
Levy, David ······························597
Levy, Joaquim·····························596
Lew, Jacob ·······························584
Lewis, John ······························584
Lewis, Vaughan ····························585
Leye, Jean-Marie ·························593
Li Chang-chun ····························569
Li Chen-yuan ·····························570
Li Hong-zhong·····························568
Li Ji-nai ·································567
Li Ke-qiang·······························568
Li Lan-qing·······························572
Li Peng ·································571
Li Qiang·································566
Li Rui-huan ······························568
Li Sheng-lin ······························569
Li Tie-ying ······························570
Li Xi ····································566
Li Xi-ming································568
Li Yi-zhong································566
Li Yuan-chao ·····························567
Li Yuan-tsu ······························567
Li Zhan-shu ······························574
Li Zhao-xing ·····························569
Liang Guang-lie···························581
Liang Jin-song·····························581
Liang Su-jung ·····························581
Liao Xi-long································581
Libby, Lewis ······························575
Lieberman, Avigdor ·······················577
Lieberman, Joseph ························575

Lien Chan ································598
Lighthizer, Robert ·······················549
Lilić, Zoran································582
Lilley, Peter ······························581
Lim, Alfredo ······························577
Lim Dong-won ···························· 47
Lim Kit-siang·····························577
Lin Chin-ching ····························582
Lin Chuan ································583
Lin Hsin-i································582
Lin Yang-kang·····························583
Lin Yi-siung································582
Lin Yu-fang ······························582
Lindh, Anna ······························584
Ling Ji-hua ······························593
Ling, Sergei ······························583
Lingle, Linda ·····························583
Lini, Walter ······························574
Lipponen, Paavo···························574
Lissouba, Pascal ··························573
Liu Chao-shiuan ···························580
Liu He ··································578
Liu Hua-qing······························579
Liu Qi··································579
Liu Qi-bao ································579
Liu Xiao-bo ······························579
Liu Yan-dong ·····························578
Liu Yun-shan ·····························578
Liverpool, Nicholas ·······················575
Livingstone, Ken ··························576
Livni, Tzipi································572
Livshits, Aleksandr ·······················576
Lo Fu-cheng································546
Lobo, Porfirio·····························605
Lobov, Oleg································605
Locke, Gary································601
Loeak, Christopher ·······················606
Löfven, Stefan ····························605
Lønning, Inge······························596
Lonsdale, Baldwin ·························607
López Obrador, Andrés Manuel ···········604
Losyukov, Aleksandr ······················601
Lott, Trent ································602
Lourenço, João································600
Lövin, Isabella································599
Low Thia-khiang ··························550

人名索引（欧文）　　　　MAS

Lu Hsiu-lien 580
Lubbers, Rudolphus Frans Marie 591
Luchinskii, Petr 588
Lucke, Bernd 589
Lugar, Richard 585
Lugo, Fernando 587
Lukashenko, Aleksandr 586
Lukin, Vladimir 586
Lukman, Rilwanu 586
Lukšić, Igor 586
Lula da Silva, Luiz Inácio 592
Lungu, Edgar 593
Luo Gan 546
Lú-Olo 585
Lupu, Marian 591
Luzhkov, Yurii 587
Lynch, Loretta 583

【 M 】

Ma Kai 356
Ma Lik 356
Ma Ying-jeou 356
Maamau, Taneti 495
Maathai, Wangari 491
Mackay, Peter 492
Macri, Mauricio 486
Macron, Emmanuel 486
Madani, Abbasi 491
Madelin, Alain 493
Madjid, Nurcholish 487
Mádl, Ferenc 493
Maduro, Nicolás 493
Maduro, Ricardo 493
Magariaf, Mohammad Yusuf al- 485
Magufuli, John Pombe Joseph 486
Mahadavi Kani, Mohammadreza 494
Mahajan, Pramodo 494
Mahama, John Dramani 494
Mahathir Mohamad 494
Maher, Ahmad 495
Mahlab, Ibrahim 495
Mahmudi, Baghdadi Ali 494
Mahuad, Jamil 500
Mainassara, Ibrahim Barre 523

Majali, Abdul Salam 488
Majid, Ali Hassan al- 31
Majko, Pandeli 484
Major, John 521
Makki, Ahamad bin Abd al-Nabi al 491
Maktoum bin Rashid al-Maktoum 485
Malek, Redha 499
Malietoa Tanumafili II 496
Maliki, Nouri al- 496
Malloch Brown, Mark 499
Malofeev, Anatolii 499
Malone, David 500
Malval, Robert 498
Mamaloni, Solomon 495
Mandela, Nelson 500
Mandelson, Peter Benjamin 501
Manley, John 501
Manning, Patrick 493
Mansour, Adly 500
Mansour, Akhtar Mohammad 500
Mao Chi-kuo 526
Maoate, Terepai 484
Mara, Kamisese 496
Marchuk, Yevhen 498
Marcos, Imelda 497
Margarian, Andranik 497
Margbelashvili, Giorgi 497
Marin, Gladys 496
Marín González, Manuel 496
Marković, Duško 497
Marković, Mirjana 497
Marović, Svetozor 499
Martelly, Michel 498
Martin, Paul 492
Martinelli, Ricardo 498
Martí Petit, Antoni 498
Marurai, Jim 499
Marzouki, Moncef 498
Mashaal, Khaled 488
Mashaei, Esfandiar Rahim 488
Mashhur, Mustafa 488
Masire, Quett Ketumile Joni 488
Maskhadov, Aslan 489
Maslyukov, Yurii 490
Masol, Vitalii 490

MAS　　　　人名索引（欧文）

Masood, Ahmad Shah ……………………489	Mer, Francis ……………………………524
Masoum, Fuad ……………………………489	Meri, Lennart……………………………523
Masri, Taher Nashat al…………………489	Merino, Beatriz ………………………524
Masset, Christian………………………490	Merkel, Angela…………………………524
Mataskelekele, Kalkot…………………491	Merz, Hans-Rudolf……………………524
Mateša, Zlatko …………………………492	Mesa, Carlos ……………………………521
Mattarella, Sergio ……………………492	Mesić, Stjepan…………………………521
Mattis, James …………………………492	Messaadia, Mohamed Cherif……………521
Matutes, Abel …………………………492	Meta, Ilir………………………………522
Matvienko, Valentina …………………493	Miao Wei …………………………………412
Maung Aye………………………………484	Michael, Alun …………………………483
Maurer, Peter …………………………484	Michel, Charles ………………………502
Maurer, Ueli …………………………484	Michel, James Alix……………………502
Mauroy, Pierre …………………………532	Michel, Smark …………………………502
May, Theresa …………………………520	Micheletti, Roberto …………………503
Mayawati …………………………………495	Mifsud-Bonnici, Carmelo………………505
Mayor, Federico…………………………495	Migiro, Asha-rose ……………………502
Mazowiecki, Tadeusz …………………490	Mihailova, Nadezhda …………………505
Mbazaa, Fouad…………………………515	Mikati, Najib …………………………501
Mbeki, Thabo …………………………517	Mikloš, Ivan……………………………502
McAleese, Mary…………………………485	Mikser, Sven …………………………502
McCain, John III………………………487	Milanović, Zoran ……………………506
McCallion, Hazel ………………………485	Miliband, David ………………………507
McConnell, Jack ………………………487	Miliband, Ed……………………………506
McConnell, Mike ………………………487	Miller, Bruce……………………………506
McConnell, Mitch ……………………487	Miller, Leszek …………………………508
McDougall, Barbara Jean………………485	Millon, Charles…………………………506
McGuinness, Martin……………………485	Mills, John Atta ………………………507
McKinnon, Don…………………………492	Milošević, Slobodan …………………508
Mclaughlin, Audrey……………………486	Milutinović, Milan ……………………507
McLeish, Henry ………………………486	Mineta, Norman ………………………505
Meade, José Antonio …………………505	MinKo Naing……………………………509
Mechai Viravaidya ……………………503	Minnikhanov, Rustam …………………509
Mečiar, Vladimir ………………………522	Minnis, Hubert…………………………505
Medgyessy, Péter ……………………522	Miro, Mohamad Mustafa………………508
Medina, Danilo…………………………522	Mironov, Sergei ………………………509
Medvedev, Dmitrii ……………………522	Mirziyoyev, Shavkat …………………507
Megawati Sukarnoputri…………………520	Misuari, Nurhadi ……………………503
Meidani, Rexhep………………………520	Mitchell, George ………………………504
Mejía, Rafael Hipólito …………………523	Mitchell, James ………………………504
Meksi, Aleksander………………………521	Mitchell, Keith …………………………504
Meles Zenawi …………………………524	Mitsotakis, Konstantinos………………503
Menchú, Rigoberta ……………………525	Mitzna, Amram…………………………504
Menem, Carlos Saúl …………………523	Mkapa, Benjamin William………………510
Mengistu Haile Mariam ………………525	Mladić, Ratko …………………………517

人名索引（欧文）　　　**MWI**

Mlambo-Ngcuka, Phumzile ·················· 518
Mnangagwa, Emmerson ······················ 514
Mnuchin, Steven ······························· 515
Mobutu Sese Seko ···························· 530
Mock, Alois ··································· 527
Modi, Narendra ······························· 528
Modrow, Hans ································ 528
Moerdiono ···································· 518
Mofaz, Shaul ································· 529
Mogae, Festus ······························· 529
Mogherini, Federica························· 526
Mohajerani, Ataollah························ 529
Mohamed, Ali Mahdi ······················· 529
Mohammad bin Naif ························· 516
Mohammed VI ······························· 529
Mohamud, Hassan Sheikh ·················· 529
Moi, Daniel Arap ··························· 525
Moïse, Jovenel ······························· 526
Moisiu, Alfred ······························· 526
Mojaddidi, Sibghatulla ····················· 512
Mokhehle, Ntsu ····························· 530
Möllemann, Jürgen ························· 525
Mondale, Walter····························· 533
Monory, René ································ 529
Monteiro, António ·························· 533
Montferrand, Bernard de ·················· 533
Monti, Mario ································· 533
Moon Hee-sang································ 519
Moon Jae-in ································· 519
Moon kook-hyun······························ 519
Moon Sung-hyun ····························· 519
Moore, Michael ······························· 509
Morales, Evo ································· 531
Morales, Jimmy······························ 531
Morauta, Mekere ····························· 530
Moravčík, Jozef ····························· 531
Morawiecki, Mateusz························ 530
Mordechai, Yitzhak··························· 532
Moreno, Lenín································ 532
Morgan, Rhodri······························ 526
Mori, Emmanuel····························· 531
Morjane, Kamel····························· 527
Morris, James ······························· 532
Morsi, Muhammad······························ 532
Mosbacher, Robert···························· 527

Moscoso, Mireya Elisa ······················ 527
Moshoeshoe II ······························· 527
Mosisili, Pakalitha··························· 526
Motlanthe, Kgalema························· 528
Mottaki, Manouchehr ······················· 528
Mountain, Ross ······························· 484
Mousavi, Mirhossein························· 512
Moussa, Amr Mahmoud····················· 511
Mowlam, Marjorie ························· 531
Mswati III ··································· 513
Muallem, Walid ····························· 510
Mubarak, Muhammad Hosni ·············· 515
Mugabe, Robert ····························· 510
Muhammad, Abd al-Zahra ················· 515
Muhammad bin Rashid al-Maktoum ······ 516
Muhammad bin Salman····················· 515
Mujawar, Ali Muhammad ·················· 513
Mujica, José ································· 516
Mukasey, Michael···························· 505
Mukherjee, Pranab ························· 510
Mulatu Teshome····························· 517
Mulki, Hani ································· 518
Müller, Werner ····························· 506
Mulroney, Martin Brian ·················· 499
Muluzi, Bakili ······························· 518
Muntasar, Omar Mustafa al ·············· 520
Müntefering, Franz ······················· 506
Muqrin bin Abdulaziz ····················· 511
Murad, Ebrahim····························· 517
Muratovic, Hasan ··························· 518
Musa, Said ································· 511
Museveni, Yoweri Kaguta··················· 513
Musharraf, Pervez··························· 512
Mustafa, Abu Ali····························· 513
Mustafa, Isa ································· 513
Mutalibov, Ayaz····························· 514
Mutharika, Arthur Peter ················· 514
Mutharika, Bingu ··························· 514
Mutilan, Mahid Mir'at····················· 514
Muzadi, Hasyim ····························· 511
Mwanawasa, Levy ··························· 518
Mwinyi, Ali Hassan ························· 510

683

【N】

Nader, Ralph ·······352
Nahles, Andrea·······346
Nailatikau, Ratu Epeli·······341
Najib Razak, Mohamad·······343
Nakamura, Kuniwo·······342
Namaliu, Rabbie·······345
Nano, Fatos Thanas·······344
Napolitano, Giorgio·······345
Narantsatsralt, Janlav·······345
Narayanan, Kocheril Raman·······345
Naryshkin, Sergei·······345
Nasheed, Mohamed·······343
Nasrallah, Hassan·······343
Nasser Muhammad al-Ahmad al-Sabah··344
Năstase, Adrian·······343
Natapei, Edward·······344
Nateq-nouri, Ali Akbar·······344
Nathan, S.R.·······342
Navalnyi, Aleksei·······346
Nawaf al-Ahmad al-Jabir al-Sabah·······346
Nayef bin Abdul-Aziz·······341
Nazarbaev, Nursultan·······342
Nazer, Hisham·······344
Nazif, Ahmad Muhammad·······343
Ndimira, Pascal-Firmin·······350
Nečas, Petr·······353
Neeman, Yaakov·······347
Negaso Gidada·······352
Negroponte, John·······352
Németh, Miklós·······354
Nemtsov, Boris·······353
Nepal, Madhav·······353
Neptune, Yvon·······353
Netanyahu, Benjamin·······352
Nguema, Teodoro Obiang·······349
Nguyen Manh Cam·······143
Nguyen Minh Triet·······143
Nguyen Phu Trong·······142
Nguyen Tan Dung·······142
Nguyen Thi Binh·······142
Nguyen Xaun Phuc·······142

Nhamajo, Manuel Serifo·······351
Ni Zhi-fu·······162
Nicholson, Jim·······347
Niehaus Quesada, Bernd·······347
Niinistö, Sauli·······347
Nikolayev, Mikhail·······346
Nikolić, Tomislav·······347
Nikonov, Vyacheslav·······346
Nilekani, Nandan·······348
Nishani, Bujar·······347
Niyazov, Saparmurat·······348
Nkomo, Joshua·······349
Nkurunziza, Pierre·······349
Noboa, Gustavo·······355
Nong Duc Manh·······356
Noor, Fadzil·······351
Noor, Muhamad·······351
Norquist, Grover·······355
Note, Kessai·······355
Nouhak Phoumsavanh·······351
Nouri, Abdollah·······351
Novitsky, Gennady·······355
Nshimirimana, Adolphe·······349
Ntybantunganya, Sylvestre·······350
Nuaimi, Ali Ibrahim al-·······348
Nuder, Pär·······350
Nujoma, Sam Daniel·······349
Nunes, Aloysio·······350
Nurgaliyev, Rashid·······351
Nuri, Said Abdullo·······351
Nyan Win·······348
Nye, Joseph (Jr.)·······341
Nyusi, Filipe Jacint·······348
Nzo, Alfred·······350

【O】

Obaid, Thoraya Ahmed·······79
Obama, Barack·······77
Obasanjo, Olusegun·······77
Obeid, Atef·······79
Öcalan, Abdullah·······75
Ocampo, José Antonio·······74
Ochirbat, Punsalmaagiyn·······75

人名索引（欧文）　　　PAR

O'Connor, Gordon ·············· 74
Oddsson, David ·············· 76
Odinga, Raila ·············· 76
Offmann, Karl ·············· 78
Ogi, Adolf ·············· 74
Oh Se-hoon ·············· 70
Ohn Gyaw ·············· 83
Okamura, Tomio ·············· 74
Olechowski, Andrzej ·············· 82
Oleksy, Józef ·············· 82
Oli, K.P.Sharma ·············· 80
Olmert, Ehud ·············· 81
Olszewski, Jan ·············· 80
Olter, Bailey ·············· 80
Omar, Muhammad ·············· 79
Ominami, Carlos III ·············· 79
O'Neill, Paul ·············· 77
O'Neill, Peter ·············· 77
Ong Ka-ting ·············· 82
Ong Keng-yong ·············· 83
Ong Teng-cheong ·············· 83
Opertti, Didier ·············· 79
Ople, Blas ·············· 78
Oppenheim, Phillip ·············· 76
Orbán, Viktor ·············· 81
Oresharski, Plamen ·············· 82
Orešković, Tihomir ·············· 82
Ortega, Daniel ·············· 81
Ortiz, Guillermo ·············· 80
Osborne, George ·············· 75
Osotimehin, Babatunde ·············· 75
Otari, Muhammad Naji al- ·············· 75
Otunbayeva, Roza ·············· 76
Ouattara, Alassane ·············· 608
Oudom Khattigna ·············· 59
Ouédraogo, Youssouf ·············· 56
Ouellet, André ·············· 56
Ousmane, Mahamane ·············· 59
Ouyahia, Ahmed ·············· 60
Owen, David ·············· 74
Oýe-Mba, Casimir ·············· 70
Ozal, Turgut ·············· 75

【 P 】

Pachauri, Rajendra ·············· 377
Pacheco, Abel ·············· 377
Padoan, Pier Carlo ·············· 381
Padoa-Schioppa, Tommaso ·············· 381
Paek Hak-rim ·············· 456
Paek Nam-sun ·············· 456
Paeniu, Bikenibeu ·············· 361
Pahor, Borut ·············· 388
Paisley, Ian Richard Kyle ·············· 454
Pak Pong-ju ·············· 368
Pak Ui-chun ·············· 364
Pak Yong-sik ·············· 368
Paksas, Rolandas ·············· 368
Palacio, Alfredo ·············· 392
Palin, Sarah ·············· 455
Palmer, Geoffrey ·············· 389
Panchen Lama XI ·············· 405
Pandorfi Arbulu, Alberto ·············· 405
Panetta, Leon ·············· 384
Pangalos, Theodoros ·············· 402
Paniagua, Valentín ·············· 383
Pannella, Marco ·············· 406
Panov, Aleksandr ·············· 384
Pany Yathotou ·············· 384
Papaconstantinou, Michalis ·············· 384
Papademos, Lucas ·············· 385
Papadopoulos, Tassos ·············· 385
Papandreou, Andreas ·············· 386
Papandreou, Georgios ·············· 386
Papandreou, Vasso ·············· 386
Papoulias, Karolos ·············· 388
Parizeau, Jacques ·············· 393
Park Chul-un ·············· 367
Park Geun-hye ·············· 365
Park Hee-tae ·············· 367
Park Jae-kyu ·············· 366
Park Ji-won ·············· 365
Park Jong-soo ·············· 366
Park Jyun-kyu ·············· 366
Park Kwan-yong ·············· 365
Park Sae-jik ·············· 366
Park Sang-chon ·············· 365

685

PAR　　　　　　人名索引（欧文）

Park Tae-joon ⋯⋯⋯⋯⋯⋯⋯367
Park Won-soon⋯⋯⋯⋯⋯⋯⋯364
Parker, Annise ⋯⋯⋯⋯⋯⋯⋯361
Paroubek, Jiri ⋯⋯⋯⋯⋯⋯⋯398
Parvanov, Georgi ⋯⋯⋯⋯⋯397
Pasqua, Charles⋯⋯⋯⋯⋯⋯373
Pastrana, Andrés ⋯⋯⋯⋯⋯374
Pastukhov, Boris ⋯⋯⋯⋯⋯373
Pataki, George ⋯⋯⋯⋯⋯⋯375
Patassé, Ange-Félix⋯⋯⋯⋯375
Patil, Pratibha ⋯⋯⋯⋯⋯⋯380
Patrushev, Nikolai ⋯⋯⋯⋯382
Patsatsia, Otar⋯⋯⋯⋯⋯⋯377
Patten, Christopher ⋯⋯⋯⋯379
Patterson, Percival⋯⋯⋯⋯375
Paul, Rand ⋯⋯⋯⋯⋯⋯⋯⋯477
Paul, Ron⋯⋯⋯⋯⋯⋯⋯⋯⋯477
Paulson, Henry（Jr.）⋯⋯⋯479
Pavlopoulos, Prokopis⋯⋯⋯361
Pawar, Sharad⋯⋯⋯⋯⋯⋯399
Pawlak, Waldemar ⋯⋯⋯⋯360
Payá, Oswaldo ⋯⋯⋯⋯⋯⋯391
Paz-Zamora, Jaime ⋯⋯⋯⋯373
Pellerin, Fleur ⋯⋯⋯⋯⋯⋯465
Pelosi, Nancy ⋯⋯⋯⋯⋯⋯468
Peña, Federico⋯⋯⋯⋯⋯⋯459
Peña, Javier López⋯⋯⋯⋯459
Peña, Marcos ⋯⋯⋯⋯⋯⋯460
Peña Nieto, Enrique ⋯⋯⋯460
Pence, Mike ⋯⋯⋯⋯⋯⋯⋯469
Peng Ming-min⋯⋯⋯⋯⋯⋯471
Peng Pei-yun ⋯⋯⋯⋯⋯⋯471
Pen Sovan ⋯⋯⋯⋯⋯⋯⋯469
Pereira, Agio⋯⋯⋯⋯⋯⋯⋯466
Peres, Shimon ⋯⋯⋯⋯⋯⋯466
Peretz, Amir ⋯⋯⋯⋯⋯⋯⋯467
Perez, Felipe ⋯⋯⋯⋯⋯⋯467
Pérez Molina, Otto ⋯⋯⋯⋯467
Perkins, Charles ⋯⋯⋯⋯⋯363
Perot, Ross⋯⋯⋯⋯⋯⋯⋯467
Perry, Rick ⋯⋯⋯⋯⋯⋯⋯462
Perry, Ruth ⋯⋯⋯⋯⋯⋯⋯462
Perry, William⋯⋯⋯⋯⋯⋯461
Persson, Göran ⋯⋯⋯⋯⋯458
Pešić, Dragiša ⋯⋯⋯⋯⋯⋯457

Peters, Winston⋯⋯⋯⋯⋯⋯409
Petersen, Jan ⋯⋯⋯⋯⋯⋯458
Petersen, Niels Helveg ⋯⋯458
Pflugbeil, Sebastian⋯⋯⋯⋯436
Phan Van Khai ⋯⋯⋯⋯⋯⋯420
Philippe, Édouard⋯⋯⋯⋯⋯423
Pickering, Thomas ⋯⋯⋯⋯407
Pillay, J.Y. ⋯⋯⋯⋯⋯⋯⋯414
Pillay, Navanethem ⋯⋯⋯⋯414
Pindling, Lynden Oscar ⋯⋯415
Piñera, Sebastián⋯⋯⋯⋯⋯410
Pinheiro, João de Deus ⋯⋯410
Pinochet, Augusto ⋯⋯⋯⋯411
Pires, Pedoro Verona Rodrigues ⋯⋯⋯415
Pirinski, Georgi ⋯⋯⋯⋯⋯413
Pitakaka, Moses⋯⋯⋯⋯⋯409
Pithart, Petr⋯⋯⋯⋯⋯⋯⋯410
Platzeck, Matthias ⋯⋯⋯⋯440
Plavsic, Biljana ⋯⋯⋯⋯⋯442
Plenković, Andrej ⋯⋯⋯⋯451
Plevneliev, Rosen⋯⋯⋯⋯⋯449
Podobnik, Janez ⋯⋯⋯⋯⋯475
Poe, Grace⋯⋯⋯⋯⋯⋯⋯470
Pohamba, Hifikepunye ⋯⋯476
Pokorni, Zoltán ⋯⋯⋯⋯⋯473
Pollán, Laura ⋯⋯⋯⋯⋯⋯473
Pompeo, Mike ⋯⋯⋯⋯⋯⋯483
Pongpol Adireksarn⋯⋯⋯⋯483
Poos, Jacques ⋯⋯⋯⋯⋯⋯474
Poplasen, Nikola ⋯⋯⋯⋯⋯476
Poroshenko, Petro⋯⋯⋯⋯481
Portillo, Alfonso ⋯⋯⋯⋯⋯479
Portillo, Michael ⋯⋯⋯⋯⋯475
Portman, Rob ⋯⋯⋯⋯⋯⋯476
Powell, Colin⋯⋯⋯⋯⋯⋯⋯360
Prabhakaran, Velupillai ⋯⋯442
Prabowo Subianto⋯⋯⋯⋯⋯442
Prachuab Chaiyasan⋯⋯⋯⋯440
Pradhan, Sahana ⋯⋯⋯⋯⋯440
Prasong Soonsiri⋯⋯⋯⋯⋯439
Prateep Ungsongtham ⋯⋯440
Prayuth Chan-ocha ⋯⋯⋯443
Prescott, John ⋯⋯⋯⋯⋯⋯450
Préval, René Garcia ⋯⋯⋯450
Price, George ⋯⋯⋯⋯⋯⋯438

686

人名索引（欧文）　**REN**

Pridiyathorn Devakula·······················445
Priebus, Reince ·····························446
Primakov, Evgenii ·························446
Pritzker, Penny ····························445
Prodi, Romano······························452
Prokhorov, Mikhail ·······················452
Prokop, Liese ·······························451
Pronk, Jan ·································453
Prunskiene, Kazimiera·····················448
Puigdemont, Carles·························432
Puna, Henry ·······························435
Purryag, Rajkeswur ························412
Pustovoitenko, Valerii·····················429
Putin, Vladimir ·····························432

【 Q 】

Qaboos bin Said ·····························101
Qaddafi, Muammar al- ······················ 94
Qaddafi, Saif al-Islam al-····················· 94
Qadir, Abdul ······························· 96
Qandil, Hisham Muhammad ················117
Qarase, Laisenia ·····························105
Qian Qi-chen ·······························263
Qiao Shi·····································138
Quayle, Dan ································142
Quilès, Paul·································140
Quiroga, Jorge Fernando···················140
Quray, Ahmad ······························158

【 R 】

Ra Jong-yil·································546
Ra Woong-bae·······························545
Rabbani, Burhanuddin ·····················557
Rabbani, Muhammad ······················557
Rabin, Yitzhak·······························558
Rabuka, Sitiveni ····························565
Račan, Ivica·································554
Radev, Rumen ·····························556
Radičová, Iveta ····························555
Radišić, Zivko ·······························555
Radmanović, Nebojša·······················556

Raffarin, Jean-Pierre ·······················558
Rafsanjani, Ali Akbar Hashemi ············559
Raggi, Virginia·······························554
Ragheb, Ali Abu al ··························552
Rahman, Zillur·······························561
Rahmon, Emomali ··························559
Rainier III ·································596
Rais, Amien·································548
Rajaonarimampianina, Hery················553
Rajapaksa, Mahinda ·······················553
Rajiha, Dawoud·······························552
Rajoelina, Andry····························553
Rajoy Brey, Mariano·······················560
Rama, Edi···································560
Ramaema, Elias ····························561
Ramaphosa, Cyril··························561
Ramgoolam, Navinchandra··················562
Ramli, Rizal·································563
Ramos, Fidel·································563
Ramos-Horta, José··························563
Ramotar, Donald ····························563
Ranariddh, Norodom·······················556
Rantissi, Abdel Aziz al- ····················565
Rao, Narasimha·····························550
Rasizade, Artur ····························552
Rasmussen, Anders Fogh···················553
Rasmussen, Lars Løkke·····················553
Rasmussen, Poul Nyrup····················553
Rato, Rodrigo ·······························556
Ratsirahonana, Norbert ····················554
Ratsiraka, Didier ····························554
Rau, Johannes·······························550
Ravalomanana, Marc························560
Rawabdeh, Abdul Rauf·····················564
Rawlings, Jerry ····························606
Razali Ismail·································552
Rebelo de Sousa, Marcelo···················598
Rehn, Elizabeth·······························598
Reich, Robert·································547
Reid, Harry ·································574
Reina, Carlos Roberto ·····················593
Reinfeldt, Fredrik ··························549
Remengesau, Tommy·······················598
Remes, Jorge ·······························598
René, France Albert ·······················590

687

REN 人名索引（欧文）

Reno, Janet ·············· 575
Renzi, Matteo ·············· 599
Repše, Einars ·············· 597
Retno Marsudi ·············· 590
Rexrodt, Günter ·············· 594
Reynders, Didier ·············· 593
Reynolds, Albert ·············· 593
Rezaee, Mohsen ·············· 595
Reza Khatami, Mohammad ·············· 595
Ri Myong-su ·············· 571
Ri Su-yong ·············· 569
Ri Ul-sol ·············· 565
Ri Yong-ho ·············· 572
Ri Yong-ho ·············· 572
Rice, Condoleezza ·············· 548
Rice, Susan ·············· 548
Richard, Alain ·············· 572
Richards, George Maxwell ·············· 573
Richardson, Bill ·············· 573
Ridge, Tom ·············· 574
Riess-Passer, Susanne ·············· 573
Riester, Walter ·············· 572
Rifai, Samir ·············· 576
Rifkind, Malcolm ·············· 576
Riley, Richard ·············· 549
Rini, Snyder ·············· 575
Rivlin, Alice ·············· 577
Rivlin, Reuven ·············· 577
Robaina González, Roberto ·············· 603
Robertson, George ·············· 603
Robinson, Mary ·············· 604
Robinson, Peter ·············· 604
Robinson, Raymond ·············· 604
Rocard, Michel ·············· 600
Rockefeller, John IV ·············· 602
Rodionov, Igor Nikolayevich ·············· 601
Rodrígues, Andrés ·············· 602
Rodríguez, Alí ·············· 602
Rodríguez, Eduardo ·············· 602
Rodríguez, Miguel Angel ·············· 603
Rodríguez Saá, Adolfo ·············· 603
Rodríguez Zapatero, José Luis ·············· 603
Rogachev, Igor ·············· 600
Rogombé, Rose Francine ·············· 600
Roh Jai-bong ·············· 354

Roh Moo-hyun ·············· 354
Roh Tae-woo ·············· 354
Roman, Petre ·············· 605
Romney, Mitt ·············· 605
Romulo, Roberto ·············· 606
Roos, John ·············· 588
Rosa, Henrique ·············· 600
Rosati, Dariusz ·············· 601
Rösler, Philipp ·············· 595
Ross, Dennis ·············· 601
Ross, Wilbur (Jr.) ·············· 601
Rouhani, Hassan ·············· 599
Rousseff, Dilma Vana ·············· 588
Roxas, Manuel II ·············· 603
Royal, Ségolène ·············· 606
Ruak, Taur Matan ·············· 584
Rubin, Robert ·············· 590
Rubio, Marco ·············· 590
Ruckauf, Carlos ·············· 585
Rudd, Kevin ·············· 555
Ruggiero, Renato ·············· 587
Rugova, Ibrahim ·············· 587
Rühe, Volker ·············· 580
Rukmana, Siti Hardiyanti ·············· 586
Rumsfeld, Donald ·············· 562
Rupesinghe, Kumar ·············· 591
Rushailo, Vladimir ·············· 588
Rusli Noor ·············· 588
Russel, Daniel ·············· 555
Rutelli, Francesco ·············· 589
Rutskoi, Aleksandr ·············· 589
Rutte, Mark ·············· 589
Rüütel, Arnold ·············· 578
Ryan, Paul ·············· 547
Rybkin, Ivan ·············· 585
Ryoo Kihl-jae ·············· 578
Ryzhkov, Vladimir ·············· 584

【S】

Saad al-Abdullah al-Salem al-Sabah ·············· 188
Saakashvili, Mikheil ·············· 191
Sabah al-Ahmad al-Jabir al-Sabah ·············· 194
Sabra, George ·············· 196

688

人名索引（欧文）　　　SCO

Sabri, Naji	196
Saca, Antonio	191
Sadik, Nafis	193
Sadr, Muqtada al-	194
Safadi, Ayman	196
Safar, Adel	196
Sahakian, Bako	188
Sahhaf, Mohammed Saeed al-	195
Saikhanbileg, Chimed	190
Saitoti, George	190
Sajjad, Wasim	192
Salam, Tammam	199
Salamat, Hashim	199
Saleh, Ali Abdullah	203
Salehi, Ali Akbar	203
Salim, Salim Ahmed	200
Salinas, Carlos	199
Sall, Macky	200
Salman bin Abdul-Aziz	202
Salmond, Alex	198
Salwai, Charlot	203
Samadov, Abduzhalil	197
Samak Sundaravej	197
Samane Vignaketh	198
Samar, Sima	197
Samaras, Antonis	197
Samba-Panza, Catherine	207
Sambi, Ahmed Abdallah Mohamed	207
Sampaio, Jorge	206
Samper Pizano, Ernesto	207
Sam Rainsy	198
Samy Vellu	198
Sanader, Ivo	194
Sánchez, Gonzálo	205
Sánchez Cerén, Salvador	205
Sanders, Bernie	205
Sandiford, Lloyd Erskine	205
Sané, Pierre	194
Sangay, Lobsang	263
Sangeli, Andrei	204
Sanguinetti, Julio Maria	204
Sanhá, Malam Bacai	206
Sanin Posada, Noemi	194
Sankoh, Foday	204
Santana Lopes, Pedro	205

Santer, Jacques	205
Santorum, Rick	206
Santos, Juan Manuel	206
Sanya Thammasak	207
Sapin, Michel	195
Sarabi, Habiba	199
Sargsyan, Serzh	201
Sar Kheng	201
Sarkisyan, Aram	200
Sarkisyan, Vazgen	201
Sarkozy, Nicolas	201
Sarney, José	202
Sarović, Mirko	225
Sartzetakis, Christos	202
Sassou-Nguesso, Denis	193
Sata, Michael Chilufya	193
Saud al-Faisal	191
Saudargas, Algirdas	190
Sautter, Christian	268
Savimbi, Jonas Malheiro	195
Savisaar, Edgar	190
Saw Ba Thin Sein	269
Sawyer, Amos	271
Saxe-Coburg Gotha, Simeon	192
Say Chhum	189
Scalfaro, Oscar Luigi	245
Scargill, Arthur	245
Schafer, Ed	211
Scharping, Rudolf	221
Schäuble, Wolfgang	235
Schieffer, Thomas	217
Schily, Otto	241
Schlüter, Poul	233
Schmiegelow, Henrik	232
Schmitt, Pál	232
Schneider-Ammann, Johann	230
Schröder, Gerhard	233
Schulz, Martin	233
Schumer, Charles	231
Schüssel, Wolfgang	230
Schuster, Rudolf	229
Schwab, Susan	234
Schwarzenberg, Karel	234
Scotty, Ludwig	246
Scowcroft, Brent	246

689

SEC 人名索引（欧文）

Sechin, Igor ·································· 259
Seddiqi, Suhaila ····························· 259
Sedki, Atef ································· 260
Seehofer, Horst ····························· 261
Séguin, Philippe ···························· 258
Seignoret, Clarence ·························· 260
Sein Win ·································· 258
Sejdiu, Fatmir ······························ 258
Seleznev, Gennadii ·························· 263
Sellal, Abdelmalek ·························· 261
Sendov, Blagovest ··························· 264
Seo Cung-won ······························ 264
Serdyukov, Anatolii ························· 262
Sergeev, Igor ······························ 262
Serrano, Jorge ····························· 261
Šešelj, Vojislav ···························· 210
Sessions, Jeff ······························ 259
Severin, Adrian ···························· 260
Severino, Rodolfo ··························· 260
Seyoum Mesfin ····························· 258
Sezer, Ahmet ······························ 259
Shaáth, Nabil ······························ 220
Shah, Prakash ····························· 218
Shaikh Salman bin Hamad al-Khalifa ····· 209
Shaimiyev, Mintimer ························ 219
Shakhrai, Sergei ··························· 221
Shalala, Donna ···························· 224
Shalom, Silvan ···························· 225
Shamzai, Nizamuddin ······················ 222
Shankar, Ramsewak ························· 226
Shapovalyants, Andrei ······················ 222
Shara, Farouk al- ·························· 223
Sharaf, Essam ····························· 223
Sharansky, Natan ··························· 223
Sharif, Nawaz ····························· 224
Sharma, Shankar Dayal ····················· 224
Sharon, Ariel ····························· 225
Shaw, Vernon ····························· 235
Shcherbak, Vladimir ························ 214
Shcherbak, Yuri ···························· 214
Shea Jia-dong ····························· 136
Shephard, Gillian ·························· 210
Shetty, Salil ······························ 210
Shevardnadze, Eduard ······················ 212
Shih Ming-teh ····························· 207

Shihab, Alwi ······························ 216
Shin Gak-su ······························ 242
Shinseki, Eric ····························· 244
Shipley, Jenny ···························· 214
Shoigu, Sergei ···························· 235
Shokhin, Aleksandr ························· 238
Shonekan, Ernest ··························· 238
Short, Clare ······························ 237
Shoukry, Sameh ···························· 229
Shumeiko, Vladimir ························· 232
Shuvalov, Igor ···························· 234
Shwe Mann ································ 228
Siazon, Domingo ··························· 208
Sibal, Kapil ······························ 216
Sidorsky, Sergei ··························· 215
Sigurdardóttir, Jóhanna ····················· 213
Sihamoni, Norodom ························· 216
Sihanouk, Norodom ························· 208
Siimann, Mart ···························· 217
Silaev, Ivan Stepanovich ···················· 240
Silajdžić, Haris ···························· 240
Silva, Alvaro ····························· 242
Simitis, Konstantinos ······················· 217
Simmonds, Kennedy ························· 218
Simonenko, Valentin ························· 218
Simonis, Heide ···························· 218
Simpson-Miller, Portia ······················ 244
Sin, Jaime ································ 243
Singh, Ajit ······························· 242
Singh, Dinesh ····························· 242
Singh, Jaswant ···························· 242
Singh, Karpal ····························· 242
Singh, Natwar ····························· 243
Singh, Manmohan ·························· 243
Sinha, Yashwant ··························· 244
Siniora, Fouad ····························· 215
Sipilä, Juha ······························ 216
Sirisena, Maithripala ······················ 241
Sirivudh, Norodom ························· 241
Sirleaf, Ellen ····························· 200
Sisavat Keobounphan ······················ 213
Sisi, Abdel Fattah Said el- ··················· 213
Sistani, Ali al- ···························· 214
Skate, William ···························· 246
Skele, Andris ····························· 213

人名索引（欧文）　　　　　　SUL

Skerrit, Roosevelt ································ 246
Skrabalo, Zdenko ······························ 229
Skubiszewski, Krzysztof ···················· 245
Sleiman, Michel ································· 257
Slezevicius, Adolfas ·························· 242
Smith, Stephen ································· 255
Snegur, Mircea ································· 251
Snow, John ······································ 251
So Hyon-sopu ···································· 264
Soares, Mário ··································· 265
Sobotka, Bohuslav ······························ 269
Sobyanin, Sergei ································ 269
Sócrates, José ··································· 267
Sodnom, Dumaagiyn ························· 268
Soe Win ·· 267
Sofiyanski, Stefan ······························ 269
Sogavare, Manasseh ························· 267
Soglo, Nicéphore ································ 267
Sohn Hak-kyu ··································· 272
Sok An ··· 268
Solana, Javier ··································· 271
Solanki, Madhavsinh ························· 271
Solberg, Erna ···································· 271
Solís, Luis ······································· 271
Sólyom, László ·································· 239
Somare, Michael ································ 270
Somavia, Juan ··································· 269
Somchai Wongsawat ························· 270
Somkid Jatusripitak ························· 270
Sommaruga, Simonetta ····················· 269
Somsavat Lengsavat ························· 270
Song Ho-gyong ································· 273
Song Il-ho ······································· 272
Song Jian ·· 266
Song Min-soon ·································· 273
Song Young-moo ······························ 273
Son Sann ·· 273
Son Sen ·· 273
Sonthi Boonyaratglin ························ 274
Sopoanga, Saufatu ···························· 269
Sorhaindo, Crispin ···························· 268
Soskovets, Oleg ································· 268
Spadolini, Giovanni ··························· 252
Spanta, Rangin Dadfar ······················ 253
Spellings, Margaret ··························· 254

Spencer, Baldwin ······························ 254
Spidla, Vladimír ································· 231
Spiroiu, Constantin Niculae ················ 253
Spitzer, Eliot ···································· 253
Spring, Dick ····································· 254
Sri Bintang Pamungkas ······················ 255
Sri Mulyani Indrawati ······················· 256
Stanishev, Sergei ······························ 247
Steele, Michael ································· 248
Steinbrück, Peer ································ 229
Steinmeier, Frank-Walter ··················· 230
Stepanov, Victo ································· 248
Stepashin, Sergey ······························ 248
Stephanopoulos, Konstantinos ············· 248
Stephen, Marcus ································ 248
Stich, Otto ······································ 230
Stolojan, Theodor ······························ 250
Stoltenberg, Gerhard ························· 230
Stoltenberg, Jens ······························ 250
Stoltenberg, Thorvald ························· 250
Støre, Jonas Gahr ····························· 249
Stoyanov, Petar ································· 249
Strasser, Valentine ···························· 249
Strauss-Kahn, Dominique ··················· 251
Straw, Jack ······································ 250
Stroev, Egor ····································· 250
Strong, Maurice Frederick ··················· 251
Stuart, Freundel ································ 247
Stubb, Alexander ······························ 249
Šturanović, Željko ····························· 230
Sturgeon, Nicola ································ 247
Su Jia-chyuan ··································· 264
Su Tseng-chang ································· 264
Suarez, Gustavo ································· 245
Subin Pinkayan ································· 253
Subroto ·· 254
Suchinda Kraprayun ·························· 247
Suchocka, Hanna ······························ 254
Sudarsono, Juwono ···························· 247
Sudharmono ····································· 247
Sudradjat, Edi ··································· 249
Suh Young-hoon ································· 264
Suharto ··· 252
Suleiman, Omar ································· 257
Sultan bin Abdul-Aziz ······················· 257

691

SUM 人名索引（欧文）

Summers, Lawrence ⋯⋯⋯⋯⋯⋯ 196
Sun Chun-lan ⋯⋯⋯⋯⋯⋯⋯⋯ 272
Sun Jia-zheng ⋯⋯⋯⋯⋯⋯⋯⋯ 272
Sun Zheng-cai ⋯⋯⋯⋯⋯⋯⋯⋯ 272
Sung Chu-yu ⋯⋯⋯⋯⋯⋯⋯⋯ 266
Supachai Panitchpakdi ⋯⋯⋯⋯⋯ 252
Surakiart Sathirathai ⋯⋯⋯⋯⋯ 255
Surayud Chulanont ⋯⋯⋯⋯⋯⋯ 255
Surin Pitsuwan ⋯⋯⋯⋯⋯⋯⋯ 256
Surkov, Vladislav ⋯⋯⋯⋯⋯⋯⋯ 256
Susi Pudjiastuti ⋯⋯⋯⋯⋯⋯⋯ 246
Süssmuth, Rita ⋯⋯⋯⋯⋯⋯⋯⋯ 229
Sutherland, Peter ⋯⋯⋯⋯⋯⋯ 192
Sutrisno, Try ⋯⋯⋯⋯⋯⋯⋯⋯⋯ 249
Symeonides, Nicos ⋯⋯⋯⋯⋯⋯ 218
Szeto Wah ⋯⋯⋯⋯⋯⋯⋯⋯⋯⋯ 215
Szürös, Màtyàs ⋯⋯⋯⋯⋯⋯⋯⋯ 257
Szydło, Beata ⋯⋯⋯⋯⋯⋯⋯⋯ 215

【 T 】

Tabai, Ieremia ⋯⋯⋯⋯⋯⋯⋯⋯ 278
Tabone, Vincent ⋯⋯⋯⋯⋯⋯⋯ 279
Tadić, Boris ⋯⋯⋯⋯⋯⋯⋯⋯⋯ 277
Tajani, Antonio ⋯⋯⋯⋯⋯⋯⋯ 280
Taki, Mohamed ⋯⋯⋯⋯⋯⋯⋯ 276
Talabani, Jalal ⋯⋯⋯⋯⋯⋯⋯⋯ 281
Talagi, Toke Tufukia ⋯⋯⋯⋯⋯ 281
Talat, Mehmet Ali ⋯⋯⋯⋯⋯⋯ 280
Talbott, Strobe ⋯⋯⋯⋯⋯⋯⋯ 282
Talon, Patrice ⋯⋯⋯⋯⋯⋯⋯⋯ 282
Tamim bin Hamad bin Khalifa al-Thani
⋯⋯⋯⋯⋯⋯⋯⋯⋯⋯⋯⋯⋯⋯ 279
Tan, Tony ⋯⋯⋯⋯⋯⋯⋯⋯⋯⋯ 282
Tanayev, Nikolai ⋯⋯⋯⋯⋯⋯⋯ 278
Tandja, Mamadou ⋯⋯⋯⋯⋯⋯⋯ 283
Tandjung, Akbar ⋯⋯⋯⋯⋯⋯⋯ 283
Tang Fei ⋯⋯⋯⋯⋯⋯⋯⋯⋯⋯⋯ 325
Tang Feng ⋯⋯⋯⋯⋯⋯⋯⋯⋯⋯ 325
Tang Jia-xuan ⋯⋯⋯⋯⋯⋯⋯⋯ 325
Tang Yiau-min ⋯⋯⋯⋯⋯⋯⋯⋯ 326
Tang Ying-yen ⋯⋯⋯⋯⋯⋯⋯⋯ 324
Tanjung, Feisal ⋯⋯⋯⋯⋯⋯⋯⋯ 284
Tantawi, Mohamed Said ⋯⋯⋯⋯ 284
Tantawi, Muhammad Hussein ⋯⋯ 284

Tarand, Andres ⋯⋯⋯⋯⋯⋯⋯⋯ 281
Tarar, Muhammad Rafiq ⋯⋯⋯⋯ 281
Tarawneh, Fayez ⋯⋯⋯⋯⋯⋯⋯ 280
Tăriceanu, Călin Popescu ⋯⋯⋯⋯ 281
Tarrin Nimmanahaeminda ⋯⋯⋯⋯ 281
Taufiq Kiemas ⋯⋯⋯⋯⋯⋯⋯⋯ 275
Taya, Maaouiya Ould Sidi Ahmed ⋯⋯⋯ 279
Taylor, Charles ⋯⋯⋯⋯⋯⋯⋯⋯ 313
Tea Banh ⋯⋯⋯⋯⋯⋯⋯⋯⋯⋯ 310
Teannaki, Teatao ⋯⋯⋯⋯⋯⋯⋯ 309
Telavi, Willy ⋯⋯⋯⋯⋯⋯⋯⋯⋯ 321
Temer, Michel ⋯⋯⋯⋯⋯⋯⋯⋯ 320
Tenzin, Lobsang ⋯⋯⋯⋯⋯⋯⋯ 323
Tereshchenko, Sergei ⋯⋯⋯⋯⋯ 322
Ter-Petrosyan, Levon ⋯⋯⋯⋯⋯ 322
Terzić, Adnan ⋯⋯⋯⋯⋯⋯⋯⋯ 321
Thabane, Motsoahae Thomas ⋯⋯ 279
Thaçi, Hashim ⋯⋯⋯⋯⋯⋯⋯⋯ 193
Thaksin Shinawatra ⋯⋯⋯⋯⋯⋯ 276
Thanong Bidaya ⋯⋯⋯⋯⋯⋯⋯ 278
Than Shwe ⋯⋯⋯⋯⋯⋯⋯⋯⋯⋯ 283
Thapa, Surya Bahadur ⋯⋯⋯⋯⋯ 278
Thein Sein ⋯⋯⋯⋯⋯⋯⋯⋯⋯⋯ 315
Thiam, Habib ⋯⋯⋯⋯⋯⋯⋯⋯ 310
Thierse, Wolfgang ⋯⋯⋯⋯⋯⋯⋯ 313
Thinley, Jigme ⋯⋯⋯⋯⋯⋯⋯⋯ 316
Thinni, Abdullah ⋯⋯⋯⋯⋯⋯⋯ 244
Thomas, Tillman ⋯⋯⋯⋯⋯⋯⋯ 333
Thompson, David ⋯⋯⋯⋯⋯⋯⋯ 340
Thompson, Tommy ⋯⋯⋯⋯⋯⋯ 340
Thongloun Sisoulith ⋯⋯⋯⋯⋯⋯ 341
Thongsing Thammavong ⋯⋯⋯⋯ 340
Thorning-Schmidt, Helle ⋯⋯⋯⋯ 332
Thun Saray ⋯⋯⋯⋯⋯⋯⋯⋯⋯ 330
Thurmond, Strom ⋯⋯⋯⋯⋯⋯⋯ 199
Tian Cheng-ping ⋯⋯⋯⋯⋯⋯⋯ 323
Tian Cong-ming ⋯⋯⋯⋯⋯⋯⋯ 323
Tian Ji-yun ⋯⋯⋯⋯⋯⋯⋯⋯⋯ 323
Tida Tawornseth ⋯⋯⋯⋯⋯⋯⋯ 310
Tien Hung-mao ⋯⋯⋯⋯⋯⋯⋯⋯ 323
Tihić, Sulejman ⋯⋯⋯⋯⋯⋯⋯⋯ 311
Tillerson, Rex ⋯⋯⋯⋯⋯⋯⋯⋯ 313
Timakata, Fred ⋯⋯⋯⋯⋯⋯⋯⋯ 312
Timerman, Héctor ⋯⋯⋯⋯⋯⋯⋯ 312
Timofti, Nicolae ⋯⋯⋯⋯⋯⋯⋯ 313
Tindemans, Leo ⋯⋯⋯⋯⋯⋯⋯ 316

人名索引（欧文）　　　　　　　　　　　　　　　　VAL

Tin Oo··················315
Tiro, Hasan ···············314
Tito, Teburoro ············215
Toafa, Maatia ············324
Tobgay, Tshering ·········332
Tofilau Eti Alesana ·······332
Tokaev, Kassimjomart ·····330
Toledo, Alejandro ·········338
Tomeing, Litokwa ·········333
Tomorochir, Sanjbegziin ···333
Tong, Anote···············340
Töpfer, Klaus··············318
Topi, Bamir ···············332
Topolánek, Mirek··········332
Toribiong, Johnson ·······336
Torres, Carlos ············338
Torrijos, Martin···········336
Tošovský, Josef···········330
Touadéra, Faustin-Archange ·······326
Toubon, Jacques···········329
Touré, Amadou Toumani ·····330
Trajkovski, Boris ·········333
Tran Dai Quang ··········293
Tran Duc Luong ··········293
Traoré, Dioncounda·······334
Traoré, Moussa···········334
Trautmann, Catherine ·····339
Travkin, Nikolai Iliich·····335
Tremonti, Giulio ·········339
Trimble, David ···········337
Trittin, Jürgen ···········336
Troedsson, Ingegerd ·····338
Trovoada, Miguel·········339
Trudeau, Justin ··········338
Trump, Donald············336
Trump, Ivanka ···········335
Truong Tan Sang·········295
Tsai Ing-wen ············188
Tsang Yam-kuen ·········265
Tschütscher, Klaus········295
Tshisekedi, Étienne ······288
Tshwete, Steve ··········307
Tsipras, Alexis ···········288
Tsogtbaatar, Damdin ·····307
Tsvangirai, Morgan ······306

Tudela van Breugel Douglas, Francisco···328
Tudjman, Franjo···········307
Tuiatua Tupua Tamasese Efi ·······307
Tuilaepa Sailele Malielegaoi ·······327
Tuimaleali'ifano, Va'aletoa Sualauvi II ···327
Tung Chee-hwa ··········325
Tupou IV ···············308
Tupou V ···············308
Tupou VI ···············309
Turchynov, Oleksandr·····329
Türk, Danilo··············329
Turnbull, Malcolm ·······284
Tusk, Donald ···········328
Tutu, Desmond Mpilo·····308
Twagiramungu, Faustin ···340
Tymoshenko, Yulia ·······312

【 U 】

Ude, Milan ·············· 59
Udovenko, Hennadii ······ 59
Ugglas, Margaretha af ····· 58
Ulmanis, Guntis ········· 61
U Lwin ················ 60
Ung Huot ·············· 61
Ungureanu, Mihai-Razvan ······ 61
Uribe Vélez, Álvaro······· 60
Urinson, Yakov··········· 60
Urusemal, Joseph········· 60
Uteem, Cassam ········· 59

【 V 】

Vacaroiu, Nicolae·········363
Vadim Tudor, Corneliu ····· 52
Vagnorius, Gediminas······608
Vähi, Tiit················411
Vaino, Anton ············608
Vajiralongkorn, Maha······609
Vajpayee, Atal Bihari ·····371
Valentič, Nikica ··········397
Vall, Ely Ould Mohamed ····· 52
Vallaud-Belkacem, Najat····· 53

693

VAL　　　　人名索引（欧文）

Valle Riestra, Javier ……………………… 371
Valls, Manuel ……………………………… 53
Vance, Cyrus ……………………………… 402
Van Den Broek, Hans …………………… 420
Van der Bellen, Alexander ……………… 420
Van-Dunem, Fernando …………………… 405
Vang Pao …………………………………… 406
Vanhanen, Matti ………………………… 406
Van Mierlo, Hans ………………………… 421
Van Miert, Karel ………………………… 420
Van Rompuy, Herman …………………… 421
Varadkar, Leo …………………………… 392
Varela, Juan Carlos ……………………… 397
Varoufakis, Yanis ………………………… 397
Vasile, Radu ……………………………… 52
Vassiliou, Georgios ……………………… 372
Väyrynen, Paavo ………………………… 461
Vaz, José Mário …………………………… 372
Vázquez, Tabaré ………………………… 52
Védrine, Hubert ………………………… 459
Vējonis, Raimonds ……………………… 56
Velayati, Ali Akbar ……………………… 461
Veltroni, Walter ………………………… 464
Veneman, Ann …………………………… 460
Venetiaan, Runaldo Ronald …………… 424
Verhofstadt, Guy ………………………… 425
Videgaray, Luis ………………………… 409
Videnov, Zhan …………………………… 410
Vieira, João-Bernardo …………………… 406
Vieira, Vasco Rocha …………………… 407
Vike-Freiberga, Vaira …………………… 408
Villar, Manuel …………………………… 413
Villiger, Kaspar ………………………… 423
Vilsack, Tom ……………………………… 413
Vivian, Mititaiagimene Young ………… 411
Volcker, Paul …………………………… 477
Vollebaek, Knut ………………………… 57
Volodin, Vyacheslav …………………… 58
Voloshin, Aleksandr …………………… 58
Volskii, Arkadii ………………………… 57
Von der Leyen, Ursula ………………… 427
Voronin, Vladimir ……………………… 58
Vorontsov, Yurii ………………………… 58
Vo Van Kiet ……………………………… 476
Voynet, Dominique ……………………… 58

Vranitzky, Franz ………………………… 442
Vučić, Aleksandar ……………………… 59
Vujanović, Filip ………………………… 437
Vu Khoan ………………………………… 428

【 W 】

Wade, Abdoulaye ………………………… 609
Waheed Hassan, Mohamed …………… 609
Wahid, Abdurrahman …………………… 609
Waigel, Theodor ………………………… 607
Walesa, Lech …………………………… 610
Walker, Scott Kevin …………………… 56
Wan Gang ………………………………… 400
Wan Azizah Wan Ismail ……………… 610
Wang An-shun …………………………… 70
Wang Chen ……………………………… 72
Wang Chien-shien ……………………… 71
Wang Dan ………………………………… 72
Wang Dao-han …………………………… 73
Wang Gang ……………………………… 71
Wang Guang-ya ………………………… 72
Wang Hu-ning …………………………… 72
Wang Jin-pyng ………………………… 71
Wang Le-quan …………………………… 73
Wang Qi-shan …………………………… 71
Wang Yang ……………………………… 73
Wang Yi …………………………………… 70
Wang Zhao-guo ………………………… 73
Wang Zhong-yu ………………………… 73
Wangchuck, Jigme Khesar Namgyel …… 610
Wangchuck, Jigme Singye …………… 610
Wanke, Daouda Mallam ……………… 610
Warren, David …………………………… 57
Warren, Elizabeth ……………………… 57
Wasmosy, Juan Carlos ………………… 608
Weah, George …………………………… 55
Webb, Jim ………………………………… 56
Wei Jian-xing …………………………… 37
Wei Jing-sheng ………………………… 118
Weizman, Ezer ………………………… 607
Weizsäcker, Richard von ……………… 607
Wen Jia-bao ……………………………… 83
Westerwelle, Guido …………………… 55

人名索引（欧文）　　　ZAD

Whitman, Christine ······471
Wickremanayake, Ratnasiri ······53
Wickremasinghe, Ranil ······53
Widmer-schlumpf, Eveline ······410
Wijdenboshe, Jules ······55
Wijetunga, Dingiri Banda ······53
Wilson, Michael ······54
Win Aung ······54
Wingti, Paias ······54
Win Tin ······55
Wiranto ······54
Wirathu ······54
Wirth, Timothy ······608
Wolfowitz, Paul ······57
Wowereit, Klaus ······56
Wright, David ······549
Wu Bang-guo ······172
Wu Da-wei ······416
Wu Den-yih ······172
Wu Guan-zheng ······169
Wu, Harry ······51
Wu Jian-min ······170
Wu Poh-hsiung ······172
Wu Shih-wen ······171
Wu Yi ······169
Wuerkaixi ······52
Wulff, Christian ······61

【Ｘ】

Xi Jin-ping ······227
Xiao Yang ······236
Xu Chai-hou ······234
Xu Qi-liang ······136
Xu Zhi-yong ······136

【Ｙ】

Ya'alon, Moshe ······533
Yadav, Ram Baran ······536
Yakovlev, Aleksandr ······534
Yakovlev, Vladimir ······535
Yalá, Kumba ······537
Yameen, Abdulla ······537
Yandarbiev, Zelimkhan ······538

Yang Hyong-sop ······538
Yang Jie-chi ······543
Yanukovych, Viktor ······536
Yar'Adua, Umaru ······537
Yarov, Yurii ······537
Yashin, Evgenii ······535
Yassin, Ahmed ······535
Yatsenyuk, Arseniy ······536
Yawar, Ghazi ······538
Yayi, Boni ······534
Yazov, Dmitrii ······535
Ye Ju-lan ······543
Yekhanurov, Yury ······64
Yellen, Janet ······43
Yeltsin, Boris ······66
Yeo, George ······543
Yeo Won-gu ······580
Yermoshin, Vladimir ······68
Yildirim, Binali ······542
Yilmaz, Mesut ······542
Yim Tae-hee ······47
Yingluck Shinawatra ······51
Yoadimnadji, Pascal ······543
Yon Hyong-muk ······545
Yoo Chong-ha ······539
Yoo Heung-soo ······539
Yoshiyama, Jaime ······544
Yousafzai, Malala ······540
Youssoufi, Abderrahmane ······540
Yu Kuo-hua ······538
Yu Myung-hwan ······539
Yu Shyi-kun ······539
Yu Woo-ik ······577
Yu Zheng-sheng ······539
Yudhoyono, Susilo Bambang ······541
Yumashev, Valentin ······541
Yun Byung-se ······542
Yun Gi-bok ······542
Yushchenko, Viktor ······540
Yusof, Pengiran ······541
Yusuf, Abdullahi ······540

【Ｚ】

Zadornov, Mikhail ······194

695

Zaev, Zoran	191	Zou Jia-hua	245
Zafy, Albert	196	Zoubi, Mahamoud al	269
Zaid ibn Shaker	220	Zubak, Krešimir	252
Zakayev, Akhmed	191	Zubaydi, Muhammad Hamza	252
Zalm, Gerrit	203	Zubkov, Viktor Alekseevich	253
Zardari, Asif Ali	202	Zuma, Jacob	254
Zatlers, Valdis	194	Zurabishvili, Salomé	255
Zaveryukha, Aleksandr	190	Zyuganov, Gennadii	228
Zawahiri, Ayman	204		
Zayed bin Sultan al-Nahyan	190		
Zedillo, Ernesto	260		
Zedkaia, Jurelang	260		
Zeevi, Rechavam	258		
Zeidan, Ali	258		
Zelaya, José Manuel	261		
Zeman, Miloš	261		
Zeng Pei-yan	267		
Zeng Qing-hong	265		
Zeroual, Lamine	262		
Zhang De-jiang	298		
Zhang Gao-li	297		
Zhang Wan-nian	298		
Zhang Wei-qing	297		
Zhang Yang	298		
Zhang Ye-sui	297		
Zhang You-xia	299		
Zhang Zhi-jun	297		
Zhao Hong-zhu	297		
Zhao Le-ji	299		
Zhao Qi-zheng	297		
Zhelev, Zhelyu	212		
Zhirinovskii, Vladimir	241		
Zhou Qiang	227		
Zhou Yong-kang	227		
Zhu Rong-ji	226		
Zhukov, Aleksandr	229		
Zhvania, Zurab	242		
Zia, Khaleda	208		
Zieleniec, Josef	212		
Zimmer, Gabriele	307		
Živković, Zoran	217		
Ziyoyev, Mirzo	236		
Žižić, Zoran	213		
Zlenko, Anatolii	257		
Zoellick, Robert	262		

事典・世界の指導者たち
冷戦後の政治リーダー 3000 人

2018 年 5 月 25 日　第 1 刷発行

発　行　者／大高利夫
編集・発行／日外アソシエーツ株式会社
　　　　　　〒140-0013 東京都品川区南大井 6-16-16 鈴中ビル大森アネックス
　　　　　　電話 (03)3763-5241（代表）　FAX(03)3764-0845
　　　　　　URL　http://www.nichigai.co.jp/
発　売　元／株式会社紀伊國屋書店
　　　　　　〒163-8636 東京都新宿区新宿 3-17-7
　　　　　　電話 (03)3354-0131（代表）
　　　　　　ホールセール部（営業）電話 (03)6910-0519

　　　　　　電算漢字処理／日外アソシエーツ株式会社
　　　　　　印刷・製本／光写真印刷株式会社

　　　　　　不許複製・禁無断転載　　　　　　《中性紙三菱クリームエレガ使用》
　　　　　　＜落丁・乱丁本はお取り替えいたします＞
　　　　　　ISBN978-4-8169-2718-8　　　**Printed in Japan,2018**

　　　　　　本書はディジタルデータでご利用いただくことが
　　　　　　できます。詳細はお問い合わせください。

海外文学 新進作家事典

A5・600頁　定価（本体13,880円＋税）　2016.6刊

最近10年間に日本で翻訳・紹介された海外の作家1,500人のプロフィールと作品を紹介した人名事典。既存の文学事典類では探せない最新の人物を中心に、欧米からアジア、第三世界の作家についても一望できる。

法務・法律 ビジネス英和大辞典

菊地義明 編　B5・1,310頁　定価（本体25,000円＋税）　2017.8刊

法律上の専門的英語文献、英文公的文書、契約書、報道を読み解く上で必要とされる法律用語の理解と適切な和訳を導くための大型専門辞書。司法、立法、行政各分野の法律関連用語6万語と文例・訳例1.6万件を収録。

決定版　翻訳力錬成テキストブック
―英文を一点の曇りなく読み解く

柴田耕太郎 著　A5・650頁　定価（本体9,800円＋税）　2017.6刊

原文を一語一語精緻に読んで正確に理解し、明晰な訳文に置き換える"翻訳の正道"。著者の方法論が縦横に展開される100課題。古今の名文を一語一語分析・解説し、訳例・添削例を示す。

日本議会政治史事典
―トピックス1881-2015

A5・470頁　定価（本体14,200円＋税）　2016.1刊

1881年から2015年まで、日本の議会政治に関するトピック4,700件を年月日順に掲載した記録事典。帝国議会・国会の召集、衆議院・参議院の選挙、法案の審議、政党の変遷、疑獄事件など幅広いテーマを収録。

全国地名駅名よみかた辞典
最新・市町村合併完全対応版

A5・1,420頁　定価（本体9,250円＋税）　2016.10刊

日本全国の地名と駅名あわせて約13万件の読みかたを収録した辞典。地名は市区町村名、郡名のほか、大字などの町域名、駅名はＪＲ6社、私鉄、公営鉄道の各路線の駅名がわかる。

データベースカンパニー
日外アソシエーツ

〒140-0013　東京都品川区南大井6-16-16
TEL.(03)3763-5241　FAX.(03)3764-0845　http://www.nichigai.co.jp/